동아시아 한문학 연구의 방법과 실천

고려대학교 한자한문연구소 학술총서 1

동아시아 한문학 연구의 방법과 실천

장보웨이(張伯偉)
심경호 옮김

KOREA
UNIVERSITY
PRESS
고려대학교
출판문화원

저자 서문

1985년 홍콩에서 처음 한국 한적의 연구서에 접한 이후 훌쩍 30년이 지났다. 옛사람들은 시간의 신속한 흐름을 형용하여 흰 망아지가 틈새를 지나치듯 한다고 했는데, 흘러간 시간을 돌이켜 보니 조금도 과장이 아니라고 느끼게 된다. 이 30여 년 동안 나는 여러 차례 한국을 방문했는데, 어느 때인가 친구가 내게 "한국 어디 어디에 가 보았는가?" 물었다. 나는 "한국에서 아직 가 보지 않은 곳이 어디냐고 물어야 하지 않겠는가?"라고 말했다. 이렇게 한국의 역사 · 문화에서부터 지금의 자연과 인물에 이르기까지 나도 모르는 사이에 감성적 이지적 이성적 이해와 인식을 증대시켜, 약간의 연구에서 얻은 것을 필묵으로 표현하기도 했다. 여기에 모은 논문들은 그 가운데 일부이다.

나는 중문계를 졸업한 이래 줄곧 중문계에서 연구를 했는데, 어느 땐가, 한 사람의 중국 학자로서 한국학 연구에 대해 대체 어떤 책무를 지고 있으며 결국 어떤 공헌을 할 수 있을 것인지 생각하게 되었다. 이제 이 책에서 한국 독자들과 마주하게 되었으므로, 여기서 간단히 이 문제에 대한 답변을 한다면, 독자로 하여금 '작자의 마음'을 파악하고 이해하게 하는 데 도움을 줄 수 있을 듯도 하다.

주지하듯이, 19세기 후반 서구 열강이 동아시아에 침입하기 이전에는 동아시아 지역에 오랫동안 단일한 '한문화권(漢文化圈)'이 존재했다. 이 문화권 속에 각기 다른 종족과 민족이 생활하고 있기는 했지만, 문화 면에서는 통일적이었다. 내가 말하는 '통일'은 결코 단순한 것도 아니고 또 민족적 특색을 말살하는 것도 아니다. 일본 학자 니시지마 사다오(西嶋定生)의 설을 빌리자면 "이것은 민족성의 특질이 중국 문명을 매개로 하여 갖추게 된 공통성"(『중국고대국가와 동아시아세계』, 1983)이다. 구미 학자의 시선에서 출발하더라도 그들도 비슷한 정황을 발견했다고 할 수 있다. 이를테면 프랑스 학자 레옹 반데르미르슈(Léon Vandermeersch)는 "이른바 한문화권은 사실상 한자 구역이다. 한문화권의 동일성은 즉 한자라는 부호(signes)의 동일성이다."(『신 한문화권』, Le nouveau monde sinisé, 1986)라고 했다. 미국 학자 윌리엄 시어도어 드 베리(William Theodore de Bary)의 『동아문명』(East Asian Civilization, 1988)은 중국 · 일본 · 한국의 문화에 대하여 "동아시아가 공유하는 문명을 대표하는 동시에 이런 공통의 전통을 통해서 본토의 문화를 적층시키고 견지해 왔다"라고 했다. 그리고 로즈 머피(Rhoads Murphey)가 보기에 이 '공동 전통'은 오늘날까지 지속되고 있으며, "동아시아 각 부분은 물질과 문화의 차이가 존재함에도 불구하고 분명히 하나의 전체이며, 공통성이 개별성보다 많아, 이것은 지금 세계 최대의 문화 공동체이자 경제 공동체이다."(East Asia: A New History, 4E, 2007)라고 했다. 문화적 발전은 교육을 기초로 한다. 한반도의 삼국 시대에는 예부의 '국학'이든 민간의 '경당'이든 사용하는 교재가 한결같이 중국의 경전이었다. 조선 시대의 교육 체제에서 관학의 태학, 사부학당, 향교든, 사학의 서원이든, 그 교재는 여전히 중국의 경사자집(經史子集)이거나 조선 유학자의 주석이나 평선을 거친 중국 서적이었다. 그들은 한자를 외국 문자로 여기지 않았을 뿐만 아니라 중국 서적에 실려 있는 것도 외래 문화로 여기지 않았다. 뿐만 아니라 그들은 한자를 이용하여 자기 문학, 역사, 사상, 종교, 과학, 예술 등 각 부류에 속하는 문헌들을 집필했다. 따라서 이 하나의 문화권에 속하는 각 지역들은 공동의 문자를 사용하여 정신문명의 꽃을 창조해 내어, 그 형상, 색채, 기식은 같음 속에 다름이 있고 다름 속에 같음이 있었다. 이 차이를 의식함으로써 18, 9세기 정약용은 "나는 조선인이니, 즐겨 조선 시를 짓노라"(「老人一快事效香山體」)라 했거니와, 15세기 서거정은 『동문선』을 편찬할 때 "우리 동방의 문학은 송나라 원나라의 문학이 아니며 그렇다고 한나라 당나라의 문학도 아니며 바로 우리나라의 문학이니, 마땅히 역대의 문학과 더불어 나란히 천지 사이에 행할 것이다."(『동문선』 서)라고 했다. 문학만 이와 같았던 것이 아니라, 문화 전체도 이와 같았다고 볼 수 있다. 18세기 초 조귀명(趙龜命)은 일찍이 "우리 동방을 소중화라 일컬은 지 오래되었다. 사람들은 그저 중화와 유사함만을 알지 유사한 속에 유사하지 않은 부분이 있음을 알지 못한다."(「貫月帖序」)라고 했다. 무엇을 '조선 시'라고 하고 무엇을 '동방의 문학'이라 하는가? 무엇을 '유사한 속'의 '유사하지 않은 것'이라 하는가? 적지 않은 연구자들이 이에 대해 상당히 오랫동안 연구해 왔음에도 불구하고, 지금까지는 확실한 답안이 없었다. 한문화권 속의 한반도 문화의 특수성을 종합하고 추출하는 일에, 금일 한 사람의 중국 학자가 한국학 연구에 대해 지니는 책무와 가능한 기여가 있을 듯하다.

종래 중국 학자들이 한국학을 포함한 동아시아학을 연구한 것은 경시할 수는 없지만, 관념상으로는 문제점이 있었다. 『사기』와 『한서』를 비롯한 중국의 정사는 한국이나 일본 등에 대해 기술할 때 일종의 천하관을 지니고 있었다. 그 천하관은 자기를 중심으로 삼은 것이니, 바로 중국을 중심으로 삼았다. 이런 역사관 아래에서 사람들은 천하도상을 보면서 자기를 제외시키고 자기를 타자의 몸 위에 투영했다. 이런 관념에서 동아시아를 연구하여 파악하고 인식한 한국 · 일본 · 베트남 등의 문화는 중국 문화가 동아시아 각 지역에 일종의 '지방성을 드러낸 것'이지 않을 수 없어 그 각각은 독자적 가치가 인정되지 않았다. 따라서 그러한 연구는 자연히 높게 평가할 수 없었다. 다행인 것은 21세기에 들어와 중국 학자들이 서방중심론을 타파하려고 노력하여, 점차 중국중심론을 극복하고 있다는 점이다. 특히 동아시아 역사 · 문화와 서적을 연구할 때에 그 점이 두드러진다. 나는 2009년 「방법으로서의 한문화권」이란 논문을 작성하고, 2011년 『방법으로서의 한문화권』이란 책을 집필했으며 2013년 또 「방법으로서의 한문화권 재론」이란 논문을 작성했다. 이 논저들에서 나는 하나의 바람과 목적을 드러내어 연구 이념과 노정을 제창하고 실천했다. 그것이 바로 '방법으로서의 한문화권'이다.

내가 지금 생각하기로는 위에서 말한 연구 이념과 노정은 대략 다음과 같은 요점을 지니고 있다. 첫째, 한자문헌을 하나의 전체로 보아야 한다. 즉, 유별로 보아야 한다. 국가 · 민족 · 지역으로 구분할 것이 아니라, 특성에 따라 구획해야 한다. 이를테면 한문으로 전한 불교문헌은 중국 · 한국 · 일본 및 베트남 등의 불교문헌 전체를 아울러 보아야 하지, 중국 불교 · 한국 불교 · 일본 불교 · 베트남 불교의 문헌으로 구분해서는 안 된다. 어떤 한 나라의 불교문헌을 연구하더라도 전체에 시선을 두어야 한다. 둘째, 한문화권 내부에서는 문화의 전이든 관념의 여행이든 주로 '서적의 환류(環流)'에 의존했다. 사람들은 서적의 직접적 혹은 간접적 독서와 오독을 통해서 동아시아 내부에 통일성 속의 다양성을 형성해 왔다. 셋째, 인간의 내면 체험과 정신세계를 탐구의 목표로 삼아, 중심과 주변을 통괄하여 각 지역의 한적 문헌을 동등한 지위에 두고서 그 사이의 내적 연관을 탐구하고 아울러 각기 다른 지역 사람들 사이의 상호 영향과 상호 관계를 강조해야 한다. 넷째, 문화적 의미의 해석을 중시해야 한다. 각기 다른 지역, 각기 다른 계층, 각기 다른 성별, 각기 다른 시기, 각기 다른 언어 환경하에서 같은 문헌이 지닌 각기 상이한 의의를 중시하여, 갖가지 다양한 관계를 파악함으로써 한자 · 한문 문화를 더욱 잘 이해하고, 마지막으로 동아시아 문명이 인류에게 끼칠 공헌을 더 잘 추동해나가야 한다. 사실, 동아시아 각 지역의 문화적 특색을 파악하려면, 한문화권 전체를 시야에 두고서 다른 국가 문화와 비교해야만 진정한 인식과 이해에 이를 수 있다. 이 책에 수록한 논문들은 이와 관련한 필자의 노력을 어느 정도 반영하고 있다.

이상의 연구 노정에서 핵심 요소는 동아시아 한자문헌을 하나의 전체로 보아야 한다는 점이다. 역사상 동아시아 각국에서는 한국의 훈민정음, 일본의 가나, 베트남의 놈자(喃字) 등 자기의 문자가 차례로 출현했다. 하지만 지식인들은 한자를 고아하고 정대하며 남성적인 '진'문자로 간주하고, 자국의 문자를 비속하고 저급하며 여성적인 '가'문자로 여겼다. 조선 시대의 적지 않은 독서인들이 자기가 언문을 모른다고 선언했다. 송준길은 자신의 부친(16세기 활동)이 "언문을 익히지 못했다"(「신독재 선생에게 올린 서한」)라고 말했고, 17세기 박세채는 스스로 "언문을 모른다"(「윤자인에게 답한 서한」)라고 말했으며, 18세기 박지원은 더 나아가 "나는 일생 언문 한 글자도 몰랐다"(「족손 박홍수에게 답한 서한」)라고 말했다. 긴요하고 정격이며 엄정한 문헌은 모두 한자로 작성해서, 지금까지 전하는 한문문헌이 한우충동의 상황이다. 20세기 서방 학자 스윙글(W. T. Swingle)과 라투레트(Kenneth S. Latourette)는 일찍이 통계를 내어, 18, 9세기 중국에서 필사하거나 인쇄한 텍스트의 매수는 당시 세계에서 사용한 기타 모든 언어 문자로 이루어진 매수의 총합을 초과한다고 했다(錢存訓, 『중국의 종이와 인쇄 문화사』에서 인용). 만일 한국・일본・베트남의 한자문헌을 더한다면 그 수량은 상상하기 어려울 만큼 방대할 것이다. 그런데 19세기 말 서방 세력이 동아시아에 침투하여, 민족국가 의식을 각성케 하여, 20세기 중엽 이후 중국 이외의 동아시아 지역은 모두 일상에서의 한자 활용이, 각기 정도는 다르지만, 줄어들거나 심지어 사라지고 말았다. 일반 민중은 자국의 역사 문헌을 읽어 낼 힘이 없게 되었고, 연구 역량을 지닌 전문가도 그 숫자가 계속 감소하는 추세에 있다. 이런 의미에서 동아시아 한적을 정리하고 연구하는 일에 적극 참여하는 것이 바로 중국 학자의 회피할 수 없는 책임인 것이다.

나는 일찍이 『조선시대여성시문집전편』(2011)을 엮은 바 있다. 그간 한국 학자들의 작업은 대부분 영인을 하면서 간단한 해제를 붙이는 식이었다. 가장 대표적인 것이 허미자 교수의 『한국여성시문전집』(2003)으로, 문집 28종을 수록했다. 그 수록 문집들에는 작품의 진위, 작자의 혼동, 문자의 오류, 문헌의 산일 등 많은 문제들이 존재하여, 상당히 엄밀한 문헌학 방법으로 고증하고 교감해야 현대 학자들이 이용할 수 있었다. 그래서 나는 허미자 교수의 작업을 기초로 하면서 여성 저작의 수량을 39종으로 확대 수집하고, 대교(對校)・본교(本校)・타교(他校)・이교(理校) 등 일련의 교감 수단을 통해서, 위작을 제거하고 문집 이외의 일시문(佚詩文)을 증보하였다. 아울러 「역대 한국여성 시문평론자료 휘편」과 「역대 한국여성 시문연구 논저목록 휘편」을 엮어 부록으로 삼아, 사용 가치가 높은 총서를 만들었다. 지금 보면 몇 가지 아쉬움이 있다. 문집의 수량을 더 증가시키고, 각 문집도 더 좋은 판본을 이용했더라면 좋았을 것이다. 중국과 한국 학자들이 문헌의 수집과 정리에서 힘을 합한다면, 더 좋은 연구 결과를 얻으리라는 것은 의심할 여지가 없다.

중국 학자이든 동아시아의 다른 지역의 학자이든, 자국 바깥의 한적 문헌은 그리 주목해 오지 않았다. 이것은 하나의 신자료라고 일컬을 수 있다. 신자료가 안고 있는 신문제는 기왕의 방법으로는 해결할 수가 없다. 신자료의 독파와 연찬, 신문제의 제기와 단련을 통해서 인문학 연구의 신방법을 탐색할 수 있다. 이것은 동아시아 학술에서 막중한 의미를 지닌다. 백 년 전 동아시아 학술이 전통에서 현대로 패러다임 전환을 하는 시기에, '방법'과 관련하여 모두 이구동성으로 구미의 '과학적 방법'을 학습해야 한다고 했다. 그때는 일본이 선두를 달렸다. 동양사학자 구와바라 지쓰조(桑原隲藏)는 20세기 초 "우리나라는 중국학 연구에서 아직 과학적 방법을 충분히 사용하지 못하는 듯하다. 과학적 방법은 비단 서양의 학문만 응용할 것이 아니라 중국과 일본의 학문도 이것을 빌리지 않으면 안 된다."(「중국학연구자의 임무」)라고 했다. 당시 모든 동방학 연구자들의 연구가 전부 이런 식이었다. 호적(胡適)은 그 당시 이 글을 읽고는 대단히 칭송했다. 중국 학자는 일본의 한학 연구 성과를 같은 시선으로 보았다. 부사년(傅斯年)은 1935년에, "최근 20년간 일본 동방학이 진보한 것은 파리학파를 본받았기 때문이다."(「페리오 교수를 논함」)라고 했다. 한국의 정황도 마찬가지였다. 임형택 교수는 1960년대 학부에 있을 때 '욕지기가 나올 정도'의 관점을 귀에 못이 박이게 들었다고 한다. 그것은, "우리나라에는 문학 작품은 있어도 그것을 평가할 적합한 기준이 없다. 그러니 국외의 평가 기준을 차용하는 것이 옳다."(「국문학, 무엇을 어떻게 할 것인가」)라는 말이었다고 한다. 여기서 '국외'란 구미를 가리킨다. 오늘날에 이르러 동아시아 인문학자는 동방, 즉 아시아에 속하는 지식 생산 방식을 탐색해야 한다. 뿐만 아니라 그 일을 할 수 있게 되었다. 방법은 본래 여러 층위가 있다. '방법으로서의 한문화권'을 제기한 것은 연구 이념을 창도하려는 것이었다. 이것은 하나의 방향 및 태도(approach)이지, 구체적인 연구 수단(method)이 아니다. 후자는 해결해야 할 각기 다른 문제에 대해 각각에 대응하는 방법을 채택해야 한다. 최근 나는 『연행록 연구논집』을 편찬하면서, 그 '전언'에서 10개 방면의 연구 구상을 제시했다. (a)문헌학 연구 (b)역사학 연구 (c)

사상사 연구 (d)민속학 연구 (e)종교사 연구 (f)언어학 연구 (g)문학 연구 (h)형상학 연구 (i)서적사 연구 (j)비교 연구 등이다. 각 주제는 성격이 서로 다르고 문제도 상이하므로, 사용하는 구체적 방법도 다르게 된다. '형상학 연구'를 두고 말하면, '형상학'의 방법을 채용해야 한다. '이국인이 중국의 사적을 기록한 책'의 경우 반드시 '이해에 관계하지 않은 견해'일리 없으며, 그것을 통해 '진실을 제대로 파악할 수 있다'고는 할 수 없다(김육불, 『遼海叢書』, 1933). 문자로 적은 글이든 그림으로 그린 도회(圖繪)이든, 붓으로 표현한 '형상'은 왕왕 주관의 선택과 호오로 충만하며, 최종 형상은 왕왕 변형된 것이 대부분이다. 형상은 현실의 복제품이 아니다. 한 개인이 보는 형상은 다만 보고자 하는 형상이므로 같은 장면을 대하고도 각기 다른 사람들이 각기 다른 형상을 보게 된다. 조선인의 눈에 비친 중국 형상도 고정되지 않고 변화해 왔다. 일정 기간 안에서는 그 변화가 미세하여 깨닫기 어려우나 장기의 시간 안에 두고 보면 한 '작은 사건'이 '대역사' 속에서 어떤 의의를 지니는지 알 수 있게 된다. 이런 생각에서 한문화권을 전체 시야에 두고 한국 · 일본 · 베트남 및 서양인의 중국 기행자료를 개괄하면, 시간에 대한 관념이 연변한 것만이 아니라 공간에 따라 관념이 전환한 것도 있음을 발견하게 된다. 마찬가지로 한국학 연구도 혼미한 과제 주위에 맴돌기만 할 것이 아니라, 부단한 새로운 발견으로 진작되어야 할 것이다.

오늘의 동아시아 세계는 평화롭지도 않고 또 안정되어 있지도 않다. 이런 상황에서 동아시아에 대한 올바른 인식과 이해는 더욱 대단히 중요하다. 2백여 년 전 가경(嘉慶) 6년(1801), 박학가(樸學家, 고증학자) 진단(陳鱣)은 '산에 비가 오려 하고 바람이 누헌에 가득하다〔山雨欲來風滿樓〕'라는 감흥을 일으켜 조선의 유득공에게 "천하가 장차 크게 어지러워지겠소!"라고 했다. 하지만 유득공은 동아시아 전체를 바라보는 시야가 결여하여 "나는 외국인이거늘 내게 무슨 관계가 있겠습니까?"라고 했지(『燕臺再遊錄』), "새 둥지가 엎어지면 어찌 새알이 온전한 것이 있겠는가?" 하는 감각이 없었다. 수십 년도 되지 않아, 동아시아 세계는 미증유의 극심한 변화를 겪었다. 20년 전 미국 학자 헌팅턴(Samuel P. Huntington)은 그의 『문명의 충돌과 세계 질서의 재건』(The Clash of

Civilizations and the Remaking of World Order, 1996)에서, 냉전이 종식된 이후 이념의 차이가 만들어 낸 대항과 충돌은 점차 소멸되고 그 대신에 문명의 충돌이 일어날 것이라고 예언했다. 나는 헌팅턴이 문명의 중요성을 파악한 방식에 대단히 공감하되, 세계 혼란의 근본 원인을 상이한 문명 간의 충돌로 귀결시킨 것에는 찬동하지 않는다. 내가 보기에 문명 사이에는 대화와 협력이 충돌과 대항보다 훨씬 크다. 다만 오늘날 세계의 충돌의 근본 원인은 '이익'에 대한 끊임없는 쟁탈과 점유에 있다고 본다. 맹자는 "윗사람과 아랫사람이 서로 이익을 추구하면 나라가 위태롭다."(「양혜왕 상」)라고 했는데, 오늘날에는 각국이 서로 이익을 추구하여 천하가 위태롭다 하겠다. 그러므로 오늘날의 세계를 살아가는 독서인은 '지난 일을 조술하고 미래를 사고하여' 과거의 성과를 지키고 후래의 사태에 대비해야 한다. 이런 상황에서 각기 다른 문명 단위에 대한 연구를 강화해나간다면, 인류 발전과 세계 평화에 혹 도움이 되는 바가 없지 않을 것이다. 이것이 바로 한 사람의 중국 학자가 한국학 연구에 참여하는 의의이리라.

심경호 교수가 정성을 들여 나의 미숙한 논문을 한국어로 번역해 주시는 데 대해 감사드린다. 이를 계기로 한국 학자들의 비평과 교시를 받을 수 있게 된다면 대단히 영광이라 하겠고, 또 그렇게 되기를 간절히 기대한다. 20여 년 전 나는 심 교수의 논문 「조선시대 두보시집의 간행에 대하여」(1986)를 읽고 깊은 가르침을 받았다. 그 후 실제로 만나 뵙고, 심 교수의 학문이 정치하고 심오하며 사람됨이 독실하다는 인상을 깊이 받았다. 더구나 남경대학 한적연구소와 고려대학교 한자한문연구소가 정식 교류 협정을 체결한 이후 상호 더욱 친밀하게 되어 대화할 기회를 더욱 많이 갖게 되었다. 청나라 기윤(紀昀)은 박제가에게 준 시에서 "신발도 제대로 못 신을 정도로 급히 천하 인사를 맞이하러 달려 나갔나니, 시 읊으며 해동의 인사를 그리워하오〔倒屣常迎天下士, 吟詩最憶海東人〕"(「박제가를 그리며」)라고 했다. 조선 말, 만년의 김택영은 중국 남통주에 우거하면서 장건(張謇)을 대하여 "통주는 이로써 나의 고향이 되었으니, 숭양(개성)과도 같고 한양과도 같도다.〔通州從此屬吾鄕, 可似嵩陽似漢陽〕"(스스로 주를 붙여 "나는 숭양에서 태어나 갑오 이후 한경에 거주하면서 벼슬 살았다"라고 했다.)라고 했다. 중국과 한국의 문인들은 서로 교류하여 깊은 유대를 맺어 왔으며, 옛날부터 지금까지 그런 교류와 유대가 끊이지 않았다. 나는 이 책이 한국에서 간행되어 공자가 말한 "학문으로 벗과 모이고 벗을 통해서 인을 보익한다〔以文會友, 以友輔仁〕"(『논어』「안연」)는 목적을 이루어, 중국과 한국의 문화 교류가 '무궁화' 그 이름과 같이 영원하게 피어나길 바란다.

2016년 10월 2일 남경 백일연재(百一硯齋)에서
장보웨이(張伯偉)

역자 서문

장보웨이 교수가 소장으로 있는 남경대학 역외한적연구소(域外漢籍研究所)는 2014년부터 고려대학교 한자한문연구소와 정기적인 학술 교류를 시작했다. 2015년 12월 남경대학에서 제2회 국제회의가 있었는데, 나는 장 교수에게 그가 한국 한문학 및 동아시아 한문학에 대해 논한 논문들을 묶어서 한국에서 번역, 간행하겠다고 제안했다. 장 교수가 중국 중심의 연구에서 벗어나, 동아시아 한자문화권의 상호 교류를 확인하고 장르 혹은 양식의 지역별 수용과 각기 다른 발전의 양상을 거시적으로 조망하자고 주장해 온 사실을 잘 알고 있기 때문이었다. 2016년 2월 장 교수는 15편의 옥고를 선정하여 보내왔다.

일부 원고는 한국어 대역본이 있었으나, 인용 자료를 원문 그대로 실어 놓았을 뿐이고 주지를 제대로 드러내지 못하여 다시 번역해야 했다. 하지만 내 자신의 강의, 강연, 저술 때문에 좀처럼 시간을 내지 못하다가 2016년 여름에 더위를 피하여 대학 내 로스쿨 건물의 로비에서 일을 하거나 집의 지하 서고에서 노트북 자판을 두드렸다. 전체를 번역하자, 200자 원고지 3,500매 분량이었다. 가을 학기도 역시 다른 일들로 바빠서 번역 원고를 매만지지 못하다가, 2017년 정월 초 전체를 다시 되읽으면서 정리했다. 마침 장 교수가 한국을 방문한 기회에 의문 나는 점을 함께 검토할 수 있었다.

장보웨이 교수는 청첸판(程千帆, 1913-2000) 교수의 수제자이고, 청첸판 교수는 천인커(陳寅恪) 교수의 제자이다. 1983년 일본 교토에 갔을 때 시미즈 시게루(清水茂) 선생님이 청첸판 교수의 『당대 진사 행권과 문학(唐代進士行卷与文學)』(상해고적출판사, 1980. 8)을 언급하시는 것을 듣고, 그 얇지만 내용이 묵중한 책을 구입하여 읽은 적이 있다. 그때 나는 과거 제도와 문학 관계를 평생의 연구 주제 가운데 하나로 설정했다. 2017년 정월에 만났을 때 장 교수에게 그 사실을 말하자, 장 교수는 무척 반가워했다.

장 교수는 미조구치 유조(溝口雄三)의 『방법으로서의 중국』에서 영향을 받아 '방법으로서의 한문화'를 주장하고 있다. 근대 이래 중국이나 아시아에 대한 인식은 유럽의 시각에 의존했다. 동아시아에서 서구 방법론을 일찌감치 수용했던 일본의 학계도, 미조구치의 관점에 따르면, 에도 시대 이래 중국 문화를 일본식으로 내면화했던 내용을 계승했을 따름이다. 말하자면 서양이나 일본이나 '중국 없는 중국학'이 주류를 이루어 왔다고 할 수 있다. 미조구치 유조는 그 양자를 부정하고 '중국을 방법으로 삼을 것'을 제기했다. 장 교수는 미조구치의 이 관점에 크게 동의하되, 중국 내부의 연구자들이 중국의 틀을 벗어나지 못했다고 비판하면서 동아시아 전체를 조망하는 시선의 중요성을 강조했다.

장 교수는 특히 동아시아 한문학 전체를 시야에 넣고 비교 연구를 수행해 오고 있다. 그 이론적 근거는 동아시아 한문화권에 이른바 텍스트 공동체(textual communities)가 존재했다는 인식에 있다. 영국사학가 피터 버크(Peter Burke)는 고전 시대 이후 근대 초 유럽의 학자들이 모두 라틴어를 사용해서 서찰을 주고받으면서 '문인공화국' 혹은 '지식공화국'이란 국제 공동체를 이루었다고 개괄한 바 있다. 일본 학자 다카하시 히로미(高橋博巳)는 『동아시아의 문예공화국-통신사 · 북학파 · 겸가당』(新典社, 2009)을 저술하여 일본과 조선에 문예공화국이 존재했다는 주장을 폈다. 장 교수는 이러한 관점들을 확장시켜, 한자를 매개로 동아시아에서는 오랫동안 지식 및 문화의 텍스트 공동체가 존재하고 동시에 문예공화국이 있어 왔다고 보고 있다.

다만, 장 교수는 한문화권(한자문화권)이 이룩한 공동체는 내부의 목소리가 결코 단일하지 않았다는 점에 주목하여, 그것은 '다성부적'이거나 심지어 '여러 목소리가 시끄러운' 상태였다고 유보한다. 그럼에도 불구하고 한문화권을 방법으로 삼아야 한다고 주장했다. 그리고 방법으로서의 한문화권은 첫째, 한자문헌을 하나의 총체로 삼을 것, 둘째, 한문화권의 내부에서 문화의 전이든 관념의 여행이든 그것들이 주로 '서적의 환류'에 의존했다는 점에 주목할 것, 셋째, 인간의 내면 체험과 정신세계를 탐구의 목표로 삼아 각 지역의 한적 문헌을 동등한 지위에 놓고 그 사이의 내적 연계를 탐구할 것을 제안했다.

장 교수가 이 책에 선별하여 수록한 글들은 '방법으로서의 한문화권'에 관한 원칙을 다룬 논문들과 그 원칙을 개별 사안에 적용하여 치밀하게 논증한 논문들이다. 구체적 연구는 문학사와 서적사를 결합한 것도 있고, 문학사와 예술사를 결합한 것도 있으며, 한 지역 공간에 한정하지 않고 한국 · 중국 · 일본의 문학 형상과 문학 관념의 변화를 논한 것도 있다. 장 교수가 말했듯이, "여러 방면과 여러 층위에서 '방법으로서의 한문화권'이라는 기본 원칙을 지향했다."

실은 나는 한자문화권 내부의 '다성부적이거나 심지어 여러 목소리가 시끄러운 상태'에 주목하는 편이다. 텍스트 공동체란 개념을 쉽게 받아들이지 않으며, 문인공화국이나 문예공화국이란 용어에는 회의적이다. 특히 나는 한자를 사용한다고 하더라도 민중적 생활 세계와 밀착된 지점에서는, 한국의 경우 한국식 · 이두식 한문, 중국의 경우 고백화와 근세백화, 일본의 경우 화한문(和漢文)과 가키쿠다시(書き下し)문을 사용하여, 상층에서 어느 정도 공동의 텍스트 언어를 사용한 것과는 상당히 다른 풍광이 펼쳐졌다는 사실에 주목하고 있다. 더구나 동아시아의 한자문화권을 강조하는 논리는 중국 중심의 사유로 환원될 위험 요소도 내포하고 있다.

하지만 한자문화권 내부의 각 지역 공간에서 이루어진 정전(正典)의 확립과 재해석은 다른 지역에서의 사유 노정을 함께 살펴보지 않으면 그 의미를 올바로 이해하기 어려운 것이 사실이다.

나는 이념의 면에서 장 교수와 일치하지 않는 부분이 있다. 하지만 한문학을 한국, 중국, 일본, 베트남 등 각각의 지역 공간 속에 가둬 두고 그 소장(消長)을 운위한다는 것은 지극히 편협한 사유 방법이라고 본다는 점에서 장 교수의 실천에 공감을 한다.

장 교수와는 한자문화권 내부의 문학 양식, 비평 방법, 문명 인식, 논리 구조, 사유 방식 등등에 관해 향후 공동으로 연구할 내용이 많다. 장 교수의 학문적 열정, 총체적 시야, 실천 의지에 경의를 표하면서, 도반(道伴)의 표지로 이 번역본을 한국 학계에 제출하는 바이다.

2017년 12월 22일
회기동 작은 마당 집에서 심경호

일러두기

1. 이 책은 장보웨이 교수가 한국의 역사 · 문화에 대해 '감성적 이지적 이성적 이해와 인식을 증대시켜 약간의 연구에서 얻은 것을 필묵으로 표현한' 논문들 가운데 일부이다. 수록 논문은 2016년 2월에 장 교수 스스로 선별한 것이다. 모두 15편이며, 중국어로 총 37만 글자에 달한다.

2. 장 교수는 이 책의 제목으로 '東亞漢文學研究的方法與實踐'을 제시했다. 그것을 『동아시아 한문학 연구의 방법과 실천』으로 번역했다.

3. 장 교수는 전체 목차를 5부 15편으로 나누고 제10편은 상하로 나눌 것을 희망했다. 그 목차를 따르되, 제10편의 상하는 각기 분량이 상당하므로, 그것들을 둘로 나누어 5부 16편으로 구성한다. 원래의 중국어로 된 목차는 다음과 같다.

第一編 總論

1. 現代學術史中的"教外別傳"—陳寅恪"以文證史"法新探
2. 東亞古代文學研究的理論和方法問題
3. 東亞漢文學研究的新展拓

第二編 回顧與前瞻

4. 名稱·文獻·方法—"燕行錄"研究中存在的問題
5. 東亞文人筆談研究的回顧與展望
6. 從朝鮮半島史料看中國形象之變遷

第三編 目錄與文獻

7. 朝鮮時代目錄學新探
8. 從書目看奎章閣所藏經部文獻的價值

第四編 書籍環流

9. 書籍環流與東亞詩學—以《清脾錄》為例
10. 明清時期女性詩文集在東亞的環流

上篇 : 東亞書籍環流的途徑

下篇 : 書籍環流與朝鮮女性詩文 : 以〈蘭雪軒集〉的編輯出版爲中心

第五編 文學互動

11. 東亞文化意象的形成與變遷—以文學與繪畫中的騎驢與騎牛為例
12. 作為經典的東亞文學史上的杜詩
13. 東亞漢文學史上的1764年
14. "文化圈"視野下的文體學研究—以"三五七言體"為例
15. 廓門貫徹《注石門文字禪》謭論

4. 이 책의 수록 논문 가운데 일부는 장보웨이 교수가 한국 학회에서 발표할 때 한글 번역본이 작성되기도 했다. 하지만 기왕의 번역에 미비점이 적지 않으므로 그 번역문을 일부 참조하되 새로 번역했다. 특히 논문의 원문 인용 자료들은 모두 한글 대역을 추가했다.

5. 장 교수는 이 책에 수록된 논문들이 처음 게재된 발표집을 일일이 밝히지 않고, 각 논문이 처음 작성된 시기와 개고된 시점만을 각 논문의 끝에 밝혀 두었다. 본 번역서는 그 방식을 그대로 따른다.

6. 각주는 원래의 것을 대부분 그대로 살리되, 단행본의 체제로 볼 때 중복이라서 불필요하다고 생각되는 경우나 본문에 간단한 표기를 삽입하는 것만으로 충분한 경우에는 각주를 생략한다. 출전의 표기 방법은 한국에서 사용하는 방법에 따라 통일시킨다.

7. 참고 문헌은 장 교수가 정리한 것을 토대로, 한국의 통용 정리법이나 표기법을 따라 수정해서 제시한다.

차례

저자 서문 5
역자 서문 14
일러두기 18

제1부 총론

현대 학술사의 교외별전
—진인각(陳寅恪)의 '문으로 사를 증명하는(以文證史)' 방법 25
동아시아 전근대 문학 연구의 이론과 방법 59
동아시아 한문학 연구의 신개척 90

제2부 회고와 전망

명칭 · 문헌 · 방법: 연행록 연구에 관한 몇 가지 문제 115
동아시아 필담 연구의 회고와 전망 148
조선 사료로 본 중국 형상의 변천 177

제3부 목록과 문헌

조선 목록학 신탐 211
조선 시대 서목을 통해서 살펴 본 규장각 경부(經部) 문헌의 가치 277

제4부 서적의 환류

서적 환류와 동아시아 시학:『청비록』을 예로 삼아 303
명·청 시대 여성 시문집의 동아시아 내 환류(상)
—동아시아 서적 환류의 길 346
명 · 청 시대 여성 시문집의 동아시아 내 환류(하)
—명 · 청 시대 서적 유통과 조선 여성의 시문:『난설헌집』의
편집 출판을 중심으로 380

제5부 문학의 상호 작용

동아시아 문화 의상의 형성과 변천:
문학과 회화의 기려(騎驢)와 기우(騎牛)를 중심으로 431
동아시아 문학사에서 전범으로서의 두보 시 508
동아시아 문학사의 1764년 567
문화권 시야에서의 문체학 연구: 삼오칠언체를 예로 삼아 633
가쿠몬 간테쓰(廓門貫徹)『주석문문자선(注石門文字禪)』전론(譾論) 681

참고문헌 725
찾아보기 750

제1부 총론

현대 학술사의 교외별전
- 진인각(陳寅恪)의 '문으로 사를 증명하는(以文證史)' 방법

1. 서론

중국 현대 학술은 지금까지 백여 년의 길을 걸어왔다. 청나라 완원(阮元)은 "학술의 성쇠는 백 년 전후로 오르내리기 마련이다."[1]라고 했다. 19세기와 20세기의 교체기에 학술계에는 몇 가지 커다란 사건이 일어났다. 1898년 마건충(馬建忠)이 서양 어법 이론을 기초로 『마씨문통(馬氏文通)』을 저술했는데, 이로써 중국은 첫 번째 문법서를 갖게 되었다. 1899년 하남(허난) 안양(安陽)에서 은상(殷商) 갑골문을 발굴했다. 1900년 감숙(甘肅) 돈황에서 육조 때부터 당대까지 대량의 사본을 발견했다. 이어서 오사(五四) 신문화운동이 일어나, 북경대학 국학문(國學門), 청화대학 국학연구원, 중앙연구원 역사어언연구소가 다투어 설립되어 중국 학문 연구에 커다란 진보를 이루었으며, 마침내 한 시기의 새로운 풍조를 형성했다. 주법고(周法高) 선생은 "20세기 이래 중국에 대한 학문 연구가 청대 학술 연구와 기본적으로 상이한 것은 새 재료, 새 방법, 새 관점을 가지고 연구한 결과이다."[2] 라고 개괄했다. 새 방법이란 주로 호적(胡適) 등이 제창한 서양 과학 방법으로, 역사적 관점, 체계적 정리, 비교 연구를 통해 국학 혹은 국고(國故)[3]에 종사한 것이다. 백 년

1_『十駕齋養新錄序』, 陳文和 編, 『錢大昕全集』 第7冊, 江蘇古籍出版社, 1997, p.1.

2_『地下資料與書本資料的參互研究』, 吳福助 編, 『國學方法論文集』 上, 臺灣文史哲出版社, 1990 再版, p.126.

3_「國立北京大學國學季刊 · 發刊宣言」, 『國立北京大學國學季刊』 第1卷 第1號, 1923年 1月, p.16.

이래 중국 인문학 연구 분야에서 방법에 관한 탐색과 관련하여 계승할 만한 어떤 경험이 있는지, 경계해야 할 어떤 함정이 있는지, 아직 개척할 어떤 가능성이 있는지, 하는 문제는 전체적으로 고찰할 만한 가치가 있다. 이 글은 진인각(陳寅恪)을 논제로 삼아 이 문제에 대해 고찰하고자 한다.

2. 불고불금(不古不今)

현대 학술사를 순수 학술의 관점에서 회고할 때 가장 멋진 일파는 당연히 호적 일파로, 북경대학에서 중앙연구원에 이르기까지 펼쳐 있었다. 가장 낙후한 것은 옛 학문을 고수하던 일파로, 중국 동남방부터 서남방에 이르기까지 곳곳에 있었다. 하지만 진인각이 보기에 "전파(田巴)든 노중(魯仲)이든 둘 다 이룬 것이 없는"[4] 상황이었다. 이 시구의 해석과 관련하여 설이 분분하다. 이전부터 나는 사학 연구의 신파와 구파를 가리킨다고 보아 왔으나, 글로 발표하지는 못했다. 뒤에 호문휘(胡文輝)의 『진인각시전석(陳寅恪詩箋釋)』을 읽어 보니 역시 이런 설을 주장하고 있어서, 뜻하지 않게 궤철이 일치하여 반가웠다. 위에 인용한 진인각 시의 마지막 구는 "그대들이 이 수치를 씻어 주기를〔要待諸君洗斯恥〕"이다. 북경대학 사학계 졸업생에 대해 기대한 것이되, 실은 스스로에게 기대한 것이기도 하다. 이 시는 1929년에 지어졌다. 1932년에 진인각은 "기왕의 연구 문화사에는 두 가지 잘못이 있다. 구파는 꽉 막혔고 …… 신파는 사실을 속였다."[5]라고 했다. 1936년에는 또 "오늘날 중국은 구 인물의 경우 학(學)은 있어도 술(術)이 없고 신 인물의 경우 술은 있어도 학이 없다. 신 인물은 식견은 좋으나 논단은 잘못이니, 근거할 자료가 부족하기 때문이다."[6]라고 했다. 그가 말한 학은 자료를 뜻하고 술은 방법

4_「北大學院己巳級史學系畢業生贈言」, 『陳寅恪詩集』, 清華大學出版社, 1993, p.18. "田巴魯仲兩無成."

5_蔣天樞, 『陳寅恪先生編年事輯』(增訂本) 附錄二, 上海古籍出版社, 1997, p.222.

6_卞僧慧, 『陳寅恪先生歐陽修課筆記初稿』, 載劉東主編 『中國學術』 第28輯, 商務印書館, 2011, p.2.

을 뜻한다. 구파는 "이지러진 글자를 끌어안고 조각난 글을 지키며〔抱殘守闕〕" "문을 닫아걸고 수레를 만드는〔閉戶造車〕" 무리이며, 신파는 외국 이론에 근거해서 중국 재료를 해석하면서 "과학적 방법으로 국고를 정리한다."라고 표방하는 자들이다. 진인각이 보기에 구파의 경우 눈 감고 귀 막고 거나하게 홀로 취해 있는 상태라서 정말 아무것도 해 나갈 수가 없지만, 신파도 오만하게 빼기면서 망녕을 떨고 허탄하게 굴어 귀신을 그리는[7] 작태로 빠져들고 있다. 그가 1931년에 "금세기 학문 연구는 세계를 범위로 삼아서, 저쪽을 알려고 힘을 써야 하지, 문 닫아걸고 수레 만드는 식이어서는 안 된다."[8]라고 주장한 말은, 중국 문화에 뿌리를 두면서 세계로 시선을 두고자 하는 학술상의 흉금과 기백을 드러낸 것이었다. 애석하게도 진인각의 이 사상을 잇는 사람이 드물었다. 그래서 1945년에 진인각은 "학문을 논하든 정치를 논하든 시류와 동떨어진 데다가 사세에 몰려 아무 말도 못하고 있다."[9]라고 자탄했다.

학을 중시하면서 술을 추구하는 것은 중국 문화를 본위로 삼아 부단히 사료를 발굴하고 신지식을 흡수하여 국제 학술과 대화해 나가는 일이다. 이것이 진인각 학술의 기본 특징이었다. 그 배경에는 중국 문화를 자기 임무로 삼는다는 뜻이 있는데, 이 태도는 일반인이 미칠 수 있는 바가 결코 아니었다.[10] 진인각의 학술에서 인문학 연구 방법과 밀접한 관계에 있는 것이 그의 '이시증사(以詩證史)', 더 확실하게 말하면 '이문증사(以文證史)'이다.[11] 진인각은 1933년 풍우란(馮友蘭)의 『중국철학사』

7_王鍾翰, 「陳寅恪先生雜憶」, 『紀念陳寅恪先生國際學術討論會文集』, 中山大學出版社, 1989, p.52. "畫人畫鬼, 見仁見智, 曰朱曰墨, 言人人殊, 證據不足, 孰能定之?"

8_「吾國學術之現狀及淸華之職責」, 『金明館叢稿二編』, 上海古籍出版社, 1980, p.318.

9_「讀吳其昌撰梁啓超傳書後」, 『寒柳堂集』, 上海古籍出版社, 1980, p.150. "論學論治, 迥異時流, 而迫於事勢, 噤不得發."

10_吳宓, 「讀散原精舍詩筆記」, 袁行霈 主編, 『國學硏究』 第1卷, 北京大學出版社, 1993, p.551. "의령(義寧) 진씨(陳氏) 가문은 실상 세운의 추축을 손에 쥐고 시대의 소식을 머금고 있었으며, 중국 문화와 학술 덕교의 운명을 위탁받고 있었다. 진인각은 스스로, 어려서는 공부를 열심히 하지 않았다고 말했으나, 대개 실상 가학에서 이루어졌으니, 연원과 잉육(孕育)이 유래하는 곳이 있었던 것이다."

11_진인각의 이 방면의 주요 논저로는 『元白詩箋證稿』·『韋莊秦婦吟校箋』·『論再生緣』·『柳如是別傳』 등이 있는데, '以詩證史'로 개괄할 수 있다. 1950년대 中山大學 역사계에서 강의할 때 과목명은 '元白詩證史'이며, 현재 『元白詩證史講義』(『陳寅恪集·講義及雜稿』, 生活·讀

하책에 대한 심사 보고서를 쓸 때 이렇게 지적했다.

> 중국이 금후 북미나 동구의 사상을 충실하게 수입한다고 해도 결국은 현장(玄奘)의 유식학과 마찬가지로 되어, 우리나라 사상사에서 지위를 차지할 수 없을 뿐 아니라 자취도 없이 끊기고 말 것이다. 사상의 면에서 스스로 체계를 세울 수 있어야 창조하여 얻는 것이 있을 터이므로, 한편으로는 외래의 학설을 수입하여 흡수하면서 다른 한편으로는 민족의 본래 지위를 잊지 말아야 한다.

진인각은 이 사실을 "이천 년 동안 우리 민족이 다른 민족의 사상과 접촉한 역사가 뚜렷하게 보여 준다."고 확인하면서, 이어 스스로를 평가하길, "나는 평생 옛것도 아니고 오늘날 것도 아닌 학문을 했다."라고 했다.[12] 진인각의 이 자술에 대하여 왕영조(汪榮祖) 선생은 "국사의 중고시대가 그의 전문 분야였다."[13]라고 해석했으나 실은 오해이다. 녹요동(逯耀東) 선생은 "금문경학과 고문경학을 초월하여 을부의 학(사학)을 전공했다."[14]라고 했는데 더욱 억측일 뿐이다. 나의 스승 고 정천범(程千帆) 선생의 해석이 가장 정확하다. 정천범 선생은 1995년 문인에게 보낸 서신에서 이렇게 지적했다.

> '불고불금'이란 말은 『태현경』에서 나왔는데, 이와 짝이 될 만한 말이 '동우각마(童牛角馬, 뿔 없는 송아지와 뿔 있는 말. 도리에 어긋남)'이다. 그 뜻은 스스로를 조롱하고 풍자하여 자기의 학문이 중국의 전통에 완전히

書 · 新知三聯書店, 2002)로 남아 있다. 또 劉隆凱 整理, 『陳寅恪"元白詩證史"講席側記』(湖北教育出版社, 2005)가 있다. 周勛初는 「以詩證史的範例」에서 "그의 연구 방법은 '以文證史'라 할 수 있다. '文' 글자는 우리나라 고래의 광의의 설법에 따라 이해해야 한다. 그는 시 · 문 · 잡사로 역사를 증명하는 데 그치지 않고 소설로도 역사를 증명했다."라고 했다(『周勛初文集』 第6卷 『當代學術研究思辨』, 江蘇古籍出版社, 2000, p.396). 이 설을 따라야 할 것이다.

12_『馮友蘭中國哲學史下冊審査報告』, 『金明館叢稿二編』, p.252. "寅恪平生爲不古不今之學."

13_『陳寅恪評傳』, 百花洲文藝出版社, 1992, p.81. 이 책은 제6장부터 제9장까지 모두 '爲不古不今之學'을 주제로 하여, 진인각의 학술을 관통시켜 보았다.

14_「陳寅恪的'不古不今'之學」, 『胡適與當代史學家』, 臺灣東大圖書公司, 1998, p.202.

> 부합하지도 않고 현대 학술 쪽으로 완전히 나아가지도 않았음을 깨달은 것이니, 고와 금을 짐작하여 스스로 일가를 이루었다는 것이다. 표면적으로는 자조이지만 사실은 자부이다. 그의 평생 실천에 근거하면 확실히 불고불금, 역고역금(亦古亦今)의 경지에서 중국과 서방의 학술을 꿰뚫고 지난날을 이어 미래를 열었다.[15]

이 설을 진인각의 문맥에 놓고 보면 꼭 들어맞는다. 『태현경』은 한나라 양웅(揚雄)의 저술인데, 이 두 구절에 대해 진(晉)나라 범망(范望)은 풀이하길, "마동우각은 늘 있다. …… 더 엎어지면 마땅함을 잃게 된다. 오늘에도 부합하지 않을뿐더러 옛날에도 부합하지 않게 된다."[16]라고 했다. 진인각은 1964년 「유여시별전(柳如是別傳)」 뒤의 「고경설게(稿竟說偈)」에서 "옛것도 아니고 새것도 아니며, 뿔 없는 송아지요 뿔 있는 말이다."[17]라고 진술했다. 이는, 한편으로는 그 비유가 확실히 『태현경』에서 나왔음을 입증해 주고, 다른 한편으로는 진인각의 이 생각이 일관되어 있었음을 말해 준다. 이렇게 보면 진인각이 스스로 허여한 것은 신파와 구파 사이의 제3파였으니, 선종사의 용어를 빌리자면 '교외별전'이라 부를 수 있다.[18]

만일 신과 구만으로 파를 구분한다면 진인각은 당연히 신파에 속한다. 술을 대단히 강조했는데, 술은 바로 방법이다. 그는 강의를 할 때 첫머리에서 요지를 밝혀, 전 과정에 걸친 자료와 방법의 특징을 진술했다.[19] 또 학문을 연구할 때 명언하든 암시하든 글의 행간에서 방법에 관

15_陶芸 編, 『閑堂書簡』(增訂本), 上海古籍出版社, 2013, p.425. 周勛初는 「진인각 선생 연구방법에 대한 나의 견해」에서 처음으로 진인각의 논저를 종합하여 이런 특색에 대해 상세하고 풍부하게 해설했다. 이 논문은 『當代學術研究思辨』에 수록되었다.

16_『太玄經』 卷3, 『四部叢刊』 初編本, 商務印書館.

17_『陳寅恪詩集』, p.133.

18_陳寅恪, 「題冼玉淸敎授修史圖」, 『陳寅恪詩集』, p.70. "若將女學方禪學, 此是曹溪嶺外宗." 이는 冼玉淸을 선종 남종에 견주어 표창한 것이다. 선종은 玄奘의 유식종과 달라서 인도 사상과 중국 본토 사상을 결합하여 별도로 종파를 이루어, 중국에 전파된 불교에 깊은 영향을 끼쳤다. 그래서 이 글에서는 진인각의 용법을 모방하여, '교외별전'이란 말로 비유하기로 한다.

19_唐筼 기록의 「元白詩證史第一講聽課筆記片段」, 劉隆凱 「陳寅恪"元白詩證史"講席側記」 第一講이 모두 해당 과목에 사용한 재료와 방법을 기록해 두었다. 李堅의 「陳寅恪二三事」에

해 추구했다. 단, 다른 신파 인물〔이를테면 호적 · 부사년〕과의 최대 차이점은, 결코 북미나 동구의 사상을 그대로 수입한 것이 아니라 스스로 새 길을 여는 방법을 추구했다는 점이다. 그는 1957년 유명서(劉銘恕)에게 보낸 서찰에서, 근년 저술하고 있는 책의 특징이 신자료와 신방법을 사용하여 "건가(乾嘉, 건륭 · 가경) 고거학의 옛 규범과도 다르고 태사공(사마천)이 말한 충허진인(沖虛眞人)의 새 설도 아니다."라고 밝혔다. 태사공의 충허진인은 당시 마르크스 레닌을 가리켰는데, 광의로 보면 실은 서양 학술을 가리켰다. 더 구체적으로 말하면, 그의 신재료는 '명 · 청의 시사(詩詞) · 방지 · 필기 등'[20]이었고, 신방법은 '이문증사(以文證史)'이며, 그 방법을 이용한 저술은 「유여시별전」이었다. 진술에서 신과 구 양자를 부정할 수도 있고, 화법을 바꿔 건가 고거학의 옛 규범도 있고 서양 학술의 새 설도 있다고 할 수 있다. 이것이 곧 "옛것도 아니고 지금 것도 아니며, 옛것이기도 하고 지금 것이기도 하다."라는 말이다. 진인각은 자기만의 연구 방법을 탐색한다는 점에 대해 자부하기도 하고 또 중시하기도 했다. 1968년 고령의 그는 다년간의 조수 황선(黃萱)에게 "나의 연구 방법은 네가 가장 잘 알 것이다. 내가 죽은 이후에 내가 어떻게 과학 연구를 했는지 이야기하는 글을 날 위해 써 다오."[21]라고 했다. 따라서 진인각이 연구 방법을 충분히 자각하고 고심하여 추구했다고 하는 것은 근거 없는 말이 결코 아니다.

그렇다면 '이문증사' 방법의 학술적 연원과 특색은 무엇인가? 현재 진인각에 대한 연구는 대부분 중국 전통에서 그 연원을 찾는다. 이를테면 1980년대 허관삼(許冠三) 선생은 "시로 역사를 증명하는 법은 진인각이 처음 창시한 것이 아니다."라 하고, 멀리 북송 시대로 소급하고 가까이 왕국유(王國維) · 호적(胡適) · 곽말약(郭沫若) · 등지성(鄧之誠) 등의 저술을 거론하여, 그들이 모두 "시로 역사를 증명하는 종지에 착안했으며"[22], 그것을 따르는 사람들이 아주 많았다고 했다. 만일 이렇기만

보면 "그의 제1차 강의 시간에 오로지 그의 역사관과 학문 방법의 문제에 관해서 강의했다."라고 적었다.(張傑 · 楊燕麗編 『追憶陳寅恪』, 社會科學文獻出版社, 1999, p.247)

20_『陳寅恪集 · 書信集』, 生活 · 讀書 · 新知三聯書店, 2001, p.279.

21_蔣天樞, 『陳寅恪先生編年事輯』(增訂本), p.182.

22_『新史學九十年』, 岳麓書社, 2003, p.275.

하다면 진인각의 학술은 첫째 전통 학문의 기초 위에서 미루어 나가 부연한 것에 불과하고, 둘째 동시대에 유사하게 연구한 사람이 많았던 셈이므로, 이것을 어떻게 그 학술의 주요 특색이라 하겠으며, 진인각이 어떻게 '옛것도 아니고 지금 것도 아니다'라고 자평할 수 있었단 말인가? 이 방법의 성립에 대해서는 반드시 새로 고찰할 필요가 있다.

중국 전통에서 보면 시와 사는 본래 밀접했다. 맹자가 "『시』가 망한 이후에 『춘추』가 지어졌다."[23]라고 했듯이, 『시』와 『춘추』는 정신적으로 연관이 있었다.[24] 동한 후기의 정현(鄭玄)은 『시경』을 연구하면서 맹자의 방법을 전적으로 사용해서 『시보(詩譜)』를 남겼고 또 『시전(詩箋)』을 남겼다. "『보』라고 하는 것은 고인의 세대를 논하는 방법이고, 『전』이라고 하는 것은 고인의 뜻을 거슬러 탐지하는 방법이다."[25]라고 했듯이, 『시경』을 시대와 결합시켜 후세에 크게 영향을 끼쳤다. 당나라 때 이르러 두보(杜甫)의 작품은 시사(詩史)라고 일컬어졌으며, 송나라 사람의 주석은 그것을 기전(紀傳)과 부합시키려고 애썼다. 전형적인 것이 진우석(陳禹錫)의 두시 주석으로, "책의 제목을 스스로 『사주시사(史注詩史)』라 하고 …… 사와 시를 어느 일 하나도 부합하지 않는 것이 없게 하여, 연월일에 이르기까지 계산하여 나의 설에 귀속시켰다."[26]라고 했다. 이른바 백가주(百家注) · 천가주(千家注)도 대부분 시와 사의 관계를 기계적으로 이해하여 시를 사와 동등하게 두어 융합시키지 못했

23_『孟子』「離婁 · 下」, 朱熹, 『四書章句集注 · 孟子集注』 卷8, 中華書局, 1983, p.295. "『詩』亡然後『春秋』作."

24_廖平은 『今古詩古義疏書凡例』의 '筆削取義'에서, 『맹자』의 "王者之跡熄而詩亡" 구는 마땅히 "王者之跡熄而『詩』作, 『詩』作然後『春秋』作"이 되어야 한다고 했다. 『시』는 "이미 素王(즉 공자)의 필삭을 거쳐서, 편장과 자구의 면에서 물레에서 실 잣듯이 뽑아 나온 것이 전적으로 성인의 마음에서 나왔으니, 역시 『춘추』에서 사건을 나란히 제시하고 언사를 연결하여 작문한 것이 모두 義例에 관계하는 것과 같다."(『六譯館叢書』「詩經類」). 둘 사이의 관계를 정치적 풍자로 향하게 하여, 전국 · 진 · 한의 시대적 특징에 부합하므로, 이 설을 참고할 만하다.

25_王國維, 『玉谿生年譜會箋序』, 張采田, 『玉谿生年譜會箋』 卷首, 上海古籍出版社, 1983, p.3. "『譜』也者, 所以論古人之世也 ; 『箋』也者, 所以逆古人之志也."

26_劉克莊, 『再跋陳禹錫〈杜詩補注〉』, 『後村先生大全集』 卷106, 『四部叢刊』, 商務印書館版. "自題其書曰『史注詩史』, …… 必欲史與詩無一事不合, 至於年月時日, 亦下算子, 使之歸吾說而後已."

다. 전겸익(錢謙益)은 그것들을 조롱하길, "생쥐가 쇠뿔을 먹는 것과 같아, 생쥐가 갉으면 갉을수록 점점 깊이 파고 들어가서 궁지에 몰려 점점 나올 곳이 없게 되는 식이다."[27]라고 하고, 스스로 두시를 주석하여 마침내 "제가의 곡설을 일체 제거해서"[28] 대단히 높은 성취를 이루어 내었다. 진인각은 전겸익에 대해 깊은 관심을 두고, 그의 두시 주석에 아주 주목하여, 『유여시별전』의 상당히 많은 단락에서 전겸익과 주학령(朱鶴齡)의 두시 주석을 공안(公案)으로서 거론했다. 그는 전겸익의 두보 주석을 전체적으로 평가하여, "묵재(牧齋, 전겸익)의 두시 주석은 특히 시사(詩史) 한 가지에 주의를 했으니, 두시와 당나라 역사를 목재처럼 극도로 상세하게 대조한 예는 전에 아직 없었다."[29]라고 했다. 진인각은 이렇게 전겸익의 '시와 사를 상호 입증하는' 방법을 대단히 높이 표창했으므로 이 방법은 그에게도 필시 영향을 끼쳤을 것이다. 단, 진인각의 '문으로 역사를 증명하는' 방법은 중국 학술 전통에서 자연적으로 파생되어 나온 결과가 아니다. 그 학과 술은 중국 전통과 서양 학술의 접맥에서 형성된 것이다.

3. 랑케 사학과 이문증사(以文證史)

진인각의 학술과 서학의 관계에 대해서, 특히 독일 사학과의 관계에 대해서는 여러 사람들이 중시해 왔다. 근년에도 전문적인 저술이 나왔다.[30] 독일 역사학이 그에게 끼친 영향을 이야기할 때 대개는 니부어(Barthold Georg Niebuhr, 1776-1831), 훔볼트(Wilhelm von Humboldt, 1767

27_錢謙益, 『草堂詩箋元本序』, 『錢注杜詩』 上冊, 上海古籍出版社, 1979, p.4. "鼷鼠之食牛角也, 其齧愈專, 其入愈深, 其窮而無所出也滋甚."

28_錢謙益, 『注杜詩略例』, 『錢注杜詩』 上冊, p.1.

29_陳寅恪, 『柳如是別傳』 下冊, 上海古籍出版社, 1980, p.993. "牧齋之注杜, 尤注意詩史一點, 在此之前, 能以杜詩與唐史互相參證, 如牧齋所爲之詳盡者, 尙未之見也."

30_대표적인 것을 들면, 陳懷宇는 『在西方發現陳寅恪：中國近代人文學的東方學與西學背景』(北京師範大學出版社, 2013)에서, 서방(주로 영어)의 새 자료를 이용하여 사람들이 잘 알지 못하는 역사 사실을 적잖이 발굴했다.

-1835), 랑케(Leopold von Ranke, 1795-1886) 등을 거론해 왔고, 근년 어떤 학자는 이 명단에 발라즈(Étienne Balázs, 1905-1963)와 헤르더(Jihann Gottfried von Herder, 1744-1846)를 추가했다. 다만 어떻든 랑케의 영향이 가장 크다는 점은 공인되어 있다. 하지만 랑케 사학의 영향을 이야기하는 사람들은 모두 사료의 중시라는 점에 집중하는 듯하다.[31] 그러나 내가 보기에 랑케 사학의 영향은 여기에서 그치지 않는다. '문으로 사를 증명하는' 방법의 형성이 랑케 사학의 자극과 결코 무관하지 않다.

랑케와 부르크하르트(Jacob Burckhardt, 1818-1897)는 19세기 후반 독일 문화권에서 명성이 가장 높은 역사학자였지만, 그들 사학의 취향과 특징에 대한 이해는 일정하지가 않다. 랑케보다 조금 뒤의 프랑스 사학자 앙투안 기양(Antoine Guilland, 1861-1938)은 1899년과 1915년 각각 불어와 영어로 『근대 독일 및 그 역사학자』란 책을 간행했다. 그는 정치사의 각도에서 랑케 사학을 분석하여, "역사에 대한 그의 관념은 우선 정치성을 띤다."[32]라고 주장하고, "그 내핵을 발견하기 이전에 우선 외부 껍질을 격파해야 한다."[33]라 하고는, 외관상 평화스럽고 냉정한 표상의 아래에 숨어 있는 "프러시아와 친밀한 역사학자들의 편견"[34]을 들춰내려고 했다. 단, 랑케의 경우 사람들에게 널리 알려진 사학적 품격은 '고증'이다. 특히 그의 사후 독일 학자만이 아니라 프랑스와 영국의 역사학자들도 "랑케를 자기의 스승으로 삼고 아울러 다른 사람보다 훨씬 즐겨 랑케의 방법을 운용했다."[35] 이로써 랑케는 근대 '고증파' 사학의 모범이 되었다. 이 모범은 미국 사학계가 랑케를 오해하여 "본질상 실증주의 노선

31_汪榮祖는 『陳寅恪評傳』에서, "랑케가 어문 고증 방법을 제기한 것 이외에 가장 크게 공헌한 것은 원초 사료를 중시하여 고문서 연구의 선하를 열었다는 점이다. …… 랑케의 역사과학 방법은 주로 이 점을 가리킨다. 이 하나는 우리나라 근대 사학에 끼친 영향이 아주 크다."(p.49)라고 했다. 許冠三은 『新史學九十年』에서 현대 역사가의 유형을 논하면서, 진인각을 사료학파에 배열했다.

32_『近代德國及其歷史學家』(*Modern Germany and Her Historians*), 黃豔紅 譯, 北京大學出版社, 2010, p.57. 최초의 프랑스판 서명은 *L'Allemagne nouvelle et ses historiens*으로, '신독일과 그의 역사학가들'이란 뜻이다.

33_『近代德國及其歷史學家』, p.44.

34_『近代德國及其歷史學家』, p.61.

35_『近代德國及其歷史學家』, p.70.

의 사상적 시조로 보아야 한다."[36]라고 함으로써 더욱 널리 전파되었다.

하지만 지난 1990년대 이래 랑케에 대한 평론은 구미 사학계에서 큰 변화가 일어났다. 미국사학가 필릭스 길버트(Felix Gilbert, 1905-1991)는 생전 최후의 저작 『역사학: 정치인가 문화인가 — 랑케와 부르크하르트에 대한 반성』에서, 첫째 랑케 사학은 결국 어떤 새로운 의미를 지니는가, 둘째 부르크하르트의 문화사 관념은 당시 정치 및 학술 사조와 어떤 관계에 있는가, 하는 두 문제를 집중적으로 논했다. 이 책의 결론에 따르면, 19세기 이래 사람들은 랑케 사학의 탐구에서 널리 받아들여진 결론, 즉 "랑케는 어문-고거법이라는 새 방법을 사용함으로써 사학을 과학의 한 분야로 승격시켰다."라는 결론을 이끌어 내었으나, 저자의 관점에서 보면 이 통념은 "랑케가 사학 연구에 끼친 공헌을 단순화하고 고착화시킨 것이다."[37] 그렇다면, 저자는 엄폐되어 있는 랑케 사학의 어떤 정수를 드러내 보일 것인가? 그것은 사학 저술이 '문학예술'의 한 부문이 되어야 한다고 본 사실이다. 랑케 자신은 "사학이 기타 학술 활동과 다른 점은 그것이 일종의 예술이라는 사실에 있다."[38]라고 말했다. 랑케가 남긴 말 가운데 그 당시나 그 후대에 가장 많이 인용되는 것은 그의 초기작 『라틴과 튜턴 민족사 1494-1514』(History of the Latin and Teutonic nations from 1494 to 1514)의 서문에서 말했던 '사정의 본래 면목(wie es eigentlich gewesen)'[39]이다. 단, 독일어 'eigentlich'는 영어로 번역할 때 조금 문제가 있어서, 이것이 과거를 본질적으로(essentially) 표명하는 것인지, 진정하게(really) 표명하는 것인지, 실제적으로(actually) 표명하는 것인지 분명

36_게오르크 이거스(Georg G. Iggers), 「미국과 독일 역사사상에서의 랑케 형상」, 『二十世紀的歷史學：從科學的客觀性到後現代的挑戰』(*Historiography in the Twentieth Century: From Scientific Objectivity to the Postmodern Challenge*) 부록, 何兆武 譯, 山東大學出版社, 2006, p.155. 이 논문은 1962년에 작성되었는데, 이때는 대다수 미국 역사가들로 말하면 랑케의 형상이 아직 근본적으로 바뀌지 않았을 때이다.

37_『歷史學：政治還是文化』(*History: Politics or Culture? Reflections on Ranke and Burckhardt*) 第2章, 劉耀春 譯, 劉君 校, 北京大學出版社, 2012, pp.13-14.

38_『歷史學：政治還是文化』, pp.15-16.

39_蘭克(랑케) 著, 羅格 · 文斯(Roger Wines) 編, 『世界歷史的秘密：關於歷史藝術與歷史科學著作選』(*The Secret of World History: Selected Writings on the Art and Science of History*), 易蘭 譯, 復旦大學出版社, 2012, p.79.

하지 않다. 길버트의 견해로는 이 말이 랑케의 발화 맥락에서 진정으로 의미하는 것은 "역사학자는 사태의 실제 면목을 드러내야 한다는 임무의 한계를 엄수해야 한다."[40]라는 것이다. 따라서 이 이야기는 우리들에게, '랑케 사학의 성취 가운데 간과된(폐기되어 버렸다고는 하지 않더라도) 층위', 곧 '문학 층위'에 주의를 돌려야 한다고 말해 준다. "실제 면모에 따라 과거를 드러낸다는 것은 정확하게 사실을 확인함을 의미하는 데 그치는 것이 아니라 재연의 방식으로 그것을 시대의 언어 맥락 속에 위치시킴을 의미한다."[41] 랑케가 보기에, "사학가는 그저 고증가이어야 하는 데 그치지 말고 반드시 작가이어야 한다. …… 그는 역사 저술이 문학 작품이기도 해야 한다는 점을 조금도 의심하지 않았다."[42]

주의할 것은, 랑케 사학이 지닌 이 방면의 특징을 드러낸 것이 결코 길버트 한 사람만의 발견이 아니라는 점이다. 길버트 저술의 주석에서 관련 연구 성과를 살필 수 있을 뿐 아니라, 독일 사학가 예른 뤼젠(Jörn Rüsen)과 슈테판 요르단(Stefan Jordan)이 2004년 최근의 랑케 연구 동향을 개괄한 것을 통해서 현 서방 사학계의 한 관점을 분명히 이해할 수 있다.

> 근래 사람들은 랑케가 그 풍부한 역사 저술 속에서 운용한 분석 방법과 서사 예술에 관해 깊이 연구하고 있다. 19세기 유럽 현대 사학의 흥기와 현대 소설 사이의 내적 연계를 새롭게 평가하고 있는 것이다. 이를테면 역사 소설의 탄생과 랑케의 『라틴과 튜턴 민족사 1494-1514』를 대비했다. 이런 연구는 종전에는 주목하지 않았던, 역사 서술이 준용하는 특정한 수사학 모형에 관계하고 있으며, 그로써 랑케 및 그 시대의 사학가에 대한 연구 영역을 한층 확대시켰다.[43]

이 견해들은 모두 문학이 랑케 사학에서 끼친 역할을 부각시키고 있다. 우리가 19세기 말 20세기 초에 이루어진 기양의 저작을 다시 읽

40_『歷史學：政治還是文化』, p.41.
41_『歷史學：政治還是文化』, p.42.
42_『歷史學：政治還是文化』, p.43.
43_斯特凡 · 約爾丹 · 耶爾恩 · 呂森 編, 『歷史上的各個時代—蘭克史學文選之一』(*Über die Epochen der neueren Geschichte*) '編者導言', 楊培英 譯, 北京大學出版社, 2010, p.24.

어 보면 실은 이 요소가 특별히 강조되지는 않았지만 책 속에 다음과 같은 몇 가지 사실이 마찬가지로 들어 있었다는 점을 발견할 수 있다. 즉, 랑케는 15세기 연구에서 루이 11세에 주목할 때, 월터 스콧(Walter Scott, 1771-1832)의 역사 소설 『경혼기(驚婚記, 퀜틴 더워드)』(Quentin Durward)가 묘사하는 것이 바로 이 시대이기 때문에 "이에 이 책을 번역했다."[44] 또 랑케는 사료의 비판적 연구를 강조했는데, 이 방법도 완전히 참신한 것이 아니라, "생트 뵈브(Sainte-Beuve)가 문학비평에서 그렇게 했다."[45] 게다가 랑케가 1824년 저술을 시작할 때 독일에는 아직 문학사가가 없었으므로 그의 『라틴과 튜턴 민족사』가 출판되자 "베를린 문학계는 그들의 아우구스틴 티에리(Augustin Thierry)의 탄생을 환호했다. 왜냐하면 그들은 랑케의 작품에서 그들이 기대하던 것을 발견했기 때문이다."[46] 기용이 보기에 "역사학은 형식상의 미감을 갖추어야 하는데, 랑케는 이 방면에서 가장 빼어난 재능을 갖추고 있었으며,"[47] 이것이 랑케 사학의 '또 다른 특질'이었다. 후세에 상당히 오랜 기간, 랑케는 사료를 중시하고 고거를 강조하며 근대 '객관적' 사학의 기초를 놓은 인물의 형상으로 점점 사람들 마음에 파고들어, 학술계로 하여금 오랫동안 랑케 사학의 또 다른 국면을 망각하게 만들었던 것이다.

랑케 사학 속의 '문학 층위'에 관해서는 다음 두 방면에서 살필 수 있다.

첫째, 사학의 서술에 대하여. 랑케의 경우, 역사학자의 작업은 우선 사료를 정확하게 고증하여 사실과 사실 사이에 내재하는 연관을 탐구해야 한다. 다음으로 명석하면서 우아한 언어로 그 내재적 연관을 새롭게 서술해야 한다. 그래서 "역사학자의 임무는 우선 박학해야 하고 또한 문채가 있어야 한다. 역사는 예술이요 과학이기 때문이다."[48] 랑케는 두말할 것 없이 이런 재능을 지니고 있고 또 그 재능을 사용했으므로 사람들은

44_『近代德國及其歷史學家』, p.52.

45_『近代德國及其歷史學家』, p.56. 생트 뵈브(CharlesA. Sainte-Beuve, 1804-1869)는 프랑스 문학평론가.

46_『近代德國及其歷史學家』, p.64. 아우구스틴 티에리(Thierry,Jacques-Nicolas-Augustin, 1795-1856)는 프랑스 역사학자.

47_『近代德國及其歷史學家』, p.63.

48_蘭克, 『法國史』, 『世界歷史的秘密 : 關於歷史藝術與歷史科學著作選』, p.346.

그의 문풍이 유려하고 자구의 짜임이 다채롭고 서술의 운율이 조화롭다고 칭송했다. 미국 학자 로저 와인스(Roger Wines)는 "우리는 랑케의 저술을 문학 작품으로 간주하여 감상할 수가 있다. 문학 작품은 역사 정보를 제공할 따름이지만, 랑케라는 예술가는 역사 사실을 가지고 예술 창작에 종사했다."라고 말했다. 그는 랑케의 선집을 엮었는데, 랑케가 "역사 예술 방면에서 이룩한 불후의 공적에 비추어 보아"[49] 그런 것이다. 헤이든 화이트(Hayden White)는 문학적 플롯 구성(emplotment) 모형에 따라 19세기 역사학가들을, 쥘 미슐레(Jules Michelet)의 낭만극, 랑케의 희극, 토크빌(Alexis de Tocqueville)의 비극, 부르크하르트의 풍자극 등 네 부류로 나누고, 랑케의 희극 모형이 필연적으로 부르크하르트의 풍자극 모형으로 바뀌었다고 지적했다.[50] 앤서니 그래프턴(Anthony Grafton)은 감탄하면서, "현대의 학자들이 랑케를 과학화의 역사학자로 보아야 할지 낭만주의 역사학자로 보아야 할지 확정할 수 없는 것은 기이한 일이 아니다."[51]라고 했다. 후대의 사람은 역사 개념 사전을 편찬할 때, '생동성(Anschaulichkeit)' 조항에 랑케를 예로 드는데, 이는 그가 "증인 보고, 여행 일기, **역사 소설**의 서술 수단을 이용함으로써 생동적인 새 경지를 창조했기"[52] 때문이다. 그런데 사학의 표현 및 서술이란 측면에서 진인각은 그 영향을 그리 받지 않았다. 진인각의 사학 논저는 문자 서술 면에서는 예술적 장치를 언급할 만한 것이 없을 뿐 아니라, 동시대 학자들의 은근한 비방을 받기까지 했다. 호적은 일기에서, "진인각 선생의 논문 서너 편을 읽었다. 진인각은 사학을 연구하여 오늘날 가장 박학하고 가장 식견이 있으며 가장 재료를 사용할 줄 아는 사람인 것은 물론이다. 하지만 그의 문장은 그리 명료하지 못하고 표점(標點)에 아주 게을러서

49_『世界歷史的秘密：關於歷史藝術與歷史科學著作選』「導言」, pp.38-39.

50_『元史學：十九世紀歐洲的歷史想像』(*Metahistory: The Historical Imagination in Nineteenth-Century Europe*), 陳新 譯, 第2部：19世紀歷史寫作中的四種'實在論', 譯林出版社, 2009, pp.159-320.

51_『脚注趣史』(*The Footnote: A Curious History*), 張弢·王春華 譯, 北京大學出版社, 2014, p.93.

52_德國斯特凡·約爾丹(Stefan Jordan) 主編, 『歷史科學基本概念辭典』(*Lexikon Geschichtswissenschaft Hundert Grundbegriffe*), 孟鍾捷 譯, 北京大學出版社, 2012, p.12.

표준으로 삼기에 부족하다."[53]라고 했다. 전목(錢穆)은 여영시(余英時)에게 보낸 서신에서 근래 사람들의 학술 저작들을 논평했는데, 그 가운데 진인각의 문장을 두고, "왕국유만 못하여 잡다하고 가지가 많아 매편마다 열에 서넛은 제거해야 비로소 읽을 만하다."[54]라고 했다. 이런 논평의 타당성 여부는 오늘날 사람들마다 견해가 다르지만, 이 논평이 일기나 개인 서신에서 나와 그들의 진실한 감회를 드러내고 있는 것은 분명하다. 진인각은 랑케 사학의 이 한 특징을 취하지 않았으나, 문학적 재화가 결핍했던 것은 결코 아니다. 그가 예증을 중시하는 찬술 방식을 채용한 것은 실은 의도적으로 그런 것이다. 그가 계승한 것은 "사(史)의 도(道)는 찬술은 간략하고 고증은 상세해야 한다."[55]라는 중국 사학의 정통이다. 서술에서 '정전(正典)을 소홀히 하고 소설을 취한' 패관체[56]를 폐기한 것은 가독성에 손해를 주었지만 애석하게 여길 것이 못 된다. 다만, 서술에서 '문학'의 수사를 중시했더라면 '문사 결합'을 체현하여 사람들로 하여금 사학 연구에서 문학을 중시하도록 촉구하여, 직접적인 연계는 없다고 해도 거기서 더 나아가 '문학으로 역사를 증명하는 일'을 촉발했을 수는 있었을 것이다. 사실 자기의 계획은 타인의 인식과는 왕왕 차이가 나기 마련이다. 랑케의 경우, 그는 자신의 역사 저술에 대해 평가하길, "나는 자기의 독특한 방식으로 역사 서술에 종사하는데, 이 서술 방식은 질박하지 결코 수사적이지 않으며, 필요한 경우가 아니면 조금도 문체를 드러내지 않는다."[57]라고 했다. 이 말을 랑케의 다른 서술에 비

53_曹伯言 整理,『胡適日記全編』第6冊,'1937年3月22日', 安徽敎育出版社, 2001, p.657.

54_余英時,『猶記風吹水上鱗 : 錢穆與現代中國學術』附錄, 臺灣 : 三民書局, 1991, p.253.

55_『四庫全書總目』卷45「史部總敘」, 中華書局, 1965年 影印, p.397.

56_『晉書』提要,『四庫全書總目』, p.405.

57_蘭克,『口述自傳』,『世界歷史的秘密 : 關於歷史藝術與歷史科學著作選』, p.54. 내가 보기에 차이가 형성된 원인은 복잡하므로, 여기서 자신의 공언에 의거할 수는 없다. 랑케는 역사 연구와 본문 비평을 하나로 연결하여, 이것이 '내 자신이 창시한 연구 방식'(『口述自傳』, p.51)이라고 말했다. 하지만 그래프턴이 지적하듯이, 랑케 이전의 고트프리트 헤르만(Gottfried Hermann, 1772-1838)은 사료 비판의 면에서 랑케를 배태했으며, 랑케는 심지어 고트프리트를 '신고증 방법의 개창자'라고 일컬었다. 그러나 결국 "랑케는 부지불식간에 자기에게 독창성이 있다고 강하게 일컬었으며(사람들은 모두 독창성을 얻었다고 생각한다) 심지어 기억 속에서 자기 전통에 대하여 센서링을 행하는 대가를 치루는 것을 아끼지 않았다."(『腳注趣史』, pp.111-112).

추어 보면 분명히 모순을 발견하게 된다.

둘째로 사학의 방법에 대하여. 랑케의 경우, 세계 인식의 방법에는 철학적 방식과 역사학적 방식의 둘이 있다. 전자는 '추상 일반을 통한 연구'이고 후자는 '특수를 통한 연구'이다.[58] 그가 최종적으로 이룩하려는 목표는 "근본적으로 '역사'라는 이 이름을 더욱 존귀하게 하려는 것이었다."[59] 로저 와인스의 개괄을 따르면, 랑케는 "역사주의를 이용하여 정신적으로 사람들을 우러러볼 높은 산과 같은 경지로 만들고자 했다."[60] 다만 역사학자는 역사 사실로 돌아가, 이 개별 사실에서부터 승화하여 사건들 사이의 광범한 연계를 파악하는 능력을 지니고 있어야 하며, 특히 외관상 무관해 보이는 재료 사이에서 내적 연계를 발견하는 일이 귀중하다. 이때 첫 번째 단계에서는 사료 비판의 원칙을 견지한다. 랑케도 문학 재료를 사용하여 역사로 진입할 때, 특히 소설인 경우, 일단 그 속의 착오를 발견하면 자기의 연구와 허구적 고사와의 관계를 끊어 버렸다. 두 번째 단계에서는 사실의 본래 면목을 드러내야 한다. 이것은 하느님의 신성 의지에서 나오는 것으로, 구체적 문헌 사료 연구를 통해서는 결코 획득할 수가 없고 감정 이입과 직각을 통해서만 비로소 감지할 수가 있다. 랑케는 만년에 아들에게 준 서신에서, "사람은 마땅히 내면적 감정에 따라 역사를 이해해야 한다. …… 하느님의 신성한 의지가 매 사물의 위에 높이 걸려 있으니, 이 하느님의 신성 의지는 직접 증명할 길이 없고, 직각에 의거해서만 이 신성 의지를 감지할 수 있다."[61]라고 했다. 이는 다른 문헌에도 진술되어 있다. 이를테면 "결국은 공감(Mitgefühl)과 이입(Mitwissenschaft)으로 일체의 모든 것을 이해해야 한다."[62]라고 하거나, 혹은 "비평적 연구에 직관적 이해를 더하여 이 둘 사이를 상호 배합하는데 그치지 말고 그 둘이 더욱 설득력을 지니도록 만들어야 한다."[63]라고도 했다. 그래프턴은 일찍이 비더만(T. Wiedemann)의 개괄을 차용

58_蘭克, 『世界史』, 『世界歷史的秘密：關於歷史藝術與歷史科學著作選』, p.139.
59_『世界史』, p.336.
60_『世界史』, pp.20–21.
61_『世界史』, p.349.
62_『世界史』, p.328.
63_『世界史』, p.336.

해서 랑케의 비류 없는 발군의 재능, 즉 "탐정과도 같은 직각과 역사학의 통찰력을 결합하는"[64] 재능에 대해 말했다, 직각과 이입은 말하자면 일종의 예술적 심미 방법이다. 랑케는 이 방법을 통해서 대량의 사료 속에서 사실의 본래 면목을 감지하고 파악할 수가 있었다. 이 층위에서 진인각은 아주 많은 것을 흡수했다. 중국 전통 학술의 틀에서 경학은 시종 절대적으로 우세한 지위를 차지해 왔는데, 진인각에 따르면 경학의 재료는 "왕왕 이지러지고 불완전한 데다가 아주 적어서 그 해석이 정확하지 못하며", 허탄한 인물들이 연구하여 종종 "한두 미세하고 의심스러운 증거들만 가지고 증명할 수 없는 광범한 결론을 부회하므로", 그 결과 "귀신을 그리려 하듯이 하여 형태를 얼추 갖추면 할 일을 다 마쳤다는 식이지만 그 참된 형상과 흡사한지는 그림 그린 사람도 그림 보는 사람도 모두 모른다." 당시에 고사(古史)를 다투어 말하는 학자들의 경우도, "그중에는 청나라 말기의 허탄한 경학가들이 하던 그런 것을 하는 이들"[65]이 있었다. 진인각은 또 만청 이래의 학풍은 경학을 연구하면『공양춘추(公羊春秋)』를 상당히 숭상하고 역사를 연구하면 서북 역사 지역을 존중했는데, 그 후 "공양학은 이리저리 변하여 개제(改制)와 의고(疑古)가 유행 풍조로 되어, 근 40년간 정치상의 혼란과 문학에서의 낭만주의와 특수하게 연계되었다."[66]라고 했으니, 기롱하고 풍자하는 뜻이 언사에 드러난다. 경학이 사학에 분명히 뒤진다는 점은, 경전 연구 방법으로 역사를 연구하여 접질리지 않은 사람이 드물다는 사실에서 알 수 있다. 이지러져 온전하지 않은 자료 속에서 고대의 전체 구조를 엿보려면, "예술가가 고대 회화와 조각을 감상하는 것과 같은 시각과 정신을 갖추어야 하며" "정신이 노닐고 깊이 명상하여, 입론한 고인과 동일한 경지에서 그 지론이 부득이 이와 같지 않을 수 없었던 고심과 조예에 대해 일종의 동정을 표해야 비로소 그 학설의 시비와 득실을 비평할 수가 있어, 장벽을 사이에 둔 동떨어진 논술이지 않을 수가 있다."[67] 바로 이와 같았

64_『脚注趣史』, p.66.
65_「陳垣元西域人華化考序」,『金明館叢稿二編』, pp.238-239.
66_「朱延豐突厥通考序」,『寒柳堂集』, 上海古籍出版社, 1980, p.144.
67_「馮友蘭中國哲學史上冊審查報告」,『金明館叢稿二編』, p.247.

기에 진인각은 역사를 논하고 문장을 논할 때 상하 고금을 아울러 한 시간 한 지역에 구애되지 않았으며, 작은 조각의 개별 자료에서 척안(隻眼)을 갖추어, "다른 것 속에서 같은 것을 보고 같은 것 속에서 다른 것을 보아, 다른 것과 같은 것을 융회하고 옛날과 지금을 혼합하여, 같은 것과 다른 것을 둘 다 묵묵히 깨닫고 지금과 옛날이 합류하는 환각을 별도로 만들어 내어"[68], 소견이 왕왕 『열자』에서 구방고가 천리마가 암컷인지 수컷인지 검은색인지 누런색인지 따질 필요가 없었던 것과 같은 그런 경지에 이르렀던 것이다. 이것이 랑케가 강조한 '공감', '직감', '이입'이라는 것과 모두 부합할 수 있다. 다만 랑케가 마주한 것은 '하느님의 신성 의지'였던 데 비하여 진인각이 마주한 것은 고인의 정신과 학설이었다. 따라서 랑케가 중시한 것은 직감인 데 비해 진인각이 중시한 것은 '명료한 이해에 따른 동정(同情)'이었다. 이것은 중국 전통의 '사람을 알고 세상을 논한다[知人論世]'와 '자신의 마음으로 시편 작가의 뜻을 영접한다[以意逆志]'는 설에서 유래하며, 그와 동시에 천착과 부회의 폐단으로부터 벗어났던 것이다. 중국 문학의 특질에 근거하여 진인각은 또 '문학으로 역사를 증명하는' 방법을 대량으로 사용했다. 그리고 '문학으로 역사를 증명하는' 법의 실제 운용에서 특히 '명료한 이해에 따른 동정'에 주의했다. 채홍생(蔡鴻生)은, "진인각 선생은 역사적 인물과 예술적 전형의 사이에 가교를 놓는 본령에서 허와 실을 둘 다 살려서 사람들로 하여금 탄복하게 만든다."[69]라고 했다. 랑케 사학과의 '비슷함'과 '비슷하지 않음'의 사이에서 진인각은 '옛날도 아니고 지금도 아닌' 학술 품격을 실천했던 것이다.

4. 부르크하르트와 '이문증사(以文證史)'

부르크하르트의 경우, 이 사람은 『이탈리아 문예부흥시대의 문화: 가설』(Die Kultur der Renaissance in Italien: Ein Versuch)로 불후한 명성을 얻은

68_「讀哀江南賦」, 『金明館叢稿初編』, 上海古籍出版社, 1980, p.209.
69_「發覆的魅力」, 『仰望陳寅恪』上編, 中華書局, 2004, pp.68-73.

학자로, 한편으로는 랑케를 추수했고 다른 한편으로는 문화사와 예술사를 결합시킨 유럽 학자이다. 예른 뤼젠(Jörn Rüsen)과 슈테판 요르단(Stefan Jordan)이 '랑케 사상을 적극적으로 수용한 대표적 유럽 인사' 명단에 나열한 사람 가운데 가장 젊은 사람인 부르크하르트는 "그의 뒤로 예술-문화사의 발전 방향이 분명하게 되었다"[70]라고 인정된다. 물론 이것은 충분히 이유가 있다. 1843년 부르크하르트는 그 개인의 이력을 채울 때 자기에게는 "이 개인에 대해 어떻게 찬미하든 과장이 아니다, 레오파르트 폰 랑케"[71]라고 말할 수 있는 한 분 스승이 있다고 적었다. 40년 뒤 그는 "자기의 추도사를 쓸 때 자기가 일찍이 랑케의 학생이었다는 것을 반드시 거듭 말하라고 확인했다."[72] 부르크하르트가 보기에 "문학 예술과 정밀한 학술 연구를 결합시킨 것이 랑케의 초기 두 위대한 사학 저술이 지닌 유일무이의 특징이다."[73] 그가 가리키는 것은 랑케의 『교황사』와 『종교개혁 시기의 독일사』이다. "부르크하르트로서는 이 두 역사 저술은 랑케의 모든 저술의 도언(導言)으로, 랑케는 정치사와 문화사를 확연히 분리할 수 없다고 보았다."[74] 이 두 점은 랑케와 부르크하르트의 공동 유대를 구성하여, 그들이 사학 방향과 취미 및 인식에 차이가 있기는 해도(이것은 어쩌면 부르크하르트가 자신이 랑케의 제자임을 재삼 강조한 이유 가운데 하나이다) "랑케는 정치사학파의 영수로 공인되고, 부르크하르트는 뛰어난 문화사 저작을 써 내었다."[75]

랑케와 마찬가지로 부르크하르트도 연구 방법의 탐색을 상당히 중시했다. 그는 『세계역사명상록』 도언에서 "연구 과정에서 각 개인은 자기의 길을 달려 나간다. 각 개인이 달려가는 길은 그의 정신 노정을 체현하므로, 그는 자기만의 독특한 방식으로 그의 연구 과제를 향해 달려가면서 자기의 사색 노정을 자기에게 적합한 방식으로 발전시킨다."[76]라고

70_『歷史上的各個時代一蘭克史學文選之一』, 「編者導言」, p.1.
71_『歷史學 : 政治還是文化』, p.109.
72_『歷史學 : 政治還是文化』, p.112.
73_『歷史學 : 政治還是文化』, p.114.
74_『歷史學 : 政治還是文化』, p.116.
75_『歷史學 : 政治還是文化』, p.112.
76_『世界歷史沉思錄』(*Weltgeschichtliche Betrachtungen*), 金壽福 譯, 北京大學出版社, 2007, p.4.

말했다. 문화사에 중심을 두는 사학가로서 부르크하르트는 사료의 운용과 비판에서 자신의 준칙을 가지고 있었다. 사료는 당연히 전체적으로 체계를 지녀야 하지만, 문화사 연구가 사용하는 것은 "대부분 일종의 무의식적이고 초연하게, 심지어 우연한 방식으로 제공되는 재료가 조성하는 것"이다. 역사가로 말하면, 그중에서 체현되어 나오는 '항구적이면서 전형적인 것'을 잘 파악해야 하며, "장기간에 걸친 광범위한 독서만이 비로소 이 한 점을 확인할 수 있다."[77] 그 가운데 문학은 매우 중요한 사료 원천이다. 그는 말하길, "유명한 고전 작가의 작품들(기껏 한데 모은 것이라 해도 독특한 가치가 있는 것)은 어느 것이나 모두 문화사 연구의 소재라는 점을 교사는 늘 강조해야 한다."라고 했다. 이때 그가 말한 문화사 연구의 소재란 것은 구체적으로는 서사 작가 · 시가 · 철학을 포괄한다. 독서의 총체성을 강조함으로부터 그는 더 나아가, "연구자는 아주 많은 이류 작가와 삼류 작가의 전 작품을 동시에 진지하게 읽어야 한다. …… 가장 중요한 것은 왕왕 요원한 곳에서 발견된다."[78]라고 했다. 한 문화사학자의 시야에는 "전해 온 모든 것이 그들이 처한 시대의 정신과 어떤 연계를 지니고 있으면서 특정 형식의 해석과 서술로 그 시대를 표현하고 있기"[79] 때문이다. 이렇게 풍부한 문헌이 있다고 해도 그 진실성의 판정이야말로 우선 해결해야 할 문제이다. 중국은 문헌의 역사가 길고 오래므로 세상에 전하는 문헌 중에는 갖가지 정치적 · 경제적 · 종교적 · 인간적 원인 때문에 적지 않은 가짜 책이 존재한다. 지난 시대의 사람들이 위서를 판정하는 태도는 왕왕 섣불리 무단하고는 해서, 한번 위서라는 나쁜 시호를 얻게 되면 전혀 가치가 없는 것이 되고 말았다. 민국 시대의 『고사변』파에 이르러서는 그 가장 정점과 극한에 이르렀다고 할 수 있다. 지금까지 전해 오는 고서들은, 물론 완전히 참인 책도 있고 완전히 가짜인 책도 있지만, 적지 않은 책들이 진위 혼잡의 상태이다. 가짜를 진짜로 혼동해서도 안 되지만, 가짜 때문에 진짜를 폐기해서도 안 된

77_부르크하르트(布克哈特), 「希臘人 · 導言」, 『希臘人和希臘文明』(*The Greeks and Greek Civilization*), 王大慶 譯, 上海人民出版社, 2008, pp.49-50.

78_布克哈特, 『希臘人 · 導言』, pp.53-54

79_『世界歷史沉思錄 · 導言』, p.17.

다. 이에 대해 진인각은 대단히 좋은 의견을 내어놓았다.

> 진위란 것은 상대적인 문제에 불과하다. 가장 중요한 것은 거짓 재료라도 시대와 작자를 잘 살펴 이용하는 데 달려 있다. 대개 거짓 재료도 때로는 참 재료와 마찬가지로 귀할 수 있다. 어떤 거짓 재료는 그것이 의탁하고 있는 시대와 작자의 진짜 산물이라고 곧바로 인정하는 것도 불가하지 않다. 다만 그 위작한 시대와 작자를 밝혀낼 수만 있다면 그것도 시대와 작자의 사상을 설명하는 근거로 되어 참재료로 전환된다. …… 지금 사람들은 그것이 한 사람이 한 시기에 만든 것이 아님을 알 수 있지만, 종적으로 관통하는 시각으로 …… 횡으로 절단된 면에 대해 정치하게 변설하지를 못한다. 이것은 사학에 통변 인식이 결여된 결과이다.[80]

정말 천지를 깨부수는 듯한 소리로 사람을 놀라게 하는 그런 논리이다. 다만 진인각의 창견은 아닌 듯하다. 부르크하르트는 그리스 문화사에 관한 강연에서 이미, "우리는 그리스의 지난날에서 수집해 온 것은 어떤 것이라도 사료로 삼을 수 있다. …… 위조된 것이라 해도 만일 우리가 그것이 그렇게 위조된 목적을 간파하고 명료하게 이해할 수 있다면, 그 위작도 부지불식 중에 대단히 가치 있는 정보를 제공할 수 있다."[81]라고 했다. 또 그는 "이 방면에서의 전형적인 예는 소설로, 많은 사람들이 소설을 역사로 간주하여 읽어 왔다. 그 속에 담긴 고사는 비록 가공을 거친 것이기는 해도 총체적인 면에서는 진실이다."[82]라고도 했다. 이것은 그의 스승 랑케와 다른 점이다. 랑케는 월터 스콧의 소설을 읽으면서 그 속에서 "심지어 구체적인 세부에 이르기까지 잘못임"을 발견해서, "스

80_「馮友蘭中國哲學史上冊審查報告」, 『金明館叢稿二編』, p.248. 진인각은 또 「梁譯大乘起信論僞智愷序中之眞史料」에서 "참 논설의 본문도 뒤에 거짓 서문을 붙일 수 있고, 참 서문도 거짓 논설의 뒤에 붙을 수 있다. …… 참 서문 속에도 위조의 부분이 있을 수 있고, 위조의 서문 속에도 진실한 자료가 있을 수 있다."라고 분명히 주장했다. 『金明館叢稿二編』, pp.132-136.

81_「希臘人 · 導言」, 『希臘人和希臘文明』, pp.54-55.

82_『世歷史沉思錄』「導言」, p.16.

곳의 편견을 지닌 편향적인 묘사를 받아들일 수 없었다."[83] 부르크하르트가 중시한 것은 인류 생활의 항구적이고 안정적인 사회 상태이었지, 개별 인물이 만들고 행하고 하는 바가 아니었다. 전형적이면서 지속적인 것과 비교할 때, 구체적 인물이나 사건의 전후 순서는 도리어 부차적인 것이었다. 길버트는 일찍이 다음과 같이 결론지었다. "문화사가는 재료에서부터 과거의 사실을 이해하려고 상정하지 않는다. 재료가 과거의 시대정신을 드러내기 때문에 재료를 연구한다. 따라서 그것들은 결코 확실한 사실이 아니다. 말을 거짓으로 꾸미거나 과장하거나 혹은 두찬한 것이어도 그 점은 그리 중요하지 않다. 오도할 수 있는 진술이라 해도 그것은 과거 어느 시대의 정신을 알려 줄 수가 있다."[84]

부르크하르트는 끊임없이 적극적으로 문헌을 발굴했다. 그는 말하길, "우리가 정확한 방식으로 자료를 가지고 작업을 한다면, 자료 속에 내장되어 있는 중요한 정보가 어떤 중요한 시각이나 혹은 숙명적인 시간에 틀림없이 우리를 위해 회답하여 손짓을 할 것이다. 바꾸어 말하면, 우리는 아주 오래된 청규(淸規) 계율이나 혹은 휴지 더미에서 참신한 계시를 돌연 획득할 수가 있다."[85]라고 했다. 『세계역사명상록』에서 그는, '역사의 각도에서 시가를 고찰하다'라는 장절을 두어 인간의 본질을 인식하는 것에서 출발하여 시가가 역사 연구에 끼치는 기능을 아주 강조하여, "역사는 시가에서 중요한 원천을 찾을 수 있을 뿐 아니라, 이 소재들은 가장 순수하고 가장 훌륭하기까지 하다(부르크하르트의 수고에서는 '가장 훌륭한'이 '가장 믿을 만한'으로 되어 있다). 무엇보다도, 시가 덕분에 역사는 인간의 본질을 비로소 인식할 수가 있으며, 또 시가는 시간과 민족의 문제를 이해하는 데 있어서 역사에 많은 계발을 주고 있다. 역사적으로 세계를 고찰하는 사람에 대해, 시가는 각 민족에 관한 영구한 화면을 제공하고, 이 민족에 관한 각 방면의 정보를 제공할 뿐 아니라, 늘 유일하게 정보를 보존하거나 가장 좋은 정보를 보존하고 있다."[86]라고 말

83_蘭克, 『口述自傳』, 『世界歷史的秘密：關於歷史藝術與歷史科學著作選』, pp.52-53.
84_『歷史學：政治還是文化』, pp.101-102.
85_『世界歷史沉思錄 · 導言』, p.18.
86_『世界歷史沉思錄』 第2章, p.63.

했다. 이 절에서 그의 서술 범위는 서사시 · 서정시 · 소설 · 희극 및 기타 조형 예술을 포괄한다. 특히 주목할 만한 것은 그가 중국 희극에 대하여 전문적으로 논했다는 사실이다. 관련 사료가 더 발견되면 진인각이 부르크하르트의 책을 읽었다는 사실을 알려 주는 직접적인 증거를 찾을 수 있을 것이다.[87] 다만 상식적으로 추론하기로 하자. 부르크하르트가 1872년 베를린대학에 초청되어 랑케 퇴임 후 비어 있던 교수석을 이어 맡도록 되어 있었지만 이 영예를 거절하고 스위스에 머물렀다는 사실은 주지하는 그대로이며, 그의 박학과 인격은 사람들의 존경을 한껏 받았다.[88] 문예부흥을 연구하는 영국 학자 곰브리치(E. H. Gombrich)는, "『이탈리아 문예부흥시기의 문화』는 처음에 잘 팔리지 않다가 30년쯤 후 이 책이 사학가들 사이에서만이 아니라 일반 독자들 사이에서도 대단히 이름이 나서 유행하게 되었다."[89]라고 했다. 호학의 진인각이 마침 그 시기에 독일과 스위스에서 연구를 하고 있었다. 1909년부터 1911년까지 독일 베를린 대학에 유학했고, 1911년부터 1912년까지 스위스 취리히 대학에서 공부했으며, 1921년부터 1925년까지 독일 베를린 대학에 두 번째로 유학했다. 그가 부르크하르트의 저술을 읽어 보고 숙지하고 있었

87_최근 발견된 진인각이 독일 유학 때 작성한 64편의 독서 필기 가운데는 藏文 13本, 蒙文 6本, 突厥回鹄文一類 14本, 吐貨羅文(吐火羅文) 1本, 西夏文 2本, 滿文 1本, 朝鮮文 1本, 中亞 · 新疆 2本, 佉盧文 2本, 梵文 · 巴厘文 및 耆那教 10本, 摩尼教 1本, 印地文 2本, 俄文 · 伊朗 1本, 西伯來文 1本, 算學 1本, 柏拉圖(東土耳其文) 1本, 亞力斯多德(數學) 1本, 『金瓶梅』 1本, 『法華經』 1本, 『天台梵本』 1本, 『佛所行贊』 1本 등이 있다. 이는 물론 전부가 아니다. 季羨林, 「從學習筆記本看陳寅恪先生的治學範圍和途徑」, 『紀念陳寅恪先生國際學術討論會文集』, pp.74-87.

88_니체를 예로 들면 이러하다. "그들의 관계에서 니체가 시종 대단히 급박하게 추구한 것은 매년 서신을 보낼 때마다 부르크하르트의 완전한 인가를 받을 수 있는가 없는가 하는 점이었다." "니체는 자신과 부르크하르트의 관계를 분명히 파악하지 못하였으므로 이 점이 그에게는 대단히 고통스러웠다. 그가 맨 마지막에 격렬하게 표현한 것은 광란의 종이 위에 '그대'로부터 '너'로 옮겨가서, '현재 그대는 — 너는 — 우리들의 아주 위대한 스승이다.'라고 했다." 이상의 인용문은 20세기 부르크하르트 연구의 권위자인 독일의 칼 · 뢰비스(Karl Lowith) 저, 『야콥 부르크하르트(雅各布 · 布克哈特)』(*Jacob Burckhardt*), 楚人 譯, 商務印書館, 2013, pp.40-41에서 따왔다.

89_『文藝復興 : 時期還是運動』, 貢布里希 著, 李本正 · 范景中 編選, 『文藝復興 : 西方藝術的偉大時代』, 中國美術學院出版社, 2000, p.9. 이 책이 1860년 초판 때 불과 750본을 인쇄했는데, 9년 동안 전부 매진되었다.

으리라 확신할 수 있다.

1944년 진인각은 『원백시전증(元白詩箋證)』을 막 완성하고 진반(陳槃)에게 보낸 서신에서, "앞서 두 책을 만들었는데, 하나는 당대 제도를 논했고, 하나는 당대 정치를 논했소. 이 책은 당대 사회 풍속을 말하고 있다오."[90]라고 했다. 사회 풍속을 말했으므로 당연히 문화에 중점을 두었다. 다만 제도와 정치를 연구하더라도 중심은 민족과 문화에 두었으므로, 그는 더욱 문화사의 시각을 갖추는 것을 중시했다. 수 · 당 제도의 연원을 논한 것은 특히 '위 · 진 이후 중국 서북 구석, 즉 하룽(河隴) 지역이 문화학술사에서 지니는 특수한 성질'을 천명했으므로, "실로 우리나라 문화사의 일대 작업이다."[91] 진인각이 보기에, "우리나라 옛 역사서는 대부분 정치사의 부류에 속했다."[92] 그는 당대 정치사를 엮을 때 도리어 강조하길, "당나라 때 안녹산 · 사사명 난후의 세태에서, 하삭 등 번진과 중앙 정부 사이의 문제는 그 핵심이 실은 민족 문화에 있다."[93]라고 했다. 연구가 아주 넓었지만 초점은 문화에 있었던 것이다. 진인각은 사료를 중시했으므로, 어떤 학자는 심지어 그를 사료학파에 귀속시키고, "그가 신-사학에 공헌한 것은 무엇보다 사료의 확충을 들 수 있다."[94]라고 했다. 이는 잘못은 아니지만, 고작해야 한 국면에 불과하다(만일 인사치레 말이 아니라고 한다면). 이에 대해 나의 스승 고 정천범 선생은 내게 이렇게 말했다. "진인각 씨는 고거가(考據家)처럼 보이지만 담론한 것은 실상 문화의 향방이었다. 애석하게도 이 점을 따르는 연구자가 아주 적다."[95]라고 했다. 정치사와 문화사를 융합시킨 점에서 분명히 부르크하르트의 흔적을 찾아볼 수 있다.[96] 주운초(周勛初)는 진인각의 역사 연구

90_『陳寅恪集 · 書信集』, p.231.

91_『隋唐制度淵源略論稿』, 中華書局, 1963, p.19.

92_『隋唐政治史述論稿 · 自序』, 上海古籍出版社, 1997, p.1.

93_『隋唐政治史述論稿』 上篇, p.27.

94_許冠三, 『新史學九十年』, p.261.

95_『書紳錄』, 張伯偉, 『讀南大中文系的人』, 南京大學出版社, 2014, p.221.

96_칼 뢰비스(Karl Löwith)는 『부르크하르트의 '문화'사』에서 다음과 같이 지적했다. "부르크하르트의 문화사는 엄격히 말하면 정치사가 아니니, 비록 그것이 분명히 정치적이라고 하더라도 그렇다." 또 이렇게 말했다. "부르크하르트는 이런 역사학자였으니, 그는 사실상 현실을 위해 복무했고 …… 역사를 빌려 와서 현실을 이해하고자 했다." 『야콥 부르크하르르

가 지닌 특징을 처음으로 "역사가의 안광, 문학적 의미"[97]라고 개괄했는데, 그가 개괄한 특징은 부르크하르트 사학의 그것과 부합한다.

'문학으로 역사를 증명한다'는 방법으로 말하면, 진인각은 결코 전통적인 노선을 따라 나온 결과가 아니다. 이를테면 홍매(洪邁)에서 전겸익(錢謙益)에 이르기까지의 기초 위에 더욱 꽃을 피워 나갔는데, 그 시각과 수단은 결코 동시대의 다른 학자와 비견할 만한 것이 아니었다. 분명한 일례로 등지성(鄧之誠)의 경우, 그의 『청시기사초편(淸詩紀事初編)』은 황종희(黃宗羲)의 '역사로 시를 증명한다'는 설을 이은 것이지만, 학술 방법은 전적으로 중국의 구학문 전통에 속해서, 그 결과물은 완전히 '학은 있지만 술이 없는' 옛사람의 것에 속했다. 진인각은 달랐다. 한편으로는 중국의 '시로 역사를 증명한다'는 전통을 숙지하고, 다른 한편으로는 랑케와 부르크하르트의 학술에서 계시를 받으면서 다시 중국 문헌 자체의 특색에 근거해서 '문으로 사를 증명한다'는 신방법을 창안해 내었다. 진인각은 이 방법을 사용할 때 사료의 내원을 확충하는 데 그치지 않았다. 더욱 중요한 것은, 사료의 특징을 변석해 내고, 변석 과정에서 마음속으로 실로 '외국' 사료와 대비시켰다는 점이다. 그는 1950년대 '원백시증사' 과목을 강의하면서, 제1강에서 먼저 사료와 방법에 관한 설을 높이 내걸었다.

> 중국 시가 외국 시와 다른 점은 역사와의 관계이다.
> 중국 시는 짧지만 시간 · 인사 · 지리의 셋을 포괄한다. …… 외국 시는 그렇지 않아서, 텅 비어 인 · 지 · 시에 밀착하지 않고 종교나 자연을 위해서 짓는다.
> 중국 시는 이 세 특점이 있으므로 역사와 관계를 갖게 된다. 당나라 맹계(孟棨)에게 『본사시(本事詩)』가 있고, 송나라 계유공(計有功)에게도 『당시기사(唐詩紀事)』가 있는데, 계통도 없고 조직도 없다. …… 한 개인의 연보에 시를 부기한다고 해도 이것은 한 개인의 일을 적는 것에 불과하므로 전체 역사와의 관계는 아주 멀다.

트(*Jacob Burckhardt*, 雅各布 · 布克哈特』, p.297.

97_『陳寅恪的治學方法與淸代樸學的關係』, 『餘波集』, 南京大學出版社, 2008, p.284.

> 종합하자면, 일종의 새 방법을 사용하여, 각종 시들을 결합시켜 한 사건을 증명하고자 한다. 분산된 모든 시들을 하나로 집합하여 시대 및 인물의 관계, 지역의 소재에 대하여 하나의 관점에 따라 연구해서, 서로 연관시켜 아래의 기능을 발휘할 수 있다.
> 한 시대의 관계를 설명한다.
> 한 사건의 발생과 경과를 규명한다.
> 역사 기록의 부족을 보충하거나 규명한다. 가장 중요한 것은 규명에 있다.
> '원백시증사'는 중국 시의 특질을 가지고 역사를 연구하는 방법이다.[98]

이상의 서술로부터, 이 방법이 순 전통 방법이나 순 서구 방법과는 달라서, '일종의 새 방법'이라고 부를 수 있음을 알 수 있다. 중국에는 당송 시대에 이미 『본사시』·『당시기사』 등의 서적이 있기는 하지만 '계통도 없고 조직도 없었다.' 송나라부터 청나라까지, 특히 청나라 때에는 앞사람의 작품에 전주(箋注)를 한 것이든 자기(혹은 문인)의 편집이든 왕왕 연보를 부기하거나 연대순으로 작품을 배열했지만, 고작 한 사람에 국한되므로, 시대와의 관계를 전체적으로 설명한다거나 한 사건의 발생과 경과를 증명할 수가 없었다. 그런데 진인각은 사료를 종합하여 시간·인사·지리를 연관시켜 설명하고자 했다. 이것은 랑케와 부르크하르트가 사학 서술에서 체계와 연관을 중시한 것과 같은 학술상의 특징이다. 단, 서구 전통의 경우, 그 시가 대개 '종교나 자연을 위해 만들어진' 까닭에 시간·공간·인물의 요소가 빠져 있어서, 역사를 입증하는 재료로 삼기 어렵다. 부르크하르트는 시가가 역사 연구에서 갖는 기능을 강조하기는 했지만 그는 주로 시대정신을 증명하려고 했지, 구체적 인간사를 증명하려고 한 것이 아니었다. 후자에 중점을 두려면 그는 부득불 "소설이 드넓은 생활 장면을 구현하는 데다가 부단히 현실과 연계되어 있다."[99]라고 인정하지 않을 수 없었다. 그러므로 사료의 수집과 논

98_唐筼, 「元白詩證史第一講聽課筆記片段」, 『陳寅恪集 · 講義及雜稿』, pp.483-484. 인용문의 서명 부호와 인용 부호는 필자가 붙인 것이다. 또한 劉隆凱, 『陳寅恪"元白詩證史"講席側記』를 참고.

99_『世界歷史沉思錄』 제2장, p.67.

증의 절차로 말하면, '시로 사를 입증하는 일'은 서구의 학술 전통이 아니었다. 진인각은 서구의 관념과 중국의 문헌을 결합하여, '중국 시의 특징을 이용하여 역사를 연구하는 방법'을 개창했다. 이로써 비로소 '옛것도 아니고 지금 것도 아닌' 학술 품격을 일으킬 수 있었다.

이렇듯 '문으로 사를 입증하는 일'은 서구 학술의 전통에서는 대부분 소설 등 서사 문학을 이용했다. 역사 영역에 속하지 않는다면 사람들은 왕왕 소설을 이용해서 한 시대를 이해해 왔다. 특히 19세기 유럽은 문학에서 사실주의 풍조가 가장 극성한 시대로, 그 작품들은 사람들로 하여금 소설을 통해 역사를 이해하는 열정을 촉발했다. 주지하듯이 엥겔스는 1888년 「마거릿 하크네스(Margaret Harkness)에게」 서신에서, 발자크의 『인간희극』이 "프랑스 사회의 전체 역사를 한데 모았다."라고 말하고, 자기는 그 속에서 "배운 것이, 당시의 모든 직업적 역사학자 · 경제학자에게서 배운 전체보다 더 많다."[100]라고 했다. 부르크하르트는 문화사 연구를 제창하면서, 유명한 고전 작가의 작품들을 부단히 읽고 심지어 이류, 삼류 작가의 전 작품을 읽으라고 강조했다. 그는 그리스 문화사 강연에서, 몇몇 비극 작품을 분석함으로써 역사 인물의 정신세계를 논했다. 부르크하르트는 "헤시오도스(Hesiod)같은 작가들은 매 작품마다 새로운 문제를 제출하고 새로운 시야를 열어 보인다. 우리는 아이스킬로스(Aeschylus, 525-456B.C.)의 『프로메테우스』를 읽을 적마다 새로운 특점을 매번 제시할 수 있다."[101]라 하고, "랑케에 대하여, 랑케의 많은 동년배에 대하여와 마찬가지로, 월터 스콧(Sir Walter Scott, 1771-1832)의 소설이 중요한 자극 요소가 되어 지난날의 사건에 대한 흥미를 촉발시켰다. 소설에서 발견되는 잘못된 표현에 대해 랑케가 애석해했음에도 불구하고 그러하다."[102] 라고 했다. 19세기 후기의 독일에서 이런 연구 책략은 결코 드물지 않았다. 이후 20세기 독일계 문화사가 피터 게이(Peter Gay, 1923-2015)에 이르러서도 그가 운용한 것은 '문학으로 역사를 입증하는' 방법이었다. 학술 환경이 이미 크게 바뀌었는데도 불구하

100_『馬克思恩格斯選集』 제4권, 人民出版社, 1972, pp.445-446.

101_『希臘人 · 導言』, 『希臘人和希臘文明』, p.55.

102_『歷史學 : 政治還是文化』, p.43.

고 소설에서 재료를 취하는 것이 여전히 서구 사학의 전통이었음을 말해 준다. 피터 게이는 포스트모던 사학에서 말하는 '사실은 창조이지 발현되어 나오는 것이 아니라는' 관점을 배척했지만, 소설을 현실 세계를 일면적으로 반영하는 "일그러진 거울"[103]로 보았고, 마지막에는 "위대한 소설가의 손에 의해 완전한 허구가 진정한 역사를 창조해 낼 수 있다."[104]라는 한마디로 개괄했다. 그는 우리에게, 노련한 독자라면 역사 지식과 경험 지식을 일체로 만들 수 있어서 소설을 역사적 진상의 발견을 위한 보조물로 삼을 수가 있다고 강조했다. 이 밖에 미국 한학자 스펜스(Jonathan Spence)는 중국사를 연구할 때, 우연히 '문학으로 역사를 입증하는' 붓을 놀리다가, 지방지 이외에도 『요재지이』라는 허구의 고사를 차용하여 청나라 초 산동 담성(郯城) 마을에서 일어났음 직한 정황을 그려 냈다.[105] 중국 사학의 훈련을 받은 한 학자가 "중국에서는 역사학자가 일반적으로 『요재지이』나 『홍루몽』 따위의 재료를 사용하지 않습니다."라고 말하자, 그의 대답은, "우리는 그것이 소설이라는 것을 압니다. 단, 동시에 우리는 포송령(蒲松齡)이 본서에서 다룬 시대에서 생활한 것을 압니다. 소설이라 해도 일종의 견해를 대표합니다."[106]라고 했다. 여기에서 그치지 않고, 그는 '문학' 및 '소설'이 역사와 결합하는 각기 다른 성질을 명확히 구분해 내었다.[107] 이것은 강대하고도 지속적인

103_彼得 · 蓋伊 著, 劉森堯 譯, 『歷史學家的三堂小說課』(*Savage Reprisals: Bleak House, Madame Bovary, Buddenbrooks*), 北京大學出版社, 2006, p.11.

104_彼得 · 蓋伊 著, 劉森堯 譯, 『歷史學家的三堂小說課』, p.153.

105_史景遷, 『王氏之死』(*The Death of Woman Wang*), 李孝愷 譯, 李孝悌 校譯 ; 『太平天國』(*The Taiping Heavenly Kinkdom of Hong Xiuquan*), 朱慶葆 等譯, 廣西師範大學出版社, 2011.

106_盧漢超 採訪 · 翻譯, 『史學的藝術—史景遷訪談錄』, 王希 · 盧漢超 · 姚平 主編, 『開拓者 : 著名歷史學家訪談錄』, 北京大學出版社, 2015, p.34.

107_史景遷은 盧漢超가 방문했을 때 특별히 다음과 같이 변석했다. "역사와 문학을 합일하는 것과 역사와 소설이 합일하는 것은 크게 다르다. 우리들이 'Literature'라는 말을 사용할 때, 그것이 '文'을 가리키든 '文學'을 가리키든, 우리는 그 말을 이용하여 일종의 품질, 일종의 논평을 전달하게 되니, 혹 어떻게 어휘를 만들고 어떻게 문구를 만들더라도 그러하다. 'fiction'이란 말을 사용할 때는, 우리들은 일종의 방법을 의도하는데, 이 방법은 광의의 사정에 부합하거나 이치에 부합하거나 하는 이외에는 사실에 의거할 필요가 없다." 그는 또 이렇게 말했다. "문학과 소설은 왕왕 같지 않다. 우리는 문학이라면 일종의 철학적 전통을 생각한다. 'Literature'라는 말도 예술 전통과 관련이 있다. 만일 우리가 문학과 역사를 연결시켜 말한다면, 이것은 우리가 사학의 저술 풍격에 격정이 있음을 의미한다." 『史學的藝術—

서양 학술 전통을 체현해 낸 것이다. 독일 사학을 잘 알았던 진인각은 이 책략에 대해 깜깜하지 않았다. 단, 중국 문헌을 보면 소설은 본시 '소가진설(小家珍說)'의 뜻이며, 전통 관념으로는 군자가 하지 않는 작은 도에 속하므로, 문학상의 지위는 서양 소설이 문학 세계에서 차지하는 지위와는 도무지 비교할 수가 없다. 그렇거늘, '문학으로 사를 입증하는'는 방식이 어떻게 이런 부류의 문헌을 다룰 수 있는가? 진인각의 문인 석천(石泉)의 추억은 다음과 같다.

> 작고한 스승은 과목을 맡아 강의하거나 연구를 하는 과정에서 사료를 장악할 때 '시로 역사를 입증하는' 예가 아주 많아서, 이 점은 앞사람들이 누차 일컬은 바 있다. 단 '소설로 역사를 입증하는' 관점은 강의 과정 중에 역시 천발한 바가 있는데, 그 대의는, 어떤 소설이 서사한 인간 및 사건은 실제로 반드시 있었던 것은 아니지만 이런 부류의 일은 당시의 역사 조건 아래에서 정말로 있을 수 있었다는 것이다. …… 스승은 그것을 두고, "개별성은 진실하지 않으나 통성(通性, 보편성)은 진실하다."라고 말했다.[108]

이른바 "개별성은 진실하지 않으나 통성은 진실하다"라는 견해는 사실 부르크하르트의 입장과 유사하다. 부르크하르트는 재료가 말하는 내용이 '전형적이면서 항구적인가' 그렇지 않은가 하는 점에 주목했다. 혹은 그의 다른 말로 표현하자면, "이미 기록되어 있는 사건이 결코 진정으로 발생한 것이 아니라도, 혹은 사람들이 보도하는 그런 식으로 발생한 것이 아니라도, 다만 그것이 확실히 발생했다고 인정하는 관점은 이미 논술의 전형성을 통하여 그 가치를 보전하고 있다."[109]라고 했다. 여기서의 전형성이 곧 '통성이 진실함'이다. 이것은 저술의 형식과 관계가 없고, 관청에서 편수한 것인지 개인이 편찬한 것인지와 관계가 없다. 바

史景遷訪談錄』, pp.29-30.

108_『先師寅恪先生治學思路與方法之追憶(補充二則)』, 胡守爲 編, 『陳寅恪與二十世紀中國學術』, 浙江人民出版社, 2000, p.157.

109_『希臘人 · 導言』, 『希臘人和希臘文明』, p.50.

로 이런 관념의 지도를 받아서 진인각은 "관찬 서적과 사찬 저술을 동등하게 보아서 상세히 변증하고 신중하게 취한다면 거의 그 진상을 파악할 수가 있어서 무함이나 은휘의 잘못에 빠지지 않을 있다."[110]라고 했다. 이를테면 당나라 때 고종·측천무후 이후 조정과 민간에서 진사과를 존중하고 명경과를 가볍게 여긴 사실을 증명하기 위해서 그는 강변(康駢)의 『극담록(劇談錄)』에 실린 고사를 인용하고 안어(案語)를 더했다.

> 『극담록』의 기록은 소략하고 오류가 많다는 것은 다시 논증할 필요도 없다. 하지만 이 고사의 조성에 근거하여, 당시 사회가 진사를 중시하고 명경과를 경시한 사정을 추론할 수 있으므로 통성의 진실로 말하자면 진귀한 사회사 자료임에서 벗어나지 않는다.[111]

진인각은 '통성의 진실'에 착안하여 '소설 가운데 역사를 입증하는 것'에서 재료를 취했다. '문으로 사를 입증한다'는 것이 19세기 후기 독일 랑케 사학의 특징 가운데 하나라는 점은 진인각도 익숙하게 들어서 잘 알고 있었다, 다만 그는 중국 소설의 문체 특징에 근거하여 이런 부류의 재료를 따올 때 '통성의 진실'을 들고나와, 소홀하고 오류가 많은 재료라도 사학에서 '진귀'한 기능을 발휘하도록 만들었다. 이것은 랑케 사학과는 다른 방법이다. 랑케는 월터 스콧의 소설에 착오가 있다는 이유로 결국 그 사용을 포기한 바 있다. 중국 전통의 관점에서 보면, 소설과 역사의 지위는 아주 달라서, '소설로 역사를 입증한다'는 것은 황당한 말과 다르지 않다. 진인각과 동시대에 활약한 진원(陳垣)·잠중면(岑仲勉) 등 우수한 학자들의 시각에서는, 소설 재료를 제한적으로 이용할 수는 있어도 끝내 정사(正史)와 동등하게 볼 수는 없었다.[112] 이 관념상의 차이는 그들의 학술상 배경·경향·경지의 차이와 큰 관계가 있다. 바

110_『順宗實錄與續玄怪錄』, 『金明館叢稿二編』, p.74.

111_『唐代政治史述論稿』中篇 「政治革命及黨派分野」, 上海古籍出版社, 1997, p.82.

112_周勛初의 『古今文史觀念的演變』에 관한 분석은 『當代學術研究思辨』, pp.199-215 참고.

로 그렇기 때문에 진인각의 '소설로 역사를 입증하는' 방법도 마찬가지로 학술상 '옛것도 아니고 지금 것도 아닌' 특질을 체현한 것이라고 할 수 있다.

5. 진인각의 계시

21세기의 오늘날, 진인각이 당년에 지적한 문제의 배경은 크게 바뀌었으나, 문제 자체는 여전히 해결되지 않았다. '학은 있으나 술이 없음'과 '술은 있으나 학이 없음'의 경향은 금일 학계에 여전히 존재한다. 독자적인 인문학 연구의 이론과 방법이 결여되어 있다는 점에서 보면 지금 학술의 두드러진 병통이 여기에 있다. 따라서 진인각이 이 방면에서 수행한 탐색의 정신과 업적은 더욱 계승되고 발양되어 빛을 발해야만 한다.

오늘날의 인문학 연구는 이론과 방법의 탐색을 중요한 과제로 삼아야 한다. 일백 년 전 동아시아 학술이 전통에서 현대로 전향하는 시기에, 술(術)의 문제에서 사람들은 이구동성으로 모두 구미를 학습했다. 그 가운데 일본이 최전선에 있었다. 동양사학가 구와바라 지쓰조(桑原隲藏)는 20세기 초 "우리나라는 중국학 연구에서 아직 과학적 방법을 충분히 사용하지 못하고 있고, 심지어 과학적 방법을 멸시하는 자도 있다. 과학적 방법은 비단 서양의 학문만 응용할 것이 아니라 중국과 일본의 학문도 이것을 빌리지 않으면 안 된다는 것을 어찌 알겠는가?"라고 했다. 이뿐만 아니라, 전체 동방학 연구가 그러하지 않은 것이 없다. "인도와 아라비아에는 학자가 없지 않으며, 그들은 인도 문헌과 회교 문헌을 해석하는 면에서 유럽 학자들보다 만 배나 수준이 높지만, 끝내 그 나라의 학문을 오늘날처럼 발달시키지 못한 것이 어찌 다른 이유 때문이겠는가? 연구 방법의 결여가 그렇게 만든 것이다."[113] 호적은 이 글을 읽고 높이 찬미하여 "그 말이 아주 옳다."[114]라고 했다. 중국학자는 일본의

113_『中國學硏究者之任務』, J. H. C. 生譯, 原載『新靑年』 第3卷 第3號, 1917年5月. 李孝遷 編校, 『近代中國域外漢學評論萃編』, 上海古籍出版社, 2014, pp.79-80에 의함.

114_『胡適日記全編』 第2冊, '1917年7月5日', p.614.

한학 연구 성과를 같은 시선으로 바라보았다. 부사년은 1935년에, "이 20년간 일본 동방학의 진보는 대개 파리학파를 스승으로 삼았기 때문이다."[115]라고 했다. 일본 학자가 중국 학자의 업적을 볼 때도 이 점에 주목했다. 가노 나오키(狩野直喜)는 1927년에 쓴 「왕정안(王靜安, 왕국유) 군을 추억하며」에서, "서양 과학 연구 방법을 정확히 이해하고 중국 학문 연구에 사용한 것이 왕정안이 탁월한 학자가 된 이유이다."[116]라고 했다. 한국의 정황도 유사하다. 국문학자 임형택은, 그가 오십 년 전 늘 들었던 관점이 "우리나라에는 문학 작품이 있어도 그것들을 평가할 적합한 기준이 없다. 따라서 국외의 평가 기준을 차용하는 것도 잘못이 아니다."[117]라는 것이었다고 한다. 여기 말하는 국외란 구미를 가리킨다. 하지만 백 년 이래 줄곧 구미 이론과 방법을 모방하고 끌어들인 결과는 어떠한가? 이하의 평론을 잠시 들어 볼 필요가 있다.

1975년 전후, 일본 서도협회는 미국학자 도널드 킨(Donald Keene)의 『일본문학사』 저술 계획을 축하하여 좌담회를 거행했는데, "미국 학자만이 진정한 일본 문학사를 쓸 수 있다는 송사가 여러 차례 나왔다."[118] 그런데 도널드 킹의 저술 동기는 전에 사사키 노부쓰나(佐佐木信綱)의 『상대문학사』를 읽은 후에 "우리는 결국 부득불 자기가 문학사를 쓰지 않을 수 없다. 일본인의 평가가 어떻든 사사키 씨의 저작과 나의 취향은 너무나 거리가 멀다."[119]라고 느낀 감상에서 연유한 것이었다. 후쿠이 후미마사(福井文雅)는 서양 학자의 비슷한 비평을 새삼 기억해 내었다. 그 서양 학자는 "일본 한학가는 넓은 지식을 끌어안고 있지만 과학적 정리를 결여하므로 그것을 학술 연구의 방법으로 끌어올려야 한다."라든

115_傅斯年,『論伯希和教授』,『大公報』1935年2月19 · 21日,『近代中國域外漢學評論萃編』, p.307.

116_「王靜安君を憶ふ」,『藝文』第18年 第8號(1927年8月);『支那學文藪』, みすず書房, 1973, p.370.

117_『國文學 : 做什麼, 怎麼做』,『韓國學 : 理論與方法』, 李學堂 譯, 王君松 校, 山東大學出版社, 2010, p.322.

118_小西甚一,『日本文學史』1993年版「跋」, 鄭淸茂 譯, 臺灣聯經出版事業股份有限公司, 2015, p.249.

119_『日本文學史 · 解說 · 導進文學核心的書』, 小西甚一,『日本文學史』, p.238.

가 "일본인이 쓴 논문은 지식의 나열이지 학술이 아니다."[120]라고 했다고 밝혔다. 이런 비평은 때때로 중국과 일본 두 나라의 학자들을 함께 겨냥하기도 해서, "중국인과 일본인은 문헌 지식은 있어도 문헌의 처리 및 연구 방법을 모른다."[121]라고 한다. 폴 코언(Paul A. Cohen)은 1970년대 후반에 "중국 사학자는 마르크스주의자이든 비 마르크스주의자이든, 자기의 역사를 재구성할 때 상당한 정도로 서방에서 빌려 온 어휘·개념·분석 틀에 의지하며, 이에 따라 서방 사학자로 하여금 우리들 국외인의 관점을 채용하지 못하게 할 뿐만 아니라 국중인이 창조한 유력한 관점을 채용할 수 없게 만든다."[122]라고 했다. 그리고 수년 전 스티븐 오언(Stephen Owen)도 중국인 연구자를 대하여 "중국 고대 문학 연구자는 이론 의식이 결여되어 있다."[123]라고 여러 차례 직설적으로 말했다. 피터 볼(Peter K. Bol)의 경우는 사상사 연구에서 국제적 전향을 예견하여 이렇게 결론지었다. "구미 사상의 구조 체계 및 방법론이 각기 상이한 언어를 사용하는 국가에 확대되어 가는 이외에 사상사가 국제적 전향에서 다른 무엇을 할 수 있겠는가? 기타 문화(이를테면 남아시아와 동아시아)가 피드백할 것이 있는가? 유학 학자가 피드백할 것이 있는가? 이 문제에 대한 답안은 '할 수 없다'일 것이라고 나는 깨닫는다. 이것은 과거 백년 이래 중국 지식분자들이 깊이 초조해했던 이유이다."[124] 이 평론은 우리들의 반성을 불러일으켜, 우리들의 학술 중심을 조정하게 만든다.

학과 술은 다른 표현을 빌리자면 재료와 방법이라고 불러도 좋다. 재료의 발굴 방면에서 백 년 이래의 성과는 비약적으로 발전했다. 재료·관념·방법의 갱신은 고전학의 중건을 촉진할 수 있었다. 구석규(裘錫圭)는 1차 재건의 시기를 1910년대와 1920년대로 상정하고, '출토 자료'의 혜택으로 '의고(疑古) 시대를 벗어날 수' 있었던 시기를 제2차 고

120_『漢字文化圈的思想與宗教·後記』, 徐水生·張穀 譯, 武漢大學出版社, 2010, p.286.

121_「有關道教的諸問題」, 『漢字文化圈的思想與宗教』, p.267.

122_『在中國發現歷史』(*Discovering History in China*), 林同奇 譯, 中華書局, 1989, p.1.

123_卞東波, 『宋代詩話與詩學文獻研究·後記』, 中華書局, 2013, p.440.

124_『我們現在都是國際史家』(We are all international now), 賴芸儀譯, 思想史編委會 編, 『思想史』 第1輯, 臺灣聯經出版事業股份有限公司, 2013, p.246. 영어 텍스트는 같은 책 p.253.

전학 중건의 시작으로 보았다.[125] 사실, 현대의 이른바 '신재료'는 출토자료에 국한하지는 않는다.[126] 하지만 고작 신재료를 가졌다고 해서 필경 고전학의 중건을 불러올 수 있었겠는가? '시대 학술의 신조류'[127]를 필연적으로 형성할 수 있었겠는가? 대답은 부정적이다. 프랑스 18세기의 철학가들은 비록 "성 아우구스티누스의 낙원을 파괴했지만 당시 유행하는 재료로 그 낙원을 중건하고 말았다."[128] 바꾸어 말하면, '당시 유행하는 재료'를 사용한다고 해도 중건해 낸 것은 고작 옛날 중세 성이었다.[129] 우리는 재료 발굴과 정리 방면에서 확실히 좋은 성적을 이루었고, 같은 작업을 계속해 나가야 할 것이다. 단 학술 이념에서 문헌의 망라와 고거를 학술 연구가 최고로 추구해야 할 바라고 인정한다면, 학술이념의 갱신과 연구 방법의 탐색을 회피하거나 방기하는 것이 되므로, 우리의 휘황하게 보이는 연구 업적들은 고작해야 '영혼이 없는 탁월한 성취'[130]에 그칠 것이다.

진인각의 '문으로 사를 입증하는' 방법은 문학과 사학 연구의 새로운 방법이다. 그는 '한편으로는 외래의 학설을 흡수하면서 다른 한편으로는 본래 민족의 위치를 잊지 않는' 역사 경험을 실천하여, 신사료를 개발 · 발굴한 데다가 신문제를 제출했다. 중국 전통을 고수하지도 않았고

125_『中國古典學重建中應該注意的問題』, 『中國出土古文獻十講』, 復旦大學出版社, 2004, p.4.

126_2002년 11월, 북경대학 중국고대사연구중심은 '古代中外關係史 : 新史料的調查 · 整理與研究' 국제학술연토회를 거행했는데, 그 논문집 『中外關係史 : 新史料與新問題』(榮新江 · 李孝聰主編, 科學出版社 2004)은 다음 7개 부문으로 나뉜다. (1)圖像 · 文本 · 碑銘 : 새 발견과 새 해독 (2)簡牘과 文物 : 고고학의 새 발굴과 연구 (3) 수입품과 외래문화 : 새로운 문제와 새로운 탐구 (4)手稿 · 遊記 · 著作 : 명 · 청 시대 중국에 온 선교사에 관한 연구 (5)天文 · 地志와 輿圖 : 다각도의 새로운 고찰 (6)域外遺珍 : 해외 사료의 조사와 연구 (7)주변 문헌과 지방 사료 : 신구 자료의 상호 인증.

127_陳寅恪, 『陳垣敦煌劫餘錄序』, 『金明館叢稿二編』, p.236.

128_卡爾·貝克爾(Karl L. Becker), 『18世紀哲學家的天城』(*The Heavenly City of the Eighteenth-Century Philosophers*), 何兆武 譯, 北京大學出版社, 2013, p.25.

129_이 핵심개념은 彼得 · 蓋伊(Peter Gay), 『啓蒙運動 : 現代異教精神的崛起』(*The Enlightenment: The Rise of Modern Paganism*)로부터 질의를 받고 수정을 받았다. 劉堯森 · 梁永安 譯, 臺灣立緒文化事業有限公司, 2008.

130_미국 학자 哈瑞·路易斯(Harry R. Lewis)의 저서 이름 "Excellence Without a Soul"에서 차용한다.

서양 학설에 좌우되지도 않았다. 흡수 속에 비판이 있고 비판 속에 개조가 있어, 마침내 '옛것도 아니고 지금 것도 아닌 학'을 완성했다. 그는 구체적 연구에서 창조적인 것들을 많이 수확했을 뿐 아니라 학술 방법에서도 건립한 바가 있었다.[131] 오늘날 중국 학술이 만일 이 노선을 따라 계속 노력해 나갈 수 있다면, 국제 학술계에의 공헌과 영향이 필시 별도의 면모를 이루어 낼 것이다.

나는 이론과 방법의 건설 및 탐색을 행할 때 본문 해독을 기초로 삼는 일을 견지하면서 개별 연구에서 구체적으로 실행할 수 있는 방법을 탐색함으로써, 모방이나 대항이라는 오류에서 벗어나는 일을 서양 학술과의 대화 중에 이루어 낼 수 있으리라 말하고 싶다. 오늘날 인문학 이론과 방법을 탐구할 때 서방 것을 투식처럼 사용하는 것은 정말 옳지 않지만, 서방을 무시하는 것도 옳지 않다. 우리의 관념과 방법은 서방의 학술 연구로부터 자립해야 하지만 서방의 학술 연구에서 소외되거나 동떨어져 고립하지 않도록 해야 할 것이다.

2015년 11월 29일 초고

12월 13일 낭시(朗詩) 임시 거처에서 수정

131_蔡鴻生은 『元白詩箋證稿』을 대표로 삼아, 이런 성과가 "학술 연구 중의 詩와 史의 연관을 촉진하고, 그로써 '不古不今之學'이라는 새 품종을 낳았다."라고 했다. 「金明館敎澤的遺響」, 『陳寅恪〈元白詩證史〉講席側記』, p.201. 姜伯勤은 "진인각 선생의 '以詩證史' 신-사학은 『元白詩箋證稿』·『論再生緣』·『柳如是別傳』에서 체현되어, 20세기 신-사학과 함께 보조를 맞춰 전진하는 독특한 매력을 드러내었다."라고 했다. 「〈元白詩箋證稿〉'以詩證史'之史的意義」, 『陳寅恪〈元白詩證史〉講席側記』, p.208. 이 두 분 학자의 견해를 차용하여 방증으로 삼는다.

동아시아 전근대 문학 연구의 이론과 방법

1. 문제 제기

각 시대의 학술은 각자 당면한 문제를 지니며, 이에 따라 문제를 해결하는 이론과 방법을 필요로 한다. 당나라 의현(義玄) 선사는 "산승이 설법하는 때에는 병증을 단번에 약으로 치료하듯이 하는 것이어서 전혀 실제의 법이 없다.〔山僧說處, 皆是一期藥病相治, 總無實法〕"라고도 하고, 또 "산승은 남에게 어떠한 법을 주지 않으며 다만 병을 고쳐 속박을 풀어 줄 뿐이다.〔山僧無一法與人, 只是治病解縛〕"라고도 했다.[1] 여기서 말하는 병이란 학술 사상에서 보자면 한 시대에 직면한 큰 문제를 말한다. 그렇다면 오늘날 동아시아 학술이 앓고 있는 질병이란 무엇인가? 병리는 어디에 있는가? 이것을 우리는 진지하게 검토해야 한다. 시대 학술의 병은 물론 한 영역에 국한하지 않으며, 한 국가나 한 지역에 국한하지도 않는다. 다만 중국 고전 문학 연구자로서 나는 문학 연구를 주요한 대상으로 삼아 반성하고 탐색하여, 전통 사상, 종교, 역사 연구에까지 두루 논하고자 한다.

솔직히 말해서 동아시아 현대 학술 연구 – 문학에 한하지 않고 – 의 병은 독자적인 이론과 방법을 결여한 점에 응어리지어 있다. 이것은 내가 외부에 대한 비판적 관찰과 내 자신의 반성에 기초하여 얻어 낸 결론

1_張伯偉 釋譯, 『臨濟錄 · 示衆』, 臺灣佛光文化事業有限公司, 1997, pp.71-72 · 118.

이다. 앞의 것으로 말하면 대략 다음 몇 가지 예를 들 수 있다.

사학 연구에서 보면 폴 코언(Paul A. Cohen)의 『발견으로서의 중국사(Discovering History in China)』는 다음과 같이 지적한다. "중국의 역사가는 마르크스주의자이든 비마르크스주의자이든, 그들의 지난 역사를 재구할 때에 상당한 정도로 서방에서 차용한 어휘 · 개념 · 분석 틀에 의존하므로, 서방 역사가로 하여금 우리 몇몇 국외인의 관점을 채용할 수 없게 만들 뿐만 아니라, 국중인의 사람이 창조한 유력한 관점도 채용할 수 없도록 만든다."[2] 애석한 일이다. 한국도 이런 정황이었다. 임형택 선생의 말에 의하면, 선생은 대학에서 공부할 때 늘 들었던 관점이 이러했다고 한다. "우리나라에 비록 문학 작품이 있기는 하지만 그것들을 평가할 적절한 기준이 없다. 따라서 국외의 평가 기준을 차용하는 것이 좋다."[3] 여기서 국외란 곧 서구를 가리킨다.

문학 연구에서 스티븐 오언(Stephen Owen)은 일찍이 중국학 연구자에게 여러 차례에 걸쳐 "중국 고대 문학 연구자는 이론 의식을 결여하고 있다."[4]라고 지적했는데, 그는 비평적 태도의 결여를 지적한 것이다. 사실, 구미 학자의 시각에서 보면 학술 연구에서 이론 의식과 방법 의식의 결여는 동아시아 인문학자의 공통된 병폐라고 할 수 있다. 종교 연구를 예로 보면 후쿠이 후미마사(福井文雅)는 연구생 시절에 늘 서양 학자의 그런 비판을 들어 왔다고 한다. "일본 한학가는 광범한 지식을 끼고 있기는 하지만 과학적으로 정리하여 그것을 학술 연구 방법으로 상승시키지 못한다."라든가 "일본인이 작성한 논문은 지식의 나열이지 학술이 아니다."[5]라든가 하는 비판이었다. 이것은 그로 하여금, 이런 비판의 배경에는 서양 학자의 '독특한 자만심'이 있는 듯하다고 느끼게 했다. 프랑스 한학가의 비평은 때때로 일본과 중국 두 나라의 학자를 겨냥한다. 예컨대, "중국인과 일본인은 문헌적 지식은 있지만 문헌을 처리하고 연

2_林同奇 譯, 中華書局, 1989, p.1.

3_林熒澤, 「國文學：做什麽, 怎麽做」, 『韓國學：理論與方法』, 李學堂 譯, 王君松 校, 山東大學出版社, 2010, p.322.

4_卞東波, 『宋代詩話與詩學文獻研究 · 後記』, 中華書局, 2013, p.440.

5_『漢字文化圈的思想與宗教 · 後記』, 徐水生 · 張谷 譯, 武漢大學出版社, 2010, p.286.

구하는 방법은 알지 못한다. 방법상에서 우리는 일본인보다 우월하다."[6] 라고 했다.

또 다른 태도는 조롱이다. 사상사 연구에서 피터 볼(Peter K. Bol)의 말이 대표적인 예이다. 그는 "숨길 수 없어 어쩔 수 없이 말한다면, 오늘날 국제성과 세계화의 사조는 부단히 서방에서 동방으로 이동하고 있다." 라고 했다. 이 이동의 결과는 그가 말하는 예언에서는 다음과 같다. "구미 사상의 구조 체계 및 방법론이 각기 상이한 언어를 사용하는 국가에 확대되어 가는 이외에 사상사가 국제적 전향에서 다른 무엇을 할 수 있겠는가? 기타 문화(이를테면 남아시아와 동아시아)가 피드백할 것이 있는가? 유학 학자가 피드백할 것이 있는가? 이 문제에 대한 답안은 '할 수 없다'일 것이라고 나는 깨닫는다. 이것은 과거 백 년 이래 중국 지식분자들이 깊이 초조해했던 이유이다."[7] 각종 '새 연구 방법'에 대한 미련 내지 미혹에서 출발하여, 피터 볼은 이렇게 결론을 내렸다. 즉, 전통적인 한학 훈련은 정녕 "당신을 더욱 박식하게 만들고 당신을 수많은 사료를 독립적으로 연구하게 만들 수" 있다. 그러나 서방 한학가와 대비한다면, "그것들은 결코 필요하지 않으며, 그 필요성은 중국을 연구하는 데 희랍어와 라틴어를 반드시 공부하는 것보다 더하지 않다." 다른 한편으로 그는 "한 국가의 학술 전통 속에 있는 전문가는 그 국가를 연구할 수 없다"라고 주장했는데, 실상 표명하는 뜻은 "대륙에서 출판하는 가장 가치 있는 서적은 고적 정리이지 연구 저작이 아니다."[8]라는 것이었다.

이상에서 예로 든 말들은, 표현 방식에서 각기 다른 태도를 드러내고는 있지만, 예외 없이 이론과 방법의 '자만'을 함유하고 있다. 만일 이것을 오만함이 아니라고 한다면, 우리들은 그 속의 조롱에 대해 입술을 깨물며 비난할 필요가 없다. 중요한 것은 허심으로 받아들여 스스로를 반성해야 한다는 점이다. 수년 전의 논문에서 나는 오늘날의 중국 문학 연구에 두 가지 문제점이 있다는 사실을 지적했다. 즉, 문학 자체의 결여와

6_「有關道教的諸問題」, 『漢字文化圈的思想與宗教』, p.267.

7_『我們現在都是國際史家』(*We are all international now*), 賴芸儀 譯, 思想史編委會 編, 『思想史』 第1輯, 臺灣聯經出版事業股份有限公司, 2013, p.246. 영문판 p.253.

8_『21世紀的知識份子信念—包弼德訪談錄』, 王希 · 盧漢超 · 姚平 主編, 『開拓者 : 著名歷史學家訪談錄』, 北京大學出版社, 2015, pp.242-254.

이론의 결여이다. 중국 문학과 중국 문학비평에 대한 내 자신의 인식에 근거해서, 이런 연구 현황을 개선하거나 개변하기 위한 것이었다. '이론의 결여'는 두 가지 정황을 가리킨다. "하나는 문헌학으로 문학을 대체하여 예술 작품을 역사의 화석으로 만들어 버리거나 혹은 '과학적' 방법을 사용하여, 이를테면 통계, 정량 분석, 도해 등으로 문학 연구의 '실증성'과 '기술화'를 추구하는 점이다. 다른 하나는 서방 이론을 생경하게 옮겨다가 날것을 그대로 삼길 기세로 중국 문학 연구에 운용하여, 연구 작업을 개념의 유희로 빠져들게 만들고, 서방 이론 자체의 매력도 잃어버리게 만드는 점이다."[9] 이 두 가지는 관계가 밀접하다. 문학 자체의 결여를 보완하려면 텍스트를 정밀하게 읽고 작품에 대한 감성을 갖추어야 한다. 이론을 수립하고 실천하려면 텍스트 정독을 기초로 삼고 텍스트 연구를 귀결점으로 삼아야 한다.

여기서 텍스트 문제를 언급했는데, 이론 및 방법의 수립과 실천을 강화하려면 텍스트를 학술 연구의 중심으로 삼아야 한다. 완원(阮元)은 "학문의 성쇠는 백 년마다 승강한다."[10]라고 했다. 백 년 이래 동아시아 학술을 회고하면, 문헌 · 인물 · 사실의 고찰을 제외하고는, 학술 방법, 이론 골격, 문제 제기 방식에서 주류를 차지한 것은 '서구식' 혹은 '외래적'인 것이었다. 문헌 정리를 제외하고는, 구미의 연구자들은 동아시아 학술 논저를 아주 경시하고, 자신만의 전통을 형성했다. 에드워드 사이드(Edward W. Said)는 『동방학(Orientalism)』(1978)에서 이렇게 말했다. "서양 문화 내부의 동양에 대한 일종의 지적인 권위 …… 그것은 인간이 형태를 부여하고 개발하여 확산시킨 것이다. 권위는 수단적이고 설득적이다. 권위는 지위를 가지며, 취미와 가치의 기준을 확립한다. 권위는 그것이 진리라는 위신을 부여한 사상으로부터, 또 권위가 만들어 전달하고 재생산하는 전통, 지각, 판단으로부터 실질적으로 구별하기 힘들다."[11] 사이드의 이 논술은 일반화의 폐단을 면하기 어렵지만, 위의 개괄

9_張伯偉,『陶淵明的文學史地位新論』,香港浸會大學,『人文中國學報』,上海古籍出版社,2009,p.51.

10_阮元,「十駕齋養新錄序」, 陳文和 編,『錢大昕全集』第7冊,江蘇古籍出版社,1997,p.1.

11_薩義德,『東方學』,王宇根 譯, 生活 · 讀書 · 新知三聯書店, 1999, p.26; Edward . W. Said 지음, 박홍규 옮김,『오리엔탈리즘』, 교보문고, 1991(초), 2011. 1(개정증보판 5쇄), pp.48 - 9.

에 나는 동의한다. 학술사의 입장에서 보면 백 년 이래 중국 문학의 연구는 이론 및 방법을 탐색할 때에 인식 · 실천의 오류가 적지 않았으므로 우선 검토할 필요가 있다.

2. 인식 · 실천의 오류

19세기와 20세기의 교체기에 중국 학술계에는 몇 가지 대사건이 발생했다. 1898년 마건충이 서양 어법 이론을 근거로 『마씨문통』을 완성했는데, 이로써 중국은 문법서를 갖게 되었다. 1899년 하남 안양에서 은상 갑골문이 출토되었다. 1900년 감숙 돈황에서 육조 이래 당나라까지의 사본이 대량으로 발견되었다. 그리고 오사 신문화 운동이 일어나, 북경대학 국학문, 청화대학 국학연구원, 중앙연구원 역사어언연구소가 앞다투어 설립되어, 중국 학문 연구에 커다란 진보가 있었으며, 마침내 한 시기의 새로운 풍조를 이루었다. 주법고는 "20세기 이래 중국에 대한 학문 연구가 청대 학술 연구와 기본적으로 상이한 것은 새 재료, 새 방법, 새 관점을 가지고 연구한 결과이다."[12]라고 개괄했다. 새 방법과 새 관점이란 주로 호적(胡適) 등이 제창한 서양 과학 방법으로, 역사 관점, 체계 정리, 비교 연구로 국학 혹은 국고에 종사하는 것이다.[13] 왜 서양의 방법을 사용하고, 자신의 방법을 사용하지 않았는가? 당시 많은 학자들이 보기에 중국 학술 전통에는 연구 이론과 방법이 결여됐기 때문이다. 문학 연구의 경우 비평문헌이 많기는 해도 전체적으로 말하면 자잘하고 산만하여 계통을 이루지 못해서 발굴하고 계승할 만한 자원이 당연히 없었으므로 서방에서 '금침(金針)'을 찾는 이외에는 다른 방도가 없다는 것이었다. 이런 뿌리 깊은 인식은 1970, 80년대까지 계속 그 영향력을 행사했다.

12_『地下資料與書本資料的參互研究』, 『聯合書院學報』 第8期, 1971 ; 吳福助 編, 『國學方法論文集』上, 臺灣文史哲出版社, 1990, p.126.

13_『國立北京大學國學季刊 · 發刊宣言』, 『國立北京大學國學季刊』 第1卷 第1號, 1923. 1,p.16.

이런 관념을 약간 정리해 보기로 한다.

1924년 양홍렬(楊鴻烈)은 『중국시학대강(中國詩學大綱)』에서, "중국의 천여 년 이전에는 시학 원리가 있었으나, 가치 있는 체계는 매우 적고, 그저 자잘하고 산만한 몇몇 사항들만이 우리들의 시학 원리 연구에 재료가 될 만하다."라고 지적했다. 그래서 그의 저술은 "절대적으로 구미 시학 서적에 있는 일반 시학 원리를 가져다가 우리 중국에 있는 풍부한 시론 재료를 설명하거나 정리하는 근거로 삼았다."[14] 양홍렬은 호적에게서 큰 영향을 받아, 학술 이념에서 보면 호적의 사유 양식을 따라 나가고 전개시켰다. 여기서 중국 전통의 문헌비평 문헌이 차지하는 지위는 고작 '재료'일 따름이었다.

1936년 곽허중(郭虛中)은 일본 학자 마루야마 마나베(丸山學)의 『문학연구법』을 중국어로 번역했는데, 조경심(趙景深)은 그 「서」에서 "우리나라는 오사 운동 이후 일체의 과학에 새로운 가치와 인식이 있게 되었으니, 과학의 한 분야로 된 문학도 예외가 아니었다. 이전 사람들은 체계적 · 과학적으로 문학을 연구할 줄을 몰랐다. 고대의 명저인 유협(劉勰)의 『문심조룡(文心雕龍)』도 잡박하고 파쇄되어 있다는 느낌이 든다."[15]라고 했다. 그렇게 풍부한 전통 문학비평의 문헌들을, '잡박하고 파쇄되어 있다'는 식의, 눈을 번쩍 뜨게 하고 쉽게 붙일 수 있는 레테르로 뭉뚱그리고 말았다.

이런 인식은 일부 학자의 논저에만 있었던 것이 아니다. 일반 대학생들에게도 영향을 끼쳤다. 이를테면 『절대학생(浙大學生)』 1941년 제1기 「복간사」는 "지금 드넓은 바다가 집 안 뜰처럼 되었으므로 중국의 학술을 연구하려고 하더라도 중국의 책만 읽고 만족해서는 안 된다. …… 문학비평의 경우를 말하자면, 서양의 문학비평 원리를 응용하여 우리 고인의 시문을 읽으면 새로운 관점과 새로운 해석을 많이 낳을 수 있다."라고 했다. 이것은 한 시대의 공통 인식으로 되었던 듯하다.[16]

1950, 60년대 출판된 문학 개론서나 문학 원론서는 기본적으로 구소

14_『中國詩學大綱』 第1章 「通論」, 臺灣商務印書館 人人文庫本, 1976(2版), pp.7-28.

15_『文學研究法』, 臺灣商務印書館 人人文庫本, 1981(4版), p.1.

16_李孝遷, 『域外漢學與中國現代史學』, 上海古籍出版社, 2014, p.31.

련의 디모페예프(Димофеев / Dimofeyev)와 피다코프(Пидаков, 1890-1937) 등의 학설에서 틀을 빌려 왔다. 그것들이 비록 사회주의 진영에서 나온 것이기는 해도 신봉한 것은 모두 마르크스주의 학설이었다. 솔직히 말해 구체적인 학술 실천에서 중국의 전통 비평문헌은 끌어다 쓸 만한 재료로서 각 부문에 산견하는 것으로 간주되었다. 1970년, 80년대에 수정하여 재판할 때도 기본 구조는 여전히 옛날 그대로였다.

1976년 고첨홍(古添洪)과 진혜엽(陳慧樺)은 『대만에서의 비교문학 개척』 서문에서 "우리나라 문학은 함축이 풍부하다. 다만 문학 연구 방법에서는 체계성이 결여되어, 본원을 깊이 탐구하면서 객관적으로 변증할 수 있는 이론이 부족하다. 그래서 최근 서방 문학의 훈련을 받은 중국 학자들이 중국 고전과 근대 문학으로 되돌아와 연구하면서 서방의 이론과 방법을 원용하여 중국 문학의 보고를 개발하고 있다. …… 우리는 서방 문학 이론과 방법을 고찰하고 조정하여 중국 문학에 적용하는 연구를 비교문학 속의 중국학파라고 대담하게 선언해도 무방할 것이다."[17] 이런 논의는 사실 일반의 상식 수준으로 생각할 수 있는 범위를 벗어난다. 이른바 학파란 자기만의 이론과 방법을 필요로 하지, 특정한 연구 대상이나 범위를 지니는 것에 그치는 것이 아니다. 서양 이론과 방법을 이용하여 중국 문학을 연구하는 것이 비교문학의 영역에서 프랑스학파나 미국학파와 세발솥의 하나를 차지하는 형국의 중국학파를 형성했단 말인가? 다만 이런 얼토당토않은 말을 하게 된 배후에는 언설자가 머릿속에 느끼는 고충이 있었다. 즉, 중국 문학비평 자체는 이론 및 방법이 결여되어 있다는 점이다. 이 레테르는 멋대로 붙이길 수십 년 하는 사이에 이미 학자들의 지식 창고 속 '상식'이 되고 말았다.

이 문제에 초점을 맞추어, 1970년대 말부터 나는 20여 년간의 시간을 쏟아 『중국고대문학비평방법연구』를 저술했다. 답변하려고 했던 핵심 문제는, 서양 학술을 접촉하기 이전에 전통적인 중국인이 어떻게 문학비평에 종사했는가, 그 특색은 무엇인가, 하는 물음이었다. 그 결론은 기본적으로 다음과 같다.

17_古添洪 · 陳慧樺 編著, 『比較文學的墾拓在臺灣』, 臺灣東大圖書公司, 1976, pp.1-2.

(1) 방대한 중국 문학비평 사례에서 3종의 방법이 전통 문학비평의 정신을 가장 잘 체현했다. 즉, 유가 사상의 영향을 받은 이의역지(以意逆志) 방법, 학술 전통의 영향을 받은 추원소류(推源溯流) 방법, 그리고 장자와 선 사상의 영향을 받은 의상비평(意象批評) 방법이다. 이 세 방법을 기둥으로 중국 문학비평 방법의 구조물이 이루어졌다. 이 세 방법은 문학 작품이 창작된 세 층위를 각기 다른 측면에서 연구하는 것이다. '이의역지' 방법은 작품을 작가와 사회의 관계 속에서 탐구하는 데 중점을 둔다. '추원소류' 방법은 작품과 작품의 관계를 탐구하는 데 중점을 둔다. '의상비평' 방법은 순전히 작품 자체에 근거하여 논리를 세워, 그 독특한 풍격을 고찰한다. '이의역지' 방법은 문학의 외부 연구에 중점을 두고, 뒤의 두 방법은 내부 연구에 중점을 둔다. 다시, '추원소류' 방법은 묘사 수단과 표현 수단 등 세부 분석에 중점을 두고, '의상비평'은 전체의 파악에 중점을 둔다. 이 세 방법은 사상적 배경으로는 각기 다른 학술이나 종교에서 기원하지만 중국 문학비평의 전체 구조 속에서 서로 보완을 하고 있다. 한 비평가의 손안에서도 셋을 포섭하기도 하고 함께 채용하기도 하며 종합해서 운용하기도 한다.

(2) 중국 문학비평의 방법은 상술한 내재적 구조로만 나타나는 것이 아니라, 독특한 외재적 형식을 지니고 있다. 선본(選本) · 적구(摘句) · 시격(詩格) · 논시시(論詩詩) · 시화(詩話) · 평점(評點) 등이 그것이다. 이 6종 형식은 서방 문학비평에서는 잘 나타나지 않거나 비교적 짧은 시간에 나타나는 현상이지만, 한문학비평(한국 · 일본 · 베트남을 포함하여)에서는 보편적으로 장구하게 사용되었다. 이 6종 형식은 서로 독립되어 있으면서 서로 침투하여, 이 형식 자체가 유기성과 체계성을 지닌다. 앞서 말한 세 가지 각기 다른 정신의 비평 방법들은 주로 이 6종의 형식을 통해서 구현되며, 이 여러 방법은 공간상 한문화권에 널리 퍼져 있을 뿐만 아니라, 시간적으로는 오랜 옛날부터 오늘날까지, 장르상으로는 문학에 국한되지 않고 정도는 각기 다르지만 서법 · 회화 · 음악 비평에 깊게 혹은 옅게 반영되어 있다. 안과 밖이 결합하고, 체가 있고 용이 있는 식으로 중국 문학비평 방법의 기본 체계가 전개되어 왔다.[18]

이 책이 출판된 것이 이미 십여 년 전인데, 나는 그것이 중국 문학비평에 대한 학자들의 인식을 얼마나 바꾸었는지는 모른다. 솔직히 말하자면 그다지 믿지 않는 듯하다.[19] 하지만 나 자신의 관점에서는 앞으로 더 생각하고 탐색해야 할 문제로 다음과 같은 것들 있다.

(1) 전통 문학비평의 방법은 주로 다음 세 방향에 집중되어 있다. 즉, 첫째는 작품에 대한 해석이니, 어떻게 작자의 '마음'을 이해하는가 하는 문제이다. 둘째는 문학 원류에 대한 정리이니, 연원론 · 문체론 · 비교론을 통해 '다른 것 속에서 같은 것을 찾고' '같은 것 속에서 다른 것을 찾는' 두 가지 사색의 길로 파고 들어가 한 시인이 문학사에서 차지하는 위치를 확정하는 일이다. 셋째는 시인의 풍격에 대한 분석이니, 하나 이상의 의상을 사용하여 시인의 풍격을 전체적으로 파악해서 전달하는 일이다. 이 세 가지 방법은 오늘날의 문학비평에서 의미가 있는가 없는가? 부족한 점이 없는가? 어떻게 보완하는가? 그리고 어떤 식으로 다른 이질문화 속의 비평 방법과 대화하는가?

(2) 전통 문학비평 방법의 시야 바깥에 주목할 만한 방향으로는 어떤 것이 있는가? 탐색할 만한 방법으로는 어떤 것이 있는가? 만일 위의 것이 '구 학문의 새로운 연찬'에 속한다고 한다면, 아래 것은 '새 영역의 개척'에 속한다. 21세기의 오늘날, 문학 연구는 새로운 많은 방향을 열었다. 신재료의 발견은 우리들의 시각과 사고를 시야 바깥의 문제로 향하게 만들었다. 이를테면 작자의 신분과 성별, 문학 전범의 전이, 전파 도구의 변천, 서적의 환류(環流), 필담과 문전(文戰) 등등, 이런 과제들에 대해서는 어떤 방법을 사용해야 할지, 어떤 이론을 만들어 낼 수 있을지, 어느 것이든 모두 우리들이 깊이 연구해야만 할 것들이다.

서방에 매달리는 것과 반대로, 인식상의 또 하나의 오류는 서방에 날카롭게 대항하는 일이다. 가장 두드러진 예로는 근 십 년 이래 주녕(周

18_『中國古代文學批評方法硏究 · 導言』, 中華書局, 2002, pp.8-9.

19_2015년 7월 3일, 蔣寅 교수는 上海大學 주최 '청대시학문헌정리와 연구' 국제학술연토회에서 「在中國發現批評史」라는 제목으로 보고를 하여, 20세기 이래 학술계가 중국 비평사에 대해 지닌 '3대 편견'을 거론했다. 즉, 첫째 중국 비평은 感悟式 · 印象式에 속한다는 점, 둘째, 체계적 이론 저작이 없다는 점, 셋째 진정으로 과학적 의미를 지닌 이론 범주가 없으며 엄격한 의미에서의 이론 명제가 없다는 점이다. 이런 편견을 바꾸기에는 중국 학술계의 사정은 아직 짐이 무겁고 갈 길이 멀기만 하다.

寧) 선생과 고명동(顧明棟) 선생이 제기한 '한학주의'가 그 대표이다. 이론적 맥락에서 보면 한학주의는 사이드의 동방주의(혹은 동방학)에서 파생되어 나왔다. 제출 동기와 목적으로 보면, 주녕은 "학계에 대해 학과의 무의식에 숨어 있는 '한학주의'와 '학술 식민'의 위험성을 각성시키고자"[20], 고명동은 '한학주의'로부터 벗어나 "중국의 재료를 처리함에서 진정으로 과학적이면서 객관적인 연구 방법에 이르러 중국에 대한 편견 없는 지식을 생산하고자"[21] 했다. 이런 생각은 공감을 살 만하다. 다만, 이 문제 제기는 사이드와 밀접한 관계가 있어서, 자연히 서방에 대해 대항하는 성질을 지니고 있으며,[22] 동시에 의식적이든 무의식적이든 서방 한학 연구의 본질을 '한학주의'로 전화시켜, 이로써 '식민'을 핵심적 의식 형태 혹은 문화 패권으로 삼는다. 따라서 이는 일부로 전부를 개괄하는 것일 뿐만 아니라, 기대하는 학술상의 목적에 도달할 길이 없다. '한학'이란 단어는 설령 시놀로지(Sinology)라는 의미에서 사용한다고 해도 함의가 풍부한 명사이다. 지역상으로는 동방과 서방을 포괄하고 시간상으로는 천 년 이상에 관계되어 있다. 이것은 시공 속에서 부단히 변천하는 과정에 있으므로, 전체를 꿰뚫는 개념 · 명사 · 특징으로 개괄하기 어려우며, 기껏해야 구미 한학에 대해서 이와 같이 말할 수 있을 따름이다. 나는 이에 대해 다음과 같이 논평한 일이 있다. "어떤 한 사람의 학자라도 모두 의식 형태를 지니고, 어떤 인문학 연구라도 드러난 방식으로든 숨은 방식으로든 많든 적든 의식 형태의 흔적을 지니고 있다. 그러나 이것은 의식 형태에서 출발하여 의식 형태의 본성을 위해 사력을 다하는 것과는 완전히 다른 일이다. 만일 종래의 한학 연구를 '한학주의'라고 한다면, 만일 '한학주의'가 '식민'을 핵심으로 하는 의식 형태이

20_周寧,『漢學或'漢學主義'』,『厦門大學學報』 2004年 第1期.

21_顧明棟,『漢學主義 : 中國知識生産中的認識論意識形態』,『文學評論』 2010年 第4期.

22_에드워드 사이드의 『동방학』은 "동방학을 구주 및 대서양 제국이 동방과의 관계 속에 대처하는 우위의 부호로 보는 것이, 그것을 동방에 관한 진실한 발화로 보는 것(이것이 바로 동방학술연구소가 떠들어 대는 것인 바)보다 더 가치가 있다."(p.8)라 하고, "그와 동방의 만남은 우선 하나의 유럽인이나 미국인의 신분으로 이루어지고, 그런 후에 비로소 구체적 개인이 된다. 이런 정황하에서 유럽인이나 미국인의 신분은 결코 있으나 마나 한 허구의 것일 수가 없다."(p.15)라 하며, "유럽이든 미국이든 동방에 대한 흥미는 정치성을 지닌다."(p.16)라고 했다.

거나 문화 패권이라고 한다면, 그렇다면 오늘날 우리의 토론은 하나의 계급 투쟁, 정치 변론, 문명 충돌로 변질될 수 있다. …… 만일 예로부터 오늘날까지의 한학이, 설령 극히 한정하여 서방 한학이, 의식 형태에 종사해 온 도구라고 한다면, 즉 헤아리기 어렵고 남에게 고할 수 없는 음모라면, 중국의 역사와 현실의 정신에 대한 폭정이라면, 우리는 결코 눈길을 주지 않거나 대수롭지 않게 여기는 식으로 답해야 하겠지만, 사실은 아마도 이와 같지 않을 것이다."[23] 다행히 저 의견을 받아들이는 시장이 그리 크지 않았고, 중국 학술계에도 적지 않은 토론이 있어서, 그 오해를 상당한 정도로 해소시켰다.[24]

그러나 백 년 이래의 중국 학술을 회고하면, 인식에 맹점이 존재할 뿐만 아니라, 실천에도 오류가 있어서(특히 최근 30년 이래), 검토할 필요가 있다. 주류에 대해 말하면 이것은 서방을 모방하는 것이다. '옛것도 아니고 지금 것도 아닌 학문'을 숭상한 진인각의 경우도 그의 주장과 실천은 "옛 술은 시어서 아무도 사려고 하지 않으므로"[25], "학문을 논하고 정치를 논하여 시류와 아주 동떨어져 있지만 형세에 내몰려 묵묵히 있을 수 없어서 내뱉는"[26] 자탄이었다.

서방을 모방하는 일은 중국 현대 학술의 개창 시기에 시작되었다. 이름 높은 연구 센터인 중앙연구원 어언연구소와 청화 국학원을 예로 보자. 부사년(傅斯年)은 1928년 「역사어언연구소 공작 취지」에서 말하길, "서양인은 학문을 하면서 독서를 하지 않고 손발 가는 대로 새로운 재료를 찾아내어 그때그때 옛 범위를 확대하므로, 이 학문은 사방으로 발전하고 수준이 높아진다. …… 우리들은 몇몇 낯선 도구를 빌려서 새로 획득한 재료를 처리하려고 하므로 이 역사어언연구소가 설치되기에 이

23_張伯偉, 「從'西方美人'到'東門之女'」, 『跨文化對話』 28, 生活 · 讀書 · 新知三聯書店, 2011, p.221.

24_전체를 개괄한 글로는 張西平, 「關於'漢學主義'之辨」(『上海師範大學學報』 第44卷 第2期, 2015. 3)을 참조.

25_陳寅恪, 「馮友蘭中國哲學史下冊審查報告」, 『金明館叢稿二編』, 上海古籍出版社, 1980, p.252.

26_陳寅恪, 「讀吳其昌撰梁啓超傳書後」, 『寒柳堂集』, 上海古籍出版社, 1980, p.150.

르렀다."[27]라고 했다. 표현한 뜻은 두 가지이다. 하나는 새 재료를 찾는 일, 하나는 새 도구를 빌리는 일이다. 전자는 서양인이 학문을 해 온 발자취이고, 후자는 서양인이 학문을 해 온 방법이다. 비슷한 문건이 1925년 오복(吳宓)의 「청화에서 연구소를 개설하는 취지와 경과」이다. 오복은 "연구의 길은 정확하고 정밀한 방법(즉, 당시 이른바 과학 방법)에 정신을 쏟아야 하며, 구미 학자가 동방 언어와 중국 문화를 연구한 성과에서 취재해야 한다. 이것이 본교 연구원이 국내에서 국학을 연구하는 자들과의 차이점이다."[28]라고 했으니, 주목한 것은 방법과 재료이다. 1923년 호적이 기초한 북경대학 국학문 『국학계간』 발간사로 거슬러 올라가면, 그 정신과 노선이 완전히 일치한다. 청화 국학원의 4대 지도자의 한 사람 왕국유(王國維)가 타계한 이후, 같은 국학원의 지도자였던 진인각이 「왕정안 선생 유서 서」를 작성하여, 왕국유의 학술이 당시 풍조를 변화시키고 미래에 궤도를 제시한 '학술 내용과 연구 방법'을 3개 항으로 개괄했다. 앞의 두 요인은 재료 방면(지상과 지하, 이민족과 한족)에 속하고, 제3 요인으로 든 것은 "외래의 관념을 가져다가 고유 재료를 참증(參證)하는 일"[29]이었다. 일본 학자 가노 나오키(狩野直喜)는 1927년 작성한 「왕정안 군을 추억하며」에서 "서양의 과학 연구 방법을 정확히 이해하고 중국 학문 연구에 사용한 점이 왕정안이 탁월한 학자일 수 있었던 이유이다."[30]라고 했다. 진인각은 '참증'이라고 했거늘, 가노 나오키는 서양 연구 방법이 거의 결정적 작용을 했다고 본 것이다.

이런 관념과 실천은 중국에만 있었던 것이 아니다. 일본 동양사학가 구와바라 지쓰조를 예로 보면, 「중국연구자의 임무」에서 그는 "우리 일본은 중국학 연구에서 과학적 방법을 충분히 활용하지 못하는 듯하며, 심지어 과학적 방법을 무시하는 것에 가까운 면이 있다. 과학적 방법이란 것이 서양 학문에 응용할 수 있을 뿐 아니라 중국 학문과 일본 학문도 이것을 빌리지 않으면 안 된다는 것을 누가 알겠는가. …… 중국학의 대

27_『傅斯年全集』 第4冊, 臺灣聯經出版事業公司, 1980, p.258.

28_『淸華週刊』 第24卷 第2號 ; 『淸華大學史料選編』 第1卷, 淸華大學出版社, 1991, p.374.

29_『金明館叢稿二編』, p.219.

30_狩野直喜, 「王靜安君を憶ふ」, 『藝文』 第18年 第8號, 1927.8 ; 『支那學文藪』, みすず書房, 1973, p.370.

상은 중국이지만, 그 책은 비록 중국인이 썼다고 해도 그 연구 방법은 과학적이지 않으면 안 된다."라고 말했다. 뿐만 아니라, 전체 동방학의 연구가 모두 이와 같지 않은 것이 없다고 보았다. "인도학과 아라비아학도 모두 구미 학자가 연구에 착수함으로써 발달하기 시작해서 세계에 널리 퍼졌다. 인도와 아라비아에 학자가 없었던 것은 아니어서, 저들이 인도 문헌과 회교 문헌을 해석하는 것은 구미 학자보다 만 배나 월등하지만 그 나라의 학문을 오늘날같이 발달시키지 못했던 것은 어찌 다른 이유가 있겠는가. 연구 방법이 결여되어 그렇게 된 것이다."[31] 중국 학자는 일본의 한학 연구 성과를 같은 시선으로 보았다. 부사년은 1935년에 "20년 이래 일본의 동방학이 진보한 것은 파리학파를 스승으로 삼았기 때문이다."[32]라고 했다. 서양의 '동방학'과 일본의 '지나학'을 본받는 것이 한 시기의 풍조로 되었던 것이다. 저명한 대학에 관련 학과가 설치되고, 적지 않은 일본 한학 저술이 중국어로 번역되었으며, 몇몇 출판사는 구미의 한학자 저작을 영인했다. 구미와 일본은 중국에 한학 연구 기관을 분분하게 설치했다.[33] 외래의 이론 · 관념 · 방법의 계시 아래에서 중국의 학술은 장족의 진보를 거두었다. 하지만 지금 와서 과거를 돌이켜 보면, 우리는 한우충동의 논저 속에서 외래의 관념과 방법이 갈수록 학술 연구의 기점(문제 제기 방법)과 종점(최종 결론)이 되어 왔다는 사실을 발견하게 되며, 그 형세는 지금도 변하지 않고 있다.

지난 세기 초 시작된 중국 학술은 실로 서양인의 학문 방법을 추수하는 것이 주류였다. 1980년대 이래 서방 역서가 중국 학술계에 콸콸 넘쳐났는데, 그 가운데 한학 부분만을 보아도 놀랄 만큼 많다. 현실의 층위에서 헤아려 보면, 본래 타산지석이었던 것이 자신도 모르는 사이에 금과옥조가 되어, 사이드가 말한 대로 "취미와 가치의 기준을 확립했다." 학자들은 그것과 깊이 학술적 대화를 하려 하지 않고, 그저 서양 사고의 모델이 전파되도록 동아시아의 '무대'나 '확성기'를 부단히 제공해 주었

31_J. H. C. 生 譯,『新青年』第3卷 第3號, 1917. 5 ; 李孝遷 編校,『近代中國域外漢學評論萃編』, 上海古籍出版社, 2014, pp.79-80.

32_傅斯年,「論伯希和教授」,『大公報』1935年2月19 · 21日 ;『近代中國域外漢學評論萃編』, p.307.

33_李孝遷,『域外漢學與中國現代史學』의 관련 논술 참고.

다. 피터 볼의 조롱이 기이하지도 않다. 서양의 학술 관념이 동방으로 전파된 유일한 결과로 "구미 사상의 구조 체계 및 방법론이 다른 언어의 국가로 확장되었다." 중국 학술계에서 내가 지적하는 대상은 결코 세상에 처음으로 얼굴을 내미는 후생들이 아니라 학문에 성과가 있어 영향력을 지닌 학술계의 유명 인사들을 가리킨다.

학술 논저 가운데 기술적 층위의 현상에 관해 두 가지만 거론한다.

(1) 표제. 한문화권의 출판물을 살펴보면 근 십 년 이래 논저의 표제에는 보편적이면서 현저한 특징이 있으니, 네 글자나 다섯 글자로 시작하고, 콜론이나 하이픈을 쓴 후에 길고 짧은 설명 문자를 더하는 방식이다. 사실 이것은 미국 학술계에서 1970년대, 80년대 이래의 유행 풍조에 불과하다. 로버트 단턴(Robert Darnton)은 그가 프린스턴대학 출판부에서 편집을 담당한 경력에 근거하여, 1983년에 웃음을 쥐어짜 내는 어투로 「학술저작 출판 비결」을 작성하여 여섯 가지 요점을 나열했는데, 그 마지막이 표제에 관한 것이다. "이것에는 파악해 두어야 할 두 원칙이 있다. 첫째는 귀로 들어 음향이 울려 힘이 있어야 한다. 둘째는 콜론을 사용하여, 큰 표제는 음향이 있고 힘이 있게 하고 간단하여 의미가 깊고 또 시적 정서가 풍부하게 해서 독자로 하여금 무슨 말인지 제대로 알지 못하게 해야 한다. 그런 후 콜론을 사용하고 또 부제를 사용하여 이 책이 무엇을 말하려 하는지 해석해 주어야 한다." 작가는 문장의 결미에서는 독자에게 '장대한 말'을 하는 것을 잊지 말아야 한다. "이 기만술은 학술저작의 작자가 보기에 백발백중한다고는 보장할 수 없다."[34] 한탄스러운 것은, 이것이 오늘날 중국 출판에서 모던한 논저의 유행으로 되었다는 점이다.

(2) 주석. 지금의 정기 학술지는 대만부터 대륙까지 구미 한학가의 주석 방식을 모방하여, 모두가 그러해서 번거롭기 짝이 없다. 누구나 잘 아는 '춘면불각효(春眠不覺曉)'라는 간단한 구절을 두고, 맹호연 시집의 어떤 판본을 가지고 주석자, 정리자, 출판지, 출판 시기, 권수, 페이지 수

34_『拉莫萊特之吻：有關文化史的思考』(*The Kiss of Lamourette: Reflections in Cultural History*) 第2部 第6章, 蕭知緯 譯, 華東師範大學出版社, 2011, p.81. 흥미로운 것은 1990년에 출판된 이 책도 그 제목이 마찬가지로 '속됨을 면하지 못했다'는 것이다.

까지 일일이 나열하고, 때로는 작자의 이름에 중국어 병음을 부기한다. 심지어 옥상가옥으로 '상해: 상해인민출판사'라든가 '북경: 북경대학출판사'의 기술 방식을 사용한다. 이외에 2차 자료를 학술적 가치가 크든 작든 높은 낮든 번쇄하게 나열하고, 그것을 미화하여 '학술 규범'이니 '국제적 규범에 접근했다'라고 한다. 학술 연구는 당연히 규범이 있어, 인용 문헌이 확실하여 오류가 없어야 하고 기왕의 연구 성과를 존중해야 하지만, 이 두 원칙을 어떻게 체현하는가 하는 것은 유일한 표준이 있는 것은 아니다. 서방 학술의 전통에서 말하면 주석에는 '이을[接]' 만한 통일된 '궤[軌]'가 없다. 미국 · 영국 · 독일 · 프랑스 · 이탈리아의 사학 저술은 각각 주석의 특색이 다르다. 안토니 그래프턴은 『주석: 흥미로운 역사』에서 서방 학술 전통 중 주석의 형성 과정과 다양한 면모에 대해 상세히 서술하고 다음과 같은 충고를 했다. "각양각색의 주석이 다종다양의 역사 저술에 출현하여 모두가 교시와 보탬을 준다." 그리고 또 "주석 자체는 어떤 것도 보증하지 못하며, 성실한 역사학자는 그것을 가지고 사실을 표명하지만 진상의 적(진상에게도 적이 있다)도 주석을 이용하여 부인할 수 있다. 관념의 적(관념에게도 적이 있다)도 어떠한 독자라도 전혀 쓸데가 없는 인용과 인증을 주석을 이용해 쌓아 놓거나, 새로운 의미를 지닐 수 있는 논제를 그것을 이용해서 공격할 수가 있다."[35] 또 다른 방면에서 보면 중국 자체의 학술 전통에는 주석의 규범이 전혀 없었다. 청나라 광동의 학자 진례(陳澧)는 『인서법(引書法)』을 작성해서 이런 문제를 논한 적이 있다. 그 가운데 서넛을 간략히 인용하면 이러하다. "서적 인용에는 인용의 법이 있다. 그 법을 얻으면 문사가 우아하고 순치되어 독서인의 저술로서 부끄럽지 않으며, 장래의 학문 성취와 저술 사업도 여기에 기초하게 된다." "서적 인용은 아(雅)와 속(俗)의 차이를 알아야 하고 시대의 선후를 알아야 한다. 서적 가운데 우아한 것은 인용해야 하고 속된 것은 인용해서는 안 된다. 시대가 오래된 것은 먼저 인용해야 하고 시대가 뒤지는 것은 뒤에 인용해야 하거나 혹은 인용하지 않아도 되어, 정밀함에 있지 많음에 있지 않다. 얄팍하고 비루한 책을 인

35_Anthony Grafton, 『脚注趣史』(*The footnote: a curious history*), 張弢 · 王春華 譯, 北京大學出版社, 2014, p.313.

용하면 대아(大雅)의 당에 오를 수가 없다." "서적 인용은 반드시 본래의 책을 보고 인용해야 하지, 본래의 서적을 보지 않고 다른 책에서 전재하여 인용하면 착오가 있을 수 있어서 남의 것을 그저 베낀다는 비난을 받기 쉽다. 혹 그 책을 얻기 어려워 부득이 다른 책에서 전재하여 인용한다면 '이 책을 보지 못하여 아무 책에서 전재하여 인용한다.'라고 자주(自注)를 더하는 것이 독실한 도리이다."[36] 지난 1960년대에 전목(錢穆)은 미국에서 공부하고 있는 여영시(余英時)에게 서신을 써 보내어 "내 생각에는 가치 없는 것은 많이 인용할 필요도 없고 많이 변론할 필요도 없소. 논문은 정면에 가치가 있지 반면(反面)에 가치가 있지 않소. …… 즉 부주(附注)도 역시 그러하오. 많은 것을 다투고 해박함을 숭상하는 것을 우월하다 여겨서는 단연코 안 되오."[37] 여기 언급한 것이 바로 중국 전통의 '서적 인용법'이니, 그것이 학술 규범의 방면에서 어떤 결함이 있다고는 조금도 인정할 수 없다.

체제와 주석은 본래 일정한 규범이 없다. 단 몇몇 기술적 조작의 층위에서는 금일 학술 논저가 자각적으로 '나를 버리고 남을 좇아야' 연구의 이념과 방법 면에서 역시 진보하리란 것은 새삼 말할 필요가 없다.

3. 이론과 방법 탐구의 기본 원칙

지난 세기 이래 중국 학자들은 학술 연구에서 속히 세계와 보조를 같이 하려고 서학(구미)과 동학(일본)의 학습을 강조했다. 다만 적지 않은 지식인들의 마음에 이것들이 모두 중학(중국)을 진흥시키고자 한 것이었지, 서학과 동학의 노예가 되기를 달갑게 여긴 것이 아니다. 그렇기 때문에 오늘날의 사람들이 채택할 수 있는 사상 자원을 축적한 것이다. 개

36_黃國聲 主編, 『陳澧集』 第6冊, 上海古籍出版社, 2008, pp.232-233.

37_錢穆, 『素書樓餘沛』, 『錢賓四先生全集』, 臺灣聯經出版事業公司, 1998, pp.426-427. 40여 년 후 余英時는 방문 대담의 때에 "이차 자료의 더미는 근본적으로 아무 가치도 없다. 참으로 기여한 것은 빠뜨려서는 안 된다. …… 이것이 현대에 학문을 할 때 주의해야 할 바이다. 이것은 방법론상의 문제이다."라고 했으니, 발휘한 것은 전목의 설이다. 陳致, 『余英時訪談錄』, 中華書局, 2012, p.57.

괄하면 다음 몇 사항이 있다.

(1) 한학 연구의 중심. 2012년 대만 중앙연구원에서 거행한 '제4차 국제한학회의'에서 여영시는 개막식사를 하여, 1959년 호적이 대만에서 한학 회의를 개최할 것을 제안하면서 한학 중심에 대해 감개하여 "20년 전 북평에서 심겸사(沈兼士) · 진원암(陳援庵, 陈垣) 두 분과 함께 장래 한학의 중심이 될 곳이 필경 중국 북평이거나 일본 경도(교토)이거나 프랑스 파리일 것이라고 이야기를 했는데, 현재 프랑스의 펠리오 등 노인들은 모두 세상을 뜨고 일본 한학가에 의해 당송의 표점 없는 문장이 왕왕 구두가 떼어져 독파되었다. 그러니 한학의 중심이 현재는 대만에 있고 장래에는 대륙에 있게 되길 희망한다."[38]라고 말했다고 한다. 이 관점은 주로 진원(陳垣)의 것이었을 터인데, 호적도 당연히 공감했을 것이다.[39] 1931년 일본의 몇몇 젊은이들 면전에서 한학의 중심이 어디에 있는가 하는 문제를 이야기하다가, 호적은 명확히 북경, 경도, 파리가 그 중심일 것이라고 말했다. 이것은 일종의 인사치레 말이었지만, 그는 내심으로 당시 중국의 인문학 연구가 교토 · 파리와 함께 정족의 형세를 이룰 만한 상태에 있다고는 진정으로 여기지 않았다. 당시 일본 학자의 관점에서도 역시 이와 같았으니, 중국에서 사용하는 방법이 모두 일본과 서양에서 왔기 때문이었다.[40] 다만 호적 등의 소원은 부사년이 역사어언연구소를 건립한 웅대한 뜻 — "우리는 과학적 동방학의 정통이 중

38_彭小妍 主編, 『跨文化實踐 : 現代華文文學文化』, 中央研究院, 2013, p. ⅰ.

39_胡適의 1931년 9월 14일 기록."이과와 법과는 말할 것도 없고, 문과의 중국학도 우리는 지금 아직 남보다 뒤떨어져 있다. 진원암(진원) 선생이 일찍이 내게 말씀하길, '한학의 정통이 지금 서경(교토)에 있는가? 파리에 있는가?'라고 하셨다. 우리들은 마주하여 탄식하면서, 십년 후에는 북경에 있을 것이라고 기대했다."曹伯言 整理, 『胡適日記全編』 第6冊, 安徽教育出版社, 2001, p.152. 진원은 1920년대 초 북경대학 연구소 국학문의 제1차 집회에서 이렇게 말했다. "현재 중외학자가 한학을 말할 때는 파리가 어떠어떠하다고 하지 않으면 일본이 어떠어떠하다고 하지, 중국을 거론하지를 않으니, 우리는 마땅히 한학의 중심을 중국으로 탈환해서 북경으로 돌려놓아야 한다."「鄭天挺自傳」, 馮爾康 · 鄭克晟 編, 『鄭天挺學記』, 生活 · 讀書 · 新知三聯書店,1991, p.378.

40_1939년 나가세 마고토(長瀨誠)는 「일본의 현대중국학계 전망」에서 이 일을 거론하고 또한 "일본 학자가 보기에 최근 중국의 중국학에서는 일본의 서양방법론을 모사할 따름이어서 일본이 끼친 영향권에서 밖으로 벗어날 수 없는 듯하다."라고 논평했다. 『華文大阪每日』 第2卷 第6-8期, 1939 ; 『近代中國域外漢學評論萃編』, p.150.

국에 있게 해야 한다"[41] —과 마찬가지로, 중국 학술의 진흥을 목적으로 삼았다. 여영시는, 오늘날의 '한학 중심'이 '어디든 없는 곳이 없거나' 아니면 '어디에도 없다'라고 하는 문제는 이미 고려할 필요가 없다고 보았다. 하지만 학술 현실을 되돌아보면 중국 학계의 인문학 연구는, 과제 선택, 이론 가설, 방법 운용, 주제 제기 등 어떤 면에서든, 대부분 구미에서 모범을 취하여, 학파를 독립해서 이룰 수 있을지 자체가 의문이거든, 어느 겨를에 중심이 어디에 있는지 따지겠는가? 민국 시기의 지식인들이 한학 중심을 중국으로 탈환하고자 했던 바람은, 오늘날에도 여전히 의의가 있으며, 이를 위해 노력할 만한 가치가 있다.

(2) 서학 및 동학과 각축을 벌이는 일. 청나라 말 이래 이념과 뜻을 지닌 학자들은 서학과 동학에 주목해서, 한편으로는 마음을 비우고 학습하면서 다른 한편으로는 그것들과 각축을 하여, 결코 효빈(效顰)을 하거나 간신히 따라가고 종종걸음 치거나 하는 것으로 그치지 않았다. 그것들과 대화하면서 경쟁하고자, 우선 그 연구에 관심을 기울였기에, 어쩔 수 없이 과제 선택 등의 방면에서 그 영향을 받았다. 이것은 물론 중국인의 학술 연구에 부정적인 영향을 끼쳤고, 또 이것은 불가피한 일이었지만, 결국 그 질곡을 벗어나야만 한다. 당시의 신문 · 잡지를 보면 해외 한학의 성과, 역사, 동태를 소개하고 그 성패와 득실을 분석하는 것이 많았는데, 프랑스와 일본을 주로 하되 시선은 다른 여러 나라를 망라했다.[42] 한학의 중심을 중국으로 탈환해 오는 가장 유효한 방법은 한편으로는 서학과 동학의 장점을 흡수하면서 한편으로는 중학(중국 학술)만의 독특한 연구를 만들어 내는 일이다. 서방 한학에 대하여 부사년은 이렇게 말했다. "오늘날 학술의 진보는 국제 간의 합작, 영향, 경쟁에 상당히 의존하고 있다. 모든 학문이 다 그러하지만 한학도 예외가 아니다. 중국인이 만일 앞으로 문학과 사학이 빛나고 광대하게 되길 바란다면 외국인과 싸워서 이기려는 마음을 지녀 힘을 기울여 앞으로 나아가야 하

41_『歷史語言硏究所工作之旨趣』, 『傅斯年全集』 第4冊, p.266.

42_梁繩禕의 「외국한학연구개관」은 일본 · 이탈리아 · 네덜란드 · 프랑스 · 독일 · 러시아 · 영국 · 미국 등 8개 국가의 한학 연구의 발생과 현상에 대해 설명하고, 마지막으로 벨기에 · 스위스 · 그리스 · 체코슬로바키아 등 여로 국가의 한학 대표를 거론했다. 이 글은 『近代中國域外漢學評論萃編』에 수록되어 있으므로 참고할 만하다.

지만, 또 서방 한학의 특장도 빌려와야 한다. 이것은 결코 스스로를 폄하하는 것이 아니라 실은 스스로를 넓히는 길이다."[43] 일본 한학에 대해서 진인각은 이렇게 말했다. "페르시아인이 저술한 몽고 사료와 서방인 번역본을 계속 수집하는 일을 일본인이 모두 하고 있으므로 참고해야 한다. …… 일본인이 볼 수 있는 책은 우리도 볼 수 있어야 비로소 경쟁할 수 있다."[44] 이런 노력은 확실히 희망적인 결실을 맺었다. 부사년은 역사어언연구소의 실적을 다음과 같이 평가했다. "조리원(연구원)의 작업은 모두 전문적인 결과물이며, 정예의 저술이니, 이제 외국에 대해서도 자부할 수가 있다."[45] 왕정여(王靜如)는 진인각과 그 동료의 작업을 이렇게 평가했다. "진인각 선생의 국학은 정심하고, 또 동서 각국의 언어와 고대 어문에 해박하며, 도구가 우량한데다가 방법도 새로우며 견식도 절로 높다. 그러므로 매번 논문을 낼 때마다 세계 한학계가 다투어 칭송한다. …… 현대 중국의 역사 언어 연구도 정밀하고 방법도 근엄하여 서방 한학자자 경쟁할 수 있는 사람들은 대부분 그 친우들이거나 문인들이다."[46] 특히 진인각은 구체적인 연구에서 많은 독창적 성과를 이루는데 그치지 않고 학술 방법의 면에서도 수립한 것이 있다. 만일 중국 학술이 이 노선을 따라 계속 발전했더라면 국제 학술계에 끼친 공헌과 영향은 또다른 면목을 띠었을 것이다.

(3) 서학 · 동학을 학술의 표준으로 삼지 않는다. 이 의론은 당연히 그리 많지 않지만, 주목할 만한 가치가 있다. 이를테면 부사년은 1934년에 글을 지어, "서양인이 중국사를 연구할 때 가장 주목한 것은 한적 속의 중외 관계이며, 서너 부 경전으로 된 여행기로, 밝혀낸 바는 대개 반한(半漢)의 사정에 있다. …… 서양인은 중국 고고학을 만들고는, 마치 중

43_「論伯希和教授」,『近代中國域外漢學評論萃編』, p.307.

44_진인각이 부사년에게 보낸 서신은 劉經富, 『陳寅恪未刊信劄整理箋釋』 15에 수록. 『文史』 2012年 第2輯.

45_부사년이 1932년 12월 26일 蔡元培에게 보낸 서한이다. 王汎森 · 杜正勝 編, 『傅斯年文物資料選輯』, 傅斯年先生百齡紀念籌備會, 1995, p.79. 이 서한은 원장의 彙報에 실으려 한 것이므로 표현에 조금 과장이 섞여 있다.

46_「二十世紀之法國漢學及其對於中國學術之影響」, 『國立華北編譯館館刊』 第2卷 第8期, 1943. 8 ; 『近代中國域外漢學評論萃編』, pp.184-185.

국 사학 일반을 만들어 낸듯이 하지만, 이는 대부분 외연 관계에 중점을 두고 내층의 강령은 소홀히 한다. 환경과 근거가 그렇게 만든 것이다."[47] 같은 시기 진인각은 일본 한학가의 중국사 연구에 대해 논평하여, "일본인은 늘 작은 공헌을 하지만 너절함을 면하지 못한다. 동경제국대학 일파는 서학은 조금 낫지만 중문은 아주 틀렸다. 서경(경도) 일파는 중국 사료를 보는 능력이 조금 낫다."[48]라고 했다. 이것은 한두 걸출한 개인이 발표한 의견이어서 한 시대의 통념을 대표할 수가 없지만, 중시할 만한 가치가 있는 또 하나의 목소리이기도 하다. 더 이른 시기에 장태염(章太炎)은 외국인의 학술을 기준으로 삼아서는 안 된다는 견해를 분명하게 말하여, "다른 나라 사람의 지나학을 우리는 기준으로 삼을 수가 없다. 만일 중국인이 중국의 일을 깊이 알지 못하고 다른 나라의 사적을 가져와 견주어 일종의 신기한 설을 만들어 낸다고 해도 그것을 기준으로 삼을 수가 없다. 억지로 취하여 기준으로 삼는다면 사실에 있어 지리한 것을 많이 만들어 내고 이치상 상당한 오류를 낳게 되는 데다가, 사실을 날조하고 조례를 멋대로 가지고 놀아 자기 마음대로 행하게 된다."[49]라고 했다. 장태염의 의견은 당연히 대표성을 지닌다고 할 수는 없으나, 오늘날 보면 우리에게 금옥과도 같은 충언이라고 할 수 있다.

이상을 종합하면, 우리는 학술 연구의 이론과 방법을 탐색할 때, 앞사람의 귀중한 사상 자원을 흡수하면서 더욱 앞으로 밀고 나가야 한다. 일본 학자 미조구치 유조(溝口雄三)의 『방법으로서의 중국』은 "지금까지는 특히 근대 이래로, 유럽의 시각으로 중국이나 아시아를 보아 온 것이 일반적이었다."[50]라고 지적하고, 일본 한학의 경우 중국 문화를 상당히 이미 일본식으로 내면화했으므로, 에도 이래의 많은 중국 연구가 "일본

47_「〈城子崖〉序」, 『傅斯年全集』 第3冊, pp.206-207.

48_楊聯陞 記, 「陳寅恪先生隋唐史第一講筆記」, 『陳寅恪集 · 講義及雜稿』, 生活 · 讀書 · 新知三聯書店, 2002, pp.487-488.

49_「教育的根本要從自國自心出來」, 『教育今語雜誌』 第3期, 1910.5 ; 李孝遷, 『域外漢學與中國現代史學』, pp.44-45. 여기서 토론한 문제는 이 책 제1장 제2절 「與之角勝」과 제4절 「不能取來作準」을 참고.

50_『方法としての中國』 ; 李甦平 等譯, 『日本人視野中的中國學』, 中國人民大學出版社, 1996, p.17.

문화의 취향이나 일본 문화의 전통에서 내원하는 것"이 아주 많다고 했다. 이것은 "중국 없는 중국학"[51]이다. 따라서 그는 '중국을 방법으로 삼을 것'을 제기했다. 그 목적은 "중국의 내부로부터 중국의 실제에 결합시켜 중국을 고찰하고, 나아가 유럽 원리에 대응하는 중국 원리를 발견하고자 한다."[52] "중국을 방법으로 삼는다는 것은 원리에 대한, 동시에 세계에 대한, 창조를 요구하는 것이다."[53] 이런 사고방식이 일어난 것은 동아시아 지역만의 고립 현상이 아니다. 21세기에 진입한 이후로는 상당히 많아졌다.

한국에서 백낙청 선생을 대표로 하는 민족문학론 및 『창작과비평』이 주도하는 '동아론'은, 그 내함(內含)은 학술에 국한하지 않지만, 학술 층위나 혹은 문학비평과 문학 연구에 한정하여 말하자면, 그것이 창도한 것은 "제3세계의 자기 인식의 기초 위에 자국 문학, 중국 문학, 일본 문학을 연구하여" 동아시아 문학이 "서방 문학의 주변에서 어정거리는"[54] 상황을 바꾸자는 것이었다. 즉, 서방 문학을 열람하더라도, "우리들의 귀로 저들이 말하는 이야기를 듣고 우리 자신의 눈으로 저들이 본 현실을 보아"[55], 세계화 시대에 동아시아 지식 생산이 독립적인 지식 주체성을 수립하고 서방의 지식 생산 체제에 개입하여 그것을 점차 바꾸어 나가고자 하는 것이다.

여영시는 진지하게 이렇게 말했다. "20세기 이래 중국 학자가 중국 학술과 관련하여 저술한 논저 가운데 가장 가치 있는 것은 서방 관념을 가장 덜 끌어다 쓴 것들이다."[56] 다만 이것은, 우리들이 서방의 관념을 듣지도 묻지도 않을 수 있다는 것을 의미하지는 않는다. 그래서 그는 "중국 인문학 연구가 서방 중심의 경향을 벗어나 새롭게 출발하길" 호소하

51_『日本人視野中的中國學』, pp.91-92.

52_『日本人視野中的中國學』, p.94.

53_『日本人視野中的中國學』, p.96.

54_白樂晴, 「看第三世界文學的眼睛」, 孫海龍 譯, 白永瑞 · 陳光興 編, 『白樂晴—分斷體制 · 民族文學』, 臺北聯經出版事業有限公司, 2010, p.64.

55_「如何看待現代文學」, 白樂晴, 『全球化時代的文學與人—分裂體制下韓國的視角』, 金正浩 · 鄭仁甲 譯, 中國文學出版社, 1998, p.227.

56_「怎樣讀中國書」, 『中國文化與現代變遷』, 三民書局, 1992, p.266.

면서, 한편으로는 중국 역사와 문화 전통의 '갖가지 내재적 노선'을 통해 심층적으로 연구할 것을 강조하는 동시에, 서방의 이론과 방법에 대하여 연구자가 "필요에 따라 다방면으로 흡수할 것"[57]을 강조했다. 이는 백 년 이래 중국 인문학 연구의 긍정적 · 부정적 경험과 교훈을 흡수하여 얻어 낸 온당한 논법이다. 그리고 우리는 자신의 이론과 방법을 건설하고 탐색할 때, 기본 원칙은 텍스트 독해를 기초로 삼아 개별 연구를 통해 구체적으로 활용할 수 있는 방법을 찾아내어, 모방하거나 대항하는 잘못을 벗어나서 서양 학술과 대화하는 속에서 그 이론을 형성해야 한다. 오늘날의 인문학 연구에서, 서방 이론을 상투적으로 사용하는 일을 해서는 안 되지만, 서방 이론을 무시하는 일은 더욱 해서는 안 된다. 우리의 관념과 방법은 서방의 학술 연구로부터 자립해야지 벗어나서는 안 되며, 서방 학술 연구에서 독립해야지 고립해서는 안 된다.

신이론과 신방법의 탐색은 근거 없이 허공에서 올 수는 없다. 우리가 텍스트 독해를 기초적 위치에 둔 것은, 방법이 텍스트 자체의 내재적 노선과 맥락을 통해서 형성되어야 하고, 이론 그것도 효과적인 구체적 연구 위에 세워져야 한다는 점을 밝힌 것이다. 텍스트를 넓은 뜻으로 이해하여 그것을 연구 재료라고 본다면, 이론과 방법은 설계의 이념과 도면이므로, 탐색 과정 중에 새로운 재료가 분명히 우위를 점유하게 된다. 새로운 재료에 수반되는 새 문제는 그 자체가 학술 연구의 새로운 대상이 되는데, 이는 기왕의 이론과 방법이 이제까지 직면하지 못했고 처리한 적이 없는 속수무책의 과제이다. 연구자가 관습적인 생각에 의거하여 맞닥뜨려 처리할 수 있다고 해도, 그럴 경우의 결과는 새로운 시야를 은폐하지 않을 수 없고 얻어낸 결론도 평범함을 면하기 어렵다. 따라서 새로운 자료를 마주하면 연구자는 새로운 관념과 새로운 방법을 탐색하려고 노력하지 않으면 안 된다.

여기서 우리는 진인각이 1930년에 말한 다음 언급에 주목해야 한다. "한 시대의 학술은 새 재료와 새 문제가 있어야 한다. 이 재료를 사용하여 이 문제를 연구하면, 이 시대 학술의 새 조류가 된다. 학문을 하는 인

57_余英時, 「試論中國人文研究的再出發」, 『知識人與中國文化的價値』, 臺灣時報文化出版有限公司, 2007, pp.296-297.

사로서 이 조류에 참여하는 사람을 예류자(預流者, 소따빤나, sotāpanna)라 하고 참여하지 못하는 사람을 미입류(未入流)라고 한다. 이것이 고금 학술사에 공통된다. 문을 닫고 수레를 만드는 식의 편협한 자는 함께 도를 깨우칠 수가 없다."[58] 사람들 귀에 익숙한 이 말에 대해, 학계는 '새 재료'에 주목할 뿐, '새 문제'는 소홀히 하는 일이 많았다. 하지만 '새 문제'가 없다면 '새 재료'가 무궁하다고 해도 '시대 학술의 새 조류'를 형성하지 못할 것이다.

피터 게이(Peter Gay)의 『계몽운동: 현대 이교 정신의 굴기(The Enlightenment: The Rise of Modern Paganism)』는 칼 베커(Carl Becker)의 『18세기 철학가의 낙원(The Heavenly City of the Eighteenth-Century Philosophers)』을 정면 비판했다. 후자는 계몽사상 중에서 선입견 위주로 이루어진 편견이 중고 사유 모델과 일치한다고 주장해서, "이 '철학가'들은 성 아우구스티누스의 낙원을 파괴했지만 당시 유행하는 재료로 그 낙원을 중건하고 말았다."[59]라고 했다. 이 논단에 대해 피터 게이의 책은 강력한 반론을 제기했다. 우리가 이 두 책의 우열을 따질 필요는 없다. 다만 이 점을 거론해야 할 것이다. 즉, 현대 학술사에서 새 재료로 옛집을 짓는 정황은 결코 드문 일이 아니다. 만일 우리가 새 재료를 다루게 되더라도 불행히 옛집을 짓게 된다면 사람들을 슬프게 만드는 정도는 새 재료와 인연이 없는 경우보다 더 심하다. 만일 새 문제가 없어서 새 재료를 예전처럼 망가뜨려 결국 응분의 '새 시야'를 은폐하게 된다면, 패러다임을 혁명적으로 전환시킬 가능성을 상실하고 만다는 사실은 두말할 필요가 없다.

근 십여 년 이래, 많은 새 재료가 학술 인터페이스 앞에 솟아 나왔는데, 그 가운데는 고고 발굴이 적지 않다. 또 원래 주변부에 처해서 주목받지 못한 재료도 있는데, 해외 한적이 그 가운데 하나이다.[60] 역사상 중국 주변의 국가와 지역에서 독서인들은 한자를 이용하여 대량의 문헌을 작성해서, 그 관련 범위가 '국학'에 맞먹을 정도이다. 이 재료는 오랫

58_「陳垣敦煌劫餘錄序」, 『金明館叢稿二編』, p.236.

59_『18世紀哲學家的天城』, 何兆武 譯, 北京大學出版社, 2013, p.25.

60_역외 한적의 기본 정의 · 범위 · 연구사 · 현상 · 의의 등에 대해서는 張伯偉, 『域外漢籍研究入門』 第1章 「導言」, 復旦大學出版社, 2012, pp.1-29를 참고.

동안 동아시아 세계에 존재했던 지식 공동체나 문인공화국을 구성하여, 우리들에게 많은 새 문제를 제기하고, 또 이론상으로나 방법상으로 지속적인 탐색을 해 나갈 수 있는 가능성을 제공한다.

나는 늘 생각하길, 만일 오늘날의 전통적인 제재 연구가 20년 이전, 1백 년 이전 연구의 문제 제기 방식과 탐구 방식의 면에서 크게 바뀐 것이 없다면 그다지 학술적 의의가 있다고는 말할 수 없으리라 본다. 국제적인 학술과 깊이 대화하려면 우리는 금일 서방 학술의 주제에 대해 관심을 두어야 할 것이다. 서방 한학은 결코 중국 학술의 지엽이 아니라 서양 학술의 구성 부분이다. 만일 1960년대 미국에서 홍기한 페미니즘 운동이 아니었다면 1980년대 여성사 연구가 울연히 풍조를 이루지는 못했을 것이고, 1990년대 이후 한학계가 중국 및 동방 여성 문학에 대해 열중하지도 않았을 것이다. 만일 서방의 디아스포라 및 여성주의자가 서방 문학사의 전범(즉 유럽 남성 백인)에 대해 도전하거나 그것을 전복하려 하지 않았다면. 문학 고전의 문제, 문학사의 서술과 구축 문제가 1990년대 이후 한학의 쟁점이 되지는 못했을 것이다. 구미 신문학사의 영향이 없었다면, 서적사 · 필사 문화 · 문학 문화사는 서방 한학계에서 큰 홍미와 실천을 야기할 수 없었을 것이다. 따라서 한문화권을 방법으로 삼아 이상의 주제에 관여하는 때에는 서방의 이론과 방법을 회피할 수도 없고 회피해서도 안 되며, 우리의 연구를 통해서 그것에 대응해야 한다. 이는 채택 · 수정 · 보충 · 비판을 포괄하며, 그렇게 해야만 서방 한학가로 하여금 저 이론과 방법을 운용할 때 동아시아 학자의 논저에서 필요 부분을 끄집어 쓰도록 할 수 있다.

물론 이상에서 말한 것은 한 부분에 불과하다. 새 재료 자체에 입각하고 문화의 본령에 입각한다면, 우리는 새 주제를 제기하고 학술 연구의 새로운 매력을 펼쳐 나갈 수 있다. 2014년의 『심천상보(深圳商報)』는 섭룡(葉龍)이 기록한 전목(錢穆)의 「『중국 문학사』 강의 노트」를 게재했다. 이 노트는 1950년대 후반 홍콩 신아서원(新亞書院)에서 강의한 것으로, 그 가운데 가장 자극적인 말이 "오늘날까지 우리나라에는 아직 이상적인 '중국 문학사'가 출현하지 않았서, 여전히 우리들의 추구와 개창을 기다리고 있다."라고 하는 말이었다. 그래서 『심천상보』 기자는 십여 명 중외 학자들을 만나 대담을 나누어 이 문제에 대한 답변을 내놓게 했다. 나도 방문을 받았는데, 그때 나는 전목이 말한 이상적인 문학사가 무엇인지 다음과 같이 개괄했다.

> ⓐ 문학사를 문화 체계의 하나로 간주하여, 문화 체계 속에서 민족 문학의 특성을 추구한다.
> ⓑ 옛사람의 심정으로 생생한 문학사를 기술해서 문학사를 신문학 발전에 도움 되게 한다.
> ⓒ 문학과 인생을 관통하여 인생에서부터 문학을 인식하고 문학으로 인생을 위안하는 한편, 서방 문학을 표준으로 중국 문학사를 구성하고 재단하는 것에 극력 반대한다.

중국 문화사 전체에서 출발하여 중국 문학의 특징을 파악해 나가려면, 필연적으로 서양 문학의 발전과 서양인의 학술 관념을 기준으로 중국문학사의 이해와 서술을 제한하거나, 서양 문학의 발전과 서양인의 학술관념을 투식화해서 중국 문학사의 이해와 서술에 사용해서는 안 된다. 전목이 말한 문학사의 이상이 계발해 주는 것은 그 중대한 의의가 여기에 있다. 다만 우리로서는 '문화'는 전통의 중국 문화에 그치는 것이 아니라 응당 한자 문화이어야 하며, 역사상의 조선 반도, 일본, 베트남 등의 한문화권을 포괄해야 한다. 한문화권의 문학 역사를 연구하는 일은 서적의 환류(유전 과정 중의 증보나 감손, 독서에서 산출되는 오독 및 조성의 상이한 결과를 포함하여) 문인의 왕래, 문화 이미지의 형신(形神) 변화(지역적으로는 중국, 조선 반도, 일본을 포괄하고 매개물로는 문학과 도상을 포괄하여), 문학 규범의 전이와 재주조, 각종 문체의 변이와 재생 등등을 포괄한다. 이런 많은 새로운 문제는 새로운 방법론상의 원칙을 필요로 할 뿐만 아니라, 많은 구체적 연구 수단의 창조적 잠재력을 온축함으로써 이론과 방법의 탐색에 무한한 가능성을 제공할 것이다.

4. 방법으로서의 한문화권

해외 한적의 새 재료에 기초하여 다년간 나는 연구 방법을 탐구해서 '방법으로서의 한문화권'을 제출했다. 나는 이것이 연구의 기본 원칙이 되기를 기대한다.

'한문화권'은 여러 가지로 달리 표현할 수 있다. 동아시아 세계, 동아 문명, 한자문화권 등등. 이 문화권을 이루는 기본 표기 체제는 한자이다. 한자를 기초로 한나라 때부터 점차 형성된 한문화권은 19세기 중엽에 이르러 대량의 한적 문헌을 축적하여, 서로 비슷한 정신 구조를 형성했으며, 근저에 항구적인 응축력을 형성했다. 역사상 동아시아 각국은 자기의 문자를 지녀, 혹 언문이라고 일컫거나 가나(진문과 상대됨)라고 일컬었다. 언문은 조선 시대에 '방언'이라고도 일컬어져, 한어와 상대되는 본래의 조선어를 가리켰으며, 시골의 글자라는 뜻을 지녔다. 가나로 기록된 와카와 모노가타리는 일본 남성 귀족에 의해 여성 문자 혹은 여류 문학으로 경시되었다. 그렇기에 동아시아 지식인들 사이에는 한자를 중핵으로 하는 공동체가 형성되었다. 조선 반도를 예로 들면, 언문은 일반적으로 여성이 사용한 문자로, 많은 남성 지식인들은 본래 언문을 배우지 않았다(적어도 배우지 않는다고 표방했다). 성리학자 송준길은 『가례언해』에 착오가 많은 것을 보고 부친에게 가르침을 청하자, 그의 부친은 "언자를 배우지 않아서 일일이 살펴보지 않았다."[61]라고 하며 사양했다. 박세채는 스스로 "언자를 모른다."[62]라고 고백했는데, 그도 성리학자이다. 또 한문학에 조예가 높았던 박지원도 공공연하게 "나는 일생 언자를 하나도 알지 못했다."[63]라고 말했다. 소수의 여성 지식인이 한자를 알아서 두 문자를 구사할 수 있었으나 여전히 층위를 두었다. 장 씨는 1668년 그 아들이자 저명한 성리학자인 이휘일(李徽逸)에게 서찰을 보내면

61_「上愼獨齋先生」, 『同春堂集』 별집 권4, 한국문집총간 제107책, 경인문화사, 1993, p.361.

62_「答尹子仁」, 『南溪集』 외집, 한국문집총간 제141책, 경인문화사, 1995, p.317.

63_「答族孫弘壽書」, 『燕岩集』 권3, 한국문집총간 제252책, 경인문화사, 2000, p.78.

서, 그 끝에 "언서는 신뢰를 받지 못하므로 이것을 적어 보낸다."[64]라고 했다. "언문으로 적어서 네게 주면 중히 여기지 않으리라 여겨서 한자로 서찰을 적어 네게 보낸다."라는 뜻이다. 그 현손 이상정(李象靖)은 「발」에서, "부인은 언서가 신뢰받지 못한다고 여겨 손수 이 서찰을 써서 주었으니, 질병을 걱정하는 뜻과 학문을 권면하는 의사가 지면에 넘쳐 난다."[65]라고 했다. 엄숙하고 중대한 문제를 담론할 때는 한자를 사용한 것이다. 그렇기에 뉴질랜드의 스티븐 로저 피셔(S. R. Fischer)는 관찰 결과, "한어가 동아시아의 라틴어로서 일체의 문화를 선도한 것은 라틴어가 서방에 끼친 영향보다 훨씬 심하다."[66]라고 했다. 영국 사학가 피터 버크(Peter Burke)는 『언어 문화사: 근대 초기 유럽 언어와 공동체』에서, 고전시대 이후 근대 초 유럽의 넓은 지역 학자들은 "모두 라틴어를 사용해서 서찰을 주고받았으며, 이 사실은 그들에게 일종의 귀속감을 낳아서, 자기가 그들이 일컫는 '문인공화국' 혹은 '지식공화국'이란 국제 공동체에 속했다고 인식했다."[67]라고 했다. 그들이 라틴어로 글을 쓴 것은 텍스트 공동체(textual communities)[68]를 구축하는 데 도움이 되었다. 이 두 사실에 비교할때, 한자를 매개 및 도구로 삼은 동아시아에는 오랫동안 지식 및 문화의 텍스트 공동체가 존재했고, 또 문예공화국이 있어 왔다. 표면적 구성에서 본다면 이것은 느슨한 공동체이지만, 실은 강인한 정신적 유대가 그들을 하나로 묶어 주었다. 중요한 점은, 이 공동체 혹은 공화국 내부의 목소리는 단일하지 않았다는 점이다. 그것은 '다성부적'이거나 심지어 '여러 목소리가 시끄러운'[69] 상태였다. 연구 방법이 연구 대상의

64_「貞夫人安東張氏實記」, 張伯偉 主編, 『朝鮮時代女性詩文集全編』 上冊, 鳳凰出版社, 2011, p.273.

65_『朝鮮時代女性詩文集全編』 上冊.

66_『閱讀的歷史』(*A History of Reading*) 第3章 「閱讀的世界」, 李瑞林 等譯, 商務印書館, 2009, p.93.

67_彼得 · 伯克, 『語言的文化史 : 近代早期歐洲的語言和共同體』(*Languages and Communities in Early Modern Europe*), 李霄翔 · 李魯 · 楊豫 譯, 北京大學出版社, 2007, p.74.

68_『語言的文化史 : 近代早期歐洲的語言和共同體』, p.76.

69_일본학자 다카하시 히로미(高橋博巳)는 『東アジアの文芸共和國−通信使 · 北學派 · 蒹葭堂−』(新典社, 2009)을 저술하여, 상술한 의의를 상당히 게시했다. 부족한 점은 첫째 중국을 빠뜨린 점, 둘째 성음을 단일하게 여긴 점이다. 사실 이 '공화국'의 내부는 상당히 복잡했다.

'대응물'이라고 한다면, '방법으로서의 한문화권'은 그 연구 대상과 긴밀하게 연관되어야 한다.

왜 한문화권을 방법으로 파악해야 하고, 이를테면 범위 · 시각 · 연구의 대상으로 삼지 않는가? 니시지마 사다오(西嶋定生)가 이해한 동아시아 세계는 주로 네 방면으로 구성되었으니, 한자 이외에 유교 · 율령제 · 불교가 있었다.[70] 유교는 사상에 속하고 율령제는 제도에 속하며 불교는 종교에 속하여, 그것들은 각기 다른 영역에 속해 있고 각기 다른 제재에 관계되어 있다. 동아시아 한자문헌을 하나의 총체로 파악한다면, 목록문헌, 문학문헌, 사학문헌, 유학문헌, 종교문헌, 교육문헌, 석각문헌, 지리문헌, 예술문헌, 의학문헌 등으로 구별할 수 있어서, 범위에서든 연구 대상에서든 극히 광범하여 포괄하지 않는 것이 없다. 전통 학술이라면 이런 문헌들을 각각 서로 다른 학과에 귀속시킬 것이다. 한문화권을 방법으로 삼는다는 것은 연구 대상과 사유 방식의 결합을 강조하는 것으로, 한문화권 전체에서 바라보면 이 서로 다른 영역과 학과는 관통하고 정합할 수 있다. 결국, 한문화권을 방법으로 삼는 일은 한가지 연구 노정을 게시하는 것이어서, 그저 한 계열의 연구 재료와 논제에 그치는 것이 아니다. 시각의 경우는, 어떤 의미에서는 방법이란 제목에 그 뜻이 들어 있다. 다만 한문화권을 시각으로 삼는다면 너무 좁고 단선적일 수밖에 없어서, 방법이란 말이 지닌 다방면의 의미를 포괄할 길이 없다.

방법으로서의 한문화권은 지금의 생각으로는 대개 다음과 같은 점들을 포괄한다. 첫째, 한자문헌을 하나의 총체로 삼는다. 유별로 분류하려면 국가 · 민족 · 지역으로 구분할 것이 아니라 성질로 구획한다. 이를테면 한문으로 전한 불교문헌은 중국, 조선 반도, 일본, 베트남 등의 불교문헌의 총체를 포괄하지, 중국 불교 · 조선 불교 · 일본 불교 · 베트남 불교로 구분하지 않는다. 또 불교문헌을 고찰하는 동시에 그것과 다른 문헌 사이의 관계에 주의해야 한다. 어떤 문헌을 연구하든 총체에 착안해야 한다. 둘째, 한문화권의 내부에서 문화의 전이든 관념의 여행이든 그것들은 주로 '서적의 환류'에 의존했다. 사람들은 서적을 직접 혹은 간

70_西嶋定生,『東亞世界的形成』, 劉俊文 主編,『日本學者硏究中國史論著選譯』第2卷, 中華書局, 1993, pp.88-92.

접 독서하거나 오독을 함으로써 동아시아 내부의 문화에 통일성 속의 다양성을 이루도록 촉진했다. 따라서 문헌의 "동서유전"[71]에 주목해야 하지, 일방적인 '동전'이나 '회류'가 아니라는 것이 대단히 중요하다. '환류'의 개념을 원용함으로써 독서의 환절(環節)을 통하여 관념과 문화의 변천을 고찰하면, "일체 문화의 역사는 문화 차감(借鑒)의 역사이다."[72]라는 사실을 발견하게 된다. 셋째로, 인간의 내면 체험과 정신세계를 탐구의 목표로 삼아, 중심과 주변을 통괄하여, 각 지역의 한적 문헌을 동등한 지위에 놓고 그 사이의 내적 연계를 탐구해야 한다. 중국이 주변 국가나 민족에 문화를 전해 준 것만이 아니라 한문화권이 안팎으로 접촉하면서 이루어낸 '수용'과 '변용'을 드러내어, 서로 다른 지역 사람들의 상호 영향과 상호 구축을 강조한다. 넷째, 문화적 의미를 천발하는 데 중점을 두어, 각기 다른 언어 환경 아래서 동일한 문헌이 갖는 상이한 의의에 주목해서, 상이한 지역, 상이한 계층, 상이한 성별, 상이한 시기의 인간들이 지녔던 사유 방식의 동일성과 다양성에 주목한다. 목적은 한문화를 더 잘 이해하고, 중국과 세계의 관계를 보다 잘 이해함으로써, 결국 동아시아 문명으로 하여금 인류에 더 많은 공헌을 할 수 있도록 추동하는 데 있다. 하나의 방법과 이론은 실천 속에서 부단히 완성 · 보충 · 수정이 이루어져야 하며, 그것의 학술적 의의도 지속적으로 발현 · 해석 · 천양되어야 하므로, 더 많은 학자들이 탐색의 행렬에 동참하길 기대한다.

'방법으로서의 한문화권'은 하나의 원칙이지, 구체적인 연구 방법이 아니다. 실로, 이 원칙의 지도하에 구체적인 개별 연구가 자신의 문제를 찾아 나갈 수 있고, 그에 상응하는 분석 수단을 지닐 수 있다. 나는 이미 "연구 가치의 크기와 높이는 문제 제기가 객관적 근거를 지니는지 여부에 달려 있을 뿐 아니라 해결 노정이 문제 자체의 자연적 맥락에 부합하는지의 여부에도 달려 있다."[73]라고 했다. 내가 수행한 연구를 두고 말하

71_일본 井上 悳, 「唐詩絕句注解序」의 말을 인용한다. 長澤規矩也 編, 『和刻本漢詩集成 · 總集篇』 第2輯, 汲古書院, 1979, p.126.

72_에드워드 사이드(薩義德, Edward W. Said), 『文化與帝國主義』(*Culture and Imperialism*)의 말이다. 李琨 譯, 生活 · 讀書 · 新知三聯書店, 2003, p.309.

73_張伯偉, 『鍾嶸詩品研究 · 後記』, 南京大學出版社, 1993, p.361.

면, 문학사와 서적사를 결합한 것도 있고, 문학사와 예술사를 결합한 것도 있으며, 한 시기의 문학 세력의 소장(消長)에 집중한 것도 있고, 서너 편 시의 텍스트 분석에 그친 것도 있어, 운용 능력과 실제 효용을 일률적으로 말할 수는 없다. 하지만 연구 과정 중에 고정적인 이론의 뒷받침이나 분석 틀이 없으면서도, 동시에 여러 방면과 여러 층위에서 '방법으로서의 한문화권'이라는 기본 원칙을 지향했다.

최근 20년간 구미 인문학 연구 분야에서 가장 큰 영향을 준 것으로는 아마도 '신문화사'를 꼽을 수 있을 것이다. 그것은 연감사학(아날학파)의 거대 서사 방식을 포기하고 연구자가 각양각색의 상이한 문화 자체의 어휘로 각기 다른 시대, 각기 다른 국가 · 민족의 문화를 살피고 이해할 것을 강조하여, 어느 정도 '유럽중심론'의 고정적인 사유 노선을 바꾸어서, '문화 전입(전파와 수입)'을 '문화 전이'로 바꿀 것을 제안했다. 유럽사 연구를 전문으로 하는 피터 버크는 일찍이 아시아 · 아프리카 · 미국 · 오스트레일리아 연구와 관련해서, "지금 사람의 마음을 격동시키는 문화사 연구가 주변부에서 출현해서," "이 주변부의 연구 작업은 우리들에게 영감을 주었다."라 하고, "문화의 충격과 상호 영향"이 "신문화사의 주요 대상이 되어야 하며," "차감(借鑑)과 동화(同化)의 과정은 주변적인 것이 아니라 핵심이 거기에 있다."라고 했다.[74] 신세기 이래 세계 한학의 동향에서 동아시아 한적 연구를 보면, 이것이 '핵심 부분'을 이루어 나가는 추세가 뚜렷하다. 단, '신문화사'의 연구는 폐단도 있다. 역사라는 나무의 잎사귀 연구에 주목하는 까닭에, 가장 병폐로 지적되는 것이, 하나는 역사 연구의 '파편화'이고, 다른 하나는 사료 부족에서 오는 과도한 해석이다. '방법으로서의 한문화권'을 제기하면, 총체적 시야를 강조하면서 중심과 주변의 경계를 허물려고 노력하므로, 동아시가 각 지역 문화의 다양성을 드러내는 데 편리할 뿐 아니라, 파편화를 극복하여 내재적 통일성을 드러내는 데도 편리하다. 그리고 한적이라는 거대하고도 풍부한 존재는 연구자로 하여금 문헌의 바다를 자유롭게 순항하게 하여, 역사 발전과 그 세부 절목을 자세하게 묘사할 수 있

74_彼得 · 伯克, 「文化史的統一性和多樣性」, 『文化史的風景』(*Varieties of Cultural History*), 豐華琴 · 劉豔 譯, 楊豫 校, 北京大學出版社, 2013, p.227 · 233.

도록 해서, 우리들로 하여금 더욱 심층적인 이해를 얻도록 한다. 전존훈(錢存訓)은 말하길, "중국 전적의 수량은 방대하고 시간은 대단히 오래며 전파는 광범하고 기록이 상세하여, 17세기 말까지는 세상에 비류가 없었다고 할 만하다."[75]라고 했다. 전존훈은 20세기 초 이래 서방의 스윙글(W. T. Swingle)과 라투레트(Kenneth S. Latourette) 등이 개진한 의견들을 인용하여 1700년부터 1800년까지 중국에서 필사되거나 인쇄된 총 매수는 당시 세계의 일체 기타 언어 문자로 이루어진 것을 한데 모은 매수의 총합보다 훨씬 많다고 했다. 동아시아와 다른 국가 및 지역의 한적을 합친다면 이 총계는 결코 과장이 아니다. 따라서 우리는 동아시아 한적이 비견할 수 없을 만큼 풍부한 보고이며, 이 보고 속으로 깊이 들어가면, 오늘날 세계의 학술 연구에 대해 방법에서든 실천에서든 탁월한 공헌을 충분히 해 나갈 수 있으며 또 마땅히 그렇게 해야 한다고 낙관적으로 말할 수 있다.

2015년 7월

75_錢存訓, 『中國紙和印刷文化史』, 廣西師範大學出版社, 2004, p.356.

동아시아 한문학 연구의 신개척

나는 개인적으로 SPAN이란 말로 근래 서방 학술을 개괄하고는 한다. 그것은 Super(超) · Post(後) · Anti(反) · New(新)를 각각 가리킨다. 각종 학술 유파와 개념이 분분하게 일어날 때마다 매번 위의 레테르를 붙이고 있으니, 이른바 초현실, 초자아, 탈식민, 포스트모던, 반서술, 반주체, 신좌파, 신역사학 등등이다. 하지만 SPAN이란 말이 포함하는 의미에는 거리, 과월, 전개 등도 있다. 그렇다면 모든 유파와 개념은 한편으로는 과거와 거리를 벌려야 하고 한편으로는 여러 장애를 뛰어넘어야 한다. 결국, 장기간에 걸쳐 관찰하면, 여러 SPAN과 전통, 문화 맥락의 사이에는 필연적으로 천 갈래 만 갈래의 전개 관계가 존재한다. 그래서 이것은 장력(tension)이 풍부한 말이다. 여기서의 내 강의도 불행히 이 함정 — 신개척(New Exploration)— 으로 빠져들고 말았다. 다만 바로 앞에서 말했듯이 이것은 거리와 과월만 의미하지 않고 전개와 관철도 의미한다.

2012년 6월, 나는 타이베이 중앙연구원에 가서 제4차 국제한학대회에 참석했다. 1980년 이래 이 회의는 십 년마다 한 번씩 열리는 것으로, 세계 한학 연구의 대검토 모임이다. 개막식 때 왕범삼(王汎森) 원사(院士)의 주제 강연은 「한학 연구의 동향」이란 제목이었다. 그는 2000년 이래 세계 한학 연구를 주제 · 사료 · 도구의 방면으로 나누어 '새 동향'을 다루었다. 그 가운데 두 가지가 내게 깊은 인상을 남겼다. 주제로 말하면, 동아시아가 하나의 새로운 동향이다. 과거에는 동아시아를 말하더라도 주로 중국이 주변에 끼친 영향을 말했으나, 현재 중점을 두는 것은 중국과 동아시아의 상호 연관이다. 양계초의 『신문학』에 나오는 말을 빌리자면 현재의 연구는 '아시아의 중국'과 '세계의 중국'이다. 사료로 말하면, 출토 자료와 전자 자료 이외에 해외 사료가 있는데, 특히 해외 한적이 날로 주목을 받고 있다.[1] 북경의 중국인민대학은 금년 11월 3일부터 4일까지 제3차 세계한학대회를 거행했는데, 보도에 의하면 이 회의에서는 '신한학'에 대해 토론했다고 한다. 이른바 '신'이란 것은 한학이 단순히 중국에 대한 연구만을 가리키지 않고 전체 한문화권으로 복사(輻射)한다는 사실을 표현한다. 동아시아적 시야, 해외 한적, 한문화권은 바로 남경대학 역외한적연구소가 2000년 성립 후 줄곧 선도해왔던 연구 노선이다. 이 노선은 십 년 이래 울연히 풍조를 이루어, 세계 한학 연구의 신동향을 형성하여, 심지어 '신한학'이라고 명명되기까지 했다. 여기에는 실상 내재적 원인과 외재적인 원인이 깊이 자리하고 있다. 학술적 시각에 한정하여 말하면, 간단히 말해 새 사료를 찾고 새 방법을 탐구해서 새 문제를 해결하는 것, 이것이 학술 자체의 발전 과정에서 요청된 내재적 원인이다. 그리고 서방 사학계에서 백 년 이래의 실증사학과 연감파(아날학파) 사학이 포스트모던 사학, 신사학, 혹은 신문화사로 전향한 것이 외부의 원인이다. 여기서 후자에 대해 몇 마디 하지 않을 수 없다. 포스트모던 사학은 연감파 사학의 광대한 서사 방식을 포기하여, 총체가 아니고 본질이 아니라 역사의 파편에 주목한다. 혹자는 본질이 역사라는 나무의 줄기와 가지에 있는 것이 아니라 나무의 잎사귀에 있다고 말하기까지 한다. 역사학의 이런 동향이 초래한 득실에 대해서는 한마디로 모두 개괄할 수는 없다. 이를테면 미국 신문화사를 대표하는 내털리 제먼 데이비스(Natalie Zemon Davis)가 영향력 있는 저술 『마르탱 게르의 귀환(Le Retour de Martin Guerre)』을 내놓자, 사학가 존 엘리엇(John Elliott)도 마찬가지로 저명한 평론을 내놓아, "마르탱 게르가 마틴 루터의 이름이나 마찬가지로 명성이 있거나 혹은 더 유명했더라면,

---

1_張伯偉, 「第四屆國際漢學會議 參加側記」, 『古典文學知識』, 2012年 第6期.

분명히 이는 문제가 되었을 것이다."[2]라고 했다. 실상이야 어떻든 이 사학은 필연적으로 다원적이고 자주적이어서, 연구자가 각자 서로 다른 문화에 기반을 둔 자기의 언어로 각기 다른 시대, 각기 다른 민족의 문화를 바라보고 이해해야 한다고 강조한다. 그들은 역사라는 나무의 나뭇잎을 각각 독립적으로 연구하면서 역사라는 나무에 일종의 느슨한 연계를 가진다. 왜냐하면 그들은 일단 나뭇잎을 역사라는 나무로 되돌려 주면 '유럽중심론' 같은 거대 서사가 권토중래할 수 있다고 염려하기 때문이다.[3] 이 사학은 계몽 시대 이래 뿌리 깊은 서방 중심 보편주의의 굴레를 분쇄했다. 이런 의미에서 보면, 동아시아는 더 이상 서방 보편 세계의 규율이나 보편 세계의 가치가 지방성을 드러내는 존재가 아니라, 자주적으로 독립 가치를 지닌 연구 대상인 것이다.

우리는 이 연구로 들어가기 이전에 우선 자신의 입장 · 태도 · 방법을 확정해야 한다. 그리고 이것은 필연적으로 당면한 학술 상황과 밀접한 관계를 지닌다. 포스트모던 사학의 영향 아래에서 미국 학자 폴 코언(Paul A. Cohen)은 『발견으로서의 중국사』를 출판하여, 역사 연구의 '중국중심관' 혹은 '중국 중심의 수렴'을 제기했다. 그는 "19세기, 20세기 중국의 역사를 정확하게 이해하려면, 이 시기의 역사를 외부 세력의 산물로 보는 데 그치지 말고 제국 시대 최후 수백 년내에 출현한 내부 변화의 산물로 보아야 한다."[4]라고 했다. 이것은 실상 "사회 내부에서 사회 자체를 바라보는 관점으로 역사 발전을 탐색하고, 서방 사회의 역사를 가지고 서방 역사의 연속으로 보는 것에 반대하는 것"이다.[5] 코언이 맞대결한 것은 페어뱅크(John K. Fairbank)와 레벤슨(Joseph R. Levenson)으로 대표되는 미국 중국학의 주류 관점이다. 이것은 사학 방법의 문제이자 사학 관념의 문제이다. 또 다른 학자 에드워드 사이드는 『동방학』이란

2_瑪麗亞 · 露西婭 · 帕拉蕾絲-伯克(Pallares-Burke, Maria Lücia G.) 編, 『新史學 : 自白與對話』(*The New History: Confessions and Conversations*), 彭剛 譯, 北京大學出版社, 2006, pp.17 · 75 · 111.

3_劉永華, 『大衛斯及其〈馬丁 · 蓋爾歸來〉』 三 「人類學 · 民族志與後現代」, 『馬丁 · 蓋爾歸來』 代譯序, 北京大學出版社, 2009.

4_『在中國發現歷史—中國中心觀在美國的興起』(*Discovering History in China: American Historical Writing on the Recent Chinese Past*) 中文版前言, 林同奇 譯, 中華書局, 1989年版, p.3.

5_林同奇, 『中國中心觀 : 特點 · 思潮與內在張力』, 『在中國發現歷史』 譯者代序, p.1.

책에서, 서방의 동방 연구에 대해 강력한 타격을 가했다. 그의 눈에 서방의 동방 연구(물론 중국 연구도 포함하여)는 '곳곳마다 강대 세력 지위의 기호'를 드러내는 데 불과했다.[6] 이런 연구 과정에서 "유럽인이나 미국인이란 신분은 결코 있어도 그만 없어도 그만인 허구가 아니었다."[7] 그 공통 지점은 '서방 문화의 내부에서 형성된 동방에 대한 학술적 권위이다."[8] 그런데 이 책에서 우리는 동방의 서방 동방학에 대한 반응을 찾아볼 수 없으니, 동방은 아무 말 없이 침묵하는 존재일 따름이다.

하지만 많은 학자들이 지적했듯이, 동아시아를 두고 말하면, 이른바 '동방학'이라든가 '동방주의'라는 것은 대부분 '스스로 동방화하기(self-orientalization)'이며, "자기가 자기에게 가하는 것이지 서방 제국주의자나 동방주의자에게서 유래한 것이 아니다."[9] 그래서 일본은 근대 아시아의 선진국이 되어, 한편으로는 스스로 '동방학'을 받아들여 서방 문명의 역사 발전을 보편적 표준으로 삼고 일본 역사의 '특성'을 표준에서 벗어난 것으로 해석하면서 그것을 일본 문명이 서방에 뒤진 원인으로 간주하고, 다른 한편으로는 "동양의 영국으로 자부하면서 지나와 조선을 멸시했다."[10] 놀랄 만한 것은 이런 '스스로 동방화하기'의 정황이 과거 일이 아니라 오늘날 중국인의 학술 권역에서도 여전히 성행한다는 점이다. 이를테면 일본 동양사학가 구와바라 지쓰조는 1924년에 저명한 논문 「중국사회의 식인 풍습」을 작성하여, 이 글의 마지막에서 일본 사회에도 인육을 먹는 현상이 있되, 이것은 인육을 먹으면 질병을 치료하는 목적에 이를 수 있다고 오해한 중국 전래의 미신이라고 지적하고, 이 기록이 문헌상으로는 매우 드물다고 말했다. 『일본서기』에 "나라에 큰 물이 들어 굶주리자 혹 사람들이 서로 잡아먹었으므로 이웃 고을의 곡

6_薩義德(Edward W. Said)『東方學』(*Orientalism*)緒論, 王宇根 譯, 生活・讀書・新知三聯書店, 1999年版, p.8.

7_『東方學』, p.15.

8_『東方學』, p.26

9_余英時, 「歷史學的新文化轉向與亞洲傳統的再發現」, 余英時 著, 『人文與理性的中國』, 程嫩生・羅群等譯, 臺灣聯經出版事業公司, 2008, p.633.

10_原田藤一郎, 「亞細亞大陸旅行日誌并清韓露三國評論」(1894), 小島晉治 監修, 『幕末明治中國見聞錄集成』 第12卷, ゆまに書房影印本, 1997, p.248.

식을 옮겨다가 구제했다.〔郡國大水, 饑, 或人相食, 轉旁郡穀以相救〕"라는 구절이 분명히 있지만, 그는 문헌 비교의 작은 고증을 차용해서, 이 문구는 『한서』「원제본기」에 나오는 "관동의 나라 11곳에 큰물이 들어 굶주리자 혹 사람들이 서로 잡아먹었으므로 이웃 고을의 돈과 곡식을 옮겨다가 구제했다.〔關東郡國十一, 大水, 饑, 或人相食, 轉旁郡錢穀以相救〕"[11]라는 문구를 베껴 와 답습한 것이므로 진실한 역사 기록이 아니라고 했다. 구와바라의 마지막 결론은, 일본 국민의 풍속은 중국보다 훨씬 순박하고 혼후하며, 이 사실은 일본인이 자만할 정도에 그치는 것이 아니라 중국인도 인정하지 않을 수 없는 것이라고 했다.[12] 하지만 현대 일본사학가의 연구에 의하면 『고사기』와 비교할 때 『일본서기』는 "국가 역사서의 성질이 대단히 농후해서 …… 일본의 국명을 선명하게 내걸어 중국이나 조선과 상대시켜 강고한 국가 관념을 반영하고 있다."[13] 문자의 수식 면에서 "이 책은 중국 옛 서적에 나오는 문구들을 따다가 일본어 풍의 원시 사료를 베껴 낸 것으로, 이런 면이 『일본서기』 속에는 적지 않지만", 궁극적으로 이 책은 "사료에 충실하다."[14] 그렇거늘 이학근 주편 『국제한학저작제요』에서는 구와바라의 이 논조에 대하여 다음과 같은 평가를 했다. "구와바라 씨의 이 연구는 중국 고대 사회의 결함을 중상한 것이 아니라, 문화국 중국에도 미개 민족에게서나 발견할 수 있는 어떤 악습이 남아 있다는 것을 설명하고, 그로써 중국인에 대한 이해를 심화시켰다."[15] 또 다른 예를 하나 들자면, 나는 이번 달 대만으로 가서 중국의 '근세 의상(意象)과 문화 변천'을 주제로 하는 국제회의에 참가했는데, 참석자들은 미국 · 일본 · 싱가폴 · 한국 · 대만 · 중국의 학자들이었다. 그런데 회의에서 준비한 두 '전제(專題) 강연'(한국과 일본에서 말하는 '기조 강연')은 미국 하버드대학과 보스턴대학에 근무하는 서양 학자가 담당했다. 이렇게 중국 역사상의 근세 문학을 주제로 삼는 회

11_桑原隲藏, 「支那人间に於ける食人肉の风习」, 『东洋文明史论丛』, 『桑原隲藏全集』 第2卷, 岩波書店, 1968, p.203.

12_桑原隲藏, 「支那人間に於ける食人肉の風習」.

13_阪本太郎, 『日本的修史與史學』, 沈仁安 · 林鐵森 譯, 北京大學出版社, 1991, pp.12–13.

14_『日本的修史與史學』, p.17.

15_李學勤 主編, 『國際漢學著作提要』, 江西教育出版社, 1996, pp.35–36.

의도 그 '기조'를 서양 학자가 와서 정해야 하니, '스스로 동방화하기'의 정도는 정말로 놀라울 정도이다. 더 심한 예가 있다. 일본 학자 미조구치 유조는 '방법으로서의 중국'을 제안하여 "중국의 내부에서부터 중국의 실상에 결합하여 중국을 고찰하고 아울러 서구 원리에 대응하는 중국 원리를 발견하고자 한다."[16]라고 하면서, 이탁오와 황종희를 개별 주제로 삼아 명대 중엽부터 청대 중엽에 이르는 중국 사상사의 맥락을 그려냄으로써, 사실상 역사를 해독하는 사유 방법을 고안하여, "현재의 강대한 지식 모델에 대해 도전하고" "서방의 현대 가치 체계로서는 이해하기 어려운 학술 모델을 만들고자"[17] 했다. 그런데 2006년에 이르러 어떤 중국 학자는 미조구치의 이 사유 방식을 두고, "내부 노선에 주목하여 주류의 외부 노선을 부정했는데, 이렇게 서술한 역사는 단편적이며, 기본 사실을 몰각한 역사이다."라고 했고, 심지어는 "아편전쟁 · 갑오전쟁 · 시월혁명이라는 외부 자극이 없었다면 일백 명의 황종희라 해도 소용이 없었다."[18]라고 했다. 이것은 미조구치 유조의 저 명제가 내포하는 학술 의도를 충분히 이해하지 못한 것이다. 코언의 다음 견해를 보라. "중국의 역사가는 마르크스주의자이든 비마르크스주의자이든, 그들의 지난 역사를 재구할 때에 상당한 정도로 서방에서 차용한 어휘 · 개념 · 분석 틀에 의존하므로, 서방 역사가로 하여금 우리 몇몇 국외인의 관점을 채용할 수 없게 만들 뿐만 아니라, 국내인(전문 집단 내부 사람)이 창조한 유력한 관점도 채용할 수 없도록 만든다."[19]라고 했다. 이런 비판을 받으면서도 오늘날의 중국 학자는 여전히 학술 방법을 자각하지 않고 있으니, 아무래도 영원히 정과(正果)를 얻을 수 없을 듯하다. 80년 전에 진인각은 "신주(중국)의 지식인으로서 부끄러워 죽을 지경이다.〔神州士夫羞欲死.〕"라고 슬퍼하면서, 젊은이들에게 "그대들이 수치를 씻어주기

16_溝口雄三, 「日本人視野中的中國學」(『作爲方法的中國』), 李甦平 · 龔穎 · 徐滔 譯, 中國人民大學出版社, 1996, p.94.

17_孫歌, 「在中國的歷史脈動中求眞」, 『我們爲什麼要談東亞—狀況中的政治與歷史』, 生活 · 讀書 · 新知三聯書店, 2011, p.361.

18_劉再復, 「相關的哲學 · 歷史 · 藝術思考—與李澤厚對談選編」 四 '對溝口雄三亞洲表述的質疑', 2006 ; 『李澤厚美學概論』, 香港天地圖書公司, 2010, p.175.

19_『在中國發現歷史』 序言, p.1.

바란다.〔要待諸君洗斯恥.〕"[20]라고 기대했거늘, 어느 때에나 실현할 수 있을지 모르겠다.

19세기 중엽 이래 동아시아는 서방의 강력하고 거대한 압박과 충격의 아래에서 분분하게 자신의 길을 찾아 나섰다. 그래서 그 이후의 문명 및 문화 발전에 대해 서방 학술계는 대개 영국 역사학가 토인비(Arnold J. Toynbee)의 『역사연구』에서 귀납한 모형 — 도전과 응전 — 을 전용해서 설명했다. 백 년 이래 동아시아에 대한 도전은 주로 서방에서 왔다. 동아시아 지성계(특히 중국 지성계)는 서양 문명을 마주하는 데 중점을 두는 반면에, 동아시아 문명 내부의 대화는 무의식적으로 결락되어 왔다. 문학의 방면에서 보면, 한국 학자 백낙청 선생이 말했듯이 "진정한 아시아 문학, 특히 우리와 가장 가까운 동아시아 문학을 한곳에 밀쳐 두고, 먼 곳의 문학에 주의를 쏟았다."[21]

다행스러운 것은 이런 상황이 바뀌기 시작했다는 점이다. 위에서 미조구치 유조의 의견을 인용했는데, 여기서 몇몇 학자들의 관점을 이어서 인용해 보겠다.

한국에서는 백낙청 선생이 대표하는 민족문학론 및 『창작과비평』 잡지에 '동아론'을 주창해서, "제3세계의 자아 인식의 기초 위에 서서 한국 문학 · 중국 문학 · 일본 문학을 연구하여" 동아시아 문학이 "서방 문학의 주변에서 방황하는"[22] 상황을 바꾸고자 하고 있다. 곧, 서방 문학을 읽을 때 "우리들의 귀로 그들의 이야기를 듣고 우리들 자신의 눈으로 그들이 본 현실을 봄으로써"[23] 세계화 시대에 동아시아 지식 생산이 독립적인 지식 주체성을 체현하고 서방 지식 생산 체제 속으로 개입하여 차차 그것을 변화시키고자 하는 것이다.

대만의 진광홍(陳光興)은 다케우치 요시미(竹內好)의 '방법으로서의

20_陳寅恪, 「北大學院己巳級史學系畢業生贈言」, 『陳寅恪詩集』, 清華大學出版社, 1993, p.18.

21_「看第三世界文學的眼睛」, 白永瑞 · 陳光興 編, 『白樂晴—分斷體制 · 民族文學』, 李旭淵 翻譯校訂, 聯經出版事業公司, 2010, p.63.

22_「看第三世界文學的眼睛」, 白永瑞 · 陳光興 編, 『白樂晴—分斷體制 · 民族文學』, p.64.

23_「如何看待現代文學」, 白樂晴, 『全球化時代的文學與人—分裂體制下韓國的視角』, 金正浩 · 鄭仁甲 譯, 中國文學出版社, 1998, p.227.

동아시아'와 미조구치 유조의 '방법으로서의 중국'을 토대로, '아시아를 방법으로 삼는다'는 주장을 한 걸음 더 해석하고 자신의 강조점을 부각시켜, "아시아를 방법으로 삼는다는 명제는 단순한 구호가 아니라 적극적 실천이다. 이 실천은 기본적으로 독서 대상을 아시아 각 지역으로 다원적으로 확장해 나가는 것이다."[24]라고 했다.

미국의 여영시는 '중국 인문 연구의 재출발'을 제안했다. 그는 "전체적으로 보면, 20세기 중국 인문 연구에서 드러난 서방 중심의 경향은 매우 현저했다. …… 지금은 중국 인문 연구가 서방 중심의 경향을 벗어나 새로운 출발을 해야 할 시기이다. 우리들이 진정으로 중국 역사와 문화 전통을 더욱 객관적으로 인식하려면 우선 그것을 주체로 보고, 그런 이후에 다시 갖가지 내재적 노선을 통해 심도 있는 연구를 진행해야 한다. …… '서구 서적을 신성하게 여기는' 심리는 반드시 '타산지석으로 스스로를 다듬는〔他山之石, 可以攻錯〕' 태도로 바꾸어야 한다."[25]라고 했다.

일본의 시즈나가 다케시(靜永健)는 「중국학연구의 신방법」에서 중국 본토에서 일어난 '역외 한적 연구'를 높이 평가하여, "본국 문학 연구에 다시 깊이 들어가도, 만일 같은 시기 동일 문화권의 주변 지역 문화·정치와의 연관에 대해 주목하지 않는다면, 내가 생각하기에, 우리들의 연구는 마침내 자기 자신이 최고라는 허풍이나 우물 안 개구리 식의 비극적 운명에서 벗어날 수가 없을 것이다. …… '역외 한적 연구'는 결코 남의 이목을 현혹시키는 기이한 학술이 아니라, 정반대로, 우리들이 중국 및 전체 동아시아 지역을 이해하는 '왕도'의 연구 방법론이다."[26]라고 했다. 그리고 금년에 거행된 제64회 일본중국학회에서는 종래 철학 사상, 어언 문학 두 분야로 나누어 왔던 전통을 처음으로 바꾸어, 일본한문 부분을 증설하여 3개 부분으로 만들어, 일본 중국학계의 이 문제에 관한 사고방식의 최근 동향을 반영했다. 나는 지난 1990년대 이래 부단히 한

24_陳光興, 『去帝國─亞洲作爲方法』, 行人出版社, 2007, p.405.

25_「試論中國人文硏究的再出發」, 余英時, 『知識人與中國文化的價值』, 時報文化出版公司, 2007, pp.295-297.

26_『東方』 第348號, 2010. 2.

국과 일본 학계에 대해 그들의 중국 문학 연구 학계와 본국 한문학연구 학계가 보다 긴밀하게 합작하고 교류할 것을 호소해 왔다. 이 변화는 지금 세계 학술의 새 조류에 호응하는 것이다.

21세기의 중국에서는 오랫동안 동아시아라는 주제가 학자의 시야에 들어오기 어려웠다. 그래서 한국 학자 백영서는 중국에 '아시아'가 있는가? 하는 문제를 제기했다.[27] 그가 보기에, "중국의 지식인들은 아시아라는 전망을 결여하며, 게다가 중국을 동아시아 범주 안에 놓고 문제를 생각하는 시각이 없다. 중국은 세계와 직접 대결하려는 관념만 아주 강렬하고, 주변 국가에 대한 관심은 너무 적다."[28] "중국인의 역사경험 속에는 아시아에 대한 횡적 사고가 거의 결핍되어 있다. 그럴수록 중국을 위해서 주변 지역을 위해서 중국은 더욱 동아시아에 대해 횡적 사고와 관심을 가져야만 한다."[29]라고 했다. 중국 학자 손가(孫歌)는 지적하길, "중국 지식인에 대해, 자명한 문제이자 현안인 물음은 우리들이 어째서 동아시아를 논해야 하는가? 하는 것이다. 동아시아 이웃 나라의 지식 분자가 보기에 중국 지식인들의 이런 애매한 태도는 중국 중심주의라고 간주된다."[30]

사실 역사적으로 보면 중국은 아시아에 대해 횡적 사고가 결코 없었던 것이 아니다. 『사기』를 비롯하여 중국의 정사(正史)는 세계사의 규모를 갖추고 있었고, 그 가운데 중요한 것이 흉노 · 남월 · 동월 · 조선 · 서남이 등 아시아 지역의 열전이었다. 『수서』 이하는 기본적으로 동이 · 남월 · 서역(융) · 북적의 각 지역을 기술했다. 비록 이(夷) · 만(蠻) · 융(戎) · 적(狄)이 폄하의 뜻을 지니고 있기는 하지만, 실제 서술은 결코 완전히 폄훼한 것은 아니며, 역사가의 '실록' 원칙을 견지했다(전해 들은 것이 잘못된 오류가 있기는 하지만). 그래서 오늘날에 이르기까지 이 기록들은 주변 국가 및 지역의 연구에 반드시 참고해야 할 문헌이 되고 있다. 하지만 다른 한편으로 보면 이 기록은 중국이 자기를 중

27_白永瑞, 『思想東亞—朝鮮半島視角的歷史與實踐』, 生活 · 讀書 · 新知三聯書店, 2011, p.114.

28_『思想東亞—朝鮮半島視角的歷史與實踐』, pp.115-116.

29_『思想東亞—朝鮮半島視角的歷史與實踐』, p.131.

30_「東亞視角的認識論意義」, 『我們爲什麼要談東亞—狀況中的政治與歷史』, p.27.

심으로 삼은 것이 분명하다. 문학을 예로 들면 명·청 이래의 총집은 왕왕 주변 국가나 지역의 창작 작품을 수록하되, 주요한 목적은 자신의 '문교(文教)의 성대함'을 선양하려는 데 있었다. 그래서 중국에는 아시아에 대해 사고해 온 역사가 있기는 하지만 그 사고 방법은 중국 중심주의였다. 21세기에 이르러서도 중국이 동아시아와의 관계를 논하는 것을 보면 우리는 이런 사고 방법이 자취를 감추었다고는 말할 수가 없다.

청나라 유학자 능정담(凌廷堪)은 「호경중(胡敬仲)에게 보낸 서한」에서, "학술은 천하에서 수백 년이 지나면 반드시 바뀐다. 바뀔 때에는 반드시 한두 사람이 단서를 여는데, 백 명 천 명이 시끄럽게 공격한다. 변화한 뒤에는 반드시 한두 사람이 집성하고, 백 명 천 명이 쏠리듯이 따른다. 시끄럽게 공격하면 천하가 학술이 달라진 것을 보게 되지만, 그 폐단은 드러나지 않는다. 쏠리듯이 따르면 천하가 학술의 달라진 것을 보지 않지만 그 폐단이 비로소 생겨난다. …… 이것이 천고 학술의 대강이다."[31] 금세기 이래의 동아시아 학술은 바로 '장차 변하고자 하는' 시각에 처해 있다. 이 '변화'란 백 년 이래 동아시아 학술의 '쏠리듯이 따랐던' 폐단을 정면에서 지적하여 말하는 것이다. 이 '폐단'은 서방 학술이 동아시아 학술에 끼친 영향과 개조에 대해 말하는 것이다. 나는 일찍이 춘추 시대 '부시단장(賦詩斷章)'의 방식을 이용하여 백 년 이래 중국(사실상 동아시아를 포괄한다)의 학술을 해학적으로 묘사해서, '서방미인(西方美人)'에서 '동문지녀(東門之女)'로 옮겨 갔다고 말했다.[32] 『시경』「간혜(簡兮)」의 "누구를 그리워하는가 서방의 미인이로다. 저 미인이여, 서방의 사람아.〔云誰之思, 西方美人. 彼美人兮, 西方之人兮.〕" 운운이, 현대 동아시아 학술을 있는 그대로 묘사한 것이라고 본 것이다. 백 년 이래 동아시아 학술은 문헌·인물·사실의 고증을 제외하면, 그 학술 방법, 이론 틀, 문제 제기 방식에서 주류를 점하는 것이 '서방식'이었다. 다시 말해 '외래적'인 것이었다고 할 수 있다. 오늘날 동아시아 학술이 직면한 최대의 문제는 서방과는 다른 지식 생산 방식을 제시하고 실

31_『校禮堂文集』卷23, 中華書局, 1998, p.204.
32_張伯偉, 「從'西方美人'到'東門之女'」, 『跨文化研究』28, 生活·讀書·新知三聯書店, 2011.

천할 수 있느냐 하는 점이다. 이에 대해 나는 수년 전 '방법으로서의 한문화권'[33]이란 개념을 제출하고, 십여 년간 학문연구에서 개괄하려고 노력했다. 이것은 현대 학술이 직면한 문제와 곤경에 대해 초보적이나마 대응하려고 시도한 것으로, 실천 속에서 부단히 대조 · 종합 · 수정을 행한 것이었다. 나의 인식으로는 한문화권의 형성은 그 핵심이 동아시아 문명이다. 한문화권에는 각기 다른 국가와 민족이 있지만, 인간 내면의 감수성, 도덕관념, 지식 구조 등은 대체로 몇몇 기본 원칙에 근거해서 전개되었다. 따라서 동아시아를 하나의 전체로 보는 것은 역사적 근거도 있고 객관적 근거도 있기에, 결코 인위적인 재구성이 아니다. 기본 체제로 삼을 것은 오늘날 중국, 조선-한국, 일본, 베트남 등지에 있는 대량의 한적들이다. 중국의 입장에서 보면 우리는 중국 바깥에 존재하는 한적을 '역외 한적'이라고 파악할 수 있다. 한자 재료를 하나의 전체로 보는 것은 한문화권을 방법으로 삼는 문헌적 기초이다. 다시 말해 우리는 '방법으로서의 한문화권'을 제출함으로써, 연구 작업에서 사용하는 문헌이 개별 국가와 지역을 뛰어넘는 한적 전체일 수 있게 된다. 중국, 조선-한국, 일본, 베트남 등지의 한적 문헌을 동등한 지위에 놓고, 그 사이의 내적 관계를 탐구하여, 같음 속의 다름과 다름 속의 같음을 드러낼 수 있다. 이런 식으로 해서, 역외 한적의 가치는 중국 전적이 역외로 뻗어 나갔기 때문만이 아니며, 본토 문화가 역외에서 국부적으로 드러났기 때문만도 아니며, '우리나라 옛 책'이 보충되고 증익되었기 때문만도 아니다. 그것들은 한문화라는 숲의 독특한 품종이니, 중국 문화의 대화자 · 비교자 · 비판자로서 '이역의 눈'이다. 따라서 한문화권의 한문문헌 전체는 학술 연구의 필수 재료에 그치는 것이 아니요, 고전학 연구의 대상에 그치는 것도 아니요, 학술의 확대점이나 학술의 신영역에 그치는 것도 아니다. 더욱 중대한 의의를 말하자면, 일종의 새로운 사유 모델이자 새로운 연구 방법이다.

연구의 실례를 들어 보면, 동방 여성 문학의 연구는 최근 20년내 국제 학술계에서 뜨거운 논제의 하나가 되었다. 논자들은 대개 동방 여성과

33_張伯偉, 「作爲方法的漢文化圈」, 『中國文化』 2009年 秋季號.

서방 여성을 대비하여 동방 여성 문학의 특징을 개괄하여, 판에 박히고 레테르를 붙이는 식의 인상을 도출해 내는 일이 많다. 만일 동방 여성 문학을 하나의 전체로 보고 그 같음 속의 다름과 다름 속의 같음을 분석한다면, 후자의 경우는 동방 여성 문학의 공동 특징이 될 것이고 전자의 경우는 동아시아 삼국 여성 문학의 개별 특징이 될 것이다. 나는 이런 방식으로 조선 시대 여성 문학을 연구하여, 그 자체의 몇몇 특징을 발견했다. 문단의 전범을 보면, 중국 여성 문학은 전범으로 원용하는 대다수가 여성 시인이지, 도연명과 두보를 본보기로 삼은 예는 아주 적다. 나 이외의 다른 사람의 논평들도 모두 이러하다. 가장 전형적인 견해는 양나라 맹소(孟昭)의 다음 말이다. "우리들의 규합시는 …… 성정(性情)을 풍영(諷詠)하여, 멋대로 직언을 하지 않고 반드시 면면히 온축하여 펴내므로, 유약함으로 흐르기 쉽다. 시가는 이백과 두보를 극점으로 삼지만, 이백은 산뜻하고 분방하며, 두보는 침울하고 비장하거늘, 이것이 규합에 어찌 적합하겠는가?"[34] 맹소는 이렇게, 규합시가 이백과 두보를 모범으로 삼아서는 안 된다고 명확하게 밝혔다. 거꾸로 조선 시대의 여성 문학을 보면, 서영수각(徐令壽閣)은 "베개 위에서 고인의 시를 음송하여 사려를 잊어버리되, 즐겨 음송하는 것은 도연명과 두보의 시이다. 항시 '다른 시는 너무 매끈매끈하여 부인이 볼 바가 아니니다.'라고 말했다."[35]라고 했다. 『영수각고』에는 차운이 아주 많은데, 두보의 차운이 가장 많아서 모두 28제이다. 그리고 가장 주목을 끄는 것은 「차귀거래사(次歸去來辭)」이다. 이규경(李圭景)은 『시가점등(詩家點燈)』 권2 '귀거래사 창화' 조에서 "부인으로서 이것을 지었다니, 이는 처음 듣는 일로, 비록 중원의 여사라 해도 이런 작품은 없다."[36]라고 했다. 청한당(淸閒堂) 김씨는 "시를 논하여, '시는 뜻을 말하는 것인데, 뜻을 말하기로는 노두(두보)만한 이가 없다. 그 나머지 방초를 토해 내고 꽃을 씹으며 옥구슬을 사려다가 그것을 담는 궤짝만 사서 〔초나라 사람이 옥으로 꾸민 목란 상자에 보

34_「寄弟」, 『墨繡軒集』 수록. 王秀琴 編集, 胡文楷 選定,『歷代名媛文苑簡編』 卷上, 商務印書館, 1947, p.45.

35_洪奭周,「家言下」, 『淵泉集』 卷43 ; 張伯偉 主編, 『朝鮮時代女性詩文集全編』「令壽閣稿」附錄, 上冊, 鳳凰出版社, 2011, p.673.

36_趙鍾業 編, 『修正增補韓國詩話叢編』 第12冊, 太學社, 1996, p.67.

배 구슬을 담아서 정나라에 가서 팔자 어떤 정나라 사람이 상자만 사고 구슬은 돌려주었다는 고사. 『한비자』「외저(外儲)」 – 역자 주〕 남을 굴복시킬 수 없는 사람은 계산에 넣을 것도 없다."[37]라고 했다. 이는 중국과는 아주 다르다. 다시 문학의 사교(여제자, 시사, 시문 수창을 포함)로 말하면, 조선 규수의 문학적 교류는 기본적으로 가족 이내에 한정되고 창화 · 증답은 그 대상이 모두 가족 성원이었다. 따라서 문학 사교라고 말할 것조차 못 된다. 사교가 있다면 모두 기녀 문학에 속한다. 이것은 중국이나 일본의 여성 문학 활동과는 완전히 다르다. 여제자는 청대 문학사의 새로운 현상 가운데 하나이며, 영향이 가장 컸던 사람은 원매(袁枚)이다. 일본 문단에도 여제자가 있었고, 심지어 승려도 여제를 거두었다. 오시오(大潮) 화상이 다치바나 교쿠란(立花玉蘭)을 제자로 삼은 것이 그 예이다. 동아시아 삼국은 여제자라는 한 사항에서 적지 않은 차이가 있다. 규수 시인은 명나라 중 · 후기 문단에서 굴기하여, 그 후 크고 작은 시사(詩社)를 조직해서, 문학 사교의 네트워크를 형성했다. 일본의 여성은 헤이안 시대에 문학 사교 활동에 참가하기 시작해서, 에도 시대의 여류 시인은 늘 남성 시인이 주관하는 시회에 참여했으며, 심지어는 그 가운데의 주요한 성원이기도 했다. 그러나 조선 시대의 여성 시사는 매우 드물다. 여성 시사가 있었다고 해도 기녀 문학권 안에 있었다. 단, 선옥청(冼玉淸)은 『광동여자예문고(廣東女子藝文考)』의 후서에서, '명성 있는 부친의 딸', '재사의 아내', '훌륭한 아들을 둔 어머니'가 중국 여성 문학 성립의 세 요소라고 했는데,[38] 이 정황은 동아시아 지역에서 보편성을 지닌다. 이 한 예로부터 다음과 같은 인식을 도출하기 어렵지 않다. 즉, 동아시아 문명은 통일 속에 다양한 요소를 지녀, 색채가 풍부하고도 서로 연관성을 지닌 문명 단위이다. 우리가 서방을 볼 때는, 의식하든 의식하지 않든, 서방을 하나의 일원적인 전체로 간주하지만, 서방의 내부에서 그들은 미국과 유럽이 다르고 서유럽과 동유럽이 다르며 영국과 독일, 프랑스가 다르다는 것을 뚜렷하게 인식한다. 거꾸로 서방 사람들이 동방을 볼 때는 왕왕 동방을 하나의 일원으로 간주하지만, 동방학자도 그와

37_『朝鮮時代女性詩文集全編』, 中冊, p.1361.

38_商務印書館, 1941, p.1.

같이 서로 다름을 자각을 하게 된다.

10년 전, 나는 역외 한적과 중국 고대 문학 연구를 다섯 영역의 작업(문헌 정리의 기초적 작업은 포함하지 않는다)으로 개괄한 바 있다. 그 후 십 년 동안 이 작업은 정도는 각각 다르지만 어느 정도 성과를 얻었으며, 몇 가지 새로운 과제를 만났다. 중국 문학과 동아시아 문명의 관계에 대하여 말하면, 이 다섯 방면은 여전히 개척할 여지가 있다.

(1) 문학 전적의 유전(流傳)

학술계는 동아시아 서적 전파를 '서적의 길〔書籍之路〕'로 개괄한 적이 있다. 이것은 서역과 남해의 문질 문명 교류를 위주로 하는 '비단의 길'과 대응한다. 20세기 이전의 동아시아 지역에서 서적 유전의 주요 내용은 중국 서적이 주변으로 확산한 사실이며, 그 자료는 각 전적과 실물 속에서 산견된다. 나는 서목 · 사서(史書) · 일기 · 문집 · 시화 · 필기 · 서발 · 서신 · 인장 · 실물 등 10 종류로 나누어 보았으며, 전파의 길도 구입 · 수입 · 번각 · 증여 등으로 나누어 보았다. 서적의 전파를 역사 현상으로 서술할 때에는 수용 속의 전환, 즉 하나의 텍스트가 다른 문화 맥락 속으로 들어간 이후 어떠한 변이가 일어났는지에 중점을 두어야 한다. 같은 서적이 동아시아 각국에서 각기 다른 운명을 겪은 사실, 그리고 이런 운명을 겪게 된 원인, 이것은 목전의 연구에서 그리 주목되지 않고 있다. 예를 들면 원매(袁枚)의 『수원시화(隨園詩話)』는 중국에서는 칭송과 비난이 반반이다. 대단히 유행하면서도 배척을 받은 것이다. 하지만 일본에서는 크게 환영을 받았다. 중국에서 최초의 간본이 청나라 건륭 55년(1790)에 나왔거늘 그 다음 해 벌써 일본 관정(寬政) 3년(1791) 일본에 수입되어 크게 환영을 받았다. 다노무라(田能村)의 『죽전장시화(竹田莊詩話)』에 "최근 서울 자제들이 다투어 『수원시화』를 숭상하여 일시에 풍송을 하여 쏠리듯이 풍조를 이루어, 서점에서의 가치가 갑자기 뛰어올랐다."[39]라고 했다. 하세녕(河世寧)의 『수원시초범례(隨園詩鈔凡例)』에도, "『수원시화』가 이 나라에서 유행한 지 20년, 시인들이 중

39_趙鍾業, 『日本詩話叢編』, 제8책, 태학사, 1992, p.611.

히 여기길 옥구슬 이상으로 여기고 있다."[40]라고 했다. 일본인들에게 '우리나라의 원자재(袁子才)'라고 일컬어졌던 기쿠치 고잔(菊池五山)은 원매의 영향을 받아 "규수의 시를 볼 때마다 반드시 초록하여 널리 퍼뜨려 전했다."[41] 반대로 조선은 도학 사상의 심각한 영향을 받아서 여자가 시 지을 줄 아는 것을 권장하지 않았을 뿐 아니라, "수식하고 문채를 아로새겨 시율로 이름이 나는 것은 결코 정법일 수가 없었다."[42] 원매의 행적은 묵과될 수 없었으므로, 그의 『수원시화』는 조선에서 홍행하지 못하고, 많은 사람의 비난을 받았다. 그 책의 시학 관념을 칭양한 책은 『백가시화초(百家詩話抄)』라는 제목을 사용했다. 실상 '수원시화초'인데 이렇게 명명한 것을 보면 당당하게 드러낼 수 없었던 사정을 엿볼 수 있다.[43] 하나의 서적이 동아시아 삼국에서 서로 다른 운명을 겪게 된 것은 세 나라의 문화 맥락과 당시의 문화 정책에 의해 결과된 것이다. 그렇기에 이 문제는 한문화권 전체 속에 놓고 파악해야, 얄팍하고 표면적인 인상을 벗어나 깊이 이해할 수가 있다.

(2) 문학 인사의 왕래

문학 활동은 인간의 활동이므로, 종이 위의 문자를 인적 왕래의 전개로 보아야 생동적인 문학 장면을 포착할 수 있다. 문인의 왕래는 서찰도 있고, 창화도 있고, 서발도 있고, 필담도 있어, 그 자료가 대단히 풍부하다. 두드러진 예만을 보면, 조선 시대 중국 기행 자료 속의 대량의 필담, 중국-조선 문인 사이의 서찰집, 조선통신사와 일분 문인의 창화 필담 문자 등이 있어, 거기서 동아시아 문명 변화의 중대한 국면에 접할 수 있다. 사람과 사람의 왕래는 늘 개별적이어서 그 자료는 파편적이라고 할 수 있다. 우리들의 연구가 그 영역이 확장되어 앞사람들이 미처 주목하지 못했던 방면에까지 이르고 있고, 우리로 하여금 과거에 획득한 것보

40_長澤規矩也編, 『和刻本漢詩集成補篇四』 第20輯, 汲古書院, 1987, p.192.

41_『五山堂詩話』 卷2, 富士川英郎等編, 『詞華集 · 日本漢詩』 第2卷, 汲古書院, 1983, p.370.

42_『湛軒燕記』 권5, 林基中 편, 『燕行錄全集』 제43책, 東國大學校出版部, 2001, p.49.

43_張伯偉, 「李鈺〈百家詩話抄〉小考」, 『作爲方法的漢文化圈』, 中華書局, 2011, pp.236-250.

다 더욱 풍부한 이해를 하게 하지만, 그 대가는 '파편화'일 수가 있다. 이에 맞서기 위해 우리는 문학 연구에서 반드시 '역사'를 관찰해서, 각기 다른 지역, 각기 다른 집단, 각기 다른 시간의 관계를 탐색해야 한다. 나는 1764년 조선통신사가 일본에서 창화하고 필담한 자료를 고찰 대상으로 삼아, 이 문제를 중국 · 조선 · 일본 세 나라 문화의 상호 관련 속에서 연구하여, 이 한 해 동안의 창수 필담이 동아시아 문학사의 한 전환점을 드러낸다고 밝힌 바 있다. 조선 측에서 보면 이것은 조선 사신이 일본 문단을 전반적이자 새롭게 인식하고 그것을 높게 평가한 것이 되고, 일본 측에서 보면 이것은 조선 시문에 대해 폄하하는 마음을 처음으로 드러내기 시작한 것이 된다. 조선 사신이 일본 문단에 대한 새로운 평가를 가지고 돌아온 이후, 그것은 조선 문단에 반향을 일으켜, 일본 문학과 인물에 대한 태도를 바꾸게 하는 데 그치지 않고, 본국 문학이 중국 문학에 대해 갖는 관심의 방향을 바꾸도록 자극했다. 그렇기에 이 한 해의 창수 필담은 문학사적으로 중요한 의미를 지녔다. 그것은 조선 지식인으로 하여금 일본 문명의 발전상에 대한 인식을 기초로 청대 문장 학술에 대한 견해를 바꾸도록 촉구하고, 아울러 조선지식인들에게 한문학을 전체적으로 조망하는 시야의 추형을 형성하도록 자극했다. 그리고 일본 문인도 자신들의 문학이 부단히 발전하는 중에 더욱 높은 자신감과 우월감을 얻게 되어, 조선 내지 중국의 문학을 차츰 경시하게 되었다.[44] 주지하듯이 한문화권의 화해 국면이 깨져 버린 것은 19세기 중엽 서방 세력이 팽창하여 침략하는 결과이다. 하지만 한문화권의 내부에서 보면 18세기 중엽에서 20세기 초에 이르는 문화의 향배도 역시 주의해야 할 중요한 요소이다. 한편으로 조선은 학술상 청조 문화와 나날이 접근해갔으나, 다른 한편으로 일본은 중국과 조선을 점점 경시하고 일본 중심주의를 강조함으로써 동양의 영국으로 자부하고 '탈아입구(脫亞入歐)'를 주장하게 되었다. 이렇게 한문화권을 방법으로 삼음으로써 1764년이 한문학사에서의 중요한 전환점일 뿐 아니라 한문화에서의 중요한 전환점이기도 하다는 사실을 밝힐 수가 있었다. 외부 자극의 각도에서만 근

44_張伯偉, 「漢文學史上的1764年」, 『作爲方法的漢文化圈』, pp.95—148. 본서에 재수록.

대 역사의 변천을 본다면, 착오는 아니라 해도, 부분으로 전체를 성급하게 개괄하는 일이 될 것이다.

(3) 문학 독본의 변화

여기서 말하는 문학 독본은 주로 문학 보급 교육의 독본으로, 계몽 독서물에 가깝다. 시대가 다르고 지역이 다르면 독본에 변화가 존재한다. 즉, 중국에 이미 있었던 독본을 사용하는 이외에 스스로 편찬한 것이 나왔다. 동아시아 문명 형성의 사회적 기초는 한문화의 보급 및 교육이다. 그리고 문학 교육은 그 중요한 구성 부분이다. 이 문제에 대해서 나 자신은 십 년간 어떠한 연구도 진전시키지 못했으므로 생략한다.

(4) 문화 의상(文化意象)의 형소(形塑)

십 년 전에 나는 '문학 관념의 삼투'라는 표현을 사용했으나, 현재는 관념이란 것이 늘 하나의 '의상'을 통해 파악된다는 점을 깨달았다. 근대 역사에서의 '병부(病夫, sick man)', '황화(黃禍, yellow peril)', '잠자는 사자(sleeping lion)'에 대해서는 양단송(楊瑞松) 교수가 탁월한 연구를 내어놓았다.[45] 동아시아 범위 내에서 최근 집중적으로 이 문제를 탐구한 서적으로는 『동아시아 문화의상의 형소(形塑)』 등이 있다.[46] 나 자신이 연구한 것은 동아시아 문학사와 회화사에서 '나귀 탐〔騎驢〕' 의상이다. 중국 고대 시인은 나귀를 타고 다니길 좋아했는데, 문학사에는 나귀 타고 다닌 인물로 유명한 시인들이 많다. 나귀 타는 고사와 나귀 타고 남긴 어록이 전하여, 중국 문학사에서는 시인이 나귀를 탄다는 상징이 차츰 형성되었다. 나귀 탐의 의상은 신분의 표지일 뿐 아니라 문화적 선택의 결과이기도 하다. 시인의 눈에는 나귀는 왕왕 준마와 상대되어, 재야와 재조, 포의와 진신, 빈곤과 부귀의 대립을 상징했다. 따라서 이 관념은 정치성을 띤다. 그런데 고려와 조선 시대 시인들은 소 타길 편애하여 조

45_楊瑞松, 『病夫 · 黃禍與睡獅—西方視野中的中國形象與近代中國國族論述想像』, 臺灣政大出版社, 2010.

46_石守謙 · 廖肇亨 主編, 『東亞文化意象之形塑』, 臺灣允晨文化公司, 2011 ; 石守謙, 『移動的桃花源—東亞世界中的山水畫』, 臺灣允晨文化公司, 2012.

선 시대에는 소를 탄다는 것이 시인 신분의 표지이자 재야 은일을 견지하는 입장이 되어, 그것이 보편적인 현상으로 되었다. 소 탐의 의상은 말 탐의 의상과 상대되어, 소 탐은 탈속 · 소요 · 은일의 상징이고, 말 탐은 출세 · 승진 · 명리장을 대표했으니, 그 사이의 대립 관계는 중국보다 더 긴장이 있었다. 다시 일본 문학을 보면 시인들은 왕왕 자신의 '나귀 타는 모습'을 그렸으나, 주의해야 할 첫 번째 특색은 '해체'이다. 즉 '나귀 탐'과 '말 탐'의 대립을 해소시켰다. 두 번째는 '허구'이다. 일본에는 본래 나귀가 없어서, 나귀 탄 모습을 그린 것은 순전히 중국 문학 의상의 모방에서 나왔다. 이상 두가지는 일본 문학이 정치성을 덜 띠어 온 전통과 일본 문학이 중국 문학을 흠모하여 모방해 온 관습을 반영한다. 이 밖에 조선의 경우 문학에는 소 탐과 나귀 탐의 대립이 있지만, 회화 전통에서는 시인은 나귀를 탄 모습만 존재하며, 말 탐에 대립하는 상징성이 없다. 한문화권을 방법으로 삼으면 이런 흥미롭고도 의미 있는 주제를 뽑아내어, 각 국가의 한문학에 들어 있는 같음 속의 다른 특색을 더 깊이 이해하게 되며, 동아시아 문화 의상의 형성 · 소조 · 변화의 과정 속에서 다른 '무성화(無聲畫)'나 '유성시(有聲詩)'같이 서로 독립되어 있으면서도 자매 관계에 있는 예술들 사이에 각기 다른 배경과 전통이 존재함을 알 수 있게 되어, 우리들로 하여금 한문화권을 더욱 신중하게 파악하도록 일깨워 준다. 이런 변화들을 각자 문화 맥락 속에 놓고 그 원인을 찾는다면, 우리는 동아시아 문명을 더욱 섬세하고도 깊이 있게 이해할 수 있을 것이다.[47]

(5) 문학 전범의 확립

동아시아 문학사에서는 적지 않은 유형의 전범들이 출현했다. 어떤 것은 전체 한문학 세계가 공유했고, 어떤 것은 몇몇 지역이나 특정 시기에 존재했다. 어떤 전범의 의의는 공통적이고 어떤 것은 작은 변이를 낳았다. 공통 경전, 여성 경전, 동몽 경전 등 각 부류의 서로 다른 층위의 문학 전범에서 그 형성과 전파는 공통성을 지니기도 하고 각각의 특수성

47_張伯偉, 「東亞文化意象的形成與變遷—以文學與繪畫中的騎驢與騎牛爲例」, 『作爲方法的漢文化圈』, pp.11-94. 본서에 재수록.

을 지니기도 했다. 금년은 두보 탄신 1300년이어서, 나는 두보를 예로 동아시아 문학사에서 전범이 지위를 형성하고 변이한 양상을 설명하기로 한다. 간단히 말해, 두보 시가 중국 문학사에서 전범의 지위를 형성한 것은 북송 중엽, 즉 11세기 경력(慶曆)·가우(嘉祐) 이래의 일로, 문단의 맹주 왕안석·소식·황정견이 선양한 결과이다 일본 문학사에서 두시는 정말 최고의 전범인데, 이것은 20세기 전반에 이르러 학자들의 논술에 의해 형성된 것이다. 조선 반도에서는 15세기 중엽 제왕의 표창에 의해 형성되었다. 두시는 문학 전범으로서 동아시아 문학사에서 최고의 지위를 지니지만, 전범의 의의는 세 나라에서 각각 다르다. 이것이 전범의 변이이다. 두시의 전범이 형성된 이후 그것이 전파될 때 서적과 도상이 그 여행의 두 날개였으며, 그 둘은 전범의 형성과 변이 과정에서 함께 기능을 발휘했다. 일본 문학사에서 두시를 읽는 풍조는 오산(五山) 시기에 처음 나타나, 두시에 대한 오산 승려의 해석은 중국 문학사의 두시 이해와 연관이 있으면서도 변이가 존재했다. 그 무렵 송원에서 적지 않은 두보 기려도(騎驢圖)가 들어가서, 오산 승려들이 그것을 많이 노래했다. 그들의 붓 아래서 두보의 나귀 탐은 본질상 풍류로 그려졌으며, 그 외재적 표현은 '취하여 돌아옴〔醉歸〕'이었다. 도쇼슈간(東沼周曮), 고제이 류하(江西龍派), 규엔 류친(九淵龍賝), 기세 레이겐(希世靈彦) 등에게 모두 「완화취귀도(浣花醉歸圖)」라든가 「완화취음도(浣花醉吟圖)」 시가 있어, 당시 사람들이 이 고사를 숙지하고 있었음을 알 수 있다. 일본 문학은 탈정치적 특징을 지녔기 때문에 그들이 이해한 풍류는 왕왕 "풍류의 곳이 아닌 곳에서 풍류가 있다."로 대표되었다. 이 말은 종문(선종) 제1서로 칭송되는 『벽암록』에서 나와, 일본 오산 시기에 상당히 유행했다. 그들이 보기에, 곤궁하고 실의에 찬 두보라 해도 정치에서 멀리 떨어져 한적의 정서를 지니고 있기만 하면 바로 그는 풍류를 지닌 소쇄한 모습으로 비쳐졌다. 작품이 정말로 정치에서 멀리 떨어져 있는지, 작자가 정말로 한적의 정서를 지니고 있는지, 이것은 작품을 어떻게 해독하는가에 달려 있었으며, 어떤 식으로 해독하든 모두 필연적으로 자기 문화의 선입견을 지니고 있었다. 두보의 「모옥위추풍소파가(茅屋爲秋風所破歌)」를 두고, 정사초(鄭思肖)는 "서너 칸 초가집은 정말로 요설이니, 두소릉(두보)의 우국 마음을 잘도 말했다.〔數間茅屋苦饒舌, 說殺少陵憂國心〕"[48]라고 해독했다. 반리 슈구(萬里集九)의 붓 아래서는 비새는 집에서 비를 피하는 것이 도리어 유희의 정취를 지닌 풍아의 일로 되었다. 두시의 전범이 이렇게 변이한 원인은 일본 문화 자체의 특색 때문이다. 동아시아 삼국에서 보면 두시는 조선 시대 문학사에서 최고의 영예를 얻었다. 김만중은 『서포만필』 하권에서, "시의 도는 소릉(두보)에 이르러 대성했으니, 고금에서 대가로 추대하는 데 대해 이의가 없다. 이백은 정말로 여기에 끼지 못한다."[49]라고 했다. 이백과 두보의 우열 문제에 관해서는 중국 문학사상 토론이 그치지 않았다. 하지만 조선 반도의 비평 전통에서는 두보를 떠받들지 않는 이가 거의 없었다. '시성(詩聖)'이란 칭호도 중국에서는 두보의 전유물이 아니라, 명나라 말기에 이르러 의문을 제기한 사람이 있었다. 하지만 조선 반도에서는 일찌감치 15세기에 두보가 이미 시성으로 확인되었고, 심지어 유일의 시성이었다. 서거정은 『동인시화』의 두 곳에서 '소릉은 시성이다' '노두는 시성이다'라고 언급했다. 그의 「잠가주를 읽고〔讀岑嘉州集〕」에서는 또, "성당의 인물들이 모두 시에 능했지만, 시성이라 하면 모두 두습유(두보)를 추대했다네."[50]라고 했다. 두보 기려도의 가영을 보면, 북송에 유포된 두보 기려도는 빈한하고 궁핍한 형상 이외에 낭만과 운치가 있는 형상도 있으며, 게다가 세상에 유포된 것은 주로 후자이어서, 시인들이 줄곧 이 점을 노래했다. 가장 유명한 것은 황정견의 작품이다. 두보의 술 좋아하는 운치를 묘사하면서 동시에 나랏일 잊지 못하는 적막한 마음을 게시하되, 전체적으로 보면 술 마시며 분방하게 행동하는 것을 묘사하는 데 쏠려 있다. 일본 문학에서 두보의 기려도를 가영한 것은 대체로 풍류와 풍아에 중점을 두었다. 하지만 조선 시대의 많은 시인들은 이 운치 있는 기려도를 대할 때 별도의 감개를 토로해서, 두보를 별도의 형상으로 소조하여, 일종의 변이를 만들어 내었다. 『본사시』에는 이백이 두보를 조

48_『杜子美茅屋爲秋風所破歌圖』, 陳思, 『兩宋名賢小集』 卷371 '圖詩', 臺北商務印書館影印文淵閣 『四庫全書』本.

49_『西浦漫筆』 卷下, 通文館, 1971年 影印本, p.617.

50_『四佳集』 詩集 권52, 한국문집총간 제11책, 경인문화사, 1990-2005, p.137. "盛唐人物總能詩, 詩聖皆推杜拾遺."

롱한 말로 "이별한 뒤 너무나 수척해져서 물었더니, 줄곧 시 짓느라 고생해서 그렇다 하네."[51]란 시구가 실려 있다. 주세붕은 이 전고를 운용하여, "일생 충분(忠憤) 때문에 너무도 말랐으니, 취한 얼굴에는 의연히 눈물 자국이로구나."[52]로 전환시켰다. 두보가 우국 우민 때문에 얼굴이 바싹 말랐고 그 얼굴에 눈물 흔적이 가득하다고 했다. 엄흔(嚴昕)의 붓 아래에서는 "병든 눈은 시절에 느껴 눈물을 쏟고, 쇠한 용모는 나라 근심에 수심을 품고 있다."[53]라고 했다. 쇠하고 병든 중에 여전히 시절에 느끼고 나라를 걱정한다고 한 것이다. 김인후의 붓놀림은 더욱 생동적이어서, "하룻저녁에 되려 취향으로 돌아갔으나〔一夕轉盡歸醉鄕〕" 한밤중에는 "한마디 촉혼(두견새) 소리에 명아주 침상에서 놀라네.〔一聲蜀魂驚藜床〕"라 했다. 두보가 즉각 몸을 뒤집어 침상에서 내려와 군주를 멀리 바라보면서 한 번 절하고 다시 절하는 것으로 했다. 그런 후에 '혁혁하게 속마음은 충성스럽고〔赫赫忠肝腸〕', '해바라기 마음은 태양을 향하네〔葵心傾太陽〕'. '밥 한 숟가락에도 그리워하여 잊지를 못하고〔一飯思難忘〕', '봄바람에 눈물을 줄줄 흘린다〔春風淚淋浪〕' 등, 짙은 먹으로 거듭 채색을 해서[54] 군주를 사랑하고 백성을 근심하는 두보의 형상을 한가득 그려 냈다. 용필의 중후함, 채색의 심대함에는 극도의 정치성이 드러난다. 이렇게 동아시아 문학사의 전범은 왕왕 다른 데로 '이동'했으므로, 그 '변이'는 특히 중시할 필요가 있다.

이상 다섯 방면의 연구에 관해서는 모두 사료가 무척 많지만, 연구자는 문헌의 바다에 침몰하지 말고 사실과 이론 사이에서 '필요한 긴장'을 유지할 필요가 있다. 중국 문학 연구와 관련하여 나는 이미 다른 논문에서 문학 본질의 결여와 이론의 결여라는 두 문제를 지적한 바 있다.[55] 이

51_孟啓, 『本事詩』「高逸」, 丁福保, 『歷代詩話續編』, 北京：中華書局, 1983, p.14. "借問何來太瘦生, 總爲從前作詩苦." 이백의 「희증두보(戲贈杜甫)」에는 "借問別來太瘦生 總爲從前作詩苦."라 했다.

52_「浣花醉歸圖」, 『武陵雜稿』 별집 권5, 한국문집총간 제27책, p.137. "一生忠憤太生瘦, 醉面依然帶淚痕."

53_「浣花醉歸圖」, 『十省堂集』 卷下, 한국문집총간 제32책, p.514. "病眼感時空灑淚, 衰容憂國謾含愁."

54_金麟厚, 「杜子美醉後宗文捉轡圖」, 『河西全集』 권4, 한국문집총간 제33책, p.78.

55_張伯偉, 「陶淵明的文學史地位新論」 5 '餘論', 香港浸會大學 編 『人文中國學報』 第15

론의 결여는 두 가지이다. 하나는 생경하게 서방 문학 이론을 끌어다 쓰는 것, 하나는 어떤 이론도 모두 말살하는 것이다. 서방 이론을 상투적으로 사용해서는 안 되지만 서방 이론을 무시해서도 안 된다. 서방 이론을 참조하면서 한문화권을 방법으로 삼는 것은 그 의의가 대단히 중대하다. 우리의 관념과 방법은 서방의 연구와 이론에서 독립해야 하지만 그것으로부터 고립되어서는 안 된다. 주목을 쏟지 않은 결과는 자기 말을 혼자 하는 것일 뿐이며, 학술 영역에서 슬그머니 태어났다가 슬그머니 죽어 갈 따름이다. 이론과 사실의 관계는 바로 영국 역사학자 피터 버크(Peter Burke)가 말한 그대로이다.

> 사실과 이론을 결합하여 칵테일을 만들어야 한다. …… 어떤 이유에서 어떤 이론을 선택할 것인가? 칵테일 속에 이론의 비율은 어느 정도여야 하는가? 여기에 긴장이 있다.[56]

2012년 2월 백일연재에서 수정

期, 上海古籍出版社, 2009, pp.50-51.

56_瑪麗亞 · 露西婭 · 帕拉蕾絲-伯克 編, 『新史學 : 自白與對話』, p.175.

제2부 회고와 전망

명칭 · 문헌 · 방법: 연행록 연구에 관한 몇 가지 문제

고려부터 조선 말기까지 600여 년 동안 중국에 다녀간 사절단 중 적지 않은 사람들이 사행 기록을 남겼는데, 그 전체 수량은 700종 이상으로 추정된다. 한국 학자들은 일찍부터 이 문헌들에 대해 관심을 가지고 그것들을 정리하기 시작했으며, 이미 몇몇 대형 총서를 출판했다. 성균관대학교 대동문화연구원에서 편찬한 『연행록선집』(1960-1962), 민족문화추진회(현 한국고전번역원)에서 편찬한 『국역연행록선집』(1976-1982), 임기중 교수가 편찬한 『연행록전집』(2001), 그리고 임기중 교수와 일본의 후마 스스무(夫馬 進) 교수가 함께 편찬한 『연행록전집일본소장편』(2001), 성균관대학교 대동문화연구원에서 편찬한 『연행록선집보유』(2008), 임기중 교수가 편찬한 『연행록속집』(2008) 등등이 있다. 2013년에는 한국에서 다시 데이터베이스판 『연행록총간증보판』을 출시했다. 여기에는 455종의 작품이 수록되어 있다고 한다.

이 문헌에 대해서는 중국과 대만도 오래전부터 관심을 갖어 왔는데, 최근 더욱 관심이 높아지고 있다. 일찍이 대만의 규정(珪庭)출판사가 『조천록(朝天錄)』(1978)을 간행했고, 중국의 광서사대(廣西師大)출판사가 2010년부터 『연행록전편』을 계속 간행해 오고 있으며, 복단(復旦)대학출판사도 『한국소장한문연행문헌선편』(2011)을 간행했다. 이 대형 자료집들은 한국과 중국 모두 원자료를 영인하는 방식을 택했다.

필자 또한 남경대학 역외한적연구소에서 '고려조선시대중국행기자료휘편' 프로젝트를 주관하고 있는데, 약 80종의 대표적인 문헌을 선택하여 표점을 찍어 정리하고, 아울러 해제와 색인도 첨가하고 있다. 대부분을 완성한 상태이다.

이상의 상황을 보면 한국 · 일본 · 중국 · 대만 학자들이 모두 이 자료들을 갈수록 중시하고 있다는 사실을 쉽게 알 수 있다. 하지만 이 자료들을 어떻게 바라볼 것인가, 어떻게 사용할 것인가, 하는 점과 관련해서는 아직 해결해야 할 문제들이 많이 남아 있다. 이 문제들에 대해 각국 학자들이 더 상세하고 치밀한 토론을 거쳐야만 비로소 공통된 인식에 도달할 수 있으며 자료를 더 잘 이용할 수 있게 될 것이다. 이 글은 특히 중요하다고 생각되는 문제에 대해서 필자의 초보적인 견해를 제시하여 여러분의 비평 혹은 참고 자료로 삼고자 한다.

1. 명칭

고려 말부터 20세기 초 조선이 끝날 때까지, 한반도에서 중국으로 향한 사절단은 끊이지 않았다. 일부 사람들은 왕래 도중에 사행 기록을 남겼다. 이런 기록들을 명나라 때는 항상 '조천록'이라 부르다가, 청나라 때는 이를 '연행록'이라 바꿔 불렀다. 현대 학자들은 이 문헌들을 다룰 때 그 전체를 '연행록'이라고 부르는 것이 통례이다. 심지어 조선 이외의 다른 나라 사람들이 중국에 왕래했던 사행 기록 문헌까지 '연행록'이라고 확대하여 부를 정도이다.[1]

이 밖에 조금 다른 명칭도 있지만 그다지 널리 사용하지는 않는다.[2] 이

1_한국뿐만 아니라 중국 · 대만에서도 이제까지 이미 출판된 각종의 대형 관련 문헌의 정리는 모두 '연행록'(가끔 '조천록'도 사용한다)이라고 통칭했으며, 심지어는 월남의 중국 기행문헌에도 '연행'의 이름을 붙였다. 그러나 실제로 월남 사신의 기록은 대부분 '북행'이란 명칭을 채용했는데, 혹은 廣州까지, 혹은 天津까지, 혹은 北京까지 이르렀다.

2_예를 들면, 張存武는 「推展韓國的華行錄研究」(『韓國史學論叢』, 探求堂, 1992)에서 '華行錄'이란 명칭을 사용할 것을 재창했다. 조선 시대 말기에 '華行'으로 명명한 상당수의 기록도 확실히 존재했다. 徐東日, 『朝鮮使臣眼中的中國形象—以「燕行錄」·「朝天錄」爲中心』(中

렇듯이 '연행록'이란 명칭이 유행하고 있어 학술계에 이미 익숙하게 되었다. 하지만 필자는 '연행록'이란 명칭은 적당한 명칭이 아니므로 바꿀 필요가 있다고 생각한다. 왜 적당한 명칭이 아니라고하가?

한반도와 중국 사이의 왕래는 오래되었다. 그 전말에 대해서는 홍경모(洪敬謨)가 『연사휘원총서(燕槎彙苑總叙)』에서 다음과 같이 개괄했다.

> 조선은 동해 가의 작은 나라이다. 나라를 세운 것은 단군에게서 시작되었는데, 사신을 보내어 중국과 통한 것도 그때부터이다. …… 기자가 단씨를 대신하여 왕이 된 후 백마로 주나라에 조회했다는 사실이 역시 역사서에 실려 있다. …… 삼한의 때부터 신라 · 백제의 처음에 이르기까지 모두 낙랑 · 대방 두 군에 조회하여 공물을 헌상했으나 중국에까지 이르지는 못했다. …… 진(晉) · 당〔양의 잘못인 듯〕 · 남북조 때에 이르러 백제가 처음으로 사신을 파견했는데 …… 모두 매해마다 상례를 삼은 것은 아니었다. 고려가 삼국을 통일하게 되어 나라를 오백 년이나 전하면서 남쪽으로는 송나라를 섬기고 북쪽으로는 거란을 섬겼고, 또 금 · 원을 섬겼다. 노정의 잇수가 여러 나라보다 가장 가까웠으므로, 매년 한 번씩 빙례를 했다. …… 그러다가 본조(조선)가 황명과 나란히 서게 되자, 황도가 금릉(현 남경)에 있었으므로, 바다를 배로 건너 조천을 했다. 성조(成祖) 황제(영락제)가 연경으로 도읍을 옮긴 이후, 마침내 육로로 요동을 거쳐 산해관을 통해서 황성으로 들어가게 되었으니, 대개 우리 태종 연간의 기축년(태종 9년, 1409)에 시작되었다. 황조는 중화이다. 우리나라가 상국에서 고명을 처음 받게 된 이래, …… 숭정 갑신년(조선 인조 22년, 1644) 청나라 사람이 중국에 들어가 주인이 되었는데, 우리나라는 천명을 두려워하는 까닭에, 함인(含忍, 포용하고 인내함)하여 청을 섬기기를 황명을 섬겼듯이 하고 있다.[3]

華書局, 2010)에서는 이런 문헌들에 '使華錄'이란 이름을 붙였다. 또한 楊雨蕾도 그의 책 『燕行與中朝文化關係』에서 가끔 '入華行紀'란 명칭을 썼지만, "이 글의 총칭에 있어서는 주로 학술계에서 익숙한 '연행록'이란 명칭을 채용한다."라고 별도의 설명을 덧붙였다. (p.17. 上海辭書出版社, 2011)

3_『冠巖全書』 책12, 한국문집총간 續 제113책, 한국고전번역원, 2011, p.336. "朝鮮, 東海小

사행문헌의 출현 또한 고려 때부터 시작하여 조선 시대에 홍성했는데, 이는 양국 사이의 왕래가 빈번해진 것과 밀접한 관련이 있다. 명나라 초에는 "황도가 금릉에 있었으므로 바다를 배로 건너 조천을 했는데," 명나라 성조가 수도를 연경으로 옮겼기 때문에 태종 9년(1409)부터는 경로를 바꾸어 요동을 거쳐 연경에 들어갔다. 당시의 몇몇 사행문헌에 '연행'이란 이름을 붙인 것도 있지만, 대부분 문헌의 명칭은 '조천'이었으며, '연(燕)'자를 사용하더라도 '조천' 같은 뉘앙스를 내포하고 있었다. 예를 들면, 명나라 만력 연간에 이민성(李民宬)은 「임진조천록의 뒤에 쓰다〔題壬寅朝天錄後〕」에서, "연은 지금 천자의 고을로, 사방이 여기에서 극을 취하고, 구이와 팔만이 여기에서 회동하니, 궁실의 굉장함과 문물의 성대함은 전 시대에 비길 바가 아니어서, 이에 정말로 위대하도다!"[4]라고 '연(燕)' 자를 사용했다.

명 · 청 교체 이후에는 책 이름에 '연행'을 쓰는 것이 대부분이고, '조천'이란 명칭은 거의 찾아볼 수 없게 되었다. 이처럼 명칭이 완전히 바뀐 것은 우연이 아니다. 이면에 문화적 관념이 떠받치고 있다. 유일한 예외로 장석준(張錫駿)이 동치 3년(1864) 청나라 사행 기록을 『조천일기』라고 한 것이 있다. 하지만 그의 『춘고유고』에 수록된 「조천시신행제편(朝天時贐行諸篇)」과 함께 읽어 보면, 그가 말한 '조천'은 '명나라 유신(遺臣)'[5]을 자처하고 '명나라 선황제의 옛 도읍(皇明先帝舊城壕)'[6]에 가서 명나라에 대한 '삼백 년 조천의 사행(三百年朝天之行)'[7]의 전통을 계

國也. 建國肇自檀君, 遣使通中國又自其時 …… 箕子代檀氏以王, 白馬朝周, 亦載於史 …… 自三韓之時至羅 · 濟之初, 皆詣樂浪 · 帶方二郡貢獻, 而未嘗達於中國 …… 至晉唐南北朝時, 百濟始遣使 …… 而皆非歲以爲常者也. 及夫高麗統三爲一, 傳國五百, 南事宋而北事契丹, 又事金 · 元. 程里最近於諸國, 故比年一聘 …… 暨我本朝與皇明并立, 而皇都在金陵, 故航海而朝天. 成祖皇帝之移都于燕京也, 乃由旱路歷遼東 · 穿山海關而入皇城, 盖自我太宗朝己丑始也. 皇朝中華也, 吾初受命之上國也 …… 崇禎甲申, 淸人入主中國, 我以畏天之故, 含忍而又事之如皇明."

4_『敬亭集』 續集 권4, 한국문집총간 제76책, 서울: 한국민족문화추진회, 1991, p.523. "燕今爲天子之邑, 四方之取極者于是, 九夷八蠻之會同者于是, 其宮室之壯, 文物之盛, 固非前代之可擬, 斯亦偉矣!"

5_「朝天日記」 十二月十二日, 『春皐遺稿』 卷1, 한국중앙연구원도서관 소장, 30a.

6_「李能燮贈詩」, 『春皐遺稿』 권1, 49a.

7_「柳致任贈序」, 『春皐遺稿』 권1, 60a.

승한다는 뜻을 지녔음을 알 수 있다. 배웅하는 사람은 심지어 다음과 같은 기대를 그에게 걸었다.

> 내가 듣자니, 황명의 유민이 왕왕 도살업이나 장사치의 무리 사이에 자취를 섞어 두고 있으며 감개하여 슬픈 노래를 부르는 인사가 많다고 한다. 그대는 배회하여 보다가 눈썹을 움츠리는 사이에서 가만히 알아차리고 그런 사람을 얻게 되면 채찍을 손에 쥐고 그에게 이렇게 말하라. "지금 천하 사람들이 모두 비린내 풍기고 털옷 걸치는 풍속에 멍멍하게 빠져들어 있으나 우리 동국은 홀로 황명의 예악의 가르침을 보존하고 황명의 천자들을 제사하여 대보단을 높이 쌓고, 꽃을 심어도 대명홍을 씨 뿌리며 연도를 기록해도 먼저 숭정의 연호를 높이 겁니다. 천왕의 한 맥 '왕천하의 봄'이 홀로 단군 · 기자의 옛 나라, 우리 군주의 조선에 있습니다."라고.[8]

작자로서 이 행차의 가장 큰 유감은 "명나라 옛 집안의 유민들과 함께 필담을 나누고 비분강개를 토로하며 망국의 한을 노래하고 옛 도읍을 애도할 수 없다."[9]라는 사실이었다. 따라서 책 이름에 사용한 '조천'은 만주족 지배의 청나라를 결코 인정한 것이 아니라 옛 명나라에 대한 그리움을 담고 있음을 알 수 있다.

정녕코 '조천'이란 명칭은 '사대의 정성'이라는 관념을 포함하고 있다. 이는 고려 시대부터 거의 모든 군신들이 중국 황제에 대해서 굳게 맹세하여 온 '구두선(口頭禪)'이었으니, 정치적 의미를 깊이 내포한다는 것은 아주 분명하다. '연행'을 지리적 방위를 나타내는 뜻으로 단순하게 볼 수도 있지만, 명 · 청 교체기에 '조천'에서 '연행'으로 완전히 바뀐 것은, 한편으로는 조선 사대부들이 청나라에 대해 '함인하면서 또 그들을 섬긴다'는 부득이한 심경을 드러내고〔예를 들면 정태화(鄭太和)의

8_「李宗淵贈序」, 『春皐遺稿』 권1, 63b. "吾聞皇明之遺民, 往往混跡於屠沽之間, 而多感慨悲歌之士. 吾子其彷徨察識於眉睫之間而得其人, 因執策而語之曰 : 今天下貿貿焉皆入於腥穢氈裘之俗, 而惟吾東國獨保皇明禮樂之敎, 祀而崇大報壇, 花而種大明紅, 紀年而先揭崇禎號. 天王之一脈王春, 獨在於檀箕故國我后之朝鮮矣."

9_「朝天日記跋」, 『春皐遺稿』 권1, 46b.

『음빙록(飮冰錄)』과 채제공(蔡濟恭)의 『함인록(含忍錄)』 등이 있다], 다른 한편으로는 그들이 야만의 청나라에 대해 그 정권을 '천조'라 부를 반열에 둘 수 없다는 인식도 내포한다. 특히 '연행'과 '조천' 두 명칭을 비교할 때 이런 관념이 더욱 두드러진다. 이런 예는 적지 않은 자료에서 확인할 수 있다. 예를 들어 이하진(李夏鎭)은 "조천하던 옛길을 가고 가며 부끄럽나니, 당년의 옥백 지니고 가던 길이 아니로구나."[10]라 했고, 이민서(李敏叙)는 "이 길로 조천하던 것이 지난 일로 되었기에, 유민은 한나라를 그리워하며 지금에 슬퍼하노라."[11]라 했다. 유상운(柳尙運)은 "지금 가는 길은 조행의 길이 아니기에, 만나는 경색마다 지난 일에 감분하여 시를 읊는다."[12]라 했고, 최석정(崔錫鼎)은 "지난날 나는 왕명을 띠고 이 길을 갔고, 십 년 만에 다시 연경으로 간다만, 지금 의관은 하나라 풍속과 다르고, 사행길만 옛 조천하던 길이로다."[13]라 했다. 송상기(宋相琦)는 "오만(남만)의 관소 이야기는 하지를 말라, 압록강에 배 띄우니 짜증이 난다. 북쪽으로 오는 것은 고월(古月=胡)에 의하거늘, 서쪽으로 가는 것이 어찌 조천이란 말인가?"[14]라고 했다. 그리고 신광수(申光洙)는 「홍군평 명한의 연사 속영 서문〔洪君平名漢燕槎續詠序〕」에서 다음과 같이 논했다.

> 나는 국조(본조, 조선)의 선배들이 읊은 조천의 시를 열람한 것이 많은데, 황조(명나라)가 전성일 때는 연경으로 가는 사람들이 대부분 이름난 공경대부여서, 중국의 학사대부와 읍양하며 예를 갖추고 예악과 문장의 관람을 풍요롭게 했으므로, 그 시가 대개 충후하고 화평하여, 절

10_「燕山述懷」, 『六寓堂遺稿』 책2, 한국문집총간 續 제39책, 한국민족문화추진회, 2007, p.68. "朝天舊路行行愧, 不是當年玉帛將."

11_「送沈可晦赴燕」, 『西河集』 권4, 한국문집총간 제144책, 경인문화사, 1997, p.61. "此路朝天前日事, 遺民思漢至今悲."

12_「燕行錄 · 呈正使案下」, 『約齋集』 권2, 한국문집총간 續 제42책, 한국민족문화추진회, 2007, p.442. "今行非復朝天路, 隨遇宣爲感舊吟."

13_「送李參判光佐赴燕」, 『明谷集』 권6, 한국문집총간 제153책, 경인문화사, 1997, p.547. "昔我銜王命, 十年再赴燕. 衣冠今變夏, 槎路舊朝天."

14_「送冬至副使趙令錫五」, 『玉吾齋集』 권4, 한국문집총간 제171책, 경인문화사, 1998, p.301. "莫說烏蠻館, 生憎鴨水船. 北來唯古月, 西去豈朝天?"

> 도에 맞는 음이었다. 옷깃을 좌로 여미게 된 이래로, 연경에 들어가는 사람들은 그저 왜가리같은 말소리 내고 가축 젖을 짜서 먹는 습속을 볼 따름이고, 황극의 전각과 석고의 경서는 비린내 나는 무리들에 의해 욕을 보고 있으므로, 그 시들이 모두 기자가 은나라 멸망을 탄식하며 부른 「서리(黍離)」의 시와 같다. 이른바 황금대, 역수, 고점리, 형경(형가)의 자취는 단지 우리를 배회하고 주저하게 하는 곳이 되고 말았으므로, 사람들마다 비분하여 불평의 음을 낸다. …… 듣자니 선우(單于, 청 황제)가 근일 더욱 황음무도하다고 하니, 어쩌면 하늘이 그 더러움에 물려서 참주인이 다시 일어날지 모른다고 한다. 군평이 나라의 명을 받들어 입조하여, 중화 문물의 성대함을 눈으로 보고, 평온히 동쪽으로 돌아온다면, 이에 반드시 조천록을 작성하게 될 것이니, 내가 한번 열람하게 되길 바란다.[15]

이런 대비를 통해서, '조천'이란 명칭에는 옛날의 아름다움을 표현하거나 혹은 훗날에 대한 기대가 깃들어 있었으며, '연행'에는 당시의 비분을 토로해 내고 있고 심지어 청나라 황제를 '고월〔胡〕'이나 '선우'라 부르기까지 했다는 사실을 알 수 있다. 따라서 '조천'에서 '연행'으로 명칭이 바뀐 것은 결코 지리적 방위를 다르게 나타낸 것이 아니라, 정치적 의미와 문화적 입장이 가득한 특수 명칭이 달라진 것이다. 학술 연구의 시각에서 말하면, 이처럼 정치적 색채가 강렬한 명칭인 '조천'이나 '연행'을 사용하는 것은 온당하지 않다.

내 생각에 가장 적당한 명칭은 '중국행기(中國行紀)'이다. 1998년 8월에 나는 「한국역대시학문헌종술(韓國歷代詩學文獻綜述)」(『문학사로(文學絲路) — 중화문화세계한문학논문집』 수록)이라는 논문을 발표했는데, 이 논문에서 서적 속의 문헌들을 7종류로 분류했다. 그중 하나

15_『石北集』 권15, 한국문집총간 제231책, 경인문화사, 2001, p.482. "不佞觀國朝前輩朝天詩多矣, 方皇朝全盛時, 赴京者多名公卿, 與中國學士大夫揖讓上下, 富禮樂文章之觀, 故其詩率忠厚和平, 有渢渢之音. 左衽以來, 入燕者徒見其侏㒧湩酪之俗, 如皇極之殿, 石鼓之經, 辱諸腥穢, 故其詩皆黍離也. 所謂金臺易水 · 漸離荊卿之跡, 不過借爲吾彷徨躑躅之地, 人人而有悲憤不平之音 …… 聞單于近益荒淫, 或者天厭其穢, 眞主復作. 君平奉國命入朝, 睹中華文物之盛, 雍容東歸, 則於是乎又必有朝天錄, 不佞願一寓目焉."

가 '행기'로, 이는 '조천록'이나 '연행록'이라는 이름을 붙인 저작물들을 가리킨다. 몇 년 전 출판한 『역외한적연구입문』[16]에서도 나는 이 문제를 다시 거론해서, 중국 이외의 지역 사람들이 중국에 사행을 다녀올 때 기록한 문헌을 '중국행기'라고 부르자고 주장했다. 이런 문헌들을 일찍이 '행기'라는 말로 개괄한 사람은 일본의 나카무라 히데타카(中村榮孝)였다. 나카무라는 1930년 발표한 「사대기행목록」[17]에 조선 시대 중국행 사행기록 목록을 수록했는데, 완비하지는 못했지만 최초로 이런 자료들에 관심을 가지고 그것들을 수집했다. 다만 '기행' 앞에 '사대'란 단어를 덧붙여 정치적 색채가 강하다.

내가 '중국행기'란 말로 이 문헌들을 개괄하자고 제창하는 이유는 세 가지이다. 첫째, 이 명칭이 비교적 중립적이고 객관적이어서 학술 토론에서 사용하기에 적합하다. 둘째, 더 중요한 이유인데, 원류를 찾아보면 이 문헌들은 원래 '행기'란 이름으로 불렸다. 셋째, '행기'는 현대 학술 연구에서 사용하는 공통 명칭이다. 첫 번째 이유는 다시 풀이할 필요가 없고, 세 번째 이유 또한 이해하기 쉬우므로, 여기서는 두 번째 이유에 대해 의견을 제시하고자 한다.

옛 천자는 천하의 모든 일을 두루 알기 위해 국가 외교를 관장하는 '소행인(小行人)' 직책을 규정했는데, 그중의 하나가 바로 '오서(五書)'를 제작하는 일이었다. 가공언(賈公彦)은 개괄하길, "이것은 소행인이 사방을 돌면서 풍속의 좋고 나쁜 일을 수집하여 그것을 각 조목별로 기록해서 각각 책을 만들어 위에 올린 것을 종합적으로 진술했다."[18]라고 했다. 손이양(孫詒讓)은 "경쾌한 마차를 타는 사자가 바로 행인으로, 다섯 사항의 책은 마차를 타는 사자가 상주한 책이다."[19]라고 말했다. 그 당시에 이미 사자가 자신의 견문을 책으로 작성하는 제도가 있었음을 알 수 있다.

지금 알 수 있는 최초의 관련 문헌은 서한때 육고(陸賈)가 쓴 「남월

16_『域外漢籍研究入門』, 上海：復旦大學出版社, 2012.

17_「事大紀行目錄」, 『青丘學叢』 제1호, 1930년 5월.

18_『周禮注疏』 卷37, 『十三經注疏』 上冊, 北京：中華書局影印本, 1980, p.894.

19_『周禮正義』 卷72, 北京：中華書局, 1987, p.3007.

행기(南越行紀)」(다른 이름은 「남중행기」)이다. 그러나 당시에는 정해진 이름이 없었다. 남북조 시대에 이르러 이런 저술이 증가하기 시작했다. 서명 또한 '기' 또는 '행기'라고 붙이는 경우가 많았다. 이덕휘(李德輝)의 『진당양송행기집교(晉唐兩宋行記輯校)』에 의하면, 『동이제국행기(東夷諸國行記)』·『동완행기(董琬行記)』·『남해행기(南海行記)』·『여가동행기(輿駕東行記)』·『봉군의행기(封君義行記)』·『강표행기(江表行記)』 등이 있었다. 여기에는 국내를 다녀온 것도 있고 국외를 다녀온 것도 있다. 이와 함께 승려들의 저작도 적지 않았다. 이른바 "한(漢)나라에서부터 양나라까지 역사가 아주 오래며," "뭇사람들의 기록이 서술 체제가 각각 달랐다." 그중에는 "단지 외방을 순유하는 것을 명명하는 것에 그친 한 과목"[20]의 것도 있었는데, 예를 들면 『불국기(佛國記)』와 『송운행기(宋雲行記)』 등이 그것이다. 당송에 이르러 외국과의 교통이 날로 빈번해짐에 따라 이런 문헌들이 대량으로 출현했다. 이덕휘는 이런 문헌들을 저자의 신분에 따라 4가지 유형으로 구분했다. 즉, 외국 사신 행기, 승인 행기, 문신 행기, 휘찬류(彙纂類) 행기 등이다. 그의 통계에 따르면, 송나라 사람들이 지은 외국 행기는 56종에 이르고, 국내 행역기도 24종이 있다고 한다. 기록 방법을 보면 중당 시기부터 이미, 행정(行程)에 따라 기록하는 이전의 방식에서 탈피하여 일정에 따라 기술하는 방법을 채택하고 있다. 이고(李翱)의 『내남록(來南錄)』이 바로 그러한 예이다. 송대에 이르면 이런 기술 방법이 더욱 보편화되었다고 한다.[21] 그 내용이 매우 번잡하고 서사 방법도 한결같지 않아서 역대 목록학에서 부류를 귀속시키는 것이 한 가지에 그치지 않았다. 대부분 사부 지리류에 귀속시켰지만, 상당히 복잡한 상황도 있다. 예를 들면 진진손(陳振孫)의 『직재서록해제(直齋書錄解題)』는 이를 각각 위사(僞史)류·잡사류·전기류·지리류로 분류했다. 『송사』「예문지」는 사부 고사류·전기류·지리류에 귀속시키고, 그 밖에 자부 소설류에 넣기도 했다.

송대 이후 '어록'이라고 이름 붙인 '행기'도 나왔다. 구함(寇瑊)의 『생

20_『高僧傳序錄』 卷14, 湯用彤校注本, 北京：中華書局, 1992, p.523. "止命游方一科."

21_『晉唐兩宋行記輯校 · 前言』, 瀋陽：遼海出版社, 2009, pp.1-20.

신국신어록(生辰國信語錄)』, 부필(富弼)의 『부문충입국어록(富文忠入國語錄)』, 유창(劉敞)의 『사북어록(使北語錄)』 등이 그것이다. 현대 학자 중에는 '어록'으로 모든 사행 기록 문헌을 개괄하자고 주장하는 사람도 있는데,[22] 필자는 그다지 찬성하지 않는다. 사행문헌에서 '녹(錄)'은 '기록'의 '녹'으로, 당연히 기행(記行)일 수도 있고 기사(記事)일 수도 있으며 기언(記言)일 수도 있다. 이 밖에도 '어록'의 의미는 아주 풍부하다. 선종의 어록이 있고 유문(儒門)의 어록도 있다. 시화이면서 어록이라고 이름 붙인 것도 있고, 필기이면서 어록이라고 이름 붙인 것도 있다. 그렇기 때문에 '행기'보다 단순·명료하지가 않다.

송대에는 또 다른 '행기'가 하나 더 있다. '일기'나 '일록'이라고 이름을 붙인 것들이다. 예를 들면 송나라 주필대(周必大)의 『귀여릉일기(歸廬陵日記)』, 누약(樓鑰)의 『북행일록(北行日錄)』 등이 있다. 명나라 하복징(賀復徵)은 '일기'에 대해서, "날짜에 따라 기록하고 뜻 가는 대로 붓을 놀리니, 사소한 것을 다 갖춘 것을 교묘하다고 여긴다."[23]라고 정의했다. 그러나 그가 일기체의 연원을 고찰할 때는 "구양수의 『우역지(于役志)』, 육유의 『입촉기(入蜀記)』에서 시작한다."[24]라고 하여 직접 행기와 연관을 지었으니, 적어도 '일기'가 '기행'의 일종이라고 밝힌 것이다. 조선의 기행문헌 중에도 장자충(張子忠)의 『판서공조천일기(判書公朝天日記)』, 소순(蘇巡)의 『보진당일기(葆眞堂日記)』, 정곤수(鄭崑壽)의 『부경일록(赴京日錄)』, 김해일(金海一)의 『연행일기』, 한태동(韓泰東)의 『연행일록』 등이 있는데, 이런 명명 방식도 흔했음을 알 수 있다. 하지만 일기의 내용은 아주 광범위하여 "정치가는 조정을 논하고, 사행을 떠나는 자는 행정을 기록하며, 변방에 파견되는 자는 폄적(貶謫)을 서술하고, 과거 시험을 보는 자는 과장(科場)을 담론하며, 여행자는 행종(行蹤)을 서술하고, 전쟁에 나가는 자는 전황을 기재한다."[25]라고 했다. 조선 시대에도 '일록'이란 이름을 붙였으면서 실상 기행과 아무 관계가

22_傅樂煥, 『宋人使遼語錄行程考』, 『遼史叢考』, 北京 : 中華書局, 1984, pp.1-28.
23_『文章辨體彙選』 卷637, 文淵閣四庫全書本, 臺北 : 臺灣商務印書館影印.
24_『文章辨體彙選』 卷639.
25_陳左高 편, 『中國日記史略』「緒言」의 말. 上海 : 上海翻譯出版公司, 1990, p.1.

없는 문헌들도 대량으로 존재한다. 그렇기 때문에 이를 행기 문헌의 총칭으로는 채용할 수 없다.

당나라 때는 고음(顧愔)의 『신라국기(新羅國記)』처럼 중국 학자가 신라에 대해 기록한 것도 있다. 한반도 문인들과의 진정한 교류 왕래는 사실 송나라 때부터였다. 예를 들면 북송 순화(淳化) 4년(993) 진정(陳靖) 일행이 『사고려기(使高麗記)』를 기록했고, 선화(宣和) 5년(1123) 서긍(徐兢)이 사절로 고려에 다녀간 다음 『사고려국(使高麗錄)』을 남겼다. 반면에 김부식은 정강(靖康) 원년(1126) "북송에 가서 황제의 등극을 축하하고"[26] 『봉사어록(奉使語錄)』을 편찬했는데, 그 목록이 『송사』「예문지」의 사부 '전기류'에 수록되었다. 이를 보면 『봉사어록』도 송대 행기 문헌에 연원하고 있음을 알 수 있다.[27]

조선 시대 조천 · 연행 등의 문헌들을 살펴보면 그 명명 방식은 대부분 당송 행기와 일맥상통한다. 위에 제시한 것 이외에도 '봉사'란 명칭으로 쓴 작품이 있다. 예를 들면 송나라 조량사(趙良嗣)의 『연운봉사록(燕雲奉使錄)』, 요헌(姚憲)의 『건도봉사록(乾道奉使錄)』, 조선 권근(權近)의 『봉사록』이 있다. 그리고 '우역(于役)'이란 명칭을 쓴 작품이 있다, 예를 들면 당나라 장씨(張氏)의 『연오행역기(燕吳行役記)』, 송나라 구양수의 『우역지』, 조선 김윤식(金允植)의 『석진우역집(析津于役集)』이 있다. 또 도리기 · 행정록이란 명칭도 있다. 예를 들면 당나라 정사장(程士章)의 『서역도리기(西域道里記)』, 송나라 허항종(許亢宗)의 『선화을사봉사행정록(宣和乙巳奉使行程錄)』, 조선 시대 신흠의 『갑오조천노정(甲午朝天路程)』, 이기경(李基敬)의 『음빙행정력(飮冰行程曆)』 등이 있다. 이 밖에 조선 시대 최연(崔演)의 『서정록(西征錄)』, 이하진(李夏鎭)의 『북정록(北征錄)』, 어윤중(魚允中)의 『서정기(西征記)』 등도 중국의 행기 문헌에서 유사한 제목을 찾을 수 있다. 어떤 작품은 그냥 '기

26_ 金宗瑞, 『高麗史節要』 권9, 서울 : 明文堂影印本, 1981, p.213. "如宋賀登極."

27_ 『高麗史』 권98 列傳 권11 「金富軾傳」. "宋使路允迪來, 富軾爲館伴, 其介徐兢見富軾善屬文, 通古今, 樂其爲人, 著『高麗圖經』, 載富軾世家, 又圖形以歸. 奏於帝, 乃詔司局鏤板以廣其傳, 由是名聞天下. 後奉使如宋, 所至待以禮."(下冊, p.180, 아세아문화사영인본, 1983). 이 기록을 통해 김부식과 서긍 『고려도경』(『使高麗錄』 포함)의 관계를 알 수 있으며, 그의 『봉사어록』 또한 서긍의 영향을 받았을 것으로 추정된다.

행'(즉 '행기')이란 이름을 붙였다. 예를 들면 인평대군(麟坪大君)의 『연도기행(燕途紀行)』, 이노춘(李魯春)의 『북연기행(北燕紀行)』, 홍양호의 『연운기행(燕雲紀行)』, 정창성(鄭昌聖)의 『연사기행(燕槎紀行)』, 안광묵(安光默)의 『창사기행(滄槎紀行)』 등이 있다. 어떤 책은 '기행'이란 명칭을 사용하지 않고서 왕왕 설명을 하려고도 했다. 예를 들면 조위(曹偉)는 「삼괴선생관광록서(三魁先生觀光錄序)」에서 "관광이란 무엇인가? 중국의 문화 · 풍속을 보는 것이다. 기행록이라 부르지 않고 관광이라 부른 것은 중국을 중시해서이다."[28]라고 말했다. 또한 서경순(徐慶淳)은 「몽경당일사서(夢經堂日史序)」에서 "왜 일사(日史)라 부르는가? 행(行)을 기록한 것이다. 어디로 행하는가? 연경으로 가는 것이다."[29]라고 말했다. 이상을 종합하면, 조선 시대 이런 문헌은 명명 방식이 매우 다양한데, 이를 '행기'로 개괄하는 것이 가장 적당하다. 조선 18세기 정창순(鄭昌順) 등이 편찬한 『동문휘고(同文彙考)』의 「보편」 부분에서는 이런 문헌들에 대해 언급하면서 '사행록'이라고 이름을 붙였는데 '행기'의 뜻과 매우 가깝다.

'행기'란 말로 이런 문헌을 개괄하는 것은 실은 현대 학술사의 공통 명칭이기에, 이것이 내가 이 명칭을 사용하자고 주장하는 세 번째 이유이기도 하다. 일찍이 1940년대 왕국유는 『고행기교주(古行紀校注)』[30]를 출판했으며, 1980년대 양건신(楊建新)은 『고서행기선주(古西行記選注)』[31]의 편집을 주관했다. 지난 몇 년 전에는 가경안(賈敬顏)이 정리한 『오대송금원인변강행기삼십종소증고(五代宋金元人邊疆行記十三種疏證稿)』[32]가 나왔다. 진가영(陳佳榮) · 전강(錢江) · 장광달(張廣達)이 함께 편집한 『역대중외행기(歷代中外行紀)』[33]에서는 중국 · 조선 · 일본 · 월남과 관련된 문헌도 수록했다. 이덕휘(李德輝)도 『진당양송행기집교(晉唐兩宋行記輯校)』란 책을 출판했다. 일본 승려 원인(圓仁, 엔닌)은 승

28_『丙辰觀光錄』 卷首, 林基中 편, 『燕行錄續集』 제101책, 서울 : 尙書院, 2008, p.112.
29_林基中 편, 『燕行錄全集』 제94책, 東國大學校出版部, 2001, p.154,
30_上海 : 商務印書館, 1940.
31_銀川 : 寧夏人民出版社, 1987.
32_北京 : 中華書局, 2004.
33_上海 : 上海辭書出版社, 2008.

와(承和) 5년(당나라 문종 開成 3년, 838) 당나라에 들어가 『입당구법순례행기(入唐求法巡禮行記)』를 편찬했다. 이 책은 『대당서역기(大唐西域記)』·『마가바라행기(馬可·波羅行紀)』와 함께 '동방 삼대 행기'에 들어가는데, 역시 '행기'란 이름을 붙였다. 그러므로 '행기'는 중국·한국·일본·월남 및 서양의 관련 문헌까지도 하나로 통칭하기에 편리한 명칭이다. 이는 학술 연구에서 매우 중요하고 필요한 것이다.

2. 문헌

지난 1960년대부터 『연행록선집』을 대표로 하는 이런 기행문헌들이 학술계의 주목을 받기 시작했다. 그러나 한국어 번역과 색인이 첨부되어 있는 『국역연행록선집』을 제외하면, 대부분의 작업은 옛 책을 영인하는 수준에 그치고 있으며, 정리 작업은 아직 초급 단계에 머물고 있다. 그중 문헌에 대한 문제로는 대부분의 학자들의 연구가 주로 문헌 정리에 나타난 오류(임기중 교수가 편집한 『연행록전집』에 집중된다)를 바로잡고 있다. 예를 들면 좌강(左江)의 「연행록전집고증」[34], 칠영상(漆永祥)의 「연행록전집 고오(考誤)」[35] 등이 이에 해당한다. 그리고 오직 몇몇 논문만 정리자의 문제를 언급하고 이 문헌들 자체의 문제에 대해 연구했다. 예를 들면 후마 스스무의 「일본현존조선연행록해제」[36]가 이에 해당한다. 여기서 예비적으로 고찰하는 것도 문헌 자체에 관한 문제이다.

한국에서 중국 행기 문헌은 500년 동안 끊임없이 편찬되어 왔으며, 이런 문헌들은 두말할 나위 없이 상당히 높은 가치가 있다. 그러나 이런 문헌들 자체에 존재한 문제들도 지적할 필요가 있으며, 그렇게 해야만 비로소 이들 자료들을 더 효과적으로 이용할 수 있다.

첫 번째 문제는 부화뇌동이다. 부악환(傅樂煥)은 송나라 인사들의 행

34_張伯偉 編,『域外漢籍研究集刊』第4輯, 北京 : 中華書局, 2008.

35_고려대학교 중국학연구소 편,『中國學論叢』第二十四輯, 고려대학교, 2008.

36_『京都大學文學部研究紀要』第42號, 京都大學, 2003.

기 문헌들을 모두 '어록'에 분류시켰는데, 「송인사요어록행정고(宋人使遼語錄行程考)」에서 다음과 같이 지적했다.

> 그들은 귀국한 이후 관례에 따라 『어록』을 제작하여 정부에 올린다. 『어록』에는 주로 그들이 요나라 조정에서 행한 응대 및 수답(酬答) 상황을 보고하고, 부가적으로 그들이 통과한 지역 및 각 지방의 사정이나 풍속 등을 기록했다. …… 사신을 매년 파견하므로 『어록』도 끊임없이 출현한다. 그래서 당시 사람들은 이런 동시대 사람들의 기록을 항상 익히기 때문에 모두 판에 박은 듯한 문장이 되어 버려 특별히 주목할 만한 것이 없다.[37]

판에 박은 듯한 문장은 중국에서만 있는 것이 아니었다. 조선 시대의 외교 사행에서도 사신들이 조선에 귀국한 후 관례에 따라 국왕에게 보고해야 했으므로 위와 비슷한 상황을 자주 찾아 볼 수 있다. 예를 들면 최현(崔晛)은 『조천일록』 「서계(書啓)」에서 "문견한 일은 신이 상사 신 신설(申渫), 부사 신 윤양(尹暘)과 함께 경사(서울)로 가서, 일을 마치고 귀환하여, 견문한 모든 것을 축일로 개좌하여 정리했습니다."[38]라고 했다. 홍익한(洪翼漢)의 『화포선생조천항해록(花浦先生朝天航海錄)』 권말에도 "문견한 사건의 일은, 신이 사신 이덕형(李德泂) · 오숙(吳䎘)과 함께 앞서 경사로 갔다가 지금 일을 마치고 귀환하여, 오가는 길에 문견한 것을 축일로 개좌하여 정리해서 이렇게 삼가 갖추어 계문합니다."[39]라고 했다.

이영득(李永得)의 『연행잡록』 「내편」 제1권 '입피지행중제반사례(入彼地行中諸般事例)'에도 "사신이 귀환하여 …… 서장관이 수역과 함께 각각 견문한 사건을 편수하여(저쪽의 정령(政令)과 이문 이견을 대략 기

37_『遼史叢考』, pp.1-2.

38_『燕行錄選集補遺』 上, 成均館大學大東文化硏究院, 2008, p.10. "爲聞見事, 臣跟同上使臣申渫 · 副使臣尹暘前赴京師, 竣事回還, 凡所見聞, 逐日開坐."

39_『燕行錄全集』 제17책, p.322. "爲聞見事件事, 臣跟同臣使李德泂 · 吳䎘, 前赴京師, 今已竣事回還, 一路聞見, 逐日開坐. 爲此謹具啓聞."

록하여), 복명할 때 승정원에 납부했다."[40]라고 했다. 이어 장석준(張錫駿)의 『조천일기』 권말에도 "즉일 대궐로 나아가 저쪽 땅에서 문견한 기록과 일기를 봉납했다."[41]라고 했다. 이런 보고는 보편적인 현상이었던 것이다.

조선 사신들이 북경에 들어갈 때 지나는 경로는 대개 세 길이었다. 첫째는, 압록강을 건너 책문(柵門)·봉황성(鳳凰城)·요양(遼陽)·안산(鞍山)·경가장(耿家莊)·우가장(牛家莊)·반산(盤山)·광녕(廣寧)·금주(錦州)·산해관(山海關)·심하(深河)·영평(永平)·풍윤(豐潤)·옥전(玉田)·계주(薊州)·통주(通州)를 거쳐 북경에 도착하는 길이다. 둘째는, 압록강을 건너 책문·봉황성·요양·봉천(奉天)·안산·경가장·우가장·반산·광녕·금주·산해관·심하·영평·풍윤·옥전·계주·통주를 거쳐 북경에 도착하는 길이다. 셋째는, 압록강을 건너 책문·봉황성·요양·봉천·고가자(孤家子)·백기보(白旗堡)·소흑산(小黑山)·광녕·금주·산해관·심하·영평·풍윤·옥전·계주·통주를 거쳐 북경에 도착하는 길이다. 이 노선들은 모두 중국에서 정하며, 조선은 마음대로 변경할 수 없었다. 노선이 비슷하고 또한 후인들이 이전의 기록을 많이 보았기 때문에, 특별히 고증의 습벽이 있는 몇몇 사람이 가끔 이전 사람들의 오류를 고칠 수 있었지만, 대부분의 사람들은 거의 이전 사람들의 이야기를 답습하므로 부화뇌동을 면하기가 어려웠다. 김경선(金景善)의 「연원직지서(燕轅直指序)」는 이런 문헌 중에서 가장 특색이 있는 것으로 세 사람의 기록을 들었다.

> 연경에 가는 사람들은 대개 그 행정을 기록하는데, 삼가의 것이 가장 저명하니, 노가재 김씨, 담헌 홍씨, 연암 박씨의 것이다. 역사의 체례로 보면 노가재의 것이 편년에 가까우며 평실하고 조리가 통창하다. 홍씨의 것은 기사를 순순히 하여 전아하고 치밀하며, 박씨의 것은 입전에

40_『燕行錄全集』 제79책, pp.50-51. "使臣還 …… 書狀與首譯各修聞見事件(彼中政令及異聞異見略錄之), 復命時納於承政院." 이 책은 徐有素의 『연행록』이라 되어 있지만 실은 저자가 잘못 저록되었다. 이에 대한 고정은 아래쪽 문장을 참고하기 바란다.

41_『春皐遺稿』 권1, 46b. "即日詣闕, 奉納彼地聞見錄與日記."

> 유사하면서 섬려하고 굉박하다.[42]

이어서 김경선은 "세 분을 표준으로 하여 각각 하나의 문체를 취했다. 즉, 노가재가 년 · 월 · 일의 순서로 일을 기록한 것, 담헌이 사실에 대해 본말을 다 갖춘 것, 연암이 종종 자신의 뜻을 입론한 것이다."[43]라고 구체적으로 제시했다. 하지만 이처럼 명확하게 문체에 대해 고려하는 사람은 별로 많지가 않았다. 따라서 이 몇몇 사람의 행기는 특별히 주목할 만하다.

두 번째 문제는 표절이다. 어떻게 보면 이것도 부화뇌동의 또 다른 표현이다. 어떤 것은 직접 인용이고 어떤 것은 간접 인용이다. 인용했다는 명확한 표시가 있고 쉽게 알아볼 수 있더라도 그 속사정에 대해서는 일률적으로 논하기 쉽지 않다. 예를 들면, 김창업의 『노가재연행일기』, 최덕중(崔德中)의 『연행록』, 이해응(李海應)의 『계산기정(薊山紀程)』, 김경선의 『연원직지』 등은 모두 『하곡조천록』을 인용했지만, 결코 원본 그대로를 옮겨 적은 것은 아니다. 일례로 『노가재연행일기』 제1권 '표자문정납(表咨文呈納)'에서는 다음과 같이 기재했다.

> 구례에 입경한 다음날, 정사 이하가 공복을 갖추어 입고 표와 자문을 받들어 예부로 나아간다. 먼저 두루 관원을 만나는 예를 하여 상서에서 마치고 나서, 정사는 자문을 받들고 무릎을 꿇고 고하길, '국왕의 자문입니다'라고 하면, 상서가 명령하여 받게 하고는, 다시 말하길, '일어나라'라고 한다. 그런 후 정사가 일어나 뒤로 물러나 나와, 쉬는 곳에 돌아와 앉아 쉰다. 통사에게 표문을 받들어 의제사(儀制司)에 바치게 한 이후, 정사 이하는 주객사와 의제사를 차례로 거치면서 예를 행하고 마친 후에 돌아온다(『하곡조천록』에 나온다). 지금은 상서(혹 시랑)가 낭중과 함께 공복을 갖추어 입고 남쪽을 향하여 대청에 서면, 태통관이 세 사신을 인솔하여 표와 자문을 받들어 꿇어앉아 올리면, 낭중이 받아서 탁자

42_『燕行錄全集』 제70책, p.246. "適燕者多紀其行, 而三家最著：稼齋金氏 · 湛軒洪氏 · 燕巖朴氏也. 以史例則稼近於編年而平實條暢, 洪沿乎紀事而典雅縝密, 朴類夫立傳而贍麗閎博."

43_『燕行錄全集』 제70책, p.247.

> 위에 두며, 통관이 사신을 인솔하여 물러 나온다.[44]

위의 글은 『하곡조천기』에서 8월 9일 북경에서 조선 국왕의 자문을 명나라 조정에 올리는 과정에 대해 개괄한 것으로, 원문은 복잡한데 여기서는 간략하게 요약했다. '지금은 상서' 이하의 내용은 곧 김창업의 말로, 고금을 대비했다. 다시 최덕중 『연행록』의 '표자문정납'을 보자.

> 구례에 입경한 다음날, 정사 이하가 공복을 갖추어 입고 표와 자문을 받들어 예부로 나아간다. 먼저 두루 관원을 만나는 예를 하여 상서에서 마치고 나서, 정사는 자문을 받들고 무릎을 꿇고 고하길, '국왕의 자문입니다'라고 하면, 상서가 명령하여 받게 하고는, 다시 말하길, '일어나라'라고 한다. 그런 후 정사가 일어나 뒤로 물러나 나와, 쉬는 곳에 돌아와 앉아 쉰다. 통사에게 표문을 받들어 의제사에 바치게 한 이후, 정사 이하는 주객사와 의제사를 차례로 거치면서 예를 행하고 마친 후에 돌아온다(『하곡조천록』에 나온다). 지금은 상서(혹 시랑)가 낭중과 함께 공복을 갖추어 입고 남쪽을 향하여 대청에 서면, 태통관이 세 사신을 인솔하여 표와 자문을 받들어 꿇어앉아 올리면, 낭중이 받아서 탁자 위에 두며, 통관이 사신을 인솔하여 물러 나온다.[45]

이 글에서 '구례'가 『하곡조천록』에서 나왔다고 밝혔지만 최덕중이 허봉의 말을 인용했다기보다는 김창업의 말을 인용했다고 하는 것이 옳다. '지금은 상서' 이하의 문장 또한 김창업의 책과 완전히 동일한 것을

44_『燕行錄全集』 제32책, p.309. "舊例：入京翌日, 使以下具公服, 奉表咨文, 詣禮部. 先行見官禮於尙書訖, 使奉咨文跪告曰：'國王咨文.' 尙書命受之. 復曰：'起來.' 然後使起退出, 還坐歇所. 令通事呈表文于儀制司後, 使以下歷往主客儀制兩司, 行禮而罷歸(出『荷谷朝天錄』). 今則尙書 (或侍郞) 與郞中具服, 面南立于大廳, 大通官引三使奉表咨文跪進, 郞中受, 安于卓子上, 通官引使以退."

45_『燕行錄全集』 제39책, pp.400-401. "舊例 : 入京翌日, 使以下具公服, 奉表咨文, 詣禮部. 先行見官禮於尙書訖, 使奉咨文跪告曰：'國王咨文.' 尙書命受之. 復曰：'起來.' 然後使起退出, 還坐歇所. 令通事呈表文于儀制司後, 使以下歷往主客儀制兩司, 行禮而罷歸(出『荷谷朝天錄』). 今則尙書(或寺郞)與郞中具公服, 面南立于大廳, 大通官引三使奉表咨文跪進, 郞中受, 安于卓子上, 通官引使以退."

보면 『노가재연행일기』에서 옮겨 적은 것이 틀림없다. 김경선의 『연원직지』 제2권 '예부정표자기(禮部呈表咨記)'에도 다음과 같이 기재하고 있다.

> 『하곡조천록』에 이러하다. 입경한 다음 날, 정사 이하가 공복을 갖추어 입고 표와 자문을 받들어 예부로 나아간다. 먼저 두루 관원을 만나는 예를 하여 상서에서 마치고 나서, 정사는 자문을 받들고 무릎을 꿇고 고하길, '국왕의 자문입니다'라고 하면, 상서가 명령하여 받게 하고는, 다시 말하길, '일어나라'라고 한다. 그런 후 정사가 일어나 뒤로 물러나 나와, 쉬는 곳에 돌아와 앉아 쉰다. 통사에게 표문을 받들어 의제사에 바치게 한 이후, 정사 이하는 주객사와 의제사를 차례로 거치면서 예를 행하고 마친 후에 돌아온다.[46]

위의 글에서 김경선은 『하곡조천록』에서 나왔다고 글머리에 밝혔지만, 그가 허봉의 책에서 직접 인용했다고는 생각할 수 없다. 김창업이나 최덕중의 책에서 옮겨 적은 것이 틀림없다.

또 한 가지 다른 예를 들어 보자. 『노가재연행일기』 제1권 '입경하정(入京下程)'에서 다음과 같이 기재했다.

> 구례에 다만 광록시에서 미 1석 8두, 저육 36근, 술 90병, 차 5근 10량, 소금과 장 각 9근, 기름 4근 8냥, 화초(花椒) 9냥, 채삼 15근 등의 물품을 닷새에 한 번씩 주었을 뿐이다(『하곡조천록』에 나온다). 순치 이후로는 호부가 양료(粮料)를 이바지하고, 공부가 시탄(柴炭)·마초(馬草)·기명(器皿)을 이바지하고, 광록시가 갖가지 반찬을 이바지한다.[47]

46_『燕行錄全集』 제71책, pp.172-173. "『荷谷朝天錄』曰：入京翌日, 使以下具公服, 奉表咨文, 詣禮部. 先行見官禮於尙書訖, 使奉咨文跪告曰：'國王咨文.' 尙書命受之. 復曰：'起來.' 然後使起退出, 還坐歇所. 令通事呈表文于儀制司後, 使以下歷往主客儀制兩司, 行禮而罷歸云.

47_『燕行錄全集』 第32책, p.306. "舊例：只自光祿寺送米一石八斗, 猪肉三十六斤, 酒九十缾, 茶五斤十兩, 鹽醬各九斤, 油四斤八兩, 花椒九兩, 萊〔菜의 오류인 듯함〕蔘十五斤等物, 五日一次(出『荷谷朝天錄』). 順治以後, 戶部供粮料, 工部供柴炭·馬草·器皿, 光祿寺供各樣饌物."

그런데 허봉의 원본을 보면, 『조천기』(상) 8월 8일 일기에 다음과 같이 기록해 두었다.

> 광록시가 진수를 서명하여 귀로의 전량(錢粮)으로 보내 주었다. 백미 1석 8두, 술 90병, 엽차 5근 10냥, 소금과 장 각 9근, 향유 4근 8냥, 화초 9냥, 채삼 15근. 이런 물건을 닷새마다 한 번씩 보내었으니, 구례를 따른 것이다.[48]

8월 9일의 일기에는 다음과 같다.

> 광록시 대관이 서명하여 저육 36근을 보냈으니, 역시 닷새마다 한 차례씩 내리는 예를 따랐다.[49]

위의 내용을 보면 김창업은 허봉의 이틀 일기를 합해서 한 편으로 만들었으며, 또 원래의 문장 그대로 옮겨 쓴 것도 아님을 알 수 있다. '순치 이후'라고 말한 부분도 김창업이 이전과 지금을 비교해서 한 말이다. 다시 최덕중의 『연행록』을 보면, '입경하정(入京下程)'편에 다음과 같이 기재했다.

> 구례에 다만 광록시에서 미 1석 8두, 저육 36근, 술 90병, 차 5근 10냥, 소금과 장 각 9근, 기름 4근 8냥, 화초 9냥, 채삼 15근 등의 물품을 닷새에 한 번씩 주었을 뿐이다(『하곡조천록』에 나온다). 순치 이후로는 호부가 양료(粮料)를 이바지하고, 공부가 시탄 · 마초 · 기명을 이바지하고, 광록시가 갖가지 반찬을 이바지한다.[50]

48_『燕行錄全集』 제6책, p.223. "光祿寺珍羞署送下程錢粮：白米一石八斗, 酒九十瓶, 葉茶五斤十兩, 鹽醬各九斤, 香油四斤八兩, 花椒九兩, 菜蔘十五斤. 凡此物件, 五日送一次, 循舊例也."

49_『燕行錄全集』 제6책, p.228. "光祿寺大官署送猪肉三十六斤, 亦五日一次之例也."

50_『燕行錄全集』 제39책, p.399. "舊例：只自光祿寺送米壹石捌斗, 猪肉三十六斤, 酒九十瓶, 茶五斤十兩, 鹽醬各九斤, 油四斤八兩, 花椒九兩, 菜蔘十五斤等物, 五日一次(出『荷谷朝天錄』). 順治以後, 戶部供粮料, 工部供柴炭 · 馬草 · 器皿, 光祿寺供各樣饌物."

『연원직지』 제3권 '유관록(留館錄)'(상) '유관하정기(留館下程記)'에서는 다음과 같이 기록했다.

> 『하곡조천록』에 이러하다. 광록시에서 미 1석 8두, 저육 36근, 술 90병, 차 5근 10냥, 소금과 장 각 9근, 기름 4근 8냥, 화초 9냥, 채삼 15근 등의 물품을 닷새에 한 번씩 주었다. 그런데 순치 이후로는 호부가 양료를 이바지하고, 공부가 시탄 · 마초 · 기명을 이바지하고, 광록시가 갖가지 반찬을 이바지한다.[51]

『계산기정』 제5권 '식례(食例)'에서는 다음과 같이 기록했다.

> 구례에 무릇 입경하는 날에 광록에서 미 1석 8두, 저육 36근, 술 90병, 차 5근[52] 10냥, 소금과 장 각 9근, 기름 4근 8냥, 화초 9냥, 채삼 15근 등의 물품을 닷새마다 사이를 두고 한 번씩 주었다(『하곡조천록』에 나온다). 순치 이후로는 호부가 양료를 이바지하고, 공부가 시탄 · 마초 · 기명을 이바지하고, 광록시가 갖가지 반찬을 이바지한다.[53]

위 몇 단락의 글은 몇몇 오류와 차이를 제외하면 거의 일치하는 것으로 보아 같은 책에서 나왔음이 분명하다. 그런데 "『하곡조천록』을 인용한다."라고 하든 "『하곡조천록』에서 나왔다."라고 하든 사실은 모두 원서를 참고한 것이 아니고 『노가재연행일기』를 인용한 것이다. 하지만 그들은 어느 누구도 이런 사정에 대해 밝히지 않았다. 이를 통해 이런 행기문헌에 전후 답습하는 일이 흔했다는 사실을 쉽게 알 수 있다.

51_『燕行錄全集』 제71책, p.218. "『荷谷朝天錄』曰 : 自光祿寺送米一石八斗, 猪肉三十六斤, 酒九十瓶, 茶五斤十兩, 鹽醬各九斤, 油四斤八兩, 花椒九兩, 菜蔘十五斤等物, 五日一次云. 而順治以後, 自戶部供糧料, 工部供柴炭 · 馬草 · 器皿, 光祿寺供各樣饌物."

52_원문에 '升'이라 잘못 기록된 것을 필자가 문장의 뜻에 따라 고친 것이며, 아래 글자도 이와 같다.

53_『燕行錄全集』 제66책, pp.483-484. "舊例 : 凡於入京日, 自光祿寺送米一石八斗, 猪肉三十六斤, 酒九十瓶, 茶五升〔斤의 잘못〕十兩, 鹽醬各九斤, 油四斤八兩, 菜蔘十五斤等物, 間五日一給(出『荷谷朝天錄』). 順治以後, 戶部供糧料, 工部供柴炭 · 馬草 · 器皿, 光祿寺供各樣饌物."

현존하는 행기문헌 가운데 분량이 가장 많은 것은 서유소(徐有素)의 『연행록』 16권(책)으로, 임기중 편찬의 『연행록전집』 제79-84책에 들어 있다. 그러나 이 책에는 문제가 매우 많으므로 상세히 검토해야 한다.

우선 저자에 관한 문제이다. 서유소는 조선 순조 22년(1822) 10월 동짓달 사은사행의 서장관이었다. 정사는 김노경(金魯敬), 부사는 김기온(金啓温)이었다. 이해 10월 20일 서울을 출발하여 11월 25일 압록강을 건너 12월 24일 북경에 도착하고, 다음 해 2월 4일에 북경을 떠나 귀로에 올라 3월 17일 서울에 도착했다. 『연행록전집』에서는 서유소가 지었으며, 그의 생졸년은 미상이라고 했다. 이 책의 '삼사 이하 도강(渡江) 인원' 기록을 보면 "서장관 서유소, 자는 공질(公質), 호 영천(泠泉), 을미생, 가함(假銜) 집의(執義)."[54]라는 내용이 보인다. 이를 통해 그가 영조 51년(1775)에 태어났음을 알 수 있다. 더욱 중요한 것은 그는 결코 이 책의 저자가 아니라는 사실이다. 이 책의 서두에서는 "임오년 겨울, 나는 사자(使者)를 따라 연행을 했다. …… 연로에서 본 것과 관(館)에 머물며 유람한 것을 다음과 같이 아울러 기록해 둔다."[55]라고 했다. 서장관은 '삼사'의 한 명인데, 여기서 저자가 이미 '사자를 따라'라고 말하고 있으니, 이를 보면 저자 본인은 사자가 아니라는 사실을 알 수 있다. 북경에 도착한 후 옥하관(玉河館)에 머물면서 각자가 머무는 곳을 기록하여, "대청의 북쪽은 상방으로, 정당 5칸이고, 동서의 두 캉이 있는데, 동쪽 캉에 상사가 거처한다. …… 상방의 북쪽이 부방으로 옥우의 규모는 상방과 같으며, 정당의 동쪽 캉에 부사가 거처한다. 부당의 북쪽이 삼방으로 정당 7칸이며, 서쪽 두 번째 캉에 서장관이 거처한다."[56]라고 했다. 삼사 수행원의 머무는 곳도 대부분 이에 준한다. 상방에는 군관 · 일관(日官) · 역관 · 건량관(乾糧官) · 사자관(寫字官)이 상사의 좌우전후에 머무르고, 부방(副房)도 그러했다. 서장관의 수행원은 3명인데, 군관 이학(李㶅),

---

54_『燕行錄全集』 제79책, p.24. "書狀官徐有素, 字公質, 號泠泉, 乙未生, 假銜執義."

55_『燕行錄全集』 제79책, p.246. "壬午冬, 余從使者作燕行 …… 沿路所見, 留館時遊覽者並錄如左云."

56_『燕行錄全集』 제81책, pp.75-76. "大廳之北爲上房, 正堂五間, 有東西兩炕, 東炕上使處之. …… 上房之北爲副房, 屋宇規模與上房同, 正堂東炕副使處之. 副堂之北爲三房, 正堂七間, 西二炕書狀官處之."

반당(伴倘) 이영덕(李永得), 건량관 윤홍덕(尹鴻德)이다. 그중 윤홍덕은 상방의 군관 김진용(金振鏞)과 함께 상방 서쪽 복도의 남쪽 방을 사용하고, 저자는 이학과 함께 삼방 동쪽의 방을 사용했다. 즉, 같은 방을 쓰는 것은 지위가 같았기 때문이었다. 삼방 수행원 중 다른 두 사람의 이름이 모두 나타났으므로, 이 책의 저자는 마땅히 반당 이영덕일 것이다. 목차 및 본문 내용에 따르면 서명은 『연행잡록』이라 해야 하며, 내 · 외편으로 나뉘어 내편은 제1권에서 제12권까지이고, 제13권 이후가 외편이다. 또 한국 국립중앙도서관에 소장된 김노경의 『연행잡록』 16권도 위 책의 내용과 일치하는데, 그 책의 저자와 제목에도 잘못이 있다.

둘째는 편찬 시기이다. 『연행록전집』과 『연행록총간』은 1822년과 1823년 작성한 것으로 해두었는데, 부분적인 의미에서 보면 맞다고 할 수 있다. 서두에서 '임오 겨울'이라 말하고, 제6권 「일기」 부분에서는 순조 22년(도광 2년 임오) 10월 20일 신유부터 시작하여 제8권 순조 23년 3월 17일에 이르러 마쳤다. 서력으로 계산하면 바로 1822년부터 1823년까지였다. 하지만 『연행잡록』은 모두 16권(책)이므로 결코 일시에 완성된 것이 아니었다. 이 책은 권질이 상당히 많지만, 저자가 직접 쓴 제6권부터 8권까지의 일기 내용과, 제1, 2권의 일부분 내용을 제외하면, 그 나머지 부분은 모두 다른 책에서 초록한 것이다. 베낀 사람이 작가 본인인지 아니면 다른 사람인지는 확인할 수 없다. 다만 지금과 같은 형태의 책으로 된 것은 아무리 빨라도 고종 13년(광서 2년, 1876) 이후의 일이다. 「일기」보다도 50여 년이나 뒤처진 것이다.

이를테면 권13의 『연행잡록』 외편 '외국'을 보면 처음에 일본이 나오는데, 그중의 '일본세계'의 맨 마지막 부분 '今天皇'에는 '明治元年即大淸同治七年戊辰'이라는 기록이 분명히 보인다. 그리고 다음과 같은 기록도 있다.

> 메이지 6년 계유 1월 1일, 신무천황 즉위년을 기원으로 삼아 기원절을 두었는데, 신무 기원의 해부터 지금까지 모두 2,533년이다. 3월에 외인과 혼인하는 것을 허용했다. 천황은 단발을 하고, 왕후는 분대를 지웠다. 메이지 9년 구로다 기요타카와 이노우에 가오루를 보내어 통호하

고, 수호 조규를 갱정했으며, 일인이 조선에 체류했다.[57]

'메이지 9년'은 조선 고종 13년(1876)이다. 이미 이 기록이 나타났으므로 이를 기록한 시간은 반드시 그 이후이고, 초록한 시간은 그보다 더 늦다. 그러므로 전반적으로 볼 때 1823년을 이 책의 편찬 연도로 보는 것은 틀렸다고 말할 수 있다.

베끼고 답습한 출처는 중국 책도 있고 조선 책도 있다. 이를 고찰해 본 결과, 제2권 '측후(測候)'부터 '전정관고(銓政官考)'까지의 내용은 모두 『대청회전(大淸會典)』에서, 제3권 '연경천문(燕京天文)'부터 제5권까지는 청나라 오장원(吳長元)의 『신원지략(宸垣識略)』에서, 제9권부터 제12권 '역대강역(歷代疆域)'까지는 명나라 육응양(陸應陽)이 편집하고 청나라 채방병(蔡方炳)이 증보한 『광여기(廣輿記)』에서, 제13권 '일본'은 조선 남용익의 『문견별록(聞見別錄)』, 강항의 『간양록(看羊錄)』, 신유한의 『해사동유록(海槎東游錄)』과 『해유문견잡록(海游聞見雜錄)』에서 각각 초록한 것이다. 또 제14권의 '합국(合國)'(안남과 유구 등을 포함)은 『광여기』에서, 제15권 '연도잡영(燕都雜咏)'과 제16권 '연도기문(燕都記聞)'은 『신원지략』에서, 제16권 '명청문평(明淸文評)'은 『사고전서간명목록(四庫全書簡明目錄)』에서 초록한 것이다. 이런 초록 부분은 양적으로 지나치게 많다고 할 수 있다. 이를 그 저자가 편찬한 것이라고 오인한다면 학술적 판단에 악영향을 미칠 것이다.

베끼고 답습한 것도 여러 가지 상황으로 나누어 볼 수 있다. 어떤 것은 단락을 옮겨 적었다. 예를 들면 '연경천문'은 『신원지략』에서 베꼈다. 어떤 것은 원문 전체를 옮겨 적었다. 예를 들면 '명청문평'은 『사고전서간명목록』에서 베꼈다. 어떤 것은 일부를 골라서 옮겨 적었다. '연도잡영'은 『신원지략』에서 골라 적었다. 이 밖에 초록하는 과정에서 첨가한 부분도 있고 줄인 부분도 있는데, 첨가 부분은 특히 주관적인 감정을 잘 드러낸다. 예를 들어 '일본' 부분은 『해유문견잡록』의 다음 이야기를 초

57_『燕行錄全集』 제83책, p.259. "明治六年癸酉一月一日, 以神武帝即位之年爲紀元, 因置紀元節, 自神武紀元之年至此, 凡二千五百三十三年. 三月, 令許與外人婚. 天皇斷髮, 王后落黛. 明治九年, 遣黑田淸隆 · 井上馨等通好, 更定『修好條規』, 日人留朝鮮."

록했다.

> 마사키(松前) 수령이 관할하는 지역은 지질이 나빠서 거처할 수가 없으며, 사람들은 모두 얼굴이 검고 털이 나 있고, 문자를 모르며, 구물구물 우매하여 금수와 같다. 일본인이 모두 사람의 부류에 끼워 주지 않는다.[58]

이를 신유한의 원작과 비교해 보면 "구물구물 우매하여"와 "일본인이 모두 사람의 부류에 끼워 주지 않는다."라는 두 구절은 초록자가 첨가한 의론이다. 다른 부분과 비교해 보면, 작가가 중국과 일본에 대해 갖는 감정과 태도를 엿볼 수 있다. 예를 들면, 제1권 '인물풍속' 편에서는 다음과 같이 기재하고 있다.

> 이르는 곳마다 만주인을 보았는데, 그 의복과 외양은 모두 빈궁한 자가 아니었고, 그 사람됨이 키 크고 외모가 우람하여 모두 건장했다. 인품은 어질고 평탄했으며 대부분 솔직하고 감정을 곧장 드러내어, 음으로 매섭지도 않았고 뒤틀려 삿되지도 않았으며, 남을 대하는 것이 후덕하고 간곡했으며, 사물에 대처하는 것이 인자하고 선량했다. 대개 천성이 본래 그러한 데다가 습속이 또한 그렇게 만든 것이다.[59]

조선 사람들은 만주인에 대해 본래 호감을 지니지 않았었기 때문에 이런 기록은 매우 희귀하다. 또 '예모(禮貌)' 편에서는 이렇게 말했다.

> 중국인의 규모는 대개 공손하고 근실함이 많고 거만하고 뻐기는 것이 적다. 만주인은 처음 보기에는 억세고 뻣뻣한 듯하지만 접하여 대화를 해 보면 공손함이 한족 사람보다 더하다. …… 우리들이 저쪽 인사(人

58_『燕行錄全集』 제83책, p.35. "松前守看管之地, 惡不可居, 人皆面黑有毛, 不識文字, 蠢軟愚迷, 便同禽獸. 日本人皆不齒於人類."

59_『燕行錄全集』 제79책, p.129. "所至見滿人, 其衣服外樣, 皆非貧寠者, 且其人身長貌偉, 個個健壯. 人品仁善平坦, 多率性徑情, 少陰鷙邪曲, 待人恩厚款曲, 處物慈諒平善. 蓋其天性本然, 而又其習俗使之然也."

> 士)를 보고 싶어서 그 집에 이르러, 마두로 하여금 수자〔修刺, 명함을 들임〕(저쪽 풍속은 남을 방문하면 반드시 수자를 하는데, 만나지 못하면 명함을 남겨 둔다)를 하게 하면 나와서 영접하지 않는 적이 없다. 혹 문밖으로 나오거나 혹 계단을 내려오거나 혹 바깥문까지 이르렀으니, 지위가 높아도 모두 그러했다.[60]

'언어' 편에서도 이렇게 말했다.

> 중국의 언어는 이른바 한어이다. 중국인은 비록 눈으로 고무래를 알아보지 못하는 부류라고 해도 그 언어는 문자(한자)가 아닌 것이 없으니, 말을 꺼내기만 하면 문장을 이룬다고 할 만하다.[61]

이 외모, 예절, 언어 문자 세 방면은 모두 일본과 비교할 만하다. 초록자가 첨가한 몇 마디 말은 모두 중국인을 폄하하는 감정을 드러내고 있다.

일본 부분의 '왜황세계(倭皇世系)'에는 위쪽 공백 부분에 '부지하인(不知何人)'이라고 교정한 말이 있으며, 매번 '원본 운(原本云)'이라고 하여 차이점과 유사점을 밝힌 곳이 모두 12칙이나 된다. '원본'이란 남용익의 『문견별록』을 말한다. 아쉽게도 이 교감 또한 매우 간략하며, 차이점과 유사점에 거의 주의하지 않았다. 예를 들면, '후원융원(後圓融院)' 하편에 "정해에 고려 사신 정포은이 왔다〔丁亥, 高麗使鄭圃隱來〕"라는 말이 있다. 그런데 정몽주가 왕명을 받고 일본에 출사한 것은 고려 신우 3년(명나라 태조 홍무 10 정사)으로, 원본에서는 '정사'라고 했으므로 '정해'라고 적은 것은 잘못이다. 그리고 '선동원(仙洞院)' 하편에서 갑자년(1624)의 조선통신사 이름을 거론한 표에 '정홍중(鄭弘重)'이란 사람이 있는데, 이것도 '강홍중(姜弘重)'의 오류이다. 또 '후서원(後西院)' 이

60_『燕行錄全集』 제79책, p.170. "中國人規模大抵多恭謹, 少倨傲. 滿人始見若偃蹇驕亢, 及與接話, 則其恭過於漢人. …… 余輩欲見彼中人士, 至其家, 使馬頭修刺(彼俗訪人必修刺, 不遇則留刺焉), 則無不出迎, 或出戶, 或降階, 或至外門, 位高皆然."

61_『燕行錄全集』 제79책, pp.171-172. "中國言語, 即所謂漢語也. 中國人雖目不識丁之類, 其言語則無非文字, 可謂發言成章."

하 다섯 천황은 남용익이 기록하지 않았던 것이므로, 이는 곧 다른 본에 의거해서 베낀 것이다.

제7권의 일기 부분에서 저자는 계미년 정월 11일 북경 유리창 문성당(文盛堂) 서점에서 있었던 일을 다음과 같이 기록했다.

> 점포 주인이 책 하나를 내어서 보여 주는데 이름이 『간명목록』이었으니, 건륭제가 편집한 『사고전서』의 목록으로, 그 책이 극히 해박하다. …… 문성당 책방의 사람 증흔(曾昕)이 내게 말하길, "안남과 유구에서 일찍이 이 책의 전질을 사 갔거늘, 당신네 나라는 학문을 숭상한다면서 아직 이 책을 샀다는 말을 듣지 못했으니, 정말 흠이오."라고 했다. 그 말이 정말 부끄러워 억지로 답하길, "이 책은 잡박함이 없지 않아, 도가 · 석가 · 잡가 · 술수 등의 책은 유학자가 완상할 바가 아니오. 경전, 역사서, 병서, 농서, 의서, 약서 등의 책은 우리나라에도 이미 있으므로 이 책을 필요로 하지 않소."라고 했다. 증흔이 상당히 그럴싸하게 여겼다.[62]

중국인 앞에서 체면은 간신히 차렸지만 그의 마음속 깊은 곳에는 부끄러움이 남아 있었다.[63] 따라서 『연행잡록』에서 『사고전서간명목록』

62_『燕行錄全集』 제81책, pp.160-161. "鋪主出一册示之, 名曰『簡明目錄』, 即乾隆所編輯『四庫全書』目錄也, 其書極博. …… 文盛堂册肆人曾昕謂余曰 : '安南 · 琉球嘗買此書全帙以去, 而以貴國之右文, 尙未聞買此, 誠爲欠事.' 其言實愧, 遂強答曰 : '此書不無冗雜者, 如道家 · 釋家 · 雜家 · 術數等書, 非儒者所可玩. 經史 · 兵農 · 醫藥之書, 我國已有之, 不須此書.' 曾頗然之."

63_문성당 서적상 증흔이 그 당시 조선은 『사고전서간명목록』을 구매하지 않았다고 하는 것은 증거가 될 수 없다. 『奎章總目』 권2 '總目類'에 『사고전서간명목록』 12본이 저록되어 있다. 또한 『大畜觀書目』에도 『사고전서간명목록』 12책이라 기록되어 있는데 역시 『사고전서간명목록』을 가리킨 것으로, 조선 왕실에서의 수장 도서가 이미 한 세트에만 그치지 않았음을 말해 준다. 또한 홍석주(洪奭周)가 순조 10년(1810) 편찬한 『洪氏讀書錄』은 그의 집안에서 수장한 책 중에서 동생의 독서 지도를 위한 '추천서 목록'으로, 이 속에도 『사고전서간명목록』 20권이 들어 있다. 이것은 19세기 초 이 책이 이미 조선 사대부 집안의 도서 수장 목록에 들어갔다는 것을 증명해 준다. 따라서 道光 연간에 이르도록 조선인이 아직 이 책을 구매하지 않았다는 것은 있을 수 없다. 증씨는 서적 판매를 목적으로 하고 있기 때문에 그의 말은 전혀 믿을만한 것이 못 되므로 굳이 변론할 필요가 없을 것이다. 이상의 서적 목록에 대해서는 張伯偉 編, 『朝鮮時代書目叢刊』 第1冊 · 第2冊 · 第8冊, 北京 : 中華書局, 2004.

에 나오는 명 · 청 문집에 대한 평론을 옮겨 적은 것은, 아마도 섭섭한 점을 조금이라도 보충하려는 뜻에서였을 것이다. 원본을 비교적 완전하게 옮겨 쓴 것이기 때문에 이는 당시 조선인들이 명 · 청 문학 창작을 이해하는 데 큰 도움이 되었을 것이다. 그러나 이를 작가 자신의 평론이라고 오해하거나, 심지어 이를 통해 이런 명 · 청 문인들의 문집들이 당시 이미 조선에 전래되어 있었다고 추론한다면, 이는 크나큰 오류를 범하는 것이다.

작가의 잡초(雜抄) 부분에 이르면 종종 앞뒤 착란이 있어서 서로 연결되지 않는다. 제13권 '일본' 부분을 예로 보면, 이는 『해사동유록』과 『해유문견잡록』에서 필요 부분을 초록한 것이다. 앞의 책은 일기체이고 뒤의 책은 기사체인데, 이를 여기저기서 임의로 베꼈기 때문에 이 부분은 두 책의 내용이 뒤섞여 있다. 또 제16권 '연도기문'에서는 『신원지략』 제5권 '지여(識餘)' 부분을 초록했으나, '귀주필절현(貴州畢節縣)'부터 '명대제유문평(明代諸儒文評)'까지 대량의 기록은 모두 연도(燕都)와 아무 관계가 없다.

하지만 이 책에 수록된 내용이 원본과 다르더라도 중시해야 할 기록도 있다. 가장 두드러진 것은 제13권 일본 부분의 '관백세계(關白世系)'편이다. 이 편의 끝부분에 "양방(良房)부터 기실(基實)에 이르기까지 집정을 계승한 것이 2백여 년이다. 기방(基房) 이하는 나라 일에 관여할 수 없었으며, 관백의 칭호만 유지했을 뿐이며, 무릇 38대에서 끊겼다."[64] 라고 했는데, 이 내용은 남용익의 『문견잡록』에서 나왔다. 원본 마지막에는 "아직도 관백의 호칭을 유지하므로 더불어 이를 기록하니 무릇 38세이다"[65]라고 했다. 실제 원본에는 양방(良房) 이하 24대만 기록되어 있는데, 이 책에서는 모두 빠짐없이 기록하고 있다. 즉, 기통(基通) 이하 사충(師忠) 이전의 사가(師家), 겸실(兼實), 양경(良經), 가실(家實), 도가(道家), 교실(教實), 겸경(兼經), 양실(良實), 실경(實經), 겸평(兼平), 기평(基平), 기충(基忠), 충가(忠家), 가경(家經) 등 14대를 보충해서 열거했는데, 이는 '38세'란 기록과 부합한다.

64_『燕行錄全集』 제83책, p.18.

65_『海行總載』 제3책, 京城 : 朝鮮古書刊行會, 大正三年(1914), p.433.

이 책의 문헌 출처에 대해서는 이상에서 대부분 밝혔으나, 몇몇 조목에 대해서는 더 세밀한 고증이 필요하다. 예를 들면 제13권 '연행잡록외편'의 주해에서 "이 본은 『일본사기』에서 얻었는데, 이것이 필시 정본이라고 생각된다. 그래서 이를 기록하여 후대 참고에 편리케 한다."[66]라고 하여 이미 '초록'이라고 명확하게 밝히고 있다. 하지만 이하 '일본세계'의 출처는 여전히 알 수가 없다. 또 위와 같은 '일본전(日本傳)'의 주해에서 "작자의 성명을 잃어버려 적지 않는다."[67]란 말이 있는데, 그 또한 출처를 알 수가 없다.

요컨대, 이 책은 내용이 굉장히 풍부하지만 표절한 내용이 아주 많고, 초록 과정에서 발생한 오류 또한 적지 않다. 따라서 만약 관련 자료를 참고로 하려면 원본에 근거할 필요가 있다. 진정으로 가치가 있는 부분은 저자가 직접 작성한 글이다. 즉, '일기 3권'(제6권에서 8권까지) 부분이다.

이상, 조선 시대 중국 행기 문헌의 문제들에 대해 예를 들어 설명했다. 연구자들이 이런 문제에 대해 좀 더 주의하여 황당한 오류를 범하지 않기를 기대한다.

3. 방법

고려와 조선의 중국 행기 문헌들은 바로 내가 말한 '역외 한적'에 속한다. 역외 한적 연구에 대해 나는 일찍이 방법론적 측면에서 설명을 시도한 바 있다. 2009년 필자는 「방법으로서의 한문화권」[68]이란 논문을 발표했고, 2011년에는 『방법으로서의 한문화권』이란 책을 중화서국에서 출판했다. 작년에 나는 또 「방법으로서의 한문화권에 대한 재론」[69]을 발표했다. 나는 이 명제에 대해서 실천을 통해 끊임없이 보완하고 개선하

66_『燕行錄全集』 제83책, p.243.
67_『燕行錄全集』 제83책, p.260. "作者姓名失之未錄."
68_「作爲方法的漢文化圈」, 『中國文化』 2009년 秋季號.
69_「再談作爲方法的漢文化圈」, 『文學遺產』 2014년 第2期.

고 수정할 것이며, 그 학술적 의의에 대해서도 지속적으로 풀이하고 밝히고 넓혀 나갈 필요가 있다고 생각한다.

선종의 '병에 따라 처방을 달리하는'[70] 설법을 빌리면, 하나의 연구 방법을 제시하려면 자연히 겨냥하는 바가 있어야 하는데, 이는 현재 학술계의 '병'을 겨냥해서 한 가지 '약'을 사용해 보려는 것이다. 동아시아 학술계가 현재 직면하고 있는 문제에 대해 일찍부터 많은 학자들이 반성을 해 왔다.

존 킹 페어뱅크(John K. Fairbank)와 조지프 레벤슨(Joseph R. Levenson)으로 대표되는 미국 중국학의 주류 관점에 대하여, 폴 코언(Paul A. Cohen)은 『발견으로서의 중국사』에서 '중국 중심의 수렴'으로 전환해야 한다고 제안했다. 그는 "19세기, 20세기 중국의 역사를 정확하게 이래하려면, 이 단계의 역사를 외부 세력의 산물로 보는 데 그치지 말고 제국시대 최후 수백 년 내에 출현한 내부 변화의 산물로 보아야 한다."[71]라고 지적했다. 동시에 그는 "중국 사가는 마르크스주의자이든 비마르크스주의자이든, 자기의 역사를 재건할 때 상당한 정도로 서방에서 빌려온 어휘 · 개념 · 분석 틀에 의지하며, 이에 따라 서방 사가로 하여금 우리들 국외인의 관점을 채용하지 못하게 할 뿐만 아니라 국중인이 창조한 유력한 관점을 채용할 수 없게 한다."[72]라고 유감의 뜻을 표명했다. '중국이 없는 중국학'을 겨냥해서 일본 학자 미조구치 유조는 '방법으로서의 중국'을 제안했다. 그는 "중국의 내부로부터 중국의 실제를 결합하여 중국을 고찰하고, 나아가 유럽 원리에 대응하는 중국 원리를 발견하고자 한다."[73]라고 했다. 여영시는 백 년 이래 중국 학술의 상황에 대해 '중국 인문 연구의 재출발'을 제안했다. 그는 "전체적으로 보면, 20세기 중국 인문 연구에서 드러난 서방 중심의 경향은 매우 두드러진 것이었

70_여기서 일본 에도 승려 獨庵玄光의 말을 빌린 것이다. 『獨庵玄光護法集』 卷三「自警語」, 日本駒澤大學圖書館藏本 참고. 원래 뜻은 『鎭州臨濟慧照禪師語錄』의 "山僧說處, 只是一期藥病相治, 總無實法."(『大藏經』 第49冊, p.498)과 "山僧無一法與人, 只是治病解縛"(『大藏經』 第49冊, p.500)에 나온다.

71_林同奇 譯, 『中文版前言』, 中華書局, 1989, p.3.

72_『中文版前言』「序言」, p.1.

73_李甦平 等譯, 『日本人視野中的中國學』, 北京 : 中國人民大學出版社, 1996, p.94.

다. …… 지금은 중국 인문 연구가 서방 중심 경향을 벗어나 새로운 출발을 해야 할 시기이다. 만일 우리들이 진정으로 중국 역사와 문화 전통을 더욱 객관적으로 인식하려면 우선 그것을 주체로 보고, 그런 이후에 다시 그 갖가지 내재적 노선을 통해 심도 있는 연구를 진행해야 한다. …… '서구 서적을 신성하게 여기는' 심리는 반드시 '타산지석으로 스스로를 치려는' 태도로 바꾸어야 한다."[74]라고 말했다. 그러므로 '재출발'의 수단으로 시선을 다시 동아시아로 돌려야 하는 것이다.

2012년 6월 대만 중앙연구원에서 주관한 제4회 국제한학학술대회에서 왕범삼(王汎森)은 개막식 때 '한학 연구의 동향'이란 주제로 강연했는데, 크게 주제 · 사료 · 도구 등 세 방면에서 21세기 이래의 새로운 발전을 개괄했다. 그중 주제에 대해 말하면, 동아시아가 이미 하나의 새로운 추세가 되었다고 했다. 내가 여기서 말하고자 하는 바는, 이 주제와 관련하여 더욱 중요한 것은 연구 방법의 변화가 두드러지게 되었다는 사실이다.

한국에서 백낙청으로 대표되는 민족문학론 및 『창작과 비평』 잡지를 통해 주도했던 '동아시아론'은, 그 내용이 학술에만 국한되지는 않았지만, 학술적 측면 혹은 더 축소하여 문학비평과 연구에 대해 말하자면, 그들이 제창하는 것은 "제3세계 자아의식의 기반에 입각하여 자국의 문학, 중국 및 일본 문학의 연구를 진행하여", 동아시아 문학이 "단지 서양 문학의 주위에서 헤매는"[75] 현상을 바꾸어야 한다는 것이다. 서양 문학을 읽더라도 "가능한 한 우리들의 귀로 그들의 얘기를 듣고, 우리들 자신의 눈으로 그들이 보았던 현실을 바라봐야 한다."[76]라고 주장한다. 여기서 부각되는 문제는, 글로벌화 시대에 동아시아의 지식 생산이 어떻게 독립적인 지식 주체성을 구축할 것이며, 또 서양의 지식 생산 체제의 추구에 어떻게 개입하고 그것을 점차 바꿔 갈 것인가 하는 것이다.

74_ 「試論中國人文研究的再出發」, 『知識人與中國文化的價值』, 臺北 : 時報文化出版公司, 2007, pp.295-297.

75_ 「看第三世界文學的眼睛」, 白永瑞 · 陳光興 編, 李旭淵 翻譯 · 校訂, 『分斷體制 · 民族文學』, 臺北 : 臺灣聯經出版事業公司, 2010, p.64.

76_ 「如何看待現代文學」, 『全球化時代的文學與人』, 金正浩 · 鄭仁甲 譯, 北京 : 中國文學出版社, 1998, p.227.

대만의 진광홍은 다케우치 요시미의 '방법으로서의 아시아'와 미조구치 유조의 '방법으로서의 중국'을 기반으로 한 발 더 나아가 '아시아를 방법으로 삼는다'는 주장을 피력했다. 그리고 "아시아를 방법으로 삼는다는 명제는 단순한 구호가 아니라 적극적 실천이니, 이 실천은 기본적으로 독서 대상을 아시아 각 지역으로 다원적으로 확장해 나가는 것이다."[77]라고 설명했다.

일본 학자 시즈나가 다케시는 「중국학연구의 신방법」에서 중국 본토에서 일어난 '역외 한적 연구'를 높이 평가하여, "본국 문학 연구에 깊이 파고들더라도, 만일 같은 시기 동일 문화권의 주변 지역 문화정치와의 연동에 대해 주목하지 않는다면, 내가 생각하기에, 우리들의 연구는 마침내 자기 자신이 최고라는 허풍이나 우물 안 개구리 식의 비극적 운명에서 벗어날 수가 없을 것이다. …… '역외 한적 연구'는 결코 남의 이목을 현혹시키는 기이한 학술이 아니다. 정반대로, 우리들이 중국 및 전체 동아시아 지역을 이해하는 '왕도'의 연구 방법론이다."[78]라고 했다.

이상에서 내가 '방법으로서의 한문화권'을 제기한 역사적 배경을 약술했다. 방법으로 삼는다는 것의 내용에는 다음 몇 가지가 있다. 첫째, 역사상 한자로 기록된 문헌을 하나의 총체로 보아야 한다. 어떤 한 문헌을 연구하더라도 모두 공간상의 다른 지역(중국 · 한반도 · 일본 · 월남 등)을 중요시할 뿐만 아니라, 다른 종류의 문헌과의 관계도 중시해야 한다. 요컨대 전체적인 시각을 갖춰야 한다. 둘째, 한문화권 내부에서 문화전파든 관념 여행이든 모든 것이 주로 서적의 유전과 독해에 의해 이루어졌다. 그러므로 '환류(環流)'라는 관념으로 서적의 독해와 오독을 다시 살펴보고, 문화 상호 간의 차감과 동화의 길을 탐색해야 한다. 셋째, 인간의 내면 체험과 정신세계를 목표로 삼아, 중심과 주변을 관통시키고, 각 지역의 한적 문헌을 동등한 위치에 올려놓고서, 그 사이의 내적 관련을 모색해야 한다. 넷째, 문화적 의미의 해설을 중시하고, 같은 문헌이 서로 다른 언어 환경 속에서 지녔던 각기 다른 의미를 중시하며, 서로 다른 지역, 계급, 성별, 시간 단위에서 사람들의 사고방식에 드러

77_ 『去帝國—亞洲作爲方法』, 臺北 : 行人出版社, 2007, p.405.
78_ 『東方』 第348號, 2010.

났던 통일성과 다양성을 중시해야 한다. 나는 이 명제를 제기함으로써, 한편으로는 이를 통해 백 년 이래 서양 학술의 통제 아래 있었던 궁지에서 벗어나기를 기대하고, 다른 한편으로는 백 년 이래 서양 학술로부터 받은 은혜를 적절히 갚을 수 있기를 바란다. 방법은 개별 사례를 연구하는 기반 위에 세우고, 이론은 서양 학술과의 대화 속에서 낳아, 최종적으로 서양 학술에서 벗어나지만 그로부터 고립되지 않는 이론과 방법을 이루려는 것이다.

각국의 행기 문헌에 대해 말하면, 조선의 연행사 · 통신사 행기이든, 일본 승려의 순례 · 참배 행기이든, 혹은 월남 문신들의 북사 행기이든, 그것들이 제공하는 기록들은 모두 신선하고 생동적이다. 이는 우리를 실감 나게 한 토막의 역사적 장면과 접촉하도록 할 수 있지만, 또한 연구자들을 어떤 크나큰 취지와는 무관한 사소한 파편의 위험에 빠져들게 할 수도 있다. 따라서 우리는 한문화권에 대한 전반적인 시야를 갖출 필요가 있다. 이 한문화권이라는 틀 속에서, 어떤 하나의 구체적인 문제를 연구하더라도 우리는, 당나라 선자(船子) 스님이 「발도가(撥棹歌)」에서 말한 "물결 하나가 움직이면 일만 물살이 따라 움직인다〔一波纔動萬波隨〕"[79]와 같은 경지에 도달할 수 있을 것이다. 우리는 이런 종합적인 연구가 필요하다. 이 자리에 계시는 후마 스스무 선생님의 조선 연행사 및 조선통신사에 관한 연구나, 김문경 선생님의 동아시아 훈독에 관한 연구는 우리에게 종합적인 연구의 범례를 제시해 주고 있다.

최근 20년간 구미의 인문 연구에서 가장 영향이 있는 분야로 '신문화사'를 꼽을 수 있다. 이는 연감파(Ecole des Annales) 역사학의 거시적인 서사 방식을 버리고, 연구자들이 각종 다른 문화와 자신의 언어로 서로 다른 시대, 서로 다른 나라와 민족의 문화를 다시 보고 이해할 것을 강조하여, '유럽중심론'의 고정된 사고방식을 상당히 뒤바꾼 것이다. 유럽사 연구를 전공으로 하는 영국 역사학자 피터 버크(Peter Burke)는 일찍이 아시아 · 아프리카 · 아메리카 · 호주에 관한 연구를 열거한 적이 있다. 그는 "현재 가장 감동적인 문화사 연구는 변경에서 출현하고 있다."라

79_ 『船子和尙撥棹歌』, 上海 : 華東師範大學出版社影印本, 1987, p.21.

고 말하고, "이런 변경에서의 연구 작업은 우리와 다른 사람들에게 영감을 주고 있다."라고 지적했다. 그리고 '문화의 충돌과 상호 영향'은 "신문화사의 주요 연구 대상이 되어야 하며," "서로 차감하고 동화하는 과정은 결코 주변적인 것이 아니라 핵심적인 것이다."[80]라고 지적했다. 21세기 이래로 세계 한학의 추세는 동아시아와 역외 한적의 연구에 달려 있고, 이는 '핵심적인 존재'가 될 것도 분명하다. 그러나 '신문화사'의 연구는 폐단도 있는데, '역사'라는 나무에 비해서 '나뭇잎'에 대한 연구를 너무 중요시한다는 점이다. 사람들에게 가장 지적받는 것이, 하나는 역사 연구의 '파편화'[81]이고, 다른 하나는 사료 부족에서 초래된 과도한 해석이다. 그러나 '방법으로서의 한문화권'의 제기는 총체적 시야를 강조하고, 중심과 주변 분리의 타파를 추구하므로, 동아시아 각 지역 문화의 다양성을 밝히는 동시에 '파편화'를 극복하고 내재적인 통일성을 달성하는 데 유리할 것이다.

2014년 5월 5일 초고

6월 5일 수정

80_「文化史的統一性與多樣性」, 豐華琴,劉艷 譯, 楊豫 校訂,『文化史的風景』, 北京：北京大學出版社, 2013, pp.227-233.

81_프랑스 역사학자 프랑수아 도스(FrancoisDosse) 著, 馬勝利 譯,『碎片化的歷史學－從<年鑒>到'新史學'』, 北京：北京大學出版社, 2008.

동아시아 필담 연구의 회고와 전망

19세기 중엽 이전의 동아시아 지역에는 한문화권이 존재했다. 그 가운데 중요한 표지는 이 문화권의 지식인들이 한자를 운용하여 저술과 교류를 했으며, 그것을 영광으로 여겼다는 점이다. 역사상 동아시아 각국은 앞서거니 뒤서거니 자기만의 문자를 가졌지만, 혹은 언문이라 칭하거나 혹은 가나라고 칭하여, 지식인들이 보기에는 시골의 문자이고 여류의 문자였다. 어떤 사람은 심지어 공공연하게 본국의 문자를 '익히지 않았다'거나 '알지 못한다'라고 크게 떠들었다. 뉴질랜드의 스티븐 로저 피셔(S. R. Fischer)는 "한어가 동아시아의 라틴어로서 일체의 문화를 선도한 것은 라틴어가 서방에 끼친 영향보다 훨씬 심하다."[1]라고 말했다. 여기서 말하는 한어는 사실 정확하지 않으며 단지 한자라고 해야 한다. 같은 한자라도 동아시아 각국에서는 자체만의 발음을 지녀, 피차 직접 교류할 수는 없었다. 따라서 동아시아 각국의 문인들이 마주 대하여 교류할 때 특별한 방식인 필담이 탄생했다.[2] 이것은 붓으로 혀를 대신하는 것으로, 붓으로 적은 것은 한자이다. 한자에 대한 필사와 이해를

1_『閱讀的歷史』, 李瑞林等譯, 商務印書館, 2009, p.93.

2_조선의 李永은 『日槎集略』 人卷 「問答錄」에 일본 中村正直과의 다음 필담을 실어 두었다. "(中村): '20년 전 나가사키 역관 두세 사람에게 지나어를 배웠지만 북경의 음과는 아주 딴판이었다. …… 지금은 청나라 사람과 담소할 수가 없고 그저 인사말 서너 마디를 할 뿐이므로 필담이 아니면 불가능하다.' 내가 말했다. '음독은 과연 청나라와 다르지만 문자는 같으므로 우리나라는 해독 못한다는 탄식은 없다.'"

통해서 서로 사상과 감정을 교류할 수 있었다. 통역을 하는 상황에서도 속뜻을 곡진하게 드러내기 위해 필담의 방식을 채용했다.[3] 이 방식은 유럽인의 관찰과 주목을 끌었다. 이를테면 '전교성도(傳敎聖徒)'라 일컬어지는 포르투갈의 프란치스코 사비에르(Francisco Xavier) 신부는 1548년 인도 총독 가르시아 데 사(Garcia de Sá)에게 보낸 보고문에서 한 상인이 일본을 묘사하는 이야기를 인용했는데, 그들은 "일체 지식에 관계된 거대한 저술을 끼고 있었는데, 모두 한어로 적은 것이었다. 한어 이외에는 그들은 다른 문자로 쓰고 읽을 줄을 몰랐다."라든가 "샴파(占婆)에서 일본 육지의 경도(교토)에 이르자 사람들은 모두 한자 서적을 읽을 수 있었다."[4]라고 했다. 사비에르 신부는 포르투칼 상인 호르헤 알바레스(Jorge Al'varez)가 관찰한 것을 인용했는데, 일본 승려의 경우 "그들은 중국어를 읽고 쓸 줄을 알았으나 말할 수는 없었으므로 모두 중국인과 필담을 했다. 중국인도 일본어를 말할 줄 몰랐다."[5]라고 했다. 사비에르 본인도 뒤에 같은 사실을 보았다. "비록 글자는 같지만 일본인이 읽을 때는 일본어를 사용하고 중국인이 읽을 때는 중국어를 사용한다. 그렇지만 대화를 할 때는 서로 통하지 않아서, 그저 글자를 써서 문자에 의지해서 서로 이해할 수 있다. 그들의 구어는 서로 다르나, 자의는 서로 통하므로 피차 이해할 수가 있다."[6] 중국인과 일본인 사이에 한자를 쓰는 방식으로 소통한다고 그들이 말한 것이 이른바 필담이다.

필담이란 어휘는 명칭에 의거해 뜻을 생각하면, 붓을 사용하지 혀를 사용하지 않으며, 문자를 사용하지 언어를 사용하지 않는 담화를 뜻한다. 넓은 의미의 필담은 문자를 이용한 모든 교류, 사상 · 감정의 소통 방식이되, 문인 사이의 시문 창화도 포함하며, 동일한 곳에서 행하는 것은 말할 것도 없고 시간과 공간이 떨어져 있으면서 문자를 사용하여 소통

3_조선의 曹命采, 『奉使日本時聞見錄』 7월 1일 일자에 다음 기록이 있다. "聞馬州守入來, 三使會坐于中火廳, 與之相見. 正使以譯舌之傳語謂有遺漏, 而以筆談代之."

4_費爾南 · 門德斯 · 平托 等著, 王鎖英 譯, 『葡萄牙人在華見聞錄—十六世紀手稿』, 澳門文化司署 · 東方葡萄牙學會 · 海南出版社 · 三環出版社, 1998, p.4.

5_일역본은 岸野久 著, 『西歐人の日本発見-ザビエル来日前日本情報の研究-』 第4章 附錄, 吉川弘文館, 1989, p.70.

6_河野純德譯, 『沙勿略全書簡』, 平凡社, 1985, p.555.

하는 것도 모두 필담이라고 할 수 있다. 하지만 좁은 의미의 필담은, 문자는 같지만 언어가 다른 두 나라나 두 나라 이상의 인사들이 대면할 때 서사 문자로 언어를 대신하여 소통과 교류를 진행하는 방식이다. 그래서 본국인 사이의 문자 교환, 이국인 사이에 서로 다른 장에 있어서의 문자 교환은 모두 좁은 의미의 필담에는 들어가지 않는다. 이 글에서 논하는 것은 협의의 필담이다.

동아시아 필담은 중국과 조선, 중국과 일본, 중국과 월남, 조선과 일본 사이에 집중되었다.[7] 신분 차이에 따라 크게 구별하면 외교 필담, 문인 필담, 표류인 필담으로 나눌 수 있다. 단, 근대 이전의 외교관은 대부분 문관이 담당했고, 그들도 본래 문인 출신이었으므로, 널리 보자면 외교 필담도 문인 필담의 범위에 넣을 수 있다. 필담의 역사는 20세기에 들어와서도 계속되었으나,[8] 전체적으로 보면 이미 쇠퇴했으므로, 본문에서 논하는 시한은 20세기 이전으로 정한다.

1. 필담 문헌의 정리

이하, 중국과 조선, 중국과 일본, 중국과 월남, 조선과 일본의 필담으로 나누어 그 개황을 정리해 보겠다.

(1) 중국과 조선의 필담

중국과 조선의 필담은 학술계에서 통칭되는 연행록에서 주로 볼 수 있다. 조선 왕조가 건립된 이후 사대교린을 기본 정책으로 삼아, 매년 여러 차례 중국에 사신을 파견해야 했는데, 이 사신은 왕래 도중이나 귀국한 이후에 왕왕 사행 기록을 남겼다. 명나라 때는 이런 기록을 대부분 조천록이라 불렀으나 청나라 때는 연행록으로 고쳤다. 현재 중외 학자는

7_월남인과 조선 · 유구 · 일본 · 동남아 · 유럽인과의 필담, 조선인과 서양인의 필담 등 다른 나라 사람과의 필담도 조금 남아 있지만, 수량이 아주 제한적이어서 언급하지 않는다.

8_鄭子瑜, 『詩論與詩紀 · 東游詩紀』에 1960년대 鈴木虎雄의 贈詩를 실어두었는데, "東京相見始交歡, 以筆代言意自寬"이라는 구절이 있다. 中華書局 香港分局, 1978, p.155.

왕왕 연행록을 이 문헌의 통칭으로 삼고 있으나, 나는 적합하지 않다고 보며 '중국행기(中國行紀)'가 타당한 명칭이라고 본다.[9] 이 글에서는 이미 연구되고 정리된 많은 성과들을 언급하므로 이것으로 통칭을 삼기로 한다.

가장 이른 시기의 정리는 1930년으로 소급할 수 있는데, 일본의 나카무라 히데타카가 「사대기행목록」을 작성했다(『청구학총』 제1호 수록). 1960년대 초 성균관대학교가 『연행록선집』 상하를 출판하여 문헌 30종을 수록했다. 1976년 한국 민족문화추진회(현 한국고전번역원)이 20종 연행록을 선택하여 한국어로 번역하고 색인을 붙여 『국역연행록선집』 10책을 출판했다. 2001년 임기중이 『연행록전집』 1백 책을 선별 편찬했는데, 380종의 문헌을 수록했다. 같은 해 다시 일본의 후마 스스무가 『연행록전집 일본소장편』 3책을 합작 출판하여 문헌 34종을 수록했다. 2008년 임기중이 또 『연행록속집』 50책을 출판했는데, 문헌 약 107종을 수록했다. 같은 해 성균관대학교에서 또 『연행록선집보유』 3책을 출판해서, 문헌 20종을 수록했다. 이상 모두 570여종이다. 2013년 임기중은 CD판 『연행록총간』을 출판하고, 2014년에 다시 『증보연행록총간』을 출판하여, 556종 문헌을 수록했다. 이 숫자는 지금 이미 공표된 관련 문헌의 대체적인 수량이라고 할 수 있다. 대만에서는 규정(珪庭)출판사가 1978년 『조천록』 4책을 출판하여 34종을 수록했고, 복단(復旦)대학출판사에서 『연행록전집』·『연행록선집』·『연행록선집보유』에서 37종을 선별하여 2011년 『한국한문연행문헌선편』을 출판했다. 광서(廣西)사범대학출판사는 2010년부터 『연행록전편』을 속속 출판하고 있다. 대형 출판물은 모두 영인 방식으로 진행하고 있고, 점교·정리의 소수는 모두 단행본이다. 중국 출판의 것으로 말하면 『표해록』·『열하일기』·『건정동필담(乾淨衕筆談)』·『왕조 간의 대화(王朝間的對話)』·『조선문인 이해홍 계산기정 세독(朝鮮文人李海應薊山紀程細讀)』 등 소수이다. 한국의 정황도 유사하다.

중국 출판의 외교사료휘편에도 중국과 조선 사이의 필담을 몇몇 수록

9_張伯偉,「名稱 · 文獻 · 方法—燕行錄研究中存在的問題」.

했으니, 『근대조선의 개항(近代朝鮮的開港)』·『근대중한관계사료선편』 등이 그 예이다.

(2) 중국과 일본의 필담

중일 필담 문헌의 정리는 1943년 사네토 게이슈(實藤惠秀)가 『오코우치문서(大河內文書)』의 초록을 정리한 데서 시작한다. 『오코우치문서』는 오코우치 데루나(大河內輝聲, 1848-1882) 등 일본인이 중국 주일 공사 및 문인들과 행한 필담이며, 현존 중일 필담 중 권질이 가장 많은 자료집이다. 그들은 한어를 말할 수 있었음에도 불구하고, 스스로 일컫기를 "구담을 좋아하지 않아, 한 필 붓으로 천만무량의 언어를 대신한다."[10]라고 했다. 시에서도 "통변관 위리문(魏梨門)의 세 치 혀를 빌릴 것 없이, 명사의 붓 하나를 휘두르나니, 동해 나라의 언어가 남만 말에 가깝다 하지 말라, 담화를 하여 속내를 통하는 것이 무어 힘들랴."[11]라고 했다. 심지어 중국인과 필담하는 감각을 형용하여, "저의 쾌락은 선녀와 합방하는 것보다 더 낫습니다."[12]라고 했다. 따라서 필담의 수량이 많을 뿐만 아니라, 선본을 골라 보관하여 지금까지 전하고 있다.

1960년대 사네토 게이슈는 필담 유고의 일부 내용을 일본어로 번역하여 『오코우치문서』(平凡社, 1964)라는 명칭으로 출판했고, 그 후 정자유(鄭子瑜)의 협조 아래 『황준헌과 일본문인 필담유고(黃遵憲與日本友人筆談遺稿)』(와세다대학 동양문학연구회, 1968)를 공동 출판했다. 정자유는 뒤에 다시 수정해서 진정(陳錚) 편 『황준헌전집』(중화서국, 2005)에 수록했다. 1980년대 중반, 왕향영(汪向榮)은 당시 중국사회과학원 원장이던 호교목(胡喬木)에게 필담 유고 전부의 자료를 법적 절차를 따라 영인해야 한다고 제안했는데, 특별 비용을 내어 복사해 왔지만 지금까지 처박아 두고 아무도 찾는 사람이 없다.

1980년 일본 동양문고는 『메이지 이후 일본인의 중국여행기 해제(明

10_『大河內文書 · 戊寅筆話』 第15卷 第101話, 劉雨珍 編校, 『清代首屆駐日公使館員筆談資料彙編』 上冊, 天津人民出版社, 2010, p.120.

11_『大河內文書 · 戊寅筆話』 第3卷 第25話, p.14. "不假鴂官(通鴂官魏梨門)三寸舌, 只揮名士一枝毫. 莫言東海幾蠻語, 敘談通情何可勞."

12_『大河內文書 · 戊寅筆話』 第6卷 第42話, p.54.

治以降日本人の中國旅行記解題)』를 출판하여, 목록류 작업을 시작했다. 1997년 고지마 신지(小島晉治) 감수의 『에부막부 말기 메이지 시기 중국견문록집성(幕末明治中國見聞錄集成)』을 출판하여 44종을 수록했으며, 그 가운데는 필담 자료가 적잖이 포함되어 있다. 1999년 이경(李慶) 편주(編注)의 『동영유묵(東瀛遺墨)』은 근현대 중일 필담 서신 자료 29건을 수록했다. 1999년 이후 오가와 쓰네오(小川恒男)와 노부히로 도모에(信廣友江)가 『미야지마 집안 문서 및 주일공사 등 필담(宮島家文書·駐日公使等筆談)』에 대해 역주 작업을 했다. 그리고 1990년대 후반 이래 진첩(陳捷)은 일련의 정리와 연구 논저를 발표해 오고 있다. 유옥재(劉玉才)·인효봉(印曉峰)도 문인 필담 자료의 일부를 정리했다. 유우진(劉雨珍)은 선행 작업을 토대로 『청대 제1차 주일공사관원 필담자료휘편』(천진인민출판사, 2010)을 출판했다. 현재까지 이 부류의 문헌을 가장 많이 수록한 자료집이다.

중일 필담문헌은 19세기 후반 피크를 이뤘지만 이전에도 적지 않았다. 이를테면 주순수(朱舜水)의 필담은 대만대학 서흥경(徐興慶)이 수집하고 정리한 것이 가장 완비되어 있다. 에도 시대 표류인의 필담 자료는 일본 관서대학 오오바 오사무(大庭修)와 마쓰우라 아키라(松浦章)의 수집 정리가 훌륭하다. 위려사(魏麗莎)는 2011년 『일본소장 만청중일필담사료 술략(日本藏晚淸中日筆談史料述略)』(『문헌』 2011년 제3기)을 발표했다. 자료를 찾는 데 유용한 기초 교본이다.

(3) 중국과 월남의 필담

20세기의 정리는 고작 1종이다. 즉 진형화(陳荊和)가 편집하고 주석한 완술(阮述)의 『왕진일기(往津日記)』(홍콩중문대학출판사, 1980)이다. 규모가 큰 영인물로는 복단대학 문사연구원과 베트남 한놈(漢喃)연구원의 합작물인 『월남한문연행문헌집성』(복단대학출판사, 2010)이 있는데, 중국과 월남 인사의 적지 않은 필담 자료가 그 속에 들어 있다. 근년에 진익원(陳益源)이 이문복(李文馥)의 『민행시화(閩行詩話)』 속 필담 자료를 정리해서 『월남한적문헌술론』(중화서국, 2011)을 출간했다.

(4) 조선과 일본의 필담

조선과 일본 사이의 필담문헌을 수집 정리하는 일은 『해행총재(海行總載)』에서 시작되었다. 곧 18세기 중엽에서 시작되었다. 당시 이런 종류의 문헌들을 모았을 뿐인데, 이 작업은 홍계희(洪啓禧) 수집, 서명응(徐命膺) 등록, 조엄(趙曮) 편찬에 의한 것이다.[13] 일본이 조선을 강제 점거하던 시기에 조선고서간행회는 『해행총재』 4책(1914)을 배인하여, '조선군서대계'의 하나로 삼았다. 내용은 일본으로의 사행 일기이며, 조선과 일본 문인의 필담 창화를 상당히 포함하고 있다. 1974년부터 1981년까지 한국 민족문화추진회(지금 한국고전번역원)가 『국역해행총재』 12책을 출간했다. 수록 자료가 조선고서간행회 간행본보다 많으며, 이 문헌들을 한국어로 번역하고 색인을 첨가했다. 하우봉의 「새로 발견된 일본사행록 — 해행총재와의 보완 관계」(『역사학보』 112기, 1986)는 『해행총재』에 수록되지 않은 통신사 필담 자료를 소개했다. 이원식은 『조선통신사』(민음사, 1991)를 출판하면서 참고 문헌에서 36종의 필담창화 목록을 들었다. 한국사학회는 1991년 『조선후기통신사와 한일교류사료: 쓰시마 소케(宗家) 자료』를 간행했다.

조선통신사와 일본 문인의 필담 자료는 일본 학자의 높은 관심을 끌었다. 1994년 신기수(辛基秀)와 나카오 히로시(仲尾宏)는 『대계조선통신사』 8책(明石書店, 1994)을 출판했는데, 관련 문헌 29종을 수록했다. 다카하시 마사히코(高橋昌彥)가 2007년과 2009년 두 차례에 걸쳐 발표한 『조선통신사창화집목록고』[14]는 학자들의 연구에 기초적인 자료가 될 수 있다.

13_금본 『해행총재』의 편자와 편목에 관해서는 통상 나카무라 히데타카(中村榮孝)의 의견을 따른다. 그는 "금본의 편자는 성대중이고, 그 편목은 조엄의 『해사일기』에서 열거한 것보다 적다. 이는 활판 인쇄 때 이미 산일된 까닭이다."라고 했다(『國史大辭典』 第3卷 'かいこうそうさい 海行摠載'조). 필자는 이를 재고해야 한다고 본다. 元重擧 『和國志』 人卷 '我朝通信' 조항에 "右通信條只錄送使年月與事之梗概, 便略而不詳者, 蓋各家『日錄』皆有該載, 而寒井徐公命膺一皆謄書爲『海門(行)總載』卷, 而濟庵趙公曮方欲刪繁就要, 編爲一統卷袠. 余且俟其成焉, 姑存其大略如此耳."이라 했으므로, 금본 『해행총재』의 편자는 조엄이고 편목이 적은 이유는 조엄의 '번다한 것을 산절하고 요긴한 것만 모은' 때문이며, 금본이 최후에 완성되어 조엄의 『해사일기』를 압권으로 삼은 것은 마땅히 성대중의 손을 거친 결과이다.

14_『福岡大學研究部論集』 A六(八), 2007 ; 『福岡大學研究部論集』 A九(一), 2009.

이 부류의 자료를 가장 많이 수집한 것은 한국 선문대학교 인문과학연구소 구지현 박사(현 선문대학교 국문학과 교수)가 주관한 『조선후기 통신사필담창화집번역총서』(보고사, 2013)로, 관련 문헌 178종(다른 방식의 통계로는 120종)을 수록한 것이다. 현재 30책을 출판하여 41종을 수록했으며 장차 속속 출판할 것이라고 한다.

조선과 일본의 필담문헌을 한국과 일본에서 단행본 형태로 정리 출판한 것도 적지 않다. 최근의 성과는 김문경 등 교주 『평우록(萍遇錄)』(성균관대학출판부, 2013)이다. 이것은 일본 교토 건인사(建仁寺, 겐닌지) 양족원(兩足院, 료소쿠인)에 소장되어 있는 선본을 저본으로 정리한 정품이라서 주목할 만하다.

2. 정리 작업에 존재하는 문제

이상 동아시아 필담문헌의 정리 작업을 개괄했는데, 그 성과는 주지하듯이 이 분야의 연구에 기초를 놓았다. 백척간두에서 다시 한 걸음 더 나아가는 심정으로 나는 그 속에 존재하는 문제점에 중점을 두어, 이런 작업의 발전에 도움을 주고자 한다.

(1) 중국과 조선 필담

중국과 조선 사이의 필담(특히 대량의 문인 필담)은 주로 학술계에서 통칭하는 연행 문헌에 수록되어 있는데, 지금까지 이 부류 문헌의 정리에서 제법 규모가 큰 것은 전부 영인 출판의 방식을 취했다. 표점과 교감의 정리를 거친 이후의 문헌은 한국이든 중국이든 서너 종에 불과하며, 수록 문헌이 비교적 많은 것은 『국역연행록선집』의 20종이다. 원서 영인의 장점은 원모습을 보존하고 단시간에 학술계에 대량의 관련 문헌을 배포할 수 있다는 점이다. 하지만 학술의 입장에서 보면 이것은 수집 보존에 속하지 연구가 아니다. 절대적인 부분의 문헌들이 아직 해제도 거치지 않았고, 연대의 착오, 작자의 착오, 비연행문헌의 혼입 등도 일일이 들 수 없을 정도이다. 여기 개괄하는 중에도 새로운 문제가 나왔다. 독해의 부정확, 계년(繫年)의 잘못, 작자 귀속의 부당함 등은 금후 수정과 재고가 필요하다.

이 밖에 연행록 이외에 대량의 필담 자료를 발굴하고 정리해야 한다. 대개 4종류로 구분된다.

첫째 단행본 필담집이다. 『청국문답(淸國問答)』·『조회담초(照會談草)』·『완우담초(皖友譚草)』·『북양아문담초(北洋衙門談草)』·『북양대신아문필담(北洋大臣衙門筆談)』·『대청흠사필담록(大淸欽使筆談錄)』·『북사담초(北槎譚草)』·『대진담초(大陣譚草)』·『연사담초(燕槎譚草)』 등이다.

둘째 문집 속의 필담이다. 조선 방면은 『연대경과록(燕臺瓊瓜錄)』에 김영작(金永爵)과 섭명례(葉名澧)·양정로(楊汀鷺)·장병염(張丙炎) 등의 필담이 있다(『韓客詩存』 수록의 김영작필담록과는 전혀 다르다). 신석우(申錫愚)의 『해장집(海藏集)』은 신석우와 정공수(程恭壽)·이심전(李心傳) 등과의 필담을 수록하고 있다. 서찬규(徐贊奎)의 『임재선생문집(臨齋先生文集)』은 서찬규와 표류 청인의 필담을 수록하고 있다. 서형수(徐瀅修)의 『명고전집(明皐全集)』은 서형수와 기윤(紀昀)·유송람(劉松嵐) 등의 필담을 수록하고 있다. 박승동(朴升東)의 『미강집(渼江集)』에는 『영해필담(瀛海筆談)』이 있다. 『대계집(大溪集)』에는 『북경필화(北京筆話)』가 있다. 강위(姜瑋)의 『고환당미정초(古懽堂未定草)』는 강위와 황옥(黃鈺)의 담초를 수록하고 있다. 이 밖에 청인 문집 속에 소량의 필담 자료가 있다. 이를테면 위원추(魏元樞)의 『여아주선집(與我周旋集)』에 위원추와 윤현동(尹顯東)의 필담을 수록하고 있다.

셋째, 한국 역사서에 실려 있는 필담은 대부분이 중국 표류인과 조선인의 필담 기록이다. 『동문휘고(同文彙考)』「표민(漂民)」과 『비변사등록』 등이 그것이다. 조선 표류민과 청인의 필담 기록은 최두찬(崔斗燦)의 『승사록(乘槎錄)』, 박사호(朴思浩)의 『심전고(心田稿)』「탐라표해록」 등에 보인다. 이 밖에 조선왕조실록 『정조실록』에는 이정운(李鼎運)과 아숙(阿肅)의 필담이 실려 있고, 『승정원일기』에는 조선 사신과 임본유(林本裕)의 필담이 실려 있다. 『조선외교관계서한록』은 『소수담초등본(筱帥談草謄本)』을 수록하고, 『차이전존안(劄移電存案)』은 『회좌담초(會坐談草)』를 수록하는 등, 모두 아직 정리되지 않은 필담문헌이다.

넷째, 중국과 조선 문인의 교류시독집(交流詩牘集) 속의 필담. 이것은 주로 조선 문인이 중국에 있는 동안 중국 문인과 창화하고 서신을 주고받은 것이다. 『연항시독(燕杭詩牘)』·『중조학사서한(中朝學士書翰)』·『척독장거집(尺牘藏弆集)』·『김노경수찰(金魯敬手札)』·『옥하간첩(玉河簡帖)』·『해린척소(海鄰尺素)』 등이다. 이 밖에 진귀한 도록이 있는데, 대부분 중국과 조선 문인의 시가창수첩 · 척독 · 필담 등이다. 김정희를 예로 들면, 『김정희와 한중 묵연(墨緣)』, 『추사자료의 귀향』, 『추사서화귀향전 — 후지쓰카치카시 추사자료전』, 『후지쓰카치카시 기증 추사자료전 II — 추사와 한중 교류』, 『후지쓰카치카시 기증 추사자료전 III — 후지쓰카치카시의 추사연구자료』, 『추사를 바라보는 여러 시각』 등이 있다.

(2) 중국과 일본 필담

지금까지 정리된 자료는 표류민 필담과 외교 필담에 집중되어 있다. 전자는 주로 일본 관서대학 동서학술연구소의 오바 오사무와 마쓰우라 아키라 등이 정리했는데, 영인을 하고 해제를 더하는 방식을 채용해서, 신뢰할 만한 기초 자료를 제공했다. 외교 필담과 문인 필담은 1960년대 시작되어 현재까지, 사네토 게이슈, 정자유, 이경, 진첩, 서홍경, 유옥재, 유우진 등의 노력으로 일련의 자료들이 정리되었다. 그 가운데 외교필담은 유우진의 『청대 제1차 주일공사관원 필담자료 휘편』이 규모가 크며, 3분의 2의 내용이 『오고우치문서』이다. 하지만 중일 필담 가운데 규모가 가장 큰 『오고우치문서』의 전모는 여전히 드러나지 않았다. 유우진의 제1편은 무인필화(戊寅筆話) 25권, 기묘필화(己卯筆話) 2권, 경진필화(庚辰筆話) 10권의 내용을 절록했을 따름인데, 이것은 정자유의 성과를 기초로 확대한 것이다. 나원첩(羅源帖) 16권, 정축필화(丁丑筆話) 7권, 칠원필화(桼園筆話) 17권, 한인필화(韓人筆話) 1권, 서화필화(書畫筆話) 1권은 아직 정리되지 않았다. 이 밖에 양수경(楊守敬)의 『성오담설(惺吾談屑)』은 약 5만 글자의 규모인데, 아직 공개되지 않았다. 고지마 신지 감수 『바쿠마쓰 메이지 중국견문록집성』, 중화서국판 『근대일본인중국유기』 수록의 여러 서적은 적지 않은 필담 자료가 들어 있다. 따라서 중일 필담문헌의 전모는 여전히 드러나지 않았으므로 계속 노력할 필요가 있다.

(3) 중국과 월남 필담

이 방면의 문헌 기초는 여전히 박약하다. 기왕의 대형 성과로는 복단대학 출판사 영인의 『월남한문연행문헌집성』이 유일한데, 79종의 서적을 수록했다. 세계적인 범위에서 이런 규모의 월남 북사(北使) 문헌을 가장 먼저 반포했다는 것은 의미가 아주 크다. 단, 여러 조건에 구애되어, 여전히 부족한 점이 있다. 이를테면 판본의 선택이 정밀하지 못하거나〔이를테면 『봉사연대총가(奉使燕臺總歌)』는 한놈연구원 초본을 저본으로 했지, 월남도서관 소장 선본을 사용하지 않았다〕, 작자의 귀속에 잘못이 있거나〔『여행음집(旅行吟集)』 작가의 한 사람 풍극관을 유일한 작자라고 보았다〕, 해제의 설명이 정확하지 않은 등등이다. 이 밖에도 몇 가지 중요한 누락이 있다. 이를테면 월남 이외의 도서관, 프랑스 및 일본의 도서관에 소장되어 있는 문헌이 있어, 보충하고 수정해야 한다. 근년에 진익원 교수와 유옥군(劉玉珺) 교수가 미비점을 보충하는 작업을 하고 있다. 정리를 거친 중월 필담을 포함하고 있는 자료는 진형화 교점의 『왕진일기』 및 진익원 정리의 이문복 『민행시화』 일부가 있을 뿐이다. 많은 문헌이 아직 정리되지 못했다.

(4) 조선과 일본 필담

이 방면의 문헌 총량은 이미 공포된 것과 비교할 때 마찬가지로 박약하다. 조선과 일본의 필담 문헌 가운데 단독으로 성책된 것은 약 250종(계산 방식을 달리하면 출입이 있다)이며, 일본에서든 한국에서든 현재 이미 공표된 것은 약 40종이다. 일본 방면의 최대 규모의 것은 신기수 · 나카오히로시 편 『대계조선통신사』(1994)이다. 한국 측에서는 일찌감치 『해행총재』(1914)가 있었고, 근년에는 구지현 등 엮음 『조선후기통신사필담창화집번역총서』(2013)가 있다. 이 책은 국역 · 해제 · 점교 ·

영인을 포괄하고 있다. 이미 3집 약 41종을 출판했고, 근년 안에 178종(나의 통계로는 120종)의 출판을 완료할 예정이다. 출발이 늦기는 하지만 이미 학술적 규모를 드러내고 있다. 다만 조선인의 각종 『해사록』·『동유록』 중에 산견하는 필담문헌은 아직 통계도 잡지 않았고 정리하지도 못했다. 이미 정리된 120종 이외에 적어도 1백여 종의 관련 서적을 더 수집·정리해야 한다. 전모를 밝히는 것이든 정리된 수량을 높이는 것이든 아직 한참 멀었다. 그리고 김문경 등 정리의 『평우록』 수준에 도달한 것은 더욱 드물다.

전체적으로 보면, 동아시아 필담문헌의 정리에서 부족한 점은 두 방면으로 나타난다. 첫째, 문헌이 완정하지 못하다. 중조·중일·중일·조일 필담 자료는, 비록 체계의 정도는 일정하지 않지만, 전체적으로 말하면 전체의 면모를 드러내 보일 수가 없으므로, 이것을 계통적인 동아시아 필담문헌의 전모라고 할 수 없다. 둘째, 정리 작업이 이상적이지 못하여, 영인이 대부분이고 교점과 교주는 적다. 정리 과정에 몇 가지 문제도 존재한다. 이를테면 영인본 해제는 서적의 연대·작자·판본의 진술에서 여러모로 잘못을 저질렀다.[15] 엄격한 문헌학 방법을 적용하여, 해제·표점·교감·색인 등 일련의 수단을 사용해서 동아시아 필담문헌의 완정한 계통을 드러내는 일이 금후 노력해야 할 목표이다. 이것을 기초로 인터넷 사이트에 탑재하여 많은 학자들로 하여금 이용하게 해서 이 분야의 연구를 대대적으로 촉진해야 한다.

3. 필담문헌의 연구

여기서도 나라별로 조목을 나누어 개술하겠다.

15_임기중 편찬 『연행록전집』에 대해 몇몇 학자가 문제점을 지적하고 정정했다. 夫馬進, 『日本現存朝鮮燕行錄解題』, 『京都大學文學部研究紀要』 第42號, 2003 ; 左江, 『燕行錄全集考證』, 『域外漢籍研究集刊』 第四輯, 中華書局, 2008 ; 漆永祥, 『燕行錄全集考誤』, 韓國高麗大學中國學研究所編, 『中國學論叢』 第二十四輯, 2008.

(1) 중국과 조선 필담

중국과 조선 사이의 필담에 대한 초기 연구의 대표적 성과는 일본학자 후지쓰카 치카시(藤塚鄰)의 『청조문화 동전(東傳)의 연구』[16]이다. 뒤늦게 1975년에 출판되었으나 실상 작자가 1936년 완성한 박사 논문을 제목을 바꿔 간행한 것이다. 이 책은 대량의 제1급 조선 연행문헌(필담문헌 포함)을 사용해서 가경 · 도광 이후 청조 학풍이 조선 학단에 끼친 영향을 세밀하게 고찰하여, 이 자료들의 귀중한 매력을 처음으로 펼쳐 보였다. 한국 학자의 관련 연구는 1980년대에 시작되었는데, 비교적 체계적인 연구로는 김태준의 『홍대용과 그의 시대: 연행의 비교문학』(일지사, 1982) 및 소재영의 『여행과 체험의 문학: 중국편』(민족문화문고간행회, 1985)이 있다. 금세기 이래 30여 편의 관련 박사 논문이 나왔다. 박향란(朴香蘭) 『연행록 소재 필담의 연구: 홍대용 · 박지원을 중심으로』(인하대학교, 2010)와 천금매(千金梅) 『18-19세기 조 · 청 문인교류 척독 연구』(연세대학교, 2011)는 연행록의 필담과 청조 문인 사이에 왕래한 서신을 분석하여 연구했다. 단 대다수 연구는 특정 책이나 특정 시기의 필담을 둘러싸고 이루어졌다. 정훈식 「〈건정동필담〉과 사행문학의 전환」(『배달말』 31, 2002), 권정원 「조선후기 한중문화교류의 한 양태: 필담을 중심으로」(『한자한문교육』 11, 2003), 이학당 「연암〈열하일기〉 필담 내용의 고찰」(『아세아문화연구』 15, 2008), 박향란 「〈열하일기〉 필담에서 포착된 청조문인의 형상과 의의』(『동방한문학』 39, 2009), 김철 『〈필담〉을 통해 본 신취미(申翠微)와 청대 문인 교유의 양태 및 학술 경향」(『아세아문화연구』 16, 2009), 마쓰우라 아키라 「근세동아시아 해역 중국선박의 표착 필담기록」(『동아세아문화연구』 45, 2009), 송원찬 『청대 한중문인교류와 문자옥 — 〈건정동회우록〉을 중심으로』(『동아세아문화연구』 46, 2010), 오인택 「최부〈표해록〉에 나타난 필담」(『역사와 세계』 44, 2013) 등이 그러하다. 21세기에 들어온 이후, 관련 논저의 수량이 증가하여 연구의 붐을 이룬 것은 분명하다.

중국 학자 가운데 이른 시기에 연행 필담 자료를 이용하여 연구한 사

16_藤塚明直 編, 國書刊行會, 1975.

람은 장존무(張存武)이다. 「한국 화행록 연구의 발전을 위하여(推展韓國的華行錄研究)』(『한국사학논총』, 탐구당, 1992)를 발표했고, 『청한종번무역(淸韓宗藩貿易)(1637-1894)』(대만중앙연구원 근대사연구소, 1978)과 『청대중한관계논문집』(대만상무인서관, 1987)에서 그는 이미 이런 자료를 대량으로 이용하여 연구를 했다. 금세기 이래 관련 전문 서적과 박사 논문이 아주 많이 나와서 연구가 피크를 이루었다. 두혜월(杜慧月) 『명대문인출사조선과 황화집(明代文臣出使朝鮮與皇華集)』(인민출판사, 2010), 양우뢰(楊雨蕾) 『연행과 중조문화관계(燕行與中朝文化關係)』(上海辭書出版社, 2011) 등이 그러하다. 몇몇 종합 연구는 주목할 만하다. 갈조광(葛兆光)의 『택자중국(宅茲中國)』(중화서국, 2011)과 『상상이역(想像異域)』(중화서국, 2014) 등이 그 예이다. 문헌 고증에서도 중시할 만한 성과가 있었다. 좌강(左江)의 『연행록전집 고정(燕行錄全集考訂)』, 칠영상(漆永祥)의 『연행록전집 고오(燕行錄全集考誤)』 등이다. 일본 학자 중에서 가장 두드러진 것은 후마 스스무의 연구 성과이다. 그는 민정중 · 신재식 · 홍대용과 청조 문사의 필담을 분석하여 주목할 만한 문제를 상당히 많이 제출했다. 이 밖에 마쓰우라 아키라(松浦章)의 표류민 필담에 대한 연구도 주목할 만하다. 『조선국표착중국선의 필담기록에 보이는 여러 양상(朝鮮国漂着中國船の筆談記錄にみる諸相)』(2014)이 대표적이다.

(2) 중국과 일본 필담

사네토 게이슈는 1964년 출판한 『오코우치문서 — 메이지일중문화의 교유』로 중일 필담 연구의 시초를 장식했다. 그 후 30여 년간 적막하다가 지난 1990년대 후반 다시 시작되었다. 장위웅(張偉雄) 『문인외교관의 메이지 일본: 중국초대주일공사단의 이문화체험』(柏書房, 1999), 진첩 『메이지전기 일중학술교류 연구』(급고서원, 2003) 등 논저가 외교관과 문인의 필담 연구에 집중되어 있다. 중문 논저로는 특히 이하라 다쿠슈(伊原澤周)가 그가 90년대 이후 발표한 23편의 논문을 모아 출판한 것을 들 수 있다. 제목은 『필담외교에서 이사위감(以史爲鑒)으로 — 중일근대관계사탐연』(중화서국, 2003)이다. 진첩 『인물왕래와 서적유전』(중화서국, 2012)은 중일 필담을 전문적으로 연구한 6편의 논문을 수록했다. 왕효추(王曉秋) 『근대중일문화교류사』(중화서국, 2000), 장승여(張升餘) 『명청시기 중일문화교류』(섬서인민출판사, 2008)도 관련 장(章)을 편성해 서로 다른 계층의 필담을 고찰했다. 중국 학자의 연구는 위에서 말한 외교관 필담 이외에 강천인(岡千仞)에 관한 것이 중요하다. 이혜리(易惠莉)의 「중일지식계교류실록 — 강천인과 상해서원 사인의 필화」(『檔案與史學』 2002년 제6기)가 있으며, 또 주한(朱寒) 『일본한학가 강천인의 중국 여행』(화동사범대학, 2008), 섭양희(葉楊曦) 『근대역외인 중국행기 속의 만청 이미지』(남경대학, 2012) 등 2편의 석사 논문이 있다. 만청 이전의 필담도 학자들이 언급해서, 유옥재(劉玉才) 「청초 도해이민과 중일문화 인식 —「장비필화(張斐筆語)」·「하지성암수간(霞池省庵手簡)」을 중심으로」(『북경대학학보』 제47권 제4기, 2010년 7월)가 있다.

(3) 중국과 월남 필담

현재로서는 중월 필담에 대한 연구가 아주 적다. 연구서로는 진익원의 『월남한적문헌술론』(중화서국, 2011), 유옥군의 『월남 한놈고적의 문헌학 연구』(중화서국, 2007) 등이 있을 뿐이다. 최근 신진학자의 논문들이 나왔다. 장경화(張京華)의 『세 '이(夷)'의 만남 — 월남한문연행문헌을 중심으로』(『외국문학평론』 2012년 제1기), 주량(周亮)의 『청대월남연행문헌연구』(暨南大學 석사 논문, 2012) 등은 주목할 만한 학술 역량을 갖추고 있다.

(4) 조선과 일본 필담

조일 필담을 이용한 연구는 일찌감치 지난 세기 20년대 일본 학자에 의해 개시되었다. 마스다 고(松田甲) 『일선사화(日鮮史話)』(조선총독부, 1926), 다보 하시기요시(田保橋潔) 『근대일선관계연구』(조선총독부, 1940), 나카무라 히데타카(中村榮孝) 『일선관계사연구』(吉川弘文館, 1965-1969), 다나카 다게오(田中健夫) 『중세해외교섭사연구』(동경대학출판회, 1959), 미야키 히데토시(三宅英利) 『근세일조관계사연구』(문헌

출판, 1986) 등이 있었다. 1990년대에 들어와 신기수와 나카오 히로시를 대표로 조선통신사 자료의 수집과 연구가 전개되고 일련의 연구논저가 출판되었다. 금세기 이래, 후마 스스무는 조선 연행사와 조선통신사를 결합하여 연구해서 『조선연행사와 조선통신사』(상해고적출판사, 2010)를 출판해서 주목을 끌었다. 한국 측에서는 1991년 이원식의 『조선통신사』가 출판된 이후 연구가 점점 신속하고 번성하게 되었다. 한국문학회는 1996년 『조선후기통신사의 일본문학 인식』과 『계미통신사행기록의 주제 선택』을 출판했다. 그 밖에 이혜순 『조선통신사문학』(이화여자대학교출판부, 1996), 한태문 『이언진의 문학관과 통신사의 세계인식』(부산대학교국어국문과, 1997), 강재언 『조선통신사의 일본견문록』(한길사, 2005), 구지현 『계미통신사 사행문학연구』(보고사, 2006) 등 전문연구서는 신발굴의 조일 필담 자료를 대량으로 이용하여 연구를 진일보시켰다. 2011년 보고사에서 연구 총서를 꾸렸는데, 구지현 「통신사 필담 창화집의 세계」, 김형태 「통신사 의학관계 필담창화집 연구」, 허경진 외 엮음 『통신사필담창화집문화연구』, 초가남 『통신사필담창화집문학연구』를 수록했다. 일본의 연구는 역사에 편중되어 있고 한국은 문학에 편중되어 있다. 그 후 조규익 등이 연구에 편하도록 통신사 관련 연구 논문을 수집해서 『조선통신사사행록연구총서』 전13권(학고방, 2008)을 편집 · 출판했다. 문학(1-3권) 외교(4-6권) 역사(7-8권) 문화 · 회화(9-10권) 사상 · 의식 · 경제 · 무역 · 민속(11권) 식품 · 선박 · 기예 · 기타(12권)로 구분했고 마지막 1권은 노정 답사 · 기록 사진 편이다. 한국 학자의 관련 연구 성과를 전면적으로 펼쳐 보여 금후 연구의 새 출발점이 되었다.

4. 연구에 존재하는 문제

연구 논저는 두 부류로 나눌 수 있다. 한 부류는 필담문헌의 전문 연구이고, 다른 한 부류는 각 부류의 문헌(필담문헌을 포함)을 종합적으로 운용하는 연구이다. 후자의 연구 업적이 전자보다 높다.

(1) 전문 연구

이것은 또 두 부류로 나눌 수 있다.

첫째, 어떤 종류나 어떤 인물의 필담문헌에 대한 연구이다.

중조 필담은 북학파(홍대용 · 박지원 · 이상적 등)의 연구에 집중되어 있다. 위에 든 정훈식과 박향란의 논문이 그 예이다.

중일 필담은 만청의 공적 사절 문인(황준헌 · 양수경 · 여서창 · 강천인 등)에 집중되어 있다. 다키사와 마코토(滝沢誠) 「곤도세이쿄와 장병린의 교유(権藤成卿と章炳麟の交遊) – 필담록을 중심으로」, 진첩 「양수경과 미야지마 세이이치로의 필담록(楊守敬と宮島誠一郎の筆談錄)」, 노모토 류타(野元竜太) 「성선회와 오카센진의 필담에 대하여(盛宣懐と岡千仞の筆談について)」, 왕효추 『근대중일필담의 형태 연구: 〈오고우치문서〉를 중심으로(近代中日筆談的形態研究：以〈大河內文書〉爲中心)』 등이 그 예이다.

조일 필담은 김태준 「18세기 한일문화 교류의 양태: 강관필담(江關筆談)을 중심으로」, 김성진 「남옥의 생애와 일본필담창화」, 김선희 「17세기초기부터 중기까지 일조 지식인의 타자상: 하야시라잔(林羅山)과 조선통신사의 필담에 대하여」, 오가와 가즈나리(小川和也) 「천화 연간 도일 조선통신사와 다이로 홋다마사토시의 필담창화(天和度朝鮮通信使と大老 · 堀田正俊の筆談唱和)」 등이 그 예이다.

중월 필담 연구는 적다. 진익원 「월남 이문복과 대만 채정란의 한시 교류(越南李文馥與臺灣蔡廷蘭的詩緣交錯)」, 왕지강(王志強) 「월남 한적 〈왕진일기〉에서 본 만청시기 중월 문화교류(從越南漢籍〈往津日記〉看晚清中越文化交流)」 등이 있다.

단일 연구의 장점은 한 종류의 필담문헌에 대해 전면적으로 검토하고 세밀하게 설명한다는 점이다. 편폭이 적은 문장으로도 큰 것을 보여 줄 수가 있다. 하지만 대부분의 논문들이 '나무는 보고 숲은 보지 못하는' 협애한 시야에 갇혀 있다.

둘째, 개론성 연구이다. 이 방면에서는 근년에 왕용(王勇)이 쓴 것이 많다. 『명대동아필담문헌연구』 · 『연행사필담문헌개술』 · 『동아한문필담연구』 등 논저가 있다. 필담문헌의 전체 틀을 전반적으로 그려 보일 수 있다는 점은 좋으나, 대체로 보아 서술이 평면적이고 다른 사람의 의견을 종합하는 것을 위주로 했다.

(2) 종합 연구

이 부류의 연구는 수량이 많지 않지만 학술상 의의가 크다. 사상사 연구 분야에서는 갈조광 『택자중국(宅茲中國): 중국 관련 역사논술의 재구성(重建有關'中國'的歷史論述)』(2011)과 『상상이역(想像異域): 이조조선 한문연행문헌을 읽고 쓴 찰기(讀李朝朝鮮漢文燕行文獻札記)』(2014)가 있다. 역사 연구 분야에서는 이원식 『조선통신사』, 후마 스스무 『조선연행사와 조선통신사』(2012)가 있다. 문학 연구 분야에서는 장백위 『청대시화동전 약론고(淸代詩話東傳略論稿)』(2007)와 『방법으로서의 한문화권』(2011)가 있다. 연구 시야와 자료 수집, 그리고 문제의식, 사상 방법 등 여러 면에서 이런 저작들은 특징을 드러내어, 금후 연구의 방향을 예시했다.

5. 연구 전망

동아시아 필담은 주로 20세기 이전 동아시아 한문화권 안에서 각기 다른 국가와 지역의 인사들이 서로 만났을 때 언어는 통하지 않지만 공동의 한자 이해와 한자 사용 능력을 지니고서 한자를 피차의 소통 매체로 삼아, 붓으로 혀를 대신하여 상호 담론을 하는 것을 말한다. 고려 말 권근의 「일본 승려 대유의 환국을 전송하며」에, "정회는 매양 시를 빌어 나타내고, 언어는 늘 상역(역관)을 힘입누나."[17]라고 했다. 에도 시기 이시카와 다다시(石川貞)의 「조선국 부사서기 원현천(원중거)에게 바치다」에 "서로 만나 방언이 다르다고 근심하지 않고, 맑은 홍이 읽을 때 채색 붓을 휘두른다."[18]라고 했다. 월남 여조(黎朝) 사신 풍극관(馮克寬)의

17_『陽村集』 권2, 한국문집총간 제7책, 1996, p.28, 「送日本釋大有還國」. "情懷每向詩篇寫, 言語須憑象譯通."

18_『問槎餘響』 卷上, 한국 국립중앙도서관 소장. 「呈朝鮮國副使書記元玄川」. "不愁相値方

「조선국사 이수광에게 답하다」에 "피차 산해의 구역이 다르지만, 연원은 동일하게 성현의 책이로다."[19]라고 했다, 일본 학자 나카무라 히데타카는 『일선관계사연구』에서 "외교의 경우 한문으로 창수하고 필담하는 것은 중국 문화권의 동문(同文) 여러 나라들 사이에 관습화된 국제 예의이다."[20]라고 했다. 19세기 말부터 서방 열강의 침입으로 동아시아 지역에서 한문화의 지위는 급속히 추락했으나, 중국 주변의 각국 지역에서는 중조 · 중일 · 중월 · 조일의 필담문헌이 대량으로 보존되어 있다. 금세기 초 이래 이 문헌들은 동아시아 각국 학자들의 주목을 받아 왔으나, 여전히 많은 탐색 공간이 남아 있다.

필담은 우선 담(談)이다. 필(筆)은 담이 진행되게 하는 매개이자 수단이다. 20세기 이전의 동아시아인은 통역이 없는 정황에서도 한어 필담으로 쉽게 교류를 할 수 있었다. 당시의 지식인을 두고 말하면, 한자는 교제의 도구에 그치는 것이 아니라 지식인 신분을 세울 수 있는 문화 표징으로서 존재했다. 따라서 동아시아 각국에는 한자에 각기 다른 독법이 있었으나 그 서사와 어의의 표현은 기본적으로 일치했다. 이것이 동아시아 필담이 발전한 원인이고, 이것이 역외 사람들이 한적을 창작할 수 있는 원인이며, 이것이 동아시아 한문화권이 건립된 전제이다. 또한 '방법으로서의 한문화권'이란 연구를 전개할 수 있는 근거이기도 하고, 또 그 연구를 진행해야 할 이유이기도 하다. 단, 한문화권의 존재를 강조하는 것은 결코 동아시가 국가와 민족이 정치 · 경제 · 군사 · 문화 등의 목표가 각기 달라 충돌이 있었음을 부인하는 것이 아니다. 동아시아 각국과 각 민족이 수용 방식이나 사고방식에서 완전히 같지는 않았다는 사실, 한적 문헌의 선택과 이해가 완전히 같지는 않았다는 사실, 한적 문헌을 이용하는 시간, 종류, 국가 사회 건설에서의 기능이 완전히 같지는 않았다는 사실을 부인하는 것이 아니다. 한문화권을 하나의 큰 사유 틀로 삼아 동아시아 각국의 정치 · 경제 · 사상 · 문화의 상호 교류를 관조

言異, 淸輿熟時揮彩毫."

19_『皇越詩選』 卷5, 越南漢喃研究院藏. 「答朝鮮國使李睟光」. "彼此雖殊山海域, 淵源同一聖賢書."

20_「朝鮮の日本通信使と大阪」, 『日鮮関係史の研究』下, 吉川弘文館, 1969, p.344.

하고 동아시아에 충만한 문화적 공통성 속에서 각국의 풍부한 문화적 특성을 살핌으로써 타자의 시선으로 관조하여 자기를 파악하자는 것이다.

지난 세기 1980년대 이래, 식견 있는 학자들은 이미 역외 한적에 주목해야 한다고 외쳤다. 만일 대량의 역외 한적 자료를 역사 자료로서 연구자의 시야에 두고, 사상에 대해 흥미를 지닌 연구자도 거기에 투신하여, 이 연구를 사상적 학술 영역으로 삼아 나가게 된다면, 개별 국가별 문학과 중한 · 중일 · 중월 교류사를 중심에 두는 연구 시야에서 벗어나고, 역사 사료를 중심에 두는 연구 모형에서 벗어나서, 거대하고 전면적인 문제를 제출하게 될 것이다.

문학 활동은 인간의 활동이다. 동아시아 필담문헌의 특징은 문인 왕래의 역사 현실을 거듭 눈앞에 드러낼 수 있어, 종이 위의 문자화를 인간 교류의 전개로 만들어 사람들로 하여금 생동적인 문학 현장의 장면을 파악할 수 있게 한다. 단 사람과 사람의 교류는 늘 개별 활동이기에 그 자료도 하나의 지엽일 따름이므로, 앞사람들이 미처 주목하지 않은 곳으로 연구 영역을 확대하게 하여, 한편으로는 과거에 대해 더욱 풍부한 지식과 이해를 획득하게 해 주지만, 그럼으로써 '파편화'의 대가를 치르게 할 수 있다. 그런 상황이 일어나지 않도록 하려면 반드시 한문화권의 전체 배경을 문제로 삼아서 그 사이에 숨어 있거나 드러난 관계를 탐색해야 한다. 곧 한문화권을 방법으로 삼아야 한다. 이것은 연구 대상과 사유 방식을 부합시켜, 각기 다른 영역이나 학과를 관통시키고 종합하는 일이어야 한다.

필담은 동아시아 한문화권의 특수한 교류 방식으로, 필담문헌은 필담에 관한 기록이다. 필담의 많은 기록은 필담자의 유기(遊記) 속에 흩어져 있으면서, 필담에 대해 특정의 시간, 지점, 장면, 정황을 제공하고, 나아가 필담자가 필담의 상대방과 필담 내용에 대해 지닌 관점을 제공한다. 이렇게 필담문헌은 필드워크 보고의 의미를 지니기에, 지식 고고학의 연구를 진행시킬 수 있다. 또한 각각의 필담에는 발화 시작자가 있으며, 발화 시작자가 필담 대상에 대해 선택하므로 발화 시작자의 문제 제기 방식, 기대 시선이 있을 수 있다. 대담 때의 정황 전개, 필담 종료 후

필담 기록의 귀속자는 모두 깊은 문화적 함의를 지니기에, 사회학적 연구를 진행시킬 수 있다. 필담문헌은 특수한 문헌으로, 그 작자는 국가의 경계를 걸터타고 있다. 그들은 한 사정을 둘러싸고 이야기를 주고받으므로 주변에서 중국을 보는 방식, 동아시아 각국이 중국을 이해하는 방식을 제공하고, 중국 고대인이 동아시아 각국을 보는 방식을 제공한다. 따라서 '방법으로서의 한문화권' 연구의 사고 방향과 연구 시각을 마련해 줄 수 있다. 필담의 문헌 내용을 구체적으로 살피는 일은 보물산이나 무기 저장고에 들어가는 일과 같다고 할 수 있다. 정치 · 경제 · 법률 · 사상 · 윤리 · 교육 · 문학 · 예술 · 역사 · 지리 · 박물 · 농업 · 의학 · 환경 · 풍속 등 모든 분야와 관련하여 풍부한 재료를 지니고 있으므로, 이것을 근거로 갖가지 전문 연구를 전개할 수 있다.

이하, 몇 가지 예를 들어 설명하겠다.

첫 번째 예로, 『계림창화집』[21]에 조선 숙종 37년(일본 정덕 원년, 1711) 통신사 정사의 서기 홍순연(洪舜衍, 호 鏡湖)의 첩 안원(安媛)이 지은 「춘사(春思)」가 있다.

금보 전문 새긴 향이 수그러들고 날은 새는데
홀연 새 울음소리가 창 앞에 이른 것을 듣노라.
백사장 머리에는 한밤 어느 산의 비가 지나갔는가
버들 숲 밖에는 아침에 갯가 끝의 아지랑이가 일어나네.
이별 한에 꽃 그림자 어지러운 것이 서글프다
봄 수심은 가만히 서너 가지 가에 서리네.
옥 거문고로 강남곡을 타서 마치나니
곡마다 이별한 난새 곡조에 채련곡이로구나.

寶篆香銷欲曙天, 忽聞啼鳥到窗前.

21_瀨尾維賢 編, 『鷄林唱和集』, 書坊玉芝堂刊本, 正德辛卯(1711)版, 한국 국립중앙도서관 소장.

沙頭夜過何山雨, 柳外朝生極浦烟.
別恨自憐花影亂, 春愁暗與倆伎邊.
瑶琴彈罷江南曲, 曲曲離鸞又採蓮.

또 「규한(閨恨)」은 이러하다.

열다섯에 탕자에게 시집가서,
스물에도 돌아오지 않네.
한껏 마음의 일을 말하고 싶지만,
만나는 일이 드믈어라.

十五嫁游子, 二十猶未歸. 縱欲道心事, 與須相見稀.

일본의 세오이 켄(瀨尾維賢, 호 用拙齋)은 이런 「발」을 붙였다. "위의 홍경호 첩 안씨의 시는 일은 비록 창수에 속하는 것이 아니지만, 맑은 생각과 아름다운 말은 이이안(李易安) · 주숙진(朱淑眞)과 어근버근하다. 한 친구가 홍경호와 함께한 자리에서 얻어서 즐기고 사랑하다가 나에게 보여 주었다. 아아! 삼한의 부인이 시를 지을 줄 아니, 역시 문화(文華)의 성대함을 볼 수가 있기에 기록한다. 용졸재 씀."

『양동창화후록(兩東唱和後錄) · 별록』이 다른 사람에 의해 편찬되었는데, 이 두 시도 그 속에 수록되어 있다.

문헌학의 각도에서 보면, 이 두 조선 여성의 작품은 다른 자료에는 보이지 않으므로 보유가 될 수 있다. 다만 용졸재의 발문으로 본다면 이 시는 창화의 자리에서 홍경호가 보여 준 것이다. 일본은 옛날부터 여자의 창작을 제한하지 않아서, 헤이안 시대부터 많은 여성들이 글을 지을 줄 알았다. 『겐지모노가타리(源氏物語)』 같은 일본어 문학만이 아니라 『경국집(經國集)』 권14 우치코나이신노(智子內親王)의 「잡언으로 〈어가〉를 받들어 화운한 2수〔雜言奉和漁家二首〕」 같은 한문학도 있다. 이 화운시는 장지화(張志和)의 「어가자(漁歌子)」를 모방하여 지은 것으로, 『본조일인일수(本朝一人一首)』는 이것을 평하여, "본조 여성 가운데 무쌍의 수재이다."라고 했다. 에도 시대에 이르러는 시에 능한 여성들이 더 많아졌다. 조선통신사가 일본에 가면 '문전(文戰)'의 요소도 지녔으므로, 홍경호가 애첩의 율절 두 수를 보여 준 것은 조선이 여성 시가의 면에서도 낙후하지 않았음을 드러내려 했을 수 있다. 실상 그는 이런 효과를 거두어, 용졸재는 평하길, "이이안 · 주숙진과 백중할 만하다."라고 했고, 거기서부터 "삼한의 부인이 능히 시를 말하니, 문화의 성대함을 볼 수가 있다."라고 감탄을 토로했다.

이 예를 홍대용이 중국인과 나눈 대담과 비교한다면 아주 흥미롭다. 홍대용은 영조 41년(1765) 중국에 가서, 북경에서 반정균(潘庭筠)〔蘭公〕· 엄성(嚴誠) 등과 다음과 같은 필담을 나누었다.

> 난공 "동방의 부인 중에도 시에 능한 이가 있는가?"
> 나 "우리나라 부인은 오직 언문으로 편지나 하고 일찍 독서를 시키지 않았으며 더욱 시는 부인에게 마땅한 것이 아니다. 혹 하는 사람이 있어도 안으로 하고 밖에 내놓지 않는다."
> 난공 "중국에도 역시 적다. 혹 있다면 우러러 보기를 경성(慶星)이나 경운(景雲)같이 한다."
> ……
> 나 "군자의 좋은 짝이고 금슬이 어우러져 울려 즐겁지만, 경성과 경운에 비하는 것은 지나치다."
> 난공 "귀국의 경번당(景樊堂)〔허봉(許篈)의 누이〕이 시를 잘하여 『중국시선』에 들어 있다."
> 나 "바느질 등의 일을 하는 나머지에 곁으로 서사(書史)에 통하고 여계(女誡)를 익히며 행실이 규범을 지키는 것이 부녀의 일이지, 문조(文藻)를 수식하고 시로 이름을 얻는 것은 아무래도 바른 도리는 아니다."[22]

여기서 언급된 경번당 허난설헌은 조선 시대 가장 유명한 여류 시인으로, 중국에 끼친 영향이 크거늘, 어째서 홍대용은 영광으로 여기지 않았는가? 허난설헌의 시가 유여시(柳如是)의 폭로로 표절한 작품이 많다

22_『湛軒書』 外集 권2, 한국문집총간 제248책, p.136.

고 인정했기 때문에 조선 사대부들이 수치스럽게 여겼기 때문이다. 이것은 사정이 다르지만, 유사한 화제가 상이한 결과를 낳았음을 알 수 있다.

둘째, 『문사여향(問槎餘響)』에 일본 가나야 유에(金谷雄江)의 「추월 · 용연 · 현천의 말씀을 듣고」가 실려 있어, 다음과 같다.

> 우리나라 문물은 나날이 드러나고 준걸이 나날이 일어나는 데다가, 태평세월이 오래되어 해내가 부유하기 짝이 없다. 당산(唐山) 상인의 무역으로 나가사키를 비옥하게 하는 것이 한 해도 거른 적이 없으므로, 진기한 서적이 왕왕 우리나라에 전파되며, 이 때문에 우리나라 사람도 학식이 앞 시대보다 월등하게 뛰어나다.[23]

이 자료는 서적의 전파 및 일본 문화의 발전과 관계되어 있다. 갑신년(1764) 조선통신사 일행이 일본에 있을 때의 필담 기록인데, 추월(秋月)은 남옥(南玉)의 호, 용연(龍淵)은 성대중(成大中)의 호, 현천(玄川)은 원중거(元重擧)의 호이다. 세 사람은 문사를 관장했다. 이 사행은 한문학사상 매우 중요한 한 해였다.[24] 전반적으로 말하면, 이는 조선 문인이 일본 문화를 괄목하여 보게 된 것이자, 일본 문화 발전의 원인이 나가사키를 통한 청대 서적의 부단한 유입에 있다는 사실을 알게 된 때이다. 조선은 청나라가 들어선 이후 청조 문화를 멀리하여 사신이 청나라에 들어가면 구입한 것이 대개 송나라와 명나라 서적이었다. 『계림창화집』 권7에 1711년 등원자적(藤原子績)〔호 菊叢〕과 조선 제술관 이현(李礥)〔호 東郭〕의 필담이 다음과 같이 실려 있다.

> (국총) 물었다. "강희 연간에 중화의 연양(連陽) 요문영(廖文英)이 편집한 『정자통(正字通)』은 상선에 실려 들어와 우리나라에 전파되었습니다. 변론이 아주 자세하고 모든 글자가 빠진 것이 없으니 검색에 아주 편리하여 술과 안주를 싸 들고 가서 배우는 수고를 덜게 되었습니다.

23_伊藤維典 編, 日本平安書林, 明和元年(1764)九月版, 韓國國立中央圖書館藏.「稟秋月龍淵玄川」. "吾邦文物日聞, 俊傑日起, 且太平日久, 海內富溢也. 唐山賈人貿易肥長崎者無虛歲矣, 以故珍奇之書往往傳播吾邦, 是以吾邦之人亦學識大逾越乎前代云."

24_張伯偉,「漢文學史上的1764年」,『文學遺產』2008年 第1期.

귀국에도 있습니까?"

(동곽) 답했다. "황명이 멸망한 이후 중국의 문명은 쓸 듯이 없어졌습니다. 우리나라 사신들이 왕래하지만 서적을 구매하는 일이 결코 없습니다. 그러니 요문영 편찬의 서적도 본 적이 없습니다. 지금 중국에 이런 책들이 많다고 하지만 높이 칠 것이 못 됩니다."

하지만 1764년 이후 조선 문인은 일본 문화의 발전에서 자극을 받아서 그 진보와 청조 문화 수입의 관계를 분분하게 인정하게 되고, 그것이 한 시대의 통념으로 되었다.

원중거의 『화국지(和國志)』 '시문지인(詩文之人)' 조항에 "혼돈에 구멍이 뚫리는 것이 나날이 많아져서 나가사키의 서적이 마침내 통했다."[25]라고 했다. 이덕무의 『청령국지(蜻蛉國志)』 '예문' 조항에는 "근래 강남의 서적이 나가사키에 폭주하여 집집마다 책을 읽고 사람마다 글을 써서, 오랑캐의 풍속이 차츰 바뀌었다."[26]라고 했다. 『천애지교서(天涯知交書)』 「필담」에는 "일본인이 강남과 통했으므로 명나라 말기의 옛 기물과 서화, 서적, 약재가 나가사키로 폭주하여, 일본의 겸가당주인(蒹葭堂主人) 목세숙(木世肅)은 비서 3만 권을 소장하고 있으며, 중국 명사와 교류하여 문아(文雅)가 바야흐로 성대하니, 우리나라가 비할 바 아니다."[27]라고 했다. 그리고 유득공의 『고운당필기(古芸堂筆記)』 권5 '우리나라 서적이 왜에 전하다' 조항에서는 "왜인이 지혜가 나날이 열려 옛날의 왜가 더 이상 아니다. 대개 나가사키의 해상 선박이 강남의 서적을 수출하기 때문이다."[28]라고 했다.

그들보다 조금 뒤의 김정희(金正喜)는 「잡지(雜識)」에서 이렇게 말했다.

지금 동도(東都) 사람 사사모토 렌(篠本廉)의 문자 세 편을 보니 남루하

25_『和國志』 地卷, p.326.
26_『青莊館全書』 권64, 한국문집총간 제259책, p.162.
27_『青莊館全書』 권63, p.131.
28_『雪岫外史』 外二種, 亞細亞文化社, 1986, p.125.

> 고 평벽된 버릇을 깨끗이 씻어 사채(詞采)가 환발(煥發)하다. 또 창명(滄溟, 李攀龍)의 문격(文格)을 쓰지 아니하므로 중국의 작가로도 더할 수가 없다. 아! 나가사키의 선박이 날로 중국과 더불어 호흡이 서로 통하여 비단실이나 구리같은 물품의 무역은 오히려 부차적인 것에 속하고, 천하의 서적이 산과 바다로 실어 가지 않는 것이 없다.[29]

이상적(李尙迪, 1803-1865)도 「〈엔록(蔫錄)〉을 읽고」에서 "근래 중국 서적이 목판이 되자마자 상선으로 구름처럼 운수되어 동도(에도)와 서경(교토) 사이에서 인문이 울연히 일어나 갈수록 성대하게 되어 가는 것은 이 한 길이 있기 때문이다."[30]라고 했다.[31]

이 내용들을 종합하면, 그 속에 일맥의 연계가 있음을 발견할 수 있다.

셋째, 『문사여향』 상권에 가나야 유에와 성대중(용연)의 필담이 실려 있다.

> 가나야 물음: 듣자니 귀국 사람은 책 읽을 때 회환(回還)하여 읽는 법이 있다고 하던데, 귀국의 독법으로 읽어 주기 바라오.
>
> 용연 답: 민간에는 이런 독법이 있지만 사림에서는 귀하게 여기지 않소.
>
> 가나야 물음: 귀국의 언문은 세종 장헌왕 때 시작되었다고 하는데, 지금 언문을 기록한 것은 자양과 편획에 잘못 베낀 부분이 있을 것이니, 고쳐 주기 바라오.
>
> 용연 물음: 누가 썼소?
>
> 가나야 답: 대추(大湫)가 썼는데, 곧 제 스승이오.
>
> 마침내 다 끝내지 못했다.

또한 전승산(田勝山)과 성대중의 필담도 있다.

29_『阮堂全集』 권8, 한국문집총간 제301책, p.147. "今見東都人篠四本廉文字三篇, 一洗弇陋僻謬之習, 詞采煥發, 又不用滄溟文格, 雖中國作手, 無以加之. 噫!長崎之舶, 日與中國呼吸相注, 絲銅貿遷尙屬第二, 天下書籍無不海輸山運."

30_『恩誦堂集』 續集 文 권2, 한국문집총간 제312책, p.242. "近來中國書籍, 一脫梓手, 雲輸商舶. 東都西京之間, 人文蔚然, 愈往而愈興者, 賴有此一路耳."

31_『恩誦堂集』 續集 文 권2, 한국문집총간 제312책, p.242.

승산 물음: 귀국의 언문은 글자체를 모르겠으니 보여 주십시오.

용연 답: 언문은 써 보일 시간이 없소. 글자가 많기 때문이오. 우리가 지금 출발해야 하므로 충분히 토론할 수가 없으니 한스럽구료.

한일 필담에서 일본 측은 여러 번 조선인들에게 언문을 써서 보여 달라고 요구했으나, 조선인은 이런저런 식으로 어떻든 사양했다. 『상한필어(桑韓筆語)』에서 우리는 결국 일본인은 조선인 사절단의 '하인'에게서 언문을 볼 수 있게 되었음을 알게 된다. 야마다 마사시게(山田正珍, 호 圖南)는 '학사 종복과의 필담' 조항에 다음과 같이 기록해 두었다.

물음(도남): 내게 언문을 써 주게.

답: 그러죠.[32]

이하 성대중은 152개의 언문을 써 보이고, 또 언문으로 일본어 50음을 썼다. 그리고 '한자의 한국음을 장난스레 듣다〔戲聞漢字之韓音〕' 조로 그 호기심을 채워 줄 수 있었다.

이것은 언어와 관련 있는 문제인데, 조선 문사들은 언문 쓰기를 왜 사양했던가? 그것은 한문이 당시에 고귀하고 정통적이며 문아한 신분의 상징이었던 데 비하여, 언문은 조야하고 촌스러우며 여성의 상징임을 면하지 못했기 때문이다. 당시의 조선 지식인은 대부분 언문 학습을 거절하거나 언문을 이해하지 못한다고 핑계를 대었다. 성리학자 송준길은 『가례언해』에 많은 착오가 있음을 발견하여 부친에게 가르침을 청했으나 그의 부친은 "언문 글자를 익히지 않아서 하나하나 살필 수가 없다."라고 했다.[33] 박세채는 자기는 언문 글자를 모른다고 말했다.[34] 그도 역시 성리학자였다. 한문학의 조예가 아주 높았던 박지원도 "내 평생 언문 글자를 하나도 알지 못했다."[35]라고 공공연하게 말했다. 소수의 지식 여성

32_山田正珍編, 日本東都書肆, 寶曆十四年甲申(1764)四月版, 한국 국립중앙도서관 소장.

33_『同春堂集』 別集 권4 「上慎獨齋先生」, 한국문집총간 제107책, p.362.

34_『南溪集』 外集 「答尹子仁」, 한국문집총간 제141책, p.317.

35_「答族孫弘壽書」, 『燕巖集』 권3, 한국문집총간 제252책, p.78.

만이 한자를 익혀서 알았고, 두 종류의 문자를 사용할 수 있었으나, 여전히 고하를 따졌다. 안동 장씨는 1668년 아들 이휘일에게 부친 서신의 끝에서, "언서는 신뢰성이 없으므로 이렇게 적어서 보낸다."라고 했다.[36] "언문으로 적어서 네게 보낸다면 아마 중시되지 않을 것이므로 한자로 이 서신을 적어 네게 보낸다."라는 뜻이다. 그 현손 이상정은 「발」에서 말하길, "조모는 언서가 신뢰성이 없다고 여겨 친히 이렇게 적어서 보냈으니, 자식을 생각하는 뜻과 면학의 마음이 종이에 분명히 드러난다."라고 했다. 엄숙하고 중대한 문제를 이야기할 때는 한자를 사용했던 것이다. 일본인의 면전에서 조선 지식인은 자신의 자존심과 체면을 유지하기 위해 결코 가벼이 언문을 쓰지 않았다. 하층 노복들의 경우에는 차별의 감정을 지니지 않았으므로 언문을 쓰고 싶으면 썼다.

물론 우리는 필담류 문헌을 사용할 때는 주의할 필요가 있다. 그것이 창졸간에 응대할 때에 나왔으며, 때로는 설화가 인사치레, 수응 언어, 혹은 일시 감흥에 사로잡힌 말이기 때문에, 문면 그대로 이해해서는 안 된다. 때로는 필담의 내용에 착오가 없을 수 없었다. 이를테면 『상한창수집(桑韓唱酬集)』 제1권에는 일본 승려 원윤(圓贇)과 장필문(張弼文)〔菊溪〕의 필담이 실려 있는데, 일본 승려가 최치원에 관해 묻자 장필문은 "최치원의 자는 고운(孤雲)으로 최충(崔冲)의 아들이니, 신라 말 사람이다."라고 했다.[37] 최충은 고려 시대 사학을 개창한 인물로, 최치원보다 약 130년 뒤의 사람이므로, 이는 분명히 착오이다. 필담에서 체면을 차리려고 과장해서 말한 부분의 경우는 분명하게 이해하기가 더욱 어렵다.

동아시아 필담 문헌은 역외 한적의 한 부분이면서, 동시에 동아시아 문인 사이의 시문 창화, 서신 척독, 서발 평점과도 밀접한 관계가 있다. 만일 단독으로 연구하다가는 '나무만 보고 숲을 보지 못하거나' 심지어 '잎사귀 하나로 가리려 드는' 진창에 빠지기 쉽다. 그러므로 필담문헌을 동아시아 한문화권의 언어 환경 속에 두어야, 동아시아 지식인 사이의 교류와 영향을 전면적으로 살필 수가 있다. 20세기 이전의 동아시아 사

36_「貞夫人安東張氏實記」, 張伯偉 主編, 『朝鮮時代女性詩文集全編』 上冊, 鳳凰出版社, 2011, p.273.

37_河間正胤 編, 享保五年庚子(1720)九月版, 한국 국립중앙도서관 소장.

회는 중국과 조선, 중국과 월남, 중국와 유구 사이에 존재하는 공적인 조공 관계 이외에, 공적 관계에서부터 민간에 이르기까지 동아시아 지식인 사이에 거대하고 다원적이며 교착적인 교류 루트가 있었으니, 곧 필담이다. 필담은 그 주체가 외교 인원이든 문인 학사든 표류민이든 주로 당시 동아시아 지식인 사이에 완성된 것이다. 한자는 동아시아 여러 나라의 공동어였다. 이것은 고전 시대 이후의 근대 초기에 유럽의 광대한 지역 학자들이 라틴어를 사용하여 서로 통신을 해서 그들 사이에 일종의 귀속감을 낳아, '문인공화국'이나 '지식공화국'이라 부를 국제공동체에 자기가 속했다고 인식했던 것과 상황이 유사했다. 한자를 매개와 도구로 삼아 동아시아에는 오랫동안 문화적 공동체가 존재했기에, 어떤 사람은 마침내 이를 '문예공화국'이라고 불렀다.[38] 필담문헌은 지식공동체의 산물이다. 만일 연구 방법(사유와 노정)이 연구 대상의 대응물이라고 한다면, '방법으로서의 한문화권'의 제기와 실천은 연구 대상과 빈틈없이 계합한다. 다른 한편으로, 필담문헌은 문인공화국에서 생산되었지만, 그 속의 목소리는 단일하지 않고 다성적이며 '여러 목소리가 시끄러워' 심지어 문화상의 각축도 포함되어 있다. 따라서 필담문헌을 단일 국가별 외교사 영역에서 고찰하지 말고 전체 동아시아 집단의 시야 속에 두고, 한문화권 전체의 내적 관련하에 놓고서 고찰해야 한다. 동아시아 문화 전체에서 출발해야만 조공 체제 이외의 다원적이고 개방적인 동아시아 사회에 대해 고찰하여, 통일성에 주목하는 동시에 다양성을 소홀히 하지 않을 수가 있다.

백 년 이래 중국 인문 학술 연구는 문헌 · 인물 · 사실의 고찰을 제외하면 서방식이거나 외래적인 것이 주류였다. 따라서 현대 학술이 직면한 최대 문제는 서방 학술(주로 한학)이 중국 학술에 끼친 영향과 개조를 어떻게 반성하여, 중국 학인이 서방과는 구별되면서도 그것에서 고립되지 않은 이론 및 방법을 제시하고 실천하며, 동방적 · 동아시아적 · 중국적 지식 생산 방식을 발견할 수 있는가 하는 것이다.

2014년 11월

38_高橋博巳, 『東亞の文芸藝共和國』, 新典社, 2009.

조선 사료로 본 중국 형상의 변천

1. 서론: 독안, 쌍안, 삼중안

영국의 허드슨(G. F. Hudson)은 그의 책에 다음 일을 기록해 두었다.

> 1515년 앤드루 코살리스(Andrea Corsalis)가 로렌초 메디치 공작(Duke Lorenzo de' Medici)에게 보낸 서신에서 '우리들과 같은 품질을 지닌(di nostra quaeità)' 것으로 중국인을 형용했다. 그리고 더욱 고명한 중국인은 당시 유행하던 속담으로 말을 하길, 그들은 두 눈을 지니고 있지만 유럽 사람은 독안만을 가지고 있으며, 세계의 다른 지방 사람들은 모두 맹인이라고 했다.[1]

같은 이야기가 유럽에서는 아주 유행했다. 이를테면 프랑스 볼테르(Voltaire)는 일찍이 중국인을 다음과 같이 평가했다.

> 그들은 우리에 비해서 선의와 도덕적 과학을 잘 안다. 만일 어느 날 이 과학이 일체 과학의 제일 높은 곳에 놓이게 된다면 그들은 자신들이 두 눈을 가지고 있고 우리는 독안을 지니고 있으며 세계의 나머지 사람들은 모두 맹인일 것이라고 확신을 갖고 말할 것이다.[2]

1_『歐洲與中國』「前言」, 王遵仲 等譯, 中華書局, 1995, p.1.
2_朱謙之, 『中國哲學對歐洲的影響』, 上海人民出版社, 2006, 상해인민출판사, p.278.

독일의 라이프니츠(Leibniz)도 이렇게 말했다.

> 그들은 우리를 독안이라고 한다. 사실 우리는 별도의 눈을 가지고 있는데, 중국인이 아직 발달시키지 못한 제1 철학이다. 이 제1 철학이 있으므로 우리는 비물질의 것을 인식할 수가 있다.[3]

중국인이 두 눈을 가지고 있다고 자부하면서 유럽인과 세계의 다른 지방 사람들은 눈이 하나이거나 맹인이라고 폄하하는 논법은 현재에는 소멸되었다. 그런데 나는 중국 문헌에서 그 기원을 아직 찾지 못했다. 우리들의 문제는 중국인이 정말로 두 눈을 가지고 있고 그에 응당한 작용을 발휘하고 있는가 하는 점이다.

두 눈을 가지고 사물을 관찰하면 자기를 볼 수도 있고 또 남을 볼 수도 있다. 하지만 한(漢)제국이 동방에 웅거하던 때에 유가의 '추기급인(推己及人)'의 정치사상, 이른바 인정(仁政)은, 실제 성취한 것이 자아 중심의 천하도상 - 화이도에 불과했다. 정치상의 책봉, 무역상의 조공, 군사상의 우익, 문화상의 사부(四敷)는 이런 여과망을 투과하여, 두 눈이 볼 수 있는 것이라고는 자기를 제외하면 자기가 서 있는 몸에의 투영에 불과했다. 한 눈으로 사물을 이해하는 것이 자기 이외에 다른 사람의 존재를 보지 못하는 것과 무슨 본질적인 차이가 있었는가?

19세기 중엽 이래 서방 열강은 군함과 대포를 이용하여 중국의 문을 열고, 제국의 아름다운 꿈을 깨부수어, 갖가지 방면에서 중국문화에 대해 거대한 도전을 행했다. 중국만이 아니라 동아시아도 전체에 대하여 모두 그러했다. 서방 열강의 거대한 압박과 충격 아래, 동아시아 각국은 모두 분분하게 자기의 출로를 찾아 나섰다. 영국 역사학가 토인비(Arnold J. Toynbee)가 『역사연구』에서 귀납한 모형을 따르면 '도전과 응전'이었다. 백 년 이래 동아시아에 대한 도전은 주로 서방에서 왔으므로, 동아시아(특히 중국) 지식 세계의 중점은 서양 문명과의 대결에 놓여 있었다. 중서문화를 비교하는 데 그치지 않고 서양인의 눈에 비친 자

3_「中國近事序言」, 夏瑞春 編, 陳愛政 等譯, 『德國思想家論中國』, 江蘇人民出版社, 1989, p.8.

신을 대단히 중시했다. 외국인의 시선 속의 자기 자신에 주목한다는 것은 이역인이 중국을 관찰하는 눈으로 자신을 되돌아보는 것을 의미합니다. 이것은 '세 번째 눈'이요, 이역의 눈이라 할 수 있다. 하지만 중국의 경우, 중서 대비에 중점을 두면서 알든 모르든 동아시아 문명 내부의 대화를 홀시하고 있다. 비록 이 점에서 동아시아 학술계가 공통적이기는 하더라도, 숨길 것도 없이, 중국이 동아시아를 그리 중시하지 않는 것은 유래가 오래되었다.

문학 방면에서는, 한국 학자 백낙청의 설을 빌리면 '진정한 아시아 문학', 특히 우리에게 가장 가까운 동아시아 문학을 한쪽에 치워 두고, 오로지 먼 곳의 문학에 관심을 두는 문제가 있다. 백낙청은 "제3세계의 자아인식의 기초 위에서 본국 문학, 중국 문학, 일본 문학을 연구해 나가" 동아시아 문학이 서방 문학의 주변에서 어정거리는 현상을 바꾸어야 한다고 주장한다.[4] 역사 방면에서는 한국 학자 백영서가 중국에 아시아가 있는가? 라는 문제를 제기했다. 그가 보기에 "중국의 지식인들은 아시아적 전망이 결여되어 있으며," 특히 중국을 동아시아 범위에 놓고서 문제를 사고하는 시각이 결여되어 있다. 중국은 세계와 직접 대결하려는 관념은 아주 강렬하지만 주위 이웃 나라에 대한 관심은 너무 적다."[5] "중국인의 역사 경험은 아시아에 대한 횡적 사고가 거의 결핍되어 있기에, 중국을 위해서, 이웃을 위해서, 중국은 동아시에 대한 횡적 사고와 관심을 가질 필요성이 절박하다."[6] 중국 학자 손가(孫歌)는 "그 가운데 중국 지식인을 두고 말하면, 하나의 자명한 문제 아니 하나의 현안은, 우리들이 왜 반드시 동아시아를 논해야 하는가 하는 문제이다. 동아시아 이웃나라의 지식인들을 두고 말하면, 중국 지식인들의 이런 애매한 태도는 '중국 중심주의'로 간주된다."[7] 물론 이런 상황은 바뀌기 시작했다.

4_「看第三世界文學的眼睛」, 白永瑞 · 陳光興 編, 李旭淵 編譯校訂, 『分斷體制 · 民族文學』, 臺灣聯經出版事業公司, 2012, p.64.

5_「在中國有'亞洲'嗎?—韓國人的視角」, 『思想東亞 : 朝鮮半島視角的歷史與實踐』, 生活 · 讀書 · 新知三聯書店, 2011, pp.115-116.

6_「在中國有'亞洲'嗎?—韓國人的視角」, p.131.

7_「東亞視角的認識論意義」, 『我們爲什麽要談東亞—狀況中的政治與歷史』, 生活 · 讀書 · 新知三聯書店, 2011, p.27.

'이역의 눈'으로 중국을 관찰하는 일로 말하면, 아주 오래고 아주 넓으며 투시가 아주 세밀해서 가치가 최상인 것으로는 우리의 근린, 바로 중국 주변에서 형성된 한문화권 지역에서 이루어진 것을 우선 꼽지 않을 수 없다. 그 관찰 기록으로 조천 · 연행 · 북행 그리고 입당 · 입송 · 입명의 기(記)나 녹(錄)을 제목으로 삼은 기록들만이 아니라, 한반도 · 일본 · 월남 등에 현존하는 사료도 바로 '이역의 눈' 속의 중화 세계를 드러내보이고 있다. 이 사료(그 가운데 절대 부분이 한적)는 중국 문화의 발전과 호응하여, 중국 문헌이 제출한 문제를 비추기도 하고 연접하기도 하며 대결하기도 하면서, 기원후 8세기 이후 끊임없이 다채로운 역사 지도와 풍광을 이루어, 제도 · 법률 · 군사 · 경제 · 사상 · 종교 · 역사 · 교육 · 문학 · 예술 · 의약 · 민간 신앙 · 습속 등 각 방면에 관계하여 체계를 이루면서 심화되어 왔다. 이 논문은 몇몇 사료를 이용하여 중국 형상이 그 사이에 어떻게 변천했는지 살펴보고자 한다.

중국의 형상이 다른 사람의 시선에서 어떻게 변천했는지를 말하려면 먼저 관점의 문제를 언급해야 하겠다. 관점은 단순하지 않아서, 구양수가 시에 말했듯 "옆에서 보면 봉우리, 곁에서 보면 산등성이를 이루어, 원근고저가 각기 다르다.〔橫看成嶺側成峰, 遠近高低各不同〕"는 식이다. 첫 번째 관점은 상호 대비시켜 보는 것이니, 곧 서로 빈객과 주인으로 보는 것이다. 시구를 가지고 표현하자면, 이백이 말했듯이 "서로 보아 싫증나지 않는다〔相看兩不厭〕"는 것이고, 신기질(辛棄疾)이 말했듯이, "내가 청산의 아리따운 모습을 많이 보아 왔으므로, 생각건대 청산도 나를 이와 같이 보겠지. 정과 모습이 대략 서로 비슷하리라.〔我見靑山多嫵媚, 料靑山見我應如是. 情與貌, 略相似〕"라고 하는 것이다. 두 번째 관점은 좌고우면하는 것이다. 고성(顧城)의 시를 가지고 말하면, "한 번은 나를 보고, 한 번은 구름을 본다.〔一會兒看我, 一會兒看雲〕"라는 식이다. 왕희지의 말을 이용하면, '시선을 이리저리 주고 마음을 치달리는〔遊目騁懷〕' 것이다. 또한 제3종의 관점이 있다. 교착적 · 복합적 다중 시각의 관점이다. 이것은 변지림(卞之琳)이 「단장(斷章)」에서 "네가 다리 위에서 풍경을 보면, 풍경을 보는 사람이 누대에서 너를 본다. 밝은 달이 너의 창을 장식하고, 너는 다른 사람의 꿈을 장식한다."라고 했던 구절을 끌어와서 서술할 수 있다.

옛사람이 시를 논하는 방식에는 달고(達詁)가 없다. 이 「단장」 시에 대해 이건오(李健吾)는 마지막 두 구를 가지고 인생의 비애를 읽어 내었다. 정감의 교류는 이상적 상태에서는 서로 대등하지만, 여기서 표현한 것은 착위(錯位)라고 했다. 작자 변지림은, 그가 이 시를 지은 뜻은 일종의 '서로 마주함'을 표현한 것이라고 말한다. 하지만 내가 보기에는 이 시가 어찌 서로 마주함으로만 그치겠는가? 다리 위해서 풍경을 바라보는 '너'는 동시에 다른 사람의 눈으로 보는 풍경의 일부다. 풍경을 보는 것은 또 너를 보는 다른 사람이니, 또 다른 한 사람의 시선 속의 풍경이 아니겠는가? 따라서 만일 이 시가 관점에 대해 쓴 것이라면 다중의 관점을 말한 것이므로, 나는 그것으로 이역의 관점을 형용할 때 사용하고자 한다.

서로 다른 입장은 서로 다른 관찰을 유도하고 서로 다른 관찰에 따라 서로 다른 수용이 있고 서로 다른 수용이 있으면 또 서로 다른 입장에 영향을 줄 수 있다. 요컨대 '동태적 파악'을 필요로 한다. 한반도 사료 속의 중국 형상을 비교문학적 의미에서의 '형상학'으로 정의한다면, 그 형상은 특히 한 나라의 문헌 속에서 이국에 대한 형상적 인식 혹은 묘사를 가리킨다. 이국에 대한 형상이나 묘사의 연구는 '형상학'이라고 일컬을 수 있다. 이 형상학은 자아와 타자 사이의 상호 관계에 주목한다. 프랑스의 다니엘 앙리 파조(Daniel Henri Pageaux)는 「형상」(1994)이란 논문에서 "일체의 형상은 모두 자아와 타자, 본토와 이역에 대한 자각 의식 중에 기원을 둔다. …… 형상은 두 유형의 문화 현실 사이의 거리가 만들어 내는 문학 혹은 비문학으로서, 부호 관계를 설명할 수 있는 표현이다."[8]라고 지적했다. 이런 까닭에 형상은 결코 객관적 현실이 아니다. 같은 곳에서 파조는 또 "비교문학에서의 형상은 현실의 복제품(혹은 유사물)이 아니다. 그것은 주시하는 자의 문화 속의 모식이나, 정식을 따른 재구성이며 재현 묘사이니, 이 모식과 정식은 모두 형상보다 먼저 존재한다."라고 하고, 또 "내가 남을 주시하면 타자의 형상은 동시에 나라는 주시자,

---

8_孟華主 編, 『比較文學形象學』, 北京大學出版社, 2001, p.155.

발화자, 서사자의 형상을 바꾸어 놓는다."라고 했다. 그러므로 우리들의 관찰점은 결코 타자의 형상에 집중되는 것이 아니라 동시에 주시자, 발화자, 서사자의 형상을 아울러 돌아볼 수 있다.

이런 이론에 근거하여 우리는 한반도 사료 속의 중국 형상의 변천에 대해 논하고자 한다. 설명에 편하도록 나는 네 개의 단계로 나누겠다. 제1 단계는 한반도의 삼국 시대, 통일신라 시대로부터 고려 시대, 즉 14세기 말(1392년) 이전까지이다. 제2 단계는 조선 시대 전기부터 중기까지, 즉 15세기부터 17세기 중엽까지이니, 중국의 명대에 해당한다. 제3 단계는 약 1백 년이다. 제4 단계는 18세기 중엽 이하이다. 단계 구분은 대체적으로 말하는 것으로, 그 속에는 일치하지 않는 것도 있으나, 대강을 취하고 세세한 차이는 생략하기로 한다.

2. 모화에서 소화로

한반도의 중국 인식을 이해하려면, 우선 그들의 세계 인식을 이해하여, 세계에 대한 인식 속에서 중국에 대한 인식을 살펴야 한다. 간단히 말해서, 역사상 한반도의 세계관은 화이관이다. 많은 사람들이 분명히 알듯이, 화이관은 중국 유학에서 유래하는 관념이다.

중국이란 말은 본래 세계 중심이란 뜻이다. 중국인의 관념에서 세계는 중국을 중심으로 하므로 중화 · 화하는 바깥으로 확대하여 그 주변에는 이른바 이적(동이 · 서융 · 남만 · 북적)이 있고, 다시 그 바깥에는 사황(四荒) 혹은 대황(大荒)이 있어 금수가 거처한다. 이것이 중국 전통의 세계관이다. 이 관념을 명료하게 표현한 것이 바로 중국 전통의 천하도이다. 이를테면 부창(阜昌) 7년(1136) 『화이도』 각석은 중심 부분이 중국이고, 사이 부분은 그림의 사방에 가까스로 명칭이 나열되어 있다. 그림의 오른쪽에는 "동이는 바닷속 나라, 예맥 · 삼한 · 부상 · 일본 · 왜국 · 대한 · 문신 · 모인 · 하이 · 여국 · 유구〔東夷海中之國獩貊三韓扶桑日本倭國大漢文身毛人蝦夷女國流球〕" 라는 글자가 있고, 오른쪽 아래의 서문은 마지막에 '기학상석(岐學上石)' 네 글자가 있다. 이에 근거하면

섬서성(陝西省) 기산(岐山) 부근의 봉상부(鳳翔府) 학교에 세워져, 학교 교육에 사용된 지도임을 알 수 있다.[9]

조선인이 그린 지도도 거의 중국인의 관념을 계승했다. 중국식 천하도에 한반도를 그려 넣기도 하고 일본, 유구, 동남아시아 여러 섬을 더 그려 넣었다. 현재 일본 류코쿠(龍谷)대학 부속 도서관에 소장되어 있는 권근이 조선 태종 2년(1402) 제작한 「혼일강리역대국도지도(混一疆理歷代國都之圖)」는 원나라 말 소주(蘇州) 문인 이택민(李澤民)이 만든 『성교광피도(聲敎廣被圖)』를 남본(藍本)[10]으로 삼은 것이다. 분명, 중국이 세계의 중심에 위치하고 또 가장 넓으며, 조선은 중국에 버금가면서 중국과 이어져 있고, 일본은 조선보다 작다. 중국이 중화를 대표했다면 조선은 소중화를 대표했다.

이 소중화 관념의 내원은 우연한 것이 아니다. 유가의 전통 관념에서 보면 화이는 결코 불변의 것으로 고정된 것이 아니다. 『논어』「자한(子罕)」에 공자가 "구이에 가서 거처하고자 하겠다고 하자, 혹자가 누추한데 어찌하시렵니까 했다. 공자는 '군자가 거처하거늘 무슨 누추함이 있겠는가?'라고 했다."[11]라고 나온다. 누추함은 소인의 비루하고 협애한 마음에서 나오는 것이지 거처하는 땅(구이)과는 무관하다. 따라서 『춘추』의 화이 구별은 문화에 의해 결정되지, 종족에 의해 결정되지 않는다. 한유는 「원도(原道)」에서 공자의 뜻을 개괄하여 "공자가 『춘추』를 지음에 제후가 이적의 예를 사용하면 이적으로 취급했고 이적이라도 중국의 안으로 진출하면 중국으로 취급했다."[12]라고 했다. 현실 속의 인간은 당연히 각종 구별이 있어서, 지혜의 구분이 있고 종족의 변별이 있으며 문화의 차이가 있다. 하지만 공자의 관점에서 보면 이것은 인성의 문

9_海野一隆 著, 王妙發 譯, 『地圖的文化史 · 世界部分』 4 「亞洲地圖文化—東亞」, 新星出版社, 2005, pp.23-30.

10_楊曉春, 「〈混一疆理歷代國都之圖〉相關諸圖間的關係」, 劉迎勝 主編, 『〈大明混一圖〉與〈混一疆理圖〉研究—中古時代後期東亞的寰宇圖與世界地理知識』, 鳳凰出版社, 2010, pp.76-99.

11_朱熹, 『論語集注』 卷5, 『四書章句集注』, 中華書局, 1983, p.113 "欲居九夷, 或曰陋, 如之何. 子曰 : 君子居之, 何陋之有."

12_馬通伯, 『韓昌黎文集校注』 卷1, 中華書局香港分局, 1972, p.10. "孔子之作『春秋』也, 諸侯用夷禮, 則夷之 ; 進於中國, 則中國之."

제가 아니라 교육의 문제였으므로 '유교무류(有教無類)'라는 위대한 사상을 제시했다. 훗날 육조 혜능은 오조 홍인에게 대답하여, 불교에서 정말 칭송할 만한 사상을 이루어 내었다. "사람은 남북의 차이가 있지만 불성에는 남북이 없다. 오랑캐는 몸이 화상과 같지 않지만, 불성에는 무슨 차별이 있는가?"[13] 그리고 역사문헌 기록에 따르면, 조선은 성인의 교화를 받은 구역이다. 비록 20세기의 현대 역사가들이 보기에는 기자가 조선을 교화시켰다는 것은 믿을 수 없는 전설이지만, 2천여 년 전통 사회에서 조선 지식인은 이 점을 확신했다. 주나라가 은나라를 멸망시키자 기자는 차마 새 왕조의 신하가 될 수 없어서 조선에 들어왔고, 주나라 무왕은 "기자를 조선에 봉하되 신하로 삼지 않았다."[14] 『한서』에는 "은나라 도가 쇠하자 기자가 떠나서 조선으로 가서 그 백성을 예의로 가르쳤다."[15]라고 했다. 그리고 이에 따라 "공자는 도가 행하지 않는 것을 슬퍼하여 바다에 떠서 구이에 가서 거처하고자 했다."[16]라고 했다.

기자 관련 전설은 고려와 조선의 문헌에 기록이 많다. 여기서 몇몇 예만 들기로 한다.

『기자지(箕子志)』「세계(世系)」에 "백성들에게 8조를 가르쳐 이민족의 상태를 화하의 문명으로 바꾸었다."[17]라고 했다. 그래서 조선은 동이의 곳에 위치하지만 일반적인 이(夷)와 다르며 이미 화하가 된 '이'이다.

권근의 「정삼봉도전문집서(鄭三峰道傳文集序)」에는 "우리 동방은 비록 해외에 있지만 기자 팔조의 교화에 힘입어 풍속이 염치를 숭상하고 문물이 아름답고 인재가 흥기하여 중하에 거의 가깝다.[18]"라고 했다. 김성일의 『풍속고이(風俗考異)』에는 "우리나라는 기자 이래로 예의가 풍속을 이룬 것이 중하와 다르지 않다.[19]"라고 했다. 그리고 김장생의 「율

13_周紹良 編著, 『敦煌寫本〈壇經〉原本』, 文物出版社, 1997, p.112. "人即有南北, 佛性即無南北；獦獠身與和尚不同, 佛性有何差別?"

14_『史記』「宋微子世家」, 『史記』 第5冊, 中華書局香港分局, 1969, p.1620.

15_『漢書』「地理志下」, 『漢書』 第6冊, 中華書局, 1962, p.1658.

16_『漢書』「地理志下」, "孔子悼道不行, 設浮於海, 欲居九夷"

17_『箕子志』 卷首, 沈伯綱 編, 『箕子古記錄選編』, 民族文化研究院, 2002, p.27.

18_『陽村集』 권16, 한국문집총간 제7책, 171.

19_『鶴峰集』 권6 '雜著', 한국문집총간 제48책, 137.

곡이선생가장(栗谷李先生家狀)」에는 "우리 동방은 기자 이래 인의충신과 예악의관으로, 군자지국이라고 중화에서 일컬어졌다."[20]라고 했다. 송시열 『잡록』에는 "우리 동방은 본디 기자의 나라로, 기자가 실행한 팔조는 모두 『홍범』에 뿌리를 두고 있다. 대법이 시행된 것이 실로 주나라 왕가와 시기가 같다. 공자가 거처하고자 한 것이 어찌 이 때문이 아니겠는가?"[21]라고 했다.

바로 이런 까닭에 한반도는 소중화로 자처할 수 있었다. 조금도 의심을 받지 않고 명대 이전의 중국은 조선인의 마음속에 문화국, 선진국의 전형이요, 모범이었다.

기자조선에 관한 여러 기록은 결국 전설이다. 이하에서는 비교적 믿을 만한 한반도 문헌에 근거하여 중국 형상의 변화를 묘사하겠다.

먼저 삼국 시대로부터 이야기하자면, 삼국은 고구려 · 백제 · 신라를 포괄하는데, 여기서는 신라를 예로 들겠다. 현존하는 가장 이른 시기의 역사서는 김대문의 『화랑세기』[22]이다. '화랑'의 도는 풍류도, 풍월도로, 한반도 삼국 시대 신라 중, 후기의 사회에서 유행한 민간 수양 단체이다. 즉 인재 양성의 기지로, 국가의 흥망성쇠에서 중요한 작용을 했다. 그 수령이 화랑, 국선, 혹은 선화였으며, 그 단체를 화랑도라고 했다.

『화랑세기』의 말에 근거하면 화랑의 기풍은 중국에서 왔다고 한다.

> 화랑이란 선도(仙徒)이다. …… 옛날 연부인(燕夫人)이 선도를 좋아해서 미인을 많이 두고는 국화라고 이름했다. 그 풍조가 동쪽으로 우리나라에 스며들어, 여자를 원화(源花)라고 했다. 다만 소태후(召太后)가 폐지하고 화랑을 두어, 국인으로 하여금 받들게 했다. 이보다 앞서 법흥대왕(514-539在位)이 위화랑(魏花郞)을 사랑하여 이름을 화랑이라 했으니, 화랑이란 명칭이 여기에서 시작되었다.[23]

20_『沙溪遺稿』 권7, 한국문집총간 제57책, 107.

21_『宋子大全』 권131, 한국문집총간 제112책, p.438.

22_1980년대 한국에서 『화랑세기』 필사본이 발견된 이후, 한국 · 일본 학계는 그 진위에 대해 의견이 분분하다. 여기서는 비교적 신뢰할 만한 사료로 간주한다.

23_李泰吉 역, 『花郞世紀』 附影印本, 도서출판 민족문화, 1989, p.1.

최치원의 「난랑비서(鸞郎碑序)」에는 이러하다.

> 나라에 현묘한 도가 있으니, 풍류라고 한다. 설교(設敎)의 근원이 선사(仙史)에 자세하게 실려 있으니, 실로 삼교를 포괄하여 군생(群生)을 교화하는 것이다. 이를테면, 들어오면 집에서 효도하고 나가면 나라에 충성하자는 것은 노나라 사구(司寇, 공자)의 종지(宗旨)이고, 무위(無爲)로 일을 처리하고 불언(不言)의 가르침을 시행하자는 것은 주나라 주사(柱史, 노자)의 종지이며, 제악을 짓지 말고 제선을 봉행하자는 것은 축건태자(竺乾太子, 석가)의 교화이다.[24]

이상의 기록에 의거하면 화랑의 근원은 중국의 연부인이 미인을 숭상하는 풍조에서 국화라고 했던 일로 소급할 수 있다. 이후 그 풍조가 동쪽으로 차츰 젖어 들어 원화를 형성하고 다시 변천하여 화랑이 되었다. 신라 시대의 화랑도는 사회 단체로, 그 기능은 우선 개인의 수행에 있었다. 즉, 서로 연마하기를 도의로 하고, 서로 즐기기를 노래와 음악으로 했다. 두 번째는 국가에서 인재를 발견하여 선발하는 일이었다. 즉 "사람의 삿되거나 올바름을 알아서 선한 이를 택하여 조정에 천거했다." 그 생산적 효과로, "현명한 보좌와 충직한 신하가 이로부터 빼어나게 되고, 어진 장수와 용맹한 군졸이 이로써 생겨났다." 그 사상의 내원은 "삼교를 포함하며 군생에 접하여 그들을 교화하는 것이다." 『삼국유사』 권3 '미륵선화' 조의 기록을 연결시켜 보면 화랑으로는 '양가의 남자로서 덕행 있는 자'를 뽑았으며 그런 후 "무리를 선발하고 인사를 모아서 효제충신으로 가르쳤다."[25]

선학들은 대부분 유가의 도덕관념으로부터 영향을 받았다고 해석하는 데 그쳤는데, 이것은 물론 옳다. 하지만 화랑도의 풍류는 위진 시대 명사나 명승의 풍류와 상당히 유사하다. 나의 연구에 의거하면, 이것이 더욱 직접적으로 영향을 주었다. 화랑과 위진 풍류의 유사점은 다음과 같다.

24_『三國史記』 권4, 경인문화사 據正德本影印, 1977, pp.37-38.

25_孫文達 等校勘, 『三國遺事』, 吉林文史出版社, 2003, p.135.

(a) 모두 풍모와 자태가 준수하고 아름다운 자들이다.
(b) 모두 귀족의 집에서 태어났다.
(c) 모두 청담, 문장, 예술을 잘했다.

이상 세 방면은 가족 배경, 외적 표지, 내면 수양에 관계되어 있다. 『화랑세기』 '이화랑(二花郎)'의 찬어(讚語)에 이런 말이 있다.

> 이화(二花)의 풍류, 계림의 청담.
> 화주(華冑)의 보권(寶眷)이, 왕 공주의 사위가 되네.
> 금부처가 와서 귀의하고 약사여래도 오니
> 화랑의 문이요, 법사의 친척이로다.
> 진진한 공족들이여, 만세토록 무궁하시길.[26]

여기서 풍류, 청담, 화주, 법사 등의 개념이 집중적으로 나타난다. 위진 명사와 화랑의 사이에는 놀랄 만한 유사성이 있다. 우연하게 갖다 붙였다고 해석할 수 있는 것이 아니다. 그들이 중화 문화를 앙모했기 때문에 출처를 들어 모방한 것이리라. 모방의 결과, 자기들을 하나의 소중화로 변모시킬 수가 있었다.

신라 시대는 문벌을 강구하는 시대로, 이른바 골품을 숭상했다. 가문을 따지는 것이 중국의 육조 시대와 아주 비슷하다. 『삼국사기』「설계두전(薛罽頭傳)」에 설계두 말을 다음과 같이 기록해 두었다.

> 신라에서는 사람을 씀에 있어 골품을 따진다. 만일 그 족속이 아니라면, 비록 뛰어난 재주와 걸출한 공이 있더라도 뛰어넘을 수 없다. 나는 서쪽 중화국으로 가서, 불세의 지략을 떨치고 비상한 공을 세워서, 힘써 영화로운 길에 올라, 벼슬아치의 옷을 입고 칼을 차고서 천자의 곁을 출입하면 만족할 것이다.[27]

26_『花郎世紀』 영인본, p.11. "二花風流, 雞林淸談. 華冑寶眷, 聘王公主. 金佛來依, 藥師如來. 花郎之門, 法師之親. 振振公族, 萬世無窮."
27_『三國史記』 권47 「薛罽頭傳」, pp.388-389.

재능은 있으나 문벌이 높지 않은 젊은이의 경우에는 중국에 유학하는 것이 개인의 재능을 펴는 한 가지 길이었으니, 이 유학은 본래 중국에 대한 앙모를 강화시켰다. 신문왕 2년(682) 국학을 두고, 원성왕 4년(788), "처음으로 독서 삼품을 정하여 출신하게 했다. ……그 전에는 단지 무술로만 사람을 뽑았으나 이때에 이르러 바꾸었다." 이것은 신라 시대에 문을 중시하게 된 표지이다. 원성왕 5년(789) 자옥(子玉)이란 자가 양근현(楊根縣)의 소수(小守)에 의망되었는데, 모초(毛肖)는 그가 문적(文籍)에서 출신한 것이 아니라는 이유로 반대했다. 어떤 사람이 변호하길, "문적으로 출신하지는 않았지만 일찍이 당나라에 들어가 학생으로 있었으니 어찌 등용하지 않을 수 있겠는가?"[28]라고 하여, 마침내 임용될 수 있었다.

당 태종 때부터 외국인이 당풍을 앙모하여 분분하게 당나라에 유학했는데, 그 가운데 특히 동국이 성했다. 당시의 외국 학생(중국에 들어간 유학생과 본국에서 직접 선발하여 파견해서 응시한 자를 포함)으로서 당나라에 들어가 과거에 응시한 자들은 모두 빈공(賓貢)이었다. 빈공은 당나라에 공출되어 와서 학생으로 머물면서 과거에 올라, 진사 방의 끝에 이름이 부기되었다. 당나라 장경 연간(821-824)에 시작되어 후당 말년(936)까지 1백여 년 사이에 90인을 취했고, 발해 십 수 인을 제외하고 나머지는 모두 동국의 인사였다.[29] 이 제도는 원나라까지 이어졌다. 빈공은 시부(詩賦)를 중시했으므로, "박인범은 고심하여 시를 지었고"[30], 책 상자를 지고 유학한 문사들이 "이름을 장부에 올리고 부를 바쳤다."[31] 신라의 학인은 당나라에 들어가 유학하면서 빈공과에서 이름을 올렸는데, 그 중요한 목적은 사령(辭令)과 문장의 아름다움을 제고하기 위한 것이었으며, 그 가운데 가장 유명한 인물이 최치원이었다. 『삼국사기』의 기록에 이러하다.

28_『三國史記』 권10 '新羅本紀' 제10, p.87.

29_崔瀣, 「送奉使李中父還朝序」, 『拙稿千百』 권2, 한국문집총간 제3책, p.23.

30_崔致遠, 「新羅王與唐江西高大夫湘狀」, 『孤雲集』 권1, 한국문집총간 제1책, p.160.

31_崔致遠, 「與禮部裴尙書瓚狀」, 『孤雲集』 권1, 한국문집총간 제1책, p.161.

> 치원은 젊어서 민첩하고 공부하길 좋아했는데, 나이 열둘에 이르러 장차 바다의 배를 따라 당나라에 들어가 학문을 추구하려고 하자, 그 아버지가 "십 년이 되어도 과거에 급제하지 못한다면 나의 아들이 아니다. 가거라, 부지런히 하라!"라고 했다. 치원이 당나라에 이르러 스승을 좇아 학문을 하여 게을리하지 않아, 건부(乾符) 원년 갑오에 예부시랑 배찬(裴瓚)의 아래에서 단번에 급제를 했다.[32]

홍석주(洪奭周)는 「계원필경집 교정인쇄본 서문〔校印桂苑筆耕集序〕」에서 이렇게 말했다.

> 우리나라에서 문장을 가지고 책을 지어 후세에 전한 사람으로는 고운 최 공으로부터 시작되었다. 우리나라 사람으로서 북쪽에 있는 중국에 들어가 학문을 배우고 문장으로 천하에 이름을 떨친 사람도 역시 최 공으로부터 시작되었다. 최 공의 저서로 후대에 전하는 것은 『계원필경(桂苑筆耕)』과 『중산복궤집(中山覆匱集)』의 둘이었는데, 이 두 저서는 역시 우리 동방의 있어서 문장의 근본과 시초가 된다.[33]

한반도의 문학사상 문학의 선조라고 일컬어지는 최치원은 중국에서 빈공을 거쳐 진사에 오른 인물이다.

고려 왕조는 과거 제도를 실행했다. 정인지 등의 『고려사』 「선거 1」에 "삼국 이전에는 과거의 법이 없었는데 고려 태조가 처음 학교를 세웠으나, 과거로 선비를 취택하기까지는 못했다. 광종이 쌍기의 진언을 수용하여 과거로 선비를 선택하게 되고 이로부터 문학의 풍토가 일게 되었다. 그 법은 자못 당나라의 제도를 이용했다."[34]라고 했다. 광종 9년(958) 과거로 선비를 선발하는 제도를 시작했는데, 그 과목은 제술 · 명경 · 잡업 3과 11문이되 가장 중시한 것은 제술업이었다. 이것이 당나라의 진사과에 해당한다. 고시 과목은 시부를 특히 중시했다. 그러므로 시부를

32_『三國史記』 卷46, p.383.

33_한국문집총간 제1책, p.3.

34_『高麗史』 中책, 亞細亞文化社, 1983, p.589.

빼어나게 써내는 재능의 여부가 순탄하게 급제하는가 그렇지 않은가에 직접 관계되었다. 고려 왕조는 관리의 고과에서 문학적 재능이 어떠한지를 상당히 중시했다. 그리고 가장 환영받은 중국 작가는 소식이었다. 따라서 매번 고시의 방방을 할 때마다 '서른세 명의 동파가 나왔다'라고 했다.

중국의 당송 시대에는 신라 · 고려 두 왕조에서 모두 공사(貢士)가 있었다. 원대에도 예외가 아니었다. 다만 상황이 조금 바뀌었다. 최해는 「봉사 이중보가 조정으로 돌아가는 것을 전송하는 글」에서 다음과 같이 말했다.

> 이를 통해 우리나라에 대대로 인재가 끊어지지 않았음을 알 수 있다. 그러나 이른바 빈공과라는 것은 정식 과거 시험 때에 별도로 시험을 치러 방목 끄트머리에 그 이름을 붙이는 것으로서 정식 과거의 급제자들과는 동등한 대접을 받지 못했다. 그래서 제수받는 관직도 대부분 낮거나 별로 중요하지 않은 관직들이고, 더러는 곧바로 돌려보내지기도 했다. 그런데 원나라에 와서 온 천하 사람들을 똑같이 대우하여 인재를 등용할 때에 출신 지역을 따지지 않았기 때문에 우리나라 사람들 중에 중원의 수재들과 나란히 응시하여 금방에 이름이 오른 자가 이미 여섯 명이나 된다.[35]

당송 시대의 빈공은 고시와 방방을 모두 별도로 처리했으나, 원대에 이르러 다시 구분하지 않았다. 최해 본인은 원나라 지치(至治) 원년(1321)의 시험에 합격해서 이름이 진사방에 올랐는데, 43명 가운데 제21명이었으므로 상당히 자부했다.

요컨대 한자 문화 수준이 향상됨에 따라 한반도는 점차로 소화 혹은 소중화의 명칭을 얻게 되었다. 당나라 현종 때 형도(邢璹)를 신라로 파견했는데, 떠나기 전에 현종은 "신라는 '군자의 나라'라고 불릴 만큼 책과 글의 조예가 상당히 깊어서 중화와 비슷하다. 그대는 돈독한 선비이므로 나의 신임 부절을 띠어 가게 하는 것이니, 마땅히 경서의 뜻을 부연

35_「送奉使李中父還朝序」, 『拙稿千百』 권2, 한국문집총간 제3책, p.24.

하여 대국의 유교가 성대함을 알게 하라."[36]라고 당부했다.

『조선사략(朝鮮史略)』 제6권에 보면, 희령 연간에 고려 사신 박인량(朴寅亮)과 김근(金覲)이 송나라에 가서, "저술한 척독·표장(表狀) 및 제영을 송나라 사람이 칭송하고 심지어 두 분의 시문을 간행하기까지 하여 『소화집』이라 했다."[37] 소화는 즉 소중화의 뜻이다. 소화는 처음에 중국이 한반도에 대한 칭호였음을 알 수 있다. 다시 이규보(李奎報, 1168–1241)의 「화이도에 제한 장단구」는 이러하다.

> 만국의 삼라만상이 두어 폭 종이에 펼쳐져, 삼한은 모퉁이의 한 작은 덩어리 같네. 관람하는 사람들은 작다고 말하지 말라, 내 눈에는 상당히 크다고 말하리라. 고금에 어진 인재 끊임없이 태어나, 중국에 견주어도 크게 부끄러울 것 없도다. 인재 있으면 나라요 없으면 나라가 아니니, 오랑캐는 땅만 컸지 초개 같을 뿐이다. 그대는 보지 못했는가, 중화인이 우리를 소중화라 말한 것을? 이 말은 진실로 채택할 만하여라.[38]

큰 것과 작은 것은 국토의 면적으로 결정되지 않으며, 문화의 고저와 인재의 다과에 뿌리를 둔다. 삼한은 지도상에서는 한구석의 땅에 불과하지만 이규보는 크다고 보았으며, 거꾸로 '오랑캐는 땅만 컸지 초개 같을 뿐'이라고 했다. 그래서 "중화인이 우리를 소중화라 말하므로", 그는 대단히 자부하기에 이르렀다. 조선 시대에 이르러서는 스스로 소중화라고 일컫게 되었다. 이달충(李達衷)은 「의풍루(倚風樓)」에서 처음부터 "당시 스스로 소중화라고 일컬었다"[39]라고 했다. 최립(崔岦)은 「유서경이 경사로 가는 것을 전송하는 글」에서 "우리 동방은 본디 소중화라고

36_『三國史記』 권9, p.79. "新羅號爲君子之國, 頗知書記, 有類中華. 以卿惇儒故持節往, 宜演經義, 使知大國儒教之盛."

37_『高麗史節要』 권6, 肅宗明孝大王丙子元年九月, 明文堂, 1981, p.153. "所著尺牘·表狀及題詠, 宋人稱之, 至刊二公詩文, 號『小華集』."

38_『東國李相國全集』 권17, 한국문집총간 제1책, p.469. 「題華夷圖長短句」. "萬國森羅數幅牋, 三韓隈若一微塊. 觀者莫小之, 我眼謂差大. 今古才賢袞袞生, 較之中夏毋多愧. 有人曰國無則非, 胡戎雖大猶如芥. 君不見華人謂我小中華, 此語眞堪采."

39_『霽亭集』 권1, 한국문집총간 제3책, p.280.

일컬었다"[40]라고 했다. 임숙영(任叔英)은 「지봉선생 지천록 후서」에서 "해동 문헌에는 소중화란 호가 있었다."[41]라고 했다. 박세채(朴世采)는 「영릉(英陵)과 영릉(寧陵)에 삼가 들러서」에서 "시와 서때문에 소중화로다."[42]라고 했다. 일단 소화라고 자각한 이후로 그들은 중화를 어떻게 바라보았던가?

3. 소화의 시선으로 중화를 보다

조선 시대 초기에서 중기에 이르기까지는 대개 명나라 250년의 기간에 해당한다. 이것이 제2 단계이다. 관념상으로는, 구별 없이 병행한다고 강조하다가 같음 속에 차이가 있는 것을 강조하게 되었다.

몇 가지 사료에 근거해서 이야기를 펴 나가겠다. 서거정(徐居正)의 「동문선서(東文選序)」에 이러하다.

> 시대에 따라 각기 문이 있고, 문에는 각기 체(體)가 있는 것이니, 전모(典謨)를 읽으면 요 · 순의 문을 알 수 있고, 훈(訓) · 고(誥) · 서(誓) · 명(命)을 읽으면 삼대의 문을 알게 된다. 그리하여 진에서 한으로, 한에서 위 · 진으로, 위에서 수 · 당으로, 수 · 당에서 송 · 원으로 내려오면서 그 시대를 논하여 그 문을 상고하면 『문선(文選)』 · 『문수(文粹)』 · 『문감(文鑑)』 · 『문류(文類)』등 여러 가지 책으로써, 대개 후세 문운의 높고 낮음을 논할 수 있다. 근래에 문을 논한 사람이, 송나라의 문은 당나라의 그것이 아니고, 당나라의 문은 한나라의 그것이 아니며, 한나라의 문은 춘추전국 시대의 그것이 아니고, 춘추전국의 문은 하 · 은 · 주와 요순시대의 그것이 아니라고 말했다. 이것은 정말 식견이 있는 이론이다. 우리나라는 단군이 나라를 세우셨다고 하지만 알 수 없는 아득한 먼 일이다. 기자는 홍범구주를 밝히고 팔조법을 베풀어 그 당시

40_「送柳西坰赴京師序」, 『簡易集』 권3, 한국문집총간 제49책, p.287.
41_「芝峰先生朝天錄後序」, 『疎庵集』 권4, 한국문집총간 제83책, p.444.
42_「敬過英寧二陵」, 『南溪集』 권3, 한국문집총간 제138책, p.75.

에는 반드시 문화적인 치적이 가히 숭상할 만한 것이 있었겠지만 당시의 문헌들이 남아 있지 않다. 삼국 시대에는 전쟁이 나날이 벌어졌거늘 어찌 글짓기에 종사할 수 있었겠는가? 그러나 고구려에서는 을지문덕이 사명(辭命)을 잘하여 수나라의 백만 군대에 대항했다. 신라에서는 젊은이들을 당나라에 들여보내 과거에 합격한 사람이 50여 명이나 되었으며, 최치원은 황소를 치는 글〔토황소격문(討黃巢檄文)〕을 지어 이름을 천하에 떨쳤다. …… 우리 조선은 여러 임금이 대를 이어 백 년이나 인재를 길러, 인물들이 그 사이에 배출하여 좋은 정기를 한데 모아 글을 짓게 되었으므로, 생동적이고 뛰어난 글이 또한 옛날보다 못하지 않을 정도이다. 이것은 곧 우리나라의 문이 송나라와 원나라의 글이 아니고, 또 한나라 · 당나라의 글이 아니며 우리나라의 글인 이유이다.[43]

여기서 말하는 것은 동방의 문장이 중국 역대의 문장과 '천지 사이에 병행할' 수 있다는 것이다. 또 허균의 「오참군 자어 대형이 명나라로 돌아가는 것을 전송하며」 시에는 이러하다.

나라는 중외의 구별 있다지만, 사람은 동이와 화하의 구별이 없는 법. 태어난 곳 달라도 모두 형제이니, 초 땅, 월 땅 나눌 필요가 어찌 있으랴. 간과 담처럼 매번 서로 밝게 비추고, 빙호를 찬 달이 내려 비추는 격. 옥인을 보고 나의 추함 알아차렸고, 뱉은 구슬 같은 시는 그대를 따를 수가 없었네. (『해동역사』「예문지」)[44]

여기서 보여 주는 것은 '사람은 동이와 화하의 구별이 없다'는 것이다. 문장이든 인물이든, 동국은 중국과 병행하여 구별이 없을 수 있다. 다시 말해, 이 단계에서 한반도 사람들은 대단히 강한 문화적 자신감을 지녔다. 여기서 한층 더 나아가 자기의 특성을 강조했다. 조귀명(趙龜命)의 「관월첩서(貫月帖序)」에서는 이렇게 말했다. "우리 동국을 소중

43_『東文選』卷首, 『東文選』 제1책, 태학사, 1975년 영인, p.1.

44_吳明濟, 『朝鮮詩選』卷1, 祁慶福 『朝鮮詩選校注』, 遼寧民族出版社, 1999, p.249, 「送吳參軍子魚大兄還天朝」. "國有中外殊, 人無夷夏別. 落地皆弟兄, 何必分楚越. 肝膽每相照, 氷壺映寒月. 依玉覺我穢, 唾珠復君絶."

화라고 일컬은 지 오래되었으나, 사람들은 중화와 비슷하다는 것만 알 뿐이고 유사한 속에 유사하지 않은 것이 존재함을 모른다."[45]

이것은 매우 주목할 만하다.

고려 말에서 시작하여 곧바로 조선 말기에 이르기까지 조선 반도는 매년 여러 차례 중국에 사절을 파견했고, 적어도 5백 종의 사행 기록을 남겨, 오백여 년의 긴 시간 동안 중지한 적이 없다. 명나라 때는 이런 기록은 대부분 '조천'이라 명명했으나, 청나라 때에 이르러서는 대부분 '연행'이란 이름을 썼다. 오늘날의 학술계는 연행록이란 말로 이런 문헌을 개괄적으로 가리키고, 심지어 다른 국가 사신이 중국에 이른 기록도 연행이라 명명한다. 나는 개인적으로 이것은 온당하지 않다고 보아, '중국행기'를 전체의 칭호로 사용할 것을 건의한다.

여기서 나는 우선 노인(魯認)의 『금계일기(錦溪日記)』(1599년 2월 22일부터 6월 27일까지)를 근거로 조금 설명하고자 한다. 노인은 만력 20년(1592) 임진왜란 때 거의하여 왜에 항전해서 전투의 공이 현저했다. 만력 25년(1597) 일본군이 다시 조선에 침략하자 남원의 전투에서 포로가 되었다. 그가 통역자에게 왜 죽이지 않고 가둬두냐고 묻자, 통역자는 "관백 다이라 히데요시(平秀吉, 豐臣秀吉)가 여러 장수들에게 명하길, '여섯 해 동안 군사를 일으켜 성공하지를 못했다. 다만 지금 흔쾌한 것은 반드시 조선으로 하여금 온전한 사람이 하나도 없게 하고자 한다. 장년은 포로로 하고 노약자는 코를 베어, 코를 벤 것의 많고 적음으로 공의 고하를 가려 상을 주겠다.' 라고 했소. 공은 장년도 아니고 글을 아는 관리이니 포로로 잡아가는 것이오"[46]라고 했다. 포로가 되어 이예주(伊豫州의) 부혈(浮穴), 즉 지금의 에히메(愛媛)현 중부에 이르러 몰래 도망하다가 다시 잡혔다. 또 센슈(泉州) 히네(日根)(지금의 大阪)로 압송되는 사이에 중국 복건 차관의 종자 진병산(陳屛山)·이원징(李源澄)을 알게 되어 방법을 써서 일본을 벗어나, 복건을 거쳐 북경에 이르렀다. 황제가 어마 한 필을 하사하고, 원외랑 사여매(史汝梅)를 파견하여 호송

45_『東谿集』 권1, 한국문집총간 제215책, p.6. "我東之稱小中華, 舊矣. 人徒知其與中華相類也, 而不知其相類之中又有不相類者存."

46_「丁酉被俘」, 『錦溪集』 권3, 한국문집총간 제71책, p.196.

해서 본국으로 돌아가게 했다. 복건의 무이학자(武夷學者) 예사화(倪士和)·사조신(謝兆申) 등 십여 인이 전송하러 산해관까지 왔다. 노인은 요양을 거쳐 압록강에 이르러 본국으로 돌아갔다. 이 과정에서 겪은 바를 모두 일기에 적었으니, 곧 『금계일기』이다. 그의 기록에서 일본은 어떠한 형상인가? 그는 일본 승려 호소야스(細安)의 말을 다음과 같이 적어 두었다.

> 일본은 수백 년 내 전쟁이 없어 군사를 모르며, 백관의 임명과 교체, 과목을 통한 인재 선발, 법령과 상벌이 중국과 다름이 없어서 독자적으로 하나의 낙국을 이루어 왔소. 그런데, 오십 년 전 남만의 큰 배가 대포와 화실 등의 물건을 싣고 표류하다가 일본에 이르러 오자, 일본 사람들이 이를 따라 힘써 배워 모두 묘수가 되어 절로 전국 시대의 습벽을 이루었소. 이로써 금수의 구역이 되고 말았다오.[47]

일본인은 자기 국가를 '금수의 구역'이라고 자칭하겠는가? 믿을 수 없다. 이것은 필시 노인의 관점을 대표할 뿐이다. 그는 스스로 명확히 이렇게 말했다. "왜의 성질은 호랑이처럼 욕심 부리고 시랑처럼 탐학하니, 믿을 수가 없다."[48]

노인은 중국 수재와의 대담에서 은근히 중국과 조선의 풍속이 다름을 언급했다.

> 제(諸) 수재가 말했다. "귀국의 풍교와 예제를 들려주십시오." 공은 말했다. "풍교는 기자 성인의 팔교의 교화에 의거하고 있고 예제는 회암(주자)의 『가례』를 한결같이 따르고 있습니다. …… 우리나라는 비록 바다 구석에 있지만 멀리 단군이 요임금과 나란히 섰고 협화하여 문명이 변했으므로 주나라 무왕이 기성을 조선에 봉하기까지 했습니다. 의

47_「倭窟探情」, 『錦溪集』 권3, 한국문집총간 제71책, p.198. "日本數百年來, 未有干戈, 不知師旅. 而百官之改替, 科目之取才及法令賞罰, 與中國無異, 自爲一樂國矣. 五十年前, 南蠻海船, 滿載炮矢等物漂到日本, 日本之人, 從此力學, 皆爲妙手. 自成戰國之習, 而便作禽獸之域."

48_「倭窟探情」, 『錦溪集』 권3. "倭之性, 虎欲狼貪, 不可信也."

> 관과 문물, 예법과 법도는 한결같이 중국의 제도를 따랐으므로, 우리 도가 동쪽으로 온 것이 오래되었습니다. 우리나라의 문헌은 문과 · 무과, 효렴 · 천거에서 한결같이 고전을 따르고 있습니다. 위로는 국학에서부터 아래로 향당의 사숙에 이르기까지 거문고를 타면서 외우는 소리가 양양하여 사방 국경에까지 달할 정도입니다. 아이가 나서 여덟 살이되면 먼저 『효경』을 가르치고 다음으로 사서 · 육경을 가르쳐 모두 명경(明經)을 업으로 합니다. 게다가 3년 상제는 귀천을 가리지 않고 한결같습니다. 또 부인은 남편이 죽으면 종신토록 절개를 지키거나 함께 죽어서 광혈에 함께 묻힙니다. 모두 효와 열로 그 문려에 정표를 하여 그것이 곳곳마다 서로 이어져 있습니다."…… 제생이 서로 돌아보면서 비로소 말했다. "귀국의 문헌은 천하가 알고 있소. 하지만 법을 지키고 예를 아는 것이 이렇게 극에 달했는지 어찌 알았겠소? 회암의 『가례』는 대강(양자강) 남쪽에서는 사용하고 있지만 아직 중국에서는 두루 행하고 있지 않습니다. 귀국이 이와 같음은, 거의 기자의 끼친 교화이군요."[49]

여기서 노인의 이목 속의 중국이 어떠한지 볼 수 있으며 그의 마음속의 조선이 어떠한지도 볼 수 있다. 동국은 교화가 이루어진 역사가 유구할 뿐 아니라, 주희 『가례』도 엄격하고도 전면적으로 준수하여, 중국이 최근 '대강 이남'에서만 운용하고 있는 것과 다르다. 이 차이의 면에서 그는 중국 복건 수재의 입을 통해 중국인이 조선을 찬미하다 못해 자괴하여 마지않을 정도라고 하여 자부심을 드러냈다. 만약 그의 붓 아래 일본 형상과 비교한다면 그 점이 더욱 분명하게 드러날 것이다. 조선의 선조 대왕은 일찍이 "설령 외국으로 말하자면 중국은 부모이고, 우리나라

49_「院堂升薦」, 『錦溪集』 권3, 한국문집총간 제71책, pp.208-209. "諸秀才曰 : '願聞貴國風教及禮制.' 公曰 : '風敎只依箕聖八政之敎, 而禮制一遵晦庵家禮. …… 我國雖在海隅, 粤自檀君與堯并立, 協化於變. 故至周武封箕聖, 衣冠文物, 禮樂法度, 一遵華制, 而吾道東者久矣. 凡我國文獻, 則文武科, 孝廉擧, 一遵古典. 上自國學, 下至黨塾, 弦誦洋洋, 達於四境. 子生八歲, 先敎『孝經』, 次以『四書』·『六經』, 皆業明經. 況喪制三年, 無貴賤一也. 又婦人夫死, 則或終身守節, 或同死同穴. 皆以孝烈旌其門閭, 處處相望.'…… 諸生相顧始信曰 : '貴國文獻, 天下所知. 然守法知禮, 豈意此極. 晦庵『家禮』, 大江以南則用之, 而猶未徧行於中國. 貴國如是, 殆箕子之遺敎也.'"

와 일본은 모두 외국이요, 아들과 같다. 부모의 아들에 대한 관계로 말하면, 우리나라는 효자요, 일본은 적자(賊子)이다."[50]라고 말했다고 한다. 이런 비교관은 조정과 재야에서 동일했다. 그래서 전체적으로 보면 명대 한반도의 사료가 그려 낸 중국 형상은 긍정적이다. 중국의 정치, 경제, 문화는 모두 그들의 찬탄을 자아냈다. 그들은 관찰과 기록을 통해서 중국을 학습하고 아울러 동국의 풍속을 개변하길 희망했다. 조헌(趙憲)은 일찍이 "중조 문물제도의 성대함을 자세히 살펴, 동방에 실시하여 효과를 보고자 했다."[51] 곧 조선이 능히 중국의 문물제도를 모방하게 되길 희망했다. 박제가도 말했다. "중봉(조헌)은 질정관으로 연경에 들어갔는데, 그의 『동환봉사』는 근실하고 간절하게 저쪽을 준거로 자기를 깨우치고 선(善)을 보아 같아지려고 생각했다. 화하의 문화를 이용하여 동이의 풍속을 바꾸고자 고심하지 않은 것이 없었다."[52]

4. 화이의 전도: 조천에서 연행으로

명이 청으로 교체되어 만주인이 중원의 주인이 되었다. 외교 문서를 제외하고, 조선은 청나라 연호를 사용하지 않고 명나라 조정을 그리워했으며, 청나라 황제를 호황(胡皇)이라 폄하했다. 따라서 사행 기록은 과거의 조천에서 연행으로 한결같이 바뀌었다. 그들이 중국에 이른 후 가장 하고 싶어 했던 것은, 하나는 '금서를 찾는 일', 또 하나는 '의관을 과시하는 일'이었다. 『숙종실록』에는 "관문서 이외에는 비록 하층의 천민이라 해도 청국의 연호를 쓰는 사람이 없었다."[53]라고 했으니, 모두 '숭정후(崇禎後) 몇 년'이라는 식으로 표시하여, 명나라 조정을 추념할

50_『宣祖實錄』 권37, 선조 26년 4월 4일 戊子. "設使以外國言之, 中國, 父母也；我國與日本同是外國也, 如子也. 以言其父母之于子, 則我國, 孝子也, 日本, 賊子也."

51_安邦俊, 「東還封事跋」, 『重峰集』 권4, 한국문집총간 제54책, p.224. "諦觀中朝文物制度之盛, 意欲施效於東方"

52_「北學議自序」, 『楚亭全書』 下, 亞細亞文化社, 1992, p.417. "重峰以質正官入燕, 其『東還封事』, 勤勤懇懇, 因彼而悟己, 見善而思齊, 無非用夏變夷之苦心."

53_『肅宗實錄』 권3, 숙종 원년 4월 9일 丁酉. "凡官文書外, 雖下賤無書淸國年號者."

뿐만 아니라 자국이 중화 문명을 보존하고 있음을 표시했다. 박지원은 『열하일기』「도강록」에서 이렇게 말했다.

> 황명은 중화인데 우리나라가 애초에 승인을 받은 상국인 까닭이다. …… 청이 들어와 중국을 차지한 뒤에 선왕의 제도가 변해서 오랑캐가 되었으되 우리 동녘 수천 리는 강을 경계로 나라를 이룩하여 홀로 선왕의 제도를 지켰으니, 이는 명의 황실이 아직도 압록강 동쪽에 존재함을 말함이다. 우리의 힘이 비록 저 오랑캐를 쳐 몰아내고 중원을 숙청하여, 선왕의 옛 것을 광복시키지는 못할지라도, 사람마다 모두 숭정의 연호라도 높여 중국을 보존했던 것이다.[54]

이전의 소중화는 대중화를 상대하여 말하는 것이므로 중국에 대한 앙모였다. 여기서의 소중화는 호로 · 융적을 상대하여 말하는 것이므로 청조에 대한 멸시이다. 가장 주목할 만한 것은, 이것이 한두 사람의 사사로운 견해가 아니라 사회 대중의 공통 인식이었다는 점이다. 형상학 연구는 특히 한 민족이 이민족을 바라보는 관점의 총화를 연구할 것을 강조한다. 만일 이 시기 조선이 중국을 바라보는 관점의 총화를 말한다면 바로 경멸이다.

박지원의 『열하일기』 제2권 「일신수필(馹汛隨筆)」에 다음 기록이 있다.

> 우리나라 선비들이 북경에서 돌아온 이를 처음 만나면 반드시, "자네, 이번 걸음에 제일 장관(壯觀)이 무엇이던고. 그 제일 장관을 뽑아서 이야기해 다오." 하면, 그들은 제각기 본 바를 좇아서 입에 나오는 대로 말한다. …… 분분하게 대답하여 이루 헤아릴 수 없다. 그러나 상사(上士)는 섭섭한 표정으로 얼굴빛을 바꾸면서, "도무지 볼 것이 없더군요." 한다. "어째서 아무런 볼 것이 없더냐?" 하고 물으면, 그는, "황제

54_『燕岩集』 권11, 한국문집총간 제252책, p.146. "皇明, 中華也, 吾初受命之上國也. …… 淸人入主中國, 而先王之制度變而爲胡. 環東土數千里畫江而爲國, 獨守先王之制度, 是明明室猶存于鴨水之東也. 雖力不足以攘除戎狄, 肅淸中原, 以光復先王之舊, 然皆能尊崇禎以存中國也."

> 가 머리를 깎았고, 장(將)·상(相)과 대신 모든 관원들이 머리를 깎았으며, 사(士)와 서인(庶人)들까지도 모두 그러한즉, 비록 공덕이 은(殷)·주(周)와 같고 부강함이 진(秦)·한(漢)에 지나치다손 치더라도 사람이 생겨난 이래로 아직껏 머리 깎은 천자는 없었다오. 또 비록 육롱기(陸隴其)·이광지(李光地)의 학문이 있고, 위희(魏禧)·왕완(汪琬)·왕사징(王士澂)〔왕사진(王士禛)〕의 문장이 있고, 고염무(顧炎武)·주이준(朱彝尊)의 박식이 있다 한들, 한번 머리를 깎는다면 곧 되놈이요, 되놈이면 곧 짐승일 것이니, 우리가 그들 짐승에게서 무슨 볼 게 있단 말이오." 한다. 이것이 곧 으뜸가는 의리이다.[55]

이른바 상사(上士)는 당시의 지식인이다. 그들의 관점은 이와 같이 멸시의 뜻을 지니고 있었으니, 세간에서는 또 어떠했겠는가? 박제가의 『북학의』에 "하사는 오곡을 보면 중국에 있는지 없는지 묻고, 중사는 문장이 나만 못하다고 여기며, 상사는 중국에는 이학이 없다고 여긴다."[56]라고 했다. 보통의 백성에서부터 지식인에 이르기까지 청조에 대해서는 전혀 호감을 지니지 않았던 것이다. 또 이렇게 말했다.

> 어떤 이에게 한번 묻기를, 중국의 학문에도 퇴계(이황) 같은 이가 있고 문장에 간이(최립) 같은 이가 있으며 명필에 한호(석봉)보다 나은 이가 있느냐고 물으면, 반드시 발끈하여 낯빛을 바꾸고 곧바로 '어찌 이럴 리가 있소?'라고 할 것이며, 심지어는 그 사람을 죄주려고까지 할 것이다. 어떤 이에게 한번 묻기를, 만주인은 음성이 개 짖는 것 같고 음식도 냄새가 하도 나서 가까이 할 수 없어서 뱀을 시루에 쪄서 먹는 것과 같으며, 황제의 여동생은 역졸과 눈이 맞아 도망하고 왕왕 가남풍(賈南

55_『燕岩集』 권12, 한국문집총간 제252책, p.176. "我東人士初逢自燕還者, 必問曰 : '君行第一壯觀何物也? 第爲拈出其第一壯觀而道之也.' 人則各以所見率口而對. …… 紛紛然指不可勝屈. 上士則愀然變色易容而言曰 : '都無可觀.' '何謂都無可觀?' 曰 : '皇帝也薙發, 將相大臣·百執事也薙發, 士庶人也薙發. 雖功德侔殷周, 富強邁秦漢, 自生民以來, 未有薙發之天子也. 雖有陸隴其·李光地之學問, 魏禧·汪琬·王士澄(禛)之文章, 顧炎武·朱彝尊之博識, 一薙發則胡虜也, 胡虜則犬羊也, 吾於犬羊也何觀焉?' 此乃第一等義理也."

56_「北學辨」, 『北學議』 外編, 『楚亭全書』 下冊, p.535. "下士見五穀, 則問中國之有無 ; 中士以文章不如我也 ; 上士謂中國無理學."

> 風)의 일이 있다고 하면, 필시 크게 기뻐하면서 이야기를 들려주려고 숨도 돌리지 않을 것이다. 내가 남들에게 한껏 변론하기를, '내가 전에 눈으로 직접 보고 왔는데, 이런 일은 전혀 없소.'라고 말하면, 그 사람이 끝내 석연해하지 않으면서, '아무 역관이 이렇게 말했다.'라고 할 것이다. …… 나는 자주 남들에게 변론을 했는데, 비방하는 이들이 많았다.[57]

박제가는 북쪽으로 중국에 배워야 한다고 주장했다. 다만 그가 일단 청조의 좋은 점을 말하기만 하면 반드시 노기와 질타를 받았다. 만약 청조에 대해 조금이나마 변론하게 된다면 왕왕 비방을 받았다. 유득공은 『고운당필기(古芸堂筆記)』에 남공철(南公轍)의 말을 다음처럼 실어 두었다.

> 최근 한 어른이 경전과 역사를 많이 읽고 표(表)와 책(策)을 잘 지었다. 소년이 건륭 황제의 붓을 가지고 노는 것을 보고, 놀라 묻기를 "건륭이 글씨를 쓸 줄 알았단 말인가?"라고 했는데, 소년은 "그렇습니다"라고 했다. 그 어른은 "괴이해라! 괴이해라! 이는 울량합(兀良哈, 오랑캐)이 우리나라 글자를 본받았거늘, 어찌 이렇게 교묘하단 말인가?"라고 했다. 소년들이 웃음을 참을 수가 없었다.[58]

울량합(오랑캐)은 몽고의 한 부족인데, 여기서는 만주족인을 가리킨다. 우리나라 글자는 곧 한자를 가리킨다. 몇 가지 예를 들어 보았는데, 대개 한반도에서는 조정이든 재야이든 현명하든 어리석든, 청조에 대해 언급하기만 하면 경멸의 뜻이 가득했다는 점을 볼 수 있었다. 따라서 이는 이 단계의

57_「北學辨」, 『北學議』 外編, 『楚亭全書』 下冊, p.539. "試言於人曰：中國之學問有如退溪者, 文章有如簡易者, 名筆有勝於韓濩者, 必怫然變色, 直曰'豈有是理?' 甚者至欲罪其人焉. 試言於人曰：滿洲之人其語聲如犬吠也, 其飲食臭不可近也, 蒸蛇於甑而啖之也, 皇帝之妹淫奔驛卒, 往往有賈南風之事也. 必大喜, 傳說之不暇. 余嘗力辨於人曰：余曾目擊而來, 擧無此事. 其人終不釋然, 曰某譯官如此說也. …… 余數與人辨, 頗有謗之者."

58_『雪岫外史』外二種, 亞細亞文化社, 1986, p.406. "近有一長者, 多讀經史, 善製表策. 見諸少年傳玩乾隆皇筆, 驚問曰：'乾隆能書乎?' 少年曰：'然.' 長者取視良久曰：'此是乾隆筆云爾乎?' 少年曰：'然.' 長者曰：'怪哉! 怪哉!此兀良哈效我國字, 何其若是之巧乎?' 諸少年莫不匿笑."

시기에 중국 형상의 기본 모양을 이루었다.

5. 화이관의 전변: 통신과 연행

하지만 이런 관점은 불변의 것이 아니었다. 전변의 원인은 이를테면 옹정 · 건륭의 시대에 드러난 성대한 청나라의 풍모, 청조의 한문화 계승과 창조 등등 여러 가지를 들 수 있겠으나, 이런 현상은 보고도 못 본 체할 수가 있었다. 기록은 반드시 진실한 기록이 아닐 수 있고 관찰은 반드시 사실대로의 관찰이 아닐 수 있다. 기록이든 관찰자이든 기록자와 관찰자의 선입견으로부터 영향받을 수가 있다. 청조에 대한 한반도의 태도에 전변이 있게 된 계기는 영조 40년(1764, 청나라 건륭 29년) 조선 통신사가 일본에서 견문을 하고 반성한 것에 있다.

조선 왕조는 건국 이후로 사대교린을 기본 국책으로 삼았다. 그 원칙은 사대를 정성으로 하고 교린을 신의로 하여, 명 · 청 왕조에 대해서는 조천사나 연행사를 파견하고 일본에 대해서는 통신사(쇄환사 · 통유사 · 회답겸쇄환사)를 파견했다. 이른바 통신이란 한편으로는 음신(音信)의 전통(傳通)을 가리키고 한편으로는 신의의 돈목(敦睦)을 가리킨다. 도쿠카와 막부 시대에 조선은 선조 40년(1607)부터 순조 11년(1811)까지 일본에 12차의 외교 사절단을 파견했다. 학술계에서는 왕왕 통신사라고 통칭한다. 문자 응수의 책임은 주로 제술관과 서기관(모두 3명)이 맡았다. 따라서 조선 측에서는 그때마다 신속하게 시문을 짓는 재주를 지닌 문사를 파견하여 이 임무를 맡겼다. 그 밖에 삼사 서기도 마찬가지로 문채가 찬란한 이들을 뽑았다. 일본 측에서도 문학 인사를 파견해서 접응하게 했다. 이로써 피차 창화의 사이에 본국의 한문화 수준을 전시하고 그와 동시에 역량을 비교했다.

대체로 보아, 1764년 이전의 일본은 조선의 시문이나 서화를 앙모 태도로 받들어, 마치 미치지 못하지나 않을까 염려하듯이 했다. 근 50년 전 신유한이 기록한 예를 보면 『해유록』 「부: 문견잡록」 '풍속' 조에 이런 말이 있다.

> 일본 사람이 우리나라의 시와 문을 구하여 얻은 자는 귀천과 현우를 묻지 않고 신명처럼 우러러 보고 보배로 여기기를 주옥처럼 하지 않음이 없다. 비록 가마를 메고 말을 모는 천한 사람들이라도 조선 사람의 해서나 초서를 두어 글자만 얻으면 모두 손으로 이마를 받치고 감사의 성의를 표시한다. 소위 문사라 하는 자는 천릿길을 멀다 않고 와서 역(驛)이나 관(館)에서 기다리므로 하룻밤 묵는 동안에 혹은 종이 수백 폭을 소비하고, 시를 구하다가 얻지 못하는 자는 반 줄의 필담이라도 보배로 여겨 감사해하기를 마지않는다. 대개 그들이 정화(精華)로운 땅에 생장했으므로 본래 문자를 귀중히 여길 줄 알기는 하지만 중국과는 너무 멀어서 평생에 의관(衣冠)의 성대한 의식을 모르고 평소 조선을 높이 사모하는 이유로, 그 대관과 귀인은 우리의 글을 얻어서 자랑거리로 삼고 서생은 명예를 얻는 길로 삼으며 낮고 천한 자는 구경거리로 삼는다. 우리가 글을 써 준 뒤에는 반드시 도장을 찍어 달라고 청하여 진적(眞蹟)인 것을 증명하므로, 매양 이름난 도회지나 큰 고을을 지날 때에는 응수하기에 겨를이 없다.[59]

그리고 신유한의 시선 속의 일본 문학은 "가행과 율어(율시)를 만들라 하면 평측이 많이 어긋나고 취미가 전혀 없으니, 우리나라 삼척동자가 들어도 웃을 것이다." "사람들마다 당음(唐音)을 배우겠다고 하지만 고인의 모습을 제대로 본뜬 것이라고는 없으며," "나와 마주 앉아서 수창하는 자들은 대부분 소루하고 우둔하여 대화에 차서가 없다."[60] 이렇듯이 일본인의 문학을 전혀 시선 속에 두지 않았다. 신유한 자신의 개성과 교만 등 개인 요소를 배제한다면, 이는 당시 조선인의 전체 의견을 대표하

59_『青泉集』 續集 권7, 한국문집총간 제200책, p.517. "日本人求得我國詩文者, 勿論貴賤賢愚, 莫不仰之如神仙, 貨之如珠玉. 即舁人 · 廝卒目不知書者, 得朝鮮楷草數字, 皆以手攢頂而謝. 所謂文士, 或不遠千里而來待於站館. 一宿之間, 或費紙數百幅. 求詩而不得, 則雖半行筆談, 珍感無已. 蓋其人生長於精華之地, 素知文字之可貴. 而與中華絶遠, 生不見衣冠盛儀, 居常仰慕朝鮮. 故其大官 · 貴遊則得我人筆語爲誇耀之資, 書生則爲聲名之路, 下賤則爲觀瞻之地. 書贈之後, 必押圖章以爲眞跡. 每過名州巨府, 應接不暇."

60_『青泉集續集』 권8, 한국문집총간 제200책, p.520. "使之爲歌行律語, 則平仄多乖, 趣味全喪, 爲我國三尺童子所聞而笑者"; "人人自謂欲學唐音, 而無一句畫虎于古人"; "與予對坐酬唱者, 率多粗疎滷塞, 語無倫序"

는 것이었다.

그런데 1764년 조선과 일본의 상호 문학적 평가에는 하늘과 땅이 뒤바뀔 만한 변화가 있었다.

먼저 일본 측의 조선에 대한 평가를 보면, 갑신년 여름 5월 오쿠다 겐케이(奥田元繼)는 그가 편집한 『양호여화(兩好餘話, 료코요와)』에 발문을 적어 이렇게 말했다.

> 내가 조선인이 지은 문장을 자세히 살펴보면, 한유 · 유종원 · 구양수 · 소식도 아니고 이반룡 · 왕세정도 아니다. 실로 지역의 속습이 있으면서, 그 사승을 한결같이 지켜서 조금도 바뀌지 않았다. 고루함이 심한 것은, 고금의 필화를 열람하면 알 수 있다. 지금 갑신년 빙사를 동행한 480여 인 가운데 붓을 물 흐르듯이 써 내려가 말이 끝나자마자 문장을 이루면서 간간이 기묘하다고 평가할 만한 자는 추월(秋月) 학사 한 사람뿐이며, 용연(龍淵)은 품격을 갖추었다고 할 만하다. 나는 저들과 토론한 지역 풍속의 동이나 문체 변화 및 시화에 대해 그때그때 기록하고, 또한 창수시 약간 수를 전부 모아 별집으로 만들었다. 하지만 요컨대 도무지 쓸모가 없고 또 볼만한 것도 없다. 다만 이국의 이음이면서 문자를 같이하는 묘함으로 뜻이 통하지 않음이 없음을 기이한 만남으로 여기는 바이니, 이 책은 역시 버리지 않아도 될 것이다.[61]

여기에는 조선 문학에 대해 이미 상당히 경시하는 말이 들어있다. 그런데 인증하여 대조해 보면, 조선 문인이 일본 문학을 도리어 높게 평가하고 있었다. 성대중은 「쇼츄 선사〔다이텐 겐조(大典顕常)〕에게 답하다〔複蕉中禪師〕」에서 "제가 귀국의 나라에 들어온 이래 시 잘하는 인사와

61_明和元年(1764)刊本, 日本京都大學附屬圖書館藏本. "余詳察朝鮮人作爲文章, 固不爲韓 · 柳 · 歐 · 蘇, 又不爲李 · 王, 實有方土俗習. 而一守其師承, 不復少變矣. 固陋之甚, 閱古今筆話可知也. 今玆甲申聘使同行四百八十有餘人, 其中筆翰如流, 語言立成, 間有奇妙可評者, 唯秋月一學士而已, 龍淵猶可謂具品也. 余與夫徒所討論方俗同異或文變詩話, 隨得輯錄, 尙唱酬之詩若干首, 悉具別集. 然要之共無用, 亦無足觀者. 唯以異國異音而同文之妙無意不通爲奇會, 則此冊亦幸不可棄矣."

문장 잘하는 선비를 많이 접했습니다."[62]라고 했다. 원중거의 『화국지』에는 이런 말이 있다.

> 나는 창수하는 자리에서 말을 나눌 만한 사람을 만나면 곧 "천도가 북쪽에서 남쪽으로 이동한 것이 오래되었으므로 귀국의 인물들이 총명하고 수려한 것을 보면 정말로 문화가 일어날 때인 것 같습니다."라고 했다.[63]

요컨대 갑신년 조선통신사가 일본에서 행한 창화 필담에는 뚜렷한 특징이 있었다. 쌍방이 상대방의 문학을 평가하는 점에서 하늘과 땅이 뒤집어진 듯한 변화가 있었다는 사실이다. 수십 년 동안의 전체적 추세에서 보면, 이 변화는 조선 측에서 일본 시문을 점차 긍정적으로 평가하고 일본 측에서 본국 한학에 대해 나날이 자각을 높여 나가는 이중의 작용 아래 이루어진 결과이다.

통신사는 이런 인상을 가지고 조선으로 돌아가 일본 및 일본 문명에 대한 관점을 바꾸는 동시에 스스로에 대한 반성을 불러일으켰다. 종래 조선인의 일본인에 대한 시선은 한 글자로 개괄할 수 있었다. 곧 '사(詐)'였다. 이덕무는 1763년 「서기 손암(遜庵) 원중거 씨가 부사를 따라 일본으로 가기에 받들어 올림」에서 "섬 풍속은 속임과 거짓이 많아, 외면으로만 조선을 대접할 테니, 읍양하고 오르내릴 때도, 부디 충신으로 대하기를"[64]이라 해서 '속임과 거짓'이란 말의 '저사(狙詐)'로 일본을 개괄했다. 이것은 중국인과 조선인의 일관된 관점이었다. 명나라 정약증(鄭若曾)은 『주해도편(籌海圖編)』에 당시 많은 사람들이 일본을 바라보는 관점을 적잖이 모아 두었다. 이를테면 당순지(唐順之)는 "왜이는 본성이 탐학하고 거짓되다."라고 했고, 황원공(黃元恭)은 "왜구는 교활하여 본디 의리를 사모하는 정성이 없다."라고 했다. 양수진(楊守陳)은

62_『萍遇錄』 卷下, 韓國國立中央圖書館藏本. "僕入貴境以來, 接韻士文儒多矣."

63_『和國志』 地卷, 亞細亞文化社, 1990, p.330. 余于唱酬之席, 如得可語之人, 則輒曰 : "天道自北而南久矣, 觀貴國人聰明秀敏, 此誠文化可興之日."

64_『青莊館全書』 권2, 「奉贈書記遜庵元丈重擧隨副使之日本」, 한국문집총간 제257책, p.46. "島俗多狙詐, 外面待朝鮮. 揖讓升降際, 忠信當勉旃."

"왜노는 바다 섬에 궁벽지게 거처하면서 그 습속이 속이고 탐학하다(狙詐而狼貪)."라고 했고, 웅람(熊藍)은 "왜노는 동해 구석에 거처하면서 그 풍속이 잘 속이고(狙詐) 그 본성이 탐학하다(狼貪)."라고 했다. 조선 역사에는 비슷한 견해가 적지 않다. 단, 통신사가 일본에서 돌아온 이후에는 조선인의 관념에 변화가 생겼다.

성대중은 「김양허 항주 선비의 첩에 쓰다〔書金養虛杭士帖〕」에서 "내가 일찍이 일본을 가 보았는데, 그곳의 사람도 역시 교유를 존중하고 신뢰와 맹세를 숭상했다. 누가 일본일을 교활하다고 하겠는가? 우리가 그쪽만 못한 것이 부끄럽다."[65]라고 했다. 원중거는 『화국지』에서 "지금은 집집마다 책을 읽고 사람마다 붓을 잡으므로 불과 십수 년 뒤에는 아마도 비루하다며 홀시할 수가 없을 것이다. 그들을 해중 문명의 고향이라고 말해도 지나치지 않다."[66]라고 했다. 이덕무는 『청비록』에서 "조선의 풍속은 편협하고 고루하여 기휘하는 것이 많다. 문명의 교화는 오래되었다고 하겠으나, 풍류와 문아는 도리어 일본 보다 손색이 있다. 뻐길 만한 것도 없이 스스로 잘난 체하여 다른 나라를 업신여기다니, 나는 이를 매우 슬퍼한다."[67]라고 했다.

일본 문명이 급속하게 진보한 원인을 보면 장기간에 걸쳐 대량으로 신속하게 나가사키를 통해 청조의 서적을 수입했기 때문이었다.

이덕무는 『청령국지』에서 "근래 강남의 서적이 나가사키에 폭주하여 집집마다 책을 읽고 사람마다 붓을 잡아서 오랑캐의 풍속이 차츰 변화했다."[68]라고 했다. 유득공은 『고운당필기』에서 "왜인이 지혜가 나날이 열려 지난날의 왜가 더 이상 아니다. 대개 나가사키에서 바다의 배가 강남의 서적을 수입하기 때문이다."[69]라고 했다. 이상적은 「〈엔록(蔫錄)〉

65_『靑城集』 권8, 한국문집총간 제248책, p.504. "吾嘗觀日本, 其人亦重交遊, 尙信誓. 孰謂日本人狡哉?愧我不如也."

66_『和國志』 地卷, p.326. "今家家讀書, 人人操筆, 差過十數年, 則恐不可鄙夷而忽之也. 雖謂之海中文明之鄕, 不爲過矣."

67_『靑莊館全書』 권32, 한국문집총간 제258책, p.10. "朝鮮之俗狹陋而多忌諱, 文明之化, 可謂久矣, 而風流文雅, 反遜於日本. 無挾自驕, 淩侮異國, 余甚悲之."

68_『靑莊館全書』 권64, 한국문집총간 제259책, p.162. "近者江南書籍, 輻湊於長碕, 家家讀書, 人人操觚, 夷風漸變."

69_『雪岫外事』外二種, p.125. "倭子慧竅日開, 非復舊時之倭. 蓋緣長碕海舶委輸江南書籍

을 읽고」에서 "근래 중국 서적이 목판이 되자마자 상선으로 구름처럼 운수되어 동도(에도)와 서경(교토) 사이에서 인문이 울연히 일어나 갈수록 성대하게 되어 가는 것은 이 길이 있기 때문이다."[70]라고 했다.

일본이 '남방 오랑캐의 습속을 변화시켜 성학을 하게 된' 것은 청대 문장과 학술을 대량으로 흡수한 때문이다. 그렇다면 조선은 여전히 소화로 자부하고 청나라를 이적으로 간주할 수 있겠는가? 지금까지 견지해 왔던 화이관은 개변할 필요가 있지 않겠는가? 그래서 1764년 이후 조선의 북학파〔『맹자』의 '북쪽으로 중국에 배운다(北學於中國)'는 말에서 나옴〕가 전면적으로 일어나, 청대 학술 문화를 전면적으로 끌어안았다.

화이관이 바뀐 이후, 사태는 상당히 복잡하게 바뀌었다. 일본 국내에서는 세 세력이 각축했다. 하나는 일본 자신의 학문으로, 그것을 국학이라고 일컫는다. 또 하나는 서양의 학문이니, 그것을 난학이라고 일컫는다. 그리고 또 하나가 중국의 학문이니, 즉 한학이다. 조선에서는 중국과 친한 인사들도 있고, 뒤에는 또 일본에 친한 인사들도 있으며, 또 민족자존을 강조하는 인사들도 있어, 복잡한 국면을 형성했다. 하지만 중국을 끌어안는 것이 주류였다고 할 수 있다. 18세기 중엽에서 20세기 초 동아시아 문화의 향방은, 내가 이미 기본적으로 개괄했듯이, 한편으로 조선이 학술상 청조 문화와 점차 접근해 가고, 다른 한편으로 일본이 중국과 조선을 점차 경시하며 일본 중심주의를 강조하여 동양의 영국으로 자부해서 '탈아입구(脫亞入歐)'를 주장하는 식으로 나아갔다. 하라다 도이치로(原田藤一郎)가 메이지 27년(1894) 『아세아대륙 여행일지 및 청·한·로 삼국 평론〔亞細亞大陸旅行日誌並清韓露三國評論〕』에서 "우리 일본인은 동양의 영국으로 자부하여 지나와 조선을 멸시한다."[71]라고 한 것이 대표적인 예이다. 따라서 한문화권 내에서의 영향과 의의로 말하면, 1764년은 한문화사상 일대 중요한 표지라고 말할 수 있다.

위의 개괄을 통해 내가 말하고자 하는 것은, 시선은 한쪽에서 다른 한

故也."

70_『恩誦堂集』 續集 文 권2, 한국문집총간 제312책, p.242. "近來中國書籍, 一脫梓手, 雲輸商舶. 東都西京之間, 人文蔚然, 愈往而愈興者, 賴有此一路耳."

71_小島晉治監修, 『幕末明治中國見聞錄集成』 第12卷, ゆまに書房影印本, p.248. "我日本人以東洋之英國自負, 蔑視支那·朝鮮."

쪽으로의 주시만있는 것이 아니고, 피차 마주 보는 것으로 그치는 것도 아니며, 때로는 좌우고면도 있어서, 뚜렷한 목표 없이 여기저기 바라보는 중에 복잡하게 뒤얽히는 관계가 형성되어, 이에 따라 생각하지도 못한 결과가 발생한다는 점이다. 따라서 우리의 고찰도 단선적일 것이 아니라 복수의 방향을 바라보아야 하며, 단순 의미의 것이 아니라 복합 의미의 것이어야 한다.

6. 결어: 시점의 네 가지 태도

프랑스 형상학 연구자 파조의 「문화형상에서 집단상상물에 이르기까지」의 귀납에 근거하면 네 가지 각기 다른 관찰 태도가 있다.[72]

① 열광. 이국 문화는 한 작가나 한 집단에 의해 민족 문화나 본토 문화보다 절대적으로 우월하다고 간주될 수 있다. 이국 문화의 적극적 평가는 본토 문화의 폄하이다. 이런 정황 아래서, 이 작가나 이 집단은 일종의 열광을 드러낼 수 있다. 그들의 이국 묘사는 상당 부분이 환상에 속하지, 형상이 아니다.

② 증오. 첫 번째 태도와는 상반되어, 본토 문화와 비교해서 이국 문화를 저급하고 형편없다고 묘사한다. 이국 문화에 대해서는 일종의 증오 감정을 지니는데, 이런 태도는 본토 문화에 대해 적극적 평가를 불러오거나 발전시킨다. 그것은 본토 문화에 대한 전면적이거나 부분적인 환상이다.

③ 우호. 이국 문화가 긍정적으로 간주되며, 그것이 주지자의 문화 속에 한 자리를 차지한다. 주지자의 문화는 접수자의 문화로, 그 자체도 마찬가지로 긍정적으로 간주된다. 이런 상호 존중, 이런 쌍방 인정의 긍정적 평가에 대해서는 하나의 명칭이 있으니, '우호'가 바로 이것이다. 우호는 진정한 쌍방의 교류이다.

④ 가장 마지막은 태도. 교류도 대화도 상실하고 새로운 통일된 전체에

72_孟華 主編, 『比較文學形象學』, pp.141-144.

자리를 물려준다. 우리들이 보기에는 제4 종은 태도라기보다는 결과이다.

오늘날의 동아시아에는 물론 많은 모순과 충돌이 존재한다. 우리들은 우호의 태도로 상대방을 바라보고 또 자기를 돌이켜 보아야 할 것이다. 내가 생각하기에, 동아시아 문명 공동체를 새로 건설하는 일은 불가능한 것이 아니다. 십 년 전에 조선 후기의 유학가 이항로(李恒老)의 옛 집을 방문했을 때 그 집을 지키는 사람은 그 외손가의 분으로 장(張)이란 성씨이셨다. 그는 내가 장씨라는 것을 알고는 매우 기뻐하며 내게 질문을 하나 했다. "우리들은 같은 장씨인데, 역사상 누가 가장 위대하죠?" 하지만 답변을 요구한 것은 아니었다. 자문자답 식으로, "송나라 때 장재(張載)가 가장 위대합니다. 왜냐구요? 장재는 저 4구게를 말했지요. '천지를 위해 뜻을 세우고, 생민을 위해 도를 세우며, 지난 성인을 위해 끊어진 학문을 잇고, 만세를 위해 태평 시절을 연다.'[73]라고 말입니다." 내 생각에 이것은 중국 고대 독서인의 정신 기백이었다. 이런 정신 기백은 오늘날에도 여전히 필요하다. 미래 세계에 대한 우리의 전망은 육구연의 말로 개괄할 수 있을 것이다.

> 동해에서 성인이 나오더라도 이 마음과 같고 이 이치와 같다. 서해에 성인이 나오더라도 이 마음과 같고 이 이치와 같다.[74] 서해에 성인이 나오더라도 이 마음과 같고 이 이치와 같다. 남해와 북해에서 성인이 나오더라도 이 마음과 같고 이 이치와 같다. 백세 천세 위에 성인이 나왔더라도 이 마음과 같고 이 이치와 같았다. 백세 천세 아래에 성인이 나오더라도 이 마음과 같고 이 이치와 같을 것이다.

2013년 12월

73_『張載集 · 語錄中』, 中華書局, 1978, p.320. "爲天地立志, 爲生民立道, 爲往聖繼去絕學, 爲萬世開太平." 더 유행하는 표현은 "爲天地立心, 爲生民立命, 爲往聖繼絕學, 爲萬世開太平."이다.

74_楊簡, 「象山先生行狀」, 『慈湖遺書』 卷5, 文淵閣『四庫全書』本.

제3부 목록과 문헌

조선 목록학 신탐

1. 서론

중국 고대 목록학은 역사가 유구하다. 상고 시대부터 사관사(史官司)가 전적(典籍)을 관장하여 반드시 목록을 그 강기(綱紀)로 삼았다. 공자는 육경을 정리하고 여러 서적을 편차했는데, 전수 과정에서 약간의 서록(敍錄)을 이루어 후세 목록학에 선도적인 역할을 했다. 기원전 1세기 말 유향(劉向)과 유흠(劉歆) 부자가 완성한 『칠략(七略)』은 중국의 체계적 목록이 수립되었음을 보여 주었다. 『수서』「경적지」는 4부 분류법을 완성하여 중국 서적 분류에서 가장 널리 유행하는 방법 가운데 하나를 이루었다. 고대 중국은 주변 국가와 지역의 문화에 대한 종주국이고자 하여 외국으로 한자를 수출하는 데 그치지 않고 대량의 전적을 수출해서 주변 국가와 지역의 사상 · 학술 · 종교로 하여금 중국의 영향을 크게 받아들이게 했다. 이른바 "위의는 함께 주왕가의 예를 받들고, 학문은 같이 공씨 서적을 준봉한다."[1]라는 것이다. 영향을 받아들일 때 그들도 모방을 통해 창조를 하여, 일관 속에 다양함을 지닌 한문화권을 형성했다. 따라서 한문화를 하나의 전체로 간주하려면 중국의 한문화만을 연구할 것이 아니라 역외의 한문화도 연구해야 한다. 이것이 우리들로 하여금 중국 및 주변 국가나 지역 문화의 특색을 더욱 깊이 인식하게 하

1_(越南)阮公沆, 『簡高麗國使俞集二 · 李世瑾』; 徐延旭, 『越南輯略』 卷2 「詩選」, 光緒三年版. "威儀共秉周家禮, 學問同遵孔氏書."

는 데 크게 도움이 될 것이다. 목록학의 각도에서도 그러하다.

현존하는 한국 서목은 가장 이른 시기의 것이 고려 시대의 목록이다. 다만 불경의 목록에 국한했다. 보통의 목록은 모두 조선 시대에 편찬된 것이다. 하지만 고려 시대 사람들이 목록학에 대해 인식하지 못했다고는 말할 수 없다. 이를테면 『고려사』 성종 세가 9년(990) 12월 하교에 "심은사(沈隱士) 2만여 권을 인대(麟臺)에 베껴 두고, 장사공(張司空) 30 수레분 서적을 호관(虎觀)에 갈무리하라. 사부(四部)의 전적을 거두어 양경(兩京)의 부장(府藏)에 쌓아 놓아라"[2]라고 했다. 서긍의 『선화봉사고려도경』 권40 '유학'에는 "청연각(淸燕閣)이 있어 역시 경사자집(經史子集) 사부의 서적을 채워 두었다."[3]라고 했다. 여기서 거론한 사부는 바로 역대 서목의 기본 분류법 가운데 하나이다. 애석하게도 목록은 남아 있지 않아 자세한 내용을 살필 수 없다. 이 글에서는 한국 목록학 저작에 대해 논술하되 조선 시대에 한정하기로 한다.

2. 서목의 수량

조선 시대는 태조 이성계가 건국한 1392년부터 마지막 1910년까지 27왕 518년인데, 그 사이에 편찬된 목록은 대체 얼마나 되는가? 아직 전면적으로 통계를 낸 사람은 없다. 이홍용 선생이 엮은 『목록학』 제1장 「한국의 목록」은 『대장목록(大藏目錄)』·『신편제종교장목록(新編諸宗敎藏目錄)』·『대장경목록(大藏經目錄)』(이상 3종 고려 시대), 『고사촬요(攷事撮要)·책판목록(冊板目錄)』·『고책판소재고(古冊板所在考)』·『해동문헌총록(海東文獻總錄)』·『증보문헌비고(增補文獻備考)·예문고(藝文考)』·『규장총목(奎章總目)』·『누판고(鏤板考)』(이상 6종 조선 시대), 『한국서지(韓國書志)』(『조선서지』, 프랑스인 Mourice Courant 편찬) 등이다. 천혜봉은 『한국서지학』의 「체계서지학」장에서 한

2_鄭麟趾, 『高麗史』 권3, 上冊, 아세아문화사 영인본, 1983, p.76. "沈隱士二萬餘卷, 寫在麟臺 ; 張司空三十車書, 藏在虎觀. 欲收四部之典籍, 以畜兩京之府藏."

3_徐兢, 『宣和奉使高麗圖經』, 萬有文庫本, 上海 : 商務印書館, 1937, p.139.

국의 목록을 네 종류로 구분하고, 『대장목록』·『신편제종교장목록』(이상 2종 고려 시대), 『고사촬요』·『고책판소재고』·『영남책판기(嶺南冊板記)』·『삼남책판목록(三南冊板目錄)』·『완영책판목록(完營冊板目錄)』·『누판고』·『제도책판목록(諸道冊板目錄)』·『열고관서목(閱古觀書目)』·『서서목록(西序書目)』·『규장총목』·『개유설서목(皆有窩書目)』·『규장각서목』·『제실도서목록(帝室圖書目錄)』(이상 13종 조선 시대), 『조선도서해제』·『조선총독부고도서목록보유』(이상 3종 일본인 편찬), 『영남각읍원교책록(嶺南各邑院校冊錄)』·『청분실서목(淸芬室書目)』·『홍씨독서록(洪氏讀書錄)』·『해동문헌총록』·『연려실기술별집(燃藜室記述別集)』·『해동역사(海東繹史)』·『증보문헌비고·예문고』(이상 7종 조선 시대), 『조선서지』·『고선책보』(이상 2종 각각 프랑스인과 일본인 편찬), 『군서표기(群書標記)』 등을 열거했다. 엄격히 말하면, 조선 시대의 목록은 조선인이 작성한 것으로 한정해야 한다.

일본 조선총독부는 다이쇼 4년(1915) 『조선도서해제』를 출판했다. 그 가운데 사부(史部) 목록류로 모두 24종을 저록했다. 단 『운각당자수(芸閣唐字藪)』·『실록자수(實錄字藪)』·『한구자수(韓構字藪)』 및 『생생자보(生生字譜)』는 활자의 자종과 자수를 기록한 것이므로, 이것은 활자 수목(活字數目)이지 서적 목록은 아니어서, 사실상 20종에 그친다. 한국 보경문화사가 1994년 발행한 『수정판 규장각도서한국본종합목록』은 '서목'류에 59목을 저록했고, 중복을 빼고 무관한 것을 제거하면 (이를테면 고려 시대 『대장목록』과 중국 서목 한국본), 조선 서목으로 46종을 확인할 수 있다.

내가 본 자료로는 윤병태(尹炳泰) 선생의 『한국도서목록의 사적 연구』[4]에 열거한 조선 시대 서목이 가장 많다. 아래에 열거하기로 한다.

『攷事撮要』

『海東文獻總錄』

『冊板置簿冊』

『完營冊板目錄』

4_『韓國圖書目錄의 史的 硏究』, 韓國出版硏究所, 1992,pp.33-57.

『列聖進講冊目錄』
『奎章總目』
『內閣訪書錄』
『嶠南書目』
『西庫藏書錄』
『五車書錄』
『西序書目籤錄』
『西序書目草本』
『增訂文獻備考』
『鏤板考』
『奉謨堂奉安御書總目』
『隆文樓書目』
『寶文閣冊目錄』
『燃藜室記述別集·文藝典故』
『洪氏讀書錄』
『鑄字所應行節目』
『羣書標記』
『海東繹史·藝文志』
『集祥殿奉在件記』
『各道冊板目錄』
『萬卷樓藏書目錄』
『東國通志·藝文志』
『書冊置簿』
『奎章閣書目』
『東國藝文志』
『冊置簿』
『摛文院奉安總錄』
『大畜觀書目』
『緝敬堂曝曬書目』
『書香閣奉安總目』
『集玉齋書籍目錄』

『本院奉安總錄』
『閱古觀書目』
『芸閣冊都錄』
『內閣藏書彙編』
『晩翠軒書目』
『冊目錄』
『朝鮮書志』
『書籍卷數目錄』
『承華樓書目』
『春坊藏書總目』
『弘文館冊目錄』
『奎章閣書目』
『增補文獻備考·藝文考』
『弘文館書目』
『集玉齋書籍目錄』
『集玉齋目錄外書冊』
『曝書目錄』
『韓籍目錄稿本』
『北漢冊目錄』
『帝室圖書目錄』

위 목록의 수록은 하한이 1909년으로, 모두 55종이다. 이 밖에 천혜봉 선생의 『고서목록집성』[5]에 7종의 목록이 수록되어 있는데, 위에 서술되지 않은 것으로 다음 두 종류가 있다.

『古冊板所在考』
『嶺南各邑院校書冊錄』

정형우·윤병태 선생의 『한국의 책판 목록』(보경문화사, 1995)은 모두

5_『古書目錄集成』, 동국대학교 도서관, 1962년 油印本.

35목 20종의 목록을 수록했는데, 위에 없는 것으로 다음 14종이 더 있다.

『古書冊板有處考』
『慶尙道冊板』
『三南所藏冊板』
『諸道冊板錄』
『嶺湖列邑所在冊板目錄』
『古冊板有處考』
『冊板錄』
『通文館志』
『林園十六志 · 京外鏤板』
『書冊目錄』
『完營客舍冊板目錄』
『冊板錄』(即『慶尙道各邑所在冊板』)
『嶺南冊板』
『完營客舍冊板』

이 밖에 규장각에 소장되어 있으면서 위의 여러 책에 빠진 것으로 다음 5종이 있다.

『慶州府院校書冊目錄』
『圖書集成分編第次目錄』
『書目』
『集玉齋書籍調查記』
『學部編輯局書冊目錄』

한국 국립중앙도서관 소장으로 다음 1종을 더할 수 있다.

『圖書冊數表』

이종휘(李種徽)의 『동사(東史)』 「고구려예문지(高句麗藝文志)」와 대한민국 성립 이전 완성된 이인영(李仁榮)의 『청분실서목』(1944년 집필)을 더한다면 현존하는 조선 시대 서목은 대략 80여 종이다.

3. 서목 분류와 특색

현전하는 서목을 어떻게 분류할 것인가? 천혜봉은 그의 『한국서지학』에 '체계서지학' 장을 배정하고 그 한 절에서 '한국의 체계서지학'을 전문적으로 논술했다. 천혜봉은 한국의 서목을 4종류로 나누었다. 판각목록, 장서 목록〔하위에 관장 목록(官藏目錄)과 사장 목록(私藏目錄)을 세분〕, 문헌 서목, 관찬 서목 등이다.[6] 이 분류법에 따르면 한국 현존의 서목은 대개 그 속에 개괄된다. 단, 이 분류법에도 분명한 결점이 있으니, 분류 기준이 일정하지 않다. 이를테면 판각 목록과 문헌 서목은 서목의 내용에 따른 구분이고 장서 목록은 소장처에 따른 구분이며 관찬서목은 또 작자의 신분에 따른 구분이다. 따라서 보다 합리적인 분류 방법을 찾아야 한다.

서적 소장처나 판목 소장처에 근거해서 조선 시대의 서목을 왕실 서목 · 지방 서목 · 사가 서목의 세 종류로 나누고, 사지(史志)는 종래 별도의 한 종류를 이루어 왔으므로 사지 서목(史志書目)으로 따로 분류한다. 이런 분류 기준에 따라 4종류로 나누면 현존하는 조선 시대 서목을 보다 합리적으로 개괄할 수 있으며 완전한 서목 체계를 구성할 수 있다. 이하 각각 나누어 서술한다.

(1) 왕실 서목

왕실 서목이란 그 서적이 왕실에서 편찬되거나 왕실의 소유로 귀속된 것이다. 어떤 서목은 왕실의 명으로 편찬된 것도 있고, 왕실의 구성원이 편찬한 것도 있다.

6_『韓國書志學』, 민음사, 1992, pp.39-55.

조선 시대의 왕실 도서관은 고려 시대의 그것을 계승했다. 양성지(梁誠之, 1415-1482) 「홍문관서(弘文館序)」에 이러하다.

> 전조(고려 왕조) 숙종 때 처음으로 경적(經籍)을 소장했다. 그 도서의 인문(印文)은 하나는 '고려국십사엽신사세어장서대송건중정국원년대요건통원년(高麗國十四葉辛巳歲御藏書大宋建中靖國元年大遼乾統元年)'[7]이고 하나는 '고려국어장서(高麗國御藏書)'이다. 고려 숙종 때부터 지금까지 363년인데, 인문(印文)이 마치 어제의 것과 같고 문헌도 고찰할 수가 있다. 지금 내부 소장 1만 권은 대부분 당시 소장되어 지금까지 전하는 것들이다.[8]

조선 시대에는 국가 장서 기구가 아주 많았다. 양성지의 「서적십사(書籍十事)」에 다음과 같이 언급되어 있다.

> 지금 전교서(典校署)에서 인출한 서적 안에는 일시적인 일에서 나와 오래 전할 필요가 없는 것 이외에는 관례에 따라 10건을 다음과 같이 분장한다. 홍문관 2건 소장. 춘추관 · 외삼고〔전주사고 · 성주사고 · 충주사고〕 · 전교서 · 문무루 · 예문관 · 성균관에 각각 1건을 소장한다.[9]

임진왜란(1592)을 거치면서 도서는 크게 훼손되었다. 사고 소장본을 예로 보면 춘추관(경성사고) 및 외사고의 장서는 전주사고를 영변 묘

7_'元年'은 원본에 '九年'으로 되어 있다. 『新增東國輿地勝覽』 卷2 '弘文館'아래 양성지의 글을 인용해서 역시 '九年'이라 했는데, 대개 모양이 비슷하여 잘못된 것이다. 송나라 建中靖國 원년은 즉 요나라 乾統 원년이다. 고려 때부터 현전하는 『通典』을 보면 그 권말의 인(印)이 '高麗國十四葉辛巳歲藏書大宋建中靖國元年大遼乾統元年'으로 되어 있다. 千惠鳳 · 李廷燮 · 朴相國, 『海外典籍文化財調査目錄 · 日本宮內廳書陵部韓國本目錄』, 한국해외전적조사위원회, 2001, p.23에 의거해서 고친다.

8_『訥齋集』 권5, 한국문집총간 제9책, p.356. "前朝(案 : 指高麗朝)肅宗始藏經籍, 其圖書之文, 一曰'高麗國十四葉辛巳歲御藏書大宋建中靖國元年大遼乾統元年', 一曰'高麗國御藏書'. 自肅宗朝至今三百六十三年, 印文如昨, 文獻可考. 今內藏萬卷, 多其時所藏而傳之者."

9_『訥齋集』 권3, 한국문집총간 제9책 p.328. "今典校署印出書冊內, 出於一時之事不必傳久者外, 例將十件 : 弘文館藏二件, 春秋館 · 外三庫(案 : 指全州史庫 · 星州史庫和忠州史庫) · 典校署 · 文武樓 · 藝文 · 成均館各藏一件."

향산사고로 옮긴 이외에 나머지 세 곳의 장서가 전부 소실되었다. 문무루 · 홍문관의 서적도 대부분 타 버려, 조선의 문운이 훼멸할 정도로 타격을 입었다. 광해군 시대(1608-1622)에는 안으로는 격렬한 당쟁이 있었고 밖으로는 후금의 위협이 있어, 문치의 겨를이 없었다. 인조조(1622-1649) 전기에 비록 정묘호란(1627)이 있었으나, 서적의 정리와 수집을 시작하여 홍문관 장서를 보충했다. 『인조실록』 7년(1629) 6월 기사(己巳) 조에 다음 기록이 있다. "옥당에서 아뢰었다. 본관의 서적이 두 번이나 변란을 겪어 산실되어 남은 것이 없으며, 조금 수습한 것도 권질이 갖추어지지 않습니다. 지금 이후 사신이 북경에 갈 때마다 긴절하고 중요한 서책들을 구득해 오는 것이 마땅합니다. 상이 따랐다."[10] 숙종 26년(1700) 문헌각(文獻閣)을 세워 서적을 소장했다. 『궁궐지(宮闕志)』의 기록에 이러하다. "문헌각을 …… 숙종 26년 경진에 세워 서적을 소장했다. 숙종 어제 「문헌각명병소서(文獻閣銘並小序)」에 '대내에 서적 장서처가 모두 세 곳이다. 첫째는 양심각(養心閣)으로 일체 당판을 소장한다. 두 번째는 흠문각(欽文閣)이고, 세 번째는 상고(廂庫)로 모두 향본(鄕本)을 소장한다.'라고 했다."[11] 당판은 중국서이고 향본은 동국서이다. 정조 5년(1781) 규장각 건립 이후 많은 도서들이 그 속에 귀속되었다.

규장각은 조선 시대의 왕가 도서관으로 그 건립은 일찍이 세조조(1455-1468) 동지중추부사 양성지의 주장(奏章)으로 소급된다. 양성지는 송나라 태종의 용도각(龍圖閣)과 진종의 천장각(天章閣), 인종의 보문각(寶文閣), 신종의 현모각(顯謨閣), 철종의 휘유각(徽猷閣), 고종의 환장각(煥章閣), 효종의 화문각(華文閣)을 선례로 삼아서, 어제 시문을 인지각(麟趾閣) 동쪽 별실에 안치하고 이름을 규장각이라 하자고 했다. 세조는 실행해도 좋다고 했지만 설시할 겨를이 없었다. 숙종조(1674

10_조선왕조실록 제34책, 한국국사편찬위원회 영인본, 1955, p.332. "玉堂啓曰 : 本館書籍, 再經變亂, 散失無餘, 雖有些少收拾者, 卷帙不備. 自今每於使臣赴京之行, 購來書冊之切要者宜矣. 上從之."

11_『宮闕志』, 서울특별시사편찬위원회 영인본, 1957, p.129. "文獻閣 …… 肅宗二十六年庚辰建, 藏書籍. 肅宗御製『文獻閣銘並小序』曰 : '大內藏書凡有三所 : 一曰養心閣, 一切藏諸唐板. 二曰欽文閣, 三曰廂庫, 皆藏鄕本.'"

-1720)에 이르러 열성의 어제와 어서를 봉안하고, 종정시(宗正寺)에 별도로 소각을 세우고 '규장각' 세 글자를 친히 썼으나 제도가 갖추어지지는 못했다.[12] 정조는 병신(1776)에 즉위하자마자 규장각을 새로 건립하고, 열조의 어제와 어서를 수장했다. 동시에 약간의 부대시설을 세우고 일반 서적을 수장했다. 『정조실록』 5년 신축 6월 조에 다음 기록이 있다.

> 임금이 평소 경적(經籍)을 숭상하여 춘저에 있을 때부터 유편(遺編)을 널리 구매하여 존현각(尊賢閣)의 옆을 확장하여 그곳에다 저장하여 두고서 공자가 지은 『주역』 계사(繫辭)의 내용에 있는 말을 취하여 그 당(堂)의 이름을 '정색(貞賾)'이라고 했다. 등극해서는 규모를 점점 넓혀 병신년 첫해에 맨 먼저 『도서집성(圖書集成)』 5천여 권을 북경의 책방에서 구입했고, 또 구 홍문관 소장본과 강화부 행궁에 저장되어 있던 명나라에서 내려 준 여러 가지 책들을 옮겨다 보태었다. 또 당나라와 송나라 때의 고사를 모방하여 『방서록(訪書錄)』 2권을 찬술하여 내각의 여러 신하들로 하여금 조사하여 구매하게 했다. 무릇 산경(山經)·해지(海志) 가운데 비밀스럽고 희귀한 책들로서 옛날에 없던 것으로 지금 구비되어 있는 것이 무려 수천·수백 가지 종류나 된다. 이에 열고관(閱古觀)을 창경궁 내원 규장각 서남쪽에 건립하고 중국 책들을 저장했으며, 또 열고관의 북쪽에 서서(西序)를 건립하여 우리나라의 책을 저장했는데, 총 3만여 권이었다. 경서(經書)는 홍첨(紅籤), 사서(史書)는 청첨(青籤), 자서(子書)는 황첨(黃籤), 집서(集書)는 백첨(白籤)을 사용하여 종류별로 휘분(彙分)한 다음 각각 위치를 바로했다.[13]

규장각은 확장 이후, 내각, 외각(교서관, 별칭 운각), 강도외각(규장외각)을 아우르게 되었다. 내각은 또 봉모당(奉謨堂), 이안각(移安閣)〔옛

12_『奎章閣志』 卷1 '內閣', 서울대학교규장각 영인본, 2002.

13_조선왕조실록 제45책, p.249. "上雅尚經籍, 自在春邸, 購求遺編, 拓尊賢閣之傍而儲之, 取孔子系『易』之辭, 名其堂曰貞賾. 及夫御極, 規模寢廣. 丙申初載, 首先購求『圖書集成』五千餘卷于燕肆, 又移舊弘文館藏本及江華府行宮所藏皇明賜書諸種以益之. 又仿唐宋故事, 撰『訪書錄』二卷, 使內閣諸臣按而購貿. 凡山經海志·秘牒稀種之昔無今有者, 無慮數千百種. 乃建閱古觀于昌慶宮內苑, 奎章閣之西南, 以峙華本. 又建西序于閱古觀之北, 以藏東本, 總三萬餘卷. 經用紅簽, 史用青簽, 子用黃簽, 集用白簽. 彙分類別, 各整位置."

이름 서향각(書香閣)], 열고관(閱古觀), 개유설(皆有窩), 서고(西庫)를 포함했다. 그 밖에 사무를 처리하는 이문원(摛文院)이 있었다. 『규장각지』 권1 「건치」 '내각'에 다음 기록이 있다.

> 규장각은 창덕궁 금원(비원)의 북쪽에 있으며, 위는 누(樓)이고 아래는 헌(軒)이니, 당저(當宁, 상감)의 어진(御眞) · 어제(御製) · 어필(御筆) · 보책(寶冊) · 인장(印章)을 받드는 곳이다. 그 편액은 숙묘의 어묵(御墨, 어필)이다. 또 주합(宙合)의 편액을 남쪽 문미(門楣)에 걸었으니, 곧 당저의 어묵이다. 서남쪽은 봉모당으로, 열조의 어제 · 어필 · 어화(御畫) · 고명(顧命) · 유고(遺誥) · 밀교(密敎) 및 선보(璿譜) · 세보(世譜) · 보감(寶鑒) · 장지(狀志)를 보관하는 곳이다. 정남쪽은 열고관으로, 상하 2층이며, 또 북쪽으로 꺾어 들어가면 개유설로, 모두 화본(중국본) 도적(圖籍)을 보관하는 곳이다. 정서쪽은 이안각으로, 어진 · 어제 · 어필을 옮겨서 포쇄하는 곳이다. 서북쪽은 서고(西庫)로, 동본(조선본)의 도화와 서적을 보관하는 곳이다.[14]

따라서 규장각에 속하는 서목의 계통에는 『규장총목』 · 『내각방서록(內閣訪書錄)』 · 『서고장서록(西庫藏書錄)』 · 『이문원봉안총록(摛文院奉安總錄)』 · 『서향각봉안총록(書香閣奉安總錄)』 · 『봉모당봉안어서총목(奉謨堂奉安御書總目)』 등이 있었다. 그 밖에 『운각책도록(芸閣冊都錄)』이 교서관(외각) 소장 서목으로, 역시 이 계통에 귀속시킬 수 있다.

조선 고종이 1864년 즉위한 이후에, 왕권을 강화하기 위해서 규장각 소관의 어제 · 어필 및 『선원보첩(璿源譜牒)』을 종친부로 옮겼다. 고종 5년 6월 경복궁을 준공하고 규장각의 내각과 외각을 모두 종친부로 옮겨, 도서 목록 『규장각서목』을 신편했는데, 규모가 적었다. 1895년 갑오경장으로 개화파 정부가 궁내부 관제를 반포하면서 규장각을 규장원

14_『奎章閣志』, pp.17-18. "奎章閣在昌德宮禁苑之北, 上樓下軒, 所以奉當宁御眞 · 御製 · 御筆 · 寶冊 · 印章. 其扁肅廟御墨也. 又以宙合之扁揭于南楣, 即當宁御墨也. 西南曰奉謨堂, 所以奉列朝御製 · 御筆 · 御畫 · 顧命 · 遺誥 · 密敎及璿譜 · 世譜 · 寶鑒 · 狀志也. 正南曰閱古觀, 上下二層, 又北折爲皆有窩, 皆所以藏華本圖籍也. 正西曰移安閣, 所以爲御眞 · 御製 · 御筆移奉曝曬之所也. 西北曰西庫, 所以藏東本圖籍也."

으로 개칭하고 종친부 소관의 문헌을 다시 새로 규장원으로 돌려보내어 모든 화본과 동본을 통일적으로 관리했다. 갑오 내각이 실각한 후 수구파 정부는 건양 2년(1897) 다시 규장각 명칭을 회복시켰다. 광무 9년(1905) 3월, 규장각 도서에 대해 편목을 새로 만들어 『규장각서목』 2책을 완성했다. 그 가운데 권1이 『이문원서목』(어제 등)이고 권2는 『열고관서목』(화본), 제3권은 『서고서목』(동본)이다. 융희 원년(1907) 11월 궁내부 관제를 개정하여 홍문관을 폐지하고 규장각의 지위를 높여 그 직임을 확대했다. 그리고 내각과 외각에 보관한 장서 이외에 대량의 공문서, 경기사고(京畿史庫, 북한산행궁)·정족산성(鼎足山城)사고·태백산성(太白山城)사고·오대산성(五臺山城)사고·적상산성(赤裳山城)사고의 장서도 모두 규장각의 관리에 맡겼다. 융희 3년, 규장각이 각 기구에서 수용한 도서를 통칭하여 '제실도서'라 했다. 따라서 규장각이 변천하면서 일련의 서목이 증가했다. 『규장각서목』·『융문루서목』·『집옥재서적목록』·『춘방장서총목』·『홍문관서목』·『북한책목록』·『제실도서목록』과 『도서책수표』 등을 포괄한다.

이 밖에 왕실 서목으로는 『대축관서목』·『보문각책목록』·『군서표기』·『승화루서목』·『집경당포쇄서목총록(緝敬堂曝曬書目總錄)』 등이 있다.

왕실 도서는 세 종류로 나눌 수 있다. 첫째 화본(華本), 둘째 동본(東本), 셋째 왕실문헌이다. 왕실문헌은 주로 역대의 어제·어필·어화·고명·유고·밀교 및 선보(璿譜)·세보·보감·장지 등으로, 그 내원은 비교적 단일하다. 화본과 동본의 내원은 다음과 같은 경로가 있다.

하나는 중국 역대 왕제의 사서(賜書)이다. 적어도 중국 남북조 시대(즉 한국의 삼국 시대)에는 사서의 일이 역사서에 명확히 기록되어 있으며, 당송 이래 그치지 않았다. 한치윤(韓致奫, 1765-1814)의 『해동역사(海東繹史)』 제42권 「예문지 1」은 명나라로부터의 사서 정황을 다음과 같이 기록했다.

> 명나라 때 중국 서적으로 본조에 반사(頒賜)된 것을 보면, 건문 3년 『문헌통고(文獻通考)』〔조온(趙溫)이 가져옴〕를 흠사, 성조 영락 원년 『원사

> (元史)』·『십팔사략(十八史略)』·『산당고색(山堂考索)』·『제신주의(諸臣奏議)』·『대학연의(大學衍義)』·『춘추회통(春秋會通)』·『진서산독서기(眞西山讀書記)』·『주자성서(朱子成書)』 각 1부를 흠사, 영락 2년 『고금열녀전(古今列女傳)』을 흠사, 영락 4년 『통감강목(通鑒綱目)』·『사서연의(四書衍義)』·『대학연의(大學衍義)』 등〔예부 자송(諮送)〕을 흠사, 영락 6년 『효자고황후전서(孝慈高皇后傳書)』 50권〔구종지(具宗之)가 가져옴〕을 흠사, 또 『권선서(勸善書)』 3백 부〔예부 자송〕를 흠사, 영락 15년 『위선음즐서(爲善陰隲書)』 6백 본〔이지숭(李之崇)이 가져옴〕을 흠사, 선종 선덕(宣德) 원년 『오경사서』·『성리대전(性理大全)』·『통감강목(通鑒綱目)』 등〔김시우(金時遇)가 가져 옴〕을 흠사, 선덕 8년 『오경사서대전』 각 1부〔박안신(朴安信)이 가져옴)〕를 흠사, 영종 정통 원년 『호삼성음주통감(胡三省音注通鑒)』〔남지(南智)가 가져 옴〕을 흠사, 대종 경태 5년 『송사』〔황치신(黃致身)이 가져옴〕를 흠사, 무종 정덕 13년 『대명회전(大明會典)』을 얻어 옴, 신종 만력 16년 『회전』의 『변무개본전서(辨誣改本全書)』〔유홍(俞泓)이 가져옴〕를 흠사받았다.[15]

역대로 반사받은 서적 가운데 원조에서 반사한 것이 가장 진귀하다. 『고려사절요』 제24권 충숙왕 원년 7월에 "원나라가 사절을 파견해서 왕에게 서적 4천 3백 71책〔『해동역사』에는 이 아래에 '모두 1만 7천 권'이란 글자가 더 있다〕을 반사했는데, 모두 송나라 비각에 소장되어 있던 것이다."[16]라고 했다. 명나라 때 서적을 반사한 것은 일반적인 서적들이다. 단 『송사』 한 책은 원간본이어서 보기 드문 것이다. 근세에 전하는 것은

15_張伯偉 編, 『朝鮮時代書目叢刊』 第5冊, 北京 : 中華書局, 2004, pp.2457-2458. "明時中國書籍之頒賜本朝者, 建文三年賜『文獻通考』(趙溫持來). 成祖永樂元年賜『元史』·『十八史略』·『山堂考索』·『諸臣奏議』·『大學衍義』·『春秋會通』·『眞西山讀書記』·『朱子成書』各一部. 二年賜『古今列女傳』. 四年賜『通鑒綱目』·『四書衍義』·『大學衍義』等書(禮部諮送). 六年賜『孝慈高皇后傳書』五十卷(具宗之持來), 又賜『勸善書』三百部(禮部諮送). 十五年賜『爲善陰隲書』六百本(李之崇持來). 宣宗宣德元年賜『五經四書 · 性理大全』·『通鑒綱目』等書(金時遇持來). 八年賜『五經四書大全』各一部(朴安信持來). 英宗正統元年賜胡三省音注『通鑒』(南智賫來). 代宗景泰五年賜『宋史』(黃致身賫來). 武宗正德十三年得來『大明會典』. 神宗萬曆十六年賜『會典辨誣改本全書』(俞泓持來)."

16_『高麗史節要』, 明文堂 影印, 1981, p.552.

명나라 성화 16년(1480) 주영(朱英) 간본과 이것을 저본으로 번각한 간본이 많다. 그런데 경태 5년(1454) 반사한 간본은 원간본일 가능성이 있다. 그렇다면 그 반사는 당시의 대사건일 수 있다.[17]

두 번째는 조선인이 중국에 이르러 구입해 온 책이다. 역사서의 기록에 따르면 한국 인사들이 중국에 가서 서적을 구입한 일은 신라 시대의 유학생으로 소급되며,[18] 그 이후로 끊이지 않았다. 청나라 강소서(姜紹書)의 『운석재필담(韻石齋筆談)』 상권에 이런 기록이 있다.

> 조선국 사람들은 책을 아주 좋아해서 사신들이 입공할 때 5, 60인으로 제한되었는데 옛 전적이든 신서이든 패관 소설이든 저쪽에 없는 것들을 날마다 저자로 나가 서목을 베끼고 사람을 만나면 두루 물어서 비싼 값을 아끼지 않고 구입하여 돌아가므로 저 나라에 도리어 기이한 책이면서 소장하는 것이 있다.[19]

정조의 『홍재전서』 제161권 『일득록』에는 "내가 춘저에 있을 때 본시 책을 저장하는 습벽이 있어서 연경의 저자에서 구입해 온 것으로 옛 세가에 소장되어 있는 것이 있다고 들으면 곧바로 무역해서 오게 했다."[20]라고 했다.

또 『해동역사』 「예문지」의 기록을 보면, 명 · 청 시대 중국에서 구입한 책으로는 다음과 같은 것이 있다.

> 만력 43년 『오학편(吾學編)』 · 『엄산당별집(弇山堂別集)』〔민형남(閔馨男)이 가져옴〕을 무역해 돌아왔다. 청나라 강희 52년 『전당시(全唐詩)』 · 『고문연감(古文淵鑒)』 · 『패문운부(佩文韻府)』 합계 3백여 권〔김창집(金昌集)이 가져옴〕을 무역해 왔다. 옹정 원년 『주역절중(周易折中)』 · 『주자선서

17_『增補文獻備考』 卷242 「藝文考 1」, 『朝鮮時代書目叢刊』 第6冊, p.2887.
18_『三國史記』 卷11 「新羅本紀」 景文王 九年(869).
19_文淵閣『四庫全書』本, 臺北 : 商務印書館影印. "朝鮮國人最好書, 凡使臣入貢, 限五六十人, 或舊典, 或新書, 或稗官小說, 在彼所缺者, 日出市中, 各寫書目, 逢人遍問, 不惜重直購回, 故彼國反有異書藏本也."
20_한국문집총간 제267책, 한국민족문화추진회, 2001, p.148.

> (朱子全書)』〔밀양군(密陽君)이 가져옴〕를 가져오고, 옹정 7년 『강희자전(康熙字典)』·『성리정의(性理精義)』·『시경전설휘찬(詩經傳說彙纂)』·『음운천미(音韻闡微)』 등 책〔여천군(驪川君) 이증(李增)이 가져옴〕을 가져왔다. 건륭 43년(원본에 53년으로 잘못되어 있음) 무술에 『도서집성』 1부 5천여 권을 구입해 왔다.[21]

이 기록은 위에 인용했던 『정조실록』의 "병신년 첫해에 맨 먼저 『도서집성』 5천여 권을 북경의 책방에서 구입했고, …… 또 당나라와 송나라 때의 고사를 모방하여 『방서록』 2권을 찬술하여 내각의 여러 신하들로 하여금 조사하여 구매하게 했다."라고 한 기록과 서로 입증할 수 있다. 병신년은 건륭 41년으로, 이것은 구매를 명한 해이다. 무술년은 건륭 43년(즉 정조 2년)으로, 이것은 도서를 구입한 해이다.[22] 둘은 모순되지 않는다.

셋째, 중국인과 본국인의 서적 헌정이다. 이것도 신라 시대로 소급할 수 있다. 『증보문헌비고』 제242권 「예문고」 1에 기사가 조금 모여 있다.[23]

> 신라 효소왕 원년, 고승 도증(道證)이 당나라에서 돌아와 『천문도(天文圖)』를 올렸다.
> 성덕왕 2년, 아찬 김사양(金思讓)이 당나라에 조회 갔다가 돌아와 『최승왕경(最勝王經)』을 바쳤다.
> 효성왕 2년, 당나라 사신 형도(邢璹)가 와서 『도덕경(道德經)』을 바쳤다.
> 신무왕 13년, 아찬 원홍(元弘)이 당나라에 조회 갔다가 돌아와 불경을 바쳤다.
> 고려 현종 18년, 강남 사람 이문통(李文通)이 와서 서적 597권을 바쳤다.

21_『朝鮮時代書目叢刊』 第5冊, p.2458. "(萬曆)四十三年, 買回『吾學編』·『弇山堂別集』(閔馨男持來). 清康熙五十二年, 買來『全唐詩』·『古文淵鑒』·『佩文韻府』共三百餘卷(金昌集持來). 雍正元年齎來『周易折中』·『朱子全書』(密陽君持來). 七年齎來『康熙字典』·『性理精義』·『詩經傳說彙纂』·『音韻闡微』等書(驪川君增持來). 乾隆四(原本誤作'五')十三年戊戌, 購來『圖書集成』一部五千餘卷."

22_『增補文獻備考』「藝文考一」, 『朝鮮時代書目叢刊』 第6冊, p.2891. "正祖二年, 使臣李溵·徐浩修等回自燕京, 購來『圖書集成』一部五千餘本."

23_『朝鮮時代書目叢刊』 第6冊, pp.2893-2897.

선종 2년〔『고려사절요』에 따르면 선종 3년의 일〕, 왕의 아들 석후(釋煦)가 송나라에서 돌아와 석전(釋典)과 경서 1천 권을 바쳤다.
공민왕 7년, 방국진(方國珍)이 사신을 보내어 『옥해(玉海)』·『통지(通志)』 등의 서적을 바쳤다.
조선 인조 9년, 정두원(鄭斗源)이 경사(북경)에서 돌아와, 서양인 육약한(陸若漢)이 증정한 『치력연기(治曆緣起)』 1책, 『천문략(天文略)』 1책, 이마두(利瑪竇) 『천문서(天文書)』 1책, 『원경서(遠鏡書)』 1책, 『천리경설(千里鏡說)』 1책, 『직방외기(職方外紀)』 1책, 『서양국풍속기(西洋國風俗記)』 1책, 『서양국공헌신위대경소(西洋國貢獻神威大鏡疏)』 1책, 『천문도남북극(天文圖南北極)』 2폭, 『천문광수(天文廣數)』 2폭, 『만리전도(萬里全圖)』 5폭, 『홍이포제본(紅夷炮題本)』 하나를 바쳤다.

그리고 조선 시대에는 책을 헌정하면 그 사람에게 상을 내리거나 관직을 올려 주었다. 몇몇 기록을 예로 든다.[24]

성종 21년, 김흔(金訢)이 오사도(吳師道) 중교(重校)의 『전국책(戰國策)』을 올리자 마장(馬裝)을 하사했다.
중종 32년, 호군 최세진(崔世珍)이 『자류(字類)』를 모아 『운회옥편(韻會玉篇)』을 만들고, 『소학』 내편을 분류대로 초록하여 이름을 『소학편몽(小學便蒙)』이라 하여 올렸다. 하교하여 가장(嘉奬)하고 첨지의 직을 제수했다.
명종 2년, 군자판관(軍資判官) 윤령(尹齡)이 『국조보감유초(國朝寶鑑類抄)』 2권을 엮어 올렸는데, 유목은 28조이다. 명하여 첨정으로 승진하게 했다.
인조 16년, 길주목사 최유해(崔有海)가 자신이 엮은 『서명천견(西銘淺見)』을 올리자 특별히 호피를 하사했다.
효종 원년, 전 사부 윤빈(尹彬)이 자신이 편찬한 『고감록(古鑒錄)』을 올리자, 특별히 호피를 하사했다.
현종 9년, 부사직 김익렴(金益廉)으로 성변(星變)으로 인하여 역대의 성

24_『朝鮮時代書目叢刊』 第6冊, pp.2896-2899.

> 변 사실을 모아서 『요성록(妖星錄)』이라 이름 지어 올리자, 호피를 하사했다.
> 숙종 갑인, 병조좌랑 조종(趙宗)이 고금의 충년 제왕 권학의 말을 채집하여 책자를 엮어 올리자, 우악하게 비답을 하고 마장을 하사하여 시상했다.

서적 헌정 이외에 조정에서 민간을 대상으로 도서를 징구(徵求)한 일도 있다. 『증보문헌비고』「예문고 1」에 보면 중종 10년(1515) 11월의 교(敎)가 있다.

> 서적은 치도가 깃들어 있는 것이다. 한(漢)나라의 천록각(天祿閣)과 석거각(石渠閣), 당나라의 비서각(祕書閣)과 사고(四庫)는 모두 서적을 수집하여 한 시대의 보장으로 삼았던 곳이다. …… 우리나라는 조종조로부터 유술(儒術)을 숭상하여 성현의 경전(經傳)과 여러 사(史), 자(子), 집(集)을 모두 내부(內府)에 모아 놓고 항간에 널리 반포해 왔다. 그런데 얼마 전 국가가 불행을 당한 것을 계기로, 맡아 지키기를 삼가지 않아 어부(御府)의 서적이 대부분 산실되고 비각에 소장된 책도 완전한 것이 드물게 되었다. 옛날에 하간왕 덕(河間王德)이 금백(金帛)으로 좋은 책을 매우 많이 사들였는데, 역사책에 이를 기록하여 미담으로 삼았다. 중국으로 사신 가는 자들로 하여금 서적을 널리 구하여 오게 하라. 또 우리나라가 땅덩어리는 치우쳐 있지만, 문헌을 대대로 전수해 온 집안에 어찌 소장된 것이 없겠는가? 유실된 경서 가운데 널리 듣는 자료가 되고 다스리는 방도에 보탬이 될 만한 것이 있으면 모두 와서 바치도록 하라. 내가 후한 상을 내리겠다.[25]

서적의 헌정이 서적의 하사나 서적의 구매와 크게 다른 점은, 후자는

25_『朝鮮時代書目叢刊』第6冊, pp.2888-2889. "書籍者, 治道所寓. 漢之天祿 · 石渠, 唐之秘書 · 四庫, 皆裒集書籍, 爲一代之寶藏. …… 我朝自祖宗重儒術, 聖經賢傳, 諸史子集, 無不鳩聚內府, 廣布閭巷. 頃因國運中否, 典守不謹, 御府書籍, 多致散落, 秘書所藏, 完書蓋寡. 昔河間王德以金帛求善書甚多, 書之史冊, 以爲美談. 令使价之赴中朝者, 廣求書籍以來. 至於我國, 壤地雖褊, 文獻世家, 亦豈無所畜? 如有遺經逸書, 可以資博問 · 裨治道者, 皆令來獻. 予當厚賞."

모두 중국 서적인데 비해 전자는 중국 서적도 있고 또 조선의 자찬 서적도 있다는 점이다.

네 번째, 본국에서 서적을 등사하거나 번각하는 일은 중앙에서도 지방에서도 이루어졌다. 한국에서 서적 판각이 활발하게 된 것은 고려 때부터이다. 처음에는 모두 불경이었다가, 정종(靖宗) 때 경사(經史)를 번각하기 시작했으며 문종 때 각 부류의 서적으로 확대되었다. 『고려사절요』 제4권 문종 10년(1056) 8월의 조항에 다음 기록이 있다.

> 서경 유수사가 아뢰기를, "서경에서 진사 · 명경 등 여러 과거에 대비하는 사람들이 공부하는 서적이 거의 다 손으로 베껴 쓴 것이어서 글자가 잘못된 것이 많습니다. 비서각에 간직한 구경(九經) · 『한서』 · 『진서(晉書)』 · 『당서』 · 『논어』 · 『효경』과 자(子) · 사(史) · 제가문집 · 의(醫) · 복(卜) · 지리 · 율(律) · 산(算)의 모든 책을 나눠 내려 주시어, 여러 학원에 비치하게 해 주소서." 하니, 유사에게 명령하여 인쇄한 책 각각 한 질씩을 보내 주었다.[26]

역사서의 기록에 따르면 고려 숙종 6년(1101) 서적포(書籍鋪)를 두었고, 공양왕 4년 정월 "서적원을 두고 활자 주조와 서적 인쇄를 관장했다."[27] 정도전(鄭道傳, ?-1398)에게 「서적포를 둔 시(置書籍鋪詩)」가 있고 그 서문에 "우리 동방은 서적이 드물고 또 많지 않아서 배우는 자가 모두 글을 널리 읽지 못하는 것을 한으로 삼는다. 나 역시 이 점을 유감으로 여긴 지 오래였다. 그래서 절실한 소원이 서적포를 설치하고 동활자를 만들어서, 경 · 사 · 자의 서적, 제가의 시문, 그리고 의방 · 병 · 율의 서적에 이르기까지 모조리 인출했으면 한다."[28]라고 했다. 단, 『증보

26_『高麗史節要』, pp.113-114. "西京留守奏 : 京內進士 · 明經等諸業擧人, 所業書籍, 率皆傳寫, 字多乖錯. 請分賜秘閣所藏九經 · 漢晉唐書 · 『論語』 · 『孝經』 · 子 · 史 · 諸家文集 · 醫卜 · 地理 · 律筭諸書, 置於諸學院, 命有司各印一本送之."

27_『高麗史節要』, p.820. "置書籍院, 掌鑄字 · 印書籍."

28_『三峰集』 권1, 한국문집총간 제5책, 경인문화사, 1996, p.296. "吾東方書籍罕少, 學者皆以讀書不廣爲恨. 予亦病此久矣, 切欲置書籍鋪鑄字, 凡經史子書 · 諸家詩文, 以至醫方兵律, 無不印出."

문헌비고』는 "서문은 이렇지만 태종 3년에 이르러 처음으로 주자소를 두었다. 이 서문은 시행할 수 없는 빈말이었으며, 이보다 앞서는 서적포를 설치한 일이 없었을 것이다."[29]라고 했다. 서적 판각 사업이 발달하기 위해서는 사실상 조선 시대에 이르러야 했다. 여기 두 예를 들어 증명하고자 한다. 『증보문헌비고』「예문고 1」은 조선 태종 3년(1403)의 다음 교(敎)를 실어 두었다.

> 정치를 하려면 반드시 전적을 두루 보아야 하는데, 우리 동방은 해외에 있어서 중국의 서적 가운데 이르러 오는 것이 매우 드물고, 판각은 쉽게 문드러지는 데다가 천하의 서적을 모두 다 간행하기는 어렵다. 내가 구리로 본을 떠서 글자를 만들어 책마다 인쇄하여 그 전함을 널리 함으로써 무궁한 이익으로 삼고자 한다.[30]

또 선조부터 효종 때까지 활동한 조익(趙翼, 1579-1655)의 다음 말을 인용해 두었다.

> 본조는 문을 숭상하는 정치를 하여, 서울에 교서관을 두고 천하의 서적을 차례로 인행하고, 외방의 여러 고을도 여러 서적을 간각하여 없는 곳이 없으므로 서적이 유행하여 세간에 널리 퍼져 있다.[31]

비서성이나 교서관에서 인출한 서적은 당연히 어부(御府)로 보내져 수장되었다. 지방 간각의 여러 서적들도 상송되었다.

왕실 서목의 특색 가운데 하나는, 중국 목록학의 영향을 받아 4부 분류의 방식을 채용한 것이 비교적 많다는 점이다. 현존하는 조선 시대 서

29_『朝鮮時代書目叢刊』第6冊, p.2874. "序文雖如此, 而至太宗朝三年始創置鑄字所, 則此序爲未施之空言, 而前此恐未有設鋪之事矣."

30_『朝鮮時代書目叢刊』第6冊, p.2872. "爲治必須博觀典籍, 吾東方在海外, 中國之書罕至, 板刻易刓, 且難盡刊天下之書. 予欲範銅爲字, 隨書印之, 以廣其傳, 爲無窮之利."

31_『朝鮮時代書目叢刊』第6冊, p.2878. "本朝右文爲治, 京中置校書館, 天下之書次第印行, 而外方諸郡刊刻諸書, 無處不有, 所以書籍流行, 布在世間."

목 가운데 『규장총목』이 가장 이른 시기에 4부 분류에 의거한 것이다.[32] 이 서적은 또한 왕실 서목 중에 뛰어난 것이기도 하다. 이 서적의 '범례' 6칙은, 왕실 서목이 지닌 공통 특징을 개괄했다고 할 수 있다. 그 제2칙은 이러하다.

> 무릇 고금 목록가의 체재는 세 가지이다. 유흠(劉歆)의 『칠략(七略)』, 왕검(王儉)의 『칠지(七志)』, 정초(鄭樵)의 『예문략(藝文略)』, 마단림(馬端臨)의 『경적고(經籍考)』의 부류는 고금의 도서를 총기(總記)한 것이다. 진(晉)의 『의희목록(義熙目錄)』, 수(隋)의 『개황목록(開皇目錄)』, 당의 『집현서목(集賢書目)』, 송의 『숭문총록(崇文總目)』의 부류는 하나의 대(代)의 도서를 통기(通記)한 것이다. 이숙(李淑)의 『한단도서지(邯鄲圖書志)』, 종음(鍾音)의 『절강유서총목(浙江遺書總目)』, 우무(尤袤)의 『수초당서목(遂初堂書目)』, 진진손(陳振孫)의 『직재서록(直齋書錄)』의 부류는 일방일가(一方一家)의 도서만을 기록한 것이다. …… 이 책에 저록한 것은 본각(규장각)에 저장하고 있는 서적이기에 『규장총목』이라 이름 짓는다. 집현각 · 숭문각의 옛 예를 추숭한 것이다.[33]

이것은 서목 명칭의 유래를 서술하면서 실은 중국 당송의 옛 예를 사용했으며, 그 내용도 역시 '한 대의 도서를 통기(通紀)하여' 견문을 넓히고 고실을 보존하기 위한 것이었다. 또한 그 제3칙은 이러하다.

32_세종조 李季甸의 「集賢殿藏書閣頌」에 이러하다. "歲在己酉(1429), 命新建集賢殿于宮城西門之內, 又營藏書閣於其北, …… 隨壁作架, 插以諸書. 分門類聚, 表以牙籤, 披閱之便, 易於反掌. …… 四部之書, 分在異壁, 手捫目睹, 辨若白黑."(『東文選』 卷50, 馬山：民族文化刊行會影印朝鮮群書大系續續本 第3冊, pp.114-115. 1994) 4부로 분류했음을 알 수 있지만 애석하게도 서목이 전하지 않는다. 그 후 弘文館의 登瀛閣은 집현전의 전통을 이어 『弘文館藏書目錄』이 있었는데, 4부 분류를 채택했겠지만 아깝게도 임진왜란 때 훼멸되었다.

33_『朝鮮時代書目叢刊』 第1冊, pp.10-11. "凡古今目錄之家體裁有三：如劉歆『七略』 · 王儉『七志』 · 鄭樵『藝文略』 · 馬端臨『經籍考』之類, 總紀古今之圖書者也；如晉『義熙目錄』 · 隋『開皇目錄』 · 唐『集賢書目』 · 宋『崇文總目』之類, 通紀一代之圖書者也；如李淑『邯鄲圖書志』 · 鍾音『浙江遺書總目』 · 尤袤『遂初堂書目』 · 陳振孫『直齋書錄』之類, 但紀一方一家之圖書者也. …… 此書所錄, 既皆本閣藏弆之書, 則名之以『奎章總目』, 蓋推集賢 · 崇文之舊例."

> 서적을 4부로 나누는 것은 위(魏)나라 순욱(荀勗)에게서 시작되었는데, 부마다 각각 유(類)가 있고, 유는 각각 예가 다르다. 너무 세밀하면 할렬하여 어지럽고 너무 간이하면 모호하여 적절치 못하므로, 그 유품(流品)의 변이를 구명하는 것은 실로 절충이 어렵다. 그러므로 이 책은 유를 모두 34개로 하고, 조문(條門)은 의리를 새로 만들고 앞사람의 설을 덜거나 더하거나 했다. 비슷하다고 의심하여 합하기보다는 차라리 세밀한 잘못을 범하는 것이 나으므로 부득불 나누지 않을 수 없었다. 그 유를 함께 하는데도 나누기보다는 차라리 간이한 잘못을 범하는 것이 나으므로 부득불 합하지 않을 수 없었다. 안자 · 묵자를 모두 잡가에 배열한 것은 『칠략』을 규탄한 것이다. 동중서 · 순자를 모두 유가에 귀속시킨 것은 『통지(通志)』를 바로잡은 것이다. 보계 · 목록을 나누어 2류로 한 것은 마단림을 변파한 것이다. 천문 · 역주(曆籌)를 병형(兵刑)에 넣은 것은 사지(史志)를 거울로 삼은 것이다. 참위 · 오행을 저록하지 않은 것은 의심스러운 글을 빼 둔 것이다. 도류 · 석씨를 뒤에 부록으로 한 것은 이단을 축출한 것이다.[34]

이는 서적의 분류가 중국 목록학 저작보다 덜거나 뺀 것이 많음을 서술한 것이다. 이후 『내각방서록』 · 『서서서목첨록』 · 『서서서목초본(西序書目草本)』 · 『보문각책목록』 · 『열고관서목』 · 『제실도서목록』 등은 모두 4부로 분류하면서 조금 더 덜거나 빼가거나 했다. 현대 한국인이 편한 『규장각도서한국본목록』에 이르러서도 여전히 이 전통을 계승하고 있다. 또한 『규장총목』 범례 제6칙은 이러하다.

> 저서의 어려움은 서목보다 어려운 것이 없다. 무릇 지귀(旨歸)를 소통하여 문학(問學)에 바탕 삼는 것은 의리를 경(經)에서 취한다. 권형을

34_『朝鮮時代書目叢刊』 第1冊, pp.11-12. "書分四部, 自魏之荀勗始, 而部各有類, 類各異例. 太細則眩於割裂, 太簡則傷於模糊, 究厥流品之相嬗, 實惟折衷之爲難. 故此書爲類凡三十四, 而條門創義, 損益前人. 疑其似而合之者, 寧失於細, 不得不分；同其類而分之者, 寧失于簡, 不得不合. 晏 · 墨之俱列雜家, 所以規『七略』也；董 · 荀之並歸儒家, 所以正『通志』也. 譜系 · 目錄之析爲二類, 辨乎馬氏也；天文 · 曆籌之進于兵刑, 鑒乎史志也. 讖緯 · 五行之不著, 闕文也；道流 · 釋氏之附後, 黜異也."

> 잡아 시비를 판결하는 것은 의리를 사(史)에서 취한다. 문호를 달리하여 의론을 변별하는 것은 의리를 자 · 집에서 취한다. 대개 하나의 서적이면서 여러 장점들이 모여 있기에, 이런 후에 지금에 조령을 내리고 후대에 전할 수 있다. 이 책의 발범(發凡)과 기례(起例)는 한결같이 상의 재결을 품부받고 공손히 지시를 받들어서, 공력을 쌓아 편마(編摩)했으니, 4부의 장정(章程)이 이에 대략 갖추어지게 되었다. 경(經)에서 구하여서 글은 간약하고 이치는 아울렀으며, 사(史)를 기준으로 삼아 표현은 완곡하면서 법(法)이 깃들여 있다. 학문은 연원을 자세히 한 것은 자(子)의 여서(餘緖)를 이은 것이고, 사람은 본말을 아는 것은 집(集)의 유풍을 취한 것이다. 부위(部位)를 안배하고 전칙(典則)을 계고(稽考)하여, 단예(端倪)를 엿보고 탐색하여 취향을 바르게 한다면 어찌 문풍과 세교에 조금이나마 보탬이 되지 않겠는가?[35]

이 한 가지는 서목 제요에서도 아주 두드러지게 드러난다. 왕실 서목의 제요 부분은 중국 서목의 영향을 상당히 많이 받았다. 그 가운데서 진신손『직재서록해제(直齋書錄解題)』, 조공무(晁公武)『군재독서기(郡齋讀書記)』, 마단림『문헌통고(文獻通考)』「경적고(經籍考)」, 황우직(黃虞稷)『천경당서목(千頃堂書目)』, 주이준『경의고(經義考)』및『사고전서간명목록(四庫全書簡明目錄)』등을 여러 차례 인증하고 있다. 단, 이 때문에 조선의 특색을 말살할 수는 없다.『사고전서간명목록』과『규장총목』을 비교하면, 후자는 주자(朱子)를 존중하여 그 속에 주자의 말을 많이 인용하여 단안을 내리고 있지만,『간목』은 번번이 주희(朱熹)라고 곧바로 일컬었다. 또한『규장총목』은 특정 목적에서 '사고(四庫)'에 수록하지 않은 허다한 서적을 기록해 두었다. 이를테면 전겸익(錢謙益) · 주양공(周亮工) · 위희(魏禧) · 여유량(呂留良) · 소장형(邵長衡) 등의 문집이 그러하다. 고염무(顧炎武)의 책을 저록하면서 조선

35_『朝鮮時代書目叢刊』第1冊, pp.14-15. "著書之難, 莫難於書目. 夫疏旨歸以資問學, 義取諸經 ; 秉權衡以決是非, 義取諸史 ; 別門戶以辨議論, 義取諸子集. 蓋一書而衆善具, 然後可以詔今 · 可以傳後. 此書發凡起例, 一稟睿裁, 恭承指授, 積費編摩, 而四部之章程, 於是略備. 蘄乎經則文約而理該, 准乎史則辭婉而法寓. 學詳淵源, 子之餘也 ; 人知本末, 集之遺也. 按部位 · 稽典則, 庶幾探窺端倪, 乃正趣向, 亦豈少補于文風世敎也?"

서목은 '명(明)'이라 해 두었으나 『사고제요』는 '국조(國朝)'라고 했다. 『규장총목』의 해제에서 가장 두드러진 것은 『사고전서간명목록』에 대한 제요 가운데 다음 부분이다.

> 이 책의 편찬은 전적으로 문연각(文淵閣) 직학 기윤(紀昀)에게서 나왔다. …… 지지하거나 선별하며 허여하거나 평가절하한 뜻은 아주 알 수 없는 부분이 있다. 대개 고고가는 한학을 하고 강학가는 송학을 하는데, 평가하고 품정할 때 한학에 우단하고 송학에 좌단했으며 염락 제현(濂洛諸賢)에 대해서는 겉으로는 높이는 듯하면서 속으로는 억눌러, 여러 차례 불만을 표시했다. 주문 제자(朱門諸子) 이하에 대해서는 드러내놓고 분명한 말로 공격해서, 여력을 남기지 않을 정도이다. …… 그리고 위희 · 고염무 · 소장형같은 사람들의 경우는 다시 한결같이 빈척하였으니, 기휘하는 바가 있어서 감히 싣지 못한 것이 아니겠는가? 아아! 백 년 천 년 이래의 서적을 수색하여 망라하여 결코 깎여 없어지지 않을 제작물을 이루려 했지만, 한 시기의 사사로운 기휘(忌諱)와 한 사람의 편견을 그 사이에 섞어 두었으니, 정말 의도대로 되기는 어려운 일이다.[36]

오늘날에도 이 안광의 예리함과 조예에 감복하지 않을 수 없다. 조선시대의 독서인은 『사고전서』의 편찬에 매우 관심을 두어, 그 속에 어느 책이 수록되지 않았는지에 대해 극도로 민감하게 반응했다. 홍석주(洪奭周, 1774-1842)는 『홍씨독서록(洪氏讀書錄)』에서, 자기가 가경 8년(조선 순조 3년, 1803) 연경에 들어갔을 때 "그쪽 사대부들과의 이야기가 이 책에 미쳐, 고염무 · 여유량 · 위희의 문집이 어째서 선록되지 않았는가 묻자, 그 사람은 손을 저어 대답을 하지 못했다. 대개 기휘한 것이

36_『奎章總目』 卷2, 『朝鮮時代書目叢刊』 第1冊, pp.170-171. "是書編纂專出於直文淵閣紀匀(昀). …… 其持擇予奪之意, 則有大不可曉者. 蓋以考古家爲漢學, 講學家爲宋學, 而評隲之際, 右漢左宋, 于濂洛諸賢, 則陽尊陰抑, 屢示不滿. 于朱門諸子以下, 則昌言攻之, 不遺餘力. …… 而如魏禧 · 顧炎武 · 邵長蘅者, 亦復一例遭擯, 豈有所諱忌而不敢載歟? 噫 !搜羅千百年之載籍, 以成不刊之製作, 乃欲以一時之私諱 · 一人之偏見參錯於其間, 難矣."

다."[37]라고 추억했다.

왕실 서목의 두 번째 특색은 장서가 어느 서가 어느 함에 있는가에 근거해서 여러 서적들을 저록했다는 점이다. 이를테면『규장각서목』·『융문루서목』·『이문원봉안총록』·『서향각봉안총록』 등이 그러하다. 책을 조사하여 찾을 때 편하게 하려는 목적에서 그렇게 편목을 한 것이다.

왕실 서목의 세 번째 특색은 어제(御製)·어정(御定)의 책들을 대량으로 저록한 점이다. 어떤 것은 다른 서적들과 함께 저록했으나, 일반적으로는 각 부류 서적의 머리에 모아 두었다.[38] 이를테면『융문루서목』·『보문각책목록』·『춘방장서총목』 등이 그러하다. 또 특종 목록이라고 부를 수 있는 부류가 있다. 어제·어정의 여러 서적들을 전문적으로 저록한 목록이다.『군서표기』·『이문원봉안총록』·『서향각봉안총목』·『봉모당봉안어서총목』 등이 그것이다. 맨 마지막의『봉모당봉안어서총목』은 3권으로, 제1권 보첩(譜牒)·지장(誌狀)·보감(寶鑒)·유교(遺敎)·대보(大寶)·어제(御製), 제2권 어제, 제3권 어제·갱진첩(賡進帖)·어필·어필각판(御筆刻版)·어화(御畫)·어압(御押)으로 나누어 영종 대왕의 작품을 대량으로 저록했다. 이 서목은 기본적으로 편명이나 책 수만을 저록했고 해제는 하지 않았다. 단 한 부의 예외가 있다. 바로 조선의 정조가 친히 엮은『군서표기』이다. 이 책은 수록 문헌을 어정(御定)과 명찬(命撰)의 두 부류로 나누어, 전자는 친히 찬정한 것, 후자는 각신에게 명하여 편정하게 한 것으로, 왕왕 서인(序引)을 친찬해서 저록해 두었다. 이것에는 정조가 일생 학술 문화 사업에 끼친 공헌이 반영되어 있다. 각 서적마다 모두 제요가 있으므로, 당시의 문화 정책을 이해하고 당시의 정치·사상·문학 등 방면의 상황을 이해하려 할 때 이 책은 중요한 정보를 많이 제공한다.[39]

37_『洪氏讀書錄』,『朝鮮時代書目叢刊』第8冊, p.4249. "與其士大夫語及此書, 問顧炎武·呂留良·魏禧集何不在選, 其人搖手不能對, 蓋諱之也."

38_『西庫藏書錄』은 특별한 점이 있으니, 御製 서적을 전체 서적의 끝에 저록해 두었다.

39_玄英娥,「群書標記에 關한 硏究」제4장, 이화여자대학교 대학원 도서관학과 석사 학위논문, 1973, pp.16-34.

(2) 지방 서목

지방 서목이란 서적이나 판목 중 지방 정부나 조직이 소유하고 있는 것을 말한다. 이 유형에는 책판 목록이 절대 다수를 차지한다.

현존하는 가장 이른 시기의 책판 목록은 『고사촬요』의 '팔도정도(八道程途)'에 부기된 것이다.[40] 『고사촬요』의 원래 편찬자는 어숙권(魚叔權)으로, 이 책은 조선 명종 9년(명나라 가정 33년, 1554)에 이루어졌다. 그 후속으로 증보와 중수가 있어서, 조선 영조 47년(건륭 36년, 1771) 서명응(徐命膺)이 수정하여 『고사신서(攷事新書)』를 만들기까지 12차의 개수를 겪었다. 임진왜란 이전의 각종 중수본에는 모두 책판 목록의 내용이 있으나, 광해군 4년(1612) 간본에 이르러 박희현(朴希賢) 발이 있고, 그 발문 속에서 "팔도 책판의 경우에는 지금은 소실되었으므로 모두 제거하고 토산으로 대신한다."라고 했다.

책판 목록은 조선 특유의 목록이다. 그 내용은 지방이나 중앙의 어느 곳에 어떤 판본이 있는지 기록한 것으로, 장판 목록이라고 칭할 수 있다. 중국 목록학 저작에서 우무(尤袤)의 『수초당서목(遂初堂書目)』에 판본에 대한 기록[41]이 있는데, 다만 하나의 책에 상이한 판본이 있음을 기록했을 따름이다. 그 후 조희변(趙希弁)과 진진손(陳振孫)에게 훨씬 상세한 기록이 있다. 단 기록한 것은 서적이지, 판목은 아니다. 명나라 모진(毛晉)의 『급고각교각서목(汲古閣校刻書目)』은 각 서적의 아래에 엽(葉)의 수를 고르게 표시하여 엽의 수로부터 판의 수를 추론할 수 있다. 단, 그 기록은 판매를 편하게 하려는데 목적이 있었지, 책을 통계하려는 목적이 있었던 것은 아니다. 20세기 전기에 진연(陳衍)은 『복건통지(福建通志)』「예문지」를 주편하고 뒤에 『복건판본지(福建板本志)』를 붙였는데, 특히 그 부록의 '건양현치서판고(建陽縣治書板考)'와 '건양서방서판고'는 책판목록과 상당히 비슷했다. 책판목록과 완전히 일치하는 목록은 다만 소수의 지방지의 '학교지(學校志)'에서 발견할 수 있다. 송나

40_조선 시대 책판 목록을 수집하여 가장 완비한 것은 鄭亨愚 · 尹炳泰 편, 『韓國의 冊板目錄』이다. 또 千惠鳳 편, 『古書目錄集成』 중의 두 책판 목록은 위의 책에는 보이지 않는다.

41_葉德輝, 『書林淸話』 卷1 '古今藏書家紀板本'條. "自鏤板興, 於是兼言板本, 其例創于宋尤袤『遂初堂書目』. 目中所錄, 一書多至數本." 北京 : 中華書局影印本, 1987, p.5.

라 주응합(周應合)『경정건강지(景定建康志)』의 '문적지(文籍志)'(강녕 부학의 문적을 내용으로 함), 나준(羅浚)『보경사명지(寶慶四明志)』의 '학교지', 원나라 원각(袁桷)『연우사명지(延佑四明志)』의 '학교고', 장현(張鉉)『지정금릉신지(至正金陵新志)』의 '학교지', 청나라 악이태(鄂爾泰) 감수『운남통지(雲南通志)』의 '학교지' 등이 그 예이다. 현존하는 조선 시대의 책판 목록으로서 가장 이른 것이『고사촬요』'팔도정도'에 부록으로 보여, 중국 지방지 수찬 방식과 모종의 연관을 드러내고 있으나, 문헌이 부족하여 정론을 내리기 어렵다. 따라서 목록학 체계에서 보면 이 책판목록은 조선 목록의 특색 가운데 하나로 볼 수 있다.

현존하는 가장 빠른 책판 목록이『고사촬요』에 보이기는 하지만 이것이 책판 목록의 기원은 아닐 것이다. 각 지역에 책판이 있는 것은 이미 고려조에 시작되었을 것이다. 불경은 논하지 않기로 하면, 일반적인 경사(經史) 부류의 서적은 고려 시대의 각 지역에서 이미 판각이 되었다. 대략 열거하면 아래와 같다.

(a)『고려사』정종(靖宗) 8년(1402) 2월, 동경 부유수 최호(崔顥) 등이 "『양한서』와『당서』를 왕명을 받들어 제작하여 올렸다."[42]

(b)『고려사』문종 12년(1058) 9월, "충주목이 새로 판각한『황제팔십일난경(黃帝八十一難經)』·『천옥집(川玉集)』·『상한론(傷寒論)』·『본초괄요(本草括要)』·『소아소씨병원(小兒巢氏病源)』·『소아약증(小兒藥證)』·『병원일십팔론(病源一十八論)』·『장중경오장론(張仲卿五臟論)』99판을 올렸으므로 조칙을 내려 비각에 두게 했다."[43]

(c)『고려사』문종 13년 2월, 안서도호부사 도관원외랑(安西都護府使都官員外郎) 이선정(異善貞) 등이 "새로 판각한『주후방(肘後方)』73판,『의옥집(疑獄集)』11판,『천옥집(川玉集)』10판을 올렸다. 지경산부사 전중내급사(知京山府事殿中內給事) 이성미(李成美)가 새로 판각한『수서

42_『高麗史』上冊, p.134. 靖宗八年(1402)二月, 東京副留守崔顥等이『兩漢書』와『唐書』를 받들어 제작하여 새로 간행해서 올렸다고 했다.

43_『高麗史』上冊, p.167. "忠州牧進新雕『黃帝八十一難經』·『川玉集』·『傷寒論』·『本草括要』·『小兒巢氏病源』·『小兒藥證』·『病源一十八論』·『張仲卿五臟論』九十九板, 詔置秘閣."

(隋書)』 680판을 올려, 조칙으로 비각에 두게 했다."[44]

(d) 『고려사절요』 선종(宣宗) 3년(1086) 6월, 왕제 석후(釋煦)가 "전(佛典) 및 경서 1천 권을 바치고 또 홍왕사에다가 교장도감(敎藏都監)을 설치하도록 아뢰어서, 요 · 송 · 일본으로부터 서책을 구입하여 많게는 4천 권이나 되었는데, 모두 간행했다."[45]

위의 두 번째 (b)와 세 번째 (c) 자료는 당시 각지의 조판(雕板)이 이루어진 후 모두 '조칙을 내려 비각에 두게 했다'는 사실을 알려 준다. 그리고 석후(의천)가 사찰에 교장도감을 새로 건립하고 개판(開板)한 사실은, 하나는 그가 왕의 아우라는 신분이었기 때문에 그렇게 서적을 간행할 수 있었음을 알려주고, 또 하나는 그가 간행한 서적이 결코 불교 전적에 국한되지는 않았으나 불교를 명의로 하여 간행을 했음을 알려 준다. 숙종 6년(1101) 비서성에서 "문적의 판본을 쌓아 두기만 하여 훼손되었으므로 국자감에 서적포를 두어 옮겨서 보관하고 널리 모인(摹印)하게 하라."[46]라고 했다. 명종 15년(1185) 8월 "호부의 판적고(版籍庫)에 화재가 있었다."[47] 고려 후기에 이르러 각 지역에서 판각해서 간행한 서적이 갈수록 많아졌으며, 어떤 책은 지금까지 아직 존재한다.[48] 당시 외우내환이 빈번했으므로 그 책판들은 각지에 그대로 보존해 두어야 했다.

한국의 책판 목록이 대체 어느 때 시작되었는지는 현재로서는 자세히 알 수가 없다. 문헌 기록에 근거하여 추측하면, 조선 시대 초기에는 당연히 이미 있었다. 『세종실록』 3년(1421) 2월 5일(무술) 조에 다음 교(敎)

44_『高麗史』 上冊. "進新雕『肘後方』七十三板 · 『疑獄集』一十一板 · 『川玉集』一十板. 知京山府事殿中內給事李成美進新雕『隋書』六百八十板, 詔置秘閣."

45_『高麗史節要』 卷6, pp.140–141. "獻釋典及經書一千卷, 又于興王寺奏置敎藏都監, 購書于遼 · 宋 · 日本, 多至四千卷, 悉皆刊行."

46_『高麗史節要』 卷6, p.157. "文籍板本委積損毁, 命置書籍鋪, 于國子監移藏之, 以廣摹印."

47_『高麗史 · 五行志一』, 中冊, p.203. "戶部版籍庫災." 조선 시대 서적고에도 화재가 있었으므로 예방을 위하여 왕왕 주변의 인가를 제거하기도 했다. 『世祖實錄』 세종 5년(1460) 8월 壬戌. "戶曹啓 : 本曹版籍田案會計文書, 所系匪輕, 藏之樓庫, 與人家相接, 火災可慮. 請量撤旁近人家. 從之." 또 8년 정월 乙丑. "刊經都監啓 : 火災可畏, 請撤去旁近人家."

48_尹炳泰, 『韓國書志年表』, 高宗三十八年 · 忠肅王復位五年 · 恭愍王三年 · 四年 · 九年 · 十九年 · 二十二年等條, 한국도서관협회, 1972, pp.6–8.

가 실려 있다.

> 각 관청 서책의 판본은 맡은 자가 마음을 써서 관리하지 아니하여 흩어져 없어지게 했으니, 마땅히 소재한 곳의 관리로 하여금 정돈하여 거두어 두게 하라.[49]

판본이 흩어져 없어지는 것을 방지하고 정돈하는 일에는 책판 목록을 엮는 작업도 포함되었을 것이다. 또한 7년 4월 1일(경자)의 조에는 이런 기록이 있다.

> 예조에서 계했다. "…… (여러 경전들의 판자를) 외방에는 소재지의 고을 수령을 시켜 두루 조사하고 살펴 거둬 모아서, 중들이 모여 있는 절에 옮겨 두게 하고, 현재 각 절에 있는 여러 경문과 경판의 수효를 명백하게 하여 장부를 두어 관장(管掌) 내용을 전하게 하고, 사연을 기록하여 주문(奏聞)하게 하소서." 그대로 따랐다.[50]

'장부를 두어 관장 내용을 전하게 함'은 분명히 편차를 매겨 목록을 이룸으로써 관장을 이어받기 편하게 하는 동시에, 장판 목록을 조정에 보고하게 한 결과이다. 또 같은 해 9월 1일(정유)의 조에는 이런 기록이 있다.

> 이조에서 계했다. "각도의 각 고을에 보관된 책판은 신구 수령이 교대할 때 해유(解由)에다가 무슨 책판이 몇 판임을 명백하게 기록하여 인계하되, 재임 중에 파손 또는 유실된 쪽수를 보충하여 인계하도록 함을 항식으로 삼기를 청합니다."[51]

49_조선왕조실록 제2책, p.423. "各官書冊板本, 主者不爲用心照管, 致使散棄, 宜令所在官吏整頓收貯."

50_조선왕조실록 제2책, p.662. "禮曹啓 : …… (諸經板子)外方則令所在官守令考察收頓, 移置僧人聚居寺社. 其各寺見在諸經及板數, 明白置簿傳掌, 具錄以聞. 從之."

51_조선왕조실록 제2책, p.691. "吏曹啓 : 請各道各官所在冊板守令, 于新舊交代解由, 開寫某冊幾板, 明白傳掌. 其等內破毁遺失板子, 依數充補傳掌, 以爲恒式."

'무슨 책이 몇 판임을 명백하게 기록하고' 아울러 그것을 '항식'으로 삼자고 요구한 것이다. 만약 책판에 훼손이 있으면 주(注)를 붙여 밝혀서 수시로 보충하기에 편하게 했다. 또 세종 10년 정월 26일(기유)의 조에는 다음 기록이 있다.

> 예조에서 계했다. "강원도 감사의 보고에 '『사서대전』을 이미 세 곳에 나누어 간판(刊板)하여, 각기 누각을 짓고 분류해서 장치(藏置)하여, 책의 질(帙)이 문란하지 않게 하고, 만약에 혹시 닳아 없어지는 것이 있으면 곧 고쳐 간행하게 하고, 수령이 교대할 때에 해유(解由)에 명백히 기재하게 하십시오. 전의 책판에도 또한 이 예에 따라 할 것입니다. ……' 했으니, 청컨대 보고한 바에 따라 행하게 하고, 아울러 다른 도에도 알려서 이에 의거하여 시행하게 하소서." 그대로 따랐다.[52]

또한 『성종실록』 2년(1471) 정월 14일(정해)의 조항에는 다음 기록이 있다.

> 예조에 전지(傳旨)하기를, "여러 도에서 간행하는 서책의 판자(板子)를 수령이 뜻을 기울여 전수(典守)하지 아니하여 산실되기에 이르렀으니, 지금부터 모두 기록하여 회계(會計)했다가 신관·구관이 전장(傳掌)하게 하라." 했다.[53]

조정은 책판을 극히 중시했으나, 지방 관원 가운데는 가벼운 마음으로 처리해서 책임을 지지 않는 자가 있었다. 심지어 어떤 자는 책판을 파괴하기까지 했다. 『중종실록』 2년(1507) 10월 27일(정유)의 조항에는 최연손(崔連孫)이 함양군수(咸陽郡守)에 임명되어 있을 때 "『황산곡집』 판본이 군에 있었는데, 유림이 다투어 인출을 청하자, 최연손이 그

52_조선왕조실록 제3책, p.113. "禮曹啓：江原道監司報『四書大全』已分三處刊板, 各構樓閣, 分類藏置. 毋使亂秩. 如或刓缺, 隨即改刊. 守令交代之時, 明載解由. 在前冊板, 亦依此例. …… 請依所報, 並諭他道, 依此施行. 從之."

53_조선왕조실록 제8책, p.547. "傳于禮曹曰：諸道刊行書冊板子, 守令不用意典守, 以致散失. 自今並錄會計, 新舊官傳掌."

번잡하고 요란함을 싫어하여 판목을 불태워 버렸으므로"[54], 이에 사헌부의 탄핵을 받았다. 30여 년 뒤의 『고사촬요』에서 경상도 함양군 저록의 책판 목록을 보면 이미 『황산곡집』이 없어졌다. 그래서 조정에서는 부득불 한두 번이 아니고 거듭 거듭 지방 정부에 대해 책판의 보호와 관리를 강화하라고 명해야 했다. 조정은 각지의 책판 목록을 장악하여, 한편으로는 수요가 있을 때에 수시로 인쇄하게 하고 다른 한편으로는 전면적인 계획하에 안배하여 여러 곳에서 중복 간각 · 인쇄하는 것을 면하게 했다. 『세종실록』 14년(1432) 8월 3일(기축)의 조에 이런 기록이 있다.

> 예조에 전지하기를, "각도의 감사들이 제 마음대로 서책을 간행하여, 혹은 다른 도에서 이미 간행한 글을 간행하기도 하고, 혹은 긴요하지 않은 글을 간행하면서 한갓 재력만 허비하니 실로 불편한 일이다. 지금부터 반드시 계문하고 간행하게 하라." 했다.[55]

정부에서 거듭 명령을 선포해도 실행의 정황은 뜻과 같지 않을 수 있었다. 양성지는 세조 12년(1466) 11월 17일(을유)에 올린 「서적십사(書籍十事)」에서 각지에서 책판 목록을 위로 조정에 보고하게 해야 한다고 재차 제안했다.

> 서책의 판본은 경중(京中)에서는 전교서(典校署)에서 이를 관장하지마는, 외방에서는 별도로 관장하는 것도 없고 어떤 서책이 인출할 만한 것인지도 모르며, 또 능히 검거(檢擧)하고 수보(修補)하지도 못하니, 매우 옳지 못한 일입니다. 청컨대 승정원으로 하여금 8도에 글을 내려보내되, 모군(某郡) 아무 서판(書板)이 몇 장인 것과 또 서판이 닳거나 썩었는지의 여부를 일일이 개사(開寫)하도록 하고, 이어서 상저(常楮)로 각기 1건씩을 인출하여 서울로 올려 보내게 하고, 그 서판이 닳거나 썩어서 사용할 수 없는 것 이외에는 수령으로 하여금 해유에 이를 기재하

54_조선왕조실록 제14책, p.199. "『黃山谷集』板本在郡, 儒林爭乞印出, 連孫惡其煩擾, 焚燒其板."

55_조선왕조실록 제3책, p.408. "傳旨禮曹 : 各道監司擅刊書책, 或刊他道已刊之書, 或刊不緊之書, 徒費財力, 實爲未便. 自今必令啓聞刊行."

여 전수(傳授)하게 하고, 전교서로 하여금 이를 고찰하도록 하소서.[56]

이상 사료에서, 책판 목록의 유래는 아주 오래되었다는 사실, 그 최초의 기능은 조정에서 어느 곳에 어떤 책판이 있고 어떤 곳에서 어떤 책을 인쇄할 수 있는지 장악하기에 편하도록 한 것이었음을 알 수 있다. 『고사촬요』는 '팔도정도'에 책판 목록을 부기했는데, 당시 각지에 이미 허다한 이런 목록이 있었으므로 어숙권이 참고하여 책 속에 한데 적어 넣을 수 있었을 것이다.

일반적으로 말하면, 책판 목록의 저록 방식은 지역을 중심으로 하므로, 가장 많이 볼 수 있는 것은 각도 장판을 차례로 저록한 것이다. 책판의 다소에 따라 우리는 어떤 한 지역에서 판각 사업이 발달한 정도를 이해할 수 있다. 이는 또한 그 지방 문화의 발달 정도를 의미한다. 다만 서유구(徐有榘, 1764-1845)의 『누판고』는 경사자집 4부 방식으로 저록했다. 그는 『규장총목』을 편찬한 서호수의 아들이므로 그 저록 방식은 『규장총목』과 일맥상통하며, 동시에 중국 목록학 전통의 영향을 받기도 했다. 그 책에는 '범례' 몇 조항이 있어, 책판 목록의 일반 특색을 보여주고 있다. 여기에 절록하면 다음과 같다.

○ 역대로 태평성세에는 문적을 본디 중히 여긴다. 소장하기 위해 부(府)를 두고, 관장하기 위해 관(官)을 두며, 고찰하기 위해 장부를 두었으니, 그것이 치도의 오르내림에 관계하기 때문이다. 지난 세조조에 대제학 양성지가 규장각을 두어 어제(御製)를 봉안하고 도적(圖籍)을 보관할 것을 청했다. 또 열읍에 서적의 소장 판목을 장부에 기록하여 위로 전교서에 보내어 그것을 고찰하게 하라고 청했다. 세조는 실행할 만하다고 극히 칭송했으나 미처 실시하지는 못했다. 우리 성상 병신년 초에 규장각을 내원에 두고 관직을 세우고 서적을 보관했으니, 양성지의

56_『訥齋集』 권3, 한국문집총간 제9책, p.328. "書冊板本, 京中則典校署掌之, 外方則別無所掌. 既不知某書可印, 又不能撿擧而修補之. 甚爲不可. 乞令政院下書八道, 如某郡某某書板凡幾張, 又板之刓朽與否, 一一開寫, 仍以常楮各印一件上送, 其刓朽不用者外. 使守令載之解由, 以爲傳受, 使典校署以爲考察." 稽之有簿, 爲其係治道升降也. 粤我世祖朝大提學梁誠之請置奎章閣, 以奉御製·峙圖籍. 又請令列邑開錄書籍藏板, 上送典校署, 使之考察."

의론을 많이 사용했다. 그 뒤 2년 무술에, 제도에 하유하여, 공사 간에 소장하고 있는 간행서의 판본(판목)을 아울러 헤아려 기록하게 하여, 위로 본각(규장각)에서 그 보존과 산일의 상태를 고찰하게 했다. …… 이윽고 또 각신 등에게 명하여, 중외의 판목 소장 장부를 취하여 분문(分門)과 조례(條例)에 따라 정리해서 하나의 책으로 모으게 했다. 무릇 권질의 다과와 완결(刓缺) 여부를 삼가 저록하여 갖추어 기록하지 않은 것이 없다. 기궐(剞劂, 목판에 새김)의 책을 오로지 기록했으므로 『누판고』라고 했다.

○ 매 서적의 왼쪽에 반드시 편찬인의 관작과 본관을 표시했다. 그리고 서발을 절취하거나 평가를 인용하여, 그 의례(義例)의 대략과 득실을 보였다. 또한 간각의 세월을 기록하여 연혁의 고거에 바탕이 되게 했다. 별집의 한 부류는 문장의 월단평과 출처의 본말을 곁으로 수집하고 널리 채집하지 않은 것이 없어, 고인의 시대 논단의 의리를 보존했다.

○ 고금 부록(簿錄)의 학[목록학]에는 『칠략(七略)』·『칠지(七志)』·『칠록(七錄)』·사부(四部)·오부(五部)의 차이가 있는데, 오직 당나라의 경·사·자·집 4부류가 후래 서목가(書目家)들이 바꾸지 않는 예가 되었다. 이 책의 분문(分門)과 입강(立綱)도 역시 4부류를 사용한다. 그런데 그 큰 강(綱)의 중에 세목(細目)과 조분(條分)이 있으니, 역대 「예문지」, 진진손(陳振孫) 『서록해제(書錄解題)』, 종음(鍾音) 『절강유서총목(浙江遺書總錄) 등 서적을 절충하고 손익했다. …… 서명을 연역하고 부위(部位)를 안배하여, 작자의 대지(大指)를 손바닥 가리키듯 요연하게 하고자 한다.

○ 활판의 방식은 심괄(沈括)의 『필담(筆談)』에 처음 보이는데, 동국 서적은 그 법을 아주 많이 사용한다. 공력을 덜면서 공정을 속히 할 수 있기 때문이다. 태종 초에 주자소를 두고, 구리를 주조해서 글자를 만들어 줄을 맞추어 경과 사의 서적들을 인쇄했다. 성스럽고 신령한 군주들이 계승하여, 여러 차례 구리 글자를 주조했다. 우리 성상이 갑인년에 다시 국초의 고사를 조술하여, 궁중에 주자소를 두고 어정(御定)의 여러 서책들을 인쇄하여 반포했다. 이에 밀부(密府)의 구름처럼 쌓인 책들과 토원(兎園)의 책 상자 속에 저장되어 있는 책들 가운데 태반이 활판의 서책이다. 이에 비해 가래나무에 수놓고 대추나무에 새긴 것은,

> 다만 그 열 가운데 하나, 백 가운데 하나일 따름이다. 이 책은 이미 상감의 뜻을 공손히 따라서, 삼가 현재의 판각본을 기록했으므로, 학궁에 반포하여 세우고 역내에 성행하는 책이라고 해도 왕왕 기록하지를 않았다. 널리 수집하고 두루 취하여, 소대(昭代)의 문헌을 통기(統紀)하여, 예원의 대관(大觀)을 만들고자 한다면, 별도로 『규장총목』이 있으므로, 여기에서는 중첩하지 않는다.[57]

조선의 도서 인쇄는 활자본과 조판본(목판본)의 구별이 있는데, 책판 목록이 기록한 것은 후자이다. 다음으로 책판 목록이 기록한 것은 '기궐지본(剞劂之本)'이지, 사부(四部)의 서적이 아니다. 후자는 별도로 『규장총목』 등 목록에 등재했다. 독자가 한 시대의 각서(刻書)와 장서(藏書)의 대강을 알고자 한다면 응당 그 둘을 합하여 보아야 한다. 책판 목록이 기록한 것은 장판 수량 · 완결 여부 · 서명 · 작자 · 간각 시기 · 용지 수량 · 소장처 등이 아닌 것이 없다. 더욱 주목한 것은 일종의 물질성의 존재였다.

지방 서목은 각 도 관청 소장의 책판 이외에도, 사원 · 서원 · 향교 소장의 책판과 서적도 기록했다. 사원의 장서나 장판은 불경을 위주로 하

57_『朝鮮時代書目叢刊』 第4冊, pp.1707-1711. "一 歷代盛際, 雅重文籍. 藏之有府, 掌之有官, 稽之有簿, 爲其係治道升降也. 粤我世祖朝大提學梁誠之請置奎章閣, 以奉御製 · 峙圖籍. 又請令列邑開錄書籍藏板, 上送典校署, 使之考察. 世祖亟稱其可行, 而未及施用. 我聖上丙申初載, 置奎章閣于內苑, 建官藏書, 多用誠之議. 粤二年戊戌, 下諭諸道, 公私所藏刊書板本, 並令計開錄, 上自本閣, 考察其存佚. …… 既又命閣臣等, 取中外藏板簿, 分門條例, 彙成一書. 凡卷帙多寡 · 刓缺與否, 無不謹著而該載. 爲其專錄剞劂之本, 故曰『鏤板考』." "一 每書之左, 必標其撰人爵里. 而或節取序跋, 或援引評騭, 以見其義例之大略得失. 又或誌其刊刻之歲月, 俾資乎沿革之考據. 至於別集一類, 文章月朝, 出處本末, 無不旁搜博采, 以存古人論世之義." "一 古今簿錄之學, 有『七略』 · 『七志』 · 『七錄』 · 四部 · 五部之異, 而惟唐之經 · 史 · 子 · 集四類, 爲後來書目家不易之例. 是書分門立綱, 亦用四類. 而若其宏綱之中, 細目條分, 則又損益折衷於歷代『藝文志』 · 陳振孫『書錄解題』 · 鍾音『浙江遺書總錄』諸書. …… 庶幾繹書名 · 按部位, 而作者之大指, 瞭若指掌云." "一 活版之式, 始見沈括『筆談』, 而東本書籍, 最多用其法, 爲其功力省而程功速也. 太宗初載置鑄字所, 範銅爲字, 擺印經史. 聖神繼承, 累鑄銅字. 我聖上甲寅, 復述國初故事, 即宮中置鑄字所, 印頒御定諸書. 於是乎密府雲委之儲, 兎園簏笥之藏, 太半活版之本. 而繡梓鋟棗, 特其什佰之一耳. 是書既恭遵睿旨, 祇載見在板刻, 故雖頒立學宮, 盛行域內之本, 往往不在錄中. 若乃廣搜博攬, 統紀昭代之文獻, 俾作藝苑之大觀, 則別有『奎章總目』, 此毋庸架疊云."

지만 몇 가지 외서도 있었으므로, 그 내용이 왕왕 일반의 책판 목록에 포함되기도 했다. 이를테면 영조 16년(1740) 편찬된 『책판치부책』과 영조 19년에 편찬된 『삼남소장책판』, 영조 25년에 편찬된 『제도책판록』, 정조 20년(1796)에 편찬된 『누판고』 등은 모두 사찰 장판에 관계된 기록이 있다. 서원이나 향교의 책판과 장서의 경우는, 일반적인 책판 목록에 기록된 것 이외에도, 전문적인 목록이 따로 있다.

현존 지방 서목 중 3종이 서원과 향교의 '서책록', 즉 장서 및 책판 목록이다. 곧, 『소수서원서책치부(紹修書院書冊置簿)』·『경주부원교서책목록(慶州府院校書冊目錄)』·『영남각읍원교서책록(嶺南各邑院校書冊錄)』이다. 그 가운데 '원교'는 서원과 향교를 각각 가리킨다.

조선 시대의 교육 제도에는 관학과 사학의 구별이 있었다. 관학 계통은 태학(성균관)·사부학당·향교이다. 태학과 사부학당은 경성에 있었고 향교는 지방에 있었다. 사학은 서원이다. 관학과 사학의 구별이 있으니, 서책의 내원도 같지 않다.

향교의 설치는 고려 인종 연간(1122-1146)으로 소급할 수 있다. 조선 시대에 이르러서는 전국에 편재하게 되었다. 그 서적의 내원은 모두 관의 반사이다. 이를테면 『세종실록』 17년(1435) 10월 25일(계해)의 조에 다음 기록이 있다.

> 각도의 감사에게 전지하기를, "『성리대전』과 사서대전·오경대전은 …… 실로 이학(理學)의 연원(淵源)이므로, 학자들이 마땅히 먼저 강구해야 할 것이다. …… 자기가 준비하여 향교에 인쇄해 두고자 하는 사람이든지 ……"라고 했다.

『세종실록』 23년 10월 18일(신사) 조에는 "『직해소학(直解小學)』 2백 본을 인행하여 각 고을의 향교와 문신에게 반사했다."라고 했다. 『문종실록』 원년(1451) 4월 6일(갑술)의 조에는 이런 기사가 있다.

> 예조에서 아뢰었다. "평안도 자성군(慈城郡)에 새로 설치한 향교에 아직 서책이 없으므로, 모든 도의 판자(板子)가 있는 고을로 하여금 사

> 서・삼경을 각각 2부씩 인쇄하여 보내게 하소서." 그대로 따랐다.

또 『성종실록』 14년(1483) 10월 24일(계미)의 조에는 이런 기사가 있다.

> 지중추부사 정문형(鄭文炯)이 영안도(永安道)에서 돌아와서 아뢰었다. "영안도는 서적이 적습니다. 청컨대 『시경』・『서경』・『중용』・『대학』의 좋은 책〔本〕을 보내어 여러 고을에서 간행하게 하소서." 그대로 따랐다.

향교 서고에 목록이 있기도 했다. 성종조 영중추부사 한명회의 건의로 시작된 듯하다. 『성종실록』 5년(1474) 12월 2일(계미)의 조에 한명회의 계가 실려 있다.

> 주・부・군・현의 학교가 영성하며, 교수하는 자가 훈회(訓誨)를 일삼지 않고, 구차스럽게 세월만 보내며, 수령도 또한 여사로 보아 횡사(黌舍)에 대해서도 수즙(修葺)을 가하지 아니합니다. 청컨대 이제부터는 향교의 실우(室宇)와 서책을 아울러 해유에 기록하도록 하고, 또 학교의 영(令)을 거듭 밝혀서 문풍을 떨치게 하소서.

향교는 관 체제에 속하지만, 성종조에 쇠락하기 시작했으므로, 한명회는 계에서 이 전을 지적하고도 '학교의 영을 거듭 밝혀서 문풍을 떨치게 하기를' 기대했다. 연산군 시대(1494-1505)와 중종 시대(1505-1544)부터 이 쇠락은 더욱 심해졌다.[58] 관학의 추락은 사학의 흥기를 자극했다.

한국의 사학은 고구려 시대의 경당(扃堂)[59]으로까지 소급할 수 있다. 이후 고려 시대에 이르러 서재(書齋)・서사(書社) 등이 모두 사학이었

58_金相根, 『韓國書院制度之硏究』 제2장 제1절, 臺北 : 臺灣嘉新水泥公司文化基金會, 1966, pp.9-16.

59_『舊唐書』 「高麗傳」. "俗愛書籍, 至於衡門廝養之家, 各於街衢造大屋, 謂之扃堂, 子弟未婚之前, 晝夜于此讀書習射. 其書有『五經』及『史記』・『漢書』・範曄『後漢書』・『三國志』・孫盛『晉陽秋』・『玉篇』・『字統』・『字林』, 又有『文選』, 尤重愛之."

다. 조선 시대 서원의 건립은 중종 36년(1541) 풍기군수 주세붕이 창건한 백운동서원에서 시작되었으며, 이 서원은 뒤에 소수서원(紹修書院)의 편액을 하사받았다. 고구려 시대의 사학에서부터 서적 소장의 관습이 있어서, 이 전통이 서원에 의해 계승되었다. 서원의 장서는, 첫째 서원이 사사로운 재물로 구입하거나 번각한 것, 둘째 국가에서 특별히 하사한 것의 두 부류이되, 후자는 사액 서원에 한했다. 이하 간략히 살펴보기로 한다. 『중종실록』 36년 5월 22일(정미)의 조에 이런 기사가 있다.

> 주세붕이 안향의 옛집 터에 사우(祠宇)를 세워 봄·가을에 제사하고 이름을 백운동서원이라 했다. …… 당초 터를 닦을 때에 땅을 파다가 구리 그릇 3백여 근을 얻어 경사(京師)에서 책을 사다 두었는데, 경서뿐만 아니라 정·주(程朱)의 서적도 없는 것이 없었다.

또 이황의 「영봉서원기(迎鳳書院記)」에 "서적 천여 권을 사 와서 소장했으며, 학규를 세웠다."[60]라고 했다. 이것은 서원이 스스로 구매를 한 것이었다. 사액 서원은 국가에서 조칙을 내려 서원의 명칭을 정한 것으로, 모사 액판(국왕이 쓴 글씨를 모사하는 일이 많음)을 아울러 하사하고, 동시에 서적을 반사했다. 『명종실록』 5년(1550) 2월 11일(병오)의 조에 영의정 이기(李芑)가 아뢴 말이 실려 있다. 그 안에 "이황이 편액과 서적·토지·노비를 하사해 줄 것을 청했습니다만, 다 따라 줄 수는 없어도 편액과 서적 등 2-3건만이라도 특명으로 내려보낸다면, 먼 곳의 유생들이 반드시 고무 감격하여 흥기할 것입니다."라는 말이 있다. 명종 5년 3월 15일(기묘)의 조에는 "백운동서원에 서적을 더 주도록 명했다."라고 했다.

그리고 『증보문헌비고』 제210권 「학교고 9」의 기록에 따르면 명종 5년에 "사액하여 소수서원이라 하고 대제학 신광한에게 기(記)를 지으라고 명했으며, 아울러 『사서』·『오경』·『성리대전』 등 서적을 하사했다(서원의 사액이 여기서 시작되었다)."[61] 명종 9년에는 "정몽주의 생장지에

60_『退溪集』 권42, 한국문집총간 제30책, p.448. "貿書千餘卷以藏之, 立爲學規."

61_弘文館 纂集校正, 『增補文獻備考』 卷210, 隆熙二年(1908)活字本, p.1. "賜額曰紹修書

서원을 창건하고, 편액 · 서책 · 노비 · 전결을 소수서원의 예에 따라 내려 주었다."[62] 『영남각읍원교서책록』에 기재된 서원 중 서악서원(西岳書院) · 옥산서원(玉山書院) · 숭렬사(崇烈祠) · 삼계서원(三溪書院) · 호계서원(虎溪書院) · 도남서원(道南書院) · 회연서원(檜淵書院) 등이 모두 사액 서원이다. 그 가운데 옥산서원 이름 아래 저록된 것은 선사(宣賜) 서목으로, 『예기』 30권부터 『어정주서백선(御定朱書百選)』 3권까지 모두 15종이다. 소수서원의 내사본은 선조 35년(1602) 이전에 이미 21종이나 되었다.

향교의 서책이 늘 흩어져 버린 것과는 달리, 서원의 장서는 일정한 규례가 있었다. 유홍렬은 소수서원 · 서학서원과 이산서원(伊山書院)의 원규에 대해 설명한 일이 있다.[63] 여기서 다시 서너 예를 들어서 보충 입증한다. 이이(李珥, 1536-1584)는 「문헌서원학규(文憲書院學規)」에서, "원 중의 서책은 원문 밖으로 가져 나갈 수 없다. 어기면 그 주동자를 벌한다. 무거우면 원에서 쫓아내고 가벼우면 자리에서 쫓아낸다."[64]라고 했다. 박세채(朴世采, 1631-1695)의 「문회서원원규(文會書院院規)」에는, "원 중 서적은 문밖으로 내가지 못한다."[65]라고 했다. 이재(李縡, 1680-1746)의 「심곡서원학규(深谷書院學規)」에는, "원중의 서책은 잃어버린 것이 반 나마이다. 남은 것은 일일이 기록하여 한 책을 이루어, 재임이 원에 나아갈 때 왕왕 포쇄하고 검사한다. 재임이라 해도 무단히 한 권도 원문 밖으로 내갈 수 없으며, 범하는 자는 책임을 지고 벌을 받는다."[66]라고 했다. 이인영의 『청분실서목』을 보면 그 속에 『예기집설대전(禮記集說大全)』 잔본 10권 5책이 저록되어 있는데, 바로 풍기 향교 장서이며, 제3권의 끝에 묵서로 '내독교중 물출교문(來讀校中勿出校門)'

院, 命大提學申光漢作記, 仍頒『四書』 · 『五經』 · 『性理大全』等書(書院賜額始此)."

62_『增補文獻備考』 권210. "(鄭夢周)生長之地創建書院, 扁額 · 書冊 · 奴婢 · 田結一依紹修書院例頒降."

63_柳洪烈, 「朝鮮に於ける書院の成立」, 『青丘學叢』 第30號, 1937年 11月, p.103.

64_『栗谷全書』 권15, 한국문집총간 제44책, p.340. "院中書책, 毋得出於院門. 違則罰其主者, 重則黜院, 輕則黜座."

65_『南溪集』 권65, 한국문집총간 제140책, p.333. "院中書不得出門."

66_『陶庵集』 권25, 한국문집총간 제194책, p.539. "院中書책, 闕失居多, 餘存者一一錄成一책, 齋任赴院時, 往往曝曬而檢察之. 雖齋任亦不得擅出一卷於院門外, 犯者責罰之."

여덟 글자가 있다. 또 『주자어류』 잔본 4권 3책은 바로 백운동 문성공묘 서원 장서로, 책 끝에 '내독서원 물출원문(來讀院中勿出院門)' 여덟 자가 묵서되어 있어, 상술한 원규와 서로 참증할 수 있다. 바로 이런 이유에서 서원의 장서는 잘 보존될 수가 있었다.[67] 『누판고』의 기재에는 서원의 책판이 168종에 달하여, 사찰의 138종, 사가의 19종보다 훨씬 많다.

조선의 서원에는 사액(賜額)과 사서(賜書)가 있었다. 의거한 것은 송나라 서원의 예이다.[68] 원교(院校)의 '서책록'도 중국의 학교 및 서원과 서로 비교할 수 있다. 이를테면 『보경사명지(寶慶四明志)』(文淵閣『四庫全書』本) 제2권 '학교지'에 장서를 저록해서, 어서(御書)·사서(賜書)·관서(官書)를 나누었는데, 그 가운데 어서에 대한 저록이 상당히 상세하다. 이를테면 『중용』에서 『손재기(損齋記)』까지 모두 19종은 "소흥(紹興) 이래 누차 반강(頒降)", 또 『손재기』 등 2종은 "수신(守臣) 심해(沈該) 공장(恭藏)", 또 "신종 황제가 태관(台官) 등원발(滕元發)에게 내린 수조(手詔)" 등 8종은 "수신(守臣) 조백규(趙伯圭) 공장(恭藏)", 등등이다. 그 수장(收藏) 방식은 『천자문』 글자 순서로 배열했다. 그리고 사서(賜書)와 관서(官書)에 대해서는 두리뭉실하게 기록했다. '사서'의 아래에 다음 기록이 있다.

> 경(經) 115부, 계 581책〔전해(傳解)와 석문(釋文) 등도 안에 포함〕.
> 사(史) 79부, 계 1,343책〔역사를 해설한 것도 안에 포함〕.
> 자(子) 15부, 계 45책.
> 문집(文集) 171부, 계 1,250책.
> 잡서(雜書) 95부, 계 728책.

송나라 지방의 주학·현학은 서적의 판각 사업을 벌였으므로 서판

67_李春熙, 『朝鮮朝의 敎育文庫에 관한 硏究』, 부록 「現存書院藏書目錄」·「現存鄕校藏書目錄」, 경인문화사, 1989, pp.89-296. 서원 장서가 향교 장서를 크게 초과하는데, 이것은 조선 시대 장서 전통과 관련이 있을 것이다.

68_李滉, 「上沈方伯通源」. "請依宋朝故事, 頒降書籍, 宣賜扁額."『退溪集』 권9, 한국문집총간 제29책, p.266.

(書版)을 소장했다. 이를테면 『경정건강지(景定建康志)』(문연각 『사고전서』본) 제33권 '서판' 아래에 다음 기록이 있다.

> 『횡거역설(横渠易說)』 168판.
> 『역상도역색(易象圖易索)』 145판.
> 『주역종설(周易終說)』 120판.
> 『이공역해(李公易解)』 280판.
> 『학역혜경(學易蹊徑)』 1,500판(궐).

다섯 번째 것은 '궐(闕)'이라 밝혔다. 서판의 존일(存佚) 상황을 꼼꼼하게 기록했음을 알 수 있다.

또 간혹 어떤 사람이 구입해 존치했는지를 밝혔다. 이를테면 『보경사명지』 제2권 '서판'에 이러하다.

> 『분호운략(分毫韻略)』 240판〔소정(紹定) 5년 제수상서(制帥尙書) 정손(鄭損) 둠〕.
> 『문공대학장구(文公大學章句)』 18판〔소정 5년 교수 진송룡(陳松龍) 둠〕.
> 『문공중용장구(文公中庸章句)』 16판〔교수 진송룡 둠〕.

용지(用紙)의 다소를 주석한 것도 있다. 『지정금릉신지(至正金陵新志)』[69] 제9권 「숭학교(崇學校)」'노학(路學)'에 "구매한 경사자집·지도·지지 등의 서적은 다른 군보다 대략 온전히 갖추어져 있다."라고 했으며, 그 아래에 다음과 같이 기록되어 있다.

> 십칠사(十七史) 서판, 계 2만 3천 장. 『사기』 1,819. 『전한서』 2,775. 『후한서』 2,266. 『삼국지』 1,296. 『진서』 2,965. 『남사』 1,773. 『북사』 2,721. 『수서』 1,732. 『당서』 4,981. 『오대사』 773.

69_文淵閣『四庫全書』本. 원본의 제목은 『至大金陵新志』인데, 사실 『至正金陵新志』이어야 한다. 崔富章, 『四庫提要補正』, 杭州大學出版社, 1990, p.287. 南京大學 歷史系 박사생 孔祥軍 동학이 알려주었다. 감사드린다.

또한 서판을 소장한 곳이 어디인지 적은 것도 있다. 『운남통지(雲南通志)』(문연각『사고전서』본) 제7권 '서판'은 이러하다.

> 어찬경서(御纂經書): 『주역절중(周易折中)』·『서경전설휘찬(書經傳說彙纂)』·『시경전설휘찬(詩經傳說彙纂)』·『춘추전설휘찬(春秋傳說彙纂)』·『효경연의(孝經衍義)』·『주자전서(朱子全書)』·『성리정의(性理精義)』〔이상 7종은 반사를 받들어 중각하고, 서판은 운남 부학에 보존〕.
> 『어선고문연감(御選古文淵鑒)』〔포정사 유음추(劉蔭樞) 중각, 서판은 운남 부학에 보존〕.
> 『사문정췌(斯文精萃)』〔총독 윤계선(尹繼善) 선각(選刻), 서판은 운남 부학에 보존〕.
> 『만세옥형록(萬世玉衡錄)』·『신감록(臣鑒錄)』〔총독 장동석(蔣陳錫)과 학정 장형(蔣泂) 동각(同刻), 서판은 운남 부학에 보존〕.

부학(府學)·현학(縣學) 이외에 서원도 서적을 간각했다. 고염무『일지록(日知錄)』 제18권 '감본 이십일사(監本二十一史)' 조에 이런 말이 있다.

> 듣자니, 송원의 각서는 모두 서원에서 행하여, 산장(山長)이 주관하고 통유(通儒)가 정정했으며, 학자는 서로 바꾸어서 전하여 퍼뜨렸다. 그러므로 서원의 각서는 세 가지 좋은 점이 있었다. 산장이 아무 일이 없어 교수(校讎)에 부지런한 것이 첫째요, 비용을 아끼지 않고 공정이 정교한 것이 둘째요, 판목을 관청에 저장하지 않아 쉽게 인쇄할 수 있다는 것이 셋째이다.[70]

송대를 예로 보면, 당시 서적을 간각한 서원으로 적어도 이택서원(麗澤書院)·상산서원(象山書院)·영택서원(泳澤書院)·용계서원(龍溪

70_黃汝成,『日知錄集釋』, 上海古籍出版社影印本, 1985, p.1375. "聞之宋元刻書皆在書院, 山長主之, 通儒訂之, 學者則互相易而傳佈之. 故書院之刻有三善焉 : 山長無事而勤於校讎, 一也 ; 不惜費而工精, 二也 ; 板不貯官而易印行, 三也."

書院)·죽계서원(竹溪書院)·환계서원(環溪書院)·건안서원(建安書院)·백로주서원(白鷺洲書院)·용산서원(龍山書院) 등이 있었다. 이 후로 더욱 성해졌다.[71] 중국 역대 서원의 장서 목록은 학자들의 조사와 통계에 따르면 70여 종에 달하며, 그 가운데 가장 이른 것은 원나라 지정 연간에 편찬한 『두주서원서판서적목록(杜洲書院書板書籍目錄)』[72]이다. 이 서적 판각 기록은 중국의 책판 목록으로 간주할 수 있을 것이다. 조선의 원교(院校) 서책 목록과 비교하면 둘 사이에 유사한 점이 아주 많다. 저록의 형식만이 아니라, 장서와 책판 내용으로 보더라도 결코 불교·도교 관련 서적이 없다는 사실이 서로 같다.

(3) 사가 서목

사가 서목(私家書目)이란 사가에서 소유하고 있는 서적을 위한 서목을 가리킨다. 조선의 장서가는 문헌 기록에 많이 나오지 않으므로 사가 서목의 수량도 많지 않다. 이 점은 중국과 크게 비교된다. 청나라 말 섭창치(葉昌熾)는 『장서기사시(藏書紀事詩)』를 엮어, 오대에서부터 청나라까지 장서가 1천 1백여 사람을 저록했다. 그 가운데 사가 서목은 적어도 당나라 때부터 나타나기 시작해서, 오긍(吳兢)의 『서재서목(西齋書目)』, 장역(蔣彧)의 『신집서목(新集書目)』, 두신(杜信)의 『동재집적(東齋集籍)』 등이 『통지(通志)』「예문략(藝文略)」에 보인다. 송나라 때 이르러 사가 장서가 나날이 풍부하게 됨에 따라 사가 서목도 더욱 발달해서, 고려할 만한 것만도 27종에 달한다. 그 아래 시대로는 일일이 셀 수 없을 정도로 많다.[73] 조선 시대 사가 서목의 수량은 많지 않지만, 그 중요성은 그렇다고 조금도 감소하지는 않는다. 조선 목록학 체계에서 사가 서목은 그 특유의 가치 때문에 관심을 끈다.

내가 본 조선 사가 서목은 불과 서너 종이다. 어떤 공통성이 있는가 하면 이 서목들이 모두 해제 서목이란 사실이다. 따라서 그 속에 포함된 정

71_程千帆·徐有富 合著, 『校讎廣義·典藏編』, 濟南: 齊魯書社, 1998, pp.137-140.
72_陳谷嘉·鄧洪波 主編, 『中國書院制度硏究』, 第四章第二節 '歷代書院的藏書目錄', 杭州: 浙江敎育出版社, 1997, pp.172-181.
73_汪辟疆, 『目錄學硏究』 '論唐宋元明四朝之目錄' 附 「漢唐以來目錄統表」, 上海: 華東師範大學出版社, 2000, pp.76-89.

보는 대단히 풍부하다.

『해동문헌총록』은 조선 제1의 해제 목록이다. 작가는 맨 먼저 문헌학의 관념에서 출발하여 해동 전적에 대해 총괄했다. 작가 김휴(金烋, 1597-1638)는 안동 김씨로 당시 명문에 속한다. 그의 「해동문헌록서(海東文獻錄序)」에 따르면 그는 20세 때 명유 장현광(張顯光, 1554-1637)을 알현하자, 장현광이 마단림의 『문헌통고(文獻通考)』「경적고(經籍考)」를 보여 주면서 이렇게 말했다.

> 이 책을 보면 고금 문헌의 성쇠를 알 수가 있다. …… 단 동방의 사람인 바에야 동방의 문헌에 대해 알지 않으면 안된다. 그대는 박람강기의 재능이 있고, 그대가 사는 가까운 마을이 병화를 면했으므로 서적이 온전하게 보존된 곳이 많다. 만일 견문의 내용을 그러모아 이 책을 이어서 서술한다면 문헌을 징험할 수 있어 두루 고찰하는 데 바탕으로 삼을 만하리니, 그 공적은 고인에게 뒤지지 않을 것이다.[74]

병화란 임진(1592)·정유(1597)의 왜란을 가리킨다. 서적이 훼손되고 약탈당했는데, 낙동 지역만 난을 간신히 면했으므로 대량의 전적을 보존할 수 있었다. 김휴는 좌우 가까운 고을들을 방문해서 "명문대가로서 서책을 소장하고 있는 곳이라면 찾아가 수집하고 밝혀서 그때그때 기록하지 않은 것이 없다."[75] 서적 수집의 범위는 위로는 고구려 시대의 『유기(留記)』에서부터 아래로 조선 인조 전기의 당대 저작물인 신의경(申義慶)의 『상례비요(喪禮備要)』, 신익성(申翊聖)의 『기묘록(己卯錄)』 등까지이다. 『삼국사기』와 『고려사』가 「경적지」나 「예문지」를 배열하지 않았으므로 고려조 이전의 전적 상황은 대부분 사람들에게 알려져 있지 않은데, 이 책에 고구려 1종, 신라 20종, 고려 140종[76]

74_『敬窩集』 권7, 한국문집총간 제100책, pp.362-363. "觀此一書, 可知古今文獻盛衰. …… 但既爲東方之人, 則東方文獻不可不知. 吾君頗有博記之才, 君所居近邑, 得免兵火, 書籍多有保完之處. 倘能裒集聞見, 繼此以述, 則文獻足徵, 博考是資, 其功當不讓于古人矣."

75_한국문집총간 제100책, p.363. "左右近邑, 凡名門大家書冊所藏之處, 無不裒聚搜剔, 隨得輒錄."

76_裵賢淑, 『海東文獻總錄研究』 부록3 「類別著述一覽表」, 중앙대학교 대학원 도서관학과

이 저록되어 있다. 후대의 사람이 임진왜란 이전 조선에 어떤 책이 있었는지 알고자 한다면 이것이 유일한 저작이므로, 어떠한 왕실 서목이나 책판 목록, 혹은 사지(史志) 목록도 이를 대체할 수 없기에, 그 가치가 어떤지는 상상할 수 있을 것이다.

이 책은 저록 문헌이 풍부할 뿐 아니라 저록한 책에 대하여 제요(提要)와 구현(鉤玄)을 했다. "우선 인물의 출처를 밝히고 다음으로 문장의 의론에 이르렀다."라고 했으니, 한결같이 맹자의 '지인논세(知人論世)'의 취지에 근본했다. 그리고 이 책은 인물에 대한 평론에서 일관되게 유가 학설을 준승으로 삼아, "오로지 곤궁함을 당해도 의리를 잃지 않고 현달해도 도에서 떠나지 않아, 평탄하든 위험하든 한마음을 가져서 평소 지키는 뜻을 바꾸지 않았다."라 하고, 독자들이 "수천 년의 인물의 선악을 총괄 파악해서 하나하나 자신의 몸에 돌이켜 허물의 원인을 구한다면 독서의 공효를 볼 수 있을 것이다."[77]라고 기대했다. 작자는 유학의 세가에 태어났다. 그의 고조 청계공(青溪公) 권진(權璡)은 생원으로 다섯 아들이 있어 모두 퇴계 이황의 고족(高足, 고제)이었고, 증숙조 학봉 김성일은 퇴계 학문의 적전(嫡傳)이었다. 김휴에게는 이 책 이외에도 또 『도동록(道東錄)』이 있는데, 대개 마융(馬融)의 "우리 도가 동으로 갔다."[78]라는 탄식에서 제목을 취한 것이다. 그리고 그의 『경와집(敬窩集)』에는 『조문록(朝聞錄)』·『조문보록(朝聞補錄)』·『조문속록(朝聞續錄)』·『조분부록(朝聞附錄)』이 들어 있는데, 역시 공자의 "아침에 도를 들으면 저녁에 죽어도 좋다." 구절에서 취한 것이다. 그래서 목록 제요 속에 유학의 정신을 쏟아 넣어 사가 서목의 개성을 체현해 내었다.

사가 서목의 또 다른 특색은 분류에 있다. 사가 서목은 왕왕 장서의 실제 상황에 근거하지, 전적으로 4부 분류법에 의거하지는 않는다. 중국의 경우 그러하다. 이 책도 이러하여 전체를 20류로 나누었으니, 조선 서목에서 홀로 기치를 세웠다고 말할 수 있다.

『홍씨독서록』은 『해동문헌총록』보다 약 2백 년 뒤에 이루어졌다. 이

석사 학위 논문, 1975.

77_『敬窩集』 권7, p.363. "總攬數千載人物臧否, 一一反求於吾身, 則庶可見讀書之功效."

78_『後漢書』「鄭玄傳」, 北京 : 中華書局排印本, 1965, p.1207. "吾道東矣."

또한 대표적인 조선의 사가 서목이다. 이 책은 홍석주가 그 아우 홍길주(洪吉周, 자 憲仲)를 위해 편찬한 독서 목록으로, 순조 10년(1810) 이루어졌다. 그 「서」에 이런 말이 있다.

> 나는 태어나 여섯 살에 글 읽을 줄을 알았는데, 지금 30여 년이 되었다. 대개 박학다문의 일에 뜻을 가지고 있으면서도 그 요령을 얻지 못했다. 무릇 제자백씨술수의 서적부터 패관잡기와 허탄하고 괴상하여 자잘하며 근거 없는 이야기에 이르기까지도 역시 때때로 범람하기도 하고 출입하기도 하면서, 계고(稽古)의 전적과 경세의 임무에 대해서는 도리어 미칠 겨를이 없었다. 중도에 깨닫고서 비로소 조금 지혜의 길을 따르기 시작했다. …… 내 아우 헌중도 역시 학문에 뜻을 두었다. …… 나는 그가 자족하여 멈추지 않을까 걱정하고, 또 그가 나처럼 범람하기만 하고 요령을 얻지 못할까 염려하여, 이에 내가 일찍이 읽어서 터득한 바가 있는 책과 읽고 싶었지만 아직 미치지 못한 것들의 목록을 열거하고 그 개략을 기록하여 알려 준다.[79]

이 책은 분명히 교도의 기능을 갖추고 있어, 그 성질이 특종 서적의 '추천서 목록'과 유사하다. 중국 전통 목록학에서 이런 부류의 서목은 기원이 아주 늦다. 가장 빠른 것이라고 해도 도광 27년(1847) 용계서(龍啓瑞) 편찬의 『경적거요(經籍擧要)』이다. 가장 영향력이 있었던 것으로는 장지동(張之洞)의 『서목답문(書目答問)』이 있다. 『홍씨독서록』은 조선 시대의 '추천서 목록'이기에 학자들의 주목을 받는 것이 당연하다.

천하의 서적은 한우충동하여 이루 다 읽을 수 없으므로, "이 독서록에 올라 있지 않은 서적들은 옥문관 바깥의 서역과 마찬가지라서," 자

79_『淵泉集』 권18, 한국문집총간 제293책, p.399. "余生六歲而知讀書, 今三十餘年矣. 蓋嘗有志于博學多聞之事, 而不得其要. 凡諸子百氏術數之書, 以及乎稗官雜記譎誕嵬瑣不經之談, 亦時時氾濫出入, 而稽古之典, 經世之務, 顧反有不暇及者. 中道而悟, 始稍循約. …… 吾弟憲仲亦有志於學 …… 吾懼其自足而止也, 又懼其如余之氾濫而不得其要也, 於是取凡余之所嘗讀而有得, 與夫所願讀而未及者, 列其目識其概而告之."

연히 '닫을' 수 있고 '끊을' 수 있다.[80] 그리고 이 독서록에 실려 있는 것들에 대해서는 왕왕 어째서 등록하는가를 설명했다. 선별한 서적은 대개 정주성리학을 표준으로 했다. 이것은 조선 시대 학술의 주류이다. 풍산홍씨도 명문대족이자 유학세가이므로 그 안광이 이와 같았다. 서적의 내용 이외에 그는 인품을 대단히 중시했다. 이를테면 자부 '평예(評藝)' 류에 구양수 『육일시화(六一詩話)』와 사마광 『속시화(續詩話)』를 저록하고, "송인의 시화는 무려 수십 가에 이르지만 이 두 책을 보존한 것은 그 인품을 취하기 때문이다."[81]라고 했다. 또 '소설가'류에 이제현의 『역옹패설』을 저록하고, "이는 공정한 사람인 데다가 또 문장에 깊어서, 비록 유희의 말이라고 해도 족히 학문에 바탕이 될 만하다."[82]라고 했다. 또 집부 별집류에 『도연명집』을 맨 앞에 올려 두고, "위 · 진 이후, 조식 · 혜강 · 완적 · 육기 · 반악에게 모두 문집이 있는데, 지금 끊어서 도연명공에게서 시작하는 것은 그 인물을 존중하기 때문이다."[83]라고 했다. 후학을 지도하는 사명을 짊어지고 있으므로, 이 책의 해제는 어떤 판본이 우수한지를 밝히기도 했다. 이를테면 『근사록』에 대해서는, "옛날에 송나라 섭채(葉採)의 집해(集解)가 있었으나 아주 소략했다. 청나라 장백행(張伯行)이 다시 주석을 했으나 무잡한 병이 있다. 최근에 강영(江永)의 집주(集注)가 있어 가장 선본이라 불린다."[84]라고 했다. 『문선』에 대해서는 "이 책에 주석을 한 것으로는 당나라 이선(李善)을 갑으로 삼는다."[85]라고 했다. 두보 시에 대해서는 "송나라 채몽필(蔡夢弼) · 황학(黃鶴)과 청나라 전겸익(錢謙益)과 구조오(仇兆鰲)가 뛰어나다."[86]라고 했다. 한유 문에 대해서는 "전석(箋釋)한 사람들이 역시 십가에 가깝지만 오

80_『淵泉集』 권18, 한국문집총간 제293책, p.399.

81_『洪氏讀書錄』, 『朝鮮時代書目叢刊』 第8冊, p.4303. "宋人詩話無慮數十家, 存此二書, 取其人也."

82_『朝鮮時代書目叢刊』 第8冊, p.4309. "李公正人, 又深于文章, 雖遊戲之言, 猶足以資學者也."

83_『朝鮮時代書目叢刊』 第8冊, p.4324. "由魏晉以後, 曹植 · 嵇康 · 阮籍 · 陸機 · 潘岳皆有集, 今斷自陶公始, 重其人也."

84_『朝鮮時代書目叢刊』 第8冊, p.4258. "舊有宋葉採集解, 頗疎略. 清張伯行更爲注, 又病於蕪. 近有江永集注, 最號善本."

85_『朝鮮時代書目叢刊』 第8冊, p.4314. "注是書者, 以唐李善爲甲."

86_『朝鮮時代書目叢刊』 第8冊, pp.4324-4325. "以宋蔡夢弼 · 黃鶴, 淸錢謙益 · 仇兆鰲爲勝."

로지 명나라 장지교(蔣之翹)의 주가 가장 상세하다."[87]라고 했다.

이 책을 쓴 것은 『사고전서간명목록』의 영향이 매우 크다. 전체 책은 4부로 분류하고 매 부류마다 앞에 소서가 있어 학술을 변장(辨章)하고 원류를 고경(考鏡)하고자 했으니, 이것이 이 책의 현저한 특색이다. 소서는 또 부류의 차서에 대해 설명하기도 했다. 이를테면 자부는 유가를 으뜸에 두고, "반드시 천하 국가를 위하고자 한다면 유자가 아니면 불가하다."[88]라고 했다. 그 아래는 농가를 두고, "농가를 유가 다음에 두는 것은 백성들의 근본을 중히 여기기 때문이다."[89]라고 했다. 다음은 의가이니, "의가를 농가의 다음에 둔 것은 백성들의 목숨을 중히 여기기 때문이다."[90] 소서의 뒤에는 각 책에 대한 해제로, 서명 · 권수 · 편찬자를 구별하여 저록하고, 다시 내용의 대강과 우열과 득실 등을 서술했다. 매 부류의 서적마다 시대의 선후로 순서를 매기고 또 중국의 서적을 앞에 두고 조선의 서적을 뒤에 두었다.

요컨대, 다른 유형의 서목과 비교할 때 사가 서목은 편찬 목적이나 분류 구분 및 주도적 경향 등의 방면에서 개성이 대단히 두드러져, 선명한 특색을 갖추고 있다.

(4) 사지 서목(史志書目)

조선 시대의 목록에서 사지 서목은 그리 많지 않다. 정사(正史)인 김부식(金富軾, 1075-1151)의 『삼국사기』와 정인지(鄭麟趾, 1396-1478)의 『고려사』의 경우 그 속에 '경적지'나 '예문지'가 없다.[91] 정사의 범위를 조금 넓게 보아, 일본총독부가 다이쇼 4년(1915) 편찬한 『조선도서해제』는 대략 기전체를 정사의 특징으로 삼았으므로, 오운(吳澐, 1540-1617)의 『동사찬요(東史纂要)』와 홍여하(洪汝河, 1621-1678)의 『휘찬여사(彙纂麗史)』도 여기에 귀속시킬 수 있다. 다만 이 두 역사서 속에

87_『朝鮮時代書目叢刊』 第8冊, pp.4325-4326. "箋釋者亦近十家, 惟皇明蔣之翹注最詳."

88_『朝鮮時代書目叢刊』 第8冊, p.4250. "必欲爲天下國家, 非儒者不可."

89_『朝鮮時代書目叢刊』 第8冊, p.4269. "次農於儒, 重民本也."

90_『朝鮮時代書目叢刊』 第8冊, p.4271. "次醫于農, 重民命也."

91_『東史纂要』는 지리지 1목뿐이다. 『彙纂麗史』의 志目은 天文志 · 地理志 · 禮志 · 樂志 · 輿服志 · 選擧志 · 百官志 · 食貨志 · 兵志 · 刑法志이다.

는 경적지나 예문지가 없다. 이종휘(李種徽, 1731-1797)가 편찬한 『동사(東史)』[92]의 경우 이것도 기천제 역사서로, 본기 4권, 세가 4권, 열전 7권, 연표 3권, 표 3권, 지(志) 16권인데, 그 속에 「고구려예문지」가 있다. 단, 내용은 아주 간단하다.

『삼국사기』란 책은 종래 평가가 높지 않아서, 이를테면 안정복(安鼎福, 1712-1791)은 이렇게 평했다.

> 『삼국사』는 황당하고 잡박하여 말할 것이 못 된다. …… 여러 지(志)에 기록한 내용은 모두 상세하지가 않다.[93]
>
> 비록 정사라고 부를 수 있다고 해도, 문헌을 징험한 것이 없고 그저 연대를 이어 나갔을 따름이다.[94]
>
> 수 · 당의 사이에 두 나라(고구려와 백제를 가리킴)가 복멸했다. 비록 공적인 문적이든 사적인 문적이든 기록할 만한 것이 있었겠지만, 모두 횃불 하나에 다 타 버리는 데로 부쳐지고 말았으니, 비단 동국 사람이 거칠고 졸렬한 결과만은 아니다. …… 김부식의 『삼국사』는 신라에 대해서는 조금 구비했으나 고구려 · 백제의 경우는 빠뜨리고 소략하니, 대개 형세상 어쩔 수 없었다.[95]

문헌이 부족하여 자연히 예문지를 편찬할 길이 없었던 것이다. 앞서 보았듯이 『해동문헌총록』은 고구려에 1종의 문헌, 신라에 20종의 문헌을 저록해 두었다. 현대의 이성의(李聖儀) · 김약슬(金約瑟) 편찬 『나려예문지(羅麗藝文志)』는 고구려에 2종, 백제에 9종, 신라에 136종을 저록했으나, 주로 불교와 관련이 있는 문헌인데다가 글 조각까지 포함시였다.[96] 『삼국사기』가 예문의 지를 두지 않은 것은 이것이 중요한 원인

92_『修山集』 권11부터 권13. 한국문집총간』 제247책, pp.507-554.

93_「東史問答 · 上星湖先生書」, 『順庵集』 권10, 한국문집총간 제229책, p.544. "『三國史』荒雜無可言. …… 至若諸志所錄, 皆不詳悉."

94_한국문집총간 제229책, p.548. "(『三國史』)雖謂正史, 而文獻無徵, 只能繼其年代."

95_「東史問答 · 與李貞山書」, 『順庵集』 권10, 한국문집총간 제229책, p.555. "隋 · 唐之間, 二國(案 : 指高句麗和百濟)覆滅. 雖有公私文籍之可記, 而舉必付於一炬之燼, 不獨東人鹵莽之致也. …… 金富軾『三國史』于羅則稍備, 於麗 · 濟則闕略, 蓋勢所不免也."

96_弘文書館 油印本, 1964.

이었을 것이다.

『고려사』는 조선 시대 초기에 만든 정사인데, 「찬수고려사범례(纂修高麗史凡例)」에 "지금 『고려사』를 편찬하면서 지(志)는 『원사(元史)』를 기준으로 삼는다."[97]라고 했다. 그런데 『원사』는 여러 지를 두었지만 예문지가 없었다. 그러므로 『고려사』가 예문의 지를 두지 않은 것은 역시 여기에 원인이 있다고 하겠다.[98]

조선 시대는 유가 사상의 지배를 받았는데, 특히 주희가 『통감강목』을 저술하여 춘추대의를 발휘한 것에서 영향을 받아서, 조선의 역사서는 마침내 편년체를 위주로 하게 되었다. 첫 번째 편년체 역사서는 권근의 『동국사략』이다. 권근은 김부식의 『삼국사기』에 대해 "범례를 사마천의 『사기』에서 취하여 대의가 혹 인경(麟經, 『춘추』)과 괴리된다. 한 사건의 시종을 이곳과 저곳에 거듭 적었다."[99]라고 지적했다. 따라서 권근은 "편년법을 모방하여 하나의 글로 합했다."[100] 서거정(徐居正, 1420-1488)이 성종의 명을 받아 편찬한 『동국통감』은 56권이다. 그 「진동국통감표(進東國通鑑表)」에 이런 말이 있다.

> 역사를 편수한 규례를 두루 살펴보니, 모두 편년을 근본으로 삼았습니다. 『자치통감』은 속수(涑水)의 사마광이 지은 것으로 사마천이 지은 『사기』의 쓸데없이 많은 기전(紀傳)의 형식을 떨쳐 버렸고, 『자치통감강목』은 회암 주희가 발휘한 것으로 『춘추』에서 행한 포폄의 오묘한 뜻을 얻었습니다. …… 여러 서적을 널리 채집하여 모아 거질을 만들었습니다. 범례는 모두 『자치통감』을 본뜨고, 대의는 실로 『춘추』를 본받았습니다.[101]

97_『高麗史』 上冊, p.10. "今纂『高麗史』, 志准『元史』."

98_일본의 末松保和는 『고려사』가 '경적지'나 '예문지'를 두지 않은 것을 유감으로 여겨, 「高麗文獻小錄」를 작성해서 『靑丘學叢』 제6호 · 제8호 · 제12호(1931년 11월부터 1933년 5월까지)에 게재했다.

99_權近, 「進三國史略箋」, 『陽村集』 권24, 한국문집총간 제7책, p.242. "凡例取法于馬史, 大義或乖於麟經. 且一事之始終, 率再書於彼此."

100_權近, 「三國史略序」, 『陽村集』 권19, 한국문집총간 제7책, p.197. "仿編年法, 合爲一書."

101_卷首, 『東國通鑑』上, pp.1-4. "歷觀修史之規, 咸以編年爲本. 『通鑑』托始于涑水, 袪馬史紀傳之冗長 ; 『綱目』發揮於晦庵, 得麟經衮鉞之奧妙. …… (臣)博采群書, 裒爲巨帙. 凡例

『동국통감』의 기사는 고려 말까지이다. 이것을 이은 것에 홍여하(洪汝河)의 『동국통감제강(東國通鑒提綱)』, 임상덕(林象德)의 『동사회강(東史會綱)』, 유계(俞棨)의 『여사제강(麗史提綱)』, 안정복의 『동사강목』, 이익원(李益源)의 『동사약(東史約)』 등이 있다. 모두 편년체 사서의 체계라서 본래 예문지라는 것이 없다.

조선 시대의 사지 목록은 전부 별사(別史)·기사본말(紀事本末)·정서(政書)의 부류 속에 들어있다. 별사에 속하는 것에 한치윤의 『해동역사』「예문지」와 박주종(朴周鍾, 1813-1887)의 『동국통지(東國通志)』「예문지」가 있고, 기사본말류에 속하는 것에 이긍익(李肯翊, 1736-1806)의 『연려실기술』 별집 「문예전고(文藝典故)」가 있으며, 정서류에 속하는 것에 『증보문헌비고』「예문고」(1796-1906 완성)가 있다. 이상 4종의 사지 가운데 『연려실기술』은 곧 한국의 각종 문헌 기록에 근거하여 집록한 것으로, 그 자목(子目)에 학문·문장·필법·화가·서화가·족보·주자(鑄字)·언해·여지승람·경국대전·예서류·문집·야사류·병서류·역가류 등이 있다. 조금 박잡하므로 논술을 생략한다.

조선의 사지 서목은 내용상 공통된 특징이 있다. 우선 모두 중한 서적 교류의 역사를 서술한다는 점이다. 예를 들어 『해동역사』 '경적·총론'은 시대 순서에 따라 한중일 삼국의 서적 교류, 독서 풍조, 서적 존일(存佚), 장서 제도를 서술했다. 『동국통지』「예문지」는 『한서』「예문지」의 서법을 모방하여, 먼저 총서를 두고, 기자가 동쪽으로 온 이래로 신라·고려에서 조선 왕조 시대에 이르기까지 도서의 수장(收藏)과 중국과의 관계를 서술했다. 이것은 도서 교류 소사라고 할 만하다. 『증보문헌비고』「예문고」는 맨 앞에 '역대 서적'을 두고, 그 속에 총론·구서(購書)·사서(賜書)·헌서(獻書)·진서(進書)·중조(中朝) 등의 자목을 두었다. 이것은 중한 서적 교류 간사(簡史)이다. 오늘날 중한 서적 교류에 관한 논저를 저술할 때 자료 취재의 범위는 이상의 여러 서적을 벗어

皆仿於『資治』, 大義實法乎『春秋』." 또한 李克墩의 『東國通鑒序』는 다음과 같이 지적했다. "(先正司馬公)作長編曰『資治通鑒』, 誠史家之指南也. 紫陽朱夫子因之作『綱目』, 文約而事愈備, 監戒昭而幾微著, 深得『春秋』謹嚴之旨. 後有作者, 擧不外於二家範圍之中矣." 朝鮮群書大系 續本, 朝鮮古書刊行會, 明治四十五年(1912)版.

나지 않으니,[102] 그 가치를 알 수가 있다.

다음으로 사지 서목은 중국 문헌 중에 동국에 관한 기록이 있다는 점에 상당히 주목했다. 『해동역사』의 '중국서목' 두 번째는 '동국기사'로, 중국 문헌 가운데 동국의 사실에 관한 기록이 있는 서적을 중점적으로 저록했다. 수나라 최이(崔頤)의 『동정고려기(東征高麗記)』에서부터 손치미(孫致彌)의 『조선채풍록(朝鮮采風錄)』에까지 모두 58종이다.

또 중한 양국의 문헌 기록을 종합하여 몇몇 서적에 대해 변증을 하거나 의문을 제기하기도 했다. 이를테면 고음(顧愔)의 『신라국기(新羅國記)』 아래에는 "고찰하건대, 김부식의 『삼국사기』는 영고징(令狐澄)의 『신라국기』를 인용했지만 그 책은 중국인의 기록에 보이지 않는다."[103]라고 덧붙였다. 이곳에서는 의문만 제기했고 해결하지는 못했다. 사실 『삼국사기』의 인용은 잘못이다. 이것은 신라 시대 화랑에 관한 기록으로, 인용문은 "귀인 자제 가운데 아름다운 사람을 선택해서 분 바르고 화장하여 꾸며서는 화랑이라고 이름했는데, 국인들이 모두 존경해서 섬겼다."[104]이다. 그 책의 작자는 실은 고음이다. 영고징의 『대중유사(大中遺事)』에서 이 조항을 인용하고 원저자 이름을 적지 않았으므로 김부식의 오해를 초래한 것이다.

또 옹몽득(翁夢得)의 『신라국기』 아래에는 "고찰하건대, 진제(陳第)의 『세선당서목(世善堂書目)』에 옹립덕(翁立德)의 『신라국기』가 있다. 아마도 옹몽득이 저술한 것인데 그 이름을 잘못 적은 것이 아니겠는가?"[105]라고 했다. 예겸(倪謙)의 『요해편(遼海編)』의 아래에는 "고찰하건대 진제의 『세선당장서목록』은 『요해편』을 예악(倪岳)의 저술이라

102_蔣復璁, 「中韓書緣」, 『中韓文化論集』二, 臺北：臺灣中華文化出版事業委員會, 1955, pp.275-294.

103_『朝鮮時代書目叢刊』 第5冊, p.2591. "按金富軾『三國史記』引令狐澄『新羅國記』, 而其書不見於中國人記載也."

104_『三國史記』 권4 「新羅本紀 · 眞興王」, p.38. 경인문화사 영인, 1977. "擇貴人子弟之美者, 傅粉妝飾之, 名曰花郎, 國人皆尊事之也." 신라 화랑에 관한 연구로는 三品彰英, 『新羅花郎の研究』(東京：平凡社, 1974)에서 상세하게 논한 바 있다. 화랑과 중국 문화의 연원에 관해서는 이 책의 「화랑도와 위진풍류 관계의 고찰」을 참고.

105_『朝鮮時代書目叢刊』 第5冊, p.2612. "按陳第『世善堂書目』有翁立德『新羅國記』, 疑翁夢得所著, 而誤書其名歟?"

했으나 잘못이다."[106]라고 했다. 송응창(宋應昌)의 『조선복국경략(朝鮮復國經略)』·『경략복국요편(經略復國要編)』 아래에는 "고찰하건대 『복국경략』과 『요편』은 같은 책인 듯한데, 권수가 다르다. 이는 의심스럽다."[107]라고 했다.

이 모든 것은 중국 서목 기재에 대한 질의이자 오류 규명이므로, 참고할 만하다.

『동국통지』는 또한 '화사기술(華史記述)'부류를 전문적으로 배정하여, 정사 「조선전」부터 『조선채풍록』까지 '모두 70여 가 합 270여 권'을 저록했다. 이 책은 『한지』의 편집 방식을 모방했으므로 하나의 부류마다 모두 논의가 있다. '화사기술' 부류의 논은 이러하다.

> 『주례』에 보면 직방씨가 천하의 지도를 관장하여 그 방국의 도회지와 시골, 사방 오랑캐와 여덟 곳 이민족의 인민들을 변별하여 그 이롭고 해로움을 알게 했다. 중국사가 외국의 일을 기록하는 것은 전통이다. 동국은 자고로 소중화라고 칭했으며, 중국인들은 늘 군자의 나라, 문헌 예의의 방국이라고 추대했다. 그런데 지금 중국의 책을 고찰해보면, 한나라 사마천의 「조선전」 이하, 청나라 강희제 때의 기록에 이르기까지 모두 70여 가(家)로, 상당히 구비되어 있다고 할 만하다. 하지만 경계가 구별되고 풍속이 다르며 봉역이 격원한 까닭에 그 기술에는 혹 잘못되고 사실을 그르치기까지 한 것이 있는데, 형세상 그럴 수밖에 없었다. 선조 23년 김성일이 일본에 사신으로 가서 『대명일통지·조선풍속고이』를 저술했으므로 여기서 유추할 수가 있다.[108]

106_『朝鮮時代書目叢刊』 第5冊, p.2616. "按陳第『世善堂藏書目錄』以『遼海編』爲倪岳所著, 誤也."

107_『朝鮮時代書目叢刊』 第5冊, p.2623. "按『復國經略』與『要編』似是一書, 而卷數各異, 是可疑也."

108_『朝鮮時代書目叢刊』 第6冊, pp.2729-2730. "『周禮』: 職方氏掌天下之圖, 辨其邦國都鄙·四夷八蠻之人民, 要知其利害. 華史之記外國事, 乃其遺也. 東國自古稱小中華, 華人常推爲君子之國, 文獻禮義之邦. 而今考之中國之書, 自漢司馬氏『朝鮮傳』以下, 至清康熙時所錄, 凡七十餘家, 亦可謂備矣. 然界別風殊, 封域隔遠, 其所記述, 或至於訛舛失實, 其勢則然也. 宣祖二十三年, 金誠一使至日本, 作『大明一統志·朝鮮風俗考異』, 可類推焉."

중국에 동국 사실을 기술한 문헌이 풍부함을 말하고, 또 그 가운데는 오류를 면하지 못했음을 지적한 후, 김성일의 『조선풍속고이』를 예로 들었다. 김성일의 『조선국연혁고이(朝鮮國沿革考異)』와 『풍속고이(風俗考異)』 두 편은 그가 일본에 사신으로 가서 승려 종진(宗陳)의 질문에 답하여 축조식으로 기록하여 보인 것이다. 그 끝에는 이러하다.

> 명나라가 길에서나 들을 법한 설을 수습하여 『지』 속에 기록해 두어, 그 말이 대부분 비리하고 근거가 없다. 족적과 이목이 우리나라에 미친 적이 없는 외국 사람은, 반드시 이 『지』를 믿을 만하다고 여기니, 그것이 잘못임을 어이 생각이나 하겠는가! …… 맹자는 "『서』를 다 믿는다면 『서』가 없는 것만 못하다"라고 했는데, 이 『지』를 두고 하는 말이다. 어찌 한탄할 만하지 않은가![109]

이 논고는 실로 참고할 만한 것이 있다.

『증보문헌비고』에 '화사중기동사편목(華史中記東事編目)'이 있는데, 이것도 『사기』「조선전」에서부터 『조선풍채록』까지 모두 76종이어서, 『동국통지』와 유사하다. 이 책은 영조 때 김치인(金致仁) 등의 『동국문헌비고』에서 시작하여 영조 45년(1769)에 편찬이 일단 끝났는데, 그 속에는 「예문고」가 없었다. 정조 6년(1782) 이만운(李萬運)에게 명하여 속보(續補)하게 해서 정조 20년(1796) 완성되었다. 이때 「예문고」 등 7개 목을 증가시켰고, 이름을 『증정문헌비고(增訂文獻備考)』로 바꾸었다. 이렇게 책이 이루어졌지만 간행할 수 없다가, 고종 때 다시 수정하여 모두 16고 250권으로 고종 10년(1906)에 책이 이루어지고 이름을 『증보문헌비고』로 바꾸었다. 따라서 『동국통지』의 저록이 이와 유사한 것은 우연히 부합한 것이지, 답습 표절의 문제는 없는 듯하다. 『증보문헌비고』는 '화사중기동사편목' 앞에 다음 글을 두어 목을 세운 이유를 설명했다.

109_『鶴峰集』 권6, 한국문집총간 제48책, p.137. "皇明收拾道聽之說, 錄在『志』中, 其語多鄙俚無稽. 外國人足跡耳目未嘗及於我國, 則必以此『志』爲可信, 豈料其僞也. …… 孟子曰：盡信書, 不如無書. 此『志』之謂也. 不亦可歎也哉!"

> 중국 서적 가운데 우리 동국의 일을 전록(銓錄)한 것이 아주 많은데, 본국에서 기록한 바와는 다르고, 전문(傳聞)이 어긋난 것이 간혹 있기는 하지만, 동국 문헌에 일조가 되는 것은 분명하다. 이에 감히 널리 수척(搜剔)〔원문은 剔 자가 易으로 되어 있다〕하여, 「예문고」에 함께 엮어 두어 일설에 대비한다.[110]

사지 서목이 이런 부류의 기사에 대해 중시하는 것은 다른 서목이 미치지 못할 점이다.

일반적으로, 중국의 사지 서목은 『수서』「경적지」 이하 대부분 4부 분류법을 채용했다. 하지만 조선의 사지 서목은 그렇지 않은 듯하다. 『해동역사』「예문지」가 4부 분류법인 이외에는, 『동사』「고구려예문지」는 2류로 나누고, 『연려실기술』「문예전고」는 사람을 강(綱)으로 하거나 일을 강으로 하거나 서적을 강으로 했으며, 『동국통지』「예문지」는22류로 나누었고, 『증보문헌비고』「예문고」는 19류로 나누었다. 모두 4부 분류법을 따르지 않았다. 이는 사지 서목의 분류상 특색이라고도 할 수 있다.

이 밖에 국내와 국외 문헌을 두루 채집하는 것도 사지 서목의 일반적인 특색이다. 『해동역사』의 권수에는 「인용서목」이 배열되어 있는데, 중국 문헌 523종, 일본 문헌 22종, 모두 545종이다. 한치윤의 증손 한일동(韓日東)이 지은 「옥유당한공행장(玉蕤堂韓公行狀)」에는 "공이 서적을 아주 사랑하여 저축해서, 집안 소장의 서적 중에 동국의 기서가 수천 종이다."[111]라고 했다. 『동국통지』도 대량의 중국 문헌과 소수의 일본 문헌을 인용하고, 동국 전적 2천 1백 61종을 저록했다.[112] 그 책의 「범례」는 "동방 고금의 서적과 제가의 논술에 대해 그 제작 전장(製作典章)의 고

110_『朝鮮時代書目叢刊』 第6冊, p.2903. "中國書籍之銓錄我東事者甚夥, 既異本國之所記載, 傳聞差爽處間或有之, 而其爲東國文獻之一助則審矣. 玆敢廣加搜剔(原文作"易"), 同編于本國『藝文考』, 以備一說."

111_『海東繹史』 附, 한국사서총간 4, 여강출판사 영인, 1987, p.528. "公甚愛蓄書, 家藏中東奇書數千種."

112_閔泰熙, 「〈東國通志〉의 藝文志 研究」 表5, 중앙대학교 대학원 문헌정보학과 석사 논문, 1989, p.26.

실을 삼가 채집하여 부류에 따라 나누어서 누적하여 편질을 이루어 이지를 만들었다."[113]라고 했다. 『증보문헌비고』도 마찬가지로 전적을 널리 망라해서 뭇 서적들을 저록했다.

이상의 논술에서 알 수 있듯이, 조선 시대의 네 종류 서목은 각각 그 특색을 가지고 있다고 말할 수 있다. 만약 그 자체의 특색이 가장 두드러진 것을 논한다면 마땅히 지방 서목 중의 '책판 목록'을 꼽아야 한다. 나머지 세 부류의 서목은 중국 서목과의 관계가 대단히 긴밀하다. 중국 서목 가운데서 가장 영향이 컸던 한 종류를 든다면 마땅히 마단림의 『문헌통고』「경적고」를 들어야 할 것이다. 『증보문헌비고』의 기록에 따르면, "본조 태종 2년(1402), 사신 조온(趙溫)이 명나라에서 돌아왔는데, 건문 황제가 『문헌통고』 1부를 흠사했다."[114]라고 했다. 흠사본만 있는 것이 아니라 구입본도 있었다. "인조 26년(1648) 예조가 계하기를 '두우의 『통전』, 그리고 『문헌통고』 등의 책은 의문(儀文)의 고찰에 대단히 도움 되므로, 호조에서 값을 주어 절사(節使)가 갈 때 편의대로 무역해서 올 것을 청합니다.'라고 하자, 허락했다."[115]라고 했다. 왕실 서목 가운데 그 영향을 받은 것이 있다. 이를테면 『규장총목』「범례」는 "보계와 목록으로 두 부류를 나누는 것은 마씨의 설에서 변설되어 있다."[116]라고 했다. 또 『서고서목첨록(西庫書目籤錄)』은 『문헌통고』「경적고」를 본떠 이루어졌다. 사기 서목에서도 그 영향을 받은 것이 있으니, 『해동문헌총록』은 그 계발 아래 편찬되었다. 사지서목 가운데도 그 영향을 받은 것이 있다. 『동국문헌비고』(즉 『증보문헌비고』의 전신)의 영조 46년(1770) 어제서에 "범례가 『문헌통고』와 가깝다는 말을 듣고 그 이름을 고쳐 명하여 『동국문헌비고』라고 한다."[117]라고 나온다. 조선의 목록학

113_「東國通志凡例總序」, 『東國通志』 上冊, 태학사, 1986, p.16. "東方古今之書籍, 與夫諸家之論述, 謹采其製作典章之故實而彙分類列, 積成編帙, 以爲此志."

114_『朝鮮時代書目叢刊』 第6冊, p.2886. "本朝太宗二年(1402), 使臣趙溫回自明, 建文皇帝詔賜『文獻通考』一部."

115_『朝鮮時代書目叢刊』 第6冊, p.2890. "仁祖二十六年(1648)禮曹啓 : 杜氏『通典』·『文獻通考』等書, 甚有裨于儀文考閱, 請令戶曹給價, 於節使之行從便貿來. 許之."

116_『奎章總目』 卷首, 『朝鮮時代書目叢刊』 第1冊, p.12. "譜系 · 目錄之析爲二類, 辨乎馬氏也."

117_『增補文獻備考』 卷首. "聞其凡例近於『文獻通考』, 更命其名曰『東國文獻備考』."

제작물은 중국 목록학 저작의 영향을 받는 동시에 왕왕 변통을 하기도 하고 별도로 기치를 세우기도 했다. 이것은 유별의 분리와 통합에서 가장 두드러지게 드러난다. 양국의 목록학 저작의 같고 다름을 깊이 연구하려면 그 속에 온축되어 있는 학술 유별의 변천을 고찰해야 한다. 그리고 이것은 한 측면에서 문화의 풍모를 엿볼 수 있게 할 것이다.

4. 서목과 학술 문화

목록은 한 시기나 한 지역 문헌의 기록이다. 서목을 통해서 우리는 특정 시공의 각종 전적의 저술 · 수장 · 유전 · 존일의 상황을 이해할 수 있으며, 그로써 당시 해당 지역의 학술 문화의 성쇠를 이해할 수 있다. 각각의 한 문제를 전면적으로 탐구하려면 전문 논문이나 전문 저서가 필요하다. 이 글은 뚜렷하고 큰 것만을 들어서 조금 검토하고자 한다.

(1) 서목과 시대 문화

조선 서목은 정조 시대가 최고의 정점기였다. 정조 시대에는 조선의 문예부흥 시기로 간주된다. 우문(右文)의 표지는 우선 서적 구매의 열정에서 나타냈다. 정조는 평소 장서를 사랑해서 세손으로 있을 때 "연경 저자에서 구매한 것을 세신의 집에서 소장하고 있다는 말을 들으면 곧 무역해서 오라고 명했다."[118] 즉위 후 규장각을 세워 화본과 동본을 저장하고 나서 뒤에 서호수에게 『규장총목』을 편찬하게 했는데, 이는 서목을 작성한 '굉강대목(宏綱大目)'이다. 『정조실록』 5년 6월 갑신의 조에는 "병신년 즉위 초, 우선 『도서집성』 5천여 권을 연경의 서적상에서 구입하려고 했다. …… 또 당송 고사를 모방해서 『방서록』 2권을 작성해서 내각의 제신들에게 그것에 따라 구입해서 무역해 오게 했다. 산경(山經)과 해지(海志), 비첩(秘牒)과 희종(稀種)으로 지난날 없었으나 지금

118_『弘齋全書』 권161 『日得錄』 1. 한국문집총간 제267책, p.148. "聞有燕市所購故家所藏, 輒令貿來."

소장하게 된 것이 무려 수천백 종이다."[119]라고 했다. 호응린(胡應麟)의 『소실산방필총(少室山房筆叢)』「경적회통(經籍會通)」 제1권에 "전대에는 그간의 목록에 빠진 책을 현상금을 걸고 구매하여, 모두 조목을 저술했다. 수나라에는 『궐서목』이 있었고 당나라에는 『방서록』이 있었으며 송나라에는 『구서록』이 있었다."[120]라 했다. "당송 고사를 모방해서"란 말은 이 사실을 가리킨다.

서적을 구매하는 이외에, 서적을 대량으로 편집하고 간행했다. 정조는 춘저 때 서적을 찬술하고 편찬하는 것을 좋아했고, 즉위 후에는 만기(萬機)의 여가에 저술을 폐하지 않았다. 그가 저술한 『군서표기』는 당시 왕실이 주관하여 간행하거나 편찬한 서적의 목록으로, 어정과 명찬의 두 부류로 나누어, 전자는 스스로 편정한 것, 후자는 각신에게 편정을 명한 것이며, 때때로 서인(序引)을 스스로 찬술했다. 전부 계산하면 명찬 63종 1,501, 어정 86종 2,461권, 합 149종 3,962권이며, 4부에 걸쳐 있어서 정조 시대 문풍이 홍성한 정황을 잘 알 수 있다.

다만 숙종 · 영조 이래 문풍이 쇠미했는데, 정조의 한 가지 공적은 이른바 '문체 반정'이다.[121] 근신 남공철(南公轍)은 「정종대왕만사」 25수 중 제16수에서 "문풍을 크게 변화시켜 차츰 처음으로 회복시켜, 육조의 기려한 풍조를 통렬하게 먼저 제거했다. 마침내 한 시대의 문장가로 하여금, 자양부자(주자)의 책을 입으로 외게 했다."[122]라고 했다.

그런데 당시 문풍의 최대 문제는 '육조의 기려'함이 아니라 패관 소설과 소품의 영향으로 조성된 '비미(卑靡)'함이었다. 정조는 "문사(文詞)의 체격은 실상 세도가 쇠미하고 흥륭하는 것과 관계가 있는데, 근래 신진의 문체를 보건대 아주 섬미(纖靡)하고 부박(浮薄)하여, 오로지

119_조선왕조실록 제45책, p.249. "丙申初載, 首先購求『圖書集成』五千餘卷于燕肆. …… 又仿唐宋故事, 撰『訪書錄』二卷, 使內閣諸臣按而購貿. 凡山經海志, 秘牒稀種之昔無今有者, 無慮數千百種."

120_文淵閣『四庫全書』本. "前代懸購遺書, 咸著條目. 隋有『闕書目』, 唐有『訪書錄』, 宋有『求書錄』."

121_高橋亨, 「弘齋王の文體反正」, 『青丘學叢』 第7號, 1932年 2月.

122_『金陵集』 권3, 한국문집총간 제272책, p.53. "丕變文風漸復初, 六朝綺麗痛先除. 遂令一世操觚士, 口誦紫陽夫子書."

명 · 청 사이의 괴이한 투식을 숭상하고 있다."[123]라고 비판하고, 또 이렇게 말했다.

> 근래에 문체가 날로 쇠퇴해 가고 있는 것은 참으로 근심스러운 일이다. 옛사람은 문장의 성쇠로 정치와 교화의 수준을 점쳤다. …… 상하가 전적으로 꾸미고 가다듬는 것만을 능사로 여기고 큰 뿌리와 물줄기가 있는 바를 알지 못하니, 이 어찌 작은 근심거리이겠는가? 이미 쇠퇴한 기풍을 만회하여 아름답고 밝은 기상을 크게 장식하는 일을 내 일찍이 관각(館閣)의 신하들에게 면려했다."[124]

또 이렇게 말했다.

> 패관 소품의 책은 사람의 심술을 가장 해롭게 만든다. 선비 가운데 문장과 경술에 뜻을 둔 자는 비록 그것을 감상해도 깊이 보지 않는다. …… 최근 시와 예를 닦는 집안의 자제 가운데 근밀의 위치에 출입하면서 국왕의 교서를 윤색하는 자들을 보니 습속의 물듦을 면치 못했다. 이것이 세도나 시운과 관련이 있다는 사실을 크게 깨달아 부득이 성기(聲氣)를 허비하여 한 바탕 은괄(檃括)하지 않을 수 없었다.[125]

정조의 '문체 반정'은 목록학의 각도에서 보면 그 깊은 사정을 더욱 잘 살필 수가 있다.

위에 서술했듯이, 『내각방서록』은 본래 구득용 서목이었으므로, 그것은 왕실의 서적 구득의 홍취를 반영할 뿐만 아니라 당시의 서적 구득 취향을 살필 수 있다. 정조는 당시 대신의 문장이 패관소품체와 관련이 많

123_『弘齋全書』 권162 『日得錄』 2, 한국문집총간 제267책, p.174. "文詞體格, 實關世道汙隆. 而近見新進人文體, 甚纖靡浮薄, 專尙明淸間怪套."

124_『弘齋全書』 권162 『日得錄』 2, 한국문집총간 제267책, p.176. "近來文體, 日趨委靡, 誠可憂也. ……上下全以粉飾鍛煉爲能事, 而不知大本大源之所在, 此豈細憂也哉? 挽回既衰之風, 賁飾休明之象, 予嘗爲館閣諸臣勉之."

125_『弘齋全書』 권162 『日得錄』 2, 한국문집총간 제267책, p.190. "稗官小品之書, 最害人心術. 士之有志于文章經術者, 雖賞之不觀. …… 近見詩禮家子弟之出入近密 · 潤色王猷者, 尙不免習俗之漸染, 則大覺其爲世道時運之所關, 不得不費了聲氣, 一番檃括."

자, 중국에서 이런 부류의 서적을 구입하여 올리는 것을 엄히 금했으며, 이미 구입한 것도 역시 점검해서 없애버렸다. 『정조실록』 11년 10월 갑진의 조에, 비변사가 올린 사행 지참 사목(事目)이 실려 있는데, 거기에 다음 한 항이 있다. "황당한 좌도와 허탄한 이단의 설에 관계된 서적들은 일체 엄중하게 막는다. 역관이든 세 사신 소속이든 몰래 무역해 오는 일이 있으면 즉시 적발하여 불에 태워 없애고 장계를 올리라. 이를 어긴 자는 중한 벌에 부쳐라."[126] 또 15년 11월 무인의 조에는 "나는 소설은 하나도 비평하며 열람한 것이 없다. 내부에 보관해 온 잡서는 모두 이미 제거했다."[127]라 했고, 16년 10월 갑신의 조에는 "발본하여 색원하려면 잡서를 애당초 구매해 오지 않는 것만 못하다."[128]라고 했다.

19년 7월 25일(갑술)의 조에는 정조의 다음 말이 실려 있다.

> 저 기괴하고 삿된 설로 가득한 책은 모조리 재로 만들고 태워 버림이 합당할 것이다. 내부(內府)에 소장된 것 가운데 패관 소설로 이름 붙여진 것들은 옛날 편적(編籍)에 들어 있었던 것까지 아울러서 서가에서 없애 버리도록 한 지가 벌써 수십 년이 되었으므로, 가까운 반열에 출입하던 사람들은 모두 이를 듣고 보았을 것이다.[129]

따라서 『내각방서록』 중에는 패관 소설의 부류가 전혀 없다. 이는 당시의 서적 정책과 서로 참고할 수 있다.

마찬가지로 『군서표기』에 저록된 어정(御定)과 명찬(命撰)의 서적 가운데서도 당시 통치 계층의 여론 유도를 살필 수가 있다. 아래에 간단히 들어 보겠다.

① 주자를 숭상했다. 이를테면 『주자서절약(朱子書節約)』의 해제에 이러하다.

126_조선왕조실록 제45책, p.673. "凡系書籍涉于左道不經 · 異端妖誕之說及雜術方書, 一切嚴防. 毋論譯官及三使臣所屬, 如有潛貿之事, 即其地摘發燒火狀聞, 犯者置之重辟."

127_조선왕조실록 제46책, p.258. "予於小說一不批覽, 內藏雜書, 皆已去之."

128_조선왕조실록 제46책, p.349. "如欲拔本而塞源, 則莫如雜書之初不購來."

129_조선왕조실록 제46책, p.590. "伊奇詭詭詖之書, 正合爲灰爲燼. 內府之藏, 凡以稗官小說爲名, 則並與舊在編籍, 祛之丌架之間者, 已爲數十年, 出入邇列之人, 莫不聞睹."

> 나는 일찍이 오늘날 속학의 폐단이 심하다고 말한 적이 있다. 그런데 이 폐단을 원상태로 되돌려 바로잡는 길은 오직 정학을 밝히는 데 있고, 정학을 밝히는 방법은 또 주자를 높이는 데 있다고 생각한다. …… 맹자가 말하기를, "나는 인심을 바로잡고 싶다."라고 했고, 또 "군자는 만세 불변의 도를 회복할 뿐이다."라고 했다. 주자를 높이는 것은 경(經)을 높이자는 것이고, 경을 높이는 것은 왕도를 높이려는 것이니, 윗사람이 왕도를 존중한 뒤에야 아랫사람들이 학술을 밝히게 될 것이다.[130]

이에 따라 정조는 주자와 관련 있는 『경설고(瓊屑糕)』·『주자선통(朱子選統)』·『대학유의(大學類義)』·『주자회통(朱子會選)』 등의 서적을 대량으로 편찬·간행하는 동시에, 주자학의 조선 전승을 대단히 중시했다. 『양현전심록(兩賢傳心錄)』의 제요에서 정조는 송자, 즉 송시열이 차지하는 정학의 지위를 강조했다.

> 우리나라의 송 선정(宋先正 송시열)은 바로 송나라의 주 부자와 같다. 크게는 병집(秉執)과 출처(出處), 작게는 언행(言行)과 동정(動靜)에 이르기까지 두 분의 문집에 보이는 글들을 비교해서 살펴보면 서로 합치되지 않는 것이 거의 없다. …… 두 분의 글 중에서 서로 조응되는 것 약간 편을 뽑아서 한 책으로 엮어 『양현전심록』이라 명명했다. …… 이 책을 읽는 사람들이 선정의 도가 주자에게서 전수받은 것임을 알게 해서 함부로 비방하고 헐뜯는 말을 하지 않기를 바라서이다.[131]

이 밖에 『성학집요(聖學輯要)』·『사칠속편(四七續編)』 등도 모두 이런 뜻을 발휘했다.

130_『群書標記』, 『朝鮮時代書目叢刊』 第2冊, p.1124-1125. "予嘗謂今日俗學之蔽痼矣, 挽回澄治之道, 惟在乎明正學；明正學之方, 又在乎尊朱子. …… 孟子曰：我欲正人心, 君子反經而已. 尊朱所以尊經也, 尊經所以尊王也. 王道尊於上, 然後學術明於下."

131_『群書標記』, 『朝鮮時代書目叢刊』 第2冊, p.919-920. 我東之宋先正, 即宋之朱夫子也. 大而秉執出處, 小而言行動靜, 以見於兩集者比類參看, 其有不合者幾希. …… 鈔其兩相照應者若干篇, 合成一書, 名曰『兩賢傳心錄』. …… 庶使世之讀此者, 知先正之道有所受, 而不敢肆其詆毁之論云.

② 문체의 변화이다. 정조는 작문의 모범이 될 만한 일련의 저작을 편찬하고 인쇄했다. 『팔자백선(八子百選)』의 제요에 이러하다.

> 세상의 큰소리로 문장을 논하는 이들은 걸핏하면 선진(先秦)과 양한(兩漢)의 문장을 들먹이는데, 이는 천하의 보배는 본래 모방해서 될 수 있는 것이 아님을 모르고 그러는 것이다. 따라서 그들이 모방해서 지은 글은 그저 선진과 양한 문장의 찌꺼기들일 뿐이다. 그러니 어찌 우리와 가까운 당송(唐宋)에서 배워서 원류를 분명히 따르려는 뜻을 지킴만 하겠는가! 당송의 문장은 팔가보다 더 훌륭한 것은 없다. …… 팔가는 진실로 예원(藝苑)의 모범이다.[132]

또 『팔가수권(八家手圈)』의 제요는 이러하다.

> 당송 팔가는 문장의 연부(淵府)이다. 그들의 글에는 서경(西京) 시대 문장의 화락하고 평이함과 남조 시대 문장의 부드러움이 흐르고 있어서 문장의 규모가 크든 작든 간에 모두 오묘한 경지에 이르러 있다. …… 세도의 성쇠는 문체를 보아 예측할 수 있다. 진실로 쇠퇴한 기상을 진작하고 자잘한 문체를 씻어 버리고자 한다면 팔대가의 글을 놔두고 무엇으로 하겠는가? …… 세상에서 문장을 배우려는 사람이 이 책에서 그 꽃과 열매를 씹어 음미하고, 점차 경거(瓊琚)와 소호(韶濩) 같은 아름다운 문장을 지을 수 있는 경지에 이르게 되는 것이 내가 바라는 바이다.[133]

이 밖에 『시관(詩觀)』·『이가전률(二家全律)』·『아송(雅誦)』 등이 모두 정조의 문체를 반정하려는 정책과 관련이 있다.

132_『群書標記』, 『朝鮮時代書目叢刊』 第2冊, pp.953-954. "世之哆口論文章者, 動必曰先秦兩漢. 獨不知玉固不可僞, 而鼎固不可贋也. 則所剽竊者, 秦漢之糟粕而已. 曷若近取諸唐宋之猶不失爲先河後海之義也! 唐宋之文, 莫京於八家. …… 夫八家者, 誠藝苑之模楷."

133_『群書標記』, 『朝鮮時代書目叢刊』 第2冊, pp.1069-1071. "唐宋八子者, 文章之淵府也. 流西京之愷悌, 蕩南朝之脂韋, 巨細洪纖, 各臻其妙. …… 世道汙隆, 卜之文體. 苟欲鼓委靡之氣, 洗噍啁之音, 捨八子奚以哉? …… 世之學文章者, 於此乎咀嚼其華實, 而駸駸然至於瓊琚韶濩之美, 則予所蘄也."

정책은 비록 이와 같았지만, 그 효용이나 실행이 어떠했는가 하는 것은 별도의 이야기이다. 정조 중엽에 이루어진 『대축관서목(大畜觀書目)』[134]은 당시 문화의 또 다른 면을 반영한다. 이 서목에서 한 가지 주목할 점은 중국 통속 소설을 저록한 것이 아주 많아, 당시 왕실 장서의 실제 정황을 반영하고 있다는 사실이다. 『송백가소설(宋百家小說)』·『설령(說鈴)』·『홍백화전(紅白花傳)』·『포룡도공안(包龍圖公案)』·『전등신화(剪燈新話)』·『박안경기(拍案驚奇)』·『여선외사(女仙外史)』·『황명영렬전(皇明英烈傳)』·『속영렬전(續英烈傳)』 등이 그것이다. 어떤 소설은 한 부에 그치지 않는 것도 있다. 『경화연(鏡花緣)』·『금병매(金瓶梅)』·『정사(情史)』·『성세항언(醒世恒言)』은 두 질이고, 『홍루몽(紅樓夢)』·『보홍루몽(補紅樓夢)』은 세 질이다. 또한 어떤 소설은 한글로 번역되어 있었다. 『형세언(型世言)』·『동한연의(東漢演義)』·『후수호전(後水滸傳)』·『속수호전(續水滸傳)』·『속영렬전(續英烈傳)』·『고황후전(高皇后傳)』·『삼국지(三國志)』·『고금열녀전(古今列女傳)』·『서한연의(西漢演義)』·『대명영렬전(大明英烈傳)』·『옥교리(玉嬌梨)』·『박안경기(拍案驚奇)』 등이다.

『조선왕조실록』을 통해서, 연산군 때 이미 『전등신화』·『교홍기(嬌紅記)』·『서상기(西廂記)』·『여정집(麗情集)』 등 중국 통속 소설을 대량으로 구입하기 시작했다는 것을 알 수 있다. 선조 때는 『포공안(包公案)』 한 질을 부마에게 보내 주었다.[135] 효종비 인선왕후(仁宣王后, 1618-1714)는 숙명공주(淑明公主)와 함께 『수호전』을 읽었다. 숙종조에는 『삼국연의(三國演義)』가 대단히 유행하여, "인쇄하여 널리 유포해서 가가호호 읽고 외우며, 시장(과장)에서 제목으로 삼고 있다."[136] 영조 때에 이르러서는 통속 소설에 대한 열애가 울연히 풍조를 이루어 남녀를 가리지 않고 그러했다. 채제공(蔡濟恭)은 『여사서서(女四書序)』에서 이렇게 말했다.

134_寫本, 『奎章閣韓國本圖書解題』. 영조 말 정조 초에 이루어졌다고 추단되지만, 정확하지 않다.

135_閔寬東, 『中國古典小說史料叢考』(韓國編), 아세아문화사, 2001, p.87.

136_安鼎福 編, 『星湖僿說類選』 卷九上, 明文堂, 1980, p.278. "印出廣布, 家戶誦讀, 試場之中, 擧而爲題"

> 가만히 보니 근세 규합에서 다투어 능사로 삼는 것은 패설을 숭상하는 일로, 날마다 달마다 증가하여 그 종류가 백이나 천으로 헤아릴 정도이다. 서쾌는 이것을 깨끗이 베껴 내어, 빌려 보는 사람이 있으면 문득 그 값을 거두어 이익으로 삼고 있다. 부녀자는 견식이 없어서, 혹 비녀나 팔찌를 팔기도 하고 혹 빗돈을 구해서 다투어 세내어 와서 긴 날을 소일하고 있다.[137]

이학규(李學逵)도 "이 고을은 『삼국연의』를 입으로 외는 것을 능사로 여기고, 집집마다 『사문유취(事文類聚)』를 소장하여 두고 희귀한 완상물로 삼고 있다."[138]라 하고, 또 "이 고을은 정말 서적이라고는 없어서, 구존재(瞿存齋, 구우)의 『전등신화』를 책상 위에 잘 모셔 두고, 나관중의 『삼국연의』를 베갯 머리에 비장하고 있다."[139]라고 했다.

『금병매(金瓶梅)』는 영조 51년(1775) 수역관 이심(李諶)이 구입했는데, "그 책이 너무도 귀하여" "값은 은 1냥으로, 모두 20책이며, 판각이 정교했다."[140] 이것은 『대축관서목』에 저록된 것과 동일 판본이다. 이 밖에 『보문각책목록』에 '설가(說家)' 16종이 저록되어 있어, 같은 정황을 반영하고 있다. 따라서 우리는 서목을 통해서 중국 통속 소설이 조선 왕실 장서에서 유행한 상황을 뚜렷이 알 수가 있다. 정조 시기에 이르러 문체 반정을 제창한 것도 통속 소설이 만연해서 문풍을 침해하는 것을 바로잡으려고 한 시도였다.[141] 단 서목이 반영하는 것은 그것과는 다른 일

137_『樊巖集』 권33, 한국문집총간 제236책, p.75. "竊觀近世閨閤之競以爲能事者, 惟稗說是崇, 日加月增, 千百其種. 僧家以是淨寫, 凡有借覽, 輒收其直以爲利. 婦女無見識, 或賣釵釧, 或求債銅, 爭相貰來, 以消永日."

138_「與書」, 『洛下生集』 冊10 『因樹屋集』, 한국문집총간 제290책, p.364. "此鄉則以口誦『三國演義』爲能事, 家藏『事文類聚』爲稀玩."

139_「答書」, 『洛下生集』 冊10 『因樹屋集』, 한국문집총간 제290책, p.365. "此鄉苦無書籍, 以瞿存齋『剪燈新話』爲丌上尊閣, 羅貫仲『三國演義』爲枕中秘藏."

140_李圭景, 『五洲衍文長箋散稿』 권7, 동국문화사 영인, 1959, p.230. "直銀一兩, 凡二十책, 版刻精巧."

141_『正祖實錄』 16년 10월 甲申의 敎. "近來士趨漸下, 文風日卑, 雖以功令文字觀之, 稗官小品之體, 人皆仿用."(조선왕조실록 제46책, p.349) 또한 같은 해 10월 己丑의 敎. "日前見抄啓文臣南公轍對策, 引用稗官文字. 上齋生李鈺表作, 純仿小品體裁. …… 特召抄啓文臣嚴加申飭. 仍使公轍革心歸正之前, 入不敢登筵席, 出不敢拜家廟. 此豈特爲一公轍之文體而若是

면이었다. 궁중에 이런 패관 소설들이 서가에 빼곡히 들어차 있을 정도로 왕공과 후궁의 환영을 받았던 것이다.

(2) 서목과 지역 문화

서목을 통해서 한 시대 문화의 실루엣을 볼 수 있는 데 그치지 않고, 지역 문화의 사정도 시사받을 수 있다. 조선 시대에는 경성 이외에 팔도가 있었으니, 즉 경기도 · 충청도 · 경상도 · 전라도 · 황해도 · 강원도 · 함경도 · 평안도이다. 각 도마다 각각의 산천과 풍속이 달랐으며, 문화 발전의 사정도 균평하지 않았다. 하지만 각종 지지(地志) 부류의 서적에서 관련 기록을 찾아내기는 어렵다. 저명한 『동국여지승람』의 경우, 그 기록 내용은 건치 연혁 · 군명(郡名) · 성씨 · 풍속 · 형승 · 산천 · 토산 · 누정 · 학교 · 역원(驛院) · 불우(佛宇) · 사묘(祠廟) · 능묘 · 고적 · 명환(名宦) · 인물 · 제영(題詠) 등에서 벗어나지 않는다. 게다가 그 가운데 '풍속' 부분은 늘 빠진 것이 있고, 기재가 있더라도 아주 간단하기 일쑤이다. 역사서의 경우 『삼국사기』부터 「지리지」의 내용이 있어, 그 후 『고려사』 · 『해동역사』 등에서도 「지리지」가 상당한 편폭을 차지한다. 하지만 이 「지리지」들은 강계 · 연혁과 지리 · 산천 등을 기록한데 불과하다. 따라서 지역 문화의 연구문헌으로 삼기 위해서는 기록이 모두 부족하다는 혐의가 있다. 이럴 때에 목록이 그나마 어느 정도 그 부족을 보충해 줄 수 있다.

현존하는 가장 이른 지방 서목은 어숙권의 『고사촬요』 중 「팔도정도」 아래 붙어 있는 '책판목록'이다. 원서는 명종 9년(1554)에 성립되었으나, 그 후 12차에 걸쳐 증보되고 중수되면서, 면모가 많이 바뀌었다. 책판 목록의 경우는 광해군 4년(1612) 박희현의 개수 때, 임진왜란으로 팔도 책판이 불에 탔으므로 그 부분을 산거해 버리고 '토산'으로 대신했다. 현존하는 『고사촬요』 「책판목록」을 고찰하면, 첫째 각 지역 문화 발전의 불균형, 둘째 동일 지역의 책판 증가 속도 등에 관해 시사를 얻을 수 있다. 여기서 선조 원년(1568) 판본과 선조 18년(1585) 판본의 기록

哉? …… 蓋以諸人年少有才, 欲其懋實學而視其志趣也."(조선왕조실록 제46책, p.351)

을 대비하면 다음 표와 같다.

도별	선조 원년본	선조 18년본
경기도	2종	2종
충청도	37종	37종
황해도	24종	77종
강원도	61종	62종
전라도	166종	336종
경상도	222종	390종
평안도	32종	67종
함경도	13종	19종
총계	557종	990종

경기도는 경성(한양)에 가까워 인쇄 서적이 많지 않으므로, 기이할 것이 못 된다. 다른 여러 도에서 함경도 · 충청도 · 강원도 · 평안도 · 황해도의 인쇄 서적 수량이 적으며, 경상도와 전라도의 인쇄 서적이 많다. 이 두 도는 수량이 많을 뿐 아니라 증가량도 아주 많다.

중국은 송나라 이래 서적 판각 사업이 발달한 지역이 주로 남방이어서, 본시 절본(浙本) · 촉본(蜀本) · 건본(建本)의 칭호가 있었다. 조선의 서적 판각은 경성을 제외하고는 남방의 전라도와 경상도에 집중되었다. 특히 영남 지역인 경상도에 집중되어, 이 지역의 책판 목록이 가장 풍부하다. 이를테면 『고서책판유처고(古書冊板有處考)』 · 『경상도책판』은 경상도의 책판을 전문적으로 기록했고, 『제도책판록』 · 『완영책판목록』 · 『각도책판목록』은 여러 도의 책판을 종합적으로 기록했는데, 어느 것도 모두 경상도 책판의 수량이 수위를 차지한다.

조선 시대의 지역 문화에서 영남 문화가 가장 발달하여, 각서 · 장서 · 독서의 풍조가 가장 성행했다. 책판 목록에 반영된 것은 당시의 각서 상황이다. 이에 비해 김휴의 『해동문헌총록』에 반영된 것은 당시 영남 지역의 사가 장서 상황이다. 김휴가 해제를 한 서적의 내원은 주로 낙동 지역(안동 · 예안 · 영주 · 봉화 · 의성 · 예천 · 영양 · 청송 · 상주 · 문경 · 선산) 명문대가의 장서이므로, 이 지역의 각서 상황을 동시에 고찰한다면 그 둘 사이에 서로 보조를 맞추는 일정한 관계가 있음을 발견하기 어렵지 않다. 지금에 이르러서도 영남 지역의 민간 장서는 일대 보고이다. 1998년 발견된 『원본(原本) 노걸대』는 원나라 한어 어휘와 특징을 연구하는 데 중대한 참고 가치를 지닌다.[142] 또 2002년 발견된 원간본 『지정조격(至正條格)』은 중국 현존 사료의 궐락을 보충할 뿐만 아니라 원나라 법률 · 사회 · 언어를 연구하는 데 중요한 의의를 지닌다. 이 두 서적의 발견이 모두 한국의 영남 지역에서 있었다.

독서의 풍조와 관련해서는 서원과 향교에 대해 이야기해야 한다. 조선시대 서원 · 향교 서책 목록으로서 현존하는 것은 불과 3종인데, 모두 영남 지역의 것이다. 이것은 결코 우연이 아니다. 바로 이 지역에 유학 풍조가 흥성했기 때문이다. 서원과 향교가 상당히 발달했으므로 장서의 양도 상당히 많았다. 서원은 장서보존의 규약이 있어서, 서적이 아주 좋은 상태로 보존될 수 있었다. 오늘날 한국 학자의 조사 연구에 의해 제작된 장서 목록에 의거하면, 현전하는 서원 장서는 모두 15처이다. 그 가운데 경상도가 11처로, 도산서원 · 옥산서원 · 병산서원 · 소수서원 · 회연서원 · 남계서원 · 옥동서원 · 도동서원 · 삼계서원 · 충렬사 · 임고서원 등이다. 향교 장서는 모두 24처로, 경상도가 10처를 차지한다.[143] 이것은 영남 지역의 전통과 일맥상통한다.

중국 학술계로 말하면, 조선 시대의 목록학은 상당히 낯선 영역이었다. 흥기는 했으나 아직 성숙하지 않은 역외 한문화 연구에서 목록학은 틀림없이 그 속으로 진입하는 하나의 진량(津梁)이다. 이것을 거울삼아, 이 글은 이 분야에 대해 초보적인 고찰을 했다. 언급한 문제들은 모두 초창의 것이므로, 이 뒤를 이어 더욱 발전시키는 일은 다음을 기약하고자 한다.

2004년 4월

142_이 책은 중국 外語敎學與硏究出版社에서 2002년에 영인되어 나왔다.
143_李春熙, 『朝鮮朝의 敎育文庫에 관한 硏究』 부록1과 부록2.

조선 시대 서목을 통해서 살펴본 규장각 경부(經部) 문헌의 가치

1. 들어가며

세계 각지의 한학 연구자들은 대부분 한국이 소장한 중국 문헌을 중시한다. 그리고 그 소장처의 거점을 논하고자 하면 바로 지금 서울대학교에 속해 있는 규장각을 우선으로 꼽는다. '규장각'이라는 명칭은 중국에서 나왔다. 원나라 문종이 천력 2년(1329) 3월 수도에 규장각을 세우고, 도서와 서화를 모아 수집한 후,[1] 우집(虞集)·가구사(柯九思)와 함께 "이름난 서예 작품과 그림에 대해 토론하는 것을 일로 삼았다."[2] 문종이 죽은 후 규장각 또한 점차 쇠락했다. 살도랄(薩都剌)의 「규장각감흥(奎章閣感興)」 시에 "꽃이 떨어지고 봄이 깊은데, 굳게 닫혀 있는 전각의 문〔花落春深鎖閣門〕"과 "꽃이 떨어지고 봄이 깊은 것이 작년과 비슷하다〔花落春深似去年〕"[3]라고 하는 탄식이 있다. 혜종 지원 6년(1340) 11월에 선문각(宣文閣)으로 이름을 바꾸었으니, 규장각이 중국에 존재했던 시기는 겨우 12년이다. 한국의 규장각 창립은 조선 정조 때까지 거슬러 올라갈 수 있으며, 규장각은 조선 왕조의 도서관으로 기능했다. 당시 장서 3만여 책으로, 그중 동본(東本)이 약 1만여 책, 화본(華本)이 2만 책

1_虞集, 「奎章閣銘」, 李修生 主編, 『全元文』 卷860, 第27책, 鳳凰出版社, 2004, p.60.

2_陶宗儀, 『南村輟耕錄』 卷7 '奎張政要'條, 中華書局, 1959, p.91.

3_『雁門集』 卷11, 上海古籍出版社, 1982, p.310-311.

가량이었다. 이후 대원군 시대(1864년 이후) 규모를 축소하고, 개화파 정부(1895년) 때 규장원으로 명칭을 고쳤다가 수구파 정부(1897년) 때 옛 명칭을 회복했다. 조선 말(1909년) 모든 장서를 '제국 도서'로 바꾸었다. 일본이 조선을 병탄한 후(1911년) 조선총독부 장서로 명칭을 바꾸었으며, 1930년 이후 경성제국대학으로 소속을 바꾸고, 1946년 10월 국립 서울대학교 성립 후 서울대학교 중앙도서관 소속이 되었다. 1975년 학교가 관악산 캠퍼스로 옮겨가, 새롭게 '규장각 도서관리실'을 설치하고 고서 다시 구입했고, 일사문고 · 가람문고 · 상백문고 · 경제문고 중의 고서 또한 규장각 관리로 통합한 이후 지금에 이르고 있다. 1962년 편집한 『규장각도서한국본서명색인』과 1963년 편집한 『규장각도서중국본서명색인』의 통계에 근거하면, 당시 소장한 한국본은 19,708종 73,442책, 중국본은 5,920종 65,568책이며, 아직 정리하지 못한 도서 약 5,000책이 있었다. 1994년 보경문화사 출판의 『규장각도서한국본종합목록』에서 수정판 통계를 근거로 하면, 규장각 한국본은 모두 33,088종, 113,820책으로, 각종 고사본 · 목판본 · 고활자본 · 탁본 · 석판본 · 등사본을 포괄하니, 매우 큰 보고라 할 수 있다.[4]

이상 연혁의 상황에서 볼 때, 조선 시대 규장각 장서는 왕실 장서에 속한다. 따라서 본문에서 토론하는 범위 또한 조선 시대까지로 한정하고, 그 특징을 드러내기 위해 지방, 민간, 개인의 장서와 간략하게 비교할 것이다. 수많은 장서를 일일이 눈으로 확인할 수 없으므로(어떤 것은 이미 남아 있지 않다) 주로 서목을 근거로 논술할 것이다.

2. 경부 문헌의 목록

10여 년 전 필자는 『조선시대서목총간』을 출판한 적이 있다. 조선 시대 목록학에 대해 견식이 깊지 못했으나, 역대 서목을 왕실 서목, 지방 서목, 개인 서목, 사지(史志) 서목의 네 부류로 나누어 보았다. 사지 서목

4_서울대학교 규장각 편, 『규장각도서한국본종합목록 · 해제』, 보경문화사, 1994, p.Ⅶ-Ⅻ.

을 하나의 부류로 세운 것 외에, 나머지 세 부류는 모두 서적 혹은 서판(책판)의 소장처를 기준으로 나눈 것이다. 그중 왕실 도서라고 한 것은 그 책이 왕실에서 지은 것이거나 왕실로 귀속되는 것을 가리킨다. 지금 규장각 장서의 주요 내원이 이것이다.

『규장각지』와 조선왕조실록 『정조실록』에 기재된 내용에 근거하면, 정조 5년(1176) 규장각을 신설하면서 몇몇 부가 시설을 세웠다. 그 가운데 봉모당 · 이안각〔서향각〕 · 이문원에는 여러 임금의 어제어서(御製御書)를 수장했고, 열고관 · 개유와에는 화본, 서고에는 동본을 수장했다. 찾아보기에 편리하도록 "경부에는 붉은색, 사부에는 푸른색, 자부에는 황색, 집부에는 백색으로 표시했다."[5] 화본과 동본은 작자로 구별한 것이 아니라 간각지로 구별한 것이다. 책을 화본과 동본으로 구분한 것은 검색에 편하게 할 뿐만 아니라 귀천과 경중을 나누는 뜻도 지녔다. 서유구는 "동본은 투박하여 화본과 함께 보관할 수 없다. 화본을 보관하는 곳의 동쪽 또는 서쪽에 보관하지, 한 누각에 같이 두지 않는다. 상자에 보관할 필요 없이 시렁에 나열하여 꽂아 둘 뿐이다."[6]라고 했다. 이 때문에 각각 장서 목록이 따로 있었다. 『규장총목』의 목록은 개유와(皆有窩) 갑을병정(甲乙丙丁) 네 서고의 책을 저록했지만, 『서고장서록(書庫藏書錄)』의 목록은 동본 장서를 저록했다.

『규장총목』은 경사자집 4부에 따라 목록을 기록한 것이다. 경부는 다시 총경류 · 역류 · 서류 · 시류 · 춘추류 · 예류 · 악류 · 사서류 · 소학류로 세분했다. 목록 기록 방식은, 우선 서명을 적고, 그 다음 수량을 적는다. 이때 부(部) · 본(本) · 권(卷)의 구별이 있어, "종류를 부, 책을 본, 편을 권으로 삼았다."[7] 간혹 그 판본을 저록했다. 이하는 해제로, "반드시 그 지은이의 성씨와 저술한 의례(義例)를 표시했다. 또는 서발을 요약, 수록하여 그 규모의 개략을 보여 주기도 한다. 또는 평즐(評騭)을 원용하여 편집의 득실을 밝히기도 한다. 또는 간질(簡帙)의 폐흥(廢興)을

5_『正祖實錄』, 5년 辛丑 6월, 한국 국사편찬위원회 편, 조선왕조실록 제45책, 1955-1958, p.249. "經用紅簽, 史用靑簽, 子用黃簽, 集用白簽."

6_『怡雲志』 권6. "圖書藏訪 · 藏奔 · 藏東本法", 『林園十六志』 제5책, 보경문화사, 2005, p.37.

7_『奎章總目凡例』, 『朝鮮時代書目叢刊』 第1冊, 中華書局, 2004, p.14. "以一種爲部, 一冊爲本, 一編爲卷."

적어 연혁의 고증에 밑바탕을 삼는다."[8] 등등이다. 그중 가장 가치 있는 부분은 편집자의 안어(按語) "신이 살피건대〔臣謹按〕"이다. 여기에 『십삼경주소(十三經註疏)』 아래의 안어를 들어서 그 나머지를 개괄하고자 한다.

> 한나라 이후로 유학자들이 서로 전하되 『오경』이라고 했을 뿐이었으나, 당나라 때 그것을 학관에 세우면서 삼례(三禮) · 삼전(三傳)을 나누어 배우면서 구경(九經)이 되었다. 그것을 국자학에 돌로 새겨 놓을 때, 『효경』 · 『논어』 · 『이아』를 아울러 12경이 되었다. 송나라 휘종 선화(宣和)연간에 석승헌(席升獻)이 『맹자』를 새겨서 포함시켰다. 이후 '십삼경'의 명칭이 비로소 성립했다. 이것이 폐흥(廢興)과 원류(源流)의 개략이다.
>
> 또한 살펴보건대 경소(經疏)의 신각을 구각과 비교하면 글자가 가늘고 굵은 것, 판본이 정밀하고 조악한 점에서 얼른 보았을 때 매우 뛰어난 정도 이상이다. 또한 구각에 없는 『고이(考異)』가 있다. 따라서 저 신각이 나오고 나서, 구각은 거의 사라졌다. 그러나 고경(古經)의 진면목은 가면 갈수록 사라지게 되었다. 잠시 그 일 단을 들자면 다음과 같다. 역사서는 모장(毛萇)이 『시고훈전(詩故訓傳)』을 지었다고 한다. '故(고)'라고 하는 것은 「관저」의 경우 편수에 반드시 먼저 "「關雎」三章, 一章四句, 二章章八句"라고 말한 후에 "「關雎」, 后妃之德"이라고 말한 것이 바로 이런 것이다. '訓(훈)'이라고 하는 것은 "風之始也" 이하 부분이 이에 해당한다. '傳(전)'이라고 하는 것은 '興也' 이하 부분이 이에 해당한다. 정현(鄭玄)이 장구(章句)를 다시 정하면서 모장 서수(序首)의 제판(題判)을 삭제하고는 한 편의 끝에 장구를 기록하고, 그중 모장의 뜻이 자신과 다른 것은 "故言某章章某句"라고 했다. 모장과 정현의 차이는 그나마 여기에서 찾을 수 있지만, 서수 제판의 진면목은 이때부터 사라지게 되었다. 그렇지만 여전히 『정의(正義)』를 통해 그 옛 모습에 대해서 살펴볼 수는 있다. 「갈담(葛覃)」 소(疏)에서 말하는 "『葛覃』三

8_『奎章總目凡例』, p.13.

> 章章六句”부터 “以婦道也”까지의 부분이 이에 해당한다. 그렇지만 신각의 범례는 『정의』의 어디서부터 어디까지의 부분을 모두 삭제했다. 그러니 이후 총명하고 빼어난 학자가 나온다고 해도,『모시』 고훈의 체례를 장차 어디에서 얻을 수 있을 것인가? 오호! 경전이 파쇄되어 버리는 화〔殘經之禍〕는 진나라의 분서에만 있지 않다는 말이 진실로 지나친 말이 아니다.[9]

필자는 위의 인용 부분을 두 단락으로 나누었다. 첫 단락은 십삼경 성립의 전모를 소개하는 부분으로, 한나라때까지 끊었다. 한나라 이전에는 육경이라고 했지만, 『악경』이 진나라 분서갱유에 의해 없어지고 한나라때 이르러서는 오경만이 남았다. 당나라 사람들이 ‘삼례(三禮)’와 ‘삼전(三傳)’으로 나눔으로써 모두 구경이 되었다. 중국에서 이와 상응하는 설명으로 가장 이른 시기에 보이는 것은 당나라 서견(徐堅)의 『초학기(初學記)』이다. “옛날 사람들은 『역』·『서』·『시』·『예』·『악』·『춘추』를 육경이라 했는데, 진나라 분서에 이르러서 『악경』은 없어지고, 지금은 『역』·『시』·『서』·『예』·『춘추』를 오경이라고 한다. 또 『예』에는 『주례』·『의례』·『예기』가 있어, 삼례라 한다. 『춘추』에는 『좌씨』·『공양』·『곡량』이라는 삼전(三傳)이 있다. 『역』·『서』·『시』와 합쳐서 수를 통틀어서 구경이라 한다.”[10] 당나라 사람들은 『논어』·『효경』·『이아』를 돌 위에 새겨서 국자생을 가르쳤다. 따라서 십이경이라는 명칭이 있었다. 송대 조공무(晁公武)는 다음과 같이 말했다. “당나라 태화 연간에 십이경을 다시 새겨 국학에 돌을 세워 두었다.”[11] 송나라 선화 연간에 석단(席旦)〔승헌(升獻)〕이 『맹자』를 돌에 새김으로써 십삼경이 완성되었다고 하는 이야기의 경우는 그 근거하는 것이 무엇인지 알 수 없

9_『奎章總目凡例』, pp.22-23.

10_『初學記』 卷21 ‘文部’ 經典 第1, 第3冊, 中華書局, 1962, p.497. “古者以『易』·『書』·『詩』·『禮』·『樂』·『春秋』爲六經, 至秦焚書, 『樂經』亡, 今以『易』·『詩』·『書』·『禮』·『春秋』爲五經. 又『禮』有『周禮』·『儀禮』·『禮記』曰三禮, 『春秋』有『左氏』·『公羊』·『穀梁』三傳, 與『易』·『書』·『詩』通數, 亦謂之九經.”

11_「石經考異序」, 顧炎武, 『石經考』引, 『文淵閣四庫全書』本, 臺灣商務印書館. “唐太和中, 復刻‘十二經’, 立石國學.”

다. 석경(石經)의 관점에서 말하더라도, 『맹자』가 자부 유가에서 '경'으로 승격한 것을 석단의 공으로 돌릴 수는 없을 것이다. 조공무의 『군재독서지(郡齋讀書志)』에서 이 각석에 대해 매우 다른 의견을 제시하면서, "그 논의는 오류가 있고, 또한 많은 오자가 있다. 예를 들어 '頻顑'의 '頻'을 '類'로 하는 등등, 일일이 다 기록할 수 없다."[12] 진진손의 『진재서록해제』는 다음과 같이 말했다. "이제 국가에서 과거를 세워 인재를 뽑을 때 『논어』·『맹자』가 나란히 경으로 되었다."[13] 즉 『맹자』가 '경'으로 올라간 것은 송대에 이미 그러했다. 만약 그 근원을 거슬러 올라간다면 또한 당나라 때 시작되었다고 해야 할 것이므로, "당대에 실제로 시작하여 송대에 완성되었다."[14] '십삼경'을 이름으로 삼은 것은 명나라 때의 일로, 중국 학자 중 고염무의 설명이 가장 간결하다. "한대 이래로 유학자가 서로 전한 것은 단지 『오경』이라고만 했다. 그렇지만 당대에 학관을 세울 때 『구경』이라 했던 것은, 『삼례』·『삼전』을 나누어 배웠기에 따라서 9인 것이다. 국자학에 돌로 새겨질 때 『구경』이라 한 것은, 『효경』·『논어』·『이아』를 합친 것이다. 송나라 때 이정(二程)과 주자 등 대유학자가 나타나서 처음으로 『예기』의 『대학』·『중용』과 『맹자』를 『논어』와 나란히 하여 '사서'라 했다. 본조〔명나라〕에 이르러 십삼경이라는 명칭이 처음 세워졌다."[15] 두 가지를 서로 비교해 보면, 『규장총목』은 기본적으로 고염무의 설을 저본으로 삼았음을 알 수 있다. 『일지록』이 『규장총목』 권3 '유가류'에 기록되어 있으므로, 편찬자가 그 책을 보았던 것은 전혀 이상하지 않다. 유가 경전 총칭의 변천에 대해서는 본래 육경·오경·칠경·구경·십경·십일경·십이경·십삼경·십사경·이십일경 등의 명칭이 있고, 각 명칭 내의 구

12_孫猛, 『郡齋讀書志校證』 卷10, 上海古籍出版社, 1990, p.418.

13_『直齋書錄解題』 卷3 '語孟類', 上海古籍出版社, 1987, p.72. "今國家設科取士, 『語』·『孟』並列爲經."

14_周予同, 『群經概論』, 『周予同經學史論著選集』, 上海人民出版社, 1983, p.290.

15_黃汝成, 『日知錄集釋』 卷十八 '十三經註疏'條, 中冊, 上海古籍出版社, 1985, pp.1368-1369. "自漢以來, 儒者相傳但言五經, 而唐時立之學官則云九經者, 『三禮』『三傳』分而習之, 故爲九也. 其刻石國子學, 則云九經, 幷『孝經』·『論語』·『爾雅』. 宋時, 程·朱諸大儒出, 始取『禮記』中之『大學』·『中庸』, 及進『孟子』以配『論語』, 謂之『四書』. 本朝因之, 而十三經之名始立."

체적인 함유 관계 또한 완전하게 일치하지 않아, 세밀하게 연구하면 매우 번잡하다. 『규장총목』의 설명은 비교적 간결한 서술이라 할 수 있다.

두 번째 단락은 신각과 구각의 우열에 대해 검토하고 판별한 것이다. 통상적으로 말하자면 학술 연구 또한 장작을 쌓아 놓은 것과 같아서 이후에 나온 것이 위에 올라가지만 '뒤에 나온 것'이 반드시 "정밀하게 바뀐 것〔轉精〕"인지 아닌지는 일률적으로 말할 수 없다. 『규장총목』은 신각본이 구각본보다 우수한 부분이 있긴 하지만, 범례를 고친 뒤에 고서 본래의 면목을 잃어 후대 사람들에게 고증할 수 없도록 만들었다고 지적했다. 이와 같은 설명은 대개 "명대 사람들이 책을 새겨 펴내자 책이 망했다."라는 설명과 유사하다. 『사고전서총목』은 이렇게 말했다. "명대 사람들이 책을 새겨 펴내면서 자주 임의대로 삭제했는데, 신본이 간행되자 구본은 점차 사라져, 원서는 마침내 볼 수 없게 되었다."[16] 그렇지만 완전히 동일하지는 않다. 『규장총목』 목록의 두 판본 중에서, 한쪽은 '황명모봉포급고각본(皇明毛鳳苞汲古閣本)'이라 했고, 한쪽은 '청건륭내각본(淸乾隆內閣本)'이라 했다. 오로지 명대 사람만을 가리킨 것은 아니다. 필자가 보기에 은연중 노린 것은 실제로는 새로운 것을 좋아하고 특이한 것을 추구하는 학풍이다. 여기서 우리는 또 하나의 안어를 참조해도 무방할 것이다. 명나라 조이광(趙宧光)의 『설문장전(說文長箋)』에 대한 안어에서 이렇게 말했다. "하자와 오류가 매우 많아, 아는 사람들은 취하지 않는다. 전겸익(錢謙益)은 『장전』이 나오자 자학은 망했다고 했고, 고염무는 작은 지혜를 부리길 좋아하는 자가 이전 유학자와 다른 점을 추구했다고 하면서 10여 조를 거론하면서 변정했다. …… 대개 『장전』이 나온 것은 기이한 것을 좋아하고 새로운 것을 추구하는 풍조에 부화하여 얼렁뚱땅 모색해서, 간혹 육서(六書)의 취지에 어쩌다 들어맞기도 했다. 따라서 당시에는 성행하고 후세에 전해졌다. 그러나 그 사실 고루하고 지리멸렬하여 결국 분별 있는 사람들의 식견에서 도망갈 수 없었다."[17] 여기서 비판하고 있는 것이 바로 '호기무신(好奇務新)'의

16_『華陽國志』提要, 永瑢 等撰, 『四庫全書總目』 卷66, 上冊, 中華書局, 1965, p.584. "明人刻書, 好以意爲刊削, 新本既行, 舊本漸泯, 原書遂不可覿."

17_『奎章總目』 卷1, 『朝鮮時代書目叢刊』 第1冊, pp.75-76. "疵謬甚多, 識者不取. 錢謙益

학풍이다. 『일지록』에서 이미 지적했지만 『설문장전』이 일단 이루어지자, "새로운 것을 좋아하고 특이한 것을 숭상하는 당시의 풍조에 부화하여 이 책이 당시에 성행했지만, 지금에 이르러 변증하지 않는 것은, 다른 날 잘못된 것을 배운 것이 옳은 것을 이겨 내어 후학의 해로움이 됨이 얕지 않으리라 두려워해서이다."[18] 단, 규장각 학사는 이 부분의 의론에서 실로 그 나름의 적절한 비판기능을 발휘했다. 시야를 넓혀 조선 학풍의 병폐를 살펴 보는 것이 좋으리라. 규장각 학사 보다 좀 늦은 시기의 윤기(尹愭, 1741-1826)는 일찍이 송대의 유고상(劉高尚) 도인의 말인 "학술로 천하의 후세 사람을 죽이지 말라.〔無以學術殺天下後世〕"[19]를 '격언'으로 삼되, 또한 그 범범함을 꺼려 하여 "새로운 것을 좋아하면서 옛 것을 피하는 것으로 천하의 후세 사람을 죽이지 말라.〔無以好新畔古殺天下後世〕"라고 바꾸었다. 바로 당시의 폐단을 지적한 것이다. 그는 또한 풀이하여 말했다. "학술은 가르침을 세우는 방법이다. 새로운 것을 좋아하고 기이한 것을 부러워하여 사사로운 의견을 용납하고, 성인을 모욕하고 스스로 현명하다고 하면서 법도를 멸시하는데 이르지 않는다면, 어찌 천하 후세 사람들을 죽이는 일에 이르겠는가?"[20] 더 늦은 시기의 김매순(金邁淳, 1776-1840)도 일찍이 본국의 학풍을 다음과 같이 비판했다. "우리나라의 기풍의 천박함은 선비된 자가 진실된 견해는 거의 없으면서 새로운 것을 좋아하고 기이한 것을 부러워하는 것이 다른 곳보다 심하다. …… 수십 년 동안 모두 망가지고 말았다."[21] 조선 시대 후세의 학풍 변화와 합쳐서 보면, 『규장총목』이 '기이한 것을 좋아하고 새로운 것

謂『長箋』出而字學亡, 顧炎武謂好行小慧, 求異前儒, 且歷擧十餘條以辨正之. …… 大抵『長箋』之出, 適當好奇務新之日, 其依稀摸索, 間或暗合於六書之指, 故雖盛行當時, 流傳後世, 然其實之固陋滅裂, 終莫逃於具眼之見."

18_『日知錄集釋』 卷21, 中冊, p.1606. "適當喜新尙異之時, 此書乃盛行於世, 及今不辯, 恐他日習非勝是, 爲後學之害不淺矣."

19_『說郛』 卷二十四下, 曾鞏의 『後耳目志』 '無以'조를 인용하여 다음과 같이 말했다. "世以爲劉高尙道人語, 此乃唐人語也." 『文淵閣四庫全書』本.

20_『峽裏閒話』, 『無名子集』 文稿 冊13, 한국문집총간 제256책, 경인문화사, 2000, p.534. "學術所以立敎, 非好新慕奇而容其私意, 侮聖自賢而至於蔑法, 則亦豈至於殺天下後世哉?"

21_「題日本人〈論語訓傳〉」, 『臺山集』 권8, 한국문집총간 제294책, 경인문화사, 2002, p.431. "我國風氣之浮淺, 爲士者少眞實見解, 而好新慕奇, 甚於他方. …… 數十年來, 撞壞盡矣."

에 힘씀'에 대해 비판하여 "경전이 쇠잔하게 된 화액이 진나라 분서에만 있었던 것이 아니다."라는 식의 다소 과도한 한탄을 토로하기에 이른 것에서 그 나름의 마음 씀씀이를 이해할 수 있다.

왕실 서목의 목록 방식은 한 가지가 아니다. 사부(四部)로 하거나 가장(架臧)으로 하거나, 혹은 여러 분류로 나누거나 혹은 분류하지 않거나 했다. 그렇지만 총체적으로 말하자면 아무래도 4부 분류가 많았다. 일반적으로 말하자면 분명한 착오는 없지만 가끔 이상한 저록이 발견되기도 한다. 예를 들어 『집경당포쇄서목(緝敬堂曝曬書目)』은 경부 『어찬춘추(御纂春秋)』(즉 『어찬춘추직해(御纂春秋直解)』)와 『두림주춘추좌전(杜林注春秋左傳)』(즉 『좌전두림합주(左傳杜林合注)』) 사이에 『십국춘추(十國春秋)』·『십육국춘추(十六國春秋)』·『안자춘추(晏子春秋)』 등 세 책을 저록했는데, 이것들은 모두 경부가 아니다. 오임신(吳任臣)의 『십국춘추』는 오대십국의 역사로, 옛날에는 최홍(崔鴻)의 『십육국춘추』라고 했다. 곧 진(晉) 말 16국의 역사이다. 『안자춘추』는 제나라의 안영(晏嬰)의 전기로, 사부에 귀속되어야 한다.

3. 경부 문헌의 판본

왕실 도서의 판본은 화본과 동본이 주류이되, 간혹 일본판이 있다.

『규장총목』에 저록된 판본은 일반적으로는 권수를 기재하지 않는다. 단, 때때로 해제에서 언급하기도 했다. 『사고전서총목』과 그것을 비교해 보면, 어떤 책의 권수는 매우 차이가 있다. 표로 나타내면 다음과 같다.

작자·서명	『규장총목』	『사고전서총목』
(淸)沈淑『經玩』	12권	12권
(元)吳澄『易纂言』	12권	10권
(宋)朱子『儀禮經傳通解』	44권	27권
(明)趙宧光『說文長箋』	224권	104권
(明)呂維祺『音韻日月燈』	60권	70권
(淸)虞咸熙·虞德升『諧聲品字箋』	22권	불분권(不分卷)

『규장총목』의 계수는 상당히 정밀하여 오류가 있을 수 없다. 예를 들어 『경완(經玩)』의 해제는 "스스로 기재하여 말했다. 육덕명(陸德明)의 『경전석문(經典釋文)』에서 문자가 다른 것을 모아서 6권으로 기록했다. 그리고 경전(經傳) 중의 문자가 다르거나 주소(註疏)와 『사기』·『한서』·『설문해자』 등 여러 책에서 인용한 경전의 문장 중 다른 것으로 그것을 보충하여 다시 6권을 얻었다."[22]라고 했다. 『설문장전』 해제는, "본부(本部) 112권, 술부(述部) 24권, 작부(作部) 62권, 체부(體部) 18권, 용부(用部) 4권, 말부(末部) 4권으로 총 224권이다."[23]라고 했다. 『음운일월등(音韻日月燈)』 해제는 "『운모(韻母)』 5권, 『동문탁(同文鐸)』 30권, 『운약(韻鑰)』 25권으로 총 60권이다."[24]라고 했다. 『규장총목』에 저록한 것은 『사고총목』 수록본과 같이 모두 중국본이지만, 권질의 분합이 다르다. 다른 판본이거나 초본(抄本)일 수 있다.

『서고장서록』에 저록한 것은 모두 동본으로, 서명 아래에 각각 건[부의 수량], 책, 판본, 시대, 작자를 기록했다. 그중 판본 부분에 대해서만 논하겠다. '경서류'를 예로 든다.

> 『周易』二十三件. 二十二件各十四冊, 一件十冊. 七件鑄, 三件鑄吐, 一件南吐, 十一件木, 二件木吐.
> 『易傳』二件. 各六冊. 南.
> 『易本義』二件. 各四冊. 南.[25]

『주역』은 서명이고 '23건'은 '서고' 저장이 23부라는 것으로, 그중 22부는 각 14책이고, 1부는 10책이다. 이어서 각종 다른 판본을 서술했다.

22_『朝鮮時代書目叢刊』第1冊, p.29. "自識曰 : 紬陸氏『經典釋文』中文字之異者, 錄爲六卷. 而以經傳中文字互異及註疏·『史』·『漢』·『說文』諸書所引經傳文異者補之, 復得六卷."

23_『朝鮮時代書目叢刊』第1冊, p.74. "本部二百十二卷, 述部二十四卷, 作部六十二卷, 體部一十八卷, 用部四卷, 末部四卷, 總二百二十四卷."

24_『朝鮮時代書目叢刊』第1冊, p.77. "『韻母』五卷, 『同文鐸』三十卷, 『韻鑰』二十五卷, 總六十卷."

25_『朝鮮時代書目叢刊』第1冊, p.607.

'주(鑄)'는 금속활자, '목(木)'은 목판본이다. '토(吐)'는 현토를 가리킨다. '유가류' 『숙흥야매잠(夙興夜寐箴)』 5건 아래에는 '4건현토(四件懸吐)'라는 주석이 있다.[26] 전하는 이야기에 의하면 신라 시대 설총이 이두(吏讀, 吏道, 吏頭 혹은 吏吐)를 만들었으며, 이것은 한문의 뜻을 이해하는 데에 도움을 주는 방식이었다고 한다. 현토는 여기서 변하여 나온 것으로, 일반적으로는 한문 문장의 구절 아래 부분에 몇몇 한자를 더하여, 이런 한자를 이용하여 한자 본래의 음을 나타내거나 뜻으로 풀어 한국어의 조사를 표기하는 방식이다. 따라서 '吐'라고 밝힌 것은 해당 판본에 이와 같은 방식의 해설이 붙어 있음을 나타낸다.

이상 각종 판본 상태에 대한 설명에서 이해하기 어려운 것은 '남(南)'이다. 남권희 선생은 "남(南) 혹은 남토(南吐)라 하는 이 용어는 다른 서목에서는 용례와 기록을 찾아 볼 수 없으므로 그 내용을 알 수 없다. 추측에 근거하면 이상의 용어는 주, 주토, 목, 목토 등과 함께, 저록할 때 간행 방식 혹은 재료를 나타내는 용어일 가능성이 있다."[27]라고 했다. 여기서의 '남'은 간행 방식도 아니고 간각 재료도 아니다. 매우 가능성 있는 것은 경기도의 '남한(南漢)' 지역에 소장된 책판으로 인쇄하여 온 책, 곧 '남한판'을 가리킬 수 있다. 『각도책판목록』을 보면 경기도 남한에는 34종의 책판이 보관되어 있다.[28] 『서고장서록』 '경서류' 목록에서 '남(南)' 혹은 '남토(南吐)'로 저록된 것들 가운데 『역전(易傳)』·『역본의(易本義)』·『서전(書傳)』·『시전(詩傳)』·『논어』·『맹자』·『중용』·『대학』 등은 모두 『각도책판목록』「남한」에 저록되어 있으므로, 서로 인증할 수 있다. 문제는 『서고장서록』이 통상 서적 판본의 상황을 서술하는데, 간각 재료와 방식에 대해 설명하는 이외에, 기타 요소를 언급하고 있는지 아닌지, 예를 들어 언제 어디에서 인쇄했는지, 종이의 품질은 어떠한지 등등을 언급하고 있는지 하는 것이다. '경서류' 저록만 보아서는 발견되지 않지만, 해당 서적을 전체적으로 읽어 본다면 위에서 언

26_『朝鮮時代書目叢刊』 第1冊, p.626.

27_南權熙, 「奎章閣의 西庫書目과 藏書變遷 分析-現存書目을 中心으로」, 경북대학교 대학원 석사 학위 논문, 1983, p.161-162

28_『朝鮮時代書目叢刊』 第5冊, p.2200-2203.

급한 이와 같은 요소가 확실히 존재한다. 예를 들어 '사기류(史記類)'의 『통감』 항목에는 "금속 활자로, 기유년 새로 인쇄했다〔鑄, 己酉新印〕."라고 했고, 『사략(史略)』과 『누주통의(漏籌通義)』 항목에도 똑같이 설명되어 있다. 이는 정조 13년(1789) 새로 인쇄했음을 가리킨다. '유가류'의 『사칠왕복서(四七往復書)』 항목에는 "목판본으로, 무신년 새로 인쇄했다〔木, 戊申新印〕."라 되어 있고, 『송자대전』 항목에도 동일한 설명이 있다. 이는 정조 12년(1788) 새로 인쇄했음을 가리킨다. '자서류(字書類)'의 『정음통석(正音通釋)』 항목에는 "정미년 새로 인쇄했다〔丁未新印〕"라고 했으니, 정조 11년(1787) 새로 인쇄했음을 가리킨다. 이외에도 『궁원의(宮園儀)』는 '을사 신인(乙巳新印)', 『간이집(簡易集)』은 '병오 신인(丙午新印)'으로, 각각 정조 9년(1785)과 10년(1786) 인쇄했음을 가리킨다. 『팔자백선(八子百選)』 항목에는 여러 다른 용지를 들었다. '분당지본(粉唐紙本) 1건', '모면지본(毛面紙本) 2건', '간장지본(簡壯紙本) 2건', '경장지본(京壯紙本) 2건', '향장지본(鄕壯紙本) 2건', '백면지본(白綿紙本) 10건', '경지본(慶紙本) 10건', '천은지본(天銀紙本) 30건', '별간장지본(別簡壯紙本) 1건', '열품백지본(劣品白紙本) 24건' 등이다. '분당지'가 중국에서 생산된 것을 제외하고는 나머지는 모두 한지이다. 백면지(白綿紙) · 저주지(楮注紙) 등은 원료로 구분하고, 장지(壯紙) · 열품백지(劣品白紙)는 등은 두께, 길이, 넓이로 구분했으며, 경장지(京壯紙) · 향장지(鄕壯紙) · 영변지(寧邊紙) · 완지(完紙) · 경지(慶紙) 등은 산지로 구분했다. 경장지는 경성의 조지서(造紙署)에서 생산한 것이고, 향장지는 각 지방에서 생산한 것으로, 이는 총칭이다. 영변지는 평안도 영변에서 생산한 것이고, 완지는 전라도 완주에서 생산한 것이며, 경지는 경상도 경주에서 생산한 것이다. 영변, 완주 그리고 경주는 모두 유명한 책판 간인(冊版刊印) 소재지이므로[29], 해당 지역의 종이를 써서 인쇄한 책은 위에서 언급한 각 지방에서 나온 것일 가능성이 있다. 만약 판본을 서술하는 방식을 써서 설명한다면, 영변판 · 완영판 · 경주판이라

29_ 『各道冊板目錄』(『朝鮮時代書目叢刊』 第5冊)에는 조선 헌종 시대 이전의 각 도에 존재하는 책판의 종류와 수량을 기록했는데, 그중 전라도의 전주, 경상도의 경주와 평안도의 영변은 높은 비율을 차지하고 있어 이런 사실을 반영하고 있다. 참고할 만하다.

고 했을 것이다. 만약 이런 결론에 대담하게 추측한 부분이 있다면, 『팔자백선』 항목의 가장 마지막 한 줄이 이런 상황을 명확하게 설명해 준다. 곧 "또한 2건은 각 3책이다. 목판본으로, 기영 인본이다.〔又二件各三冊. 本. 箕營印本〕"라고 했다. 기영(箕營)은 즉 평안도 감영으로, 평안도는 "풍요로움이 여러 도에서 으뜸이라고 알려져 있으며,"[30] 조선 시대 간각의 요지였다. 조선 시대 문집 규모가 가장 방대한 『송자대전』은 바로 정조 11년(1787) 기영에서 간각한 것으로, 이와 같은 대규모 간각은 송시열이 당시 정계와 학계에 영향력이 있었던 것과 관련이 있겠지만, 또한 기영의 간각 능력을 반영하는 것이기도 하다. 『팔자백선』의 '기영 인본'이란 말은 분명히 이런 정보를 전달하고 있다. 해당 판본은 기영판에 속한다. 또한 '전장류(典章類)' 『대전통편(大典通編)』 아래에는 주가 있어, "양남인래건으로, 목판본이다.〔兩南印來件. 木〕"[31]라고 했다. 해당 책이 양남 즉 호남과 영남 소장의 책판에 근거하여 인쇄해 온 것임을 밝혀 준다. 이런 것으로 비교하면, 경부 서적의 판본 저록에서 '남'이 가리키는 것을 '남한판'으로 보는 것이 논리상 타당하고 정연하며 저록 방식에 부합하므로, 우리의 추측에 합리성과 신빙성을 더해 준다.

규장각이 소장했던 경부 문헌의 목록에서 동아시아 각 지역의 서적 교류의 정황을 발견할 수도 있다. 예를 들어 『규장총목』 경부 '사서류'에 저록된 예사의(倪士毅) 등의 『사서집석장도대성(四書輯釋章圖大成)』은 '일본판'이라고 특별히 밝히고, 해제에서 이 판의 의의를 분명하게 설명했다.

> 『절강유서총록(浙江遺書總錄)』에도 이 책이 실려 있지만, 「태백(泰伯)」·「자한(子罕)」·「향당(鄕黨)」 세 편이 빠져 있다. 명나라 영락(永樂) 때 『대전』을 간행했는데, 조정에서 선비를 뽑거나 숙사(塾師)가 학생들을 가르칠때 대개 『대전』을 위주로 했다. 따라서 배우는 사람들은 『집석(輯釋)』이 있는 줄을 모른 지 거의 수백여 년이 되었다. 절강은 옛

30_任埅, 「先考今是堂府君行狀」, 『水村集』 권11, 한국문집총간 제149책, 경인문화사, 1995, p.250. "素稱富饒, 甲於諸道."

31_『西庫藏書錄』, 『朝鮮時代書目叢刊』 第1冊, p.634.

> 날 집안의 남아 있는 책들이 모이는 곳이지만, 다만 이 원간본만은 이미 『노론(魯論)』 3편이 일실되었으니, 해외의 다른 나라로 흘러 들어가 예씨의 완전한 책을 얻어 볼 수 있었으니 어찌 다행이 아니겠는가? 설선(薛瑄)과 고염무가 모두 『집석』은 없앨 수 없다고 했다. 그렇지만 왕분(汪份)은 그 한두 가지의 흠을 캐내서는 멋대로 꾸짖었으니 그것은 망령된 일이다.[32]

이 책은 『사고전서』의 존목(存目)에 들어가 있으니, '절강순무채진본(浙江巡撫採進本)'으로, 「태백」 등 3편이 빠져 있다. 하지만, 『규장총목』에 저록된 '일본판'은, '예씨완서(倪氏完書)'이다. 사고관신(四庫館臣)이 이 책을 존목에 넣은 것은, 하나는 이 책이 "이미 서적 상인에 의해 개찬되어, 예사의의 옛 모습이 아니다.〔已爲書賈所改竄, 非士毅之舊〕"라는 점 때문이고, 또 하나는 "그 유래를 살펴보니 실로 판매용으로 돌아다녔다.〔究其由來, 實轉相稗販〕"라는 점 때문이었다.[33] 『규장총목』이 설선과 고염무가 이 책에 대해 긍정하고 왕분이 이 책에 대해 '멋대로 꾸짖은 것'을 '망령되다'고 비판한 것은 은연중 『사고전서총목』에 대한 규정(糾正)을 포함하고 있다. 이 책의 판본에 관해, 소장(邵章)이 이어서 기록한 『증정사고간명목록표주(增訂四庫簡明目錄標注)』에 일본 문화 9년(1812) 원나라 지정(至正) 2년(1342)본을 복각한 일신서당본(日新書堂本)을 저록했다. 그러나 『규장총목』은 정조 5년(1781) 완성되었기에, 거기에서 말하는 '일본판'은 더 이른 시기의 판본이어야 한다. 이 책은 중국이나 일본에서 구매해 왔을 터인데, 아직 증빙 자료가 없다. 그렇지만 여기에서 제시한 정보는 매우 귀중하다.

4. 경부 문헌의 내용

조선 시대 왕실 장서 중 경부 문헌은 내용상에서도 주목할 만한 것이

32_『朝鮮時代書目叢刊』第1冊. p.62-63.
33_『四庫全書總目』卷37, 上冊, p.309.

있다. 만약 『규장총목』과 『사고전서총목』을 한번 비교해 본다면, 둘 사이에 수록된 책의 내용에 매우 차이가 있음을 발견할 수 있을 것이다.

수량으로 보면 전자의 규모는 후자에 비해 아주 작다. 그렇지만 적지 않은 책이 규장각에는 소장되어 있지만 사고에는 수집되어 있지 않았다. 여기서 '사서류(四書類)'를 예로 들어 대비하여 아래와 같이 표로 제시한다.

작자, 서명	『규장총목』	『사고전서총목』
永樂敕修『四書大全』	수록	수록
『四書』	수록	수록
(元)倪士毅『四書輯釋章圖大成』	수록	존목(存目)
(明)蔡淸『四書蒙引』	수록	수록
(明)呂柟『代書因問』	수록	수록
(明)項煜『四書講意』	수록	미수록
(明)張居正『四書直解』	수록	미수록
(明)薛應旂『四書人物備考』	수록	존목(存目)
(明)呂留良『晩村講義』	수록	미수록
(淸)張權時『四書析義』	수록	미수록
(淸)周大璋『四書朱子精言』	수록	미수록
(淸)陸隴其『松陽講義』	수록	수록
(淸)李戴禮『四書講義彙通』	수록	미수록
(淸)汪份『增訂四書』	수록	미수록
(淸)李沛霖『四書異同條辨』	수록	미수록

『규장총목』에 수록된 15종 중에서 『사고전서총목』에도 보이는 것은 단지 7종이며, 그중 두 종류는 존목에 있다. 두 가지를 서로 비교하면, 그 속에 함축된 평가의 뜻을 발견하는 것은 어렵지 않다.

그런데 『사고전서』에 들어 있다고 하더라도 그 가치를 인정받았다고 할 수는 없다. 예를 들어 첫 번째 『사서대전』의 경우 사고관신이 그 책을 포함시킨 이유는 다음과 같다. "명나라 영락 때, 『대전』이 나오자 지름길이 열리고, 괄고문이 성행하여 속된 학문이 홍성했다. …… 『대전』은 이전 대의 공령(功令)으로, 또한 경의 (經義)의 명암, 학술의 성쇠와 크게 관련이 있기에, 특별히 남겨 두어, 200여 년간 선비들의 습속과 문풍이 폐해를 입은 바를 분명히 드러내고자 한다. 경계하라고 남겨 두는 것이지, 본받을 법도를 드러내는 것이 아니니다."[34] 존목류의 책에 이르러서는 대부분 "그것을 남겨 두어도 취하기에 부족하고, 그것이 없어져도 안타깝지 않으며 표절과 중복을 판별할 것도 못 되고 용렬함과 비루함을 규탄할 것도 못 되는"[35] 것들이었다. 매우 폄하하여 다시 더 깎아내릴 것이 없을 정도이다. 반대로 『규장총목』은 이런 책들을 적극적으로 평가했다. 『만촌강의』는 "경계하고 깨우쳐 주는 말이 많다.〔多警發語〕"라고 했고, 『사서이고조변』은 "고학(考核)이 매우 정밀하고 문로(門路)가 올바르기에 근대 여러 유학자들 중에서 필적할 만한 사람이 드물다."라고 했다. 또한 허여림(許汝霖)이 『사서강의휘통』「서」에 쓴 말을 인용하여, 이 책을 두고 "20년 동안 마음과 힘을 다하여, 세 번 탈고하여 책이 완성되었다."라고 했다.

사고관신의 날카로운 눈에 들지 않았던 책이 규장각 학사의 눈에서는 모두 정성을 다하고 사려를 다해서 경의 설을 발명한 저작들로 평가받았다. 이는 학술적 시각의 높고 낮은 차이라고 할 수는 없고, 학술상 추구하는 지향의 같고 다른 차이라고 할 수 있을 것이다. 규장각 학사의 『사고전서간명목록』에 대한 평가를 보면 이 사실을 뚜렷하게 알 수 있다.

> 지지하고 선택하거나 평가하고 비판하는 뜻은 아주 이해할 수 없는 면이 있다. 고고가(考古家)를 한학으로 삼고 강학가(講學家)는 송학으로 삼으면서 평가하는 사이에 한학에 우단하고 송학에 좌단한 듯하다. 이때에 염락(濂洛)의 여러 현자에 대해서는 겉으로는 존중하면서도 속으로는 억눌러서, 여러 차례 불만을 드러냈다. 주문(朱門)의 제자 이하에 대해서는 드러내놓고 그들을 공격하여 힘을 남겨 두지 않았다. 그리고 경(經)에 반대하고 멋대로 의론하여 미친 듯 거리낌 없던 모기령(毛奇齡)에 대해서는 그가 해박하게 변론하고 두루 통했다고 칭송하고, 그의 근거가 분명했다고 칭찬하며, 조각 글자나 단편 글이라도 전부 수집하

34_『四庫全書總目』 卷36, 上冊, p.307. "明永樂中, 『大全』出南捷徑開, 八比盛而俗學熾. …… 『大全』既爲前代之功令, 又爲經義明晦, 學術升降之大關, 亦特存之, 以著明二百餘年士習文風之所以弊. 蓋示戒, 非示法也."

35_『四庫全書總目』 卷36, 上冊, p.320. "其存不足取, 其亡不足惜, 其剽竊重複不足考辨, 其庸陋鄙俚亦不足糾彈."

지 못하지나 않을까 염려했다.[36]

홍석주의 외조는 대구 서씨로, 그의 『홍씨독서록』과 『규장총목』 또한 일정한 연원이 있다. 그중 『사고전서간명목록』을 평론한 곳에서 다음과 같이 말했다. "이 책의 처음부터 끝까지 수만 마디의 말은 한학을 우단하되, 지금 세상이 주자를 존숭하는 까닭에 감히 드러내놓고 공격하지는 않지만 음으로 그것을 저주하느라 힘을 남겨 놓지 않는다. 이런 마음씀씀이의 병폐는 단지 학문이 뒤틀리게 되는 것만은 아닐 것이다."[37] 이런 의식이 조선 민간의 일반 사대부 계층에 침투해 있었음을 알 수 있다. 그런데 서호수와 홍석주는 모두 『사고총목』을 기윤(紀昀)에게 귀속시켜 비관을 했지만, 사실 서호수는 정조 14년(1790) 진하부사 신분으로 연경에 들어가서 기윤을 만나고는 학술에 대해 토론하며 선물을 주고받으면서 우의를 다졌다. 그의 『연행기』 8월 14일의 기록에 이러하다. "상서 기윤에게 서찰로 안부를 물으면서 황서필 30자루, 유묵매(油墨媒) 10홀(笏), 채전 30엽을 바쳤다. 기윤은 단연(端硯) 1방(方), 묵죽 1축을 답례로 보냈다. 벼루 머리에는 '옥정(玉井)' 두 글자가 새겨져 있으며, 뒤에는 기효람(기윤)이 스스로 지은 명(銘)이 다음과 같이 있었다. '파로(坡老, 소동파)의 글은 옥샘의 물방울이 어마어마하게 많은 것과 같다. 나는 내 우물을 준설하나니, 밭에 물 대기에는 족하다.〔坡老之文, 珠泉萬斛. 我浚我井, 灌畦亦足〕' 글이 매우 고아하여 좋다."[38] 더욱이 주의를 기울일 만한 것은, 조선인과의 교류에서 기윤은 여러 차례 그들이 주자학의 저작을 구입하는 데에 협조했다는 사실이다. 예를 들어 정조 23년(1799) 서형수(徐瀅修, 1749-1824)가 진하 겸 사은 부사로 연경에 들어

36_『奎章總目』 卷2, 『朝鮮時代書目叢刊』 第1冊, pp.170-171.

37_『朝鮮時代書目叢刊』 第8冊, p.4249. "是書首尾數萬言, 率爲漢學右袒, 以時方崇尊朱子, 故不敢顯攻, 而陰詆之不遺餘力. 此心術之病, 不但學問之差而已也."

38_『燕行紀』 권2, 林基中 編, 『燕行錄全集』 제51책, 동국대학교출판부, 2001, pp.194-195. "書問紀尚書昀, 兼致黃鼠筆三十支, 油墨煤十笏, 彩箋三十葉. 紀答以端硯一方, 墨竹一軸. 硯首刻玉井二字, 背刻曉嵐自撰銘曰 : '坡老之文, 珠泉萬斛. 我浚我井, 灌畦亦足.' 詞氣古雅可喜." 이 연명은 기씨의 문집에 기재되어 있다. 그렇지만 『閱微草堂硯譜』에는 보이지 않는다. 기씨가 拓印譜를 편찬할 때 이 벼루는 이미 서호수에게 주었으므로 편입되지 않았다.

가서는 기윤에게 주자학서를 대신 구매해 달라고 부탁한 적이 있었는데, 1년여 후 이기헌(李基憲)이 동지 겸 진주사 서장관으로 북경에 들어가서, 그의 『연행일기』의 임술(1802) 정월 7일 부분에 다음과 같이 기재했다. "기상서(紀尚書)가 『주자어류』 한 질을 부사에게 보내서, 서형수에게 전달해 달라고 했다. 서형수가 한 해 전 왕명을 받들어 여기에 와서 주서정본(朱書正本)을 구입했으나, 대부분 얻지 못했는데, 이것이 그중 하나라고 한다."[39] 서형수가 책 구입을 완수하지 못한 원인에 대해서는, 유득공(柳得恭, 1748-1807)의 『연대재유록(燕臺再遊錄)』에 기재된 그와 기윤의 담화에서 설명을 얻을 수 있을 것이다.

> 내가 말했다. 주자서를 구매하러 왔는데, 대략 『어류(語類)』·『유편(類篇)』 등의 권질입니다. 이 외에 『독서기』가 『사고전서간명서목』에 실려 있는데, 이런 것을 볼 수 있습니까? 기효람(기윤)이 말했다. 이는 모두 통행하는 책이지만, 요즘의 풍조는 『이아』·『설문』 등의 일파를 추구합니다. 따라서 말씀하신 책은 끝내 방간(坊間, 거리)에 없을 것입니다. 오래전 그대 쪽 부사를 위해 사방으로 사람들에게 구입해 달라고 부탁해서, 대략 해결을 보았습니다. …… 이런 여러 책은 대부분 남쪽에 있기때문에 구하기가 쉽지 않습니다. 부탁을 받은 사람 또한 급한 물건이 아니라 느긋하게 찾아도 된다고 생각하므로, 하다 하다 보니 어느새 지금까지 왔습니다. 이전 것은 이미 표시해서 친구들을 재촉했습니다. 대체로 있는 것은 반드시 있습니다만, 한 번에 바로 응답할 수 없었을 뿐입니다.[40]

기윤 본인이 주자 및 그 학설에 대해 아무 편견이 없었던 데다가, 매우

39_"紀尚書送『朱子語類』一帙於副使, 使傳徐台瀅修, 蓋徐台年前奉命來此購朱書正本, 而多未得者, 此其一也云."

40_『燕行錄全集』 제60책, pp.265-266. "余曰 : 生爲購朱子書而來, 大約『語類』『類編』等帙, 外此如『讀書記』載在『簡明書目』, 此來可見否? 曉嵐曰 : 此皆通行之書, 而邇來風氣趨『爾雅』『說文』一派, 此等書遂爲坊間所無. 久爲貴副使四處託人購之, 略有着落矣. …… 此數書多在南方, 故求之不易. 受託之人又以爲不急之物, 可以緩求, 故悠忽遂至今也. 前者已標以催諸友, 大抵有則必有, 但不能一呼立應耳."

열심히 조선인의 주자서 구매를 도운 사실을 이것으로 입증할 수 있다. 주자 학설이 관방의 사상이 되고 『사서』가 과거 시험용 책이 된 이후로는 주자학이 속학으로 되어, 조악하게 만들고 엉터리로 제조한 수많은 책들이 거리의 서점을 채우게 되었으므로, 기윤이 경시하게 된 것도 어쩌면 당연하다. 그렇지만 조선은 역대로 정주성리학을 중시했으므로, 유득공 같은 북학파 사람들도 이와 같이 주장을 한 것이다.[41] 청대 고거학풍이 동쪽으로 전하는 것은 10년을 더 있다가 김정희가 연경에 들어갔을 때(1809년)로, 이때에야 비로소 조선에서 고거학풍이 큰 빛을 뿜게 되었다.[42]

『사서』 외에도 '예류(禮類)' 책이 많다. 『규장총목』에 10종이 저록되어 있고, 『내각방서록』에 24종이 저록되어 있으며, 『집경당포쇄서목』에 15종이 저록되어 있다. 경부(經部) 서적 중에서 수량상 두드러진 지위를 차지한다. 이뿐만 아니다. 조선인의 예학 관련 저작들도 또한 충분히 사람들의 주목을 끈다.

일제 강점 시기(1915년) 조선총독부가 편찬한 『조선도서해제』에 근거하면 경부 저작은 역류 16종, 서류 6종, 시류 3종, 예류 35종, 춘추류 7종, 사서류 17종으로, 예류가 수위를 차지한다.

이는 결코 조선인 경학 저술의 전모가 아니지만, 예류 책이 특히 많다는 것은 이미 결정적이다.[43] '예류'에서는 주자의 『가례』가 매우 중시되었다. 신식(申湜) 『가례언해(家禮諺解)』 3권, 조호익(曺好益) 『가례고증(家禮考證)』 7권, 유계(兪棨) 『가례원류(家禮源流)』 14권, 유계(兪棨)

41_柳得恭, 『燕臺再遊錄』, 『燕行錄全集』 제60책, p.270. "이번 행차는 주자서를 구매하기 위해서인데, 책방에서도 선본을 보지 못해, 기윤이 일찍이 강남에서 찾았다고 했지만, 또한 얻은 것이 없었다. 기윤공이 말한 '요새의 학풍은 『이아』, 『설문』 일파를 추구한다.'는 것은 시류를 가리키는 것으로 보인다. 그렇지만 실제로는 한학과 송학, 고고학과 강학가의 표목은 반드시 효람이 이야기한 것과 다르지만은 않다. 『간명서목』에서 논의하고 판단한 것을 보면 알 수 있다. 남장의 여러 학자가 열심히 연구하는 것은 육서이고, 존숭하는 학자는 정강성(정현)으로, 서로 통유니 통인이니 칭찬하면서 정주(程朱)의 책은 연구하지 않은 것이 아마도 오래 되었다. 중국의 학술이 이와 같으니 한탄할 만하다."

42_藤塚鄰, 『淸朝文化東傳の硏究-嘉慶 · 道光學壇と李朝の金阮堂-』, 國書刊行會, 1975.

43_『한국경학자료집성』 이외에 경성대학교한국학연구소편 『한국예학총서』 122책 보유 16책에 1550년부터 1936년까지 400년 간 조선 예학 저작 176종이 수록되어 있다.

『가례원류속록(家禮源流續錄)』 2권, 이의조(李宜朝) 『가례증해(家禮增解)』 14권, 김종후(金鍾厚) 『가례집고(家禮集考)』 8권 등이 있다. 『규장총목』에도 주자의 『의례경전통해(儀禮經傳通解)』정숙(正續)을 앞에 두었고(가장 앞선 것은 『가례』이다), 또한 구준(邱濬) 『가례절의(家禮儀節)』가 있다. 이것은 조선 조정의 경향을 대표한다. 조선시대에 주자의 『가례』를 중시한 사실은 동아시아 지역에서는 달리 비류가 없다. 노인(魯認, 1566-1622)은 선조 30년(1957년) 포로가 되어 일본에 도착했다가, 중국 복건 차관(福建差官)의 종자 진병산(陳屏山) 등의 도움을 받아 탈출하여 이후 복건을 거쳐 북경에 이르렀다. 만력 황제는 사람을 보내 호송하여 조선으로 돌려보냈다. 그는 지나온 경력과 감상을 일기로 기록했으니, 그것이 바로 『금계일기(錦溪日記)』이다. 그중 그가 복건에 있을 때 중국 수재와 아래와 같은 대화를 나눈 사실을 기록한 것이 있다.

> 여러 수재가 말했다. "귀국의 풍교(風教)와 예제에 대해 듣고자 합니다." 공이 말했다. "풍교는 기자의 8정(八政)의 가르침에만 의거하고, 예제는 주회암(주자)의 『가례』를 오로지 존숭하고 있습니다." …… 제생들이 서로 돌아보다가 비로소 믿으면서 말했다. "귀국이 문헌의 다라임을 천하가 알고 있습니다. 그렇지만 법도를 지키고 예의를 아는 것이 이처럼 철저한 줄 어찌 생각이 나 했겠습니까? 회암의 『가례』는 양자강 이남에서는 쓰고 있습니다만, 아직 중국에서 두루 통행하지는 않습니다. 귀국이 이런 것은 아마도 기자의 남은 가르침 때문인 듯합니다."[44]

비록 16세기의 기사이지만, 실제로 이런 민간의 의례는 20세기 이전 조선에서는 근본적으로 변화가 없었다. 사대부 자제의 독서도 또한 '예류'를 매우 중시했다. 『홍씨독서록』은 홍석주가 자신의 동생에게 독서를 지도하기 위한 목적으로 작성한 서목인데, 그 속에 역류 16종, 서류 8

44_「院堂升薦」, 『錦溪集』 권3, 한국문집총간 제71책, 1991, pp.208-209. "諸秀才曰 : 願聞貴國風教及禮制. 公曰 : 風教只依箕聖八政之教, 而禮制一遵晦庵『家禮』. …… 諸生相顧始信曰 : 貴國文獻, 天下所知, 然守法知禮, 豈意此極. 晦庵『家禮』, 大江以南則用之, 而猶未偏行於中國. 貴國如是, 殆箕子之遺教也."

종, 시류 7종, 예류 24종, 춘추류 20종, 사서류 14종, 효경류 4종, 소학류 11종, 악류 4종이 저록되어 있다. 중국에서 사서오경을 중시하는 것과 비교하여, "본조(조선)에서 관리를 뽑을 때에는 『예기』와 『춘추』를 쓰지 않습니다. 따라서 '사서삼경' 또는 '칠서'라 합니다."[45]라고 했다. 예(禮)를 읽는 것은 과거를 위해서가 아니고 일상생활에서 예의를 반드시 준수하기 위해서였다. 『홍씨독서록』의 '예류'에서는 또한 3종의 조선인 저작을 다음과 같이 추천했다. 신의경(申義慶)의 『상례비요(喪禮備要)』는 "200년 사이에 위로는 사대부에서 아래로는 일반 가정까지 집마다 한 권씩 두고서 그것을 금과옥조로 받들었다." 사계(沙溪) 김장생(金長生)의 『의례문해(疑禮問解)』는 "이 책이 수록한 것은 모두 가정에서 일상적으로 행하는 예로, 의심이 있으면 절중(折中)한 것이다." 박성원(朴聖源)의 『예의류집(禮疑類輯)』은 "수록한 것이 모두 동방의 여러 선생의 설이다. 우리나라는 본시 예의로 일컬어지는 바, 선비와 군자가 평소에 서로 강의할 때 대략 이것을 가장 급선무로 삼았다."[46] 또 송준길(宋浚吉, 1606-1672)의 『가장서적부(家藏書籍簿)』를 참조하면, 그 '가인질(家印帙)' 속에 『예기』·『의례경전통해속(儀禮經傳通解續)』·『의례도(儀禮圖)』·『의례상복도식(儀禮喪服圖式)』·『연평답문(延平答問)』·『가례(家禮)』·『가례고증(家禮考證)』·『가례집람(家禮集覽)』·『가례언해(家禮諺解)』·『상례비요(喪禮備要)』·『상제문답(喪祭問答)』·『의례문해(疑禮問解)』·『오복연혁도(五服沿革圖)』·『오선생예설(五先生禮說)』 등 관련 서적이 있다.[47] 이덕무(李德懋, 1741-1793)는 규장각 검서관을 담당했는데, 그는 정조 2년(1778) 북경에 가서 유리창의 서점에서 '우리나라에는 드물게 있거나 결코 없는 서적들'[48]에 대한 서목을 초

45_『朝鮮時代書目叢刊』 第8冊, pp.4209-4210. "本朝取士不用『禮記』·『春秋』, 故謂之四書三經, 亦謂之七書."

46_『朝鮮時代書目叢刊』 第8冊, pp.4192-4193. "所載皆東方諸先生之說, 蓋我朝素以禮義稱, 士君子平居相講, 率以是爲先務也."

47_손계영, 「동춘당 후손가 가전 『가장서적부(家藏書籍簿)』의 작성 시기에 대한 고찰」, 『書誌學硏究』 제68집, 2007년 12월, pp.193-225.

48_『入燕記』下, 『靑莊館全書』 권67, 한국문집총간 제259책, 경인문화사, 2000, p.220. "我國之稀有及絶無者."

록했다. 그중 '예류'에 속하는 것은 겨우 『의례절약(儀禮節略)』 한 종류뿐이었다. 이 또한 규장각이 구매해 둔 중국 '예류' 서적이 많았음을 거꾸로 증명해 준다. 왕실 서적과 민간 장서를 대조해 보면, 동방예의지국의 한 정신적 측면을 체현하고 있음을 알 수 있다.

5. 나가며

앞에서 조선 시대 왕실 서목을 위주로 하여 규장각에서 소장했던 경부 문헌의 목록과 판본 및 내용에 대해 분석을 했다. 요약을 하면 다음과 같다.

(1) 규장각 학사는 서적 저록의 형식으로 "학술을 변별하여 밝혀냈고, 원류를 따졌다."[49] 더욱이 귀한 점은 서적 저록에서 '호기창신(好奇務新)' 학풍을 비판한 것이다. 학술의 진보는 창신에서 얻어 낼 수 있기에, '기이한 것을 좋아하고 새로운 것에 힘씀'은 원동력 중 하나가 아니라 할 수는 없다. 그렇지만 만약 판단이 결여되어 한결같이 새로운 것에 힘쓰고 옛것을 버리며 기이한 것을 좋아하고 바른 것을 미워한다면 오히려 학술의 좀벌레가 될 것이다. 매증량(梅曾亮)은 조선인 김매순(金邁淳)의 이야기에 호응하면서 이렇게 말한 적이 있다. "이단이 발생하는 것은 내 마음의 시비 판단이 없어지는 것에서 비롯됩니다. 그런데 학자가 번잡한 훈고의 사이에서 구차하게 날마다 종사한다면 의리에 소루하게 되어 옳고 그름이 없어지는 지경에 이르지 않는 법이 없습니다. 대산(臺山, 김매순) 씨가 우려하다니, 정말로 이런 사람이 있군요! 이런 사람이 있군요!"[50] 진례(陳澧) 또한 말했다. "이민족의 학술이 중국에 들어

49_章學誠, 「校讎通義敘」, 『章氏遺書』 卷10, 章學誠遺書, 文物出版社, 1985, p.95. "校讎의 뜻은 유향 부자가 책을 분류한 것에서 시작하여, 학술을 구별하여 밝혀내고, 원류를 따져살피는 것으로, 학술의 정밀하고 세세한 사항과 여러 말의 득실의 까닭에 대해서 깊이 밝은 사람이 아니라면 여기에 참여할 수 없다.〔校讎之義, 蓋自劉向父子部次條別, 將以辨章學術, 考鏡源流, 非深明於道術精微, 群言得失之故者, 不足與此〕"

50_「臺山氏論日本訓傳書後」, 『栢梘山房文集』 권6, 『栢梘山房文集』, 上海古籍出版社, 2005, pp.128-129. "異端之生, 自失吾心之是非始, 而學者苟日從事於瑣瑣訓詁之間, 未有不疏於義理而馴至於無是非者. 臺山氏之憂, 有人矣哉! 有人矣哉!"

올 수 있었던 것은 중국이 학문을 강구하지 않았기 때문이다. 만약 사람마다 학문을 강구한다면 저것이 어떻게 들어올 수 있었겠는가!"[51] 시대적 편견과 상투어를 제거한다면, 이런 견해는, 자신의 식견을 끌어올려 독서 중에 사고하고 사고 중에 독서를 한다면[52] 갖가지 '신이(新異)'의 면전에서 판단력을 잃지 않고 갖가지 '신이' 속에서 자극과 양분을 얻을 수 있다는 점을 표명하고 있다. 한학과 송학의 대치와 취사에서 조선 학인은 '의리'를 강조하여, 청조 한학가가 '고거(考據)'를 편벽되이 기호한 것에 대해 치우친 논평을 했다. 진례(陳澧)는 동치(同治) 10년(1871)의 『자술(自述)』에서 이렇게 말했다. "『후한서』를 읽으면 한나라 유자의 학문을 배우고 마땅히 한나라 유자의 행동을 배워야 한다고 생각한다. 주자의 책을 읽으면 우리 왕조(청나라)의 고거학은 주자에게서 나온 것이므로 주자를 매도할 수 없다고 생각한다. …… 한나라 유자는 의리에 대해 이야기를 많이 했으므로, 송나라 유자와 다를 것이 없다. 송나라 유자가 한나라 유자를 경멸한 것은 잘못이다. 요새 유학자가 한나라 유자를 존숭하면서 의리를 강론하지 않는 것 또한 잘못이다."[53] 공평함을 견지한 말이라 할 수 있다. 백 년 이래 동아시아의 학술은 서양 학술의 영향과 도전에 직면해 있는데, 바로 이 말에서 유익한 계시를 얻을 수 있을 것이다.

(2) 조선 왕실이 소장한 화본 서적은 그 판본이 혹 중국과 다르기도 하므로, 금후의 문헌 정리 작업에서 상호 교감에 주의해야 한다. 만약 그것이 중국에 없는 판본이라면 영인하여 학술 연구의 진작에 편리하도록 해야 할 것이다. 『서고장서록』의 '남(南)'에 대한 석의는 본문에서 가설을 하나 제시했으므로, 진전된 토론이 있기를 희망한다.

(3) '예학'에 대한 중시는 조선 경학의 큰 특색이다. 조선 왕실은 예학 서류를 구입하는 데에 주의를 기울였고, 조선 시대의 학자는 예학을 천

51_「東塾讀書論學札記」, 黃國聲 主編, 『陳澧集』 第2冊, 上海古籍出版社, 2008, p.357. "凡夷狄之學得入中國, 皆因中國不講學故. 若人人講學, 彼豈得入哉!"

52_陳澧의 유고에 「學思自記」와 「學思錄序目」이 있어, 그 명칭을 보면 이 사실을 알 수 있다.

53_『東塾讀書記』 卷首, 『東澧集』 第2冊, pp.10-11. "讀『後漢書』, 以爲學漢儒之學, 尤當學漢儒之行. 讀朱子書, 以爲國朝考據之學源出朱子, 不可反詆朱子. …… 漢儒善言義理, 無異於宋儒. 宋儒輕蔑漢儒者, 非也. 近儒尊漢儒而不講義理, 亦非也."

발하는 저작에 마음을 썼으며, 조선 민간의 수장(收藏)도 이런 서적의 사적 인쇄를 중시했다.[54] 미국 인류학자 로버트 레드필드(Robert Redfield)는 1956년 출판의 『농민사회와 문화』(Peasant Society and Culture)에서, 한 사회에는 대전통(great tradition)과 소전통(little tradition)이 있어, 전자는 사회 엘리트가 끼고 있고 후자는 평민 대중이 일용하는데, 둘은 비슷하기도 하고 다르기도 하다는 점을 제기했다. 레드필드는 역사-인문학자와 인류학 학자가 두 문화를 연구해 나갈 책임을 공동으로 지고 있다고 하면서, "문명의 전체 내용은 '사상을 행동과 상징으로 나타낸 것이다.' 문명이 복잡한 까닭은 그 속에 많은 층차와 많은 구성 부분을 포함하고 있기 때문이다."[55]라고 말했다. 대전통(엘리트 문화)〔아문화(雅文化)〕이 사회에 대한 영향력을 형성할 수 있기 위해서는 반드시 소전통(대중문화)〔속문화〕 속으로 스며들어가면서, 의식화(儀式化)의 방식으로 후자 속에 정립되어야만 한다. 둘 사이에 상호 작용과 변화가 끊임없이 발생하지만 분명히 후자가 상대적으로 더욱 안정적이다. 따라서 "종교적 교의의 발전과 성숙은 길고 오랜 시기를 거쳐야 하지만, 그것이 세간에 발을 딱 붙이고자 한다면, 그것은 반드시 저 촌민에게서 자신의 최후 귀착점을 찾아야만 한다."[56]라고 말할 수 있다. 한문화권에서 유가의 기본 이념은 각종 의식을 통해 민간에서 보존 · 성장 · 발전했다. 곧 '행동과 상징으로 표현'되었다. 아문화와 속문화의 소통은 바로 조선 학자가 엮은 『상례비요』와 『의례문해』 등의 책을 민간과 개인이 소장하여 이런 종류의 책을 중시한 사실에 잘 나타나 있다. 이 사실은 아문화와 속문화의 소통이라는 문제에 대해 계속하여 깊이 탐구할 만한 실마리를 제공한다.

2015년 10월 2일 백일연재(百一硯齋)에서 원고를 마치다.

54_조선 시대 목록학에는 특히 책판 목록이 많은데, 이는 큰 특색이다. 그 기능 중 하나는 수요자의 인쇄 수장에 편리하다는 것이다. 洪翰周의 『智水拈筆』 권1에 다음과 같은 말이 있다. "우리나라는 국초부터 또한 각판인쇄가 이루어졌다. …… 서울 밖의 선비와 백성들 중 글자나 가까스로 변별할 줄 아는 사람들까지도 걸핏하면 인쇄하여 집에서 보관했다.〔我國自國初亦行鋟梓, …… 京外朝士吏民之粗卞魚魯者, 動輒印出而家蓄之〕"(아세아문화사, 1984, p.7)

55_『農民社會與文化』 第3障 「全社會圍繞着'傳統'而做的組織工作」, 王瑩 譯, 中國社會科學出版社, 2013. p.114.

56_『農民社會與文化』 제3장, p.114.

제4부 서적의 환류

서적 환류와 동아시아 시학: 『청비록』을 예로 삼아

1. 서언

지난 세기의 80년대 이래 구미 서적사 연구 영역에서 사람들은 점차 "서적사는 중요한 신(新)학과이자 사회사와 문화사의 방법으로 인류가 어떻게 소통하고 교류했는지를 연구하는"[1] 학문이며, "인간의 상상과 관념이 어떻게 인쇄물을 통해서 전파하며 독서가 어떻게 인간의 사상과 행위에 영향을 주는지"[2] 연구하는 학문이라는 것을 보편적으로 인식하게 되었다. 근 30년 내 구미 서적사 연구는 이미 완전히 순물질 · 순기술의 관념을 벗어나서 사회사 · 문화사의 방법을 채용하여 서적이 인류 소통과 문화 전이에 끼친 영향을 탐구하고자 시도하고 있다. 서큘레이션(circulation)이란 말을 사용하지는 않았지만 관심을 둔 것은 바로 이 글에서 말하는 서적 '환류(環流)'에 상응하는 것이다.

동아시아 서적사의 연구는 종래 한적의 동전(東傳) 혹은 회류(回流)에 집중되었지, 환류에 착안하는 일이 드물었다.[3] 동전이든 회류이든 그 고

1_羅伯特 · 達恩頓(Robert Darnton)「書籍史話」,『拉莫萊特之吻：有關文化史的思考』(*Kiss of Lamourette: Reflections in Cultural History*), 蕭知緯 譯, 華東師範大學出版社, 2011, p.85.

2_「書籍史話」,『拉莫萊特之吻：有關文化史的思考』, p.85.

3_집중적인 논술로는 王勇 主編의 『書籍之路與文化交流』를 예로 들 수 있다. 이 책은 2006년 杭州에서 거행된 '書籍之路與文化交流' 국제연토회 논문들을 정선하여 일정한 대표성을 지닌다. 『書籍之路與文化交流』, 上海辭書出版社, 2009. 최근 출판된 王勇 主編, 『東亞座標中的書籍之路研究』(中國書籍出版社, 2013)의 제2편은 '典籍環流'라고 이름 붙였으나, 사

찰의 경로는 일방적이었다. 이에 비해 환류라는 시각에 들어오는 것은 구불구불 얽혀 있으면서 다차원에 걸친 유동이며, 게다가 그 유동은 중단되는 법이 없었다. 동전이나 회류의 시각에 의한 연구는 서적 전파의 '표상'을 획득하고자 한다. 하지만, 환류의 시각에 의한 연구는 서적 전파 및 독서의 이후에 생성된 '심상(心象)'을 탐색하는 데 중점을 둔다. 2010년 거행된 「인쇄출판과 지식환류 — 16세기 이후의 동아시아」 국제회의는 주제에 이미 참신한 의미가 담겨 있었고, 발표 논문도 구체적 문제의 토론에서 새 견해가 간혹 많았다. 단 실제 성과는 여전히 일방적인 것에 그쳐,[4] 문헌 · 역사 · 이론 · 방법에서 환류 연구의 요청에 도달한 것은 드물었다. 서적 환류의 핵심 문제는 독서에 있다. 서적 내용은 독서와 오독을 통해서 영향이 발생하기 때문이다. 따라서 내가 이해하는 서적 환류란 것은 서적 자체가 전파되는 다방향의 순환, 서적 내용의 독서 · 수용 및 반응의 상호 작용, 이로써 촉발된 관념과 문화적 입장의 변화를 포함한다.

문학사 연구에서 사용하는 환류라는 말은 유협(劉勰, 약467-약522)에게서 시작되었다. 유협의 『문심조룡(文心雕龍)』 「시서(時序)」에 이런 말이 있다 "울연히 십 대에 빛나면서, 문학의 수사는 온갖 모습으로 바뀌었으니, 돌쩌귀가 운동하는 바에 따라, 무한히 순환하여 지치지 않았다."[5] 유협은 종래의 십 대 문학의 역사(요 · 순 · 하 · 은 · 주 · 한 · 위 · 진 · 송 · 제)가 혹은 기려(綺麗)하거나 혹은 질박하여 변화가 다단했던 사실을 파악하고, 그 중심이 시대 풍기에 있어, 문학은 시대에 따라 변화하여 그치지 않고 무궁하다는 사실을 지적했다. '환류'라는 말은 『갈관자(鶡冠子)』에 가장 먼저 나타난다. 그 책 제5편은 '환류'라는 제목인데, 편 끝에 "품물은 극에 달하면 되돌아가나니, 환류라고 명명한다.〔物極則反, 命曰環流〕"라고 했다. 육전(陸佃)의 주는 "주류하기를 고리처럼 한다는 뜻이다.〔言其周流如環〕"라 하고, 장지순(張之純)의 주는 "빙빙 돌

실을 따져 보면 주로 단선적인 전파를 논했다.

4_關西大學文化交涉學敎育硏究中心 · 出版博物館編, 『印刷出版與知識環流 : 十六世紀以後的東亞』, 上海人民出版社, 2011.

5_范文瀾, 『文心雕龍注』 卷9, 下冊, 人民文學出版社, 1958, p.675. "蔚映十代, 辭采九變. 樞中所動, 環流無倦."

아서 무궁하므로 환류라고 한다."[6]라고 했다. 순환하여 유전하는 상태가 무궁하게 왕복함을 가리킨다. 그런데 문학사에서 '환류하여 지치지 않는' 변화는 서적의 환류와 어떠한 관계가 있는가? 이론부터 실증까지 아직 충분하지가 않다.

『청비록(淸脾錄)』은 조선 시대 이덕무(李德懋)가 저술한 시화 저작인데, 여러 지역에 여러 판본이 전한다. 이것은 저 장학성(章學誠, 1738-1801)이 "명가(名家)의 학일 수 없다."[7]라고 기롱한 시화류의 저술이다. 여러 판본이 세상에 전한다는 사실은 순전히 문헌사의 방면에서 고려한다면 놀랄 만한 것이 없으나, 서적 환류의 시각에서 살피고 문학사 연구와 결합한다면 그것은 풍부한 의미를 지닐 수 있다. 이 논문은 『청비록』을 예로 삼아, 위의 물음에 답하고자 시도한다. 기본적인 방법은 다음 두 가지에 입각해 있다. 하나는 서적의 환류이다. 이것은 서적사의 범주에 속한다. 하나는 시학의 변천이다. 이것은 문학사의 범주에 속한다. 서적의 환류에서 시학의 변천을 탐구한다면 이 둘을 결합할 수 있다.

2. 『청비록』의 동서유전(東西流傳)

『청비록』은 시화라고 명명하지는 않았으나 사실상 시화 저작이다. 작자 자신만이 아니라 친구나 후인도 모두 그렇게 인식했다. 시화의 저술은 장학성의 말에 따르면 "남이 능력껏 다 쓴 붓을 끼고, 자기 뜻대로 하고 싶은 말을 저술하는"[8] 것이다. 장학성은 자못 경시하고 폄하했지만, 물론 일률적으로 논할 수는 없다. 이덕무의 경우에는 그 저술 태도가 상당히 진지하여, 이 책도 이에 따라 학술계에서 중시되어 왔다.[9]

6_黃懷信, 『鶡冠子匯校集注』 卷上, 中華書局, 2004, p.89. "循環不窮, 故曰環流."

7_『文史通義』 內篇 「詩話」, 葉瑛, 『文史通義校注』, 上冊, 中華書局, 1985, p.560. "不能名家之學."

8_『文史通義校注』, p.560. "挾人盡所能之筆, 著惟意所欲之言."

9_『청비록』의 연구와 관련하여 중국과 한국의 성과는 매우 많다. 한국의 경우만 해도 20여 편에 달한다. 본문에서는 상세한 것은 줄이고 소략한 것은 상세히 했는데, 종지가 달리 있기 때문이다.

현존 『청비록』의 판각본은 이조원(李調元, 1734-1802)의 『속함해(續函海)』 수록본이 유일하다. 권수에 이덕무 친구 이서구(李書九, 1754-1825)가 무술년(1778) 봄에 쓴 서문이 있어, "『청비록』 4권을 또한 근일 엮었다."라고 언급했다. 일본 동양문고 소장 『청장관전서』에 사본 『청비록』 2권이 들어 있는데 권목(卷目) 아래에 '단좌헌필(端坐軒筆)' 네 글자가 있다. 이덕무가 정조 원년(1777) 겨울 이조원에게 보낸 서신에서, "제가 최근 호를 하나 얻어 단좌헌이라 했는데, 송나라 은일 두오랑(杜五郎)의 개결함을 가만히 흠모해서입니다."[10]라고 했으므로, 그 저술 시기는 정조 원년 겨울에서 정조 2년 사이인 듯하다.

사실 한 해 전, 유금(柳琴)이 부사 서호수(徐浩修)를 따라 북경에 갔을 때 이덕무 · 유득공 · 박제가 · 이서구 네 사람의 시를 『한객건연집(韓客巾衍集)』이라 하고, 이조원 · 반정균(潘庭筠)에게 평점을 부탁했다. 한 해 뒤 이덕무와 박제가가 수행원 신분으로 북경에 가면서 이서구와 유득공에게 『청비록』에 서문을 써 달라고 했다〔유득공 서는 『청장관전서』 수록 사본 『청비록』에 보인다. 단, 『속함해』본에는 '유득공혜풍교(柳得恭惠風較)'란 말이 있다〕. 이렇게 네 사람으로 하여금 각기 다른 방식으로 이 책을 통해 두 번 공동으로 출현하게 만들었다.

이서구 · 유득공의 서문 이외에 박지원의 서문이 있다. 이 서문은 망실되었지만 박지원의 『열하일기』 「피서록」에 "난설헌 허씨(허초희)의 시는 『열조시집(列朝詩集)』과 『명시종(明詩綜)』에 실려 있는데, 혹은 이름이라 쓰거나 혹은 호라 썼으되 모두 경번(景樊)으로 적었다. 내가 일찍이 「청비록서」를 쓸 때에 상세히 고증한 일이 있다. 무관(懋官, 이덕무의 자)이 연경에 있을 때에 그 서문을 한림 축덕린(祝德麟, 1742-1798)과 낭중 당낙우(唐樂宇, 1739-1791)와 사인(舍人) 반정균 등 세 사람이 돌려 가면서 읽고 모두 칭찬했다고 한다."[11]라고 했다. 박지원은 글을 쓸 때 중국인과 대화하여 와전된 사실을 정정하려고 시도하려는 바람을

10_『靑莊館全書』 권19, 한국문집총간 제257책, 경인문화사, 2000, p.268. "不佞近得一號, 曰'端坐軒', 竊慕宋之隱逸杜五郎之潔已."

11_『燕岩集』 권14, 한국문집총간 제252책, p.281. "蘭雪軒許氏詩載『列朝詩集』及『明詩綜』, 或名或號, 俱以景樊載錄. 余嘗著『淸脾錄序』詳辨之. 懋官之在燕, 以示祝翰林德麟 · 唐郎中樂宇 · 潘舍人庭筠, 三人者輪讀贊許云."

지니고 있었다. 그의 서문은 이덕무가 중국으로 가지고 가서 이미 축덕린 · 당낙우 · 반정균 세 사람이 '돌려 가면서 읽고 모두 칭찬한' 일이 있었으므로 부분적으로 그 목적을 달성한 셈이다. 애석하게도 이미 망실되었다.

『청비록』의 원고는 이서구의 산정을 거쳐 이덕무가 북경으로 가지고 갔다. 이때 이 책은 '서행(西行)'의 여정을 시작한 것이다. 이덕무는 연경에 들어가기 전, 이미 이조원과 여러 차례 서찰을 왕복했다. 청대 학술 및 문단 상황에 대해 관심을 가졌고, 또 "폐백을 가지고 하지 않고 문장으로 하고, 얼굴로 하지 않고 마음으로 한다."[12]라는 말로 교유의 정성을 이미 형용했으므로, 이덕무는 북경에 도착하자마자 상견하기를 대단히 갈망했다. 『입연기(入燕記)』의 기록에 따르면 5월 15일 연경에 이른 후 23일에 이정원(李鼎元, 1750-1815) · 반정균을 방문했다. 두 사람은 이웃에 거처했으며, 필담은 반정균의 집에서 이루어졌다. 이조원은 이때 이부 원외랑으로서 광동학정(廣東學政)이 되어 나가 있었으므로 면대할 수가 없었다. 24일, 당낙우를 유리창 곁 사천신회관(四川新會館)으로 방문했다. 당낙우는 이조원과 아주 어릴 적부터 친우였다. 28일 이정원을 다시 만나려고 했는데, 이정우가 축덕린의 집에 있었으므로 곧바로 축덕린의 집으로 갔다. 축덕린은 "정진방(程晉芳) · 이조원과 함께 울연히 예림의 중망이 있었다."[13] 이후 여러 번 모였으며, 비록 이조원은 만나볼 수 없었으나 곳곳에 그의 그림자가 있는 듯했다. 북경을 떠나게 되자 이덕무는 이조원에게 한 통의 서찰을 보냈다.

> 제가 가지고 온, 제가 지은 『청비록』은 모두 고금의 시화를 수록한 것이므로 꽤 신기한 것이 많습니다. 다만 손 가는 대로 붓 가는 대로 적은 것이어서 편차가 엉망이었는데, 이미 추루(秋庫)의 산정(刪訂)을 거쳤고 지당(芷塘)이 권 앞에 글을 썼습니다. 따라서 묵장(墨莊, 이정원)에게 부탁해서 멀리 선생에게 부치오니, 선생께서도 저를 위해 서문을 지으

12_『青莊館全書』 권19, 한국문집총간 제257책, p.267. "以文而不以幣, 以心而不以面."
13_『入燕記』下, 『青莊館全書』 권67, 한국문집총간 제259책, p.223 · 225. "與程晉芳 · 李調元鬱然有藝林之重望."

> 셔서 인편으로 조선으로 부쳐 주신다면 『청비록』이 영원히 썩지 않을 것입니다.[14]

서찰에서 "지당이 권의 앞에 글을 썼다."라는 것은 축덕린이 이 책에 서문을 지어 주었음을 밝힌 것이다. 이 서찰을 쓴 목적은 이조원에게도 이 책에 서문을 써 주기를 기대해서이다. 이조원이 『청비록』을 위해 서문을 써 주겠다는 뜻을 표명한 흔적은 없다. 하지만 이덕무의 기대를 넘어서 이조원은 그 책을 판각해서 『함해(函海)』에 넣어 주었다. 이것이 『청비록』의 중국 각본이요, 유일한 각본이다. 이 각본에 관련된 전설은 조선인의 입을 통해 전파되었지만 실물이 전하지는 않으므로 오늘날의 사람들에게 거의 알려지지 않게 되었다.

사람들은 『청비록』 각본을 말하면 왕왕 『속함해』본을 거론한다. 이 문제에 관해서 가장 자세하게 말한 사람은 이덕무의 손자 이규경(李圭景, 1788-?)이다. 그는 『시가점등(詩家點燈)』에서 '『청비록』 각본'을 거론하고, 『오주연문장전산고』의 「청비록 대소 각본 변증설」에서 다시 해설했다. 『시가점등』의 언급을 아래와 같이 소개하되, 조금 교정을 가한다.

> 우리 왕고 청장관공은 일찍이 관휴(貫休)〔오계(五季) 때 중〕의 시에 나오는 "천지의 맑은 기운, 모두 시인의 창자로 들어오네. 천 사람 만 사람 중에, 한두 사람만이 이것을 아네〔乾坤有淸氣, 散入詩人脾. 千人萬人中, 一人兩人知〕"라고 한 말을 인용하여 「청비록」2권을 지었다. 마치 시화와 같이 했다. 중국 촉나라 사람 우촌(雨邨) 이조원이 그것을 간행했었는데 처음에 새긴 대본(大本)은 불타 버리고 다시 새긴 소본으로 간행했다. 순조 기사년(1809) 우리나라로 들어왔으나 아는 사람이 없다. 이제 대강 변증하여 후손에게 전하려 한다. 상고하건대, 영재(泠齋) 유득공의 『열하기행시주(熱河紀行詩注)』에 다음과 같이 나온다. "묵장 이정원은

14_『靑莊館全書』 권19, 한국문집총간 제257책, p.269. "鄙人攜來自著『淸脾錄』, 皆古今詩話, 頗多異聞. 但其隨腕漫筆, 編次乖當, 已經秋庫刪訂, 芷塘弁卷. 因囑墨莊遙寄先生, 先生亦爲之序之, 因便東寄, 有足不朽."

사천 나강(羅江) 사람으로 우촌 조원의 종제이다. 묵장이 영재에게 '우촌 형이 『함해』 1부를 지어 간행했는데, 모두 1백 85종 20투입니다. 그 속에 양승암(楊昇菴, 楊愼)의 것이 40종이 있고 우촌의 것도 40종이 있습니다. 시화 3권은 이공(이덕무)의 「청비록」과 유군(유득공)의 좋은 시구입니다. 이제 막 간각했으나 사건으로 인해 파직되는 바람에, 판본도 사천으로 들어갔으므로 애석하게도 이곳에 그 책이 없습니다.' 라고 했다. 이렇게 우리나라 사람만 만나면 이야기했으므로 그 내용을 아는 사람이 많다."

우리나라 순조 신유년(1801) 창서(蒼墅) 서유직(徐有稷)이 사신을 따라 연경에 들어갔다가 『북유록(北游錄)』을 지었다. 거기에, 강서(江西) 신성 사람으로 서길사(庶吉士)인 수석(瘦石) 진용광(陳用光)과 필담을 나눈 것이 있다는데, 수석이 "선생은 『청비록』을 누가 지은 것인지 아십니까?" 창서가 "이는 우리나라의 아정(雅亭) 이 공이 지은 것입니다. 선생은 어째서 묻습니까?" 수석이 "나의 조카 희증(希曾)이 벼슬은 시독(侍讀)이고 호는 설향(雪香)인데, 지난 경신년(1800, 정조 28년) [『오주연문장전산고』에 따라 보충함 - 필자주] 사천에서 가져왔고 지금은 친구인 시랑 오숙경(吳淑卿)에게 빌려주었습니다." 창서가 "그 책이 베낀 것이었습니까, 인쇄한 것이었습니까?" 수석이 "파촉 사람 우촌 이조원이 인쇄했는데 모두 3권입니다." 하므로, 창서가 보자고 하니 "숙경이 멀리 나가서 지금 찾아올 수 없습니다."라고 거절했다.

순조 기사년(1809) 선군 은휘공(恩暉公)이 상사(上舍,진사) 현란(玄蘭) 김정희를 방문하니, 현란이 책상머리에 있는 두 책을 보이며 "이것은 바로 이 우촌(李雨邨)이 수집한 『속함해』인데 그대의 선군자 청장공(靑莊公)의 『청비록』이 그중에 들어 있소. 우리나라 사람의 저술을 중국 학사가 판각한 것은 참으로 보기 드문 일이므로 그대에게 가지고 가서 후세에 전하게 하려 하오." 했다. 가친께서 소배속에 가져와 나에게 주셨다. 중국 학사비들의 근실한 뜻도 감탄할 만하거니와, 구입해서 전해 준 현란의 의리는 더욱깊이 감사할 일이다. 판본은 수진본(袖珍本)이다.

가경(嘉慶, 청 인종의 연호) 신유년(1801, 순조 1년)에 중간했다. 제

> 1 함은 『환계시화(環溪詩話)』 1권, 『금덕운도설(金德運圖說)』 1권, 『소무구성악보(韶舞九成樂補)』 1권, 『청비록』 4권, 『타여신습(唾餘新拾)』 3권인데 모두 합하여 2권(책)이다. 서문은 강산(薑山) 이서구 공이 지었고 석모산인(席帽山人)이라 자칭했다. 교정을 못했으므로 잘못된 것이 많다. 집에 보관한 『전서』와 대조하여 교감해 보면 이 간행본은 매우 소략하다. 이는 우리 왕고께서 정묘(정조) 무술년(1778) 연경에 들어 가셨을 때 미처수정하지 못하고 대강 초록한 원고를 우촌에게 보였고 우촌이 그대로 간행했으므로 이같이 소략한 것이다. 그 후에 어떤 사람이 거짓으로 현란을 핑계하여 빌려 가서 돌려보내지 않아 마침내 유실되고 말았다. 경역 안에 있으리라 생각되지만, 한스러움을 이루다 말할 수 없다. 어느 때나 다시 연경 서점[원문은 蜀으로 잘못되어 있다.『오주연문장전산고』에 의거해 고친다 - 필자주]에서 구득하여 우리 후손에게 전해 주게 될까?[15]

뒤의 『오주연문장전산고』에서 이규경은 더욱 명확하게 "초각 대본은 불에 타고 중각 소본이 유행했다."라고 하고, 또 "대본의 간행은 이미 경자년(1780, 정조 4년) 이전의 일이었다. 그러므로 묵장이 경자년에 영

15_趙鍾業 編,『修正增補韓國詩話叢編』 제12책, 태학사, 1996, pp.61-62. "我王考青莊館公嘗取貫休詩'乾坤有清氣, 散入詩人脾. 千人萬人中. 一人兩人知'之語, 著『淸脾錄』二卷. 按柳泠齋得恭『熱河紀行詩注』: 李墨莊鼎元, 四川羅江人, 雨村調元從父弟也. 語泠齋云: '雨村兄撰刻『函海』一部, 凡一百八十五種, 二十套. 中有楊升庵四十種, 雨村亦四十種, 其『詩話』三卷 · 李公『淸脾錄』及柳君佳句收入. 甫刻就, 以事罷去. 板已入川, 惜此處無其本.' 即我輩逢人便說, 故知之者甚多云. 我純廟辛酉, 蒼墅徐公有稷入燕, 有『北遊錄』, 與陳瘦石用光庶起士筆談. 瘦石曰: '先生知『淸脾錄』誰所撰與?' 蒼墅曰: '此奬國李公雅亭某甫所著, 先生何以見問?' 瘦石曰: '家侄希曾侍讀號雪香, 前年庚申(此二字據『五洲衍文』本補)從四川攜回, 今借友人吳侍郞淑卿矣.' 蒼墅問: '寫本與? 刻本?' 答: '爲蜀人李調元所刻, 共三卷.' 蒼墅請見, 辭以淑卿遠出, 今未可索回云. 瘦石 · 雪香, 江西省新城縣人. 歲純廟己巳, 先君恩暉公訪金上舍正喜玄蘭, 玄蘭示案頭兩卷曰: '此即李雨村所輯『續函海』, 而先君子『淸脾錄』亦入其中. 東人著述爲華士所刻, 眞曠世希觀, 爲君攜傳.' 家親袖授不肖, 可歎華士勤意, 深感玄蘭購傳也. 版是袖珍, 嘉慶辛酉重梓. 第一函: 『環溪詩話』一卷. 『金德運圖說』一卷. 『韶舞九成樂補』一卷. 『淸脾錄』四卷. 『唾餘新拾』三卷. 合二卷. 序則薑山李公書九弁之, 而稱席帽山人云. 以未及讎校, 故多訛, 與家中『全書』合校, 則槧本簡甚. 此乃王考以正廟戊戌入燕時未暇修正本, 略抄之投示雨村, 雨村仍爲入刻, 故如是耳. 其後有人假稱玄蘭借去, 仍不還, 竟至遺佚. 想在域中, 恨不可言也. 何時更購于燕中書(原文誤作"蜀", 據『五洲衍文』本改)肆, 俾得復見傳我後昆也."

재(유득공)와 더불어 수작한 말이 그러했다. 대본이 불탄 것은 신유년(1801, 순조 1년) 이전의 일이었다. 그러므로 신유년에 두 번째로 간행하여 소본이 된 것이다. 창서의 북유는 순묘 신유년의 일이고 설향이 사천에 들어갔다가 돌아온 것은 경신년(1804, 정조 28년)의 일로, 이것은 바로 대본이다."[16]라고 했다. 이 두 글은 다음 정보를 알려 준다.

(a)『청비록』에는 두 각본이 있다. 대자 3권본은 곧『함해』본으로, 건륭 45년 경자(조선 정조 4년, 1780) 이전에 판각되고, 또 하나 수진(袖珍) 4권본은『속함해』본으로, 가경 6년 신유(조선 순조 원년, 1801)에 판각되었다.
(b)『청비록』의 조선 전입 시기는 가경 14년 기사(조선 순조 9년, 1809)이니, 즉 김정희(金正喜, 1786-1856)가 가지고 돌아간『속함해』본이다.
(c)『속함해』본과 집안 소장『청장관전서』본을 비교하면 전자가 간략한데, 원인은 초고본이기 때문이다.『청장관전서』본은 수정 · 증보된 것이다.
(d) 대자본이든 소자본이든 이규경 후손이 잘 보관하지 못했다. 소장된 것은 고작『청장관전서』의 사본이다. 따라서 "다시 연경 서점에서 구득하여 우리 후손에게 전해 주게 될까?"라고 말한 것이다.

이규경이 말한 대소 각본 중에서『속함해』소자본이 지금도 유행한다는 것은 의심의 여지없다. 단,『함해』대자본은 지금 전하지 않고, 중국 문헌에서도 기록이 없다. 따라서 역사상 이 본이 정말로 있었는지의 여부는 확인할 수가 없다. 이규경이 대자본 간각 시기를 적은 기록에도 문제가 있다. 유득공은 정조 4년(건륭 45년, 1780)이 아니라 정조 14년(건륭 55년, 1790)에 서호수를 따라 연경에 가서 이정원을 방문했을 때 이정원에게『함해』중에『청비록』을 판각해 수록했는지 친히 물었다. 만일 정말로 간각이 있었다면 그 시기는 건륭 55년 이전이 되어야 할 것이다. 이 밖에『열하기행시주』의 기사는 유득공『연대재유록』, 박제가 아들 편찬『호저집(縞紵集)』, 서호수『연행기』의 기사와 상호 참조할 만한데, 서로 차이가 없지 않아서, 절대 신복할 수도 없고 절대 부인할 수도

16_『五洲衍文長箋散稿』권21, 上冊, 동국문화사, 1959, pp.621-622.

없다. 그리고 서유직(徐有稷, 1770-?)의 『북유록』도 『청비록』의 한 텍스트를 기록했는데, 앞서의 인용문에 근거하면, 그가 연경에 유람한 시간은 순묘 신유년, 즉 가경 6년(조선 순조 원년, 1801)이다. 진용광이 『청비록』에 대해 언급한 것은 진희증(陳希曾)이 경신년(가경 5년) 사천(四川)에서 얻은 뒤로, 이때는 『속함해』가 아직 간각되지 않았으므로 가지고 돌아온 『청비록』은 논리상 『함해』 대자본이어야 한다. 그래서 이규경의 이야기에 대해 우리는 의심을 두지 않을 수 없다. 다만 역사의 진상이 어떠하든 간에 중요한 것은 조선인 이규경이 『청비록』을 『함해』와 『속함해』에 각각 판각되어 들어 있었다고 확신한 사실이다. 재차 강조하자면 이것은 잘못 전해진 것이다. 이것도 다른 사람들의 인식에 영향을 끼쳤다.

『청비록』은 조선 본토에서 사본이 전하고, 또 각본이 중국에서 전해져 들어왔으며, 게다가 이규경이 거듭 그것이 중국에 끼친 영향을 선전했다. 이로써 『청비록』은 엄연히 하나의 명저가 되어, 사람들에 의해 수집되고, 인용되고, 진장되었다. 여기서 몇몇 사료를 보고자 한다. 남공철(南公轍, 1760-1840)의 「이무관 덕무에게〔與李懋官德懋〕」에 이러하다.

> 오래 만나지 못하다가 홀연 대면하여 이야기를 나누게 되어 아주 위안이 되었습니다. …… 서너 날 후 원중(院中)에 갔는데, 아주 조용하여 공무가 거의 없습니다. 답장을 기다렸다가 왕림하심이 어떠한지요? 박중미(朴仲美, 박지원) 선생께서 족하가 오셨다는 말을 들으면 의당 모임에 오실 것입니다. 열하의 기이한 장관과 이상한 이야기를 더욱 얻어서 『청비』 책의 소재를 더욱 넓히는 것도 우아한 일이 될 것입니다.[17]

박중미는 박지원이다. 서신에서 "열하의 기이한 장관과 이상한 이야기를 더욱 얻어서"라고 말한 것은 박지원이 중국에 갔다가 돌아온 지 얼마 되지 않은 때이므로 응당 정조 5년(건륭 46년, 1781) 초일 것이다. 남

17_『金陵集』 권10, 한국문집총간 제272책, p.182. "久別矣, 忽承晤言, 至慰至慰. …… 計於數日持被院中, 頗靜閴少公事, 俟相報枉臨如何? 朴仲美先生聞足下來, 亦宜盍簪. 益得熱河奇觀異聞, 俾博『淸脾』一部, 亦一雅事也."

공철이 구해 보려고 한 『청비록』은 초본(필사본)이었을 것이다.

이언진(李彦瑱, 1740-1766)의 『송목관신여고(松穆館燼餘稿)』는 그의 몰후 90여 년에 손자 이진명(李鎭命)과 후손 이경민(李慶民)이, 원고가 불탄 이후 제본을 수집해서 활자로 간행한 것이다. 당시 조선 철종 11년(함풍 10년, 1860)이었다. 권수에 이용휴(李用休, 1708-1782)의 서, 박지원의 본전과 김조순(金祖淳, 1765-1832)의 본전이 있고, 『청비록』 1조를 실으면서 특별히 "이조원의 『함해』에서 나왔다."라고 주를 했다. 만일 『청비록』에 『함해』본이 있다면 이것은 그 방증이 되겠지만, 이때의 『함해』는 『속함해』의 약칭일 수 있다. 현존 『속함해』본과 비교하면 글자의 차이가 아주 크며, 『청장관전서』본과는 완전히 일치한다. 따라서 그 문자는 『청장관전서』본과 동일 계통에 속한다고 추정된다.

이상적(李尙迪, 1803-1865)의 『은송당집(恩誦堂集)』 속집 '문' 제2권에는 「이우상선생전(李虞裳先生傳)」이 실려 있는데, 이 문장은 아주 특별다. "사전(史傳) 집구(集句)의 예를 모방한다."라는 주석에 의하면 모든 구절이 다른 책에서 나온 것임을 알 수 있다. 그 가운데 『청비록』에서 나온 것이 가장 많다. 그 어구들을 따져 보면 『청장관전서』와 같으므로, 이것은 『속함해』본에서 초록한 것이 아님을 알 수 있다. 『은송당집』은 중국에서 간각되었는데, 원집은 대략 도광 28년(1848)에 초각되었고, 속집은 대략 동치 3년(1864) 판각되었다. 이 글은 속집에 수록되어 있으므로 도광 28년 이후 동치 3년 이전에 제작되었을 것이다.

『속함해』본 『청비록』은 늦어도 가경 14년에 이미 조선에 전해져서, 일반적인 조선 문인이든 이덕무의 후예이든 이 책이 『속함해』에 들어 있다는 사실을 높은 명예로 여겼다. 김정희는 이덕무의 아들에게 "해동의 저술이 중국 인사에 의해 판각된 것은 정말로 몇 세대 만에 나올까 말까 한 희귀한 일이다."라고 했다. 이규경도 그 아버지로부터 이야기를 들어서, '중국 인사들의 근실한 뜻'에 감탄하고, "현란(玄蘭)이 구득하여 전한 것에 깊이 감동했다." 단 이규경도 이 책을 진장하지 못했으므로, 심심한 유감의 뜻을 드러냈다.

『청비록』의 작자가 비록 이덕무이기는 하지만 이 책은 조선에서는 각본이 없었다. 박사호(朴思浩)는 순조 28년(도광 8년, 1828) 정사의 종사관으로 연경에 가서 오숭량(吳嵩梁)〔난설(蘭雪, 1766-1834)〕, 정태(丁泰)〔묘교(卯橋, 1724-1770)〕, 웅앙벽(熊昂碧)〔운객(雲客)〕과 대담할 때 『청비록』을 언급했다. 오난설(吳蘭雪)이 "『청비록』은 각본을 가져왔습니까?"라고 묻자, 박사호는 "서책은 가져오지 않았습니다."라고 했다. 박사호는 또 정태에게 "이아정(李雅亭)의 『청비록』을 보았습니까?"라고 하자, 정태는 "이 책은 사천 이조원이 일찍이 판각했습니다."라고 했다. 정태는 또 "박제가 시집은 이미 판각했습니까?" 묻자 박사호는 "우리나라에서는 판각하기 아주 어려워서 아직 판각하지 못했습니다."라고 했다. 웅앙벽이 묻기를 "동국에는 기인이 많다는 것은 전부터 깊이 알고 있습니다. 근래 박정유(朴貞蕤, 박제가)·유혜풍(柳惠風, 유득공) 두 선생도 우뚝하니 출중합니다. 전에 『패해(稗海)』(『函海』이어야 함 - 필자주)에 사가(四家)의 저술과 『청비록』이 들어 있었다고 하셨는데, 여행 상자 속에 한두 종 가져오셨는지요?"라고 하자, 박사호는 "유득공·박제가 두 분의 시문은 동국에서 중히 여깁니다. 『청비록』은 아정 이덕무의 저술입니다만, 가져오지 않았습니다."[18]라고 했다.

이덕무 자신이 북경에 갈 때 가지고 갔던 미정고 『청비록』을 제외하면, 이후 중국에서 전해 온 『청비록』 각본의 기록만 있고, 새로운 조선본이 중국에 전해 들어간 문헌 기록이 없다. 『청비록』이 조선에는 다만 고본과 초본만 있었으리라 생각된다. 위에 인용한 박사호의 말에 따르면 조선에서는 서적의 판각이 용이하지 않다고 했다. 이덕무가 세상을 떠난 후 정조는 특별히 돈을 주어 활자로 『아정유고』를 제작하여 올리라 해서, "7건을 진헌하고 집에 8건을 소장했고 여러 곳에 나누어 142건을 전해 주었다."[19] 그런데 『청비록』은 『아정유고』 안에 없었으므로, 간인(刊印)되지 못했다. 『청장관유서』본 『청비록』은 경오(1810년) 여름 전설사(典設司) 서원(書員) 홍계충(洪繼忠)이 초사(抄寫)한 것이다.

단 『청비록』의 유전은 중국과 조선 사이에 국한하지 않았다. 그것은 일본에도 전파되었다. 니시지마 조손(西島長孫, 1780-1852)의 『폐추시

18_『心田稿·蘭雪詩龕』, 『燕行録全集』 제86책, 동국대학교출판부, 2001, pp.53-54.
19_李光葵, 「先考積城縣監府君年譜下」, 『青莊館全書』 권71, 한국문집총간 제259책, p.332. "進獻七件, 家藏八件, 諸處分傳一百四十二件."

화부록(弊帚詩話附錄)』은 이 책을 인용하고 평론을 가했다. 니시지마의 자술에 근거하면, 『폐추시화부록』은 자기가 젊을 때인 20세 무렵의 작이라고 한다.[20] 이렇게 보면 『청비록』의 일본 전래는 관정(寬政) 12년(조선 정조 24년, 청나라 가경 5년, 1800) 전후인 셈이다. 그것이 무슨 판본이었고, 어떻게 전래되었는지, 자세히 고찰할 수는 없다. 단, 다음 둘 가운데 하나일 것이다. 하나는 조선에서 전래된 초본. 하지만 관정 12년 이전에 조선에서 전입된 『청비록』 초본일 가능성은 아주 희박하다. 그 인용 내용을 따져 보면 사실은 각본에 가깝고 초본과는 거리가 멀다. 따라서 이 가능성은 배제해야 한다. 다른 하나는 중국에서 전입된 각본. 즉 가경 6년〔일본 형화(享和, 교와) 원년, 1801〕 이조원이 『속함해』를 간각한 이후 머지않아 일본에 전입되어 니시지마 조손도 이에 따라 『청비록』을 읽었을 것이다. 당시 중국 서적이 일본에 전입되는 속도가 빠르고 빈도가 높았으므로, "판각하여 한 해도 되지 않아 극서에서 극동에 이르렀으니 정강이 없이도 달려간 듯한 셈이다."[21] 결코 한때의 한 서적만 이런 것이 아니었다. 당시의 조선인도, "우전(郵傳)이 얼마나 신속하고 선도(先睹, 선견)가 얼마나 경쾌한가! 근래 중국 서적은 판각자(간수)의 손에서 벗어나자마자 상선에 구름처럼 실려 수송된다."[22]라고 했다. 이런 배경에서 고찰하면, 『속함해』가 간각된 다음 해 일본에 전입되었다고 보는 것은 절대적으로 이치에 맞는다. 그렇기에 『청비록』은 전입되자마자, 니시지마 조손이 열람했다. 지금 일본 이송학사(二松學舍, 니쇼가크샤)대학 도서관에 니시지마 조손의 수초본(手抄本) 『우촌시화(雨村詩話)』가 있다. 불분권이지만 내용을 고찰하면 실은 16권본에서 나왔다. 이것은 니시지마 조손이 『속함해』에 접했다는 하나의 방증이다. 이 총서에서 『청비록』은 제3함에 들어 있으며, 16권본 『유촌시화』 및 『보유』는 제5 · 6함에 들어 있다.

20_「弊帚詩話附錄 · 跋」, 新日本古典文學大系本, 『日本詩史 · 五山堂詩話』, 岩波書店, 1991, p.575.

21_朝川善庵, 「淸嘉錄序」, 『樂我室遺稿』 卷2, 崇文叢書 第二輯之五十一, 崇文院, 1931, p.8. "刻成不一年, 自極西而及於極東, 所謂不脛而走."

22_李尙迪, 「讀〈蕙錄〉」, 『恩誦堂集』 續集 文 권2, 한국문집총간 제312책, p.242. "何其郵傳之速而先睹之快也! 近來中國書籍, 一脫梓手, 雲輸商舶."

또 일본 내각문고(內閣文庫)에 『청비록』이 소장되어 있는데, 권말에 두 개의 인장이 찍혀있다. 하나는 '창평판학문소(昌平阪學問所)'이고 하나는 '천보년(天保年)'이다. 내용과 판식을 고찰하면, 분명히 이것은 『속함해』본이다. 이를 보면, 일본 천보(天保, 텐포) 연간(1829-1843)에는 『속함해』가 전입되어 있었음을 알 수 있다. 『청비록』도 이에 따라 재차 전입되었을 것임이 분명하다.

이상 약술한 내용을 통해, 『청비록』이란 책이 60년 사이에 먼저 조선에서 중국에 전래되고, 그것이 간각을 거쳐 중국에 유행했으며, 그 초본이 조선에 전파되었음을 알 수 있었다. 그 후 각본이 조선 사절단의 구성원에 의해 구득되었고, 또 중국에서부터 일본에 전입되었다. 이로써 마침내 의미 있는 '동서유전(東西流傳)'〔이노우에 다다시(井上憲) 「당시절구주해서(唐詩絕句注解序)」의 말을 차용〕이 이루어졌던 것이다.

3. 동아시아적 시야와 병세 의식(並世意識)

『청비록』은 이덕무가 찬술한 시화 저작물이다. 시화에 대한 조선인의 인식은 이규경의 "시화란 시의 아류이자 작시의 모범이다."[23]라는 말로 개괄할 수가 있다. 중국인의 저술 관념에서는 시화에 대해 아주 경시하여, 심지어 "시화가 만들어지자 시가 망했다."라거나 "시화가 나날이 많아지자 시의 도가 쇠해졌다."라는 설이 있다.[24] 이 점에서 한반도나 일본은 중국과 다르다. 일본의 아메노모리 호슈(雨森芳洲, 1669-1755)의 『귤창다화(橘窗茶話)』 하권에는, "혹자가 말하길, 시를 배우는 사람은 시화를 많이 보아 익숙히 맛보고 깊이 생각하는 것이 옳다고 한다. 이는 고인이나 금인이나 모두 말하는 바이므로 자잘하게 더 말할 필요가 없다."[25]

23_『五洲衍文長箋散稿』 권35 '歷代詩話辨證說', 下冊, p.54. "詩話者, 詩之流亞而作詩之模楷也."

24_丁紹儀, 『聽秋聲館詞話』 卷15. "沈君秋卿嘗語余云：昔人言詩話作而詩亡, 蓋爲宋人詩話穿鑿辨論而發, 藉以攀援標榜者無有也. 今也不然. 非詡其己作, 即廣搜顯者之詩, 曲意貢諛, 冀通聲氣. 甚或不問佳惡, 但助刊資, 即爲採錄, 且以爲利矣. 故詩話日夥, 詩道日衰." 唐圭璋 編, 『詞話叢編』 第3冊, 中華書局, 1986, p.2763.

25_『日本隨筆大成』 第2期 第8冊, 吉川弘文館, 1974, p.421. "或曰：學詩者須要多看詩話,

라고 했다. 고금의 통설이므로 자세히 설명할 필요가 없다는 것이다. 아메노모리 호슈는 시학의 공부가 상당히 깊었다. 그는 일생 참을 수 없는 것이 네 가지 있는데, '시악(詩惡)'이 그 가운데 하나라고 했다.[26] 그러므로 그의 견해는 당시로서는 대표성을 지닌다. 이규경은 시화를 '시의 아류이자 작시의 모범'이라 보았으니, 대단히 존중하는 뜻을 표한 것이다. 그는 역대 중국 시화를 열거한 후에 동국의 대표적 시화를 서너 종 거론했다. 곧 서거정(徐居正, 1420-1488) 『동인시화(東人詩話)』, 홍백창(洪百昌, 1702-?)의 『대동시평(大東詩評)』, 권응인(權應仁, 1517-?)의 『송계만록(松溪漫錄)』, 차천로(車天輅, 1556-1615)의 『오산설림(五山說林)』, 이덕무의 『청비록』, 양경우(1568-?)의 『청계시화(靑溪詩話)』 등 6종(자기가 지은 『시가점등』도 덧붙여 제시했다)이다. 이들 시화 가운데 『청비록』은 분명히 다른 책에 없는 특수성을 지니고 있다.

요컨대, 『청비록』 책에 구비되어 있는 특수성은 '동아시아적 시야'와 '병세(幷世) 의식'이다. 지난날 한반도의 시화는 본국의 것을 전문적으로 논하면서, 혹 중국의 것을 아울러 논하기도 했다. 그런데 『청비록』의 논술범위는, 이서구의 「서」가 말하길, "위로는 위 · 진 이래 역대 명가의 시에 이르고, 밖으로는 신라 · 고려와 본조 여러분의 작, 그리고 규방 여성, 승려, 해외 이방이 전하는 바에 이르러," 전면적이라고 볼 수 있다. 이를테면 '일본난정집(日本蘭亭集)', '겸가당(蒹葭堂)', '왜시의 처음〔倭詩之始〕', '청령국시선(蜻蛉國詩選)' 등 여러 조항에서 일본 시를 논했고, '지봉 시가 먼 나라에 전파됨〔芝峰詩播遠國〕' 항은 안남 시를 다루었다. '유취설(柳醉雪)'과 '이우상(李虞裳)' 두 항은 또 조선 시인이 일본에 끼친 영향에 관계하고 있으며, '백로국(白露國)' 항은 심지어 유럽을 다루었다. 중국 시단을 논한 내용은 더욱 많다. 특히 주목해야 할 것은, 그 중심은 위 · 진 이하의 '역대'가 아니라 청대에 집중해 있다는 점이다. 따라서 그 시야는 동아시아 시단의 전체이며 중심은 병세의 당대(當代)에 있었다.

지적할 점은 동아시아적 시야와 병세 의식은 서로 무관한 것이 아니

熟味而深思可也. 此則古今人所說, 不必覼縷."

26_『橘窗茶話』 卷中, 同上注, p.382.

라 밀접하게 연계되어 있다는 사실이다. 그 속의 계기는 영조 40년 갑신〔건륭 29년, 일본 보력(寶曆, 호레키) 14년 메이와(明和) 원년, 1764〕 조선통신사의 일본 사행이다. 이 한 해가 지닌 동아시아 문학 사상의 의의에 대해서는 이미 「한문학사상 1764년」에서 고찰한 바 있다.[27] 일본으로 파견되는 조선통신사 가운데 제술관과 삼사 서기는 반드시 문채가 찬란하고 시문을 빨리 짓는 재주를 지닌 문사였고, 일본 측에서 명하여 응접하는 성원도 왕왕 본국을 대표하는 수준의 문학 인사였다. 창화 필담에 이미 학술과 문화의 교류가 내포되어 있어, 본국 한자 문화 수준을 펼쳐 보였고, 동시에 역량 겨루기의 '문전(文戰)'[28]이 은근히 포함되어 있기도 했다. 그래서 그들 사이의 상호 평가는 두 국가 사이의 상호 인식을 대표했다. 갑신년 조선통신사의 일본행은 그들로 하여금 일본 문명의 신속한 진보를 근거리에서 관찰할 수 있게 해 주었고, 이에 따라 시문에 대한 관심도 높아지게 만들었다. 또한 일본 문명의 신속한 진보의 근원이 끊임없이 청나라 서적이 강남에서부터 나가사키로 수입되는 사실에 있다는 것을 깊이 생각하게 하여, 이로써 청조 문화에 대한 편견을 바꾸게 만들었다. 이 기초 위에 동아시아적 시야와 병세 의식이 형성되었다. 성대중은 정사 서기, 원중거는 부사 서기였다. 전자는 이덕무의 오랜 친우인 데다가 한번은 가까이에 거주한 적이 있었고, 후자는 이덕무의 인척으로, 원씨의 아들이 이씨의 매서(妹壻)였다. 그들은 일본에서 귀국한 이후에 모두 이덕무와 교류했는데, 이덕무는 그들의 독자이자 청자로서 그들의 영향을 받았다. 그리고 그의 역할이 작자로 바뀔 때 이 영향은 그의 입장과 저술 관념에 변화를 가져왔다.

원중거가 일본에서 돌아온 후 저술한 가장 중요한 저작이 『화국지』〔『화국기』·『화국여지기(和國輿地記)』라고도 한다〕로, 이 책은 당시의 문단에서 큰 반향을 일으켰다. 이덕무 등이 일본 문학에 관심을 가져

27_『文學遺產』2008年 第1期 ; 『作爲方法的漢文化圈』, 中華書局, 2011 ; (早稲田大學)內山精也 譯, 堀川貴司 · 淺見洋二 編, 『蒼海に交わされる詩文』, 汲古書院, 2011.

28_荻生徂徠, 「與江若水」 第4書, 『徂徠集』 卷26, 『詩集日本漢詩』 第3卷, 汲古書院, 1987, p.269. "三韓獷悍, 見稱于隋史, 而不能與吾猿面王爭勝也. 後來乃欲以文勝之, 則輒拔八道之萃, 從聘使東來." '猿面王'은 豐臣秀吉를 가리킨다. 元重擧, 『和國志』 권1 '秀賊本末條. "秀吉本姓豐臣, 矯捷多力, 面如猿, 故國人謂之猿面王, 或稱猿王."

서 선본을 엮고 또 시화를 지은 것은 우연이 아니다. 현존하는 『화국지』와 『승사록』에는 "무관이 말하길"이라는 비주(批註)가 약간 있는데, 이는 이덕무가 그 책을 읽어 본 흔적이다. 유득공의 『고운당필기』 제4권 '왜어와 왜자' 항에, "현천옹은 본디 뜻을 돈독히 하여 학문을 쌓았는데, 계미통신 때 부사 서기로 일본에 들어갔다. …… 현천옹은 돌아와 『화국여지기』 3권과 『승사록』 3권을 지어 그 나라 풍속을 상세히 기록했다."[29]라고 했다. 원중거의 언론과 저술은 이덕무 등에게 일본을 이해하려는 동기를 촉발했고, 이덕무는 그것을 위해 창문 하나를 열어 두었으니, 『청비록』이란 책은 자연적으로 그 영향을 받았다. 제1권 '일본난정집(日本蘭亭集)' 항에서 이덕무는 "계미년에 원 현천이 일본에 들어가 미팔(彌八)〔용장개(瀧長愷)의 자(字)〕과 필담을 했다. 일찍이 박학하고 근후하며 풍의가 볼만하다고 일컬어졌다."[30]라고 적었다. 또 '겸가당' 항에서는 이렇게 말했다.

> 원 현천이 한 말이 정말로 옳도다! "일본에는 총명하고 영수(英秀)한 사람들이 많아 심간을 쏟아 진정을 토로하고 금회(襟懷)를 환하게 비추며, 시문과 필어(筆語, 필담)도 모두 귀히 여길 만하고 버릴 수 없다. 우리나라 사람들은 오랑캐라고 여겨 무시하고 언뜻 보고 나무라고 헐뜯기[31]를 좋아한다." 나는 이 말에 느낀 바가 있어서, 이국의 문자를 얻으면 애지중지 사랑하지 않는 적이 없어, 붕우 가운데 마음에 맞는 자를 얻는 듯이 하는 정도 이상이었다.[32]

시를 논하는 이외에, 원중거 등의 영향 하에 이덕무는 그의 시벗 이서

29_棲碧外史海外蒐佚本, 亞細亞文化社, 1986, p.377. 『乘槎錄』은 고려대학교 六堂文庫에 소장되어 있다. "玄川翁素篤志績學, 癸未通信以副使書記入日本. …… 翁歸著『和國輿地記』三卷及『乘槎錄』三卷, 詳載其國俗."

30_『青莊館全書』 권32, 한국문집총간 제258책, p.8. "癸未歲, 元玄川之入日本也, 與彌八筆談. 嘗稱博學謹厚, 風儀可觀云."

31_'每驟看而好訛毁'. 原本은'訛'로 되어 있으나'端坐軒筆'本(동양문고본)에 의해 고친다.

32_『青莊館全書』 권32, 한국문집총간 제258책, p.10. "善乎元玄川之言曰 : '日本之人, 故多聰明英秀, 傾倒心肝, 烱照襟懷. 詩文筆語, 皆可貴而不可棄也. 我國之人, 夷而忽之, 每驟看而好訛毁.' 余嘗有感於斯言, 而得異國之文字, 未嘗不拳拳愛之, 不啻如朋友之會心者焉."

구 · 유득공 · 박제가와 함께 일본 시선을 공동으로 편집했다. 즉 『일동시선(日東詩選)』〔『청령국시선』이라고도 했다〕이다. 유득공은 「일동시선서」에서 다음과 같이 말했다.

> 일본은 동해에 있으며 중국에서 만 리 떨어져 있고 우리와 아주 가깝다. …… 계미년, 전임 장흥고 봉사 현천 원중거가 이 선발(서기의 직 – 필자주)에 들었다. …… 귀국한 이후 강산거사(薑山居士, 이서구)는 『해항일기(海航日記)』에서 증별시 67수를 뽑아 『일동시선』이라 하고, 나에게 서문을 부탁했다. 그 시는 풍격이 높은 것은 삼당(三唐)을 모방했고, 낮은 것이라도 왕세정 · 이반룡을 걸터타고 날아서, 주리(侏儷)의 음을 씻어 버린 것이 아주 많다. 고찰하건대 일본이 처음 중국과 통교한 것은 후한 건무 연간이며 그 후 …… 곧바로 중국의 배척을 받아 절교하고 통하지 않았으므로 이에 따라 문물의 발전이 더뎠다. 각 나라의 시를 편차하는 사람이 일본의 시를 안남 · 점성(占城, 참파)의 아래에 두었으니, 끝내 떨치지 못했다. …… 삼대의 때에 나라가 작아서 상국에 통하지 못하고 대국에 붙어서 부용이라 했는데, 지금 이 집(集)이 넓게 멀리 유포되어 풍을 채집하는 이가 취하니, 우리 동국의 여러 군자들이 감히 사양할 수가 없다.[33]

유득공의 경우, 이 책을 편찬한 것은 별도의 의의가 있었다. 요컨대 중국인으로 하여금 일본의 시문 수준을 이해하게 하고자 한 것으로, 그것을 안남 · 점성(참파)의 아래에 두지 않게 하려는 것이었다. 그리고 춘추 때 소국이 대국에 부용하여 상국에 진헌한 예를 따라 이 작업을 조선인이 의리상 사양할 수 없는 책임으로 삼았다. 사실 국토의 면적으로 보면 일본이 한반도보다 크거늘, 조선의 15세기 이래 지도에서는 조선의 판

33_『泠齋集』 권7, 한국문집총간 제260책, pp.111–112. "日本在東海中, 去中國萬里, 最近於我. …… 歲癸未, 前任長興庫奉事元玄川重擧膺是選(案 : 指書記之職). …… 及其歸後, 薑山居士抄其『海航日記』中贈別詩六十七首, 名曰『日東詩選』, 屬予爲之序. 其詩高者模擬三唐, 下者翱翔王 · 李, 一洗侏儷之音, 有足多者. 按日本之始通中國, 在後漢建武中, 而後 …… 輒爲中國所擯, 絕不與通, 文物因之晼晚. 編次屬國詩者, 置之安南 · 占城之下, 訖不能自奮. …… 三代之時, 國小不能自達于上國者, 附於大國曰附庸, 今以此集流布廣遠, 爲采風者所取, 則我東諸君子之所不敢辭."

도가 일본보다 큰 것(때로는 대단히 훨씬 큰 것)을 왕왕 살필 수가 있다. 지도는 "의지의 산물이지, 지리 사실의 객관적 표현이 아니다."[34] 고려 사람들의 인지에서부터 '대'와 '소'는 객관 사실이 아니라 문화적 '고'와 '저'에 비례했다. 이규보의 「화이도에 제한 장단구〔題華夷圖長短句〕」는 이러하다.

> 만국의 삼라만상이 두어 폭 종이에 펼쳐져, 삼한은 모퉁이의 한 작은 덩어리 같네. 보는 자는 작다고 말하지 말라, 내 눈에는 상당히 크다고 하리라. 고금에 어진 인재 끊임없이 태어나, 중국에 견주어도 크게 부끄러울 것 없도다. 인재 있으면 나라요 없으면 나라가 아니니, 오랑캐는 땅만 컸지 초개 같을 뿐이다. 그대는 보지 못했는가, 중화인이 우리를 소중화라 말한 것을, 이 말은 진실로 채택할 만하여라.[35]

비록 지도에서 보면 '삼한은 모퉁이의 한 작은 덩어리 같으나', 작자가 보기에 이는 '대국'이다. 이유는 문화가 발달하고 인재가 많아, '중국에 견주어도 크게 부끄러울 것 없기' 때문이다. 거꾸로, 문화가 낙후하면 인재가 드물므로, 비록 판도가 훨씬 크더라도 '오랑캐는 땅만 컸지 초개 같을 뿐'이었다. 이덕무의 시대에 조선인들이 일본을 바라보는 관점은 한편으로는 일본 문명의 진보와 발전을 승인하면서도 다른 한편으로는 전체적으로 일본이 조선보다 낙후되어 있다는 것이었다. 그래서 원중거는 『화국지』 제1권 '일본과 우리나라의 대소 비교' 항에서 "우리나라에 조금 못 미치는 듯하다."[36]라고 결론지었다. 유득공 등이 일본을 소국에 견주고 스스로를 대국에 견주며 중국을 상국이라 칭한 것은 이런 심리에서 나온 것이다.

이덕무의 일본 관심은 성대중의 영향을 받았다. 그의 『이목구심서』는

34_唐曉峰, 「地圖中的權力 · 意志與秩序」, 『中國學術』 第4輯, 商務印書館, 2000, p.261. "意志的產物, 而不是對地理事物的'客觀'展現."

35_『東國李相國全集』 권17, 한국문집총간 제1책, p.469. "萬國森羅數幅牋, 三韓隈若一微塊. 觀者莫小之, 我眼謂差大. 今古才賢衮衮生, 較之中夏毋多愧. 有人曰國無則非, 胡戎雖大猶如芥. 君不見華人謂我小中華, 此語眞堪采."

36_『和國志』, p.30.

을유(1765)에서부터 정해(1767)까지 사이에 저술되었는데, 그 제4권에 다음과 같은 기록이 있다.

> 기 히로야스(木弘恭)[기무라 히로야스(木村弘恭), 세숙(世肅), 蒹葭堂]의 자는 세숙(世肅)인데, 일본 대판(오사카)의 장사치이다. …… 책도 1만여 권이나 구입했으며 한 해 동안 수천여 금을 쏟았다. …… 나니와강 가에 겸가당(蒹葭堂)을 세우고, 축상(竺常)·정왕(淨王)·합리(合離)·복상수(福尙修)·갈장(葛張)·강원봉(罡元鳳)·편유(片猷) 등의 무리와 겸가당에서 아집(雅集)을 가졌다. 갑신년 성대중 사집이 일본에 갔을 적에 세숙에게 아집도(雅集圖)를 청하니 세숙이 손수 그림을 그리고 여러 사람이 각각 시 한 수 씩을 화축에 썼다. 축상(竺常, 지쿠조)이 서문을 써 주었다.[37]

그리고 지쿠조(竺常, 1719-1801)의 서문을 다음과 같이 인용했다.

> 조선의 제공이 환국할 적에 용연 성공이 세숙에게 사람을 보내어 '겸가아집도'를 청하므로 세숙과 함께 모임을 갖는 시사(詩社)의 벗들이 각각 두루마리 끝에 쓰기를 '가지고 돌아가서 만 리 밖에 있는 우리들을 보듯 하여 주시오.' 라고 했다. 아, 성공의 마음도 이 겸가당에 몸을 두고 있는 우리들의 마음과 어찌 다르겠는가! 그렇다면 세숙의 교제가 한 고을 한 나라의 선비로부터 사해의 선비에까지 이른 것이 사실이다. …… 나의 문(文)은 그 도(道)가 아닌데도 성공이 세숙과 똑같이 보아 주었으니, 이역만리 밖의 인사와 교류하게 된 감동이 마음속에만 서려 있으면서 밖으로 드러나지 않는 일은 있을 수가 없다.[38]

"한 고을 한 나라의 선비로부터 사해의 선비에까지 이른 것" 운운은

37_『靑莊館全書』 권52, 한국문집총간 제258책, p.440. "木弘恭字世肅, 日本大阪賈人也, …… 購書三萬卷, 一歲所費數千余金. …… 構蒹葭堂于江濱, 與竺常 · 淨王 · 合離 · 福尙修 · 葛張 · 罡元鳳 · 片猷之徒作雅集於堂上. 甲申歲, 成大中士執之入日本也, 請世肅作『雅集圖』, 世肅手寫, 諸人皆以詩書軸, 竺常作序以予之."
38_『靑莊館全書』 권52, 한국문집총간 제258책, p.441.

분명히 『맹자』의 "한 고을의 훌륭한 선비라야 이에 한 고을의 훌륭한 선비를 벗으로 삼고, 한 나라의 훌륭한 선비라야 이에 한 나라의 훌륭한 선비를 벗으로 삼으며, 천하의 훌륭한 선비라야 이에 천하의 훌륭한 선비를 벗으로 삼는다."[39]라고 하는 뜻을 담고 있다. 곧 세숙과 성대중을 모두 '천하의 선비'라고 표창한 것이다. 그들은 동시대의 인물이면서도 국가의 경계를 초월했다. 그래서 이덕무 등이 일본 문단에 대해 깊은 관심을 가졌던 것은 성대중과 불가분의 연계가 있다. 유득공은 정조 20년(1796) 『병세집』을 엮어, 당대 중국 · 일본 · 안남 · 유구 등의 시가를 수록했으며, 그 가운데 일본 부분의 내원은 성대중이 가지고 돌아온 「겸가아집도」의 제시(題詩)를 포함한다.

분명히 『병세집』은 '병세 의식'을 집중적으로 체현한 선본이다. 그 서문에서 유득공은 "시를 말하면서 중국에서 구하지 않는 것은 농어를 생각하면서 송강으로 가지 않는 것이나, 금귤을 필요로 하면서 동정호에 배를 띄우지 않는 것과 같아, 그렇게 하는 것이 옳은지를 모르겠다. …… 시를 말하면서 중국에서 구하지 않는 것이 어찌 가하겠는가?"[40]라고 했다. 이런 관념은 개인적인 것이 아니라, 이덕무 등 문학 집단의 공통 인식이었다. 이덕무는 『한죽당섭필(寒竹堂涉筆)』에서 이렇게 지적했다.

> 아조에 이르러서는 인문이 차츰 열려서 때때로 영특한 인재들이 있었다. 그리하여 비록 중국 태학에 입학하는 법규는 없었지만 해마다 육로로 문사들이 그때마다 들어갔다. 하지만 마음속으로 기뻐하여 애쓰는 정성이 없었기에, 정말로 꿈속처럼 흐리멍덩한 가운데 참으로 백치가 되어 아무런 소득도 없이 빈손으로 돌아왔다. 이것은 도리어 신라의 부지런하고 성실한 것만도 못했다. 무릇 우리나라의 문교가 중국에 비교할 때 매양 계수(計數)가 퇴보되어 1백 년 뒤를 헤아려 비로소 조금 진척이 있다. 그래서 우리나라에서 처음으로 좋아하는 것은 바로 중국에

39_『孟子』「萬章下」, 朱熹, 『四書章句集注』, 中華書局, 1983, p.324. "一鄕之善士, 斯友一鄕之善士, 一國之善士, 斯友一國之善士, 天下之善士, 斯友天下之善士."

40_『燕行錄全集』 제60권, pp.50-52. "言詩而不求諸中國, 是猶思鱸魚而不之松江, 須金橘而不泛洞庭, 未知其可也. …… 言詩而不求諸中國, 惡乎可哉?"

서 쇠퇴하고 오래되어서 싫어하는 것이다.[41]

이런 현상을 바꾸기 위해서는 중국 문학을 '마음으로 좋아해야' 하지, '되놈'이라고 개괄하면서 멸시해서는 안 된다. 그러므로 『청비록』은 동국 문인을 평론할 때 왕왕 중원 문헌에 익숙한지 어떤지를 표준으로 삼았다. 이를테면 제1권 '윤월정(尹月汀)' 조에 이러하다. "중국은 문헌의 연수(淵藪)이다. 외국에 태어나서 중국을 깊이 좋아하지 않고는 아무리 호걸 문장이라 자칭해도 끝내는 고루한 견문에 그칠 따름이다."[42] 또 제4권 '농암과 삼연이 중국을 흠모하다' 조에서는 이러하다. "청음 선생(김상헌) 이후로 1백 40,50년 동안 김씨의 문헌이 우리나라의 으뜸이 된 것은 대대로 중국을 좋아하고 견문을 넓힌 데서 연유했다고 하지 않을 수 없다. 그 유풍과 여운이 오늘까지 없어지지 않고 있다.[43] 또 제4권 '혜환' 조에는 어러하다. "상사 이용휴(李用休)의 호는 혜환거사이다. 그는 시를 지음에 있어 중국의 품격을 따르기에 힘쓰고, 압록강 동쪽의 우리나라의 말을 짓는 것을 수치로 여겼다."[44] 이런 '병세 의식'은 한 고장 한 나라에서 사해 천하로 확대하여 나아간다. 따라서 이덕무 등의 '병세 의식'은 동아시아적 시야와 긴밀하게 결합해 있다.

박제가에게 「왕어양이 세모에 남을 그리워하여 지은 60수를 장난스레 모방한다〔戲仿王漁洋歲暮懷人六十首〕」가 있다. 회인시는 몇몇 사람들의 손에서 왕왕 논시시(論詩詩)와 같은 기능을 했다. 심약(沈約)의 경우에 이미 이러했고, 청나라 때 이르러 더욱 일반화되었다.[45] 박제가의 회인시는 실질을 말하면 논시시이다. 제1수가 자술의 의미를 띠고 있는 것을 제외하면, 그 이하에서는 이덕무 등 조선 시인 46명, 이조원 등 중국 시인 8명, 용장개(瀧長愷, 다키 초가이, 1709-1773) 등 일본 시인 5명을 논하여, 분명히 병세 의식을 결합시켰다. 이것은 북학파 문인 집단의 공통 인식이었다고 말할 수 있다.

41_『靑莊館全書』 권68, 한국문집총간 제259책, p.245.
42_『靑莊館全書』 권32, 한국문집총간 제258책, pp.11-12.
43_『靑莊館全書』 권35, 한국문집총간 제258책, p.53.
44_『靑莊館全書』 권35, 한국문집총간 제258책, p.66.
45_張伯偉, 『中國古代文學批評方法硏究』, 中華書局, 2002, p.389.

조선인이 일본 문명이 신속하게 진보하는 원인을 돌이켜 생각하여 얻어 낸 공통 인식은, 일본이 나가사키에서 청조 신학술과 문학을 끊임없이 수입하고, 청인(당대 중국인)과 교류하고자 노력해서, 선진 문명의 훈도로 일본도 오랑캐풍을 벗어던지고 문아(文雅)에 진입했다는 점이었다. 이덕무의 『청령국지』 '예문' 조에서는 "근자에 강남의 서적이 나가사키에 폭주하여 집집마다 책을 읽고 사람마다 붓을 잡아 오랑캐 풍속이 점차 변했다"[46]라 했고, 유득공의 『고운당필기』 제5권 '우리 서적이 왜에 전해졌다' 조에서는 "왜인은 지혜의 구멍이 나날이 열려 옛날의 왜가 더 이상 아니다. 대개 나가사키에서 바다 배가 강남의 서적을 운수해 오기 때문이다."[47]라고 했다. 만일 일본이 '오랑캐 풍속으로부터 성학(聖學)으로 변화한 것'[48]이 청대 문장과 학술을 대량으로 흡수한 때문이라고 한다면, 그렇다면 조선은 여전히 '소화'라고 자부할 수 있으며 청을 '이적'으로 볼 수가 있을까? 명나라가 망한 이래 품어 온 화이관을 고집할 필요가 있는가? 이덕무는 과거 조선인이 일본 사람을 대하던 태도가 '믿을 것도 없으면서 스스로 자만한 것'이고, 마찬가지로 청조 사람을 대하는 태도도 '믿을 것도 없으면서 스스로 자부하는 것'이어서, 양자는 사실 서로 닮았다고 반성했다. 그는 조연구(趙衍龜)에게 보낸 서신에서, "동국인은 믿을 것도 없으면서 스스로 자부하여 걸핏하면 중국에 사람이 없다고 한다. 어찌 눈동자가 그렇게 콩알만 하단 말인가?"[49]라고 하고, 또 "세속의 소견은 믿을 것도 없으면서 스스로 자부하는 데서 연유한다. 망령되이 대론을 내어서 마침내 자기를 속이고 남도 속이는 데에 이르게 된다."[50]라고 했다. 『청비록』 제2권에서 그는 특히 유금(柳琴)이 중국에서 돌아오며 교제를 맺은 영평부(지금 하북) 이미(李美)〔자 純之〕의 시를 거론해서, "그는 변방의 한 학구에 불과하지만 그의 시가 이와 같다. 중원의 문기(文氣)와 풍아(風雅)가 풍속을 이루었음을 알 만하

46_『青莊館全書』 권64, 한국문집총간 제259책, p.162.

47_『雪岫外史』外二種, 棲碧外史海外蒐佚本, 아세아문화사, 1986, p.125.

48_李德懋, 「盎葉記」 5'日本文獻', 『青莊館全書』 권58, 한국문집총간 제259책, p.39.

49_『青莊館全書』 권19, 한국문집총간 제257책, p.257. "東國人無挾自恃, 動必曰'中國無人', 何其眼孔之如豆也?"

50_『青莊館全書』 권19, p.258. "世俗所見, 只坐無挾自恃, 妄生大論, 終歸自欺欺人之地."

다."[51]라고 했다. 이런 견해는 결코 이덕무 한 사람의 것은 아니다. 다만, 그가 당시에 지녔던 영향력을 두고 말하면 그의 이야기가 일으킨 작용은 상당히 컸으며, 그 의론은 상당히 대표성을 지니고 있다고 할 수 있다. 이 몇몇 의론들은 뒷날 홍석주(洪奭周, 1774-1842) · 서유소(徐有素, 1775-?) 등의 관찰이나 감상에서 매우 큰 호응을 얻게 된다. 병세 의식에서 파생되어 나와 중국을 학습하려는 의식도 더욱 보편적으로 되고 더욱 사람들의 마음에 깊이 파고들게 되었다.

4. 『청비록』의 독서와 반향

프랑스 연감학파 대가 루시앙 페브르(Lucien Febvre)와 앙리 장 마르탱(Henri-Jean Martin)은 1950년대 『인쇄서적의 탄생』(L'Apparition du lirve)을 저술하여, 서방 서적사 연구에 참신한 국면을 출현시켰다. 작자들은 "인쇄 서적으로 대표되는 현상이 어떻게, 왜, 단지 기술상의 교묘한 발명의 승리가 아니라, 한 걸음 더 나아가 서방 문명의 가장 유력한 추동력이 되어, 많은 대표적 사상가가 각지에 살포한 이념을 한곳에 모았는가."[52]를 정리하려고 시도했다. 이에 따라 기술 · 물질 · 고거가 중심이었던 서적사 연구가 차츰 사회 · 경제 · 학술 · 문화의 다방면으로 확대되어 전파 · 교류사의 중요한 국면을 이루었다. 본 글의 처음에 인용한 로버트 단턴의 말은 구미 학계에서 이루어지는 서적사 연구의 최신 인식을 대표한다. 그리고 그들이 최종적으로 달성하고자 하는 연구 목적은 "독서가 어떻게 인간의 사유에 영향을 끼치는가", "인쇄가 어떻게 인간의 세계 인식을 소조(塑造)했는가"[53] 하는 커다란 문제에 답변하고자 한다. 로버트 단턴이 구상하는 '보편성을 지닌 연구 모형'은 작자 · 출판상 · 인쇄상 · 운수상 · 서적상을 거쳐 독자에 이르기까지, 그리고 작자

51_『靑莊館全書』 권33, 한국문집총간 제258책, p.33. "此不過邊裔之一學究, 其詩如此, 中原之文雅成俗, 可知也."

52_費夫賀, 『作者序』, 李鴻志 譯, 臺灣貓頭鷹出版社, 2005, p.19.

53_達恩頓, 「書籍史話」, 『拉莫萊特之吻』, pp.111-112.

자신이 독자이기도 하고 그도 독서를 통해서 글을 지어 나가는, 이것들이 이루어 내는 서클이다. 이 일련의 계통 속에서 독자의 독서가 가장 중요한 관절이다. "만일 우리가 사람들이 어떻게 독서하는가 하는 것을 밝힐 수 있다면 우리는 그들이 어떻게 세계를 이해하는지 알 수가 있다."[54] 라고 했다. 이에 상응하여, "독서는 서적 전파 과정 중 가장 어려운 연구 과제이다."[55] 위에서 말한 모형을 중국 서적사 연구에서 확고하게 정착시키기는 어렵다.[56] 한 학자가 지적했듯이 확실히 "중국과 유럽 및 서방의 모형 사이에는 근본적인 차이가 있는 듯하여, 적어도 19세기에 이르기까지는 대개 이와 같았다."[57] 하지만 이 모형이 계발하는 의의가 깊다는 점(이를테면 독서의 강조가 그러하다)은 매우 중요하다.

출발이 늦었기에 중국 서적사에서 독서에 관한 연구는 이룩한 성과가 대단히 제한적이다. 우리(虞莉)의 박사 논문 『중화제국 만기 열독사(中華帝國晩期閱讀史), 1000-1800』는 대표적 성과이다.[58] 이 작자는 그 제5장에서 조선 시대 사람의 독서에 대해 언급했는데, 주 자료는 홍대용의 『담헌연기(湛軒燕記)』, 김창업(金昌業, 1658-1721)의 『노가재연행일기』, 박지원의 『열하일기』이다. 이탈리아 학자 미켈라 부소티(Michela Bussotti)는 『중국서적사 및 독서사 개론 — 휘주(徽州)의 예』에서 이 논문에 대해 비평하여, "현재까지 1000년부터 1800년까지 사이의 중국의 독서 상황을 체계적으로 소개한 유일한 연구"이되, 다만 "결론에서 사람들을 놀라게 할 만한 곳이 조금도 없다."[59]라고 했다. 이 비판은 조금 매서운 편이지만, 연구 현황이 사람들을 만족시킬 수 없다는 사실은 잘

54_達恩頓, 「閱讀史初探」, 『拉莫萊特之吻』, p.161.

55_達恩頓, 「書籍史話」, 『拉莫萊特之吻』, p.98.

56_이를테면 周紹明(Joseph p.McDermott)은 『書籍的社會史 : 中華帝國晩期的書籍與士人文化』 제4장에서 달튼을 포함한 두 종류의 서적 유통 모형이 중국 서적사 연구에서 가지는 '엄중한 하자'를 비판했다. 何朝暉 譯, 北京大學出版社, 2009. 또한 趙益 교수는 「從文獻史·書籍史到文獻文化史」(『남경대학학보』 2013년 제3기 수록)에서 두 폐단을 명쾌하게 분석했으므로 참고할 만하다.

57_巴比耶(Frédéric Barbier), 「前言」, 韓琦·米蓋拉 編, 『中國和歐洲—印刷術與書籍史』, 商務印書館, 2008, p.3.

58_Li Yu, *A History of Reading in Late Imperial China, 1000-1800*, The Ohio University, 2003.

59_『中國和歐洲—印刷術與書籍史』, p.59.

알 수 있다. 단턴은 지적하길, "본질적으로 서적사의 연구는 범위상 국제간에 걸쳐야 하고 방법상 여러 학과에 걸쳐야 한다."[60]라고 했다. 이 견해를 나는 충분히 인정한다. 이 글에서 논한 것은 바로 그 범위와 방법에 관해서였다. 나는 한 가지 연구를 통해서 서적사와 문학사의 결합점을 찾아내고자 했다. 즉, 독서라는 하나의 열쇠를 통해서 동아시아 한자 문화 발전의 풍부성과 복잡성을 이해하고자 했다.

전통 동아시아 세계의 독서에서 가장 보편적이고 가장 중요한 것은 한문의 해독이었다. 뉴질랜드의 스티븐 로저 피셔(Steven Roger Fischer)는 『독서의 역사』에서 "한어는 동아시아의 라틴어로서, 전체 문화에 계발을 준 정도가 라틴어가 서방에 끼친 영향보다 훨씬 더했다."[61]라고 했다. 영국 사학가 피터 버크(Peter Burke)의 서술에 따르면, 고전 시대 이후 근대 초기 유럽은 광대한 지역에서 학자들이 "모두 라틴어를 사용해서 통신을 했는데, 이 사실은 그들로 하여금 일종의 귀속감을 낳아, 자기가 이른바 문인공화국(Respublica Litterarum) 혹은 지식공화국(Commenwealth of Learning)의 국제 공동체에 속해 있다고 인식했다."[62] 한문을 매개와 도구로 사용하여 동아시아에서는 지식과 문화의 오랜 공동체 혹은 이른바 문예공화국이 형성되었다.[63] 이 공동체 혹은 공화국은 민주 사회의 국회를 닮아서, 그 가운데는 같은 것 속에 차이가 있어서, 갖가지 목소리들이 충돌했다. 『청비록』의 독서와 반향은 바로 그 한 예이다.

어떤 의미에서 보면 『청비록』은 중국인에게 조선인의 시학 성취와 식견을 펼쳐 보이기 위해 편찬된 것이다. 이 층위의 의미는 이덕무가 북경을 떠나기 전에 이조원에게 준 서찰에 아주 명백히 드러나 있다. 이덕무

60_『書籍史話』, 『拉莫萊特之吻』, p.112.

61_『閱讀的歷史』(*A History of Reading*) 第3章 '閱讀的世界', 李瑞林 等譯, 商務印書館, 2009, p.93.

62_彼得 · 伯克, 『語言的文化史 : 近代早期歐洲的語言和共同體』(*Languages and Communities in Early Modern Europe*)』, 李霄翔 · 李魯 · 楊豫 譯, 北京大學出版社, 2007, p.74.

63_高橋博巳(Takahashi Hiromi), 『東アジアの文芸共和國—通信使 · 北學派 · 蒹葭堂』, 新典社, 2009. 이 책에서 부족한 점은, 첫째 중국을 빠트리고 주로 조선과 일본을 논술했다는 점, 둘째, 선택한 것이 일종의 목소리이지 '공화국'이 내포하는 풍부함과 복잡함을 충분히 체현하지 못했다는 점이다.

는 북경에서 반정균에게 이 책의 산정을 청하고 축덕린에서 서문을 청했으며, 또 특별히 이조원에게 서문을 내려 주길 간곡히 청하면서, "인편을 이용해 동쪽으로 부쳐 주신다면 제 책을 불후하게 할 수 있을 것입니다."[64]라고 했다. 그런데 이조원은 『청비록』을 판각해서 총서에 넣어 주었으므로 이덕무로서는 뜻밖의 기쁨이었으며, 그의 마음에 가장 들었을 것이다.

조선인의 저술을 중국에서 널리 전파하려는 것, 이것이 이조원이 한 순간도 잊지 않은 일이었다. 유득공이 이에 앞서 반정균에게 보낸 서찰을 보면, 한편으로는 "바라는 바는 고인을 배워 중국을 흠모할 따름입니다."라고 했고, 다른 한편으로는 『사고전서』에 대해 문의할 때 "천하의 서적을 이미 망라했다고 하니 조선 · 안남 · 일본 · 유구의 서적 등 해외의 서적도 역시 수록했습니까?"라고 했으며, 또 "조선의 서적 가운데 『고려사』 · 『동의보감』 등 이외에 중국에서 조판이 된 것은 또 몇 종이 있습니까?"[65]라고 했다. 그리고 반정균에게 조선의 이이(李珥, 1536-1584)의 『성학집요』를 "개판하여 널리 전파함으로써 유학을 빛내길"[66] 건의했다. 이조원에게 부친 서찰에서도 그는 같은 바람을 드러냈다. "『오악총서(五岳叢書)』는 천하의 장관일 터인데, 눈으로 직접 볼 수가 없습니다. 아아, 아아! 그 범례와 서목을 보내 주신다면 고맙겠습니다. …… 역외를 비루하다 여기지 않으시고 저희들이 저술한 서너 종도 수록을 허락해 주신다면 뒤에 잘 베껴서 올리겠습니다."[67]라고 했다. 아마도 이조원의 『오악총서』는 편찬되지 못했겠지만, 그가 엮고 있던 총서에서 그는 이덕무의 바람을 만족시켜, 『청비록』을 판각해서 수록했다.

물론 이조원 각본과 『청장관전서』본 『청비록』은 상당히 다르다. 현존

64_『靑莊館全書』 권19, 한국문집총간 제257책, p.269. "因便東寄, 有足不朽."

65_『靑莊館全書』 권19, pp.262-263. "所大願, 乃學古人慕中國而已." 다른 한편으로, 『사고전서』에 대해 물을 때 "旣包羅天下之書, 則海外之書如朝鮮 · 安南 · 日本 · 琉球之書, 亦爲收入耶?"라고 했으며, 또 "朝鮮之書, 開雕於中國者, 如『高麗史』 · 『東醫寶鑑』等書以外, 復有幾種耶?"라고 했다.

66_『靑莊館全書』 권19, p.265. "開雕廣布, 以光儒學."

67_『靑莊館全書』 권19, p.269. "『五岳叢書』, 天下壯觀, 而有眼難見. 嗟哉嗟哉!願詳示其凡例及書目, 至祝. …… 若不鄙域外, 而不佞輩所著諸種, 亦可許入, 則後當繕寫以上耳."

『속함해』본은 모두 130칙인데, 『청장관전서』본은 177칙이며, 자구에도 차이가 아주 많다.[68] 가장 중요한 차이는 반정균 및 이조원과 관련된 조목에 집중되어 있다. 이 차이에 대해 이규경의 해석은, "수교(讐校)를 미처 하지 못했으므로 오류가 많다. 집안의 『청장관전서』와 합교(合校)하면 판각하기가 아주 간단하다."라고 했다. 이규경은 각본이 이덕무의 수정을 거치지 않은 초고본이라서, 뒷날 개정된 『청장관전서』본과는 다르다고 보았다. 이 판단은 이덕무의 손자에게서 나온 것이기는 하지만, 결론이 너무 성글다. 중국 각본은 결코 초고본을 그대로 따라서 간각한 것이 아니다. 어떤 수요에 따라 산개된 것이다.

『청비록』의 산개에 관해 이덕무 본인이 조금 밝힌 바 있다. 한 번은 이서구가 산개했다. 이서구의 서문에 "내가 이 책을 산정했다."라고 명확히 밝혔다. 또 한 번은 반정균이 산개했다. 이덕무가 이조원에게 보낸 서찰에서 이 책이 "이미 추루(秋庫)의 산정을 거쳤다"라고 했다. 반정균의 산정은 자기와 관련 있는 조목에 집중되었다. 이를테면 『청장관전서』본 제3권에 '반추루(潘秋庫)' 조가 있으나 『속함해』본에는 이 조항이 없다. 육비(陸飛)〔소음(筱飲)〕· 엄성(嚴誠)〔철교(鐵橋)〕· 반정균은 홍대용 · 김재행과 북경에서 교제한 항주 출신 세 선비이다. 유득공은 일찍이 세 사람의 작품을 초록하여 『건연외집(巾衍外集)』으로 엮고, 『청비록』에서 세 사람의 일생 사적과 작품에 대해 논술했다. 하지만, 반정균은 사람됨이 신중하여 '신하 된 사람은 외교를 하지 않는다.'[69]라는 준칙을 엄격히 지켜서 『청비록』에서 자기와 관련된 조항을 전부 삭제했다. 그리고 '육소음(陸筱飲)'과 '엄철교(嚴鐵橋)' 두 조도 마찬가지로 상당히 삭제하고 덜어 냈다. 또 이덕무가 알 수 없었던 부분이 이조원과 관련된 조항에 집중되어 있다. 이를테면 제4권 '원자재(袁子才)'조는 이조원 평어를 인용하여 "천하에 그를 아는 사람이든 알지 못하는 사람이든 모두 그를 칭송했다. 나의 『우촌시화(雨村詩話)』에서 그 사실을 자세히

68_鄭健行은 두 판본을 對校했다. 鄭健行 點校, 『乾淨衕筆談 · 淸脾錄』, 上海古籍出版社, 2010.

69_홍대용의 『건정동필담』에 반정균의 "人臣無外交, 恐再難圖良會."라는 말을 기록해 두었다. 『湛軒書』外集 권2, 한국문집총간 제248책, p.131.

말했다."[70]라고 했으나, 『청장관전서』본은 "내가 『미자헌한담(尾蔗軒閒談)』에서 그 사실을 갖추어 말했다."[71]라고 했다. 『청장관전서』본 제4권 '이우촌' 조는 이조원의 저술을 열거했는데, 그 속에 『미자헌한담』 10권은 있으나 『우촌시화』는 없다. 조사해 보면 이조원이 원매(袁枚)에 대해 자세히 논한 내용은 16권본 『우촌시화』에 나오는데, 이 책은 건륭 60년 을묘(1795)에 완성되었다. 그 때는, 이덕무가 북경에서 『청비록』을 이조원에게 헌정한 시각보다 이미 17년이 흘렀고, 이덕무가 세상을 떠난 시기보다 두 해나 뒤의 일이므로, 그 책은 절대로 이덕무가 인용할 수가 없었다. 이것은 이조원이 재개정한 것이다. '이우촌' 조에서 개정이 크다는 사실은 경악할 정도이다.[72] 이조원은 자신의 형상을 더욱 빛나게 하려고, 간각자의 신분이면서 원서를 서슴없이 고쳤다. 예를 들어, 원서에서 거론한 가구를 자기가 더 득의로 여기는 작품으로 바꿔치기했다.[73] 원서에서 몇몇 가구를 "모두 외워 전할 만하다."라고 한 말을, 더 강렬한 어조로 바꾸어 "모두 반드시 전하리란 것은 의심할 여지가 없다."라고 했다. 조선인이 그의 생일을 축하하고 여럿이 함께 탄일을 축하하여 지은 시들을 나열했으나, 이는 원서에 전혀 없었다. 그래서 판본학의 의의에서 본다면 이조원 각본 『청비록』은 원본에 충실하지 못한 개조본이라고 결론지을 수 있다. 이서구와 반정균이 『청비록』을 산정한 것은 이덕무의 승인과 이해를 얻은 것인 데 비해, 이조원이 개정한 것은 전혀 이덕무가 바란 것이 아니었다. 『청비록』은 이조원의 독서를 거치면서(그는 자기와 관련 있는 조항을 크게 중시할 수밖에 없었다), 그는 큰 붓을 휘둘러

70_『續函海』本, 권4 8b.

71_『청장관전서』 권35, 한국문집총간 제258책, p.58.

72_『속함해』본과 『청비록』의 異文 분석에 대해서는 한국 학자도 중국 학자도 논급한 것이 있다. 유재일, 「〈續函海〉本〈淸脾錄〉의 문헌 면모: 一山本과의 비교를 중심으로」, 한국 어문연구학회 편, 『語文硏究』 제37권, 2001.12; 鄺健行, 「李調元〈續函海〉中〈淸脾錄〉與朝鮮傳本差異原因推測」·「李調元〈續函海〉中所收朝鮮人李德懋〈淸脾錄·李雨村〉條書後」·「試據李調元〈雨村詩話〉論測朝鮮本〈淸脾錄·王阮亭〉條文字多被刪削的原因」, 『韓國詩話探珍錄』, 學苑出版社, 2013.

73_『雨村詩話』 권11은 그가 본 『청비록』이 자신의 시 4연을 열거했는데, 『청장관전서』본의 내용이나 순서와 모두 일치하므로, 원고가 이와 같았음을 알 수 있다. 반정균이 자각하기에는 "모두 득의작이 아니다." 그런데 『속함해』본은 이조원의 6연을 '佳句'로 나란히 들었는데, 고작 1연만 원래의 책과 같다. 분명히 그가 의도적으로 고친 결과이다.

서 증산과 손익을 직접 행했다. 이런 의미에서 『청비록』의 간각은 출판자의 의지와 권력을 반영했다.

단, 이조원의 『청비록』 독서는 이런 부정적 결과만 낳은 것이 아니다. 독자에서 작자로의 신분 변이 때 그의 독서는 기능을 발휘했고, 그로써 그의 저술에 영향을 주었다.

현전하는 이조원의 『우촌시화』는 2권본, 16권본, 『보유』 4권본이 있다. 2권본이 먼저 나와서, 대략 건륭 43년(1778) 뒤에 이루어졌는데, 논하는 인물이 모두 고인이다. 16권본은 뒤에 나와, 건륭 60년(1795)에 나왔으며 증보가 있다. 『보유』는 가경 6년(1801)에 이루어졌다. 그 서문에 의거하면, 2권본과 16권본의 가장 큰 구별은 "앞서는 고인을 이야기했으나 여기서는 오늘날 사람을 이야기했다."라는 점이다. 아울러 서문은 표방하길, "시를 이야기하는 것이 지금의 인사들에까지 두루 미치지 못한다면 시화가 아니다."[74]라고 했다. 이 책은 강렬한 병세 의식을 담고 있다고 말할 수 있다. 이 점은 『수원시화(隨園詩話)』의 영향을 훨씬 많이 받았을 것이지만, 『청비록』이 동시대를 중시한 것과도 호응한다. 동아시아적 시야의 경우는, 많은 곳에서 조선 · 안남 · 유구의 시를 논했다. 이것은 이덕무 등의 자극을 받았다고 말하지 않을 수 없다.

『우촌시화』 제16권에는 두 조항에서 조선 시의 내용을 집중적으로 거론했다. 하나는 유금(柳琴)이 조선의 진하 겸 사은부사 서호수의 명으로 방문을 하고 귀국 후 그들이 함께 이조원의 생일을 축하하여 지은 시들을 중심으로 삼았다. 하나는 조선 4가(이서구 · 유득공 · 박제가 · 이덕무)의 시선(詩選)을 중심으로 삼았다. 그 마음 씀씀이가 자신을 표방하려는 데 있고 문화적 우월감을 표출하는 데 있어서, "우리 왕조의 문교가 크게 펼쳐져서 속국도 모두 그러하다."[75]라고 말했다. 그렇기는 해도, 이 조항들은 작품 자체의 심미적 가치를 긍정했다. 이조원은 자기가 조선에 영향을 끼치고 있다는 사실을 상당히 자부하여, 자기의 저작이나 『청비록』 간행의 때에 자기의 언행을 조금 산개하기는 했지만, 그 스스로 체득했던 심정은 꾸며 감출 수가 없었다. 제16권에 다른 사람의 입

74_『雨村詩話序』, 上海鴻章書局石印本, p.1a. "談詩者不博及時彥, 非話也."

75_『雨村詩話』 卷16, p.9a. "以見我朝文敎誕敷, 屬國皆然."

을 통해 그러한 심정을 표출한 조항이 둘 있다. '가경 3년 무오' 조는 원매의 「이우촌 관찰이 부쳐온 원운에 삼가 화운한다〔奉和李雨村觀察見寄原韻〕」 시를 수록하여, "『동산집(童山集)』은 산중의 사업을 저술하고, 『함해』의 서는 해내에서 종주로다. 서촉의 제제다사 가운데 지금 으뜸이니, 계림에서도 수도(繡圖)를 바침이 마땅하도다."[76]라 하고, 또 '장정이 와서 월동 제생이 바친 시를 얻었다〔莊亭來, 得粵東諸生寄呈詩〕' 조에 온서조(溫瑞桃)의 헌정시에서 "해내 문단에서 전형으로 존중받으시니, 시가 계림에 전하여 일찍이 시구가 선정되었네.〔海內文壇重典型, 詩播雞林曾選句〕"라는 구절을 수록했다. 온서조는 스스로 주석하길, "조선 이덕무가 본국의 시화를 지어 『청비록』이라 하고 선생의 가구를 아주 많이 뽑았다."[77]라고 했다. 혹은 "재주가 제일이다."라 하거나 혹은 "전형(모범)으로서 존중받았다."라 했는데, 이는 모두 조선인의 추숭을 근거로 삼은 것이다.

각본 『청비록』 제4권의 '지봉시파원국(芝峰詩播遠國)' 조는 이수광의 시가 멀리 안남 · 유구에 전파된 사실을 기록했다. 『우촌시화』 제1권 '인화손보산선생(仁和孫補山先生)' 조는 안남국왕 여씨(黎氏)가 왕위를 회복한 사실을 차례로 적고 아울러 원매의 「보산을 위하여 안남을 평정한 노래를 짓는다〔爲補山作平安南歌〕」를 인용했다. 제3권 '본조촉중정갑(本朝蜀中鼎甲)' 조는 강희 6년 안남의 여유희(黎維禧)가 고평(高平) 막원청(莫元靑)에게 원한을 품어 침입하여 살해한 일을 기록했는데, 이선근(李仙根)이 『안남기사략(安南紀使略)』을 저술한 것이 있다. 제15권 '안남탐화완휘형능시(安南探花阮輝僜能詩)' 조는 완휘형 시를 다수 수록하고 "문교가 깊이 펼쳐져서 속국도 모두 그러하니, 완휘형이 시를 지을 수 있는 사실이 그 한 예이다."[78]라 했다. 또 제4권 '해상천후심영험(海上天后甚靈驗)' 조 이하 여러 조는 유구의 사실을 많이 기록했다. 또 제6권 '동년진사호남반윤장위유구교습(同年進士湖南潘閏章爲琉球敎

76_『雨村詩話』 卷16, p.11b. "『童山集』著山中業, 『函海』書爲海內宗. 西蜀多才今第一, 雞林合有繡圖供."

77_『雨村詩話』 卷16, p.12b. "海內文壇重典型, 詩播雞林曾選句." 自注 : "朝鮮李德懋作本國詩話, 名『淸脾錄』, 選先生佳句極多."

78_『雨村詩話』 卷15, p.4a. "文敎覃敷, 屬國皆然, 若阮輝僜可以詩矣."

習)'조에서도 유구 사람의 작품이 "아주 공교하다."라고 적었다. 『우촌시화보유』 제4권은 장내부(張乃孚) 「옥계가 우촌시화에 제한 운에 화운한다〔和玉溪題雨村詩話韻〕」의 "종래 성명(性命)은 재주 아끼길 절실하게 하나니, 한 구라도 거두는 것을 잊으면 편안치 못하다네."를 싣고, "마지막 구는 실로 나의 마음을 그대로 말해 주었다."라고 했다.[79] 자기 표방이란 관점에서 이 이야기들을 보지 않고 조금 달리 보면, 이조원은 동아시아적 시야를 시화 저술에 끌어들여 동아시아 시학에 대한 이해와 인식을 드러냈다고 할 수 있다. 이는 매우 주목할 만하다.

이조원이 중국 시인을 논평한 것에서 우리는 『청비록』의 반향을 들을 수가 있다. 『우촌시화』 제14권에 이런 말이 있다.

> 이치청(李豸青) 해(鍇)는 봉천의 포의로, 색상(索相)의 사위이다. …… 『첩소전후집(睫巢前後集)』은 조선인이 지보로 받들었다. 「문안감부(聞雁感賦)」에 이런 말이 있다. "필경 집이 어디인가? 북쪽으로 돌아갔네. 높은 성벽에 석양 비낄 때, 만 리 멀리 일행이 날아가누나. 바람이 급해도 흩어지지 말고, 사막이 차가워도 귀의하리라. 기형(畸形)의 사람은 차서를 잃고, 너를 향해(『청비록』은 '너 때문에') 눈물 흘려 옷을 적시노라." 이 사람의 시는 골격이 범상치 않다.[80]

이와 관련하여 『청비록』 제1권에 '치청산인(豸青山人)' 조가 있다.

> 경신년(영조 16, 1740) 잠재(潛齋) 김익겸(金益謙)이 연경에 들어갔다가 여관에서 철군(鐵君)을 만났는데, 단번에 막역하게 되어 지기로 사귀었다. 하루는 철군이 자리를 쓸고 향을 피운 다음 한 수의 시를 내보였다. …… 그의 친필은 지금 주서(注書) 송준재(宋俊載)의 집에 간직되어 있다. 이사천(李槎川)〔이병연(李秉淵)〕의 발문에, "필법이 뇌뢰(磊磊)하

79_『雨村詩話補遺』 卷4, p.1b. "由來性命憐才切, 一句忘收便不安." 評曰 : "末句實道得我心出也."

80_『雨村詩話』 卷14, pp.3b-4a. "李豸青鍇, 奉天布衣, 索相子壻也. …… 『睫巢前後集』, 朝鮮人奉爲至寶. 有「聞雁感賦」云 : '畢竟家何在? 而云北是歸. 高城殘照下, 萬里一行飛. 風急毋相亂, 沙寒定有依. 畸人方失序, 於(『청비록』引作'緣')汝淚沾衣.' 此君詩骨故自不凡."

> 고 경건(勁健)하여 당대의 일품(逸品)이다."라고 했다. 또 『첩소집(睫巢集)』 몇 권도 우리나라에 들어왔다.[81]

이덕무는 이와 아울러 「문안감부(聞雁感賦)」 시를 인용했다. 『우촌시화』의 운운은 분명히 이 글과 호응한다. 다만 기이한 것은 『속함해』본 『청비록』에는 이 조가 빠져 있다는 사실이다. '단좌헌필(端坐軒筆)'본 『청비록』을 보면 이 조항이 있다. 원고본에는 본래 있었는데, 어째서 각본에서 탈락되었는지, 이해가 안 된다.[82] 하지만 이조원이 일찍이 이 조항을 읽었고, 그 때문에 『우촌시화』에 이렇게 호응하는 글이 있다는 것은 분명하여 쉽게 알 수가 있다.

이조원 각본 『청비록』이 일본에 전해진 것은, 가장 가능한 경로는 향화(享和, 교와) 2년(1802) 전래된 『속함해』 수진본을 통해서이다. 이 책이 전해진 후 니시지마는 그것을 읽을 기회가 있어서 『폐추시화부록』에서 평론을 했다. 곧 '20세 무렵'에 지은 것이라 했으므로, 향화 2년에 쓴 것이 되며, 그때 나이 23세였다. 그리고 니시지마는 독자에서 작자로 전변하면서 별도의 면모를 드러내었다.

니시지마가 『청비록』을 언급한 것은 모두 3개조인데, 각각 제1권 '일본 난정집'과 '겸가당', 그리고 제4권 '청령국 시선'에서다. 그 글을 조사하면, 기본적으로 『속함해』본과 동일하다. 단 각각의 글들은 분명히 니시지마의 교정을 거쳤다.[83] 『폐추시화부록』의 앞 두 조항은 인용할 때, '조선 이덕무 『청비록』 운'으로 시작하고, 자신의 논평으로 마무리 지었다.

81_『青莊館全書』 권32, 한국문집총간 제258책, pp.13-14. "歲庚申(1740), 金潛齋益謙入燕, 遇鐵君於旅次, 相視莫逆, 證爲知音. 嘗掃席焚香, 出示一詩, …… 今藏于宋注書俊載家, 李槎川作跋. 書法磊磊勁遒, 當在逸品. 『睫巢集』若干卷亦來東國."

82_鄺健行은 「李調元〈續函海〉中〈清脾錄〉與朝鮮傳本差異原因推測」에서 이것이 반정균의 산삭에서 나왔으리라 의심했다. 일설로 갖추어 둘 만하다. 『乾淨衕筆談 · 清脾錄』 附錄, p.430.

83_이를테면 '日本蘭亭集' 조의 "余嘗遊平壤, 舍球門外吳生家."는 각본과 초본 모두 '舍'를 '含'이라 했다. 또 '蜻蛉國詩選' 조의 "那波師曾字孝卿, 號魯堂."는 각본과 초본 모두 '堂'을 '望'이라 했다.

> 이 두 절을 보면 한인(韓人)이 우리나라에 정신으로 흠복한 것이 지극했다고 할 수 있다. 고난정(高蘭亭)·갈자금(葛子琴)의 경우는 아무것도 아니다. 만일 지금의 여러 영걸들을 본다면 더욱 탄식하고 절도했을 것이다.[84]

이것은 분명히 일종의 '오독'이다. 앞에 서술했듯이, 이덕무 등이 일본 문명을 대하는 태도는 주로 자신에 대한 반성에서 우리나와 일본이 신속하게 진보하고 있다는 것을 긍정하고, 본국인의 '믿을 것도 없으면서 자만하는 것'을 비판한 것이었다. 갑신(1764년) 조선통신사 정사 조엄(趙曮, 호 濟谷, 1719-1777)에게 『해사일기(海槎日記)』가 있는데, 6월 18일 기사에 이런 말이 있다. "그 문한을 보면 일컬을 만한 것이 못 된다. …… 일본의 학술은 긴긴밤이라고 해야 옳으며 일본의 문장은 소경이라 해도 되겠다."라고 하여, 폄하하는 뜻이 지면에 튀어나온다. 기껏 봐주어야, "대개 나가사키시마(長岐島)에 배가 통하자 중국의 문적이 많이 흘러 들어왔는데, 그중 뜻 있는 자는 차차 문장에 나가게 되어 무진년(1748, 영조 24)에 와서는 글을 지어 주고받음이 자못 성해졌다고 한다."[85]라고 하여, 일본 한학의 수준이 전보다 진보했음을 승인했다. 원중거도 일본 시문이 "불과 십수 년 안에는 비루하고 야만적이라고 소홀히 할 수 없게 될 것이다."[86]라고 했다. 『청비록』 제2권 '왜시지시(倭詩之始)' 조는 마지막에 원중거의 말을 인용해서, "기(氣)의 기틀이 회전하는 때이다."라고 하고 주를 달아, "일본은 한·당 이래로 지금까지 천황을 참칭하고 있다."[87]라고 했다. 이것은 『화국지』 제1권에서 일본 연호를 '거짓 연호'라 간주한 것과 일치한다. 제3조 '이우상' 조에서는 "선왕 계미년에 통신사를 따라 일본에 들어가매, 오사카 동쪽으로 절이 여관만

84_新日本古典文學大系, 『日本詩史 · 五山堂詩話』本, p.574. "觀此二節, 則韓人神伏於本邦, 可謂至矣. 如高蘭亭 · 葛子琴, 易易耳. 若使一見當今諸英髦, 又應歎息絕倒."

85_『海行總載』 제4책, 朝鮮古書刊行會, 1914, pp.328-329. "聞長崎島通船之後, 中國文籍多有流入者, 其中有志者漸趨文翰, 比戊辰酬唱頗勝云."

86_『和國志』 권2 '詩文之人', p.326. "差過十數年, 則恐不可鄙夷而忽之." "氣機初斡之際也." 또한 주를 가하여 "日本自漢唐以來, 至今僭稱天皇."이라 했다.

87_『續函海』本, p.9a.

큼 많고 승려가 기녀만큼 많은데, 시문을 요구하길 도박을 걸듯이 했다. 이우상이 이러저리 응수하면서 붓과 먹을 튀게 하고 날게 하자, 왜인들이 모두 눈을 크게 혀를 차면서 하늘이 낸 사람이라고 칭송했다."[88]라고 했다. 유득공은 자기 나라를 대국이라 여기고 중국을 상국이라고 존중하면서 일본을 소국이라고 간주했으니, 그 속에 높이고 낮추고 하는 뜻을 가탁한 것이 분명하거늘, 어떻게 "한인이 우리나라에 정신으로 흠복함이 지극했다고 할 만하다."라고 말할 수 있겠는가?

원중거의 『화국지』는 『화한삼재도회(和漢三才圖會)』에 근거하여 후지와라노 세이카(藤原惺窩)의 사적을 기술했는데, 그 속에서 조선인 강항(姜沆, 睡隱, 1567-1618)이 후지와라를 찬미한 다음 말을 실어 두었다. "조선은 삼백 년 이래 이런 사람이 있다는 것을 듣지 못했다. 본조(일본)의 유학자와 박사는 옛날부터 한·당의 주소를 읽었으며 성리학은 아는 이가 드물다." 원중거는 자신의 의견을 내어, "인용해 둔 강 수은의 말은 수은의 본래 말이 아니다. 왜인은 과장을 좋아해서 혹 강 수은의 말을 날조해서 수미를 없애 버리고 한 구절만 남겨 둔 것이 아니겠는가?"[89] 단, 니시지마의 자존자대는 '과장을 좋아한다.'는 말로 완전히 판정할 수는 없다. 니시지마는 젊어서부터 자기 나라의 시를 좋아해서 거듭, "나는 어려서 시를 배워 본국 시를 읽는 것을 좋아했다."[90]라든가 "나는 어려서 시를 배워, 근래 사람의 시를 읽는 것을 좋아했다."[91]라고 하여 자국 근래 사람의 시에 대해서 확실히 높게 평가했다. 『청비록』에서 언급한 일본 시인 가운데 합리(合離)〔斗南〕의 경우는 니시지마가 보기에 "명성이 한 때 높기는 하지만 작품은 특별히 외울 만한 것이 없다."[92] 일본 문명이

88_『青莊館全書』 권34, 한국문집총간 제258책, p.44. "先王癸未, 隨通信使入日本, 大阪以東, 寺如郵, 僧如妓, 責詩文如博進. 虞裳左應右酬, 筆飛墨騰, 倭皆瞠目呿舌, 詫若天人."

89_『和國志』 권2 '學問之人'조, pp.321-322. "朝鮮三百年來, 未聞有如此人. 本朝儒者博士自古唯讀漢唐注疏, 而性理之學, 識者鮮矣." 元氏案曰 : "所引姜睡隱語, 似非睡隱本語也. 倭人喜誇張, 或捏合睡隱語, 撤去首尾, 只行一句語耶?"

90_「孜孜齋詩話跋」, 新日本古典文學大系, 『日本詩史 · 五山堂詩話』本, p.570. "余幼學詩, 好讀邦人詩."

91_「弊帚詩話附錄跋」, 『日本詩史 · 五山堂詩話』本, p.575. "余幼學詩, 好讀近人詩."

92_『孜孜齋詩話』 卷下, 『日本詩史 · 五山堂詩話』本, p.566. "聲價高於一時, 然其所作殊無可誦者."

진보하여 그의 시대에 이르러, 니시지마의 시선에는 조선은 이미 그 뒤에서 휘둥그레 바라볼 필요가 없고, 중국에 비교하더라도 그다지 양보할 것이 없었다. 그는 부쓰 소라이(物徂徠, 오규 소라이)가 스스로 겸손의 의미에서 지은 시구 "일본 삼하는 후백의 나라요, 조선 팔도는 지나의 이웃이네〔日本三河侯伯國, 朝鮮八道支那鄰〕"를 두고, "장차 이 사람을 강물 속에 가라앉혀 그 졸렬함을 감추어야 할"[93] 반열로 폄하했다. 그는 또 남전(藍田) 동귀년(東龜年)의 「심부(心賦)」가 강희제를 찬미한 것을 두고 "그 말이 사체에 크게 해된다."라 여기고 다음과 같이 지적했다.

> 하물며 우리 땅에 태어나 태평성대의 은택을 받아 필경(筆耕)을 하고 심직(心織)을 하여 몸뚱이를 수고롭게 하지 않고 오곡을 분별하지도 못하면서도 잘 살아 나가고 있거늘, 이방의 군주에게 스스로를 신하라 칭하고 또 이방의 군주를 성인이라 부르다니, 하늘의 태양이 나오는 곳의 하늘이 아니고 하늘의 태양이 지는 곳의 하늘이라고 하겠다.[94]

이런 견해는 우연히 어쩌다 나온 것이 아니었다. 동일 지식인과 동일 문화의 '공화국' 안이라 해도, 그 속의 목소리는 완전히 똑같지는 않았다.

니시지마는 다시 한 조항에서 『청비록』을 끄집어내어 서술했는데, 제4권 '청령국시선'을 보면 끄트머리 의론에서 "관광의 사절로 볼 수는 없지만 이방에서 상을 받았으므로 기록해 두지 않을 수 없다."[95]라고 했다. 환대하는 뜻을 드러내는 동시에 일본 당대 시학의 성취를 교만하는 뜻을 함축하고 있다.

『청비록』은 조선에서 아주 높은 성망을 얻었으나 각본이 흘러 들어간 시기는 일본보다 늦다. 조선인이 『청비록』을 읽고 반응한 것은 두 부류로 나눌 수 있다. 한 부류는 중국에서이고, 한 부류는 조선 본토에서이

93_『日本詩史 · 五山堂詩話』本, p.563. "將爲乃公沉諸江中藏其拙而已."

94_『日本詩史 · 五山堂詩話』本, "况生吾土, 受昭代之澤, 以筆耕, 以心織, 四體不勤, 五穀不分, 而稱臣於異邦主, 且謂爲聖人, 可謂不天日出處之天, 而天日沒處之天者矣."

95_「弊帚詩話附錄跋」, 『日本詩史 · 五山堂詩話』本, p.574. 雖不足視於觀光之使, 受賞於異邦, 不可不錄.

다. 중국에서 독서한 기록 중에서 우리는 이조원과 관련하여 남들에게 알려지지 않은 몇몇 상황을 알 수 있다. 현존 『우촌시화』에서 조금이나마 『청비록』에 관계된 것은 불과 제16권에서 찾아볼 수 있지만 그 흔적은 많지 않다. 하지만 조선인의 문헌을 통해서 우리는 『우촌시화』의 2권본과 16권본 사이에 4권본이 있었다는 사실을 알 수 있다. 이것이 16권본의 전신이다.[96] 그 특색은 '오늘날 사람을 이야기함'이었으며, 그 속에 『청비록』의 내용을 훨씬 많이 훨씬 분명하게 다루고 있으므로, 조선인이 읽은 뒤의 반응은 '영광'이었다. 유득공의 『연대재유록』에 자신이 이정원(李鼎元)을 방문하여 문답한 내용을 적어 두었다.

> 내가 "『함해』 중의 시화는 얻어 볼 수 있는지요?" 하자, 묵장은 "틀림없이 받들어 올리리다."라고 했다. …… 내가 『우촌시화』 4권을 받아 가지고 관중(館中)으로 돌아와서 보니, 근래의 일을 기록한 것이 특히 자상하여, 이무관의 『청비록』과 나의 옛 저술 『가상루고(歌商樓稿)』로부터도 역시 수록한 것이 많았다. 중국 사람이 동쪽 선비를 만나면 우리들의 성명을 선뜻 말하는 것도 이 때문이다.[97]

유득공이 일별했거나 읽은 것은 의심할 여지가 없다. 이조원이 선전해 줌으로써 이덕무 등의 지명도가 높아져서, 조선인이 중국에 와서 청조 문인과 필담할 때는 『청비록』을 왕왕 화두로 삼았다. 박사호(朴思浩)의 『심전고(心田稿)』는 그가 오숭량(吳嵩梁)과 문답한 내용을 실어 두었는데, 오숭량이 "『청비록』은 각본을 가져오셨습니까?"라고 물었고, 박사호는 "이아정(이덕무)의 『청비록』을 보셨습니까?"[98]라고 물었다. 김정희는 각본 『청비록』을 중국에서 구해 조선으로 가지고 돌아왔는데, 이것도 "해동의 저술로서 중국 인사가 판각한 것은 정말로 몇 세대 만에 있을까 말까 한 희귀한 일"이었기 때문이다. 조선 본토에서 초본 『청비록』을 읽거나 인용하고도 일부러 "우촌 이조원의 『함해』에서 나왔다"

96_張伯偉, 『淸代詩話東傳略論稿』, 中華書局, 2007, pp.146-150.

97_『燕臺再遊錄』, 林基中 編, 『燕行錄全集』 제60책, p.207.

98_『心田稿 · 蘭雪詩龕』, 『燕行錄全集』 제86책, pp.53-54.

라고 주석하기도 했다. 이규경이 자기 저술 속에서 거듭 『청비록』의 '대소 각본'을 선전하여 일컬은 것도 '몇 세대 만에 있을까 말까 한 희귀한' 영광을 부각시키기 위한 것이었다. 이 모든 것은 조선인이 열심히 드러내려 했던 영예감이 어떠했는지 잘 말해 준다.

유득공의 『고운당필기』 제4권 '동인 저서' 조에 이런 말이 있다.

> 저술을 하여 후세에 전하는 것이 나에게 무슨 관계가 있겠는가? 하물며 동인의 저서는 반드시 전하자는 않는다. …… 만일 중토에 날아 떨어진다고 해도 적막하게 서너 수에 지나지 않아서 황관(黃冠)·치류(緇流)·규수의 아래, 안남·유구·일본의 위에 실릴 뿐일 것이니 무슨 영광이 있겠는가?" 이것은 옛 친구 이무관(이덕무)이 전에 내게 한 말이다. 이무관은 평생의 저서가 제 몸 길이만큼 쌓을 정도였는데, 시문 이외에도 『사소설(士小節)』·『예기섭(禮記涉)』·『청비록』·『앙엽기(盎葉記)』·『한죽당섭필(寒竹堂涉筆)』 등이 모두 산을 개척하고 혼돈을 깨부순 격이므로, 압록강 동쪽에서는 일찍이 없었던 것이다. 하지만 후대에 전하는 것을 탐탁치 않게 여겼으니, 그 드넓은 흉회는 따라갈 수가 없다.[99]

여기서 이덕무의 대표작을 열거했는데, 『청비록』이 두드러지게 눈에 띈다. 이덕무가 살아 있을 때 비록 재주가 높고 학식이 풍부했지만 지위가 높고 신분이 현달했다고는 말할 수 없었으므로, 이상에서 운운한 것은 감격의 말이라고 할 수 있어, 사실 그대로라고 받아들일 수는 없다. 이덕무가 이조원·반정균에게 자기의 저술을 급급하게 자천하여 중국에서 간각되기를 바란 언행에는, 불후를 추구했던 그의 의식이 뚜렷이 드러나 있다. 유득공도 「청비록서」에서 그런 층위의 의미를 강조했다. "시를 짓는 것은 어째서인가? 전해지는 것을 귀하게 여긴다. 비록 공교로움과 졸렬함이 뒤섞여 있다고 해도 소멸로 귀결될 따름이다. 시를 말하는 사람이 도리어 중요하지 않은가?"[100] 이덕무는 해동의 총서를 한

99_『雪岫外史』外二種本, pp.366-367.

100_『靑莊館全書』 권32, 한국문집총간 제258책, p.3. "作詩者謂何? 傳之爲貴. 苟工拙相混,

질 편찬하려는 마음이 있어서, 동인의 대표적 저작을 한 편으로 묶어 전하고자 했으나, 그 사업은 이루지 못했다. 문인 이의준(李義準)·서유구(徐有榘, 1764-1845)·서유비(徐有棐, 1784-?) 등이 모두 그 유지를 계승할 뜻이 있어, 『소화총서(小華叢書)』를 엮었다. 이규경의 기록에 의하면 이의준은 『소화총서』를 익경(翼經) 17종, 별사(別史) 16종, 자여(子餘) 41종의 세 부문으로 엮으려고 했는데, 이덕무 한 사람이 9종을 점했고, 그 가운데 『청비록』이 들어 있었다.[101] 또 조선 헌종(1834-1849년 재위)은 승화루(承華樓)를 건립하여 서화를 저장해 두고 항상 열람해서 『승화루서목』이 세상에 전하는데, 그 속의 '시류'에 『청비록』 2책이 저록되어 있다.[102] 이 책이 각본인지 초본인지, 중국판인지 조선본인지 확정할 수 없으나, 왕실 서고에 수장되었던 것으로 보아, 조선인의 심목이 이 책을 보물처럼 여겼다는 것은 상상하기 어렵지 않다.

5. 결어

동아시아 서적사의 연구에서 종래의 사람들은 전파에 주목하여 중국 서적의 동쪽 전파든 동국 서적의 서쪽 유전이든 대부분 일 방향의 고찰에 그쳤으나, 이 논문에서 강조한 것은 환류이다. 한 서적이 동아시아 범위 안에서 복수 방향의 유동을 일으키고, 유동의 과정 중에 부단히 첨부되고 감손된다. 이것은 단방향 유동의 시각으로 문제를 보는 것보다 더욱 풍부하고 더욱 복잡한 역사 정보를 얻을 수 있다. 이 정보를 한문화권의 지식 공동체 혹은 문예공화국 속에 놓고 보면, 우리는 줄기와 몸통도 볼 수 있고 나뭇잎도 볼 수 있으며, 상호 연계 속에서 각자의 위치와 의의도 관찰할 수 있다. 이렇게 하여, 한편으로는 기성의 문학사 틀을 근거로 삼아서는 인식하지 못했던 상황을 면할 수가 있고, 다른 한편으로는 역사의 파편 속으로 빠져들어 전체를 헷갈리지 않을 수가 있다. 동

胥歸於澌滅而已矣. 說詩者顧不重歟?"

101_『五洲衍文長箋散稿』 권18 '小華叢書辨證說', 上冊, p.549.

102_張伯偉 編, 『朝鮮時代書目叢刊』 第3冊, 中華書局, 2004, p.1351.

아시아 서적사에서 전파의 '환류'는 상당히 보편적인 현상이었다. 시문평의 저작을 예로 말하면, 송나라 『당송분문명현시화(唐宋分門名賢詩話)』·『시인옥설(詩人玉屑)』 등의 서적이 모두 전형적이다. 또 일본 에도 시대 이노우에 다다시(井上悳)는 1847년(일본 弘化 정미, 청나라 도광 27년)에 지은 「당시절구주해서(唐詩絕句注解序)」에서 이렇게 말했다.

> 첫머리에 청나라 유학자 완씨(阮氏)의 말을 실어 두었지만 건륭의 『사고전서』에는 수록되지 않았다. 서토에서 이미 망실된 지 오래임을 알 수 있다. 이 각본이 저쪽에 전하여, 저쪽에서 목판에 새겨 우리에게 전해지기를, 마치 타자이 준(太宰純)의 『고문효경』이 포씨(鮑氏) 총서에 수록되어 다시 이쪽으로 배를 통해 송부된 것과 같지 않을 줄을 어찌 알랴? 이와 같다면 동서의 유전이다. 『문장궤범』과 더불어 우주 사이에 나란히 행하여 영원히 민몰하지 않으리라.[103]

이 글에서 언급한 다자이 준(太宰純, 1680-1747)은 일찍이 1732년(일본 享保 임자, 청나라 옹정 10년)에 『고문효경공씨전(古文孝經孔氏傳)』을 교점하여 세상에 내었는데, 왕익창(汪翼蒼)이 상선에서 구득하여 중국으로 가져가, 포정박(鮑廷博, 1728-1814)이 1776년(건륭 41년) 그것을 판각하여 『지부족재총서(知不足齋叢書)』에 넣고, 『지부족재총서』가 다시 1779년(일본 安永 8년, 건륭 44년) 일본에 전해져서 일본 학자들이 중시하게 되었다. 그들은 이 일을 영광스런 일로 인용했을 뿐 아니라, 그로부터 서적의 '동서유전'을 지향해서, 심지어 서적 간각·편찬의 목적으로 삼았다. '동서유전' 네 글자는 서적 환류의 유전 현황을 속되고도 뚜렷하게 드러내는 표현이다. 따라서 동아시아 서적사에서 '동서유전'을 더욱 연구하는 일이 중요할 뿐만 아니라 수행할 수 있는 일이기도 하다.

독서라는 환절에서 '환류'는 매우 중요하되 난이도가 높은 데다가 연

103_長澤規矩也 編, 『和刻本漢詩集成·總集篇』 第2輯, 汲古書院, 1979, p.126. 맨 앞에 완씨의 말을 수록하여, 首載淸儒阮氏之言, 乾隆『四庫』未收, 乃知西土亡佚已舊矣. 庸詎知不此刻傳到於彼, 彼梊而刻之, 以傳於我, 亦猶太宰氏『古文孝經』之收入鮑氏叢書而再舶送於此哉? 果如是乎, 東西流傳, 與夫『文章軌范』並行於宇間而浩古不泯.

구가 부족한 방면이기에 이 글에서 특별히 힘을 쏟았다. 서적사 연구와 문학사 연구를 결합하기 위해서는 독서 환절에 대해 깊이 분석하는 일이 더욱 필요하다. 이 문제는 프랑스 학자 다니엘 모르네(Daniel Mornet)가 1910년에 제출한 바 있다. 18세기 프랑스 사람은 어떤 작품을 읽었는가? 계몽사상가의 저작은 프랑스 대혁명의 사상적 근원인가? 그의 연구는 18세기 프랑스인이 언정 소설(言情小說)과 탐험 고사에 더욱 열광했으며 루소(Jean-Jacques Rousseau)나 볼테르(Voltaire)의 작품(이것들은 18세기 문학 경전으로 간주된다)에 대해서는 도리어 흥미가 높지 않았다는 점을 밝혀냈다. 이 문제는 후래 학자들을 4분의 3세기 동안이나 괴롭혀, "지속적으로 문학사를 뒤덮어, 예전이나 지금이나 계속해서 음미할 만했다." 로버트 단턴이 다니엘 모르네가 홀시했던 '비프랑스 문학 작품'에 대해 깊이 연구함으로써 그 상황은 비로소 바뀌게 되었다.[104] 지적해 두어야 할 점은, 단턴이 독서의 연구에서 직접 독서에 과도하게 주목하고 간접 독서는 소홀히 했다는 것이다. 우리가 보기에 간접 독서나 오독 · 오전은 그것이 초래하는 영향이 때로는 직접 독서보다 크거나 심지어 훨씬 크기까지 하다. 그가 연구한 것이 '베스트셀러와 금서'였던 데 비하여, 우리가 처리하는 것은 시문평이어서, 베스트셀러도 아니고 금서도 아니며, 인쇄 수량이 한정되어 있었다. 따라서 많은 사람들이 그 책의 각본이나 초본에 접촉할 기회가 전혀 없이 구전을 통해서 그 영향이 확대되었다. 『청비록』의 '대자본'과 '소자본'으로 말하면 대자본은 실물이 세상에 전하지 않고 어느 한 사람도 직접 보았다고 문헌에 기록한 예가 없다. 하지만 그 이야기가 구전되는 중에, 중국이든 조선이든 『청비록』이 엄연히 대표성을 지닌 조선 서적으로 되었고, 중국인에 의해 재차 간각되었다. 이것은 사실상 간접 독서를 통해서 형성된 대중 여론이며, 그것이 대중의 관심을 불러일으킨 결과이다. '베스트셀러와 금서'라는 말을 가만히 음미하면 사실상 장력이 풍부한 표현이다. 일반적으로 이미 금서이면 베스트셀러가 될 수 없다. 경찰이나 검사관의 '보고도 제

104_羅伯特 · 達恩頓, 『法國大革命前的暢銷禁書』(*The Forbidden Best-Sellers of Pre-Revolutionary France*), 鄭國強 譯, 華東師範大學出版社, 2012, p.2. ; 羅伯特 · 達恩頓,『舊制度時期的地下文學』(*The Literary Underground of the Old Regime*), 劉軍 譯, 中國人民大學出版社, 2012.

대로 보지 않는' 상황이 존재한다고 해도 그것은 일정한 한도 내의 일이다. 따라서 간접 독서를 아울러 고려하는 일이, 로버트 단턴의 과제를 두고 말한다면, 여전히 필요하다.

물론, 이 과제를 동아시아 한문학 세계에 끌어들이는 일은 앞사람 가운데 실천한 사람이 아주 적다. 우리는 20세기 이전 한문화권 혹은 동아시아라 불리는 존재를 인식하고, 그 기초에 선 지식 공동체 혹은 문예공화국을 인식해야 하되, 동시에 이런 공동체가 단일한 구성이 아니라는 점을 확실히 알아두어야 하며, 우리는 그 내부의 풍부성과 복잡성도 충분히 인식해야만 한다. 하나의 서적은 그것이 유전하는 과정에서 그 속의 정보가 가감을 겪고 손익을 겪게 된다. 『청비록』을 예로 말하면, 이덕무의 원고본은 이조원의 각본과 다르고, 『함해』 대자본(확실히 존재한다면)은 『속함해』 소자본과 다르며, 중국 각본은 조선 초본과 다르다. 이 차이들은, 서적이 간각되고 전사되는 과정에서 늘 볼 수 있는 오류에 그치는 것이 아니다. 그 차이는 간각자 · 초사자 · 독서자에 의한 의식적 개변이거나 강조이며, 각각의 개변자나 강조자는 각자의 동기를 지니고 있었다. 이런 개변 · 강조의 배후에 놓인 의식과 동기는 우리가 상세히 검토해야 할 가치를 지닌다. 『청비록』은 동아시아 삼국에 유전되면서 삼국의 문인들에 의해 읽혀졌다. 우리의 시야에 펼쳐져 있는 것이 각기 다른 세 가지 독법이고, 읽어 낸 것이 각기 다른 세 가지 의미라는 사실은 매우 흥미롭다. 이조원은 『청비록』에서 허영을 읽어 내면서 동시에 그 책에서 자극을 받아서 그 자극이 『우촌시화』의 저작에 영향을 끼쳤다. 그 밖의 중국 문사는 그 속에서 동국의 가작을 읽어 내고, 이로써 조선 문단의 동향에 더욱 주목하게 되었다. 한문학의 세계관에서 구조적 변화 — 동아시아에 주목하는 시야 — 가 차츰 형성되었다. 조선인은 『청비록』에서 영광을 읽어 냈다. 한편으로는 중국인의 높은 긍정과 관심을 받았기 때문이며, 다른 한편으로는 '동인 저술을 중국 인사가 판각했다'는 사실 때문에 더욱 '몇 세대 만에 나올까 말까 한 희한한' 미담이 되었다. 나아가서 그들은 자기의 저술에서 조선의 초본을 사용하고도 의도적으로 '위주(僞注)'를 하여 "이조원의 『함해』에서 나왔다."라고 적었다. 이것은 또 다른 허영의 반영이라고 볼 수 있다. 그리고 일본인은『청비록』을 읽으면서, 일종의 자부와 교만을 읽어 내었다. 이 세 가지 각기 다른 독법의 배후에는 동아시아 삼국 내부의 문화 변천과 세력 성장이 함축되어 있기에, 그 의미는 더욱 깊이 생각해야 할 것이다. 한자 문헌이 극히 방대하게 존재하므로[105], 독서 태도나 독서 이후 반향에 관한 자료가 분산되어 있기는 해도, 결코 드물게 볼 수 있는 것이 아니다. 따라서 동아시아 학자는 대단히 운 좋게도 '환류'하는 서적의 독서에 대해 훨씬 성과 많은 연구를 수행할 수 있다.

로버트 피셔(Ronald Aylmer Fisher)는 금세기 초 열정에 사로잡혀 단언하길, "지난날 동아시아의 라틴어가 세계에서 가장 위대하고 가장 영향력을 갖춘 문화 매체가 되어 미래에도 아주 오랜 세기에 걸쳐 동아시아 문화를 종전처럼 영향을 주고 인도할 것이다."[106]라고 했다. 나는 동아시아 한적은 비견할 수 없이 풍부한 보고이므로 이 보고 속에 깊이 들어가면 응당 오늘날 세계 학술 연구에 대해 이론의 면에서든 방법의 면에서든 탁월한 공헌을 하리라고 말하고 싶다.

2013년 8월 15일 남경 낭시우소(朗詩寓所)

8월 28일 개고

10월 3일 재개고

105_錢存訓은"중국 전적의 수량이 방대하고 시간이 장구하며 전파가 광범하고 기록이 상세한 것은 17세기 말 이전까지는 세상에 비류할 바가 없었다고 할 수 있다."(『中國紙和印刷文化史』, 廣西師範大學出版社, 2004, p.356)라고 했다. 그는 주석에서 20세기 초 이래 서방의 스윙글(W. T. Swingle) · 라투레트(Kenneth S. Latourette) 등의 견해를 인용하여, 1700년부터 1800까지 중국의 초본 · 인본의 총 페이지 수는 당시 세계에서 사용된 모든 언어 문자를 한데 모은 페이지 수의 총합보다 많았다고 했다(p.362). 현재 이 통계에 대해 의문을 던지는 학자도 있어서, 이를테면 윌킹슨(Endymion Wilkingson)의 「1900年以前中國和西方圖書產量與圖書館」(張升 · 戴曉燕 譯,『中國典籍與文化』 2006年 第4期 수록)은 그 한 예이다. 다만 문구에 사로잡히지 않는다면, 세계에서 한적의 수량이 극히 풍부하다는 것은 부정할 수 없을 것이다.

106_『閱讀的歷史』 第3章, p.102.

명·청 시대 여성 시문집의 동아시아 내 환류(상)
— 동아시아 서적 환류의 길

1. 도입

전체 동아시아 지역에서 중국 여성 문학의 창작은 유래가 아주 오래되어, 명편이 유전할 뿐만 아니라 저명한 여류 시인, 여류 작가가 문단에서 영예를 누렸다. 종영(鍾嶸)의 『시품』은 한나라부터 양나라까지 120여 인의 작품을 논평했는데, 그 가운데 반희(班姬)·서숙(徐淑)·포영휘(鮑令暉) 등의 작품을 상중하 삼품으로 나누어 배열했다. 당시가 번영하고 홍성한 사실의 표지 가운데 하나는 작자의 신분이 드넓어서, 호응린(胡應麟)의 말을 빌리자면, "제왕·장상(將相)·조사(朝士)·포의·동자·부인·치류(緇流)·우객(羽客)으로서 간여하지 않은 사람이 없다."[1] 그리고 명나라 경태(景泰) 연간(1450-1457) 이후 규수(閨秀) 문학이 문단에서 신속하게 굴기하여, 여성 작품의 창작과 출판이 일시에 유행했다. 계한(季嫻)의 『규수집(閨秀集)』「선례(選例)」에 말하길, "경태·정덕 이후 풍아(風雅)의 도가 규합으로 침투하고 편만하여, 만력에 이르러 번성했다."라 하고, 또 "궁중 여성과 명환 여성의 경우 한둘 선할 정도가 아니어서 대략 천여 종이에 가득하다."[2]라고 했다. 그 방대한 수

1_(明)胡震亨,『詩藪』, 上海：上海古籍出版社, 1979, 外編 卷3, p.163. "其人則帝王·將相·朝士·布衣·童子·婦人·緇流·羽客, 靡弗預矣."

2_『四庫全書存目叢書』, 濟南：齊魯書社, 1999, 集部 第414冊, p.331. "自景(泰)·(正)德以

량과 규모가 조성한 충격은 사고관신(四庫館臣)에게도 "규수의 저작을 명나라 사람들은 즐겨 편집했다."[3]라는 인상을 갖게 만들었다. 규수시와 규수시인도 문학사상의 전문 용어가 되었다. 일본 여성도 본래 문학 창작의 전통이 있었다. 일찍이 헤이안 시대의 『경국집(經國集)』에는 공주 유지자내친왕(有智子內親王, 우치고나이신노)의 「잡언봉화어가이수(雜言奉和漁家二首)」가 있다. 장지화(張志和)의 「어가자(漁歌子)」를 모방하여 지은 것으로, 『본조일인일수(本朝一人一首)』는 그를 평하여, "본조 여성 가운데 무쌍의 수재이다."[4]라고 했다. 가나로 창작한 와카 · 모노가타리 · 일기 등에 이르러서는 더욱 일본 여성이 특장으로 삼은 문체로, 적지 않은 고전 명작을 남겼다. 에도 시대에 이르러서는 별집 · 총집이 속속 세상에 나왔다. 이와 비교해서 말하자면, 조선 여성의 창작은 매우 쓸쓸하다. 더욱 중국 여성의 창작과 비교하면 이런 대비는 더욱 선명하다. 서거정(徐居正, 1420-1488)은 『동인시화』 하권에서, "옛날 규수 가운데 채염(蔡琰) · 반첩여(班婕好) · 설도(薛濤)의 무리는 사조(詞藻)가 공교롭고 미려하여 문사들과 길항할 수 있었다. …… 우리 동방에는 여자가 학문하는 일이 전혀 없었다. 비록 영특한 자질이 있더라도 길쌈하는 일에 그쳤을 따름이다. 그래서 부인의 시는 거의 전하지 않는다."[5]라고 했다. 심수경(沈守慶, 1518-1601)의 『견한잡록(遣閑雜錄)』에서는, "부인으로서 문학에 능한 사람으로는 옛날에는 조대가(曹大家) · 반희 · 설도의 무리가 있어 이루 다 기록하지 못할 정도이다. 중국에서는 기이한 일이 아니지만, 우리나라에서는 거의 볼 수 없으니, 기이하다고 할 만하다."[6]라고 했다. 동아시아 여성 시문의 문헌에 관심을 두었던

後, 風雅一道浸遍閨閣, 至萬曆而盛矣." "宮閨名媛, 選不一種, 大約盈千累牘."

3_(淸)永瑢 等, 『四庫全書總目』, 北京 : 中華書局影印本, 1965, 卷193 「名媛彙詩」, p.1766. "閨秀著作, 明人喜爲編輯."

4_林鵝峰 編, 『本朝一人一首』 卷3, 『新日本古典文學大系』, 東京 : 岩波書店, 1994, p.371. "本朝女中無雙之秀才也." 본래 원문에 붙어 있었다.

5_趙鍾業 編, 『修正增補韓國詩話叢編』, 태학사, 1996, 卷1, pp.510-511. "古之閨秀如蔡琰 · 班婕好 · 薛濤之輩, 其詞藻工麗, 可與文士頡頏 …… 吾東方絕無女子學問之事. 雖有英資, 止治紡績而已. 是以婦人之詩罕傳."

6_『大東野乘』本, 朝鮮古書刊行會, 明治四十二年, p.327. "婦人能文者, 古有曹大家 · 班姬 · 薛濤輩, 不可殫記. 在中國非奇異之事, 而我國則罕見, 可謂奇異矣."

이덕무도 "고려 오백 년에 규방 여성의 시는 한 수밖에 전하지 않는다."[7] 라고 했다. 여기서 언급한 여성 창작은 모두 '규수'를 가리켜 말하는 것으로, 기녀는 포함하지 않는다.[8]

조선 반도는 본디 '소중화'라는 명칭이 있는데, 처음에는 중국인이 그들을 부르는 칭호였으나 후대에는 차츰 자칭으로 바뀌었다. 고려 사신 박인량(朴寅亮, ?-1096)은 "희녕(熙寧) 연간에 김근(金覲)과 함께 송나라에 사신으로 갔을 때, 저술한 척독 · 표장(表狀) 및 제영을 송나라 사람이 칭송하고 심지어 두 분의 시문을 간행하기까지 하여 『소화집』이라고 했다."[9] 이른바 '소화'란 '소중화'라는 뜻이다. 이규보(李奎報, 1168-1241)의 「제화이도장단구(題華夷圖長短句)」에서는 "그대는 보지 못했나, 중국인이 우리를 소중화라 부르는 것을, 이 말은 정말 채택할 만하도다."[10]라고 했다. 당나라 현종이 신라를 '군자지국'[11]이라 부른 이후, 북송과 남송의 사람들은 '소중화'로 고려를 보았으니, 그 사이의 맥락은 하나로 궤뚫려 있다. 최립(崔岦, 1539-1612)의 「송유서경부경사서(送柳西坰赴京師序)」에서 "우리 동국은 본시 소중화라 일컬어졌다네. …… 경사(북경)에 가면 서적을 구하려 급급해 하지 않을 수 없을 것이오. …… 구하는 책은 특히 문장을 위한 것이어야 하오."[12]라고 했다. '소중화'의

7_『淸脾錄』 권3, 『靑莊館全書』 권34, 한국문집총간 제258책, 경인문화사, 2000, p.45. "高麗五百年, 只傳閨人詩一首."

8_청대에서부터 중국인은 여성 시문 총집을 편찬하면서 '규수'와 '청루'를 둘로 구분하는 일이 많았다. 이를테면 청나라 惲珠가 編選한 『國朝閨秀正始集』의 경우 그 例言의 한 조항에서"靑樓失行婦人, 每多風雲月露之作, 前人諸選津津樂道, 玆集不錄."이라 해서 '청루'를 '규수'로부터 축출했다. 만청 때 사람들은 여성 작품을 평론하면서 둘을 나누어 논술한 경우가 많다. 이를테면 雷瑨에게 『閨秀詩話』 16권이 있는데, 『靑樓詩話』 2권을 별도로 편집하여 전적으로 기녀의 작품을 기록했다. 金燕 편집의 『香奩詩話』 3권도 규수 · 청루와 方外를 나누었다. 조선인은 이런 작법을 계승하여, 이를테면 『李朝香奩詩』는 입선의 작자를 규수와 창기 두 부류로 나누었다.

9_金宗瑞, 『高麗史節要』, 明文堂, 1981, 권6 肅宗明孝大王丙子元年九月 p.153. "熙寧中與金覲使宋, 所著尺牘 · 表狀及題詠, 宋人稱之, 至刊二公詩文, 號『小華集』."

10_『東國李相國集』 권17, 한국문집총간 제1책, p.469. "君不見華人謂我小中華, 此語眞堪採."

11_金富軾, 『三國史記』, 경인문화사, 1973, 권9, p.79.

12_『簡易集』 권3, 한국문집총간 제49책, p.287. "我東素稱小中華 …… 之京師也, 不能不汲汲於求書 …… 其所求書, 尤必以爲文章也."

핵심은 시문에 있었다. 조선 시대 홍만종(洪萬宗, 1643-1725)의 말을 빌리자면, "우리 동방은 문헌이 중국에 소문이 나서 중국은 우리를 소중화하고 부른다. 대개 문창공 최치원이 앞에서 창도하고 참정 박인량이 뒤에 화응했기 때문이다."[13]라고 했다. 자기 자신의 시문 조예에 대해 조선인은 상당히 자신감을 지니고 있어서, 문장화국(文章華國)이 문명 수준의 표지 가운데 하나라고 여겼다. 유독 결여한 것은 여성 시문이었다. 단, 이에 대해 말하자면, 그들은 이 방면의 사실에 주의하더라도, 내뱉는 것은 자만의 목소리였다. 서거정은 "사방에 모두 본성이 있고 천 리 떨어지면 풍속이 다른데, 우리 동방 여자가 학문을 하지 않는 풍속이 되려 이익이 있을 줄을 어찌 알랴?"[14]라고 했다. 명나라 여성 창작이 시대 풍조로 된 데다가 그것이 조선에 전해져 들어간 이후에야, 비로소 조선의 지식인들의 반성을 야기했으니, 허균은 손색없는 그 대표다. 그는 이렇게 말했다. "동방의 부인 가운데 시를 잘하는 사람이 드물다. '부인은 오로지 술과 음식을 의론해야 하지, 바깥으로 사화(詞華)를 구해서는 안 된다'는 것인가? 하지만 당인의 시에서는 규수로 이름난 사람이 20여 명이어서, 문헌을 징험할 수 있다. 근래에는 제법 있어서, 경번(景樊)은 천선(天仙)의 재주이고, 옥봉(玉峰)도 역시 대가이다. …… 문풍의 성대함이 당인에게 부끄럽지 않으니, 역시 국가의 성대한 일이다."[15] 여기서 말하는 '당인'은 중국인을 가리킨다. 이십여 규수의 시문은 조선인의 관점에서는 방대한 창작 업적임에 틀림없어서, 상당한 정도로 허균에게 자극이 되었다. 이런 반성을 거쳐서, 그는 본국 규수의 대표를 제시했다. 하나는 그 누이 허난설헌(이름 초희, 자 경번, 1563-1618)이고, 다른 하나는 이옥봉(李玉峰, ? -1592)이었다. 동시에 그들의 창작을 '국가의 일대 성대한 일'로까지 승격시켰다. 전례 없는 논설이라고 할 수 있다.

13_『小華詩評』 卷上, 『修正增補韓國詩話叢編』 제3권, p.424. "我東文獻聞於中國, 中國謂之小中華. 蓋由崔文昌致遠唱之於前, 朴參政寅亮和之於後."

14_『東人詩話』 卷下, 『修正增補韓國詩話叢編』 제1권, pp.511-512. "四方皆有性, 千里不同風, 吾東方女子不學之俗, 安知反有益耶?"

15_『鶴山樵談』, 『稗林』 제6집, 탐구당, 1991, p.304. "東方婦人能詩者鮮, 所謂惟酒食是議, 不當外求詞華者耶? 然唐人詩以閨秀稱者二十餘家, 文獻足可徵也. 近來頗有之, 景樊天仙之才, 玉峰亦大家. …… 文風之盛, 不愧唐人, 亦國家之一盛事也."

허균은 두루뭉수리로 중국 규수의 작가를 스무 명이라고 했으나, 2백 년 후 성해응(成海應, 1760–1839)은 그의 『난실담총(蘭室談叢)』 '부인시집(婦人詩集)'에서 상세하게 열거했다.

> 부인시집은 안준(顔竣)·은순(殷淳)에서 시작되어, 서릉(徐陵)·이강성(李康成)이 『옥대(玉台)』를 엮었고, 채성풍(蔡省風)이 「요지(瑤池)」를 읊었다. 대대로 끊이지 않다가, 위곡(韋縠)의 『재조집(才調集)』은 규수 1권을 편집했다. 송원 이후로 선가(選家)는 대개 부인의 시를 빠뜨리지 않았다. 명나라 때는 역호(酈琥)의 『동관유편(彤管遺編)』, 장지상(張之象)의 『동관신편(彤管新編)』, 전예형(田藝衡)의 『시여사(詩女史)』, 유지진(劉之珍)의 『취루집(翠樓集)』, 유헌(俞憲)의 『숙수집(淑秀集)』, 주이청(周履淸)〔주이정(周履靖)이 옳다 – 원주〕의 『궁규시(宮閨詩)』, 정염(鄭琰)의 『명원휘편(名媛彙編)』, 매정조(梅鼎祚)의 『여사집(女士集)』·『청니연화기(青泥蓮花記)』, 요려(姚旅)의 『노서(露書)』, 반지항(潘之恒)의 『긍사(亙史)』, 조문기(趙問奇)의 『고금여사(古今女史)』, 무명자 지상객(池上客)의 『명원기낭(名媛璣囊)』, 죽포 소씨(竹浦蘇氏)의 『연지기(臙脂璣)』, 난릉추씨(蘭陵鄒氏)의 『홍초집(紅蕉集)』, 강방신(江邦申)의 『옥대문원(玉台文苑)』, 방유의(方維儀)의 『궁규시사(宮閨詩史)』, 심의수(沈宜修)의 『이인사(伊人思)』, 계한(季嫻)의 『규수집(閨秀集)』이 있다. 푸른색과 누런색이 뒤섞이고 진짜와 가짜가 얽혀 있었는데, 제남 왕사록(王士祿)이 모두 고정(考正)하여 『연지집(然脂集)』을 만들었다.[16]

성해응이 자신이 열거한 대량의 명대 규수시집[17]을 친히 보았는지의

16_『研經齋全集』 외집 권61, 한국문집총간 제278책, p.108. "婦人詩集始於顔竣·殷淳, 而徐陵·李康成有『玉台』之編, 蔡省風有『瑤池』之詠, 代如甄綜, 韋縠『才調集』輯閨秀一卷. 宋元以降, 選家類不見遺. 明朝則有酈琥之『彤管遺編』, 張之象之『彤管新編』, 田藝衡之『詩女史』, 劉之珍之『翠樓集』, 俞憲之『淑秀集』, 周履淸(案: 當作'靖')之『宮閨詩』, 鄭琰之『名媛彙編』, 梅鼎祚之『女士集』·『青泥蓮花記』, 姚旅之『露書』, 潘之恒之『亙史』, 趙問奇之『古今女史』, 無名子池上客之『名媛璣囊』, 竹浦蘇氏之『臙脂璣』, 蘭陵鄒氏之『紅蕉集』, 江邦申之『玉台文菀〔苑之誤〕』, 方維儀之『宮閨詩史』, 沈宜修之『伊人思』, 季嫻之『閨秀集』, 而青黃雜糅, 眞贋交錯, 濟南王士祿悉從考正, 爲『然脂集』."

17_그 속에는 잘못도 있다. 『청니연화기』·『노서』는 모두 필기 소설이지 여성 시집이 아니다.

여부는 단언할 수 없으나, 응당 많든 적든 조선에 전해져 들어온 것이 있었을 것이다. 이런 책들은 현존하는 조선 왕실 서목에서는 모두 발견할 수가 없어서, 유전 범위는 주로 민간이었을 것으로 추측할 수 있다.

서적 교류의 길을, 나는 이전에 채구(採購) · 수입(輸入) · 번각(翻刻) · 궤증(饋贈)의 4항으로 귀납한 적이 있다.[18] 동아시아 서적의 환류를 고찰하면 그 길은 대개 이와 같되, 다만 더욱 복잡하고 다양하게 드러난다.

2. 채방(採訪)

명나라 정통(正統) 14년(1449) 예겸(倪謙)이 조선에 사신으로 와서 조선 문신들과 시문을 많이 수창했는데, 조선 측에서 이런 작품들을 편찬하여 시집으로 엮어서 세상에 간행했다. 이후 『계유황화집(癸酉皇華集)』(1634년 판각)에 이르기까지 근 2백 년 동안 명과 조선 사이의 시부(詩賦) 외교 전통을 형성했으니, 그것이 바로 현존하는 25종(1종은 완전하지 못함)의 『황화집(皇華集)』이다.[19] 이 책은 "그때그때 목판에 새기고 금벽의 색으로 장식하여 문설주에 걸어 둘" 뿐만 아니라 '나라 안에 반포하여 궁식(모범)으로 삼았다." 화찰(華察)은 자기가 "지난날 경사(북경)에 있을 때 진신 사대부 사이에서 그 개략을 들을 수 있어서, 그 일을 장대하게 여겨 즐겨 말하지 않은 적이 없었다."[20]라고 했다. 입으로 귀로 전하는 것이 넓었음을 알 수 있다. 각기 다른 경로로 중국에 흘러 들어와서, 이 책들은 중국 문인에게 읽혔으며, 그들의 짙은 흥미를 유발했다. 허균의 「병오기행(丙午紀行)」 4월 1일 조는 주지번(朱之蕃)의 다음 이야기를 기록해 두었다. "북경에서 『황화』의 옛 판각본을 보았는데, 이행(李荇) · 정사룡(鄭士龍) · 이이(李珥) 같은 이들에게 모두 문집이 있

18_張伯偉, 『淸代詩話東傳略論稿』, 北京 : 中華書局, 2007, 第2章.

19_杜慧月, 『明代文臣出使朝鮮與皇華集』 下編, 北京 : 人民出版社, 2010.

20_華察, 「讀皇華集序」, 『己亥皇華集』 卷5, 『四庫全書存目叢書』 集部 第301冊, p.693. "曩在京師, 每從縉紳間得聞其概, 未嘗不心壯其事而樂道之也."

는가? …… 최근 유로(柳老)〔유성룡(柳成龍)을 가리킨다〕의 작품을 보니, 원전(圓轉)하고 완량(婉亮)하여 앞사람들보다 뛰어나더군. 귀국 사람들의 시를 속히 베껴서 보여 주시오."[21] 이 일은 만력 34년(1606)에 일어났다. 이런 이야기에서, 중국 문인이 북경에서 『황화집』을 볼 수 있었고, 이런 문헌을 읽음으로써 조선인의 시에 대한 흥미를 일으켰으며, 이런 이후에 조선에 간 후에 자연히 수집하고 채방하려는 바람을 갖게 되었으리란 것을 발견하기 어렵지 않다. 이것은 주지번의 개인적 흥미에 그친다고 볼 수 없다. 사실상 당시 중국 문인들에게 공통된 생각을 대표하고 있다. 이런 배경하에서 선조 25년(만력 20년, 1592) 임진왜란 후, 명나라가 조선에 원군을 파견하여 옛 땅을 수복하는 것을 도울 때 그 군대에 속해 있었던 한초명(韓初命) · 오명제(吳明濟) · 왕세종(汪世鍾) · 남방위(藍芳威) 등이 모두 조선 시를 채방하려는 마음을 품었던 것을 이해하기 어렵지 않다. 맨 마지막에는 두 종류의 『조선시선(朝鮮詩選)』과 한 종류의 『조선시(朝鮮詩)』가 나왔다.

가장 먼저 편찬된 것은 오명제의 『조선시선』이다. 그 자서에 의하면 정유년(만력 25년, 1597) 군대를 따라 조선에 지원하러 왔고 다음해 의주에서 이문학(李文學) 등에게 "동해의 명사 최치원 등의 문집을 요청하자" "기억할 수 있는 것은 곧바로 적어서 올려 차츰차츰 1, 2백 편에 이르렀으며", 서울에 이르러 조선 시를 수집했다. "허씨의 집에 묵게 되었는데, 허씨의 큰형, 둘째형, 셋째는 봉(篈) · 성(筬) · 균(筠)이며, 문학으로 동해에서 이름을 날리고 있었다. 봉과 균은 모두 장원을 했고, 균은 더욱 민활해서, 책을 한번 보면 잊지 않았으며, 동국의 시 수백 편을 암송할 수 있었다. 이에 내가 며칠 걸려 그 누이의 시 2백 편을 얻었다. 그리고 판서 윤근수(尹根壽)와 여러 문학가들의 경우도 역시 잔편을 많이 수집하여 마침내 책 상자에 가득하게 되었다." 그 후에 또 "이씨의 집에 묵었는데, 이씨는 조선 의정 덕형(德馨)으로, 평소 시문을 잘 지었으므로, 내가 더욱 명인의 문집을 수집하여, 전후에 얻은 것이 신라부터 지금

21_『惺所覆瓿稿』 권18, 한국문집총간 제74책, p.291. "在北京見『皇華』舊刻, 如李荇 · 鄭士龍 · 李珥俱有集乎? …… 近觀柳老(當指柳成龍)之作, 圓轉婉亮, 有勝於前人也. 貴國人詩, 可速繕寫以示."

의 조선에 이르기까지 모두 1백여 문인이다. 펼쳐서 보느라 두 달을 문밖에 나가지 않았으며, 가편 약간 편을 얻어서 분류하여 적어 두었다."[22] 이 책이 편찬된 것은 완전히 본인이 해당 지역에서 채방한 결과이다.

또한 남방위의 『조선시선전집(朝鮮詩選全集)』이 있는데, 오명제와 달리, 그의 채방 대상은 문학의 명가가 아니라 민간의 백성이었다. 언어가 통하지 않았으므로 그는 혹 역관을 통해서 번역하거나 혹 도영(楮穎), 즉 지필을 이용했는데, 후자를 이용하는 경우가 특히 많았다. "마어(馬圉)와 중시(重廝)〔말 기르는 자와 잡역부〕도 점획이 뛰어났고", "선비는 대부분 시에 통하여, 방외(方外, 지방 관사)와 곤중(梱中, 군중)에도 그런 사람이 빠짐없이 있었다. 적황색 무릎 가리개를 차는 무인이라고 해서 한묵(翰墨, 지필)에 능한 자가 결코 적지 않았으므로, 때때로 군진의 막사에 와서 시를 증여하기도 하고 혹은 그 나라에서 지은 시를 교대로 내어 보여 주었다. 오래 지나자 더욱 친해져서 한집 사람끼리의 정처럼 따스하게 되었다." 그래서 "스스로의 소루함을 잊고 친히 정정하고 엄선하여 시 약간을 얻어 4부로 분류했다."[23] 오지과(吳知過)의 서문도 "남방위 공이 조선에 시종 체류한 지 거의 삼 년인데, 조선이 투증한 시와 사녀들이 스스로 지은 시 수백 편을 얻어서, 모두 사양하지 않고 스스로 기록하여 친히 선정(選訂)했다."[24]라고 했다. 단 이 책은 오명제의 책보다 뒤에 이루어졌으므로(오명제의 편집은 만력 28년에 간각되고, 남방위의 편집은 만력 32년에 간각되었다), 오명제로부터 큰 영향을 받은 것이 사실이다.[25]

22_祁慶福, 『朝鮮詩選校注』, 沈陽 : 遼寧民族出版社, 1999, pp.238-239. "館於許氏, 許氏伯仲三人, 曰篈 · 曰筬 · 曰筠, 以文鳴東海間. 篈 · 筠皆擧狀元, 筠更敏甚, 一覽不忘, 能誦東詩數百篇, 於是濟所積日富. 復得其妹氏詩二百篇. 而尹判書根壽及諸文學亦多搜殘篇, 遂盈篋." "館於李氏, 李氏, 朝鮮議政德馨也, 雅善詩文, 濟益請搜諸名人集, 前後所得, 自新羅至今朝鮮共百餘家. 披覽之, 凡兩月不越戶限, 得佳篇若干篇, 類而書之."

23_藍芳威, 「選刻朝鮮詩小引」, 『朝鮮詩選』 卷首, 미국 캘리포니아대학 버클리분교 도서관 소장. "即馬圉重廝(蓄馬者和雜役)亦工點畫." "士多通詩, 以至於方之外, 梱之中, 在不乏人. 初不以韎韐士於翰墨寡所短長, 時詣軍幕, 以詩相投贈, 或以其國中所爲詩交出而傳示. 久而益親習, 煦若家人情." "自忘疎陋, 親爲訂選, 共得詩如干, 釐爲四部."

24_「藍將軍選刻朝鮮詩序」, 『朝鮮詩選』 卷首. "(藍公)首尾在朝鮮者幾三年, 得朝鮮投贈詩及士女自所爲詩幾數百篇, 皆不辭手錄, 而親爲選訂."

25_李鍾默, 「關於伯克利大學藏本藍芳威編『朝鮮詩選全集』」, 李春姬 譯, 張伯偉 編, 『域外

왕세종(汪世鍾)〔자 백영(伯英). 가유약(賈維鑰)이 공참했을 것이다〕은 『조선시』 4권을 편찬했으나 그 책은 이미 없어지고, 서발(徐𤊹)의 『필정(筆精)』 권5에 "신도(新都) 왕백영이 만 중승(萬中丞)을 따라 조선을 경략하다가 그 나라의 고금 시 4권을 모았는데, 엄연히 중화의 음조가 있었다."[26]라고 했다. 이것도 채방하여 얻은 것을 선별하여 편집한 것이다.

세 시선집의 편자 · 시각 · 채방 대상은 다르지만, 한 가지 공통된 점이 있다. 곧 여성의 창작을 돌출시킨 것으로, 특히 허난설헌은 세 선집에서 모두 반짝이는 샛별과도 같다. 금본 오명제 편집본은 모두 7권으로, 선입한 시인이 112명, 시작이 340수인데, 난설헌 한 사람의 선시가 58수이다. 이 책은 다시 이씨, 성씨, 유여주(俞汝舟) 처, 조완(趙瑗) 첩 이씨 등 기타 여성의 작품도 수록했다. 남방위 편집본은 8권으로, 수록한 시는 585수인데, 난설헌 한 사람이 두 권을 차지하여 시가 130수이여서, 그 지위의 돌출이 아주 분명하다. 그 밖에 신라 여왕, 조완 첩 이숙완(李淑媛), 이씨, 성씨, 유여주 처 등을 수록했다. 왕세종 편집본은 볼 수가 없으나, 방증 자료로 보건대 마찬가지로 이상의 특징을 갖추고 있었을 것이다. 이를테면 왕동궤(王同軌)는 "계주(薊州) 가사마(賈司馬), 신도 왕백영이 그곳의 시를 선별하여 판각하여 권질을 이루었는데, 여성 허씨의 것이 가장 많고 가장 공교하다."[27]라고 했고, 홍만종도 "근세 계문(薊門) 가사마와 신도 왕백영이 동방의 시를 선록했는데, 난설헌의 시가 가장 많다."[28]라고 했다. 오명제 편집본의 '동열교정(同閱校正)' 명단에 주목하면, 가사마와 왕백영 두 사람이 그중에 들어 있으므로, 왕세종 편집본이 오명제 편집본의 영향을 받아 난설헌의 지위를 돌출시켰으리란 것은 대단히 자연스런 일이다.

漢籍研究集刊』第4輯, 北京：中華書局, 2008, pp.319–336.

26_沈文倬校注本, 福州：福建人民出版社, 1997, p.170. "新都汪伯英, 從萬中丞經略朝鮮, 集其國中古今詩四卷, 儼然中華之調."

27_『耳談類增』卷54「朝鮮許姝氏詩」, 『續修四庫全書』第1268冊, 上海古籍出版社, 2002, p.211. "薊州賈司馬 · 新都汪伯英選梓其中詩成帙, 獨許姝氏最多而最工."

28_『小華詩評』卷下, 『修正增補韓國詩話叢編』 제3책, p.524. "近世薊門賈司馬 · 新都汪伯英選東方詩, 獨蘭雪軒詩最多."

3. 구매

구매는 양측 무역 내용의 하나이다. 명 · 청 시기(특히 청대) 중국과 조선 사이의 무역 문제는 앞사람의 몇몇 연구가 있어서 약간의 기본 인식을 얻었다. 이를테면 전해종(全海宗)은 "중국과 한국 사이의 교역에는 두 가지가 있다. 하나는 사행의 왕래를 통해 행하는 교역이다. 다른 하나는 국경에서 직접 진행하는 교역이다."[29]라고 했다. 이는 장존무(張存武)가 말한 '사행 무역(使行貿易)'과 '변시(邊市)'이다.[30] 서적의 경우에는 완전히 사행 무역에 속한다. 상대적으로 말하면 조정의 의지로 구매한 서적의 종류는 대개 보수성을 드러내어 내용은 정주성리학의 저작이 많았다. 다른 종류이거나 신학풍을 대표하는 저작은 개인 구매에 의존했다. 이덕무는 김종후(金鍾厚, 호 直齋)에게 보낸 서신에서 "중국 서적 가운데 조금 희귀한 것은 문사가 연경에 들어가서 친히 구입한 것이 아니면 원래 얻을 리가 없다."[31]라고 했다. 청나라 강소서(姜紹書)의 『운석재필담(韻石齋筆談)』 상권에도, "조선국 사람들은 책을 아주 좋아해서, 사신으로서 조공을 하러 들어오면 …… 그쪽에 없는 것들을 날마다 시장에 나가서 각각 서목을 베끼고 사람을 만나면 묻고 하여, 높은 값을 아끼지 않고 구매하여 돌아간다."[32]라고 했다. 심지어 교활한 중국 서적상이 왕왕 높은 값으로 일반 서적을 조선인에게 팔기도 했다. 심덕부(沈德符)는 만력 연간의 일을 기록하여, "조선의 풍속이 시문을 대단히 숭상한다. …… 문학으로 이름난 자들을 잘 선발해서 사절로 충당하여, 대궐에 이르면 반드시 도서를 구매했다. 마침 『엄주사부고(弇州四部稿)』를 희망하자, 서사(書肆)가 일부러 쩨쩨하게 굴어, 값을 부풀려 열 배에

29_全善姬 譯, 「淸代韓中朝貢貿易考」, 『中韓關係史論集』, 北京 : 中國社會科學出版社, 1997, p.229.

30_『淸韓宗藩貿易(1637-1894)』, 臺北 : 臺灣中硏院近代史硏究所, 1978, 第二章 · 第三章.

31_『靑莊館全書』 권19, 한국문집총간 제257책, p.255. "中國書籍之稍稀貴者, 除非文士入燕親購, 則元無可得之理."

32_文淵閣『四庫全書』本, 臺北 : 商務印書館影印, 1983. "朝鮮國人最好書, 凡使臣入貢 …… 在彼所缺者, 日出市中, 各寫書目, 逢人便問, 不惜重直購回."

이르렀다."[33]라고 했다. 이런 정황은 청나라 때도 마찬가지였다.[34]

일반적으로 말하면, 조선인이 중국에 와서 구매하는 것은 주로 중국 서적이었다. 단, 명나라 후반의 몇몇 총집 가운데는 중국 시가를 위주로 하면서도 조선 시를 아울러 고른 것이 있었다. 따라서 중국서를 구매하는 동시에 사실상 서적의 환류를 이루었다. 이의현(李宜顯, 1669-1745)은 일찍이 중국에 사신으로 갔다가 왔는데, 뒤에 「도협총설」(1736년 저술)에서 "명나라 사람이 우리 동국의 시를 아주 좋아했다. 특히 허경번(난설헌)의 시를 높이 쳐서, 시 선집이 경번의 시를 싣지 않은 것이 없었다."[35]라고 했다. 이 기록 뒤에 거론한 선본으로는 남방위 『조선시선전집』, 전겸익(錢謙益) 『열조시집(列朝詩集)』, 주이준(朱彝尊) 『명시종(明詩綜)』, 진자룡(陳子龍) 『명시선(明詩選)』, 종성(鍾惺) 『시귀(詩歸)』 등이 있다. 특히 『조선시집』은 조선에서 아주 높은 평가를 얻었으므로, 그 영향이 또한 컸다.[36] 그리고 여성 작품을 전문적으로 선록한 시집 가운데 『명원회시(名媛匯詩)』·『고금여사(古今女史)』·『명원시위초편(名媛詩緯初編)』 등도 조선 여성의 작품을 소홀히 하지 않았다. 만력 46년(1618) 간행한 거각생(蘧覺生)의 『여소(女騷)』는, 조시용(趙時用)이 서문을 지어, 선록 범위에 대해 언급했는데, "이(夷)와 하(夏)를 아울러 수록한다"[37]라는 말이 있었다. 이는 17세기 이후 이미 중국 여성 시선의

33_『萬曆野獲編』, 北京：中華書局, 1959, 卷30「朝鮮國詩文」條, p.786. "朝鮮俗最崇詩文…… 皆妙選文學著稱者充使介, 至闕必收買圖籍. 偶欲『弇州四部稿』, 書肆故靳之, 增價至十倍."

34_李德懋, 『入燕記』. "每年使臣冠蓋絡繹, 而其所車輸東來者, 只演義小說及『八大家文抄』·『唐詩品彙』等書, 此二種雖曰實用, 然家家有之, 亦有本國刊行, 則不必更購. 中國則此二書亦廣布, 不必珍貴, 價亦甚低. 但朝鮮使來時, 必別爲儲置, 以高價賣之. 東人之孤陋類如是." 李〔土甲〕의 『燕行紀事 · 聞見雜錄』에는 중국 상인이 "매매를 할 때 높은 가격을 부르면 반드시 '나는 고려인이 아니거늘 네가 어째서 이렇게 가격을 부르느냐?'라고 했다."라고 적었다. 李在學의 『연행일기』에도 유사한 기록이 있고, 그 「館中雜詠」에도 다음 시가 있다. "館中貨儈序班曹, 伎倆由來判析毫. 相對東人愚弄甚, 鑞鈴燔佩價猶高."

35_「陶峽叢說」『陶谷集』 권28, 한국문집총간 제181책, p.455. "明人絕喜我東之詩, 尤獎許景樊詩, 選詩者無不載景樊詩."

36_「陶峽叢說」, 『陶谷集』 권28. "選明詩者亦多, 錢牧齋『列朝詩集』當爲一大部書. 蓋自元末明初至明之末葉, 大篇小什, 無不搜羅畫載. 而旁采僧道 · 香奩 · 外服之作, 亦無所遺, 實明詩之府庫也."

37_胡文楷 編著, 『歷代婦女著作考』引, 上海：上海古籍出版社, 1985, p.885. "夷夏兼錄."

통례 가운데 하나로 되었던 듯하다. 이런 시선집 속에 실린 조선 여성 작품의 내원을 살펴보면, 절대다수가 위에 든 『조선시선』 등의 서적에 의거해서 만들어진 '2차 시선'이다. 『열조시집』을 두고 논하더라도 그 조선 부분은 기본적으로 오명제 『조선시선』에서 기원한다. 책 속에서 오명제 시선의 자서와 허균의 후서를 여러 차례 인용했으며, 난설헌의 시를 선록하면서 분명히 표시하길, "지금 수록하는 것은 역시 『조선시선』에 의거하되 열에 두셋을 남겨 둔다."[38]라고 했다. 또 이달(李達)의 시를 선록한 것은 『손곡시집(蓀谷詩集)』에서 나왔다. 전겸익이 스스로 말하길, "천계 연간에 총병 모문룡이 피도(皮島)를 지킬 때 동국의 서적을 채방할 것을 부탁하자 이 시집을 부쳐 주었다."[39]라고 했으니, 채방하여 구한 것임을 알 수 있다. 『명시종』의 '속국' 부분도 역시 고려 · 조선의 시를 적잖이 수록했는데, 관련 문헌에 대해 언급하여, "지금 남아 있는 것은 회계(會稽) 오명제(吳明濟) 자어(子魚)의 『조선시선』뿐이다."[40]라고 했다. 또 임제(林悌, 1549–1587)의 이름 아래에는 "시가 『조선채풍록』에 보인다."[41]라고 했다. 왕사진(王士禛)의 『지북우담(池北偶談)』에 따르면, 『조선채풍록』은 강희 17년(1678) 조선에 갔던 반조주사(頒詔副使) 손치미(孫致彌)가 엮은 것으로, 실은 강희제가 "동국의 시를 채집하라고 명하여 돌아가 주달한" 것이었다. 박미(朴瀰)의 「송조사환경시서(送詔使還京師詩序)」도 이 행차의 사신이 "요구한 것은 시문과 서법뿐이어서" 이는 "이전에 없던 일이다."[42]라고 언급했다. 주이준의 『명시종』도 이 책을 참고하여 조선 시인이 작품을 선록했다. 그리고 이런 중국인 편찬의 몇몇 시선집들(그 속에는 여성 작품도 들어 있다)은 구입되어 조선으로 돌아옴으로써, 서적의 환류를 이루었다.

38_錢謙益, 『列朝詩集』, 北京 : 中華書局, 2007, 閏集, p.6857. "今所撰錄, 亦據『朝鮮詩選』, 存其什之二三."

39_『列朝詩集』, 閏集, p.812. "天啓中, 毛總兵文龍守皮島, 屬訪求東國書籍, 以此集見寄."

40_『靜志居詩話』, 『明詩綜』, 北京 : 中華書局, 2007, 卷95上, p.4403. "今之存者, 僅會稽吳明濟子魚『朝鮮詩選』而已."

41_『靜志居詩話』, 『明詩綜』, 卷95下, p.4453. "詩見『朝鮮采風錄』."

42_『池北偶談』, 北京 : 中華書局, 1982, 卷18, pp.426–429. "所索者惟詩文與書法而已", "前此所未有也."

유사기(兪士基)의 「임벽당유집발(林碧堂遺集跋)」에는 "지난해 겨울 친구 김자앙(金子昂) 두명(斗明)이 서장관으로 연경에 가서, 목재(牧齋) 전겸익 편집의 『열조시집』을 구하여 돌아와 내게 보여 주었다."[43]라고 했다. 『사행록』의 기록에 따르면 김두명이 서장관이 되어 연경에 간 시기는 조선 숙종 8년(강희 21년, 1682) 11월[44]로, 『열조시집』의 간각보다 30년 뒤이니, 이는 구입 시기를 명확히 기록한 가장 빠른 것이다.

주이준 『명시종』을 구입한 이의현은 『경자연행잡지(庚子燕行雜識)』 하(下)에 이 사행 때 구입한 전적들을 열거했는데, 거기에 이 책이 있다. 때는 숙종 46년(강희 59년, 1720)이다.

명나라 말 종성(鍾惺) · 담원춘(譚元春)이 편집한 『시귀(詩歸)』는 『고시귀(古詩歸)』와 『당시귀(唐詩歸)』 두 종을 가리킨다. 또한 구제(舊題)에 종성이 편찬했다고 되어 있는 『명원시귀(名媛詩歸)』 36권이 있으나, 왕사진은 "오하(吳下) 사람이 종성 · 담원춘의 이름에 가짜로 의탁한 것이지 정말로 두 분의 손에서 나온 것이 아니다."[45]라고 했다. 『사고제요』도 "그들이 편찬한 『고시귀』 · 『당시귀』와 함께 나란히 행하는데, 그 사이에 진위가 섞여 나와 후학을 아주 현혹시킨다. 왕사정(王士禎)의 『거이록(居易錄)』〔『지북우담(池北偶談)』이 옳다〕도 민간 상인이 이름을 가탁한 것이다. 지금 책 머리를 보면 민간 서점의 지어(識語)가 있어, '명원(名媛)의 시는 아직 간행하지 않았으며, 특별히 비본을 찾아 정세하게 판각하고 상세히 교정을 한다.' 라고 운운했으니, 그 말을 따져 보면 종성의 손에서 나오지 않은 것이 아주 분명하다."[46]라고 했다. 단 이의현의 「도협총설」은 『시귀』를 인용하고, 아울러 그 속에 난설헌 시를 선록했는데, 이것은 사실 '명원시귀'를 가리킨다. 가장 먼저 이 책을 읽은 사

43_張伯偉 主編, 『朝鮮時代女性詩文集全編』, 南京 : 鳳凰出版社, 2011, 上冊, p.15. "去歲之冬, 友人金子昂斗明以書狀赴燕, 購得錢牧齋謙益氏所輯『列朝詩集』, 歸以眎余."

44_朝鮮. 鄭昌順等編纂, 『同文彙考補編』 卷7, 『同文彙考』, 臺北 : 珪庭出版社, 1980, 第12책, p.950.

45_『池北偶談』 卷18 '名媛詩'條, p.435. "乃吳下人僞託鍾 · 譚名字, 非眞出二公之手."

46_『四庫全書總目』, 北京 : 中華書局, 1965, 卷193 '『名媛詩歸』提要', p.1759. "與所撰『古唐詩歸』並行, 其間眞僞雜出, 尤足炫惑後學. 王士禎『居易錄』(當作『池北偶談』)亦以爲坊賈所託名. 今觀書首有書坊識語, 稱名媛詩未經刊行, 特覓秘本精刻詳訂云云, 核其所言, 其不出惺手明甚."

람은 조선의 남구만(南九萬, 1629-1711)으로, 그는 자기가 "일찍이 연경의 객관에 들어가 『명원시귀』 한 질을 얻었다."[47]라고 했다. 그의 이력을 살펴보면, 그는 숙종 10년(강희 23년, 1684)과 숙종 12년(1686) 두 차례 조선의 정사로 연경에 갔었으므로, 그가 『명원시귀』를 얻은 시간도 이 무렵일 것이다. 또 신광수(申光洙, 1712-1775) 「강정언 필신에게 답하다〔答姜正言必愼〕」에서 "아우 광하(光河)가 일찍이 『시귀』를 한 번 빌려 주신다고는 말씀을 들었으나, 번번이 스스로 보지 못함을 한으로 여겼습니다. 마침 처가에 가서 돌아오지 않았는데, 지금 다시 허락해 주신다고 하시니, 이후에 보여 주신다면, 우리 형제는 눈을 부쳐 열람할 수가 있을 것입니다."[48]라고 했다. 그는 강필신에게 『시귀』를 빌리려고 했는데, 아마도 이것은 『명원시귀』였던 듯하다. "고령 신씨는 대대로 문학으로 이름이 났다."[49]고 한다. 그 누이 신부용당(申芙蓉堂, 또 다른 호 山曉閣, 1732-1791)은 『산효각부용시선(山曉閣芙蓉詩選)』 1권이 있다. 신부용당의 「동지사형(冬至思兄)」은 신광수와 신광하(1729-1792)에게 보낸 서신으로, "서울의 두 오라버니가, 어느 집에서 친우들과 시와 서를 강론하다가 마쳤는지 모르겠습니다만, 때때로 수심에 젖어 생각하는 것이 마음에 극도로 가득합니다."[50]라고 하여 그 사이에 참여하지 못함을 슬퍼했다. 집안에 이런 재주 높은 누이가 있었으므로, 그들이 여성 작품에 대해 관심을 지녔던 것은 아주 자연스러운 일이었으며, 그래서 재차 남에게서 규수 시선을 빌려보고자 한 것이다.

이덕무는 정조 2년(건륭 43년, 1778) 연경에 들어갔는데, 일찍이 북경 유리창에서 서적을 찾아보아, "다만 우리나라에서 희귀하거나 전혀 없는 것들을 베꼈다."[51] 구입하려고 베꼈던 서목 속에는 문수당(文粹堂)의

47_「題林碧堂七首稿後」, 『藥泉集』 권27, 한국문집총간 제132책, p.455. "曾入燕館, 得『名媛詩歸』一帙."

48_『石北集』 권11, 한국문집총간 제231책, p.414. "家弟光河, 曾奉『詩歸』一借之敎, 每以不果得見自恨. 適赴婦家不還, 今拜申許, 從後投示, 兄弟庶得以與寓目焉."

49_申光河, 「申光洙行狀」, 『石北集』 권16 부록, 한국문집총간 제231책, p.506. "高靈之申, 世以文學顯."

50_『朝鮮時代女性詩文集全編』 上冊, p.608. "不知京中之二兄, 誰家與朋友講論詩書而罷, 時時愁思極心."

51_『入燕記』 下, 한국문집총간 제259책, p.220. "只抄我國之稀有及絕無者."

『명원시초』와 문환재(文煥齋)의 『명원시귀』가 있었다. 이 두 서적은 조선에서 그리 널리 유전하지 않았음을 알 수 있다.

4. 수입

채방과 구매는 동인이 중국에 가서 구매하는 것을 말하지만 수입은 중국인이 서적을 가지고 오는 것을 말한다. 전자의 방식은 주로 중국과 조선 사이에 발생했고, 후자의 방식은 중국과의 사이나 일본과의 사이에 발생했다(조선과 일본의 사이에는 소량으로 이루어졌다).[52] 중국과 일본 사이의 무역에 대해서는 앞사람이 충분하게 연구해 두었다.[53] 일본 현존의 각종 박재 서목(舶載書目)을 이용하면, 중국서적이 일본에 수입된 상황을 새롭게 연구할 수 있다. 나가사키에서 중국과 일본 사이의 무역이 빈번하여, 대량의 서적이 상선을 통해 일본에 수입되었다. 이런 상선들은 대부분 강절(江浙)과 복건(福建)에서 왔다. 명 · 청 이래 강절(江浙)은 인문의 연수(淵藪)에 그치지 않고 서적 판각의 사업에서도 중진(重鎭)이었다. 호응린의 『경적회통(經籍會通)』은 "지금 해내의 서적은 모이는 곳이 네 곳이니, 연시(燕市)요 금릉(金陵)이요 창합(閶闔)이요 임안(臨安)이다. …… 오회(吳會) · 금릉은 문헌으로 이름을 날리고 각본이 아주 많으며, 거질의 유서(類書)도 모두 여기에 모여든다."라고 했다. 또 "판각하는 곳으로는 세 곳이 있으니, 오(吳)요 월(越)이요 민(閩)이다. …… 그 정교한 것은 오 땅이 많다. 판각이 많은 곳은 민 땅이 최고이고 월 땅이 그 다음이다."[54]라고 했다. 이것은 명대 후기의 상황이되, 청대도 대체로 이와 같았다. 왕사진의 『거이록』 권14에 "최근에는

52_중국과 조선 사이의 서적 수입의 정황은 아주 적어, 우연히 출현했으며, 그것도 표류선에 의했기 때문에 도서의 무역은 아니었다.

53_山脇悌二郎, 『長崎の唐人貿易』; 大庭修, 『江戸時代における唐船持渡書の研究』; 松浦章, 『清代海外貿易史の研究』 등.

54_『少室山房筆叢』, 上海書店出版社, 2001, 卷4, pp.41-43. "今海內書, 凡聚之地有四：燕市也, 金陵也, 閶闔也, 臨安也 …… 吳會 · 金陵, 擅名文獻, 刻本至多, 巨帙類書咸會萃焉." "凡刻之地有三：吳也, 越也, 閩也 …… 其精, 吳爲多；其多, 閩爲最, 越皆次之."

금릉 · 소(蘇) · 항(杭)의 서방(書坊)에서 판각이 성행하는데, 건본(建本)은 대유령을 건너지 못하고, 촉은 병란을 겪어서 성곽과 구릉만 남고 서적을 간각하는 일이 전혀 없다. 경사(서울)도 훌륭한 각수가 드물다."[55]라고 했다. 나가사키에 갔던 청나라 상인은 대부분 강절과 복건에서 왔으므로, 서적 수입의 속도와 수량도 놀랄 정도였다. 아사가와 젠안(朝川善庵, 1781-1849)의 「청가록서(淸嘉錄序)」는 다음과 같이 언급했다.

> 최근 간각한 청인 시집 가운데 선박에 실려 이르러 온 것이 아주 많아, 내가 보기에 2백여 부 남짓이다. 전파가 넓고 빠른 것은 고(顧鐵卿, 顧祿)군의 『이소당시초(頤素堂詩抄)』 같은 것이 없다. 도광 경인((1830) 초하에 판각되어 천보 신묘(1831) 3월에 내가 에도 서점 옥암당(玉巖堂)에서 구했다. …… 이 책은 판각된 지 한 해도 되지 않아, 극서에서 극동으로 이르기까지 무릎도 사용하지 않고 달렸으니, 어찌 우연이겠는가?[56]

이런 정황에 대해 조선인까지도 감탄하여 "어찌 우전(郵傳)이 이다지도 신속하여 먼저 보는 것이 쾌속한가!"[57]라고 했다.

여성 시문은 수입 서적의 극소 부분을 점유하지만, 지금까지 남아 있는 각 종류의 박재 서목(舶載書目)[58]에 근거한다면 이하의 작품들을 열거할 수 있다.

> 『古今女史』一部一套, 元祿八乙亥年(1695)

55_文淵閣『四庫全書』本, 臺北：商務印書館影印. "近則金陵 · 蘇 · 杭書坊刻版盛行, 建本不復過嶺, 蜀更兵變, 城郭丘墟, 都無刊書之事, 京師亦鮮佳手."

56_『樂我室遺稿』卷2, 崇文叢書 第2輯 51, 東京：崇文院, 1931, p.8. "近刻淸人詩集船到極多, 以余所見, 尙有二百餘部, 而傳播之廣且速者, 莫顧君鐵卿『頤素堂詩抄』若也. 梓成於道光庚寅(1830)首夏, 而天保辛卯(1831)三月, 余得諸江戶書肆玉巖堂 …… 其書刻成不一年, 自極西而及於極東, 所謂不脛而走, 是豈偶然哉?"

57_李尙迪, 「讀『蕙錄』」, 『恩誦堂集』續集 文 권2, 한국문집총간 제312책, p.242. "何其郵傳之速而先睹之快也!"

58_大庭修, 『江戶時代における唐船持渡書の硏究』資料編, 大阪：關西大學東西學術硏究所, 1967.

『閨貞集』一部一本, 元祿十六癸未年(1703)
『名媛詩歸』, 享保八癸卯年(1723) ; 一套八本, 天明六年(1786)寅拾番船
『古今名媛詩歸』一部一套, 寬政十一己未年(1799)
『彤管新編』一部四本, 享保十一丙午年(1726)
『午夢堂詩』一部八本, 安永八己亥年(1779)
『本朝名媛詩抄』一部一套, 天明三癸卯年(1783) ; 一套二本, 天明六年(1786)寅拾番船
『名媛尺牘』五部各一套(一部新渡, 一部阪上領作, 三部買請人), 天保十二丑歲(1841) ; 一部一套, 天保十二丑歲(1841)
『彤管遺編』一部二套, 申三番船, 嘉永二酉歲(1849)五月 ; 一部二套, 申四番船, 嘉永二酉歲(1849)五月

『규정집』이 어느 때 어느 사람의 편찬인지는 알 수 없다. 이미 강희 42년에 전해져 들어왔으므로, 이상의 여러 서적들은 이보다 앞서 있었을 것이다. 『오몽당시』는 명나라 섭소원(葉紹袁)이 엮은 『오몽당집(午夢堂集)』임에 틀림없다. 『고금명원시귀』는 『명원시귀』와 마땅히 동일 종류이다. 가장 이른 한 부는 강희 34년에 전해 들어온 『고금여사』이며, 가장 늦은 것은 도광 29년 전해 들어온 『동관유편』이다. 또한 주의할 만한 것은, 원매(袁枚)의 『수원삼십종(隨園三十種)』으로, 그 속에 『수원여제자시선(隨園女弟子詩選)』을 포함하며, 수입본이 극히 많다.

『隨園卅種全集』一部十套, 天保十二(1841) ; 又一部十二套
『袖珍隨園三十種』二部, 天保十五(1844)
『隨園三十種』二部各十六套, 天寶十二(1841) ; 二部, 天保十五(1844) ; 一部十套, 弘化三歲(1846) ; 一部十套, 弘化四歲 ; 一部十二包, 弘化五歲 ; 一部八套, 嘉永二酉(1849) ; 一部十套, 嘉永六年(1853)

12년 사이에 13부 88투가 들어왔다는 것은 불완전한 통계이다. 이 밖에 조선 여성 시의 기타 중국 총집이 포함되어 있었다. 이를테면 『열조시집』은 향보(享保) 11년(1726)과 12년(1735)에 전해 들어오고, 『열조시집소전(列朝詩集小傳)』은 원록(元祿) 12년에 전해 들어왔다. 후자는 『열조시집』 가운데서 추려내어 강희 37년(1698) 단행한 것으로, 그 이듬해 일본으로 전해 들어왔다. 또 『명시종』은 향보 6년(1721) 1부 4투가 전해 들어왔고, 이후 보력(寶曆) 9년(1759)과 천명(天明) 2년(1782) 부단히 계속해서 전해 들어왔다. 여기서 나열한 것은 중국 여성 작품이 실제로 전해 들어온 시간의 처음과 끝도 아니고 전해 들어온 작품의 전부 서목도 아니지만, 이 역사 단편의 절취를 통해서 우리는 당시 상선을 통한 수입 정황을 상상할 수 있다.

조선에서 일본으로 수입된 서적에 대해서는 갖가지 자잘한 기록들이 있기는 하지만, 결국 어떤 경로를 통해 들어왔는지는 아주 작은 실마리가 있을 따름이다. 이덕무 「앙엽기」 권6 '동국서입일본(東國書入日本)' 조는 약간 서명을 기록해 두었다.

> 『동국통감』·『삼국사』·『해동제국기』·『지봉유설』·『이학통록(理學通錄)』·『주서절요』·『동의보감』·『징비록』·『진산세고(晉山世稿)』·『퇴계집』·『율곡집』은 일본에 들어왔다. 무진 신사(戊辰信使)의 행차 때 오사카 사람 상월신경(上月信敬)의 자는 단장(丹藏), 호는 전암(專庵)인데, 묻기를, "양촌(권근) 『입학도설』, 회재(이언적)의 『구경연의』, 퇴계(이황)의 『성학십도』·『계몽전의(啓蒙傳疑)』·『주서절요(朱書節要)』·『천명도(天命圖)』·『자성록(自省錄), 율곡(이이)의 『성학집요』·『격몽요결』·『계몽보요해(啓蒙補要解)』는 모두 귀국의 서적인데, 이 이후에 어느 사람이 서적을 저술해서 도를 보위하고 있습니까" 라고 했다. 이 책들도 역시 일본에 들어가 있으므로 단장의 말이 이와 같았다. 그 가운데 『계몽보해』는 우리나라에서 들어 보지 못했던 것이다. 『춘관지(春官志)』는 이맹휴(李孟休)의 저술인데, "왜가 청구하는 서적은 『오경사서대전』·『주자대전』·『십삼경주소』·『퇴계집』·『동의보감』·『동문선』 따위로, 이루 다 기록할 수가 없는데, 『양성재집(楊誠齋集)』·『오경찬소(五經纂疏)』·『문체명변(文體明辨)』·『주장전서(周張全書)』·『문장변체(文章辨體)』·『소학(小學)』·『자훈(字訓)』·『여동래속대사기(呂東萊續大事紀)』 등의 서적은 우리나라에 없으므로 허

락하지 않았다 라고 했다.[59]

이른바 '무신 신사'란 영조 24년(1748)의 조선통신사를 가리킨다. 조명채(曺命采, 1700-?)가 이 사행의 종사관이어서, 『봉사일본시문견록(奉使日本時聞見錄)』을 엮었다. 그 속의 4월 13일 기록에, "듣자니 우리나라 서적 가운데 『징비록』·『고사촬요』·『여지승람』 등의 책자는 전에 이미 들어왔다고 하고, 지금 듣자니 『병학지남』·『통문관지』가 새로이 땅에 들어왔다고 한다. 이것은 모두 훈별(訓別)의 무리가 뇌물을 받고 찾아 준 것이니, 국가의 법을 두려워하지 않고 그런 것이다. 이 무리의 간악한 폐단이 이와 같으니 만만 애통하다."[60]라고 했다. 이보다 이른 시기의 조선통신사가 숙종 45년(1719)에 떠났는데, 제술관 신유한(申維翰, 1681-1752)의 『해사동사록』 권4에 다음 기록이 있다.

> 오사카의 서적의 성대함은 실로 천하의 장관이다. …… 우리나라가 관시(關市)를 연 이래 관역(館譯)과 돈독하게 관계를 맺어 널리 여러 서적을 구했고, 또 통신사가 왕래함에 따라 문학의 길이 점점 열려서 수답의 사이에서 얻은 것이 차츰 넓어졌기 때문이다. 가장 애석한 것은 김학봉(김성일)의 『승사록』, 유서애(유성룡)의 『징비록』, 강수은(강항)의 『간양록』 등 책은 두 나라 사이의 비밀스런 사정을 많이 싣고 있거늘, 지금 오사카에서 목판으로 행해지고 있으니, 이것은 적을 엿본다면서 적에게 고하는 것과 무엇이 다른가? 나라의 기강이 엄하지 않아 관역

59_『靑莊館全書』 권59, 한국문집총간 제259책, p.56. "『東國通鑑』·『三國史』·『海東諸國記』·『芝峰類說』·『理學通錄』·『朱書節要』·『東醫寶鑑』·『懲毖錄』·『晉山世稿』·『退溪集』·『栗谷集』 皆入日本. 戊辰信使之行也, 大阪人上月信敬, 字丹藏, 號專庵, 問 : 「陽村『入學圖說』·晦齋『九經衍義』·退溪『聖學十圖』·『啓蒙傳疑』·『朱書節要』·『天命圖』·『自省錄』·栗谷『聖學輯要』·『擊蒙要訣』·『啓蒙補要解』, 皆貴國儒書, 而此後又有何人著書衛道耶? 」此等書, 亦已入於日本, 故丹藏之言如此. 其中『啓蒙補解』, 我國所未聞者也. 『春官志』, 李孟休著. 曰 : '倭所求請書籍, 則『五經四書大全』·『朱子大全』·『十三經注疏』·『退溪集』·『東醫寶鑑』·『東文選』之屬, 不可勝記. 而如『楊誠齋集』·『五經纂疏』·『文體明辨』·『周張全書』·『文章辨體』·『小學』·『字訓』·『呂東萊續大事紀』等書, 我國所無, 故不許."

60_辛基秀·仲尾宏 編, 『大系朝鮮通信使』, 東京 : 明石書店, 1994, 第六卷, p.131. "曾聞我國書籍中『懲毖錄』·『攷事撮要』·『輿地勝覽』等冊子前已入來, 而今聞『兵學指南』·『通文館志』新入此地云. 此皆訓別輩受賂覓給者, 而不畏邦憲. 此輩之奸弊如此, 萬萬絶痛."

의 사사로운 재화 벌이가 이와 같으므로 한심하기만 하다.[61]

이로써, 조선 서적의 수입은 일본인이 '훈별'(통신사행 중의 저급 수행원)이나 '관역'(왜관이나 통신사행 중의 역관)에게 뇌물을 주어 그들이 사사로이 '찾아 준' 때문이었음을 알 수 있다. 이 서적들 속에는 여성 작품도 있었다.

일본 정덕(正德) 원년(조선 숙종 31년, 강희 50년, 1711) 신묘 납월(12월) 길단(吉旦, 길일) 분다이야지로베에(文臺屋治郎兵衛)와 기베에(儀兵衛)의 간본 『난설헌집』은 조선 숭정 임신(1692) 동래부 중간본을 저본으로 개판(開版)한 것이다. 동래부(지금 한국 부산)는 조선의 동남쪽에 위치하여 일본 쓰시마와 가까우며, 통신사가 일본에 갈 때 반드시 거치는 지역이므로, 이 책은 숙종 31년 조선통신사행 일원이 가지고 들어갔을 가능성이 아주 높다.[62] 이노우에 가즈오(井上和雄) 편 『게이초 이래 서고집람(慶長以來書賈集覽)』에 의하면 문다이야지로베에는 연보(延寶)부터 천명 연간(1673-1789)까지 교토 호리카와도리(堀川通)에서 영업을 했다고 한다.[63] 통신사 일행이 교토에 이르러 있던 시간은 이해 9월 말인데, 12월 초1일에 개판하여 인쇄했으니, 그 신속함이 놀라울 정도이다.[64]

61_『青泉集』 續集 권6, 한국문집총간 제200책, p.491. "大阪書籍之盛, 實爲天下壯觀 …… 自我邦關市以來, 厚結館譯, 博求諸書. 又因信使往來, 文學之途漸開, 而得之於酬答之間者漸廣故也. 最可惜者, 金鶴峰『乘槎錄』· 柳西厓『懲毖錄』· 姜睡隱『看羊錄』等書, 多載兩國隱情, 而今皆梓行於大阪, 是何異於覘賊而告賊者乎? 國綱不嚴, 館譯之私貨如此, 使人寒心."

62_나는 이전에 『朝鮮時代女性詩文集全編』의 『蘭雪軒集』 해제에서 이런 관점을 제시했는데, 일본학자 구라가즈 마사에(倉員正江) 교수의 호응을 받았다. 그의 「『九州諸将軍記』掲載李玉峰 · 許蘭雪軒記事についての一考察—『兩朝平攘錄』に記録された朝鮮女流詩人—」, 『近世文芸研究と評論』 第82號, 2012年6月 참조. 다만 현재 조금 수정할 필요가 있으니, 이 책이 전해 들어간 것은 결코 조선통신사가 조선의 문교의 성대함을 선전하려는 목적에서 나온 것이 아니고, 모종의 '불법'자가 일본인의 뇌물을 받고서 대신 사사롭게 구입한 것이었다.

63_『慶長以來書賈集覽』, 大阪 : 高尾書店, 1916, p.84.

64_비근한 예를 하나 더 들기로 한다. 신유한은 『해사동유록』 권4에 "湛長老以大阪新刊『星槎答響』二卷示余, 此乃余及三書記與長老答贈諸什, 而所刊在赤關以前之作, 餘未卒業. 然計於一朔之內, 剞劂已具."라고 기록했다. 『青泉集』 續集 권6, 한국문집총간 제200책, pp.491-492. 2권의 책을 간각하는 데 불과 1개월도 미치지 않는 시간이 소용되었다.

5. 궤증(饋贈)

동아시아 민간의 서적 증여는 유래가 오래다고 할 수 있다. 문인의 교류와 왕래는 '학문으로 벗을 만남'을 기대하므로, 서적의 증여도 빠뜨릴 수 없다. 다만, 명 · 청 시대 이전에는 주로 중국인이 주변 국가나 지역의 사람들에게 서적을 증송(贈送)했으며, 회증(回贈)의 정황은 상당히 적었다. 증송의 서적은 독서 이후에 일련의 반응을 낳아서 문학사상의 성과를 맺기도 했다. 이를테면 허균은 「세설산보주해서(世說刪補注解序)」에서 이렇게 말했다.

> 유의경의 설〔『세설』을 가리킴〕과 하양준(何良俊)의 책〔『어림(語林)』을 가리킴〕은 우리나라에서 읽힌 지 이미 오래지만, 유독 소위 『산보』라는 것은 보지 못했다. 일찍이 엄주(弇州, 왕세정)의 『문부(文部)』 가운데서 그 서(序)를 보고 전서를 구입하고 싶었으나 소원을 이룰 수가 없었다. 병오년 봄에 태사 주지번(朱之蕃)이 조서를 받들고 우리나라에 왔는데 …… 이별에 즈음하여 몇 종의 책을 꺼내 내게 주었다. 이 책도 그중의 하나였다. 태사의 특별한 은혜에 느꺼웠고 평생 보고 싶었던 책을 얻었기로 …… 인하여 널리 전적을 고증하여 주해를 덧붙였다. 비록 효표(孝標)〔유준(劉峻)의 자〕의 상세하고 견실함에는 미치지 못하지만 역시 왕세정의 충신이 됨을 잃지는 않았으므로, 원미(왕세정)로 하여금 이를 알게 한다면 반드시 저승에서 손뼉을 치며 유쾌히 여길 것이다.[65]

왕세정의 『세설신어산보』를 주지번이 병오년(1606)에 허균에게 증송하고, 허균이 거기에 주석을 했음을 알 수 있다. 이 책은 전하지 않지만, 그의 주해를 통해서 『세설신어산보』가 유의경의 원작보다 더 유행했으리란 사실은 추론해 상상할 수 있다. 허균이 문장을 잘한 것은 그가

65_『惺所覆瓿稿』 권4, 한국문집총간 제74책, pp.173-174. "劉說(指『世說』) · 何良俊書(指『語林』)行於東也久矣, 而獨所謂『刪補』者未之睹焉. 曾於弇州『文部』中見其序, 嘗欲購得全書, 顧未之果. 丙午春, 朱太史之蕃奉詔東臨 …… 將別, 出數種書以贈, 則是書居其一也. 不佞感太史殊世之眷, 獲平生欲見之書 …… 因博攷典籍, 加以注解, 雖未逮孝標之詳核, 亦不失爲忠臣也. 使元美知之, 則必將鼓掌於冥冥中以爲愉快焉."

『세설』을 깊이 탐구한 것과 밀접한 상관이 있다.[66] 그런데 조선인이 중국인에게 여성 작품을 증송한 것이 허균에게서 시작되었다.

오명제는 허균 등이 크게 도와준 덕택에 『조선시선』을 편성했다. 그 책이 미완이었을 때 오명제는 중도에 귀국하면서 난설헌 시(그가 말한 "그의 누이의 시 2백 편을 얻었다."라고 하는 것일 수 있다)를 휴대하여, "장안의 진신 선생들이 듣고서 모두 동해 시인의 시와 허씨 누이의 「유선편」 등을 보고 싶어 했다."[67] 그래서 중국인은 조선에 이르러 기회가 있기만 하면 주동적으로 탐색하여 취했었다. 만력 34년, 명나라 조정은 한림수찬 주지번을 정사로 삼고 양유년(梁有年)을 부사로 삼아 조선에 조칙을 반포하게 했는데, 이전에 이미 난설헌의 이름을 들어 알고 있었으므로(『조선시선』에서 이름을 보았을 것이다), 허균과 대면하자마자 난설헌 시에 대해 물었다. 허균이 "곧 시권(詩卷)을 올리자, 상사(上使)가 풍영하면서 탄상했다. …… 두 사신이 석봉의 글씨를 구했으므로 나는 마침 「옥루문(玉樓文)」을 두 건을 가지고 있어서 나누어 한 건씩 올렸다."[68] 석봉은 한호(韓濩, 1543-1605)의 호로, 그 서법은 해동의 명필로서, 당시 중국인들에게 중시되었다. 「옥루문」은 난설헌의 「광한전백옥루상량문(廣寒殿白玉樓上樑文)」으로, 만력 33년(1605) 중하에 필사되었으니, 거의 한석봉 임종의 필이었다. 허균이 주지번과 양유년에게 증송한 것은 이 서법의 각본이었다. 주지번과 양유년은 난설헌 시를 읽고 각자 그 문집에 서를 짓고 제사(題辭)를 하여, 진심으로 찬미하고 높이 칭송했다. 귀국 후에도 계속하여 난설헌 시를 드날려 주었으니, 바로 전겸익이 "금릉 주 장원이 동국에 사신으로 가서 그 시집을 얻어 돌아와

66_李德懋, 「耳目口心書」 4는 "許端甫『覆瓿集』簡牘娟奇可喜, 東國罕有也. 學明文者, 而其取用者, 一部『世說』也."(『青莊館全書』 권51)라고 지적했다. 여기서 말하는 『세설』은 응당 왕세정의 『세설신어산보』를 가리킬 것이다. 그리고 허균의 문장이 그 영향을 받은 것은 단지 척독에만 그치지 않을 것이어서, 그가 이후에 편찬한 『한정록(閒情錄)』도 '세설체'의 모방을 체현한 것이다.

67_「朝鮮詩選序」, 『朝鮮詩選校注』, p.239. "長安縉紳先生聞之, 皆願見東海詩人詠及許妹氏游仙諸篇."

68_『惺所覆瓿稿』 권18 「丙午紀行」, 한국문집총간 제74책, p.290. "即以詩卷進, 上使諷而嗟賞 …… 兩使求石峰書, 余適有「玉樓文」兩件, 分進之."

마침내 중하에 성대하게 전했다."[69]라고 말한 그대로이다. 후인이 조선에 사신으로 나가면 다시 빈번하게 그 문집을 요구했다. 허균은 「기유서행기(己酉西行記)」에 만력 37년(1609) 5월 사신 유실(劉實) 등이 책을 요구한 일을 다음과 같이 기록해 두었다.

> 서명(徐明)이 와서 말하길, "북경에 있을 때 서자(庶子) 도망령(陶望齡)을 만났다. 그는 궁유(宮諭) 주지번을 만난 일이 있는데, 주(朱)는 '조선에 허 아무개라는 사람이 있는데, 그 누이의 시가 천하에 으뜸이다.'라고 하더라며, '네가 그 나라에 가면 꼭 그 시집을 구해 가지고 오라.'라고 했소, 도감(都監)이 바로 그 사람이구료. 시집이 있소?" 하고 물었다. 나는 바로 보따리에서 한 부를 꺼내 주었다.
>
> 서 상공은, "『난설시집』을 유공(劉公)도 원하고 나도 한 부 청합니다." 라고 했다. 나는 남은 한 권을 꺼내 유사에게 전하도록 하고 서 상공에게는 서울에 가서 주기로 했다. 전강과 양유토도 청하므로 모두 서울 가서 주기로 했다.[70]

천계 2년(1622) 양지원(梁之垣)이 조선에 사신으로 가서, 이정구(李廷龜, 1564-1635)에게 『난설헌집』을 요구했다. 이정구의 「답양감군지원서(答梁監軍之垣書)」에 보면 "『난설재시(蘭雪齋詩)』가 과연 있다고 합니다만 집에는 두고 있지 않으며, 판본이 먼 고을에 있다고 하므로 인쇄하여 오겠습니다."[71]라고 했다. 그 뒤 숙종 4년(강희 17년, 1678)에 이르러서도 청나라 사신이 "동국의 서적을 요구하여 석주(石洲)·읍취(挹翠)·하곡(荷谷)·옥봉·난설·포은 등 문집을 가져갔다."[72] 여전히

69_『列朝詩集』 閏集, p.6856. "金陵朱狀元奉使東國, 得其集以歸, 遂盛傳於中夏."

70_『惺所覆瓿稿』 권19, 한국문집총간 제74책, p.296. "徐明來言, 在北京見陶庶子望齡, 言曾見朱宮諭之蕃, 道東國有許某者, 其姊氏詩冠絶天下, 你之彼, 須求其集以來. 都監乃斯人也, 有集在否? 余即出橐中一部以給." "徐相公曰 : '『蘭雪軒集』劉公亦欲得之, 俺亦請一件也.' 余祗餘一卷, 出給之, 令致於使. 其一件該給徐者, 約於京. 田·楊亦請之, 俱以京爲期."

71_李廷龜, 『月沙集』 권34, 한국문집총간 제70책, p.89. "『蘭雪齋詩』果有之云, 而家不曾貯, 聞板本在遠郡, 從當印來."

72_『通文館志』, 민창문화사 복제 일본조선총독부영인 경성제국대학장본, 1991, 권9,

난설헌 시를 잊지 않았던 것이다.

그런데 허균이 조선 사신이 되어 중국에 나갔을 때 그도 『난설헌집』을 예물로 증송했다. 광해군 6년(1614) 허균이 천추 겸 사은정사의 신분으로 중국에 갔을 때 김중청(金中淸, 1566-1629)이 서장관으로서 『조천록』을 지었는데, 허균이 누이의 시집을 증송한 사실을 다음과 같이 기록했다. "6월 15일, 길을 가서 요양(遼陽)을 거쳤는데, 난설 시집을 당지의 관원에 증송했다. 6월 27일, 길을 가서 소릉하(小淩河) 부근을 거쳤는데, 난설헌 시를 방초양(方初陽)에게 증송했다. 7월 10일, 영평부(永平府)에 이르러서 난설헌 시를 백한림(白翰林)에게 증송했다. 11월 10일, 허균이 7월에 많은 뇌물을 주고 백한림에게 난설헌집을 위해 서문을 지어 달라고 했었는데, 이때에 이르러 다 지었다."[73] 이상의 기록은 빠진 것이 없지 않을 것이지만, 이것만으로도 허균이 중국인에게 자기 누이의 시를 증송하느라 강개하게 온 힘을 쏟았다는 사실을 살피기 어렵지 않다.

홍대용(洪大容, 1731-1783)은 영조 41년(건륭 30년, 1765) 수행원 신분으로 북경에 가서 반정균 등을 알게 되고, 필담에서 여성 시문 창작의 문제를 언급했는데, 반정균은 부인이 시를 잘 지었으므로 여성의 문학 천재를 극력 칭송했다. 홍대용은 보수적이어서, "규중 법도를 실행하고 닦는 것이 부인의 일입니다. 만약 문조(文藻)를 수식하여 시로 이름을 얻는다면 결코 정도가 아닙니다."[74]라고 힘주어 말했다. 하지만 이후 이덕무는 반정균에게 서신을 보내어 그 부인의 시고를 적극적으로 요청해서, "전일 담헌 편에 선생의 현합(賢閤) 상부인(湘夫人)에게 『구월루집(舊月樓集)』이 있다는 소식을 들었습니다. 규문 안에서 창화하는 것은 참으로 세상에 드문 즐거운 일입니다. 시품(詩品)은 동성(桐城)의 방부인(方夫人)이나 회계(會稽)의 서소화(徐昭華)에 비하여 어떠합니까? 간본이 있을 듯하니, 1통을 보내시어, 영원히 보배로 삼게 해 주시기 바랍

---

p.134. "求觀東國文籍, 齎去石洲·挹翠·荷谷·玉峰·蘭雪·圃隱等集."

73_金中淸, 『朝天錄』, 林基中 編, 『燕行錄全集』 제11책, 동국대학교출판부, 2001, p.448·465·481·542.

74_『湛軒書』 외집 권2, 한국문집총간 제248책, p.136. "行修閨範, 是乃婦人事. 若修飾文藻, 以詩得名, 終非正道."

니다."[75]라고 했다. 염모하는 뜻을 표현했을 뿐 아니라 그 시의 풍격에 주목하여 동시에 방부인〔방유의(方維儀)〕과 서소화(徐昭華)를 언급했다. 전자는 『고금궁규시사(古今宮閨詩史)』를 편집했고, 후자는 모기령(毛奇齡)의 여제자이다. 모두 명성이 있었으므로, 이덕무가 끌어다가 비견한 것이다. '영원히 보배로 삼겠다.' 운운한 것은 지나치게 공손한 뉘앙스가 있기는 해도, 적어도 듣기에 좋은 말이어서, 필시 반정균도 기꺼이 봉송했을 것이다.

동아시아 여성 시문의 유전은 그 수입 방식이 때로는 직접적이 아닐 경우도 있었다. 이를테면 안남의 여성 창작이 조선에 전해 들어온 것은 양국의 사신이 북경에서 수창할 때 부수적으로 일어난 일이다. 이항복(李恒福, 1556-1618)은 「서이참의수광조천시후(書李參議晬光朝天詩後)」에 다음과 같이 적었다. "내가 어렸을 때 신군(申君)에게서 참판 권숙강(權叔強)의 조경시첩(朝京詩帖)을 보았는데, 안남국 사자 무좌(武佐)와 서로 수창한 것이 많았고, 또 본국 규수가 무좌를 전송하는 작품 수십 편을 첨부했다. 마치 순우(淳于)·앵앵(鸎鸎)·저옥란(褚玉蘭)·서온(徐媪)의 작품과 같아서, 모두 맑고 힘차고 호쾌하여 능히 궁액(宮掖)의 염야(艷冶)한 기습을 버리고 대체로 옛 열사(烈士)의 격축(擊筑)하던 유음(遺音)으로 차츰 나아간 것이 아니겠는가? 그래서 신차소(申次韶)〔신종호(申從濩)의 자〕가 두 징사(徵士)의 여열(餘烈)이라고 했으니, 사실이로다."[76] 이 글은 후에 이덕무가 『청비록』에 인용해서 중국·조선 여성 창작에 대한 자신의 평론과 결합시켜 동아시아 여성 문학 창작의 실루엣을 구성했다.

75_『青莊館全書』 권19, 한국문집총간 제257책, p.264. "前因湛軒聞先生賢閣湘夫人有『舊月樓集』, 閨庭之內, 載唱載和, 眞稀世之樂事. 詩品與桐城方夫人·會稽徐昭華何如也? 似有刊本, 願賜一通, 留爲永寶."

76_『白沙集』 권2, 한국문집총간 제62책, p.197. "幼從申君所得見權參判叔強朝京時帖, 與安南使者武佐酬唱者居多, 而且附本國閨秀送武佐之作數十篇, 如淳於鶯鶯·褚玉蘭·徐媪, 皆淸健豪爽, 能弁髦宮掖豔冶之習, 蓋亦駸駸乎古烈士擊筑之遺音歟? 申次韶以爲二徵之餘烈, 信哉!"

6. 번각

가장 전형적인 예는 응당 『난설헌집』이다. 이 시집의 편찬은 선조 23년(1590) 이루어졌다. 곧 난설헌이 세상을 뜬 다음 해였다. 허균은 편집을 마친 후 당시 조정과 문단의 영수 유성룡(서애, 1542-1607)이 즉시 「발난설헌집(跋蘭雪軒集)」을 짓고, 다음해 또 서문을 지었다.[77] 만력 34년(선조 30년, 1606) 주지번·양유년이 조선에 사신으로 와서 각각 『난설헌집』에 서문을 쓰고 제사를 했다. 다만 이때까지는 조선에 『난설헌집』의 각본이 없었으므로 손으로 베끼는 형식으로 시권이 유전되었다. 가장 이른 조선 각본은 선조 41년(만력 36년, 1608)에야 출현했다. 다만 중국에서는 이 이전에 이미 『난설헌집』의 각본이 있었다. 이 책의 가장 이른 각본은 조선이 아니라 중국에서 출현했다고 할 수 있다.

금일 고찰할 만한 가장 이른 시기의 난설헌 시문 각본은 심무비(沈無非) 간행의 1권본 『경번집(景樊集)』(이미 없어짐)이다. 심무비는 이 시집을 간각하면서 서문을 지어, "이 책은 기국(箕國, 조선) 사녀 허경번의 시와 문으로, 수려한 색태가 사람에게 육박하여, 쯧쯧하게 하며, 지분기가 없다. …… 간간 고인의 것을 표절했으니, 이를테면 「빙옥주비(冰屋珠扉)」의 한두 말이 그러하다. 하지만, 경물을 아주 닮은 곳이어서 화가의 후신이기에 해가 되지 않으므로, 세상은 구자왕이 속여서 무역한 것이라고 말하기 말기 바란다."[78]라고 했다. 심무비는 항정현(項鼎鉉)의 아내로, 항씨의 일기에는 심무비가 "평생 벼루와 붓의 일에 혹심하게 정성을 쏟고 아침저녁 책을 읽어 쉬지 않았으며, 저술한 시문이 책을 이루었으나 정미년에 불 타고 말았다."라고 했다. 또 심무비는 "손수 「조선허사녀집소서(朝鮮許士女集小序)」 한 편을 지었는데, 그보다 먼저 오라비 심경천(沈景倩)이 임모하여 목판에 새기려고 했다. 지금 기억하건대

77_서문은 이미 없어졌다. 갑진(1604) 8월 허균의 「上西厓相」에 "辛卯歲, 辱製亡姊詩集序文以惠."(『惺所覆瓿稿』 권20)라 했으므로 유성룡이 이 시집에 서문을 쓴 것은 확실하다.

78_項鼎鉉, 『呼桓日記』 卷2, 『北圖古籍珍本叢刊』, 北京：書目文獻出版社, 1998, 第20冊, p.454. "是編爲箕國士女許景樊詩若文, 秀色逼人咄咄, 無脂粉氣 …… 間剽古人, 如「冰屋珠扉」一二語, 然肖景處故不害爲畫師後身, 世毋以龜茲王所謂贏也而易之."

아이들이 수택본을 보존하고 있다고 한다."[79]라고 했다. 심경천은 곧 심덕부이니, 심무비의 오라비이다. 정미년은 만력 35년(1607)이다. 「조선허사녀집소서」는 심무비의 친필이었으며, 그의 오라비가 그보다 앞서 『경번집』을 간각할 때 임모하여 목판에 새기려고 했다. 유사령(俞士玲) 교수의 고증에 의하면 판각 시기는 만력 34년(1606) 이전이다.[80] '시문이 책을 이룬' 여성으로서 심무비는 조선 여성의 창작에도 관심을 쏟아서, 그로써 맨 처음 각본이 이루어졌던 것이다.

또 반지항의 『긍사(亙史)』 외편 권3의 내용도 난설헌 시이다. 권수에 「조선혜녀허경번시집서(朝鮮慧女許景樊詩集序)」라 되어 있고, 그 중간에 "지난날 심호신(沈虎臣)의 누이가 일찍이 『경번집』 1권을 목판으로 간행하여, 내가 그것을 읽었다."[81]라고 했다. 심호신이 곧 심덕부이다.[82] 이곳에서 가리키는 목판본은 심무비 간본이며, 반지항이 친히 그 책을 보았음을 증명할 수 있다. 심무비가 서문을 지은 시기는 곧 '만력 무신(1608) 봄'이므로, 이 간본은 허균의 초간본과 같은 해에 이루어졌다. 하지만 허균의 발문은 이해 맹하에 이루어졌으므로 사실상 허균 간본이 반지항 간본보다 늦다.

주지번이 『난설헌집』을 간각한 것에 대해서는 앞사람이 이미 언급했다. 이를테면 전겸익은 "금릉 주 장원이 동국에 사신으로 갔다가 이 시집을 얻어서 돌아와 중하에 성대하게 전해졌다."[83]라고 했고, 또 『명원시귀』에는 "금릉 주태사 난유(蘭嵎)가 조선에 사신으로 나가서 이 시집을 얻어 판각해서 세상에 행했다."[84]라고 했다. 조선 안왕거(安往居, 1858-

---

79_『呼桓日記』 卷2, 『北圖古籍珍本叢刊』 第20冊, p.453. "生平酷情研筆, 朝夕讀書不休, 所著詩文成帙. 歲丁未悉被於火 …… 有手書所撰「朝鮮許士女集小序」一首, 先爲其兄沈景倩臨摹上木, 今記之以爲兒輩存手澤云."

80_俞士玲, 「明末中國典籍誤題蘭雪軒詩及其原因考論」의 관련 내용을 참조하라. 張伯偉編, 『風起雲揚—首屆南京大學域外漢籍國際學術研討會論文集』, 北京 : 中華書局, 2009, pp.304-305.

81_『四庫全書存目叢書』 子部 제194책, p.23. "曩沈虎臣娣氏曾梓『景樊集』一卷, 余讀之."

82_청나라 厲鶚의 「焦山古鼎」 시의 自注에 "明世宗自號天池釣叟, 見沈虎臣『野獲編』."(『樊榭山房集』 권6)라고 했으니, 곧 심덕부의 『萬曆野獲編』을 가리킨다.

83_『列朝詩集』 閏集 卷6, p.6856. "金陵朱狀元奉使東國, 得其集以歸, 遂盛傳於中夏."

84_『名媛詩歸』 卷29, 『四庫全書存目叢書』 集部 第339冊, p.329. "金陵朱太史蘭嵎出使朝鮮, 得其集, 刻以行世."

1929)의 「난설헌전략(蘭雪軒傳略)」에는 "대명 만력 연간에 주지번이 조선으로 사신 가서 부인의 시고를 얻어 서문을 적었다. …… 이에 따라 중국에 전파되어 목판으로 새겨 성행해서, 서울의 종이 값이 귀해졌다는 말이 있기까지 했다."[85]라고 했다. 단 간각의 시기와 지점 등에 대해서는 기록이 없으므로 상세히 고찰할 길이 없다.

허균은 선조 41년 초 『난설헌집』을 간각했다. 이것이 곧 이인영의 『청분실서목』에서 말한 '선조 말 개주갑인자본'[86]이다. 이로부터 허균이 여러 차례 조선과 중국에서 남에게 증송한 시집은 모두 이 각본이다. 숙종 18년(강희 31년, 1692) 동래부 중간본이 나왔는데, 그 책판은 서유구가 정조 20년(1796) 엮은 『누판고』와 헌종 6년(1840) 편찬된 『각도책판목록』에 모두 저록되어 있다. 처음 대량으로 인쇄한 이외에는 개인의 요구가 있으면 임시로 인쇄할 수 있었다. 위에서 인용한 이정귀의 「답양감군지원서」는 '면 고을'로부터 그를 위해 『난설헌집』 1부를 추가로 인쇄해 받을 수 있다고 했다. 또 최근 새로 발견된 은진 송씨 가족의 『가장서적부(家藏書籍簿)』는 송준길(1606-1672)이 현종 9년(1668)부터 11년 동안 작성한 것으로, 그 속의 「가인질(家印秩)」 부분에 『난설헌집』이 있다.[87] '가인질'이란 가정의 독서 수요에 따라 인쇄하는 서적이다. 이밖에 각종 초본(필사본)이 있는데, 그 속에 한국 규장각 일사문고에 소장된 것이 가장 완정하다. 또 지금 일본 소장의 한 초본은 이달의 『손곡집』(숙종 19년 계유 1693년 간본)과 합책이며, 김공현(金公鉉, 1794-?)이 소장하던 것으로, 초사(抄寫) 시기는 그보다 앞선다. 뒷날 일본의 마에마 교사크(前間恭作, 1886-1942)의 재산루(在山樓)에 수장되었다가 동양문고에 귀속되었다.

완정한 문집 이외에 단편 문장의 서법을 판각한 각본이 있다. 이것이 난설헌의 「광한전백옥루상량문」이다. 한호의 글씨로 이루어진 서법본으로, 글씨는 만력 33년(1605) 중하에 썼다. 주지번이 일찍이 허균에게

85_『朝鮮時代女性詩文集全編』 上冊, p.171. "大明萬曆年間, 朱之蕃使朝鮮, 得夫人詩稿弁記之 …… 因此播入中國, 鋟鏤盛行, 至有京都紙貴之語."

86_張伯偉 編, 『朝鮮時代書目叢刊』, 北京 : 中華書局, 2004, 第8冊, p.4692.

87_손계영, 「동춘당 후손가 가전 『가장서적부(家藏書籍簿)』의 작성시기에 대한 고찰」, 부록 「家藏書籍簿」, 『서지학연구』 제38집, 2007.12, pp.1-33.

한석봉 서법을 구하자 허균이 이것을 증정했다. 주지번은 칭송하여, "해서의 서법이 아주 묘하여 안진경의 위요, 왕자경(왕헌지)의 아래로, 송설(조맹부)과 형산(문징명)을 미치지 못한다."라 하고, "또 진본을 얻으려 했으나 얻어 줄 수가 없어서 「장문부(長門賦)」를 올렸다."[88]라고 했다. 그 글씨의 품격을 안진경의 위, 왕헌지의 아래라고 했고, 조맹부와 문징명보다 뛰어나다고 한 것이다. '진본'이 아니었다면 필시 각본이었을 것이다. 한석봉의 서법은 당시 사람들에게 대단이 존중되어, 중국인으로부터도 크게 환영받았다.[89] 난설헌의 문장이 한석봉의 휘호를 거쳐 조판되어 세상에 행했으므로, 필시 이 때문에 영향력이 확대되었을 것이다. 또다른 서법가 이반(李盤)〔靑川子〕은 75세 때 이 글을 서사하여, 남방위가 함께 가지고 중국으로 돌아갔다. 남방위가 황상진(黃上珍)·반지항에게 펼쳐 보이자, 반지항은 "그 글자가 억세면서 아리따워, 하나도 잘못 놀린 것이 없다."[90]라고 했다.

일본의 번각본에 대해서는 이미 언급했다. 곧 정덕 원년(조선 숙종 31년, 강희 50년, 1711) 신묘 납월 길단에 분다이야지로베에와 기베에가 간각한 간본으로, 저본은 동래부 중간본이다. 단 1권을 두 권으로 분할하고, 제목을 『난설헌시집』이라고 했다. 지금 일본 국회도서관과 공문서관에 소장되어 있다. 또 일본 궁내청 서릉부(書陵部)에 송고당초본(松皋堂抄本)이 있고, 동경대학 총합도서관 아가와문고(阿川文庫) 소장 초본이 있다.

중국·조선·일본에 대량으로 존재하는 이런 각본들과 초본들은 동아시아에서 『난설헌집』 환류의 물줄기를 한데 합해 주었다.

88_許筠, 「丙午紀行」, 『惺所覆瓿稿』 권18, 한국문집총간 제74책, p.292. "楷法甚妙, 眞卿上·子敬下也, 松雪·衡山似不及焉." "又欲得眞本, 不得已, 以「長門賦」進之."

89_『星湖僿說類選』 「技藝門」 '韓石峰'條, 明文堂, 1982, p.449. "壬辰天將李如松·麻貴·北海滕季達及琉球梁粲之徒, 皆求書帶去. 王世貞云 : '東國有韓石峰者, 其書如怒猊決石.' 朱之蕃亦云 : '當與王右軍·顏平原爭其優劣.'"

90_『亙史』 外編 卷3, 『四庫全書存目叢書』 子部 第194冊, p.23. "其字遒媚, 無一敗筆."

7. 편집

여성 작품이 동아시아에서 환류함으로써 읽을 수 있는 문헌을 근거로, 다른 나라의 여성 작품을 선별하여 편집하는 것도 한 시대의 풍조가 되었다. 위에서 언급했듯이, 중국인에게는 여성 작품집을 선별하여 편집할 때 '이민족과 중하를 함께 저록함'이 이미 17세기 이후의 항례 가운데 하나로 되었다. 이 경향은 중국 한 곳에만 국한하지 않고, 일본과 조선에서도 마찬가지로 존재했다.

먼저 일본을 보기로 한다. 이를테면 『명원시선집(名媛詩仙集)』은 도쇼린(藤昌琳) 찬으로 관문 11년(1617) 서, 연보 6년(1678) 발을 붙여 간행했다. 이 책은 명나라 정문앙(鄭文昂)의 『고금명원회시(古今名媛匯詩)』를 근거로, 그 가운데서 당 · 송 · 원 · 명 43대 36인 여시인의 칠언절구를 골라, 작자의 도상과 전기를 배열하고, 어울러 출전을 제시했다. '36'이란 세목에 대해, 편자 스스로 말하길, 『본조여가선(本朝女歌仙)』을 모방했다고 했다. 이 이외에도 몇몇 소설 자료를 사용했다. 이를테면 무측천의 이름 아래 사용된 『여의군전(如意君傳)』,[91] 앵앵(鶯鶯)의 이름 아래 사용된 『정사유략(情史類略)』[92]이 그러하다. 이 몇몇 작품들을 '명원시선(名媛詩仙)'의 아래에 귀속시킨 것은, 일반 상식으로는 생각할 수 없는 점이 있어, 탐구할 만한 의미를 지닌다. 그리고 '36'의 전통은 일찌감치 헤이안 시대 후지와라노 긴토오(藤原公任, 966-1041)의 『삼십육인찬(三十六人撰)』에 나타났다. 그 후 또 『중고삼십육가선(中古三十六歌仙)』이 있고, 가마쿠라 시대 중기에 이르러 『여방삼십육가선(女房三十六歌仙)』이 있으며, 에도 초 이시카와 조잔(石川丈山, 1583-1672)은 또 '삼십육시선(三十六詩仙)'을 세워, 교토에 '시센도(詩仙堂)'를 건립했다. 그러므로 이 선본은 중국에서 취재했지만 선별 편집에서는 일본

91_『如意君傳』은 현존하는 명대 염정 소설 가운데 가장 이른 것으로, 중국의 전통 관념으로 보면 이것은 '명원(名媛)'의 품격과는 아주 거리가 멀며, 현존의 판본도 모두 화각본(和刻本)이므로, 일본이 또한 상당히 번역 · 방작(仿作) · 개사(改寫)한 것이 많다. 『명원시선집』의 인용으로 보건대 이 책은 에도 시대에 유행했다는 사실에 증좌가 된다.

92_倉員正江,「『九州諸將軍記』揭載李玉峰 · 許蘭雪軒記事についての一考察—『兩朝平攘錄』に記錄された朝鮮女流詩人」 제7절.

의 특색이 풍부하다.

또 『수원여제자시선선(隨園女弟子詩選選)』 상하권은 오쿠보 고(大窪行, 호 詩佛, 1767-1827)가 편찬한 것으로, 에도 이즈미야소지로(和泉屋莊次郎) 등이 문정(文政) 13년(1830) 간행했다. 후에 또 천보(天保) 15년(1844) 간본이 있다. 본서는 『수원여제자시선』으로부터 다시 엄선하여, 수원 여제자 19인의 시를 얻었다. 위에 언급한 현존하는 박재서목(舶載書目)들에 근거하면, 『수원여제자시선』이 『수원삼십종』을 따라 일본에 수입된 시기는 이르게는 천보 12년(1841)이었다. 단, 오쿠보 고가 문정 13년에 이 책을 편찬할 수 있었으므로, 그것이 전해 들어온 시기는 분명히 훨씬 빠르다. 오쿠보 시부쓰(大窪詩佛)는 당시 기쿠치 고잔(菊池五山, 1769-1849), 이시카와 간사이(市河寬齋, 1749-1820), 가시와기 조테이(柏木如亭, 1763-1819) 등과 함께 강호시사(江湖詩社)를 일으켜, 함께 '청신성령(淸新性靈)'의 시를 제창했고, 그들은 원매(袁枚)의 『수원시화』를 중각했다. 단, 중국본을 그냥 그대로 번각하지 않고 그 속에서 '합법의 시와 논 수십 백 수'[93]를 선발했으니, 그 자신의 엄밀한 선별을 거친 것이다. 『수원여제자시선선』의 정황도 유사하다. 원서는 6권인데, 오쿠보는 2권으로 선별해 냈다. 기쿠치 고잔도 당시 사람들로부터 "본방의 원자재(袁子才)"[94]라고 일컬어졌으며, 『수원시화』를 모방해서 『오산당시화(五山堂詩話)』를 만들고, 또 "규수의 시를 만날 때마다 반드시 베껴서 보존함으로써 전파를 넓혔다."[95] 한 시사(詩社)의 골간인 인물들이 모두 여성 작품의 전파를 적극적으로 추동했음을 알 수 있다.

메이지 시기에 이르러 유사한 편집이 더욱 많아졌다. 대략 열거하면 아래와 같다.

> 『명원시귀절구초(名媛詩歸絕句抄)』 2권, 무명씨 선, 에도 말 메이지 초 초본.
>
> 『역대명원시문(歷代名媛詩文)』 2권, 구보타 료잔(久保田梁山) 선, 오노

93_荏土柏昶, 〈序〉語, 長澤規矩也 編, 『和刻本漢籍隨筆集』, 東京 : 汲古書院, 1978, 第20輯, p.71. "合法之詩及論數十百首."

94_加藤良白, 『柳橋詩話』 卷上, 趙鍾業 編, 『日本詩話叢編』, 태학사, 1992, 제9책, p.35.

95_『五山堂詩話』 卷2, 『日本詩話叢編』 第7冊, p.95. "每逢閨秀詩, 必抄存以廣流傳."

조칸(小野長願)〔湖山〕 교(校), 도쿄 쇼에이도(正榮堂) 우치다 야헤이(內田彌兵衛) 각본, 메이지 11년(1878)판.
『역대명원척독(歷代名媛尺牘)』 2권, (청) 진소(陳韶) 편, 일본 시마다 히토시(島田均) 교, 메이지 11년 간행 건상본(巾箱本).
『역대명원척독』 2권, (청) 진소 편, 일본 시마다 히토시 교, 도쿄 만세이도(萬靑堂) 간, 메이지 11년판.
『역대명원척독』 2권, (청) 진소 편, 오오카 유즈루(大岡讓) 점(點), 오사카 세키하라 리스케(關原利助) 간본, 메이지 11년판.

다시 조선을 보자. 조선인 편집의 중국 작품 가운데 현전하는 가장 이른 것은 고려 때의 당시 선본 『십초시(十抄詩)』인데, 고려 말 승려의 주석도 있다. 첫 번째 일본 시선은 이서구 · 유득공 · 박제가 · 이덕무 등이 참여하여 편찬한 『일동시선(日東詩選)』으로, 또 다른 이름을 『청령국시선(蜻蛉國詩選)』이라고 한다. 이는 모두 하나의 나라에 집중되어 있다. 유득공은 정조 20년(1796) 편찬한 『병세집(並世集)』에 중국 · 일본 · 안남 · 유구 시인의 작품을 선별 수록해서, 동아시아 한문화권의 전체 시야를 상당히 갖추었다. 다만 이상의 시선은 한결같이 여성 작품은 다루지 않았다. 여성 작품을 다룬 한 가지 선집이 조선 순조 중기(1818년 전후) 무명씨가 엮은 『명원시귀초』 1권 1책으로, 중국 명원 수십 명의 작품을 선별 편찬했다. 이 책은 뒤에 마에마 교사쿠가 소장하고 있다가 일본 동양문고에 귀속되었다.[96] 또 조선 말 곽찬(郭燦) 편 『동양역대여사시선』[97]은 상당히 뒤늦게 출현했지만, 지금까지 볼 때 동아시아 여성 시가의 면모를 비교적 전면적으로 펼쳐 보인 유일한 선본이다. 모두 6권이며, 중국 · 일본 · 조선 여성의 시 5천 5십여 수를 나누어 선록했다. 권1부터 권5까지는 중국 부분으로 상고의 소호(少昊) · 누조(嫘祖)부터 청나라 말 강동벽(康同璧)에 이르기까지 싣고, 권6은 일본 · 조선 부분으로 일본 16인 조선 52인을 실었다. 이 책은 일제 강점기의 조선에서 편찬되었으므로 편집 순서에서 일본을 조선의 앞에 두었고, 선본 자체에

96_藤本幸夫, 『日本現存朝鮮本研究 · 集部』, 京都 : 京都大學學術出版會, 2006, p.114.
97_『東洋歷代女史詩選』, 京城 : 寶文館, 1920.

도 몇 가지 문제가 있다. 다만 20세기의 오늘날 동아시아 전체를 고려하는 시야에서 여성 작품을 새롭게 고찰해야 하는 때에, 본서는 실로 개창의 의미를 지니고 있고, 객관적으로 계시를 줄 수 있다.

8. 결어

지난 20세기의 80년대 이래 구미 서적사 연구 영역에서 사람들은 점차 "서적사는 중요한 신-학과이자 사회사와 문화사의 방법으로 인류가 어떻게 소통하고 교류했는지를 연구하는"[98] 학문이며, "인간의 상상과 관념이 어떻게 인쇄물을 통해서 전파되며 독서가 어떻게 인간의 사상과 행위에 영향을 주는지"[99] 연구하는 학문이라는 것을 보편적으로 인식하게 되었다. 근 30년내 구미 서적사 연구는 이미 완전히 순물질 · 순기술의 관념을 벗어나서 사회사 · 문화사의 방법을 채용하여 서적이 인류 소통과 문화 전이 방면에 끼친 영향을 탐구하고자 시도하고 있다.

동아시아 서적사의 연구에서는 이왕의 작업이 한적의 동전 혹은 회류에 집중되었지, 환류에 착안하는 일은 드물었다. 동전이든 회류이든 그 고찰의 경로는 일방적이었다. 그러나, '환류'의 시각에 들어오는 것은 구불구불 얽혀 있으면서 다차원에 걸친 유동이며, 그 유동은 중단하는 법이 없었다. 전자는 서적 전파의 표상을 획득하지만, 환류의 시각에 의한 연구는 서적 전파및 독서의 이후에 생성된 심상(心象)을 탐색하는 데 중점을 둔다. 내 생각에 서적 환류는 서적 자체의 전파 중에 일어나는 다방향의 순환, 서적 내용의 독서, 수용 및 반응 등 상호작용, 나아가 이로써 촉발된 관념 및 문화 입장의 변천을 포함한다. 그 핵심 문제는 바로 독서에 있으니, 서적 내용은 독서와 오독을 통해서 영향을 발생시킨다. 이 주제의 취지는 상당히 풍부하지만, 이 글에서는 명 · 청 시대 여성 서적이 동아시아에서 환류한 현상에 대해 초보적인 묘사를 하는 데 그쳐

98_羅伯特 · 達恩頓(Robert Darnton)「書籍史話」,『拉莫萊特之吻 : 有關文化史的思考』(*Kiss of Lamourette: Reflections in Cultural History*), 蕭知緯 譯, 華東師範大學出版社, 2011, p.85.

99_「書籍史話」,『拉莫萊特之吻 : 有關文化史的思考』, p.85.

서, 채방 · 구매 · 수입 · 궤증(饋贈) · 번각 · 편집 등 6항목으로 개괄하고, 대략 그 예를 들어서 설명했을 따름이다. 이런 서적들이 어떻게 읽히고 독서 중에 어떠한 오독이 일어났으며 독서 이후에 어떠한 영향을 끼쳤는지에 대해서는 하편에서 계속해서 탐구하기로 한다.

명 · 청 시대 여성 시문집의 동아시아 내 환류(하)

– 명·청 시대 서적 유통과 조선 여성의 시문: 『난설헌집』의 편집 출판을 중심으로

1. 도입

이 글은 「명 · 청 시대 여성 시문집의 동아시아 환류」[1]의 속편으로, 명 · 청 시대 여성 창작이 동아시아 서적 유통의 배경하에 중국과 조선, 특히 조선 문단에 초래한 자극, 반응 및 결과를 집중적으로 탐구하고자 한다.

1980년대 이래 구미의 서적사 연구 영역 중, 연구자들은 "서적사는 중요한 새로운 학과로, 사회사와 문화사의 방법을 이용하여 인류가 어떻게 소통하고 교류했는지 연구하는 학문이며", "사람들의 생각과 관념이 어떻게 인쇄물을 통하여 전파되었는지, 독서는 또 어떻게 거꾸로 사람들의 사상과 행위에 영향을 주었는지",[2] 더욱더 보편적으로 인식하기에 이르렀다. 본고에서 사용하는 연구 방법 역시 서적 유통의 시각에서 출발하여 서적사와 문학사 연구를 서로 결합시키려 한다.[3] 우리는 명대 여성의 창작이 경태(1450-1457) 연간 이후에 그 풍조가 형성되고, 만력(1573-1620) 연간에 이르러 전성기에 이르렀음을 알고 있다. 계한(季

1_「明淸時期女性詩文集在東亞的環流」, 『復旦學報』 2014年 제3期.

2_羅伯特 · 達恩頓(Robert Darnton), 「拉莫萊特之吻: 有關文化史的思考」, 『書籍史話』, 蕭知緯 譯, 上海: 華東師範大學出版社, 2011, p.85.

3_ 張伯偉, 「書籍環流與東亞詩學–以「淸脾錄」爲例」, 『中國社會科學』 2014年 第2期.

嫻)은 『규수집』 「선례(選例)」에서 "경태 · 정덕 이후 풍아(風雅)의 도가 규합으로 침투하고 편만하여, 만력에 이르러 번성했다."라 하고, 또 "궁중 여성과 명환 여성의 경우 한둘 선할 정도가 아니어서 대략 천여 종이에 가득하다."[4]라고 했다. 이 때문에 사고관신(四庫館臣)은 "규수의 저작을 명나라 사람들은 즐겨 편집했다."[5]라고 평론했다. 이들 작품 중 일부는 만력 연간에 조선에도 유입되어 사람들의 주의를 끌었으며 나아가 그들의 관념을 바꾸었다. 예를 들어 허균은 『학산초담』에서 다음과 같이 말했다.

> 동방의 부인 가운데 시를 잘하는 사람이 드물다. '부인은 오로지 술과 음식을 의론해야 하지, 바깥으로 사화(詞華)를 구해서는 안 된다'라는 것인가? 하지만 당인의 시에서는 규수로 이름난 사람이 20여 명이나 되어, 문헌을 징험할 수 있다. 근래에는 제법 있어서, 경번(景樊)은 천선(天仙)의 재주이고, 옥봉(玉峰)도 역시 대가이다. …… 문풍의 성대함이 당인에게 부끄럽지 않으니, 역시 국가의 성대한 일이다.[6]

이 관념은 이전과 비교하여 매우 큰 변화가 있다. 구체적으로 말하면 다음과 같다.

(ㄱ) "동방 부인 가운데 시에 능한 사람은 드물다."라는 것은 실제 사실이었다. 다만 이전의 논자가 생각하기에 이는 바꿀 필요가 없는 사실일 뿐만 아니라 그 자체 자랑할 만한 사실이었다. 여기에서 이와 관련된 몇몇 의론을 열거하여 비교해 보도록 하자. 서거정(1420-1488) 『동인시화』 하권에는 "우리 동방에는 여자가 학문하는 일이 전혀 없었다. 비록 영

4_『四庫全書存目叢書』, 濟南 : 齊魯書社, 1999, 集部 第414冊, p.331. "自景(泰) · (正)德以後, 風雅一道浸遍閨閣, 至萬曆而盛矣." "宮閨名媛, 選不一種, 大約盈千累牘."

5_(淸)永瑢 等, 『四庫全書總目』, 北京 : 中華書局影印本, 1965, 卷193 『名媛彙詩』, p.1766. "閨秀著作, 明人喜爲編輯."

6_『稗林』 第6輯, 探求堂, 1991, p.304. "東方婦人能詩者鮮, 所謂惟酒食是議, 不當外求詞華者耶? 然唐人詩以閨秀稱者二十餘家, 文獻足可徵也. 近來頗有之, 景樊天仙之才, 玉峰亦大家. …… 文風之盛, 不愧唐人, 亦國家之一盛事也."

특한 자질이 있더라도 길쌈하는 일에 그쳤을 따름이다. 그래서 부인의 시는 거의 전하지 않는다. …… 사방에 모두 본성이 있고 천 리 떨어지면 풍속이 다른데, 우리 동방 여자가 학문을 하지 않는 풍속이 되려 이익이 있을 줄을 어찌 알랴?"[7]라고 했다. 그 사실이 서거정이 보기에는 '이익 되는 일'이지 '부끄러운 일'이 아니었다. 심수경(沈守慶, 1518-1601)의 『견한잡록(遣閑雜錄)』에서는, "부인으로서 문학에 능한 사람으로는 …… 중국에서는 기이한 일이 아니지만, 우리나라에서는 거의 볼 수 없으니, 기이하다고 할 만하다. …… 의론하는 자들은 혹 부인은 마땅히 술과 음식의 일을 의론해야 하지, 누에 치는 일, 실 잣는 일을 그만두고 오로지 시 읊는 일을 일삼는다면 아름다운 행실이 아니라고 여긴다."[8]라고 했다. 그런데 허균이 보기에 '동방 부인이 시에 능한 것'은 '문풍의 성대함'의 중요한 표지이며, 국가의 성사(盛事)를 대표하는 것이었다. 허균 이후로도 부인은 시문을 지어서는 안 된다는 의론이 한반도에서 부단히 있었지만, 개인이 진심으로 예전 관념을 고수하는 경우를 제외하면 대다수의 의론은 '겉치레 말'이거나 '투식의 말'에 지나지 않았다.

(ㄴ) 이 관념이 변하게 된 계기는 중국 여성 시문 20여 가의 자극에서 비롯되었다. 이른바 "문헌으로 족히 징험할 수 있다."라는 데 있다. 이를 통해 자신을 되돌아보아 허난설헌(許蘭雪軒, 1563-1589)과 이옥봉(李玉峰, ?-1592)을 발견했던 것이다. 한 명은 '천선지재(天仙之才)'이고 한 명은 '대가(大家)'로 평가된다. 아울러 사인 정문영(鄭文榮)의 처, 생원 신순일(申純一)의 처, 양부사(楊府使)의 첩, 아무 성씨의 처, 송강 정상공(鄭相公)〔정철(鄭澈)〕의 첩, 권붕(權鵬)의 여노 등 여성의 시구를 거론했다. 과장해서 말하면 사람 수를 '일일히 손꼽을 수가 없어서' '당인(중국인)에게 부끄럽지 않게' 되었다.

7_趙鍾業 編, 『修正增補韓國詩話叢編』, 태학사, 1996, 卷1, pp.510-511. "吾東方絕無女子學問之事. 雖有英資, 止治紡績而已. 是以婦人之詩罕傳. …… 四方皆有性, 千里不同風, 吾東方女子不學之俗, 安知反有益耶?"

8_『大東野乘』本, 朝鮮古書刊行會, 明治四十二年, p.327. "婦人能文者 …… 在中國非奇異之事, 而我國則罕見, 可謂奇異矣. …… 議者或以爲婦人當酒食是議, 而休其蠶織, 唯事吟哦, 非美行也."

(ㄷ) 허균 이전의 조선 사대부가 보기에 조선 여성 가운데 "시 잘하는 사람이 드물었다."라는 것은 사실이었으며, 설령 능한 사람이 한두 명 있었다고 해도 작품을 대중에게 공개해서는 안 되었고 소리 높여 표창해서는 더더욱 안 되었다. 여성의 창작에 대하여 조선 문인들이 '사밀(私密)'에서 '공중(公衆)'으로 전변하는 데 있어 관건이 되었던 인물이 바로 허균이다. 그는 이런 관념을 가졌을 뿐 아니라, 이를 반복하여 진술하고, 나아가 이런 관념을 행동에 옮겼다. 조선 여성의 창작에 대한 관념과 실천의 변화에서 허균은 개창자의 역할을 한 인물이다. 그 관념 및 실천의 형성과 강화는 명나라 규수 시문의 전파에서 자극을 받았을 뿐 아니라 그 자신 또한 그러한 서적의 '유통' 과정에 참여했다.

2. 사밀(私密)에서 공중(公衆)으로

조선 초 규수 시인으로는, 책이 전하는 인물로 말하면, 가장 이르기는 16세기 초 임벽당(林碧堂) 김씨가 있다. 다만 『임벽당유집』의 편찬은 숙종 9년(1683) 그 7세손인 유세기(俞世基)에 의해 이루어졌다. 난설헌과 거의 동시대인 이옥봉은 그의 『옥봉집』이 『가림세고(嘉林世稿)』에 부록으로 실려 있는데, 그 책은 숙종 30년(1704) 조정만(趙正萬, 1656-1739)에 의해 이루어졌다. 또 초본 하나가 있는데 필사 연대는 알 수 없다. 다만 권수에 조정만이 지은 「이옥봉행적」이 있으므로 초사 연대는 『가림세고』보다 늦음을 알 수 있다. 난설헌보다 조금 늦은 시기의 광주 김씨는 그 『일고(逸稿)』의 편찬 간행이 6세손 이기락(李基洛) 때에 이루어졌는데, 이는 곧 고종 32년(1895)에 해당한다. 송성중(宋成仲, 1521-1578) 시문은 제작 시기가 상당히 이르지만 거의 대부분 초록이 그 부군 유희춘(柳希春, 1513-1577)의 일기 중에 나오며 본래 '사밀' 문건에 속했다. 『미암집』에 초록된 『일기』는 정치 및 학문 방면과 관련된 기사가 있고, 송성중과 부군의 몇몇 창화시를 수록해 두었다. 단, 『미암집』의 가장 이른 간본은 광해군 4년(1612) 전후에 이루어졌다.[9] 요컨대 조선

9_張伯偉 主編, 『朝鮮時代女性詩文集全編』, 鳳凰出版社, 2011, 上册 , 宋成仲 『德峰集』. 편

시대에 편찬·간행된 여성의 시문집은 허균의 것이 가장 이르다. 그의 의식은 다른 남성들보다 앞설 뿐 아니라 여성들보다도 앞선다. 허균이 출판한 『난설헌집』은 조선 문학사에서 규수 작품이 '사밀'에서 '공중'으로 전환하게 된 사실을 대표한다.[10]

1589년, 허난설헌이 세상을 떠났는데, 나이가 겨우 27세였다. 당나라 이상은(李商隱)이 「유감(有感)」 시에서 "고래로 재주와 운명은 서로 어긋나기 마련〔古來才命兩相妨〕"이라고 한 말에 해당한다. 난설헌이 8세에 지었다고 전하는 「광한전백옥루상량문(廣寒殿白玉樓上樑文)」은 사륙변려문으로 사람들의 이목을 끈다. 남편 김성립(金誠立, 1562-1592)은 명문가 출신이었으나 사람됨이 용렬하여 부부 금슬이 좋지는 못했다. 또 시어머니의 마음에 들지 못하여 고부간에도 불화했다. 아들과 딸이 있었으나 해를 이어 요절했고 셋째 또한 성장하지 못했다.[11] 난설헌은 억울하여 한을 품고 죽은 것이다. 세상을 떠나기 전에 집안 사람들에게 자신의 저술을 태워 달라고 부탁했다. 지금 우리가 볼 수 있는 난설헌의 작품은 모두 허균의 기억에서 나온 것이다. 만력 36년(1608) 맹하의 초간본 발문에서 그는 다음과 같이 설명했다.

> 부인의 성은 허씨로 난설헌이라고 자호했는데, 나에게는 세 번째 누나가 된다. 저작랑 김성립 군에게 시집을 갔으나 일찍 죽어 후사가 없었다. 평생의 저술이 아주 많은데, 유언으로 다비해 달라고 청했다. 전하는 것이 아주 드물며, 모두 나의 기억에서 나온 것이다. 오래될수록 잊어지지 않을까 두려워 목판에 새겨 전파를 넓히려고 한다.[12]

자가 『眉巖日記附錄』·『眉巖日記草』 및 『眉巖集』에서 집록하여 이룬 것이다.

10_허균 이전 조선 여성의 창작은 한나라 霍里子高 妻 麗玉의 「箜篌引」, 신라 진덕여왕의 「太平頌」 등이 상대에 있던 것과 비교하면 간신히 유전되어 왔다. 이덕무의 『청비록』 권3에도 "高麗五百年, 只傳閨人詩一首."라고 지적했는데, 기녀의 작품만 상대적으로 많다.

11_난설헌의 「哭子」에 "去年喪愛女, 今年喪愛子," "縱有腹中孩, 安可冀長成."이라 했다. 『朝鮮時代女性詩文集全編』 上冊, p.101. 李睟光의 「金正字誠立內挽」에 "傷心人世事, 身後更無兒."라 했다(『芝峰集』 권3).

12_『朝鮮時代女性詩文集全編』 上冊, p.158. "夫人姓許氏, 自號蘭雪軒, 於筠爲第三姊. 嫁著作郎金君誠立, 早卒無嗣. 平生著述甚富, 遺命荼毗之. 所傳至鮮, 俱出於筠臆記. 恐其久而愈忘失, 爰災於木, 以廣其傳云."

난설헌의 생각으로는 자신의 저술이 자기가 죽은 후 "다비(화장)되기를" 바랐다. 그러나 발문에서 허균은 반드시 이를 간각하여 "전파를 넓히려" 한다고 표명했다. 다만 이런 생각이 형성되고 실행된 것은 결코 허균이 난설헌 문집을 편찬하던 당초부터 있던 것이 아니다. 문집의 편찬부터 출판까지는 18년이라는 긴 세월이 소요되었다. 이 18년 동안 명나라와 조선 사이에 이루어진 일련의 서적 유통이 지식 · 입장 · 관념의 방면에서 사람들에게 변화를 불러일으켰고, 최종적으로는 조선 문학사상 최초의 여성 시문집의 출판을 이끌어 낸 것이다.

간단한 연표를 작성해 보자.

1590년 경인(만력 18, 선조 23년), 허균이 『난설헌집』을 편성.
같은 해 중동, 유성룡(1542-1607)이 부탁을 받고 「발난설헌집」을 씀.
1591년 신묘(만력 19년, 선조 24년), 유성룡이 「난설헌집서」를 또 씀.[13]
1599년 기해(만력 27년, 선조 32년) 여름, 오명제(吳明濟)가 허씨 형제와 이덕형(李德馨)의 협력 하에 『조선시선』 7권을 편성.
1600年(만력 28년, 선조 33년) 늦봄, 허균이 「조선시선후서」를 씀.
이와 같거나 조금 늦은 시기에 왕세종(汪世鍾)이 『조선시』 4권을 편찬, 가유약(賈維鑰)이 협조함.
1604년 갑진(만력 32년, 선조 37년) 봄, 남방위(藍芳威)가 『조선시선전집』 8권을 편성.
같은 해 8월 허균이 유성룡에게 편지를 써서 '목판에 올리기 위해' 『난설헌집』에 서문을 다시 써 줄 것을 부탁함.
1605년 을사(만력 33년, 선조 38년) 중하, 저명한 서법가 한호(韓濩, 石峰, 1543-1605)가 부탁을 받고 난설헌의 「광한전백옥루상량문(廣寒殿白玉樓上樑文)」을 썼는데 아마도 그의 절필인 듯함. 허균이 간각 · 인행.
1606년 병오(만력 34년, 선조 39년) 이전, 심무비(沈無非)가 『경번집(景樊集)』 1권을 간행했는데, 지금 「조선허사녀집소서(朝鮮許士女集小序)」가

13_左江 『許筠行實繫年簡編』의 해석에 의하면, 유성룡이 萬曆 庚寅 仲冬에 쓴 『跋蘭雪軒集』를 허균은 이듬해에야 받아 보았으므로 "辛亥歲" 撰序라고 했으나 사실은 같은 한 편의 문장이다. 張伯偉 編, 『域外漢籍研究集刊』 第六輯, 中華書局, 2010, p.178.

남아 있음.[14]
같은 해 맹하, 주지번(朱之蕃)이 부탁에 응하여 「난설재시집소인(蘭雪齋詩集小引)」을 씀.
같은 해 납월(臘月, 12월) 양유년(梁有年)이 「난설헌집제사(蘭雪軒集題辭)」를 지음.
1607년 정미(만력 35년, 선조 40년) 허균이 『국조시산(國朝詩刪)』을 편찬.
1608년 무신(만력 36년, 선조 41년) 봄, 반지항(潘之恒)이 『조선혜녀허경번시집(朝鮮慧女許景樊詩集)』을 간각, 『긍사(亘史)』 외편 권3 『취사원창(聚沙元倡)』에 수록.
같은 해 맹하, 허균이 『난설헌집』을 간각.

『난설헌집』의 편성에서부터 간각에 이르기까지, 18년의 시간이 경과했음을 어렵지 않게 알 수 있다. 여기에서 우리는 다음과 같이 추측할 수 있다. 허균이 죽은 누이의 시집을 편집하던 처음에 그 동기는 기본적으로 다음의 세 가지였다. 첫째는 '허씨 집안에 재주 있는 이가 많음'을 드러내기 위해서였고, 둘째는 죽은 누이의 일생 처지에 대한 동정에서 나왔으며, 세 번째는 '문장으로 나라를 빛내겠다는' 의식이 추동했다. 그가 보기에 '허씨 집안에 재주 있는 이가 많음'과 '문장으로 나라를 빛냄'은 모두 여성의 창작과 뗄 수 없는 것이다. 따라서 이 셋 또한 긴밀한 관계를 가진다. 시집의 편집을 마친 후 허균은 다시 당시 조선 조정과 문단의 영수였던 유성룡에게 서발을 부탁했다(그 서문은 이미 일실되었다). 유성룡은 발문에서 먼저 망우 허봉(許篈, 美叔, 1551-1588)을 사무치게 그리워하며 "세상에 보기 드문 기이한 재주였으나 불행히도 일찍 사망했다."라 하고는 이윽고 "기이하도다! 부인의 말이 아니로다! 허씨 집안에는 기이한 재주가 이다지도 많단 말인가!"라고 허난설헌의 작품을 찬탄했다. 허균의 편찬 의도를 깊이 이해했다고 하겠다. 유성룡은 또 허균에게 부탁하여 이 책을 "수습하여 보물처럼 소장하여 일가의 언(言)을

14_俞士玲, 『明末中國典籍誤題蘭雪軒詩及其原因考論』의 관련 고증 참고. 張伯偉 編, 『風起雲揚—首屆南京大學域外漢籍研究國際學術研討會論文集』, 中華書局, 2009, pp.304-305.

갖추어, 전함이 없지 않도록 하라."라고 했다.[15] 유성룡의 심중에서 '전함이 없지 않게 하는' 방법은 '보물처럼 소장하는' 것이었지, 간각하여 세상에 전하는 것이 아니었다. 이는 허균 당시의 심리 상태와도 틀림없이 부합했을 것이다.

위에서 열거한 편년 자료를 보면 허균이 『난설헌집』을 간행하려고 명확히 생각한 것은 선조 37년 8월의 일이다. 이전에 유성룡이 그 편찬물을 위해 써 준 서문이 유실된 탓에, 어떤 사람이 어떤 글을 유성룡의 서문이라 하며 허균에게 보여 주었으나, 허균은 "참인지 가짜인지 구별할 수가 없다."라고 했다. 그 때문에 유성룡에게 서한을 보내 "잘못을 입증하여 주시는 것이 어떻겠습니까?"라고 청하고, 아울러 "수간(首簡)을 목판에 새기고자 간절히 바랍니다."라고 표명하여[16] 유성룡의 서문을 권수에 실어서 『난설헌집』을 간각하고자 하는 바람을 드러내었다. 기억력 좋은 허균이, 유성룡의 서문을 애지중지하던 허균이, 자신은 그 진위 여부를 알 수 없다고 했다면 이는 대단히 의심스럽다. 허균의 실제 의도는 이 기회를 빌려 유성룡에게 다시 서문을 지어달라고 청하고 그것을 함께 간각하려고 한 것이었다. 다만 여성의 시문집을 간각하는 것은 당시 미증유의 일이었으므로 유성룡은 이런 유전 방식에 반드시 찬동하지 않았을 것이며 적어도 이런 방식을 제창하고 싶지는 않았을 것이다. 그래서 유성룡은 재차 서문을 쓰지 않았다. 그렇기에 유성룡이 첫 번째 서문에서 어떠한 뜻을 드러내었는지에 대해 확실하게 고찰하기는 어렵지만, 다만 발문의 입의(立意)와 일치했을 것으로 보인다. 곧 그 시집을 집안에서 '보물처럼 소장하기를' 희망한 것이다. 만약 좌강(左江)의 의견을 따른다면, 앞의 서문과 유성룡의 발문은 동일한 글이어서, 이 글은 결코 망실되지 않았으며, 적어도 유성룡 자신은 보존해 둔 것이 있었으므로 이 발문을 다시 허균에게 보낼 수 있었고 또 보냈을 수도 있다. 그렇다면 다음과 같은 문제가 제기된다. 왜 허균이 『난설헌집』을 간각할 때 그 발문의 존재를 완전히 무시했는가? 게다가 조선본 · 중국본 · 화각본

15_「跋蘭雪軒集」, 『西厓集』 別集 권4, 한국문집총간 제52책, p.483.
16_「上西厓相」, 『惺所覆瓿稿』 권20, 한국문집총간 제74책, p.302. "切欲首簡登之於梓耳."

을 포함한 각종 판본과 초본들에는 모두 이 발문이 보이지 않는다.[17] 나의 대답은 이러하다. 유성룡이 발문을 쓴 입의와 허균이 그 책을 간각할 때 품은 기대가 서로 충돌하여, 허균이 고의로 유성룡의 발문을 산삭했던 것이다.

그렇다면 허균이 누이의 시문집을 간각하려고 한 동기는 어디에서 온 것일까? 허균은 이 주장을 굳건히 지켜 굽히지 않았으며, 2년 후에는 다시 주지번과 양유년에게 각각 서문(「蘭雪齋詩集小引」)과 제사(「蘭雪軒集題辭」)를 써 줄 것을 부탁했고, 4년 후에는 마침내 책을 출간하여 세상에 내놓았다. 그 신념을 지탱하는 항구적인 역량은 또 어디에서 온 것일까? 이에 대한 나의 대답은 이러하다. 당시의 서적 유통에서 나왔다.

여성의 시문집, 그것도 조선 규수 시문집의 간행은 '사밀'에서 '공중'으로 나아가야 했으니, 이것이 어떠한 사회적 여론을 불러일으킬지, 또 어떠한 결과를 가져올지, 허균은 내심 이에 대해 전혀 파악하지 못하고 있었다. 다만 하나의 사건을 거치면서, 허균은 이 일이 '허씨 집안에 재주 있는 이들이 많음'을 더욱 선전할 수 있으며 동시에 '문장으로 나라를 빛냄'의 효과를 하루빨리 이룰 수 있겠다는 확신을 가지게 되었다.

명나라 정통 14년(1449) 예겸(倪謙)이 사신으로 조선에 왔을 때 여러 문신들과 시문을 창화하고 귀국 후 『요해편(遼海編)』을 편찬함으로써, 그는 양국 간 '황화 외교'의 전통을 열었다. 이것은 동아시아 외교의 장에서 하나의 관례가 되었다.[18] 천순(天順) 원년(1457)에는 진감(陳鑒)과 고윤(高閏)이 사신으로 조선에 왔는데, 조선 쪽에서 서로 주고받은 시문을 『황화집(皇華集)』이라는 이름으로 간행했다. 『황화집』은 숭정 연간에 이르기까지 모두 25종이 제작되었다. 『황화집』은 조선에 유행했을 뿐 아니라 중국에도 전해져서, 적어도 북경에 있는 사람들은 이 책을 읽을 수 있었다. 이런 문헌을 읽게 되면서 사람들은 조선 시문에 대해 흥미를 가지게 되었다. 선조 25년(1592) 일본의 침략 전쟁(임진왜란)이 발

17_이 발문을 유성룡의 『서애집』에서 輯出하여 『난설헌집』 부록에 편입한 것은 『朝鮮時代女性詩文集全編』에서 이루어졌다.

18_나카무라 히데타카는 "외교의 장에서 한시로 창화・필담하는 것은 중국 문화권의 동문(同文) 여러 나라에서 관습화된 국제 예의이다."라고 지적했다. 中村榮孝, 「朝鮮の日本通信使と大坂」, 『日鮮関係史の研究』 下, 吉川弘文館, 1969, p.344.

생했을 때 명나라 조정은 출병하여 일본에 대항해서, 조선을 위해 옛 영토를 수복시키는 도움을 주었다. 원군 중에서 한초명(韓初命)·오명제(吳明濟)·왕백영(汪伯英)·남방위(藍芳威) 등이 조선 시에 대해 흥미를 가졌는데, 맨 먼저 편찬·성책된 것이 바로 오명제의 『조선시선』이다. 오명제의 이 책은 허봉(許篈, 1551-1588)과 특히 허균의 큰 도움을 받았는데, 비단 '동국의 시 수백 편'을 제공했을 뿐 아니라 '그 누이의 시 2백 편'도 수록했다. 그는 더욱이 적지 않은 시문집을 망라하여 '신라로부터 지금 조선까지 모두 백여 가'를 수록했다.[19] 오명제는 이처럼 많은 작품 중에서 최종적으로 7권을 선집하여 112인 340수의 시를 선록했다. 눈여겨볼 것은 난설헌 한 사람에 대해 58수의 시를 선입했다는 점이다. 난설헌은 이 책 중에서 유일하게 가장 빛나는 별이어서 흡사 조선 시단의 거장과도 같다. 그중에는 물론 오명제 자신의 안목도 있었거니와 자국인의 수용과 반향 역시 고려한 것이 분명하다. 오명제는 조선에 있다가 중도에 귀국할 때 조선에서 수집한 각가의 시들을 몸에 지니고 있었는데, "장안의 진신 선생들이 듣고서 모두 동해 시인의 시와 허씨 누이의 「유선편」 등을 보고 싶어 했다. 본 사람들은 모두 기뻐하여, '훌륭하도다! 오백자(吳伯子)가 동방에서 돌아오면서 낭탁 속에 꾸려 온 것이 다른 사람들과 달라서 알알이 아름다운 구슬이로다!'라고 했다."[20] 라는 식의 반응을 보였다. 이미 난설헌 시가 '장안 진신 선생'의 사랑과 칭상을 얻고 있었으므로, 편집할 때 난설헌의 시를 많이 선록하는 것이 또한 인지상정이었다. 이런 결과는 허균에게 뜻밖의 기쁨을 안겨 주었을 것이며, 이 때문에 「후서」에서 오명제에 대해 재삼 감격하는 마음을 글에로 나타냈다. 이어서 나온 2부의 『조선시선』은 비록 허균이 그 일에 참여하지는 않았지만 결과는 오히려 같았다. 남방위 편집본 8권은 시 585수를 수록했는데, 난설헌 한 사람이 2권을 독점하고 있으며 130수가 선입되었다. 오지과(吳知過)는 「서」에서 난설헌을 '쪽 찐 머리 가

19_祁慶福,『朝鮮詩選校注』, 遼寧民族出版社, 1999, pp.238-239.

20_吳明濟,「朝鮮詩選序」,『朝鮮詩選校注』, p.239. "長安縉紳先生聞之, 皆願見東海詩人詠及許妹氏「游仙」諸篇, 見者皆喜曰: '善哉! 吳伯子自東方還, 橐中裝與衆異, 乃纍纍琳琅乎!'"

운데 으뜸'이라든가 '백미'라든가 하고 추켜세우며[21] 가장 탁월한 여성이라고 논평했다. 왕세종 편집본은 비록 전하지 않지만 방증 자료를 통해 같은 특징을 지니고 있음을 알 수 있다. 왕동궤(王同軌)의 『이담유증(耳談類增)』 권54에는 "계주(薊州) 가사마(賈司馬), 신도 왕백영이 그곳의 시를 선별하여 판각하여 권질을 이루었는데, 여성 허씨의 것이 가장 많고 가장 공교하다."[22]라고 했고, 홍만종도 『소화시평』 하권에서 "근세 계문(薊門) 가사마와 신도 왕백영이 동방의 시를 선록했는데, 난설헌의 시가 가장 많다."[23]라고 지적했다. 허균이 남방위 편집본을 보았는지는 확실한 증거가 없어 알 수 없으나, 허균이 오명제 편집본과 왕세종 편집본을 본 것은 확신할 수 있다. 오명제 편집본에는 그의 「후서」가 실려 있으며 심지어 모든 시고는 허균이 베껴 쓴 것이다.[24] 『국조시산』은 선조 40년에 편성되었는데, 완성을 앞두고 마지막 1권의 『허문세고(許門世稿)』를 허균은 친구 권필(權韠, 1569-1612)에게 위탁하여 대신 선비(選批)하게 했다. 권필은 난설헌의 「상현요(湘絃謠)」에 대해, "신도(新都) 왕세종이 말하길, 이 작품은 우리 명나라 이후 여러 사람이 미칠 수 있는 바가 아니다. 가령, 이상은 · 온정균이 붓을 잡아 쓴다고 해도 갑자기 이보다 나을 수는 없다."[25]라고 비평했다. 이는 왕세종 편 『조선시』에 나오는 말이 분명하므로, 권필이 이미 인용할 수 있었으니, 허균이 예전에 본 적이 있는 것도 이상한 일이 아니다. 중국인의 강렬한 반응은 허균의 입장에서 말하자면 흥분제를 복용한 것과 다름없었다. 이런 반향은 여타 조선 시인을 훌쩍 뛰어넘을 뿐만 아니라 허씨 형제 또한 훌쩍 뛰어넘었다. 오명제의 『조선시선』의 경우 허균의 시 15수를 선입했다. 하지만 모두 편자 오명제와 창화한 시들이어서 시를 선입했다기 보다는 사람을

21_藍芳威 編, 『朝鮮詩選』 卷首, 미국 UC Berkeley 도서관 소장본.

22_『耳談類增』 卷54 「朝鮮許姝氏詩」, 『續修四庫全書』 第1268冊, 上海古籍出版社, 2002, p.211. "薊州賈司馬 · 新都汪伯英選梓其中詩成帙, 獨許姝氏最多而最工."

23_『小華詩評』 卷下, 『修正增補韓國詩話叢編』 제3책, p.524. "近世薊門賈司馬 · 新都汪伯英選東方詩, 獨蘭雪軒詩最多."

24_『朝鮮詩選』의 마지막 한 행에는 '朝鮮狀元許筠書'의 7자가 쓰여 있다.

25_『修正增補韓國詩話叢編』 제4권, p.728. "新都汪世鍾云: 此作非我明以後諸人所可及也, 假使李 · 温操翰, 亦未必遽過之."

보고서 시를 취한 것이었다. 허봉의 시는 전혀 선입하지 않았다. 본래 허균이 보기에는 "중씨(허봉)는 백대를 망라하고 꿰뚫어서 힘써 옛 준칙을 회복하려고 했다. 문장은 선진 · 양한과 같고 시는 육조 · 개천(開天, 당나라 현종 시대)과 같았다. 누이도 천선(天仙)의 재주가 있었다. 난형난제로서 훌륭함을 다투고, 천고의 작자들을 웅혼하게 내려 보았다."[26] 허봉의 『하곡선생시초(荷谷先生詩鈔)』와 『보유』는 그가 작고한 후 허균이 자신의 기억에 의거하여 복구한 것이었다. 하지만 허균이 난설헌 시의 인기도가 형제의 작품을 훌쩍 넘어서는 것을 목도함에 이르러서는, 허씨 가문을 가장 빛낼 수 있는 일이란 바로 난설헌의 시집을 간행하는 것이 되었다. 이런 일은 선조 37년(1604) 봄 이전에 일어났으며, 그 때문에 그해 여름에 허균은 유성룡에게 서한을 올려 다시 서문을 지어 줄 것을 부탁하여 간행 시 첫머리에 두려 했던 것이다. 다만 유성룡은 이에 응답하지 않고서 혹 그저 옛날 지은 것을 재차 1부 베껴 주었을 뿐이어서 허균의 희망을 만족시킬 수 없었으므로, 허균은 선조 38년(1605) 먼저 허봉의 시문을 간행했다.

허균 형제 자매 4명 중 장형 허성(許筬, 1547-1612)을 제외하고 봉(篈) · 균(筠) · 난설헌 3인은 같은 어머니 소생이므로 우애가 아주 돈독했다. 허봉의 시집이 간행된 이후 가장 걱정스러운 일은 누이의 작품을 간행하여 하루빨리 대중에 공개하는 것이었다. 이미 한동안 작품 전부를 간행할 수 없게 된 이상 저명한 서법가 한호가 초대에 응하여 찾아온 기회를 틈타 허균은 한호에게 『마하반야바라밀다심경』과 『온이염체(温李艶體)』를 써 달라고 부탁하고서 다시 난설헌의 단편 작품 곧 「광한전백옥루상량문」을 베껴 써 주기를 청했다.[27] 한호는 해당 편을 다 쓰고서 작별하고 집으로 돌아와 얼마 있지 않아 세상을 떠났다. 이것은 절필이라고 할 수 있다. 친구를 기념하기 위해 또 누이의 작품을 널리 알리기 위해 허균은 먼저 이 한 편을 단행본으로 간행했다. 이 행위는 다음

26_「水色集序」, 한국문집총간 제69책, p.3. "仲氏(篈)羅穿百代, 力復古則. 文若先秦 · 二京, 詩若六朝 · 開天. 姊氏又有天仙之才. 二難競爽, 雄視千古."

27_이 서법의 낙관은 "皇明萬曆紀元之三十三載乙巳夏仲望石峰書於遼山郡之沖天閣"로 되어 있다. 허균은 「祭韓石峰文」에서 "一麾遼山, 果踐宿諾. 邀公以館, 沖天之閣."라고 했다. 그 둘로 인증할 수 있다.

과 같은 책략을 포함한다. 만약 누군가 여성의 작품을 출판하는 것에 대해 이의를 제기한다면 자신이 출판한 것은 한호의 서예 작품이라고 말할 수 있다. 한호 서법의 높은 지위를 이용해 거꾸로 난설헌의 영향을 확대·제고시킬 수도 있었다.[28] 이런 이중의 의의는 허균이 한반도에서 최초로 규수의 작품을 간각하는 데에 그럴듯한 구실을 주었고, 또 일종의 동향을 탐색하는 작용을 할 수도 있었다.

중국의 조선 시선은 난설헌의 작품을 대량으로 선록했으며, 서적이 유통하고 사람이 왕래하면서 이와 연관된 지식·관념·신앙이 전파되었다. 그 자극과 영향을 받은 것은 기실 허균만이 아니었다. 선조 38년 초 유근(柳根, 1549-1627)이 마침 『조선시선』을 편찬했는데, 허균은 3월에 유근에게 서한을 올려, "듣자니 바야흐로 동방의 시를 선록한다고 들었습니다. 부디 죽은 형의 작품을 그 속에 많이 실었으면 하여 감히 판각본 한 질을 올립니다."라고 했다. 『하곡시초』는 이제 막 간행되어 나온 것이 틀림없었는데, 허균은 곧장 1질을 올렸으니, 그 급박한 심정을 상상할 수 있다. 다만 9월에 이르러 허균은 실제 선록된 편목을 보고서 다시 유근에게 서한을 올려, "남창(金玄成)을 만났더니 돌아가신 형님의 시는 시선(詩選)에 들어간 것이 매우 적고, 누님의 것은 약간 많더라고 했습니다. …… 돌아가신 형님의 칠언 가행은 아주 절묘한데 단 한 편도 들어간 것이 없다니 이야말로 더욱 이해할 수 없습니다. 바라건대 다시 잘 헤아려 선별해서 창해에 빠뜨린 구슬이 되지 않게 하소서."[29]라고 했다. 허균은 누이의 작품이 조금 많이 선입된 것에 대해서는 전혀 이의가 없었다. 허균이 바란 것은 허봉의 작품이 더욱 많이 선입되는 것이었다. 당시 시선에 여성 작품을 선입하는 것은 조선 문학사상 최초로 시도된 것이었다. 뿐만 아니라 여성 작품의 수가 남성보다 더욱 많았다. 나는 이것이 중국인의 조선 시 선입에서 받은 계발 및 자극과 뗄 수 없는 일이

28_安鼎福 編『星湖僿說類選·技藝門』"韓石峰"條載: "壬辰天將李如松·麻貴·北海滕季達及琉球梁粲之徒, 皆求書帶去. 王世貞云 : '東國有石峰者, 其書如怒猊決石.' 朱之蕃亦云 : '當與王右軍·顏平原爭其優劣.'" 上輯, 明文堂刊, 1982, p.449.

29_「上柳西坰」,『惺所覆瓿稿』 권20, 한국문집총간 제74책, p.304. "見南窗, 言亡兄詩則入選甚少, 而姊氏則稍多云. …… 亡兄七言歌行最妙, 而無一篇收入者, 此尤不可曉也. 幸惟更加衡尺, 俾勿令滄海遺珠也."

라고 믿는다. 이 책이 현재 전하지 않아 자세히 논할 수는 없지만, 그 가운데 넌지시 드러나는 정보는 우리로 하여금 이런 새로운 동태를 환히 알도록 하기에 충분하다.

만력 34년(조선 선조 39년, 1606), 주지번과 양유년은 명나라의 정사·부사로서 조선에 와서 조칙을 반포했는데, 원접사 유근은 허균을 종사관으로 추천하여 함께 명나라 사신을 접대했다. 이 기회는 허균으로 하여금 누이의 시문을 출판하려는 희망을 다시금 불러일으켰다. 주지번은 조선에 오기 전에 이미 난설헌 시에 대해 들어 알고 있었고, 이 때문에 허균을 한번 보고서 바로 그 작품에 대해 질문을 했다. 허균은 편찬을 마친 시집을 증정했고 주지번은 이를 읽고서 크게 칭찬했다. 허균이 기회를 틈타 서문을 청하자, 주지번은 마침내 대필을 휘둘러 「난설재시집소인(蘭雪齋詩集小引)」을 찬하여 "규수의 뛰어남은 영화를 딴 것이어서 천지산천의 신령이 모인 바여서 억지로 할 수도 없고 막을 수도 없다."[30]라고 했다. 규수의 문재는 천지산천의 영기가 모인 것이므로 억지로 될 수 있는 것이 아니며 또한 억제할 수도 없는 것이어서, 현실 정치와 역사 기록에서의 여성이 이룩하는 성취에는 종종 '남자들도 하기 어려운 바'가 있다고 표창했다. 우선 범범하게 붓을 써 내려가다가 아래에서 집중적으로 난설헌의 작품에 대해 평론했다.

> 지금 허씨의 『난설재집』을 보니 또한 먼지 세상의 바깥에 표표하여, 수려하면서 미약하지 않고, 충담하면서 골력이 있다. …… 짧게 잘려 남은 시문의 서너 줄, 남은 먹의 작은 자취도 모두 주옥을 이루어, 인간 세상에 떨어져, 영구히 현상(玄賞)에 충당된다. 어찌 숙진(叔眞, 주숙진)·이안(易安, 이청조) 무리가 슬프게 읊어 대고 괴롭게 상상해서 그 자신의 불평한 속내를 쏟아 내어 아녀자의 조롱과 빈축을 샀던 일과 같겠는가? 허씨 가문에는 재주 있는 이가 많아서, 형제가 모두 문학으로 동국에서 존중되고 있는데, 한 몸뚱이의 손과 발처럼 형제간에 서로를 생각하는 우의에서, 원고 가운데 가까스로 남은 것들을 편집하여 전한다. …… 이 시집을 보면 나의 말이 잘못이 아님을 알 것이다.[31]

30_"閨房之秀, 擷英吐華, 亦天地山川之所鍾靈, 不容强, 亦不容遏也."

31_『朝鮮時代女性詩文集全編』 上冊, p.97. "今觀於許氏『蘭雪齋集』, 又飄飄乎塵埃之外, 秀

주지번은 먼저 그 작품의 착상이 고매함을 총평하여 "먼지 세상의 바깥에 표표하다."라고 했다. 또 그 풍격이 수려하여 미약하지 않고 충담하면서 골력이 있다고 평했다. 이어서 구체적으로 편목으로 들어가 「유선(游仙)」과 「옥루(玉樓)」를 예로 들고는 다시 "모두 주옥을 이루었다."와 "영구히 현상에 충당된다."라는 말로 총괄했다. 이에 그치지 않고 주지번은 중국 여성 문학의 대표격인 주숙진 및 이청조를 난설헌과 서로 조응시켜 전자가 대부분 "아녀자의 조롱과 빈축을 사는 것"이어서 난설헌에 비교할 바가 못 된다고 지적했다. 마지막으로 주지번은 또한 "허씨 가문에 재주 있는 이가 많음"과 편집 중에 함축되어 있는 "한 몸뚱이의 손과 발처럼 형제간에 서로를 생각하는 우의"를 표창하는 일을 잊지 않아, 허균이 그 시집을 편찬할 때 얼마나 마음의 정성을 다 했는지 잘 드러내 보였다. 이 때문에 이 서문은 단편 소품임에도 불구하고 오히려 주지번이 심력을 기울인 글이지 결코 적당히 응수한 작품이 아니다. 주지번이 중국에서 향유하던 문단 거벽으로서의 명성[32]과, 주지번이 조선에서 천조의 정사로서 지녔던 신분을 바탕으로, 이 서문은 문단 주류의 조선 규수 작품에 대한 긍정을 대표했으며, 조선에서의 『난설헌집』의 출판이 '합법' 지위를 획득할 수 있도록 했다. 허균은 한층 분발하여 다시 부사 양유년에게 「난설헌집제사」를 찬해 줄 것을 청했다. 양유년이 작성한 제사의 내용은 모두 주지번 서문의 내용을 다시 되뇌었는데, 문장으로 말하자면 새로운 뜻이 매우 결여되어 있으나, 효과로 말하자면 역시 사람들에게 깊은 인상을 심어 주었다.

난설헌에 대한 주지번의 찬미는 진실하고 열렬했다. 주지번은 조선에서 『난설헌집』을 위해 서문을 썼을 뿐만 아니라, 『난설헌집』의 초본을 중국으로 가지고 가서 중국으로 귀국한 후에도 부단히 거양했다. 주지번 이전에 이미 오명제 · 왕백영 · 남방위 등이 조선 시선을 편찬했고 또

而不靡, 沖而有骨. …… 斷行殘墨, 皆成珠玉, 落在人間, 永充玄賞. 又豈叔眞 · 易安輩悲吟苦思, 以寫其不平之衷, 而總爲兒女子之嘻笑嚬蹙者哉? 許門多才, 昆弟皆以文學重於東國, 以手足之誼, 輯其稿之僅存者以傳. …… 觀斯集, 當知予言之匪謬也."

32_『선조실록』 39년 정월 임진, 주지번이 조선에 도착하기 전 선조가 여러 대신에게 그 사람에 대해 물었는데, "中原之人數學士文章, 只稱焦竑 · 黃輝 · 朱之蕃三人, 蓋有名之人也." 라는 대답을 얻었다.

거기서 난설헌의 지위가 도드라지기는 했지만, 그들은 결국 대부분 무인이었기에 문단에서의 지위와 영향이 결여되어 있었다. 따라서 중국의 '난설풍(蘭雪風)'은 주지번의 고취로 말미암아 일어난 것이었다. 이를 우리는 전겸익의 『열조시집』 윤집(閏集)에 나오는 "금릉 주 장원이 동국에 사신으로 가서 그 시집을 얻어 돌아와 마침내 중하에 성대하게 전했다."[33]라는 몇 마디로 개괄할 수 있을 것이다. 이후 중국인이 조선에 오면 주지번의 선전을 빌미로 사람들에게서 『난설헌집』을 구하는 자들이 많아졌다. 아래 몇몇 자료는 시기로는 1, 2년 정도 조금 늦지만 유사한 사건이 이미 2년 전부터 일어났을 가능성이 매우 높다. 허균은 「기유서행기(己酉西行記)」에 만력 37년(1609) 5월, 사신 유실(劉實) 등이 책을 요구한 일을 다음과 같이 기록해 두었다.

> 서명(徐明)이 와서 말하길, "북경에 있을 때 서자(庶子) 도망령(陶望齡)을 만났다. 그는 궁유(宮諭) 주지번을 만난 일이 있는데, 주(朱)는 '조선에 허 아무개라는 사람이 있는데, 그 누이의 시는 천하에 으뜸간다.'고 하더라며, '네가 그 나라에 가면 꼭 그 시집을 구해 가지고 오라.'라고 했소. 도감(都監)이 바로 그 사람이구료. 시집이 있소?" 하고 물었다. 나는 바로 보따리에서 한 부를 꺼내 주었다.
> 서 상공은, "『난설시집』을 유공(劉公)도 원하고, 나도 한 부 청합니다."라고 했다. 나는 남은 한 권을 꺼내 유사에게 전하도록 하고 서 상공에게는 서울에 가서 주기로 했다. 전강(田康)과 양유토(楊有土)도 청하므로 모두 서울 가서 주기로 했다.[34]

이처럼 수요가 많았으므로 이 책의 간행은 한편으로는 '허씨 가문에 재주 있는 이가 많음'을 선전할 수 있었고 다른 한편으로는 조선 시학의

33_『列朝詩集』 閏集 卷6, 中華書局, 2007, p.6856. "金陵朱狀元奉使東國, 得其集以歸, 遂盛傳於中夏."

34_『惺所覆瓿稿』 권19, 한국문집총간 제74책, p.296. "徐明來言, 在北京見陶庶子望齡, 言曾見朱宮諭之蕃, 道東國有許某者, 其姊氏詩冠絕天下, 你之彼, 須求其集以來. 都監乃斯人也, 有集在否? 余即出橐中一部以給." "徐相公曰 : '『蘭雪軒集』劉公亦欲得之, 俺亦請一件也.' 余祗餘一卷, 出給之, 令致於使. 其一件該給徐者, 約於京. 田 · 楊亦請之, 俱以京爲期."

홍성을 펼쳐 보일 수 있었다. 물론 여론상, 사회 심리상, 그리고 여성 창작에 대한 인식 정도상, 조선에는 이미 환경적 조건이 갖추어져 있었다. 그 때문에 선조 41년(1608) 허균은 『난설헌집』을 "목판에 새겨서 그 전파를 넓히고자"[35] 했다. 활자로 인쇄하지 않고 목판으로 간행한 것을 보면 허균은 이 책이 잠재적 수요가 매우 클 것이라 알고 있었다. 조선 규수의 첫 번째 시집은 이렇게 간행되었다. 허균이 편성을 마치고서 장장 18년이 지난 후였다. 이로부터 조선 규수의 창작물은 새로운 시대로 진입했다. 이들 작품들은 더 이상 근근이 규방에서 생겨났다 없어지고 마는 것이 아니라 규방으로부터, 후원으로부터, 가족 내부로부터 문밖으로, 시장으로, 세계로 나아갔다. 당연히 일부 규수가 여전히 '사밀(私密)'의 작품을 써 내었음을 부인할 수는 없다. 하지만 그들은 '지난날'을 대표할 뿐이다.

3. 명성의 양날 검

주지번의 칭송으로 말미암아 중국과 조선의 문단에는 강력한 '난설풍'이 휘몰아쳤고, 난설헌의 명성은 명·청 시기에 정점에 이르렀다. 전겸익은 "금릉 주 장원이 동국에 사신으로 가서 그 시집을 얻어 돌아와 마침내 중하에 성대하게 전했다."[36]라고 했고 『명원시귀』에서도 "금릉 주태사 난유(蘭嵎)가 조선에 사신으로 나가서 이 시집을 얻어 판각해서 세상에 행했다."[37]라고 했다. 이런 형세는 마찬가지로 조선인의 주의를 끌었다. 이의현(1669-1745)의 「도협총설」에는 "명나라 사람들이 우리 동국의 시를 아주 좋아했는데, 특히 허경번의 시를 추장해서, 시를 선별

35_「蘭雪軒集跋」,『朝鮮時代女性詩文集全編』上冊, p.158.

36_『列朝詩集』閏集 권6, p.6858.

37_『名媛詩歸』卷29,『四庫全書存目叢書』集部 第339冊, p.329.『난설헌집』은 당시 중국 방면의 반향을 불러일으켰다. 陳廣宏 교수는 謝杰의「朝鮮許狀元妹次孫內翰詩殊佳麗因步其韻賞之」, 郭子章 錄의「朝鮮許蘭雪曲」등 몇몇 유의할 만한 자료를 제시했다.『許筠與朝明文學交流之再探討』의 관련 논술에 보인다.『文學史的文化敘事-中國文學演變論集』, 復旦大學出版社, 2012, p.281.

한 책들에 경번의 시를 싣지 않는 것이 없었다."[38]라고 했다. 이는 난설헌을 사람들의 주목의 대상이 되게 했으며, 난설헌에게 예상치 못한 명예뿐만 아니라 완벽을 바라는 폄훼도 가져다주었다. 명성은 '양날의 검'과 같아서 여성의 진취심을 격려할 수도 있으나, 한편으로는 남녀 누구나 속 안에 지니고 있는 허영심을 쉽게 불러일으켰다.

허난설헌이 세상을 떠났을 때 이수광(李睟光, 1563-1628)은 만시를 지어 난설헌을 추모했다. 다만 시에 관해서는 겨우 '천고의 「백주」 시〔千古柏舟詩〕'라는 한 구절밖에 없으며, 『시경』 용풍 「백주」를 인용하여 비유하지 않은 것이 없다. 이는 여자가 시에 능했음을 표시한 것일 뿐이어서, 유성룡의 발문 중 "「백주」·「동정(東征)」이 앞 시대에서 최고미를 전유할 수 없게 했다."[39]라는 말의 뜻과 일치한다. 찬미하는 말이지만 실은 범범한 말이다. 다만 광해군 6년(만력 42년, 1614) 『지봉유설』을 쓸 때는 그 평가가 돌변하여 이수광은 '근대 규수의 제일인'이라고 하고 또 "시집이 세상에 행한다."라고 했다.[40] 이것은 『난설헌집』이 출판된 후에 쓰였음을 알 수 있다. 그런데 그 후의 평가 중에 더욱 기이하고 우스운 곳이 있다. 예를 들어 구수훈(具樹勛)의 『이순록(二旬錄)』에 다음 기록이 있다.

> 중국 사신 주지번이 일찍이 제천정(濟川亭)에 노닐었는데, 허균이 당시 종사관이었다. 제천 아래로 두 물이 옷깃 여미듯 합하는데, 주지번이 "두 물이 나뉘어 감(坎)이다"라는 구절을 짓고 연화(聯和)를 하라고 했다. 반드시 자대(字對)를 얻은 뒤에 쓸 수가 있는데, 괘(卦)의 대를 맞추기는 어려웠으므로, 허균이 즉각 대를 하지 못했다. 연회가 파하고 집으로 돌아가, 밥 먹는 것도 폐하고 깊이 생각했으나, 끝내 좋은 대가 없었으므로 마음 속으로 근심했다. 난설이 묻기를, "오늘 무슨 시편이 있었기에 오라비는 근심하고 있소?"라고 했다. 사실대로 답했다. …… 난

38_『陶谷集』 권28, 한국문집총간 제181책, p.455. "明人絶喜我東之詩, 尤奬許景樊詩, 選詩者無不載景樊詩."

39_「跋蘭雪軒集」, 『西厓集』 別集 권4, 한국문집총간 제52책, p.483. "「柏舟」·「東征」不得專美於前." '東征'이 가리키는 것은 曹大家(班昭)의 「東征賦」이다. 蕭統 『文選』 권9.

40_『芝峰類說』 권14, 南晩星譯本附原文, 을유문화사, 1994, p.540.

> 설이 즉각 말하길, '삼산이 잘리어 곤(坤)이로다'라면 어떻소?" 했다. 허균이 놀라고 감탄하길 마지 않고는, 즉각 이 구절로 수응하자, 중국 사신이 크게 기이하게 여겼다. 뒤에 난설이 지은 것을 알고는 더욱 칭송하고, 『난설집』에 주지번이 서문을 써 주었다. 중국 글을 외진 나라 여인의 문집 첫머리에 쓰는 것은 매우 드문 일이다.[41]

허균이 종사관이 되어 주지번과 만난 것은 만력 34년이다. 그때는 난설헌이 이미 세상을 떠난 지 17년이 되었으므로, 절대로 허균의 연구를 도와 주지번에 응대하게 했을 수 없고 주지번 또한 절대로 이 때문에 『난설헌집』에 서문을 지어 준 것이 아니다. 다만 중국의 정사(正使), 게다가 문학적 지위가 상당했던 정사가 '외진 나라 여인의 문집'을 위해 서문을 지어 준 것은 사실 '매우 드문 일'이었으므로, 특별히 후대하지 않았다면 거의 있을 수 없는 일이었다. 그렇기에 이런 고사가 생겨난 것이다. 구전과 문자로 유전되는 과정에서 난설헌은 이와 같이 '천선(天仙)'으로 화했다.

상대적으로 말하면, 난설헌의 명성은 중국에서 더욱 높아, "시를 선별한 책들에 경번의 시를 싣지 않는 것이 없었다." 현재 우리가 보는 난설헌의 시는 모두 허균이 자신의 기억에 근거하여 복구한 것이다. 고의였는지 자신도 모르게 그렇게 된 것인지를 떠나, 현존하는 시문집 중에 적지 않은 중국인의 작품이 섞여 있다는 것은 부인할 수 없는 사실이다. 본래 고대 시가에서 시구가 유사한 일은 보편적으로 있는 현상이다. 당나라 교연(皎然)의 『시식(詩式)』에서도 전문적으로 '삼투(三偷)'를 들었는데, '투어(偷語)'는 물론 '둔적(鈍賊)'이지만 '투세(偷勢)'는 오히려 '시인의 군막에서는 호백구를 훔치는 솜씨"[42]로 평가되었다. 송나라 사

41_『二旬錄』 卷上, 『稗林』本, 第9輯, pp.440-441. "朱天使之蕃嘗游濟川亭, 許筠時爲從事官. 自濟以下有兩水合襟, 朱使以'二水分爲坎'爲句, 使之聯和. 必得字對然後可以用之, 而卦對爲難, 筠未能即對. 宴罷歸家, 廢食思索, 終無好對, 心裏愁悶. 蘭雪問曰: '今日有何詩篇, 而兄何故滯悶耶?' 答以故. …… (蘭雪)即曰: '三山斷作坤, 如何?' 筠驚歎不已, 即以此酬之, 華使大奇之. 後知蘭雪所賦, 尤加稱賞, 以此『蘭雪集』朱使序之. 華文之弁卷於偏邦女人文集, 罕有之事也."

42_張伯偉, 『全唐五代詩格彙考』, 江蘇古籍出版社, 2002, p.238. "詩人閫域之中偷狐白裘之手."

람들에게 '환골탈태(換骨奪胎)'·'점철성금(點鐵成金)'의 논의가 많다는 사실은 애당초 길게 서술할 필요가 없다. 다만 서적 열람 과정에서 중국인들은 『난설헌집』의 이 문제에 대하여 비단 이를 혐의하지 않을 뿐 아니라 도리어 상찬하며 원작을 뛰어넘었다고 여겼다. 문학사에서는 이런 예가 드물지 않다. 예를 들어 "낙화 아래 사람은 홀로 서 있고, 가랑비에 제비는 쌍쌍이 나누나〔落花人獨立, 微雨燕雙飛〕"는 원래 오대 때 옹굉(翁宏)의 시구로 전혀 특출하다고 여겨지지 않던 것이 안기도(晏幾道)의 차용을 통해, 혹 '투도(偷盜)'라고 비판받지만, 「임강선(臨江仙)」의 명구로 되었다. 심조분(沈祖棻) 선생은 일찍이 이를 두고, 다음과 같이 절묘하게 비유했다. "바로 임공(臨邛)의 탁문군(卓文君)이 사마상여(司馬相如)와 재가하고서야 후세에 이름을 떨칠 수 있었던 것과 같다."[43] 난설헌 시문의 정황을 완전히 여기에 비유할 수는 없지만 오히려 그 때문에 심상치 않은 명예를 얻었다. 예를 들어 왕단숙(王端淑)은 『명원시위(名媛詩緯)』에서 "이런 목소리는 곽경순(곽박)·이태백(이백)의 무리에서 나왔는데, 그들의 경우는 표립(瓢笠, 가난과 방랑) 기색이 있어 혐의로웠다. 이것이 여자의 입에서 나와, 흉금이 아주 드넓다. …… 「하가(夏歌)」는 바로 이의산(이상은)·온비경(온정윤)으로 하여금 시단에서 벼루를 불태워 버리게 만든다."라고 했다. 또 탕현조(湯顯祖)의 논평을 인용하여, "읽으면 영롱한 빛이 눈을 내리쬐니, 뜻밖에도 이역의 여성이 이렇게 맑은 자질을 지니고 있단 말인가?"라고 했다.[44] 『고금여사(古今女史)』는 조문기(趙問奇)를 인용하여, "천부(天府)의 기이함을 악보에 올리고, 구름 노을의 미려함을 다투어, 필묵의 사이에 낮게 드리워 맴도니, 정신이 백옥루에 노님에 그칠 정도가 아니다."라 했다. 또 주언여(朱言如)를 인용하여 "신선처럼 기이함은 이태백이 물러나 볼 만하고, 시편이 기려함은 강엄(江淹)이 자리를 고쳐 앉을 만하며, 산문은 진한 이전의 시기에 나온 듯하다."라고 했다. 『옥경양추(玉鏡陽秋)』의 평론은 "난

43_『宋詞賞析』, 上海古籍出版社, 1980, p.56.

44_『名媛詩緯』 卷28, 康熙3年(1664)刻本. "此等聲口, 出自景純·太白輩, 嫌其有瓢笠氣. 出自女子口中, 襟期便已浩渺. ……「夏歌」直使義山·飛卿焚硯騷壇." "讀之陸離射目, 不虞異域姬乃有此淑質耶?"

설의 「유선」은 고인의 구절을 쓰고 요빈(堯賓, 조당)과 출입하는 것이 많지만, 난설의 필이 빼어나 실로 분백(笨伯, 멍청함)한 조당보다 낫다." 라고 했다. 곧, 인습한 것이 있는데도 난설헌 시가 청출어람의 뛰어남이 있어 조당(曹唐, 堯賓)에 비교할 바가 아니라고 한 것이다. 또 "난설의 재주와 정취는 육경자(陸卿子)·서원(徐媛)의 위에 있으니, 해동의 기녀에 그치는 것이 아니다."라고 했다.[45] 이는 난설헌과 중국 여성 시인을 서로 비교하여 오중(吳中)의 두 대가 육경자·서원보다 낫다고 여긴 것이다. 반지항의 평가에 이르러서는 더 이상 보탤 수 없을 만큼 더욱 난설헌을 추숭했다. "조선의 군주든 신하든, 중원 도성의 인사든 여인이든, 누가 이와 길항하겠는가? 나는 그러므로 허경번을 단순히 지혜로운 여성이라고 하지 않고 천인(天人)이라고 한다. 지혜로운 여성임은 시문에서 징험할 수 있으며, 천인은 조선이라는 작은 나라라고 해서 한정 지을 수가 없다."[46]

이런 평가는 난설헌 시에 대한 조선인의 인식보다 훨씬 높은 것이며, 난설헌 자신의 인지 또한 훌쩍 뛰어넘는 것이었다. 이는 진심에서 우러나온 말이지만 도리어 부득불 자신의 기호에 아부했다고 말할 수밖에 없다. 그러나 예상 밖 명예에 종종 뒤따르는 것이 바로 남에게 완벽을 구하는 폄훼인 것이다.

유여시·전겸익 편 『열조시집』 윤집(閏集)의 '향렴(香奩)' 부분은 명나라 말기 여성 시가 총집[47]을 다량 참고했는데, 상술한 여러 사람들의 의론을 많이 찾아볼 수 있다. 유여시는 난설헌의 시를 열람하고 다음과 같은 의견을 내었다.

> 허씨의 시가 꽃을 훑고 마름 풀을 떨어뜨리듯이 사람들 입에 회자되고 있다. 내가 보니 그 「유선곡(遊仙曲)」의 "벽성에서 작은 모군〔전설 속

45_이상 두 책은 胡文楷, 『歷代婦女著作考』, 上海古籍出版社, 1985, p.166에서 재인용했다.

46_「朝鮮慧女許景樊詩集序」, 『亘史』 外編 卷3, 『四庫全書存目叢書』 子部 第194冊, p.23. "毋論朝鮮君臣, 即域中都人士女, 孰得與之抗衡哉? 余故曰許景樊匪直慧女, 抑天人也. 曰慧女, 蓋徵於詩文; 曰天人, 固不得以朝鮮蕞薾之國而限之矣."

47_陳廣宏, 「列朝詩集閏集'香奩'撰集考」, 『文本·史案與實證: 明代文學文獻考證』, 學生書局, 2013, pp.63-101.

에 나오는 신선 모충(茅衷)〕 맞이하여 가누나.〔碧城邀取小茅君〕"라고 한 구절〔원문은 '不過邀取小茅君'이지만 『난설헌집』에 의해 정정〕과 "이는 바로 인간 세상 일만 년이 흐른 것이로군.〔便是人間一萬年〕"이라고 한 구절은 조당(曹唐)의 사(詞)에 나오는 구절이다. 「양류지사(楊柳枝詞)」의 "마중할 줄은 모르고 보낼 줄만 아는구나.〔不解迎人解送人〕"라고 한 구절은 배열(裴說)의 사에 나오는 구절이다. 「궁사(宮詞)」의 "깔개 자리 주렴 처마 한꺼번에 환해지리.〔地衣簾額一時新〕"라고 한 구절은 왕건(王建)의 사에 나오는 구절을 전적으로 쓴 것이다. "그 당시에는 일찍이 남 오는 걸 비웃더니, 오늘 아침 제 스스로 올 줄 어찌 알았으랴.〔當時曾笑他人到, 豈識今朝自入來〕"라고 한 구절은 왕애(王涯)의 말을 그대로 베낀 것이다. "붉은 비단 보자기로 건계차를 싼 뒤, 시녀가 봉함하고 비단 꽃을 묶었구나. 비스듬히 서압하고 칙자 글자 쓰고서는, 내관이 제후 집에 나누어서 보내네.〔絳羅袱裹建溪茶, 侍女封緘結綵花, 斜押紫泥書勅字, 內官分賜五侯家〕"라고 한 구절은 왕중초(王仲初, 王建)의 "황금 합 속에는 붉은 구름 담겨 있네.〔黃金合裏盛紅雲〕"라는 구절과 왕기공(王岐公, 王珪)의 "내탕고의 새 함을 열어 황제 드실 차 올리네.〔內庫新函進御茶〕"라는 구절을 뒤섞어서 낸 것이다. "한가로이 머리 돌려 주렴에 기대 서서, 한가롭게 군왕을 마주하여 농서를 얘기하네.〔閒回翠首依簾立 閑對君王說隴西〕"는 또 왕중초의 "자주자주 군왕을 마주해서 농산을 그리누나.〔數對君王憶隴山〕"라고 한 말을 훔쳐 쓴 것이다. 또 「차손내한북리운(次孫內翰北里韻)」시의 "얼굴 화장 마치고도 자주 거울 쳐다보다가, 남은 꿈이 맘에 걸려 천천히 누를 내려오네.〔新粧滿面頻看鏡 殘夢關心懶下樓〕"라고 한 구절은 원나라 사람 장광필(張光弼)의 「무제(無題)」의 경구(警句)이다. …… 지금 전하는 것은 대부분 당나라의 옛 시구를 답습했는데, 본조 마호란(馬浩瀾)의 「유선사(遊仙詞)」로서 『서호지여(西湖志餘)』에 보이는 것도 그 속에 찬입(竄入)되어 있다. 「새상(塞上)」〔塞下의 잘못인 듯함〕·「양류지(楊柳枝)」·「죽지(竹枝)」 등 옛 시제도 모두 그러하다. 중화의 시편이 계림에 유전되어 저쪽에서 낭함(귀한 보물상자)의 비책으로 여겨 세상에서 눈으로 볼 수 없는 것이기에 마침내 숨겨서 차지한 것이 아니겠는가? 우리나라 문사들이 이민족 여자에게서 나온 것만을 보고 놀라고

기뻐하면서 찬탄하기만 하고 그 소종래를 따지지 않고 있다.[48]

이상, 연이어 '전부 썼다' · '그대로 베꼈다' · '한데 모았다' · '훔쳐다 썼다' · '도습했다' · '숨겨서 차지했다' 등의 말을 사용하여 한 군데도 호평이 없다. 동시에 난설헌을 찬미한 '우리나라 문사'에 대해서도 한차례 야유하고 조롱했다. 『열조시집』은 순치 9년(1652) 간행되었는데, 늦어도 강희 21년(숙종 8년, 1682) 이미 조선 사신을 통해 구입했으므로, 이로 말미암아 이 의론 또한 서적의 유통을 따라 조선으로 유입되었으며 그와 더불어 조선 문단을 진동시키게 되었다.

본래 『난설헌집』에 다른 사람의 작품이 들어 있다는 것은 조선인들도 일찍부터 알아차렸다. 이수광은 일찍이 『지봉유설』에서 「금봉화염지가(金鳳花染指歌)」가 명나라 사람의 구절에서 취하여 개변한 것이고, 「유선사」에는 조당에게서 가져온 것이 있으며, 「송궁인입도(送宮人入道)」는 명나라 사라 당진(唐震)의 시라는 것 등등을 지적한 바 있다. 다만 여전히 낱낱의 개별 사실들을 논했을 뿐이다. 『열조시집』이 이를 폭로한 후 언론은 감정적 색채를 더 강하게 띠게 되었다. 김만중(金萬重, 1637-1692)은 "다만 안타까운 것은 그녀의 아우 허균이 원나라와 명나라 문인들의 아름다운 구절이나 화려한 시편 중에 사람들이 거의 보지 못한 것들을 상당히 많이 채집하여 문집 속에 끼워 넣어 그것으로 명성과 위세를 떠벌렸다는 점이다. 이로써 우리나라 문인을 속이는 것이 가능했을지 모르나 이것을 중국으로 다시 들여보냈으니 …… 또 불행하게도 허난설헌의 시가 전겸익의 남다른 감식안을 만나 마치 도간(陶侃)이 무

48_『列朝詩集』 閏集 제6, pp.6856-6857. "許妹氏詩, 散華落藻, 膾炙人口. 吾觀其「遊仙曲」'不過邀取小茅君, 便是人間一萬年', 曹唐之詞也 ; 「楊柳枝詞」'不解迎人解送人', 裴說之詞也; 「宮詞」'地衣簾額一時新', 全用王建之句 ; '當時曾笑他人到, 豈識今朝自入來', 直鈔王涯之語 ; '絳羅袱裏建溪茶, 侍女封緘結採花. 斜押紫泥書敕字, 內官分賜五侯家', 則撮合王仲初'黃金盒裏盛紅雪'與王岐公'內庫新函進御茶'兩詩而錯直出之 ; '間回翠首依簾立, 閑對君王說隴西', 則又偷用仲初'數對君王憶隴山'之語也 ; 「次孫內翰北里韻」'新妝滿面頻看鏡, 殘夢關心懶上樓', 則元人張光弼「無題」警句也. …… 今所傳者多沿襲唐人舊句, 而本朝馬浩瀾「遊仙詞」見『西湖志餘』者亦竄入其中. 凡「塞上」·「楊柳枝」·「竹枝」等舊題皆然. 豈中華篇什流傳鷄林, 彼中以爲琅函秘책, 非人世所經見, 遂欲掩而有之耶? 此邦文士, 徒見出於外夷女子, 驚喜贊歎, 不復覈其從來."

창(武昌) 관청의 버드나무를 식별해 낸 것처럼 간악한 일을 들추어내고 장물(臟物)을 추적하여 속 내용이 모두 드러나 조선 사람들을 크게 부끄럽게 만들었다."[49]라고 했다. 이덕무도 "부녀자란 생각이 매우 얕고 문견이 넓지 못하기 때문에 이따금 고인들의 시집을 장중(帳中)의 비보로 삼다가, 끝내는 높은 안목이 있는 이에게 그 치기가 드러나고 만다. 허난설헌은 전우산(錢虞山, 전겸익)·유여시(柳如是)에 의해 너절하게 옛시를 표절한 흔적이 폭로되어 거의 여지없이 되고 말았으니, 남의 작품을 표절하는 자들에게는 밝은 경계라 하겠다."[50]라고 했다. 이 때문에 이후의 신위(申緯, 1769-1845)는 「동인논시(東人論詩)·30」에서 이 일을 전문적으로 논하여 "규방 여성도 역시 성대한 이름을 꺼리나니, 난설도 인간 세계에서 의론이 분분하다."[51]라고 하여 '성대한 이름'이 가져온 득실의 양면성을 지적했다.

만력 46년(1618) 간행된 거각생(蘧覺生) 『여소(女騷)』 9권은 조시용(趙時用)의 서언에서 선택 범위를 언급하여, "이민족과 중하를 겸하여 기록했다."라는 말을 했다. 이는 사실 17세기 이후 중국 여성 시선의 통례였다. 그중 선입된 조선 여성 시인의 작품을 놓고 말하자면, 본래 그 속에 다른 사람들의 작품들이 적지 않게 섞여 있었지만, 이들 여성의 명성이 난설헌만큼 높지 않았기 때문에 사람들의 관심을 끄는 흡인력 또한 미약했다. 그러므로 거의 논의되지 않았던 것이다. 예를 들어 오명제의 『조선시선』은 이옥봉의 시를 10수 선록했는데, 그 진위 여부는 거의 문제시되지 않았다. 「고별리(古別離)」의 "서쪽 이웃 아녀가 열다섯일 때〔西鄰兒女十五時〕"는 실은 정포(鄭誧, 1309-1345) 「원별리(怨別離)」에서, 「귀래정(歸來亭)」의 "인끈을 풀고 일찍 귀거래하노라〔解紱歸來早〕"는 실은 이유(李瑜, 1469-1517) 「제귀래정(題歸來亭)」에서, 「등루

49_『西浦漫筆』 卷下, 通文館, 1971, p.628. "獨恨其弟筠, 頗採元明人佳句麗什人所罕見者, 添入於集中, 以張聲勢. 以此欺東人可矣, 而乃復傳入中國, …… 又不幸遇着錢牧齋隻眼, 如陶公之識武昌官柳者, 發奸追贓, 底蘊畢露, 使人大慚."

50_『淸脾錄』 卷2, 『靑莊館全書』 권33, 한국문집총간 제258책, p.27. "閨人志慮甚淺, 聞見未廣, 故往往以古人詩集爲枕寶帳秘, 畢竟敗露於慧眼. 蘭雪許氏爲錢虞山·柳如是所摘發, 眞贓狼藉, 幾無餘地, 可謂剽竊者之炯戒."

51_『警修堂全稿』 책17, 한국문집총간 제291책, p.375. "閨媛亦忌盛名中, 蘭雪人間議異同."

(登樓)」의 "작은 흰 매화가 더욱 또렷하다〔小白梅逾耿〕"는 실은 임억령(林億齡, 1496-1568) 「등관루(登官樓)」의 후 4구에서, 「자적(自適)」의 "빈 처마에 남은 낙수가 가늘게 떨어지네〔虛簷殘溜雨纖纖〕"는 실은 신광한(申光漢, 1484-1555)의 같은 제목 작품에서, 「칠석(七夕)」의 "무궁하게 만나니 어찌 수심하랴〔無窮會合豈愁思〕"는 실은 신광한의 「칠석영우녀(七夕詠牛女)」에서, 「보천탄즉사(寶泉灘即事)」의 "도화랑 높은 파도가 몇 자나 높았나〔桃花高浪幾尺許〕"는 실은 김종직의 같은 제목 작품에서 온 것이다. 명나라 말에 나온 여러 여성시문 선집은 종종 『조선시선』을 선택의 조본(祖本)으로 삼았는데, 이 때문에 잘못이 전해져 더 잘못되는 정황이 매우 일반적으로 되었다. 그 실상을 파고 들어가면, 이 역시 서적 유통이 가져온 부정적 효과로 말미암은 것이라고 하겠다.

허균이 용감하게 첫걸음을 내딛어 『난설헌집』을 간행에 부친 이후로 조선 여성 시문의 창작 또한 새로운 장을 활짝 열었다. 여성 창작은 비단 정당하고 합법적일 뿐 아니라, 그 자신에게, 그 가족에게, 심지어 온 나라에 영예를 가져다주었다. 이미 천생의 재주는 남녀를 막론하고 "억지로 시킬 수도 없고 억지로 막을 수도 없었으므로〔不容强亦不容遏〕", 규수가 문재를 발휘하여 시문을 짓는 것은 숨겨야 할 사정이 아니게 된 것이다. 남성과 마찬가지로 그 작품은 심지어 반드시 세상에 공개해야 하는 것으로 되었다. 조선에서 이런 관념은 먼저 남성이 획득하고 실천에 부쳤다. 그들은 가족 중의 여성 시문을 편집하고 출판을 도모하고 서발문을 작성하고 예찬했다. 그리하여 하루아침 세상에 공개되면 곧 각종 명성이 회답으로 돌아왔다. 이에 아름다운 명성을 두루 얻으려는 목적으로 종종 가짜를 진짜로 충당하는 정황이 나타나기도 했다. 이런 정황은 규수의 시문이 '공중(公衆)'으로 향해 가던 것과 거의 동시에 출현했다. 허균은 『국조시산』을 편찬하면서 김씨(곧 유여주 처), 조씨(曺氏), 양사기 첩, 이씨(곧 조원 첩 이옥봉), 가야선녀 등의 작품을 선록하고 권말에 '허문세고(許門世稿)'에서 난설헌의 작품을 선입했다. 난설헌의 작품은 우선 논외로 하고, 가야선녀는 기류에 속하고 그 나머지 네 사람은 대체로 규수의 작품으로 귀속할 수 있다. 여기서 문제는 이 이전의 규수 작품은 모두 집안에 보관되지 밖으로 나오지 않았다는 것이다. 허균은 어디에서 이 작품들을 보았던 것일까? 조선 여성의 시 작품이 '사밀'에서 '공중'으로 전환하던 과정에서 어떠한 '의외'가 발생한 것이 없을까? 『국조시산』에서 선입한 위 네 사람의 규수의 시에는 이씨(조원 첩 이옥봉)의 작품이 많아, 모두 5수이다. 허균이 선조 26년(1593) 『학산초담』을 찬술할 때 이미 난설헌과 이옥봉을 '동방 부인으로서 시에 능한' 대표로 나란히 논하여, 한 명은 '천선(天仙)의 재주'이고 한 명은 '대가'라고 했다. 그런데 허균이 오명제에게 추천하고 소개했을 때 남의 것을 바꿔치기하는 문제가 적지 않게 나타났다. 위에서 든, 선록한 이옥봉의 작품 10수 가운데 6수가 다른 사람의 작품이다. 이런 일이 빈번이 일어난 것은 아마도 우연한 불찰의 소치가 아니라 고의로 섞어 넣어 그 성세를 과장하기 위한 것이었을 가능성이 매우 높다. 마찬가지로 『국조시산』에서 선입한 5수 역시 문제가 전혀 없지 않다. 칠언절구 「누상(樓上)」의 후 2구 "명월은 창해가 저무는 것을 알지 못하고, 구의산 아래에는 백운이 많아라〔明月不知滄海暮, 九疑山下白雲多〕"는 허균 자신이 이른 시기에 편찬한 『학산초담』에 명백히 정백련(鄭百鍊)의 작품이라고 기록해 두었다. 이렇게 여성창작이 '사밀'에서 '공중'으로 향해 가던 과정에서 여러 복잡한 상황이 드러났는데, 그 의의가 꼭 긍정적이지만은 않았다.

이상의 예증은 다른 사람이 편찬한 시집에 관한 것들이다. 가족 구성원이 편찬한 여성 시문도 마찬가지로 유사한 문제가 존재하여, 비단 허균이 그 누이의 작품을 편찬한 경우에 한한 것이 아니다. 명성에 대한 갈망에서 나와서, 설사 작품의 진위에 대해 의문이 드러나더라도, 심지어 이미 문제가 있음이 드러나더라도, 편자 또한 마찬가지로 산삭을 가하지 않고 심지어 고의로 은폐했다. 예를 들어 『임벽당유집』의 도합 7수는 유여주(俞汝舟, 1501-?)의 처 김씨의 작품인데, 그 7세손 유세기가 편집한 것이다. 편집 동기는 『열조시집』에 선록된 김씨의 작품 3편(「別贈」·「貧女吟」·「賈客詞」)이 유씨 집안에서 이전에 듣지 못했던 것이었으므로 감격해 마지않으며 집안에 전하던 4수와 합하여 보존하기로 한 것이다(그중 2수는 김씨가 자필로 자수한 베개 면에 보이고 2수는 집안사람이 베껴 전한 것에서 나왔다). 그리고 선집을 편성하면서 당시 문단의 명류 여러 사람에게 서발문을 요청했다. 그 시집에 수록된 7편의 서발문 중 남구만(南九萬, 1629-1711)의 서문은 분명히 그 선집을 위해 작성한 것이 아니라 「침각수시(枕角繡詩)」 2수를 위해 작성한 것이었다. 남구만의 『약천집(藥泉集)』에 실린 「제임벽당칠수고후(題林碧堂七首稿後)」가 곧 해당 시집을 위해 찬술한 것이다. 이치상 이 문장은 편자의 청에 응하여 지은 것일 터인데 어째서 해당 시집의 서발문에는 보이지 않고 도리어 본디 그 시집을 위해 지은 것이 아닌 다른 문장으로 대체해야 했던 것일까? 원인은 매우 간단하다. 남구만이 「제임벽당칠고후」에서, 『열조시집』에 나오는 김씨의 작품 3편은 실제로 다른 사람의 작품임을 지적했기 때문이다. 유씨는 사실을 직시하지 않으려고 남구만이 작성한 발문을 쓰지 않고 버렸다. 이는 실로 눈 가리고 아웅 하기 식의, 자신과 남을 속이는 처사였다. 본디 의도는 그 명성을 크게 하려는 것이었으나 도리어 명성에 누가 되고 말았다.

또 『옥봉집』은 조원의 후손 조정만(趙正萬, 1656-1739)이 편집한 것이다. 앞에 배열한 11편은 모두 『열조시집』에 나온다. 편찬자의 안어에, "위의 11편은 황명의 『열조시집』에 수록되어 있다. …… 그런데 「보천탄」 시는 『점필재집』에 수록되어 있고, 「반죽원(斑竹怨)」·「채련곡(採蓮曲)」은 이달의 시집에 실려 있다. 어느 것이 옳은지 알 수 없으나, 다만 여기에 기록해 두어 반신반의의 사정을 전한다."[52]라고 했다. 언뜻 보기에 엄밀해 보이지만 실제로는 공연히 사람의 마음을 어지럽히는 말이다. 김종직(1431-1492)은 조선조 초기 인물인데, 그의 『점필재집』은 중종 15년(정덕 15년, 1520) 초간되었고, 이달(1539-1610)은 이옥봉과 거의 동시대이기는 하지만 그의 『손곡시집』은 광해군 10년(숭정 46년, 1618) 간행되었다. 작품의 귀속에 대해서는 의문이 없다. 의문이 없는 곳을 "반신반의의 사정을 전한다."라고 했으므로 실제상 진실을 정면으로 바라보려 하지 않은 것이다. 그런데 더 고찰해 보면 11편 작품 중 별

52_『朝鮮時代女性詩文集全編』 上冊, p.70. "右十一篇見錄於皇明『列朝詩集』. …… 而「寶泉灘」詩載於『佔畢齋集』, 「斑竹怨」·「採蓮曲」兩詩, 載於李達詩集中, 未詳孰是, 第錄於此, 以爲傳信傳疑之地."

도의 4수 역시 마찬가지로 다른 사람에게서 나온 것이다.[53]

조선의 시가 명나라에 전해 들어가고 명나라 사람의 선별 편집을 거치면서 이런 오류는 더욱 심각해졌다. 『명원시귀』를 예로 들면(위에서 든 문제와 중복되는 것은 생략), 성씨의 이름 아래 4제 6수가 있는데 그중 4수는 허난설헌의 작품이다. 유여주 처의 이름 아래 4제 5수가 있는데 4수는 허난설헌의 작품이다. 권귀비(權貴妃)의 「궁사(宮詞)」는 실은 주권(朱權)이 권비를 읊은 작품이다.[54] 덕개씨(德介氏)의 「송행(送行)」은 조선 초 이승소(李承召, 1422-1484)의 「의두번천증별시잉용기운(擬杜樊川贈別詩仍用其韻)」의 하나이다. 『삼탄집(三灘集)』 권4를 보라.[55] 중국의 이 선집들이 조선에 들어온 후 다시 문헌의 내원이 다시금 조선의 문헌에 들어오게 되었다. 한치윤(1765-1814) 『해동역사』 「예문지」와 일명씨 편 『이조향렴시』 등이 그 예이다. 서적의 유통에 따라 이렇게 잘못이 전해져 더 잘못으로 되는 착오 또한 더더욱 널리 퍼졌다.

여성 작품 중의 진위 문제는 중국에서도 마찬가지로 발생했다. 주이준은 『정지거시화(靜志居詩話)』 권24에서 "명나라 규수의 시는 위작이 많은데, 서로 돌려 가면서 부회하여 오래 거짓으로 되어 바른 길로 돌아가지 못하고 있다."라 하고, 여기에서 난설헌의 시로 생각을 옮겨 가 "가짜 골동 솥일지 모른다는 의문이 없을 수 없다."라고 했다.[56] 조선 말의 안왕거(安往居, 1858-1929)는 일찍이 『중외일보(中外日報)』에 자신의 『열상규조(洌上閨藻)』를 연재하면서 그 서문에서 다음과 같이 말했다. "옛날부터 동국과 중화 부인의 시 부류는 가짜가 많은데, 중화의 경우가 더 심했다. 시의 세계가 넓어서 가짜의 세계도 역시 넓었기 때문이다. 하지만 조선에서도 가짜의 폐단이 없지 않다. 먼저 그 가짜를 깨트리면 평

53_「玉峰集·解題」, 『朝鮮時代女性詩文集全編』 上冊, pp.55-59.

54_이 시는 실은 朱權의 작품이다. 관련 내용이 朱彝尊, 『靜志居詩話』 卷24에 나온다. 朱權의 작품을 權貴妃의 이름 아래로 옮긴 것은 方惟儀 『古今宮閨詩史』에서 비롯되었다. 관련 내용이 吳景旭, 『歷代詩話』 권74 '玉簫' 조에 나온다.

55_가장 이른 간행은 중종 10년(1515)에 이루어졌다.

56_『靜志居詩話』 下冊, 人民文學出版社, 1990, p.794. 명나라 사람이 편한 당나라 여성 시선에도 위작이 매우 많다. 같은 분위기의 산물임을 알 수 있다. 陳尙君, 『唐女詩人甄辨』, 海豚出版社, 2014.

론이 올바름으로 귀결할 것이다."[57]라고 했다. 명예를 좇는 폐단이 그럴싸하게 허위를 날조하는 데에 이른 것이다. 설령 이 문제가 대부분 편찬자에게서 나온 것이기는 하지만(그중 다수는 남성이되 여성도 있다), 이로 인해 많은 여성들이 피해를 입었다. 명성이 참으로 사람에게 누가 됨을 탄식하지 않을 수 없다.

다만 명성은 적극적인 면을 지니기도 하여, 조선 여성의 문학 자각, 성별 의식, 불후 관념을 분발시켰다. 특히 18세기 중기부터 여성 의식은 한층 제고되었다. 남녀에 구분이 있기는 하지만, '인생'의 측면에서 말하면 전혀 구별이 없어, 여성도 마찬가지로 현인이 되고 성인이 될 수 있었으며, 입언하여 불후하게 할 수 있다. 윤지당 임씨(允摯堂 任氏, 1721-1793)는 "나는 비록 여성이지만 하늘로부터 받은 본성은 남녀의 차이가 없다. 안연(안자)의 공부한 바를 배울 수 없더라도 성인을 흠모하는 뜻은 간절하다."[58]라고 했다. 그 때문에 65세 때 자신의 원고를 편집・성책하여 "모년에 이르자, 죽음이 얼마 남지 않아 하루아침에 꼴깍 죽어 버려 초목과 마찬가지로 썩어 가지 않을까 두려웠으므로, 마침내 가정의 일을 보는 여가에 틈나는 대로 붓을 놀려 거연히 큰 시축을 이루었으니, 모두 40편이다."[59]라고 스스로 일컬었다. 이에 생전에 자신의 문집을 편집하는 풍습이 조선 여성 세계에서도 성대하게 일어났다. 부용당 신씨(芙蓉堂 申氏, 1732-1791), 삼의당 김씨(三宜堂 金氏, 1769-1823), 정일당 강씨(靜一堂 姜氏, 1772-1832) 등이 그 예이다. 여성들이 생전에 자신의 문집 편찬을 적극적으로 주동하여, 직접 서적의 편집・출판・유통・독서에 참여했고, 독서 이후에는 자신의 음성을 내었다. 20세기 이전 조선 간행의 여성 시문집에는 다음과 같은 것들이 있다:

『蘭雪軒集』, 선조 41년(1608) 목판본; 숙종 18년(1692) 동래부 중간본;

57_『朝鮮時代女性詩文集全編』 下冊, p.1919. "自古東華婦人詩類多贋作, 在中華尤甚, 以其詩界博而贋界亦博也. 然而在朝鮮, 亦不無贋弊. 先破其贋, 評乃歸正."

58_「克己復禮爲仁說」, 『朝鮮時代女性詩文集全編』 上冊, p.556. "我雖婦人, 而所受之性, 則初無男女之殊. 縱不能學顏淵之所學, 而其慕聖之志則切."

59_「文草謄送溪上時短引」, 『朝鮮時代女性詩文集全編』 上冊, p.569. "逮至暮年, 死亡無幾, 恐一朝溘然, 草木同腐, 遂於家政之暇, 隨隙下筆, 遽然成一大軸, 總四十編."

숙종부터 영조 연간 무신자본.
『梅窗集』, 현종 9년(1668) 목판본.
『玉峰集』, 숙종 30년(1704) 목판본.
『杏堂殤姊寃稿』, 정조 9년(1785) 목활자본.
『允摯堂遺稿』, 정조 20년(1796) 목활자본.
『令壽閤稿』, 순조 24년(1824) 전사자본.
『靜一堂遺稿』, 헌종 2년(1836) 목활자본.
『竹西詩集』, 철종 2년(1851)목활자본.
『情靜堂遺稿』, 철종 9년(1858) 목활자본.
『只在堂稿』, 고종 14년(1877) 목활자본.
『光州金氏逸稿』, 고종 32년(1895) 목활자본.

『난설헌집』은 조선 간본뿐만 아니라 중국본과 일본 각본도 있다. 이런 성과는 명성의 적극적 작용 아래 산출된 것이라 해도 무방할 것이다

4. 결어

본고의 결론은 다음과 같다.

(1) 『난설헌집』의 편찬은 허균이 그 누이의 바람을 저버리는 행위였고, 18년 후 최종 출판은 일련의 사건이 발생하고 작용한 결과였다.

(2) 이 일련의 사건은 총괄하자면 만명(晩明)과 조선 사이의 서적 유통이다. 서적은 지식의 저장소로, 그 속에 온축되어 있는 관념 · 입장 · 신앙 등이 환류 중에 부단히 영향을 발생시켜 사람들의 사고와 행위를 자극하고 변화시켰다. 여성의 창작으로 말하자면 조선 사대부 계층으로 하여금 규수 창작물의 '정당성'과 '합법성'을 승인하도록 하여, 허균으로 하여금 당당하게 그 누이의 시집을 인쇄 · 간행하도록 했다. 펼쳐진 역사의 광경은 성별 간의 '전쟁'이 아니라 온유한 '합작'이었다.

(3) 조선에서의 『난설헌집』의 출판은 새로운 시대의 도래를 상징했다. 여성 창작이 이로부터 규문을 박차고 나와 공중(公衆)을 향해 나아

갔다. 공중을 향해 가는 실천과 거의 걸음을 같이하여, 여성 창작에 허다하게 위작이 뒤섞였다. 명망에 대한 갈망이 세계를 향한 진실된 호소를 압도하게 되면서 시는 일변하여 명성을 얻는 수단이 되었다. 여성의 시문을 편찬할 때 성세를 과장하기 위해 심지어 진실을 외면하기까지 해서, 진주와 어목(魚目)이 섞이는 일이 초래되기도 했다. 이는 오늘날 동아시아 여성 창작 문헌을 대할 때 특히 경계해야 할 부분이다.

(4) 18세기 중엽부터 여성의 문학 자각, 성별 의식 및 불후 관념도 한층 제고되었다. 생전에 문집을 스스로 편찬하는 행위는 바로 그러한 관념의 실천이었다. 이에 여성도 남성과 함께 서적 환류 속에 직접 참여하여 자신의 관념과 정감을 그 속에 투영시켰다. 이런 방식으로 다른 시공 속의 남성 혹은 여성과 대화, 호응, 쟁변했다. 현존하는 11종 여성의 시문집 간본은 바로 그 대표적 성과이다.

제5부 문학의 상호 작용

동아시아 문화 의상의 형성과 변천
: 문학과 회화의 기려(騎驢)와 기우(騎牛)를 중심으로

1. 서론

이 글에서 사용하는 의상(意象)이란 말은 영어 이미지란 말의 번역이 아니라 중국의 전통에서 나온 것이다. 개괄하면 문예비평에서 사용하여 온 의상은 주로 세 가지 함의가 있다. 첫째 의(意)와 상(象)을 가리킨다. 예를 들면 왕창령(王昌齡)의 작이라고 알려져 왔던 『시격(詩格)』의 「시유삼사(詩有三思)」에서 "오래 정밀하게 생각하면 의와 상이 계합하지 않는다."[1]라고 한 것은 의와 상이 계합하지는 않음을 가리킨다. 둘째는 '의중의 상(意中之象)'을 가리킨다. 『문심조룡』「신사(神思)」에서 "홀로 조예한 바가 있는 장인은 의상을 엿보아 도끼를 운용한다."[2]라고 한 것이 그 예이다. 세 번째로 문예 작품 속의 주관적 상상 속의 형상을 가리킨다. 송나라 고종의 『사릉한묵지(思陵翰墨志)』는 『순화첩(淳化帖)』과 『대관첩(大觀帖)』을 평하여 "풍골(風骨)과 의상이 모두 있다."[3]라고 했다. 황백사(黃伯思)의 『동관여론(東觀餘論)』은 주뢰(周罍)·주선(周洗)을 평하여 "형제(形製)가 순수하고 고묘하며, 의상이 고고하다."[4]라고 했다. 유극장(劉克莊)의 『후촌시화(後村詩話)』는 잠삼(岑參) 시를

1_張伯偉, 『全唐五代詩格彙考』, 江蘇古籍出版社, 2002, p.173. "久用精思, 未契意象."
2_范文瀾, 『文心雕龍注』 卷6, 人民文學出版社, 1958, p.493. "獨造之匠, 窺意象而運斤."
3_文淵閣『四庫全書』本, 臺灣商務印書館. "風骨意象皆存."
4_『宋本東觀餘論』, 中華書局, 1988, p.178. "形製淳妙, 意象高古."

평하여 "사어(詞語)가 씩식하며, 의상이 활달하다."[5]라고 했다. 이 글에서 사용하는 의상이란 말은 세 번째 의미이다. 의상이란 말과 유사한 것으로 중국 전통에서는 형상 · 물상 등이 있는데, 서로 비교해 보면 전자는 주관 상상에 의해 구성된 상(象)을 더욱 중시한다. 그래서 장학성은 『문사통의(文史通義)』「역교(易教) 하」에서 '천지자연의 상〔天地自然之象〕'과 '인심영구의 상〔人心營構之象〕'의 둘을 나누었다. 단, 인심에서 구성되는 상은 없는 것을 만들어 내는 허구가 아니라 정감의 변역에 의해 제동을 받고 인정의 변역은 또 자연과 사회의 영향을 받는다. 그래서 장학성은 그 아래에 하나의 일전어(一轉語)를 두어, "인심 영구의 상도 역시 천지자연의 상에서 나온다."[6]라고 했다. 바로 이와 같기 때문에 고인은 이 어휘를 사용할 때 대단히 엄격히 했다.

작품 속의 의상은 때로는 어떤 것은 한 시인이 편애함으로써 개인의 상을 이룬다. 어떤 것은 많은 시인들이 사용함으로써 집단 의상을 이룬다. 만당 오대의 시격 중에는 귀납되어 나온 것이 많다. 당시에는 '총례물상(總例物象)' 혹은 '물상유류(物象流類)'라고 했으나, 나는 그것을 물상유형(物象類型)이라고 명명하여, "시 속의 일정한 물상이 구성하는 암시 작용을 지닌 의미 유형"[7]을 뜻하기로 한다. 그 의미가 간단한 지시 관계를 초월하여, 가치 판단 · 입장 선택 등 더욱 깊은 함의를 포함하며, 그 사용자의 범위도 한 시기 한 지역을 초월하고, 심지어 각기 다른 여러 예술 부문에 걸터타게 된다면, 이런 의상은 문화 의상이라 부를 수가 있다. 이를테면 중국 문학사와 회화사에서의 도화원 · 사군자 등은 사람들에게 친숙한 예이다.

동아시아 지역에서는 한나라 때부터 시작하여 19세기 중엽에 이르기까지 중국을 중심으로 점차 한문화권이 형성되었다. 이 2천여 년에 달하는 역사에서 문자를 같이하는 동아시아 지역 여러 나라의 독서인들은 도덕관념 · 지식 구조 · 감성 수용 방식이 대동소이한 문명을 형성했

5_『後村詩話』 後集 卷2, 中華書局, 1983, p.63. "詞語壯浪, 意象開闊."
6_『章學誠遺書』本, 文物出版社, 1985, p.2. "是則人心營構之象, 亦出天地自然之象也."
7_『中國古代文學批評方法研究』, 中華書局, 2002, p.377. "由詩中一定的物象所構成的具有暗示作用的意義類型."

다. 그리고 중국에서 형성된 어떤 문화 현상은, 문학과 회화 작품이 동아시아 지역에서 주변 국가로 전파되고 발산됨에 따라, 해당 지역에서 크고 작은 변화를 낳아, 동아시아 문화 의상을 형성했다. 위에 언급한 도화원 · 사군자 등 의상은 중국에 국한되지 않는다. 시인의 기려(騎驢)와 기우(騎牛)도 동아시아 문화 의상의 하나였다. 이 글에서는 이를 예로 삼아 동아시아 문학 전통과 회화 전통을 결합하여, 문화 의상이 조형 과정에서 서로 다른 지역, 서로 다른 예술 부문, 서로 다른 전통의 영향을 받은 사실에 대해 초보적인 설명을 시도하고자 한다.

2. 기려 의상의 중국 기원과 변천

중국 시인의 기려(나귀 탐)가 문헌 기록에 나타나는 것은 완적(阮籍)의 예가 가장 빠르다. 「문사전(文士傳)」에 기록된 것에 의하면 완적이 동평태수(東平太守) 자리를 얻으려 하자 진(晉) 문제는 그 뜻을 따라 주었는데, "완적은 나귀를 타고 곧바로 군에 이르러 …… 십여 일에 나귀를 타고 떠났다."[8] 후대에 언급한 사람도 있지만,[9] 시인과 나귀가 떼려고 해도 뗄 수 없는 인연을 맺는 것은 당나라 때에 처음 그러하여, 그 무렵 저명한 기려 시인들이 나왔다. 맹호연(孟浩然)이 눈 속의 나귀 등에서 시구를 찾는다든가, 두보가 '나귀 타고 삼십 년 지냈다'든가, 가도(賈島)가 나귀 등에서 퇴고한다든가, 이하(李賀)가 나귀를 타고 가며 시구를 찾는다든가, 정경(鄭綮)이 "시적 상상은 파교(灞橋)의 풍설 속에 나귀 위에서 찾는다."[10]라고 하는 등등, 경전화된 어록에 나타나듯이, 많은 기려 고사와 기려 어록이 유전하면서 중국 문학사에서는 시인 기려의 의

8_歐陽詢, 『藝文類聚』 卷94 「獸部中 · 驢」引, 上海古籍出版社, 1982, p.1629. "籍便騎驢徑到郡, …… 十餘日, 便乘驢去."

9_예를 들면 王維에게 「阮步兵醉圖」가 있다. 梅堯臣은 「詠王右丞所畫阮步兵醉圖」에 "獨畫來東平, 倒冠醉乘驢."(『宛陵先生集』 卷四)라 하고 또 「觀邵不疑學士所藏名書古畫」에서도 "首觀阮與杜, 驢上瞑目醉."라고 하고 自注하길 "阮籍 · 杜甫."이라 했다. (『宛陵先生集』 卷47)

10_孫光憲, 『北夢瑣言』 卷7, 上海古籍出版社, 1981, p.54. "詩思在灞橋風雪中驢子上." 또한 計有功, 『唐詩紀事』 卷65에 『古今詩話』를 인용했다.

상이 점차 형성되었다. 해당 의상을 이루는 핵심 함의는 주로 다음 두 가지이다. 첫째 나귀는 시인 특유의 탈것이다. 둘째 기려는 시인의 청고한 심지의 상징이다. 시인의 기려는 신분의 표지에 그치는 것이 아니라, 가치관의 취향이요. 일종의 문화 선택이다. 신분의 자각으로 된 것으로는 12세기 남송과 금나라 시인의 작을 예로 삼을 수 있다. 남송의 육유(陸游)는 「검문도중 가랑비를 맞아〔劍門道中遇微雨〕」 시에서 "다음과 같이 의미심장한 질문을 했다.

> 이 몸은 정녕 시인인가 아닌가? 가랑비 속에 나귀 타고 검문으로 들어간다.〔此身合是詩人未? 細雨騎驢入劍門.〕[11]

북방 금원(金源)의 시인 이순보(李純甫)는 그의 「파릉풍설(灞陵風雪)」 시에서 다음과 같이 적었다.

> 그대는 보지 못했는가, 완화계 노인이 취하여 돌아가는 그림을.
> 웅아는 고삐 잡고 기자(驥子)는 부축하고.
> 또 보지 못했는가, 옥천 선생의 절구를
> 미끄러져 넘어져 해태를 뒤집어쓴 이 서너 너덧.
> 절름거리는 나귀에 탄 이들은 모두 시선들
> 짧은 채찍, 긴 회초리가 인연이 있는 듯.
> 바로 파릉의 풍설 속이었으니
> 틀림없이 양양의 맹호연이로구나.
> 관가에서 풀려나 돌아오니 나쁘지 않아라
> 절름거리는 나귀가 양주의 학보다 아주 나은 걸.
> 동화문 밖 붉은 먼지를 사랑하지 말게나
> 석모와 검은 신이 사람을 늙게 만드나니.[12]

11_錢仲聯, 『劍南詩稿校注』 卷3, 上海古籍出版社, 1985, 第1冊, p.269. "此身合是詩人未? 細雨騎驢入劍門." 이 두 구는 錢鍾書 『宋詩選注』, 趙齊平 『宋詩臆說』, 小川環樹 『詩人の自覺』(『小川環樹著作集』 第三卷, 筑摩書房, 1997)에 잘 설명되어 있다.

12_元好問, 『中州集』 卷4, 中華書局上海編輯所, 1959, p.222.

육유의 질문은 시인 신분의 자각을 대표하는데, 이 신분의 외적 표지가 기려였다. "절름거리는 나귀에 탄 이들은 모두 시선들"이라는 이순보의 감탄은 이런 자각을 더욱 강화한다. 그리고 "틀림없이 양양의 맹호연이로구나."에서 기려 시인의 전범을 돌출시켜 드러내고, "절름거리는 나귀가 양주의 학보다 아주 나은 걸."이라 하여 기려 의상의 함축을 심화시킨다. 『은운소설(殷芸小說)』에는 이런 기록이 있다. "객이 서로 어울려 각자의 포부를 말했다. 어떤 사람은 양주 자사가 되기를 원했고, 어떤 사람은 재물이 많기를 원했으며, 어떤 사람은 학을 타고 하늘로 올라가기를 원했다. 한 사람이 '허리에 십만 관을 묶고 학을 타고 양주에 올라가겠다.'라고 말하여 그 셋을 아루르고 싶어 했다."[13] 이 세 가지는 출사(出仕)·발재(發財)·성선(成仙)을 뜻한다. 기려는 이와 반대로 물질적 빈곤과 정신의 고귀라는 특징을 부각시킨다. 여기서 맹호연은 논쟁의 여지가 없는 대표자가 되었다. 원문의 "관시(管是)"는 '반드시 …' 라는 뜻이다. "관가에서 쫓겨나 돌아오니 나쁘지 않아라"는 맹호연이 당나라 현종의 면전에서 시를 읊은 고사를 이용했다. 곧 맹호연이 "북궐에서 상서하기를 그만두고, 남산의 낡은 오두막으로 돌아가누나. 재주 없어 명군으로부터 버림받고, 병 많아 친구들로부터 소외된다.〔北闕休上書, 南山歸敝廬. 不才明主棄, 多病故人疎〕"라는 시를 읊자 당나라 현종이 듣고 불쾌하게 여겨, "남산으로 내쫓아 돌아가서 종신토록 벼슬 살지 못하게 했다."[14] 이 일은 호사자의 가탁에서 나왔다. 역사 사실에서는 징험하기 어렵고, 다만 맹호연이 당나라 번성기에 종신 벼슬 하지 않은 사실은 잘 반영한다. 후인이 맹호연을 선택하여 기려 시인의 전범으로 삼은 것은 결코 우연이 아니다.

맹호연의 기려 고사는 소식(蘇軾)이 반복해서 음영함으로써 상당히 큰 영향을 끼쳤다. 다만, 소식의 시에서는 기려 의상의 내함을 결코 강조하지는 않았다. 이 송나라 재자(소식)의 붓 아래서 맹호연이든 두보

13_周楞伽輯注,『殷芸小說』卷6, 上海古籍出版社, 1984, pp.131-132. "有客相從, 各言其志：或願爲揚州刺史, 或願多貲財, 或願騎鶴上升. 其一人曰：'腰纏十萬貫, 騎鶴上揚州.'欲兼三者."

14_王定保,『唐摭言』卷11 '無官受黜'條, 上海古籍出版社, 1978, p.121.

든 각기 다른 식으로 야유의 대상이 되어, "눈 속에 나귀를 탄 맹호연이, 눈썹을 찌푸리고 시를 읊으매 움츠린 어깨가 산처럼 높네."[15]라고 묘사되었다. 이 묘사는 이후 거의 고려 · 조선 시인의 심목 속에서 맹호연의 전형적 형상이 되었다. 두보의 모습은 더욱 우습다. 소식은 "두릉의 주린 나그네는 눈이 길이 썰렁한 채, 절뚝발이 나귀, 해진 모자로 황금 안장 따라다니다, 꽃가지 너머 물가의 미인을 한 번 보았지만, 허리 다리만 등 뒤에서 보았을 뿐이었네. 마음으로 취하여 초가로 돌아오고서야, 인간 세계에 서시가 있음을 믿게 되다니."[16]라고 했다. 곤궁하고 실의했으면서도 아름다운 상상이 무르익은 선비의 형상을 두보에게 부여한 것이다.[17] 기려 시인의 전범으로서의 맹호연의 형상은 차츰차츰 형성되었다. 이순보는 단호한 어조로 맹호연의 독특성을 강조했고, 육유도 스스로를 견준 기려 시인이 바로 맹호연이었다. 이순보는 "바싹 마른 것이 나귀 탄 맹호연과 같다."[18]라 했고, 육유는 "나는 흡사 나귀 탄 맹호연 같다."[19]라고 했다. 후인은 대비적인 묘사로 맹호연을 부각시켰으니, 원나라 진산민(眞山民)은 「진운수애기려(陳雲岫愛騎驢)」에서 이렇게 말했다.

> 그대는 두소릉이 경화(서울)의 봄날 나귀를 타며, 일생 떠돌아 기식하며 길이 슬프고 쓰라렸던 것을 배우지 않았네. 또 가낭선(가도)이 장안 저자에서 나귀 타고 다니며, 처량하게 가을바람 낙엽 지는 날을 보낸 것도 배우지 않았네. 도리어 눈 속에 나귀 타던 맹호연을 배워, 차갑게 젖은 은등자에서 시 읊는 이의 채찍을 휘두르다니.[20]

15_「贈寫眞何充秀才」, 王文誥 輯注, 『蘇軾詩集』 卷12, 中華書局, 1982, p.587. "雪中騎驢孟浩然, 皺眉吟詩肩聳山."

16_「續麗人行」, 『蘇軾詩集』 卷16, p.812. "杜陵飢客眼常寒, 蹇驢破帽隨金鞍. 隔花臨水時一見, 只許腰肢背後看. 心醉歸來茅屋底, 方信人間有西子."

17_'措大'는 원래 '醋大'라고 쓴다. 일설에 이 명칭을 얻은 것도 나귀와 관련이 있다고 한다. 李匡乂, 『資暇集』 卷下 '措大', "或云往有士人貧居新鄭之郊, 以驢負醋, 巡邑而賣, 復落魄不調, 邑人指其醋馱而號之." 뒤에 실의하여 맥없는 독서인을 범칭한다.

18_「攬鏡」, 『劍南詩稿校注』 卷46, 第6冊, p.2839. "瘦似騎驢孟浩然."

19_「夜聞雨聲」, 『劍南詩稿校注』, 卷69, 第7冊, p.3847. "我似騎驢孟浩然."

20_宋公傳, 『元詩體要』 卷3, 『四庫全書』本. "君不學少陵騎驢京華春, 一生旅食長悲辛. 又不學浪仙騎驢長安市, 淒涼落葉秋風裏. 卻學雪中騎驢孟浩然, 冷濕銀鐙敲吟鞭."

여기서는 세 저명한 기려 시인을 거론했다. 곧 두보 · 가도 · 맹호연이다. 가도의 시풍은 이미 만당에 속하여 소슬하고 핍측(乏側)함을 면하지 못했으므로 후인은 그의 "낙엽 지는 추풍 속에 처량함〔凄涼落葉秋風裏〕"을 배우려 하지 않았을 것이다. 그렇다면 두보는 '시성'의 월계관을 쓴 대시인이 되었거늘 사람들이 어째서 배우려 하지 않았는가? 더 나아가 말하자면, '삼십 년'의 기려 역사를 지닌 역사적 두보가 어째서 기려 시인의 전범이 되지 못한단 말인가? 사실 진산민 시의 처음 두 구절은 두보의 「위 좌승 어른에게 바친 스물두 운〔奉贈韋左丞丈二十二韻〕」의 "나귀 타고 삼십 년, 장안의 봄을 나그네 신세로 살아왔으니, 아침이면 부잣집 문을 찾아가고, 저녁이면 살진 말의 뒤를 따랐는데, 남은 술과 식은 불고기에, 이르는 곳마다 남몰래 몹시 서러웠네."[21]라는 서너 구절의 뜻이다. 분명히 후대 사람의 심목에서는 맹호연과 비교할 때 두보의 결함은 시에 있지 않고 벼슬길에서 명망을 갈구해서, 권문세가에 간알하기까지 했던 용속한 기운을 띠고 있다는 점에 있을 것이다. 거꾸로 맹호연을 보면 그는 당나라 때 몇몇 안 되는 포의 시인 가운데 한 사람이다. 같은 시대의 이백은 그를 "홍안에 헌면(높은 벼슬)을 버리고〔紅顏棄軒冕〕", "꽃에 미혹되어 군주를 섬기지 않았네〔迷花不事君〕"라고 칭송하고, 심지어 "높은 산을 어이 우러러보랴, 그저 맑은 꽃향기를 향해 읍할 뿐〔高山安可仰, 徒此揖淸芬〕"[22]이라고 찬탄하기도 했다. 뒷사람은 맹호연의 기려를 묘사할 때면 그의 '청(淸)'을 부각시켰다. 원나라 사람 장중심(張仲深)은 「파교풍설도에 쓰다〔題灞橋風雪圖〕」에서 "맑은 표치는 양양 노인(맹호연)과 어떠한가, 한 조각 흉금이 절로 경도되도다. 파교에서 시구를 구상하느라 분망할 따름이지, 장안에서 꽃들 때문에 번뇌하는 것 아니라네. 호방한 음영은 왕왕 포조 · 사령운을 능가하고, 뛰어난 재주는 훨씬 맹교 · 가도를 압도한다."[23]라고 했다. 진려(陳旅)의 「제화도」 제4에서는 "나귀 탄 객은 학처럼 맑으니, 아마도 양양의 맹

21_錢謙益, 『錢注杜詩』 卷1, 上海古籍出版社, 1979, p.1. "騎驢三十載, 旅食京華春. 朝扣富兒門, 暮隨肥馬塵. 殘杯與冷炙, 到處潛悲辛."

22_「贈孟浩然」, 王琦, 『李太白全集』 卷9, 中華書局, 1977, 上冊, p.461.

23_『子淵詩集』 卷2, 『四庫全書』本. "淸標何似襄陽老, 一片襟懷自傾倒. 只因灞橋覓詩忙, 非是長安被花惱. 豪吟往往凌鮑 · 謝, 長才靡靡壓郊 · 島."

호연이 아닐는지."[24]라고 했다.

두보와 대비할 때 맹호연의 '청(淸)'은 더욱 부각된다. 송희(宋禧)의 「장숙후 그림에 쓴 3수〔題張淑厚畫三首〕」 제3수에서는 "나귀 탄 일은 흡사 두릉 옹과 같다만, 남산으로 돌아가는 길은 같지 않았네. 다만 시인이 가장 그대를 어여삐 여기나니, '가랑비가 오동잎에 떨어진다'라는 시구를 음영할 줄 알기에."[25]라고 했다. 맹호연과 두보는 나귀를 타고 다녔다는 점은 유사하지만 걸어 나간 길은 달랐다. 두보는 "당장 요로의 지름길에 오르려"[26] 했고, 맹호연은 "남산의 내 집으로 돌아갔다." 맹호연은 황제가 돌아보지는 않았지만 시인의 사랑을 널리 얻을 수 있었다. 「당재자전(唐才子傳)」에 그에 대해 이런 기록이 있다. "마흔에 경사(서울)에 노닐 때, 여러 명사들 사이에서 비서성 연구(聯句)를 모으자, 맹호연은 '미세한 구름은 은하수에 담백하고, 성근 비는 오동잎에 뚝뚝 떨어진다.'라고 했다. 뭇사람이 흠복했다. 장구령과 왕유는 극히 칭송했다."[27] 명나라 사람 고계(高啓)의 붓 아래서, 이런 억양의 대비는 더욱 선명하게 되었다. 즉 고계의 「맹호연 기려음설도에 쓰다〔題孟浩然騎驢吟雪圖〕」에 "서풍 맞으면서 나귀 등에 음영의 혼이 의지하고, 다만 방덕공(龐德公)이 옛날 은둔하던 마을에 이르렀도다. 무슨 일로 시에 능한 두릉 노인은, 자주 나귀 타고 부잣집 문을 두드렸나."[28]라고 했다. 동한 때 방공(龐公)은 양양(襄陽) 사람으로, 맹호연의 고향 선현이다. 맹호연은 「밤에 녹문사로 돌아가다〔夜歸鹿門寺〕」 시에서 "녹문의 달 비춰 수풀 사이 저녁 안개 사라졌고, 문득 방덕공 은둔하던 곳에 다다랐네."[29]라고 했다. 한 사람은 은둔하여 평온히 사는 삶을 노래했고 한 사람은 부귀한 자

24_『安雅堂集』 卷1, 『四庫全書』本. "騎驢客子淸如鶴, 恐是襄陽孟浩然."

25_『庸庵集』 卷9, 『四庫全書』本. "騎驢恰似杜陵翁, 歸向南山路不同. 惟有詩人最憐汝, 解吟'疏雨滴梧桐'." (原注 : 孟浩然)

26_「奉贈韋左丞丈二十二韻」, 『錢注杜詩』, p.1. "立登要路津."

27_傅璇琮主編, 『唐才子傳校箋』 卷二, 中華書局, 1987, 第1冊, p.363. "四十游京師, 諸名士間嘗集秘書省聯句, 浩然曰 : '微雲淡河漢, 疏雨滴梧桐.'衆欽服. 張九齡·王維極稱道之."

28_『大全集』 卷17, 『四庫全書』本. "西風驢背倚吟魂, 只到龐公舊隱村. 何事能詩杜陵老, 也頻騎叩富兒門."

29_佟培基, 『孟浩然詩集箋注』 卷上, 上海古籍出版社, 2000, p.86. "鹿門月照開煙樹, 忽到龐公棲隱處."

의 문을 두드렸으니, 고계의 눈으로 보면 한 사람은 맑고 높으며 한 사람은 탁하고 천했다.[30]

위에 든 예에서 장중심 이하가 모두 제화시(題畫詩)라는 점에 유의한다면, 우리는 중국 기려 시인의 전범인 맹호연의 형상이 후세 시인의 글에서만 나오는 것이 아니라 많은 화가들의 화권 속에도 있다는 사실을 알 것이다. 더 나아가, 기려 의상은 회화와 관련 있는 문헌 중에서 일찌감치 문화적 함축을 획득했다고 말할 수 있다.

원나라 사람 오사도(吳師道)의 「나귀에 걸터앉아 시구를 찾는 그림에 쓴 발문〔跋跨驢覓句圖〕」은 "나귀는 절름거리는 것으로 칭호가 났으므로, 살찐 말을 타는 사람은 비루하게 여기고, 시인에게만 마땅하다. (나귀 타고) 두보는 경화(서울)로 여행하고, 백거이는 화음으로 여행했으며, 가도는 부윤(府尹)〔한유〕의 고삐에 부딪혔고, 맹호연과 정경(鄭綮)은 풍설 속에 오만했으니, 모두 도화의 물색이다."[31]라고 했다. 시인의 기려가 중국 회화사에서 상용하는 제재의 하나였음을 볼 수가 있다. 그리고 그 가운데 가장 많이 출현하는 것이 맹호연이다. 문헌 기록에 의하면 가장 이른 것은 왕유의 그림에서 맹호연의 기려를 그린 것이다. 『신당서』 「맹호연전」에 이러하다. "왕유가 영주(郢州)에 들러, 맹호연의 화상을 자사정(刺史亭)에 그려, 그 정자를 호연정이라고 했다. 함통 연간에 자사 정함(鄭諴)이 현자의 이름을 함부로 부를 수 없다고 해서 다시 맹정(孟亭)이라고 편액을 붙였다."[32]

당나라 사람 주경현(朱景玄)의 『당조명화록(唐朝名畫錄)』은 왕유를 '묘품 상(妙品上)'에 배열하여, 그 대표작을 아울러 거론하여 "일찍이 시인 양양 맹호연의 「마상음시도(馬上吟詩圖)」를 그려, 그것이 세상에 전

30_좀처럼 보기 어려운 예외는 원나라 吳師道의 경우인 듯하다. 그의 「跋跨驢覓句圖」는 두보 · 이백 · 맹호연 · 가도 · 정경 등 기려 시인을 나열하고 이렇게 평가했다. "杜巋然詩祖, 忠不忘君, 不可尚已. 李豪而孟質, 賈寒而鄭陋, 不但其詩, 人亦似之."(『禮部集』 卷16)

31_『禮部集』 卷16, 『四庫全書』本. "驢以蹇稱, 乘肥者鄙之, 特於詩人宜. 甫旅京華, 白游華陰, 島冲尹節, 浩然 · 鄭綮傲凡風雪中, 皆畫圖物色也."

32_『新唐書』 卷203, 中華書局, 1975, 제18책, p.5780. "王維過郢州, 畫浩然像于刺史亭, 因曰浩然亭. 咸通中, 刺史鄭諴謂賢者名不可斥, 更署曰孟亭."

한다."[33]라고 했다. 화제(畫題)의 마(馬)는 려(驢)자의 잘못이 아닐까 생각한다. 북송 선화(宣和) 연간의 동유(董逌)에게 「맹호연 기려도에 쓰다〔書孟浩然騎驢圖〕」가 있으나 작자는 언급하지 않았다. 남송 이후로 왕유의 이 그림을 제영한 것이 더욱 많아졌다. 이를테면 두범(杜範)에게 「왕유가 그린 맹호연 기려도의 발문〔跋王維畫孟浩然騎驢圖〕」 산문이 있고, 남송 원나라 교체기 모헌(牟巘)에게 「왕유가 그린 맹호연 기려도〔王維畫孟浩然騎驢圖〕」 시가 있다. 명나라 양인(梁寅)의 「왕유가 그린 맹호연 상에 제하다〔題王維所畫孟浩然像〕」 시는 내용으로 볼 때 기려도를 보고 쓴 것이다.[34] 이상에서, 『신당서』 기록에 나오는 왕유가 그린 맹호연 상, 『당조명화록』에서 언급한 「마(여)상음시도〔馬(驢)上吟詩圖〕」, 그리고 송나라 사람이 제화를 쓴 「맹호연기려도」는 모두 같은 그림을 가리킬 가능성이 있다.

그리고 이후 맹호연의 기려를 두고 제화를 한 작품이 더욱 많아졌다. 청나라 『어정역대제화시류(御定歷代題畫詩類)』 제40권에 수록된 것만 보아도, 유극장(劉克莊)의 「맹호연기려도」, 원각(袁桷)의 「금나라 군주가 그린 맹화연 기려도〔金主畫孟浩然騎驢圖〕」 3수, 왕운(王惲)의 「팽호연파교도〔孟浩然霸橋圖〕」, 오사도(吳師道)의 「맹호연과려도(孟浩然跨驢圖)」 2수, 고계(高啓)의 「맹호연기려음설도(孟浩然騎驢吟雪圖)」, 장우(張羽)의 「맹양양설행도(孟襄陽雪行圖)」 등이 있다.

게다가 맹호연의 기려는 청고한 선비의 특징으로 되어, 일찌감치 회화류 문헌에 출현했다. 동유의 「맹호연 기려도에 쓰다」는 이러하다.

> 맹 부자는 한 시대의 기인으로, 시절과 맞지 않았던 것도 마땅하다. 내대(패랭이)를 쓰고 좋다래끼를 등에 지고서 옷소매를 늘어뜨리고 나귀에 걸터 앉아, 풍설을 무릅쓰고 산비탈을 올라가서 양양의 길을 갈 때에 그가 얻은 시구는 마땅히 얼음과 서리, 싸락눈과 흰 눈을 끼고 있어

33_『唐朝名畫錄』, 溫肇桐注, 四川美術出版社, 1985, p.16. "嘗寫詩人襄陽孟浩然「馬上吟詩圖」, 見傳於世."

34_詩云 : "蹇驢行行欲何之, 妙句直欲追大雅. 飯顆山頭杜少陵, 溧陽水濱孟東野. 飢寒一身人共歎, 聲名千載天所假. 南山故廬拂袖歸, 五侯七貴俱土苴."(『石門集』 卷2)

> 서, 사람들이 읊으면 이빨과 뺨이 시렸다. …… 어휘와 구절을 청고(淸苦)하게 했으며, 어두운 곳(아랫목과 윗목 사이)을 더듬고 으슥하게 깊은 곳에 관철했으니, 강산의 수려한 기운을 깊이 얻은 것이 아니어도 인간의 경지를 멀리 초월했다. 또한 억센 바람과 차가운 서리를 얻어서 궁핍함의 원망과 슬픈 생각을 도와서, 아랫목과 윗목 같이 깊은 뜻을 열어젖히니, 흉중이 낙락하여 기이한 곳을 어이 쉽게 언어로 표현해내겠는가? 정경(鄭綮)은 "시상은 파교의 풍설 속 나귀 위에서 일어나는 법이니, 어느 곳에서 이것을 얻으랴?"라고 했다. 정경은 아마도 맹 부자의 그림을 보고서 억지로 이렇게 말한 것이 아니겠는가? 그렇지 않다면 정경이 어떻게 이것을 터득했겠는가?[35]

여기서 동유는 우선 맹호연이 기인(畸人)이라고 강조했다. 장자에서 "기인이란 인간에게는 맞지 않고 하늘과 짝한다."[36]라고 했다. 이런 사람은 세속의 추구와는 왕왕 하나도 맞지 않는다. 시인은 현실 생활에서 곤궁하거나 불우하므로 문학을 성취하게 된다. 그의 시구는 얼음과 서리, 싸락눈과 흰 눈〔생활의 고통〕과 하나하나 끼고돌아, 청한이라 할까, 청고라 할까, 천지 강산의 청기를 얻었다. 정경은 상국(재상)의 몸으로 높은 지위에 있으면서 부를 누렸으므로, 동유는 그가 「맹호연기려도」에서 계시를 얻었다는 것에 대해 회의를 느껴 저 명언을 한 것이다. 두범(杜範)의 「왕유가 그린 맹호연 기려도 발문〔跋王維畫孟浩然騎驢圖〕」에서는 "맹호연은 시로 당시에 일컬어졌지만 역시 시로 군주에게서 버려졌다. 하지만 절룩이는 나귀에 채찍질하여 동쪽으로 돌아가 바람이 소매에 불어 펄럭펄럭 바람에 들어올려지자, 사람으로 하여금 상상하면서 감동을 느끼게 하고 멋지게 여겨 탄식하게 만드니, 시절에서의 버려짐이 바로

35_『廣川畫跋』 卷2, 『四庫全書』本. "孟夫子一世畸人, 其不合于時, 宜也. 當其擁襶襶 · 負笭箵, 陊袖跨驢, 冒風雪 · 陟山阪, 行襄陽道上時, 其得句自宜挾冰霜霰雪, 使人吟誦之, 猶齒頰生寒. …… 要辭句淸苦, 搜冥貫幽, 非深得江山秀氣, 迥絕人境. 又得風勁霜寒, 以助其窮怨哀思, 披剔奧窔, 則胸中落落奇處, 豈易出也? 鄭綮謂 "詩思在灞橋風雪中驢子上, 此處何以得之", 綮殆見孟夫子圖而強爲此哉? 不然, 綮何以得知此?

36_『莊子』「大宗師」, 郭慶藩 『莊子集釋』, 中華書局, 1961, 第1冊, p.273. "畸人者, 畸於人而侔於天."

천고의 칭송을 무겁게 했다."[37]라고 했다. 맹호연은 자신이 "재주가 없어서 현명한 군주에게 버려졌다."라고 했는데, 후인이 만들어 낸 고사에서는 당 현종이 "짐은 결코 사람을 버리지 않았거늘, 본래 경이 나아오려 하지 않았다."[38]라고 했다고 한다. 이 이야기가 맹호연의 심사를 더 잘 투영하고 있다. 『당시기사(唐詩紀事)』에서는 "경이 짐을 구하지 않았지, 어찌 짐이 그대를 버렸던가?"[39]라고 되어있어, 뜻이 더욱 산뜻하고 활달하다.

두보의 기려는 그 자신이 진술한 "저녁이면 살찐 말의 먼지를 따랐네〔暮隨肥馬塵〕"이든, 소식이 비꼰 "발 저는 나귀 타고 해진 모자로 황금 안장을 따라다녔다〔蹇驢破帽隨金鞍〕"이든, 모두 의식적이든 무의식적이든 나귀를 말에 대비시켜 말했다. 오사도의 경우에는 "나귀는 절름거림으로써 일컬어지므로, 살찐 말을 타는 사람은 비루하게 여기고, 단지 시인에게 적합하다."라고 했으니, 둘을 더욱 대립적 위치에 두었다. 나귀와 말을 대비함으로써, 그것들은 각기 상이한 입장, 상이한 가치관, 상이한 문화 선택을 대표하게 되었다. 위 · 진 이후로 말은 왕왕 고관이 타는 것이었고, 나귀는 하급 관리나 일반 백성이 타는 것이었다. 예를 들면 북제의 권회(權會)는 "본디 빈한한 서생이라 노복이 없으며, 처음 조교에 임명된 날에는 항시 나귀를 타고 오르내리다가," 그 후 관직의 지위가 높아짐에 따라 말로 바꾸어 타야 했지만, "일생 말을 두려워했는데, 지위나 명망이 높아져, 부득이 타지 않을 수 없었고,"[40] 마침내 접질려 떨어져서 포망(暴亡)하고 말았다. 남제의 소각(蕭慤)은 "늘 허리가 아프고 현기증을 앓아서, 말을 치달릴 수가 없어, 제나라 군주가 나귀를 타고 따르게 했으므로 보는 이들이 웃었다."[41]라고 했다. 나귀와 말은 각각 타는 사람의 신분이 달라서 뒤섞일 수 없었음을 알 수 있다. 『세설신어』

37_『淸獻集』 卷17, 『四庫全書』本. "孟浩然以詩稱於時, 亦以詩見棄於其主. 然策蹇東歸, 風袂飄擧, 使人想慨嘉歎, 一時之棄適以重千古之稱也."

38_『唐摭言』 卷11, p.121. "朕未曾棄人, 自是卿不求進."

39_『唐詩紀事』 卷23, 上海古籍出版社, 1987, p.348. "卿不求朕, 豈朕棄卿?"

40_『北齊書』 「儒林 · 權會傳」, 中華書局, 1972, p.593.

41_『太平御覽』 卷901 '驢'引『三國典略』, 中華書局, 1960, 第4冊, p.3997. "常患腰痛眩, 不堪馳馬, 齊主令乘驢以從, 見者笑之."

「배조(排調)」는 왕도(王導)와 제갈회(諸葛恢)가 성씨의 높낮이를 다투기를 좋아해서, 왕도가 "어째서 갈왕(葛王)이라 하지 않고 왕갈(王葛)이라 하는가?"라고 말하자, 제갈회가 답하길 "노마(驢馬)라고 하지 마로(馬驢)라 하지 않으니, 그렇다면 노(驢, 나귀)가 어찌 마(馬)보다 우월한 것이 아닌가?"[42]라고 했다. 나귀와 말은 사람들의 심목에서 높낮이가 구별되었음을 알 수 있다. 『고승전』에도, 유송(劉宋)의 승려 포초(苞初)가 서울에 이르러 나귀를 탄 채로 지항사(祇洹寺)에 이르러 강석에 참관했으므로 마침내 대단히 경시되었다고 적었다.[43]

시인은 대부분 빈한한 선비로, 맹호연 · 두보 · 이하 · 가도는 모두 이와 같았기에, 절름거리는 나귀와 찢어진 모자가 일생 따라다녔다. 마단림의 『문헌통고』「선거고 · 2」에는 강릉 항씨(江陵項氏)의 "풍속의 피폐함이 당나라 때 극에 이르렀다. …… 천하의 인사는 열씩, 다섯씩은 찢어진 모자를 쓰고 발 저는 나귀를 타고 있다."[44]라는 말을 인용했다. 맹교는 득의하지 못했을 때 "나귀를 타고서 서울에 이르렀다가"[45] 일단 과거에 급제하자 "봄바람에 득의하여 말발굽을 빨리 하여, 하루 만에 장안의 꽃을 죄다 보았다."[46] 또 왕벽(王闢)의 『민수연담록(澠水燕談錄)』 제7권 '가영(歌詠)'에는 "〔유칭(劉偁)은〕 청렴하고 신중하며 극히 가난했는데, 관직에서 해임되자 귀향할 방책이 없었다. 타고 있는 말을 팔아서 행장을 꾸리고는, 나귀에 걸터타서 돌아갔다. 위야(魏野)가 전송의 시를 주어, '누가 팥배나무 아래 유 법연(劉法掾)과 같으랴, 올 때는 말을 탔더니

42_"何不言葛王, 而云王葛?"恢答曰:"譬言驢馬, 不言馬驢, 驢寧勝馬邪?" 余嘉錫, 『世說新語箋疏』, 中華書局, 1983, p.791. 이 기록은 조소에 속하지만, 당시 말이 나귀보다 낫다고 여긴 보편적 인식을 드러내고 있어 주목할 만하다. 여가석은 이렇게 논했다. "凡以二名同言者, 如其字平仄不同, 而非有一定之先後, 如夏商 · 孔顏之類, 則必以平聲居先, 仄聲居後, 此乃順乎聲音之自然, 在未有四聲之前, 固已如此. 故言王葛 · 驢馬, 不言葛王 · 馬驢, 本不以先後爲勝負也."

43_湯用彤 校注, 『高僧傳』 卷7, 中華書局, 1992, p.371.

44_『文獻通考』 卷29, 中華書局, 1986, p.274. "風俗之弊, 至唐極矣. …… 天下之士, 什什伍伍, 戴破帽, 騎蹇驢."

45_韓愈, 「孟生詩」, 錢仲聯, 『韓昌黎詩集系年集釋』 卷1, 上海古籍出版社, 1984, p.12.

46_孟郊, 「登科後」, 韓泉欣 『孟郊集校注』 卷3, 浙江古籍出版社, 1995, p.126. "春風得意馬蹄疾, 一日看盡長安花."

갈 때는 나귀를 타네.'라고 했다."[47] 그러므로 시인의 눈에는 절름거리는 나귀가 왕왕 살찐 말과 상대되어, 재야와 재조, 포의와 진신, 빈곤과 부귀의 대립을 상징했다. 따라서 이 관념은 정치성을 지닌다. 송나라 방악(方岳)의 「차운서재설구(次韻徐宰雪句)」에 "여러분들이 어이 서서 말에 채찍 치는 것을 감당하랴, 천한 이는 단지 앉아 시 읊을 나귀에 걸터 앉을 뿐이로다."[48]라고 했다.

기려와 대비할 때 기마의 특징은 빠르게 바람을 쫓아가듯 한다는 점인데, 득의의 심정과 어울려, 자연히 통쾌한 뜻이 더할 나위 없다. 하지만 벼슬길은 험악하고 함정이 깔려 있으므로 방악은 또 이런 시를 지었다. "차라리 눈을 밟고 가는 나귀를 탈 일이지, 바람 좇는 말을 내달리지 말아라. 서리같이 흰 말발굽에 맨 재갈과 고삐를 잃는 것이야말로, 뜻에 쾌적함이 많도다."[49] 진산민(眞山民)의 시도 이렇게 말했다. "그대에게 권하나니 그대에게 권하나니 다만 나귀를 타시게나, 가는 길이 평온하니, 짐짓 서서히 가시게. 아홉 구비 까마득해 두려운 길에서 장쾌한 말에 채찍을 대더니만, 종래 얼마나 많은 수레가 뒤엎어졌던가."[50] 공명부귀를 좇느라 안달 난 사람에게 이런 시구는 각성의 의미를 지닌다. 기려를 기마와 상대시켜 설정한 것에서, 둘 사이의 상호 대립 관념은 중국 기려 의상의 문화적 함축으로 되었다.

3. 고려 · 조선 문학에서의 기려와 기우 의상

한반도는 본래 소중화라 일컬어졌는데,[51] 그 핵심은 예의와 문헌에 있

47_『澠水燕談錄』 卷7, 中華書局, 1981, p.88. "(劉俑)廉愼至貧, 及罷官, 無以爲歸計. 賣所乘馬辨裝, 跨驢以歸. 魏野以詩贈行云 : '誰似甘棠劉法掾, 來時乘馬去騎驢.'"

48_秦效成, 『秋崖詩詞校注』 卷34, 黃山書社, 1998年版, p.583. "群公豈堪立仗馬, 賤子只跨尋詩驢."

49_『以'人生五馬貴, 莫受二毛侵'爲韻送胡獻叔守邵陽』, 『秋崖詩詞校注』 卷1, p.10. "寧騎踏雪驢, 莫驟追風馬. 霜蹄失銜勒, 多是快意者."

50_『陳雲岫愛騎驢』, 『元詩體要』 卷3, 『四庫全書』本. "勸君勸君但騎驢, 行路穩, 姑徐徐. 九折畏途鞭快馬, 年來曾覆幾人車."

51_이 칭호는 우선 중국에서 시작되었다. 홍대용의 『건정동필담』에 "自古中國亦許之以小

었으며, 문학이 특히 대표적으로 두드러졌다. 최립(崔岦, 1539-1612)은 「이참찬이 보여 주는 양천사 간찰첩 서문〔李參贊見示楊天使簡帖序〕」에서 "본디 소중화라 일컬어졌으니, 그 문사는 특히 가깝다."[52]라 했고, 임숙영(任叔英, 1576-1623)도 「지봉선생조천록후서(芝峰先生朝天錄後序)」에서 "해동의 문헌은 소중화의 호칭이 있다."[53]라고 했다. 박세채(朴世采, 1631-1695)도 「경과영녕이릉(敬過英寧二陵)」에서 "시와 서로 소중화를 이루었다〔詩書小中華〕"[54]라는 구를 썼다. 따라서 중국 문학사 및 회화사의 기려 의상은 고려 시대 이후 동국에서도 상당히 자주 보인다.

고려 · 조선 문학의 기려 의상은 대부분 전고의 특성에 속했다. 관련된 중국 시인 들은 주로 맹호연 · 이백 · 두보 · 가도 · 이하 · 정경(鄭綮) · 반랑(潘閬) 등이었다. 그리고 소식의 영향을 받아 눈 속에 나귀를 타고 어깨를 세우고 시를 읊는 맹호연의 형상이 동국 시인들에 의해 부단히 복사(複寫)되었다. 이를테면 이색(李穡, 1328-1396)의 「설(雪)」에는 "시 읊는 내장이 극도로 차가움을 누가 알랴, 나귀 탄 맹호연이 다시 그립다."[55]라고 했다. 서거정(徐居正, 1420-1488)의 「눈 온 뒤 흥이 나서 태초(유성원)와 덕여(이극감) 두 집현전 학사에게 써서 보내다〔雪後有興題寄太初 · 德輿兩集賢〕」에는 "그대는 못 보았나 도성 길에서 나귀 탄 맹호연이 신산하여, 해진 모자 짧은 채찍에 어깨는 산 모양으로 우뚝하고, 일생 동안 냉기를 제거할 길 없었다네."[56]라고 했다. 채수(蔡壽, 1449

中華."(『湛軒書』 외집 권2)라고 했다. 적어도 북송 시대로 소급할 것이다. 『朝鮮史略』 卷6의 기록에 따르면 熙寧 연간에 고려 사신 박인량과 김근이 송나라에 갔을 때 "그들의 저술을 송인들이 칭송하여, 심지어 두 사람의 시문을 간행하여 『소화집』이라고 했다." 小華는 소중화의 뜻이다. 李奎報의 「題華夷圖長短句」에도 "君不見華人謂我小中華, 此語眞堪採"의 구가 있다(『東國李相國集』 권17). 이후 조선인들의 자칭으로 되었다. 李達衷의 「倚風樓」에 "當時自謂小中華."(『霽亭集』 권1)라 했고, 崔岦의 「送柳西坰赴京師序」에 "我東素稱小中華."(『簡易集』 권3)라 했다.

52_『簡易集』 권3, 한국문집총간 제49책, 경인문화사, p.278. "素以小中華見稱, 其爲文辭尤近."

53_『疎庵集』 권4, 한국문집총간 제83책, p.444. "海東文獻有小中華之號."

54_『南溪集』 권3, 한국문집총간 제138책, p.75.

55_『牧隱稿 · 詩稿』 권7, 한국문집총간 제4책, p.37. "詩腸冷極誰能識, 重憶騎驢孟浩然."

56_『四佳集 · 詩集』 권2, 한국문집총간 제10책, p.246. "君不見騎驢陌上孟生酸, 破帽短鞭肩聳山, 一生冷氣無由刪."

-1515)의 「동파의 〈설〉시에 차운하여 차소(신종호)에게 보내다〔次東坡雪詩寄次韶〕」에는 "파교 위 시인은 어디로 돌아가는가? 나귀 등에서 시 읊으며 두 어깨가 뾰족이 솟아났네."[57]라고 했다. 문경동(文敬仝, 1457-1521)의 「눈 속에서 우연히 읊어서 공보 공에게 올리다〔雪中偶吟贈公輔侖公〕」에는 "나귀 등에서 시 읊는 어깨가 산처럼 솟았으니, 곁의 사람은 가리키며 맹호연이라고 웃는구나."[58]라고 했다. 황호(黃戾, 1604-1656)의 「맹호연상(孟浩然像)」에는 "지금 사람 중에 누가 고인의 얼굴을 알랴, 나귀 등에 시 읊는 어깨가 옥산처럼 솟아 있네."[59]라고 했다.

맹호연을 중국 기려 시인의 전범으로 삼는 것은 고려 · 조선 시인도 동의했다. 진화(陳澕)에게 "나귀 탄 맹호연을 제하고는, 아무도 이 시정을 아는 사람 없으리."[60]라는 시구가 있다. 민사평(閔思平, 1295-1359)은 "나는 시 읊는 맹호연을 사랑한다."[61]라고 높이 칭송했고, 김득신(金得臣, 1604-1684)은 스스로 "나귀 타길 십 년에 다만 맹호연의 시 공부를 배운다."[62]라 했으며, 이현석(李玄錫, 1647-1703)도 "시는 나귀 탄 맹호연을 배운다."[63]라 했다. 이광덕(李匡德, 1690-1748)은 자못 득의하여 "나는 시인 맹호연과 같아서, 작은 나귀가 발을 절어도 마음만은 너무도 어여쁘라."[64]라 했다. 심지어 어떤 사람들은 나귀를 직접 명명하여 '맹려(孟驢)' · '맹생려(孟生驢)' 혹은 '호연려(浩然驢)'라고 했다. 고경명(高敬命, 1533-1592)은 "맹호연의 나귀는 추위에 고슴도치처럼 움츠렸다."[65]라 했고, 조성기(趙聖期, 1638-1689)는 "맹호연의 나귀와 임화정(임표)의 학 이야기를 시끄럽다 혐의 하네."[66]라 했으며, 권호문(權好文,

---

57_『懶齋集』 권2, 한국문집총간 제15책, p.407. "詩人灞上歸何處? 驢背吟肩聳兩尖."

58_『滄溪集』 권2, 한국문집총간 속집 제1책, p.413. "驢背吟肩山共聳, 傍人笑指孟浩然."

59_『漫浪集』 권1, 한국문집총간 제103책, p.368. "今人誰識古人顔, 驢背吟肩聳玉山."

60_「宋迪八景圖 · 江天暮雪」, 『梅湖遺稿』, 한국문집총간 제2책, p.283. "除卻騎驢孟浩然, 箇中詩思無人識."

61_「次韻愚谷先生賦雪」, 『及庵詩集』 권3, 한국문집총간 제3책, p.69. "我愛吟詩孟浩然."

62_「醉墨堂上樑文」, 『柏谷集』 文集 冊7, 한국문집총간 제104책, p.208. "騎驢十載, 只學孟浩然之學詩."

63_「次密州倅韻」, 『游齋集』 권6, 한국문집총간 제156책, p.395. "詩學騎驢孟浩然."

64_「悼驢」, 『冠陽集』 권1, 한국문집총간 제209책, p.359. "我似詩人孟浩然, 小驢雖蹇意尤憐."

65_「息影亭四時詠 · 冬」, 『霽峰集』 권3, 한국문집총간 제42책, p.55. "孟驢寒似蝟."

66_「詠梅花」, 『拙修齋集』 권2, 한국문집총간 제147책, p.186. "孟驢林鶴猶嫌鬧."

1532-1587)은 "어떤 시든 맹호연의 나귀 위에 오르지 않는 것이 없다."[67]라 했다. 정홍명(鄭弘溟, 1582-1650)은 "시의 정은 오히려 맹호연의 나귀에 의지한다."[68]라 했고, 김부륜(金富倫, 1531-1598)은 "맹호연의 나귀에 오르지 못할 시구란 없도다."[69]라고 감탄했으며, 이이(李珥, 1536-1584)는 이순인(李純仁)에 대해 "나와서는 맹호연의 나귀를 탔다."[70]라 했고, 하진(河溍, 1597-1658)은 스스로 "출처 행장은 차라리 맹호연의 나귀에 부치련다."[71]라고 했다.

그리고 중국 문학사에서 나귀와 관련 있는 시인은 나귀 등을 타고 앉는다든가 나귀 등에서 시흥이 일어난다고 하는 관념이 있었는데, 고려 · 조선의 시인들도 대체로 받아들였다. 김일손(金馹孫, 1464-1498)은 "발 저는 나귀 위의 풍미는 시인이 정말 면하지 못한다."[72]라 하고, 정희량(鄭希良, 1469-1731)은 "나귀 등에서 시의 종기를 후벼 판다."[73]라 하며, 어득강(魚得江, 1470-1550)은 "맑은 시는 차가운 나귀 등 위에서 모두 나온다."[74]라 하고, 정사룡(鄭士龍, 1491-1570)은 "아름다운 시구는 나귀 등에서 찾는 것을 사랑한다."[75]라 하며, 이정암(李廷馣, 1541-1600)은 "나귀 등에서 새 시를 찾는다."[76]라 하고, 채팽윤(蔡彭胤, 1669-1731)은 "시는 나귀 배에서 얻음 직하다."[77]라 하며, 남공철(南公轍, 1760-1840)은 "시심은 나귀 등에 실려 나온다."[78]라고 했다.

이렇게 문인 사대부의 청고한 취미의 상징이 되어, 기려는 시인의 동경, 탄상, 사랑을 충분히 받았다. 이를테면 송준길(宋浚吉, 1606-1672)은

67_「雪中贈金秀卿」, 『松巖集』 續集 권1, 한국문집총간 제41책, p.202. "無詩不上孟生驢."
68_「四十」, 『畸庵集』 권5, 한국문집총간 제87책, p.56. "詩情尙倚孟生驢."
69_「詠雪寄李文庇遠 · 權友章仲」, 『雪月堂集』 권1, 한국문집총간 제41책, p.11. "無詩難上浩然驢."
70_「送李春卿序」, 『栗谷全書拾遺』 권3, 한국문집총간 제45책, p.523. "出騎浩然之驢."
71_「林居感興」, 『臺溪集』 권2, 한국문집총간 제101책, p.80. "行藏寧付浩然驢."
72_「頭流紀行錄」, 『濯纓集』 권5, 한국문집총간 제17책, p.259. "蹇驢風味, 詩家固不免."
73_「雪後寄景劉」, 『虛庵遺集』 권3, 한국문집총간 제18책, p.40. "驢背爬詩瘡."
74_「八友屛 · 灞橋騎驢」, 『灌圃詩集』, 한국문집총간 續 제1책, p.480. "淸詩盡出寒驢背."
75_「戲使襄陽故事」, 『湖陰雜稿』 권3, 한국문집총간 제25책, p.96. "佳句愛尋驢子背."
76_「雪夜凍吟」, 『四留齋集』 권3, 한국문집총간 제51책, p.282. "驢背覓新詩."
77_「登禮門峴」, 『希庵集』 권16, 한국문집총간 제182책, p.308. "詩堪驢背得."
78_「送崔水部孟嵒歸鳩林故居」, 『金陵集』 권2, 한국문집총간 제272책, p.36. "詩思驢負載."

「답정경식(答鄭景式)」에 "흰 눈 속에 나귀를 타고, 흥이 나서 멀리 방문했으니, 고인의 풍치를 지금은 볼 수 없군요."[79]라 하고, 장혼(張混, 1759-1828)은 『평생지(平生志)』에서 문인의 청공(淸供) 80종을 열거하면서 건려(蹇驢)를 그 가운데 하나로 꼽았다.[80] 이규경(李圭景, 1788-?)은 문인들의 '사시십이시청취(四時十二時淸趣)'를 열거하면서 늦겨울 날이 따스할 때 "포의를 입고 가죽 모자를 쓴 차림으로 바람결에 등자의 말이 우는 소리를 듣고, 발 저는 나귀에 채찍질하여 한매의 소식을 묻는다."[81]라고, 눈에 삼삼하게 묘사했다.

또한 월과(月課)의 시제(詩題)가 되어, 그것이 한시의 보급 교육 속에 침투했다.[82] 이로써 중국 문학의 기려 의상이 고려·조선의 문학에서 분명히 연속되었음을 알 수 있다. 다만 지적할 것은 이런 연속은 계보성·전면성의 것이 아니라는 점이다. 그들에게 나귀 타는 형상의 특징은 훨씬 풍부했다. 위에 인용한 시문들을 자세히 음미한다면 다음 세 정황을 발견할 수 있다. 첫째, 전고의 사용이다. 곧 중국 기려 시인의 고사를 사용한 점이다. 둘째, 제화(題畫)이다. 중국화이든 중국 제재화이든 그러하다. 셋째, 모방이다. 이것은 정신 층위에 중국 시인을 인정함이다.

현실 생활 속에서 동국 시인이 주로 타는 것은 나귀가 아니라 소였다. 소는 고려·조선의 주요한 탈것이었다고 말할 수 있다. 조귀명(趙龜命, 1693-1737)은 「관월첩서(貫月帖序)」에서 "우리나라를 소중화라 일컬은 것은 오래되었다. 사람들은 그저 중화와 비슷한 것만을 알고 비슷한 것 가운데 비슷하지 않은 것이 있다는 점은 모른다."[83]라고 했다. "비슷한 것 가운데 비슷하지 않은 것이 있다."는 것을 우리들은 특히 주목할 필요가 있다. 기려에서 기우로의 전환이 바로 그 한 예이다.

79_『同春堂集』 권12, 한국문집총간 제107책, p.34. "雪中騎驢, 乘興遠訪, 古人風致, 今不可見."

80_『而已广集』 권14, 한국문집총간 제270책, p.579.

81_『五洲衍文長箋散稿』 권36, 동국문화사, 1959, 하책, p.91. "布衣皮帽裝嘶風鐙, 策蹇驢問寒梅消息."

82_金光鉉, 「灞橋騎驢月課」, 『水北遺稿』 권1, 한국문집총간 續 제21책, p.276 ; 申混, 『灞橋吟詩課作』, 『初庵集』 권2, 한국문집총간 續 제37책, p.25.

83_『東谿集』 권1, 한국문집총간 제215책, p.6. "我東之稱小中華, 舊矣. 人徒知其與中華相類也, 而不知其相類之中又有不相類者存."

문헌 기록에 의하면 가장 이른 시기에 소를 탄 시인은 고려 중기의 최당(崔讜, 1135-1211)과 김극기(金克己)로, 그들의 기우는 저명한 동국 고사가 되었다. 최당의 기우를 가장 일찍 묘사한 것은 그와 같은 시대의 이인로(李仁老, 1152-1220)이다. 이이의 「최태위(최당)가 소 타고 나가 노닐다〔崔太尉騎牛出游〕」 2수 가운데 제2수에는 "술을 즐기는 적선은 기어서 말에 오르고, 산을 사랑하는 반랑은 거꾸로 나귀를 타네. 누른 소 등에 편안하게 타고, 곳곳의 이름난 동산을 마음대로 노니누나."[84]라고 했다. 최당의 기우를 이백의 기마, 번랑의 기려와 비교하여, 비록 그들은 모두 시인이기는 해도, 시를 짓는 것과는 연계시키지 않았다.

최당이 눈 속에 소를 타고 시구를 생각해 찾는 아름다운 이야기에 대해서는 조금 뒤 시인 이제현(李齊賢, 1287-1367)의 가영이 후세에 영향을 끼쳤다. 이 점은 소식이 맹호연의 기려를 묘사한 것과 유사하다. 정추(鄭樞, 1333-1382)는 그의 「동국사영(東國四詠)」 가운데 한 수를 「쌍명 최당 태위가 눈 내린 후 소 타고 성북 추령에 노닐다〔雙明崔太尉讜雪後騎牛游城北皺巖〕」라 하고, 그 밖에 3수의 제목을 「김부식 시중이 노새 타고 강서 혜소상인을 방문하다〔金侍中富軾騎騾訪江西惠素上人〕」·「정서 중승이 동래에 적거하면서 달 밝은 날이면 거문고를 타면서 아침에 이르다〔鄭中丞敘謫居東萊每月明彈琴達曙〕」·「곽예 한림이 비를 무릅쓰고 연꽃을 감상하고 시를 짓다〔郭翰林預冒雨賞蓮有詩〕」라고 했다. 이 4수에서 가영한 것은 모두 고려조 명인의 기이한 일화였다. 최당이 소를 타고 시구를 생각해 찾는 것은 그 가운데 하나여서, "두 산의 소나무 가래나무에 눈이 곱절 쌓이고, 빠른 물이 구름을 뚫고 가며 길은 몇 번이나 둘러가나. 눈 내리는 날 원안(袁安)이 집 안에서 높이 베고 누웠던 흥취를 말하지 말라, 소 등에서 시구를 찾으며 온들 어떠하리."[85]라고 했다. 이 시 제목 아래에 자주(自注)하길, "좌주 익재(이제현) 시중이 시를 지으라고 명했다."라고 했다. 이제현의 명을 받들어 지은 것임을 알 수 있

84_『東文選』 권20, 제1책, 민족문화간행회, 1994, p.370. "嗜酒謫仙扶上馬, 愛山潘閬倒騎驢. 爭如穩着黃牛背, 處處名園任所如."

85_『圓齋稿』 卷上, 한국문집총간 제5책, p.196. "兩山松檟雪培堆, 驀水穿雲路幾回. 莫說袁安高枕興, 何妨牛背覓詩來."

다. 이제현과 같은 시대의 민사평(閔思平)도 「동국사영익재운(東國四詠益齋韻)」이 있다. 익재 이제현의 시운을 밟았고 내용도 정추의 4수와 같다. 그 두 번째 「최태위가 눈을 무릅쓰고 성북의 추암에 노닐다〔崔太尉冒雪游城北皺巖〕」에 "일천 척 운근(바위)이 북산에 솟아 있는데, 옛 현인의 유적을 그림으로는 제대로 그리기 어려우리. 상국이 시 지은 이후로는, 얼마간 행인들이 가리키면서 바라보네."[86]라고 했다. '상국이 시 지은 이후로는'이란 이제현이 시 지어 노래한 일을 가리키지만, 애석하게도 현전하는 『익재집』에는 이 시가 없다. 하지만 몇몇 저명 시인들이 제영을 함으로써, 후인들은 추암을 지나며 최당이 소 타고 시 지었던 고사를 자연히 연상하게 되었다. 조선 시대 성현(成俔, 1439-1504)의 「추암」 시에는 "쌍명재의 옛일은 아득하여 알 길 없는데, 바위 골짝에 들쭉날쭉 철쭉꽃 붉구나. 소 등에서 시 읊조리며 눈 맞고 가던 일이, 어찌 술 싣고 가며 봄바람 마주함만 하겠는가."[87]라고 했다. 지난 일은 연기처럼 스러졌지만 최당이 소 타고 시 읊은 고사는 사람들 입으로 전하여 오래 지나도록 쇠하지 않았던 것이다.

김극기가 소 타고 시구를 찾은 고사도 아마 이제현이 가영을 하여 전해지기 시작한 듯하다. 여말 선초의 한수(韓脩, 1333-1384)에게 「익재상국의 동국고사 네 시에 삼가 화운함〔奉和益齋相國東國故事四詩〕」이 있다. 그 제4수가 「김거사가 눈 속에 소를 타고 추암에 노닐다〔金居士雪中騎牛游皺巖〕」로, "실 같은 길이 구불구불 바위 사이로 들어가고, 여윈 소가 눈 밟으며 산에 오르느라 지쳐 있다. 어이 단지 편안히 앉아 엎어지지 않을 뿐이겠는가, 시안(詩眼)이 일만 옥산을 끝까지 다 보려 하는 것을."[88]이라 했다. 이제현의 시에 화운한 작품이므로 이제현의 원작이 있었을 것이다. 이제현은 자기의 작품을 '짓자마자 버리고는 했으므로'[89]

86_『及庵詩集』 권2, 한국문집총간 제3책, p.61. "千尺雲根聳北山, 古賢遺跡畫應難. 自從相國題詩後, 多少行人指點看."

87_『虛白堂集』 권5, 한국문집총간 제14책, p.274. "雙明往事渺無蹤, 巖壑參差躑躅紅. 牛背吟詩乘雪去, 何如載酒對春風."

88_『柳巷詩集』, 한국문집총간 제5책, p.260. "線路縈紆入石間, 羸牛踏雪倦躋攀. 豈唯穩跨無傾覆, 詩眼將窮萬玉山."

89_李穡, 「益齋先生亂稿序」, 『牧隱稿』 文稿 권7, 한국문집총간 제5책, p.52.

후대에 전하지 않았던 것이리라. 중국 시인이 타는 '절룩거리는 나귀'와 대비되어 김극기가 탄 것은 '야윈 소'이다. 권근(權近, 1352-1409)은 한수의 시집에 비점(批點)을 하면서, 그 자신도 「김거사가 눈 속에 소를 타고 추암에 노닐다〔金居士雪中騎金居士雪中騎牛游皺巖〕」 시를 남겨, "눈 속의 내와 산이 특히 기이한데, 소 타고 구경하며 마음대로 다닌다. 추암은 세속 경지 아니어서, 신선 같은 선비에게 시를 짓게 하노라."[90]라고 했다. 그보다 뒤의 김시습(金時習, 1435-1493)에게 「동국고사를 읊다. 김거사가 눈 속에 소를 타고 추암에 노닐다〔詠東國故事 · 金居士雪中騎牛游皺巖〕」가 있어, "눈 속에 소 타고 소 걸음에 맡겨 가니, 강산 천 리에 옥구슬이 날아 흩뿌린다. 원안은 방안에 한사코 누워 간여하지 않았으니, 정경이 파교 위에서 시 읊던 정에 어이 미치랴."[91]라고 했다. 마지막 구는 정경(鄭綮)의 "시상은 파교의 풍설 속 나귀 위에 있다."라는 전고에 견준 것으로, 나귀를 소로 바꾸었을 따름이다. 요컨대 이제현 등의 제영을 거치면서, 시인(최당이든 김극기든)이 소 타고 시구를 찾는 일은 저명한 동국 고사가 되었으며, 최당과 김극기는 동국의 기우 시인의 전형으로 되었다.

여말 선초의 이행(李行, 1352-1409)은 또한 소를 타고 가면서 시를 지은 것으로 저명하다. 이행은 스스로의 호를 기우자(騎牛子)라 했을 뿐만 아니라 문집에도 '기우'라는 이름을 붙였다. 따라서 당대 사람들이나 후세 사람들도 왕왕 그의 시와 소를 연계시켰다. 성석린(成石璘, 1338-1423)은 「꽃구경 하는 여러 군자들이 그리워 기우자에게 부친다〔有懷看花諸君子寄呈騎牛子〕」에서 "꽃 사이에 술을 두고 모이니 맑은 향을 사랑했고, 소의 등에서 시를 읊노라니 야인의 운취가 길도다."[92]라 했고, 성임(成任, 1421-1484)은 「나주 벽오헌에 쓰다〔題羅州碧梧軒〕」에서 "소를 타고 제영하니 시어가 속진을 끊었고, 세속의 누를 한바탕 씻어 진원으

90_『陽村集』 권9, 한국문집총간 제7책, p.108. "雪裏溪山特地奇, 游觀牛背任行遲. 皺巖可是非人境, 長使儒仙爲賦詩."

91_『梅月堂集』 권2, 한국문집총간 제13책, p.113. "雪裏騎牛信步行, 江山千里散飛瓊. 袁安僵臥不干意, 那及鄭公橋上情."

92_『獨谷集』 卷上, 한국문집총간 제6책, p.82. "花間置酒愛淸香, 牛背哦詩野趣長."

로 돌아간다."[93]라고 했다. 일본 승려 수윤중암(守允中庵)은 심지어 그림으로 그리기도 했다. 권근의 「중암이 그린 이주도 기우도〔中庵所畫李周道騎牛圖〕」의 앞부분에 "이주도는 마음이 얽매임 없고, 중암은 그림이 신에 들었네. 토끼털 붓이 의장을 낳아서, 소 등에 시인이 실려 있구나."[94]라고 했다. 이상 세 시에서 두드러진 것은, 시인의 마음에 속기가 없으며 야인의 취향이 매우 길다는 점이다. 이것은 이미 소 타는 문화의 함축된 뜻을 조금 건드린 것이 된다.

이후의 기우 시인은 더욱 많다. 이승소(李承召, 1422-1484)의 「괴애 김수온 만시〔挽金乖崖守溫〕」는 김수온의 "소 타고 세상에서 문장으로 이름을 날린"[95] 사실을 말했고, 조위(曹偉, 1454-1503)의 「추암(皺巖)」은 선배의 "당년에 소 등에서 새 시구를 찾았던"[96] 일을 추억했다. 소 등에서 시구를 찾아 시를 읊은 일을 스스로 서술한 것도 적지 않다. 배룡길(裵龍吉, 1556-1609)의 "소 타고 느릿느릿 채찍 드리우고 가며, 새 시가 아직 둥글게 조탁되지 않음을 염려하네"[97], 한준겸(韓浚謙, 1557-1627) 「시내를 따라가다가 우연히 읊다〔溪行偶吟〕」의 "소 등에서 한가하게 소두(두목)의 시를 읊노라"[98], 심육(沈錥, 1685-1753) 「호산을 방문하여〔訪壺山〕」의 "소 등에 실려 가면서 읊으니 절로 한가하다"[99], 정종로(鄭宗魯, 1738-1816) 「운산도중(雲山途中)」의 "석양에 소 등에서 길게 읊노라."[100] 등등. 더 나아가 신유한(申維翰)은 일생을 회고하면서 "소 등에서 시와 서 강구하여 일생을 망쳤도다."[101]라는 탄식으로 시작했다. 후대 시인들이 끊이지 않고 계속 음영함으로써 소는 조선 시인의 특별한 탈것이

93_『騎牛集』 권2 부록, 한국문집총간 제7책, p.377. "騎牛題詠語絕塵, 一洗俗累歸於眞."
94_『陽村集』 권2, 한국문집총간 제7책, p.29. "周道心無累, 中庵畫入神. 禿毫生意匠, 牛背載詩人."
95_『三灘集』 권9, 한국문집총간 제11책, p.464. "騎牛於世以文鳴."
96_『梅溪集』 권1, 한국문집총간 제16책, p.296. "當年牛背覓新詩."
97_「訪水亭」, 『琴易堂集』 권1, 한국문집총간 제62책, p.30. "騎牛緩緩垂鞭去, 怕有新詩琢未圓."
98_『柳川遺稿』, 한국문집총간 제62책, p.508. ""牛背閑吟小杜詩."
99_『樗村遺稿』 권11, 한국문집총간 제207책, p.164. "牛背行吟自在閑."
100_『立齋集』 권1, 한국문집총간 제253책, p.39. "夕陽牛背長吟."
101_「立春夜坐次駿兒韻」, 『青泉集』 권2, 한국문집총간 제200책, p.252. "牛背詩書誤一生."

되었다.

기우 의상의 문화적 내함을 일찌감치 명확하게 게시한 것은 권근의 시와 산문에서이다. 「기우도인을 전송하는 시에 차운함〔次韻送騎牛道人〕」에서 그는 "멀리 상상하누나 소 타던 곳에, 밝은 달이 바다 둑에 가득했거든. 호연히 '식미'의 시를 읊으니, 출처가 이래야만 만전하다오. 종아이 바랑에 가을 풍경 주워 넣고, 나귀 등에 서책을 가득 실었네."[102] 라고 했다. 이행(李行)은 경술과 문장으로 당시에 유명했으나 향리에 은거하고는 징소해도 일어나지 않았다. 「식미(式微)」는 본래 『시경』 「패풍」의 한 편으로, '식미식미(式微式微) 호불귀(胡不歸)'라는 구가 있는데, 후대 사람들은 이것을 빌려다가 세풍의 쇠미가 심하여 귀거래하는 것만 못하다는 뜻을 가리켰다. 왕유는 "이 한가로운 일홍이 부러워라 서글프게 '식미'를 노래하다니."[103]라고 했다. 이행은 속세에 대해 조금도 미련이 없었으므로, '호연하게' 시를 읊을 수 있었으며, 세상에 나가든 재야에 은둔하든 완전히 온전할 수가 있었다. 이 두 구는 이행의 인품이 높고 견식이 탁월함을 부각시켰다. 마지막 두 구는 이하가 나귀 타고 시구를 찾은 것과 대비하여, 이행이 소 등에서 시상이 용솟음쳤다고 형용했다. 따라서 기우의 의상은 귀전원하여 은일한다는 문화 내함을 지니고 있어, 기려와 서로 호응하는 문화 의상이 되었다.

「기우설(騎牛說)」에서 권근은 그 뜻을 더욱 발휘하여 이렇게 말했다.

> 나는 일찍이 "산수를 유람하는 데에는 오직 마음에 사사로움이 없은 뒤에야 그 즐거움을 즐길 수 있다."라고 말했다. …… 무릇 물체를 볼 때 빠르면 정(精)하지 못하고 더디면 그 묘한 것을 다 볼 수 있다. 말은 빠르고 소는 더딘 것이라서 소 타는 것은 곧 더디고자 함이다. 생각건대, 밝은 달이 하늘에 있는데 산은 높고 물은 넓어 상하가 한빛이어서 굽어보나 쳐다보나 끝이 없다. 만사를 뜬구름같이 여기고 긴 휘파람을

102_『陽村集』 권2, 한국문집총간 제7책, p.24. "(전략) 遙思騎牛地, 明月滿海壖. 浩然賦式微, 出處斯萬全. 奚囊拾秋景, 驢背載芸篇. (후략)"

103_「渭川田家」, 趙殿成『王右丞集箋注』 卷3, 中華書局香港分局, 1972, p.37. "即此羨閑逸, 悵然歌式微"

> 맑은 바람에 보내며 소를 놓아 가는 대로 따르고 생각나는 대로 스스로 술을 부어 마시면 가슴이 확 틔어 스스로 그 낙이 있으리니, 이 어찌 사사로움에 매인 자가 능히 할 바이랴. 옛사람이 또한 이 즐거움을 얻은 자가 있었던가? …… 소 타는 즐거움을 그 누가 알랴. 성인(공자)의 문하에 있었더라면 위연히 탄식함을 보았을 것이 의심되지 않는다.[104]

여기서 '마음에 사사로움이 없다.'라든가 '가슴이 확 틔었다.'라든가 하는 말은 소 타는 사람이 지녀야 할 정신 상태로, 이와 같아야 비로소 산수의 즐거움을 얻을 수 있다. 귀은은 본래 도가에 가깝지만, "위태로운 나라에는 들어가지 말고, 어지러운 나라에는 거주하지 말아야 한다. 천하에 도가 있으면 자기를 드러내고, 천하에 도가 없으면 숨어야 한다."[105]라든가 "나라에 도가 있으면 벼슬을 하고 나라에 도가 없으면 거두어 감출 수 있겠구나."[106] 하는 것도 공자의 가르침이므로, 기우의 즐거움에 대해서는 필시 성인도 위연히 찬탄할 것이라고 했다.

중국 문학 전통에서 기려 의상은 기마와 마주하는 구조를 지니고 있다. 고려 · 조선 시인의 붓 아래에서도 이 구조가 존재하지만, 첫째 보편적이지 않고, 둘째 중국 고사를 그대로 썼으며, 셋째 뚜렷한 포폄의 색채가 없다. 이를테면 이규보(李奎報, 1168-1241)의 "가도는 늘 나귀를 탔고, 제나라 환공은 말도 타지 않았다"[107], 이색(李穡, 1328-1396)의 "살진 말 탄 공서적(公西赤)에겐 곡식도 더 주었지만, 절뚝 나귀 탄 두자미(두보)는 감히 조회도 못 했었네"[108], 이행(李行, 1478-1534)의 "시상이 많고

104_『陽村集』 권21, 한국문집총간 제7책, pp.209-210. "吾嘗謂山水游觀, 惟心無私累, 然後可以樂其樂也. …… 凡寓目於物者, 疾則粗, 遲則盡得其妙. 馬疾牛遲, 騎牛, 欲其遲也. 想夫明月在天, 山高水闊, 上下一色, 俯仰無垠, 等萬事於浮雲, 寄高嘯於淸風. 縱牛所如, 隨意自酌, 胸次悠然, 自有其樂. 此豈拘於私累者所能爲也? 古之人亦有能得此樂者乎? …… 騎牛之樂, 人孰知之, 及于聖人之門, 其見喟然之歎無疑也."

105_『論語』「泰伯」, 朱熹『四書章句集釋 · 論語集注』 卷4, 中華書局, 1983, p.106. "危邦不入, 亂邦不居, 天下有道則見, 無道則隱."

106_『論語』「衛靈公」, 『四書章句集釋 · 論語集注』 卷8, p.163. "邦有道則仕, 邦無道則可卷而懷之."

107_『次韻吳東閣世文呈誥院諸學士三百韻詩』, 『東國李相國集』 권5, 한국문집총간 제1책, p.342. "賈島驢恒跨, 桓公馬未騎."

108_「有感」, 『牧隱稿』 詩稿 권14, 한국문집총간 제4책, p.153. "肥馬公西仍益粟, 蹇驢子美

적음을 알고 싶다면, 큰 수레가 어찌 초라한 나귀 만 하랴."[109] 등이 그러하다. 때로는 심지어 나귀와 말을 나란히 일컫기도 했다. 원천석(元天錫, 1330-?)은 "말 달리는 도중에 홀로 나귀를 탔네."[110]라고 하여, 그가 말을 탄 것인지 나귀를 탄 것인지 알 수가 없다. 최립은 그림을 묘사하여 "어떤 사람은 나귀를 타거나 말을 타고 왕래하고"라든가 "나귀와 말이 왕래하여"[111] 하여 적당히 얼버무렸다. 심지어 어떤 사람은 "나귀인지 말인지는 묻지 말라."라든가 "시의 정은 본디 겨를이 없도다."[112]의 시구를 외치기도 했다. 이는 결코 조선 시인이 중국 문학에서 나귀와 말을 상대시키는 문화적 의미를 무시한 것이 아니다. 실상 기려 문화의 내함을 진정으로 체현하되, 동국의 특색이 풍부한 것이 기우 의상이었다. 즉 기우를 기마에 상대시키는 설정에서 기려의 지위를 교체한 것이 바로 기우였다. 권근의 글에 이 설정이 이미 존재했다. "무릇 물체를 볼 때 빠르면 정(精)하지 못하고 더디면 그 묘한 것을 다 볼 수 있다. 말은 빠르고 소는 더딘 것이라 소 타는 것은 곧 더디고자 함이다."라고 한 것이 이것이다. 정엽(鄭曄, 1563-1625)의 시에서 "기우의 객이 되고자 하나니, 말을 땀 흘리게 할 뜻이 없도다."[113]라 하고, 임상덕(林象德, 1683-1719)이 "말의 등은 소의 등보다 좋지 못하도다."[114]라 한 것도 같은 예이다. 조선 시인은 희학적으로 기우관(騎牛官)이란 말을 만들어 내 촌야태(村野態)를 지칭했다.[115] 신광수(申光洙, 1712-1775)도 해학적으로 "소 등에 탄

敢朝天."

109_「路上冒雪戲作六言二絕奉呈止亭相公」, 『容齋集』 권1, 한국문집총간 제20책, p.350. "欲知詩思多少, 高駕爭如蹇驢."

110_「崔沃州卜河寄詩, 次韻奉答」, 『耘谷行錄』 권4 한국문집총간 제6책, p.199. "走馬途中獨跨驢"

111_「山水屏序」·「李少尹所有古畫識」, 『簡易集』 권3, 한국문집총간 제49책, p.280·304. "有人跨驢馬往來", "有驢馬之往來."

112_趙希逸, 「山水圖次西坰相公柳根韻贈李萬戶」, 『竹陰集』 권2, 한국문집총간 제83책, p.120. "莫問驢與馬"·"詩情本不假"

113_「兵相尹季初向龍城本營」, 『守夢集』 권1, 한국문집총간 제66책, p.459. "擬作騎牛客, 無心汗馬功"

114_「十數日來無日不至湖上, 至則撐小艇·酌薄酒以爲樂」, 『老村集』 권1, 한국문집총간 제206책, p.20. "馬背不如牛背好."

115_成海應, 「蘭室譚叢·騎牛官」, "俗稱村野態曰騎牛官." 『研經齋全集』 외집 권57, 한국

관리는 일품의 지위가 없네."[116]라는 구를 읊었다. 이에 기우가 탈속 · 유한 · 은일의 상징이 되었으며, 기마는 세간에 들어가 성급히 진출한다든가 명리장을 상징하게 되었다. 여기에 이르러 기우는 동국의 문화적 의상으로서 더욱 철저하게 완성되어 기려와 대비되었다. 이것은 '서로 비슷한 가운데 서로 비슷하지 않은' 의상이다. 김시습이 김거사의 기우와 정경의 기려를 대비시켜 "정경이 파교 위에서 시 읊던 정취에는 미치지 못한다."라는 전고를 환기했다면, 권호문(權好文)의 "소 타는 일이 나귀 타는 일보다 낫도다"[117]라는 판정은 이미 충분한 문화적 자각을 품고 있다. 원나라 원호문의 시집에도 「과우도(跨牛圖)」가 있어, 그 속의 "보건대 도대체 시 읊는 객은, 눈 속에 나귀 타고 있는 이보다 훨씬 낫도다"[118]란 구는 그의 자주에 의하면 당나라 인물의 「기우음시도」였다고 한다. 하지만 나는 고려 시인의 기우 음시 풍조가 당인의 영향을 받은 결과라고는 보지 않는다. 고려 시인들은 중국의 기려 의상에서 계발을 받되, 자신들의 생활 환경과 결합시켜 기우의 문화 의상을 형성했던 것이다.

기우와 기마를 대조시키는 설정은 중국에서 기려와 기마를 상대시키는 것보다 사실상 더욱 긴장이 있고 첨예하다. 이것은 어느 정도 혹은 어떤 측면에서는 조선 문학의 더욱 강렬한 정치적 요소를 드러내 보여 준다. 이 인상을 더 깊이 확인하기 위해 나는 기우와 관련된 몇몇 시부를 거론하고자 한다. 김창흡(金昌翕, 1653-1721)의 「기우가(騎牛歌)」에 이러하다.

> 소를 타네 소를 타네, 소 타는 것이 말 타는 것보다 낫고말고. 말 타면 자빠지기 쉽고, 소 타면 다만 소박하고 촌스럽네. 청운의 달관은 용 같은 천리마를 날게 하여, 옥방울을 울리며 일산을 끼고서 황금 궁궐 아래로 나아간다. 아침에 닭이 울거나 저녁에 종소리 나면 다투어 무리

문집총간 제278책, p.38.

116_「代人」, 『石北集』 권8, 한국문집총간 제231책, p.365. "牛背官無一品高."

117_「朴秀才騎牛訪青城戲示」, 『松巖集』 권3, 한국문집총간 제41책, p.152. "騎牛便是勝騎驢."

118_姚奠中 主編, 『元好問全集』 卷14, 山西人民出版社, 1990, p.437. "看來總是哦詩客, 遠勝騎驢著雪中."

> 이뤄 나아가고 물러가니, 바쁜 이가 어이 하여 한가한 이를 선망하는가. …… 소 타는 취향은 절로 기이하다만, 눈 속에 소 타는 일은 또 이러하여라. …… 소 타는 것이 말 타는 것보다 낫거늘, 어이 제나라 재상의 네 필 말과 높은 수레를 사용하랴. 거적 언치와 칡 등자로, 걸터앉으면 몸이 편안코 느긋하다. 뿔을 두드리네 뿔을 두드리네, 노래 마치자 저녁 산이 허허롭다. 흐뭇하게 소 등에서 태고의 노래를 노래하니, 신농씨 이전의 유민이런가.[119]

그 형 김창집(金昌集, 1648-1722)의 「자익의 기우가에 차운하다〔次子益騎牛歌韻〕」에는 이러하다.

> 뿔 달린 것이 나는 소란 동물임을 알고, 갈기 난 것이 나는 말이란 동물임을 아네. 말과 소는 각각 천성이 있어, 말은 속되고 소는 촌스럽다. 나는 평소 촌스러움을 좋아하고 속됨을 싫어하니, 말을 버리고 옛 산 아래서 소를 타노라. 소를 타고 소를 타니 얼마나 즐거운가, 이 즐거움을 세간에는 아는 이 없구나. …… 뿔 두드리면서 가며 노래하니 노래하며 절로 즐거워라, 인생 백 년의 지극한 바람이 이보다 더한 것이 없도다. …… 소 타는 것은 즐길 만하고 말 타는 것은 괴로워라, 어이하여 승상의 수레를 내몰랴. 승상의 수레는 높고 네 필 말은 내지르니, 근심이 너무 커서 끝내 편안치 못하도다. 푸른 진흙의 고개, 흰 바위의 여울, 머리 둘러 두미천의 물 다하고 구름 일어나는 터를 보노라. 나는 장차 나의 소를 불러와서, 소를 타고 관문을 나가 영원히 돌아가리라.[120]

말과 소의 대립은 바로 청운(靑雲)과 박야(樸野), 혹은 속(俗)과 야

119_『三淵集』 권9, 한국문집총간 제165책, pp.199-200. "騎牛復騎牛, 騎牛勝騎馬. 騎馬易顚蹶, 騎牛只樸野. 靑雲達官飛龍馭, 鳴珂擁蓋金闕下. 朝雞夕鍾爭逐隊, 忙者何由羨閑者. …… 騎牛之趣本自奇, 雪中騎牛又如斯. …… 騎牛勝騎馬, 焉用齊相駟馬高車. 苫韉與葛鐙, 坐覺身舒舒. 扣角復扣角, 歌闋暮山虛. 嗒然牛背歌太古, 神農以前遺民歟."

120_『夢窩集』 권1, 한국문집총간 제158책, p.22. "角者吾知牛, 鬣者吾知馬. 馬牛各天性, 馬俗而牛野. 我生喜野不喜俗, 舍馬騎牛故山下. 騎牛騎牛有何樂, 此樂世間無知者. …… 扣角行歌歌自樂, 百年至願無過斯. …… 騎牛可樂騎馬苦, 如何又駕丞相車. 丞相車高駟馬騰, 其憂甚大終難舒. 靑泥阪, 白石灘, 回首斗川雲水虛. 吾將喚取我牛來, 騎出關門永歸歟."

(野)의 대립이다. 말을 탄 사람은 조정에서 관직을 담당하는 사람이고, 소를 탄 사람은 산야에서 마음껏 지내는 사람이다. 시인의 안중에 이른바 속이란 세속의 공리에 미련을 두어 부귀의 추구에 열중하는 것을 말한다. 이른바 야(野)는 소탈하고 자유로운 천성을 견지하여 산야에서 마음껏 지내는 것을 말한다. 그래서 속과 야의 대립은 재조(在朝)와 재야(在野)의 대립이다. 또 김성흠(金聖欽, 1682-1757)의 「기우가를 관직에 부쳐져 서울로 가는 제찬에게 보낸다〔騎牛歌送霽山付職之京〕」에는 이러하다.

> 그대는 말을 타고, 나는 소를 타니, 말을 탄 이는 영광스럽고 소를 탄 자는 괴롭구나. 소 타고 장차 깊은 산으로 들어가려 하니, 그대는 말을 타고 서쪽으로 장안의 길을 달려가네. 장안 길에는 풍진이 많으니, 말발굽이 풍진에 더렵혀질까 두려워라. 깊은 산 밝은 달에 흰 구름 한가할 때, 소 등에서 도롱이 걸치고 옛 노래를 부르리라. 경성의 호사가에게 말을 부치나니, 흰 망아지의 걸음을 동여매지 마시게. 부디 그대는 서쪽으로 갔다가 즉시 귀거래하여, 나와 함께 비 오는 산 시내에서 말을 치고 소를 치세.[121]

앞의 작품과 마찬가지로 이 시에서 게시된 기우 문화의 내함도 기마와 첨예하게 충돌한다. 또 김안절(金安節, 1564-1632)의 「산중기우부(山中騎牛賦)」에는 이러하다.

> 청산의 구비, 벽계의 물가, 두건 비껴쓰고 소를 타고 있는 이, 저 사람은 누구인가. 세간 길을 싫어하여 소매 떨치고 귀거래하니, 유응(劉凝)의 높은 뜻을 찬미한다. 좋은 작위에 연연해 하지 않고, 명리의 속에서 몸을 빼냈도다. 나는 그 사람을 생각하니, 온화하기는 옥과 같아, 정정하게 티끌에서 벗어나고, 희디희게 세속을 초월했네. …… 다섯 필 말(수령의 직)이 영화롭다고 하지만, 나는 생각하지 않노라. 세상과는 어긋나

121_『臥溪文集』 권1, 慶北臥溪文集刊行會, 1991, p.75. "君騎馬, 我騎牛, 騎馬者榮騎牛苦. 騎牛將欲入深山, 騎馬西馳長安路. 長安路上多風塵, 馬蹄恐染風塵汙. 深山明月白雲閑, 牛背被蓑歌今古. 寄語京城好事兒, 莫敎白駒縶其步. 願君西去即歸來, 共我牧馬放牛溪山雨."

니, 떠나지 않고 어이하랴. 비둔(肥遯)의 높은 거조를 흠모하여, 일어남에 하루가 다 갈 때까지 기다리지 않노라. 금어(金魚)의 관자를 풀고, 자색 인끈을 내던지고, 누런 모자를 쓰고, 야인의 복을 걸치노라. …… 남은 생이 매이지 않은 것을 즐거워하고, 하늘 올려 보고 땅 내리 보며 자득하여 내키는 대로 하리라. 상상컨대 산속은 봄이 깊어, 맑은 기운이 삼라만상에 감돌리라. …… 나는 나의 소를 타니, 미친 흥을 누가 다투랴. 산속은 여름이 서늘하여, 녹음이 땅에 가득하리라. …… 나는 나의 소를 타고, 소 가는 대로 가리라. 산속은 가을이 늦어, 밝은 달이 빛을 뿌리리라. …… 나는 나의 소를 타고, 도도하게 즐거워하노라. 산속의 세모에는 외론 소나무가 늦도록 시들지 않으리라. …… 나는 나의 소를 타고는, 목을 쳐들고 길게 읊으리라. 몸은 소에 실려 있지만, 즐거움은 사계절에 모두 같아라. 먼지 세상을 떨어져 있나니 몇 겹이런가, 형문(은둔자의 집)에서 느긋하게 지냄을 기뻐하노라. 아아 행주좌와를 뜻대로 하고, 기거동작을 내키는 대로 하네. 몸이 날마다 한가하고 마음은 안일하니, 어찌 명예 추구에 근심하랴. 세속이 손가락질하며 비웃어도, 나의 마음이 안온하고 쾌적한 것을 어찌하랴. 세상의 치란을 알지 못하거늘, 벼슬길의 출척을 어이 들으랴. 수레와 관복이 얽매지 않고, 칼날과 톱의 형구가 가해지지 않거늘, 녹수와 청산에, 그 즐거움이 어떠랴. 성명(목숨)을 소 등에서 보전하고, 일흥을 미친 노래에 우탁하노라. …… 아아! 이욕과 녹봉이라는 구덩이에, 분분하게 얼마나 많은 사람이 골몰하면서 부끄러움이 없는지. 쉬파리처럼 경영하고 개처럼 구차하면서 겨를이 없어, 몸뚱이를 우리와 조롱 속에서 곤욕 치르게 하는구나. 옷을 가벼이 입고 살찐 말을 몰아 의기양양하면, 시정의 아들에게 선망되겠지만, 끝내는 앙화의 그물에 한번 저촉되면, 참혹하게도 소달구지에 의해 찢겨 죽는 것을. 이 사람이 사물의 걸림을 벗어날 수 있다면, 형체의 의해 부림을 당하지 않을 수 있으리라. …… 어이하면 용면거사(이공린)에게 청하여 그림으로 그려서, 말세의 세속에서 구차하게 이익을 구하고 취해서 살다가 꿈속에 죽는 자들을 경계하랴?[122]

122_『洛涯遺稿』 권1, 한국문집총간 續集 제13책, p.169. “靑山之曲, 碧溪之湄, 岸幘騎牛, 彼何人斯. 厭世路拂袖歸來, 美劉公之高志. 不嬰情於好爵, 能脫身於名利. 我思伊人, 溫其如玉. 亭亭出塵, 皎皎拔俗. …… 五馬雖榮, 匪我所思. 世與相違, 不去何爲. 慕肥遯之高躅, 作不

이 부에서 포진(鋪陳)의 수법은 기우의 즐거움을 생동감 있게 묘사해 내었다. 주지로 보면 작자는 혜강의 자유, 도연명의 귀은(歸隱), 구양수의 취옹(醉翁)의 뜻을 종합했다. 주된 부분도 장형(張衡) 「귀전부(歸田賦)」의 4자 구법을 이용하고, 사계절의 각기 다른 경치를 묘사하여 즐거움도 역시 무궁하다. 하지만 귀은의 즐거움을 묘사하는 동시에 세간의 고통과 벼슬살이의 험난함을 강렬하게 대비시켰다. 이것은 중국 문학에서는 상대적으로 덜 나타나는 점이다. 송나라 용면거사(龍眠居士), 즉 이공린(李公麟)은 진순유(陳舜俞) · 유응(劉凝)의 "기산유여산회(騎牛游廬山繪)"를 「기우도」로 그렸고, 원나라 오경(吳儆)의 「제기우도(題騎牛圖)」는 기우와 기마의 우열을 부각시켜, "한혈마의 명리장에서, 온 세상 사람이 하나의 궤철을 따른다. …… 소 등은 좋은 점이 있나니, 속인에게는 말할 수 없도다."[123]라고 대비했다.

조선 시대의 문학 작품에서는 소와 말의 대립을 그려 낼 때 왕왕 소를 높이고 말을 폄하하는 색채가 강렬하여, 기우의 즐거움과 기마의 위험을 한껏 묘출해 내었다. 이 입의는 조선 시대에는 보편적이어서, 조선 한문학에서 정치적 함의가 강렬한 특징을 대표할 수가 있다. 이와 상반된 취향은 정총(鄭摠, 1358-1397)의 「풍우기우도(風雨騎牛圖)」 제2수뿐이다. 정총은 "산 앞에서 소뿔 두드리는 사람에게 말을 부치나니, 안개와 비를 홍진에 불어오게 하지 마라. 인생 백 년에 군주를 요순으로 만들고 백성을 요순의 백성으로 만들려는 뜻이니, 말에 안장을 얹고 내달리는 것이 어찌 내 일신을 위한 것이랴."[124]라고 했다. '뿔을 두드리는 사람'은

俟於終日. 解金魚, 投紫綬. 戴黃冠, 披野服. …… 樂餘生於不羈, 任自得於俯仰. 想其山中春深, 淑氣萬象. …… 我騎我牛, 狂興誰爭 ; 山中夏涼, 綠蔭滿地. …… 我騎我牛, 隨其所之 ; 山中秋晚, 皓月揚輝. …… 我騎我牛, 陶陶其樂 ; 山中歲暮, 孤松後凋. …… 我騎我牛, 矯首長吟. 身雖載於一牛, 樂則同於四時. 隔塵寰兮幾重, 喜衡門之棲遲. 伊坐臥之隨意, 又起居之任情. 身日閑而心逸, 豈慼慼於求名. 縱流俗之指笑, 奈吾心之安適. 既不知夫理亂, 焉得聞於黜陟. 車服不維, 刀鋸不加. 綠水青山, 其樂如何. 保性命於牛背, 寓逸興於狂歌. …… 吁嗟乎! 利祿之坑塹, 紛幾人汩沒而無耻. 蠅營狗苟之不暇, 困一身於樊籠. 衣輕篤肥之揚揚, 雖得憐於市童. 終然禍網之一觸, 慘牛車之誅戮. 偉若人脫略物累, 能不爲夫形役. …… 安得倩龍眠以作圖, 警末俗營營求利 · 醉生夢死者也?"

123_『竹洲集』 卷17, 『四庫全書』本. "汗血名利場, 擧世循一軌. …… 牛背有佳處, 未可語俗子."

124_『復齋集』 卷上, 한국문집총간 제7책, p.480. "寄語山前扣角人, 莫將煙雨吹紅塵. 百年堯舜君民志, 鞍馬馳驅豈爲身."

소 탄 사람들로, 그들은 말 탄 사람이 꾸역꾸역 홍진 속을 가는 것을 조소의 대상으로 삼는다. 이 시에서는 강렬한 유가 사상이 흘러나와, 사군자는 수신제가 · 치국평천하를 실천하는 것이 군주를 위하고 백성을 위하는 것이지 자기 몸을 위해서 하는 것이 아니라고 했다. 작자가 붙인 주석에, "태조가 잠저 때 제목을 주고 명하여 지었다."라고 했으니, 미래의 국왕에게 자기 심지를 표명한 것임을 알 수 있다. 다만 그가 시를 지어 심지를 말한 것에서 입의는 다른 것과 다르지만, 표현하고 있는 것은 기우와 기마의 대립적 문화 상징이다.

4. 조선 회화 속의 기려 의상

시와 그림, 혹은 조금 넓혀서 문학과 회화, 그 둘은 밀접한 관계에 있다. 공간 예술인 무성시(화)와 시간 예술인 유성화(시)로서 회화와 문학은 자매 관계에 있다. 중국 문화 전통은 줄곧 이와 같아서, 심지어 '시화일률(詩畫一律)'이란 주장도 있었다. 본시 소중화라고 일컬어진 한반도에서도 사람들은 같은 인식을 했다. 그들의 목소리를 한번 들어 보기로 하겠다. 박팽년(朴彭年, 1417-1456)의 「비해당 소상팔경시권에 적다〔題匪懈堂瀟湘八景詩卷〕」에, "새 시는 그림과 같고 그림은 시와 같다."[125]라고 하고, 신숙주(申叔舟, 1417-1475)의 「비해당 소상팔경시권에 적다」에는 "시는 음성이 있는 그림이고, 그림은 음성이 없는 시이다. 세간에서 오로지 시와 그림만이 사물의 상태를 그려 내어 그 아름다움과 추함을 죄다 드러낸다."[126]라고 했다. 성간(成侃, 1427-1456)의 「강경우에게 부치다〔寄姜景愚〕」에는 "시는 음성 있는 그림이고 그림은 음성 없는 시이다. 자고로 시와 그림은 일치하여, 경중을 아주 자그마치도 분별할 수가 없다."[127]라고 했고, 이하곤(李夏坤, 1677-1724)의 「일원 소장의 해악

125_『朴先生遺稿』, 한국문집총간 제9책, p.458. "新詩如畫畫如詩."

126_『保閑齋集』 권10, 한국문집총간 제10책, p.81. "詩爲有聲畫, 畫是無聲詩. 世間唯詩畫, 狀物窮姸媸."

127_『東文選』 권8, 제1책, p.152. "詩爲有聲畫, 畫乃無聲詩. 古來詩畫爲一致, 輕重未可分毫釐."

전신첩에 쓰다〔題一源所藏海岳傳神帖〕」에는 "옛부터 시에 공교로운 자는 그림도 잘하니, 대개 시의 정은 그림의 뜻과 상통한다."[128]라고 했다.

의문이 드는 것은, 동아시아 의상이 된 기려와 기우가 조선 시가와 회화에서 같은 방식으로 표현되는가 하는 점이다. 만일 그렇지 않다면, 어떤 원인 때문에 그러한 차이가 생겨났는가? 동아시아 문화 의상의 연변 중에, 이런 차이는 어떤 의미를 지니는가?

한국에서는 역대로 서화에 뛰어난 사람이 많았다. 오세창(吳世昌) 『근역서화징(槿域書畫徵)』의 통계에 따르면 그림에 뛰어난 사람이 392인, 서화에 둘 다 뛰어난 사람은 149인으로, 모두 합하여 541인인데, 실제 수는 여기에서 그치지 않는다. 고려 · 조선 때는 중국에서 유입된 회화 작품이 적지 않아서, 한국 회화에 의빙할 만한 모범을 제공하여, 많은 영향을 낳았다.[129] 이 글은 기려 · 기우 의상과 관련 있는 작품에 초점을 집중하고, 다른 문제는 언급하지 않기로 한다. 고려 · 조선의 회화 작품으로 지금까지 전하는 것이 적지 않은데, 단 대다수는 한국 · 일본의 박물관과 미술관 혹은 개인의 손에 소장되어 있어, 시간과 지역의 한계 때문에 일일이 조사할 수가 없다. 여기서는 화책과 문집에 의거하여 고찰하기로 한다. 정확하고 세밀하게 조사하지는 못하지만 대체적인 추세는 오류가 없을 것이다.

유복렬(劉復烈) 편찬 『한국회화대관』[130]에 760폭이 수록되어 있어, 역대 회화를 수록한 것이 비교적 많다. 이 책을 기초로 조선 회화 속의 기려 의상에 대해 설명하기로 한다.

① 신잠(申潛, 1491-1554) 「설중기려도(雪中騎驢圖)」, 견본(絹本)에 설채

128_『頭陀草』 책14, 한국문집총간 제191책, p.465. "自古工詩者多善畫, 盖詩情與畫意相通."

129_高裕燮, 「高麗時代の繪畫の外國との交涉」, 『學海』 제1집, 1935 ; 安輝濬, 「高麗及び李朝初期における中國畫の流入」(藤本幸夫 譯), 『大和文華』 제62호, 1977 ; 吉田宏志, 「李朝の繪畫—その中國畫受容の一局面—」, 『古美術』 제52호, 1977 ; 崔炳植, 『中韓南宗繪畫之研究』, 臺北文史哲出版社, 1982 ; 古原宏伸, 「朝鮮山水畫における中國繪畫の受容」, 『青丘學術論集』 제16집, 2000.

130_『韓國繪畫大觀』, 文教院, 1979. 조선 회화사의 기려 도상과 그 설명에 관해서 나는 「東亞文學與繪畫中的騎驢與騎牛意象」 제3절 '朝鮮繪畫中的騎驢意象'에 15폭을 선록한 바 있다. 『東亞文化意象之形塑』, pp.286-294 참조.

(設彩). 덕수궁 미술관 소장. 신잠의 자는 원량(元亮), 호는 영천자(靈川子), 만년의 호는 아차산인(峨嵯山人). 한 사람이 눈 속에 나귀를 타고 다리를 건너고 있고 고목과 첩첩 바위가 있으며, 설산의 사이에 폭포가 흘러내려 화면의 추운 기색을 더한다.

② 김명국(金明國, 1600-?)「심산행려도(深山行旅圖)」·「기려인물도(騎驢人物圖)」·「설중귀려도(雪中歸驢圖)」. 命國·鳴國이라고도 적는다. 자 천여(天汝), 호 연담(蓮潭), 다른 호 취옹(醉翁). 인조 14년(일본 寬永 13년, 1636), 인조 21년, 조선통신사 화원으로 두 번 도일해서 일본인의 존경을 받았다.「심산행려도」는 저본(苧本) 담채(淡彩), 이병직 구장. 두 사람이 나귀를 타고 각각 어린 동자를 데리고 있다.「기려인물도」도 저본 담채, 안응규 소장.「설중귀려도」는 한국 국립중앙박물관 소장. 한 사람은 나귀를 타고, 동자가 그 앞에 서낭을 지고 있다. 김명국은 기려도를 그리기 좋아해서, 이 세 폭 이외에, 김창흡의「김명국 산수도를 읊영함〔詠金明國山水圖〕」에 "물의 마지막 기세는 굽이굽이 흘러 산기슭을 끊고, 물 흐름을 가로지르며 나귀 타고 지나가네."[131]의 구가 있다. 홍태유(洪泰猷, 1672-1715)「화산수해(畫山水解)」도 김명국 화장(畫障)의 "한 사람이 나귀를 타고 다리를 건너가는"[132] 풍경을 묘사했다.

③ 조세걸(曹世杰, 1636-?)「기려임교도(騎驢臨橋圖)」. 조세걸의 호는 패주(浿洲·浿州·浿川)·청계(淸溪). 저본 수묵화로 붓놀림이 담박하고 고아하다. 유복렬 소장이다. 김명국의 제자로, 산수를 잘 그렸고, 중국의 명필을 많이 수집하여 밤낮으로 손에서 놓지를 않았다. 그 화풍은 학화체(學華體)를 특색으로 한다. 김창흡의「곡운구곡도가(谷雲九曲圖歌)」에 "동방의 화가로는 고수가 죽고 난 뒤, 산수 그릴 사람이 없더니, 조생(曺生)이 중국 화풍을 배워, 모방해 그림 그리길 꼭 같이 한다. 자고로 성패 가운데서 장점 하나만 취하는 법, 강엄(江淹)이 소무(蘇武)·이릉(李陵) 본뜬 것처럼."[133]이라 했다.「곡운구곡도」는 조세걸이 김수증(金壽增, 1624-1710, 호 곡운)을 위해 그린 것으로, 김창협(金昌協, 1651-

131_『三淵集』 권2, 한국문집총간 제165책, p.44. "末勢逶迤山脚斷, 凌流也有騎驢過."

132_『耐齋集』 권4, 한국문집총간 제187책, p.74. "一人騎驢跨橋而行."

133_『三淵集』 권1, 한국문집총간 제187책, p.19. "東方畫者國能死, 嗚呼無人畫山水. 曹生學華體, 仿畫得形似. 古來成虧取一長, 是如江淹擬蘇李."

1708)「곡운구곡도발」에 의하면, 김수증은 실제로 '소 타고 시내 건너는' 일이 많았으나 화면에는 '나귀를 타고 가고 소는 잠들어' 있다.[134]

④ 심사정(沈師正, 1707–1769)의 「파교심매도(灞橋尋梅圖)」. 심사정의 자는 이숙(頤叔), 호 현재(玄齋). 화훼 · 초충 · 영모(翎毛) · 산수를 잘 그렸고, 정선(鄭敾)에게서 배웠다. 『송천필담(松泉筆談)』에, "심현재는 오로지 중화를 숭상해서, 큰 그림과 작은 그림을 모두 잘했다."[135]라 했다. 이 그림은 견본 설채로, 한국 국립중앙박물관 소장이다. 한 인물이 나귀를 타고 다리에 임해 있으며 동자 하나가 뒤에 따르고 있다. 전형적인 중국 제재로 역시 '오로지 중화를 숭상한' 예이다.

⑤ 강세황(姜世晃, 1713–1791) 「여배멱구도(驢背覓句圖)」. 강세황의 자는 광지(光之), 호는 표암(豹庵) · 표옹(豹翁), 또 다른 호는 첨재(忝齋), 별칭 홍엽상서(紅葉尙書). 만년의 자호는 오지(五之)〔즉 왕희지의 붓, 고개지의 그림, 한퇴지의 문장, 두목의 시, 그리고 자기 자신 — 역자 주〕. 일찍이 부사로서 중국에 사신으로 갔는데, 서법이 옹방강(翁方綱) · 유용(劉鏞)의 탄상을 받았다. 「여배멱구도」에 "시는 나귀 위에 있다. 계미년 광지가 쓰다.〔詩在驢背上, 癸未光之寫〕"라고 자제(自題)했으니, 이 관념은 중국에서 이어 온 것이다.

⑥ 최북(崔北) 「파곡심매도(霸谷尋梅圖)」. 최북의 처음 이름은 식(埴), 자는 덕기(聖器) · 유용(有用)인데, 뒤에 북으로 개명하고 자를 칠칠(七七)이라 했다. 호는 성재(星齋), 만년의 호는 호생관(毫生館)이다. 49세에 졸했으니, 칠칠의 참언이 들어맞은 셈이다. 그림은 담채의 선면화로, 고려대학교 박물관 소장이다. 한 사람이 다리 위에서 나귀를 타고 앞으로 나아가 매화를 찾는데, 한 동자가 뒤를 따른다. 신광수(申光洙)의 「최북의 〈설강도〉 노래〔崔北雪江圖歌〕」에도, "부디 내가 올 때 강에 눈이 내리던 그림을 그려 주시게, 두미협과 월계에 절름거리는 나귀를 타고 왔다오. …… 하필 파교와 고산에서 외롭게 읊으랴. 눈 속에 다만 맹처사(맹호연)과 임처사(임포)를 그리면 되오."[136]라고 했으나 애석

134_『農巖集』 권25, 한국문집총간 제162책, p.198.

135_원서는 보지 못했다. 『槿域書畫徵』, p.181. "沈玄齋專尙中華, 巨細俱宜."

136_『石北集』 권6, 한국문집총간 제231책, p.318. "請君寫我來時雪江圖, 斗尾月溪騎蹇驢. …… 何必灞橋孤山孤, 雪裏但畫孟處士 · 林處士."

하게도 전하지 않는다.

⑦ 김홍도(金弘道, 1745-약1715)의 「기려청앵도(騎驢聽鶯圖)」. 김홍도의 자는 사능(士能), 호는 당원(號檀園) · 단구(丹邱) · 서호(西湖) · 고면거사(高眠居士). 그림은 지본 담채, 전형필 구장(간송미술관 소장). 그림에 이문욱(李文郁)의 제시 1수가 있어, "가인(꾀꼬리)이 꽃 아래서 천 개의 혀를 놀려 소리하고, 운사(시인)는 술잔 앞에 황감을 한 쌍 두었구나. 어지러이 황금 실북이 양류 기슭을 왔다 갔다 하여, 아지랑이와 비를 일으켜 봄 강의 풍광을 짜는구나.〔佳人花底簧千舌, 韻士樽前柑一雙. 歷亂金梭楊柳岸, 惹煙和雨織春江〕"라고 했다.

⑧ 김수규(金壽奎)의 「산수도(山水圖)」·「기려방우도(騎驢訪友圖)」. 김규수의 호는 기서(箕墅) · 순재(淳齋) · 인곡(仁谷) · 활호자(活毫子) 등. 『산수도』는 저본 수묵화로, 유복렬 소장. 한 사람이 나귀를 타고 다리를 지나가고 있고 한 동자가 뒤를 따른다. 「기려방우도」는 저본 담채, 덕수궁미술관 소장인데, '騎馬訪友圖'(혹은 '山水圖')란 제목은 잘못이다. 화면을 자세히 보면 타고 있는 것은 분명히 나귀이다. 나귀를 탄 사람이 다리를 건너려 하고 있고, 동자가 하나 뒤를 따른다.

⑨ 이수민(李壽民, 1783-1839)의 「설산기려도(雪山騎驢圖)」. 이수민의 자는 용선(容先), 호 초원(蕉園). 그림은 일본 용흥각(龍興閣)에 소장되어 있는데, 신미년(1811) 조선통신사가 가지고 가서 일본에 준 물품이다. 호연히 나귀를 타고 가고, 동자가 시낭을 등에 지고 따르며 두 산 사이에 폭포가 날아 쏟아진다. 이수민의 조부 이성린(李聖麟, 1718-1761)의 자는 덕후(德厚), 호는 소재(蘇齋), 무진년(1748) 조선통신사 화원으로 일본에 갔다.

⑩ 백은배(白殷培, 1820-1896 이후)의 「강안기려도(江岸騎驢圖). 백은배의 자는 계성(季成), 호는 임당(琳塘). 지본 착색, 김용진(金容鎭) 소장.

⑪ 함대영(咸大榮, 1826-?)의 「설중방매도(雪中訪梅圖)」. 함대영은 일명 영(瑛), 자 덕유(德有), 호 운초(雲樵) · 벽당(碧堂). 그림은 지본 담채, 유복렬 소장. 정해년(1887)에 그렸으므로 졸년이 이 이후임을 알 수 있다. 역시 나귀를 타고 다리를 건너고 있고, 동자가 뒤를 따른다.

⑫ 정안복(鄭顏復)의 「파교건려도(灞橋蹇驢圖)」. 정안복의 호는 석초(石蕉). 그림은 지본 담채로, 박순(朴淳) 소장. 제재는 분명히 중국 것을

따왔다.

이상 15세기부터 19세기까지의 그림은 모두 문인화의 전통에 속하므로, 기려 인물의 신분은 문인이다. 거꾸로, 같은 신분의 「기우도」는 한 폭도 찾아 볼 수 없다. 동시에 이 문인들 가운데 한 폭이 맹호연을 주인공으로 삼은 이외에는 모두 조선인이다. 더구나, 많은 화면이 모두 한 사람이 나귀를 타고 동자가 뒤를 따르고 있어, 이런 화법이 투식을 이루었다. 조선의 제화 작품과 결합하여 보면 그 보편성을 더욱 살필 수가 있다. 이를테면 이석형(李石亨, 1415-1477)의 「제화병(題畫屛)」에 "나귀에 채찍질하여 빨리 내달리는 자는 누구인가? 벌벌 떨면서 노둔한 나귀로 떠꺼머리 동자를 따르네",[137] 이항복(李恒福, 1556-1618)의 「산수도(山水圖)」에 "나귀 뒤에 어린아이 뒤따르고, 나귀 앞에 바람과 햇살이 좋아라",[138] 박장원(朴長遠, 1612-1671)의 「제화(題畫)」에 "동자는 거문고를 거느리고 객은 나귀에 걸터타고 있나니, 끊어진 다리의 방초에는 비가 갓 개었구나",[139] 유상운(柳尙運, 1636-1707)의 「무료하여 산수화 작은 병풍을 보고 즉흥으로 적는다 / 나귀 타고 다리를 건넘〔無聊中見山水小屛偶題 · 騎驢過橋〕」에 "시 짓는 늙은이는 나귀에 채찍질하며 가고, 어린아이는 잘 익은 술동이를 메고 있다",[140] 조태억(趙泰億, 1675-1728)의 「제화」에 "시내 다리에는 나귀 걸터탄 객이 있어, 시가 종자의 등에 맨 시낭 속에 있다",[141] 권만(權萬, 1688-1749)의 「소상팔경/강촌모설(瀟湘八景 · 江天暮雪)」에 "나귀 타고 다리에 있는 객, 등 뒤에는 두 아동이 따르네."[142]라 했다. 이것은 실은 중국 시인을 모방해서 나온 것이다. 권근이 「차운송기우도인(次韻送騎牛道人)」에서 "해낭에는 가을 경치 그린 시를 주워 모으고, 나귀 등에는 운편(서적)을 싣고 있다."[143]라고 비유한 것

137_『樗軒集』 卷下, 한국문집총간 제9책, p.417. "鞭驢疾驅者誰子? 凌兢鈍驢隨髫僮."
138_『白沙集』 권1, 한국문집총간 제62책, p.154. "驢後小兒隨, 驢前風日好."
139_『久堂集』 권1, 한국문집총간 제121책, p.13. "童子攜琴客跨驢, 斷橋芳草雨晴初."
140_『約齋集』 책1, 한국문집총간 續 제42책, p.415. "詩翁策驢去, 稚子荷芳樽."
141_『謙齋集』 권2, 한국문집총간 제189책, p.21. "溪橋跨驢客, 詩在負囊奚."
142_『江左集』 권1, 한국문집총간 제209책, p.71. "騎驢橋上客, 背後二童隨."
143_『陽村集』 권2, 한국문집총간 제7책, p.24. "奚囊拾秋景, 驢背載芸篇"

은, 이상은이 「이하소전(李賀小傳)」에서 "(이장길=이하) 늘 어린 해노를 따르게 하여, 지친 나귀를 타고 가면서, 등에는 찢어진 비단 주머니 하나를 메게 하여, 자신이 얻은 시구가 있을 때마다 즉시로 주머니 안에 던져 넣었다."[144]라고 묘사한 것과 관련이 있다. '지친 나귀'는 『신당서』「이하전」에 '쇠약한 말〔弱馬〕'로 되어 있다. 김유성(金有聲)의 「이하기마도(李賀騎馬圖)」이든, 이수민의 「설산기려도」이든, 동자가 그 뒤를 따른다. 그러므로 나귀 타는 모습을 그림으로 그려 넣을 때 동자가 뒤를 따르는 모습은 빠뜨릴 수 없는 받침요소가 되었다.

고려 시대부터 문학 속에는 많은 제화 작품이 있는데, 제화축 · 제화병 · 제화첩 그리고 화기(畫記) · 화발(畫跋) 등을 포괄한다. 그 속에는 그림의 내용을 묘사한 것이 종종 있어, 기려 혹은 기우의 의상이 있는지 여부를 발견할 수 있다. 한국문집총간과 한국문집총간속(續) 약 1천여 종의 문집을 고찰하면 고려 · 조선에는 문인이 나귀 탄 모습을 그린 그림이 대량으로 있었다고 결론지을 수 있다. 상관 자료들을 표로 제시하고자 한다.

작자	편명	내용	출처
李奎報	「題任君景謙寢屏六詠與尹同年等數子同賦 · 潘閬向三峰」	倒正騎驢何更問, 詩人好事亦云夸.	『東國李相國集』卷11
洪侃	「太白醉歸圖」	三山鶴馭尋常事, 故跨青驢作地仙.	『洪崖先生遺稿』
	「金尙書珣所畜山水圖達全師韻」	幽人隱見向何處, 馱著蹇驢江路明.	『洪崖先生遺稿』
李石亨	「題畫屏」	鞭驢疾驅者誰子, 凌兢鈍驢隨髫僮.	『樗軒集』卷下
申叔舟	「題韓致義山水屏」	看來橋上亭中客, 棋局蹇驢問醉醒.	『保閑齋集』권5
	「題匪懈堂畫屏」	騎驢棧道客, 有意尋清幽.	『保閑齋集』권10
	「題金監司出關圖」	蹇驢疲僮自蕭索, 匹馬超超遠游姿.	『保閑齋集』권11
徐居正	「秋山圖爲日本誾上人作」	蹇驢孤客何所之, 吟鞭指點行較遲.	『四佳集』詩集 권2
	「題安堅山水圖冬景」	憶昔探梅驢倒騎, 江天欲雪未雪時.	『四佳集』詩集 권2
	「盤谷圖」	蹇驢破帽從人訕, 殘盃冷炙潛悲酸.	『四佳集』詩集 권3
	「姜景愚畫十二圖, 申相宅所藏 · 秋社醉散」	日斜酩酊皆扶醉, 驢背如船穩跨回.	『四佳集』詩集 권5
	「題姜景愚畫八首 · 野客騎驢」	騎驢如艇傘如屋, 未信人間行路難.	『四佳集』詩集 권12
	「題山水圖二首」	蹇驢忙底事, 斜日半危橋.	『四佳集』詩集 권13
	「風雪圖」	蹇驢詩興能多少, 白酒紅爐憶也無.	『四佳集』詩集 권20
	「題畫屏八疊 · 雪行圖」	詩客雙肩聳似山, 蹇驢孤影雪蹣跚.	『四佳集』詩集 권28

144_『李商隱文集』卷4.

	「題畫十二首爲權護軍作·渡橋圖」	一驢行色渡江橋, 知有青山苦見招.	『四佳集』詩集 권30
	「題畫」	矮驢扶傘僕携琴, 落日行穿松徑深.	『四佳集』詩集 권31
	「題雙林心上人所藏十畫·潘閬倒驢」	愛山何不山中隱, 倒跨驢歸指點看.	『四佳集』詩集 권45
	「題畫十首·風雨圖」	簑笠閑翁撑艇立, 蹇驢行客向誰催.	『四佳集』詩集 권45
	「雪山圖」	驢背風寒禁不得, 玉樓雙聳與山高.	『四佳集』詩集 권45
	「題山水圖八疊」之四	客子蹇驢山色外, 半橋人立水聲中.	『四佳集』詩集 권46
	同上之五	長空如掃月如波, 驢背高吟奈興何.	『四佳集』詩集 권46
	「高中樞所藏崔涇畫山水八疊·風雨」	客子蹇驢忙底事, 半橋零落又西曛.	『四佳集』詩集 권52
李承召	「題永川尹定春山圖」	游子鞭驢野橋迴, 漁郎操舟烟波闊.	『三灘集』권1
	「題畫屛·山市晴嵐」	爲問騎驢橋上客, 輞川風景是耶非.	『三灘集』권9
	「題壻李學正家藏八畫·孟浩然遊霸橋」	霸陵風雪正漫漫, 驢背吟肩聳似山.	『三灘集』권9
成俔	「題豐原所藏雪中騎驢圖」	短帽聳肩驢耳堅, 倦僕莆矣行正苦.	『虛白堂集』補集 권5
	「題人山水圖八首」之二	長橋驢脚苦凌兢, 出定僧尋入定僧.	『虛白堂集』補集 권5
南孝溫	「屛風十詠·雪中騎驢」	失位孟浩然, 蹉跎坐詩窮.	『秋江集』권2
丁壽崗	「浣花醉歸圖」	長衫短帽斜陽裏, 醉眼蹇驢曲岸頭.	『月軒集』권3
鄭希良	「瀟湘八景·烟寺暮鐘」	落日驚聞獅子吼, 驢背詩人首屢側.	『虛庵遺集』권1
沈義	「浣花醉歸圖」	驥兒已壯熊兒健, 驢背歸來好護持.	『大觀齋亂稿』권3
李荇	「題山水圖二首」之一	枕江亭子好逍遙, 游客乘驢又渡橋.	『容齋集』권1
	「題畫二首」之二	騎驢亦是忘機客, 野鴨相迎不自猜.	『容齋集』권1
蘇世讓	「題金禔畫贈韓秀祿」	獨跨蹇驢去, 天風吹我衣.	『陽谷集』권5
	「瀟湘八景·山寺暮鐘」	蹇驢苔逕深, 暮入煙蘿去.	『陽谷集』권10
鄭士龍	「題畫」	不知何許吟多思, 輸與騎驢忍凍還.	『湖陰雜稿』권5
	「奉題沈右相小景短屛六絕」之六	推敲思在飢驢上, 何似僧房撥芋灰.	『湖陰雜稿』권5
周世鵬	「浣花醉歸圖」	落日蹇驢方倒馱, 回頭故國正銷魂.	『武陵雜稿』別集 권5
李滉	「郭景靜城主求題山水畫幅五絕」	小橋驢背行吟客, 肩聳如山得得歸.	『退溪集』권3
	「題金上舍愼仲畫幅八絕·灞橋吟雪」	漠漠窮陰素雪飄, 蹇驢馱興度前橋.	『退溪集』권3
	「題安堅所畫山水帖」	崖路策驢尋樹塢, 野船撓棹指烟津.	『退溪集』續集 권2
		不知驢背行吟客, 料理淸愁許我看.	『退溪集』續集 권2
嚴昕	「浣花醉歸圖」	騎驢酩酊過溪頭, 白髮蕭條映綠洲.	『十省堂集』卷下
金麟厚	「杜子美醉後宗文捉轡圖」	君獨騎驢向何處, 眼花落井生微狂.	『河西全集』권4
白光勳	「走筆寄楊通判應遇求永平申使君水墨圖」	騎驢客過野橋雪, 牧牛人在春塘霧.	『玉峰集』卷下
崔岦	「山水屛序」	往往有人跨驢馬往來.	『簡易集』권3
	「李少尹所有古畫識」	有驢馬之往來.	『簡易集』권3
李魯	「畫記」	吟翁策驢, 獨立修橋.	『松巖集』권3
李好閔	「題畫帖」	撚髭覓詩苦, 驢背身穹窿.	『五峰集』권1
	「題郭山畫屛示李使君綏之」	策驢莫輕渡, 夜雨添新水.	『五峰集』권1
	「題李仲實畫帖·李楨山客騎驢」	青山下有騎驢客, 路轉山腰知幾重.	『五峰集』권2
李達	「詠畫」	江樹濃陰合, 騎驢江上行.	『蓀谷詩集』권5
	「題畫」	騎驢渡橋去, 葉落秋山空.	『蓀谷詩集』권5
車天輅	「書畫板」	斜陽石棧路, 驢背獨歸心.	『五山集』권1
李恒福	「山水圖」	驢後小兒隨, 驢前風日好.	『白沙集』권1
柳夢寅	「畫帖」	一蹇驢一琴短, 撚髭□欲斷.	『於于集』권6
金尙容	「題李澄所畫四時景八首」	騎驢暝歸客, 詩興在溪橋.	『仙源遺稿』卷上

李德馨	「題禹參議家畫軸」	蹇驢要赴西齋約, 花掩柴門酒滿樽.	『漢陰文稿』 권1
李春英	「題鶴林畫屏八首」	騎驢緩緩過溪阿, 柳拂輕煙水起波.	『體素集』 卷上
權韠	「詠畫爲宋子深淵作六首」	騎驢客入小橋去, 行色但有琴相隨.	『石洲集』 권2
	「題騎驢圖爲韓瑩中作」	落日青驢背, 襟懷只自知.	『石洲集』 권6
眭大欽	「題屛間四時詞」	落木村墟古, 蹇驢蹬道盤.	『竹陰集』 권1
金坽	「題畫屏・幽徑騎驢」	青驢不用催鞭去, 收拾風烟在緩行.	『溪巖集』 권3
金堉	「題畫」	回身駐小橋, 驢背心何在.	『潛谷遺稿』 권2
		縮頸渡溪橋, 堪笑騎驢客.	『潛谷遺稿』 권2
崔鳴吉	「題畫」	馱駕驅牽非一狀, 驢牛馳馬亦多般.	『遲川集』 권5
李敏求	「李澄畫山水十帖」	可憐驢背客, 空有畏途心.	『東洲集』 詩集 권13
	「題畫八幅」	谿橋驢失脚, 不受小童催.	『東洲集』 詩集 권14
李景奭	「題徐使君貞履畫帖」	危橋送客驢, 輿入招提路.	『白軒集』 권7
李明漢	「題徐淸風貞履家藏畫帖」	徑窄不容驢, 雁飛山欲暮.	『白洲集』 권1
		驢背聳肩翁, 吟風聲斷續.	『白洲集』 권1
黃㦿	「孟浩然像」	今人誰識古人顏, 驢背吟肩聳玉山.	『漫浪集』 권1
金得臣	「題八疊畫屏」	吾知驢背客, 應訪故人居.	『柏谷集』 詩集 책1
宋時烈	「書韓子剛騎驢圖後」	今子剛又得騎驢圖六幅而甚愛之.	『宋子大全』 권148
俞棨	「使畫師全忠孝寫李咸卿・綿城赴會圖」	騎驢何處客, 指點畫欄邊.	『市南集』 권1
朴長遠	「題畫」	童子攜琴客跨驢, 斷橋芳草雨晴初.	『久堂集』 권1
南龍翼	「題李家畫帖八絕」	雪裏騎驢客, 誰人興不長.	『壺谷集』 권8
尹推	「瀟湘八景・江天暮雪」	時看獨釣人迴棹, 更有蹇驢客聳肩.	『農隱遺稿』 권1
李敏敍	「詠屏畫八景」	蹇驢困積雪, 載酒尋寒梅.	『西河集』 권12
申翼相	「題徐公貞履畫帖十首」	驢背尋秋客, 不嫌蹬路窄.	『醒齋遺稿』 책1
		尋春驢背興, 正在灞橋邊.	『醒齋遺稿』 책1
	「題東維畫帖十首」	驢背騷翁馱醉歸, 濕雲含雨着人飛.	『醒齋遺稿』 책1
金昌協	「谷雲九曲圖跋」	驢行牛眠.	『農巖集』 권25
金昌翕	「詠金明國山水圖」	末勢逶迤山脚斷, 凌流也有騎驢過.	『三淵集』 권2
	「詠畫屏」	雪裏埋香岸, 騎驢任所之.	『三淵集』 권9
	「題申翼仲鐔畫屏・浣溪醉歸」	小兒門候, 大兒驢扶.	『三淵集』 권11
	「題李一源海嶽圖後・通川門巖」	騎驢者興亦活矣.	『三淵集』 권25
林泰輔	「玉堂小屏畫華山歸隱, 各賦一事爲一句」	驢背陳仙見事遲.	『定齋集』 권1
權斗經	「題安可度八幅山水圖」	橋上有騎驢客, 擧鞭望空.	『蒼雪齋集』 권4
		橋上有客, 披簑跨驢.	『蒼雪齋集』 권4
洪泰猷	「畫山水解」	騎驢而跨橋者誰也?	『耐齋集』 권4
權榘	「題畫屏・雪橋騎驢」	雪滿江湖歲暮天, 蹇驢橋上向那邊.	『屛谷集續集』 권
趙泰億	「題畫」	溪橋跨驢客, 詩在負囊奚.	『謙齋集』 권2
權萬	「瀟湘八景・江天暮雪」	騎驢橋上客, 背後二童隨.	『江左集』 권1
趙觀彬	「題畫帖」	驢背何村客, 秋風古木邊.	『悔軒集』 권3
申光洙	「崔北雪江圖歌」	斗尾月溪騎蹇驢.	『石北集』 권6
丁範祖	「題畫」	騎驢入松客, 明是白劉來.	『海左集』 권9
	「題畫屏・孟襄陽騎驢訪梅」	灞岸驢蹄四山雪, 梅花野彴數春枝.	『海左集』 권15
丁若鏞	「題畫五首」	行盡野橋逢草樹, 小驢欣悅四蹄狂.	『與猶堂全書』 1집 권2
	「題畫」	沙上青驢客, 琴頭皁布囊.	『與猶堂全書』 1집 권2
金允植	「題靈塔四時景圖, 紫泉老人所畫」	驢背倒簟冠, 仰看松上雪.	『雲養集』 권4

金澤榮	「奉題月潭再從叔大梅花圖二首」	橋旁時過禿尾驢, 翠禽嬌黠欲飛去.	『韶濩堂集』詩集 권1
曹兢燮	「題畫屛十詠 · 襄陽雪驢」	雙聳山肩兩皺眉, 小橋平雪蹇驢遲.	『巖棲集』 권2
李婷	「題畫」	高山流水小溪橋, 過客乘驢一逕遙.	『風月亭集』 권2
魚得江	「八友屛 · 灞橋騎驢」	淸詩盡出寒驢背, 若馭堅良有此無.	『灌圃詩集』
金止男	「題畫屛」	山花驢背春, 尊酒舟中雨.	『龍溪遺稿』 권1
崔澱	「題金醉眠畫圖」	蹇驢不能舟, 日夕煙波闊.	『楊浦遺稿』
崔奇男	「題畫」	悠然驢背興, 衝雪上溪橋.	『龜谷詩稿』 권2下
沈東龜	「雪中騎驢圖呼韻」	龍眠欲畫難工處, 正在吟鞭聳一肩.	『晴峰集』
沈攸	「題畫」	半渡騎驢客, 長橋不露虹.	『梧灘集』 권1
		笑殺騎驢客, 吟肩聳雪峰.	『梧灘集』 권1
洪柱國	「瀟湘八景 · 江天暮雪」	溪頭訪友人回棹, 驢背吟詩客聳肩.	『泛翁集』 권4
李瑞雨	「次山水障四景八絕韻」	停驢悵秋景, 荷葦倒寒塘.	『松坡集』 권5
	「畫幅雜詠 · 灞橋尋梅」	衝雪驢兒欲訪誰, 帽簷摧盡傘枝欹.	『松坡集』 권7
柳尙運	「無聊中見山水小屛偶題 · 騎驢過橋」	詩翁策驢去, 稚子荷芳樽.	『約齋集』 책1
權相	「瀟湘八景 · 江天暮雪」	驢背尋梅人不見, 扁舟繫在岸邊家.	『淸臺集』 권3
金履萬	「題畫」	山橋落日蹇驢遲, 江浦秋風一帆駛.	『鶴皐集』 권3
金鎭商	「題畫屛」	何處漁翁何處客, 孤舟不動蹇驢遲.	『退漁堂遺稿』 권1

이상 통계한 그림은 1백 폭이 넘는다. 중국 화가의 작품을 두고 지은 것은 모두 생략했다. 몇몇은 중국 화가의 손에서 나온 그림인지 확정할 수 없었으나 기본적으로는 고려 · 조선의 그림이어서, 이 수치는 믿을 만하다. 예컨대 병풍에 대량으로 제영된 그림은 한국 화가가 그린 것일 수 있다. 그림의 기법 수준은 잠시 논하지 않기로 한다.[145] 병풍은 일상생활과 깊이 관계되어 있으므로, 문인 · 학사의 관념에 대한 영향도 부지불식간에 강화되고 정치화되었다. 그림 속에 나귀를 그리는 일도 이치상 당연하고 아무 의심도 할 것이 없는 일상의 사태가 되어, 기려를 그림에 넣을 수도 있다고 깨닫기에 이르렀다.

이를테면 김상용(金尙容, 1561-1637)의 「횡수류암도상(橫城水流巖道上)」에 "마을마다 꽃과 버들은 춘풍에 아리땁고, 계산의 비단 수놓은 곳

145_董越의 「朝鮮賦」에 다음 서술이 있다. "館傳壁間, 盡塗以水墨不工之畫; 戶牖合處, 皆寫以混沌初分之圖. 此則未必盡然, 予但據所見而直書也." 成海應의 『蘭室譚叢』 '東人不尙書畫' 조에도 다음 논술이 있다. "東人不尙書畫, 凡屛簇顔額, 往往可惡. 用此延賓, 得不受嗤點哉? 倪謙『朝鮮賦』有曰: '館傳壁間, 盡塗以水墨不工之畫; 戶牖合處, 皆寫以混沌初分之圖.' 盖自國初已有此等陋習. 爲儐使者, 不可不知此."(『硏經齋全集』 외집 권61) 성해응은 董越을 倪謙이라고 잘못 적었는데, 뒤에 申緯가 辨證을 하여 「次韻篠齋夏日山居雜詠二十首」 제15수에서 "屛間水墨不工畫(原注: 董越『朝鮮賦』中語), 英 · 正年來漸入佳."이라 했다. (『警修堂全稿』 책7, 한국문집총간 제291책, p.155) 그러나 이것은 이미 18세기 이후의 정황이다.

을 들어갔다 나갔다 하네. 어이하면 이용면을 불러다가 이 경치를 모사하랴, 들판 다리에 나귀 등에 앉은 이 노인을."[146]이라고 했고, 이정구(李廷龜, 1564–1635)의 「학야도중(鶴野途中)」에 "아득히 너른 들에 이 몸이 외롭구나. 낙조 아래 발 저는 나귀 탄 모습 흡사 그림으로 그린 듯."[147]이라 했다. 또 이경전(李慶全, 1567–1644)의 「정명이 황진보(진성 수령 黃應淸)를 방문하다〔正名訪黃眞寶〕」에 "객은 세월을 시 속에 보내어, 나귀 탄 행색을 그림 속에 보네."[148]라고 했다.

권필(權韠, 1569–1612)의 「안락당팔영(安樂堂八詠). 외구(外舅) 정신창(鄭新昌) 사억(思億)을 위해 제하다」〔「안락당팔영」은 외구 신창군 정사억(鄭思億)의 그림인데, 거기에 화제를 쓴 것이다.〕의 「단교잔조(斷橋殘照)」 화제는 "기슭에 무너진 모래가 작은 여울 감싸고, 끊어진 다리는 멀리 지는 석양빛 띠었어라. 여기에 다시금 나귀 탄 나그네가 있으니, 그야말로 곁에 사람이 그림으로 여기면 좋겠네."[149]라고 했다. 이소한(李昭漢, 1598–1645)의 「광원의 집에서 이사하여 덕원 교외로 가서 백씨의 시에 차운함〔自光遠家轉往德原郊居次伯氏韻〕」에는 "나귀 타고 마치 그림 속으로 들어가듯 가노라."[150]라고 했다.

이상은 모두 제화시가 아니지만 시인이 기려 자체를 한 폭의 천연적인 그림으로 간주한 것이다. 거꾸로, 그림에 나귀가 없으면 무언가 빠진 듯하여 낙담하고 창망해 하는 뜻을 표출하기도 했다. 서거정의 「풍설도(風雪圖)」에 "수많은 촌락들 뛰어난 경치는 둘도 없다만, 파교에 나귀 탄 나그네가 없어 한이로다."[151]라고 했다. 아무리 기절(奇絶)한 경치라도 기려객이 그림 속에 없으면 손색이 있어 유감을 갖게 된다는 것이다.

고려 · 조선의 절대 다수 제화 작품은 그림에 관계되어 있으며, 무명

146_『仙源遺稿』 續稿, 한국문집총간 제65책, p.180. "村村花柳媚春風, 出處溪山錦繡中. 安得龍眠摹此景, 野橋驢背著斯翁."

147_『月沙集』 권2, 한국문집총간 제69책, p.257. "茫茫長野此身孤, 落日蹇驢似畫圖."

148_『石樓遺稿』 詩集 권1, 한국문집총간 제73책, p.319. "客子光陰詩裏遣, 蹇驢行色畫中看."

149_「安樂堂八詠爲外舅鄭新昌思億題」 '斷橋殘照', 『石洲集』 권7, 한국문집총간 제75책, p.68. "古岸崩沙擁小灘, 斷橋遙帶夕陽殘. 此間更著騎驢客, 政好傍人作畫看."

150_『玄洲集』 권4, 한국문집총간 제101책, p.255. "騎驢如入畫圖行."

151_「風雪圖」, 『四佳集 · 詩集』 권52, 한국문집총간 제11책, p.126. "千村萬落景奇絶, 恨無灞橋騎驢客."

씨의 것이다. 단 전해 내려오는 실물 그림과 제화 문학 속에 보존된 화가의 이름을 대략 열거하면 아래와 같다.

○ 안견(安堅, 1418?-1453?), 자 가도(可度)(혹은 得守), 호 현동자(玄洞子). 조선 초 저명한 화가로 '동국오도자(東國吳道子)'[152]란 칭호가 있다. 권별(權鼈)의 『해동잡록(海東雜錄)』에, 안견의 "성격이 총명하고 민첩하며 정치하고 해박한 데다가, 옛 그림을 많이 보아 그 요령을 얻어 제가의 장점을 모아 절충했는데, 산수의 그림에 특히 장점이 있었다."[153]라고 했다. 김안로의 『용천담적기(龍泉談寂記)』에는, 안견이 "옛 그림을 두루 열람하여 모두 용의(用意)의 깊은 곳을 터득했다."[154]라고 했다. 이른바 '옛 그림'이란 중국 송원의 그림을 가리킨다. 서거정 · 이황이 제영한 안견의 산수화는 모두 기려 의상이 있다.

○ 최경(崔涇), 자 사청(思淸)(혹은 汝淸), 호 근재(謹齋). 인물화에서 안견과 이름이 나란했으며, "만년에 역시 산수와 고목을 그렸으나 안견에게는 뒤진다."[155] 그의 산수화 속의 기려 의상은 서거정의 제영에 나타난다.

○ 강희안(姜希顔, 1419-1464), 자 경우(景愚), 호 인재(仁齋). 조선 세종 때 "시서화 삼절로 한 때에 독보적이었으며, 시는 위응물 · 유종원과 비슷하고 그림은 유융 · 곽희와 비슷하며 글씨는 왕희지 · 조맹부를 겸했다."[156] 서거정에게 그의 그림을 제영한 시가 있는데, 두 수에 기려 의상이 있다. 강희안 자신의 「제화산수(題畫山水)」 제2수에서도 "나귀 탄 이는 누구인가, 짧은 거리를 주저주저하네. 길이 휘파람 불고 한번 머리 돌려 바라보니, 천지는 정말로 대자리에 불과하네."[157]라고 했다. 그가 이름을 쓴 작품으로서 지금 전하는 것으로는 한국 국립중앙도서관

152_曹植『寒暄堂畫屛跋』, 『南冥集』 권2, 한국문집총간 제31책, p.502.

153_『大東野乘』本, 朝鮮古書刊行會, 明治 42年(1908). "性聰敏精博, 多閱古畫, 皆得其要, 集諸家之長而折衷之, 山水尤其所長"

154_『大東野乘』本, p.287. "博閱古畫, 皆得其用意深處."

155_成俔, 『慵齋叢話』 권1, 『大東野乘』本, p.5. "晚年亦畫山水古木, 而當讓於堅矣"

156_徐居正, 『筆苑雜記』 권1, 『大東野乘』本, p.311. "畫詩書三絕, 獨步一時, 詩似韋 · 柳, 畫似劉 · 郭, 書兼王 · 趙"

157_『東文選』 권5, pp.85-86. "騎驢者誰子, 咫尺行趑趄. 長嘯一回首, 天地眞籧篨"

에 소장된 「고산관수도(高士觀水圖)」(유일한 진적이라고도 한다)·「절매삽병도(折梅插甁圖)」·「소동개문도(小童開門圖)」·「교두연수도(橋頭煙樹圖)」 등과 일본 동경국립박물관에 소장된 「산수도」가 있다. 홍선표의 연구에 의하면 강희안의 「고산관수도」 화풍이 후대에 끼친 영향은 아주 커서, 그 가운데 중중 때 함윤덕(咸允德)의 「기려도」가 있다.[158]

○ 이징(李澄, 1581-?), 자 자함(子涵), 호 허주(虛舟). 그림의 각 체에 모두 뛰어났다. 김상용(金尙容)·이민구가 그의 산수화에 제영했는데, 모두 기려 의상이 있다.

○ 전충효(全忠孝), 호 목호(墨豪). 유계(俞棨)가 그림에 제영했는데, 기려 의상이 있다.

여기에서 우리는 동아시아 문화 의상을 이룬 것은, 고려·조선 문학에서는 기우가 특징이되 회화 작품에서는 대표적 의상이 기려이며, 문인 기우의 의상은 아주 적다고 판단할 수 있다. 이것은 고려·조선 화단이 중국 회화의 영향을 깊이 받아들인 것과 무관하지 않다. 우리는 다음과 같이 묘사한 것을 살필 수는 있다. 남공철(南公轍)의 「둔촌에 돌아가 지아의 시에 차운하다[歸遁村次芝兒韻]」에 "안개 낀 마을에 소 탄 나그네 멀리 가니, 산속 그윽한 저녁 경치를 그릴 만하여라."[159]라 묘사했거나, 유득공이 "소 탄 이가 완연히 어지러운 물살 속에 있도다."라든가 "누렁소를 꼴 먹이는데 익숙하고 소 타는 데도 익숙하다."[160]라고 묘사한 화면과 같은 예가 그것이다. 단 유득공이 음영한 것은 풍속화이다.

고려 시대의 회화는 불교 내용이 주이므로,[161] 조선 시대 초기부터 고찰하고자 한다. 이 글에서 언급한 기려 작품은 안견의 손에서 이루어진

158_홍선표, 「仁齋姜希顔之〈高士觀水圖〉研究」, 『精神文化研究』 27, 1985. 12.

159_『金陵集·再續稿』 권1, 한국문집총간 제272책, p.570. "煙村遠遠騎牛客, 堪畫山中暮景幽"

160_「風俗畫八幅」, 『泠齋集』 권1, 한국문집총간 제260책, p.7. "騎牛宛在亂流中"·"慣飼黃牛也慣騎."

161_菊竹淳一·井手誠之輔·朴銀卿, 「高麗時代佛敎繪畫の総合的研究」, 『青丘學術論集』 第4輯, 1994.

것이 가장 빠르다. 그는 일찍이 안평대군 이용(李瑢, 1418-1453, 호 匪懈堂)이 소장한 중국 송 · 원 시대 그림을 보고, "곽희(郭熙)를 본받으면 곽희가 되고 이필(李弼)을 본받으면 이필이 되며, 유융(劉融)을 본받으면 유융이 되고 마원(馬遠)을 본받으면 마원이 되어 응하지 않는 것이 없었는데, 산수가 가장 특장이었다."[162] 신숙주의 「화기(畫記)」에 따르면 안평대군 소장의 그림은 동진 고개지(顧愷之) 이하 35가 222축이다. 그 가운데 곽희의 작품이 17여 폭으로, 「산수도」 · 「강설도(江雪圖)」 · 「강천모설도(江天暮雪圖)」 등이 특히 당시 사람들의 주목을 받았다. 후인의 제영에서 알 수 있듯이 곽희의 그림에는 늘 기려 의상이 들어 있다. 유극장(劉克莊)의 「곽희산수장자(郭熙山水障子)」에는 "나귀 안장과 낚시하는 이의 삿갓이 자잘자잘한 것까지 분명하다."[163]라고 했고, 방회(方回)의 「제곽희설청송석평원도(題郭熙雪晴松石平遠圖)」에는 "삿갓 이고 나귀 탄 이는 누구인가."[164]라고 했으며, 왕기(王沂)의 「제곽희산수(題郭熙山水)」에는 "파교에서 나귀 타고 어깨가 산처럼 솟아 있네."[165]라고 했고, 유영지(劉永之)의 「제곽희춘산(題郭熙春山)」에는 "절름거리는 나귀에 오사모로 저물녘 돌아가네."[166]라 했고, 호조(胡助)의 「곽희설림효제(郭熙雪林曉霽)」에는 "파교에서 나귀에 채찍질하며 시구를 홀로 얻었구나."[167]라고 했다. 안견 등이 이 화풍의 형향을 받았다.

조세걸(曹世杰)은 조선 중기의 저명한 화가로, 가장 유명한 작품은 「곡운구곡도(谷雲九曲圖)」이다. 이것은 그가 김수증(金壽增, 1624-1701)의 청에 응하여 그가 거처하는 곡운구곡을 그린 것이다. 김수증의 조카 김창흡(金昌翕)에게 「곡운구곡도가(谷雲九曲圖歌)」가 있다.[168]

162_『龍泉談寂記』, 『大東野乘』本, p.287 ; 稲葉岩吉, 「申叔舟の畫記—安平大君の什藏並に安堅について—」, 『美術研究』 19, 1933. 7. "式郭熙則爲郭熙, 式李弼則爲李弼, 爲劉融 · 爲馬遠, 無不應向, 而山水最其所長也"

163_『後村集』 권7, 『四庫全書』本. "驢鞍釣笠分毫芒."

164_『桐江續集』 권12, 『四庫全書』本. "戴笠騎驢者誰子."

165_『伊濱集』 卷4, 『四庫全書』本. "灞橋騎驢肩聳山."

166_『宋元詩會』 卷95, 『四庫全書』本. "蹇驢烏帽歸來晚."

167_『純白齋類稿』 卷6, 『四庫全書』本.

168_『三淵集』 권1, 한국문집총간 제165책, p.19. "東方畫者國能死, 嗚呼無人畫山水. 曹生學華體, 倣畫得形似. 古來成虧取一長, 是如江淹擬蘇李. 試看『谷雲九曲圖』, 我怪仿佛能如此."

조세걸 회화의 특징은 '학화체(學華體)'에 있다. 그는 여러 대가들을 두루 참고로 해서 각자의 장점을 취할 수 있었으니, 강엄(江淹)이 잘 모의한 것과 같았다. 「곡운구곡도」의 성공 비결도 여기에 있다. 김수증의 또 다른 조카 김창협(金昌協, 1651-1708)은 「곡운구곡도발」에서 이렇게 말했다.

> 세상에서는 좋은 그림을 말할 때에 반드시 '핍진하다'고 한다. 그림이 핍진하면 더할 나위 없이 훌륭한 것이니, 고개지(顧愷之)와 육탐미(陸探微)도 그보다 더한 그림을 그리지는 못했다. …… 화가는 바로 서도(평양)의 조세걸인데, 선생이 친히 데리고 와서 직접 분부하여 마치 거울에 비친 상을 취하듯이 굽이마다 현장에 임하여 그림을 그렸다. 그래서 그 겹쌓인 언덕과 골짜기, 진기한 바위와 물살이 빠른 여울, 집의 배치, 채소밭의 경작 상황, 닭이 울고 개가 짖는 모습, 나귀가 걸어가고 소가 잠자는 모습 등 갖가지 풍경이 빠짐없이 다 갖추어졌다. 그리하여 이 그림을 한번 펼쳐 보면 마치 망천(輞川, 왕유의 별장지)의 농장을 지나가고 무릉도원으로 가는 나루를 찾아가는 것처럼 황홀하여 저절로 저자와 조정의 번잡한 속세를 멀리 벗어나게 된다. …… 그러나 내가 듣기로, 지난날 어떤 선비가 산중에 들어갔다가 우연히 소를 타고 시냇가를 지나가는 선생을 만났는데, 선생은 수염과 눈썹이 말끔하고 의관이 고풍스러웠으며 아이종 하나가 지팡이를 지고 뒤따르고 있어서, 그 분위기가 매우 한가로웠다고 한다.[169]

조선 회화사에서 진경산수를 강조하는 것은 정선(鄭敾, 謙齋, 1676-1759)[170]에서 시작되었다. 이 의미에서 말하면 조세걸의 「곡운구곡도」

169_『農巖集』 권25, 한국문집총간 제162책, p.198-199. "世言好圖畫必曰逼眞, 畫至於逼眞, 極矣, 雖顧·陸不容有加. …… 畫者乃西都曹世杰, 先生(案：指金壽增)實手攜而面命, 逐曲臨寫, 如對鏡取影. 故其重岡復峽, 奇石激湍, 茅茨之位置, 園圃之耕鑿, 鷄鳴犬吠, 驢行牛眠, 種種備具, 纖悉無遺, 使人一展卷間, 怳然若歷輞川之莊, 問桃源之津, 而渺然自遠於市朝埃壒之外. …… 然余聞往有一士人入山中, 偶逢先生騎牛過溪上, 鬚眉蕭然, 冠服淸古, 一僮奴負杖隨後, 意象甚閑暇. ……"

170_吳世昌, 『槿域書畫徵』 권5, p.167. "謙齋長於山水, 尤善眞景, 自成一家, 爲東方山水之宗, 畫亦流傳甚多."

는 선구였다고 하겠다. 다만 이뿐만 아니다. 조세걸은 개조도 했다. 김수증은 구곡 속에서 소를 타고 왕래했으나, 그림 속에서는 여전히 나귀를 타고 다녔다. 내 생각에 조세걸의 '학화체'와 관련이 있다고 믿는다.

조선 광해군 연간(1609–1622), 명나라 만력 31년(1603) 간행의 『고씨화보(顧氏畫譜)』가 조선에 유입되어[171], 당시 화단의 새로운 모델이 되었다. 이호민(李好閔, 1553–1634)은 무신년(1608)에 북경 옥하관에서 『고씨화보』를 보고 돈이 없어 구득할 수가 없자, 발문 하나를 적어, "장차 가져가 우리 동방의 여러 선생들이 앞사람을 뒤이어 일어나길"[172] 기대했다. 그가 이 책을 가장 일찍 접한 조선인이었을 것이다. 유입된 이후에 화보 속의 화면에 대해, 이를테면 홍서봉(洪瑞鳳, 1572–1645)은 「제고씨화보 · 곽희(題顧氏畫譜 · 郭熙)」에서 감탄하여 "현명(동장군)이 위세 떨쳐 홍이 깨졌어도, 시는 나귀 등에서 공교롭도다."[173]라 하고, 또 「장로(張路)」에 대해서는 "나귀 등에서 편안하게 취해서 읊으니, 잔학한 눈발도 근심스럽지 않아라."[174]라고 했다. 홍명원(洪命元, 1573–1623)은 「제고씨화보 · 장로(題顧氏畫譜 · 張路)」에서 "책 주머니는 종복에게 맡기고, 시 홍취는 나귀 등에서 생겨난다."[175]라고 했다. 그 밖에 허목(許穆, 1595–1682)은 "내가 일찍이 『고씨화보』를 얻어 보고 비로소 형산(衡山, 문징명)의 필치가 묘함을 알았다."[176]라 했으며, 이현석(李玄錫, 1647–1703)에게는 「고시화보를 보고〔覽顧氏畫譜〕」 시가 있고 "소장한 『고씨화보』에 임하여"[177]라고 자술하는 등, 이 책이 한 시기에 유행했음

171_李東洲 編, 『我國之古畫』(博英社, 1975)는 『고씨화보』가 조선에 들어온 시기가 인조 연간(1623–1649)이라 했는데, 이 설은 일본학자 吉田宏志도 받아들여 인용했다. 「李朝の繪畫―その中國畫受容の一局面―」, 『古美術』 52, p.87. 이 책이 흘러 들어온 시기는 인조 이전 광해군 연간이다. 광해군 14년(1622) 죽은 홍명원에게 이미 「고씨화보에 쓴 일백칠 수〔題顧氏畫譜一百七首〕」가 있기 때문이다.

172_「畫譜訣跋」, 『五峰集』 권8, 한국문집총간 제59책, p.438. "將持向吾東諸老師追前人而作之."

173_『鶴谷集』 권1, 한국문집총간 제79책, p.446. "輿破玄冥威, 詩工驢背上."

174_『鶴谷集』 권1, p.450. "醉吟驢背穩, 虐雪不須愁."

175_『海峰集』 권1, 한국문집총간 제82책, p.167. "書囊付僕夫, 詩興生驢背."

176_「衡山三絕貼跋」, 『記言 · 別集』 권10, 한국문집총간 제99책, p.96. "余嘗得『顧氏畫譜』, 始見衡山筆妙."

177_「水城莊記」, 『游齋集』 권18, 한국문집총간 제156책, p.536. "臨所蓄『顧氏畫譜』."

을 알 수 있다. 조선 회화에서 기려 의상이 끝없이 나오는 것은, 사실상 이해하기 어려운 현상이 아니다.

5. 일본 문학과 회화 속의 기려 의상

일본도 한문화권의 성원으로, 한자 문화를 적극적으로 학습하고 흡수했는데, 초기에는 한반도의 중개를 통해 한적을 접촉했다. 따라서 일본 한문학은 그 성장과 발전 과정 중에 중국에 연원을 두는 관계도 있었고, 한반도 문인의 교유와 촉진도 있었다. 그렇다면 일본 시인은 특정한 탈 것이 있었던가? 문학과 회화에서는 어떤 문화 의상으로 표현했는가?

일본 한문학의 발전은 대략 4기로 나눈다. 즉, 왕조 시기(701-1192) · 오산 시기(1192-1603) · 에도 시기(1603-1868) · 메이지 시기(1868-1912)[178]이다. 왕조 시기의 풍조는 제 · 양 문학을 위주로 했다. 당시 귀족들이 가장 환영한 것이 『문선』과 백거이이다. 오산 시기의 작자들은 대부분 승려로, 숭배하는 대상은 두보 · 소식 · 황정견이었다. 에도 시기의 문학은 민간 사회로 주류가 옮겨가기 시작했는데, 송조(宋調)의 숭상에서 당음(唐音)으로 나아갔고 다시 송조로 돌아오는 과정을 겪었다. 메이지 시기에는 보수성을 지켜 버티기는 했지만 구미 문학 세력의 확장에 따라 당시 사람들도 "미국인의 시고를 구입하고 영국 인사의 문집을 번역했다."[179] 따라서 기려나 기우와 상관이 있는 문화 의상은 모두 오산 문학에서 시작되었다.

현존하는 문헌을 고찰해 보면, 오산 승려는 고려 문인과 상당히 많이 왕래했다. 이색의 『목은고』를 예로 들면, 그 속에 「만봉(萬峯). 유일상인(惟一上人)을 위하여 쓰다. 유일 상인은 일본인인데 이때 그 나라의 사명을 받들고 왔다〔萬峰爲惟一上人題, 日本人也, 時奉使其國〕」, 「일본 승

178_일본 한문학의 시대 구분은 중외 학자가 여러 가지로 시도했는데, 명칭이 한결같지 않지만 실은 대동소이하므로 여기서 일일이 들지 않는다.

179_黃遵憲, 『日本雜事詩』 卷1, 錢仲聯, 『人境廬詩草箋注』 부록1, 上海古籍出版社, 1981, p.1123. "變而購美人詩稿, 譯英士文集矣."

려 천우 상인이 환국하는 것을 전송한 서문〔送日本釋有天祐〕」, 「일본 중 홍혜(弘慧)가 시를 요구하다〔日本釋弘慧求詩〕」, 「일본의 중을 전송하고 인하여 느낀 바가 있다〔送日本釋, 因有所感〕」 등의 작품이 있다. 특히 승려 수윤중암(守允中庵)에게 준 것이 있는데, 이색은 그를 위해 부 하나 시 하나 찬 하나를 지었다. 즉, 「설매헌 소부. 일본 중 윤중암을 위하여 짓다. 호 식목수이다〔雪梅軒小賦, 爲日本釋允中庵作, 號息牧叟〕」, 「둔촌(이집)이 나를 찾아와서 장차 도은(이숭인)과 함께 영은사에서 연말을 보내려 한다고 했는데, 그 절은 중암이 머물고 있는 곳이다〔遁村來過, 云將與陶隱守歲靈隱寺, 中庵所居也〕」와 「식목수 찬(息牧叟贊)」이다. 이행(李行)은 호가 기우도인(騎牛道人)인데, 일본 승려 중암이 그를 위해 「기우도」를 그려 주고, 권근이 「중암이 그린 이 주도의 기우도〔中庵所畫李周道騎牛圖〕」 시로 제영을 했다. 이렇게 일본의 오산 승려는 고려 시인이 소 등 위에서 시구를 찾는 것을 보고는, 문인 기우도를 그림으로 그렸다. 다만 그들의 문학 작품에서 더 많이 나오는 것은 기려 의상이다.

오산 문학의 문헌은 가미무라 간코(上村觀光) 편 『오산문학전집』과 다마무라 다케지(玉村竹二) 편 『오산문학 신집(五山文學新集)』 둘에 집중되어 있으며, 내용이 풍부하다. 고요제이텐노(後陽成天皇, 1586-1611 재위)의 칙지로 편찬된 『한림오봉집(翰林五鳳集)』을 위주로 고찰하면, 이 책은 건무(建武, 1334-1338)부터 원화(元和, 1615-1624)까지 약 3백 년 동안의 오산 선승의 시들을 편집했다. 본체를 갖추되 미미하다고 할 오산 시의 총집으로, 상당히 대표성을 갖추고 있다.

오산 시승이 묘사한 기려 의상은 보통 다음 세 가지 정황을 벗어나지 않는다. 첫째 전고 사용, 둘째 제화, 셋째 자기 모사. 세 번째 부류부터 시작해 보자. 덴인 류타쿠(天隱龍澤, 1422-1500)의 「춘음욕설(春陰欲雪)」에 "어스름에 봄 구름이 합했다가 또 성글어지니, 사람을 고뇌케 하는 천기는 무슨 뜻인가. 내일 아침에는 파교로 나가서, 취한 후 아이 불러 나의 나귀에게 꼴을 먹이게 해야겠네."[180]라고 했다. 란파 게이시(蘭坡景茝, 1417-1501)의 「모춘야유경도대응원작(春暮夜游京都大應院作)」에는

180_『翰林五鳳集』 卷2 「春部」, 『大日本佛敎全書』本, 佛書刊行會, 1914, p.113. "薄暮春雲合又疎, 惱人天氣意何如. 明朝欲出灞橋上, 醉後呼童秣我驢."

"백발로 봄을 맞이하니 정이 성글지 않아, 꽃을 보러 나가려 하지만 나귀가 없구나. 동풍이 오늘 밤 불어와 꿈을 이루리니, 앉아서 장안의 달이 갓 지기까지 기다린다네."[181]라고 했다. 세쓰레이 에이킨(雪嶺永瑾, 1447-1537)의 「설경심매(雪徑尋梅)」에는 "길이 한산한 마을로 들어가매 눈이 나뭇가지를 짓누르고 있고, 나귀 앞에는 다만 은근한 향기(매화의 암향)만 불어오네. 어스름을 쓸어 버리고 가서 봄소식을 물으니, 매화도 원안(袁安)처럼 굳세게 누워 있는 자태로다."[182]라고 했다. 연대가 더 빠른 것으로 데쓰안 도쇼(鐵庵道生, 1261-1331)의 「금천효행(金川曉行)」이 있어, "또한 우주(羽州, 데와노구니)의 봄소식이 돌아오는 것을 들으며, 절름거리는 나귀로 새벽 바다에 구름 쌓인 속을 깨치고 가노라."[183]라고 했다. 나귀를 탔을 뿐 아니라 절름거리는 나귀였다. 시잔 묘자이(此山妙在, 1296-1377)의 「장감사지무창성사(長監寺之武昌省師)」에는 "여기서 한양은 그리 멀지 않으니, 나귀를 말로 삼아 종횡으로 타고 간다."[184]라고 했다. 주목할 만한 것은 나귀와 말이 서로 치환될 수 있지, 대립하지 않는다는 생각이 시에 드러나 있다는 점이다.

전고 사용에서 관계된 중국 시인으로는 맹호연 · 이백 · 두보 · 가도 · 정경 · 진도남 · 반랑 · 왕안석 등이 있는데, 그 가운데 가장 많이 관계된 시인은 두보와 정경이다. 이것은 중국 문화와 고려 · 조선 문학에서 맹호연을 전범으로 삼는 것과 다르다. 정경의 출현 빈도가 높은 것은 우연일지 모른다. 즉, '십설 시(十雪詩)'의 유행과 관련이 있을 가능성이 있다. 십설(十雪)의 작품은 원나라에서 시작되었다.[185] 기본적으로 한 사람에 대해 한 수씩 읊어서 한왕당설(韓王堂雪) · 이천문설(伊川門雪) · 원안와설(袁安臥雪) · 이소관설(李愬灌雪) · 왕유계설(王猷溪雪) · 이급

181_『翰林五鳳集』 卷9 「春部」, p.211. "白髮值春情不疎, 爲花欲出出無驢. 東風今夜吹成夢, 坐到長安月落初."

182_『翰林五鳳集』 卷23 「冬部」, pp.406-407. "路入寒村雪壓枝, 驢前唯有暗香吹. 掃來薄暮問春信, 花亦袁安僵臥姿."

183_『鈍鐵集』, 『五山文學全集』 제1卷, 思文閣, 1973, p.373. "又得羽州消息回, 蹇驢破曉海雲堆."

184_『若木集』, 『五山文學全集』 第2卷, p.1113. "此去漢陽曾不遠, 把驢作馬縱橫騎."

185_孫存吾 編, 『元風雅 · 後集』 卷12, 『四庫全書』本.

교설(李及郊雪)·소무저설(蘇武羝雪)·정경여설(鄭綮驢雪)·손강서설(孫康書雪)·구양시설(歐陽詩雪) 등이다. 오산 시승의 화작이 아주 많다. 이쇼 도쿠간(惟肖得岩, 1360-1437)의 「화십설시서(和十雪詩序)」는 이러하다.

> 서너 사람이면서 하나의 일을 읊으면 구의 뜻을 필시 답습하므로 보는 사람이 혐오한다. 그래서 원나라 사람의 십설(十雪)이 발생했다. 한왕(韓王) 당(堂)에서부터 구양수의 금체(禁體)〔눈〔雪〕에 대한 시를 지을 경우 학(鶴)·호(皓)·소(素)·은(銀)·이(梨)·매(梅)·로(鷺)·염(鹽)·동곽(東郭) 등 어휘의 사용을 금하는 것 — 역자 주〕에 이르기까지 그 일은 눈에 관계되어 있는데, 왕왕 전기와 소설에 보이는 것이 있다. 나는 그 격조가 새롭고 언어가 공교로운 것을 사랑하여 자주 외웠다. …… 병인년(至德 3년, 1386) 겨울, 대설이 한 달 넘어 내려 그치지 않았다. …… 저 십설 제영을 취하여 엎드려 살펴보니, 신령한 혼령이 감응하므로 옛 습관이 싹이 터 일어났으므로 무려 열 차례나 화운하고, 모두 글씨로 써서 벽에 걸어 두었다.[186]

이렇게 되어 '정경여설'과 관련 있는 화운시가 아주 많다. 사이인 쇼(西胤俊承, 1358-1422), 이쇼 도쿠간(惟肖得岩), 즈이케이 슈호(瑞溪周鳳, 1391-1473), 난코 소겐(南江宗沅, 1387-1463) 등에게 모두 작품이 있다. 그 결과 후인이 '파교기려(灞橋騎驢)'라 하면 정경은 알아도 맹호연은 모른다.[187]

두보와 관계된 것이 아주 많은 이유는 두보가 오산 문학의 한 전범이었다는 것과 관련이 있다.[188] 그런데 그들이 부각시킨 기려 의상의 내함

186_『東海瓊華集』, 『五山文學新集』, 東京大學出版會, 1968, 第2卷, p.823. "數人而賦一事, 則句意必蹈襲, 觀者厭之, 此元人'十雪'所以作矣. 自韓王堂至歐陽禁體, 其事繫於雪, 而往往見於傳記小說者也. 余每愛其格新而語工以誦焉. …… 丙寅(至德三年, 1386)冬, 大雪連月不止, …… 則取彼'十雪'題詠伏以觀之, 精爽感會, 故習又萌動, 亡慮十和, 皆成書措壁間."

187_釋慈周, 『葛原詩話·後編』 卷3 「雪中騎驢孟浩然」條, 趙鍾業 編, 『日本詩話叢編』, 태학사, 1992, 제6책, pp.617-618.

188_吉川幸次郎, 「杜詩在日本」, 『吉川幸次郎全集』, 筑摩書房, 1968, 第12卷, p.717. "일본이 두시를 애독하게 된 풍조는 대개 13, 14세기, 우리들의 아시카가 시대, 중국의 원말 명초

은 '풍류'의 측면이었다. 추호 엔이(仲方圓伊, 1354-1413)의 「파모(破帽)」에 "절름거리는 나귀 등에서 시구를 찾는 객, 풍류가 득의한 것을 가장 사랑하노라."[189] 세쓰레이 에이킨(雪嶺永瑾)의 「증이등신육(贈伊藤新六)」에는 "나귀 타고 눈을 읊는 것은 대단한 풍류이다만, 파교에서의 시상을 아는가 모르는가."[190]라고 했다. 이쓰 추조(惟忠通恕, 1349-1429)의 「찬맹호연(贊孟浩然)」에는 "하루아침 시 때문에 돌아감도 역시 좋다만, 절름거리는 나귀에 찢어진 모자가 옛 풍류로다."[191]라고 했다.

위에서 지적했듯이, 오산 시승의 시야에서는 나귀와 말을 바꾸어도 되었다. 그들은 기려 의상의 풍류 내함을 부각시키는 동시에 기려와 기마의 상대적 설정을 해소했다. 상징 의의든 실제 의의든 기마는 시 짓는 데 아무 영향을 주지 않았다. 겐류 슈코(彦龍周興, 1458-1491)의 「화덕대사부시필운서(和德大寺府試筆韻序)」에는 "본조는 동해의 문물이 성한 나라이니, 좌우를 둘러보면 시로 세상에 울려 나고 문으로 집안을 일으킨 자들이 모두 대각(臺閣) 속의 사람들로, 찬란하게 국사에서 빛나고 있다."[192]라고 했다. '대각 속의 사람'이란 당연히 관마를 탄 사람이되, 시인의 예도 모두 이와 같았다. 이것이 반영하는 것은 헤이안 시대 귀족문학의 주 특징이었다. 오산 시인은 모두 방외인으로, 현실 정치 밖에 유리되어 있었다. 따라서 문학 속에는 정치성이 결여되어, 확실히 기려와 기마의 대립이 있을 필요가 없었다.

사실, 오산 시인과 그 뒤 에도 시대의 많은 시인들은 현실 생활의 탈것으로 왕왕 말을 사용했다. '기려'는 곧 시가 속의 하나의 의상이지 실제 묘사가 아니었다. 그래서 그들은 말을 타고도 당연히 마찬가지로 시를 지을 수가 있었다. 손안 레이겐(村庵靈彦, 1404-1488)의 「중영상인이 주

에 일어났다. 특히 서경(교토) 오산의 화상들이 중심이 되었다." 오산 시기 유행한 문학 독서물로는 『三體詩』와 『고문진보』가 있으며, 숭상한 시인은 두보 · 소식 · 황정견으로, 그것들은 헤이안 시대의 『문선』과 백거이의 지위를 대신했다.

189_『翰林五鳳集』 卷42 「雜部」, p.859. "蹇驢背上求詩客, 最愛風流著得宜."

190_『翰林五鳳集』 卷50 「扇面」, p.994. "騎驢吟雪太風流, 會得灞橋詩思不."

191_『翰林五鳳集』 卷60 「支那人名部」, p.1166. "一旦坐詩歸亦好, 蹇驢破帽舊風流."

192_『翰林五鳳集』 卷11, p.231. "本朝乃東海文物之國也, 左右視之, 詩以鳴世 · 文以起家者, 皆臺閣中人, 表表光於國史矣."

주(스오노구니/周防国)로 돌아가자 그 벗 고지(고지 에호, 翱之慧鳳)가 시를 구하여 증별하고자 하므로 그를 위해 짓는다〔仲英上人還周州, 其友翱之求詩贈別, 爲賦之〕」에는 "길을 떠나매 정녕 서너 편 시가 있으리니, 대부분 말을 멈추고 있을 때 높이 읊은 것이리라."[193]라고 했고, 「백우상인의 남행을 전송하며〔送伯雨上人之南行〕」에는 "백우상인은 시명이 낮지 않음을 아나니, 『정거집』 속에 몇 편 시가 있던가. 행로에서 길게 읊으니 말발굽이 지치고, 남경의 여섯 리 서쪽에 해가 지리라."[194]라고 했다. 긴슈쿠 게이슈(琴叔景趣, ?-1507)의 「선면(扇面)」에는 "봄 경색을 찾아 나서 말발굽이 더디고, 가고 가서 계곡 다리 아지랑이 낀 물가에 이르렀다. 산의 절에서 승려를 만나 정녕 과시하여 말하리니, 말안장에서 시를 읊어 몇 편의 시를 실었는가."[195]라고 했다. 이는 바로 실제를 묘사하는 식의 서술이다.

이상에서 오산 문학의 기려 의상을 말했는데, 회화의 상황은 어떠한가? 『한림오봉집(翰林五鳳集)』 제3권 내용은 「화도(畫圖)」인데, 기려 의상이 제법 있다. 예를 들면 손안 레이겐의 「찬매화수선양류춘화금전화화(贊梅花水仙楊柳椿花金錢花畫)」에는 "아지랑이 얽힌 등덩굴을 멀리 가리키나니 행로가 어려운데, 절름거리는 나귀 안장에서 잠시 쉬며 시를 읊노라. 봄 호수의 이 누정은 누구의 것인가, 버드나무 그림자 아래 매화 향기 나고 물결은 난간을 때리누나."[196]라고 했다. 텐인 류타쿠(天隱龍澤)의 「농묵산수(濃墨山水)」에는 "소나무 숲 오솔길은 그윽한 곳으로 통하고 옛 절은 한가한데, 시 읊으면서 가노라니 홍취가 들 누정에 있도다. 두 선생이 고삐를 나란히 가면서 아무 말이 없어라, 속히 날 저물자 나귀에 채찍 대며 먼 산을 자세히 보노라."[197]라고 했다. 반리 슈구(萬

193_『翰林五鳳集』 卷30 '送行', p.638. "紀行定有幾篇詩, 多是高吟駐馬時."

194_『翰林五鳳集』 卷30, p.649. "伯雨詩名未覺低, 貞居集裏幾新題. 長吟行路馬蹄倦, 日落南京六里西."

195_『翰林五鳳集』 卷49 '扇面', p.979. "人尋春色馬蹄遲, 行盡溪橋烟水涯. 山寺逢僧定誇說, 吟鞍駄著幾篇詩."

196_『翰林五鳳集』 卷45 '畫圖', p.904. "遙指烟蘿行路難, 蹇驢暫欲憩吟鞍. 是誰亭館春湖上, 柳影梅香水拍欄."

197_『翰林五鳳集』 卷46 '畫圖', p.928. "松徑通幽古寺閑, 吟行興在野亭間. 兩儒並轡無佗語, 急莫鞭驢細看山."

里集九, 1428-?)의 「수려낙안(瘦驢落雁)」에는 "자색 비취색 어우러진 첩첩 산이 차츰 저물어 가는 때, 동정호는 삼만 리 하늘 가에 있도다. 가을 바람이 나귀 꼬리에 불어 풀 길이보다 짧은데, 안장 위에는 평사낙안 글자체의 시고가 남아 있다."[198]라고 했다. 즈이간 류세이(瑞岩龍惺, 1384-1460)의 「선면(扇面)」에는 "나귀 등의 행인이 아직도 투숙하지 못했는데, 강 건너 푸른 뫼에 달이 오르네. 종복은 짐바리가 무거워 고달파서, 고비 맡기고 시구를 찾으려 해도 눈치채지 못하네."[199]라고 했다. 난파 게이시(蘭坡景茝)의 「제대내부군선(題大內府君扇)」에는 "원근의 봉우리는 또렷하여 그림이 못 미칠 정도, 그대여 이곳을 바로 광려산으로 여기게나. 다리 건너면 매화 피어나 있으리니, 나귀는 시처럼 야위고 시는 나귀와 같구나."[200]라고 했다.

이상 언급한 회화 작품은 대부분 일본인의 손에서 이루어졌을 것이다. 그림을 그린 대상이 일본 시인이인데, 중국 시인 특유의 탈것인 나귀와 하나로 연계되어 있다. 이 의상의 형성은 송원 시대 그림들이 유입된 것과 관련이 있을 것이다.

오산 시기에 중국 원나라에서 유입된 대량의 회화는 『어물어화목록(御物御畫目錄)』의 통계에 따르면 송원 회화가 90종 279폭이다. 앞사람의 연구에 따르면 당시 목계법상(牧谿法常)의 작품이 가장 존숭되어, 『어물어화목록』에 103폭이 저록되어 있고, 『군대관좌우장기(君臺觀左右帳記)』에 1백 폭이 저록되어 있다.[201] 그 가운데 기려와 관련이 있는 것으로는 「두자기려(杜子騎驢)」와 「가도태려(賈島馱驢)」의 두 그림이 있다.[202] 하지만 오산 시인의 제화 작품을 함께 살펴보면 일본의 기려도가 이것에 그치지 않음을 알 수 있다. 「맹호연설중기려도(孟浩然雪中騎驢

198_『翰林五鳳集』 卷47 '畫圖', p.943. "紫翠重重漸暮時, 洞庭三萬里天涯. 秋風驢尾短於草, 鞍上敲殘落雁詩."

199_『翰林五鳳集』 卷49 '扇面', p.974. "驢背行人投宿遲, 隔江青嶂月昇時. 僕夫但苦擔頭重, 委轡求詩亦不知."

200_『翰林五鳳集』 卷49 '扇面', p.983. "遠近峰分畫不如, 勸君此地只匡廬. 過橋恐被梅花咲, 驢瘦似詩詩似驢."

201_小林忠 · 河野元昭 監修, 『日本繪畫論大成』 第1卷, ぺりかん社, 1996.

202_鄭樑生, 『元明時代東傳日本的水墨畫』, 文史哲出版社, 1986.

圖)」·「이백기려도(李白騎驢圖)」·「소릉춘유도(少陵春游圖)」·「완화취귀도(浣花醉歸圖)」·「두보기려상(杜甫騎驢像)」·「두보입촉도(杜甫入蜀圖)」·「두보북정도(杜甫北征圖)」·「가도퇴고도(賈島推敲圖)」·「진도남기려도(陳圖南騎驢圖)」·「반랑기려도(潘閬騎驢圖)」·「형공심승도(荊公尋僧圖)」·「육방옹기려도(陸放翁騎驢圖)」·「기려도수도(騎驢渡水圖)」·「설중기려도(雪中騎驢圖)」 등은 모두 앞사람의 기록을 보충할 수 있다. 오산 시인의 기려도 제영은, 한편으로는 시인과 나귀 관계의 인식을 강화해 주고, 다른 한편으로는 모방의 마음을 일어나게 하여, 자기의 시에서 기려 의상을 출현시키게 만든다. 당시의 화가로 말하면, 송원 회화는 자기 학습의 모델이었으니, 당시의 문헌에서 당시 사람들이 하규(夏珪) 양식, 목계(牧谿) 양식, 군택(君澤) 양식, 마원(馬遠) 양식, 이용면(李龍眠) 양식을 줄곧 모범으로 삼았음을 알 수 있다. 그리고 목계 법상은 최대의 모델이었다. 시라이 가요(白井華陽, ? -1836)『화승요략(畫乘要略)』 제1권 '종단(宗丹)' 아래에 타쿠도(卓堂) 선생의 말을 인용해서, "당시 여러 사람들이 목계의 그림을 전문적으로 공부했는데, 지난날 여러 공경들이 백낙천(백거이) 시를 공부한 것처럼 했다."[203]라고 했다. 가미무라 간코의 『선승과 회화』에 기록된 것을 따르면 당시 목계의 그림을 배운 사람으로 가오(可翁)화상, 돔보(曇芳)화상, 묘타쿠(妙澤)화상〔龍湫周澤〕, 소단(宗丹)상좌, 시겐 세이도(子建西唐, 是庵), 소엔 조수(宗淵藏主), 치덴(智傳) 등이 있었다.[204] 자연히 중국 그림 속의 시인 기려를 그들은 모방하려고 했다. 14세기에 시화축이 흥기하면서[205] 시승과 화승이 아집(雅集)하여 한 폭의 산수화에 많게는 수십 인, 적게는 서너 명의 시인이 차례로 시를 적어, 시인과 화가가 서로 영향을 주었으며, 기려 의상도 널리 출현했다.

에도 시대의 문학과 회화에서 기려 의상은 적지 않다. 여기서 일례

203_『日本繪畫論大成』 第10卷, pp.130-131. "當時諸家專學牧溪畫, 猶往昔諸卿之學樂天詩也."

204_『禪僧と繪畫』, 『五山文學全集』 別卷, pp.1156-1171.

205_시화축의 일반적인 해설은 徐小虎 著, 許燕貞 譯, 『日本美術史』, 南天書局, 1996, p.94 및 劉曉路, 『日本美術史綱』, 上海古籍出版社, 2003, p.87을 참고. 上村觀光, 「足利時代の繪畫と禪僧」은 실례를 들어 설명했다. 『五山文學全集』 別卷, pp.1171-1182.

를 들어 나머지를 개괄하기로 한다. 기쿠치 마사히코(菊池桐孫, 1772-1855)의 『오산당시화(五山堂詩話)』 제6권에 당시 시단에 대한 비평이 있다.

> 시에서 포서(鋪敘)는 사실을 잃어서는 안 되는데, 금일의 작자들은 그 병을 아주 이기지 못하고 있다. 연령이 아직 젊거늘 걸핏하면 쇠퇴했다는 말을 하고, 문밖을 나서지 않고도 객유에 지쳤다고 탄식하며, 사면에 산이 없거늘 억지로 푸른 뫼라고 칭하고, 한때 비가 오거늘 석양을 말하며, 소영(嘯詠)해도 전하지 않고 나귀는 가지고 있지 않거늘 거듭 말하여 그만두지 않는다. 이런 따위는 멋대로 남용하여 자기도 모르게 기망의 구역으로 떨어지고 만다.[206]

나귀에 대해 당시 시인들이 거듭거듭 말한다고 비판했으니, 기려 의상이 얼마나 남용되었는지 알 수가 있다.

회화의 상황도 대략 비슷하다. 다노무라 지쿠덴(田能村竹田, 1777-1835)의 『자화제어(自畫題語)』 제4권 「계촌심매도(溪村尋楳圖)」에 이러하다.

> 야마우치(山內) 형이 내게 큰 견본(絹本) 하나를 그려 달라고 했는데, 변폭이 아주 넓었으므로 청록색을 칠하여 색칠을 아주 깊이 했다. 새해 들어 처음 작업한 일대 쾌사이다. 다음 소사(小詞)를 이어 둔다.
> 눈 내린 후 시내에 추위가 아직 옅기에, 새 매화에 몇 매의 꽃이 피었는지 탐문한다. 잔월의 새벽바람에, 작은 다리가 흐르는 물에 걸쳐 있어, 산촌의 촌락이 낮게 비추어 있다. 돌연 친구와 지난날 약속한 것이 생각나네, 서로 이끌고 향옥〔매화 꽃잎〕을 밟자고 했지. 시낭을 추스르고, 다시 나귀를 끌고 오라 하여, 꽃 앞에서 학의 소리를 듣는 듯하다.
> 이 사를 명월에게 부치고 홀로 배를 저어 간다. 때는 계사년 상원일이

206_富士川英郎 等編, 『詞華集日本漢詩』 第2卷, 汲古書院, 1983, p.430. "詩中鋪敘不可失實, 今日作者, 殆不勝其病：年齒方奢, 而動有衰頽之語；不出閫閾, 而便發倦游之歎；四面無山, 強稱靑岑；一時有雨, 猶說夕陽；嘯此不傳, 驢我所無, 而屢言不置. 凡如此類, 隨手濫用, 不覺自陷於欺罔矣."

다. 죽전생(竹田生).[207]

사(詞)는 그림 속의 화면을 묘사하고 있는데, 시와 화가 결합하여 운치 있는 기려 의상을 부각시켰다. 이런 상황은 메이지 시기까지 계속되었다. 김윤식(金允植, 1835-1922)은 고종 융희 2년(청나라 광서 34년, 일본 메이지 41년, 1908)에 일본으로 사신을 가서, 『동사만음(東槎漫吟)』을 엮었다. 여기에 제화시가 적지 않다. 그 속에 「제고도북해어수촉도금우협도(題高島北海漁叟蜀道金牛峽圖)」가 있어, "구절양장(九折羊腸)처럼 굽은 아스라한 산을 건너가매, 고목과 찬 구름이 돌 잔도에 엉켜 있다. 나귀 타고 시낭을 멘 이는 어느 곳의 객인가, 두 어깨는 슬쓸하게 가을 소리를 띠고 있다."[208]라고 했다. 메이지 시기의 화가도 관습적으로, 나귀 등에 타고 시낭을 메고 있는 모습을 그림으로 그렸음을 알 수 있다.[209]

에도 시대에 유행한 기려도는 외교의 장에서 도구로 충당되었다. 신유한은 조선 숙종 45년(1719) 제술관 신분으로 통신사 일행에 참여하여 일본에 갔는데, 『해사동유록』 제3에서 다음과 같이 기록했다.

> 10월 3일 …… 하야시 노부토모가 한 폭의 그림을 가지고 와서 그림 속 인물이 누구냐고 묻기에, 나는 그 인물이 취해서 남의 부축을 받으며 나귀에 타고 있는 모습을 가리키면서 '이것은 분명히 이백이다.'라고 말했다. 임신지는 '나를 위해 시를 적어 주시오.'라고 했다. 내가 즉시 경치를 베껴 써서, "아이는 키가 작아 부축하길 걱정하고, 나귀는 놀라서 길을 잘못 들었구나. 강에 비친 하늘은 취한 눈에 아득하고, 해는 서

207_『日本繪畫論大成』 第7卷, p.305-306. "山內兄囑余畫一大絹本, 邊幅頗闊, 迺施以青綠, 設色極深, 亦開歲起手之一快事也. 係以小詞：雪後溪頭寒未薄, 問新梅 · 幾枚開萼. 殘月曉風, 小橋流水, 低映山村籬落. ∨ 卻憶同人曾有約, 擬相攜 · 蹈翻香玉. 已理吟囊, 更呼驢子, 好向花前聞鶴. / 詞寄明月棹孤舟, 時癸巳上元日竹田生."

208_『雲養集』 권6, 한국문집총간 제328책, p.321. "羊腸曲折度峥嶸, 古木寒雲石棧縈. 驢背詩囊何處客, 兩肩蕭瑟帶秋聲."

209_일본의 오산 시기부터 메이지 시기까지 기려도에 대해서는 내가 「東亞文學與繪畫中的騎驢與騎牛意象」에서 26폭을 선록하고 설명을 했다. 『東亞文化意象之形塑』, pp.308-323.

너 봉우리 서쪽으로 진다."라고 했다. 임신지가 웃으면서 사례하고 갔다.[210]

신유한이 재주를 믿고 남을 깔보아, 당시 일본의 한문화 수준을 냉소한 것이 언표에 넘쳐 난다. 하야시 노부토모가 기려도를 가져와 질문을 했을 때 그가 한 답변도 영웅이 남을 속이는 식의 말이었다. '경치를 그린'(즉 화폭의 그림을 묘사한) 시에서 화폭의 몇몇 요소들 — 어린아이가 취한 이를 부축하고 그 인물이 나귀를 타고 석양 아래 내려와 보는 광경 — 을 종합했는데, 이는 두보를 주인공으로 하는 「완화취귀도(浣花醉歸圖)」와 흡사하다.[211]

『일본소재중국회화목록』(개인수집편)과 『일본소재중국회화목록속편』[212]에 의하면 일본에 보존되어 있는 기려도에는 남송 목계(牧谿)의 「두보기려도」·「기려인물도」, 명나라 장로(張路)의 「이백기려도」, 시원(施原)의 「여배심시도(驢背尋詩圖)」, 마준(馬俊)의 「기려방우도(騎驢訪友圖)」, 성무엽(盛茂燁)의 「추교책건도선면(秋郊策蹇圖扇面)」, 이사달(李士達)의 「기려심매선면(騎驢尋梅圖扇面)」, 청나라 고기패(高其佩)의 「기려도수도(騎驢渡水圖)」, 사빈(謝彬)의 「탐매기려도(探梅騎驢圖)」, 진조(陳潮)의 「임주신강반기려도(臨周臣江畔騎驢圖)」, 운옹(雲翁)의 「기려도」가 있다. 직접 보지는 못하고 표제를 가지고 판단할 수밖에 없는데, 많은 '설경산수도('雪景山水圖)'들이 기려 의상과 관련이 있는지 여부를 조사할 길이 없다. 이 그림들이 일본에 전해진 시기는 일일

210_한국문집총간 제200책, p.482. "十月初三 …… 林信智持一幅畫而來, 問以畫中人爲誰, 余指其扶醉騎驢之狀曰 : '必是李白.' 信智曰 : '爲我題詩.' 余卽寫景曰 : '兒短愁扶掖, 驢驚失路蹊. 江天渺醉眼, 日落數峰西.' 信智笑謝而去."

211_黃庭堅『老杜浣花溪圖』云 : "宗文守家宗武扶, 落日蹇驢馱醉起. …… 兒呼不蘇驢失脚, 猶恐醒來有新作."(史容『山谷外集詩注』 卷十六) 五山詩僧希世靈彥『浣花醉歸圖』云 : "江頭盡醉正歸天, 猶是市橋西日懸. 驥子獨扶驢又倦, 黃昏應到草堂前."(『翰林五鳳集』 卷六十) 與申氏所見畫面較爲吻合.

212_『日本所在中國繪畫目錄』(個人蒐集編), 東京大學東洋文化研究所東アジア部門美術研究分野編, 東京大學東洋文化研究所, 1983年版. 『日本所在中國繪畫目錄續編』, 東アジア部門美術研究室編, 東京大學東洋文化研究所, 1998年版.

이 고증할 수 없고, 이것이 모두 진품인지의 여부도 확인할 수 없지만,[213] 대다수는 에도 시대에 전해진 것임에 틀림없다. 이것들은 일본 문학과 회화 속의 기려 의상에 일정한 영향을 끼쳤을 것이다.

이에 현존하는 일본 기려도를 예로, 회화 속의 기려 의상에 대해 논하기로 한다.

> 셋슈 도요(雪舟等揚, 1420-1506)의 「사계산수도병풍(四季山水圖屛風)」·「산수도」·「두자미비응도(杜子美臂鷹圖)」·「두자미도(杜子美圖)」·「사계산수도(四季山水圖)·춘」·「사계산수도·동」·「누각산수인물도(樓閣山水人物圖)」·「금기서화도병풍(琴棋書畫圖屛風)」·「사계산수도권(四季山水圖卷)」〔산수장권(山水長卷)〕. 셋슈의 본래 성은 오다(小田), 이름은 도요. 호는 셋슈 혹은 졸종(拙宗)·비계재(備溪齋)·어초재(漁樵齋)·미원산주(米元山主) 등. 슈분(周文, 1423-1458)의 제자이다. 「사계산수도병풍」 6곡(曲) 1쌍, 지본 담채. 제2면은 산간 길에 한 사람이 절룩거리는 나귀를 몰고 있고 동자가 수행하며, 먼 산에 폭포가 날아 흐른다. 일본 아이치(愛知)현 진종(眞宗) 대곡파(大谷派)의 나고야 별원에 소장되어 있다. 「산수도」는 지본 담채로, 왼쪽 아래에 한 사람이 나귀를 타고 동자가 짐을 짊어지고 뒤따르고 있다. 일본 교토국립박물관에 소장되어 있다. 「두자미비응도」는 지본 수묵화로, 두보가 나귀를 타고 팔에 매를 앉혀 가고 있으며 그 뒤를 개 한 마리가 따라간다. 위쪽에는 사쿠겐 슈료(策彥周良, 1501-1579)의 제시 1수가 있어, "평소 누렁개 끌고 또 팔에는 푸른 매를 지녀, 먼 수풀 끊어진 골짝이 나의 집이었다. 갈대 속에 사냥을 하니 바람은 나귀 안장에 잔뜩 불어오니, 파교에서 시상이 물씬 일어나는 것만 못하구나.〔平日牽黃又臂蒼, 遙林斷壑是家鄕. 獵蘆吹滿驢鞍上, 不若灞橋詩思長〕"라고 했다. 셋슈에게는 또 「두자

213_由於江戶時代的日本人對中國文化的無限迷戀, 形成了一個巨大的需求市場, 所以有不少書畫贋品隨商舶流入. 古賀精里『題西人畫卷後』即指出："瓊浦貨賣西土名人書畫, 大抵係贋物. 嘗聞彼中有僞筆戶, 專應付乍浦海舶之請, 率村學究·秋風客爲也, 儼然相承, 恃以生活. 亡論唐宋以上, 乃至文衡山·沈石田·祝京兆·董容臺, 近世王阮亭·沈歸愚之類, 每歲齎到, 不可爲量數, 皆是物也."(『精里三集·文稿』卷一)於是在日本出現了專司鑒定者, 即"目利".『竹田莊詩話』云："蓋'目利'國語謂鑒定, 其職專主識別淸商所齎書畫品格眞贋·價值高下也."

미도」가 있어, 역시 나귀를 타고 있는 모습이다. 「사계산수도」는 셋슈가 중국에 있을 때 그린 것으로, 견본 담채로, 그 가운데 '춘'의 왼쪽 아래에는 한 사람이 나귀를 타고 있고 짐을 멘 동자가 뒤를 따른다. 「산수도」의 구도와 유사하다. 일본 도쿄국립박물관에 소장되어 있다. 또 다른 「사계산수도」는 견본 담채로 셋슈가 일본에 돌아간 뒤 그린 것으로 간주되는데, 그 가운데 '동'의 왼쪽 아래에는 한 사람이 나귀를 타고 있고 짐을 멘 동자가 그 뒤를 따른다. 지금 일본 후쿠오카 이시바시(石橋) 미술관 별관에 소장되어 있다. 「누각산수인물도」는 지본 담채로, 화면에 두 사람이 나귀를 타고 있고 동자 하나가 앞을 가고 동자 하나가 거문고를 껴안은 채 뒤를 따라가는데, 누각의 모임에 참가하러 가는 듯하다. 일본 야마구치(山口)현립미술관에 수장되어 있다. 「금기서화도병풍」 6곡 1쌍(즉 6면 병풍 1첩이 한 짝을 이룸)은 지본 수묵으로, 1첩 병풍은 금기(琴棋)이고 한쪽 병풍은 서화이다. 금기 병풍의 제5면은 한 사람이 나귀를 타고 가고 동자가 뒤를 따른다. 서화병 제5면은 한 사람이 나귀 두 마리를 끌고 가고, 제5면 아래쪽 마구에는 한 마리 나귀가 살짝 드러나 있는데, 기다란 귀의 모습이 아주 분명하다. 일본 도쿄 에이세이(永青)문고에 소장되어 있다. 「사계산수도권」의 긴 두루마리는 지본 담채로, 일본 수묵화의 대표작이며, 그 가을 풍경 부분에 보면 산속에 한 사람이 나귀를 타고 가고 그 뒤에 두 동자가 따르는데, 한 동자는 짐을 메고 있고 한 동자는 물건을 받들고 간다. 일본 야마구치(山口)현 모리(毛利)박물관에 소장되어 있다. 셋슈는 일본 화단에서 화성(畫聖)이라는 칭송을 듣는데, 그의 그림에는 이렇게 많은 기려 의상이 출현하여, 후래의 화가들에게 전범을 제시한 의의가 있다.

셋손 슈케이(雪村周繼, 約1504-1589)의 「동파기려도(東坡騎驢圖)」. 셋손의 이름은 슈케이(周繼), 별호는 여규(如圭) · 학선노인(鶴船老人) 등. 셋슈의 필법을 흠모하여 사제의 의리를 맺었으나 죽을 때까지 직접 뵙지는 못했으므로, 화풍은 사실상 같지 않다. 이 「동파기려도」는 지난 1980년대 후반 새로 발견된 실물로, 무로마치(室町) 시대(1573년 이전) 작품으로 추정된다.[214]

214_中村溪男, 「新出雪村筆二人物畫の畫樣 : 〈福祿壽圖〉〈東坡騎驢圖〉」, 季刊 『古美術』, 三彩社, 1989年 7月.

운고쿠 도간(雲谷等顔, 1547-1618)의 「기려인물도병풍」(모두 2짝). 도간은 히젠노구니(肥前國) 후지쓰군(藤津郡) 노고미(能古見) 성주, 붕고(豐後)의 수(守) 하라나오(原直) 집안의 차남으로 이름은 나오지(直治), 통칭 지헤이(治兵衛), 호는 법체(法體)·용슬(容膝). 「기려인물도」 병풍의 위쪽 폭을 보면 한 사람은 서 있고 한 사람은 나귀를 끌고 다리를 지나고 있으며, 아래 폭에 나귀를 거꾸로 타고 있는 사람은 반랑(潘閬)이다. 미국 보스톤 미술관에 소장되어 있다. 또 다른 「기려인물도」의 위쪽 폭에 삿갓을 쓴 사람은 소식, 아래 폭에 거꾸로 나귀를 타고 있는 사람은 반랑이다. 지금 일본 교토 오바이인(黃梅院)에 소장되어 있다.

가노 산세쓰(狩野山雪(1589?-1651)의 「설중기려도(雪中騎驢圖)」. 지본수묵, 치바시(千葉市)미술관에 소장되어 있다. 이 그림의 주인공은 소식으로 알려져 있으나, 다른 중국 시인일지도 모른다.

레이에쓰(荔閱)의 「동파기려도」. 레이에쓰는 게이초(慶長)부터 간에이(寬永) 연간(1596-1644)까지, 즉 아즈치모모야마(安土桃山)부터 에도 초기까지 활동했다. 「동파기려도」는 지본 수묵으로, 『고화비고보유(古畫備考補遺)』에 저록된 바 있다. 우키요에 연구자 가네코부수이(金子孚水)가 수장했다.

도쿠리키 젠세쓰(德力善雪, 1599-1680)의 「동파기려도」 병풍. 일본 시즈오카(靜岡)현립미술관에 소장되어 있다. 이 폭은 6곡 1쌍이다. 또 다른 폭 「자유방대도(子猷訪戴圖)」 병풍은 소동파가 삿갓을 쓰고 눈 속에 나귀를 타고 가면서 뒤돌아보는 형상이며, 두 동자가 뒤를 따르는데, 한 아이는 우산을 쓰고 있고 한 아이는 거문고를 안고 있으며, 땅 위에는 눈이 신발 높이까지 쌓여 있고, 두 산 사이에는 폭포가 날아 흐른다.

운고쿠 도데키(雲谷等的, 1606-1604)의 「고사기려도(高士騎驢圖)」. 도데키의 아명은 오우마루(於又丸), 뒤의 이름은 하라아키라(原明). 화가 운고쿠도오쿠(雲谷等屋, 1582?-1615)의 장남으로, 어려서 숙부 운고쿠도에키(等益等益, 1591-1644)의 지도 아래 그림을 익혔다. 「고사기려도」는 지본 담채로, 좌우 두 폭의 「화조도」와 함께 병풍을 이루고 있다. 화면 속의 고사(高士)는 소식으로 간주된다. 와카야마현(和歌山縣) 구시모토에 있는 구시모토 오쿄 로세쓰간(串本應擧蘆雪館)에 소장되어 있다.

운고쿠 도지(雲谷等爾, 1615-1671)의 「애하기려도(崖下騎驢圖)」·「고

사기려도」. 도지는 운고쿠도에키의 차남, 아명은 무사시(藏), 뒤의 이름은 나오유키(直行), 호 설경(雪景)·담계(澹溪). 「애하기려도」는 견본 담채로, 두 사람이 나귀를 타고 가고 동자 하나가 시낭을 메고 뒤를 따른다. 「고사기려도」는 좌우 양쪽의 「산수도」와 병풍을 구성하고 있다.

소가 쇼하쿠(曾我蕭白, 1730-1781)의 「산수도압회첩병풍(山水圖押繪貼屏風)」·「월야산수도병풍(月夜山水圖屏風)」·「음중팔선도병풍(飮中八仙圖屏風)」·「당인물도압회첩병풍(唐人物圖押繪貼屏風)」. 쇼하크의 본성은 미우라(三浦), 법명은 잇기쇼하쿠(一輝蕭白) 거사, 세상에서 광인이라고 지목했다. 「산수도압회첩병풍」 6곡 1쌍은 지본 수묵이다. 제2병 제6면은 작은 배가 나루에 비껴 있고, 배 위에 나귀 한 마리가 있다. 일본 교토국립박물관에 소장되어 있다. 「월야산수도병풍」은 지본 수묵으로, 제3, 제4 두 면에, 다리 위에 동자가 지팡이를 지고 앞에 가고 한 사람이 나귀를 타고 뒤에 가며, 폭포가 날아 흘러 아래 시내 속으로 쏟아진다. 「음중팔선도병풍」은 지본 수묵으로, 한 병풍 위에는 두 주선(酒仙)이 나귀를 타고 가고, 그 앞뒤로 각각 두 동자가 따라간다. 미국 오하이오주 클리블랜드 박물관(Cleveland Museum of Art)에 소장되어 있다. 「당인물도압회첩병풍」 6곡 1쌍은 지본 수묵으로, 제1 병풍의 제1, 제2면은 모두 기려도이다. 한 폭은 등에 호로 술병을 지고 있고, 동자가 거문고 넣은 주머니를 메고 뒤를 따르고 있어, 음중팔선의 한 인물인 듯하다. 다른 한 폭은 동자가 앞에 가고 나귀 탄 사람은 뒷모습만 보여, 셋손이 그린 「동파기려도」의 구도와 방식이 유사하다.

다노무라 지쿠덴(田能村竹田)의 「청계습구도(淸溪拾句圖)」·「여배심매도(驢背尋梅圖)」. 지쿠덴의 초명은 현승(玄乘), 훗날 이름은 다카노리(考憲), 자 군이(君彝), 호 죽전, 다른 호는 죽전노포(竹田老圃)·추심(秋心)·수연거사(隨緣居士)·구봉무계납자(九峰無戒衲子)·추성관주인(秋聲館主人) 등. 서재명 죽전장(竹田莊)·보졸려(補拙廬)·대취서루(對翠書樓) 등. 「청계습구도」는 동자 하나가 앞에 가서 다리에 다다라 있고, 한 사람이 나귀를 타고 가는데, 먼 산 사이에서 시냇물이 아래로 쏟아진다. 「여배심매도」는 계사(1833) 상원 날 그린 것으로, 만년 작이다.

누키나 가이오쿠(貫名海屋, 1778-1863)의 「설신탐매도(雪晨探梅圖)」.

견본 착색. 가이코쿠의 이름은 포(苞), 자 자선(子善), 또 다른 자는 군무(君茂), 호 해옥, 또 다른 호는 호해객(好海客) · 해수(海叟) · 방죽산인(方竹山人) · 수정당주인(須靜堂主人), 만년 별호는 숭옹(菘翁) · 적숭옹(摘菘翁). 화면에 자제시(自題詩) 1수가 있어, "눈 온 새벽에 흥이 홀연 동하여, 나귀 타고 물기슭을 건넌다. 시내의 경치는 무한하고, 매화 마주치니 그 기쁨 어이 형용하랴. 신축 둔월 6월에 우에노 우거에서 짓다. 해객〔雪晨興忽動, 驢上涉坡坨. 溪景已無限, 逢梅喜奈何. 辛丑之遯月作於上野之寓所, 海客〕"이라 했다. 그림이 덴포(天保) 12년(1841) 6월 64세 때 제작되었음을 알 수 있다. 이 그림은 당시 큰 영향을 끼쳐, 도미오카 뎃사이(富岡鐵齋), 다니 테쓰오미(谷鐵臣), 이시카와 고사이(石川鴻齋), 요시쓰구 하이잔(吉嗣拜山), 이와야 이치로쿠(巖谷一六) 등이 모두 제발을 남겨 한껏 추숭했다.

우라가미 슌킨(浦上春琴, 1779-1846)의 「추산음행도(秋山吟行圖)」. 슌킨은 남종화파의 대표 우라가미 교쿠도(浦上玉堂, 1745-1820)의 장남으로 이름은 에라부(選), 자 도치(十千). 그림은 견본 담채로, 위에 "임인 입추 전 1일 사(壬寅立秋前一日寫)"라 씌여 있으니, 텐포 13년(1842) 64세 때 작품이다. 화면에는 가을 산이 소슬하고 한 사람이 홀로 나귀를 타고 시를 읊으며 가고 있다.

도미오카 텟사이(富岡鐵齋, 1836-1924)의 「빈풍시의도(豳風詩意圖) · 동(冬)」. 도미오카의 초명은 미치스케(猷輔), 뒤의 이름은 햐쿠렌(百鍊), 자 무겐(無倦). 호가 철재, 다른 호는 철도인(鐵道人) · 철애(鐵崖) 등. 일본 화단 최후의 문인 화가로 일컬어진다. 「빈풍시의도」는 견본 착색으로 58세 때의 작품. 「동(겨울)」은 「빈풍 · 칠월」 제7 · 제8장을 내용으로 하는데, 중간에 한 사람이 삿갓을 쓰고 나귀를 탄 모습을 그렸다.

일본의 기려도에서 다음 두 가지 상견되는 현상을 살필 수 있다. 첫째, 그림의 주인공은 맹호연 · 이백 · 두보 · 가도 · 반랑 · 왕안석 · 소식 · 육유 등 대부분 중국 시인이다. 중국 문화에 대한 앙모와 모방을 분명히 드러낸다. 둘째, 일본 화가가 그린 나귀는 두 귀가 길다는 것을 제외하고는 사실상 말과는 아무 구분이 없다.

좀 더 들어가, 일본 문학과 회화의 기려 의상은 그 특징이 대체 무엇인가? 중국이나 한반도와 비교할 때 다음 두 특징에 주목할 필요가 있다.

첫째, 허의(虛擬). 위에서 인용한 『오산당시화』에 "나귀는 우리나라에 없거늘, 거듭 말하여 놓아두지 않는다."라는 비평이 있었다. 이것은 일본 본토에는 나귀가 나지 않는다는 사실을 말해 주며,[215] 우연히 있다고 해도 중국이나 조선에서 배로 수입한 것이었다. 즈이케이 슈호(瑞溪周鳳)의 「화려찬 병발(畫驢贊並跋)」에 이러하다.

> "누가 위자(衛子, 나귀의 별명)로 하여금 부상의 땅에 이르게 했던가, 배에 실려 대당에서 왔으리라. 일찍이 안장 위에서 천하를 평정했다 하더니, 산인은 지금 우리 황제를 축수하네." "나귀의 형체 그림자는 군의 얼굴을 펴게 하누나, 좌탑에서 뜨락에서 좌우고면하는 사이. 삼봉의 그림 속에 있는 객보다 못하지 않아, 높은 집에서 청산을 마주하기 좋아라." 호소가와덴큐(細川典廏) 미나모토공(源公)이 최근 나귀를 한 마리 얻어 기르고 있으니, 지난해 견당사가 배에 방물을 싣고 왔는데, 이것은 그 하나이다. 신묘(분메이 3년, 1471) 맹춘, 공이 하루는 사육사를 시켜 북산 아래로 끌고 왔다. 대개 내게 그간 미처 보지 못했던 것을 보게 해 주려고 한 것이다.[216]

215_문헌상에는 상이한 기록도 있다. 『송사』「일본전」에 이러하다. "雍熙元年(984), 日本國僧奝然與其徒五六人浮海而至. …… 奝然善隸書, 而不通華言, 問其風土, 但書以對, 云國中有五經書及佛經 · 『白居易集』七十卷, 並得自中國. …… 畜有水牛 · 驢 · 羊, 多犀 · 象." 하지만 이 답변은 상당히 임의적이다. 수십 년 후 다시 송나라에 들어갔는데 그의 「參天台五臺山記」에는 熙寧 5년(1072) 신종 황제와 그의 문답을 실어 두었다. "一問 : 本國有是何禽獸. 答 : 本國無獅子 · 象 · 虎 · 羊 · 孔雀 · 鸚鵡等, 餘類皆有."(延久 4年 10月 15日條) 이 둘은 분명히 일치하지 않는다. 森克己는 「日宋交通と日宋相互認識の發展」에서 "『송사』에 수록된 奝然의 필담이 대체로 정확하다. 우리나라의 짐승에 대해 물소 · 나귀 · 양이 있고 코뿔소 · 코끼리가 많다고 한 것은 잘못이다."라고 했다. 『日宋文化交流の諸問題』, 刀江書店, 1950, p.42). 또한 교토박물관장 전(傳) 셋슈(雪舟, 1420-1502) 그림 「國國人物圖卷」은 외국인과 물품을 내용으로 하고 있으니, 그 속에 코끼리 · 나귀 · 양 등이 있는 것이 역시 방증이 된다.

216_『臥雲稿』, 『五山文學新集』 第5卷, p.580. "'誰教衛子到搏桑, 知是舟中載大唐. 鞍上曾聞天下定, 山人今亦祝吾皇.' '驢兒形影解君顔, 榻上庭前顧眄間. 不減三峰圖裡客, 高堂坐對好青山.' 右細川典廏源公, 近得一驢子而養之. 前年遣唐使舟多載方物來, 此其一也. 辛卯孟春(案 : 即文明三年, 1471), 公一日命圉人牽來到北山下, 蓋要令予見未見者也."

나귀는 중국의 방물(토산물)이라 했으므로 분명히 일본에 없었다. "내게 그간 미처 보지 못한 것을 보게 해 주다."라고 했으므로 분명히 희귀했다. 에도 시대에 이르러서도 사정은 여전히 이러했다. 니시지마 조손(西島長孫, 1780-1852)『폐추시화(弊帚詩話)』 부록에는 "기야스 다카시(木靖恭)의 「여마행(驢馬行)」에, "무거운 짐 싣고 멀리까지 가도 힘이 남아도니, 상(象)에 계합하여 응당 지혜도 정치하리라."라 하고, 또 "조잔(常山) 상공이 선행을 아주 즐겨하여, 세간에 쓸 만한 이익을 구하느라 오랫동안 경영해서 마침 계림에서 이 종자를 가져오셨군."이라 했다. 이로 보면 스이후 기코(水府義公) 미도 미쓰구니(水戸光圀), 도쿠가와 미쓰구니(德川光圀)의 명으로 배로 실어 온 것이 아니겠는가?"[217]라고 했다. 나귀는 희한한 물건이므로 일상생활에서는 늘 사용할 수는 없었다. 그래서 일본 문학과 회화 속의 기려 의상은 허구로 비의한 것이었다. 사실 역사에서 주변 국가나 지역이 중화 문화를 앙모하여 문학의 묘사에서 지명 · 관명 · 물명 등에 관계할 때 본국 고유의 칭호를 쓰지 않고 중국의 명칭으로 바꾸어 쓰는 것은 상견되는 현상이었다. 최자(崔滋, 1188-1260)의 『보한집』 중권에 이런 말이 있다.

> 고려 때 시승 원담(元湛)이 나에게 말했다. "지금 사대부들이 시를 짓는데, 멀리 이역의 인물과 지명을 빌어 와서 본조의 사실로 삼으므로 가소로운 일이다. 이를테면 문순공 이규보가 남쪽으로 놀러 가서 지은 시의 '가을 서리는 오나라 나무를 모두 물들이고, 저문 비는 초나라 산에 컴컴하게 내리네.'와 같은 시구는 비록 만든 시어가 맑고 고원하지만 오나라와 초나라는 우리 땅이 아니다. 선배의 「개성을 일찍 출발하며」의 '처음 마전판(馬轉坂)에 가노라니 인가가 나타나고, 낙타교를 지날 무렵 시골 정취 생겨나네.'라는 것과 같지 않다. 이 시구는 말이 새롭고 좋을 뿐만 아니라 나타낸 언사도 매우 적확하다." 내가 대답했다. "대체로 시인이 용사를 할 때는 반드시 본뜻에 구애받을 필요가 없으며 다만

217_『日本詩話叢編』 第5冊, p.557. "木靖恭「驢馬行」云 : '服重致遠力常足, 契象應更智自精.' 又云 : '常山相公最樂善, 求利世用久經營, 適從雞林致此種.' 由是觀之, 應水府義公之召舶來者歟?"

> 우의(寓意)할 뿐이다. 하물며 천하는 다시 일가(一家)라 문필을 동문(同文)으로 하고 있어 여기니 저기니 하고 구분을 지을 필요가 있느냐?"라고 하자 시승이 설복했다.[218]

괴이하다고 여기지 않았을 뿐만 아니라 도리어 이치상 당연하다고 여겼다. 신유한의 『해유문견록』「잡록 · 하」에 이러하다.

> 일본의 시나 문 가운데 그 땅의 산수를 두고 짓는 자가 쓰기를 진산(秦山)이니 초수(楚水)니, 낙양이니 장안이니 오월이니, 연이니 촉이니 했으므로 그 글을 읽으면 일본인 줄을 모르게 된다. 그것은 지명과 인명이 모두 이상하고 기괴하여 문장을 만들 수 없으므로 중국의 지명을 빌려서 문장을 만든 것이다. 그 땅에 꾀꼬리와 까치가 나지 않는데, 문장에는 꾀꼬리가 울며 까치가 지저귄다는 말이 있고, 음악에는 거문고와 비파를 쓰지 아니하면서도 문장에는 거문고를 타며 비파를 두드린다고 쓰고, 관(冠)이 없는데 또 건(巾)을 비스듬히 쓰고 있다는 문구가 있고, 띠가 없으면서도 금대(錦帶)니 옥패(玉佩)니 하는 문자를 써서 모두 헛된 이름을 쓰고 실지에 맞는 말을 짓지 못한다. 이것은 우리나라 사람도 또한 간간이 범하는 일이다.[219]

어휘 사용과 문구 조성에서의 허의(虛擬)는 문사의 아순(雅馴)을 추구하기 위한 것이었다. 그런데 문화 의상의 기려를 사용한 것은 그 허의가 보다 깊은 내함을 지녔다. 그것은 일종의 인가를 체현했다. 즉, 나귀는 시인 특유의 탈것으로, 이것은 시인의 곤궁한 생활의 표징이었으며,

---

218_趙鍾業 編, 『韓國詩話叢編』本, 태학사, 1996, 제1책, p.99. "詩僧元湛謂予云 : '今之士大夫作詩, 遠托異域人物地名, 以爲本朝事實, 可笑. 如文順公「南遊」曰 : 秋霜染盡吳中樹, 暮雨昏來楚外山. 雖造語淸遠, 吳 · 楚非我地也.' …… 予答曰 : '凡詩人用事不必泥其本, 但寓意而已. 況復天下一家, 翰墨同文, 胡彼此之有間?' 僧服之."

219_『靑泉集續集』 권8, 한국문집총간 제200책, p.520. "日本詩文中, 直賦其地山水者曰秦山楚水 · 洛陽長安 · 吳越燕蜀等語, 讀之而不知爲日本也. 彼其地名 · 人號皆殊怪, 難以爲文, 故假用中華. 又如國不產鸎鵲, 而寫景曰鸎啼鵲噪 ; 樂不用琴瑟, 而敍事曰彈琴鼓瑟 ; 無冠而曰岸幘欹巾, 無帶而曰錦帶玉佩. 皆用虛名, 而不能作稱情之詞. 此則我國人亦往往犯矣."

시도 '궁한 뒤에 공교로워야' 했다. 즈이케이 슈호(瑞溪周鳳)는 '나귀 그린 그림'을 마주하여 찬(贊)을 쓰고 발문을 지어 이 방면의 의미를 게시했다.

> 내 생각에 나귀란 것은 대개 곤궁에 처한 사람이 사용하는 것인데, 시인들이 많이 이것을 탔으니, 두보 · 가도 · 정경 등이 그 예이다. 옛날에 "궁한 자는 시가 공교롭다."라고 했다. 이로 보건대, 시와 곤궁은 대대(待對)하는가? 곤궁한 사람이 사용하는 것을 시인들이 관례로 타는 것은 정말로 이유가 있다. 또한 진희이(陳希夷, 진단)와 반소요(潘逍遙, 반랑)은 자취를 세상 바깥에 부쳤으니, 시인이면서 나귀를 탄 사람이다. 진희이의 시에, "도성의 붉은 길이 아무리 영화롭더라도 어찌 잠자는 것에 미치랴, 권력자의 붉은 문이 비록 귀하다 해도 가난함만 못하도다."라고 했으며, 반소요 시에 "시에 병통이 없음을 길이 기뻐하고, 집이 아주 가난함을 근심하지 않는다."라고 했다. 이는 곤공을 곤궁으로 여기지 않은 것으로, 고상함을 상상할 수가 있다. 그래서 나는 시 속에서 특별히 두 분을 언급한 것이다. 미나모토 공은 전 덴큐(典廏)의 상현(象賢, 아들)이고 지금 경조(京兆, 좌우 경대부)의 동기이므로 영광과 존귀는 두말할 것이 없다. …… 활 쏘고 말 타는 여가에 부지런하게 시를 배워서 실로 담박한 것을 달게 여기는 생활을 하고 곤궁을 기호하는 사업을 하는 분이다. 그렇다면 나귀를 기르는 것은 시인을 흠모해서 그러는 것이 아니겠는가? 그 사람을 사랑하는 사람은 그 사람 집의 까마귀도 사랑하게 된다는 말이 마땅하도다![220]

그가 보기에 나귀는 곤궁한 사람이 사용하는 것인데 시에 공교로운 자도 본디 궁하므로, "시인이 관례상 나귀를 타는 것은 진실로 이유가

220_『畫驢贊並跋』, 『臥雲稿』, 『五山文學新集』 第5卷, p.580-581. 予謂驢之爲物也, 大抵處窮者之所用, 而詩人多騎焉, 杜甫 · 賈島 · 鄭綮等是也. 古曰 : 窮者而詩工也. 由是觀之, 詩與窮相待者乎? 窮者所用, 詩人例騎, 良有以也. 且如陳希夷 · 潘逍遙, 寄跡世外, 亦詩人而騎驢者也. 陳詩曰 : "紫陌縱榮爭及睡, 朱門雖貴不如貧." 潘詩曰 : "長喜詩無病, 不憂家更貧." 此皆不以窮爲窮, 高尙可想也. 故予詩中殊及二子爾. (源)公乃前典廏象賢, 而今京兆同氣也, 榮貴不待言可知焉. …… 射騎餘力, 孜孜學詩, 實甘淡生活 · 嗜窮事業者也. 然則養驢無乃所以慕詩人乎? 愛其人者及其屋上烏之謂也, 宜哉!

있다.” 미나모토 공은 부귀하면서도 시를 좋아하여 “담박한 것을 달게 여기는 생활을 하고 곤궁을 기호하는 사업을 하는 분”이다. 중국에서 선박으로 나귀를 가져와 기르니, 곧 “시인을 흠모하는 바”요, 이른바 사람을 사랑하여 그 집도 그 집의 까마귀도 사랑하는 것이다. 나귀와 시인의 인연은 심후하여, ‘기려’ 이것을 철저히 학습하면 한 사람의 시인이 된다. 즈이케이의 이 관념은 당시 사람들의 보편 관념을 대표하며, 일본 문학과 회화의 전통 관념으로 되었다.

둘째, 해체. 중국과 조선의 기려나 기우 의상에서는 모두 기마를 상대로 삼는 설정이 있어서, 이 설정은 정치성이 풍부했다. 그런데 일본 시인의 붓 아래서 나귀와 말은 서로 치환될 수 있었다. 이것은 비단 현실의 층위에서 그들이 늘 말을 도보 대신 사용했기 때문만이 아니다. 관념의 측면에서 나귀와 말의 대립적 상징 의의를 해체해서, 중국 및 조선 문학의 고유한 설정을 말소시킨 것이다. 이 해체 의식을 충분히 체현한 예로 반리 슈구(萬里集九)의 「맹양양설중기려도(孟襄陽雪中騎驢圖)」를 대표로 삼을 수 있다.

> 흰 눈이 눈인 이유는 매화가 있기 때문이다. 매화가 매화인 이유는 눈이 있기 때문이다. 눈과 매화는 함께 성인의 맑은 존재가 아니겠는가? (송나라 盧梅坡의 「雪梅」에 말했듯이) “매화는 눈에 삼분(三分)의 흰 빛을 양보하고, 눈은 매화에 일단(一段)의 향을 뒤진다.”라고 했으니, 그 품격은 더 이상 높고 낮은 차이가 없다. 동진의 때 왕도(王導)와 제갈회(諸葛恢)도 역시 그러하여, 두 사람은 성씨의 우열을 장난으로 논하다가, 왕도가 자부하길, “사람들이 왕갈(王葛)이라 말하지 갈왕(葛王)이라고는 하지 않는다.”라고 하자, 제갈회도 껄껄 한바탕 웃으며 “마로(馬驢)라고 하지 노마(驢馬)라고는 하지 않으니, 어찌 나귀가 말보다 나은 것이 아니겠는가?”라고 했다. 두 분의 평은 누가 한바탕 판정하겠는가? 마치 매화와 눈이 차별이 없는 것과 같다. 또 서축의 속담에 ‘암나귀와 숫말이 교접하면 노마를 낳고, 암말과 숫나귀가 교접하면 마로를 낳는다. 이로 보면 말이 사실상 나귀보다 나은 것은 의심할 만한 것이 아니지 않는가? ……맹양양(孟襄陽, 맹호연)이 걸터탄 것은 마로인가, 아니

> 면 노마인가? 그 방불한 모습을 엿보기 어렵다. 가만히 나귀 고삐를 잡고 나지막이 나귀에게 높이 묻는다. 나귀의 수염은 성글고 심하게 빠져 있는데, 나머지 두세 줄기는 맹양양이 연마한 시 서너 연(聯)을 걸어 두고, 그저 머리를 쳐들어 한 번 울음을 울면서 고하와 등차를 따지는 논평은 괘념하지 않는다. 아! 매화에 눈에 어울리는 것이 나귀로다, 나귀로다.[221]

작자는 서축의 속담을 끌어와서, 고하와 등차를 따지는 논평은 괘념하지 않는다고 했다. 말이 반드시 나귀보다 낫다고는 할 수 없고 나귀가 반드시 말보다 못하다고는 할 수 없으며, 심지어 노마와 마로의 두 가지 이름은 비단 대립이 없을 뿐 아니라 그야말로 둘이 합하여 하나가 되리라고 했다.

사실 서축의 속담은 고작해야 작자가 묘필로 문채를 내기 위해 끌어온 것에 불과하고 중심은 나귀와 말 사이에 차별이 없다는 것을 표명하는 데 있었다. 조선 시대 이수광의 논리를 끌어와 대비해 보아도 좋을 듯하다. 『지봉유설』 제20권에 이런 말이 있다.

> 나귀를 기이한 가축이라고 하는데, 말이 아비이고 나귀가 어미인 것을 결제(駃騠, 버새)라 하고, 나귀가 아비이고 말이 어미인 것을 나(騾, 나귀)라고 하며, 나귀가 아비이고 소가 어미인 것을 백(馲)이라 한다. 결제가 가장 건장해서 하루에 천 리를 간다. 나귀도 억세어 힘이 있다. 마백은 아주 작으며 그 모양은 뇌라(磥砢) 같아 괴이하게 보인다.[222]

221_『梅花無盡藏』 卷七, 『五山文學新集』 제6卷, pp.989-990. "雪所以爲雪者, 有梅也. 梅所以爲梅者, 有雪也. 雪與梅同爲聖之淸者歟? 三分白 · 一段香, 其品更無高下矣. 東晉之時, 王導 · 諸葛恢亦之, 二公戱論姓氏之優劣, 導自負云 : 人言王葛, 而不言葛王也. 恢亦軒渠一笑云 : 不言馬驢而言驢馬, 豈驢勝馬邪? 二公之評, 有誰以一定焉? 猶如梅與雪無差別也. 且又西竺之諺曰 : 牝驢交牡馬所產爲驢馬, 牝馬交牡驢所產爲馬驢. 由是觀之, 馬實勝驢者非可疑? ……孟襄陽所跨者, 是馬驢乎哉? 是驢馬乎哉? 難窺其仿佛也. 竊扣驢而低危問之於驢, 驢鬚蕭條甚禿, 其餘之兩三莖, 掛孟襄陽所煉之詩數聯, 徒擧頭一鳴, 不涉高下等差之餘論. 吁!於梅於雪, 驢哉驢哉矣."

222_『芝峰類說』, 을유문화사, 1994, 下冊, p.637. "驢子謂之奇畜, 馬父驢母曰駃騠, 驢父馬母曰騾, 驢父牛母曰馬百. 駃騠最健, 能日行千里 ; 騾亦強有力 ; 馲甚小, 而其狀磥砢, 見之可怪."

서술 내용으로 보면 이것은 서축 속담과 유사하다고 할 수 있다. 하지만 두 사람의 서술의 중심은 확연히 다르다. 이수광은 고작해야 박물학 · 지식학의 서술(부분적으로는 허신의 『설문해자』에 뿌리를 둔다)에 중점을 두었으나, 반리슈구는 관념상 발휘하여 기려와 기마의 차별이나 대립을 해소시켰다.

정치 의미가 담박한 것이 본래 일본 문학의 특색 가운데 하나이다. 헤이안 시대 이래의 문학 선본에서 『문선』의 영향을 깊이 받은 사실을 살필 수 있지만, 선집의 유목(類目)에는 풍간(諷諫) · 미자(美刺) 의미의 '권려(勸勵)' · '백일(百一)' 등이 없다. 그러면서 정색(情色)은 배척하지 않아서 선본에는 종종 '염정(艷情)'의 유목이 있다. 『문화수려집(文華秀麗集)』의 예가 그러하다. 회화에서는 때때로 어느 화가에 대해 '비희도(秘戲圖)'의 부류를 잘 그린다고 강조하기도 하는데, 그것은 절대로 폄하하는 뜻을 포함하고 있지 않다.[223] 소설에서는 어떤 사람의 호색을 그려 내기도 하며, '국풍의 벽(癖)'이라고 형용하기도 한다.[224] 이것은 중국 문학이 『시경』 · 『초사』부터 정치와 밀접하게 상관이 있는 것과는 성질상 하늘과 땅의 차이이다.

오산 문학은 결국 승려 문학인데, 당시의 승려가 받아들인 것은 주로 중국의 선종, 그 가운데서 특히 임제종이었다. 이것은 에이사이 선사(榮西禪師, 1141-1215)가 전환시킨 것이다. 에이사이가 수용한 것이 바로 임제종 황룡파 8대 적손 허암회창(虛庵懷敞)의 선학이었다. 오산 시승과 임제종의 관계는 밀접하여, 작품마다 드러내 놓고 혹은 암암리에 『임

223_이를테면 白井華陽, 『畫乘要略』 卷1에서는 광기(光起)에게 "長秘戲圖, 嫣媚靡麗, 人皆稱之"라 하고, 卷2에서는 祐信에게 "最工秘戲圖, 狎昵之狀, 莫不精妙"라고 했다. 또 매천(梅泉)의 말을 인용하여, "頃觀祐信所畫, 筆情纖勁, 設色精巧, 眉睫瑟瑟然欲動也. 古人云 : '秘戲圖不巧則已, 巧則誨淫矣.' 信然."라고 했다. 『日本繪畫論大成』 제10卷, pp.124-125 · 171-172.

224_이를테면 山井元行, 『賢乎己』 初編 「賊婆弄術」에 "武州某邑馬賈重平有國風之癖."라고 했다. 王三慶 等編, 『日本漢文小說叢刊』 第1輯, 學生書局, 2003, 第1冊, p.71. 이보다 심하게는 염정 소설로 눈부시게 광채를 뿜게 했다. 이를테면 『枕藏史』는 일본 고대의 『枕草紙』를 번역하여 한문으로 만든 것인데, 그 동기는 그 「序」에서 이렇게 공언되어 있다. "古『枕草紙』之著多行於世, 大抵畫之, 綴以淫猥之語. …… 原本雖倭文, 古而雅, …… 『枕史』今以漢文譯之, 則洩秘中之秘, 以欲使西人一覽乎?" 『日本漢文小說叢刊』 第5冊, p.225. 이른바 '西人'은 중국인을 가리킨다.

제록』의 전고를 사용했다.[225] 임제의현(臨濟義玄)의 종지는 "산승은 어느 한 법(法)도 사람에게 주지 않고, 다만 병을 고치고 결박을 풀어 줄 뿐이다."[226]라는 것이다. 바로 사람들을 위해 철저히 끈끈이를 제거하고 오랏줄을 풀어 주어 생명의 풍광을 곧바로 투사하게 하는 것이다. 일체의 명상(名相)이 모두 허망하므로 모두 타파해야만 한다. 천마도 좋고 눈먼 나귀도 마찬가지로, 이도상인(二道相因, 한 가지 의의를 정립한 후 그것을 다시 깨뜨림. 긍정을 하고서 즉각 부정하는 긍정-부정의 사유방식-역자 주)하듯 하여 분별상을 짓지 않아야 한다. 임제 문하에서 황룡파와 양기파(楊岐派)가 분리되어 나왔는데, 저 유명한 황룡삼관(黃龍三關)에 "내 손은 어찌하여 부처님 손과 같은가?"와 "나의 다리는 어찌하여 나귀의 다리와 같은가?"라는 두 관(關)이 있다.[227] 위로는 부처와 같을 수 있으나, 아래로는 나귀와 같다는 것이다. 바로 학인이 집착하는 허망한 견식을 타파하여 제거하기 위한 것이다. 나귀를 부처와 대비시킬 수 있을 만큼 나귀는 말과 아무 높고 낮은 차이가 없다. 오산 승려는 임제종 황룡파의 적전이었으므로 이 관념에 대해 응당 대단히 잘 알고 있었을 것이며, 믿어 지켜서 바꾸지 않았을 것이다. 그들이 나귀와 말의 대립을 해체할 수 있었던 이유에 대해서는 이런 종교적 배경도 함께 고려해야 할 것이다.

6. 중국 시와 그림의 각기 다른 전통

서방 이론은 생략하기로 한다. 시와 그림을 일률로 여기는 관념은 중국·한국·일본의 문학사와 회화사에서 아주 오래고도 심후하다. 하지만 동아시아 문화 의상을 이룬 기려와 기우는 조선의 시가와 회화에서는 각기 다른 정신 표현을 이루고 일본의 시가와 회화에서는 그 들이완

225_張伯偉,『詩詞曲志 · 日本漢詩』, 上海人民出版社, 1998, pp.247-249.
226_張伯偉 譯釋,『臨濟錄』, 佛光文化事業公司, 1997, p.118. "山僧無一法與人, 只是治病解縛."
227_智昭 集,『人天眼目』卷2,『大藏經』제48책, 中華佛敎文化館影印大藏經委員會, 1957, p.310. '我手何似佛手' 및 '我腳何似驢腳'.

전히 상응하여 협화하고 일치하고 있다는 사실을 분명히 알게 되었다. 그 원인은 도대체 무엇인가? 문화 의식이 동아시아 각 지역에서 변천한 것을 인식하는 데 어떤 시사를 하는가? 이 글의 제4절에서 나는 이미 조선 화단이 중국 회화의 영향을 깊이 받았음을 지적했는데, 이 영향은 문학에서와는 어째서 다른가? 여기서 좀 더 해석을 해 보기로 한다.

곽희(郭熙)는 『임천고치집(林泉高致集)』「화의(畫意)」에서 "다시 앞 사람의 설과 같으니, 시는 무형의 그림이요 그림은 유형의 시이다. 철인은 이 말을 많이 말하나니, 우리는 그것을 스승으로 삼는다."[228]라고 했다. 북송 전기에 이미 이런 설이 출현해서, 소식에 이르러 "시화본일율(詩畫本一律)"[229]이란 말로 개괄함으로써 더욱 유행했다. 따라서 시와 그림의 관계에 대한 연구에서 앞 사람들이 축적한 성과가 대단히 많다. 그런데 그 성과들은 주로 시와 그림의 일치성에 중점을 두었다.[230] 이 의미에서 전종서(錢鍾書)의 『중국시와 중국 그림』이 중국 문예비평사를 두고 "정종(正宗)·정통(正統)이란 점에서 중국의 옛 시와 그림은 일률적이지 않았다."[231]라고 지적한 것은 눈길을 끌 만하다. 전종서의 견해를 더 분명히 인용하면 이러하다. "중국 문예비평의 전통에서 남종 화풍의 시에 해당하는 것은 시 속의 고품이거나 정종이 아니며 신운파 시풍에 상당하는 그림이 그림 중의 고품이거나 정종이다. 옛 시와 옛 그림의 표준이 분기한 것이 비평사에서의 진실이다."[232] 이런 현상은 역사상 일찌감치 존재하여, 원나라 사람 황공망(黃公望)도 이미 "산수 그리는 사람은 반드시 동원(董源)을 사법으로 삼기를, 시 읊는 사람이 두보를 배우

228_于安瀾, 『畫論叢刊』 上卷, 中華書局香港分局, 1977, p.24. "更如前人言 : 詩是無形畫, 畫是有形詩. 哲人多談此言, 吾人所師."

229_「書鄢陵王主簿所畫折枝二首」, 『蘇軾詩集』 卷29, 第5冊, p.1525.

230_徐復觀, 「中國畫與詩的融合」, 『中國藝術精神』, 學生書局增訂6版 ; 饒宗頤, 「詩畫通義」·「詞與畫—論藝術的換位問題」, 『畫頞』, 時報文化出版公司, 1993. 전공 서적으로는 戴麗珠, 『詩與畫之研究』, 學海出版社, 1993 ; 曹愉生, 『唐代詩論與畫論之關係研究』, 文史哲出版社, 1997 등등이 있다.

231_錢鍾書, 『七綴集』, 上海古籍出版社, 1985, p.14. "在'正宗'·'正統'這一點上, 中國舊'詩·畫'不是'一律'的."

232_『七綴集』, p.24. "在中國文藝批評的傳統裏, 相當於南宗畫風的詩不是詩中的高品或正宗, 而相當於神韻派詩風的畫卻是畫中高品或正宗. 舊詩和舊畫的標準分歧是批評史裏的事實."

듯이 한다."[233]라고 하기는 했으나, 전종서의 글이 나오자 비로소 사람들의 주의를 끌었다. 왕유는 남종화파의 시조라고 할 수 있지만, 문학사에서 공자처럼 집대성[234]한 시성(詩聖)은 오로지 두보이다. 이 견해는 사람들을 깊이 생각하게 만든다. 이 글은 이 기초 위에 중국 시와 그림의 각기 다른 전통에 대해 이야기를 펴 나가겠다,

중국 문학은 『시경』·『초사』부터 정치와 떼려야 뗄 수 없는 인연을 맺었다. 춘추 시대 외교의 장에서는 시를 읊어서 뜻을 말했고, 공자의 문하에서는 "『시』·『서』·예·악으로 가르쳐"[235] 온유돈후(溫柔敦厚)의 시교(詩敎) 전통을 확립했다. 굴원은 '초나라 왕실과 동성(同姓)'[236]의 삼려대부(三閭大夫)로, 『이소』에 표현한 삼공(三恐)〔'세월이 나를 기다려 주지 않을까 두려움(恐年歲之不吾與)', '미인(님)이 늙어 갈까 두려움(恐美人之遲暮)', '임금의 수레가 뒤집어질까 두려움(恐皇輿之敗績)'〕은 우국우민의 우환 의식을 드러낸 것이다. 한나라 때 이르러 『시경』 육의(六義) 가운데 '부비흥(賦比興)'에 대해 정교한 해석이 부여되었다. 『초사』의 비흥은 왕일(王逸)에 의해 '향초미인(香草美人)'의 비유로 개괄되었는데, 전체의 문학은 모두 정치상의 풍유와 연계되어, 그 우열을 가리는 표준이 되었다. 청나라 사람 정정조(程廷祚)는 이를 매듭지어, "한나라 유학자가 시를 말한 것은 미(美)·자(刺) 둘에 불과하다."[237]라고 했다. 위진 시대에 오언시는 대단히 이채를 띠어, 시가는 차츰 부를 대신하여 가장 중요한 문체로 되었으나, 정치와의 밀접한 관계는 결코 바뀌지 않았다. 이를테면 도연명의 귀은(歸隱)이 체현한 것은 시류에 휩쓸리지

233_『佩文齋書畫譜』 卷16 '元黃公望論畫山水'條, 『四庫全書』本. "作山水者必以董(源)爲師法, 如吟詩之學杜也." 동기창이 열거한 남종화 계보에서 왕유의 후로는 곧 동원(董源)인데, 『圖畫見聞誌』 卷3에서 동원을 평하여 "善畫山水, 水墨類王維"라고 해서, 왕유의 일맥을 이은 것으로 보았다. 그러므로 "以董爲師法"이란 말도 "以王爲師法"이란 말로 이해하면, 둘이 비슷하면서 갈라져 나온 전범임을 분명히 드러낼 수 있다.

234_『孟子』「萬章·下」에 "孔子之謂集大成."이라 했는데, 두보를 '집대성'으로 간주한 것은 송나라 때는 소식에서 한 번 보이고(『後山詩話』에 인용), 또 진관(秦觀)의 「한유론(韓愈論)」에 한 번 보인다. 후자는 공자를 두보·한유와 병렬해서, "孔子之謂集大成, 嗚呼! 杜氏·韓氏亦集詩文之大成者歟!"라고 했다(『淮海集』 卷22).

235_『史記』「孔子世家」, 中華書局, 1959, 第6冊, p.1938. "以『詩』·『書』·禮·樂敎"

236_『史記』「屈原列傳」 第8冊, p.2481. "楚之同姓."

237_「詩論十三·再論刺詩」, 『靑溪集』 卷2, 黃山書社, 2004, p.38. "漢儒言詩, 不過美·刺二端."

않는 가치관이어서, 그 시가는 여전히 "시사를 말하면 가리켜 상상할 수 있다."[238] 이에 비해 "편을 잇고 글을 쌓은 것이 달이 드러나는 형상에서 벗어나지 않고 책상에 쌓고 상자에 채운 것이 오로지 바람과 구름의 형상"[239]이라는 제 · 양의 문학은 문학의 수사 면에서는 많은 탐색이 있었지만 정통 비평자의 눈으로 보면 부정되지 않을 수 없다. 바로 송나라 사람들은 두보를 성인으로 존중하고 그의 충군애국과 '밥 먹는 사이에도 군주를 잊지 않았음'을 존중했다. 누약(樓鑰)이 「답두중고전서(答杜仲高旃書)」에서 "충의로 감개하고 세상 우려로 분격하여, 한 번 밥숟갈 뜨는 사이에도 군주를 잊지 않았으니, 이것이 그가 시인의 으뜸이 될 수 있었던 이유이다."[240]라고 한 그대로이다. 따라서 유가 사상이 주도하는 문학의 정치적 경향은 중국 문학이 지닌 가장 중요한 전통이라고 할 수 있다. 일본의 요시카와 고지로(吉川幸次郎)는 중국 문학의 정치성에 극히 민감하여, "정치적 열정을 품지 않은 것은 문학이 아니니, 이것이 이 나라 문학의 전통이다."[241]라고 했다. 요시카와의 이 논단은 실은 일본 문학의 전통과 대조하여 도출한 것이라고 나는 믿는다.

당나라 이전 중국 회화의 주류는 인물화였는데, 그 지도 사상은 문학과 차이가 없어서, 유가의 권계를 위주로 했다. 왕연수(王延壽)의 「노영광전부(魯靈光殿賦)」는 "천지를 도화로 그리고 뭇 생명을 품별로 분류한다.〔圖畫天地, 品類群生〕"라 하고, 마지막에 "악으로 세상을 권계하고 선으로 후세에 보여 준다.〔惡以誡世, 善以示後〕"라고 매듭지었다.[242] 조식(曹植)은 "감계에 뜻을 둔 것이 도화이다."[243]라고 했고, 육기(陸機)는 "단청(그림)의 홍취는 『아』 · 『송』의 술작(述作)에 견주어 대업의 향기

238_蕭統, 「陶淵明集序」, 俞紹初, 『昭明太子集校注』, 中州古籍出版社, 2001, p.200. "語時事則指而可想."

239_李諤, 「上隋文帝書」, 『隋書 · 李諤傳』, 中華書局, 1973, 第5冊, p.1544. "連篇累牘, 不出月露之形 ; 積案盈箱, 唯是風雲之狀."

240_『攻媿集』 卷66, 『四庫全書』本. "忠義感慨, 憂世憤激, 一飯不忘君, 此其所以爲詩人冠冕."

241_『我的留學記 · 中國文學的政治性』, 錢婉約 譯, 光明日報出版社, 1999, p.203.

242_『六臣注文選』 卷11卷, 中華書局, 1987, p.220. "圖畫天地, 品類群生", 其歸結處即"惡以誡世, 善以示後."

243_張彦遠, 『歷代名畫記』 卷一引, 于安瀾 編, 『畫史叢書』 第1冊, 上海人民美術出版社, 1963, p.2. "存乎鑒戒者圖畫也."

를 찬미한다."[244]라고 했다. 당나라 장언원(張彥遠)의 『역대명화기』에 이르러서는 당당하게도 위의 서너 구와 유사하게 "무릇 회화라는 것은 교화를 완성하고 인륜을 보조하며 신의 변화를 궁구하고 그윽하고 미세한 본질을 측량하여, 육경과 공을 같이하고 사계절과 함께 운행한다."[245]라는 투의 말을 했다. 왕유에게서 비로소 수묵 산수화가 흥기해서 송나라 때 고도하게 성숙한 뒤에 산수는 일약 화단의 우두머리를 차지했다.[246] 종병(宗炳)의 「화산수서(畫山水序)」에서, "산수는 형체로서 도를 아름답게 꾸며 준다.〔山水以形媚道〕"에 대한 인식, 그림 보는 즐거움이 "신기를 통창하게 할 따름이며, 신기가 통창하는 것보다 어느 것이 앞설 것인가."[247]라는 사실의 체인에 마침내 큰 빛을 발하기 시작했다. 그리고 도가 예술 사상의 성분이 회화 전통에서 윗자리를 점유하게 되었다.[248] 인물과 산수는 회화의 제재에 따른 구분이다. 화가를 주체로 구별 짓는다면 화공 그림과 문인 그림의 구별이 있어[249], 전자는 '기(技)'를 중하게 여기고 후자는 '기법에 나아가는 도'를 중시한다. 송나라 이후 문인화의

244_『歷代名畫記』 卷1 引. "丹青之興, 比『雅』·『頌』之述作, 美大業之馨香."

245_『歷代名畫記』 卷1 「敘畫之源流」, 『畫史叢書』 第1책, p.1. "夫畫者, 成教化, 助人倫, 窮神變, 測幽微, 與六籍同功, 四時並運" 청나라 方熏의 『山靜居畫論』 상권에 "古畫圖意在勸戒, 故美惡之狀畢彰, 危坦之景動色也. 後世惟供珍玩, 古格漸亡, 然畫人物不於此用意, 未得其道也."라고 했다. 『畫論叢刊』 下卷, p.443. 인물화에서는 이런 전통을 확고하게 견지하고 있다.

246_陳傳席, 『中國山水畫史』 第2卷 · 第3卷, 江蘇美術出版社, 1988, pp.51-185.

247_『畫論叢刊』 上卷, p.1. "暢神而已, 神之所暢, 孰有先焉." 宗炳은 견해가 고원하고 초매했으나, 실제 회화의 수준은 이와 합칭하기 어려웠다. 그래서 謝赫의 『古畫品錄』은 종병의 회화를 제6품(즉 가장 최하품)에 두고 "明於六法, 亡所遺善. 然含毫命素, 必有損益. 迹非準的, 意可師效."라고 평했다. 史岩, 『古畫評三種考訂』上篇 『古畫品錄考訂』, 金陵大學中國文化研究所, 1947, p.19. 張彥遠은 사혁의 평을 "채택할 만하지 않다"라고 평하고, "종공(종병)은 고사(高士)이니, 물외에 표연하여 마음에 속화를 가지고 그 의도와 지취를 전할 수가 없었다."라고 했다. 『歷代名畫記』 卷6, 『畫史叢書』 第1冊, p.79. 찬미한 것은 사실은 그 사람의 인품과 격조였다.

248_徐復觀, 『中國藝術精神』 第2章, pp.45-143.

249_둘을 상대하며 말하면, 蘇軾에게서 시작한 듯하다. 이를테면 「王維吳道子畫」에서는 "吳生雖妙絕, 猶以畫工論. 摩詰得之於象外, 有如仙翮謝籠樊. 吾觀二子皆神俊, 又於維也斂衽無間言."이라 했다. 『蘇軾詩集』 卷3. 또 「淨因院畫記」에서는 "世之工人, 或能曲盡其形, 而至於其理, 非高人逸才不能辨. 與可之於竹石枯木, 眞可謂得其理者矣."라고 했다. 『蘇軾文集』 卷11. 그리고 또 「又跋漢傑畫山」 2에서는 "觀士人畫, 如閱天下馬, 取其意氣所到. 乃若畫工, 往往只取鞭策皮毛, 槽櫪芻秣, 無一點俊發."이라고 했다. 『蘇軾文集』 卷70.

지위는 급속히 상승하여, 중국 회화 전통의 최고 대표로 되었다.[250] 그리고 문인화의 제재는 의심의 여지없이 산수를 위주로 했다.[251]

여기서 송나라 문예평론의 관건 개념인 도 · 리와 조금 비교하여, 문학과 회화 전통의 분야가 각기 어떻게 다른가 살피고자 한다. 주돈이(周敦頤)의 『통서(通書)』「문사(文辭)」에, "문은 도를 싣는 것이다."[252]라고 했고, 황상(黃裳)의 「언의문집서(言意文集序)」에, "도는 마음에 근본하고 성을 체로 하며 정을 용으로 한다. …… 저술의 인사는 수천 백만의 말을 한다고 해도 근본으로 돌아가 추구한다면 하나로 꿰뚫게 될 따름이다."[253]라고 했으며, 손응시(孫應時)의 「여유혜숙서(與俞惠叔書)」는, "학은 반드시 도에 뜻을 두어야 하고 문은 반드시 리에 뿌리를 두어야 한다."[254]라고 했다. 여기서 말한 도 혹은 리는 모두 유가가 강조하는 도덕과 윤리이니, 유가의 관점에 따르면 도와 리는 모두 사람의 마음에 고유한 것이다. 오직 '도를 싣는' 문과 '리에 뿌리를 둔' 시라야 저쪽과 이쪽을 하나로 '꿸 수' 있으며, 근원처에서 인성의 본질을 파악할 수 있어야 개체의 생명에서 집단의 감동을 발할 수 있어 그로써 보편성을 갖추게 된다. 이것이 문학비평의 전통이다.

회화 비평에서도 리를 강조한다. 이를테면 소식은 「정인원화기(淨因院畫記)」에서, "내가 일찍이 회화를 논하여 이렇게 말했다. 사람, 금수 궁전, 가옥, 기물, 도구가 모두 항상의 형체가 있다. 산, 바위, 대나무, 나무, 물, 물결, 아지랑이, 구름의 경우는 항상의 형체가 없어도 항상의 이치는 있다. 항상의 형체를 잃어버리면 사람들이 모두 알지만, 항상의 이치에 부당하게 되면은 그림에 밝은 자라도 알지 못한다."[255]라고 했다.

250_陳衡恪, 「文人畫之價值」, 『畫論叢刊』 下卷, pp.692-697.

251_唐志契, 「繪事微言 · 畫尊山水」에서는 "畫中惟山水最高. 雖人物 · 花鳥 · 草蟲未始不可稱絕, 然終不及山水之氣味風流瀟灑."라고 했다. 『畫論叢刊』 上卷, p.106. 이것은 명나라 사람의 이야기이지만 송 이후 사람들의 보편적인 관념을 대표한다.

252_『周敦頤集』 卷2, 中華書局, 1990, p.34. "文所以載道也."

253_『演山集』 卷19, 『四庫全書』本. "道本於心, 以性爲體, 以情爲用. …… 著述之士, 雖累千百萬言, 反本而求之, 則貫乎一而已."

254_『燭湖集』 卷6, 『四庫全書』本. "學必志於道, 文必根於理."

255_ 『蘇軾文集』 卷11, 中華書局, 1986, p.367. "余嘗論畫, 以爲人禽宮室器用皆有常形, 至於山石竹木 · 水波煙雲, 雖無常形而有常理. 常形之失, 人皆知之 ; 常理之不當, 雖曉畫者

유도순(劉道醇)은 「송조명화평서(宋朝名畫評序)」에서, "또한 회화를 보는 방법은 먼저 그 기상을 보고, 그런 후에 그 거취를 정하며, 다음으로 그 뜻을 뿌리까지 파고들어가 끝내 그 이치를 구한다. 이것이 회화를 논정(論定)하는 열쇠이다."[256]라고 했다. 한졸(韓拙)은 『산수순전집(山水純全集)』「논관화별지(論觀畫別識)」에서, "구릉과 천지의 사이에, 일이 비록 많아도, 조리가 있어 어지럽지 않다. 사물이 많아도 두서가 있어 잡박하지 않다. 대개 각각 이치가 깃들어 있을 따름이다."[257]라고 했다. 더 내려와 원나라 황공망(黃公望)도 "그림 그리는 것은 다만 '리' 자를 긴요하게 삼아야 한다."[258]라고 했다. 어느 것이나 모두 리가 중요하다고 강조했다. 이 리의 함의에 대해 서복관은 정치하게 분석하여, "그(소식을 가리킴)가 말한 상리(常理)는 실은 『장자』「양생주」 포정해우의 '천리에 의거한다'의 리에서 나왔으니, 자연적인 생명 구조와 이 자연적인 생명구조에서 나온 자연적인 정태를 말한다. …… 그래서 송나라 때 회화에 대해 제기한 리란 글자는 전신(傳神)과 일맥이 서로 전한다."[259]라고 했다. 사상의 내원에서 보면 화론의 리는 도가에서 나왔다. 예술적 추구에서 보면 화론의 리는 그 취지가 전신에 있다. 이것은 문학평론에서 말하는 도 및 리와 비교할 때, 글자는 같지만 실질은 다르다.

하지만 그 차이는 두드러지게 대립하지 않는다. 중국에서는 유가와 도가가 상호 보완했다는 사실이 문예비평 영역에서 선명하게 드러났다. 문학비평에서 추구하는 진(眞)과 정(正)의 통일은 진(眞)에서 정(正)으로 이르고 또한 회동하여 합일하는 길로, 두 갈래가 결코 아니다. 하나는 시인 마음의 수렴적 정화이고, 하나는 시인 마음의 확산적 포용이니, 사

有不知."

256_『四庫全書』本. "且觀之(案 : 指繪畫)法, 先觀其氣象, 後定其去就, 次根其意, 終求其理. 此乃定畫之鈐鍵也."

257_『畫論叢刊』上卷, p.45. "丘陵天地之間, 雖事之多, 有條則不紊 ; 物之衆, 有緒則不雜. 蓋各有理之所寓耳."

258_『寫山水訣』, 陶宗儀, 『南村輟耕錄』卷8 引, 中華書局, 1959, p.97. "作畫只是箇'理'字最緊要."

259_『中國藝術精神』, pp.359-361. "他(案 : 指蘇軾)所說的常理, 實出於『莊子 · 養生主』庖丁解牛的'依乎天理'的理, 乃指出於自然地生命構造, 及由此自然地生命構造而來的自然地情態而言. …… 所以宋代對畫所提出的理字, 乃與'傳神'一脈相傳."

실상 유가와 도가의 상호 보완을 대표한다.[260] 확실히 그것들이 상호 보완할 수 있는 것은, 유가이든 도가이든 파악하는 근원, 추구하는 극치가 분명히 사람의 마음에 있다는 사실에 있다. 회화 비평도 역시 그러하다. 곽희는 『임천고치집(林泉高致集)』 「화의(畫意)」에서 다음과 같이 지적했다.

> 세인은 다만 내가 붓을 대어 그림을 그린다는 것만 알지 그림이 쉬운 일이 아니란 것을 모른다. 장자는 화사(畫史)가 "옷을 풀고 다리를 쭉 편다."라고 했는데, 이것은 정말로 화가의 법을 제대로 말했다. 사람은 모름지기 흉중이 드넓고 상쾌하며 뜻이 쾌적해서, 평탄하고 곧고 자애롭고 미더워〔易直子諒〕 유연한 마음이 생겨나야만 사람의 웃고 우는 정태와 품물의 뾰족하고 비스듬하거나 엎어지고 기울어진 모습이 자연히 심중에 늘어서서 자신도 모르게 붓 아래 나타난다. …… 그렇지 않으면 지의(志意)가 이미 억눌리고 침체하여 한 굽이에 국한되니, 어찌 품물의 실정을 있는 그대로 베껴 내고 사람의 생각을 터서 펼쳐 낼 수 있겠는가?[261]

'옷을 풀고 다리를 쭉 편다'는 뜻의 '해의반박(解衣盤礴)'은 『장자』 「전자방(田子方)」에서 나왔다. 이는 화가의 정신이 자유롭고 해방되어 있음을 상징하며, 심재(心齋)의 공부를 거쳐야 비로소 흉중이 드넓고 상쾌할 수가 있다. 그리고 '이직자량(易直子諒)하여 유연한 마음이 생겨난다'라고 한 말은 『예기』 「악기」와 「제의」 두 편에서 나왔다. "음악을 깊이 살펴서 마음을 다스리면 이직자량의 마음이 유유연하게 나온다.〔致樂以治心, 則易直子諒之心, 油油然生矣〕"라고 했다. 공영달은 이것을 소통하여 해석하기를 "치(致)는 깊이 다하여 자세히 살핀다는 뜻이고 이(易)는 화이(和易), 직(直)은 정직(正直), 자(子)는 자애(子愛), 양(諒)

260_『中國古代文學批評方法研究』, pp.18-19.

261_『畫論叢刊』 上卷, p.24. "世人止知吾落筆作畫, 卻不知畫非易事. 莊子說畫史"解衣盤礴", 此眞得畫家之法. 人須養得胸中寬快, 意思悅適, 如所謂易直子諒, 油然之心生, 則人之笑啼情狀, 物之尖斜偃側, 自然布列於心中, 不覺見之於筆下. …… 不然, 則志意已抑鬱沉滯, 局在一曲, 如何得寫貌物情 · 攄發人思哉?"

은 성신(誠信)이다. 곧 이 음악을 심원하게 하고 자세히 살펴서 그 마음을 바르게 다스린다면 화이 · 정직 · 자애 · 성신의 마음이 유유연하게 안에서부터 생겨난다는 뜻이다. 즉, 음악이 능히 사람 마음을 감동시켜 선심이 생겨나게 만든다는 말이다."[262]라고 했다. '마음을 바로 한다'라든가 '선심이 생겨난다'라든가 하는 등은 모두 유가의 관념이다. 곽희는 한편으로는 그 설을 차용하면서, 동시에 화가의 마음으로 꿰뚫고 확충하여, 사람에게 대해서만이 아니라 품물에 대해서도 화이 · 정직 · 자애 · 성신의 마음이 유연히 생겨나서, 그림 그리려는 대상과 틈새 없이 융합하여 외부의 인정과 물태로 하여금 화가의 정신 주체와 간격이 아예 없도록 하여, 다시는 '울적하고 침체되지' 않아야 순리대로 완결되어 '마음속에 나열되고' 또 '붓 아래 드러난다'라고 했다.

그리고 곽약허(郭若虛)의 『도화견문지(圖畫見聞誌)』「논기운비사(論氣韻非師)」에도 다음과 같은 말이 있다.

> 가만히 보면 자고로 기이한 자취는 대부분 고관의 현자, 암혈의 고귀한 선비가 인(仁)에 의거하고 예(藝)에 노닐어 아득한 이치를 탐색하고 깊은 철리를 끄집어 내며 고아한 정을 한결같이 그림에 붙인 예가 많다. 인물이 이미 높기에 기운(氣韻)이 높지 않을 수 없고, 기운이 이미 높으므로 생동이 이르러 오지 않을 수 없다. 이른바 신묘한 데다가 더욱 신묘하여 능히 정묘한 것이다. 본디 마음의 근원에서 나와 상상이 이루어지고 행동이 자취로 되어, 자취가 마음과 합하는 것, 이것을 인(印)이라고 한다.[263]

"인에 의거하고 예에 노닌다."라는 뜻의 '의인유예(依仁游藝)'는 『논어』「술이」에서 나왔고, "신묘한 데다가 더욱 신묘하여 능히 정묘하다."

262_『禮記注疏』 卷39, 『十三經注疏』本, 中華書局, 1980, p.1543. "致謂深致詳審, 易謂和易, 直謂正直, 子謂子愛, 諒謂誠信. 言能深遠詳審此樂以治正其心, 則和易 · 正直 · 子愛 · 誠信之心油油然從內而生矣. 言樂能感人, 使善心生也."

263_『圖畫見聞誌』 卷1, 『畫史叢書』 第1冊, p.9. "竊觀自古奇迹, 多是軒冕才賢, 巖穴上士, 依仁游藝, 探賾鉤深, 高雅之情, 一寄於畫. 人品既已高矣, 氣韻不得不高；氣韻既已高矣, 生動不得不至, 所謂神之又神而能精焉. …… 本自心源, 想成行迹, 迹與心合, 是之謂印."

라는 말은 『장자』 「천지」에서 나왔는데, 둘이 유기적으로 결합될 수 있다. '기운의 생동'은 본디 사혁(謝赫)의 육법(六法) 가운데 하나인데, 곽희가 다시 인품을 그 위에 가했으니, 이는 틀림없이 유가의 관념이다. 다만 여기서 말하는 인품의 높이는 중심이 '고아한 정'에 있다. 즉 확실히 '마음의 근원(心源)'에 달려 있다. 장조(張璪)가 "밖으로 조화를 본받고 속으로 마음의 근원을 얻는다."[264]라고 했듯이, 도가 사상에서 온 것이다.[265] 원진(元稹)의 「화송(畫松)」 시는 "장조는 고송을 그림 그려, 왕왕 신골(神骨)을 얻었건만 …… 화사 무리에게 유전되어서는 기이한 태깔이 모두 매몰되었으니 …… 티끌세상의 마음은, 아지랑이와 푸른 하늘의 바탕을 형상하기 어려움을 알겠노라."[266]라고 했다. 높은 인품은 화가의 고도한 정취에서 오므로 결국 마음에 달려 있다고 했는데, 이는 또한 도가 사상으로 유학의 도에 관통하는 것이다. 세속 명리의 '진애심(埃塵心)'에서 벗어나지 않은 화가가 붓 아래서 어떻게 '연소질(煙霄質)'을 드러낼 수 있겠는가? 그래서 곽희는 말하길, "무릇 그림에서 기운(氣韻)은 유심(游心)에 근본 한다."[267]라고 했으니, 정말로 못을 자르고 쇠를 끊는듯 하는 투철한 논리이다.

중국 시와 중국화의 서로 다른 전통은 시인의 시선으로 읽어 내는 화의(畫意)와 화가의 시선으로 보는 시정(詩情)을 차이 나도록 만들었다. 제2절에서 기려도와 관련 있는 제시나 제발이 정치적 의미를 종합하여 발휘한 것임을 말했는데, 이것은 문학 전통을 반영한다. 화가가 시가를 이용하여 창작해 나갈 때에는 상황이 어떠했는가? 이공린의 그림은 세속의 화공이 따라갈 수 있는 바가 아니었으니, 그 원인의 하나는 시를 가지고 그림을 잘 그렸기 때문이다. 『선화화보(宣和畫譜)』 제7권에서는 그러한 특징을 다음과 같이 지적했다.

대개 두보의 시 짓는 체제를 깊이 터득하여 그림에 옮겼다. 두보의 「박

264_『歷代名畫記』 卷10, 『畫史叢書』 第1冊, p.121. "外師造化, 中得心源."

265_『中國藝術精神』, pp.264-267.

266_『元稹集』 卷3, 中華書局, 1982, p.33. "張璪畫古松, 往往得神骨. …… 流傳畫師輩, 奇態盡埋沒. …… 乃悟埃塵心, 難狀煙霄質."

267_『圖畫見聞誌 · 論用筆得失』, 『畫史叢書』 第1冊, p.9. "凡畫, 氣韻本乎游心."

> 계행(縛鷄行)」의 경우는 닭과 벌레의 득실에 정신을 두지 않고 "추운 강에 시선을 쏟으며 산 누각에 기대어 있는〔注目寒江倚山閣〕" 때에 정신을 두었다. 이공린은 도잠(도연명)의 「귀거래혜도(歸去來兮圖)」를 그릴 때 전원의 소나무와 국화에 정신을 두지 않고 맑은 물 흐름에 임한 곳에 정신을 두었다. 두보는 「모옥위추풍소발탄(茅屋爲秋風所拔歎)」을 지어 파옥이 새는 것을 구휼할 수 없음을 불쌍히 여겼지만 "천하 한사들을 크게 비호하여 모두 환락의 얼굴을 갖게 되길〔大庇天下寒士俱歡顏〕" 바랐다. 이공린은 「양관도(陽關圖)」를 만들어, 이별의 참혹한 한스러움을 인간의 상정으로 여기면서도 물가에서 낚시하는 사람이 형체를 잊고 오똑 앉아서 인간사의 슬픔과 즐거움이 그의 마음에 관여하지 않는 모습을 설정했다. 그 밖의 여러 가지도 이와 같으니, 관람하는 사람이 터득해야 한다.[268]

주제에서만 문학 속의 정치 요소를 걸러 낸 것이 아니라,[269] '시 짓는 체제'로 그림 그리는 것에 중심을 두었다. 이것은 예술적 심미 추구이며, 이로써 그림의 의경(意境)을 끌어올렸다. 따라서 화가가 시가에서 흡수한 것은 재도(載道)의 요소가 아니라 서정(抒情)의 요소였다고 말할 수 있다. 이공린은 일찍이 "나는 소인(騷人, 시인)이 시를 읊듯이 그림을 그리므로, 성정을 음영할 따름이다."[270]라고 감탄조로 말했다. 원나라 예찬(倪瓚)이 스스로 자기 그림에 대해 "흉중의 빼어난 기를 쏟아 내는 것일 따름이다."라 하고, "일필(逸筆)로 초초(草草)할 따름이요, 형태상의 유사함을 추구하지 않고, 애오라지 스스로 즐길 따름이다."[271]라고

268_『畫史叢書』第2冊, pp.74-75. "蓋深得杜甫作詩體制而移於畫. 如甫作「縛鷄行」, 不在鷄蟲之得失, 乃在於"注目寒江倚山閣"之時. 公麟畫陶潛「歸去來兮圖」, 不在於田園松菊, 乃在於臨淸流處. 甫作『茅屋爲秋風所拔歎』, 雖矜破屋漏非所恤, 而欲"大庇天下寒士俱歡顏". 公麟作「陽關圖」, 以離別慘恨爲人之常情, 而設釣者於水濱, 忘形塊坐, 哀樂不關其意. 其他種種類此, 唯覽者得之.

269_仇兆鰲,『杜詩詳注』卷18 引用 師厚「縛鷄行」論. "天下利害, 當權輕重. 除寇則勞民, 愛民則養寇. 與其養寇, 孰若勞民. 與其惜蟲, 孰若存鷄. 此論聖人不易, 天下亦無難處之事, 始知浮屠法不可治世." 도연명은 「귀거래혜사」에서 자기가 오두미 때문에 허리를 굽힐 수 없다고 표현했는데, 이것도 정치적 의미를 함유한다.

270_『畫史叢書』第2冊, p.75. "吾爲畫如騷人賦詩, 吟詠情性而已."

271_『佩文齋書畫譜』卷16 '元倪瓚論畫竹'·'元倪瓚自論畫'條,『四庫全書』本. "不過逸筆

한 것과 일치한다.

곽희는 『임천고치집(林泉高致集)』 「화의(畫意)」에서 이렇게 말했다.

> 내가 한가할 때 진(晉)과 당(唐)의 고금 시들을 보매, 그 가운데 훌륭한 시구는 사람의 뱃속 일을 다 말하고 목전의 광경을 만들어 내었다. 하지만 고요히 거처하며 편안히 앉아 밝은 창아래 깨끗한 책상에 화로의 향을 한 심지 피워 두고 일만의 근심을 소멸시켜 가라앉히지 않으면, 훌륭한 시구의 좋은 뜻도 볼 수가 없고, 그윽한 정과 멋진 아취도 상상할 수 없다. 그러니 그림의 주의(主意)를 어찌 쉽게 미칠 수 있겠는가?[272]

직접 고인의 시구를 회화의 제제나 주제로 삼는 것은 시를 그림으로 만드는 또 다른 형식이다. 단, 시 속의 좋은 뜻과 멋진 아취를 제대로 보고 상상하려면, 우선 자기 정신을 순화하고 정화해야 한다. 즉, "화로의 향을 한 심지 피워 두고 일만의 근심을 소멸시켜 가라앉혀야" 한다.

곽희 부자는 절구 4수와 12련 오칠언시를 나란히 내어, '멋진 생각에서 발하여 그림으로 그려 낼 수 있는 것'으로 삼았다. 그 가운데 '나귀 타는 일'과 관련 있는 의상이 있어, "물 건너는 절름발이 나귀의 두 귀가 곧고, 바람 피하는 파리한 종복의 한 어깨가 솟아 있다."[273]라고 했다. 이것은 당나라 노연양(盧延讓)의 「설시(雪詩)」에 나오는 구절로, 설경의 적막하고 암담함을 잘 표현해 내었다. '두 귀가 곧고' '한 어깨가 높이 솟아 있다'라고 하여 엄동설한의 상황을 더욱 잘 전달할 수 있었으니, 이것이 곧 화가의 눈에 비친 설경의 전형이다.

화가 시선 속의 시와 시인 시선 속의 그림은, 제재가 동일하고 심지어 작품이 동일하다고 해도, 입의에서는 달라지는 일이 많다. 『임천고치집』은 곽희 아들 곽사(郭思)가 기록하고 편집한 것인데, 『선화화보』는 곽희의 그림 논평이 "비단 그림만 논한 것이 아니라 대개 도에 나아간

草草, 不求形似, 聊以自娛耳."

272_『畫論叢刊』 上卷, p.24. "余因暇日閱晉唐古今詩什, 其中佳句, 有道盡人腹中之事, 有裝出目前之景, 然不因靜居燕坐, 明窗淨几, 一炷爐香, 萬慮消沉, 則佳句好意, 亦看不出 ; 幽情美趣, 亦想不成° 即畫之主意, 亦豈易及乎?"

273_『畫論叢刊』 上卷, p.25. "渡水蹇驢雙耳直, 避風羸僕一肩高."

것이다."라 했고, 그 아들 곽사도 "역시 그림 논평에 깊었다."[274]라고 했다. 『사고전서총목』은 이 책을 6편이라고 저록하고, 앞의 4편은 곽희의 작이되 곽사가 해석을 많이 붙였고, 뒤의 2편은 곽사의 작이라고 했다. 여소송(余紹宋)의 『서화서록해제(書畫書錄解題)』는 그것이 '극히 옳다'고 인정했다.[275] 주의할 점은 곽사에게도 역시 논시의 저술 『요계집(瑤溪集)』〔일명 『요지집(瑤池集)』〕이 있다는 점이다. 방회(方回)의 「요지집고(瑤池集考)」에 이러하다.

> 송 왕조가 장강을 건너 이후 제가의 시화는 어느 하나도 이 책을 언급한 것이 없다. 나는 전당(錢唐)의 서사(書肆)에서 구했는데, 사대부가에서 필사한 텍스트였다. …… 스스로 한 연(聯)을 적어, "원숭이 노닐 때 산꽃은 따스하고, 사람이 길을 가매 변새의 버드나무 가지 푸르도다〔猿戲山花暖, 人行塞柳青〕."라 했으나 아무 재미가 없다. …… 이 사람은 시집이 세상에 전하는 것이 없다. 거듭 선자(先子)를 일컬었으니, 그 부친은 산수를 잘 그리는 사람인 곽희로, 소동파(소식)과 황산곡(황정견)이 모두 시를 지어 그의 그림을 칭송한 것이 있다.[276]

본질적으로 곽사는 화가에 가까웠다. 『요계집』은 이미 망실되었고, 다른 사람이 인용한 조각 글로 보면, 화가가 시를 짓고 시를 논한 것이었으므로 그 서적이 시가의 존중받지 못했다. 하문(何汶)의 『죽장시화(竹莊詩話)』는 "『요계집』은 체식을 많이 수립하고 여러 시들을 품제하여 억지로 구분해서 아무 확론[277]이 없으므로 지금 모두 취하지 않는다. 유독 논한 바의 시의 경지는 설이 비록 범범하지만 그 사이에 거론한 편들은 대부분 선배들이 칭송하고 후인들이 회자한 것이다. 그래서 상당히

274_『宣和畫譜』 卷11, 『畫史叢書』 第2冊, p.123.

275_『書畫書錄解題』 卷3, 浙江人民出版社據國立北平圖書館1932年版影印, 1982, p.9b.

276_『桐江集』 卷7, 宛委別藏本. "南渡後諸家詩話, 未有一人拈出此集者. 予得之錢唐書肆, 乃士夫家之錄本也. …… 自書己作一聯 : '猿戲山花暖, 人行塞柳青.' 全無滋味. …… 此人無詩集傳世, 屢稱先子, 其父乃善畫山水人郭熙, 坡 · 谷皆有詩稱其畫."

277_方回의 『瑤池集考』는 이 책을 두고, "蓋詩話也, 一曰詩之六義, 二曰詩之諸名, 三曰詩之著體(與李淑『詩格』相類, 凡八十一體, 可無述), 四曰詩之諸式(凡二十九式), 五曰詩之諸景, 以至十五曰詩之諸說."이라 했다. 『桐江集』 卷7, 번새함을 대략 살필 수 있다.

산절해서 59편을 얻었다."[278]라고 했다. 곽소우(郭紹虞)는 "방회의 「요지집고」에서 말한 '다섯째 시의 경(景)'이란 것은 대개 『죽장시화』 속에 보인다."[279]라고 했다. 이른바 '시의 경'은 바로 '작자의 경개를 봄'[280]이니, 작품을 통해서 그 표현된 주지와 입의를 보는 것이다. 방회는 "곽희는 노두를 상당히 높이쳤다."[281]라고 했다. 곽희가 두시를 평한 예는 다음과 같다.

> 「麗人行」 1수, 제도(帝都)에서 봄에 유람하는 성대함을 말했다.
> 「樂游園」 1수, 귀인의 유람과 연회의 자적함을 알 수 있다.
> 「飮中八仙歌」 1수, 개원 연간이 태평하고 인물이 성대함을 볼 수 있다.
> 「今夕行」 1수, 여관에서 놀이 도박을 하면서 호방하게 행동하는 쾌활함을 볼 수 있다.
> 「高都護驄馬行」 3수, 준마를 읊어, 뛰어난 품물의 모양을 베껴 내어 즐길 수 있는 상황을 볼 수 있다.
> 「醉爲馬墜諸公攜酒相看」 1수, 준매하고 치달리는 형승을 볼 수 있다.
> 「風雨看舟前落花戲爲新句」 1수, 강상의 봄빛이 빼어나게 아름다운 경치를 볼 수 있다.
> 「古柏行」 1수, 사물을 보고 사람을 그리워하는 기세의 위대함을 볼 수 있다.
> 「茅屋爲秋風所破歌」 1수, 누추하고 곤궁하여 수심이 극심한 태깔을 볼 수 있다.[282]

송나라 사람이 두시를 논한 대표적 의견들을 상술한 문자와 간단히

278_『竹莊詩話』 卷14, 中華書局, 1984, p.283. "『瑤溪集』多立體式, 品題諸詩, 強爲分別, 初無確論, 今並不取. 獨所論詩之景者, 爲說雖泛, 然其間編類多前輩所稱美而後人所膾炙, 故頗加刪錄, 得五十九篇."

279_『宋詩話考』 下卷, 中華書局, 1979, p.194. "方回『瑤池集考』所謂'五曰詩之景'者, 大率見於『竹莊詩話』中矣."

280_『竹莊詩話』 卷14, p.283는 『瑤溪集』을 인용하여 "詩之景不一而足, 今隨詩出之, 觀作者之梗概云."라고 했다.

281_「瑤池集考」, 『桐江集』 卷7. "郭多主老杜."

282_『竹莊詩話』 卷14부터 卷15, pp.283-290.

대비하면, 곽사가 부각시킨 것은 시 속에 묘사된 장면·인물의 '성대함'·'상황'·'위대함'·'태깔' 등등이어서, 완전히 화가의 눈에 비친 시라는 사실이 금세 드러난다. 원래의 시 속에는 풍자가 있고 기탁이 있지만 전혀 언급하지 않아서, 시 속의 정치성을 깨끗이 씻어 내었다. 이런 논술은 『임천고치집』 중에 열거한 '아름다운 상상에서 발하여 그림 그릴 만한 것'이란 구절과 본질적으로 접근해 있다. 방회는 『요지집(요계집)』에서 장운수(張芸叟)의 사위 사마 박(朴)의 한 연(聯)을 뽑되 『운수집(芸叟集)』 속의 시는 선록하지 않으면서, "이 사람이 완전히 원우(元祐) 당인을 미워한 자임을 볼 수가 있다."[283]라고 했는데, 너무 깊이 파고들지 않았나 한다. 그는 사마 박의 "땅에 가득 아지랑이를 머금고 있는 것은 녹빛 방초요, 난간에 기대어 울어 이슬을 떨구는 것은 붉은 해당이로다.〔滿地煙含芳草綠, 倚欄露泣海棠紅〕"를 '시의 경(景)'이라고 했다. 이 연은 순수하게 화가의 안광에서 나온 것이지, 정치에 대한 헤아림이라고는 조금도 없다. 위의 글에서 언급했듯이 이공린은 두보의 「모옥위추풍소파」의 작시법으로 그림을 제작하여, '슬픔과 즐거움이 그의 뜻에 관여하지 않음'을 부각시켰다. 그런데, 정사초(鄭思肖)의 「두자미모옥위추풍소파가도(杜子美茅屋爲秋風所破歌圖)」는 시인의 안광으로 회화를 개조하여 "서너 칸 띠집에서 요설을 휘둘러, 소릉(두보)의 우국심을 한껏 말한다."[284]에 입의(立意)를 두었다. 파생시켜 만들어 낸 것은 우국우민의 정회이다. 시인 안광과 화가 안광의 차이를 이로써 볼 수가 있다. 요컨대 중국 시와 중국화는 서로 전통이 달랐으며 서로 통하는 곳은 예술 수법에 있었다. 이른바 "시로 그림을 그린다"거나 "그림으로 시를 만든다"라고 해도,[285] 입의는 별도로 있었던 것이다.

설경과 기려 의상으로 돌아가기로 한다. 곽약허의 『도화견문지』 「설시도(雪詩圖)」에는 "당나라 정곡(鄭谷)에게 「설시(雪詩)」가 있어, '승려 거처에서는 차 연기에 젖어 어지러이 날리고, 가창하는 누대에 몰래

283_「瑤池集考」, 『桐江集』 卷7. "足見此人全是惡元祐者."

284_陳思, 『兩宋名賢小集』 卷371 '圖詩.' 『四庫全書』本. "數間茅屋苦饒舌, 說殺少陵憂國心."

285_(元)湯垕, 「畫論」, 『畫論叢刊』 上卷, p.61. "東坡先生有詩云 : '論畫以形似, 見與兒童鄰. 作詩必此詩, 定知非詩人.'余平生不惟得看畫法於此詩, 至於作詩之法, 亦由此悟."

휘뿌려 술 기세가 미약하다. 강상에는 저녁 나절 그림 그릴 만한 곳이 많으니, 어부가 도롱이 걸치고서 돌아오네.〔亂飄僧舍茶煙濕, 密灑歌樓酒力微. 江上晩來堪畫處, 漁人披得一簑歸〕'라고 했다. 외워 전하는 사람들이 당시에 많았다. 단찬선(段贊善)이 그림을 잘 그려, 시의와 경물을 따서 그림으로 그렸는데, 소쇄한 뜻을 곡진히 했다."[286]라고 했다. 명나라 당지계(唐志契)의 『회사미원(繪事微言)』「설경(雪景)」은 "설경 그림은 바람이 차고 기운이 시린 뜻을 제대로 표현해야 한다. 이때에 비록 여행을 하고 매화 찾는 객이 있더라도 한기를 두려워하지 않는 이가 없을 것이니, 다만 적막을 위주로 해야 하지, 조금이라도 시끄럽고 들레는 정태가 있다면 곧 잘못이다."[287]라고 했다. 청나라 사람 당대(唐岱)의 『회사발미(繪事發微)』「설경(雪景)」에는 "무릇 설경 그림은 적막과 암담을 위주로 해야, 겨울 신의 충한(充寒)한 기상이 있게 된다."[288]라고 했다.

이상 송나라부터 청나라까지의 의론을 열거했는데, 이로써 중국 회화의 전통이 어디에 있는지 볼 수가 있었다. 따라서, 화가의 붓 아래서 기려 의상은 스산하고, 적막하고, 풍류로우며, 한적해야 한다. 청나라 때 초학자를 지도하는 화론에서는 "맑은 물 흐름에 임하여 절름거리는 나귀를 채찍질함〔臨淸流以策蹇〕"[289]이 산수화에 늘 존재하는 점철(點綴)이며, 기려는 "가을 산을 여행하고 눈 덮인 산마루로 매화를 찾아 나설 때 없어서는 안 되는"[290] 그런 의상(意象)이었다. 기려 의상이 시와 그림에서 서로 다르게 표현되는 근원을 탐구하려 한다면 그것은 중국 시와 중국화의 전통이 서로 달랐던 사실에서 이유를 찾아야 한다.

286_『圖畫見聞誌』 卷5「故事拾遺」, 『畫史叢書』 第1冊, p.77. "唐鄭谷有『雪詩』云 : '亂飄僧舍茶煙濕, 密灑歌樓酒力微. 江上晩來堪畫處, 漁人披得一簑歸.' 時人多傳誦之. 段贊善善畫, 因採其詩意景物圖寫之, 曲盡蕭灑之思."

287_『畫論叢刊』 上卷, p.121. "畫雪最要得觱發栗烈意, 此時雖有行旅探梅之客, 未有不畏寒者, 只以寂寞爲主, 一有喧囂之態, 便失之矣."

288_『畫論叢刊』 上卷, p.250. "凡畫雪景, 以寂寞黯淡爲主, 有元冥充寒氣象."

289_笪重光, 『畫筌』, 『畫論叢刊』 上卷, p.169. "臨淸流以策蹇." 이런 점철은 후래에 속투가 되어 범람하기도 해서, 어떤 사람은 반대했다. 이를테면 湯貽汾, 『畫筌析覽』「論點綴」에는 "凡爲點綴, 固不皆應有而有, 亦當知可無則無."라 했다. '可無者' 속에는 '吟鞭袖於驢背'라는 조목도 들어 있다. 『畫論叢刊』 下卷, p.517.

290_鄭績, 『夢幻居畫學簡明』 卷5 '論獸畜', 『畫論叢刊』 下卷, p.594. "秋山行旅, 雪嶺探梅, 不能少此."

7. 중국 시와 중국화 전통의 조선 · 일본에서의 변천

이상 서술했듯이, 중국 문학과 중국 회화는 서로 상이한 전통이 있으며, 그것들이 동쪽으로 조선과 일본에 전해질 때는 한편으로는 중국 전통이 많은 영향을 주기도 하고 다른 한편으로는 조선 · 일본이 수용하면서 변용하여, '유사한 것 속에 유사하지 않은 것이 존재하는' 상황을 만들어 내었다. 여기서 기려와 기우의 의상을 결합시켰다는 사실을 다른 각도에서 보고자 한다.

본질적으로 말하면 조선은 완전히 중국 시와 중국화의 각기 다른 전통을 각각 수용하여 문학은 정치에 관계하고 회화는 자신의 한정(閑情)과 일치(逸致)를 표현했다. 그것이 조선 문학은 기우 의상을 자기 특징으로 하지만 회화는 기려 의상을 위주로 하게 된 중요한 원인이다.

한국 한문학의 비조 최치원은 신라 때 당나라에 들어간 빈공진사였다. 고려 시대 광종 때 처음으로 과거로 선비를 뽑는 제도를 실행하여, 그 과목에 제술 · 명경 · 잡업 등 3과 11문이 있었으나[291], 가장 중시된 것은 제술업이었으니, 이것은 당나라의 진사과에 해당했다. 고시 과목은 시부(詩賦)를 대단히 중시했다. 고려 왕조는 관리의 선발 · 평가에서 문학적 재능이 어떠한지를 충분히 고려했다. 군주와 신하는 창화(唱和)하고, 습속은 풍아(風雅)했다. 따라서 문학 창작 집단에서 주류를 차지한 것은 사대부 관료 계층이고 문학의 기능도 정치 방면에서 두드러지게 되었다. 서거정은 『동인시화』 하권에서, "고려 광종 · 현종 이후 문사가 배출되어, 사부(詞賦)와 사육(四六)의 농섬하고 부려함은 후인이 따를 수가 없다."[292]라고 했다. 또 이렇게 말했다. "고려 광종이 처음으로 과거를 설치하여 사부(詞賦)를 사용했는데, 예종이 문아(文雅)를 좋아해서 날마다 문사들을 모아 창화를 했다. 이어서 인종 · 명종도 유아(儒雅)를

291_『高麗史』「選擧一」에는 "光宗用雙冀言, 以科擧選士, 自此文風始興."이라 했다. 그 과목은 앞뒤로 변화가 있었지만, 단 제술업 · 명경업 및 의(醫) · 복(卜) · 지리(地理) · 율(律) · 서(書) · 산(算) · 삼례(三禮) · 삼전(三傳) · 하론(何論) 등 잡업을 벗어나지 않았다. 許興植, 「高麗科擧制度의 檢討」, 『韓國史硏究』 제10호, 1974년 9월, pp.3-65.

292_『韓國詩話叢編』, 제1책, p.467. "高麗光 · 顯以後, 文士輩出, 詞賦四六, 穠纖富麗, 非後人所及."

숭상했고, 충렬왕은 사신(詞臣)과 창수를 하여 『용루집(龍樓集)』이 있었다. 이로부터 풍속이 사부를 숭상하고 추대(抽對)를 힘썼다. …… 고려 중엽 이후, 양송(북송 · 남송) · 요 · 금 · 몽고 강국을 섬겨, 여러 차례 문사(文詞)로 칭송을 받고, 나라의 우환을 풀 수 있었으니, 어찌 사부라고 하여 소홀히 하겠는가?"[293]

조선 시대에 들어와서는 사상면에서 성리학만을 존중하여 유가 사상이 시대의 통치 사상으로 되자 그 문학관도 조선 문학 속에 침투했다. 그리고 관료 정치 자체의 고질병으로 인해 연산군(1494-1560년 재위) 시대부터 무오사화(1498) · 갑자사화(1504) · 기묘사화(1519) · 을사사화(1545) 등 사화가 끊임없이 발생했다. 선조 8년(1575), 사대부는 공식적으로 동과 서 두 당으로 분열되었고, 결국 극히 복잡하면서도 극히 장기에 걸친 붕당 정쟁으로 발전했다. 즉, 동인의 경우는 우선 남인과 북인이 나뉘고 북인 중에서 다시 대북과 소북으로 나뉘었으며, 대북은 다시 골북(骨北) · 중북(中北) · 육북(肉北)으로 나뉘고 소북은 청소북과 탁소북으로 나뉘었다. 남인과 서인의 정황도 역시 마찬가지였다.[294] 조선 시대의 당쟁은 세습의 특징을 지녔으므로 아주 복잡했을 뿐만 아니라 연속 시간이 아주 길었다.[295] 이것은 조선 시대 문학에 강렬한 정치 색채를 띠게 만들었다. 어떤 의미에서는 중 · 한 · 일 삼국의 문학 가운데 조선 시대 문학의 정치성이 가장 농후했다. 그것은 위에 지적한 기우와 기마의 대립 설정에서만 드러난 것이 아니라 다른 경우에도 두드러졌다. 두보 기려도에 대한 영탄은 그 한 예이다.

두보 기려도는 늦어도 북송 때는 세상에 널리 전해졌다. 한미하고 곤궁하게 묘사한 것 이외에도,[296] 낭만적인 풍운(風韻)을 지닌 것이 있는

293_『韓國詩話叢編』, 제1책, pp.468-469. "高麗光宗始設科用詞賦, 睿宗喜文雅, 日會文士唱和. 繼而仁 · 明亦尙儒雅, 忠烈與詞臣唱酬, 有『龍樓集』. 由是俗尙詞賦, 務爲抽對. …… 高麗中葉以後, 事兩宋 · 遼 · 金 · 蒙古強國, 屢以文詞見稱, 得紓國患. 夫豈詞賦而少之哉?"

294_李離和, 『朝鮮黨爭關係資料集解題』, 驪江出版社, 1988, 제1책, pp.2-27.

295_左江, 「略論澤堂李植的黨派關係」는 이 문제를 아주 잘 분석했다. 左江, 『李植杜詩批解研究』 附錄 2, 中華書局, 2007, pp.279-320.

296_胡仔, 『苕溪漁隱叢話』 後集 卷8. "世有碑本子美畫像, 上有詩云 : '迎旦東風騎蹇驢, 旋呵凍手暖髯鬚. 洛陽無限丹青手, 還有工夫畫我無?' 子美決不肯自作, 兼集中亦無之, 必好事者爲之也." 그 시는 가짜이지만, 그 화상이 세상에 유전하는 것은 진짜이다. 시 속의 내용으

데다가, 세상에 유행하는 것은 주로 후자였다. 동유(董逌)의 『광천화발(廣川畫跋)』 제4권 「두자미기려도」에 "두자미는 술에 방탕했던 자이다. …… 그는 나귀를 타고 시장을 두루 돌아다니면서 기정(旗亭, 술집)을 바라보고 국거(麴車, 누룩 짜는 기계)를 쫓아다니면서 지게미를 먹고 막 거른 술을 마셨으며, 기울어지고 자빠지려 하면 아들이 고삐를 잡아 부축했다. 내 생각에 그것은 장안에 있을 때 여기저기 다니면서 걸식했을 때의 일이다."[297]라고 했다. 하지만 대다수 시인들은 그림 속의 광경이 성도 때의 일이라고 간주했다. 황정견의 「노두완화계도인(老杜浣花谿圖引)」에는 "습유(두보)가 금관성(성도)에 유락했을 때, 옛 친구가 수령으로 있어 청안으로 보자, 벽계방(碧雞坊) 서쪽에 오막살이를 짓고, 백화담(百花潭) 물로 갓끈을 씻었다. …… 완화계에 술 실은 배를 띄우고 수레와 말은 흩어 버린 채, 들 담장에서는 주인 없어 도리꽃을 마음껏 바라보았다. 종문(宗文)은 집 지키고 종무(宗武)는 부축해서, 낙조 아래 절름거리는 나귀에 몸을 실어 취했다간 깨어나곤 했도다."[298]라고 했다. 진사도(陳師道)의 「주방이 그린 이백의 사진을 요절이 읊은 것에 화운한다〔和饒節詠周昉畫李白眞〕」에는, "그대는 보지 못했나, 완화계의 늙은이가 취하여 나귀를 타니, 웅아는 고삐 잡고 기자(驥子)는 부축한 것을. 금화선백(金華仙伯)이 일곱 자 구의 시를 읊었건만, 호사가는 다시 천금을 주고 그림으로 그리질 않누나."[299]라고 했다. '금화선백'은 황정견을 가리킨다. 송희(宋禧)의 「완화계도(浣花溪圖)」는 "누가 완화계에 거주하여, 외진 땅에서 근심 없이 엉망으로 취했던가. 괴이하여다 도원경으로 머리 돌려, 낙화유수의 곳에서 길을 헷갈리다니."[300]라고 했다. 이상으로 보면 그 형상은 아주 춥고 시렸다.

297_『四庫全書』本. "杜子美放於酒者也, …… 其乘驢歷市, 望旗亭, 逐麴車, 餔糟飲醨, 欹傾頓委, 其子捉轡持之, 吾意其當在長安而旅食時也."

298_史容, 『山谷外集詩注』 卷16, 『山谷詩集注』 下冊, 上海古籍出版社, 2003, pp.1010-1011. "拾遺流落錦官城, 故人作尹眼爲靑. 碧雞坊西結茅屋, 百花潭水濯冠纓. …… 浣花酒船散車騎, 野墻無主看桃李. 宗文守家宗武扶, 落日蹇驢馱醉起."

299_任淵注 · 冒廣生補箋『後山詩注補箋』 卷十二, 中華書局, 1995年版, p.430. 君不見浣花老翁醉騎驢, 熊兒捉轡驥子扶. 金華仙伯哦七字, 好事不復千金摹.

300_『庸庵集』 卷九, 『四庫全書』本. 何人住向浣花溪, 辟地無憂醉似泥. 卻怪桃源回首處, 落花流水路還迷.

여러 시의 중심은 모두 두보가 술을 마셔 방탕하며 낭만적이어서 근심이 없었다는 점에 있다.

이 두보 기려도는 고려 때 이미 수입되었다. 조선 초 서거정에게 「쌍림상인이 소장한 열 폭의 그림에 제하다〔題雙林心上人所藏十畫〕」가 있는데, 그 속에 「두보태취(杜甫駄醉)」 시가 있다.

> 완화계 으슥한 곳에 있는 초당으로, 취해 실려 오는 때 해는 서산에 기우네. 옆 사람들이야 손뼉 치며 웃거나 말거나, 웅아는 고삐 잡고 기아는 앞에서 끄누나.[301]

이 제영의 내용은 위에서 본 여러 시들과 상응한다. 하지만 주의해야 할 점은 조선 시대 시인은 이런 풍류 있는 기려도를 대할 때 왕왕 별도의 감탄을 발하여 짙은 정치적 색채를 덧칠했다는 사실이다. 몇몇 예를 들기로 한다. 주세붕(周世鵬, 1495-1554)의 「완화취귀도(浣花醉歸圖)」에는 이러하다.

> 만 리 밖 외론 신하는 검촌(검각 바깥 마을)에서 늙어 가고, 백화담 물은 황량한 동산을 감아 돈다. 전야의 늙은이와 시내의 벗들이 다투어 불러다가 술을 마시게 하고, 어린아이와 늙은 아내는 문간에서 기다린다. 낙조 아래 절름거리는 나귀에 거꾸로 실려 가며, 고국으로 머리를 돌려 보매 혼담이 녹는구나. 일생의 충성스런 분노에 너무도 메말라서, 취한 얼굴에는 의연히 눈물 흔적 띠고 있네.[302]

엄흔(嚴昕, 1508-1553)의 「완화취귀도(浣花醉歸圖)」에는 이러하다.

> 나귀 타고 거나하게 취해 시내 머리를 지나가는데, 성글어진 백발이 푸

301_『四佳集』 詩集 권45, 한국문집총간 제11책, p.50. "草堂幽處浣花溪, 駄醉歸來山日西. 遮莫傍人笑拍手, 熊兒捉轡驥兒攜."

302_『武陵雜稿』 별집 권5, 한국문집총간 제27책, p.137. "萬里孤臣老劍村, 百花潭水抱荒園. 田翁溪友競邀飮, 稚子老妻相候門. 落日蹇驢方倒馱, 回頭故國正銷魂. 一生忠憤太生瘦, 醉面依然帶淚痕."

> 른 모래톱에 비친다. 병든 눈은 시절에 감응하여 하릴없이 눈물을 뿌리고, 쇠한 용모는 나라 근심에 애오라지 수심을 머금었다. 되놈의 창이 땅에 가득할 때 강변에서 늙어 가고, 검각의 조도(鳥道)가 하늘의 검처럼 옆으로 비낀 바깥에 떠도누나. 마음을 누그러뜨리려면 술의 힘이 필요하다 말하지 마라, 취하매 심사가 되려 유유하도다.[303]

김인후(金麟厚, 1510–1560)의 「두자미취후종문착미도(杜子美醉後宗文捉轡圖)」에는 이러하다.

> 그대는 홀로 나귀 타고 어디로 향하는가, 눈에 현화가 날아 우물에 떨어져 살짝 미친 기운 도는구나. 건곤 속에 구주(중원)는 몇 만 나라가 있었던가. 하루아침에 되려 취향으로 돌아가고 말았지. 완화계 머리의 그윽하기 짝이 없는 곳에, 의연히 서너 칸 초당을 열었다. 일생토록 세상 맛과는 사이가 소원해서, 때때로 술을 구해 일천 잔을 기울였다. …… 머리를 돌려 보아도 백년의 근심을 해소하지 못하고, 촉혼(자규)의 한 소리에 명아주 나무 침상에서 놀라누나. 밤 깊어 달이 휠 때 일어나 재배하면서, 하늘 한쪽에 계신 미인(군주)을 멀리 바라본다. 병든 학은 슬피 울어 만 리 멀리 떠돎을 수심하고, 마구간에 엎디어 있는 늙은 천리마는 괜스레 뛰어오른다. …… 세상에서는 그저 시홍이 호방함만을 알 뿐이지, 혁혁한 충성의 간장(肝腸)을 누가 보랴. 시와 술에 뜻을 우탁함은 그저 남은 자취일 뿐이고, 원대한 뜻은 아득히 구름과 함께 서성인다. 그대여 우리나라 좋은 비단을 가져다가, 해바라기가 태양을 향해 기우는 마음을 특별히 써 주시오. 외론 신하는 백세토록 봉필(은둔자의 허름한 집)에서 늙어 가니, 경경한 마음으로 밥 한 숟가락에도 충군애국의 생각을 잊기 어려워라. 하늘의 문(궁문)은 아스라하여 외쳐도 들리지 않고, 장안 곡강(曲江)을 바라며 봄바람에 눈물을 뚝뚝 떨구노라.[304]

303_『十省堂集』 卷下, 한국문집총간 제32책, p.514. "騎驢酩酊過溪頭, 白髮蕭條映綠洲. 病眼感時空灑淚, 衰容憂國謾含愁. 胡戈滿地江邊老, 鳥道橫天劍外遊. 莫謂寬心須酒力, 醉來心思轉悠悠."

304_『河西全集』 권4, 한국문집총간 제33책, p.78. "君獨騎驢向何處, 眼花落井生微狂. 乾坤九州幾萬國, 一夕轉盡歸醉鄉. 浣花溪頭幽絕處, 依然數間開草堂. 生平與世味相疎, 時時得酒傾千觴. …… 回頭未解百年憂, 一聲蜀魂驚藜床. 夜深月白起再拜, 遙望美人天一方. 病鶴

여기서의 두보는 초라하지도 않고 낭만적이지도 않다. 중국 시인이 묘사한 두보의 기려와는 아주 달라서, 충성의 마음이 끓어올라 나라를 걱정하고 백성을 걱정하며 취기 오른 얼굴에 눈물 자국이 가득한 형상을, 짙은 먹으로 거듭 채색해 내었다. 술을 빌려서 수심을 녹이지만 수심에 젖어 더욱 수심한다. 어떤 의미에서는 사실상 살풍경한 면이 있다. 동아시아 문학의 기려 의상에서 이것은 조선 시대 특유의 필치이다. 황정견이 그려 낸 두보의 기려는 "중원이 평안하다는 소식을 얻지 못하여, 취중에 눈썹을 모아 만국을 위해 수심한다."[305]라는 구절이 있기는 하지만, 이는 가벼운 소묘의 엷은 채색에 속한다. 일본의 오산 시승은 송대 성리학의 영향을 받아 두보의 기려를 묘사할 때 정치적 감탄이 있음을 면하지 못했지만, 기껏해야 기세 레이겐(希世靈彦)의 "새 시를 읊어 내려고 수염을 비비 꼬아 끊어질 정도, 당나라 하늘의 백일이 서쪽으로 기울려 하네."[306]이거나 게이조 슈린(景徐周麟, 1440-1518)의 "나귀 등에서 산하를 거치매 충의의 마음이요, 사립문의 늙은 나무에는 해가 서쪽으로 가라앉누나",[307] "장안으로 머리 돌려 바라보니 되놈 말의 먼지가 어둡고, 석양에 나귀 등에 타고는 검문(검각) 서쪽에서 어정이네."[308] 등과 같이 두보가 세간사를 잊지 못했음을 그려 냈을 뿐이다. 이것이 동아시아 문화 의상 속의 '비슷한 속에 또 비슷하지 않은 면이 있는 것'이다. 문학의 정치성으로 말하면 조선이 가장 강하고 일본이 가장 약하며 중국은 그 중간이다.

일본 문학의 탈정치성에 대해서는 스즈키 슈지(鈴木修次)가 『중국문

悲鳴愁萬里, 伏櫪老驥空騰驤. …… 世上空知詩興豪, 誰看赫赫忠肝腸. 寓情詩酒只餘迹, 遠志渺與雲相羊. 請君將我好東絹, 特寫葵心傾太陽. 孤臣百世老蓬蓽, 耿耿一飯思難忘. 天閽迢遞叫不聞, 曲江春風淚淋浪."

305_「老杜浣花溪圖引」, 『山谷外集詩注』 卷16, 『四庫全書』本. "中原未得平安報, 醉裏眉攢萬國愁."

306_「杜甫畫像」, 『村庵稿』中, 『五山文學新集』 第2冊, p.323. "吟得新詩拈髭斷, 唐天白日欲西時."

307_「贊杜甫」, 『翰林葫蘆集』, 『五山文學新集』 第4冊, p.108. "驢背山河忠義心, 柴門老樹日西沉."

308_「赞杜甫騎驢圖」, 『翰林葫蘆集』, 『五山文學新集』 第4冊, p.282. "回首長安胡騎暗, 夕陽驢背劍門西."

학과 일본문학』의 일련의 논문들에서 탁월한 해명을 내놓았다.[309] 그 주요한 관점은 문학상의 탈정치성 특징이 형성된 것은 우선 작자의 신분에서 결정되었다는 것이다. 중국의 제일류 문학은 사대부 계층이자 관료지식인이 담당했다. 이와 달리, 일본은 궁정 여성 · 승려 · 은둔자 · 시민이 주류를 이루었는데, 이런 사람들은 모두 정치의 주변부에 위치했으므로 유희의 정신이 일본 문학의 내핵을 이루었다는 것이다. 견당사 시대에 그들이 중국에서 가져온 것은 두보의 시가 아니라 백거이의 한적(閑適)과 감상(感傷)의 시였으며, 그것도 풍유(諷諭)시는 제거했다. 일본인은 탈정치적 문학 생태 속에서 양육되어, 자연히 문학을 정치와는 무관한 것으로 간주했다. 따라서 일본 문학 속의 최대의 전통 주제는 사랑과 무상이었다. 이것은 일본인이 내면 깊은 곳에서 모노노아와레(物哀, もののあゎれ)를 좋아하는 점에서 기원한다. 모노노아와레란 무엇인가? 이것은 무한정적 · 무목적적 감동이며, 이 감동은 일본 문학 속에 가득 들어차 있다. 이것은 한어에 대응 어휘가 없는 개념이어서, 일본적 비애 혹은 일본식 비애라고 이해할 수 있다. 그렇기에 이 감각은 중국인 · 유럽인 · 미국인들은 대부분 분명하게 밝혀낼 수가 없다.

스즈키 슈지의 견해는 날카롭고 정치하며 계발성이 풍부하다. 거기에 일전어(一轉語)를 놓는다면, 모노노아와레의 감각은, 중국 문학에서도 많은 사람들이 추구했다고는 할 수 없지만 적지 않게 나타난다. 모노노아와레는 아무 까닭 없이 이르러 와서 촉발해서 복잡하게 뒤얽히는 감각을 가리키는 듯하다. 만당 시인 및 오대 북송의 사(詞) 가운데 "이 정이 추억으로 이루어질 때면, 당시에는 이미 아득히 잊으리라.〔此情可待成追憶, 只是當時已惘然 – 李商隱「錦瑟」〕", "가랑비에 꿈에서 깨어나니 닭 울음소리는 변방에 아득하고, 작은 누대에서 울려 나는 옥피리 소리는 차갑기만 하다.〔細雨夢回鷄塞遠, 小樓吹徹玉笙寒 – 元宗=李璟「浣溪沙」〕", "사뿐사뿐 꽃이 날아 꿈처럼 가볍고, 가없이 내리는 실비는 수심처럼 가늘어라.〔自在飛花輕似夢, 無邊絲雨細如愁 – 秦觀「浣溪沙」〕" 등의 구절이 있다. 까닭 없는 창망함 속에서 무단히 상기할 때에 무어라 할 수 없는

309_東京書籍, 1978.

감동이 사람들 마음에 일어날 수 있다. 다만 일본 문학에서는 이런 섬세하고 유현(幽玄)한 정조가 주선율을 이룬다. 이 주선율은 모노가타리와 와카 등의 문학 형식에 충만하지만, 일본 한문학에도 여전히 이 기저의 색채가 있다. 기세 레이겐(希世靈彦)이 "당시(한시)와 와카는 만드는 문자는 달라도 뜻을 운용한 것은 같다."[310]라고 한 그대로이다.

이 글 제5절에서 이미 지적했듯이, 오산 승려가 부각시키려고 했던 기려 의상의 내함은 '풍류'의 특성을 띠는 경우가 많았다. 이에 대해서는 더 논술할 필요가 있다. 일본 문학의 탈정치성 특징에서 유래하여, 그들이 이해한 풍류는 왕왕 "풍류이지 않은 곳도 풍류스러움"이었다. 이 말은 『벽암록』에서 나왔다.[311] 『벽암록』은 임제종 선사 원오극근(圓悟克勤)이 지은 것으로, 본디 '종문 제1의 책'이란 칭송이 있었는데, 일본의 오산 시기에 역시 상당히 유행했다. 일본 한문학사에서 풍류란 말을 가장 즐겨 사용한 사람은 잇큐 소준(一休宗純, 1394-1481)[312]이다. 그의 사용에서 가장 특색 있는 것이 "굶주린 배로 먹을 것을 말하는 것도 풍류"[313], "풍류스럽고 적막한 가난한 선비"[314], "풍류를 자애함이 가난한 선비의 뜻한다"[315] 등이다. 일본인이 보기에 곤궁하고 실의하더라도, 정치에서 멀리 떨어져 한적의 정서를 품고서 한결같이 풍류스럽고 소쇄할 수가 있다. 작품이 정말로 정치에서 멀리 떨어져 있느냐 없느냐에는 판단은 때때로 의식적이든 무의식적이든 오독에서부터 나온다. 이를테면 스즈키 슈지는 다음 예를 들었다. 마쓰오 바쇼(松尾芭蕉, 1644-1694)는 두보의 「모옥위추풍소파가」에 나오는 '옥루(屋漏)'의 묘사, 소식의 "이 침상 저 침상 새는 비를 피하는 것이 유인(은둔자)의 집〔牀牀避漏幽人

310_「奉和典厩所詠相君席上倭歌二首並序」, 『翰林五鳳集』 第27卷, 『大日本佛敎全書』本, p.522. "唐詩與和歌, 但造文字有異, 而用意則同矣."

311_『佛果圜悟禪師碧巖錄』 卷7, 『大藏經』 第48冊, p.197. "不風流處也風流."

312_이 점을 지적한 이른 예는 岡崎義惠, 「一休宗純と五山禪林の風流」, 『日本藝術思潮』 第2卷 下, 岩波書店, 1947이다. 鈴木修次는 이것을 탁견이라고 인정했다. 「'風流'考」, 『中國文學と日本文學』, p.192.

313_「虎丘雪下三等僧」, 『狂雲集』上, 『續群書類從』 第12輯下, 續群書類從完成會, 1989年 訂正3版, p.552. "飢腸說食也風流."

314_「自贊」, 『狂雲集』下, 『續群書類從』 第12輯下, p.583. "風流寂寞一寒儒."

315_「雪」, 『續狂雲詩集』, 『續群書類從』 第12輯下, p.598. "風流自愛寒儒意."

屋]"이란 묘사를 풍류로 간주했으나, 실상 두보 · 소식 원작의 주제 설정과는 거리가 멀다.[316] 어떻든 오산 시승이 건려파모(蹇驢破帽) · 한설음시(寒雪吟詩)를 풍류라고 해석한 이유는 쉽게 이해할 수가 있다. 그들은 한편으로는 중국의 전통을 수용하면서 동시에 수용 속에서 개조를 가하여, 문학의 정치적 내함을 감손시켜 해체하기까지 했던 것이다.

동아시아 문학 예술사에서 중국의 시와 그림은 각기 다른 전통을 형성했는데, 조선은 이 두 전통을 각각 달리 수용했고, 일본의 문학 전통은 유희와 한적의 풍아(風雅)에 중점을 두었으므로 정신적인 면에서 회화의 전통에 가장 접근했다.[317]

8. 결어

이 글은 동아시아 지역의 중국 · 한국 · 일본을 범위로 삼아 문학과 회화 두 부문을 종합하여, 시인의 기려나 기우를 예로 삼아, 동아시아 문화 의상의 형성과 변천을 탐구했다. 그 결과 다음과 같이 일차적인 결론을 도출했다.

(1) 동아시아 문화 의상의 발원지는 중국에 있다. 도화원 · 사군자는 말할 것도 없고, 이 글에서 논술한 기려 등도 그러하다. 시인의 음영에서도 볼 수 있고 회화에도 표현되어 있다.

(2) 문화 의상의 형성은 하나의 과정이다. 보통의 의상, 개인적 의상에서부터 차츰 집단 의상으로 발전하고, 문학가와 예술가의 연마와 반성을 거쳐 하나의 전범을 조성하면서 문화적 내함을 충실하게 갖추게 된다. 이를테면 중국의 문학과 회화 속에 나오는 맹호연의 기려는 이런

316_「日本文學の脫政治性」, 『中國文學と日本文學』, pp.47-52 ; 金谷治, 「日本における中國文化の受容のしかた」 第2節 '中國文學の受容', 『金谷治中國思想論集』 下卷 『批判主義的學問觀の形成』, 平河出版社, 1997, pp.332-340.

317_일본 회화의 정신에 대해서는 坂垣坦, 『日本畫の精神』, ぺりかん社, 1995 ; 小林忠, 『江戶の繪を讀む』, ぺりかん社, 1998年新裝版. 일본 회화와 문학의 관계는 今橋理子, 『江戶繪畫と文學』, 東京大學出版會, 1999 ; 『江戶文學』 第17號 『文人畫と漢詩文 I』 ; 『江戶文學』 第18號 『文人畫と漢詩文 II』, ぺりかん社, 1997.

하나의 전범이다. 시인의 기려와 기마를 서로 대립으로 설정함으로써, 그 둘은 재조(在朝)와 재야(在野), 출(出)과 처(處), 사(仕)와 은(隱)의 대립에서의 각기 다른 추구를 상징하게 되었다.

(3) 문화 의상은 유전되는 중에 형식과 정신이 변화를 겪어서 본래의 면목이 각기 다르게 나타난다. 이것은 수용 지역의 문화적 환경, 예술적 분위기, 나아가 물산 및 풍속과 모두 관계가 있다. 기려 의상은 고려 · 조선 문학에서는 기우 의상으로 대체되는 일이 많았으나, 정신적으로는 중국 문학의 기려 의상 전통을 이었으며, 관념상 기마와의 대립 관계가 더욱 강화되고 첨예하게 되었다. 반대로 일본 문학은 전반적으로 중국 문인의 기려라는 외적 표지를 수용하되, 기려와 기마의 대립적인 정신 구조를 해소시켰다.

(4) 동아시아 지역에서 자매 관계의 예술들 사이에 이루어진 '시화일률'의 관념은 사람들 마음속에 깊이 파고 들어가 있으나, 문학과 회화는 여전히 각자 상이한 전통이 있어서, 사회적 기능과 심미적 추구 등 각 방면에서 달리 표현되었다. 그리고 이로써 각기 다른 예술 분야에서 문화 의상이 상이하게 변화했다. 이를테면 고려 · 조선의 문인은 문학에서 기우로 기려를 대신하고는 했으나, 회화 작품에서는 여전히 문인의 기려도를 대량을 만들어 내었다. 그 근원은 문화 의상을 산출한 중국에 있다. 문학과 회화는 서로 통하되 결코 서로 같지 않은 전통을 형성했던 결과이다.

(5) 동아시아 문화 의상을 전반적으로 관찰하는 중에 세 지역의 서로 다른 특색을 상당히 드러낼 수 있었다. 문학의 정치성은 한국이 가장 강하고 일본은 냉담하며 중국은 중간이다. 문학과 회화의 전통을 말하면, 중국에서는 둘이 서로 달랐는데, 한국의 문학 예술은 중국의 영향을 받아 역시 서로 다른 두 전통을 이루었다. 일본은 문학 전통이 탈정치적 경향을 띠었으므로 회화의 전통과 가장 가까웠다.

2009년 8월

동아시아 문학사에서 전범으로서의 두보 시

1. 서론

1962년 두보 탄신 1250주년을 기념하기 위해서 일본의 요시카와 고지로가 기념회에서 「동양문학에서 두보의 의의」[1]라는 제목의 강연을 하여, 두시와 일본 문학의 관계를 토론의 주제로 삼았다. 같은 해 출판된 『중국문학보』 제17책에 간다 기이치로(神田喜一郎)는 「일본에서의 두시」를 게재하여,[2] 두시가 일본 헤이안 시대부터 메이지 연간까지 연구되어 온 개황을 서술했다. 1976년 한국의 이병주는 『두시의 비교문학적 연구』라는 책을 출판했는데, 영문 제목으로 보면 『한국문학 속의 두시(Tu Fu's Poetry in Korean Literature)』이다.[3] 이러한 강연과 논문들은, 창시하는 식으로, 현대학자가 동아시아 문학에서의 두시의 위치와 의의를 토론하는 단서를 열었다고 하겠다. 금년 2012년은 두보 탄신 1300년으로, 국가 · 민족 · 언어의 한계를 벗어나 더욱 넓은 범위에서 문화적 현상을 토론하게 되었다. 이는 신세기 학술 연구의 특징 가운데 하나이기도 하다. 동아시아 문학은 공간상 주로 중국 · 한국 · 일본을 포함하고, 언어상으로는 한문(漢文) · 한문(韓文) · 일문을 포함한다. 이 글에서 토론하는 범위도 자연히 이상의 세 나라를 아우르되, 주로 한문학을 연구 대

1_「東洋文學における杜甫の意義」, 『吉川幸次郎全集』 第12冊, 東京：筑摩書房, 1968, pp.586-592.

2_神田喜一郎, 「日本に於ける杜甫」, 京都大學, 『中國文學報』 第17冊(杜甫誕生一千二百五十年特刊), 1962. 10, pp.186-195.

3_『杜詩의 比較文學的 研究』, 아세아문화사, 1976.

상으로 삼기로 한다. 이는 한문학 전적이 대단히 풍부하기 때문만이 아니라 20세기 이전의 동아시아 지역에서 한문학이야말로 문학의 정종이라고 보편적으로 인식되었으며, 본국 문자로 작성된 작품은 어느 정도 폄하와 억제를 받지 않을 수 없었기 때문이다. 따라서 동아시아 한문학 세계의 전범은 동아시아 문학 세계의 전범을 대표한다. 문학 전범(혹은 정전)에 관한 토론은 1970년대 이래 구미 문학 연구계의 열띤 주제 가운데 하나로, 이는 동아시아 문학연구계에 마찬가지 반향을 일으켰다. 이 글을 작성하는 동기는 세 가지이다. 첫째, 두보를 기념하기 위해서, 둘째 선학들의 논저를 뒤따라 장식을 더하기 위해, 셋째, '방법으로서의 한문화권'을 실천하기 위해서이다.

2. 전범의 형성

두시가 동아시아 문학사의 전범으로 형성된 과정과 그 특징은 중국 · 일본 · 한반도에서 각기 다르다. 간단히 서술하기로 한다.

(1) 중국

두시가 중국 문학사에서 전범의 지위를 갖는다는 사실은 금일 주지하는 그대로이다. 두보는 분명히 생전에 그 점을 자각했다. 이 비밀은 청나라 조익(趙翼)이 이미 밝힌 바 있다.

> 이백과 두보가 천고에 이름을 드리우고 있어 지금 모르는 사람이 없지만, 당시에는 그렇지 않았다. 오직 두소릉은 스스로 예견하고 있었다. 그는 왕유에게 시를 보내면서 "중윤(中允)의 명성이 오래되었다."라고 했을 뿐이고, 고적(高適)에게는 "아름다운 이름을 남들이 미칠 수 없다."라고 했을 따름인데, 이백에 대해서는 "천추 만세에 이름을 날리는 일은, 적막하게 죽은 이후의 일이 되리라.〔千秋萬歲名, 寂寞身後事〕"라고 했다. 또 자부하여 말하길, "장부가 이름을 드리워 만년을 격동시키리니, 세세한 일을 기억하는 것은 높고 현명한 이가 아니다.〔丈

> 夫垂名動萬年, 記憶細故非高賢〕"라고 했다. 두 사람이 천추만세에 이름을 전하리라는 것을 미리 알았던 것이다. …… 대개 근원을 탐구하고 흐름을 거슬러 올라가 '풍'과 '이소' 및 한 · 위 · 육조 여러 재자들에 이르기까지 재주와 힘을 다하여 가만히 비교하지 않은 사람이 없으니, 자기와 이백의 재주가 사실은 비견할 만한 옛사람도 없고 미래의 사람도 없으리란 것을 자각했다. 그래서 할 말을 토로하여 혐의로 여기지 않았으니, 이른바 "문장은 천고의 사업이니, 득실을 촌심은 안다.〔文章千古事, 得失寸心知〕"라는 태도였다.[4]

다만, 두보가 당시 획득한 실제 평가는 그 자신이 스스로 기대했던 수준에는 이르지 못했다. 위초(韋迢)가 그를 "큰 명성이 시에서 독보이다."라고 했고,[5] 임화(任華)가 찬미하여 "지난날 황제의 성안에서, 성대한 명성은 군 혼자뿐이었다. 여러 사람들이 그대가 지은 것을 보고 마음으로 간담이 서늘해지지 않는 이가 없었다."[6]라고 하기는 했다. 하지만 이것은 붕우 사이에서 칭송하고 과장하는 표현이었을 따름이다. 고대에서 가장 중요한 문학비평 형식 — 선본(選本) — 에 당나라 사람들은 두시에 대해 그리 뜻을 두지 않았고,[7] 다른 문헌들도 유사하다. 「유리당묵객도(琉璃堂墨客圖)」를 예로 들면, 왕창령(王昌齡)은 '시 천자'[8], 이백은

4_『甌北詩話』 卷2, 北京 : 人民文學出版社, 1963, p.19. "李 · 杜詩垂名千古, 至今無人不知, 然當其時則未也, 惟少陵則及身預知之. 其贈王維不過曰'中允聲名久', 贈高適不過曰'美名人不及'而已, 獨至李白, 則云'千秋萬歲名, 寂寞身後事', 其自負亦云 : '丈夫垂名動萬年, 記憶細故非高賢.' 似已預識二人之必傳千秋萬歲者. …… 蓋其探源泝流, 自『風』·『騷』以及漢魏六朝諸才人, 無不悉其才力而默相比較, 自覺己與白之才, 實屬前無古人 · 後無來者. 是以一語吐露而不以爲嫌, 所謂'文章千古事, 得失寸心知'也."

5_「潭州留別杜員外院長』」『杜詩詳注』 卷22, 第5冊, 北京 : 中華書局, 1979, p.1995. "大名詩獨步."

6_「雜言寄杜拾遺」, 『又玄集』 卷上, 傅璇琮 編, 『唐人選唐詩新編』, 西安 : 陝西人民敎育出版社, 1996, p.600. "昔在帝城中, 盛名君一個. 諸人見所作, 無不心膽破."

7_卞孝萱, 「顧陶〈唐詩類選〉是第一部尊杜選本」, 『唐代文史論叢』, 太原 : 山西人民出版社, 1986, pp.193-203.

8_明抄本 陳應行 『吟窗雜錄』 卷16. '詩天子'는 한 판본에는 '詩夫子'로 되어 있으나 잘못이다. 劉克莊, 『後村詩話』 新集 卷3. "唐人『琉璃堂圖』以昌齡爲詩天子, 其尊之如此." 또 일본의 市河寬齋, 『詩燼』 '詩帝' 조는 헤이안 시대 시인 島田達音의 시 "昔在昌齡成詩帝(當作'帝號')"를 인용하고 자주를 인용해서 "玄宗立王昌齡爲詩帝."라고 했다. 『寬齋先生餘稿』, 東

'시 재상'이며, 왕유의 이름이 그 다음이고, 기모잠(綦毋潛)은 '시 대부'이거늘, 두보는 저 아래 제13번째에 배치되어 있으니, '지위가 낮고 이름은 끄트머리'라고 할 수 있다. 따라서 두시는 일정한 한도와 범위에서만 유전되었거나[9], 혹은 두서너 유식자가 알아주었을 뿐, 영향이 광범했다고는 말할 수 없다. 그렇기에 그 자신도 "인생 백 년에 노래하느라 스스로 고달플 뿐, 지음을 만나지 못했도다."[10]라고 탄식했던 것이다. 만당 왕찬(王贊)의 「현영집서(玄英集序)」에도, "두보는 지덕 · 대력 연간에 웅대하게 울려 났으나, 시인들은 혹 그를 숭상하지 않았다. 아아! 두자미의 시는 무성무취라고 할 수 있다."[11]라고 했다. 두보가 죽은 후 2, 3년 사이에 번황(樊晃)이 『두공부소집(杜工部小集)』(전체는 이미 없어짐)에 대해 쓴 서문을 보면, 두시가 그 당시에는 가까스로 "장강과 한수 이남에 행하여 …… 강좌의 사인(詞人)이 외워 전하는 것은 모두 공의 희제(戲題)와 극론(劇論)뿐이고, 군에게 대아(大雅)의 작이 있어 현재 일인자라는 사실을 모른다."[12]라고 했다. 그 당시 사람들이 두시의 진정한 가치를 모르는 것에 대해 깊이 애석해하는 뜻을 표한 것이다.

두보가 문단에서 처음으로 극도로 찬미되고 무한히 숭배된 것은 원화(元和) 연간(806-820)의 한유 · 백거이 · 원진(元稹)에서부터이다. 원진은 「당고공부원외랑두군묘계명병서(唐故工部員外郎杜君墓係銘並序)」에서 "내가 시를 읽다가 두자미에 이르러, 크고 작은 것이 모두 한데 모여 있음을 알았다. …… 위로는 국풍 · 『이소』에 육박하고 아래로는 심전기(沈佺期) · 송지문(宋之問)을 아우르며, 예스럽기는 소무(蘇武) · 이릉(李陵)과 짝하고, 기세는 조식(曹植) · 유정(劉楨)의 기운을 빼앗

京 : 游德園, 1926, p.256. 島田達音(一名忠臣)의 이 시는 元慶 5년(881)에 지은 것이다. 『田氏家集』 卷中 ; 『日本詩紀』 卷14. '詩帝'의 설은 분명히 「琉璃堂墨客圖」에 뿌리를 두고 있다.

9_陳尙君, 「杜詩早期流傳考」, 『唐代文學叢考』, 北京 : 中國社會科學出版社, 1997, pp.306-337.

10_「南征」, 『杜詩詳注』 卷22, p.1950. "百年歌自苦, 未見有知音."

11_『玄英集』 卷首, 臺北 : 商務印書館 影印 文淵閣『四庫全書』本. "杜甫雄鳴於至德 · 大曆間, 而詩人或不尙之. 嗚呼! 子美之詩可謂無聲無臭者矣."

12_「杜工部小集序」, 『錢注杜詩』 附錄, 上海 : 上海古籍出版社, 1979, p.709. "行於江漢之南, …… 江左詞人所傳誦者, 皆公之戲題劇論耳, 曾不知君有大雅之作, 當今一人而已."

으며, 안연지(顏延之) · 사령운(謝靈運)의 고고함을 아우르고 서릉(徐陵) · 유신(庾信)의 유려함을 섞어서, 고금의 체제와 기세를 모두 얻었으며 사람들마다 전공으로 삼는 것들을 겸했다. …… 시인이 있은 이래로 두자미 같은 이가 없었다."[13]라고 하여, 더할 나위 없을 정도로 추숭했다. 원진의 친구 백거이도 두시를 "고금을 꿰뚫고, 격률을 자세히 맞추어, 공교로움을 다하고 최선을 다했다."[14]라고 떠받들었다. 하지만 한유의 「장적을 놀려 주다(調張籍)」 시에서 알 수 있듯이, 이 평가는 아직 문단의 일치된 공인을 얻지는 못했다. "이백 · 두보의 문장이 있어, 불길이 일만 장으로 뻗건만, 모르겠네 뭇 아이들은 어리석으니, 어이하여 일부러 비방하고 중상하나. 땅강아지가 큰 나무를 흔들려 하다니, 자기를 헤아리지 못하는 꼴이 우습기만 하다."[15]라고 했다. 당시 확실히 '땅강아지가 큰 나무를 흔드는' 식의 '뭇 아이들'이 있어, 이백과 두보의 문장을 상당히 비방했던 것이다.

두시가 처음으로 시 선본에서 추존된 것은 고도(顧陶)가 삼십 년 동안 진력하여 대중(大中) 10년(856) 엮은 『당시유선(唐詩類選)』[16]에서이다. 이후 위장(韋莊)이 『우현집(又玄集)』을 엮으면서 두시를 첫머리, 이백의 앞에 두었다. 위의(韋縠)는 『재조집(才調集)』을 엮으면서 두시를 선하지 않았으나, 「서(序)」에서는 "여가에 이백 · 두보 문집과 원진 · 백거이 시를 펼쳐 본다."[17]라 하면서 편찬 동기를 밝혔다. 사고관신(四庫館臣)은 "풍서(馮舒)가 이 『재조집』을 평하여, 노두를 숭앙한다고 하면서도 두시를 채택하려 하지 않았다. 실은 두시는 고고(高古)하여 그 책의

13_『元稹集』 卷56, 北京 : 中華書局, 1982, pp.600-601. "余讀詩至杜子美, 而知小大之有所總萃焉. …… 蓋所謂上薄風 · 騷, 下該沈 · 宋, 古傍蘇 · 李, 氣奪曹 · 劉, 掩顏 · 謝之孤高, 雜徐 · 庾之流麗, 盡得古今之體勢, 而兼人人之所獨專. …… 詩人以來, 未有如子美者."

14_「與元九書」, 『白居易集』 卷45, 第3冊, 北京 : 中華書局, 1979, p.961. "貫穿今古, 覼縷格律, 盡工盡善."

15_錢仲聯, 『韓昌黎詩繫年集釋』 卷9, 下冊, 上海 : 上海古籍出版社, 1984, p.989. "李 · 杜文章在, 光燄萬丈長. 不知群兒愚, 那用故謗傷. 蚍蜉撼大樹, 可笑不自量."

16_이 점을 일찌감치 지적하고 논증한 사람은 일본 학자 黑川洋一이다. 「中唐より北宋末に至る杜甫の發見について」, 『四天王寺女子大學紀要』 創刊號, 1970. 12 ; 『杜甫の研究』, 東京 : 創文社, 1977. 또한 又卞孝萱, 「顧陶〈唐詩類選〉是第一部尊杜選本」, 『學林漫錄』 第8輯, 北京 : 中華書局, 1983.

17_傅璇琮, 『唐人選唐詩新編』, p.691. "暇日因閱李 · 杜集, 元 · 白詩."

체례와 달랐기 때문에 채록하지 않은 것이다."[18]라고 했다. 두 설이 다르기는 하지만, 이 책이 두시를 선하지 않았으나 적어도 두시를 중시했거나 아니면 적어도 결코 홀시하지는 않았다는 견해는 일치한다. 이 점은 『당시유선』이 이후의 선가(選家)에게 끼친 영향을 잘 밝힌 것이라고 할 수 있다.

송나라 초 유행한 시풍은 백체(白體)·만당체(晩唐體)·서곤체(西崑體)로, 두시는 전범이 아니었을 뿐만 아니라 심지어 조금 폄하되기까지 했다. 서곤체의 대표 양억(楊億)은 두시를 좋아하지 않아, 두보를 '촌부자'라고 폄하했다.[19] 구양수는 서곤체 문풍을 뒤바꾸어, 이백·한유로 대체했는데, 서곤파에 속한 송기(宋祁)와 함께 편찬한 『신당서』「문예전」에서는 "당의 천하가 된 지 3백 년, …… 시를 말하면 두보·이백·원진·백거이·유우석이다."라고 했다. 또 두시를 평하여, "혼함(渾涵)하고 왕망(汪茫)하여 천휘(千彙, 여러 물품)와 만상(萬狀)을 담고 고금을 겸하여 모두 지녔다. 다른 사람들은 부족했지만 두보는 넉넉함에 물릴 정도였다. 그 유풍과 여향이 후인들에게 영향을 입힌 것이 많았다."라고 하고, 원진과 한유가 두보를 추숭한 언사를 둘 다 인용한 후, "정말로 믿을 만하다."라고 했다.[20] 이것은 개인 심미와 반드시 연계된 것은 아니었다. 실제로 구양수는 두시를 결코 흔상하지 않았다. 유반(劉攽)은 "구양수 공도 두시를 별로 좋아하지 않아서, 한이부(韓吏部, 한유)가 절륜하다고 했다. 구양수가 한유를 귀하게 여기고 두자미를 좋아하지 않은 것은 이유를 알 수 없다."[21]라고 했다. 『후산시화(後山詩話)』에도, "구양영숙(구양수)은 두시를 좋아하지 않았다. …… 나는 황노직(黃魯直,

---

18_『四庫全書總目』卷186, 下冊, 北京:中華書局, 1965, p.1691. "馮舒評此集, 謂崇重老杜, 不欲芟擇. 然實以杜詩高古, 與其書體例不同, 故不採錄."

19_劉攽, 『中山詩話』의 말, 何文煥, 『歷代詩話』 上冊, p.288.

20_『新唐書』卷201「文藝·上」, 제18책, 北京:中華書局, 1975, pp.5726·5738-5739. "唐有天下三百年, …… 言詩則杜甫·李白·元稹·白居易·劉禹錫." "渾涵汪茫, 千彙萬狀, 兼古今而有之. 它人不足, 甫乃厭餘, 殘膏賸馥, 沾丐後人多矣." 둘 다 元稹과 韓愈의 추숭하는 말을 인용하여 "誠可信云."이라 했다.

21_『歷代詩話』上冊, p.288. "歐公亦不甚喜杜詩, 謂韓吏部絶倫. 歐貴韓而不悅子美, 所不可曉."

황정견)과 함께 탄식하면서 이상한 일이라고 여기고는 했다."[22] 구양수는 일찍이 '이백 · 두보 시 우열설'을 작성해서, "두보는 이백과 비교할 때 이백의 한마디를 얻어 정치하고 강력함은 이백보다 뛰어났지만, 천부의 재능이 절로 쏟아져 나오는 것은 두보가 이백에게 도달할 수 없었다."[23]라고 하여 이백이 두보보다 낫다고 주장했다.

두시가 중국 문학 사상 최고의 전범이 된 것은 북송에서이다. 두시에 대해 가장 먼저 높이 평가한 사람으로는 왕안석을 추대해야 한다. 그는 『두공부후집(杜工部後集)』을 엮었을 뿐 아니라, 그가 엮은 『사가시(四家詩)』에도 두보를 으뜸에 두고 구양수 · 한유 · 이백을 그 다음에 두었다. 한유가 이백과 두보를 나란히 거론한 이후 이백 · 두보는 시단의 쌍벽으로 되고, 이백 · 두보의 우열 문제도 사람들이 주목하는 화제의 하나가 되었는데, 이백을 추키고 두보를 누르는 논조가 비교적 윗자리를 점유했다. 그래서 왕안석이 두시를 책의 첫머리에 두고 이백을 권의 마지막에 둔 것은 그러한 일반적인 견해에 반발하는 의미를 지녔다. 그의 해석은 다음과 같았다. 첫째, 내용에 대해서, "이백의 시는 속(俗)에 가까우므로 사람들이 좋아한다. 이백의 식견은 아랫길이어서 열 수에 아홉은 부인과 술을 말한다."[24]라고 했다. 둘째, 풍격에 대해서는 다음과 같이 말했다.

> 이백의 가시(歌詩)는 호방하고 표일하여 사람들이 따를 수가 없으나 그 격(格)은 여기에 그칠 따름이지 변화를 모른다. 두보의 경우에는 슬픔과 기쁨, 곤궁함과 태평함, 발하거나 거둠, 억누르거나 추켜올림, 빠르거나 느림, 종으로 나가거나 횡으로 뻗음을 시행하지 못하는 것이 없다. 그러므로 시에는 평담하고 간이한 것도 있고, 기려하고 정확한 것도 있으며, 엄중하고 위무가 있기를 삼군의 장수와 같은 것도 있고, 내달려 신속하고 치달려 재빠르기를 수레를 뒤엎을 말처럼 하는 것도 있

22_『歷代詩話』 上冊, p.303. "歐陽永叔不好杜詩, …… 余每與黃魯直怪歎, 以爲異事."

23_「筆說」, 『歐陽修全集』 下冊, 北京 : 中國書店, 1986, p.1044. "杜甫於白得其一節而精强過之, 至於天才自放, 非甫可到也."

24_胡仔, 『苕溪漁隱叢話』 前集 卷6 인용 『鍾山語錄』, 中華書局香港分局, 1976, p.37. "白詩近俗, 人易悅故也. 白識見汚下, 十首九說婦人與酒."

> 으며, 담담하고 밋밋하며 한가롭고 고요하기를 산곡의 은사처럼 하는 것도 있고, 풍류스럽고 온축한 것이 많기를 귀족의 공자처럼 하는 것도 있다. …… 이것이 두보의 빛이 앞사람들을 가리고 후래에 계승자가 없는 이유이다.[25]

이른바 "정서가 치밀하고 생각이 깊다."라는 말은 바로 두시의 구상이 정밀하고 용의(用意)가 심오하다는 특색을 드러낸 말이다. 그리고 왕안석은 이백을 두고 "격이 여기에 그쳐", 두보의 "시행하지 못하는 것이 없는" 것만 못하다고 하여, 두보가 '한 마디'에서 이백을 뛰어넘었다고 말한 구양수의 논단을 철저히 비틀어 버렸다.

다음으로 소식이다. 소식은 『신당서』의 여론을 이어서 사상의 면에서 두시를 한걸음 더 긍정했다. 그의 「왕정국시집서(王定國詩集敍)」에 이런 말이 있다.

> 태사공(사마천)이 『시경』을 논하여, "국풍은 색을 좋아하되 음란하지 않고 소아는 원망하되 어지럽지 않다."라고 했다. 내가 보기에 이것은 변풍과 변아를 아는 것에 불과하니, 어찌 『시경』의 정풍과 정아를 보았다고 하겠는가? …… 고금에 시인이 많지만 두자미가 으뜸이다. 그는 유락하며 기한에 고통을 겪으면서 종신토록 등용되지 못했지만 밥 한 숟가락에도 군주를 잊어 본 일이 없기 때문에 그런 것이 아니겠는가![26]

두보가 "밥 한 숟가락에도 군주를 잊지 않았다."라는 말은 이후에 거의 송나라 사람의 구두선(口頭禪)·문면어(門面語)로 되었다. 이것은 두시 전범의 형성와 관련하여, 중국 문학사에서만이 아니라 그 이상으

25_『苕溪漁隱叢話』前集卷六引『遯齋閑覽』, p.37. "白之歌詩, 豪放飄逸, 人固莫及, 然其格止於此而已, 不知變也. 至於甫, 則悲歡窮泰, 發斂抑揚, 疾徐縱橫, 無施不可. 故其詩有平淡簡易者, 有綺麗精確者, 有嚴重威武若三軍之帥者, 有奮迅馳驟若泛駕之馬者, 有淡泊閑靜若山谷隱士者, 有風流醞藉若貴介公子者. …… 此甫之所以光掩前人, 而後來無繼也."

26_『蘇軾文集』 卷10, 第1冊, 北京 : 中華書局, 1986, p.318. "太史公論『詩』, 以爲'『國風』好色而不淫, 『小雅』怨悱而不亂.' 以余觀之, 是特識變風 · 變雅耳, 烏睹『詩』之正乎? …… 古今詩人衆矣, 而杜子美爲首, 豈非以其流落飢寒, 終身不用, 而一飯未嘗忘君也歟."

로 정말 커다란 작용을 했다. 동시에 이것은 두시의 진면목을 가리고 말았다. 이로써 학두(學杜)가 '두각자(杜殼子)'로 흐르는 것을 면치 못하게 만들었다.[27]

시가 예술에서 두시를 한 걸음 더 천발한 것은 황정견과 강서시파이다. 황정견이 두시를 추숭한 것은 가학과 사우 연원의 여러 인자가 있었다. 이를테면 그의 부친 황서(黃庶), 장인 손각(孫覺), 그리고 사경초(謝景初) 등은 모두 크든 작든 그에게 영향을 끼쳤다.[28] 특히 그는 두보를 학습할 때 구법을 중심에 두었으며, 더욱이 왕안석의 작풍을 직접 계승했다. 왕안석은 두시 구법을 깊이 터득했다. 송나라 사람들이 이 점을 논한 것이 많다. 황정견은 사경초와 왕완석에게서 구법을 얻어, 그의 이후로 구법은 송대 시학의 중심 관념 가운데 하나가 되었다. 옛사람들이 말하는 구법은 왕왕 내용과 형식 두 방면을 포함시켜 말했으며, 작자의 내함에 관계하여 작자의 인격과 수양을 체현했다. 황정견 등은 구법을 중심으로 두보를 학습함으로써 두보 인격상의 '충의'와 예술상의 '도야만물(陶冶萬物)'을 함께 고려했으며, 예술로 말하면 근저는 바로 학문에 두었다. 황정견은 「답홍구보서(答洪駒父書)」에서 이렇게 지적했다.

> 스스로 말을 만들어 내는 것이 가장 어렵다. 노두의 작시와 한퇴지의 작문은 한 글자도 내원이 없는 것이 없다. 대개 후인은 독서가 적으므로 한유 · 두보가 스스로 이 말을 만들었다고 말한다. 옛날에 능히 문장을 지은 사람은 진정으로 도야만물을 할 수 있어서, 고인의 진부한 말을 취하여 한묵(시문)에 집어넣더라도 마치 신령한 환단 한 알을 쇠에

27_夏敬觀, 『唐詩說 · 說杜甫』. "明人所學杜殼子, 皆坐此弊. …… 蘇子瞻以三百篇止乎禮義爲不足, 而推子美詩止乎忠者以序王定國詩, 可謂開惡文之例." 臺北 : 河洛圖書出版社, 1975, p.48.

28_黃庶 · 謝景初의 시가 두보를 배웠다는 것은 『後山詩話』에 나온다. 그런데 謝氏의 "倒着衣裳迎戶外, 盡呼兒女拜燈前"句는 황정견도 "絶類老杜", "編之杜集無愧也"라고 평했다. 『王直方詩話』에서 인용. 『苕溪漁隱叢話』 前集 卷28, p.198. 또 范溫의 『詩眼』에 다음과 같은 말이 있다. "山谷常言 : '少時曾誦薛能詩云 : 青春背我堂堂去, 白髮欺人故故生. 孫莘老問云 : 此何人詩? 對曰 : 老杜. 莘老曰 : 杜詩不如此.'後山谷語傳師云 : '庭堅因莘老之言, 遂曉老杜詩高雅大體.'" 『苕溪漁隱叢話』 前集 卷14에서 인용, p.90.

묻혀 금으로 만들듯이 했다.[29]

쇠에 묻혀 금으로 만든다는 뜻의 '점철성금(點鐵成金)'은 본래 선종에서 나온 설로, 여기서는 고인의 진부한 말을 녹이고 주물하고 단련한다는 뜻으로 썼다. 달리 말하면 '환골탈태'라고 부를 수 있다. 핵심은 여전히 구법에 있다. 범온(范溫)은 『시안(詩眼)』에서 스승의 뜻을 받들어, "구법은 한 글자를 공교롭게 여기니, 자연스레 영이(穎異)하고 범상치 않기가, 마치 신령스런 환단 한 알을 쇠에 찍어 금을 만드는 것과 같다."[30]라고 했다. 그러므로 구법의 또 다른 중요한 내용이 바로 구안(句眼)에 관계되어 있다. 승려 보섬(保暹)은 『처낭결(處囊訣)』의 '시에 눈알이 있다(詩有眼)' 조에서 두보의 "강이 움직이자 달이 바위 위로 옮겨가고 시내가 텅 비어 구름이 꽃 가까이 있다.〔江動月移石, 溪虛雲傍花〕" 구를 거론하고 '이(移)' 자가 바로 눈동자라고 했다.[31] 황정견은 「증고자면(贈高子勉)」에서, "습유(두보)의 구에는 눈동자가 있고, 팽택(도연명)의 뜻은 거문고의 줄 없음에 있다.〔拾遺句中有眼, 彭澤意在無絃〕"라 말했는데, 임연(任淵)은 주석을 달아 "노두의 시로 말하면 눈동자가 시구 속에 있고 팽택의 거문고는 뜻이 거문고 줄 바깥에 있다."[32]라고 했다. 섭몽득(葉夢得)에 따르면 고자면〔고하(高荷)〕은 "두자미를 배워 오언시를 지었는데, 구법을 상당히 터득했다."[33] 이렇게 '시안'의 설은 강서시파의 이론적 주장 가운데 하나가 되었다.

요컨대, 두시가 전범으로서의 지위를 확립한 것은 북송의 대표적 문인들이 거듭 강조하여 그렇게 된 것이다. 조익(趙翼)이 지적했듯이, "북송의 여러분들이 모두 정종으로 떠받들어, 두보의 이름이 마침내 천고

29_『豫章黃先生文集』 卷19, 上海：商務印書館影印『四部叢刊』本. "自作語最難, 老杜作詩, 退之作文, 無一字無來處. 蓋後人讀書少, 故謂韓·杜自作此語耳. 古之能爲文章者, 眞能陶冶萬物, 雖取古人之陳言入於翰墨, 如靈丹一粒, 點鐵成金也."

30_郭紹虞, 『宋詩話輯佚』 上冊, 北京：中華書局, 1980, p.333. "句法以一字爲工, 自然穎異不凡, 如靈丹一粒, 點鐵成金也." 案：晁公武『郡齋讀書記』 卷十三『詩眼』下云："溫, 范祖禹之子, 學詩於黃庭堅."呂本中『紫微詩話』亦云："表叔范元實旣從山谷學詩, 要字字有來處."

31_張伯偉, 『全唐五代詩格彙考』, 南京：江蘇古籍出版社, 2002, p.497.

32_『山谷詩集注』 卷16, p.396. "謂老杜之詩, 眼在句中, 如彭澤之琴, 意在絃外."

33_『石林詩話』 卷中, 何文煥, 『歷代詩話』 上冊, p.419. "學杜子美作五言, 頗得句法."

에 알려지게 되었다."[34] 섭적(葉適)은 나아가, "천하가 두보를 스승으로 삼은 시기는 정확히는 '경력(慶曆) · 가우(嘉祐) 이래'이다."[35]라고 했다. 북송 인종 때 왕수(王洙) · 왕기(王琪)는 『두공부집』을 망라하고 교정하여 두보의 작품이 세상에 전하도록 하는 기본 틀을 확정했다. 왕안석 · 소식 · 황정견이 두시를 제창한 이후, 주가(注家)가 분분하게 일어나 물고기와 용이 뒤섞이는 형국이 되어, 비루하고 옅은 것도 있는가 하면 허탄하고 망령된 것도 있게 되었다. 심지어 『동파두시사실(東坡杜詩事實)』(일명 『동파두시고사』) · 『두릉구해(杜陵句解)』에 대해 그 설이 소식에게서 나왔다고 거짓으로 일컫는 것처럼, 명인의 이름에 가탁한 것도 나왔다.[36] 주가가 아주 많았으므로 그것을 모은 것에 십가 · 이십가 · 육십가 · 백가 · 천가의 두시 주석이 나왔다. 두시는 마침내 광범하게 유행하고 전파하여, 사람들 마음에 깊이 들어가, "향교와 가숙에서 젖니의 어린아이와 총각머리의 아동도 낭랑하게 외울 정도가 되어 거의 『효경』 · 『논어』 · 『맹자』와 함께 행했다."[37] 제가의 주석에서는 '시사(詩史)'와 '충군'의 관념이 가장 존중되었다. 『구가주두시(九家注杜詩)』는 곽지달(郭知達)이 모은 것으로 증악(曾噩) 판각본이 가장 좋은데,[38] "두소릉의 시는 세상에서 시사라고 일컫는다."라고 했다. 증악은 그 서문에서 "다난한 시절을 만나 아내는 마르고 자식은 굶주렸으며 짧은 갈옷마저 온전하지 않는 등, 유리하면서 곤액을 겪어, 기구하고 재액에 고통스러웠지만, 밥 한 숟갈 물 한 모금에도 군주를 잊지 않아, 충의의 간담을 사장(詞章)으로 펴내었다."[39]라고 했다. 이후에 『왕장원집백가주편년두릉시사(王狀元集百家注編年杜陵詩史)』 · 『황씨보천가집주두공

34_『甌北詩話』 卷2, p.20. "北宋諸公皆奉杜爲正宗, 而杜之名遂獨有千古."

35_「徐思遠文集序」, 『葉適集』 第1冊, 北京 : 中華書局, 1961, p.214.

36_程千帆, 「杜詩僞書考」, 『古詩考索』, 上海 : 上海古籍出版社, 1984, p.345-365.

37_曾噩, 「九家集注杜詩序」, 『九家集注杜詩』 卷首, 洪業等編『杜詩引得』本. 上海 : 上海古籍出版社重印本, 1985, p.1. "鄉校家塾, 齠總之童, 琅琅成誦, 殆與『孝經』 · 『論語』 · 『孟子』並行."

38_陳振孫의 『直齋書錄解題』는 이 책을 "最爲善本"이라 일컬었고, 錢曾의 『讀書敏求記』도 이 책을 "刻鏤精工, 乃宋本中之絶佳者"라고 일컬었다.

39_郭知達 · 曾噩, 「九家集注杜詩序」, 『九家集注杜詩』 卷首. "杜少陵詩, 世號詩史." ; "遭時多難, 瘦妻飢子, 短褐不全, 流離困苦, 崎嶇堙厄, 一飯一啜, 猶不忘君, 忠肝義膽, 發爲詞章."

부시사(黃氏補千家集注杜工部詩史)』 등이 나와, 이 측면에서 두시의 전범 형상을 더욱 강화했다.

이런 의식의 주도 아래 두시를 주석하는 풍조는 명나라에 이르러 차츰 탈피되기에 이르렀다.

(2) 일본

백거이의 「독이두시집인제권후(讀李杜詩集因題卷後)」에 "음영(吟詠)은 천고에 흐르고, 명성은 사이(四夷)를 진동시킨다."[40]라고 했다. 이것은 범범하게 말한 것이 아니다. 기원 8세기 말 9세기 초에 두시는 이미 '사이를 진동시키고' 있었으며, 적어도 '동이'에는 전해졌다. 다만 9세기 편찬된 후지와라노 스케요(藤原佐世)의 『일본국현재서목(日本國見在書目)』에는 두보집에 관한 기록이 전혀 없다. 그래서 구로가와 요이치(黑川洋一)는 두보집이 일본에 들어온 시기를 헤이안 말기, 즉 기원 11세기로 추정했다.[41] 이 문제는 오늘날 다시 고찰할 필요가 있다. 『일본국현재서목』의 편찬은 일본 정관(貞觀, 조칸) 17년(875) 레이제이인(冷泉院)이 불에 탄 일에서 기인한 것이어서, 저록한 서목은 결코 당시 이미 일본에 수입되어 있던 한적의 전부가 아니다. 사실, 두시가 일본에 들어간 시기는 목록에 이미 반영된 것이 있다. 곧 승화(承和, 조와) 5년(838) 입당청익승(入唐請益僧) 엔닌(圓仁)의 『입당신구성교목록(入唐新求聖敎目錄)』에 저록되어 있는 『두원외집(杜員外集)』 2권은 그가 '장안성 홍선사 · 청룡사 및 여러 절에서 구득한 것'[42]에 속하므로, 당연히 두보 시집이다. 북송 왕수가 편찬한 두시에는 그가 사용한 여러 텍스트를 기록해 두었는데, 맨 먼저 '고본 2권'을 들었다. 소식의 제발에 '두자미의 일시를 기록하다[記子美逸詩]' 조가 있어, "유사립과 함께 관성 사람의 엽자책(葉子冊)에서 얻었는데, 제목을 '두원외시집(杜員外詩集)'이라 하며, 이름은 보, 자는 자미이다. 나머지 여러 편들은 말이 많이 다르

40_『白居易集』 卷15, pp.319-320. "吟詠流千古, 聲名動四夷."

41_『杜甫の研究』 第5章 「日本における杜詩」, pp.335-338.

42_『大藏經』 第55冊, 臺北 : 中華佛敎文化館影印大藏經委員會, 1957, p.1084. "於長安城興善 · 靑龍及諸寺求得者."

다.”[43] 운운했다. 겐닌이 얻은 것이 혹 동일 계통이라면, 겐닌이 배로 가지고 돌아온 서적과 법기를 ‘목록을 갖춰 관에 신고한’ 시기가 승화 14년(847)이므로, 늦어도 9세기 중엽 일본인이 이미 두보 시집을 읽었으리란 것은 의심의 여지가 없다.[44]

다만 많은 학자들이 이미 지적했듯이, 헤이안 시대 가장 환영받은 당나라 시인은 두보가 아니라 백거이였다.[45] 『센사이가쿠(千載佳句)』에 선록된 두보 시가 6연인데 비해 백거이의 작품은 무려 707연에 달한다. 백거이는 헤이안조의 문학 전범으로, 한문학에서만 이와 같았던 것이 아니라 모노가타리 · 와카와 같은 가나 문학에서도 백거이의 깊은 영향을 찾아 볼 수 있다.[46]

두시가 일본에서 주목을 받은 것은 13세기 이후 가마쿠라 · 무로마치 시대부터이다. 당시의 문화는 오산 시승이 주도했다. 송대의 문학과 비평 문헌이 수입됨에 따라, 백거이의 문단 전범으로서의 지위는 흔들리기 시작하고 두보의 지위가 상승하기 시작했다. 이를테면 남송 순우(淳祐) 4년(1244) 성립한 위경지(魏慶之)의 『시인옥설(詩人玉屑)』은 불과 수십 년도 안 되어 일본에 전해져서, 일본 정중(正中, 쇼츄) 원년(1324) 이미 화각본(和刻本, 일본 목판본)이 나왔다.[47] 『시인옥설』 제5권 ‘초학혜경(初學蹊徑)’은 『후산시화(後山詩話)』를 인용하여, “시를 배우려면 마땅히 두자미를 스승으로 삼아야 한다. 두시를 배워 이루어지지 않으

43_『蘇軾文集』 卷67 ‘題跋’, 第5冊, 北京 : 中華書局, 1986, p.2104. “與劉斯立得之於管城人家葉子冊中, 題云『杜員外詩集』, 名甫字子美. 其餘諸篇, 語多不同.”

44_이 기본적인 결론은 중국과 일본 학술계에 수용되어 있다. 陳尙君, 『杜詩早期流傳考』 ; 靜永健, 『近世日本〈杜甫詩集〉閱讀史考』. 王洙가 열거한 여러 텍스트들 가운데, 고본 2권에 대해 樊晃 서문의 『小集』 6卷이 나란히 거론되어 있으므로, 전자는 후자의 轉抄系統本일 수가 없다.

45_吉川幸次郎, 「杜詩在日本」, 『吉川幸次郎全集』 第12冊, pp.717-719 ; 黑川洋一, 『杜甫の研究』 第5章 「日本における杜詩」 ; 靜永健, 『近世日本〈杜甫詩集〉閱讀史考』, 九州大學大學院人文科學研究院, 『文學研究』 第109輯, 2012. 3.

46_金子彦次郎, 『平安時代文學と白氏文集』, 東京 : 藝林社, 1977年再版 ; 丸山淸子 著, 申非 譯, 『源氏物語與白氏文集』, 國際文化出版公司, 1985 ; 中西進 著, 馬興國 · 孫浩 譯, 『源氏物語與白樂天』, 中央編譯出版社, 2001.

47_日本 京都大學附屬圖書館 및 東京 岩崎文庫 소장. 卷末에 승려 玄惠가 正中 元年에 쓴 刊記가 있다.

면 잊어버리지 않음을 공으로 삼아야 한다. 한유의 재주, 도연명의 오묘함이 없으면서 시를 배우면 끝내 백낙천일 따름이다."[48]라고 했다. 두보 · 이백의 지위가 상승했음을 알려 준다. 오산 문학의 시조 고칸 시렌(虎關師錬)에게 『제북집(濟北集)』 20권이 있는데, 제16권부터 제20권까지 '통형(通衡)'에서 불교와 중국의 경(經) · 자(子) · 문집 각 부류를 차례로 논했다. 거기서, "후세에 백낙천의 시를 얕고 속되다고 비난하는데, 이것이 옳다."[49]라 한 것은 곧 『시인옥설』에 뿌리를 두고 있다.[50] 제11권 '시화' 가운데 4개의 조항은 두시 주석의 오류를 지적했다. 이 때문에 그는 일본 학자들에게 '우리나라 두시 연구의 개산시조'라고 칭송되고 있다.[51] 독서가 빈번하게 되고 영향을 받은 사람들이 많아짐에 따라, 선림에서도 두시를 강해하는 풍조가 일어났다. 그 가운데 기도 슈신(義堂周信), 즈이케이 슈호(瑞溪周鳳), 다이쿄구 조수(太極藏主), 게이조 슈린(景徐周麟), 텐인 류타쿠(天隱龍澤) 등이 가장 저명하다.[52] 무로마치 시대의 시승이 두시에 관심을 지니게 된 것은 기도 슈신이 크게 선양한 결과이기도 하여, 두시를 읽는 풍상이 이로써 유행하기 시작했다. 구로가와 요이치의 설에 의하면, 무로마치 초기의 오산판(五山版) 간각에 3종의 두집(杜集)이 있었으니, 즉 『집천가주분류두공부시(集千家注分類杜工部詩)』 25권, 『집천가분류두공부시(集千家分類杜工部詩)』 25권, 『집천가주비점두공부시집(集千家注批點杜工部詩集)』 20권이다.[53] 이와 동시에 두시 주해의 전문 서적, 즉 쇼모노(抄物)도 선림에 널리 퍼졌다. 현재 알려진 가장 이른 시기의 것은 기도 슈신의 제자 신게 겐테이(心華元

48_『詩人玉屑』 上冊, 上海 : 上海古籍出版社, 1978, p.116. "學詩當以子美爲師. …… 學杜無成, 不失爲功. 無韓之才與陶之妙而學其詩, 終樂天耳."

49_『濟北集』 卷20, 上村觀光編, 『五山文學全集』 第1卷, 京都 : 思文閣, 1973, p.360. "後世議樂天之淺俗者是也."

50_『詩人玉屑』 卷6 '詩要有野意'條는 『休齋詩話』를 인용하여 "人之爲詩, 要有野意. …… 風人以來, 得野意者, 惟淵明耳. 如太白之豪放, 樂天之淺陋, 至於郊寒島瘦, 去之益遠."라고 했다.

51_黑川洋一, 『杜甫の研究』 제5장 「日本における杜詩」, p.339. "我國杜詩研究的開山之祖."

52_芳賀幸四郎, 『中世禪林の學問および文學に関する研究』 第2編 第2章, 東京 : 日本學術振興會, 1956, pp.269-274.

53_『杜甫の研究』 第5章 「日本における杜詩」, pp.342-343.

棣)의 것으로, 그에게 『두시억단(杜詩臆斷)』이 있다. 현재 교토 겐닌지(建仁寺) 료소쿠인(兩足院)에 소장된 고제이 류하(江西龍派) 『두시적취초(杜詩續翠抄)』와 세쓰레이 에이킨(雪嶺永瑾)의 『두시초(杜詩抄)』도 당시 출현한 두 종류의 두시 쇼모노이다. 진보 쇼주(仁甫聖壽)에게는 『속억단(續臆斷)』이 있다. 또 『한림오봉집(翰林五鳳集)』은 고요제이 텐노(後陽成天皇)〔1586-1611재위〕의 칙찬으로, 건무(建武, 겐무, 1334-1338)부터 원화(元和, 겐나, 1615-1624)까지 약 3백 년간 오산 선승의 시 작품을 분류 편찬했다. 이는 몸체를 다 갖추었으되 규모가 작은 오산 시가 총집인데, 그 제60권 '지나인명부(支那人名部)'는 두보를 음영 대상 작품으로 삼은 것이 25제 51수에 달한다. 두보가 당시 사람들의 심목에서 차지한 지위는 이전에 없었을 만큼 높은 수준에 달했던 것이다.

그렇지만 두시는 아직 문학 전범이라고 칭할 수 없었다. 앞사람의 연구에 따르면, 오산 시승의 두시 추존은 주로 소식·황정견 등의 발걸음을 뒤따른 것이어서, 오산 시승의 두시 인식도 송인의 평론을 기초로 삼아 수립된 것이었다.[54] 이것은 확실히 예리한 관찰이다. 다만 이것을 제외하고도 또 하나 존재하는 중요한 원인이 왕왕 간과되어 왔다. 곧 오산 선승의 문학관이 끼친 영향이 그것이다. 두보의 두 구가 오산 선승들에 의해 진진하게 일컬어졌는데, 그것이 바로 "문장은 작은 기예이니, 도에 대해서는 높이 칠 것이 못 된다."[55]이다. 지쿠센(竺僊)의 어록에 제자와의 다음과 같은 문답이 있다.

> 예상(裔翔) 시자가 물었다. "작시와 문장은 어떤 것을 승가 본종의 일로 삼아야 옳습니까?" 선사가 말했다. "승인은 먼저 도를 배우는 것을 근본으로 삼아야 한다. 문장은 그 다음이다. 하지만 능히 도를 능히 깨우쳤다면 문은 하지 못해도 상관이 없다." 예상이 물었다. "일본 승인이

54_靑木正兒, 『支那文學藝術考』, 「國文學と支那文學」節 ; 靜永健, 『近世日本〈杜甫詩集〉閱讀史考』.

55_「貽華陽柳少府」, 『杜詩詳注』 卷15, p.1315. "文章一小技, 於道未爲尊." 이 구절의 실제 함의는 문학을 폄하하는 것이 결코 아니다. 구조오(仇兆鰲)의 주석에 "柳必推贊公之詩文, 故自謙云, 文章特小技耳. 他日又云'文章千古事', 方是實語."라고 했다. 오산 시승은 단장 취의(斷章取義)한 것이다.

> 문을 근본으로 삼고 도 배우기를 다음으로 삼는 것을 많이 보았습니다. 제가 두자미를 보니 '문장은 작은 기예이므로 도에 비해서는 높이 칠 것이 못 된다.'라고 했는데, 이로 보면 어찌 치류(緇流)라고 해서 그렇지 않겠습니까? 그러므로 가만히 한스럽게 여겼습니다. 하지만 어찌하면 도를 배울 수가 있습니까?" 선사는 말했다. "네가 능히 이것을 안다면 그나마 존경할 만하다. 우리나라의 승인은 단지 글을 할 줄만 알고 종문 아래의 일은 전혀 모르는 자가 있어, 사람들이 비난하여 그런 자를 불러 '백성승(百姓僧)'이라고 한다. 만약 승인이 종문의 가르침을 잃지 않는다면 존중할 만하다."[56]

기도 슈신(義堂周信)은 "군자는 도를 배우고 힘이 남으면 문을 배운다. 그러나 저 도란 학의 근본이요, 문이란 학의 말이다. …… 노두는 문장으로 자부한 자이지만 일찍이 '문장은 작은 기예이므로 도에 비해서는 높이 칠 것이 못 된다.'라고 하지 않았더냐? 생각할지어다!"[57]라고 말했다.

그러므로 오산 시승들이 두시를 상당히 감상하고 사랑했다고 하더라도 결코 시 공부에서 두시를 전범으로 삼아야 한다고 인정하지는 않았다. 경안(應安, 게이안) 3년 2월 23일의 기록에, "수숭(秀嵩) 시자가 시사(詩史)를 강해 달라고 청했으나 나는 도리어 불학을 권했다. 수숭이 「북정(北征)」 1편을 강해 달라고 청하기에, 나는 '이는 내가 젊어서 잠시 좋아한 것이다. 지금 시 배우는 자들은 전적으로 속된 모양으로 학습을 삼는데, 이는 경계해야 한다.'라고 했다."[58]라고 나온다. 여기서 '속된 모양'

56_『竺僊和尙住淨智並無量壽寺語錄』 卷上, 『大日本佛敎全書』, 東京 : 佛書刊行會, 1914, pp.281-282. "裔翔侍者問 : '大凡作詩及文章, 何者宜爲僧家本宗之事?' 師曰 : '僧者先宜學道爲本也, 文章次之. 然但能會道而文不能, 亦不妨也.' 翔曰 : '多見日本僧以文爲本, 學道次之. 翔見杜子美曰 : 文章一小技, 於道未足尊. 以此觀之, 況緇流乎? 故竊以爲恨. 然如何學道可也?' 師曰 : '汝能知此, 猶可敬也. 我國之僧, 有但能文而宗門下事絶不知者, 人乃誚之, 呼其爲百姓僧. 若僧爲文不失宗敎, 乃可重也.'"

57_「錦江說送機上人歸里」, 『空華集』 卷16, 『五山文學全集』 제2卷, p.1781. "君子學道, 餘力學文. 然夫道者學之本也, 文者學之末也. …… 老杜以文章自負者, 尙不曰乎'文章一小技, 於道未爲尊'? 念哉!"

58_『空華日用工夫略集』, p.36. "秀嵩侍者求講詩史, 余反勸以佛學. 嵩懇請說『北征』一篇, 余云 : "此乃少年暫時所好也, 今時學詩者專以俗樣而爲習, 是可戒也."

이란 세속의 사대부 체를 말한다. 위의 4월 20일 기록에, "담영(曇瑛)이 노두 시를 설해 달라고 간절하게 청했으나 나는 물리치고, 또 '오늘 이후로 부디 외도의 서적에는 맹세코 눈을 주지 않겠다. 공은 청하지 말라.' 라고 했다."[59]라고 나온다.

오산 시승이 진정으로 표방한 것은 '고승의 시'였다. 기도 슈신은 이렇게 지적했다.

> 오늘날 승려의 시는 모두 속된 모양을 짓고 있으니, 고승의 시를 배우는 것이 가장 좋다. 지금 승려의 시는 사대부의 체를 예로 삼으므로 정말 우습다. 틀에 박힌 대로, 부귀, 문장, 금옥, 의관, 고명(高名), 숭위(崇位) 등등을 말해 폐단이 아주 많다. 폐단이 일어나면 반드시 자취가 생겨나는데, 자취가 생겨나면 반드시 고쳐서, 옛 고승의 풍을 회복하는 것이 옳다.[60]

'고승의 시'의 높이는 사실 시에 그치지 않고 다시 '도'에 달려 있다.[61] 종교를 배경으로 하면서 오산 승려는 두시를 추숭했지만, 혹자는 소식 · 황정견 시를 추숭하기도 했으므로, 그들 가운데 어느 한 사람을 진정한 전범으로 보기는 어렵다.

앞사람의 연구에서 많이 지적했듯이, 에도 시대에 이르러 두시를 읽는 풍기가 더욱 높아지고 팽창했으며, 독자의 범위도 더욱 확대되었다. 그리고 직접 그 유행을 유도한 것은 명나라 소부(邵傅)가 편찬한 『두율집해(杜律集解)』이다. 이 책은 오언율시 4권과 칠언율시 2권, 모두 5백

59_『空華日用工夫略集』, p.38. "曇瑛懇說老杜詩, 余卻之, 且云 : "自今以去, 誓不復目外道典籍, 公其勿乞."

60_『空華日用工夫略集』, p.42. "今時僧詩,皆作俗樣也, 學高僧詩最好. 今僧詩例學士大夫之體, 尤可笑也. 官樣富貴 · 金玉 · 文章 · 衣冠 · 高名 · 崇位等, 弊尤多. 弊則必跡生, 跡生則必改, 復古高僧之風可也."

61_義堂周信, 「築雲三隱倡和詩敘」 : "古之高僧居岩穴, 修戒定慧, 而餘力及詩, 寓意於諷詠, 陶冶性情者固多矣, 而視其詩, 則率以道德爲主, 章句爲次, 枯澹平夷, 令讀者思慮洒然. 若唐皎然 · 靈徹 · 道標三師, 以詩鳴於吳越之間. …… 而世徒稱三師以詩, 潛子(指契嵩, 有『三高僧詩』)獨以道德而美之, 不亦高哉!"(『空華集』 卷11)

여 편을 포괄했는데, 사실은 고작 통속적인 독서물일 따름이다.[62] 이 책은 에도 때 베스트셀러로, 여러 차례 번각된 횟수가 다른 두시집을 훨씬 초과했다. 가장 중요한 이유는 간명하다는 점 때문이었다. 하야시 순사이(林春齋)는 「미퇴에게 주다〔畀尾退〕」 서찰에서, "시는 당나라 때보다 성한 적이 없었는데, 당나라에는 재자가 많았으나, 두자미가 최고였다. 두시는 해석이 많지만 천가(千家)·분류(分類)·전주(箋注)·집주(集注)가 모두 쌓여 있어 읽기 쉽지 않다. 근년 소부의 『두율집해』는 번다하지 않고 간이하여 너나없이 읽는다."[63]라고 했다.

나가사키에서 끊임없이 중국의 신서를 수입했으므로 허다한 새로운 두시 주석본이 신속하게 일본에 전해졌다. 세이라이쇼모쿠(齎來書目), 다이이쇼(大意書), 쇼자쿠모토초(書籍元帳), 라쿠사쓰초(落札帳) 등 현존하는 일본의 각종 박재서목(舶載書目) 자료를 보면,[64] 아래 열거하는 청나라 두시 주석서가 모두 동쪽으로 전한 것을 알 수 있다.

> 노원창(盧元昌) 『두시천(杜詩闡)』, 겐로쿠(元祿) 7년(1694) 수입.
> 『두시회재(杜詩會梓)』, 겐로쿠 16년(1703) 수입.
> 구조오(仇兆鰲) 『두시상주(杜詩詳注)』, 간에이(寶永) 7년(1710) 수입.
> 『두율의전(杜律意箋)』, 쇼토쿠(正德) 원년(1711) 수입.
> 오견사(吳見思) 『두시논문(杜詩論文)』, 쇼토쿠 2년(1712) 수입.
> 전겸익(錢謙益) 『주두시(注杜詩)』, 쇼토쿠 5년(1715) 수입.
> 고신(顧宸) 『벽강원두시주해(辟疆園杜詩注解)』, 교호(享保) 2년(1717) 수입.
> 심덕잠(沈德潛) 『두시우평(杜詩偶評)』, 교호 19년(1734) 수입.
> 주학령(朱鶴齡) 『두시집주(杜詩輯注)』, 호레키(寶曆) 4년(1754) 수입.

62_吉川幸次郎, 『杜詩在日本』; 黑川洋一, 『杜甫の研究』 第5章 「日本における杜詩」; 靜永健, 『近世日本〈杜甫詩集〉閱讀史考』.

63_『鵞峰林學士文集』 卷37, 相良亨 等編, 『近世儒家文集集成』 第12卷, 東京 : ぺりかん社, 1997, p.390. "詩無盛於唐, 唐多才子, 以子美爲最. 杜詩多解, 然千家·分類·箋注·集注, 皆堆而不易讀也. 近年邵傅『杜律集解』, 簡而不繁, 人人讀之."

64_大庭脩, 『江戸時代における唐船持渡書の研究』, 大阪 : 關西大學東西學術研究所, 1967.

포기룡(浦起龍) 『독두심해(讀杜心解)』, 호레키 9년(1759) 수입.
양륜(楊倫) 『두시경전(杜詩鏡詮)』, 고카(弘化) 원년(1844) 수입.

중국본을 번각한 것을 제외해도 일본인 자신의 주본(注本)도 있었다. 우쓰노미야 돈안(宇都宮遯庵) 『오두증광두율평해(鼇頭增廣杜律評解)』, 석(釋) 다이텐(大典)〔다이텐겐죠(大典顯常)〕『두율발휘(杜律發揮)』, 와타라이 스에시게(度會末茂) 『두율평총(杜律評叢)』, 쓰사카 고샤쿠(津阪孝綽) 『두율상해(杜律詳解)』 등이 그 예이다. 쓰사카 고샤쿠의 문인 고타니 가오루(小谷熏)가 쓴 「동양선생두율상해후서(東陽先生杜律詳解後序)」에 이러하다.

> 당나라가 일어나자, 시학이 크게 떨쳤는데, 두소릉의 시는 제가의 관면(冠冕)이었다. 식자가 마침내 시사(詩史)라고 추대하고, 또 시 속의 경이라고 존중했다. 그 충후하고 측달(惻怛)하며 사실을 기록하고 진실을 베껴 낸 것이 백세 이후에 가르침을 드리기에 충분하므로 그런 것이 아니겠는가? 무릇 이와 같으므로 시도가 크다. 뒷날의 학자는 또한 두시를 종주로 삼아야 할 것이다.[65]

내용이 모두 송나라 사람이 흘린 침(즉 언사)을 그러모았지만 평가는 아주 높아졌다.

이상에서 볼 때 두보는 에도 시대에 이미 문단의 전범으로 되었다고 볼 수 있는가? 내가 보기에 두보는 기껏해야 여러 많은 전범 가운데 한 자리를 차지했을 뿐이다. 3백 년간의 역사에서 수십 년의 풍소(風騷)를 영도했을 뿐이고 독존의 지위를 향유할 길이 없었다.

첫째 앞 시대와 비교하여 에도 시대의 두시가 가장 눈길을 끄는 것은 독자가 많았다는 것이다. 이것은 물론 원인이 있다. 이를테면 교육의 규모가 확대되어 막부와 각 지방에 크고 작은 학교가 있었고 학교에는 대

65_黃永武 編, 『杜詩叢刊』 第四輯, 臺北 : 大通書局, 1974, p.314. "唐興, 詩學大振, 而杜少陵之詩爲諸家冠冕, 識者遂推爲詩史, 又尊爲詩中之經. 非以其忠厚惻怛 · 紀實寫眞, 足垂訓於百世邪? 夫如此, 則其爲詩道大矣. 後之學者, 又宜杜詩爲宗."

량의 장서가 있어서, 중국에서 수입한 것도 있었지만 가장 많은 것은 화각본(和刻本)이었다. 화각본은 대부분 구두와 훈점이 있었으므로, 전문가 이외에도 일반의 무사 · 쵸닌(町人) · 민중도 훈독을 빌려서 한적을 이해할 수가 있었다. 그러므로 독자층의 확대는 에도 시대의 보편적 정황이었지, 고작 두시 독서에만 한정된 것이 아니었다.

둘째, 두시를 사람마다 누구나 읽는 성황이 유지되었던 시기는 불과 수십 년일 따름이다. 이반룡(李攀龍)이 편찬했다고 가탁된 『당시선(唐詩選)』이 에도 시대에 유행한 정황을 보면 두시의 유행은 대개 '작은 무당이 큰 무당을 보는' 상황으로 형용할 수 있을 따름이다.

셋째, 『당시선』의 유행은 겐엔학파(蘐園學派)〔고문사학파〕의 수령 오규 소라이(荻生徂徠)가 온 힘을 들여 창도했기 때문이다. 사실 이보다 앞서 다른 사람이 『당시선』을 칭양했으나 때를 만나지는 못했다.[66] 문단의 영수가 어떤 책이나 혹은 어떤 작자를 포창하는 것이 정전 지위의 형성에 때때로 지극히 중요한 의의를 지닐 수 있다. 상대적으로 두시의 경우는 문단 영수가 고취하고 부추기는 일이 없었다.

넷째, 이상 두보에 대한 포양의 말은 대부분 각 각본의 서발에서 나와 조금 과장한 면이 있었고, 정리(情理) 때문에 그런 것이 많았다. 쓰사카 고샤쿠를 예로 들면, 『두율상해』 이외에 그는 문학비평 저작 『야항시화(夜航詩話)』 6권을 내놓았는데, 그 속의 여러 곳에서 두보를 언급했으나 높이 표창하는 일은 없었고 도리어 부족한 점을 지적하고 모방자를 경고하여 주의를 주었다. 사실상 그의 『두율상해』도 율시를 익혀 시 짓는 것을 지도하는 입문서였지, 정종을 표방하고 전범을 수립하려는 뜻은 없었다.

다섯째, 에도 시대의 시단 풍조는 결코 불변의 것이 아니었으므로, 모방하는 대상도 부단히 변화했다. 히로세 단소(廣瀨淡窗)는 「시를 논하여 오제키 초케이와 나카시마 시교쿠에게 주다〔論詩贈小關長卿中島子玉〕」에서 무로마치부터 에도까지의 시풍 변화에 대해 회고하여 이렇게

66_『日本詩史』 卷4. "有先於徂徠已稱揚七子者, 『活所備忘錄』曰 : '李滄溟著『唐詩選』, 甚契余意. 學詩者捨之何適? '……永田山齋『膾餘雜錄』亦論及七子, 而爾時氣運未熟, 故唱之而無和者. 迄徂徠時, 其機已熟."

말했다.

> 지난날 무로마치 시대에 예악은 선종의 치류(승려)에게 속했다. 에도는 태평 시대의 밝은 운수를 열어, 서너 공이 기반을 건립했다. …… 정덕(正德, 쇼도쿠)·향보(享保, 교호) 시기에 대가들이 많아서 삼삼하게 북과 깃발을 나열했다. 양한의 구역에 넉넉히 노닐고 삼당의 울타리에 드나들었다. 격조는 모방에 힘쓰고, 성령은 폐휴(蔽虧, 덮이고 이지러짐)를 배격했다. 서시(西施)의 찡그리는 모습을 추녀가 본뜨듯이 하면서 스스로 아름답다고 여겼지만 본래 경국지색의 자태가 아니었다. 천명(天明, 텐메이) 때 또 한 번 변하여, 조송(趙宋)을 받들어 스승으로 삼았다. 풍진의 진부한 말을 떨쳐 버리고, 화초에서 새로운 상상을 뽑아내었다. 제나라 음이 오벽(敖辟, 강하고 높음)으로 뜻을 교만하게 하듯 재단했지만 도리어 음왜(淫哇)의 언사에 젖었다. 등나라가 초나라를 섬긴다거나 제나라를 섬긴다거나 어느 쪽이나 모두 잘못되듯 했으니, 누가 까마귀의 암수를 알랴?[67]

그 후 유월(俞樾)의 『동영시선(東瀛詩選)』이 이런 기초 위에 이변삼기(二變三期)의 설을 개괄했다. 전체적으로 보면 제1기는 오산 문학의 여습을 이어받아, "마치 송계(松季)의 파를 이어받은 듯"[68] 했다. 제2기는 오규 소라이의 창도 아래 당음(唐音)으로 전향해서, "한때에 시를 말하는 것이 모두 다 창명(滄溟, 이반룡)을 종주로 삼았다."[69] 제3기는 '거짓 당시'를 비판하고, 혹은 송시를 주로 하거나 당과 송을 겸하여 종주로 삼거나, 청시를 숭상했다. 기쿠치 마사히코(菊池桐孫)에게 『오산당시화(五山堂詩話)』가 있는데, 이때의 오산이란 백향산(白香山, 백거이)·이의산(李義山, 이상은)·왕반산(王半山, 왕안석)·증차산(曾茶山,

---

67_『遠思樓詩鈔』 卷上, 富士川英郎·松下忠·佐野正巳 編, 『詩集日本漢詩』 第11冊, 東京: 汲古書院, 1987, p.257. "昔當室町氏, 禮樂屬禪緇. 江都開昭運, 數公建堂基. …… 正·享多大家, 森森列鼓旗. 優游兩漢域, 出入三唐籬. 格調務摹仿, 性靈卻蔽虧. 里矉自謂美, 本非傾國姿. 天明又一變, 趙宋奉爲師. 風塵拂陳語, 花草抽新思. 雖裁敖辟志, 轉習淫哇辭. 楚齊交失矣, 誰識烏雄雌."

68_俞樾『東瀛詩選序』, 東京: 汲古書院, 1981, p.4. "猶沿襲宋季之派."

69_『東瀛詩選』 卷10, p.132. "一時言詩悉以滄溟爲宗."

증기)·원유산(元遺山, 원호문)이다. 황준헌(黃遵憲)은 일본의 한시가 "대체로 우리의 풍기를 따라 바뀌어 왔다."[70]라고 했다. 따라서 하나만을 존중하는 문학 전범은 존재하지 않았다.

메이지 시대가 되어 풍조가 구미를 따르는 식으로 뒤바뀌기 시작하여, 당시의 문화인은 "서양 문명이 한 번 찡그리고 한 번 웃고 하는 것에 대해 모두 대단히 민감했으며"[71] 창작에서도 "변화해서 미국 사람의 시고를 구입하고 영국 인사의 문집을 번역했으나"[72], 한시의 제작이 완전히 시들어 그친 것은 아니었다. 당시에는 적지 않은 시사(詩社)가 시단에서 활약해서 각각 종주로 숭상하는 것이 달랐다. 이를테면 오누마 아쓰시(大沼厚)를 으뜸으로 하는 하곡음사(下谷吟社)는 송시를 숭상해서 육유를 종주로 삼았다. 모리 로초쿠(森魯直)를 으뜸으로 하는 말리음사(茉莉吟社)는 청시를 추존해서 오위업(吳偉業)·왕사진(王士禛)을 표준으로 삼았다. 모리 가이난(森槐南)을 으뜸으로 하는 성사(星社)도 청시를 종주로 삼았다. 그리고 서양 학술의 영향을 받아 학자들은 중국 문학사를 저술하기 시작했다. 이를테면 후지다 도요하치(藤田豐八)와 사사카와 린푸(笹川臨風) 등의 『지나문학대강(支那文學大綱)』이 가려 뽑은 중국 문학사상 대가로는 선진 시대의 장자·맹자·굴원·한비자, 한·위·육조의 사마상여·사마천·조식·도연명, 당나라의 이백·두보·한유·백거이, 송나라의 소식·육유, 원나라의 원호문(元好問), 명나라의 송렴(宋濂)·고계(高啓)·이몽양(李夢陽)·탕현조(湯顯祖), 청나라의 이어(李漁)·왕사진(王士禛)이 있다. 두보의 지위는 여전히 두드러지지 않았다. 명치(메이지)·대정(다이쇼) 시기 중국 문학 연구가 더욱 중시한 것은 희곡과 소설이었다고 말하는 편이 옳다.[73]

두보의 지위를 중국 문학사에서 도드라지게 드러내어 최고의 영예관

70_『日本雜事詩』卷1, 錢仲聯『人境廬詩草箋注』附錄一, 上海：上海古籍出版社, 1981, pp.1122-1123. "大抵皆隨我風氣以轉移也."

71_吉川幸次郎, 「受容の歷史―日本漢學小史―」, 『吉川幸次郎全集』第17冊, p.14.

72_黃遵憲, 『日本雜事詩』卷1, 錢仲聯, 『人境廬詩草箋注』附錄1, p.1123.

73_神田喜一郎은 「日本に於ける杜甫」에서 "두시가 단지 작시의 규범이 아니라 동시에 중요한 고전 작가로 간주된 것은 메이지 시대에 재인식되어서 그러하다."라고 했으나, 나의 이 글의 의견과 다르다.

을 씌워 주고 아울러 보편적으로 받아들이는 의견이 되게 만든 것은 20세기 요시카와 고지로의 손안에서 완성되었다. 그는 스즈키 도라오(鈴木虎雄)의 영향 아래, 필생의 정력으로 두시를 번역 · 주석 · 연구했으며, 관련 문장은 일문 · 중문 · 영문 · 한글 · 베트남문으로 인쇄되고 널리 전파되었다. 간단히 그의 관점을 모아 보면 다음과 같다.

> 나의 인식으로는 중국 문학에서 가장 발군은 당나라 때 두보의 시이다.[74]
> 두보는 중국의 가장 위대한 시인으로, 중국인은 모두 그를 '시성' 다시 말해 '시의 성인'이라 부른다.[75]
> 두보는 마쓰오 바쇼의 아버지이다. 이 사실은 동양 문학사에서 두보가 갖는 의의를 더욱 증대시킨다.[76]
> 두보는 당나라 시인의 대표일 뿐 아니라 중국의 고금 이래 가장 위대한 시인이며, 중국 시의 완성자이니, 이는 11세기 북송부터 지금까지 천 년 이래의 평가이다.[77]

그의 견해는 다시 교과서와 문학사 연구 논저를 통해서, 두시를 일본인의 심중에 전범의 지위를 갖도록 확정시켰다.

(3) 한국

김택영(金澤榮)에게 "우리 대한의 오백 년 이래 제1 대가"[78]라고 칭송된 신위(申緯)가 그의 「논시절구(論詩絶句)」에서 "천하에 몇이나 두보를 배우는가, 가가호호 존숭하기는 동방이 최고라네."[79]라고 했다. 여기서의 동방은 한반도를 가리킨다. 만일 동아시아 삼국의 문학사에서 두

74_『杜甫私記』第1卷 '自序', 『吉川幸次郎全集』 제12책, p.3.

75_「杜甫について」, 『吉川幸次郎全集』 제12책, p.560.

76_「東洋文學における杜甫の意義」, 『吉川幸次郎全集』 제12책, p.592.

77_「中國文學の政治性」, 『吉川幸次郎全集』 第1冊, p.115.

78_「紫霞詩集序」, 『韶濩堂集』 권8, 한국학문헌연구소 편 『金澤榮全集』 제二책, 아세아문화사, 1978, p.128. "吾韓五百年之第一大家."

79_「東人論詩絶句」 34, 『警修堂全稿』 제1책, 한국문집총간 제291, 경인문화사, 2002, p.375. "天下幾人學杜甫, 家家尸祝最東方."

보의 지위를 비교한다면 신위의 언술은 조금도 과장이 없다. 두시가 독존적인 전범의 지위를 누린 것은 한국 문학사에서의 역사가 가장 오래고 영향이 가장 넓으며 각인이 가장 깊다. 두시가 언제 한반도에 들어왔는지, 한 · 중 · 일 학자들이 일찍이 토론한 적이 있으나, 대개 추론의 말이었다.[80] 『증보문헌비고』「예문고」의 기록에 따르면 고려 선종 2년(1085), 송나라 철종 즉위년, 고려에 『문원영화(文苑英華)』를 흠사했다는 기록이 있다. 『문원영화』는 두시를 2백여 수 수록하고 있으므로, 이것이 두시가 한반도에 들어왔다는 확증이라고 볼 수 있다.[81] 『증보문헌비고』「예문고」는 조선 정조 20년(1796) 처음 만들어지고, 금본은 그 기초 위에 수정되어 최종적으로 고종 10년(1906)[82] 완성된 것이다. 시기적으로는 아주 늦지만, 『고려사』「선종세가」와 『송사』「고려전」에 모두 이 사실을 기록하고 있으므로 확실히 근거하는 바가 있음을 알 수 있다. 즉 두시가 한반도에 들어온 시기는 늦어도 11세기 80년대라고 확정할 수 있다.

현존하는 고려 문학은 주로 명종조(1170-1197) 이하의 것인데, 이 시기 문단의 최고 전범은 사실은 소식이었다. 서거정 『동인시화』 상권에 "고려의 문사는 동파를 오로지 숭상하여, 급제방이 날 때마다 사람들은 '서른 세 명의 동파가 나왔다'라고 했다."[83]라고 되어 있다. 『고려사』「선거지」에 의하면 과거의 법제는 "선장(選場)을 매년 열기도 하고 한해 걸러 열기도 하여 정기적이지 않았다. 선비를 취하는 것도 정액(정원)

80_李丙疇, 『杜詩의比較文學的研究』; 李昌龍, 『韓中詩의 比較文學的研究—李白 · 杜甫에 대한 受容樣相』, 一志社, 1984 ; 全英蘭, 『韓國詩話中有關杜甫及其作品之研究』, 臺北 : 文史哲出版社, 1990 ; 李立信, 『杜詩流傳韓國考』, 臺北 : 文史哲出版社, 1991 ; 左江, 『李植杜詩批解研究』, 北京 : 中華書局, 2007.

81_李丙疇, 『杜詩의 比較文學的 研究』, pp.83-84는 이 기록에 주목했으나 그는 두시의 전입 시기를 신라 중엽으로 보았지, 이 점에 대해서는 특별히 유의하지 않았다. 근래 鄭墡謨는 이 자료에 근거해서 두시의 전입 시기를 확인했다. 「高麗朝における杜詩受容—李奎報を中心として」, 日本京都大學, 『中國文學報』 第69冊, 2005.4.

82_張伯偉 編, 『朝鮮時代書目叢刊』 第6冊, 『增補文獻備考 · 藝文考』 題解, 北京 : 中華書局, 2004, pp.2857-2859.

83_趙鍾業 編, 『修正增補韓國詩話叢編』 第1卷, 太學社, 1996, p.444. "高麗文士專尚東坡, 每及第榜出, 則人曰'三十三東坡出矣.'"

이 없다."[84] 신종조(1198-1204)에 해마다 진사 33인을 취하게(원년 · 2년 · 4년 · 5년) 되어, 그 후 점차 고착되었다. '서른 세 명의 동파가 나왔다.'라는 표현은 그 후에 출현했을 것이다. 이것은 다른 문헌을 통해서도 입증된다. 이를테면 이규보의 「전주목신조동파문발미(全州牧新雕東坡文跋尾)」에 이러하다.

> 대개 문집이 세상에 간행되는 것도 또한 각기 한때의 숭상하는 바에 따를 따름이다. 그러나 고금 이래로 『동파집』같이 성행하며 더욱 사람들의 즐기는 바가 된 것은 없었다. …… 사대부로부터 신진 후학에 이르기까지 잠시도 그들 손에서 놓아두지 않는다. 남은 꽃망울을 씹어 먹는 자들이 모두 이러하다.[85]

이 글은 고종 23년(1236) 작성되었다. 또 이규보는 「답전이지논문서(答全履之論文書)」에서, "(세속의 배우는 사람들이) 시 짓기를 배우게 되는데, 더욱 동파의 시를 즐겨 읽으므로, 해마다 방이 나붙게 되면 사람들이 '올해도 동파가 30명 나왔다'고 하게 되는 것이니, 족하의 이른바 '세속에서 분분하다'라고 하는 것이 이것을 두고 말하는 것입니다. …… 동파는 근세 이래의 부섬(富贍)하고 호일(豪逸)하여 시에 뛰어난 사람입니다."[86]라고 했다. 또 임춘(林椿)의 「여미수논동파문서(與眉叟論東坡文書)」에 "내가 보기에 근세 동파의 글이 세상에 크게 유행하여 학자들치고 감복하여 읊지 않는 사람이 없는 것 같다."[87]라고 했다. 고려 문인들 가운데 두시를 사랑하는 사람이 있었지만, 그들의 두시 인식도 상당한 정도로 소식의 영향을 받아서, 밥 한 숟가락에도 군주를 잊지 않는 우국

84_『高麗史』 中, p.595.

85_『東國李相國集』 권21, 한국문집총간 제1책, p.515. "夫文集之行乎世, 亦各有一時所尙而已. 然今古以來, 未若東坡之盛行, 尤爲人所嗜者也. …… 自士大夫至于新進後學. 未嘗斯須離其手. 咀嚼餘芳者皆是."

86_『東國李相國集』 권26, 한국문집총간 제1책, p.558. "學爲詩, 則尤嗜東坡詩, 故每歲榜出之後, 人人以爲今年又三十東坡出矣, 足下所謂世之紛紛者是已. …… 東坡近世以來, 富贍豪邁, 詩之雄者也."

87_『西河集』 권4, 한국문집총간 제1책, p.242. "僕觀近世東坡之文大行於世, 學者誰不服膺呻吟."

애민의 사상을 중시한 듯하다. 이인로의 『파한집』(고종 7년, 1220년 성립) 중권에 이런 말이 있다.

> 아(雅)가 이지러지고 풍(風)이 망하자, 시인들은 모두 두자미를 독보로 추대했으니, 어찌 다만 언어 표현이 정밀하고 굳세면서 천지의 정화를 다 그러모았기 때문만이겠는가? 밥 한 숟가락에도 군주를 잊지 않아 의연한 충의의 절개가 내면에 뿌리를 두어 외면으로 발하여 구마다 직(稷)과 설(契) 같은 충신의 입에서 유출하지 않은 것이 없기에 그것을 읽으면 나약한 사내라도 뜻을 세우도록 만들기에 족하기 때문이다.[88]

최자의 『보한집』(고종 41년, 1254년 성립) 중권에 "두자미는 군색한 중에서 구마다 군신의 큰 절개를 잊지 않았다"[89]라 하고 하권에서도 "시를 말하면서 두시를 언급하지 않으면 유학을 말하면서 공자를 언급하지 않는 것과 같다."[90]라고 했다. 이색의 「독두시(讀杜詩)」에는 "마음을 다잡기를 맹자와 같이 하고, 사실을 기록하길 사마천과 같이 했네. 문장은 그 소리를 떨치고, 측달의 정은 그 본성을 보전했네."[91]라고 했다. 이는 조선 시대까지 그대로 영향을 끼쳤다. 이를테면 『동인시화』 상권에 "고인은 두보를 시에서 성인이라고만 일컫지 않았다. 시가 모두 밥 한 숟가락에도 군주를 잊지 않고 우국 우민하는 마음에서 나왔다."[92]라고 했다.

시가 예술의 경우에는 두보를 부분적으로 학습할 수 있었다. 『보한집』 상권에 "시를 배우는 자는 율구를 대하여 두자미를 본받고, 악장은 이태백을 본받으며, 고시는 한유 · 소식을 본받는다."[93]라고 했다. 또 하

88_『修正增補韓國詩話叢編』 제1권, p.51. "自雅缺風亡, 詩人皆推杜子美為獨步, 豈唯立語精硬, 刮盡天地菁華而已. 雖在一飯, 未嘗忘君, 毅然忠義之節, 根於中而發於外, 句句無非稷契口中流出, 讀之足以使懦夫有立志."

89_『修正增補韓國詩話叢編』 제1권, p.94. "杜子美在寒窘中, 句句不忘君臣之大節.";

90_『修正增補韓國詩話叢編』 제1권, p.111. "言詩不及杜, 如言儒不及夫子."

91_『牧隱詩稿』 권8, 한국문집총간 제4책, p.63. "操心如孟子, 紀事如馬遷. 文章振厥聲, 惻怛全爾天."

92_『修正增補韓國詩話叢編』 제1권, p.424. "古人稱杜甫非特聖於詩, 詩皆出於憂國憂民 · 一飯不忘君之心."

93_『修正增補韓國詩話叢編』 제1권, p.89. "學詩者對律句體子美, 樂章體太白, 古詩體

권에서는 "시를 조탁하고 단련하길 두공부처럼 한다면 오묘하기는 오묘하다. 하지만 그는 손에 익지 않은 것을 조탁하려고 더욱 고심했으므로 졸렬하고 난삽하기가 더욱 심해져서 헛되이 간과 신장을 아로새겼을 따름이다. 각각 재주와 국량을 따라 천연의 소리를 토해 내어 매만지고 뒤섞은 흔적이 없는 것과 어이 같으랴?"[94]라고 했다. 이는 분명히 이인로의 논설에 대항하여 발언한 것이다.[95] 당시 식자들 가운데 두시를 높이 평가하는 사람이 없지 않았지만, 시단에서 보편적으로 숭상하는 것은 호매(豪邁)하고 준상(俊爽)한 소동파 시였고, 서정이 치밀하고 시상이 깊으며 침울하고 돈좌(頓挫)하는 두시에 대해서는 바라만 보다가 물러서는 식이었다. 『보한집』 하권에 "저 웅심하고 기묘하며 고아하고 굉원한 시구는 반복하여 자세히 살펴보면 오랜 뒤에야 맛을 느낄 수 있으니, 학자들이 좋아하지 않는다. 이를테면 두공부의 시가 그러하다."[96]라고 하여, 이런 습기를 지적했다.

현전하는 고려 시기의 당시 선본으로 『십초시(十抄詩)』가 있으나, 그 속에는 두보시가 없다. 그런데 조선 시대 송시의 풍기로부터 영향을 받아 편찬된 『팔가시선(八家詩選)』의 경우에는 선별 작품 가운데 가장 많은 것이 두시이므로, 저간의 소식을 깨닫기 어렵지 않다.

조선 왕조가 건립된 이후 고려조에서 불교로 국가를 보우하던 관습을 고쳐 유가 사상을 입국의 근본 대도로 삼았다. 두보는 자신의 글을 살펴, "법이 유가에서부터 왔다〔法自儒家有〕."라고 감탄한 바 있다. 조차공(趙次公)의 주에 "문장의 법이 우리 유가의 부류에서 나왔다고 말한 것이

韓·蘇."

94_『修正增補韓國詩話叢編』 제1권, p.111. "凡詩琢鍊如工部, 妙則妙矣, 彼手生者欲琢彌苦, 而拙澀愈甚, 虛雕肝腎而已. 豈若各隨才局, 吐出天然, 無礱錯之痕?"

95_『破閑集』 卷上. "琢句之法, 唯少陵獨盡其妙."

96_『修正增補韓國詩話叢編』 제1권, p.108. "彼雄深奇妙·古雅宏遠之句, 必反覆詳閱, 久而後得味, 故學者不悅, 如工部詩之類也." 청나라 趙翼은 일찍이 두시의 특색을 다음과 같이 말했다. "其眞本領仍在少陵詩中'語不驚人死不休'一句. 蓋其思力沉厚, 他人不過說到七八分者, 少陵必說到十分, 甚至有十二三分者. 其筆力之豪勁, 又足以副其才思之所至, 故深人無淺語."(『甌北詩話』 卷2) 또한 조익은 소동파 시의 특색을 다음과 같이 개괄했으므로 참고할 만하다. 又概括蘇詩特色云 : "其妙處在乎心地空明, 自然流出, 一似全不著力, 而自然沁人心脾, 此其獨絕也."(『甌北詩話』 卷5)

다.”[97]라고 했다. 두시는 이치상 당연히 크게 존중되었고, 그에 따라 비견할 바 없이 높은 문단 전범이 되었다. 조선 문단 5백 년의 풍기는 결코 하나로 굳어진 채 변하지 않은 것은 아니다. 김만중은 “본조의 시체(詩體)는 그저 네다섯 번 바뀐 정도가 아니다.”[98]라고 했다. 혹은 송시를 배워 소식 · 황정견을 숭상하고, 혹은 전환하여 당시를 배우고, 명나라 사람의 습속을 숭상하며, 혹은 당과 송을 아울러 채용하고, 청나라 사람의 영향을 받기도 했다. 하지만 조선의 문단에서 두보는 전범으로서의 지위가 결코 뒤바뀌거나 하강하지 않았다. 그 표지는 아래에 살펴보는 몇 가지에 있다.

첫째, 두보집이 대량으로 번각되었다. 기왕의 연구자들은 대부분 한반도에서 두시의 판각이 고려조에 시작되었다고 말한다. 여서창(黎庶昌)이 『고일총서(古逸叢書)』에서 말하길, 채몽필의 『두공부초당시전』 두 종류가 있어, 하나는 남송본이고 하나는 고려본이며, 후자는 즉 황학(黃鶴)의 『집천가주두공부시사보유』 11권이라고 했다. 『고일총서』는 남송본에 근거하여 『두공부초당시전』을 영인하고 고려본에 근거하여 『집천가주두공부시사보유』를 영인했다. 하지만 부증상(傅增湘), 이나바 이와키치(稻葉岩吉), 심경호(沈慶昊) 등의 고찰에 의하면[99], 그 책은 태종 · 세종 시대 간본이다. 조선 시대에 들어선 이후 두보 시집이 대량으로 간행되어, 중국본의 복각도 이루어졌다. 곧, 앞서 말한 두 종류 이외에도 『두시범덕기비선(杜詩范德機批選)』 · 『우주두율(虞注杜律)』 · 『조주두율(趙注杜律)』 · 『독두시우득(讀杜詩愚得)』 · 『수계선생비점두공부칠언율시(須溪先生批點杜工部七言律詩)』 등이 있다. 또 조선인이 새로 편찬한 주(注) · 역(譯) · 선(選)의 텍스트도 있어, 『찬주분류두시(纂注分類杜詩)』 · 『분류두공부시언해(分類杜工部詩諺解)』 · 『찬두두시택풍당비해(纂注杜詩澤風堂批解)』 · 『두륙분운(杜陸分韻)』 · 『이가전율(二家全律)』 · 『두륙천선(杜陸千選)』 등이다. 심경호는 시간 순서로

97_『偶題』, 『九家集注杜詩』 卷30, 臺北 : 商務印書館影印文淵閣『四庫全書』本.

98_『西浦漫筆』 卷下, 通文館, 1971, p.619. “本朝詩體, 不啻四五變.”

99_傅增湘, 「藏園群書題跋」; 稻葉岩吉, 「古逸本杜工部詩史補遺に就て」, 『青丘學叢』 제7호, 1932. 2 ; 沈慶昊, 「李氏朝鮮における杜甫詩集の刊行について」, 京都大學, 『中國文學報』 제37책, 1986. 10.

조선 시대 두시 간각 상황을 배열했는데 모두 58차나 된다.[100] 조선 시대의 책판 목록에 근거한다면 서울 이외에도 두시를 간각한 지역적 분포가 상당히 넓을 것이다. 두시의 대량 인쇄는 공전의 보급을 수반하여, 문단 전범의 견실한 기초를 이루었다.

둘째, 두시의 여러 텍스트의 번각과 신찬은 왕왕 왕실의 주도하에 이루어져, 통치자의 사상을 반영했다. 가장 대표적인 것이 3차례였다. 제1차는 세종 25년(1443), "두시 제가 주를 중외에서 구득하도록 명했는데, 당시 집현전으로 하여금 두시 제가 주를 참조 교정해서 하나로 묶게 했으므로 구득하고자 한 것이다."[101]라고 했다. 다음 해 『찬주분류두시』를 편찬하고 모두 9차례 중인(重印)했다. 이 책은 조선인이 편찬한 방대한 두시 주본(注本)으로, 영향력이 아주 컸다.[102] 제2차는 성종 12년(1481) 왕명으로 유윤겸(柳允謙) 등이 두시를 언해하기 시작한 일이다. 성종은 "두시 제가의 주가 상세하기는 하지만, 『회전(會箋)』은 번다하고 오류가 많은 잘못이 있고, 『수계(須溪)』는 간략하지만 소략한 잘못이 있어, 중설이 분분하고 서로 모순되므로 연찬하고 핵실하여 하나로 하지 않을 수 없다. 그대들이 편찬하기 바란다."[103]라고 했다. 성종은 또 이렇게 말했다. "크도다, 시의 교(敎)여! 『삼백』(시경) 이후로 당나라가 가장 성대했는데, 두자미가 그 으뜸이어서, 위로는 풍(風)과 아(雅)에 육박하고 아래로는 심약·송지문을 아울러, 제가의 특장을 모아 대성했다. 시는 두자미에 이르러 지극해졌다고 할 만하다!"[104] 한편으로는 두시의 위대함을 추숭하고 다른 한편으로는 언해의 필요성을 강조했으므로, 중신들이 마침내 『분류두공부시언해』를 엮었다.

제3차는 정조 시대로, 정조는 두보·육유를 일체로 합했는데, 어정

100_심경호, 「李氏朝鮮における杜甫詩集の刊行について」.

101_『世宗實錄』 25년 4월 병오 조, 제4책, 국사편찬위원회 영인 조선왕조실록, 1955-1958, p.474. "命購杜詩諸家注於中外, 時令集賢殿參校杜詩諸家注釋會稡爲一, 故求購之."

102_左江, 「〈纂注分類杜詩〉研究」, 『李植杜詩批解研究』 附錄3, pp.321-358.

103_曹偉, 「杜詩序」, 『梅溪集』 권4, 한국문집총간 제16책, p.338. "杜詩諸家之注詳矣, 然『會箋』繁而失之謬, 『須溪』簡而失之略, 衆說紛紜, 互相牴牾, 不可不研覈而一, 爾其纂之."

104_金訢, 「翻譯杜詩序」, 『顔樂堂集』 권2, 한국문집총간 제15책, p.241. "大哉, 詩之敎也! 『三百』以降, 惟唐最盛, 而杜子美作爲首, 上薄風雅, 下該沈·宋, 集諸家之所長而大成焉. 詩至子美, 可謂至矣!"

(御定)을 거친 것으로 『두률분운』 5권, 『육률분운(陸律分韻)』 39권(합칭 『두륙분운』, 간본), 『이가전율』 15권(사본), 『두륙천선』 8권(간본)이 있다. 앞의 둘은 정조 22년(1798)에 완성되고, 후자는 다음 해에 완성되었다. 「두륙천선서(杜陸千選序)」에서 정조는 이렇게 말했다.

> 부자(주희)는 일찍이 말하길, 광명정대(光明正大), 서창통달(舒暢洞達), 뇌뇌낙락(磊磊落落)하여 자그마한 가라지만큼도 의심할 바가 없는 것은 당나라에서 공부 두 선생을 얻었다. 부자는 아성이니, 인물의 좋고 나쁨에 대해 한마디 하는 것이 구정(九鼎)보다도 중한데, 두공부를 칭도한 것이 이와 같으니, 그 시를 읽고 그 사람을 안다고 하는 것이 이것이 아니겠는가? 육무관(陸務觀, 육유)의 경우는 부자와 시대를 같이 했으며 부자가 화평수미(和平粹美)하다고 허여했으니, 중원의 승평 기상이 있으므로, 지금 시대에 옛날 시대와 같이 백성을 교화하고 풍속을 변화시키려 한다면 두보 · 육유를 제쳐 두고 어떻게 하겠는가?[105]

두시의 전범으로서의 지위가 이와 같이 흠정(欽定)되었으므로 일반 문인도 자연히 두보를 분분하게 정종 · 대가라고 평했다. 정경세(鄭經世)는 '우주시종(宇宙詩宗) 두소릉'[106]이라 하고 정약용은 "후세의 시율은 마땅히 두공부를 공자로 삼아야 한다."[107]라고 했다. 유사한 평가는 일일이 들 수 없을 정도이다. 왕실의 주도 아래서 개인의 두시 주석도 끊이지 않고 출현했다. 학술계에서 비교적 잘 알려진 이식(李植)의 『찬주두시택풍당비해』 외에도 적어도 살펴볼 만한 것이 6종이나 있다. 이것도 다른 한편으로 두시를 민간에 유전하도록 추동했다.

세 번째, 독두(讀杜) · 의두(擬杜) · 집두(集杜) 풍조의 성행이다. 조

105_正祖, 『群書標記』 4, 『朝鮮時代書目叢刊』 第2冊, p.1111. "夫子(指朱熹)又嘗曰：光明正大 · 舒暢洞達 · 磊磊落落 · 無纖芥之可疑者, 於唐得工部杜先生. 夫子亞聖也, 於人物臧否一言重於九鼎, 而其稱道杜工部乃如此者, 豈非讀其詩而知其人也歟? 如陸務觀與夫子同時, 而夫子尚許之以和平粹美, 有中原昇平氣象, 則當今之時, 等古之世, 敎其民而化其俗, 捨杜 · 陸奚以哉?"

106_「招杜衛士思忠」, 『愚伏集』 권1, 한국문집총간 제68책, p.25. "宇宙詩宗杜少陵."

107_「寄淵兒」, 『與猶堂全書』, 한국문집총간 제281책, p.453. "後世詩律, 當以杜工部爲孔子."

선 시대의 문집을 펼쳐 보면 이런 제목이 수두룩하다. 두시를 읽는 독자의 신분도 제왕 · 신하 · 대유 · 문인 · 승려 · 여성 · 아동 등, 사회 각 계층을 거의 망라하여, 기록에 늘 나타난다. 이를테면 성간(成侃)은 "두시를 천 번 읽었다."[108]라 하고, 노수신(盧守愼)은 "『논어』 · 두시를 2천 회 읽었고", 이안눌(李安訥)은 "두를 수천 번 읽었다."[109] 이헌경(李獻慶)은 "두보 시와 한유 문을 아주 좋아해서 천 번에 이르도록 읽었으며, 때때로 자탄하여, "나는 이 두 사람의 궤철을 버리고 별도로 한 체를 이룰 길이 없다."라고 했다."[110] 여기서 승려와 여성을 예로 들어 보기로 한다. 세종조 『찬주분류두시』 작업에 종사한 승려 만우(卍雨), 즉 천봉(千峰)은 "이색 · 이숭인을 만나 시에 대한 평론을 들어 시학을 조금 알았는데, 지금 두시에 주석을 하면서(학사들에게) 질의하게 하고자 했다."[111] 두시에 정통하지 않았다면 승려를 고문으로 갖추겠다고 특약할 필요가 없었을 것이다. 또 세종 · 성종 때 활약한 유방선(柳方善) 및 그 아들 유윤겸(柳允謙), 조카 유휴복(柳休復)은 모두 두시에 정통하였는데[112], 두 사람이 모두 유방선을 따라 배웠고, 승려 의침(義砧)〔즉 월창(月窗)〕은 "태재 유방선이 따라서 두시를 배운 자이다."[113] 유방선이 의침에게 준 시에 "어느 날 다시 방장 모임에 참예하여, 향 사르고 자세히 두릉(두보) 시를 읽으랴!"[114]라고 했다. 유윤겸도 두시에 밝았으므로 성종 때의 두시의 언해 작업에 참여했으니, 승려 월창의 간접 참여라고 볼 수 있다. 간각의 작업도 역시 그러했다. 『고일총서』본에 수록된 『황씨집천가주두공부시사보유』 10권의 뒤에 번각자들 이름이 열거되어 있는데, 각공 의신(義信) ·

108_權鼈, 『海東雜錄』 권4, 『大東野乘』本, 朝鮮古書刊行會, 1909. "讀杜詩千遍."

109_金得臣, 『終南叢志』, 『柏谷先祖集』 附錄, 한국문집총간 제104, p.239. "盧蘇齋(守愼)讀『論語』 · 杜詩二千回. …… 李東岳(安訥)讀杜詩數千周."

110_『艮翁集』 권24 「家庭聞見錄」, 한국문집총간 제234, p.502. "最嗜杜詩韓文, 多至千讀. 時時自歎曰 : 吾無由捨此二人軌轍, 別成一體."

111_『세종실록』 제4책, p.475. "及見李穡 · 李崇仁, 得聞論詩, 稍知詩學, 今注杜詩, 欲以質疑也."

112_成俔, 『慵齋叢話』 권7, 『大東野乘』本. "精熟杜詩."

113_曹伸, 『謏聞瑣錄』 권2, 趙鍾業編, 『修正增補韓國詩話叢編』 제1책, p.620. "柳泰齋方善所從學杜詩也."

114_權鼈, 『海東雜錄』 권4, 『大東野乘』本. "何日更參方丈會, 焚香細讀杜陵詩." 시 속의 '會'자는 유방선의 『泰齋集』 권2 「寄月窗上人」에서는 '去'로 되었다.

해산(海山)·신돈(信頓)·신담(信淡)·각료(覺了)·보의(寶義)·사일(思一)·해봉(海峰)·선관(善觀)·설화(雪和)·홍혜(洪惠)·경돈(敬頓)·신해(信海)·성민(性敏)·등운(蹬雲) 등 모두 선사였다. 신광한(申光漢)의 「기월봉사육융선사(寄月峰寺六融禪師)」에, "산승이 일찍이 세종 때의 성대함을 보았으니, 책 상자 속에 지금도 노두의 시를 보관하고 있네."라 하고, 자주에 "승려가 세종 때 인쇄한 두시를 보관하고 있다."[115]라고 했다. 김창집(金昌集)의 「두시집구(杜詩集句)」에는 "내가 운장(雲莊)에 일이 있어 송노암(送老庵)에 와서 머문 것이 반달 남짓이다. …… 마침 책상에 소릉 시 한 부가 남아 있는 것을 보았다. …… 내가 마침내 오언시를 따서 모아 집성했다."[116]라고 했다. 사찰의 두시 소장을 상견할 수 있었음을 알 수 있다.

다시 여성을 예로 들면, 조선 시대 여성 시문 창작의 풍조는 그리 홍성하지 않았지만, 다만 현존하는 문집 속에서 두시가 여성 창작의 전범이 되었음을 발견하기 어렵지 않다. 허봉(許篈)에게 「제두율권후봉정매씨난설헌(題杜律卷後奉呈妹氏蘭雪軒)」이 있다.

> 『두율』 1책은 문단공 소보(邵寶)가 초(鈔)한 것으로 우주(虞注)〔『우주두율』〕보다 간명하여 읽을 만하다. …… 나는 책상자에 보물처럼 보관한 것이 여러 해였다. 지금 그만두고 옥 같은 이것을 네게 바치니, 한번 열람하여, 나의 근후한 뜻을 저버리지 말아서, 두소릉의 희성(希聲)을 반씨(班氏)의 손에서 다시 발하게 하는 것이 좋겠다.[117]

허난설헌은 조선 여성 시인의 대표이다. 그 오라비가 소보(邵寶)의 『두율초(杜律鈔)』를 주었는데, 목적은 누이가 두시의 전통을 계승하고

115_『企齋集』 권5, 한국문집총간 제22책, p.292. "山僧曾見世宗時, 篋裡今藏老杜詩." 自注 "僧藏世宗朝印本杜詩."

116_『夢窩集』 권4, 한국문집총간 제158책, p.89. "余有事雲莊, 來住送老庵者殆半月餘矣, …… 適案上見留少陵詩一部, …… 余遂就五言詩中掇取而集成之."

117_張伯偉主編, 『朝鮮時代女性詩文集全編』 上冊, 南京：鳳凰出版社, 2011, p.163. "『杜律』一冊, 邵文端公寶所鈔, 比虞注尤簡明可讀. …… 余寶藏巾箱有年, 今輟奉玉汝一覽, 其無負余勤厚之意, 俾少陵希聲復發於班氏之手可矣."

나아가 더욱 발양하길 기대해서이다. 이후 여성이 두시를 모방하고 차운한 작품이 적지 않아서 문헌에 자주 보인다. 이를테면 안동 김씨 가족의 『연주록(聯珠錄)』과 김씨의 『호연재집(浩然齋集)』에는 형제자매가 함께 두시에 차운한 작품 수십 편이 있다. 서영수각(徐令壽閣)도 "즐겨 외운 것은 도연명과 두보의 시로, 항시 '다른 사람의 시는 너무 매끈하고 곱상해서 부인이 볼만하지 않다.'라고 했다."[118]라고 했다. 여성이 읽을 만한 것은 오로지 도연명 · 두보의 시라고 한 것이다. 홍원주(洪原周)는 서영수각의 딸로, 『유한집(幽閑集)』을 남겼는데, 거기에는 두시에 차운한 작품이 많다. 김청한당(金淸閑堂)은 시를 논하여, "시는 지(志)를 말하는 것이니, 언지(言志)는 노두(두보)보다 나은 이가 없다. 나머지는 꽃봉우리를 토하고 꽃을 씹으며 궤짝은 사고 옥구슬은 돌려주어 사람들을 절로 무릎이 꿇리게 만들 수 없는 부류이므로 끼워서 꼽을 만하지 못하다."[119]라고 했다. 두시를 제외하고는 눈에 들어오지도 않는다는 말이다. 최송설당(崔松雪堂)은 「자회(自懷)」시를 지었는데, '문장은 이 · 두를 칭한다. '[120]라는 구절이 있다. 오효원(吳孝媛)의 「용암사아집 12수(龍巖社雅集十二首)」 제7수에는 "시를 지어 두보를 일컫고, 버들을 심어 도연명을 추억한다."[121]라 하고, 「화한운원공자극문(和寒雲袁公子克文)」 시는 이능화(李能和)로부터 "이역에 표박하여 경치를 대해 슬픈 생각이 들었으니, 마치 노두의 시 한 편을 읽는 것과 같다."[122]라는 논평을 받았다. 매죽당 이씨(梅竹堂李氏)의 「추정(秋情)」도 편찬자로부터 "완연히 두시 속의 뜻이다."[123]라는 평을 받았다. 조선 말기 무명씨의 고부가 함께 지은 연구(聯句)도 두시를 기민하게 운용했다.

118_洪奭周, 『家言』 下, 『朝鮮時代女性詩文集全編』 上冊, p.673. "所喜誦唯陶 · 杜二詩. 恒曰 : '他人詩多綺艶, 非婦人所宜觀也.'"

119_金商五, 「淸閑堂散稿序」, 『朝鮮時代女性詩文集全編』 中冊 p.1361. "詩言志也, 言志莫如老杜, 其餘吐芳咀華 · 買櫝還珠之不能使人屈膝者流, 無足齒算."

120_『松雪堂集』, 『朝鮮時代女性詩文集全編』 下冊, p.1401. "文章稱李杜."

121_『小坡女士詩集』 上編, 『朝鮮時代女性詩文集全編』 下冊, p.1535. "題詩稱杜甫, 種柳憶淵明."

122_『小坡女士詩集』 中編, 『朝鮮時代女性詩文集全編』 下冊, p.1571. "飄泊異域, 對境傷感, 如讀一篇老杜之詩."

123_『李朝香奩詩』, 『朝鮮時代女性詩文集全編』 下冊, p.1800. "宛若杜詩中意,"

> 며느리 : "두시에 '낙성에서 한번 이별한 뒤로 사천 리'라고 했습니다만 그 잇수가 사천 리에 모자랍니다."
> 시어머니 : "두시에 '동정호에서 서로 헤어진 지 열두 가을'이라 했으니, 그 가을이 어찌 열둘이었느냐?"[124]

이것은 두시를 가지고 두시에 짝을 맞춘 것이다. 또 이런 예가 있다.

> 들의 학이 뜰에서 춤을 추었다. 며느리 "외론 학이 무슨 일로 춤을 추는지 모르겠어요." 시어머니 "이웃 닭이 때때로 담장을 넘어오는구나."[125]

이는 두시의 시구를 모아 연구로 한 것이다. 이상은 대개 사대부 가정의 여성이다. 기녀가 두시를 배운 예는 비록 많이 보이지는 않지만 그렇다고 완전히 없는 것도 아니다. 이를테면 금선(琴仙)은 「친구를 만나〔逢故人〕」에서 "아름다운 시에 탐닉하여 두공부를 배우려 하고, 홀로 깨어 길이 굴대부(굴원)를 따르련다."[126]라 했고, 「차초규당소증운(次楚葵堂所贈韻)」에서 "우연히 문사를 만나자 아름다운 시구를 청하니, 입을 열어 어이 봉황을 읊을 줄 알랴."[127]라고 했다. 분명히 후자는 두시 「장유(壯游)」의 "일곱 살에 장대한 사업을 생각하여, 입을 열면 봉황을 읊었다."에서 환골탈태한 것이다.

승려는 방외지인이고 여성은 문단의 주변에 처해 있었다. 그들이 두시를 익숙하게 배운 것이 모두 이런 정도에 이르렀으므로 다른 인사들이 어떠했는지는 추측하기 어렵지 않다.

이상 세 가지를 종합하면, 두시가 조선 문학사에서 최고 전범으로서 그 지위가 혁혁했던 것은, 한중일 삼국의 범위 안에서 보면 동아시아에서 으뜸이라고 할 수 있다.

124_『姑婦奇譚』, 『朝鮮時代女性詩文集全編』 下冊, p.1634. "婦曰 : '杜詩云洛城一別四千里, 其里未滿四千.' 姑曰 : '杜詩云洞庭相分十二秋, 厥秋何嘗十二."

125_『姑婦奇譚』, p.1635. "有野鶴舞於庭. 婦 : "獨鶴不知何事舞." 姑 : "鄰雞時有過牆來."

126_『琴仙詩』, 『朝鮮時代女性詩文集全編』 上冊, p.263. "耽佳欲學杜工部, 獨醒長隨屈大夫"

127_『琴仙詩』, p.261. "偶逢文士乞佳句, 開口何能詠鳳凰."

3. 전범의 차이

두시 전범의 형성에서 보면 동아시아 삼국은 각기 특징이 있으며, 전범의 의의도 필연적으로 각각 다르다. 이 차이를 간략히 '전범의 차이'라고 부를 수 있다.

에드워드 사이드는 저명한 '여행 속의 이론'이란 개념을 제출해서, 이론의 전이를 일종의 문화 현상으로서 주목하고 아울러 여행 방식이 거쳐야 하는 몇 가지 절차를 귀납했다. 첫째, 원점 혹은 유사원점. 둘째, 각종 언어 경계의 압력에서부터 횡적으로 거리를 두거나 그 압력을 뚫고 넘어가는 노정. 셋째, 수용 측의 조건. 그리고 넷째, 관념과 이론이 새로운 시공 속에서 일으키는 개변 등이다. 그는 특히 게오르크 루카치(Georg Lukacs) 이론의 여행을 예로 들어 이에 대해 설명했다. 그 연구 걸음은 일종의 역사학 노정(사실상 상당한 담박화와 약화)으로 시작하여, 이어서 이론 자체가 우리에게 무엇을 설명하는지에 주목을 하고, 이론과 사회 사이의 관계가 또 우리에게 무엇을 설명하는지에 주목을 했다. 어떤 관념이나 이론이든 이식 · 전달 · 유통 · 교류는 인류 문화사에서 늘 볼 수 있는 현상이지만, 종래의 사람들은 대개 차용 · 해독 · 석의(釋義)를 모두 오독과 오석(誤釋)이라고 보았다. 하지만, 사이드는 이것은 결코 만족스러운 결론이 아니라고 보았다.[128] 요컨대 흥미를 솟구치게 만드는 탐구 주제는, 한 이론이나 관념이 이동 과정 중에 일으키는 변이에 중점을 둔다. 넓은 의미에서 보면, 하나의 텍스트가 한 곳에서부터 별도의 한 곳으로 여행해 가면서, 서로 다른 사회 문화 맥락에서 이 텍스트가 어떻게 해석되고 수용되는가, 이것이 비교 문학적으로 중요한 논제 가운데 하나이다. 내 생각에, 이 관점에서 출발하여 문학 전범으로서의 두시가 동아시아 문학사에서 어떤 변이를 일으키고 이 변이는 결국 무엇 때문에 발생했는지 탐구하는 일이 마찬가지로 풍부한 의미를 지닌 논제라고 본다.

동아시아 문학사에서 전범으로서의 두시는 우선 중국에서 그 지위를

128_「旅行中的理論」, 『世界 · 文本 · 批评家』 第10章, 李自修 譯, 北京 : 生活 · 讀書 · 新知三聯書店, 2009, pp.400–432.

확립했으므로, 이 관념으로 말하면 중국이 원점(point of origin)이었다. 이 원점은 여러 방면으로 구성된 종합체였다.

첫째는 시성(詩聖). '시 속의 성인이다'(도덕)라는 의미에서든 '시에서 성인으로 되었다'(예술)라는 의미에서든, '시성'은 시 왕국의 월계관이다. 중국 문학사에서 두시가 차지하는 전범으로서의 지위는 문단 거벽들의 거양과 표창에 의해서 형성된 것이다. 따라서 그것은 문인의 심미와 취미의 변화에 따라 결정되며, 문단 영수의 개인적 심미는 한 시대의 심미에 종종 영향을 주기도 한다. 거꾸로 시대가 달라짐에 따라 심미와 취미가 바뀌게 되고 경전의 가격도 새롭게 달라진다. '시성'이란 칭호의 경우, 종영(鍾嶸)은 이 말을 조식(曹植)에게 견주어 "진사왕(陳思王)이 문장에 대해 갖는 관계는 인륜에게 주공과 공자가 있는 것과 같다."[129]라고 했으며, 송나라 사람들은 두보 시와 한유 문을 평가하는 데 사용했다. 단, 명나라 사람은, 황성증(黃省曾)이 "지난날 이백과 두보는 시성이었지만 문의 격조는 빛나지 않았다."[130]라고 했듯이, 이백과 두보를 아울러 시성이라 칭한 사람도 있었고, 양신(楊愼)이 "진자앙(陳子昻)은 해내의 문종(文宗)이고 이태백은 고금의 시성이다."[131]라고 했듯이, 전적으로 이백을 시성이라 한 사람도 있었다. 심지어, 자기를 시성이라고 참칭한 자도 있었다. 원나라 사람 허유임(許有壬)은 "나는 제비 같은 턱과 범 같은 머리를 지닌 제후가 될 만한 사람이 아니요, 시성이자 주광(酒狂)일 따름이다."[132]라고 했다. 이로써 시성이란 칭호는 두보의 전유물이 아니었음을 알 수 있다. 그래서 명나라 말의 왕사임(王思任)은 "이

129_曹旭, 『詩品箋注』, 北京 : 人民文學出版社, 2009, p.56. "陳思之於文章也, 譬人倫之有周·孔."

130_黃省曾이 李夢陽에게 보낸 서찰은 李夢陽, 『空同集』 卷62, 文淵閣『四庫全書』本. "昔李·杜詩聖而文格未光."

131_楊愼『周受庵詩選序』, 『升庵集』 卷3. "陳子昂海內文宗, 李太白古今詩聖." 주희가 이백을 '聖於詩'라고 논평한 것은 그 시예가 속류를 초월해 있음을 가리킨 것이지, 그가 시 속의 성인이라고 칭한 것이 아니다. 명나라 사람은 이백을 '시성'이라고 부르고, 類書 편찬자들은 주희의 말을 '詩聖'이란 표현의 출처고 삼았는데(『山堂肆考』 卷127), 이는 오해라고 하지 않을 수 없다.

132_『鵲橋仙』, 『至正集』 卷81, 臺北 : 商務印書館影印文淵閣『四庫全書』本. "我非燕頷虎頭人, 但詩聖酒狂而已."

태백이 시선이고 두소릉이 시성이라는 것은 정평인가?"[133]라고 묻기도 했다. 중국인의 관념에서 '성(聖)'은 인류 가운데 걸출한 사람이지 종교적 의미의 '신'이 아니며, 존중과 앙모를 받는다고는 해도 따져 볼 수 없는 것이 아니다. 더구나 문인들은 그런 존재를 훌륭하다고 인정하는 일면도 있지만, 그와 다투어 이겨 보려는 일면도 있다. 두시를 추숭하더라도 다른 사람을 아울러 종주로 삼을 수 있으며, 심지어 이리저리 트집을 잡을 수도 있다. 이를테면 소식은 두보를 존숭하면서 또한 도연명도 추숭하여, 개인적인 대화에서는 "나는 시인 가운데 아주 좋아하는 이가 없지만 유독 도연명의 시를 좋아한다. …… 조식(曹植)·유정(劉楨)·포조(鮑照)·사영운·이백·두보의 경우는 모두 그에 따라가지 못한다."[134]라고 했다. 제발의 글에는 전문적으로 '두자미의 누추한 구를 기록한다〔記子美陋句〕' 라는 조항을 두어, 한편으로는 "두보의 시는 정말 대적할 이가 없다."라고 하면서도 다른 한편으로는 "세인들이 부화뇌동하여 다시 기롱하고 비평하지 않는 것은 지나치다."[135]라고 개탄했다. 천년 이래 두보에 대한 비평의 언론 가운데는 거연히 '두보를 폄하하는 계보'가 형성되어 있다.[136] 두보가 머리에 시성이란 월계관을 쓰고 있고 전범으로서의 지위를 시단에서 차지한 지 오래되었지만, 비평의 목소리도 실처럼 끊이지를 않았던 것이다.

두 번째, 집대성. 이것은 예술에서 앞사람을 포용하면서 초월한 경지를 두고 말한다. 이는 원진(元稹)이 처음 제출한 높은 평가로, "고금의 체제와 형세를 모두 얻은 데다가 각 사람들이 전유한 것들을 아울렀다."라고 했다. 후래의 『신당서』「두보전찬(杜甫傳贊)」은 "고금을 겸하여 지니고 있다."라고 했고, 왕안석은 "빛이 앞사람을 뒤덮고 후래에는 계

133_『董蘇白蕉園詩集序』, 『王季重十種 · 雜序』, 杭州 : 浙江古籍出版社, 2010, p.91. "太白詩仙, 少陵詩聖, 定評乎?"

134_蘇轍, 「和陶淵明詩引」』, 『施注蘇詩』 卷41, 臺北 : 廣文書局影印, 1978, p.488. "吾於詩人無所甚好, 獨好淵明之詩. …… 自曹 · 劉 · 鮑 · 謝 · 李 · 杜諸人, 皆莫及也."

135_『蘇軾文集』 第5冊, p.2104. "世人雷同, 不復譏評, 過矣"

136_蔣寅, 「杜甫是偉大詩人嗎—歷代貶杜論的譜系」, 『金陵生文學史論集』, 沈陽 : 遼海出版社, 2009, pp.194-231.

승할 이가 없다."[137]라고 했다. 소식 · 진관(秦觀)이 직접 '집대성'이란 말로 두시에 견주면서, 이 명칭은 두시와 굳게 하나로 결합하게 되었다. 해럴드 블룸(Harold Bloom)은 지적하길, "전통과 직접 싸워 이겨서 그것을 자기에게 굴종시키는 일, 이것이 고전으로서의 특성을 점검하는 최고 표준이다. 전통과 싸워 이기고 전통을 뒤덮는 사람은 극히 소수여서, 금일에도 감당할 사람이 거의 없다."[138] 이 '표준'은 서양 문학사나 중국 문학사에서 고전의 '통례'가 되었다.

셋째, 시사(詩史). 두시를 '시사'라고 부른 것이 이미 맹계(孟啓)의 『본사시(本事詩)』「고일(高逸)」에 나온다. 단 이때는 두보가 이백에 딸려 나왔으므로 그 평가는 영향력이 그리 크지 않았다. 『신당서』「문예 · 두보전」의 사신 찬(史臣贊)에서 이를 제기한 이래 마침내 문학사의 정설이 되었다. 사신 찬은 "두보는 또 시대의 일을 잘 진술하고 율격이 절실하고 정밀하고 깊어서 일천 마디의 말에 이르도록 조금도 쇠약해지지 않았으므로 세상에서 그의 시를 일컬어 '시사'라고 했다."[139]라고 했다. '시절의 일을 잘 진술하는 것'은 사(史)를 말하고, '율격이 절실하고 정밀하고 깊었음'은 시(詩)를 말하며, 둘의 고도한 결합을 '시사'라고 한다. 『신당서』에서는 또 다른 평가가 있어, 두보의 '충군'을 강조했다. 즉, "시가를 지어 시절이 꺾이고 쇠약해진 것을 슬퍼하며, 마음속에 군주를 잊지 않았으므로, 사람들이 그의 충정을 어여삐 여겼다."[140]라고 했다. 그 둘의 결합이 후대의 평가에 기초를 놓았다. 현대 학술 체계에서 말하는 문학사 저작이 탄생하기 이전에 정사(正史)의 '문예전'이나 '문학전'은 어느 정도 문학사의 기능을 담당했다. 따라서 그 영향도 아주 심원했다. 『사고제요』는 지적하길, "송나라 사람이 시사의 설을 제창하고 두시에 전주(箋註)하는 이가 마침내 유후(劉昫)의 책(『구당서』)과 송기(宋祁)의 책(『신당서』)을 고본(稿本)으로 삼음으로써, 한 글자

137_『苕溪漁隱叢話』 前集 卷6 引用『遯齋閑覽』, p.37. "光掩前人, 而後來無繼."

138_『西方正典』(The Western Canon), 江寧康 譯, 南京 : 譯林出版社, 2005, p.20. "直接戰勝傳統並使之屈從於己. 這是檢驗經典性的最高標準. 能夠戰勝和涵蓋傳統的人僅是少數, 今日也許無人堪爲."

139_『新唐書』 卷201, p.5738. "甫又善陳時事, 律切精深, 至千言不少衰, 世號'詩史'."

140_『新唐書』 卷201, p.5738. "爲歌詩, 傷時橈弱, 情不忘君, 人憐其忠云"

한 구까지 모두 기전(紀傳)과 합치시키려고 애썼다. 무릇 충군과 애국은 군자의 마음이요, 일에 느끼고 시절을 우려함은 풍인(風人)의 뜻이다. 두시가 제가보다 높은 이유는 본디 여기에 있지만, 시집 속에서는 근본적으로 불과 수십 수만 그러하다."[141]라고 했다. 명나라 말 청나라 초에 이르러서 두시 천석의 이런 정황이 크게 바뀌게 된다.

넷째, '점철성금(點鐵成金). 주로 예술의 각도에서 보면, 두보는 스스로 "만 권 서적을 독파했다."[142]라든가 "시가 이루어지매 신명이 있음을 느낀다."[143]라고 했으며, 또 스스로 "만절(만년)에 차츰 시율에 세밀하게 되어 간다."[144]라고도 하고, "말(시 언어)이 남을 놀라게 하지 않으면 죽어도 그만둘 수 없다."[145]라고도 했으며, 남을 교도하여 "지금 사람에 박하게 하지 말고 옛사람을 사랑하라."[146]라 하고, "갈수록 스승이 많아지는 것이 네가 스승 삼는 법이어야 한다."[147]라고 했다. 송나라 사람들의 평가 체계에서, 이것은 "어느 한 글자도 내원이 없는 것이 없다."라는 식의 '점철성금'법으로 응결되었다. 이 표현은 선종의 언어를 차용한 것이기는 하지만, 그 실질을 구명하면 가리키는 바는 구법(句法)이며, 구법은 바로 송대 시학의 핵심이었다. 고인이 말한 구법은 순수 예술적인 것이 아니라, 작자의 인격과 수양에 관계되었다. 이것은 송대 이후 문학비평의 특징 가운데 하나로, 즉 도덕과 예술의 합류였다. 서방세계에서 고전을 인식할 때 강조하는 것은 주로 전통과의 관계로, 요컨대 도덕 역량을 배제한다. 해럴드 블룸이 "서방 고전은 그것이 어떤 것이든 사회를 구원하려는 강령이 아니다."[148]라고 말한 것을 예로 들어도 좋을 것이다. 이것을 두고, 그가 고전 존중에 의식 형태가 간섭하는 것을 혐오한 결과

141_『四庫全書總目』卷149, pp.1281-1282. "自宋人倡'詩史'之說, 而箋杜詩者遂以劉昫·宋祁二書據爲稿本, 一字一句, 務使與紀傳相符. 夫忠君愛國, 君子之心；感事憂時, 風人之旨. 杜詩所以高於諸家者, 固在於是, 然集中根本不過數十首耳."

142_「奉贈韋左丞丈二十二韻」,『杜詩詳注』卷1, p.74. "讀書破萬卷."

143_「獨酌成詩」,『杜詩詳注』卷5, p.384. "詩成覺有神."

144_「遣悶戲呈路十九曹長」,『杜詩詳注』卷18, p.1602. "晚節漸於詩律細."

145_「江上值水如海勢聊短述」,『杜詩詳注』卷10, p.810. "語不驚人死不休."

146_「戲爲六絶句」,『杜詩詳注』卷11, p.900. "不薄今人愛古人."

147_「戲爲六絶句」,『杜詩詳注』卷11, p.901. "轉益多師是汝師."

148_『西方正典』, pp.20-21. "西方經典不管是什麽, 都不是拯救社會的綱領."

라고 이해할 수 있기는 하다. 다른 또 하나 강조할 점은 심미적 역량이다. "심미적 역량이 있어야 비로소 고전에 침투해 들어갈 수 있으니, 이 역량은 주로 난숙한 형상 언어, 창조성, 인지 능력, 지식, 풍부한 어휘 등의 혼합능력이다."[149] 이 이야기를 달리 표현한다면, "고전이라야 심미적 역량을 함양할 수 있으며, 이 역량은 주로 혼합 능력이다."라고 할 수 있다. 이 점이 송나라 사람들의 두시 평가와는 기량은 같아도 정취는 다른 오묘함을 지닌다.

요컨대, 두시 전범의 '원점'을 두고 말하자면 그 핵심이 가리키는 것은 도덕과 심미의 두 방향이다. 이 둘이 융합하여 하나로 되어, '시성'이든 '집대성'이든 '시사'이든 '점철성금'이든 모두 도덕과 예술의 양자를 함유하고 있다. 따라서 우리는 두시 전범은 한 방향에 존재하는 두 가지 의미함축이라고 말할 수 있다. 이와 동시에 그것은 각기 상이한 시공의 여행 중에 증감되거나 손익될 가능성을 포함한다.

두시 전범이 형성된 후, 그 전파 과정에서 서적과 도상은 이 여행의 '두 날개'가 되었다. 서적은 우선 선본(選本)과 편집(編集)에서 유래한다. 선본은 소급하여 고도(顧陶)의 『당시유선』에 이르며, 전집(專集)은 북송에서 나왔다. 홍업(洪業)은 「두시인득서(杜詩引得序)」에서, "대략 정화(政和, 1111-1117) · 가태(嘉泰, 1201-1204) 무렵, 백 년이 채 안 되는 사이에, 두시를 교정하고 주를 달아 논한 자가 이미 번다할 만큼 많았다."[150]라고 했다. 백가주 · 천가주가 대표적이다. 도상의 경우에는 북송 때 벌써 상당히 유행했다. 후인들에 의해 "두시를 잘 평한 것은 반산(왕안석)의 '내가 두소릉 시를 보건대 원기(元氣)와 짝할 만하다.'라고 한 것에서 벗어나지 않으니, 만세토록 바뀌지 않을 논평이다."[151]라고 일컬어진 작품은 왕안석이 제목을 쓰고 그린 「두보화상」이다. 『분문집주두공부시』 권수에도 구양수의 「자미화상」과 양번(楊蟠)의 「관자미화상(觀子美畫像)」이 열거되어 있다. 조변(趙抃)의 「제두자미서실(題杜子

149_『西方正典』, p.20. "只有審美的力量才能透入經典, 而這力量又主要是一種混合力 : 嫻熟的形象語言 · 原創性 · 認知能力 · 知識以及豐富的詞彙."

150_『洪業論學集』, 北京 : 中華書局, 1981, p.306. "大約政和 · 嘉泰之間, 爲時不及百載, 校訂注論『杜詩』者, 已實繁有徒."

151_劉克莊, 『後村詩話』 新集 卷1, 北京 : 中華書局, 1983, p.152.

美書室)」에도 "모옥 한 칸에 유상이 있다〔茅屋一間遺像在〕"라는 구가 있다. 지본이나 견본만 있는 것이 아니라 비본(碑本)도 있다. 호자(胡仔)는 이렇게 말했다.

> 세상에 비본 자미 화상이 있는데 그 위에 시가 있다. "동풍에 아침 해를 맞으며 절뚝이는 나귀를 타고 가면서, 언 손을 호호 불어 수염을 따스하게 하나니, 낙양의 많고 많은 단청 기능자(화가)들이여, 나를 그려 줄 짬이 있을지?"라고 했다. 자미는 결코 스스로 이런 시를 지으려 하지 않았으므로, 시문집 속에도 없다. 필시 호사자가 만든 것이다.[152]

시는 가짜이지만 세상에 유전하는 화상은 진짜이다. 여기서 비본 두보 화상이 존재했다는 것만 드러나는 것이 아니라, 제시(題詩)로 볼 때 그 그림이 기려도였다는 사실도 드러난다. 매요신(梅堯臣)의 「관소불의학사소장고서명화(觀邵不疑學士所藏古書名畫)」에 나오는 "먼저 완적과 두보를 보매, 나귀 위에서 취하여 눈을 감고 있구나."[153]라는 구절, 황정견의 「송하연명노두완화계도인(松下淵明老杜浣花溪圖引)」에 나오는 "(두보 장남) 종문은 집을 지키고 종무는 부축하며, 절룩거리는 나귀 위에 실려 석양 아래 취한 몸 일으키네."[154]라는 구절, 그리고 선화(宣和) 때 동유(董逌)의 『광천화발(廣川畫跋)』 제4권 수록의 「두자미기려도」 등에 의해, 북송에서 유행했던 두보 화상이 주로 기려도였으리란 사실을 추측할 수 있다. 도상이라는 방식이 두시의 전범으로의 지위를 강화하는 데 그치지 않고, 이 도상 자체가 동아시아 지역에 널리 유전하여, 전범의 형성과 변이 과정에서 서적과 마찬가지로 기능을 발휘했다.

일본 문학사에서 중국 문학은 휘황한 모범으로 간주되었으므로 당연

152_『苕溪漁隱叢話』後集卷八, p.53. "世有碑本子美畫像, 上有詩云 : '迎旦東風騎蹇驢, 旋呵凍手暖髯鬚, 洛陽無限丹靑手, 還有工夫畫我無?' 子美決不肯自作, 兼集中亦無之, 必好事者爲之也."

153_朱東潤, 『梅堯臣集編年校注』 卷26, 上海古籍出版社, 2006, p.848. "首觀阮與杜, 驢上瞑目醉"(自注 : 阮籍 · 杜甫)

154_史容, 『山谷外集詩注』 卷16, 『山谷詩集注』 下冊, 上海古籍出版社, 2003, p.1010. "宗文守家宗武扶, 落日蹇驢馱醉起"

히 시인 · 작가는 중국 문학을 학습의 모범으로 삼았다. 단, 자각적이든 자각적이지 않든, 모범의 선택은 반드시 학습자 자신의 심미 취미에 의해 결정되었다. 헤이안 시기 문학의 전범은 두말할 것 없이 백거이였다. 『일본문덕황제실록(日本文德天皇實錄)』 인수(仁壽) 원년(851) 9월 을미의 기록에 "대당 사람의 화물을 검교(撿校)하여 마침 원진과 백거이의 시필(詩筆)을 얻었으므로 헌상했다."[155]라고 나오는 것을 보면, 이 시기에 원진 · 백거이의 시문집이 전해졌음을 알 수 있다. 위에서 서술했듯이, 두시가 전해진 것은 사실 이보다 더 앞의 일이었으므로, 당시 문단의 전범이 되지 못했던 것은 문단이 두시에 접근할 기회가 없었다는 것과는 무관하다. 오우미 · 나라 · 헤이안 시대를 포괄하는 왕조 시대 5백 년을 대표하는 작품은 『회풍조(懷風藻)』부터 『능운집(凌雲集)』 · 『문화수려집(文華秀麗集)』 · 『경국집(經國集)』 등 칙찬 삼집(敕撰三集)에 이르기까지, 『만엽집(萬葉集)』 · 『고금화가집(古今和歌集)』부터 『겐지모노가타리(源氏物語)』에 이르기까지, 시이든 노래이든 모노가타리이든, 한 가지 보편적 특징은 사회 · 정치의 문제를 건드리지 않으며 연애를 가장 중심적인 주제로 삼았다는 사실이다. 가토 슈이치(加藤周一)는 "그들의 교양은 대륙 문화의 학습을 주 내용으로 하여, 정치 사회 문제를 다루는 중국적 문학관을 아주 좋아하기는 했으나, 『회풍조』에도 『만엽집』에도 거의 반영하지 않았다."[156]라고 지적했다. 두시는 문화 본질상, 왕조 시기의 문화, 일본문학의 기본 특징과, 충돌했다고는 말할 수 없더라도, 결국 화협하지 못했다. 마찬가지로, 저 시대의 문단 전범이 되었던 백거이 가운데서 환영받은 작품은 한적(閑適)과 감상(感傷)의 시였지, 그가 가장 중시했던 풍유(諷諭)시는 아니었다. 스즈키 슈지는 『중국문학과 일본문학』[157]에서 일련의 논문을 통해 일본 문학의 탈정치성 특징에 대해 탁월하게 설명한 바 있다. 그에 따르면 이 특징은 한 시기, 한 지역에 한정하는 것이 아니라 전통을 이루어 지속되었다. "섯간(攝

155_國史大系編修會 編, 『新訂增補國史大系』 第3卷, 東京 : 吉川弘文館, 1966, p.31. "因撿校大唐人貨物, 適得元白詩筆, 奏上."

156_『日本文學史序說』, 葉渭渠 · 唐月梅 譯, 北京 : 開明出版社, 1995, p.81.

157_『中國文學と日本文學』, 東京 : 東京書籍, 1978.

關)의 '모노노아와레(物哀)', 가마쿠라 시대의 '현유(玄幽)' 혹은 '고아(古雅)', 도쿠가와 시대의 '풍류'라는 미 이념들은 구시대가 쇠망하면 그와 함께 소멸한 것이 아니라 새 시대에도 계승되어 새로운 이념과 함께 공존했다."[158] 그들은 이런 이념을 가지고 창작해 나갔을 뿐 아니라 이런 시각으로 독서 · 선택 · 전석(詮釋)을 했다. 9세기 후반에 활동한 스가와라노 미치자네(菅原道眞)는 후인들에게 학문 · 가도(歌道) · 서도의 신으로 추앙되는 인물인데, 일찍이 '화혼한재(和魂漢才)'[159]의 설을 제출하여 일본 고유의 정신을 잃어버리지 말아야 중국의 학문을 운영할 수 있다고 강조했다. 화학(和學)을 체(體)로 삼고 한학을 용(用)으로 삼아야 한다는 것은 이후 일본이 외래문화를 흡수하는 기본 원칙이 되었다. 바로 메이지 유신 이후에는 '화혼양재(和魂洋才)'로 바뀌었을 따름이다.

일본 문학사에서 두시의 독서가 처음으로 고조된 것은 오산 시기이다. 이 시기에 두시는 여러 문학의 전범들 가운데 하나로서 반복해서 음영되었다. 오산 승려의 두시 해독은 중국 문학사에서의 두시 이해와 연계도 있었고 변이도 있었다. 여기서 나는 '타자로부터 바라보기'를 중시한다. 오산 시기에는, 한편으로는 많은 두시 텍스트가 수입되고 번각되었으며, 다른 한편으로는 송원 그림이 대량으로 전해져 들어왔다. 『어물어화목록(御物御畫目錄)』의 통계에 따르면 송원시대의 회화는 90종 279폭이다. 그 가운데 목계법상(牧溪法常)의 작품이 가장 추숭되어, "당시 제가들은 목계의 그림을 전적으로 배워, 마치 지난날 여러 경들이 백낙천의 시를 배운 것과 같았다."[160]라고 했다. 『어물어화목록』에 작품 103폭이 저록되어 있고, 『군대관좌우장기(君臺觀左右帳記)』에 1백 폭이 저록되어 있는데, 「두자기려(杜子騎驢)」와 「가도태려(賈島馱驢)」가 뚜렷하게 눈에 들어온다. 이는 당시 일본 화가로 하여금 수많은 '기려도'를 낳게 했을 뿐 아니라 사람들을 놀라게 할 만큼 훌륭한 많은 제화

158_加藤周一, 『日本文學史序說』, p.5.

159_『菅家遺誡』 卷1, 『續群書類從』 卷946, 第32輯下, 東京 : 平文社, 1988(訂正 3版), p.3. "凡國學所要, 雖欲論涉古今究天人, 其自非和魂漢才, 不能闞其閫奧矣."

160_白井華陽, 『畫乘要略』 卷1 '宗丹' 아래 卓堂先生의 말을 인용했다. 小林忠 · 河野元昭 監修, 『日本繪畫論大成』 第10卷, 東京 : ぺりかん社, 1996, pp.130-131. "當時諸家專學牧溪畫, 猶往昔諸卿之學樂天詩也."

시들을 솟구쳐 나오게 만들었다. 그 가운데 적지 않은 수가 두보와 관련이 있었다. 이를테면 셋슈 도요의 「두자미비응도(杜子美臂鷹圖)」는 두보가 나귀를 타고 팔에 매를 얹고 있고 개 한 마리가 뒤따르는 모습을 그렸다. 그 위에 사크겐 슈료(策彦周良)는 제시(題詩)를 하여, "갈대숲에서 사냥하여 바람이 나귀 안장 위로 잔뜩 불어오는 일은 파교에서 시상이 물씬 나는 것만 못하도다."[161]라고 했다. 또 「두자미도」가 있어, 역시 나귀를 탄 형상이다. 중국 문학사에서 시인의 '기려'라는 문화 의상은 기마와 대립하는 구도에서, 재조와 재야, 출과 처, 출사와 은둔 등 서로 대립하는 상이한 정신적 추구를 대표했다.[162] 그러나 오산 승려의 붓 아래서 두보 기려의 본질적 특징은 '풍류'이며, 그 외적 표현은 '취하여 돌아오는 모습'이었다. 도쇼 슈간(東沼周曮), 고제이 류하(江西龍派), 규엔 류친(九淵龍睬), 기세 레이겐(希世靈彥) 등에게 모두 「완화취귀도(浣花醉歸圖)」나 「완화취음도(浣花醉吟圖)」 시가 있어, 당시 사람들이 이에 상당히 열광했음을 알 수 있다. 이쇼 도쿠간(惟肖得巖)의 「두릉기려도(杜陵騎驢圖)」에는 "나는 물가에 있고 좋은 나무 끝에 있으며, 절뚝이는 나귀에 찢어진 모자로 가을바람 맞으며 서 있도다. 사립문 탁탁 두드리는 소리에 강촌(羌村)은 저녁이 되어, 처자식과 마주하여 그림을 이야기할만하여라."[163]라고 했다. 또 도쇼 슈간의 「두보완화취귀도」에는 "바람이 나귀 귀에 일어나고 얼굴은 노을빛인데, 수촌의 대나무 숲 서쪽으로 해가 기운다. 촉 땅 객의 맑은 풍모는 누구와 흡사한가? 육방옹(육유)이 취한 후 도화강 다리에 접어들었던 모습과 같아라."[164]라고 했다. 두보라고 이름을 명시지는 않았지만 실제로는 분명히 두보를 남본(원본)으로 하고 있다. 추호 엔니(仲芳円伊)의 「파모(破帽)」에는 "절름거리는

161_『雪舟沒後500年特別展』, 東京：每日新聞社, 2002, p.47. "獵蘆吹滿驢鞍上, 不若灞橋詩思長."

162_張伯偉, 「東亞文化意象的形成與變遷」, 『作爲方法的漢文化圈』, 北京：中華書局, 2011, pp.11-94.

163_『東海璚華集』, 『五山文學新集』 第2卷, 東京：東京大學出版會, 1968, p.991. "我在水濱奴木末, 蹇驢破帽立秋風. 柴門剝啄羌村暮, 可對妻兒說畫中."

164_『流水集』三, 『五山文學新集』 第3卷, 東京：東京大學出版會, 1969, p.349. "風生驢耳面如霞, 水村竹西日欲斜. 蜀客淸標近誰似? 放翁醉後跨桃花."

나귀의 등에서 시를 찾는 객은, 풍류를 너무도 사랑하여 득의양양 이로구나."[165]라고 했고, 이추 추조(惟忠通恕)의 「찬맹호연(賛孟浩然)」에는 "하루아침에 시 때문에 돌아감도 좋구나, 절름거리는 나귀에 찢어진 모자로 옛 풍류로다."[166]라고 했다. '절름거리는 나귀에 찢어진 모자'라는 뜻의 건려파모(蹇驢破帽)란 말은 소식이 지은 「속여인행(續麗人行)」의 "두릉의 굶주린 객은 눈빛이 항상 추웠고, 절름거리는 나귀에 찢어진 모자로 황금 안장을 따라다녔네."[167]라는 구절에도 나타나, 두보의 전형적인 형상이 되었다. 위의 두 시는 명의를 다른 사람으로 적었지만 연상시키는 것은 바로 두보이다. 이 낭만적 정회 속에서 오산 시승은 심지어 두보를 은사(隱士)나 시불(詩佛)로 변환시키기도 했다. 즈이케이 슈호(瑞溪周鳳)의 「장후삼경도(蔣詡三徑圖)」에 "수령의 다섯 필 말이 세 갈래 길의 한적함만 못하나니, 두릉으로 귀거래해서는 쇠한 얼굴을 펴누나. 의관 걸친 고관은 대부분 새 집안에 속하는데, 중춘과 중추의 풍류는 몇 번이나 돌아왔나."[168]라고 했고, 역시 즈이케이슈호의 「두릉춘유도(杜陵春遊圖)」에 "일만 휘(斛)의 새로운 시름에 두 살쩍이 은빛인데, 금성(성도)에서 늙어 가서 또 봄을 맞았구나. 이 노인은 진정으로 시 속의 부처이니, 꽃동산 밖 버드나무 곁에서 천 억으로 몸을 나누네."[169]라고 했다.

일본 문학의 탈정치적 특징 때문에, 그들이 이해한 풍류는 왕왕 '풍류가 아닌 곳이 풍류스럽다(不風流處也風流)'라는 식이었다. 이 말은 본디 '종문 제1의 책'이라 일컬어진 『벽암록』에서 나와, 오산 시기에 상당히 유행했다. 일본 한문학사에서 가장 풍류라는 말을 즐겨 사용한 사람은 잇큐 소준(一休宗純)[170]이며, 가장 특색 있게 사용한 구절들은 "주린

165_釋崇傳等編『翰林五鳳集』卷42, 東京：佛書刊行會 編,『大日本佛敎全書』, 1912-1936, p.859. "蹇驢背上求詩客, 最愛風流著得宜."

166_『翰林五鳳集』卷60, p.1166.

167_王文誥 輯注,『蘇軾詩集』卷16, 北京：中華書局, 1982, p.812. "杜陵飢客眼長寒, 蹇驢破帽隨金鞍."

168_『臥雲稿』,『五山文學新集』第5卷, 東京：東京大學出版會, 1971, p.511.

169_『臥雲稿』,『五山文學新集』第5卷, p.514. "萬斛新愁兩鬢銀, 錦城老去又逢春. 是翁眞箇詩中佛, 花外柳邊千億身."

170_岡崎義惠,「一休宗純と五山禪林の風流」,『日本藝術思潮』第2卷之下, 東京：岩波書店, 1947. 鈴木修次는 이것을 卓見이라고 인정했다.「'風流'考」,『中國文學と日本文學』,

창자로 음식 이야기하는 것도 풍류로다",[171] "풍류로우면서도 적막하기는 곤궁한 선비로다"[172], "풍류를 스스로 사랑함이 곤궁한 선비의 뜻이로다."[173] 등등이다. 일본인들이 보기에 곤궁하고 실의했다고 해도 정치에서 멀리 떨어져 있으면서 한적한 뜻을 품고 있기만 하면 풍류로우면서 소쇄한 모습이었다. 작품이 정말로 정치로부터 멀리 떨어져 있는지의 여부, 작자가 정말로 한적한 뜻을 품고 있는지의 여부는, 어떻게 해석하느냐에 전적으로 달려 있었다. 그리고 어떻게 해석하느냐 하는 것은 필연적으로 자기 문화의 선입견을 띠고 있었다. 두보의 「모옥위추풍소파가(茅屋爲秋風所破歌)」를, 정사초(鄭思肖)는 "서너 칸 초가에서 요설을 수고롭게 하니, 두소릉의 우국심을 충분히 떠들었도다."[174]라고 했으나, 반리 슈구(萬里集九)의 필하에서는 도리어 유희의 맛을 지닌 풍아의 일로 되었다.

> 구월 초하루 저녁 무렵, 질풍과 심한 비가 마침내 밤까지 계속되어, 여관의 초가집에 벽이 성글어지고 처마가 깨졌다. 빗물 새는 것을 피하여 여기저기 침상을 옮기려 하자, 늙은 첩이 화로의 등에 대고 품(品)자 모양의 땔나무에 후후 불어, 불씨를 취하여 밝힌다. 두자미는 "상마다 새는 비에 마른 곳이 없구나."라고 했고, 파로(坡老, 소식)도 "지붕이 새니 언제나 우산을 받쳐 든다."라고 했는데, 두 노인의 뜻을 잘 알겠기에, 혹은 번안하기도 하고 혹은 그림자 붙잡듯이 하여, 장난스레 절구 한 수를 지어 천부(天府) 어른에게 보낸다.
>
> 여관에 체류하는 고통을 어이 차마 말하랴, 여러 날 연달아 비바람 몰아치니 홀로 마음 정이 아득하다. 지금 지붕이 새는데도 우산을 받치지

p.192.

171_「虎丘雪下三等僧」, 『狂雲集』上, 『續群書類從』 第12輯下, 續群書類從完成會, 1989年 訂正3版, p.552. "飢腸說食也風流."

172_「自贊」, 『狂雲集』下, 『續群書類從』 第12輯下, p.583. "風流寂寞一寒儒."

173_「雪」, 『續狂雲詩集』, 『續群書類從』 第12輯下, p.598. "風流自愛寒儒意."

174_「杜子美茅屋爲秋風所破歌圖」, 陳思, 『兩宋名賢小集』 卷三百七十一"圖詩", 臺北 : 商務印書館影印文淵閣『四庫全書』本. "數間茅屋苦饒舌, 說殺少陵憂國心"

못하고, 여기저기로 침상을 옮겨 새는 비를 피하노라.[175]

그 후 마쓰오 바쇼(松尾芭蕉)는 더욱 직접적으로 두보의 이 시와 소식의 「연우창강(連雨漲江)」의 "침상마다 새는 비 피하는 유인(은자)의 집〔床床避漏幽人劇〕"을 풍류의 묘사로 보았다.[176] 그리고 한시든 와카든, 그 심미의 바탕색은 일치했다. 이를테면 기세 레이겐(希世靈彦)은 "당시와 와카는 만드는 문자는 다르지만 용의는 같다."[177]라고 했는데, 그 바탕색은 풍류 · 풍아이다. 기노 요시모치(紀淑望)의 『고금화가집진명서(古今和歌集眞名序)』에 부각된 대표적 가인은 "풍류는 노 쇼코(상공)〔오노노타카무라(小野篁)〕, 아정(雅情)은 아리 나곤(납언)〔아리와라노나리히라(在原業平)〕"[178]로, 이는 심지어 일본 문화의 심미적 본질이라고 말할 수 있다. 기노 쓰라유키(紀貫之)의 「신찬화가서(新撰和歌序)」에 이러하다.

> 비단 봄날의 아지랑이와 가을의 달만이 말의 샘에 고운 흐름을 윤기 나게 하는 것이 아니라 꽃의 색태와 새의 소리도 어휘의 토로에 물 위의 마름을 선명하게 하니, 이 모든 것이 천지를 움직이고 천지신명을 감동시키며 인륜을 돈독하게 하고 효성과 공경을 이루어, 윗사람은 아래를 풍화하고 아랫사람은 윗사람을 풍자해서, 비록 기미(綺靡)의 아래에서 진실로 가나를 운용한다고 해도 교계(教誡)의 속에서 뜻을 다시 취하는 것이다.[179]

175_『梅花無盡藏』 2, 『五山文學新集』 제6卷, 東京 : 東京大學出版會, 1972, pp.736-737. "九月旦至晚間, 疾風甚雨遂及夜, 逆旅之茅堂, 其壁疏而簷破矣. 避漏痕處處移床, 老妾就爐背吹品字之薪, 纔取明而已. 子美云 : '床床屋漏無乾處.' 坡老亦云 : '破屋常持傘.' 分兩翁之意, 或翻案, 或捕影, 戲作一絶, 投天府丈云. 逆旅滯留寧耐言, 連朝風雨獨消魂. 只今破屋持無傘, 處處移床避漏痕."

176_鈴木修次, 「日本文學の脱政治性的相關論述」, 『中國文學と日本文學』, pp.47-52.

177_「奉和典廐所詠相君席上倭歌二首並序」, 『翰林五鳳集』 卷27, 『大日本佛敎全書』本, p.522. "唐詩與和歌, 但造文字有異, 而用意則同矣."

178_柿村重松, 『本朝文粹注釋』 卷11, 下冊, 京都 : 冨山房, 1982年新修訂3版, p.588. "風流如野相公(小野篁), 雅情如在納言(在原業平)."

179_『本朝文粹注釋』 卷11, 下冊, pp.593-594. "非唯春霞秋月, 潤艶流於言泉 ; 花色鳥聲, 鮮浮藻於詞露, 皆是以動天地 · 感神祇 · 厚人倫 · 成孝敬, 上以風化下, 下以風刺上, 雖誠假

'천지를 움직이고' 운운은 문학의 사회도덕적 기능을 강조한 말인 듯하다. 하지만 이는 「모시서(毛詩序)」의 성어를 옮겨다 놓은 것이어서 실제로는 내용이나 의미가 없는 범범한 말에 속한다. 마쓰오 바쇼는 『오이노고부미(負笈小文)』에서 사이교(西行)의 와카, 소기(宗祇)의 렌카(連歌), 셋슈의 회화, 리큐의 다도를 열거하고, 예술의 도는 각기 다르지만 그 사이에 관통되어 있는 것은 풍류나 풍아의 도가 아닌 것이 없다고 했다. "이른바 풍아는 조화를 따라 사계절을 벗 삼는 것이다. 풍아라는 것은 오랑캐의 곳으로 떠나고 새 짐승의 곳으로 벗어나서, 조화를 따르고 조화로 돌아가는 것이다."[180]라고 했으니, 간단히 말하면 풍화설월(風花雪月)이다. 그런데 이것은 중국 문학비평의 전통에서 "편을 잇고 종이를 포갠 것이 달과 이슬의 형상에서 벗어나지 않고 책상에 쌓고 상자를 채운 것이 오로지 바람과 구름의 형상이다."[181]라고 비판을 받았던 경박한 문체 그것이다. 바쇼와 두보의 관계는 일본 학술계에 널리 알려진 논제로, 적지 않은 전문 저술과 연구가 있다.[182] 바쇼는 일생 두보를 존숭했다. 암(庵)의 호를 '박선당(泊船堂)'이라 한 것은 두시의 "문전에는 동오의 만리에서 온 배를 정박시켰다〔門泊東吳萬里船〕"에서 따온 것이다. 바쇼가 임종 때 바랑 속에 넣어 두고 있었던 것은 『두자미시집』이었다. 그리고 「허율발(虛栗跋)」에서 그는 이백과 두보의 심주(心酒)를 좋아하고 한산(寒山)의 법죽(法粥)을 훌훌 마시면 실의와 풍아가 물씬 생겨난다고 했다.[183] 그의 명저 『오쿠노호소미치(奧之細道)』에는 다음과 같이 유명한 묘사가 있다.

멀리 지난날을 상상하니, 충의의 신하들이 모여 이 성 속에서 괴롭게

名於綺靡之下, 然復取義於教誡之中者也."

180_『笈の小文』, 『芭蕉文集』, 『日本古典文學大系』 第46冊, 東京：岩波書店, 1959, p.52. "所謂風雅, 乃隨造化而以四時爲友. 所謂風雅者, 即去夷狄·離鳥獸, 隨造化而歸造化也."

181_'李諤上隋文帝書', 『隋書·李諤傳』, 北京：中華書局, 1973, p.1544. "連篇累牘, 不出月露之形；積案盈箱, 唯是風雲之狀." 그 후 백거이는 「與元九書」에서, '嘲風雪·弄花草'의 작품을 큰소리로 배척했다.

182_太田青丘, 『芭蕉と杜甫』, 法政大學出版局, 1969；仁枝忠, 『芭蕉に影響した漢詩文』, 教育出版センタ-, 1972；廣田二郎, 『芭蕉と杜甫：影響の展開と體系』, 有精堂, 1990.

183_「虛栗跋」, 『芭蕉文集』, pp.134-135.

지키면서 일시에 공명을 다투었으나, 결국 죽어서 풀덤불이 되고 말았다. 나라는 깨졌어도 산하는 그대로이고, 성에 봄이 들어 풀은 절로 푸르다. 삿갓을 깔고 앉아서, 줄줄 눈물을 흘리면서, 시간이 옮겨 가는 것도 잊고 있었다.

여름 나절 풀 / 수많은 병사들이 / 꿈꾸던 자취〔夏草や兵共が夢の跡〕[184]

여기에서 드러내 놓고 사용한 두시로는 「춘망(春望)」의 "나라 깨어져도 산하는 그대로요, 성에 봄이 들어 초목이 깊다.〔國破山河在, 城春草木深〕"가 있고, 가만히 사용한 두시로는 「옥화궁(玉華宮)」의 "시름에 겨워 풀밭에 앉아, 큰 소리로 노래하니 눈물만 한 움큼 가득하다.〔憂來藉草坐, 浩歌淚盈把〕"가 있다. 바쇼가 감개한 것은 인간의 공명이 무상하여, 인생의 갖가지 욕망 추구는 결국 황량하게 시들시들한 여름풀에 부치는 것에 불과하여 한바탕 몽환과 같다는 점이다. 이는 두보가 나라가 깨지고 집안이 흩어진 이후의 '시절에 느끼고' '이별을 한스러워 한' 것과는 같이 말할 수 없는 것이거늘, 바쇼는 두보의 우국상시(憂國傷時) 감정을 교묘하게 인생무상의 영탄으로 전환시켰다. 하이쿠의 성인과 시의 성인은 본질적으로 달라서, '바쇼풍으로 화한' 두시는 대부분 서글픈 무상감의 정조가 많고, 풍류스럽고 고아한 색채가 말살되었으며, 정치 사회에 대한 개입자세가 상실되었다.[185] 두시 전범이 이렇게 변이한 것은 그 근원이 일본 문화 자체의 특색에 있다.

동아시아 삼국에서도 조선 시대 문학사에서 두시는 최고의 각별한 영광을 획득했다. 이는 물론 군주의 직접적인 권장과 큰 관계가 있다. 비교하여 말하면, 중국 황제 가운데도 두시를 좋아한 사람이 있지만 어정(御定)이나 칙찬(勅撰)의 방식으로 두시를 확산시킨 일이 없다. 건륭제는 대체로 두시를 상당히 표창한 황제이지만, 시 속에서 재삼 감개하며, "시선과 시성을 함부로 구분하지만, 모두 출중한 부류에 속한다. 이백과

184_『奥之細道』「平泉」, 鄭淸茂 譯注, 臺北 : 聯經出版事業公司, 2011, p.96. "遙想當年, 聚忠義之臣, 困守此城之中. 爭功名於一時, 終歸化爲草叢. 國破山河在, 城春草自青. 鋪笠而坐, 潸然淚下, 不知時之推移. 夏草萋萋/將士用命求仁/夢幻一場."

185_李芒, 「芭蕉的俳句和杜甫的詩歌」, 『中國詩學』 第1輯, 南京 : 南京大學出版社, 1991, pp.159-163.

두보의 우열을 어떻게 알랴, 한 사람은 자기에게 쾌적했고 한 사람은 군주를 생각했도다."[186]라고 하거나, "시선은 진세를 벗어난 체단을 갖추고 있으나, 시성은 원래 세상 근심의 마음이 많았다. 두 사람의 우열을 내게 묻는다면, 일곱 글자 정평(定評)의 시음을 보라."[187]라고 했을 따름이다. 조선 왕조는 왕실이 한껏 두시를 확산시켰으므로 효과가 신속했을 뿐 아니라 영향이 아주 오래까지 지속되었다. 다른 한편으로, 두시는 북송 때 문단 전범으로 조형된 날로부터, 충군애국이 그의 고유한 형상으로 되었고, 또 후대인에 의해 반복적으로 강조되었으므로, 이 형상이 깊이 새겨져 더욱 사람들의 마음속에 깊이 침투했다. 누약(樓鑰)의 "충의로 감개하고 우세(憂世)로 분격하여, 밥 한 숟가락에도 군주를 잊지 않았으니, 이것이 시인의 으뜸이 된 이유이다."[188]라는 말로 개괄할 수 있다. 한반도는 고려 때부터 문학 창작의 주체가 사대부 관료층이어서, 문학의 기능도 정치 방면에서 두드러지게 드러났다. 『동인시화』 하권에 "고려 중엽 이후로 양송(북송 · 남송)과 요 · 금 · 몽고 등 강국에 사대를 하여, 문사(文詞)로 칭송되고 나라의 근심을 풀었으니, 사부(詞賦)라고 하여 폄하해서야 되겠는가?"[189]라고 했다. 조선 시대에 들어와서는 사상적으로 성리학만을 존숭하여, 그 문학관도 함께 조선 문학 속에 침투했다. 그와 동시에 관료 정치 자체의 고질병으로 연산군 시대를 시작으로 사화와 당쟁이 끊임없이 발생했는데, 이것도 조선 시대의 문학에 강렬한 정치 색채를 더하게 만들었다. 그런데 두시의 성격이 이와 아주 딱 들어맞았으므로, 두시가 문학의 최고 전범이 된 것은 형세상 필연적이었다고 할 수 있다.

일본에서 기원후 9세기 '화혼한재(和魂漢才)'의 의식이 형성된 상황

186_「再詠南池四首」 3, 『御製詩集』 三集 卷50, 臺北 : 商務印書館影印文淵閣『四庫全書』本. "詩仙詩聖漫區分, 總屬箇中迴出羣. 李杜劣優何以見, 一懷適己一懷君."

187_「題南池少陵祠三絶句」 2, 『御製詩集』 四集 卷74 "詩仙雖具出塵體, 詩聖原多憂世心. 問我二人優劣者, 試看七字定評吟."

188_「答杜仲高旃書」, 『攻媿集』 卷66, 臺北 : 商務印書館影印文淵閣『四庫全書』本. "忠義感慨, 憂世憤激, 一飯不忘君, 此其所以爲詩人冠冕."

189_『修正增補韓國詩話叢編』 제1책, p.467. "高麗中葉以後, 事兩宋 · 遼 · 金 · 蒙古强國, 屢以文詞見稱, 得紓國患, 夫豈詞賦而少之哉?"

과는 달리, 늦어도 기원후 11세기에 이미 북송인은 고려를 소중화로 보았으며[190], 그 후 소중화는 한반도 사람들의 자아의식이 되었다. 이를테면 이규보의 「제화이도장단구(題華夷圖長短句)」에서 "그대는 보지 못했나, 중국인이 우리를 소중화라 부르는 것을, 이 말은 정말 채택할 만하도다."[191]라고 했고, 최립(崔岦)은 「송유서경부경사서(送柳西坰赴京師序)」에서 "우리 동국은 본시 소중화라 일컬어졌다네."[192]라고 했으며, 임숙영(任叔英)은 「지봉선생조천록후서(芝峰先生朝天錄後序)」에서 역시 "해동의 문헌(문물제도)은 소중화라는 칭호가 있다네."[193]라고 했다. 한국과 중국 문화의 관계를 논할 때는 왕왕 "같은 것의 관점에서 보았다." 따라서 18세기 초 조귀명(趙龜命)의 다음 이야기는 주목할 만하다. 즉, 「관월첩서(貫月帖序)」에서 조귀명은 "우리 동국을 소중화라고 칭하는 것은 오래되었다. 사람들은 중화와 비슷하다는 것만 알지 비슷한 속에 비슷하지 않은 것이 존재한다는 점은 알지 못한다."[194]라고 했다. 이 사이의 미묘한 차이는 이론의 여행에서 소홀히 하기 쉬우므로 논할 필요가 있다.

이백 · 두보 우열의 문제에 대해 중국 문학사상 가장 먼저 언급한 사람은 백거이이다. 백거이는 「여원구서(與元九書)」에서, "시 가운데 호걸로는 세간에서 이백과 두보를 일컫는다. 이백의 작품은 재주가 있고 기이하여 사람들이 미치지 못하지만 풍아의 비흥을 찾아 보면 열에 하나도 없다. 두시는 아주 많아서 전하는 것만 천여 수이다. …… 공교로움을 다하고 선함을 다함이 이백을 넘어섰다."[195]라고 하여 두보를 추키고 이백을 억눌렀다. 구양수의 '이백 · 두보 시 우열설'은 이백을 추키고 두

190_북송 熙寧 연간에 고려 사신 박인량(朴寅亮) · 김근이 송나라에 갔을 때 송나라 사람이 그의 시문집을 간행하고 이름을 '소화집'이라고 했다. 소화는 곧 소중화란 뜻이다.

191_『東國李相國集』 권17, 한국문집총간 제1책, p.469. "君不見華人謂我小中華, 此語眞堪採."

192_『簡易集』 권3, 한국문집총간 제49책, p.286. "我東素稱小中華."

193_『疎庵集』 권4, 한국문집총간 제83, p.444. "海東文獻有小中華之號."

194_『東谿集』 권1, 한국문집총간 제215책, p.6. "我東之稱小中華, 舊矣. 人徒知其與中華相類也, 而不知其相類之中又有不相類者存."

195_『白居易集』 卷45, p.961. "詩之豪者, 世稱李 · 杜. 李之作, 才矣奇矣, 人不逮矣, 索其風雅比興, 十無一焉. 杜詩最多, 可傳者千餘首. …… 盡工盡善, 又過於李."

보를 억눌렀다. 단 한반도의 비평 전통에서는 두보를 표창하지 않은 것이 하나도 없다. 김만중은 『서포만필』 하권에서 "이백과 두보는 이름이 나란하지만, 당 이래 문인들이 좌단한 것은 두보가 열에 일고여덟이다. …… 시도는 두소릉에 이르러 대성했으므로 고금이 그를 대가로 추단하여 이론이 없다. 이백은 정말로 거기에 끼지 못한다."[196]라고 했다.

또 '시성'이란 칭호도 중국에서는 결코 두보의 전유물이 아니어서, 만명 시기에 이르러서도 사람들은 "태백은 시선이고 소릉은 시성이라 하는데, 정평인가?"라는 질문을 발했다. 이렇게 표현이 일치하지 않았던 사정은 조선에도 전해져서, 이수광은 『지봉유설』 제9권에서 "옛날 사람들은 이백은 선재(仙才), 이하는 귀재(鬼才)라 하고, 또 이백은 시성(詩聖), 두자미는 시사(詩史)라고도 한다."[197]라고 했다. 여기서 말하는 고인이란 옛 중국인을 가리킨다. 단, 한반도의 사람들은 결코 이런 표현을 인정하지 않아서, 15세기 이후 두보는 명확히 시성으로 확정되어 있었고 심지어 유일한 시성이었다. 이 사정은 중국보다 약 2백 년이나 앞선다. 서거정은 『동인시화』의 두 곳에서 각각, "소릉은 시성이다."라 하고 또 "노두는 시성이다."라고 했다. 그의 「독잠가주집(讀岑嘉州集)」에서는 또 "성당의 인물들은 모두 시에 능했는데, 시성으로는 모두 두습유(杜拾遺)를 추대했다."[198]라고 했다. 김덕성(金德誠)은 "두보는 시의 성인이니, 시성의 붓으로 시성의 법을 우탁했다."[199]라 했고, 김하구(金夏九)는 "고금에 시성으로 추대받는 사람은 오로지 두소릉 한 사람뿐이다."[200]라고 했다. 앞서 동아시아 삼국에서 두보 전범의 지위가 달랐다는 점을 언급한 바 있는데, 한반도에서의 두보의 지위가 가장 혁혁했다는 사실은, 시성이란 칭호에서 맨 첫 번째 증거를 얻을 수 있다.

196_『西浦漫筆』 卷下, p.617. "李杜齊名, 而唐以來文人之左右袒者, 杜居七八. …… 詩道至少陵而大成, 古今推爲大家無異論, 李固不得與也."

197_『芝峰類說』 권9, 『修正增補韓國詩話叢編』 제2책, p.293. "古人謂：李白爲仙才, 李賀爲鬼才. 又謂：李白爲詩聖, 杜子美爲詩史."

198_『四佳集 · 詩集』 권52, 한국문집총간 제11책, p.137. "盛唐人物總能詩, 詩聖皆推杜拾遺."

199_「誦詩愈瘧鬼說」, 『醒翁遺稿』 권2, 한국문집총간 續 제12책, p.336. "杜甫詩中之聖人也, 以詩聖之筆, 寓詩聖之法."

200_『楸庵集』 권2, 한국문집총간 續 제61책, p.42. "古今所推詩聖, 惟少陵一人."

한반도는 고려 광종 때부터 과거로 선비를 선발하는 제도를 실시하고 관리의 고과를 매길 때 문학적 재능에 주목했다. 문학 창작층은 사대부 관료 계층이 주류를 이루었다. 정치상의 사화와 당쟁이 그치지 않았고, 세습되는 특징을 지녔으므로, 그 상황이 복잡했을 뿐 아니라 오래도록 지속되어, 조선 시대 문학에 농후하고도 강렬한 정치 색채를 물들였다. 그러므로 문학관도 도덕 · 정치와 밀접한 관계를 지녔다. 홍만종은 『소화시평』 상권에서 "문장과 이학(理學)은 그 궁극의 영역에 나아가면 일체이다."[201]라고 했고, 하권에서 "시는 사정을 표달하고 풍유에 통한다. 만약 세교에 관계하지 않아서 의리가 비흥에 존재하지 않는다면 그저 헛된 수고일 따름이다."[202]라고 했다. 동아시아 삼국의 문학 관념에서 이것은 분명히 중국과 가깝고 일본과는 멀다.

두보 기려도에 대한 영탄을 가지고 비교하기로 하자. 북송에 유전된 두보 기려도는 신산하고 곤궁한 형상 말고도, 낭만과 풍운의 형상도 있었다. 게다가, 그것이 흘러 전하게 된 주 원인은 후자여서, 시인들은 관례대로 그렇게 가영했다. 가장 유명한 작품은 황정견의 「송하연명노두완화계도인(松下淵明老杜浣花溪圖引)」이다.

> 이 공이 낙이(樂易)하여 정말 훌륭하므로, 동산의 노인과 시내의 벗이 즐겨 이웃에 터 가려 살려 했다. 이웃집에서 술을 두고 맞이하면 언제나 그리로 갔고, 물고기와 새를 잡아 와 친히 지냈다. 완화계에 술 실은 배를 띄우고 수레와 기마는 흩어 보냈으며, 들판 담장에는 주인이 없어 복숭아와 살구를 보았다. 두보의 큰아들 종문은 집을 지키고 종무는 취한 아버지를 부축했으며, 낙조 아래 절름거리는 나귀에 실려 취해서 몸을 일으켰다. 원컨대 안장 풀고 투구도 벗는 일을 듣고자 하나니, 늙은 선비는 천호 제후에 봉해지길 바라지 않노라. 중원에서는 평안하다는 소식을 듣지 못하기에, 취중에 눈썹을 오므려 만국을 위해 근심하노라. 흰 비단을 담장에 깔고 분과 먹을 떨구니, 평생의 충의가 지금은 적막

201_『修正增補韓國詩話叢編』 제3책, p.484. "文章理學, 造其閫域則一體也."
202_『修正增補韓國詩話叢編』 제3책, p.499. "詩可以達事情而通諷諭也. 若言不關於世敎, 義不存於比興, 亦徒勞而已."

> 하기만 해라. 아이가 불러도 깨지 않고 나귀는 발을 접질렀다만, 아마도 깨어나면 새 작품이 있으리라.[203]

이 시는 두보가 술을 좋아했던 풍류스러운 운치의 일면을 서술하되, 국가 일을 잊을 수 없었던 적막한 마음도 함께 게시했다. 단 전체적으로 보면 술 마시고 분방하게 행동하는 면을 묘사하는 데 치중했다. 진사도(陳師道)의 「화요절영주방화이백진(和饒節咏周昉畫李白眞)」도 이 시를 언급했다.

> 그대는 보지 못했나, 완화계의 늙은이가 취하여 나귀에 타고 있고, 웅아는 고삐 잡고 기자(驥子)는 부축하는 것을. 금화선백(金華仙伯)이 일곱 자 구의 시를 읊었건만, 호사가는 다시 천금을 주고 그림 그리려 하지 않누나.[204]

'금화선백'은 황정견을 가리킨다. 일본 문학에서 두보의 기려도를 두고 가영한 것은 풍류와 풍아의 면에 중심을 둔 것이 가장 많았다. 한국의 경우 기려도는 고려 시대에 이미 흘러 들어갔다. 이를테면 서거정의 「제쌍림심상인소장십화(題雙林心上人所藏十畫)」에 '두보태취(杜甫駄醉)'가 있어, 그 취지는 황정견 · 진사도의 앞서의 두 시와 아주 가깝다. 하지만 조선 시대의 많은 시인들은 이렇게 풍운이 있는 기려도를 보고도 별도의 감개를 펼쳐 내어, 두보를 별도의 형상으로 소조하여, 일종의 변이를 만들어 냈다. 주세붕의 「완화취귀도(浣花醉歸圖)」, 엄흔(嚴昕)의 「완화취귀도(浣花醉歸圖)」에는 이러하다, 김인후(金麟厚)의 「두자미취후종문착미도(杜子美醉後宗文捉轡圖)」는 나의 논문 「동아시아 문화 의상의 형성과 변천」에서 이미 예를 들었다.

203_『山谷外集詩注』 卷16, 『山谷詩集注』, pp.1010-1011. "此公樂易眞可人, 園翁溪友肯卜隣. 隣家有酒邀皆去, 得以魚鳥來相親. 浣花酒船散車騎, 野墻無主看桃李. 宗文守家宗武扶, 落日蹇驢駄醉起. 願聞解鞍脱兜鍪, 老儒不用千戶侯. 中原未得平安報, 醉裡攢眉萬國愁. 生綃鋪墻粉墨落, 平生忠義今寂寞. 兒呼不蘇驢失脚, 猶恐醒來有新作."

204_任淵注 · 冒廣生 補箋, 『後山詩注補箋』 卷12, 北京 : 中華書局, 1995, p.430. "君不見浣花老翁醉騎驢, 熊兒捉轡驥子扶. 金華仙伯哦七字, 好事不復千金摹."

여기서의 두보는 한산(寒酸)하지도 않고 낭만적이지도 않아서, 중국 시인 · 일본 시인의 붓 아래서의 두보 기려와는 완전히 다르다. 『본사시(本事詩)』에 이백이 두보를 조롱한 말을 기록하여, "묻노니, 어찌 이리 수척해졌는가? '종래 시 짓느라 고생한 때문이지요.' 라고 했는데, 주세붕은 분명히 이 전고를 운용했으나, 그것을 전환시켜 "일생의 충분에 너무도 수척하여, 취한 얼굴에 뚜렷이 눈물 흔적 띠었도다〔一生忠憤太生瘦, 醉面依然帶淚痕〕"라고 해서, 두보가 우국 우민 때문에 바싹 마른 취한 얼굴 위에 눈물 자국이 가득하다고 했다. 엄흔의 붓 아래서는 쇠하고 병든 속에도 여전히 시절에 느끼고 나라를 걱정하고 있다. 김인후의 붓놀림이 더욱 생동적이어서, "하룻저녁에 죄다 없애고 취향으로 돌아갔으나", 한밤중에는 "한바탕 소리로 촉왕의 혼 두견새가 청려 침상을 놀라게 하니"라고 두보가 당장 몸을 돌려 침상에서 내려와 멀리 군주를 바라보면서 한 번 절하고 또 다시 절했다고 했다. 그런 후에 "혁혁한 충성의 간장(속내)"과 "태양을 향해 기우는 해바라기 마음"으로 "밥 한 숟가락에도 군주를 잊지 못해" "봄바람에 눈물 줄줄 흘러 물결에 더하누나." 라고 하는 등 짙은 먹으로 거듭 채색을 하여, 두보의 충성스런 속내와 군주를 사랑하고 백성을 걱정하는 형상을 써 내려갔다. 용필이 무겁고 덧칠이 심하여, 극히 강렬한 정치성을 두드러지게 만들었다. 두보가 동아시아 문학사의 전범이 된 가운데, 이렇게 반복해서 '통곡하는 것'은 사실상 일종의 변이이며, '비슷한 것 가운데 비슷하지 않은' 것이기도 하다.

여기까지, 에드워드 사이드의 '여행 중의 이론'이란 개념에 대하여 검토해 보았다. 이론이나 관념이 여행하는 절차에 대해 말하면, 첫째로 요구되는 것이 원점이다. 이것은 아무 의문이 없다. 둘째는 하나의 시공으로부터 다른 시공으로 전이하기 위한 노정이 요구된다. 이것도 아무 의문이 없다. 문제는 이 노정에 사이드가 말한 것처럼 '갖가지 언어 경계의 압력'[205]만 가득한 것이 아니라는 점이다. 한문화권의 이론과 관념의 천이로 말하자면, 훨씬 두드러진 정황이 수용자의 주체적 흡수이다. 마음으로 열복하여 "문헌과 서적을 죄다 사서 바다에 떠서 돌아와",[206] 중국

205_「旅行中的理論」, 『世界 · 文本 · 批評家』, p.401. "形形色色語境壓力"
206_『舊唐書』「日本傳」, 北京 : 中華書局, 1975, p.5341. "盡市文籍, 泛海而還."

인에게 일본인은 "서적을 좋아한다."[207]는 인상을 남겼고 "조선국 사람은 서적을 아주 좋아한다."[208]는 인상을 남겼다. 만일 '압력'이 있다고 한다면, 이것은 해상의 큰 풍랑이나 육지의 미친 바람이 '서적의 길'에 적지 않은 위험을 주었다는 것이다.

세 번째는 수용자 측의 조건이다. 모든 수용은 어떤 조건들에 의해서 조성되기 마련이다. 다만 사이드의 관찰에 따르면 각종 저항 조건이 이론이나 관념으로 하여금 파생 · 발전을 하게 하거나 용납 · 인내를 받게 한다. 이것은 이 글에서 다룬 실례와는 아주 큰 차이가 있다고 할 수 있다. 우리가 대면한 역사문헌이 펼쳐보인 각종 조건은 저항이 아니라 접수였다. 네 번째로 새로운 시공 속에서 이론과 관념은 자신의 새로운 용도와 새로운 이치를 지니고 어느 정도의 개변을 낳는다. 이 개변은 새로운 시공상의 조건에 뿌리를 두고 있으며, 다음으로 원점의 개변은 어떤 방면의 요소를 강화하거나 약화시키는 것이지, 절연하여 완전히 다르게 변화시키는 것이 아니다. 가장 중요한 점은, 연구 방법에서 사이드는 이론의 오독과 오석이라는 결함이 "역사에 대한, 정황에 대한 비판적 성찰을 하지 않는 것"[209]에 있다고 비평했으나, 그 자신의 연구는 공간을 중시하면서 시간은 소홀히 하여 역사학 노정을 묽게 하거나 심지어 근본적으로 회피했다.[210] 내가 보기에 이론이나 관념의 여행 과정에 대해 역사적인 탐색이 있어야만 어떤 한 이론이 어떤 범위, 어떤 정도에서 행해질 수 있었는지를 점검할 수 있다. 우리는 서방 이론을 그것이 출현한 복잡한 언어 환경과 계보 속으로 환원시킬 능력이 없으므로, 어떤 사실의 결합이 유효한 수정을 이루어냈다는 사실을 아우르거나 그 점을 유효하게 설명할 수는 없으나, 적어도 우리는 이 점에 대해 경계심을 가질 수

207_『舊唐書』「日本傳」.

208_姜紹書,『韻石齋筆談』卷上, 臺北 : 商務印書館影印文淵閣『四庫全書』本.

209_「旅行中的理論」,『世界 · 文本 · 批評家』, p.416.

210_영국 사회사학자 아사 브리그스(Asa Briggs)는 에드워드 사이드의 '동방주의'(Orientalism)를 비평할 때, 이 부족한 점을 함축적으로 지적했다. 그는 "나는 그가 영국이 확장된 과정과 제국이 수축한 과정을 더 많은 시간을 가지고 비교해 주길 도리어 희망한다."라고 말했다. 瑪麗亞 · 露西婭 · 帕拉蕾絲-伯克 編, 彭剛 譯,『新史學 : 自白與對話』, 北京大學出版社, 2006, p.43.

있고, 또 응당 경계심을 가져야 한다. 바로 에드워드 사이드가 인용한 레이먼드 윌리엄스(Raymond Williams)의 경고 그대로이다. 즉, "내가 보기에 방법론상의 돌파라는 것이 바로 방법론적 함정으로 변할 수 있다."[211] 라는 것이다. 아울러서 사이드는 부연하여, "만일 비판을 가하지 않고 중복적으로 조금도 제한 없이 한 이론을 운용한다면, 돌파가 곧 함정으로 변하고 만다."[212]라고 했다. 나는 이 비판의 칼끝이 타인을 향할 뿐만 아니라 자신의 내부도 포함시켜야 한다고 생각한다.

4. 결어

문학사 연구가 천석과 평가에 관계될 때, 이것은 이론과 방법의 지지를 필요로 하는가 그렇지 않은가? 이에 대해 현대 서방 문학이론가들은 견해가 엇갈려 있는 듯하다. 해럴드 블룸은 "문학비평은 내가 아는 한, 경험과 실용의 것이지, 이론의 것이 아니다."[213]라고 했다. 하지만 에드워드 사이드는 "만일 사실 혹은 걸출한 텍스트의 감상이나 적합한 해독이 어떠한 이론의 틀도 필요로 하지 않는다고 여긴다면 이는 대단히 잘못되고 어리석은 것이다. …… 하나의 텍스트와 한 사람의 독자는 모두 어떤 정도에서는 일종의 이론적 입장에서 산출된 것이며, 이런 입장은 대단히 함축적일 수도 있고 의식되지 않을 수도 있다."[214] 에이브럼스(M. H. Abrams)는 "이론적 기초가 결여되면 비평은 주로 '상식'과 같은 수준에서 말미암게 되어 아무 목적도 없는 인상이나 계통이 결여된 개념 구성을 줄 뿐이다."[215] 하지만 어떤 이론과 방법을 사용할 때 수용과 저항 사이에서 필요한 긴장(necessary tension)을 어떻게 지녀야 하는가? 사이드는 한편으로 "우리는 물론 이론을 필요로 하면서" 동시에 다른

211_「旅行中的理論」,『世界 · 文本 · 批評家』, p.419.

212_「旅行中的理論」, p.419.

213_哈羅德 · 布魯姆 著, 黃燦然 譯,『如何讀, 爲什麼讀』, 南京 : 譯林出版社, 2011, p.3.

214_「旅行中的理論」,『世界 · 文本 · 批評家』, p.423.

215_「批評理論的類型與取向」, 艾布拉姆斯 著, 趙毅衡 · 周勁松 譯,『以文行事 : 艾布拉姆斯精選集』, 南京 : 譯林出版社, 2010, p.24.

한편으로 "어떤 이론도 그 속에서 보탬을 줄 만한 일체의 정황을 포괄 · 격절 · 예언할 수가 없다."[216]라는 "비판적 인식이 필요하다."라고 했다. 어떤 이론과 방법을 필요로 하는가에 대해서는 오늘날의 학술적 곤경을 고려하여 선종에서 말하는 '수병설방(隨病設方, 병에 따라 그때그때 처방을 함)'[217]식의 대응을 할 수밖에 없다.

완원(阮元)은 이미 청나라 가경 연간에, "학술의 성쇠는 1백 년을 전후로 상승하거나 하강한다."[218]라고 했다. 백 년 이래의 중국 현대 학술을 회고하면 오늘날 직면한 최대 문제는 서방 학술이 중국 학술에 끼친 영향과 개조를 어떻게 반성하는가 하는 것이다. 기본 사실로 받아들여야 할 것은, 백년 이래 중국 인문 학술 연구는 문헌 고증 이외에 그 과제 선택·이론 가설·사고 틀·방법 운용, 주제적 의의 및 가치를 기본적으로 모두 서방에서 취해 왔다는 점이다. 두 해 전에 나는 「'서방미인'으로부터 '동문지녀'로」[219]라는 제목으로 글을 써서, 춘추 시대 부시단장(賦詩斷章)의 방식으로 지난 백 년 이래 중국학술이 직면한 문제와 곤경을 서술한 바 있다. 구미 한학 전통을 되돌아보면 일찌감치 우월감을 형성하여, 사이드가 개괄한 동방학의 공통점과 완전히 똑같다. "서방 문화 내부에서 형성된 동방에 대한 학술적 권위 …… 이것은 사람들에 의해 구성되고 복사(輻射)되며 전파되었다. 이것은 도구성이 있고 설득력이 있다. 이것은 지위가 있어, 취미와 가치의 기준을 확립했다."[220] 이런 학술 상황은 바뀌어야 할 시기가 되었다.

범위를 중국 문학 연구에 축소시켜, 나는 이미 한 논문에서, 문학 본질의 결여와 이론의 결여라는 두 문제를 지적한 바 있다.[221] 이른바 이론

216_「旅行中的理論」, 『世界 · 文本 · 批評家』, p.422.

217_일본 승려 獨庵玄光, 『護法集』 卷3 『自警語』 評萬安英種, 日本駒澤大學圖書館藏本. 이 진술은 사실 당나라 臨濟義玄 선사에게서 비롯되었다. 『臨濟錄』 「示衆」에 "山僧說處, 皆是一期藥病相治."이라 하고 또 "山僧無一法與人, 只是治病解縛."이라 했다.

218_「十駕齋養新錄序」, 陳文和 編, 『錢大昕全集』 第7冊, 南京 : 江蘇古籍出版社, 1997, p.1. "學術盛衰, 當於百年前後論升降焉."

219_樂黛雲 · 李比雄 主編, 『跨文化對話』 第28輯, 北京 : 生活 · 讀書 · 新知三聯書店, 2011, pp.219-227.

220_王宇根 譯, 『東方學』, 北京 : 生活 · 讀書 · 新知三聯書店, 1999, p.26.

221_張伯偉, 「陶淵明的文學史地位新論」 5 '餘論', 香港浸會大學 編, 『人文中國學報』 第15

의 결여란, 하나는 생경하게 서방 문학 이론을 사용하는 일, 다른 하나는 어떠한 이론도 완전히 말살하는 일, 그 둘을 포함한다. 서방 이론을 투식처럼 사용하는 것은 정말 안 되지만, 서방 이론을 무시하는 것은 더욱 안 된다. 그래서 나는 수년 전에 '방법으로서의 한문화권'이란 관념을 제출했는데, 이것은 십 년 이래 내 자신의 작업에 대한 이론적 귀결이다. 나는 이 개념으로 계속 실천해 나가고자 기대하며, 동시에 실천 중에 부단한 검증과 수정을 하려고 한다.[222] 오늘날 서방 이론을 참조하고 한문화권을 방법으로 삼는 의의는 대단히 중대하다. 서방 이론을 부단히 참조해야 우리는 서방 학술 세계와 더불어 분명한 목표를 지닌 심도 있는 대화를 행할 수가 있다. 서방 이론에 관심을 쏟지 않는 결과는 자기 말이나 해대는 일이 될 것이며, 결국 학술적으로 자생 자멸할 따름이다. 게다가 인문학 연구의 종지는 결국 대화이지 독백이 아니다. 시간상 고인과 대화하든 공간상 외국인과 대화하든, 한문화권을 방법으로 강조하는 것은 백 년 이래 서방 학술의 영향을 받아 형성된 갖가지 모형과 타성으로부터 벗어나서, 동방적·아시아적·중국적 지식 생산 방식을 발견하려고 하는 것이 취지이다.[223] "중국의 인문 연구가 서방 중심의 경향에서 벗어나 거듭 새롭게 출발하려는"[224] 길에서 나는 이 노정이 '험하고 멀다.'라고 일컬어질 만하다는 사실을 깊이 알고 있다. 이 글은 다만 초보적 시도에 불과하다.

2012년 4월 1일 초고

10월 7일 남경 낭시(朗詩) 거처에서 개고

期, 上海：上海古籍出版社, 2009, pp.50–51.

222_관련한 첫 성과는 張伯偉, 『作爲方法的漢文化圈』, 北京：中華書局, 2011에 결집되어 있다.

223_張伯偉, 「今日東亞研究之問題・材料和方法」, 『中國典籍與文化』 2012년 제1기.

224_余英時, 「試論中國人文研究的再出發」, 『知識人與中國文化的價值』, 臺北：時報文化出版公司, 2007, p.296.

동아시아 문학사의 1764년

1. 서론

여기서 말하는 '한문학사'는 한자로 작성된 문학의 역사이다. 바로 역사상 한문화권 지역의 문학사이되, 중국 이외에도 그 범위는 당시의 조선 · 일본 · 유구 · 월남 등 국가 및 지역까지 포괄한다. 국가와 지역의 한계를 돌파하기 위해 보다 넓은 시선으로 한문화의 발전과 변천을 살피려는 것이 근래 학술계에서 부단히 요청되는 과제이다. 이것이 현재 우리들이 개척하려는 완전히 새로운 시야라는 사실은 의심의 여지가 없다. 이 글은 한문학 전체를 배경으로 삼아, 각기 다른 지역 세력의 성쇠 과정에 놓여 있던 한 전환점을 논하고자 한다.

한문학사를 총체적으로 연구하려면 우선 중국 문학과 주변 국가 및 지역 문화 사이의 관계에 주목해야 하되, 동시에 주변의 상이한 국가 및 지역 사이의 관계에도 주목해서, 한문학이 같은 시공간이나 서로 다른 시공간에서 전개되었던 양상을 깊이 살펴야 할 것이다. 일반적으로 말하면 주변 국가가 중국 문학을 보편으로 인식하는 것은 늘 있어 왔던 일이지만, 주변 국가들이 서로 상대방의 문학을 바라본 관점은 하나로 개괄하여 논할 수가 없다. 동시에 이 관점의 변화도 중국 문학에 대한 평가에 연쇄 반응을 일으킬 수 있었다.

한문화권 범위 내의 문학 교류는 유래가 아주 오래되었다고 할 수 있다. 당나라 시인은 중국 바깥의 외국인들과 시문을 증답한 것이 많은데[1], 이것이 이미 문학사상의 미담으로 되었다. 이후 사신의 왕래에서는 창수(唱酬)가 빈번하여, 역사서에 기록이 끊이지 않았다. 송나라에 『고려시』와 『서상잡영(西上雜詠)』이 있었는데, 바로 고려 사신과 송나라 군신 사이의 창화시이다.[2] 명나라 때 이르러 사신이 조선으로 나가면서 시부(詩賦) 외교가 이루어져 『황화집』의 편찬 · 인쇄가 있게 되었다.[3] 해외 국가의 사이에는 언어상 장벽이 있었지만 시문의 수답은 장애가 없었다. 고려 말 조선 초 권근(權近, 1352-1409)은 「송일본석대유환국(送日本釋大有還國)」에서, "정회는 번번이 시편으로 쏟아 내고, 언어는 모름지기 역관에 의지해 통해야 하네."[4]라고 했으며, 에도 시대 이시카와 다다시(石川貞)는 「정조선국부사서기원현천(呈朝鮮國副使書記元玄川)」에서 "지역 말이 다른 경우를 만났다고 근심하지 않고, 맑은 흥이 무르익으면 채색 붓을 휘두른다."[5]라고 했다. 한시가 각자의 언어보다 초월해 있었음을 밝힌 것이다. 특히 명나라 때 『황화집』의 편찬과 유전은 한문화 지역 외교장에서의 전범을 이루어, 중국 사신이 외방으로 나갈 때에 한하지 않았다. 바로 나카무라 히데타카가 지적하듯이, "외교의 장에서 한시로 창수하고 필담하는 것은 중국 문화권의 같은 문자를 사용하는 여러 나라들 사이에서 관습화된 국제 의례였다."[6] 조선통신사와 일본 문인 사이의 창수는 그 연원을 춘추 열국의 부시언지(賦詩言志)로까지 소급할 수 있되, 단 그 마음속의 모델은 바로 『황화집』이었다.[7]

1_謝海平, 『唐代詩人與在華外國人之文字交』, 文史哲出版社, 1981.

2_孫猛, 『郡齋讀書志校證』 卷20 「高麗詩」, 上海古籍出版社, 1990, p.1075. "元豐中, 高麗遣崔思齊 · 李子威 · 高琥 · 康壽平 · 李穗入貢, 上元宴之於東闕下. 神宗製詩賜館伴畢仲行, 仲行與五人者及兩府皆和進. 其後, 使人金梯 · 朴寅亮 · 裴某 · 李絳孫 · 盧柳 · 金花珍等, 塗中酬唱七十餘篇, 自編之爲『西上雜詠』, 絳孫爲之序."

3_明나라 景泰元年부터 崇禎六年까지 『皇華集』 모두 20여 종이 있다.

4_『陽村集』 권2, 한국문집총간 제7책, 경인문화사, 1996, p.28. "情懷每向詩篇寫, 言語須憑象譯通."

5_『星槎餘響』 卷上, 한국 국립중앙도서관 소장. "不愁相値方言異, 淸興熟時揮彩毫."

6_「朝鮮の日本通信使と大坂」, 『日鮮関係史の研究』下, 吉川弘文館, 1969, p.344.

7_元重擧, 「書那波孝卿東游卷後」. "歲甲申, 吾四人者(案 : 即製述官和三書記)從三大夫(案 : 即正使 · 副使 · 從事官)後, 東浮入難波(案 : 即今之大阪). …… 一念所冀, 唯是皇華往事得親見於眼前." 成大中『東游酬唱錄序』云 : "君子結二國之好, 必先之以誠信, 成之以禮樂. 然

조선 왕조는 건국 이후 사대교린을 기본 정책으로 삼았는데, 그 원칙은 사대는 정성으로 하고 교린은 신의로 한다는 것이었다. 그래서 조선 왕조는 명 · 청에 대해서는 조천사나 연행사를 파견하고 일본에 대해서는 통신사를 파견했다. 통신이란 한편으로 음신(소식)을 전해서 통한다는 뜻이고 다른 한편으로 신의를 돈독히 한다는 뜻이다.[8] 통신사는 원래 조선 왕조에서 일본으로 파견하는 사신의 칭호 가운데 하나로, 전후 여러 차례 바뀌다가, 인조 13년(1635) 이 칭호를 회복하여 마침내 정식 명칭이 되었다.[9] 도쿠가와 시대에 조선은 선조 40년(1607)부터 순조 11년(1811)까지 일본으로 모두 12차 외교 사절을 파견했는데, 학계에서는 왕왕 통신사라고 통칭한다. 조선통신사와 일본 문인 사이의 창화 필담에 대해서는 한국과 일본 학계에서 이미 일련의 선행 연구가 나와,[10] 후인들이 이어서 탐색하는 데 필요한 훌륭한 기초를 놓아 두었다.

無辭令不可以達其意, 故有文章以飾之. 辭令之所未及也, 又咏歌以盡其歡. 是故春秋列國大夫交相獻酬, 必以風雅之咏終之. 其可以言·可以群者, 顧不在詩乎? …… 惟皇明使价之來於我者, 多通經習詩之士, 所與儐接者, 亦皆典則莊敬, 足以鳴一代之盛, 通二邦之情. 故流風餘韻至於今, 道之不衰. 信使之東渡, 必文學之士與俱, 其亦有倣於皇華故事歟?" 또 일본 石川丈山이 權菊軒에게 바친 시에, "日本朝鮮隔海瀛, 不圖相遇結文盟. 使星明日留玆地, 唱和皇華歌鹿鳴."이라 했다(『新編覆醬續集』 卷16).

8_雨森芳洲, 『橘窗茶話』 上. "朝鮮來聘稱通信使, '通信'者傳通訊問也. 或爲'通國'之'通'者, 誤. '通國'字出『孟子』."(『雨森芳洲全書』 2 『芳洲文集』, 大阪 : 關西大學出版部, 1980, pp.155-156) 孫承喆, 『朝鮮時代對日交鄰體制和通信使』는 "통신사는 조선 왕조가 일본 교린 정책을 실현한 것으로, 외교 목적을 지닌 신의의 사절이었다."라고 지적하여(진단학회 등 주관 '東北亞諸地域間의 文物交流' 국제학술대회 논문, 제1책, p.355. 2004. 11. 19.-20, 서울대학교 교수회관), 위에서 말한 두 방면의 의의를 각각 지적했다.

9_통신사 명칭의 변천에 대해서는 趙曮 『海槎日記』의 서술이 가장 간명하다. 이 책의 숙종 39년(1763) 8월 초3일 기록에 이러하다. "丙午(1606)以呂祐吉 · 慶暹 · 丁好寬爲三使. 自前凡使日本者, 皆稱通信使. 至是朝廷以通信之稱爲嫌, 且不可以奏聞天朝, 議改使號. 或謂當稱刷還使, 刷還俘口之意也 ; 或謂當稱通諭使, 竟以諭字不可施諸隣國, 稱回答兼刷還使. …… 丙子(1636)因馬島主平義成與副官平調興相訟事, 請信使, 以任絖 · 金世濂 · 黃㦿爲三使, 復稱通信使. …… 此前後通信之梗槪也. 使名之變易, 使事之難易, 不勝殫論." 『海行摠載』 4, 朝鮮古書刊行會, 大正三年(1914)版.

10_李元植, 『朝鮮通信使』(民音社, 1991)의 중심은 제2부 '통신사행과 문화교류'이다. 제1장 '개황', 제2장 '초기의 교류', 제3장 '임술년1682) 사행', 제4장 '신묘년(1711) 사행', 제5장 '무진년(1748) 사행', 제6장 '갑신년(1764) 사행', 제7장 '신미년(1811) 사행'은 모두 필담 창화를 중심으로 전개했다. 또 仲尾宏, 『朝鮮通信使と壬辰倭亂』 第9章 '朝鮮通信使使行錄槪說', 第10章 '朝鮮通信使研究の成果と課題', 東京 : 明石書店, 2000, pp.262-319.

조선 통신 사절은 방대한 규모로 조직되어, 4백여 명에 이르렀다.[11] 주된 인원은 정사 · 부사 · 종사관(원이름은 서장관)〔이상 삼사라고 총칭〕 · 제술관(원이름 독축관) · 서기 · 사자관 · 화원 · 의원, 그리고 군관 · 역관 등이다. 문자 응수를 책임지는 것은 주로 제술관과 서기(모두 3명)이다. 신유한(申維翰, 1681-1752)은 『해사동유록(海槎東游錄)』 제1권에서, "왜인들의 문자를 즐기는 취미가 근래에 더욱 왕성하여, 부러워하고 사모하는 것이 풍조를 이루었다. 학사대인(學士大人)이라 부르면서 시와 문을 청하느라 거리가 메이고 문이 막힌다. 그들의 말에 수응하거나 우리나라 문화를 선양하는 문제를 반드시 제술관에게 책임지우게 되니, 일은 번잡하고 책임이 크다."[12]라고 했다. 따라서 조선 측에서 매번 출중한 재주를 지닌 문사를 파견하여 이 임무를 담당하게 했다. 이 밖에도 삼사 서기의 인선도 마찬가지로 문채가 뛰어난 인물이어야 했다. 일본 측에서도 여러 문학 인사를 파견하여 접응하게 했다.[13] 양국의 문사들은 서로 창화를 하면서 본국의 한문화 수준을 펼쳐 보이는 동시에 높낮이를 겨루었다. 그래서 출석한 인원수에는 차이가 있지만, 국가 대표로 충당할 수 있었다. 어떤 의미에서는, 창화하는 쌍방이 속으로 상대방의 문학을 평가하는 것은, 양국 문학의 수준에 대한 평가를 상당한 정도로 대표하므로, 그 평가의 변화는 바로 문학 풍조의 전이와 창작 수준의 승강을 드러내었다.

이 글에서는 갑신년, 즉 조선 영조 40년(1764)〔청나라 건륭 29년, 일본 호레키(寶曆) 14년/메이와(明和) 원년〕 조선통신사가 일본에서 행한 창화 필담 활동이 한문학사에서 지닌 의의를 고찰하고자 한다. 한문학사의 발전에서 이 한 해의 창화 필담이 역사적 전환의 기능을 지녔다는 점에

11_인조 2년(1624)과 순조 11년(1811)의 사행은 3백여 명, 숙종 37년(1682)의 사행은 5백 명이었고, 이 이외는 모두 4백여 명이었다.

12_『青泉集續集』 권3, 한국문집총간 제200책, p.422. "倭人文字之癖, 輓近益盛, 艶慕成風. 呼以學士大人, 乞詩求文, 塡街塞門. 所以接應彼人言語, 宣耀我國文華者, 必責於製述官. 是其事繁而責大."

13_松下忠, 『江戶時代の詩風詩論』 上編 '總論', 明治書院, 1969, pp.12-14는 각 단계마다 대표적 시인을 선택할 때 준용할 수 있는 표준의 하나인데, 바로 한국 사절이 내빙할 때 함께 창화한 문인들을 근거로도 이 점을 설명할 수 있다.

대해서는 선학들이 소홀히 한 듯하여, 천발할 필요가 있다.

2. 갑신년 창수 필담의 특징

갑신년 통신사행(계미통신사행)은 조엄(趙曮, 1719-1777, 호 濟谷)을 정사, 이인배(李仁培, 호 吉庵)를 부사, 김상익(金相翊, 호 弦庵)을 종사관으로 삼았다. 문필의 일을 관장하는 사람으로는 제술관 남옥(南玉, 호 秋月), 서기 성대중(成大中, 1732-1812, 호 龍淵)·원중거(元重擧, 1719-1790, 호 玄川)·김인겸(金仁謙, 1707-1772, 호 退石)이 있었다. 그들은 영조 39년 계미(1763) 10월 초 부산을 떠나 다음 해 갑신(1764) 정월 20일 오사카성에 이르렀고, 2월 16일 에도(오늘날의 도쿄)에 들어갔다. 3월 11일 에도에서 노정을 돌이켜, 4월 초5일 오사카성에 돌아오고, 5월 초6일 오사카를 떠나 6월 22일 부산에 돌아왔다. 전후 8개월 남짓 걸렸다.[14] 이 사행의 문헌은 아주 많아서, 정사 조엄의 『해사일기(海槎日記)』, 제술관 남옥의 『일관기(日觀記)』, 정사 서기 성대중의 『일본록(日本錄)』, 부사 서기 원중거의 『승사록(乘槎錄)』·『화국지(和國志)』, 종사관 서기 김인겸의 『일동장유가(日東壯游歌)』(한글), 역관 오대령(吳大齡)의 『계미사행일기(癸未使行日記)』, 군관 민혜수(閔惠洙)의 『사록(槎錄)』 등이 있다. 창화 필담에서 보면 이 사행의 특징은 우선 참여 인수와 창수 필담 수량이 놀랄 만큼 많다는 점에 있으며, 따라서 남아 있는 문헌도 아주 많다.[15]

원중거는 「서나파효경동유권후(書那波孝卿東游卷後)」에서, "지쿠슈(筑州) 동쪽에서부터 무사시(武藏) 서쪽에 이르기까지 3, 4개월 사이에 읍양하는 사람이 1천 여 명이었고, 수창한 것이 2천여 편이었다."[16]라고

14_이상의 일정은 조엄 『해사일기』 기록에 의거한다.

15_李元植의 통계에 따르면 이 사행의 필담 창화집은 자료가 무려 37종에 달한다. 또한 辛基秀·仲尾宏 編, 『大系朝鮮通信使』 第7卷, 明石書店, 1994, pp.117-118 참고.

16_원래 那波利貞 집안에 소장되어 있다. 那波孝卿은 그 5세조이다. 那波利貞, 「明和元年の朝鮮國修好通信使団の渡來と我國の學者文人との翰墨上に於ける応酬唱和の一例に就きて」, 『朝鮮學報』 第42輯, 朝鮮學會, 1967. 1. "筑之東, 武之西, 三四月之間, 揖讓一千餘人,

했다. 지쿠슈 동쪽에서부터 무사시 서쪽에 이르기까지란 오늘날의 후쿠오카(福岡)에서 도쿄에 이르기까지로, 조선통신사의 일본 내 노정을 포괄한다. 조엄은 『해사일기』「연화(筵話)」에 이 사신 일행이 귀국 후 영조에게 복명했을 때의 대화를 실어 두었다.

> 상이, "남옥이 시로 이름을 얻었다 하거니와, 누가 많이 지었는가?" 하시매, 대답하기를, "네 사람이 지은 수가 거의 같았습니다." 했다. 상이 이르기를, "남옥은 몇 편이나 지었는가?" 하시매, 옥이 대답하기를, "천여 수를 지었습니다." 하니, 상이, "장하다, 너도 저 사람들의 시를 얻어 왔느냐?" 하시매, 대답하기를, "저 사람들이 먼저 짓고, 그런 뒤에 화답했으므로, 저들이 지은 것을 가져왔습니다." 했다. 조엄이 아뢰기를, "저 사람들의 시는 대개 원숙한 편(篇)이 없어서 볼만한 것이 없었습니다." 했다. 상이 이르기를, "세 사신들도 지었는가?" 하시매, 대답하기를, "감죄(勘罪)를 기다리면서부터는 다시 수창하지 않았더니, 그들이 한으로 여겼습니다." 했다. 상이, "성대중은 어떠했는가?" 하시매, 대답하기를, "범상하지 않았습니다. 원중거와 김인겸도 천여 수를 지었습니다." 했다. …… 상이, "남옥이 홍세태·신유한에 비하여 어떻던가?" 하시매, 대답하기를, "시와 문에 다 장처가 있으며, 갑자기 짓게 되어도 다 잘 지어냈습니다." 했다. 상이 이르기를, "저들이 조선 사람의 문무의 재주를 모두 겨루기 어렵다 하더라지?" 하시매, 대답하기를, "그랬습니다." 했다.[17]

이런 추산에 따르면 제술관과 삼서기가 일본에서 지은 창수시는 합계 4천여 수나 된다. 홍세태(洪世泰, 1653-1725)는 출신이 한미하지만 시필

酬唱二千餘篇."

17_『海行摠載』 4, pp.463-464. "上曰 : '南玉得名云矣, 何者多作乎?' 對曰 : '四人所作之數略同矣.' 上曰 : '南玉作幾篇乎?' 玉對曰 : '作千餘首矣.' 上曰 : '壯矣. 汝得彼人詩來乎?' 對曰 : '彼人先作, 然後和之. 故彼作果爲持來矣.' 趙曮曰 : '彼人之詩大抵無圓成之篇, 無足可觀也.' 上曰 : '三使臣亦作之乎?' 對曰 : '自在待勘之後, 不復酬唱, 渠以爲恨.' 上曰 : '成大中何如?' 對曰 : '非常矣. 元重擧·金仁謙亦作千餘首矣. ……' 上曰 : '南玉比洪世泰·申維翰何如?' 對曰 : '詩與文皆有所長, 而倉促所作, 皆能善成矣.' 上曰 : '彼以謂朝鮮人文武才皆難以云乎哉?' 對曰 : '然矣.'"

에 뛰어나고 기세가 우람했다. 숙종 8년(1682) 부사 비장의 신분으로 도일하여, "만인(蠻人)이 채색 종이와 비단을 가지고 와서 시묵(詩墨)을 구하자, …… 공은 말에 기대어 휘호하여 전부 써 주었다. 빠르기가 비바람 같았다. 시적 상상이 분등하고 준일하며 붓글씨도 또한 굳세고 오묘하여, 그것을 얻은 자들은 모두 잘 보관하면서 보물로 여겼다. 경모하고 선전하여, 심지어 그의 초상을 그리기까지 했다."[18]라고 할 정도로, 조선국에 영예를 가져다주었다. 『해동유주(海東遺珠)』와 『유하집(柳下集)』이 전한다. 신유한은 숙종 45년 통신사 제술관으로서 문명이 아주 높아서, 일본에서 여러 사람과 창수하여 붓이 천군(千軍)의 진(陣)을 휩쓸 정도의 기개가 있었다. 『해유록』과 『해유문견잡록(海游聞見雜錄)』을 저술하여 남들에게 존중되었으며, 성대중의 『일본록』에 『청천해유록초(靑泉海游錄抄)』가 들어 있을 정도이다. 영조는 이 때문에 이 두 사람을 남옥과 비교하고, 또한 이 사행에서의 '문전(文戰)'에 대해 관심을 표명한 것이다. 그런데 조엄은 일본인의 시가 "대개 원숙한 편이 없어서 볼 만한 것이 없었습니다."라고 논평하고, 영조의 "저쪽이 조선인의 문재와 무재에 대해 모두 겨루기 어렵다고 말했는가?"라는 질문에 대해 긍정하는 대답을 했다. 군왕의 기호에 투합하여 그 허영심을 만족시켜 주었을 수 있으므로 반드시 객관적인 논평이라고는 할 수 없다.[19]

이 통신사행은 노정 내내 창화를 하여, 인원이나 작품수가 많을 뿐만

18_鄭來僑, 『墓誌銘』, 『柳下集』 부록, 한국문집총간 제167책, p.560. "蠻人持彩牋縑乞求詩墨, …… 公倚馬揮掃, 驟若風雨, 詩思騰逸, 筆亦遒妙, 得者皆藏弆以爲寶. 傾慕喧噪, 至戶繪其像焉." 지금 일본 雨森芳洲 文庫에서 鶴山이 그린 '滄浪洪世泰肖像'을 볼 수 있어, 아주 유명하다. 홍세태의 「倭京」 시는 일본 교토의 관광과 느낌을 써내었는데, "自笑風流非衛玠, 市門投果溢行車"의 구가 있다(『柳下集』 권11). 『세설신어』의 衛玠와 潘岳의 전고를 사용한 것으로 보아, 그가 문학적 재능만 출중했던 것이 아니라 외모도 아름답고 풍류도 있었음을 알 수 있다.

19_이러한 정황은 결코 드물지 않은데, 정사라는 신분과 관계가 있을 수 있다. 이를테면 인조 때 부사 金世濂은 『海槎錄』의 정축(1637) 3월 초9일 조에 조정에 돌아와 복명한 일을 기록해 두었다. "上問 : '彼國之人, 有能文者乎?' 上使對曰 : '不成文理, 詩則尤不好.' 臣世濂對曰 : '召長老璘西堂行文儘好, 國中惟道春之文爲最, 沿路及江戶多有來問者, 皆以理氣性情等語爲問, 不可以蠻人而忽之.'" (『海行摠載』 2, p.469) 이러한 차별은 주의가 필요하다.

아니라, 일본의 영걸 준재들과 교유를 하여, 남옥 · 성대중 · 원중거 등은 그들에게 깊은 인상을 주었다. 다키 조카이(瀧長愷)의 『장문계갑문차(長門癸甲問槎)』에 그가 남옥과 나눈 문답을 다음과 같이 기록해 두었다.

> 학대(鶴臺, 다키 조카이) : "그대들이 동쪽으로 나니와(浪華, 오사카) · 에도(江都, 도쿄) 및 기타 곳곳으로 가면, 시인과 준걸들이 기예를 품고 만나고자 청하는 사람들이 많았을 터인데, 재학과 풍류로 대화를 나눈 사람이 몇이나 됩니까?"
> 추월(秋月, 남옥) : "에도의 여러 선비들 중 시부이 다이시쓰(渋井太室)와 기 호라이(木蓬萊)를 우리들은 대단히 곡진하게 여기고 있습니다. …… 나니와의 기 히로야스(木弘恭)〔기무라 히로야스(木村弘恭), 세숙(世肅), 蒹葭堂〕의 풍류, 합리(合離)의 재화(才華), 헤이안 나바 시소(那波師曾, 나바 로도, 那波魯堂)의 박학, 승려 지쿠조(竺常)의 아의(雅義), 오하리주(尾張州) 미나모토 세이케이(源正卿)의 우람한 재능, 오카다 노리오(岡田宜生)의 사율(詞律), 두 분의 스승 겐운(源雲)의 풍성한 명망 등은 모두 우리들이 흠모하는 바입니다. 나바 시소와 함께 에도에 가면서 정분이 더욱 친밀하게 되었습니다. 족하도 만약 조용히 만나 보시면, 우리들의 이 말이 아첨이 아니라는 것을 아실 터이니, 부디 마음을 기울이십시오.[20]

다이텐(大典) 선사〔다이텐 겐조(大典顯常)〕의 『평우록(萍遇錄)』 하권에 실린 성대중의 「복초중선사(復蕉中禪師)」에 이런 말이 있다.

> 제가 귀국의 국경에 들어온 이래, 시인과 문장가를 많이 만나 보았습니다. 치구젠주(筑前州)에서 가메이 로(龜井魯, 亀井南冥)를 얻었고, 나가토주(長門州)에서 다키 미하치(瀧彌八)〔미팔(彌八)은 타키 조카이(瀧長愷)

20_李元植家藏本. 『朝鮮通信使』, p.220에서 재인용. "鶴臺 : 諸君東行浪華 · 江都及其它處處, 藻客髦士抱藝求見者定多矣, 才學風流可與語者有幾人乎? 秋月 : 江戶諸彦中, 井太室 · 木蓬萊, 僕輩尤所惓惓者. …… 浪華木弘恭之風流, 合離之才華, 平安那波師曾之博學, 釋竺常之雅義, 尾張州源正卿之偉才, 岡田宜生之詞律, 二子之師源雲之豐望, 皆僕輩所與傾倒. 而那波與之同往江都, 情好尤密. 足下若與從容, 當知僕輩此言非阿好之比, 幸爲致意."

의 자(字)]를 얻었으며, 비젠주(備前州)에서 이노우에 시즈무(井潛, 井上四明. 이름이 潛)를 얻었고, 세쓰주(攝津州)에서 기 히로야스(木弘恭), 후쿠 쇼슈(福尙修), 고리(合離)를 얻었으며, 헤이안성(平安城)에서 나바 시소(那波師曾)를 얻었고, 오하리(尾張)에서 겐운(源雲), 오카다 노리오(岡田宜生), 미나모토 새이케이(源正卿)을 얻었으며, 에도에서 시부이 타이라(澀井平)와 기 죠칸(木貞貫)을 얻었고, 맨 마지막으로 쇼츄(蕉中) 선사〔다이텐 겐죠(大典顯常)〕를 얻었습니다.[21]

원중거『화국지』지(地)권 '시문지인(詩文之人)' 조에 이러하다.

지금 유통되는 시문으로 말하면, 에도에서는 시바 호겐(柴邦彦, 시바노 리쓰잔 柴野栗山)의 문학적 기세가 상당히 씩씩하되, 그 사람됨은 얄팍하고 편벽하다. 다음은 오카 메이린(岡明倫)이다. 나고야(名護屋)에는 오카다 요시오(岡田宜生) · 미나모토 노마사구니(源正卿)가 있는데, 젊고 숙성했으며 모두 겐운(源雲)에게서 수업을 했다. 겐운은 온후하고 노성한 풍모가 있다. 서경(교토)에는 오카 핫쿠(岡白駒), 하리마 기요시아야(播磨清絢), 가이칸(芥煥)이 있는데, 이들을 '서경 삼걸'이러고 부르지만 실은 그 이름만 못하다. 오사카에서는 나가토미 호(永富鳳)가 조금 우수하고 고리(合離)가 그 다음이다. 기 히로야스(木弘恭, 木村世肅)는 시와 그림으로 빼어난데, 겸가당(蒹葭堂)을 열고 사방의 유람하는 학인들과 교제를 맺고 있으나, 단 지위가 너무 미약하고 이름이 너무 성대하여 스스로 용납할 수가 없을 듯하다. 비젠주(備前州)에는 이노우에 히소무(井上潛, 井上四明) · 곤도 아쓰시(近藤篤)가 있는데, 모두 에도에 유학하여, 기실(記室)로 초빙되었다. 이노 히소무(井潛)는 부섬(富贍)하고 민첩하며, 곤도 아쓰시(近藤篤)는 침착하고 한정(閑靜)하다. 나카도주(長門州)에는 다키 죠카이(瀧長凱), 구사 야스요(草安世)가 있는데, 다키 죠카이는 상당히 노성하여, 남들의 칭예가 있다. 구사 야스요(草安世)는

21_한국 국립중앙도서관장본. "僕入貴境以來, 接韻士文儒多矣, 而於筑州得龜井魯, 於長門州得瀧彌八, 於備前州得井潛, 於攝津州得木弘恭 · 福尙修 · 合離, 於平安城得那波師曾, 於尾張得源雲 · 岡田宜生 · 源正卿, 於江戶得澀井平 · 木貞貫, 而最後得蕉中師."

조금 청수하다. 지쿠젠주(筑前州)에는 가메이 로(龜井魯)가 있는데, 연소하면서 빼어난 재주가 있으며, 역시 명성이 너무 일러 스스로 용납될 수 없을까 염려된다. …… 나는 창수(唱酬)의 자리에서, 더불어 이야기할 만한 사람을 얻으면 곧바로 즉시 "하늘의 도가 북쪽에서 남쪽으로 옮긴 지 오래되었소. 귀국의 사람들이 총명하고 민첩한 것으로 보건대, 이는 정말로 문화가 흥기할 수 있는 시기입니다."라고 했다."[22]

이상 거론한 인물들은 다음과 같다.

江戶 : 澀井平(1720-1788, 號 太室)
江戶 : 木貞貫(1715-1765, 號 蓬萊山人)
江戶 : 柴邦彦(1724-1807, 號 栗山)
浪華 : 木村弘恭(1736-1802, 號 蒹葭堂)
浪華 : 合離(1727-1803, 號 斗南)
浪華 : 福原尙修(1735-1768, 號 石室)
浪華 : 永富鳳(1732-1766, 號 獨嘯庵)
平安 : 那波師曾(1727-1789, 號 魯堂)
平安 : 釋 大典(1719-1801, 號 蕉中)
平安 : 岡白駒(1692-1767, 號 龍洲)
平安 : 淸田絢(1719-1785, 號 儋叟)
平安 : 芥川煥(1710-1785, 號 養軒)
尾張 : 源正卿(1737-1802, 號 滄洲)
平安 : 岡田宜生(1737-1799, 號 新川)
平安 : 源雲(1696-1783, 號 君山)
筑州 : 龜井魯(1742-1814, 號 南溟)

22_『和國志』, 아세아문화사, 1990, pp.329-330. "以今行所見詩文言之, 在江戶則柴邦彦文氣頗健, 而但其爲人淸淺褊僻；其次岡明倫也. 在名護屋則岡田宜生 · 源正卿年少夙成, 俱受業於源雲；雲溫厚, 有老成之風. 西京則岡白駒 · 播摩淸絢 · 芥煥, 號爲'西京三傑', 而實不知(案 : 疑爲'如')其名. 大坂則永富鳳似優, 而合離次之；木弘恭以詩書標致, 開蒹葭堂, 以交四方游學之人, 而但地太微 · 名太盛, 恐不能自容也. 備前州則井潛 · 近藤篤, 俱以江戶游學, 辟爲記室. 潛贍敏, 篤沉靜. 長門州則龍長凱 · 草安世, 而凱頗老成, 且有人譽；安世稍淸秀. 筑前州龜井魯, 年少有逸才, 亦聲名太早, 恐不能見容也. …… 余於唱酬之席, 如得可語之人, 則輒曰 : '天道自北而南久矣, 觀貴國人聰明秀敏, 此誠文化可興之日.'"

長門 : 瀧長愷(1709–1773, 號 鶴臺)
平安 : 草安世(號 大麓)
備前 : 井上潛(1730–1819, 號 四明)
平安 : 近藤篤(號 西涯)

지역으로 보자면 그들은 동쪽부터 서쪽까지 이르고 있으며, 오늘날 후쿠오카와 도쿄 사이에 분포하고 있다. 연령으로 보면 대부분이 3, 40세로, 유학과 문학에 조예가 많은 사람들이어서 세상에 전하는 저술이 많다. 그들의 전기는 『선철총담(先哲叢談)』·『속편』·『후편』에서 찾아 볼 수 있다.

조선통신사가 일본 문인에 대해 이렇게 대대적으로 호평한 것은 공전절후하다. 이는 이 사행 창수 필담의 가장 두드러진 특징이다. 정사 조엄은 일본의 학술과 문학에 대해 상당히 혹평을 했지만, 그도 기본적으로는 "나가사키 시마(長岐島)에 배가 통하자 중국의 문적이 많이 흘러 들어왔는데 그중 뜻이 있는 자는 차차 문장에 나가게 되어 무진년에 와서는 글을 지어 주고받음이 자못 성했다 한다."[23]라고 인정했다. 무진년은 영조 24년(1748)으로, 곧 16년 전이다. 주목할 점은, 여기서 이 사행의 수창을 지난 회와 비교하여 상당히 뛰어나다고 결론을 맺었다는 사실이다. 우리는 이 통신사행이 일본 시문을 높이 평가한 것은 직접적 인상에서 얻어낸 것이기도 하고 지난날과의 대비에서 얻어낸 것이기도 하다고 믿을 만한 이유가 있다. 이 사행이 출발할 때 조엄은 기존의 사행 일기를 휴대했다. 그의 『해사일기』 10월 초6일에 다음 기록이 있다.

전후 신사(통신사)는 사신이든 원역(員役)이든 대부분 일기라는 것을

23_『海槎日記』 6월 18일, 『海行摠載』 4, p.329. 또한 위의 기록. "陽明之術泛濫天下, 而朱子之學獨行於朝鮮. 群陰剝盡之餘, 一脈扶陽之責, 豈不專在吾東多士耶? 日本學術則謂之長夜可也, 文章則謂之瞽矇可也. …… 以今行所聞見於文士者言之, 則別無學術之可稱, 略有文字之稍勝者. …… 此後此輩果能因文而學道, 漸入於學問境界, 則雖是島夷, 可以進於中國, 豈可以卉服而終棄之哉? 但千年染污之俗, 非大力量大眼目, 則猝難變革, 恐不可以區區詩語把作先示之兆也." 일본의 인물에 관한 것은 원중거와 유사하여 평가가 대단히 낮다. 이것은 정사의 신분과 관련이 있어서, 허세를 부려 판에 박힌 표현을 하는 것을 면하지 못했다.

> 남겼다. 상서 홍계희(洪啓禧)가 널리 수집을 하여 『해행총재』라고 이름 지었는데, 부제학 서명응(徐命膺)이 베껴 내어 『식파록(息波錄)』이라고 제목을 붙이고 61편으로 합하고는, 통신사행 중에 열람하여 참고하는 자료로 삼았다. …… 나는 아직 상세히 열람하지 못하고 얼추 보았다. …… 전후의 일기가 이렇게 많으니, 아마도 없는 말이 없을 것이다.[24]

여러 사람들의 일기를 '통신사행 중에 열람하여 참고하는' 것은 정사만의 권리가 아니어서 다른 사람도 훑어보았다. 이를테면 성대중의 『일본록』에 이미 『청천해유록초』가 있어, 문학(文學) · 이학(理學) · 선학(禪家) 등 조목이 들어 있다. 『사상기(槎上記)』에서는 인조 14년(1636) 부사 김세렴(金世濂, 호 東溟)의 『해사록』을 언급했다.[25] 조선통신사의 이번 사행은 일본 시문에 대한 평가가 과거와는 아주 다른데, 이것은 대비에서 비롯된 것이라고 분명하게 말할 수 있다. 이 점에 대해 약간 회고하기로 한다.

초기 일본 기행은 문학에 대해 언급하지 않다가, 선조 23년(1590) 부사 김성일(金誠一, 1538-1593)의 『해사록』 제2권 「증사자관이해룡병서(贈寫字官李海龍並序)」에서, 임행에 선조가 내린 교령을 언급하여, "듣자니 왜국 승려가 글자를 상당히 알며, 유구 사신들도 역시 왕래한다고 하더라. 너희들이 그들을 만나면 창수 등의 일이 있을 것이니, 서법도 졸

24_『海行摠載』 4, pp.154-155. "前後信使, 毋論使臣員役, 多有日記者. 洪尙書啓禧廣加蒐集, 名以『海行摠載』, 徐副學命膺翻謄之, 題以『息波錄』, 合爲六十一編, 以爲行中考閱之資. …… 余固未及詳覽, 而概見之. …… 前後之日記若是夥然, 殆無言不有矣." 금본 『해행총재』의 편자와 편목 문제에 대해 학술계는 통상적으로 일본학자 나카무라 히데타카(中村榮孝)의 견해를 채용한다. 그는 금본의 편자를 성대중으로 보며, 그 편목이 조엄의 『해사일기』에서 열거된 것보다 적은 것은 활판 인쇄 때 이미 산일된 이유라고 했다(『國史大辭典』 제3卷 'かいこうそうさい 海行摠載' 조). 나는 재고할 만하다고 본다. 원중거의 『화국지』 人卷 '我朝通信' 조에, "右通信條只錄送使年月與事之梗概, 便略而不詳者, 蓋各家『日錄』皆有該載, 而寒井徐公命膺一皆謄書爲『海門(行)總載』 卷, 而濟庵趙公曮方欲删繁就要, 編爲一統卷袠. 余且俟其成焉, 姑存其大略如此耳."라고 했다. 금본 『해행총재』의 편자는 조엄이고, 편목의 다과는 조엄의 '删繁就要' 때문이다. 금본의 마지막 완성은 조엄의 『해사일기』를 압권으로 삼는데, 어쩌면 성대중의 손에서 나왔을 수 있다.

25_ 『槎上記』 甲申 正月十二日 기록. "福禪寺之勝, 曾於金東溟『日記』知之." 辛基秀 · 仲尾宏 編, 『大系朝鮮通信使』 第7卷, p.184.

렬하게 보여서는 안 된다."라고 했다. 이로써 사자관 이해룡이 동행하게 되었는데, 일본에 도착한 후 떠받들어져 "구하는 사람이 운집하여 묵는 집 문 앞이 시장 같았다."라고 했다. 김성일은 감탄하면서, "당초 이해룡이 가게 되자 국인들이 모두 집닭처럼 보더니, 어찌 이방에서 이런 정도에 이를 줄 알았겠는가?"[26]라고 했다. 여기에 드러난 것은 물론 문화의 면에서 일본에 대한 멸시이다. 광해군 9년(1617) 정사 오윤겸(吳允謙)의 『동사록(東槎錄)』을 시작으로 조선 사신과 일본 승려의 시문 창화 기록이 출현하기 시작했다. 단 조선 측에서는 왕왕 달갑지 않은 뜻을 드러내어, 때로는 심지어 일본의 수창을 거절하고 응하지 않기도 했다. 일본에서 승려가 문필 일을 관장하던 상황은 효종 6년(1655) 종사관 남용익(南龍翼, 1628-1692)의 필하에서 개변이 있게 되었다. 그의 『문견별록(聞見別錄)』「문자」 조항에 이런 말이 있다.

> 승도 외에 문사라 칭하는 자들은 반드시 머리를 밀었는데, 혹 법인(法印)이라 일컫지만 사실은 승려가 아니다. 이른바 행문(行文)이란 것은 좀 괜찮아도 정로에 어둡다. 시는 특히 아무 꼴이 없으며 억지로 만든 말이 많다. 글씨를 쓰면 새 발자국 꼴이 아닌 것이 없다. 모두 『홍무정운(洪武正韻)』의 글자체를 배웠는데, 자체가 가볍고 약하며 옆으로 비스듬하여 모양을 이루지 않는다. 필획은 아주 훌륭하여 우리나라에 손색이 없다.[27]

또 「인물」 조에는 '고래의 문사 20인'을 열거했다. 즉 오토모 황자(大友皇子)에서부터 후지 렌후(藤斂夫)〔후지와라노 세이가(藤原惺窩)〕까지이다. 그리고 '문사라 일컬어지는 8인'을 나열했다. 그 가운데 하야시 도슌(林道春)〔하야시 라잔(林羅山)〕에 대해서는 "그가 지은 시문을 보니 해박하고 부섬하여 고서를 많이 읽었다. 시는 격조가 없고 문도 역시 정

26_『鶴峰集』 권2, 한국문집총간 제48책, pp.56-57. "當初海龍之行也, 國人皆以家鷄視之, 豈料其見貴異邦至於此耶?"

27_『海行摠載』 3, p.477. "僧徒外稱爲文士者, 必剃髮, 或稱法印, 而實非僧人也. 所謂行文頗勝, 而猶昧蹊徑. 詩則尤甚無形, 多有强造語. 寫字則無非鳥足. 皆學『洪武正韻』, 而字體輕弱橫斜, 不成模樣. 畫則最勝, 無讓於我國."

로에 어둡다."라고 했고, 하야시 유르스(林恕)〔林鵞峰〕에 대해서는 "조금 시문을 해득했으나 성질은 어둡고 완고하다."라고 했으며, 하야시 야스시(林靖)에 대해서는 "언어 문자가 그 형보다 뛰어나다."라고 했고, 하야시 하루노부(林春信)〔하야시 라잔의 손자〕에 대해서는 "역시 글씨는 쓸 줄 알고 구를 이을 줄은 안다."[28]라고 했다. 하야시 도슌(하야시 라잔)은 일본 다이가쿠노가미(大學頭)의 첫 인물로, 당시 사람들은 그를 "우리나라 유종(儒宗)의 으뜸이다."[29]라고 허여했다. 하지만, 남용익이 그와 시가를 창화한 것이 그의 『부상록(扶桑錄)』에 보이는데, 남용익이 보기에 하야시 도슌의 시는 그렇고 그럴 따름이었다. 조선통신사 일기 및 각종 창화 필담 문헌에서, 의례적 글과 응수의 말을 충언에서 나온 시문과 구별하여 정리할 필요가 있다. 이를테면 인조 14년(1636) 이문학관 권식(權侙, 호 菊軒)은 일본 시선당주(詩仙堂主) 이시카와 조잔(石川丈山, 1583-1672)과의 필담에서 이시카와의 시에 대해 "뜻이 원만하고 말이 새로우며 옛것을 법으로 삼아 격이 맑다."라고 평가하고 그를 "당신네 나라의 시가의 정종"이라고 허여했다. 때로는 그의 시가 "진정으로 당나라 대력(大曆) 연간의 여러 시가들과 길항할 정도이다."라고 했고, 때로는 "일동(日東)의 이두(李杜, 이백과 두보)"[30]라고 추었다. 이런 것들은 분명히 말이 나오는 대로 부연한 공손한 언사였다. 내가 보기에 조선 사람이 진심으로 찬미한 일본 시인으로는 아라이 하쿠세키(新井白石)를 가장 으뜸으로 추대해야 한다. 숙종 37년(1711) 정사 조태억(趙泰億), 부사 임수간(任守幹), 종사관 이방언(李邦彦), 제술관 이현(李礥)이 분분하게 『백석시초(白石詩草)』에 서발문을 써 주면서, 그의 시를 높이 평가했다. 아메노모리 호슈(雨森芳洲, 1668-1755)가 진술한 "아라이 하쿠세키는 크게 시명이 있어서, 조선인들이 그의 시초를 찾아, 끊이지 않

28_『海行摠載』 3, p.496. "亦能寫字綴句."

29_石川丈山, 「與朝鮮國權學士菊軒筆語」, 『新編覆醬續集』 卷16, 富士川英郎 · 松下忠 · 佐野正巳 編, 『詩集日本漢詩』 제1卷, 汲古書院, 1987, p.248. "最爲我國之儒宗也."

30_『與朝鮮國權學士菊軒筆語』, 『新編覆醬續集』 卷16, pp.247-248. 權侙은 "不佞願以尊公爲貴邦詩家之正宗"이라고 말하자, 石川(大拙)은 "以不佞稱我詩林之宗匠, 誰謂當其選. 雖然, 道眼所照, 無處迴避"라고 대답했다. 石川은 '不佞'이란 말을 오해하여, 종이 위에 붓으로 썼으니, 權侙은 그 자리에서 아마도 가만히 비웃으면서 속으로 비방했을 것이다.

았다."[31]라고 한 말과 함께 합쳐 보면, 이는 믿을 만한 사실이었다. 일본 시문의 수준이 높아짐에 따라, 재화가 걸출한 인사가 일본에 사신으로 가서, 그 사실을 깨닫고서 건성으로 대하지 않게 된 것이다. 신유한은 숙종 45년(1719) 제술관 신분으로 일본에 가서 곤륜거사(崑崙居士)를 방문했다.

> 공은 그때 병 때문에 필연을 그만두었는데, 서가에 있던 『백석시초』 한 권을 꺼내어 내게 보여 주면서 말했다. "이것은 신묘년 사신들이 얻어 온 일동(일본) 원서(源璵)의 작이다. 말이 저속하고 연약한 것이 많으나 비교적 성향(聲響)은 있으니, 군이 지금 이 사람과 상대한다면 한쪽 팔로 대적할 수 있을 것이네. 그러나 내 생각으로는 일동이 땅이 넓고 그 산수가 맑고 곱다 하니, 반드시 재주가 높고 눈이 넓은 사람이 있을 것이네. 사관(使館)의 창수하는 자리에 참여하지 않더라도 군의 글을 구득하여 비평해 보고 마치 옛날 규구(葵丘)의 회맹에 마음속으로 복종하지 않은 한두 나라가 있던 것과 같이 된다면, 이것이 두려운 일이므로, '군은 낮은 언덕이어서 송백(松柏)이 없으리라.'라고 깔보지 말라. 즉, 일천 편 일만 수를 신속하게 비바람 몰아치듯 휘둘러서 거록(鉅鹿)의 제후들을 벌벌 떨게 할 수는 있어도, 한 사람의 맹획(孟獲)을 심복시키기는 어려울 것이네.[32]

신유한은 이 행차에서 비록 두서너 사람 괜찮은 인물들을 만나기는 했지만, 일본 문학에 대해서는 여전히 전반적으로 높이 평가하지 않았다. "가행과 율어를 지어 보라고 하면 평측이 많이 어그러지고 취미가 전혀 없어, 우리나라 삼척동자가 들어도 웃을 일이다." "사람마다 당음(唐音)을 배우겠다고 하지만 옛사람을 비슷하게 본뜬 구절이라고는 하

31_『橘窗茶話』下, p.257. "新井白石大有詩名, 朝鮮人索其詩草, 陸續不已."

32_『青泉集續集』 권3, 한국문집총간 제200책, p.422. "公時以病閣筆硏, 出架上『白石詩草』一卷示余曰:'此乃辛卯使臣所得來日東源璵之作也, 語多卑弱, 差有聲響. 君今與此人相對, 可以褊師敵之. 然余意日東地廣, 聞其山水爽麗, 必有才高而眼廣者, 不與使館酬唱之席, 而得君一二文字雌黃之, 有如葵丘之盟, 不無一二心背者, 則是可畏已, 君勿謂培塿無松柏而忽之.' 即千篇萬什, 驟如風雨, 可使鉅鹿諸侯惴恐, 不可使一孟獲心服."

나도 없다." "나와 마주 앉아 수창하는 자들은 대개 조잡하고 꽉 막혀서 말에 차례가 없다."[33] 등등의 식이었다. 신유한이 재주를 믿고 남을 업신여겼다는 것을 고려한다고 해도, 때로 과격한 말이었음을 면하기 어렵다.[34] 다만 당시 일본의 시문은 전체적으로 보면 그의 시선에 만족스러울 수가 없었다는 것은 아마도 사실인 듯하다. 주의할 점은 다음과 같은 관찰이다.

> 그 사람들은 대개 총명하고 민첩하여, 그들과 필담을 하고 짧은 시문을 주면 창졸간에도 응대를 하여 혹은 기이한 말이나 아름다운 이야기를 한다. 나라 안의 서적은 우리나라에서 건너간 것이 백의 단위로 헤아릴 정도이고, 남경의 해상 상인을 통해서 온 것이 천 단위로 헤아릴 정도이다. 고금의 이서와 백가의 문집이 저잣거리에서 간행된 것이 우리나라보다 십 배 이상 정도에 그치는 것이 아니다.[35]

> 나라 안의 문재는 대부분 아동들에게 있다. 오사카의 수족(水足) 동자는 나이가 열넷이고, 북산(北山) 동자는 나이가 15세이다. 왜경의 아카시 게이호(明石景鳳)는 나이가 열여덟이다. 강도(江都, 에도)의 가와구치

33_『青泉集續集』 권8, 한국문집총간 제200책, p.520. "使之爲歌行律語, 則平仄多乖, 趣味全喪, 爲我國三尺童子所聞而笑者." ; "人人自謂欲學唐音, 而無一句畫虎於古人." ; "與余對坐酬唱者, 率多粗疎滯塞, 語無倫序."

34_이를테면 『海游聞見雜錄』下 「文學」에 다음 기록이 있다. "林信篤爲日本第一耆碩, 其門徒輩與余筆談時, 皆稱學問之純粹, 道德之淵深, 我整宇先生一人而已, 其爲國人推崇如此. 然余見其狀貌, 謹厚有餘, 而詩文則無一可觀." 이런 평가는 지나치게 가혹하다고 하지 않을 수 없다. 그래서 일본인은 그에 대해 언급하고 싶어 하지 않았다. 특히 신묘년(1711) 제술관 李礥과 대비하여, 『韓人筆談 · 酬唱卷』에는 성대중이 "李東郭(李礥)이 온 지 반백 년이 넘었거늘 여전히 칭도하고 있군요. 申青泉(신유한)의 문장은 이 동곽에게 비할 바가 아니고 연도도 더 최근이거늘 칭도하지 않는 것은 어째서입니까?"라고 묻자. 나바 시소(那波師曾)가 답하길, "동곽은 사람마다 응수하여 일천 편을 쉬지 않고 써 주었으나, 청천은 속된 선비를 소홀히 하고 적절한 사람만을 골라 사귀었습니다."라고 했는데, 그사이의 소식을 분명히 드러내 주는 듯하다. 이견이 일본에서 받은 환영에 대해서는 松田甲, 「日本に名を留めたる李東郭」에 상세한 서술이 있다. 松田甲, 『韓日關係史研究』, 成進文化社 據朝鮮總督府本影印, 1982, pp.108-142.

35_『青泉集續集』 권8, 한국문집총간 제200책, pp.519-520. "其人率多聰敏明辨, 與之爲筆談短簡, 則倉卒應對, 或有奇言美談. 國中書籍, 自我國而往者以百數, 自南京海賈而來者以千數. 古今異書 · 百家文集刊行於闤闠者, 視我國不啻十倍."

> 사토시(河口皐)는 나이가 열일곱이다. 읽고 저술한 것이 풍부할 뿐 아니라, 용모도 옥설과 같고 시선이 단정하며 언동이 편안하고 느긋하여, 예법을 지키는 사람과 같다.[36]

갑신년 조선통신사가 일본 시문의 현황에 대해 논평한 내용은 실로 중대한 전환을 하게 되었음을 볼 수 있다. 앞서 기본적으로 부정하던 태도에서 기본적으로 긍정하던 태도로 변했고, 앞서 개별 문인을 흔상하던 것에서 집단에 대한 칭찬으로 변했으며, 자신의 문명 수준을 아주 교만하게 자부하던 것에서 자신에 대한 반성으로 변했다. 물론, 시간의 축을 고려해 보면 이 중대한 전절은 그 유래가 점진적이었다.

조선 학인과 일본 시인이 시사(詩史)를 어떻게 회고했는지 하는 것도 서로 인증할 만하다. 히로세 단소(廣瀨淡窗, 1782-1856)는 「논시, 증소관장경 · 중도자옥(論詩贈小關長卿中島子玉)」에서 다음과 같이 서술했다.

> 지난날 무로마치(室町) 씨는 예악을 승려들에게 맡겼으나, 에도가 국운을 새로 열어 서너 공이 당기(堂基)를 건립하자, 소순(蔬筍)의 기색이 비로소 제거되고 주리(侏儒)의 설음(舌音)이 차츰 씻겨 나가게 되었다. 그래도 나흡(螺蛤)의 맛이라서 종묘의 희생에는 견줄 수가 없었다. 쇼도쿠(正德) · 교호(享保)에 대가들이 많아서 삼삼하게 깃발과 북을 나열했으며, 양한의 영역에 넉넉하게 노닐었으며, 삼당의 울타리 안을 출입했다. ……[37]

정덕(正德, 쇼토쿠) 연간(1711-1716) 이전의 시에는 오산 승려 문학

36_『青泉集續集』 권8, 한국문집총간 제200책, p.525. "國中文才, 多在童稚° 大坂之水足童子, 年十四；北山童子, 年十五. 倭京之明石景鳳, 年十八. 江都之河口皐, 年十七. 無論所讀述已富, 皆貌如玉雪, 視瞻端正, 言動安詳, 似禮法中人." 이 글의 '水足童子'는 신유한이 일찍이 '博泉'이란 호를 준 인물인데, 재주가 출중했으나 아깝게도 하늘이 수명을 주지 않아 26세로 요절했다. 松田甲, 「水足博泉と申維翰」, 『韓日關係史研究』, pp.415-434.

37_『遠思樓詩鈔』 卷上, 『詩集日本漢詩』 제11卷, p.257. "昔當室町氏, 禮樂屬禪緇. 江都開昭運, 數公建堂基. 氣初除蔬筍, 舌漸滌侏儒. 猶是螺蛤味, 難比宗廟犧. 正 · 享多大家, 森森列鼓旗, 優游兩漢域, 出入三唐籬. ……"

의 습속이 남아 있었으나, 오규 소라이(荻生徂徠)가 창도하여 고문사를 강조하고 특히 명나라 이반룡(李攀龍)을 추숭하여 겐엔학파(蘐園學派)〔혹은 고문사학파〕를 성립시켜, "마침내 집집마다 창명(이반룡)의 문집이 있게 하고 사람마다 엄주(弇州, 왕세정)의 서적을 품게 했다."[38]라는 사실을 알 수 있다. 시풍에서만 그 영향을 받은 것이 아니라, 문풍도 마침내 흥성했다. 그리고, '오만하게 자부하는' 정신과 기도(氣度)의 방면도 그 방불함을 얻었다.[39] 일본 문인의 조선 시문 평가에는 이 점이 반영되어 있다.

대개 갑신년(1764) 이전의 일본은 조선의 시문과 서화에 대해 앙모하는 태도로, 미치지나 못할까 두려워하면서 추숭했다. 근 50년 전의 신유한이 기록한 것을 예로 들면, 그의 『해유록』「부: 문견잡록」'풍속' 조에 다음 진술이 있다.

> 일본 사람이 우리나라의 시와 문을 구하여 얻은 자는 귀천과 현우를 묻지 않고 신선처럼 우러러보고 주옥처럼 재화로 여기지 않음이 없다. 가마를 메고 말을 모는 천한 사람들이라도 조선 사람의 해서나 초서를 두어 글자만 얻으면 모두 손으로 이마를 받치고 감사의 성의를 표시하며, 소위 문사라 하는 자는 천릿길을 멀다 하지 아니하고 와서 역(驛)이나 관(館)에서 기다려서 하룻밤 자는 동안에 혹은 종이 수백 폭을 소비하고, 시를 구하다가 얻지 못하는 자는 반 줄의 필담이라도 보배로 여겨 감사해 하기를 마지않는다. 대개 그들이 정화(精華)로운 땅에 생장했으므로 본래 문자를 귀중히 여길 줄 알기는 하지만 중국과는 너무 멀어

38_俞樾, 「東瀛詩選序」, 『東瀛詩選』 卷首, 汲古書院, 1981, p.4. "遂使家有滄溟之集, 人抱弇洲之書."

39_당시 문단의 주류와 비교할 때 荻生徂徠는 분명 상당히 '예외적인 부류'여서, 조선 문인 및 문학에 대해 전혀 존경하는 뜻이 없었을 뿐 아니라, 늘 말에 기롱하는 뜻을 품고 우습게 깔보았다. 그의 「與江若水」 제4 서신에 "三韓獷悍, 見稱於隋史, 而不能與吾猿面王(案 : 指豐臣秀吉)爭勝也. 後來迺欲以文勝之, 則輒拔八道之萃, 從聘使東來. …… 去年來, 一國人如狂, 吾不知其何爲而然也. 晁卿之雄, 與謫仙 · 摩詰相頡頏, 距未千歲, 迺至憚此輩(案 : 指朝鮮通信使)爲何? 其衰也, 使人嘆息泣下."라고 했으니(『徂徠集』 卷26, 『詩集日本漢詩』 第3卷, pp.269-270) 이것은 분명히 한 예가 된다. 일본 교토대학 平田昌司 교수의 가르침을 받았으므로 삼가 감사드린다.

> 서 평생에 의관의 성대한 의식을 모르고, 평소에 조선을 높이 사모하는 이유로 그 대관과 귀인은 우리의 글을 얻어서 자랑거리로 삼고, 서생은 명예를 얻는 길로 삼고 낮고 천한 자는 구경거리로 삼아서 우리가 글을 써 준 뒤에는 반드시 도장을 찍어 달라고 청하여, 진적(眞蹟)인 것을 증명하므로 매양 이름난 도회지나 큰 고을을 지날 때에는 그들을 응접하기에 겨를이 없었다.[40]

이런 상황은 온 나라가 다 그러해서, 귀천을 가리지 않고 구역의 차별도 없어, 일종의 풍속을 이루었다. 그들은 조선을 '소화'로 여겼는데, 선진 문명의 대표라는 것이 이 칭호에 반영되어 있다. 조선인은 일본을 언급할 때마다 왕왕 '왜'라 부르고 '만(蠻)'이라 일컬었지만 일본인은 도리어 조선인을 '당인(唐人)'이라고 존경했다.[41] 신유한은 일찍이 자신과 아메노모리 히가시(雨森東, 芳洲)의 문답한 내용을 다음과 같이 적어 두었다.

> 내가 또 물었다. "귀국의 사람들은 우리를 당인이라 부르고, 우리의 필첩을 당인 필적이라고 제하는데, 무슨 뜻입니까?" 아메노모리 히가시가 말했다. "국가의 법령이 통신사 분들을 객인이라고 칭하거나 조선이라고 칭하게 되어 있습니다. 그런데 일본은 귀인이든 소민이든 풍속이 자고로 귀국의 문물을 중화와 같다고 여기므로 당인이라고 지칭하는 것이니, 이는 흠모해서 그러는 것입니다."[42]

40_『青泉集續集』 권7, 한국문집총간 제200책, p.517. "日本人求得我國詩文者, 勿論貴賤賢愚, 莫不仰之如神仙, 貨之如珠玉. 即舁人 · 廝卒目不知書者, 得朝鮮楷草數字, 皆以手攢頂而謝. 所謂文士, 或不遠千里而來待於站館. 一宿之間, 或費紙數百幅. 求詩而不得, 則雖半行筆談, 珍感無已. 蓋其人生長於精華之地, 素知文字之可貴. 而與中華絶遠, 生不見衣冠盛儀, 居常仰慕朝鮮. 故其大官 · 貴游則得我人筆語為夸耀之資, 書生則為聲名之路, 下賤則為觀瞻之地. 書贈之後, 必押圖章以為眞蹟. 每過名州巨府, 應接不暇."

41_일본어 唐人은 두 가지로 읽힌다. '도진(とうじん)'이라 읽으면 중국인을 뜻한다. '가라비토(からびと)'라고 읽으면 사리를 모르는 자를 뜻한다. 여기서는 제1종의 독음을 가리킨다.

42_『青泉集續集』 권8, 한국문집총간 제200책, p.529. "余又問 : '貴國人呼我曰唐人, 題我人筆帖曰唐人筆蹟, 亦何意?' 東曰 : '國令則使稱客人, 或稱朝鮮人. 而日本大小民俗, 自古謂貴國文物與中華同, 故指以唐人, 是慕之也.'"

갑신년에 이르러서도 이전의 정황이 지속되었으나, 그 변화의 부분은 정말 가슴이 철렁하고 깜짝 놀랄 정도이다. 조엄의 『해사일기』 갑신 정월 11일에 이런 기록이 있다.

> 저 사람들은 우리나라 사람의 필적을 얻으면 해서든 초서든 잘 쓴 것이든 못 쓴 것이든 모두 기뻐하며 펄쩍 뛰어, 구하려는 자들이 끊이지 않고 이어진다. 사자관만 그런 것이 아니라 일행 중에 글씨를 조금 쓸 줄 아는 자도 그들의 괴로운 청을 견디지 못한다. 배에 올라탄 뒤에도 뒤따라와서 손을 맞잡아 절하면서 청한다.[43]

얼핏 보면 이전과 아무 차이가 없는 듯하지만, 주의할 점은 이 기록은 섬 지역의 일일 뿐이고 '큰 고을과 대도시'가 아니며, 그 사람들은 변방의 백성이지 진신 문사가 아니라는 점이다. 학사 문인의 표현은 이미 다른 풍경을 드러내었다. 이를테면 갑신 춘3월 야마네 기요시(山根淸)의 「장문계갑문사서(長門癸甲問槎序)」에 이러하다.

> 내가 한국 사절로 4번째 수빙(修聘)을 온 사람을 만나 그의 창수한 바를 열람하니, 신묘 막부의 이동곽(李東郭)이 탁월하고, 이후 이번 사행의 남추월(南秋月) · 성용연(成龍淵)도 역시 거벽이다. 하지만 모두 토풍을 조종해서, 소동파 · 황정견 말파의 웅일 따름이다. 필어(필담)의 경우는 응수가 민첩하여 상당히 종횡하고 자유롭다. 이는 그들이 일생 업으로 삼아 습관이 천성처럼 된 것이어서, 응당 해야 할 임무일 따름이지, 어찌 문장이 볼만한 바가 있겠는가? 대개 한토(韓土)에서 선비를 취하는 법은 한결같이 명나라 제도를 따라서, 정시(廷試)는 전적으로 염(濂) · 민(閩)의 경의(經義)에 의거하여 성리(性理)를 주장할 뿐이고 예악(禮樂)을 버려둔다. 그러므로 문장은 오직 달의를 위주로 하고 수사의 도를 폐하고 말았으므로, 고문사의 오묘함을 알아서 작자의 숲에 도열할 수가 없음이 당연하다. 이 나라는 돈후하고 순박함을 밝게 드러내

43_『海行摠載』 4, p.211. "彼人如得我國人筆蹟, 則毋論楷草優劣, 擧皆喜踴, 求之者絡繹不絕. 不但於寫字官, 行中之稍解書字者, 亦不堪其苦請. 至於乘船隨後, 叉手拜乞."

> 는 교화가 베풀어져, 이를테면 물부자(物夫子, 오규 소라이)가 발흥하여 복고의 업을 창도해서, 5, 60년 이래 제제다사가 찬란하게 무리 지어 일어났다. 문장으로 말하면 진 · 한 이상을 연마하고, 시도 역시 개원 · 천보 이하의 풍으로는 내려가지 않는다. 우리 번에 번교를 설치하면서 가장 먼저 그 가르침을 얻었다. 신묘 이래 창수집으로 세상에 목판 간행되어 유행하는 것을 보면 알 만하다. 하물며 이 사행은 학대(鶴臺) 씨의 업적이 뛰어났으니, 저쪽과 어찌 진(晉) · 초(楚)를 맹약을 다투겠는가? 우리 소아배도 역시 종행하여, 마치 깃발과 북을 잡고 주선하듯이 하면, 비수(淝水)의 승첩을 알리는 것이 어찌 어렵겠는가? 그렇기는 하지만 한국의 수빙은 정말로 큰 손님이다. …… 오로지 국가에서 먼 외방 사람을 달래는 뜻에 어긋날까 두려우므로, 안색을 부드럽게 하고 말을 겸손하게 하여 항례하지 않고 한 당 위에서 조용히 읍양하여, 정말로 군자가 다투는 바가 없게 해서, 돈후하고 순박함을 밝게 드러내는 우리의 시대를 보일 따름이다.[44]

조선 시문에 대한 이런 평론은 미증유의 것이라고 말할 수 있다. 야마네 기요시(山根清)는 신묘(1711, 正德 원년), 기해(1719, 享保 4년), 무진(1748, 寬延 원년), 갑신(1764, 寶曆 14/明和 원년)에 조선통신사를 네 차례 만나, 5, 60 년 이래의 변화를 친히 목도하고 친히 경험했으므로, 거기서 완전히 새로운 견해를 낸 것이다. 첫째, 조선 사신이 창수에서 사용한 표현들을 차례로 보면, 긍정적인 인물로는 이현(李礥, 호 東郭)을 으뜸으로 밀고, 다음으로는 남옥(호 秋月)과 성대중(호 龍淵)이다. 나머지

44_『古事類苑 · 外交部』 11 「朝鮮」 4, 吉川弘文館, 1978, pp.799-800. “余及觀韓使四修聘也, 閱其所唱酬者, 辛卯幕中李東郭超乘矣, 爾後此行南秋月 · 成龍淵亦爲巨擘焉. 然而皆操其土風, 蘇 · 黃末派之雄耳. 如夫筆語者, 應酬敏捷, 頗似得縱橫自由者也. 是其生平之所業, 習慣如天性, 而唯是應務而已, 何有文章之可觀. 蓋韓土取士之法, 一因明制, 廷試專用濂 · 閩之經義, 主張性理, 以遺禮樂. 故文唯主達意, 而修辭之道廢矣, 宜乎弗能知古文辭之妙, 而列作者之林也. 此邦昌明敦龐之化, 有若物夫子勃興, 唱復古之業, 五六十年來, 多士炳蔚, 文者修秦 · 漢已上, 詩亦不下開 · 天. 吾藩之設校也, 先得其教者也. 觀辛卯以來唱酬集梓行於世可見矣, 矧乎此行以鶴臺氏之業蒞焉. 與彼曷爭晉 · 楚之盟, 吾小兒輩亦從行, 如執旗鼓而周旋, 則報淝水之捷, 亦何難焉. 雖然, 韓使修聘, 固大賓也, …… 唯恐違國家柔遠人之意也, 以故柔其色, 孫其言, 而不相抗, 從容乎揖讓於一堂上, 固君子無所爭, 亦可以見昌明敦龐之代而已矣.”

는 모두 녹록한 무리여서 언급할 것이 못 된다. 위에 말한 세 사람의 경우도, "모두 토풍을 조종해서, 소동파 · 황정견 말파의 웅일 따름이다." 라는 기롱을 면하기 어렵다. 그들이 배운 것은 소동파 · 황정견이어서 그들의 시는 성당에 견줄 수가 없다는 것이다. 둘째, 조선 문인은 창수 필담 때 장기로 하는 유일한 것이 '응수의 민첩함'인데, 이는 평소의 훈련에서 획득한 것으로 "습관이 천성처럼 되었을" 따름이지 "문장의 볼 만한 것"이 없다. 셋째, 조선은 과거로 선비를 뽑는데, 오로지 염락성리(濂洛性理)의 학을 존중하여, 문장에서 수사의 도를 알지 못하고 고문사의 오묘함을 모르므로, 그 사람들을 아무래도 작자의 숲에 나열할 수가 없다. 넷째, 일본은 부쓰 소라이(物徂徠, 오규 소라이)가 고문사를 제창하면서 인재가 배출되어, 모두 복고의 학업에 종사하여 문장은 진 · 한을 배우고 시는 성당을 모방하여, '신묘 이래 창수집'에서 이미 일본 시문의 맹주의 지위를 볼 수 있었다. 다섯째, 이번의 창수는 소아배더러 대진하게 하더라도 큰 전승을 얻는 일이 어렵지 않다. 여섯째, 조선통신사는 국가의 큰 손님이므로, 평소 일본측이 문학에서 이미 우세를 점유하고 있지만, 다만 의연히 '군자는 다툼이 없다'라는 가르침을 지켜, 안색을 유화하게 하고 말을 겸손하게 해야 한다. 이 평론은 기왕에 앙모하던 추세를 크게 바꾸어, 완전히 뜰에서 맞서는 예로 대하거나 높은 곳에서 아래를 내리깔아 보는 자세로 되었다.

이는 유일한 현상이 아니었다. 갑신 여름 5월 오쿠다 겐케이(奧田元繼)는 자신이 편집한 『우호여화(兩好餘話)』에 발문을 적어 이렇게 말했다.

> 조선인이 문장 짓는 것을 자세히 살펴보니, 정말로 한유 · 유종원 · 구양수 · 소식이 아닐뿐더러 이반룡 · 왕세정도 아니어서, 실로 그 지역적 속습을 지니고 있다. 그리고 한결같이 사승을 지켜서 조금도 바꾸지 않는다. 고루의 심함은 고금의 필화를 열람하면 알 수가 있다. 지금 이 갑신 빙사(聘使)는 동행이 480여 인인데, 그중에 필한을 물 흐르듯이 작성하고 언어를 그 자리에서 이루며 간간이 기묘하여 논평할 만한 것이 있는 자로는 오로지 추월학사(秋月學士) 한 사람뿐이고, 용연(龍淵)도 구품(具品)이라 할 만하다. 나머지 원중거 · 김인겸 두 서기, 양의〔이

좌국(李佐國) 모암(慕庵)〕, 의원〔남두민(南斗旻) 단애(丹崖)와 성호(成灝) 상암(尙庵)〕의 무리는 짧은 문사를 얽어 필어를 만들기는 하지만 지루하고 난삽하며 노둔하고 졸렬하여 추월 · 용연보다 훨씬 아래로 떨어진다. 또 운아(雲我)〔이언진(李彦瑱)〕란 자는 잡언 서너 조를 남겼는데, 그 사람됨이 빼어난 재주가 영발하니, 학사의 말이 정말로 틀리지 않았다. 나는 저자들과 토론한 풍속의 차이와 문변(文變) 및 시화를 그때마다 기록하여 편집하고 창수의 시 약간 수를 모두 별집에 갖추었다. 하지만 요컨대 모두 쓸 만한 것이 없고 또 볼만한 것도 없다. 다만 이국이 성음은 달라도 문자를 함께 하는 오묘함 때문에 어떤 뜻도 통하지 않는 것이 없음을 기이한 회합으로 삼았으니, 이 책은 아마도 폐기할 수 없을 것이다.[45]

오쿠다 겐케이는 나바 시소(那波師曾)의 아우로, 『우호여화』는 통신사 일행이 에도에서 행로를 돌려 나니와(오사카)로 돌아갈 때, 그가 남옥 · 성대중 · 이언진(1740-1766) 등과 필담 수창한 내용을 기록한 것이다. 그의 인상을 이러했다. 첫째, 조선인의 문장은 당송 팔대가를 배우지 않고 또 이반룡 · 왕세정도 배우지 않았으며, 고작 '지역적 습속'이 있을 뿐이다. 팔대가와 왕세정 · 이반룡의 문은 바로 당시 일본인이 문장을 익힐 때 입문으로 삼은 독서물이었다.[46] 둘째로 조선인의 문장은 고루하고 변화가 결핍되어 있다. 셋째, 이번 사행에서 문재를 칭도할 만한 자는

45_明和元年刊本, 日本京都大學附屬圖書館藏. "余詳察朝鮮人作爲文章, 固不爲韓 · 柳 · 歐 · 蘇, 又不爲李 · 王, 實有方土俗習. 而一守其師承, 不復少變矣. 固陋之甚, 閱古今筆話可知也. 今兹甲申聘使同行四百八十有餘人, 其中筆翰如流, 語言立成, 間有奇妙可評者, 唯秋月一學士而已, 龍淵猶可謂具品也. 其他則元 · 金二書記, 良醫(案 : 指李佐國慕庵) · 醫員(指南斗旻丹崖 · 成灝尙庵)之屬, 雖稍構短辭作筆語, 然遲澁鈍拙, 爲秋月 · 龍淵之下遠矣. 又雲我(即李彦瑱)者雜言數條, 伊人逸才英發, 學士之言固不罔矣. 余與夫徒所討論方俗同異或文變詩話, 隨得輯錄, 尙唱酬之詩若干首, 悉具別集. 然要之共無用, 亦無足觀者. 唯以異國異音而同文之妙無意不通爲奇會, 則此冊亦幸不可棄矣." 此一文獻承日本京都大學人文科學研究所永田知之學弟代爲複印, 謹致謝忱!

46_申維翰, 『海游聞見雜録』 卷下 '文學'. "日本爲文者, 皆以『八大家文抄』讀習專尙, 故見其長書寫情, 則或有理贍而辭暢者. 詩則人人自謂欲學唐音, 而無一句畫虎於古人. 夫以海外兜離之鄉, 聲律全乖, 韻語之難, 百倍於敍述之文故也. 間有人以書來問皇明王 · 李諸家與歐 · 蘇孰賢云云, 而渠輩之學習明人者, 亦未之見也."

남옥과 성대중이며, 나머지 원중거 · 김인겸 등은 "지루하고 난삽하며 노둔하고 졸렬함"을 면하지 못했다. 넷째, 전체적으로 말하면, 이 필담 수창은 "쓸 만한 것이 없고 볼만한 것도 없으나", "이국이 성음은 달라도 문자를 함께하는 오묘함 때문에 어떤 뜻도 통하지 않는 것이 없는" "기이한 회합"이었기에, 이런 류의 문자는 그나마 보류할 만한 가치가 있다.

마찬가지로 주목할 것은, 야마네의 평론이나 오쿠다의 평론이나, 수십 년 이래 일본과 조선 쌍방의 창수 필담을 헤아려 본 기초 위해 제출한 것이어서, "신묘 이래 창수집이 세상에 간행되어 유행하는 것을 보면 알만하다."라 하거나 "고금의 필화를 열람하면 알 만하다."라고 했다는 사실이다. 일본 측이 조선 사신과의 창수 필담을 세상에 간행한 것은 17세기 중엽 이후 특히 천화(天和) 2년(1682) 시작되었는데, 인쇄하여 간행한 것의 수량이 많을 뿐만 아니라 속도도 빨랐다.[47] 일본 측은 문전(文戰)의 기록을 세상에 공개하여, 일본의 문학 수준이 조선과 대화할 만하여 응전 내지 전승의 능력을 갖추고 있다고 상당히 분명하게 표현할 수 있었다. 그러므로 갑신년에 이르러 야마네와 오쿠타가 상술한 의견을 제출한 것은 하나의 큰 전절을 이루었는데, 이것도 자신의 부단한 진보 속에서 획득한 믿음이었던 것이다.

일본 문단은 정덕(正德, 1711-1716) · 향보(享保, 1716-1736)부터 명화(明和, 1764-1772) · 안영(安永, 1772-1781)에 이르기까지 대략 이반룡 · 왕세정 시풍의 울타리 아래 있었다. 히로세 단소(廣瀨淡窗)는 「논시(論詩)」에서, "다만 괴이하게도 정덕 · 향보의 때에 당시파와 송시파가 하늘과 물처럼 갈라졌다. …… 왕세정 · 이반룡의 혀로 하여금 생사의 권력을 멋대로 쥐게 만들었다. …… 하나의 시는 천 개의 구절을 낳고, 천 수의 시는 하나의 간(肝)에서 나왔다."[48]라고 했다. 당시 일본 문인들은 이반룡을 모방해서, "글자마다 당인에 견주고, 구구마다 당인과

47_申維翰,『海槎東游錄』, 11월 초4일 기록. "湛長老以大坂新刊『星槎答響』二卷示余, 此乃余及三書記與長老答贈諸什, 而所刊在赤關以前之作, 餘未卒役. 然計於一朔之內, 剞劂已具. 倭人喜事好名之習, 殆與中華無異."(『青泉集續集』 권6, 한국문집총간 제200책, pp.491-492)

48_『梅墩詩鈔初編』 卷2, 『詩集日本漢詩』 제11卷, p.406. "獨怪正 · 享時, 唐宋分天淵. …… 卻使王 · 李舌, 謾握生死權. …… 一詩孕千句, 千詩出一肝."

같아서, 스스로 당의 정곡을 얻었다고 여겼다."[49] 그런데 본질을 말하면, 모의에 급급했으므로 그들이 얻은 것은 명시(明詩)의 체격뿐이었다. 그 풍기가 근본적으로 변화한 것은 안영(安永) 말 천명(天明) 초 야마모토 호쿠잔(山本北山, 1752-1812)이 팔을 휘두르며 크게 외쳐, 이반룡과 거짓 당풍의 추종자를 비판하면서부터이다. 기구치 마사히코(菊池桐孫, 1769-1849)의 『오산당시화』 제1권에, "야마모토 호쿠잔 선생이 창언하여 거짓 당풍 시를 배격해서 운무를 일소하듯이 깨끗이 씻어 없애 버렸다. 도회지와 시골의 재자들이 쏠리듯이 송시로 향했다."[50]라고 했다. 갑신년은 마침 보력(寶曆, 1751-1764)·명화(明和) 무렵에 해당하여, 바로 왕세정·이반룡의 시풍이 몹시 먼지를 일으켜 성하던 때였으므로, 일본 문인은 이 시풍을 저울로 삼아 자연히 조선 시문에 대해 불만을 느끼고 심지어 경시하기까지 했던 것이다. 위에서 본 야마네와 오쿠다의 이야기들은 예외 없이 모두 조선 시문이 "왕세정·이반룡이 아니며", "고문사의 오묘함을 몰랐다."라고 비평했는데, 그 배경은 바로 여기에 있었다. 하지만 동시에 주의할 점은, 일본의 어떤 선각자들은 이때 새롭게 송학을 제창했으며, 조선통신사와의 창수 필담에서 더 한층 고무되어 자신의 신념을 강화했다는 점이다. 대표적인 인물이 나바 시소(那波師曾)〔로도(魯堂)〕이다. 긴다이 도조(琴臺東條)의 『선철총담후편(先哲叢談後編)』 제8권 '나와 로도(那波魯堂)'에 다음 기록이 있다.

> 명화(明和) 갑신년, 한국 사신이 내빙하자 나바 로도가 빈관에서 그 학사 남추월(南秋月, 남옥)과 창화를 했다. 또 아와 후(阿波侯)에게 동쪽으로 가는 조선 사절을 따라가게 해 달라고 청하여, 함께 에도에 이르러, 거듭 여관에 나아가 필담으로 이야기를 했다. 추월은 로도가 이학(理学)에 정밀한 것을 좋아하여, '일동(日東) 유학의 제1인'이라고 일컬었다. 로도가 여행 상자 속에 가지고 갔던 『검남시초(劍南詩鈔)』 한 질을

49_山田宗俊, 「作詩志彀序」, 趙鍾業編, 『日本詩話叢編』 제3책, 태학사, 1992, p.265. "字字擬唐人, 句句同唐人, 自以爲得唐正鵠."

50_富士川英郎 等編, 『詞華集日本漢詩』 第2卷, 汲古書院, 1983, p.343. "山本北山先生昌言排擊世之僞唐詩, 雲霧一掃, 蕩滌殆盡. 都鄙才子, 翕然知向宋詩."

> 증정하자, 남추월은 정말 육무관(육유) 시를 좋아했으므로 율시 한 수를 읊어서 사례했다.[51]

현재 보존되어 있는 『한인필담(韓人筆談)』은 로도가 남옥(추월)·성대중(용연)·원중거(현천) 등과 나눈 필담 기록으로, 그 가운데는 명나라 시풍과 일본 당대 시단에 관련된 것이 상당히 있다. 조금 예를 들어 보기로 한다.

> 시격(詩格)
>
> 중화의 시격은 당나라 이후 거듭 변했다. 명나라 사람은 부미(浮靡)하므로 정말로 혐오스럽거늘, 우리나라 사람들 가운데 왕왕 그것을 배우는 자가 있다. 그리고 중화는 지금 다시 향산(백거이)과 염소(髥蘇, 소식)를 종주로 삼고 간간이 의산(義山, 이상은)과 서곤(西崑)을 취하여 쓴다. 나도 상당히 사랑한다. 시는 다만 글자와 어구를 단련한 후에 격에 들어갈 수 있을 따름이다. 눈앞의 강머리〔안전강두(眼前江頭), 바로 눈앞의 현상〕를 논하자면 모두 회호(回護)하고 누추함을 분식하고 있다. 〔로도〕
>
> 시론이 바르다. 하지만 그저 서곤을 본받아, 조직이 섬세하고 농염해서, 도리어 대아의 본뜻을 상실하기보다는, 잠시 삼당(三唐)·초당(두보)을 충분히 보고 곁으로 향산(백거이)·검남(육유)를 취하는 것만 못하니, 이것이 근체의 지남이다. 〔추월〕
>
> 명인 시(明人詩)
>
> 명인의 시는 큰 소리로 말하는 것 같다는 것은 성 학사〔成夢良〕의 말이다. 아메노모리 호슈가 말하길, 씹어 먹어 보면 아무 맛이 없다고 할 뿐이라고 했다. 어떠한가?
>
> 〔로도〕 성 학사가 어느 해에 왔는가? 〔용연〕 신묘의 해이다.

51_江戶書林 文政十三年十月版, 日本京都大學附屬圖書館藏. "明和甲申歲, 韓使來聘, 魯堂與其學士南秋月唱和賓館. 又請阿波侯從其東行, 相與到江戶, 屢詣旅舍筆語. 秋月喜魯堂精於理學, 稱爲'日東儒學第一人'. 魯堂以旅笥中所攜『劍南詩鈔』一帙贈之, 秋月固喜陸務觀詩, 因賦一律謝之."

〔로도〕 성 소헌(成嘯軒) 학사는 나의 종조부이시다. 일생 시에 공을 들여, 그 정론을 우리 집안 대대로 지키고 있다. 〔용연[52]〕

조선 영조(1724-1776) · 정조(1776-1800) 때의 시풍은 전체적으로 보아 당음(唐音)과 송조(宋調)를 아울러 취했으니, 그 표지의 하나가 곧 정조가 두보와 육유의 시선을 친히 편찬한 사실이다〔『두율분운』 · 『육율분운』 · 『두육천선』〕.[53] 남옥이 첫 번째 견해에서 "삼당 · 초당을 충분히 보고 곁으로 향산 · 검남을 취하라."라고 한 것은 당송 겸비의 심미 사상을 반영한다. "명인의 시는 큰 소리로 말하는 것 같다."라는 것은 실은 기해년(1719) 부사 서기 성몽량(成夢良, 嘯軒)에게서 나온 말이 아니라 신묘년(1711) 제술관 이현(李礥, 東郭)[54]에게서 나온 말이다. 성대중은 명나라 문인의 작에 대해 호감이 없었으므로 명나라 문장이 뜻은 옅고 맛은 없다고 여겼으니,[55] 이 관념은 위에 서술한 의견과 일치한다. 원중거도 유사한 생각을 드러냈다. 그는 일본 문단이 이반룡 · 왕세정을 많이 본받는다고 지적한 후, "명나라에는 문장도 없고 또 이학도 없다. 명대

52_那波利貞, 「明和元年の朝鮮國修好通信使団の渡來と我國の學者文人との翰墨上に於ける応酬唱和の一例に就きて」, 『朝鮮學報』 第42輯, pp.32-33에서 재인용. "詩格 : 中華詩格, 唐後屢變. 明人浮靡, 固亦可厭, 敝邦人往往有學之者. 而中華今復宗香山髯蘇, 間取義山西崑用之. 余頗愛之. 詩唯宜煅字鍊句而後入格而已. 其以眼前江頭論之, 蓋回護飾陋也. (魯堂)詩論正矣. 然徒效西崑, 組織纖濃, 反失大雅之本意, 不如且熟看三唐 · 草堂, 傍取香山 · 劍南, 是近體之指南. (秋月)" "明人詩 : 明人詩如大聲而語, 此成學士之語. 雨芳洲謂, 其咀嚼則無味之謂而已. 如何? (魯堂)成學士何歲來此? (龍淵)辛卯歲. (魯堂)成嘯軒學士, 僕之從祖也. 一生用功於詩, 其定論僕之家世守之矣. (龍淵)"

53_正祖, 『群書標記』 4 「詩觀」 義例. "宋詩蓋能變化於唐, 而以其所自得者出之, 所謂毛皮盡落, 精神獨存者是也. 嘉 · 隆以還, 哆口夸論者輒訾之以腐, 是何異於談龍肉而終日餒者哉?"(張伯偉 編, 『朝鮮時代書目叢刊』 第2冊, 中華書局, 2004, pp.1001-1002) 이는 관방(官方)의 주장을 대표한다. 또 유득공의 「秋室吟序」에 이러하다. "若曰學唐勿學宋, 又曰學宋勿學唐, 此欲以一草一石投今人之病, 而自詡古方, 非愚則妄. 故曰焉學焉不學, 參以合之, 本諸性情 ; 神以化之, 玩其歸趣, 如斯而已矣. 此余二十年前與二三同志言者, 而今日擧以相贈."(『泠齋集』 권7) 이는 민간의 의견을 대표한다고 볼 수 있다.

54_雨森芳洲, 『橘窗茶話』 下. "李東郭謂余曰 : '明詩如人大聲語.' 此譏其咀嚼則無味也, 可謂善知詩者矣."(p.211) 성몽량(成夢良, 嘯軒)도 문학을 하는 인사로, 숙종 45년(1719) 통신사 부사 서기였으니, '신묘년'이 아니다. 로도(魯堂)의 오기일 것이다.

55_李德懋, 『耳目口心書』 4에 성대중의 다음 말이 실려 있다. "大明人諸文集觀之則無味, 以其意淺故也." 『青莊館全書』 권51, 한국문집총간 제258책, p.423.

문장을 내버리고 문을 짓고 시를 짓는다고 해서 무어 불가하겠는가?"[56] 라고 했다. 이 사람들의 의견은 나바 로도에 대해 말하자면 의심의 여지 없이 강렬한 지지요 고무였으므로, 이에 따라 그의 신념을 더욱 굳히게 해 주었다. 「문사여향서(問槎餘響序)」에서 나바 로도는 이 점에 대해서 대단히 통쾌하게 표현했다.

> 갑신년에 한국 빙사가 왔는데, 제술관 남시온(南時蘊, 남옥) 씨, 기실관(記室官) 성사집(成士執, 성대중) 씨, 원자재(元子才, 원중거) 씨, 김자안(金子安, 김인겸) 씨가 모두 따라왔다. …… 그 시는 상투적 격식을 뒤집어엎어서, 표절하지도 않았고 답습하지도 않아서, 횡심(橫心)이 만들어 내는 바를 붓으로 받아 내고 팔로 움직여 써내어, 변화 많은 자태가 감촉에 따라 발하여 뜻이 가는 대로 그렇게 했다. …… 아아! 세상이 바야흐로 가정(嘉定)·융경(隆慶)의 거짓된 체를 숭상하여, 무덤에 제사 지내는 사람들에게 가서 먹을 것을 구걸하고 솔개가 썩은 쥐를 가지고 가다가 원추에게 빼앗길까 봐 소리를 지르는 격이어서, 너무 익어 문드러질 정도이고 시선 속에 넘쳐난다. 내가 특별히 이 여러 학사들을 좋아하는 것은 그들의 시가 새롭기 때문이다. …… 대개 시가 새로운 것은 세월이 지난 뒤에 다만 가져다 읽어도 조만간에 탈고한 것과 같거나 목공이나 먹줄 칠 때 나무 그릇이 그을려 있는 듯이 그 색이 선명하고 고와서, 공교로우냐 그렇지 못하느냐를 따지지 않고 사람들로 하여금 그 작가의 웃고 말하고 하는 모습을 생각하게 하고 그 작가의 지취와 의향을 생각하게 한다. 썩게 되면 아무리 붓과 벼루에서 이제 막 떠났다고 해도 이미 묵은 풀과 같으니, 어디서 그 생령(生靈)을 찾을 수 있겠는가? 시의 도에서 새로움을 귀하게 여기고 썩은 것을 천하게 여기는 것은 이 때문이다.[57]

56_李德懋, 『觀讀日記』, 『青莊館全書』 권6, 한국문집총간 제257책, p.115. "大凡明無文章, 又無理學. 抛擲明代文章, 做文做詩, 有何不可哉?"

57_平安書林明和元年甲申九月版, 한국 국립중앙도서관 소장. "歲甲申有韓國聘使, 其製述官曰南氏時蘊, 記室官曰成氏士執, 曰元氏子才, 曰金氏子安皆從焉. …… 其爲詩也, 翻窠換臼, 不勦不襲；橫心所出, 筆受腕運；變態觸發, 唯其所適. …… 嗚虖! 世方貴嘉·隆之僞體, 乞墦嚇腐, 爛熟溢目. 余所以特喜諸學士者, 以其新也. …… 蓋詩新者, 歲月之後, 第取而讀之, 其色鮮妍如旦晩脫稿, 墨斗而煙, 無論工不工, 卽使人思其笑語, 思其志意. 腐則纔離筆

일본 시단의 모의 작품들을 '거짓 체'라고 논척한 것은 확실히 후래의 '위당시(僞唐詩)'설의 선구가 되었다. 나바 로도는 당시 "오로지 성리설을 창도하고 고학의 배격을 자기 임무로 삼아 마침내 당시에 명성이 났다."[58] 그래서 일본 한문학사의 발전에서 보면, 20년 뒤 야마모토 호쿠잔(山本北山) 등이 이반룡 추수의 시풍을 비판하여 천명(天明) 이하의 문학 풍상을 송시로 향하게 만들게 되는 것은, 그 연원이 실은 갑신년 나바 시소 등이 조선통신사와 창수하고 필담한 일로 소급할 수 있다.

문명의 진보는 왕왕 총체적으로 이루어진다. 갑신 조선통신사는 일본 시문만 높이 평가한 것이 아니라, 서화와 전각의 수장에 대해서도 경이로운 시선을 던졌다.[59] 나카무라 지쓰조(中村三實), 다이라 우로코(平鱗, 1732-1796), 기 히로야스(木弘恭)〔기무라 히로야스(木村弘恭) 蒹葭堂〕, 후쿠하라 오사무(福原修) 등이 모두 남옥 등에게 전각의 사인(私印)을 증정했었다. 성대중의 『사상기(槎上記)』 5월 15일에 다음 기록이 있다.

> 일본인이 본디 도장을 잘 만들어 일도만상(一刀萬像, 칼 하나로 일만의 상을 만들어 냄)으로 천하에 이름이 나 있는데, 이번의 행차에서 보면 지쓰조(三實)가 가장 뛰어나고, 에도의 다이라 우로코, 서경(교토)의 장공훈(長公勳)이 그 다음이며, 나니와의 기 히로야스와 후쿠하라의 상수(尙修)가 그 다음이다.[60]

또 간텐쥬(韓天壽, 1727-1795)는 자가 대년(大年)인데, 중국의 고비석 탁본과 법서를 많이 저장하여, "우임금 비 이하 전서 · 예서 · 해서 · 행서의 갈(碣) 25개, 종요 · 왕희지 이래 소해첩(小楷帖) 35개, 육초 행초첩(行草帖) 18개, 양무제 이래 제왕명신첩 17개, 당나라 육신(六臣)

硏, 即已陳芻, 將從何處尋其生靈耶? 詩道貴新賤腐, 爲此也."

58_『先哲叢談後編』 卷8. "專唱性理說, 以排擊古學以(爲)己任, 遂以是名於當世."

59_李元植, 『朝鮮通信使』 제2부 제4장 「甲申年(1764)使行」, 제2절 2 '日本人之篆刻印章' 및 제3절 '韓天壽醉晉齋書帖題跋', pp.245-248, 252-259.

60_『大系朝鮮通信使』 第7卷, p.193. "日本人雅善圖章, 所謂一刀萬像者名於天下. 而今行所見, 則三實爲最, 江戶平鱗 · 西京長公勳次之, 浪華木弘恭 · 福尙修又其次也."

법서 31첩, 명신 서 21첩"[61]을 가지고 있었으며 그 서재를 취진재(醉晉齋)라고 했다. 기 히로야스의 장서, 다이라 우로코의 금석문 저장은 수장이 풍부하고 정치하여, 모두 조선통신사의 경탄을 불러일으켰다. 다이라 우로코가 증여한 「역산비(嶧山碑)」 탑본(탁본)은 성대중이 휴대하여 조선으로 돌아와서, 뒷날 김정희(金正喜, 1786-1856)가 취득하여 다시 옹방강(翁方綱)에게 보내고, 이에 옹방강이 장시 「진역산비구본(秦嶧山碑舊本)」을 짓게 되어, 동아시아 문화 교류사의 한 아름다운 이야기로 되었다.[62]

요컨대, 갑신년 조선통신사의 일본 내 창화와 필담은 상대방 문학에 대한 평가가 하늘땅이 뒤집어질 정도의 큰 변화를 일으켰다는 뚜렷한 특징을 지녔다. 수십 년 이래의 전체 추세에서 보면 이 변화는 조선 측이 일본의 시문 수준을 점차 긍정하게 되고 일본 측이 본국의 한학에 대해 나날이 높이 자각하게 되는 이중 작용 아래 나온 결과로, 이는 1764년을 한문학사상 중대한 의의를 지닌 역사적 전환점으로 만들었다.

3. 갑신(계미) 사행의 조선 문단 내 반향

성대중와 원중거 등은 사명을 마치고 조선으로 돌아온 후, 이 행차에서 일본에 대해 갖게 된 인상과 느낌이 마음속에 뒤얽혀 그것을 억누를 수가 없었다. 원중거는 이 행차에서 일본인과 증답했던 작품을 지니고 조선으로 돌아갔으며, 또 『화국지』와 『승사록』 두 책을 저술했다. 성대중은 입으로 말하고 글로 적어서, 일본인과 그 문학을 칭송했다. 이는 조선에서 처음으로 일본 시선을 편집하도록 만들었으며. 조선 문단이 일본 시문을 최초로 높이 평가하는 일을 잉태했다.

조선 문학사 최초의 일본 시선은 이서구(李書九, 1754-1825) · 유득

61_南玉, 「書韓大年醉晉齋書帖錄後」, 李元植 收藏. 『朝鮮通信使』, p.256. "自禹碑以下篆隸楷行之碣二十有五, 鍾 · 王以來小楷帖三十有五, 六朝行草帖十有八, 梁武以後帝王名臣帖十有七, 有唐六臣法書三十有一帖, 名臣書二十有一帖."

62_藤塚鄰, 『清朝文化東傳の研究』, 「歸東篇」 第4章 第4節, 國書刊行會, 1975, pp.158-160.

공(柳得恭, 1749-1807)·박제가(朴齊家, 1750-1805)·이덕무(李德懋, 1741-1793) 등이 참여하여 편찬한 『일동시선(日東詩選)』이다. 또 다른 이름을 『청령국시선(蜻蛉國詩選)』이라고 한다. 유득공의 「일동시선서」에 이러하다.

> 일본은 동해 속에 있어, 중국과는 만리나 떨어져 있고, 우리나라와는 가장 가깝다. …… 풍속이 이익에 빠르고, 정도를 벗어난 기예와 교묘한 장인들이 많으나, 유독 시는 뛰어나지 못했다. 계미년에 전임 장흥고 봉사 현천 원중거가 이 선발(서기의 직을 가리킴- 필자 주)에 들었다. …… 현천 옹은 본시 독실하고 후덕하며, 정주학(程朱學)을 말하기 좋아해서, 저쪽 사람들이 더욱 존중해서, 반드시 노선생이라고 일컬었다. 그들의 능문(能文) 인사들은 대개 의관이나 석류(釋流,승려)가 많았는데, 고리(合離), 이 히소무(井潛), 나바 시소(那波斯曾), 도미노 요시다네(富田義胤), 오카다(岡田) 형제가 특히 우뚝했으며, 그들 모두와 같이 교유했다. 귀국한 이후, 강산거사(이서구)가 『해항일기(海航日記)』 가운데 증별시 67수를 초록해서 이름을 '일동시선' 이라 하고, 내게 서문을 부탁했다. 그들의 시는 높은 것은 성당을 모의하고, 낮은 것이라 해도 왕세정·이반룡의 위를 너울너울 날아다녀서, 주리(侏㒧)의 음을 한바탕 세척했으니, 높이 평가할 만한 것이 있다. 있고 고찰하건대 일본이 중국과 처음으로 통한 것은 후한 건무(建武) 때였다. 그 후 …… 문득 중국의 배척을 받아 완전히 통하지 못했다. 문물의 발전이 이래서 더뎌, 속국의 시를 편찬하는 사람이 일본 시를 안남·점성의 아래에 두어, 스스로 떨치지 못하게 되기까지 했다. 최근 듣자니, 나가사키에 바다 배가 항주와 절강을 왕래하면서, 국인들이 책 저장을 조금 알고 서화를 배워서 거의 빈빈(彬彬)하게 되었다. 삼대의 때에 나라가 작으면 스스로 상국에 이를 수가 없어서 대국에 붙은 경우가 있어 부용이라고 했다. 지금이 시집이 넓고 멀리까지 유포되어, 국풍을 채집하는 자가 취하게 된다면, 우리 동방의 여러 군자들이 감히 사양하지 않을 것이다.[63]

63_『泠齋集』 권7, 한국문집총간 제260책, pp.111-112. "日本在東海中, 去中國萬里, 最近於我. …… 風俗儇利, 多淫技巧匠, 而獨不能工詩. 歲癸未, 前任長興庫奉事元玄川重擧膺是選(案 : 指書記之職). …… 玄川翁雅篤厚, 喜談程朱之學, 彼中益重之, 必稱老先生. 其能文之

위의 서술을 종합하면, 일본은 종래 "유독 시에 뛰어나지 못했으나" 근년 나가사키에서 중국과 교통을 함으로써 대량으로 서적이 전해져서 그 나라로 하여금 "서적 수장을 알게 하고 서화를 배우게" 만들었다. 원중거는 계미년(1763) 일본에 갔다가 돌아온 후 일본 문인의 증별시를 2책으로 엮었는데, 이서구(강산거사)가 그 가운데 67수를 초출하여 『일동시선』이라 했다.[64] 그 시는 이미 지난날과 같지 않아서, "높은 것은 삼당을 모의(模擬)하고, 낮은 것이라 해도 왕세정 · 이반룡의 위를 너울너울 날아다녔다." 그리고 유득공이 보기에 이 책을 편찬한 또 다른 의의는, 중국인으로 하여금 일본 시문의 수준을 알게 하여 그들을 안남 · 점성의 아래에 두지 말게 하려는 데 있었다. 춘추 시대 소국이 대국에 부용하여 상국에 나아간 예를 따라, 이 일을 조선인으로서 의리상 사양할 수 없는 책임으로 여겼던 것이다.

여기서 『일동시선』의 저본이 원중거의 갑신사행 귀환 시 가져온 증별시였고, 함께 편찬에 참여한 사람들이 이서구 한 사람에 그친 것이 아님을 알 수 있다. 이덕무는 성대중에게 보낸 서신에서, "어제 유 · 박 두 막료가 과연 서국(書局)에 왔기에 일본인 시를 조금 뽑아서 선별했다."[65] 운운했다. 유득공과 박제가가 간여했음을 가리킨다. 또 『청비록』 제4권 '청령국시선'에서, "유혜풍(유득공)의 『건연외집(巾衍外集)』에 『청령국시선』을 실었다. …… 내가 또 약간 수를 뽑아 싣고 약간 구를 따서 넣었

士, 率多醫官 · 釋流, 而合離 · 井潛 · 那波斯曾 · 富野義胤 · 岡田氏兄弟, 尤爲傑然, 皆與之深相交. 及其歸後, 薑山居士鈔其『海航日記』中贈別詩六十七首, 名曰『日東詩選』, 屬予爲之序. 其詩高者模擬三唐, 下者翶翔王 · 李, 一洗侏儷之音, 有足多者. 按日本之始通中國, 在後漢建武中, 而後 …… 輒爲中國所擯, 絶不與通, 文物因之晼晩. 編次屬國詩者, 置之安南 · 占城之下, 訖不能自奮. 比聞長碕海舶往來杭浙, 國人稍解藏書, 學爲書畫, 庶幾彬彬焉. 三代之時, 國小不能自達於上國者, 附於大國曰附庸, 今以此集流布廣遠, 爲採風者所取, 則我東諸君子之所不敢辭."

64_李德懋, 『淸脾錄』 권4 '蜻蛉國詩選'은 유득공의 서문을 인용하여 "及其歸也, 抄其日本文士贈別詩, 編爲二冊, 李薑山從而選之爲六十七首, 名曰『蜻蛉國詩選』(原注 : 日本地形似蜻蛉, 故自稱蜻蛉國)"라고 했다. 이 설에 의하면 원중거가 먼저 2책을 엮었고, 이서구가 다시 67수를 뽑아서 책을 이루었다. 이덕무는 원중거와 인척이었고, 이 글이 유득공의 뒤에 나왔으므로 당연히 근거가 있었으므로 고쳤다. 이에 이를 따른다.

65_『靑莊館全書』 권16, 한국문집총간 제257책, p.249. "昨日柳 · 朴二寮果來書局, 日本人詩略加抄選."

다."[66]라고 했다. 고리(合離) 등의 7수와 모리야 겐타이(守屋元泰)〔守屋東陽〕 등의 여섯 연구(聯句)를 가려 뽑아 보완한 것이다. 따라서 이 일본 시선의 편성은 이서구 · 유득공 · 박제가 · 이덕무의 손을 거친 것이었다. 이 네 사람은 조선 문학사에서 '후사가(後四家)'로 일컬어지는 인물들로, 당시 문단의 걸출한 대표들이었다.

유득공이 보기에 일본인의 시문 수준에 발생한 변화는 당시 아직 중국인에게 알려지지 않았으므로 중국은 속국의 시를 편집하면서 일본을 왕왕 안남 · 점성의 아래에 두었다.[67] 그렇지만 그는 일본 시문의 수준이 지난날과는 다름을 인식하고, 동시대의 시선 『병세집』〔정조 20년 병진, 1796〕을 편찬하면서, 제일 먼저 중국 시를 수록하고 그 다음으로 일본 · 안남 · 유구의 시를 수록했다. 근거로 삼은 것은 바로 자기의 인식과 이해였다. 그 제2권에 수록한 일본 시인과 작품은 다음과 같다.

(a) 木弘恭「題蒹葭堂雅集圖」
(b) 合離「題蒹葭堂雅集圖」
(c) 岡田宜生「席止(上)賦贈玄川元公」
(d) 岡田惟周「奉別元玄川」
(e) 富野義胤「晩過興津」
(f) 那波師曾「早行偶興」
(g) 草安世「懷元玄川」
(h) 源叔「奉送玄川元公」
(i) 岡明倫「奉送玄川元公」
(j) 田吉記「送別玄川詞伯」

이상 10수의 내원은 세 가지이다. 첫째 『일동시선』(『청령국시선』)으로. (c) · (h) · (i) · (j)가 이에 속한다. 둘째, 이덕무가 보완하여 선별한 『청

66_『靑莊館全書』 권35, 한국문집총간 제258책, p.67. "柳惠風『巾衍外集』載『蜻蛉國詩選』, …… 余又抄載若干首, 摘若干句."

67_이런 상황은 반드시 그렇지만은 않다. 이를테면 錢謙益의 『列朝詩集』은 그 속국 부분의 차례를 朝鮮 · 日本 · 交趾 · 安南 · 占城의 순으로 엮었고, 朱彝尊이 엮은 『明詩綜』은 그 차례가 朝鮮 · 安南 · 占城 · 日本의 순이다.

령국시선』으로, (d)·(e)·(f)·(g)가 이에 속한다. 셋째, 성대중이 가지고 돌아온 『겸가아집도』로, (a)·(b)가 여기에 속한다. 유득공은 기 히로야스(木弘恭)의 이름 아래에 다음과 같이 부기했다.

> 세숙은 겸가당을 나니와 물가에 세우고 도서와 사서를 저장하고는 에치고(越後) 헨유(片猷 片山北海) 자 효질(孝秩), 헤이안(平安) 나와 시소(那波斯曾) 자 효경(孝卿), 고리(合離) 자 여옥(麗玉), 나니와 후쿠 쇼슈(福常尙修) 자 승명(承明), 오카모토 호(岡罡元鳳) 자 공익(公翼), 가쓰 죠(葛張) 자금(子琴), 단카이(淡海) 승 지쿠조(竺常), 이세(伊勢) 승 죠오(淨王)와 함께 창수했다. 갑신년 통신사를 보냈는데, 마침 성용연(成龍淵, 성대중)이 배로 나니와를 지나가게 되자, 세숙이 만나보고 친구를 맺었고, 임별에 『겸가아집도』를 그려서 주었다. 필의가 담박하여, 원나라 사람의 필치를 배웠다.[68]

『병세집』에 선록되어 있는 두 수는 겸가당(겐가도)과 관련이 있는 시로, 이는 이 그림에서 초록해 온 것이 분명하다. 『병세집』의 일본 부분은 유득공 등 문학 집단의 의견이 응집되어 있으며, 선록된 시들이 모두 성대중·원중거의 갑신(계미) 통신사행과 관련이 있음을 알 수 있다.

성대중은 그가 일본에서 얻은 『겸가아집도』를 보물시하여, 「영겸당아집도(詠蒹堂雅集圖)」 시를 지었다. 이덕무도 서신을 보내어 이 그림을 빌려 열람하려고 해서, "천하의 보물은 마땅히 아는 이와 함께 감상을 하는 것이 천고의 멋진 일이니, 빌려주심이 어떠한지? 조금 있다가 즉시 반환하리다."[69] 운운했다. 이렇게 보물시하는 것은 서화 자체에 가치가 있기 때문만이 아니라, 두 나라 문인의 우의도 관계가 있다. 이덕무는 『이목구심서·4』에 이렇게 기록해 두었다.

68_林基中 編, 『燕行錄全集』 제60권, 동국대학교출판부, 2001, p.176. "世肅構蒹葭堂於浪華之渚, 貯圖史, 與越後片猷字孝秩·平安那波斯曾字孝卿·合離字麗玉·浪華福常修字承明·岡元鳳字公翼·葛張字子琴·淡海僧竺常·伊勢僧淨王相唱酬. 甲申通信, 時成龍淵舟過浪華, 世肅見之托契, 臨別寫『蒹葭雅集圖』以贈之, 筆意淡沲, 學元人."

69_『靑莊館全書』 권16, 한국문집총간 제257책, p.249. "天下之寶, 當與知者共鑑賞, 亦千古勝絶. 惠假如何? 少選即當奉還."

기 히로야스의 자는 세숙(世肅)인데, 일본 대판(大阪)의 상인이다. 나니와 강가에 살면서 술장사를 하여 많은 재산을 모은 뒤에는 날마다 가객(佳客)들을 초청하여 시를 지었다. 책도 3만 권이나 구입했으며 1년 동안 빈객 접대비로 수천 금을 허비했으므로 축현(筑縣)으로부터 에도에 이르는 수천 리 사이에서는 어진 선비나 불초한 선비를 막론하고 세숙을 칭찬했다. 또 상선에 부탁하여 중국 선비들의 시 몇 편을 구해다가 문미(도리)에 걸어 놓았다. 낭화강 가에 겸가당을 세우고 …… 축상(竺常)・정왕(淨王)・합리(合離)・복상수(福尙修)・갈장(葛張)・강원봉(罡元鳳)・편유(片猷) 등의 무리와 함께 당에서 아집(雅集)했다. 갑신년에 성대중(자 사집)이 일본에 들어갔을 적에 세숙에게 아집도를 청하니 세숙이 손수 그림을 그리고 여러 사람이 모두 시를 축에서 썼으며, 지쿠조(竺常)가 서문을 지어 주었다. 지쿠조는 중으로서 전고를 깊이 알고 성품도 침착 독실하며, 고인의 풍모가 있었다. 정왕(淨王)은 축상의 제자인데, 청초하여 가까이할 만했다. 합리(合離)도 역시 기재(奇才)였다.[70]

또 지쿠조의 다음 서문을 수록했다.

지금 마침 조선의 제공(諸公)이 오자 세숙이 폐백을 가지고 관중(館中)으로 찾아가서 여러분들을 뵈니 제공도 세숙을 마치 옛 친구처럼 따뜻하게 대해 주었다. 조선의 제공이 환국할 적에 용연 성공(성대중)이 세숙에게 사람을 보내어 『겸가아집도』를 청하므로 세숙과 동사(同社)의 인사들이 각각 두루마리 끝에 쓰고, "가지고 돌아가서 만리 밖에 있는 우리들을 보듯 하여 주시오."라고 했다. 아, 성공의 마음도 이 겸가당에 있는 우리들의 마음과 어찌 다르겠는가! 그렇다면 세숙의 교제가 한

70_『靑莊館全書』 권52, 한국문집총간 제258책, p.440. "木弘恭字世肅, 日本大坂賈人也, 家住浪華江上, 賣酒致產, 日招佳客賦詩. 購書三萬卷, 一歲所費數千餘金. 以故自筑縣至江戶數千餘里, 士無賢不肖, 皆稱世肅. 又附商船得中華士子詩數篇, 以懸其楣. 構蒹葭堂於江濱, ……與竺常・淨王・合離・福尙修・葛張・罡元鳳・片猷之徒作雅集於堂上." 甲申歲, 成大中士執之入日本也, 請世肅作雅集圖, 世肅手寫, 諸人皆以詩書軸, 竺常作序以予之. 竺常, 釋也, 深曉典故, 性又深沉, 有古人風. 淨王, 常徒也, 淸楚可愛. 合離亦奇才. 案 : 李德懋『耳目口心書』撰於乙酉(1765)至丁亥(1767)之間, 其中既已抄錄『蒹葭雅集圖』詩並序, 可據以推知他借閱該詩畫軸的時間.

> 고을, 한 나라의 선비로부터 사해의 선비에까지 이른 것이 사실이다. …… 나의 문(文)은 도(道)를 구현하지 못하는데도 성공이 세숙과 똑같이 보아 주었으니, 이역만리 밖의 문명과 교류하게 된 감동이 마음속에 쌓여 밖으로 드러내지 않을 수 없다.[71]

원중거와 성대중 등의 영향 아래서 이덕무는 그의 시화와 수필에서 처음으로 일본 시문을 상당히 높이 평가했다.

이덕무의 문학비평을 고찰하려면 대개 그의 『청비록』에 상당히 많이 주목한다. 이 책은 집중적인 서술이기는 하지만 이것만으로는 충분하지 않다. 『청장관전서』에 들어 있는 『쇄아(瑣雅)』·『관독일기(觀讀日記)』·『이목구심서(耳目口心書)』·『앙엽기(盎葉記)』·『한죽당섭필(寒竹堂涉筆)』 등에도 모두 관련 내용이 있으므로 종합적으로 고찰해야 한다. 일본 시문에 대한 비평의 경우에는 『청령국지』에 주의해야 한다.

이덕무의 일본관과 평론에 대해서는 이미 여러 학자들이 전면적으로 논술한 것이 있다.[72] 이 글은 일본 시문에 중점을 두고 고찰을 계속하기로 한다.

이덕무 본인은 결코 일본에 간 적이 없다. 일본 문학에 대한 그의 인상은 원중거와 성대중으로부터 영향을 크게 받았다. 원중거와의 관계로 말하면 그들 사이는 인친(姻親)에 속한다. 『청비록』 제3권 「공무시(功懋詩)」에서, "원약허(元若虛)의 이름은 유진(有鎭)으로 현천(玄川)의 아들이자, 나의 매서(妹壻)이다."라고 했다.[73] 그러므로 「만원현천(輓元玄川)」 시에서, "탄식하며 통곡하나니, 단지 인척이기 때문만은 아니

71_『靑莊館全書』 권52, 한국문집총간 제258책, p.441. "迺今會朝鮮諸公之東至也, 如世肅者, 皆執謁館中, 諸公則悅世肅如舊相識. 及其將返, 龍淵成公請使世肅作『蒹葭雅集圖』, 同社者各題其末曰：齎歸以爲萬里顏面云爾. 嗚呼! 成公之心與夫寘身蒹葭之堂者, 豈有異哉? 則世肅之交一鄉一國以至四海固矣. …… 余也文非其道, 然亦辱成公之視猶世肅也, 其感於異域萬里之交, 不能無鬱乎內而著乎外也."

72_河宇鳳, 『朝鮮実學者の見た近世日本』 第2章 第3節 「李德懋の日本觀」, ぺりかん社, 2001, pp.173-231.

73_『靑莊館全書』 권34, 한국문집총간 제258책, p.51. "(元)若虛名有鎭, 玄川之子, 余之妹壻也."

로다."[74]라고 했다. 원중거가 계미년(1763) 일본으로 갈 때 이덕무는 시로 송별를 했다. 원중거가 귀국한 후 그들은 서로 수창하고 시를 논했는데,[75] 그 가운데서 자연히 일본 시문에 대해 논하게 되었다.『관독일기』 갑신(1764) 10월 계미에 다음 기록이 있다.

> 내가 근래 손암(遜庵) 원장(元丈, 원중거)과 문장의 성쇠에 대해 이야기했는데, 손암이 말하길 "내가 일본에 유람하고 막 돌아왔는데 그 문사들이 바야흐로 백설루(白雪樓)〔이반룡〕 등 여러 사람의 문집을 보기 시작해서 쏠리듯이 풍조를 이루어 문장이 왕왕 그것을 닮아 있었네. 대개 명나라에는 문장도 없고 또 이학도 없으니, 명대 문장을 내버리고 문을 짓고 시를 짓는다고 해서 어찌 불가하겠나?"[76]라고 했다.

이덕무는 이 관찰을 분명히 받아들였다.『청비록』 제1권 '일본 난정집(日本蘭亭集)'에 이런 말이 있다.

> 『난정집』은 곧 일본 시인의 시로서 사조(詞藻)가 기위(奇偉) 웅건(雄健)하여 드세게 설루(雪樓)의 여향(餘響)에 이르렀다. …… 그의 문인 기쓰키(杵築) 산유웅자상(山維熊子祥)이 묘지(墓誌)를 짓기를, " …… 부쓰소라이(物徂來, 오규 소라이) 선생이 고문을 제창함으로부터 고문에 빈빈(彬彬)한 사람들을 이루 다 꼽을 수 없을 정도로 되었지만, 국내에서 시명(詩名)을 독점한 분으로는 다만 선생과 남곽복(南郭服) 선생 두 분뿐이다. 선생은 시에 전력하여 처음에는 당나라 시인들의 체(體)를 그대로 이어 따랐으나,[77] 뒤에는 우린(于鱗, 이반룡)의 시에 전력하여 그 체를 얻었다."라고 했다.…… 계미년에 원현천(원중거)이 일본에 갔을 적에 미팔(彌八)〔다키 쬬가이(瀧長愷)의 자(字)〕과 필담을 하고서, 그가 박학 근

74_『青莊館全書』 권12, 한국문집총간 제257책, p.212. "齎吝仍痛哭, 不獨爲姻親."

75_趙寅永의 「青城集序」는 갑신 통신사행의 여러 사람들의 장점을 언급하면서 특별히 "元玄川喜言詩"라고 했다.

76_『青莊館全書』 권6, 한국문집총간 제257책, p.115. "余近與遜庵元丈談文章陞降, 遜庵曰 : "余新游日本來, 其文士方力觀白雪樓諸子文集, 靡然成風, 文章往往肖之. 大凡明無文章, 又無理學, 抛擲明代文章, 做文做詩, 有何不可哉?"

77_이 글자는 원본에 '沈'으로 되어 있으나, 필사본과 『續函海』本에 의해 고친다.

> 후하며 풍채와 위의도 볼만하다고 칭찬했다.[78]

『난정집』의 작자는 다카노 이케이(高野惟馨)로, '설루의 여향'이란 바로 원중거가 말한 "그 문사들이 바야흐로 백설루〔이반룡〕 등 여러 사람의 문집을 보기 시작해서" "문장들이 왕왕 그것을 닮았다."라고 말한 그 뜻이다. 곧, 명나라 이반룡의 영향을 가리키므로, 원중거의 의견과 일맥상통한다. 이반룡에게 『백설루시집』[79]이 있다. 「묘지」에서 다카노 이케이가 "우린(이반룡) 시에 전력하여 그 체를 얻었다."라고 언급한 것도 같은 뜻이다.

또 『청비록』 '겸가당'에 이런 말이 있다.

> 원현천(원중거)이, "일본에는 본디 총명하고 영특한 사람들이 많으며, 심간을 쏟아 보이고 금회를 밝게 비춘다. 시문과 필어(필담)도 모두 귀히 여길 만하고 버릴 수가 없다. 그런데 우리나라 사람들은 오랑캐라고 여겨 무시하며, 언뜻 보고는 나무라고[80] 헐뜯기를 좋아한다."라고 했다. 참으로 옳은 말이다. 나는 이 말에 느낀 바가 있어, 다른 나라의 문자를 보게 되면 정성스러운 마음으로 사랑하기를 마음 맞는 친구의 글을 보는 것처럼 하지 않은 적이 없었다.[81]

원중거의 저작 가운데 가장 중시되는 것이 『화국지』이다. 달리 『화국기』·『화국여지기』라고도 한다. 그는 또 『승사록』을 지었는데, 일

78_『青莊館全書』 권32, 한국문집총간 제258책, p.8. "『蘭亭集』日本人詩也, 命詞奇健, 駸駸於雪樓之餘響. …… 門人杵築山維熊子祥著『墓誌』曰 : '…… 自物夫子倡古文辭, 彬彬作者, 不可枚擧, 而擅詩名於海內者, 特先生與南郭服先生二人焉耳. 於詩專門, 初沿唐人體, 後刻意于鱗, 而能得其體.' …… 癸未歲, 元玄川之入日本也, 與彌八筆談, 嘗稱博學謹厚·風儀可觀云."

79_하우봉 선생은 이 곳의 '雪樓'를 청나라 시인 黎恂의 자로 보았으나(『朝鮮実學者の見た近世日本』, p.214), 잘못이다.

80_이 글자는 원본에 '訛'로 되어 있으나 필사본에 의거해서 고친다.

81_『青莊館全書』 권32, 한국문집총간 제258책, p.10. "善乎元玄川之言曰 : '日本之人, 故多聰明英秀, 傾倒心肝, 炯照襟懷. 詩文筆語, 皆可貴而不可棄也. 我國之人, 夷而忽之, 每驟看而好詆毁.' 余嘗有感於斯言, 而得異國之文字, 未嘗不拳拳愛之, 不啻如朋友之會心者焉."

부 내용이 『화국지』와 가깝되 후자가 더 풍부하다.[82] 『승사록』에 ‘무관운(懋官云)이란 안어(案語)가 두 군데 있고, 『화국지』의 상응하는 위치에도 그렇게 되어 있다.[83] 이는 바로 이덕무가 읽은 흔적이다. 『화국지』에서 원중거가 일본 문학과 문인에 대해 논평한 내용은 이덕무에 의해 대부분 수용되었다. 이를테면 『청비록』 제2권 ‘왜시지시(倭詩之始)’ 조는 데라시마 료안(寺島良安) 『화한삼재도회(和漢三才圖會)』 제16권 ‘예능편’과 『화국지』〔이덕무는 『화국기』로 인용〕 지권(地卷)의 ‘문자지시(文字之始)’ 및 ‘시문지인(詩文之人)’ 등 조항에 상당히 근거했다. 『화국지』를 토대로 교감하여 이문(異文)과 이설을 표출하는 이외에, 이덕무는 일본의 초기 시들을 다음과 같이 논평했다. “순박하고 담담하며 고상하고 참다워서 마치 불리지 않은 광물이나 쪼지 않은 박옥과 같다. 원 현천이 말하기를, ‘기(氣)의 기틀이 처음 회전하기 시작할때 혼몽의 상태를 뚫어 열어젖히고 미미한 문명의 싹을 환히 드러내었다.’라고 했다.”[84] 이 말은 ‘시문지인’ 조에도 보인다. 이덕무는 또 『청령국지』를 지었는데, 그 「예문」에서 “일본 사람들은 총명하고 조숙해서, 4,5세면 능히 붓을 잡고 10여 세에는 모두 능히 시를 짓는다.”[85]라고 했다. 이것도 『화국지』에 보인다. 일본 시문을 평론하는 것이 아니라 원중거의 일본 내 활동과 관련 있는 기록을 할 경우, 이덕무는 왕왕 원중거의 말을 그대로 인용했다.[86]

갑신년 성대중의 일본행도 마찬가지로 이덕무의 문학평론에 큰 영향을 끼쳤다. 성대중이 처음 이덕무의 이름을 알았던 것은 계미년 통신사

82_柳得恭, 『古芸堂筆記』 卷4 「倭語倭字」조. “玄川翁素篤志績學, 癸未通信以副使書記入日本. …… 翁歸著『和國輿地記』三卷及『乘槎錄』三卷, 詳載其國俗.” 아세아문화사, 1986, p.377.

83_『乘槎錄』 卷1, 『大系朝鮮通信使』 제7卷, pp.218-219 ; 『和國志』 天卷, pp.173 · 182.

84_『靑莊館全書』 권33, 한국문집총간 제258책, p.29. “樸澹高眞, 不冶之鑛, 不琢之璞. 元玄川曰 : ‘氣機初斡之際, 穿開昏蒙, 透露微萌.’”

85_『靑莊館全書』 권64, 한국문집총간 제259책, p.162. “大抵日本之人, 聰明夙慧. 四五歲能操毫, 十餘歲咸能作詩.”

86_이를테면 『淸脾錄』 권2 ‘柳醉雪’조에 이러하다. “柳醉雪逅字子相, …… 丁卯充通信書記入日本, 莊重有儀, 日本人士皆敬憚. 癸未之行, 日本人問其安否, 舌人妄對‘已仙去’, 其人汪然垂淚. 元玄川詳說曰 : ‘今淸健無恙, 日哦詩, 人稱地行仙.’其人遂收淚而喜.”

행을 따라갈 때 그가 원중거에게 준 시 및 병서(幷序)를 읽고 나서이다. 성대중은 "빛발이 사람을 쏘아 제대로 볼 수가 없을 정도이다. 누가 지은 것이냐고 놀라 물어보니, 무관(이덕무)이란다. 돌아와 곧바로 그에게로 갔다."[87]라고 했다. 이덕무가 규장각 검서관에 임명되어 있었을 때 성대중은 비서(秘書)였는데, 정조 어정의 『팔자백선(八子百選)』 간행 때 함께 감독하면서 앞뒤로 이웃에 거처하며 "아침저녁으로 어울려, 마치 몸뚱이와 그림자가 서로 따르듯 하여, 하루라도 보지 않으면 삼추를 만나지 못한 듯이 여겼다."[88] 그들의 환담 내용에는 당연히 일본 여행 이야기가 들어 있었을 것이다. 『이목구심서 · 3』에 다음 기록이 있다.

> 수안(遂安) 남옥(南玉)이 계미년에 제술관으로 일본에 들어갔다. 일본인 우시마도(牛窓) 사람 정잠(井潛)이 백운 율시를 가지고 와서 화답하여 주기를 요구했는데 때는 마침 밤이었다. 시온(時韞, 남옥의 자)은 2경쯤 기초하여 붓을 멈추지 않고 한 편을 끝마쳤는데, 아직 닭이 울지도 않은 때였다. 잠(潛)은 그 신속함에 놀랐다. 사신 일행이 에도에 이르지 못했는데, 이미 시가 먼저 이르렀다. …… 성사집(成士執, 성대중)이 남옥과 함께 일본에 들어갔을 때 눈으로 그 일을 보고 나를 위해 이와 같이 말해 주었다.[89]

성대중은 이덕무보다 아홉 살이나 많았지만 이덕무의 학문에 흠복해서 늘 그와 학술과 문장을 토론하고 서로 비평했다.[90] 그러므로 성대중은

87_成大中, 「李懋官哀辭」, 『靑城集』 권10, 한국문집총간 제248책, p.548. "光鋩射人, 不可狎視. 驚問其誰製, 則乃懋官也. 及歸, 即就之."

88_成大中, 「李懋官哀辭」, 『靑城集』 권10, 한국문집총간 제248책, "朝夕過從, 若形影之相隨, 一日不見, 曠若三秋." 또 『靑城集』 권3에 「靑莊屋後紅桃即我堂前也, 花開正供吾玩, 信筆書奉靑莊」라는 제목의 시가 있다.

89_『靑莊館全書』 권50, 한국문집총간 제258책, p.414. "南遂安玉, 癸未以製述官入日本牛窻, 井潛持百韻律求和, 時適夜矣, 時韞二更始草, 手不停筆, 篇訖鷄未鳴矣, 潛驚其神速. 使行未及江戶, 詩已先到矣. …… 成士執與南同入日本, 目見其事, 爲余言之如此."

90_『靑莊館全書』 권12 「成秘書士執大中寄詩要和仍次其韻」 自注. "士執著『揣言』·『質言』·『醒言』各一篇, 要余評批."又『耳目口心書』四記錄丙戌(1766)三月十一日成大中來訪, 提及"癸未入日本時, 於龍仁驛舍與元子才各閱贐章, 始見君文矣. 其序中'藹藹春雲之詩態', 知用韓退之詩'君詩多態度, 藹藹春空雲'之語, 而'滚滚秋江之筆頭'出於何處耶? 余意'態'字

일본에 대한 느낌과 인상과 관련하여 이덕무에게 많은 자극을 주었다.

종래 조선인이 일본인에 대해 지녔던 느낌을 한 글자로 말하면 '사(詐, 거짓)'였다. 이덕무도 예외가 아니었다. 그는 「서기 손암 원중거 어른이 부사를 따라 일본으로 들어가시기에 삼가 드린다〔奉贈書記遜庵元丈重擧隨副使之日本〕」에서, "섬의 풍속이 거짓이 많아, 외면으로 조선을 대한다. 읍양하고 승강하는 때에 충신으로 마땅히 권면해야 하리라."[91] 라고 했다. 원중거가 일본에 도착하여 읍양의 때에 저들에게 충신을 권면하라고 기대한 것이다. 하지만 갑신 통신사가 돌아온 이후, 그 영향을 받아서 이덕무의 관념에 전환이 발생했다.

이를테면 성대중은 「김양허 항주 선비의 시첩에 적다〔書金養虛杭士帖〕」에서, "내가 일찍이 일본을 보건대, 사람들이 교유를 중시하고 신서(信誓)를 숭상하여, 송별에 임하여 눈물을 뚝뚝 흘리면서 하룻밤이 지나도록 떠나지 못하니, 누가 일본인을 두고 교활하다 하겠는가? 우리가 그들만 못한 것이 부끄럽다."[92]라고 했다. 또 「동사축 뒤에 적다〔書東槎軸後〕」에서는 "우리는 대개 문채로 이긴다. …… 하지만 저쪽의 문학은 옛날에 비할 정도가 아니므로, 곁에서 가만히 웃을 자가 없다고 어찌 알겠느냐?"[93]라고 했다. 원중거는 『화국지』 지권(地卷) '시문지인(詩文之人)'조에서, "혼돈에 구멍이 뚫리는 것이 나날이 더해져서 나가사키의 서적이 마침내 통했다. 지금 집집마다 책을 읽고 사람마다 붓을 잡는 것이 거의 십수 년이 지났으므로, 비루하다 여기고 오랑캐라 폄하하여 소홀히 할 수는 없을 것이다. …… 이를 해중 문명의 고향이라고 불러도 지나치지 않다."[94]라고 했다.

屬春雲甚緊, 而'筆頭'二字不襯於'秋江', 何不改'筆頭'以'文瀾'耶", 李德懋則答以"黃山谷詩曰'筆頭滚滚懸秋江.'"

91_『靑莊館全書』 권2, 한국문집총간 제257책, p.46. "島俗多狙詐, 外面待朝鮮. 揖讓陞降際, 忠信當勉旃."

92_『靑城集』 권8, 한국문집총간 제248책, p.504. "吾嘗觀日本, 其人亦重交游, 尙信誓. 臨當送別, 涕泣汍瀾, 經宿不能去. 孰謂日本人狡哉? 愧我不如也."

93_『靑城集』 권8, 한국문집총간 제248책, p.501. "吾蓋以文采勝也. …… 然彼中文學, 非昔日之比, 安知無從旁竊笑者耶?"

94_『和國志』, pp.326-330. "混竅日鑿, 而長碕之書遂通見. 今家家讀書, 人人操筆, 差過十數年, 則恐不可鄙夷而忽之也. …… 雖謂之海中文明之鄕, 不爲過矣."

이덕무는『청비록』제1권「겸가당」에서 이렇게 말했다.

> 갑신년에 성대중 용연이 일본에 갔을 적에 목세숙에게「아집도」를 청하자 목세숙이 손수 비단에다가 그림을 그려 두루마리를 만들고 두루마리 끝에는 여러 사람이 각각 시 한 수씩을 썼는데, 그림과 글씨가 모두 일품이었다. …… 아, 조선의 풍속은 협애하고 비루하여 기휘하는 것이 많다. 문명의 교화는 오래되었으나 도리어 일본 사람들의 협애함과 비루함이 없는 것만 못하다. 그런데도 믿을 것도 없으면서 스스로 잘난 체하여 다른 나라를 업신여기니, 나는 이를 매우 슬퍼한다.[95]

태도의 근본적 전환은 의심할 여지없이 성대중 등 갑신 통신사행의 영향을 받은 결과이다.

갑신 통신사행은 일본 시문을 높이 평가하고 일본 인물을 충심에서 칭찬하여, 그로써 일본 문학을 대하는 조선 문단의 태도를 완전히 바꾸는 데 영향을 끼쳤다.[96] 첫 번째 일본 시선집이 그 기운을 타고 나와서, 문학평론계도 일본 시문을 언급조차 하려 하지 않았던 과거의 면모를 바꾸어 전체적으로 높이 평가하게 되었다. 이 이전의 통신사가 일본문학에 대해 어쩌다 찬미했더라도 그것은 혹은 응수의 말이었고 혹은 개별 사건에 국한되었으므로 조선 문단에서 반향을 일으키지는 못했다.[97]

95_『青莊館全書』권32, 한국문집총간 제258책, p.10. "歲甲申, 成龍淵大中之入日本也, 請世肅作『雅集圖』. 世肅手寫橫綃爲一軸, 諸君皆記詩於軸尾. 書與畫皆蕭閑逸品. …… 嗟呼! 朝鮮之俗狹陋而多忌諱, 文明之化, 可謂久矣, 而風流文雅, 反遜於日本. 無挾自驕, 凌侮異國, 余甚悲之."

96_하우봉 선생은 이덕무가 일본 문장 및 학술을 바라보는 관점은 동시대의 인물에서는 예외에 속하며 그렇기 때문에 주목할 만하다고 하고(「朝鮮実學者の見た近世日本」, p.216), 아울러 갑신년 통신사 조엄의『해사일기』속에서 일본 학술과 문장에 관한 혹평과 비교했다(p.231). 이 점은 재고해야 한다. 이덕무의 일본관이 원중거 · 성대중의 영향을 받은 것은 당시의 새로운 추세를 대표하는 것이지, 홀로 독특하게 먼저 발한 것이 아니며, 외롭게 소리쳐 대고 호응이 없었던 것이 아니다. 그들이 형성한 여론과 분위기는 당시에서는 상당히 영향력이 있었다. 그리고 조엄이 일본 문장과 학술을 혹평한 것은 일종의 특수한 언어 환경 속의 매너리즘적인 문장에 불과해서 도리어 대표성을 결여한다.

97_이를테면 숙종 37년(1711) 부사 任守幹은「贈白石源公璵」에서, "投我新詩格最高, 瑩似明珠轉玉盤. 中華正音在海外, 三復令人起長嘆."라고 하여(『遯窩遺稿』권2), 상당히 추숭했다. 하지만 그 후 李瀷과 安鼎福 등은 일본 학술과 문장을 아주 적게 언급했을 뿐만 아니라

그래서 사행원의 말이 문단 인식으로 되는데 있어 관건이 되었던 전환점이 바로 1764년에 있었다.

일본 문학에 대해서만 그런 것이 아니었다. 이덕무가 조선 문학과 중국 문학에 대한 평론에서 관점을 수립한 것도 갑신 통신사와 상관이 있다. 그 가운데 아주 중요한 점이 여성 시문에 대한 주목이다.[98]

조선인은 여성의 문학 창작을 종래 제창하지 않았다. 간혹 있었더라도 그다지 관심을 두지 않았다. 앞서 홍만종(洪萬宗, 1643-1725)은 『소화시평』 하권에서, "우리 동국의 여자는 문학에 종사하지 않아서, 비록 영특한 자태가 있어도 방적에 그치므로 부녀의 시는 전하는 것이 거의 없다."[99]라고 했다. 이덕무와 동시대의 홍대용(洪大容, 1731-1783)은 영조 41년(1765) 중국에 가서, 북경에서 반정균(潘庭筠, 호 蘭公)과 엄성(嚴誠) 등을 면대하여 다음과 같은 필담을 했다.

> 난공이 "동방의 부인도 능히 시하는 이가 있습니까?" 하기에, 내가 "우리나라 부인은 오직 언문으로 소식을 통할 뿐이지 글을 읽도록 시키지 않습니다. 더욱 시는 부인에게 마땅한 것이 아니므로, 혹 하는 사람이 있어도 안으로 하고 밖에 내놓지 않습니다."라고 했다. 난공이 "중국에도 역시 적습니다. 혹 있다면 우러러보기를 경성(慶星)이나 경운(景雲) 같이 합니다."라고 했다. …… 내가 "군자의 좋은 짝이고 금슬이 화명(和鳴)한다면 즐거운 것은 즐거운 것이지만, 경성과 경운에 비하는 것은 지나칩다."라고 하자, 난공이 "귀국의 경번당〔허봉의 누이〕이 시를 잘

우연히 거론하더라도 호평을 하지 않았다. 안정복의 『橡軒隨筆』 下의 '일본학자' 조는 이토 이테이(伊藤維楨)를 언급하여, "不意海島之中 · 蠻貊之邦, 能有此學問人也."라고 하여 국부적으로 칭양하는 속에 전반적으로 폄하했다. 또 藤明遠의 서신을 논평하여 "語不成說, 文理未暢"이라 하고, 일본에서 문형을 잡고 있는 하야시 라잔(林羅山)을 논평하여, "文詞與識見雖無可稱道者, 而以文學鳴於一國"(『順庵集』 권13)이라 했다. 이 조항에서 그는 인조 계미년(1643)과 영조 무진년(1748) 통신사를 다루었다.

98_이 밖에 李彦瑱(虞裳) · 李聖載(匡呂)에 대한 평론도 통신사의 갑신 사행과 관련이 있다. 번다함을 피해 이 글에서는 인용하지 않는다.

99_趙鍾業, 『修正增補韓國詩話叢編』 제3책, 태학사, 1996, p.567. "我東女子不事文學, 雖有英姿, 止治紡績, 故婦人之詩罕傳." 案 : 此語本於徐居正『東人詩話』 卷下 : "吾東方絶無女子學問之事, 雖有英資, 止治紡績而已, 是以婦人之詩罕傳." 洪萬宗重複此語, 也表示了他的認同.

> 하여『중국시선』에 들어 있습니다."라고 했다. 나는 "바느질을 하는 여가에 곁으로 서사(書史)를 통하고 여계(女誡)를 복습하며 규중의 법도를 닦아 행하는 것이 부녀의 일입니다. 문장을 아로새기고 시로 이름을 얻는다고 하는 것은 아무래도 바른 도리가 아닙니다."라고 했다.[100]

여기서 언급한 경번당은 곧 허난설헌(1563-1589)이다. 허난설헌의 시가 그렇게 중국에서 크게 유행했지만, 조선인은 일반적으로 그 때문에 기뻐하지는 않았다. 오히려 유여시(柳如是)가 『난설헌시집』에 중국인 시구를 몰래 답습한 것이 많다고 폭로하자, 조선 문인들은 그 점을 진진하게 말했다. 그 심리의 배경은 아무래도 여성의 시문 창작을 억압하는 것과 관련이 있는 듯하다.[101] 홍대용같이 북학 · 서학에 대해 모두 깊이 흥미를 지녔던 인물조차도 오히려 여성에 대해 "시로 이름을 얻는다고 하는 것은 아무래도 바른 도리가 아니다."라고 했으니, 하물며 다른 사람은 논해서 무엇 하겠는가? 하지만 원중거의 『화국지』에는 도리어 일본의 경우 "여자로서 시에 능하고 글씨에 능한 사람이 아주 많아, 마치 당나라 사람들이 시 이외에 다른 일이 없었던 듯이 하고 있다."[102]라고 관찰하고, "군주의 시문은 텐무(天武) 천황으로부터 시작했고, 석씨의 시는 치조(智藏)로부터 시작했으며, 여자의 시는 오오토모 히메(大伴姬)로부터 시작했다."[103]라고 열거했다. 이 이야기들은 이덕무에 의해 『청령국지』「예문」 속에 그대로 반입되었다. 일본의 '여자들이 시에 능하다'는 자극 하에서 이덕무도 특별히 조선 · 중국 · 안남의 여성 작품에 관심을 기울여, 기왕의 동국 문학평론이 여성 작품을 경시하던 태도를

100_『湛軒書』 外集 권2, 한국문집총간 제248책, p.136. "蘭公曰 : '東方婦人有能詩乎?' 余曰 : '我國婦人, 惟以諺文通訊, 未嘗使之讀書. 况詩非婦人之所宜, 雖或有之, 內而不出.' 蘭公曰 : '中國亦少, 而或有之, 仰之若慶星景雲.' …… 余曰 : '君子好逑, 琴瑟和鳴, 樂則樂矣, 比之慶星景雲, 則過矣.' 蘭公曰 : '貴國景樊堂, 許篈之妹, 以能詩入於中國詩選.' 余曰 : '女紅之餘, 傍通書史, 服習女誡, 行修閫範, 是乃婦女事. 若修飾文藻, 以詩得名, 終非正道耳.'"

101_安往居, 「蘭雪軒傳略」. "嗟乎! 夫人遺響能大鳴中國, 而在本邦反爲寥寥者, 厥亦有由焉. 蓋東俗以婦人能文, 視以爲不祥, 誰知風詩之『葛覃』·『卷耳』亦出於閨房之歌咏也哉?"(『蘭雪少雪軒集卷首』, 辛亥吟社, 1913)

102_『和國志』 地卷, p.330. "女子之能詩能書者甚衆, 殆若唐人之詩外無餘事."

103_『和國志』 地卷, p.327. "人君詩文自天武天皇始, 釋氏詩自智藏始, 女子詩自大伴姬始."

바꾸게 된 듯하다.

우선 여성 작품에 대한 평론을 보면, 『청비록』 가운데 7칙이 여성 창작과 관련이 있는 조목이다. 사대부 여성 · 기녀 그리고 중국 여성의 시가와 서법을 언급했으며, 그 평가 용어도 대부분 긍정적이다. 이를테면 김고성(金高城) 부실 이씨의 시를 "경구(警句)가 많다."라 평하고, 복랑(福娘)의 시를 "아리땁고 고와서 뽑을 만하다."라 평하며, 운강(雲江) 소실 이옥봉을 "큰 글씨를 잘 써서 동국에 드문 예이다."라 평하고, 중국 세 규방여성의 시를 "아주 우아하고 바르다."라고 평하며, 기녀 일지홍을 두고 "시에 능하여 턱을 괴고 붓을 흔들면 곧바로 이루어 내었다."라고 했다. 그리고 '지봉 시가 먼 나라에 전파됨〔芝峰詩播遠國〕' 조에서는 홀연히 색다른 글을 써서, 안남의 규수 시를 평론하기 시작했다. 그는 이항복(李恒福)의 이야기를 인용했다.

> 어려서 신(申) 공을 따라서 참판 권숙강(權叔强)이 북경에 조회 갔을 때의 시를 모은 시첩에서 안남 사신 무좌(武佐)와 수창한 것을 보았고 또 본국 규수가 무좌(武佐)를 전송하면서 지은 수십 편을 보았다. 순우앵앵(淳于鶯鶯) · 저옥란(褚玉蘭) · 서온(徐媼)의 시는 모두 맑고 굳건하면서 호방하고 삽상하니, 옛 열사가 축을 타면서 부르던 노래의 유음에 육박하는 듯하다.[104]

조선문학사에서 여성 시가창작에 대한 이런 생각은 심상한 견해와는 다른듯하다. 하지만 이덕무의 교유 및 사상과 연결시켜 보면 이는 이해하기 어렵지 않다.

다음으로 홍대용의 언행에 대한 규정(糾正)이다. 『청비록』 제3권 '반추루(潘秋庫)'조에 이런 말이 있다. "그의 아내 상부인(湘夫人)도 시에 능하여 『구월루시집(舊月樓詩集)』이 있었다. 그것을 보여 주려고 했다가, 홍 담헌이 단정한 선비여서 본디 시 이야기를 좋아하지 않았고 또 부

104_『青莊館全書』 권35, 한국문집총간 제258책, p.62. "幼從申公, 得見權參判叔强朝京詩帖, 與安南使臣武佐酬唱者, 且附本國閨秀送武佐之作數十篇. 如淳于鶯鶯 · 褚玉蘭 · 徐媼之詩, 皆淸健豪爽, 蓋亦駸駸乎古烈士擊筑之遺音."

인이 시 잘 짓는 것을 반드시 아름답다고 할 수는 없다고 여겼으므로 끝내 머쓱해하여 그만두었다."[105] 이덕무는 반정균(潘庭筠)에게 서신을 보내어, "전일 담헌(홍대용) 편에 선생의 현합(賢閤) 상부인께 『구월루집』이 있다는 소식을 들었습니다. 규문에서 창화하는 것은 참으로 세상에 드문 즐거운 일입니다. 이 시품은 동성(桐城)의 방부인(方夫人)이나 회계(會稽)의 서소화(徐昭華)에 비하여 어떠합니까? 간본이 있을 듯하니, 1통을 보내시어, 영원히 보배로 삼게 해 주시기 바랍니다."[106]라고 했다. 또 반정균이 홍대용과 '여성이 시에 능함'에 관해 필담할 때 조선의 경번당(허난설헌) 시를 거론하자, 홍대용은 의리를 바로 하고 언사를 엄히 하여, "이 부인은 시는 높지만 덕행은 시에 한참 미치지 못합니다."라고 한 적이 있다. 이덕무는 이에 대해 논평하여 이렇게 말했다.

> 일찍이 듣자니 경번은 자호가 아니라 부박한 사람이 침모하고 기롱한 말이라고 한다. 담헌도 변론하지 못했는가? 중국의 책은 허경번과 난설헌을 두 사람으로 보고 있으니, 아주 심하게 잘못되었다. 난공(蘭公, 반정균)이 시화를 엮을 때 담헌의 이 말을 싣는다면 어찌 너무도 심하게 불행이 아니지 않겠는가? 또한 그 시를 두고 전수지(錢受之, 전겸익)와 유요시가 하자를 지적하여 거리끼지 않은 것은 역시 박명한 탓이라고 하겠다.[107]

이덕무는 홍대용에게 아주 불만을 느꼈고 난설헌 시에 대해서는 동정심을 품었던 것이다.

셋째, 여성 작품을 적극적으로 망라해 수집했다. 『청비록』 제3권 「고려 규인의 시는 한 수뿐이다〔高麗閨人詩只一首〕」 조는 내용과 기교는 논할 것이 없어도 가까스로 남은 고려 여성 시라서 그 한 수를 등재했으니,

---

105_『青莊館全書』 권34, 한국문집총간 제258책, p.49. "妻湘夫人亦工詩, 有『舊月樓詩集』, 幾欲出示, 湛軒莊士也, 不喜談詩, 次以婦人能詩爲不必佳, 遂憮然而止."

106_『青莊館全書』 권19, 한국문집총간 제257책, p.264. "前因湛軒聞先生賢閤湘夫人有『舊月樓集』, 閨庭之內, 載唱載和, 眞稀世之樂事. 詩品與桐城方夫人 · 會稽徐昭華何如也? 似有刊本, 願賜一通, 留爲永寶."

107_『天涯知交書』, 『青莊館全書』 권63, 한국문집총간 제259책, p.132.

문헌을 보존하려는 의식이 뚜렷했다. 이덕무는 정조 2년(1778) 연경에 들어가 박제가와 함께 유리창에 가서 서목을 베낄 때, "우리나라에 희한하거나 전혀 없는 것만을 초록한다."[108]라고 하여, 통상의 경사자집을 제외하고 특별히 금서와 여성 창작에 유의했으며, 그 속에 「명원시초(名媛詩鈔)」와 「명원시귀(名媛詩歸)」가 들어 있었다.

『통항일람(通航一覽)』은 갑신 통신사행원의 소년 김운룡(金雲龍)이 한 일본 소녀의 미모에 반하여 그녀와 창화했고, 길을 떠나길 못내 아쉬워했다는 일을 기록했다.[109] 이 일은 일본 측의 문헌 기록에 들어 있으므로, 조선통신사 일행 사이에 필시 상당히 널리 유전되었을 것이고, 이덕무도 귀로 들었을 가능성이 있다. 이 목전의 고사는 일본 여성이 작시에 능했다는 실례이다. 이것은 이덕무에게 자극과 영향을 주어, 이에 따라 이덕무는 여성 시문에 대한 태도를 바꾸어 조선 · 중국 · 안남의 여성 창작에 대해 주목하고 반성하게 되었다.

이덕무는 당시 관품이 아주 낮았으나 문단에서의 영향력은 대단히 컸다. 죽은 뒤에는 정조가 특별히 돈을 하사하여 『아정유고』를 인쇄하게 하여, "7건을 진헌하고, 집에 8건을 보관하고, 여러 곳에 142건을 나누어 전했으니,"[110] 문인으로서 각별한 영광이었다고 할 수 있다. 그의 『청령국지』를 두고 유득공은 어떤 사람에게 권하길, "이것을 읽으면 해외 여러 나라의 사정을 알 수 있다."[111]라고 했다. 그의 『청비록』은 중국에 흘러 들어가, 이조원(李調元)이 그것을 판각하여 『속함해』 속에 넣었고, 또 일본에 전해 들어가 문단의 반향을 일으켰다. 그로써 그는 다른 문학 동호인들과 함께 선명한 이론적 주장으로 당시의 지식 문화계에 '북학

108_『入燕記』 下, 『靑莊館全書』 권67, 한국문집총간 제259책, p.220. "只抄我國之稀有及絶無者."

109_『通航一覽』 卷111. "甲申之春, 韓使來聘, 竣事歸國, 經品川驛, 行中少年金雲龍者, 見兒女之皎美, 而俾人問其庚. 自傍答曰 : '已向破瓜.'雲龍熟視云 : '洵美且艶.'因援筆立書一絶贈之曰 : '顔色如桃李, 春秋十五年. 君無王上點, 我作出頭天.'兒女赧羞誦之. 卒和之曰 : '海外西方客, 翩翩美少年. 縱成千里別, 猶望釜山天.'雲龍屢唱賡歌, 次旦不能進, 從者叱馬, 乃行."(第3冊, 國書刊行會, 大正二年版, p.321) '王上點'은 '主', '出頭天'은 '夫'이다.

110_李光葵, 「先考積城縣監府君年譜下」, 『靑莊館全書』 권71, 한국문집총간 제259책, p.332. "進獻七件, 家藏八件, 諸處分傳一百四十二件."

111_「蜻蛉國志序」, 『泠齋集』 권7, 한국문집총간 제260책, p.117. "讀之以知海外諸國之情狀,"

풍'을 불러 일으켰으니, 그 세력과 영향은 과소평가할 수 없다.

4. 갑신행(계미 사행) 창수 필담의 문학사적 의의

한 시대 문학 관념의 형성 내지 유행은 결국 여러 요인들이 종합적으로 작용한 결과이다. 여기서 갑신 창수 필담이 조선 한문학사와 일본 한문학사에서 몇몇 관념을 바꾸는데 영향을 끼친 사실을 거듭 논하기로 한다. 이는 그 문학사적 의의를 상당히 드러낼 수 있을 것이다.

조선 측으로 말하면, 이 당시 비교적 보편적인 인식이 있었으니, 곧, 일본 문명의 진보가 중국 서적이 나가사키를 통해 대량으로 수입된 사실과 밀접한 관계가 있다는 인식이었다. 원중거는 『화국지』 '시문지인(詩文之人)' 조에서, "그 후 혼돈에 구멍이 나날이 뚫려서 나가사키의 서적이 마침내 통하게 되었다."[112]라고 했다. 이덕무는 『청령국지』 '예문'에서, "근자에 강남의 서적이 나가사키에 폭주하여, 집집마다 책을 읽고 사람마다 붓을 잡으므로, 오랑캐의 풍속이 차츰 변하고 있다."[113]라 하고, 또 『천애지교서(天涯知交書)』「필담」에서, "일본인이 강남과 통했으므로, 명나라 말 옛 기물과 서화, 서적, 약재가 나가사키에 폭주하여, 일본의 겸가당 주인 모쿠 세이슈쿠(木世肅)〔기무라 세이슈쿠(木村世肅)〕는 비서 3만 권을 소장하고, 중국의 명사들과 많이 교류하여, 문아(文雅)가 바야흐로 성대하니, 우리나라가 견줄 바가 아니다."[114]라고 했다. 유득공은 『고운당필기(古芸堂筆記)』 제5권 '우리 책이 일본에 전함〔我書傳於倭〕' 조에서 "왜인은 지혜의 구멍이 나날이 열려, 옛적의 왜가 더 이상 아니다. 대개 나가사키에서 바다 배가 강남의 서적을 실어

112_『和國志』 地卷, p.326. "其後混竅日鑿, 而長崎之書遂通見."

113_『靑莊館全書』 권64, 한국문집총간 제259책, p.162. "近者江南書籍, 輻湊於長碕, 家家讀書, 人人操觚, 夷風漸變."

114_『靑莊館全書』 권63, 한국문집총간 제259책, p.131. "日本人通江南, 故明末古器及書畫 · 書籍 · 藥材, 輻湊於長碕, 日本蒹葭堂主人木世肅, 藏秘書三萬卷, 且多交中國名士, 文雅方盛, 非我國之可比."

와 수출하기 때문이다."[115]라고 했다. 이런 관점은 하나의 추세가 되었다. 시기적으로 조금 뒤의 김정희(金正喜, 1786-1856)는 「잡지(雜識)」에서 이렇게 말했다.

> 지금 동도(에도) 사람 조사본렴(篠四本廉)의 문자 세 편을 보니, 엄주(弇州, 왕세정)의 누추하고 편벽한 습속을 깨끗이 씻어 사채(詞采)가 환발(煥發)하며, 또 창명(滄溟, 이반룡)의 문격(文格)을 쓰지 않아서, 중국의 작가로도 더할 수가 없었다. 아! 나가사키의 선박이 날로 중국과 더불어 호흡이 서로 통하여 비난이나 구리의 무역은 오히려 부차적인 것이 되고, 천하의 서적이 산과 바다로 실려 가지 않는 것이 없다.[116]

또 이상적(李尙迪, 1803-1865)은 「〈엔록(蔫錄)〉을 읽고」에서 "근래 중국 서적이 판각이 되자마자 상선으로 구름처럼 운수되어간다. 동도(에도)와 서경(교토) 사이에서 인문이 울연히 일어나 갈수록 성대하게 되어 가는 것은 이 한 길이 있기 때문이다."[117]라고 했다.[118]

만일 일본이 '오랑캐 풍속에서 벗어나 성학으로 된 것'[119]이 청나라 문장과 학술을 대량으로 흡수한 까닭이라고 한다면, 그렇다면 조선인이 여전히 '소화'를 자처하면서 청나라를 '이적'으로 볼 수 있을 것인가? 종래 견지해 오던 화이관을 바꿀 필요가 있는가 없는가? 물론 이덕무 등은 당시 북학을 강조한 측에 속하지만, 이 북학 관념은 도리어 뒤에 일어난 것이었다. 영조 35년(1759), 19세의 이덕무는 조선 강진현(康津縣)에 표류해 온 복건 사람 황삼(黃森)과 문답하여, "지금 육합의 안은 모두 오랑캐의 차지가 되어 머리를 깎고 왼쪽으로 옷깃을 여미어, 하나도 깨

115_『雪岫外史』外二種, 아세아문화사, 1986, p.125. "倭子慧竅日開, 非復舊時之倭. 蓋緣長碕海舶委輸江南書籍故也."

116_『阮堂全集』 권8, 한국문집총간 제301책, p.147. "今見東都人篠四本廉文字三篇, 一洗弇陋僻謬之習, 詞采煥發, 又不用滄溟文格, 雖中國作手, 無以加之. 噫! 長崎之舶, 日與中國呼吸相注, 絲銅貿遷尙屬第二, 天下書籍無不海輸山運."

117_『恩誦堂集』 續集 '文' 권2, 한국문집총간 제312책, p.242. "近來中國書籍, 一脫梓手, 雲輸商舶. 東都西京之間, 人文蔚然, 愈往而愈興者, 賴有此一路耳."

118_『恩誦堂集』 續集 '文' 권2, 한국문집총간 제312책, p.242.

119_李德懋, 『盎葉記』 5 '日本文獻', 『靑莊館全書』 권58, 한국문집총간 제259책, p.39.

끗한 곳이 없습니다. 오직 우리 동국만은 예의를 숭상하고 관을 쓰고 띠를 두르고 있어, 지금에서는 동국에 태어난 것을 다행으로 여기고 있습니다."[120]라고 탄식했다. 그렇거늘 이제 일본 문명의 진보를 목도하고 더 이상 일본을 만(蠻)으로 볼 수 없게 되었을 뿐만 아니라, 거기서 연상을 하여 청나라를 '노(虜)'라고 볼 수가 없게 되었다. 이덕무는 갑신년 7월에 쓴 「쇄아(瑣雅)」에서 이렇게 말했다.

> 지금 청나라 문장으로는 입옹(笠翁) 이어(李漁)가 가장 뛰어나지만 이미 5, 60 년 전 사람이다. 일본 문장으로는 조래무경(徂徠茂卿)이 거벽(巨擘)으로, 왕원미(왕세정)와 이우린(이반룡)의 번쩍이고 변환하는 수법을 전적으로 숭상하여 당시에 볼만한 바가 있었다.[121]

이렇게 청대 문장과 일본 문장을 나란히 거론했다. 분명히, 이덕무는 이 문제에 대해 깊이 반성하고, 그로써 과거의 인식을 바꾸어, 시대의 선각자 가운데 한 사람이 되었다. 그는 조연귀(趙衍龜)에게 보낸 서신에서, "우리나라 사람은 끼고 믿을 것도 없으면서 스스로 으스대어, 걸핏하면 '중국에는 사람이 없다.' 하니, 어찌 그리도 눈알이 콩알만 할까요?"[122]라고 했다. 또 이렇게도 말했다.

> 세속의 소견은 끼고 믿을 것도 없으면서 스스로 으스대어 망령되이 대론만을 할 뿐이므로, 끝내는 자신을 속이고 남을 속이는 지경에 귀착되고 맙니다. 그리고 중국이 쇠란한 것만을 알 뿐, 중국의 선비 중에 명명백백한 한 덩어리의 좋은 구슬이 체내에 간직되어 있음을 알지 못합니다. 그저, 노인(虜人)이니 이인(夷人)이니 하고 마구 지껄이니, 어찌 그

120_『靑莊館全書』 권3, 한국문집총간 제257책, p.72. "顧今六合之內, 渾爲戎夷, 薙髮左衽, 無一乾淨地. 獨我東尙禮義而冠帶之, 於今覺幸生東國也."

121_『靑莊館全書』 권5, 한국문집총간 제257책, p.104. "今淸之文章, 李漁笠翁爲翹楚, 而五六十年前人也. 日本文章, 物徂徠茂卿爲巨擘, 而專尙王元美 · 李于鱗, 閃爍倏幻, 時有可觀."

122_『靑莊館全書』 권19, 한국문집총간 제257책, p.257. "東國人無挾自恃, 動必曰'中國無人', 何其眼孔之如豆也?"

리도 소견이 좁습니까? 노인도 아니고 이인도 아닌 그 사람은 행실과 식견이 과연 중국 사람만 합니까 못합니까?[123]

박제가는 『북학의』 외편 「북학변」에서 이렇게 지적했다.

하사(下士)는 오곡을 보면 곧 중국에 있는지 없는지 묻고, 중사(中士)는 문장이 우리만 못하다고 여기며, 상사(上士)는 중국에 이학이 없다고 한다. 과연 이와 같다면, 중국에 선비가 하나도 없어서, 내가 말한 '배울 만한 것'이라고는 남은 것이 거의 없다. …… 서적이 극히 많고 이학의 의리가 무궁하다. 그러므로 중국 책을 읽지 않는 것은 스스로 금을 긋는 일이요, 천하가 죄다 되놈이라 하는 것은 남을 속이는 일이다.[124]

그리고 성대중은 정조 14년(1790) 「시랑 서호수가 부사로 연경으로 가는 것을 전송하는 글〔送徐侍郎浩修以副价之燕序〕」에서 이렇게 말했다.

무릇 천하의 예악을 모아서 절충하는 것을 대성(大成)이라고 한다. 만일 채집할 수 있다면 이적이라도 중화의 문명 안으로 들어올 수가 있다. ……허물며 저 중토는 실로 삼대 예악의 터이기에, 옛 기물과 끼친 제도를 그래도 징험할 수 있다. 서적은 송나라 · 명나라의 옛것이고, 측후는 탕약망 · 이마두(利瑪竇, 마테오 리치)가 남긴 것이다. 병제와 형제, 전부와 성곽의 제도는 간이하고 굳건하여 지키기 쉽다. 건주위 추장이 제하(諸夏)를 병합하여, 그 장점을 취하고 나의 단점을 다스렸으므로, 자강의 술법이 되기에 해가 되지 않았다. 우리가 두루 채집하고 신중하

123_『靑莊館全書』 권19, 한국문집총간 제257책, p.258. "世俗所見, 只坐無挾自恃, 妄生大論, 終歸自欺欺人之地. 只知中州之陸沉, 不知中州之士多有明明白白的一顆好珠藏在袋皮子. 只獨自喃喃曰'虜人'·'夷人', 何其自少乃爾, 其爲不虜不夷之人, 行識見識果如中州人也乎不也?"

124_『楚亭全書』 下冊, 아세아문화사, 1992, pp.535-536. "下士見五穀, 則問中國之有無; 中士以文章不如我也; 上士謂中國無理學. 果如是, 則中國遂無一士, 而吾所謂可學之存者無幾矣. …… 夫載籍極博, 理義無窮. 故不讀中國之書者, 自劃也; 謂天下盡胡也者, 誣人也."

게 택하는 데 달려 있을 따름이다.[125]

여기서 청나라를 여전히 '추(酋)'라고 부르고는 있지만 핵심 사상은 "두루 채집하고 신중하게 택해야" 하지, "스스로 선을 그어서는" 안 된다는 것이다. 전체적으로 보면, 이것은 화이관의 변화이다. 문학으로 말하면, 허심으로 청대의 문학을 학습하려는 태도이다. 조선인은 일본 문학의 가치를 먼저 인식하고 거기에서 자극을 받아 돌이켜 생각했으며, 그런 후 청대 문학의 가치를 인식하기에 이르렀다고 말할 수 있다. 이덕무는 『한죽당섭필(寒竹堂涉筆)』에서 이렇게 지적했다.

> 우리 밝은 왕조에 이르러서는 인물과 문화가 차츰 열려서 때때로 영특한 인재들이 있었다. 그리하여 비록 중국 태학에 입학해야 하는 법규는 없었지만 해마다 육로로 문사들이 이따금 들어갔다. 하지만 마음속으로 기뻐하여 애쓰는 정성이 없을 뿐만 아니라, 진실로 꿈속처럼 흐리멍덩한 가운데 참으로 백치가 되어 아무런 소득도 없이 빈손으로 돌아왔으니, 이것은 도리어 신라의 부지런하고 성실한 것만도 못했다. 우리나라의 문교가 중국에 비교하여 매양 1백 년 뒤로 계수(計數)를 물려야 비로소 조금 진척이 있었다. 우리나라에서 처음으로 좋아하기 시작하는 것은 바로 중국에서 쇠퇴하고 오래되어서 싫어하는 것이다.[126]

이런 상황을 개변시키려면 중주(중국)의 문학을 '마음으로 좋아해야' 하지, 호인이라고 멸시해서는 안 된다. 이덕무는 정조 원년(1777) 이조원에게 보낸 서신에서 이렇게 말했다.

125_『青城集』 권5, 한국문집총간 제248책, p.430. "夫集天下之禮樂而折衷之, 是之謂大成. 如其可采, 夷亦進之. …… 況彼中土, 實三代禮樂之墟也, 故器遺制, 猶有可徵. 書籍則宋·明之舊也, 測候則湯·利之餘也. 若其兵刑田郭之制, 簡勁易守. 建酋之所以并諸夏也, 取彼之長, 攻吾之短, 不害爲自强之術也, 在吾人博采而愼擇之耳."

126_『青莊館全書』 권68, 한국문집총간 제259책, p.245. "至若昭代則人文漸開, 間有英才, 雖無入學之規, 年年陸行, 文士時入, 而但無心悅之苦, 誠如夢如睡, 眞成白癡. 無所得而空來, 所以反遜於新羅之勤實也. 大抵東國文教, 較中國每退計數百年後始少進. 東國始初之所嗜, 即中國衰晚之所厭也."

> 저는 지지리 못난 인품에 재주도 워낙 없지만, 오직 천성이 우직하여 남을 사랑하고 옛것을 믿을 줄만 압니다. 다만, 강(江)·하(河)·한(漢)·낙(洛)의 물을 마시지 못하고, 오·촉·제·노의 땅을 밟지 못한 채 해방(海邦)에서 말라죽어 알아줄 사람이 없게 될 것이 한스러울 뿐입니다. 고정림(顧亭林, 고염무) 선생의 "구주 가운데 일곱 주를 돌아다니고, 오악 가운데 네 산을 올랐다." 단 시구를 외울 때마다 눈물이 줄줄 흐르지 않은 적이 없었습니다.[127]

이는 10년 전에 "다행히 동국에 태어났다."라고 스스로를 위로하던 관념과는 하늘과 땅의 차이와 같다. 이서구는 이렇게 말했다.

> 동국 사람은 마음이 거칠고 시야가 좁아 대개 시를 제대로 알지 못한다. 청에 대해서는 그 사람이 어진지 못한지, 시가 높은지 낮은지 따지지 않고, 걸핏하면 '호인'이란 두 글자로 말살해 버린다. …… 이상(貽上)〔왕사진(王士禛)〕에 대해서는 지금껏 그가 어떤 사람인지도 알지 못한다. …… 나는 이상(왕사진)의 시를 혹애하여 단지 명나라 3백 년간 이런 바른 소리가 없었을 뿐 아니라 송·원에서 구한다고 해도 짝이 될 만한 인물이 드물다고 여긴다.[128]

청나라 작품이 명나라 문학을 능가한다고 했다. 이 설은 조선에서는 파천황의 의론이었다. 각별히 동시대의 문학에 주목하려 했기에, 유득공의 『병세집』이 마침내 새 기운에 응해서 태어났다. 그 서문에 이러하다.

> 시를 말하면서 중국에서 구하지 않는 것은 농어를 생각하면서 송강으로 가지 않는 것이나, 금귤을 필요로 하면서 동정호에 배를 띄우지 않

127_『青莊館全書』 권19, 한국문집총간 제257책, p.266. "不佞樗櫟賤品, 瓦礫下才, 只是秉性迂直, 愛人信古. 只自恨口不飲江河漢洛之水, 足不蹈吳蜀齊魯之地, 枯死海邦, 有誰知之? 每誦亭林先生'九州歷其七, 五岳登其四', 未嘗不泫然流涕也."

128_『淸脾錄』 권3, 한국문집총간 제258책, p.47. "東國人心粗眼窄, 類不能知詩, 而至於淸, 則不問其人之賢否·詩之高下, 動輒以'胡人'二字抹摋之. …… 如貽上(王士禛)者, 至今猶不識其爲何狀人也. …… 余酷嗜貽上詩, 嘗以爲非徒有明三百年無此正聲, 求諸宋元, 亦罕厥儔."

> 는 것과 같으니, 그렇게 하는 것이 옳은지를 모르겠다. …… 진기년(陳其年, 陳維崧)의 『협연집(篋衍集)』과 심귀우(沈歸愚, 沈德潛)의 『국조시별재(國朝詩別裁)』를 읽어 보면 더욱 중토 인문의 성대함을 깨닫게 되는데, 나보다 앞서지도 뒤지지도 않고 시대를 같이 하는 사람이 누구인지를 모르겠다. 십수 년 이래 동지 여러분들이 마자수(馬訾水)를 건너 요동 벌을 달려서 연경에 노닐지 않는 사람이 없을텐데, 같이 노니는 사람은 모두 『시경』 국풍에 나오는 2남 13국 지역의 사람들일 것이다. …… 시를 말하면서 중국에서 구하지 않는 것이 어찌 옳겠는가? 창수했던 편장과 바람결에 소리를 부쳐 해외에 유전하는 시편품들을 기록하고, 손수 점정(點定)하여 2권으로 만든다.[129]

이 책은 정조 20년(1796)에 편찬되었는데, 시를 말하려면 반드시 '중국에서 구하라.'라는 것이 이미 그의 확고한 신념으로 되어 있었다. 문단의 추세로 보면 이런 인식은 더욱 보편화되고 더욱 강화되어 갔다. 홍석주(洪奭周, 1774-1842)는 이렇게 말했다.

> 근세 우리나라 문인 가운데 정 열수(丁洌水, 정약용)와 김 추사(金秋史, 김정희) 등이 가장 박학하다고 일컬어지고, 그 외에는 그리 많지 않다. 하지만 내가 접때 연경에 들어가 태학의 공생(貢生) 여러 사람들을 만나, 서(書)와 사(史)에 대해 담론해 보니, 모두 물음에 즉시 응답하고 붓을 바꾸어 가면서 번갈아 써 내려갔다. …… 이는 먼 지방에서 과거 응시하러 왔다가 낙제하고 돌아가지 못한 채 서울에 기식하고 있는 무명의 소생일 뿐이거늘, 내가 보기에는 정 열수나 김 추사 아닌 사람이 없었다. 우리나라 사람의 재주와 학문이 어찌 중주 사람의 열에 서넛이라도 당할 수 있겠는가?[130]

129_『燕行錄全集』 제60권, pp.50-52. "言詩而不求諸中國, 是猶思鱸魚而不之松江, 須金橘而不泛洞庭, 未知其可也. …… 讀陳其年『篋衍集』·沈歸愚『國朝詩別裁』, 益覺中土人文之盛, 而獨未知不先不後與我同時者爲何人也. 十數年來, 同志數子, 莫不涉馬訾踔遼野而游乎燕中, 所與游者, 皆二南十三國之地之人. …… 言詩而不求諸中國, 惡乎可哉? 輒錄其唱酬篇章及因風寄聲流傳海外者, 手自點定爲二卷."

130_洪翰周, 『智水拈筆』, 아세아문화사, 1984, pp.445-446. "近世我國文人如丁洌水·金秋史輩最稱博學, 其外亦無多人. 然向余入燕, 訪見太學貢生諸人, 與之談論書史, 皆隨問應答,

또한 서유소(徐有素)의 『연행록』〔순조 23년(1823) 집필〕 제2권 '문학필한(文學筆翰)'에 다음 말이 있다.

> 중국인은 비단 천자(天姿)가 영오(穎悟)할 뿐만 아니라 견문이 극히 해박한 데다가, 일생을 공을 쌓아 문학에 종사한다. …… 그 규모와 공정은 결코 우리나라 문학(학문)이 발돋움하여 미칠 수 있는 바가 아니다. 먼 성(省)의 거인(擧人)으로 이곳에 와서 머물며 선발을 기다리는 사람들은 소설을 지어 시장 서사(書肆)에 파는데, 패관(稗官)·비리(鄙俚)의 작에 불과하지만 운의(運意)·배포(排鋪)의 법과 조종(操縱)·단장(短長)의 수단은 역시 우리나라의 능문의 인사가 가능한 바가 아니다.[131]

여기에 이르러, 조선인이 청대 문장과 학술을 바라보는 관점이 철저히 뒤바뀌었다고 할 수 있다. 이런 개변의 원인을 소급하여 추적하려면 갑신년 조선통신사가 일본에서 행한 수창·필담을 놓쳐서는 안 된다. 문학사적 의의를 논단하자면 이것이 그 첫 번째라고 말할 수 있다.

다음으로, 첫 번째 특점과 관련하여, 일본 문학의 신속한 성장은 조선인의 안중에서 이미 홀시할 수 없는 존재로 되었고, 나아가 청대 문학에 대한 자신의 인식을 반성하고, 여기서 또 한 번 변모하여 한문학권에 대한 총체적 시야의 추형을 형성하게 되었다. 이를테면 유금(柳琴)은 일찍이 이덕무·유득공·박제가·이서구 등 4가의 시를 엮어 『한객건연집』을 만들고 영조 52년〔건륭 41년, 1776〕 휴대하여 연경으로 들어가 이조원·반정균에게 서문을 청하고 평점을 붙여 달라고 부탁했다. 그 후 유득공은 『건연외집』을 편찬했는데, 이덕무는 그것을 보완하면서 그 내용을 중국 시와 일본 시로 나누었다.

輪筆遞寫. …… 是不過遠方赴擧, 失第未還, 旅食京師之無名小生也, 而以余觀之, 無非丁洌水·金秋史也. 我國人才學, 其能當中州人三四分乎?"

131_『燕行錄全集』 제79권, pp.245-247. "中國人非惟天姿穎悟, 聞見極博, 且有積工一生從事於文學. ……其規模工程, 决非我國之文所可跂及也. 遠省擧人之來留候選者, 作小說鬻於市肆, 即不過稗官鄙俚之作, 而其運意排鋪之法, 操縱短長之手, 亦非我國能文之士所可能也."

> 담헌(홍대용)이 육비(陸飛)·엄성(嚴誠)·반정균 삼공의 필담과 간찰을 엮어서 회우록(會友錄)을 만들고, 또 회우록 가운데서 철교의 서(書) 및 시 약간을 별도로 뽑아 나에게 교감하도록 하여 집에 소장했다. 유혜풍(유득공)은 또 이 세 사람의 시를 편집하여 『건연외집』을 만들었다.[132]

> 『소음재시(篠飮齋詩)』 1책에 1백 38수가 실렸는데, 유영암(柳泠庵, 유득공)이 51수를 선발하여 『건연외집』에 수록했다. 나도 몇 수를 초록했다.[133]

> 유혜풍의 『건연외집』에 『청령국시선』을 실었다. …… 내가 또 약간 수와 약간 구를 뽑아서 싣는다.[134]

안과 밖을 결합해서, 몸체를 다 갖추었으되 크기만 작은 한문학권을 이루었다. 유득공은 또 『병세집』을 편집했는데, 이 책은 창수시를 위주로 하여, 중국 시를 수록하고 나서 일본·안남·유구의 작을 수록했다. 그 시야는 분명히 총체적이다. 또한 이덕무는 『청비록』 제4권 '지봉의 시가 먼 나라에 전파됨〔芝峰詩播遠國〕' 조에서 이렇게 말했다.

> 만력 정유년(1597) 지봉 이수광이 진위사로 명나라에 갔을 적에 안남국의 사신과 만나 서로 시를 창화했다. …… 지봉은 또 유구국 사신과도 만나 『증답록』을 지었다. 그 발문에, "유구국 사신 채견(蔡堅)·마성기(馬成驥)와 따라온 사람 17명이 모두 천조(중국)의 관복을 입었는데, 외모와 언어는 대략 왜인과 같았다. 그들이 나의 시문을 얻어 보완(寶玩)으로 삼기를 원하기에 대략 얽어서 주었다. 그들은 글 짓는 데 서툴

132_『淸脾錄』 권2, 한국문집총간 제258책, p.35. "湛軒編陸(飛)·嚴(誠)·潘(庭筠)三公筆談·書尺爲『會友錄』, 又於錄中抄鐵橋(嚴誠)語及詩若干首, 使余校勘, 藏於家. 柳惠風又輯三人詩爲『巾衍外集』."

133_『淸脾錄』 권1, 한국문집총간 제258책, p.18. "篠飮齋(陸飛)詩一卷一百三十八首, 柳泠庵選五十一首爲『巾衍外集』, 余又抄若干首."

134_『淸脾錄』 권4, 한국문집총간 제258책, p.67. "柳惠風『巾衍外集』載『蜻蛉國詩選』. ……余又抄載若干首, 摘若干句."

러서 같이 수화하기에는 부족했다."라고 했다.[135]

주의할 점은 이것이다. 곧, 이덕무는 지봉(이수광)의 작이 '먼 나라에 전파되어' 심지어 안남 문리후(文理侯) 정소(鄭勦)가 "주사(硃砂)로 권점을 치고 비평을 했으며" "유생들이 사람마다 뽑아 베껴 가며 외웠다."라고 언급하는 동시에, 안남 사신 풍극관(馮克寬)과 유구 사신 채견(蔡堅)·마성기(馬成驥) 등의 시들을 실었다. 이덕무는, 아울러 이렇게 평론을 했다. "풍극관의 시는 진실로 세련되고 섬부(贍富)했으며, 채견·마성기 두 사람의 시 또한 진실했다. 종성(鍾惺)·담원춘(譚元春)이 이 글을 보았더라면 응당 자안(字眼)에 권비(圈批)한 다음 '매우 훌륭하다.'라고 논평했을 것이다."[136] 명대 경릉파(竟陵派)의 문학관을 보면, 종성(鍾惺, 1574-1625) 등은 "시는 맑은 품물〔淸物〕이다"[137]라고 해서, 시의 '영(靈)'과 '후(厚)'를 강조했다.[138] 시로서 영(靈)하면서 후(厚)하다면 '더 남은 일이 없다.'고 할 만하다. 이덕무는 '영후(靈厚)'라는 말로 유구국 사신 채견·마성기의 작을 비평해서, 이수광의 평가와는 천양의 차이가 있다. 그 추켜올림이 과분함을 면하기 어렵지만, 그 시야는 개방적이다. 이덕무는 이수광을 '동국의 승암(升庵, 양신)'이라 견주고 이서구를 '동국의 어양(漁洋, 왕사진)'에 견주었으며, 조선·중국·안남의 여성 시가에 주목했다. 곳곳에서 한문학권 전체를 배경으로 하는

135_『靑莊館全書』 제259책, pp.60-61. "萬曆丁酉, 李芝峰睟光朝京, 逢安南使臣唱和. …… 芝峰又逢琉球使臣, 芝峰撰『贈答錄』, 跋其尾曰 : '琉球國使臣蔡堅·馬成驥並從人十七人, 皆襲天朝冠服, 狀貌言語, 略與倭同. 願得所製詩文, 以爲寶玩, 故略構以贈. 而堅等短於屬文, 不足與酬和耳.'"

136_『靑莊館全書』 제259책, p.61. "馮克寬詩固圓熟贍富, 而蔡·馬詩亦眞實. 鍾(惺)·譚(元春)見之, 應圈字眼而評曰 : '靈厚'."

137_「簡遠堂近詩序」. "詩, 淸物也." 『隱秀軒集』 卷17, 上海古籍出版社, 1992, p.249. 이덕무가 그 책을 『청비록』이라고 이름 지은 것은 당나라 승려 貫休의 "乾坤有淸氣, 散入詩人脾"에서 나왔지만, 그것은 또 분명히 鍾惺의 의견과 일관되어 있었다. 그는 『瑣雅』에서 "鍾伯敬·譚元春所緝古詩·唐詩二歸, 頗費精力, 選家鮮能及焉."(『淸莊館全書』 권5)라고 했다. 취향이 확실히 종성·담원춘과 비슷했음을 알 수 있다.

138_「與高孩之觀察」, 『隱秀軒集』 卷28, 上海古籍出版社, 1992, p.474. "詩至於厚而無餘事矣. 然從古未有無靈心而能詩者, 厚出於靈, 而靈者不即能厚. …… 必保此靈心, 方可讀書養氣, 以求其厚."

사고 노선을 체현해 내었다. 2백여 년 전의 조선에서 그들은 이미 이런 흉회와 안광을 지니고 있었으니, 이는 찬상을 하고 크게 발양할 필요가 있다.

이덕무의 문학 사상을 집중적으로 체현한 것이 『청비록』이란 책이다. 이 책의 초고가 완성된 지 얼마 되지 않아 이덕무 본인이 정조 2년(1778)에 지참해서 중국에 이르러, 축덕린 · 당낙우 · 반정균 등 여러 사람들에게 두루 보여 주었으며, 마지막으로 이조원이 『함해』와 『속함해』에 간각해 넣었다. 이것으로 그치는 것이 아니다. 이조원이 그의 『우촌시화』에서 거듭 인용했으므로, 이 책은 중국에서 상당히 유명해졌다. 중국인이 주변 국가 및 지역의 문학에 관심을 둔 것은 유래가 아주 오래라고 하겠으나, 단, 문학비평에서 적극 평가한 것은 아주 드물었다. 『우촌시화』에는 안남 · 유구 · 조선의 시에 대한 평론이 많은데, 『청비록』의 자극을 받았을 가능성이 있다.

일본 측으로 말하면, 헤이안 시대 문학사에 문인 사이의 '투시(鬪詩)' 활동이 있었다. 이것은 일본 문인의 창조적 활동으로 인정된다.[139] 본래 문인 사이의 시가 창수는 바로 정감의 교류이자 재량 비교의 '문전(文戰)'이었다. 그런데 두 나라 문인의 창수에서는, 높낮이를 견주는 이런 요소가 왕왕 더욱 강화되었다. 이시카와 조잔(石川丈山)은 관영(寬永, 간에이) 15년 무인(1638) 「조선국 권학사 국언에게 준 필어의 발〔與朝鮮國權學士菊軒筆語跋〕」에서 이렇게 말했다.

> 간에이 13년 병자 11월, 조선국이 공헌(貢獻)을 하고, 삼관사(三官使)가 …… 내조했다. …… 정축년 정월 중순에 경사(교토)로 돌아와 혼코구지(本國寺)에 묵었는데, 나는 그의 재주와 식견을 시험하고자, 그리로 가서 문후했다. 그 무리에 중직대부(中直大夫) 시학교수(詩學敎授) 권학사란 자가 나와서, 나에게 억견으로 대했다. …… 이 행로에서는 어

139_『天德三年八月十六日鬪詩行事略記』, 『群書類從』 第9輯 卷134, pp.286-287. "遠稽唐家, 近訪我朝, 初自彼會昌好文之時, 至於元和抽藻之世, 雖馳淫放之思, 未有鬪詩之游." 天德三年爲後周顯德六年(959), 可知此類活動由來已久. 其後又演變出"詩歌合"的活動, 兩人相對, 以詩爲左, 以歌爲右, 詩歌相合, 以決勝負.

> 러운 문제를 시설하지 않고, 다만 모임의 풍아한 광경을 기록해서 문전(文戰)의 징험으로 삼았다.[140]

문전의 승부를 판정하는 일은 속도로 결정하는 일이 많았다. 조선 측에서 인원들을 파견할 때는 특히 의마지재(倚馬之才, 글을 속성으로 짓는 재주)를 지닌 문인을 뽑아서 제술관이나 서기에 충당하여 이런 모임에 대응하게 했다. 권식(權侙 호 菊軒)은 사람들에게 다음과 같은 인상을 남겼다.

> 학사는 웅섬하고 박식하며, 문사의 재주가 민첩하고 통달하여, 문은 점을 가하지 않고 시는 붓을 정지하지 않고서, 물 흐르듯 변론을 하니, 우리나라의 소인(騷人)과 묵객(墨客) 중에 누가 그 사봉(詞鋒)을 당할 수 있겠는가?[141]

일본 한문학사에서 가장 민첩한 재주를 지녔다고 일컬어질 만한 인물로는 기온 난카이(祇園南海, 1676-1751)를 꼽아야 할 것이다. 그는 18세 때 하룻밤 동안 1백 수를 창작한 기록이 있다. 숙종 37년 신묘(1711)〔일본 正德 원년〕 조선통신사 제술관 이현(李礥)〔호 동곽(東郭)〕은 그의 시집에 서문을 써 주어 그 재주를 탄상하고, 또 증정한 시에서 그를 '시선'이라고 일컬었다.[142] 난카이는 피차의 창수시를 『빈관호저집(賓館縞紵集)』으로 엮었다. 그러나 이후 일본인 기록에 따르면, 임별의 때에 "난카이가 검을 짚고 서서 「증별 24장」을 읊어서 주자, 동곽이 머뭇거리면서 한 시도 화운하지 못하고는 크게 부끄러워하면서 떠났다. 전하는 말에, 동곽이 부산 바다에 이르러 피를 토하고 돌연 죽었다."[143]라는 이야기가

140_『新編覆醬續集』 卷6, 『詩集日本漢詩』 第1卷, p.252. "寬永十三年丙子十一月, 朝鮮國貢獻, 三官使 …… 來朝, …… 歲丁丑正月中旬還京師, 館於本國寺, 余爲試其才識行而往候焉. 其徒有中直大夫詩學教授權學士者, 出而與余臆對矣. …… 余此行也, 不設難問, 啻記取會次之風雅, 以爲文戰之徵矣."

141_『覆醬集』 卷上, 『詩集日本漢詩』 第1卷, p.18. "學士雄贍博識, 詞才敏速, 文不加點, 詩不停筆, 辨論如流, 吾邦之騷人墨客, 誰獲當其詞鋒哉?"

142_松下忠, 『江戸時代の詩風詩論』, pp.369-375.

143_西山拙齋, 『閑窗瑣言』.

있었다. 그런 고사가 출현한 배경은 일본인이 수창의 때에 속도 면에서 상대방을 압도하길 바란 때문이었다. 이런 일이 실제로는 있을 수 없었다고 해도 허구를 지어내어 심리상 만족을 구하면 그만이었다.[144] 갑신년 조선통신사 행차에 민첩한 재능인들이 따라가서 영예를 충분히 얻었다고 해도,[145] 식견 있는 선비들은 일본 시문의 수준이 급속하게 향상하는 것을 목도하여 반성하는 바가 있었다. 나바 시소는 이렇게 말했다.

> 남 시온(南時蘊, 남옥)이 언젠가 내게 말했다. "그대 나라의 사람들이 다투어 시를 내보여 마지않으므로, 부득이 행운유수법(行雲流水法)을 쓰지 않을 수 없었으나, 한밤중에 생각하고는 부끄러워 등에서 땀이 날 정도였습니다." 성사집(成士執, 성대중)도 말했다. "초초하게 시편을 엮어 끝냈으나, 이백과 두보가 이 경우를 당하더라도 「청평 삼첩(淸平三疊)」과 「추흥 팔수(秋興八首)」를 다 쓰지는 못했을 것입니다."라고 했다. 온축한 바가 연원이 있음을 잘 알 수 있다.[146]

앞서 인용한 글에서 야마네 기요시(山根清)나 오쿠다 겐케이(奥田元繼)가 조선통신사의 수창이나 필담에 대해 비평한 것을 보면, 조선통신사가 아직 우세하다고 깨달은 측면은 '응수의 민첩함', '필한을 물 흐르듯이 함', '필한을 물 흐르듯이 하고 필담의 말을 당장에 이루어 냄'이었다. 조선통신사가 재차 일본에 간 것은 순조 11년〔일본 분카(文化) 8년, 1811〕이다. 마쓰자키 고도(松崎復)의 『접선암어(接鮮瘖語)』 상권에 하

144_李礥은 숙종 38년(1712) 2월에 조선으로 돌아왔고, 숙종 44년 전염병으로 세상을 떴다. 문인 조태억(趙泰億)이 제문을 지어 이렇게 말했다. "曩余泛海, 屈公偕逝. 有蔚文采, 聳彼椎髻. 蠻牋百幅, 日所淸製. 信手揮灑, 酬應無泥. 名章傑句, 磊落盈睇. 華國之譽, 其永無替. 歸來斂跡, 偃息江澨. 醒吟醉睡, 閑眺倦憩. 雖則衰晩, 罔愆榮衛. 不謂康旺, 遽厄役癘."(『謙齋集』 권40, 한국문집총간 제190책, p.166)

145_이 통신사행에서 재주가 가장 많고 민첩했던 사람이 李彦瑱(虞裳)이었다. 그는 , 漢語翻譯官이 되어 수행하여 도일했다. 『淸脾錄』 권3 '李虞裳'條에 "先王癸未, 隨通信使入日本. 大坂以東, 寺如郵, 僧如妓, 責詩文如博進, 虞裳左應右酬, 筆飛墨騰. 倭皆瞠目呿舌, 詫若天人."(『靑莊館全書』 권34, 한국문집총간 제258책, p.44)라고 했다.

146_『問槎餘響』 序, 한국 국립중앙도서관장본. "時蘊嘗謂余曰 : '貴邦人競進不已, 不得不用行雲流水法, 中夜思之, 愧汗沾背.' 士執亦曰 : "草卒屬篇, 雖使李 · 杜當此, 未必能盡作『淸平三疊』·『秋興八首』." 益知其所蓄有淵源矣.

야시 다이라(林衡)가 조선 사신에게 한 말을 실어두었다. 하야시 다이라는, "두 나라가 교류한 지 이미 2백 년이고, 각자의 구역이 평온하여서, 여러분들과 한집에서 만나 뵙게 되었으니, 정말로 태평 시절의 즐거운 일입니다. 종전에는 호저(縞紵, 시문)를 증여하면 문득 억지 변론과 과장된 표현으로 서로 경쟁을 하고는 했는데, 군자가 남을 대하는 도리가 아닐 듯합니다."라고 했고, 또 "지난날 귀국의 사신이 우리 경역에 들어오면, 가는 곳마다 문사의 기예가 조금이라도 있는 자들이 잡답하게 앞으로 나아 곡조도 못 이루는 북을 시끄럽게 쳐 대듯이 하여서, 한결같이 졸속으로 맞서 왔습니다. 이런 비루한 습속은 식자들이 정말로 비웃고 있습니다. 하지만, 지금 폐지한다면 어떻게 정을 펼쳐 보이겠습니까?"라고 했다. 이에 대해 조선 정사 김이교(金履喬)는 "졸속으로 맞서는 것을 식자가 비웃는다고 하신 말씀은 정말 제대로 지적하신 것입니다. 하물며 문장은 속히 작성하는 것과는 관계가 없지 않겠습니까? 시문을 왕복하는 것은 정을 펼쳐 내면 족합니다."[147]라고 대답했다.

본래 중국의 병법에, "전쟁에서는 아무리 교묘한 전략을 펴더라도 지체된다면, 전략이 부족하더라도 제때 공격하여 속전속결하는 것만 못하다."라고 했다.[148] 시문으로 수창할 때 분명히 '문전'이란 말을 쓰는 것은 진작 중국 식자들의 기롱을 받은 바 있다.[149] 일본 측이 기왕의 "억지 변론과 과장된 표현으로 서로 경쟁을 함"이라든가 "한결같이 졸속으로 맞섬"을 거론하여 '비루한 습속' 운운했을 때, 우선 당장 마음속에 떠오른 것은 분명 최근의 정황이었을 것이다. 그 어조를 살펴보면, 야마네 기요시나 오쿠다 겐케이보다 더욱 차분하고 스스로를 낮추고 있지만, 골자는 도리어 고만하다. 표면상 본국의 문장을 억눌러 '문사의 기예가 조금이라도 있는 자들'이라고 했지만, '졸속'이란 두 글자는 써내는 속도가 신속한 쪽, 곧 조선 문사를 가리킨다. 전체 추세로 보면 일본 문단이 조

147_『古事類苑』「外交部」11 朝鮮 4, pp.800-801.

148_『太平御覽』卷132 引用『梁書 · 侯景傳』. "兵法曰：巧遲不如拙速." 中華書局, 1960, p.641.

149_李東陽,『麓堂詩話』, 丁福保,『歷代詩話續編』下冊, 中華書局, 1983, p.1398. "'巧遲不如拙速', 此但爲副急者道. 若爲後世計, 則惟工拙好惡是論, 卷帙中豈復有遲速之迹可指摘哉?"

선 문학을 폄하한 것이 더욱 심하다. 이것이 기본 동향이었다고 말할 수 있다.

앞서 보았듯이 이덕무는 『청비록』에서 일본 시문을 긍정하는 의견을 토로했는데, 이 책이 완성되고 얼마 되지 않아 일본에 전해졌다. 니시지마 조손(西島長孫, 1780-1852)은 20세 무렵 작성한 『폐추시화부록(弊帚詩話附錄)』[150]에서 이덕무의 의견을 인용하고 논평하길, "이 두 절을 보면 한인(韓人)이 우리나라에 정신으로 흠복한 것이 지극했다고 할 수 있다. 다카 난테이(高蘭亭)〔다카노 이케이(高野惟馨)〕이나 가쓰 시킨(葛子琴)의 경우는 아무것도 아니다. 만일 지금의 여러 영걸들을 본다면 더욱 탄식하고 절도할 것이다."[151]라고 했다.

단지 문학 방면에서만 자만한 것이 아니다. 일본인은 예술 방면에서도 더 이상 조선을 그렇게 공경하지는 않게 되었다. 순조 11년 신미 조선통신사행 때 쓰시마에서 그들을 응접한 사람들에 고가 세이리(古賀精里, 1750-1817), 구사바 하이센(草場佩川, 1788-1867), 이테이안(以酊庵) 조로(長老) 등이 있다. 고가 세이리의 삼단 문자(三段文字)를 아래에 예로 든다. 「오카모토 호슈와 한객의 창화시첩에 제하다〔題岡本豐洲韓客唱和詩帖〕」에 이러하다.

> 호슈는 계속(計屬)으로서 한객을 쓰시마에서 공판(供辦)하다가, 마침 자기 시편을 저쪽에 보여 주자, 저쪽이 탄상하여 마지않고는 만나 달라고 간구했지만 법에 따라 그럴 수 없었다. 그러자 저쪽에서 서너 수를 부쳐 와서 호슈의 화장(和章)을 얻어 갔다. 한객이 화시(和詩)를 구한 것은 드문 일이다. 이 일이 원근에 전파되어, 조고지사(操觚之士, 문사)들이 그의 시명을 흠앙하게 되었다.[152]

150_『弊帚詩話附錄』附語. "右附錄十數則, 是不系(疑當作'佞')少作, 近日所漫著也." 또 「弊帚詩話跋」에 "余幼學詩, 好讀近人詩, 遂有所論著. 裒輯作編, 名曰『弊帚詩話』, 實在廿歲左右也."라고 했다. 이 책이 1800년 전후에 쓰였음을 알 수 있으니, 林衡의 말과 상호 인증이 된다.

151_『日本詩話叢編』第5卷, p.552.

152_『精里三集 · 文稿』卷2, 『詩集日本漢詩』第7卷, p.530.

조선인은 오카모토 호슈(岡本豐洲)의 시에 대해 "탄상하여 마지않았으며", 심지어 '걸화(乞和)'를 먼저 하기도 했으므로, 이런 특별한 영광은 일본인들으로 하여금 "그의 시명을 앙모하게 만들었다." 이는 문학의 경우이다. 또 「이신(李義養)의 그림에 제하다(題爾信畫)」에 이러한 기록이 있다.

> 접때 내가 쓰시마로 부임하여 한객과 접했을 때 단구(丹邱) 쿠사바(草場)생도 따라갔다. 생은 문학의 재능이 있고, 또 회화의 일을 잘했으므로 한객들이 다투어 구하여, 끊이지 않고 종이와 견사를 보내왔다. 배가 돛을 달고 떠나기 전에 서너 날 동안 다른 일은 폐하고 부응했다. 이때 이신(爾信)이 빙사(통신사)를 따라서 왔는데, 내가 우연히 그의 그림을 얻어 생에게 보여 주자, 생은 "조선의 그림은 법이 없어, 볼만하지 않다."라고 했다.[153]

종래의 일본인은 조선인의 그림을 다투어 구했으나, 현재는 조선인이 일본인의 그림을 다투어 구하고 있다. 더 심하게는 일본인의 눈에는 "조선의 그림은 법이 없어, 볼만하지 않다." 이는 회화의 경우이다. 또 「제한인피생첩(題韓人皮生帖)」에는 이러하다.

> 대개 저쪽의 서법은 종전에는 송설(松雪)〔조맹부(趙孟頫)〕의 우맹(優孟)이어서, 사람으로 하여금 혐오하게 만든다. 신미년에 온 자로 정사와 부사는 구태를 답습했고, 제술관 이하는 왕왕 현재(玄宰)〔동기창(董其昌)〕의 발걸음을 좇고 있다. 청나라 군주가 현재를 많이 모방하므로 조선은 그 속국으로서 세공을 납부하니, 자획도 역시 효빈을 면하지 못하는 것이 아니겠는가?[154]

153_『精里三集 · 文稿』卷4, 『詩集日本漢詩』第7卷, pp.549-550. "向余赴對, 與韓客接也, 丹邱草場生從行. 生有文才, 傍善繪事, 韓客爭求, 陸續寄紙絹. 發帆之前, 至累日廢他事應副之. 是時爾信隨聘使來, 余偶得其畫, 示之生. 生云 : '韓畫無法, 不足觀矣.'"

154_『精里三集 · 文稿』卷5, 『詩集日本漢詩』第7卷, p.564. "蓋彼中書法, 從前爲松雪(案 : 指趙孟頫)優孟, 使人厭惡. 辛未來者, 正副使則襲故態, 而製述以下, 則往往步趨玄宰(指董其昌). 淸國主多摸倣玄宰, 韓業爲其屬國, 納歲貢, 字畫亦不免傚颦也邪?"

기왕의 일본인은 그토록 조선인의 서법을 열렬하게 추구하여 한 조각 종이라도 얻으면 모두 보물로 여기더니, 지금의 평가는 "사람으로 하여금 혐오하게 만든다."라고 했다. 조선인은 동기창의 글자를 모방하려고 하지만 "섬조(纖佻)한 습기가 있다." 이것은 서법의 경우이다. 이런 논조는 주로 자기 수준의 상승에 뿌리를 두고 있으며, 그로써 조선의 문학 예술을 우러러보던 데서 평등하게 보거나 심지어 내려 보게 되었다.

이와 동시에, 중국 문학에 대한 일본 문단의 비평도 때때로 기탄없이 방자하게 구는 정도에 이르렀다. 이전에 일본인은 시를 학습할 때 그들의 보편 인식에 근거해서 시화를 많이 읽는 것을 비결로 여겼고, 이는 당연히 중국 시화를 읽는 것을 뜻했다.[155] 이를 배경으로 에도 시기에는 중국 시화가 대량으로 수입되고 번각되었으며,[156] 그것은 일본인으로 하여금 시화를 작성하는 열정을 자극했다. 그런데 지금은 중국 시화를 전면적으로 비판하는 저술이 출현했다. 고가 세이리(古賀精里)의 아들 고가 도안(古賀侗庵, 1788-1847)은 문화(文化, 분카) 11년(1814) 『비시화(非詩話)』를 적어, 중국 역대 시화를 높은 어조로 꾸짖었다.

> 시화라는 이름은 송나라에서 시작되었으나 그 유래는 오래되었다. 육조에서 남상하여 당나라 때 성했으며 송나라 때 만연하다가 명나라 때 무잡하게 되고 청나라 때는 기롱할 것조차 없게 되었다. 그 외설(嵬說, 미치광이설)과 유론(謬論, 잘못된 논)은 하나하나 손꼽기조차 어려울 정도이다.[157]

개인적 요인은 차치하기로 한다면, 이 비판은 당시 일본 문단의 대세와 일치한다. 그들 속에 품었던 자신감과 우월감이 차츰 더욱 강하게 되어, 중국과 조선의 문학 예술을 평론할 때 때때로 대단히 날카롭게 드러

155_『橘窗茶話』 卷下. "或曰 : 學詩者須要多看詩話, 熟味而深思之可也. 此則古今人所說, 不必覼縷."

156_張伯偉, 『淸代詩話東傳略論稿』 第5章 「淸代詩話東傳日本之時間及數量」, 中華書局, 2007, pp.194-214.

157_『侗庵非詩話』 권1, 崇文院, 1927. "詩話之名昉於宋, 而其所由來尙矣. 濫觴於六朝, 盛於唐, 蔓於宋, 蕪於明, 淸無譏焉. 其嵬說謬論, 難一一縷指."

났다. 이는 자기들 사이에 주고 받은 말이어서, 바로 그렇기 때문에 이런 이야기는 꾸밈도 가림도 없이 그들의 진실한 관념을 자연스레 드러냈다.

5. 결어

이 글의 결론은 다음과 같다.

(1) 갑신 1764년 조선통신사(계미 통신사)가 일본에서 행한 창수 필담은 한문학사에서 하나의 전환점이었다.

(2) 이 전환점은, 조선 측에서는 사신이 일본 문단을 전면적으로 새로 인식하고 높이 평가하는 것으로 나타났고, 일본 측에서는 문사들이 조선 시문에 대해 폄하의 뜻을 드러내기 시작하는 것으로 나타났다.

(3) 통신사는 일본 문단의 인상과 평가를 갖고 조선으로 돌아갔는데, 그것이 조선 문단에 반향을 일으켜, 일본 문학 및 일본 인물에 대한 태도를 바꾸게 했을 뿐 아니라, 본국 문학 및 중국 문학에 대한 관점을 바꾸게 하는 데에도 영향을 끼쳤다.

(4) 갑신 창수 필담은 문학사적으로 중요한 의의를 지닌다. 그것은 조선인으로 하여금 일본 문명의 진보를 확인하게 함으로써 청대 문장 학술에 대한 인식을 바꾸도록 촉구했으며, 그들로 하여금 한문학권에 대한 총체적 시야의 추형을 형성하도록 자극했다. 일본 문인은 자기 문학이 부단히 진보하는 중에 자신감과 우월감을 얻어서 조선과 중국을 점차 경시하게 되었다.

18세기 중엽에서 20세기 초에 이르는 동아시아 문화의 노정과 관련하여, 나는 일찍이 이런 기본 판단을 한 적이 있다. 즉, 한편으로 조선 학술은 청조 문화와 나날이 접근해 갔지만, 다른 한편으로 일본은 중국·조선을 차츰 경시하고 일본 중심주의를 강조하여 동양의 영국으로 자부해서 '탈아입구(脫亞入歐)'[158]를 주장하게 되었다. 이 글에서는 한문학사

158_『淸代詩話東傳略論稿』'餘論', pp.275-284.

에서의 1764년을 논함으로써, 그러한 판단을 한 측면에서 더 강화할 수 있게 되었다. 따라서 한문화권 내의 영향과 의의로 말한다면, 1764년은 한문학사에서만이 아니라 한문화사에서 하나의 중요한 표지였다.

2007년 7월 25일 백일연재(百一硯齋)에서

문화권 시야에서의 문체학 연구
: 삼오칠언체를 예로 삼아

1. 서언

'문체학'은 확실히 십여 년내 학술계에서 상당히 중시하는 연구 영역으로 성장하여, 괄목할 만한 업적을 이루었다. 하지만 백척간두에서 한 걸음 더 나아가, 어떻게 하면 연구의 재료 · 시야 · 이론 · 방법 등에서 탐색을 계속하여 새로운 방향과 목표를 찾을 수 있을까 하는 것이 학술계가 당면하고 있는 문제 가운데 하나이다. 이 글은 이왕의 업적을 되돌아보려는 것이 아니라, 하나의 층위나 측면에서 이런 문제에 대해 초보적인 탐색을 수행하려는 것이다. 그래서 연구 작업의 부족한 면을 반성하는 데 중점을 두어, 제목에 그런 의미를 부여했다. 학술계의 진일보한 주목을 이끌어 내어 문체학 연구를 건강하게 발전시키고 더욱 심화시켜 나가게 되기를 바란다.

2014년 『심천상보(深圳商報)』에 섭룡(葉龍)이 기록한 전목(錢穆)의 「『중국문학사』 강의 노트」가 연재되었는데, 이 노트는 지난 20세기 50년대 후반 홍콩 신아서원(新亞書院)[1]에서 강의된 것으로, 그 가운데 사람들을 가장 고무시킨 말은 "오늘날에 이르기까지 우리나라에는 이상적인 『중국문학사』가 아직 출현하지 않았으므로 우리들이 탐구하고 창조해야 할 것이다."라는 것이었다. 이 때문에 『심천상보』 기자는 십여

1_이 책은 新華文軒出版傳媒股份有限公司에서 단행본으로 간행될 것이다.

명의 중외 학자들을 찾아가 대담을 나누어 이 문제에 대한 답변을 내놓게 했다. 본인도 방문을 받았는데, 그 가운데 무엇이 전목이 말한 이상적인 문학사인가에 대하여 다음과 같이 개괄했다. 첫째, 문학사를 문화 체계의 하나로 보아, 문화 체계 속에서 민족 문학의 특성을 찾는다. 둘째, 고인의 심정으로 살아 있는 문학사를 작성하여 문학사로 하여금 신문학의 발전에 보탬이 되게 한다. 셋째, 문학과 인생을 관통하여 인생의 각도에서 문학을 인식하고 문학으로서 인생을 위로해야 하며, 서방 문학을 표준으로 중국 문학사를 구축하고 재량하는 것에 극력 반대한다. 중국 문화사의 전체에서 출발하여 중국 문학의 특징을 인식하는 것은 필연적으로 서양 문학의 발전과 서양인의 학문 관념을 가지고 중국 문학사의 이해와 서술을 제한하거나 그것을 상투적으로 사용해서는 안 된다는 것이다. 전목의 문학사 이념이 도출해 낸 가장 중요한 의의가 여기에 있다. 다만 내가 보기에 이 '문화'는 전통의 중국 문화가 아니라 '한문화(漢文化)'이어야 한다. 이것은 역사상 한반도 · 일본 · 베트남 지역에 내재하는 한문화권을 포괄한다. 한문화권의 문학 역사를 연구하는 일은 그 속에 서적의 환류(유전 과정의 증손, 독서 중 초래된 오독, 그것에 의해 조성된 상이한 결과를 포괄하여), 문인의 왕래, 문화 의상의 형신(形神) 변화, 문학 전범의 전이와 재주조, 각종 문체의 변이 및 재생 등등을 포괄한다.[2] 맨 마지막 사항에 관계된 것이 문체학 연구와 상관이 있다. 사실 나는 문체학 연구에 존재하는 문제에 대한 깊은 우려와 그 돌파를 시도하려는 바람을 여기에 기탁하고 있다.

여기서 나의 의견을 조금 더 분명하게 진술하고자 한다. 즉, 문체학의 연구는 언어 형식의 문제만이 아니라 문화사의 각도에서 설명해야 한다. 이른바 문화사란 우리들 상상 속의 순수하고 단일한 그런 것이 아니다. "일체 문화의 역사는 문화를 차감(借鑑)하는 역사"[3]이기 때문이다. 그러므로 우리는 문화교류사적 시선을 가지고, 이 시야에서 각 문체의 생성과 발전 과정을 탐구해야 한다. 다음으로, 문체 변천에 대한 고찰

2_「'在路上'的文學史寫作」, 『深圳商報』 2014.10.9. '文化廣場 · 文化聚焦'版.

3_薩義德(Edward W. Said), 『文化與帝國主義』(*Culture and Imperialism*), 李琨 譯, 生活 · 讀書 · 新知三聯書店, 2003, p.309.

은 시간관념을 필요로 할 뿐만 아니라, 그것과 마찬가지로 중요한 것이 공간 관념이다. 어떤 문체가 어떠한가에 답하려면 어느 곳의 문체가 어떠한가를 동시에 추적해야 한다. 이를테면 하나의 문체는 자신의 생명을 지니므로, 우리의 고찰은 고작 형틀의 이해에 머물러서 성숙된 문체를 '정체(正體)'로 간주하고 의식적 무의식적으로 그것을 고착화시켜서는 안 된다. 여타의 공간에서는 환경의 차이에 따라 한 문체에 변이가 일어나고 또 다른 형태를 드러낸다. 이런 형태는 비록 원초적 정체와는 완전히 같지는 않지만, 결코 완전히 다르다거나 서로 용납할 수 없는 것이 아니다. 그 변이를 똑바로 바라보면서 한 문체가 각기 다른 공간 속에서 발전해 나간 '잠재력'을 이해하고, 동적인 시선으로 문체가 지닌 생명의 발전을 고찰해야, 문체 변천에 대한 새로운 인식을 기대할 수 있다.

이상 두 방면은 분명히 오늘날 문체학 연구에서 충분하게 주목받지 못하고 있다. 이념상의 문제가 존재하지만, 더욱 중요한 것은 어떻게 착실하게 실천하는가 하는 점이다. 공자는 "내가 빈말을 남기려고 할진대, 집정자들의 행사에 부쳐서 깊고 간절하게 드러내 밝히는 것만 못하리라."[4]라고 했다. 이 글에서는 '삼오칠언체'의 연구를 예로 삼아, 위에 말한 입장을 상세히 표명하고, 박아 군자들의 가르침을 받고자 한다.

2. 삼오칠언체의 근원

현전하는 이백 시집의 각 판본에 모두 「삼오칠언」 시가 들어 있다. 이런 시를 하나의 체로 명명한 것은 당나라 왕예(王叡)의 『적곡자시격(炙轂子詩格)』에서부터다.

> 삼오칠언체.
> 이백 시: "秋風淸, 秋月明. 落葉聚還散, 寒烏棲復驚. 相思相見知何日, 此時此夜難爲情."

4_司馬遷, 『史記』「太史公自序」, 香港中華書局, 1969, p.3297. "我欲載之空言, 不如見之於行事之深切著明也."

(가을바람 소슬하고 달빛 밝은데 낙엽들 모였다가 다시 흩어지고 둥지 깃든 까마귀 놀라서 깨네. 보고플 때 보다가 헤어진 지 얼마인가. 오늘 이 밤 이 마음 어찌할 바 모르겠네.)[5]

'이백' 두 글자는 『음창잡록(吟窗雜錄)』의 명대 간본과 필사본에는 모두 '고매(高邁)'로 되어 있다. 왕몽구(王夢鷗)는 '고적(高適)'의 잘못이라고 보았다.[6] 글자 형태를 놓고 보면 그럴 가능성이 당연히 있다. 하지만 호문환(胡文煥)의 『시법통종(詩法統宗)』은 이를 '이백'이라고 했으니, 근거가 될 만하다. 왕예의 출생지와 연대는 미상이다. 당나라 말 두광정(杜光庭)의 『신선감우전(神仙感遇傳)』에 왕예의 간략한 전기가 있어, 그것이 『운급칠첨(雲笈七籤)』 제112권에 실려 있다. 계유공(計有功)의 『당시기사(唐詩紀事)』는 왕예를 '원화(元和) 후 시인'[7]이라 했으므로, 왕예가 당나라 목종부터 선종까지 시기에 활동했음을 짐작할 수 있다. 즉, 서기 9세기 전반과 중반이어서, 이백보다 약 100년 늦다. 『중흥관각서목(中興館閣書目)』의 개괄에 따르면 『적곡자시격』은 '시체의 기원을 서술하고 창작의 요체를 평하는'[8] 내용이었고, 왕예의 관점에서 보면 삼오칠언체의 기원은 이백이었다. 학계에서 이 시체를 언급할 때 일반적으로 엄우의 『창랑시화』를 인용하고, 왕예의 책에 주의를 기울이는 사람은 거의 없다. 이 시체가 이름을 얻은 것도 그 후 대략 400년 지난 뒤였다. 이 시의 작가를 두고 『창랑시화』는 수나라 정세익(鄭世翼)이라고 했다. 위곡(韋縠)의 『재조집(才調集)』 제10권은 이 시를 수록하면서 무명씨의 작품으로 분류했다. 그런데 송나라 양제현(楊齊賢)은 이백 시집에 주를 하면서, "옛날에는 이 시체가 없었는데, 이태백에서 시작했다."라고 했다. 청나라 왕기(王琦)는 "『창랑시화』에서 이 시를 수나라 정세익의 시라 한 것이나 『구선시보(臞仙詩譜)』에서 이를 무명씨의 작

5_張伯偉, 『全唐五代詩格校考』, 陝西人民教育出版社, 1996, p.363.

6_「炙轂子及其詩格考」, 『古典文學論探索』, 臺北正中書局, 1984, pp.347-372.

7_『唐詩紀事』 卷50, 上海古籍出版社, 1987, p.762.

8_趙士煒 輯, 『中興館閣書目輯考』 卷5, 許逸民 · 常振國 編, 『中國歷代書目叢刊』 第1輯上, 現代出版社, 1987, p.443.

품으로 본 것은 모두 틀렸다."라고 단언했다.[9] 따라서 오늘날에는 이 시가 이백의 작품이란 사실을 누구나 익히 들어 잘 알고 있다.

시의 작가가 이백, 고적, 정세익, 무명씨 가운데 어느 누구이든 간에 이 시체는 맥을 이루어 전승되어 왔다. 넓은 의미에서 이 시는 '잡언시'로 분류할 수 있으나, 일반적인 잡언이 아니라 규칙 있는 잡언이다. 명나라 서사증(徐師曾)의 『시체명변(詩體明辨)』 제14권은 '잡언시'에 대해 귀납하길, "어떤 것은 칠언과 오언으로 이루어져 있다. 어떤 것은 삼언, 오언, 칠언이 각 두 구씩 있다. 어떤 것은 일언, 삼언, 오언, 칠언, 구언이 각 두 구씩 있다. 어떤 것은 한 자에서 일곱 자, 아홉 자, 열 자까지 구성된 경우도 있다."[10]라고 했다.

『시체명변』에서 고른 작품을 시대 순서로 나열하면, 양나라 승려 혜령(慧令)의 「일삼오칠구언(一三五七九言)」, 당나라 이백의 「삼오칠언(三五七言)」, 당나라 백거이 등의 「일자지칠자(一字至七字)」, 당나라 포방(鮑防) 등의 「일자지구자 연구(一字至九字聯句)」, 송나라 왕안석의 「감로가(甘露歌)」, 송나라 문동(文同)의 「일자지십자 영죽(一字至十字詠竹)」 등이다. 이것들은 엄연히 발전 계보를 이루어, 서사증이 심목으로 파악한 잡언시체의 원류를 대표적으로 보여 준다. 하지만, 그 속에 문제가 없는 것은 아니다.[11]

양나라 승려 혜령의 「일삼오칠구언」은 『시체명변』에 출현하는 이외에도 그 이전에 풍유눌(馮惟訥)의 『시기(詩紀)』, 장지상(張之象)의 『고시류원(古詩類苑)』, 그리고 승려 정면(正勉) · 성통(性通)의 『고금선조집(古今禪藻集)』 '수나라 시' 부분에 수록되어 있되, 작가 이름은 혜영(慧英)으로 되어 있다. 혜령은 양나라 승려가 확실하다. 『예문유취』에

9_『李太白全集』 卷25, 中華書局, 1977, p.1166. "『滄浪詩話』以此詩爲隋鄭世翼之詩, 『臞仙詩譜』以此篇爲無名氏作, 俱誤."

10_臺灣廣文書局, 1972年 影印, p.530. "有七五言相間者, 有三五七言各兩句者, 有一三五七九言各兩句者, 有一字至七字 · 九字 · 十字者."

11_여기서는 王安石의 「甘露歌」는 다루지 않는다. 왕안석은 '七五相間'의 창시자가 아니다. 『樂府詩集』 제79권 '近代曲辭' 첫머리에 隋煬帝와 王胄의 「紀遼東」 4곡이 있는데 모두 전형적인 '칠언과 오언이 번갈아 나타나는 형식'이다. 敦煌歌詞에는 이런 체식이 흔히 나타난다.

혜령의 「화수계시(和受戒詩)」가 실려 있으나, 이는 「일삼오칠구언」과는 무관하다. 어쩌면 두 승려의 이름이 비슷해서 서사중이 베낄 때 잘못했을 수도 있다. 정복보(丁福保)와 녹흠립(逯欽立) 등도 명나라 사람의 견해에 근거하여 그들이 편찬한 선당시 총집에 「일삼오칠구언」 시를 수나라 승려 혜영의 이름 아래 귀속시켰다. 그런데 이 시의 실제 작가는 혜영이 아니라, 당나라 승려 의정(義淨)이다. 『대당서역구법고승전』 하권에 의정이 무행(無行) 선사와 함께 "취령에 같이 노닐어서, 우러러 받들기를 다한 이후 멀리 향관을 바라보다가, 너무도 시름에 겨워," 이에 두 수의 시를 지었다고 했다. 그 한 수는 잡언이고 다른 한 수는 바로 「일삼오칠구언」이다. "서역에서 왕사성(王舍城)의 옛 모습을 그리워하며 지었다."라고 소주(小注)를 달았다.[12] 무행선사가 귀국할 때 의정은 멀리까지 배웅했는데 이때는 수공(垂拱) 원년(685)이므로 이 시는 그것보다 훨씬 이전에 지어졌을 것이다. 무행선사는 일찍이 "처음에 법려의 덕으로 대복전사(大福田寺)의 혜영 법사를 섬겨 오파타야(직접 가르쳐준 스승)로 삼았는데, 이는 길장 법사의 제자이었으므로, 석덕(碩德)과 연결된다고 말할 수 있다."[13]라고 했다. 이 작품과 석 혜영이 겹쳐지는 원인은 아마도 여기에 있을 것이다. '삼오칠언체'는 잡언시에 속하지만, 엄우는 실은 잡언, 삼오칠언, 반오륙언(半五六言), 일자지칠자(一字至七字) 그리고 정식 명칭이 없는 '삼십자 시'[14]까지 단숨에 열거했다. 그러나, 그중 삼오칠언체는 잡언시로 볼 수 있어도, 이는 규칙 있는 가지런한 잡언시로서 구식(句式)이 삼삼, 오오, 칠칠로 전개된다. 이와 함께 같은 부류로 분류된 '일삼오칠구언'은 일일, 삼삼, 오오, 칠칠, 구구로 전개된다. '일자지칠자'도 일일, 이이, 삼삼, 사사, 오오, 육육, 칠칠의 구식으로 전개된

12_王邦維, 『大唐西域求法高僧傳校注』, 中華書局, 1988, p.192. 王邦維는 『影印宋磧砂藏經』을 원본으로 삼아 교정과 주석을 달았다. 다른 여러 판본은 「在西國王舍城懷舊之作」이라는 제목으로 되어 있으며, '일삼오칠구언'이라고 소주가 달려 있다.

13_『大唐西域求法高僧傳校注』, p.181. "初霑法侶, 事大福田寺慧英法師爲鄔波馱耶(親教師之意), 斯乃吉藏法師之上足, 可謂蟬聯碩德"

14_『滄浪詩話』「詩體」에 "수나라 사람의 응조에 삼십자 시가 있어, 세 구는 칠언, 한 구는 구언이다. 법식으로 삼을 만하지 않으므로 여기에 나열하지 않는다.〔隋人應詔有三十字詩, 凡三句七言, 一句九言. 不足爲法, 故不列於此也.〕"라고 했다. 張健, 『滄浪詩話校箋』, 上海古籍出版社, 2012, p.263.

다. 이것들은 특수한 잡언시이기 때문에 이를 '누자시(累字詩)' 혹은 '보탑시(寶塔詩)'라고 부르는 사람도 있다. 하지만 규칙적인 잡언시는 불규칙적인 잡언시가 변해서 정격화되어 나온 것이되, 규칙적인 잡언시가 있게 된 이후로도 불규칙적인 잡언시도 의연히 존재했다.

삼오칠언체를 포괄하는 잡체시에 대해서는 학술계에 일련의 연구가 있고 일정한 성과도 나왔다.[15] 그 내원에 대해서는 절대 다수의 학자가 본토 문화의 입장에서 한 · 위 이래의 악부민가를 주목하지만, 소수의 학자는 불교와 인도 문화의 영향에 주목했다. 왕곤오(王昆吾) 교수도 후자의 한 사람으로, 그는 『수당오대 연악잡언가사(燕樂雜言歌辭) 연구』에서 잡언가사의 형성에 대해 상세히 논하면서, 그 한 곳에서 "수대의 정격시 삼오칠언 등등은 마찬가지로 불교의 강경(講經) 문체에서 나왔다."라고까지 말했으니, 탁견이라고 할 만하다. 애석한 것은 그 논증 과정이 아직 정밀하지 않아, 엄우의 영향을 받아 삼오칠언의 성립시대를 수나라에 귀속시킨 점이다. 또 연구 입장도 확고하지 않아, 마지막 결론에서는 일체의 창조와 갱신의 원천을 민간으로 돌리고, 심지어 그것을 한 가닥 규율로 확정하여 불교의 영향을 곁으로 제쳐 두어 폐기하고 말았다.[16] 대위화(戴偉華) 교수도 주목할 만한 학자로, 그는 의정의 「일삼오칠구언」을 창격에 틀림없다고 강조하고, 삼오칠언시를 의정 시의 변체라 하여 이 시의 서열을 의정의 뒤에 배열했으니, 모두 믿을 만하다. 다만 의정을 창격이라고 강조하는 동시에 의정 개인이 수용했던 외래문화의 영향을 현창하는 데 편중하여, "사식(辭式)에서의 창격은 그가 인도에서 십삼 년 동안 구법을 행한 것과 관련이 있어, 인도 문화 · 불교 범패 등의 영향을 받았을 수 있다."[17]라고 했다. 내 입장에서 보면 이 영향은 광범하고도 지속적인 것이었을 듯하다.

현전하는 자료에서 이 시체의 특징을 '일삼오칠구언'으로 가장 먼저 드러낸 인물은, 그가 의정(義淨) · 혜영(慧英) · 혜령(慧令) 등 각기 다

15_鄺化志, 『中國古代雜體詩通論』, 北京大學出版社, 2001 ; 饒少平, 『雜體詩歌概論』, 中華書局, 2009 ; 李德輝, 「李白〈三五七言〉詩研究」, 『綿陽師範學院學報』 第32卷 第12期, 2013.12.등이 있다.

16_王昆吾, 『隋唐五代燕樂雜言歌辭研究』, 中華書局, 1996, pp.466-463.

17_戴偉華, 「義淨詩二首探微」, 『華南師範大學學報』 2003年 第3期.

른 이름으로 나타나기는 하지만, 어느 경우도 예외 없이 모두 승려이다. 이것은 대단히 의미 있는 현상이다. 실제로 이 「일삼오칠구언」을 제외하고 의정은 동시에 장편 잡언고시를 남겼는데, 대개 4구를 1해(解)로 하면서 전편의 구식을 다음과 같이 구성했다.[18]

> 五五五五 / 五五七七 / 三五七七 / 五五七七 / 七七七七 / 七七七七 / 七七七七 / 三三七七 / 三三七七 / 五五七七 / 三三七七 / 五五七七 / 五五七七七七 / 三三七七 / 五五七七 / 三五七七 / 五五七七

4개의 제언(齊言) 구식 이외에 대다수가 삼오칠언 구식을 뒤얽어 편을 이루었으며, 가운데는 오오칠칠 6해, 삼삼칠칠 4해, 삼오칠칠 2해, 오오칠칠칠칠 1해[19]가 들어 있다. '일삼오칠구언'시보다 이 「잡언」 중의 일부 해가 삼오칠언 체식에 더욱 근접해 있다.

당나라 승려의 잡언 강창사(講唱辭) 가운데 극히 자주 보이는 체식이 '삼칠칠칠' 혹은 '칠오칠오'이다. 이는 음악사 연구자들이나 음악문학사 연구자들의 눈에는 결코 희한한 현상이 아니다. 다만 임반당(任半塘) 선생의 『당성시(唐聲詩)』와 양음류(楊蔭瀏) 선생의 『중국고대음악사고(中國古代音樂史稿)』를 위시한 연구들이 1950년대, 60년대에 이루어지면서, 불교 문학과 민간 문학 · 불교 음악 · 민간 음악의 관계를 처리할 때 민간 문화가 불교 문화를 정복할 정도의 영향을 끼쳤다고 강조하여, 불교 문화가 사회 풍조 · 심미 취미 · 문학 형식의 형성에 끼친 깊은 기능에 대해서는 제기하지 않기 일쑤였다. 그리고 후래자들은 이런 고전적 저작의 울타리를 근본적으로 돌파하기가 어려웠다. 여기서는 민간 문화의 영향을 배제하지 않으면서 불교의 역량도 강조하고자 한다. 삼오칠언체의 형성은 불교와 상관이 있다.

18_任半塘 · 王昆吾, 『隋唐五代燕樂雜言歌辭集』, 巴蜀書社, 1990, pp.904-907. 이 시를 9수로 판별했다. 戴偉華의 「義淨詩二首探微」는 12단 6조로 보았다. 句式의 분획이 이 글과는 다르다.

19_이 一解는 상당히 특수한데, 내용과 상관이 있다. "勞歌勿復陳, 延眺且周巡 : 東睇女巒留二跡, 西馳鹿苑去三輪, 北睨舍城池尚在, 南睎尊嶺穴猶存." '周巡'에서 동서남북의 '延眺'를 끄집어내 왔으므로 6구이다.

『악부시집(樂府詩集)』은 '잡곡가사'의 형성을 논하면서, "잡곡은 역대로 있어 왔다."라고 말하고는 갖가지 요인을 열거하되, 그 요인을 두 부류로 판별했다. "혹은 심지(心志)를 둔 곳이기도 하고, 혹은 정사(情思)에 느낀 바이기도 하고, 혹은 연유(宴遊)·환락(歡樂)에서 발한 것이기도 하고, 혹은 우수(憂愁)·분원(憤怨)이 일어나는 바이기도 하고, 혹은 이별(離別)·비상(悲傷)의 회포를 서술하기도 하고, 혹은 정전(征戰)·행역(行役)의 괴로움을 말하기도 한다."라고 한 것들은 모두 내심이 외물에 감응하여 형성되는 경우이다. "혹은 불로에서 연유하기도 하고, 혹은 이적에게서 나왔다."라고 한 두 종류는 다른 것에서 이식되어 형성된 경우이다. 그런데 "겸하여 거두고 아울러 실었으므로 총괄하여 잡곡이라고 한다."[20] 곽무천(郭茂倩)은 이렇게 두 종류의 성립 원인을 거론했으나, 제1류는 실은 모든 시가의 공통성을 게시한 것이지,[21] 결코 잡곡 가사의 특수성이 아니므로, 의의가 그리 크지 않은 상투어에 속한다. 그런데 제2류에서 외래 영향을 게시한 것은 주목할 만하다. 『악부시집』은 오대 이전의 악부를 12류로 나누었는데, 나는 일찍이 별도의 분류 방식으로 한(漢)나라 악부사(樂府辭)를 교사악(郊祀樂) 계통, 외래

20_『樂府詩集』卷61, 中華書局, 1979, p.885. "雜曲者, 歷代有之."의 아래.

21_鍾嶸「詩品序」에서 시가의 성립 원인과 기능의 보편성을 비교한 것을 들어 보기로 한다. "봄바람의 살랑임과 봄 새의 지저귐, 가을 달의 빛과 가을 매미의 소리, 여름의 뭉게구름과 한여름의 소나기, 겨울의 싸늘한 달과 매서운 추위 등 사계절의 변화는 시인의 감정을 촉발한다. 아름다운 연회 자리에서 시를 주고받으며 우정을 나누고, 벗들을 떠나 먼 길을 떠날 때는 시를 빌려 심정을 토로하고 근심과 원망을 붙인다. 시 속에는 굴원이 임금에게 버림받은 이야기도 있고, 왕소군이 한나라 궁궐을 떠난 이야기도 있으며, 국경 밖 들판에 널브러진 해골 이야기도 있고 정처 없이 떠도는 혼령의 이야기도 있다. 그리고 창을 잡고 변방을 지키는 이야기도 있고 굽이굽이 산을 넘어 위엄을 떨친 이야기도 있다. 또 영광스레 관리가 되었다가 은퇴하는 이야기와 죽음을 맞아 돌아오지 못하는 이야기도 있다. 미녀가 총애를 받아 궁중으로 들어가는 이야기도 있고, 아름다운 외모 때문에 나라를 위태롭게 하는 이야기도 있다. 이런 갖가지 희로애락과 만남과 헤어짐은 시인의 심령을 감동시키고 격발시킨다. 그럴 때 시가를 빌리지 않는다면 그들의 마음을 어떻게 펼칠 수 있겠으며, 시원스레 긴 노래를 부르지 못한다면 그들의 감정을 어떻게 치달릴 수가 있겠는가?〔若乃春風春鳥, 秋月秋蟬, 夏雲暑雨, 冬月祁寒, 斯四候之感諸詩者也. 嘉會寄詩以親, 離群托詩以怨. 至於楚臣去境, 漢妾辭宮, 或骨橫朔野, 魂逐飛蓬, 負戈外戍, 殺氣雄邊, 塞客衣單, 孀閨淚盡. 又士有解佩出朝, 一去忘返, 女有揚蛾入寵, 再盼傾國. 凡斯種種, 感蕩心靈, 非陳詩何以展其義, 非長歌何以騁其情?〕"

악 계통, 민간악 계통의 3대 계통으로 분석한 바 있다.[22] 수 · 당의 연악(燕樂)에 이르러 4균(즉 宮商角羽) 28조 체계로 대표되는 모든 속악은 주로 민간악과 외래악의 융합에서 기원했다. 곧, 이른바 '호부(胡部)를 합한 것'이다.[23] 잡언가사는 잡곡 및 기타 부류의 외래악 계통에 특히 많은데, '이적에서 나온' 것은 본시 '호부'에 속했던 것이다. '불로에서 연유하는' 것에도 호부의 성분이 허다하다. 이 글은 '이적에서 나온' 것은 잠시 논하지 않기로 하고, 전적으로 불교와의 관계에 대해 설명을 해 보기로 한다.

인도는 예로부터 지금까지 음악의 왕국으로, 가창은 일체 예술의 원천이다.[24] 구마라습은 "천축의 풍속은 문제(文製)를 아주 중시해서 궁상(宮商)의 체(體)와 운(韻)은 현악기에 올리는 것을 좋다고 여긴다. 국왕을 알현하려면 반드시 덕을 찬미해야 한다. 부처를 알현하는 의식은 가탄(歌歎)을 귀하게 여긴다. 불경 속의 게송은 모두 그 식이다."[25]라고 했다. 불경 게송의 가탄은 그 나라의 풍속에 뿌리를 두고 있다. 불교가 중국에 전해 들어와 역경 사업이 그에 따라 발달했는데, 가까스로 경문의 대의만을 번역할 수 있었지, 경문을 창송(唱誦)하는 곡조는 그대로 옮길 수가 없었다. 그것은 불경을 한어로 옮긴 후 자수 · 음절이 원래와 달라졌으므로 고유의 곡조와 배합될 수가 없었던 데 원인이 있다. 혜교(慧皎)는 다음과 같이 지적했다.

> 큰 교리가 동쪽으로 흘러온 이래, 글을 번역한 사람은 많으나, 소리를 전한 사람은 드물다. 진실로 범음(梵音)은 중복하지만 한어(漢語)는 단기(單奇)하기 때문이다. 만약 범음을 이용하여 한어를 영(詠)한다면, 소리는 번다하고 게(偈)는 촉박할 것이다. 한나라(중국) 곡을 이용하여 범

22_張伯偉, 『詩詞曲志』, 上海人民出版社, 1998, pp.65-72.

23_沈括, 『夢溪筆談』 卷5 「樂律一」. "自唐天寶十三載, 始詔法曲與胡部合奏, 自此樂奏全失古法, 以先王之樂爲雅樂, 前世新聲爲清樂, 合胡部者爲宴(燕)樂."

24_印度彼 · 查坦亞 · 大衛 著, 陳露茜 譯, 「印度音樂概論」, 『音樂藝術』 1982年 第3期.

25_『高僧傳』 卷2, 『大藏經』 第50冊, 中華佛教文化館影印大藏經委員會, 1957, p.332. "天竺國俗, 甚重文製, 其宮商體韻, 以入弦爲善. 凡覲國王, 必有贊德. 見佛之儀, 以歌歎爲貴, 經中偈頌, 皆其式也."

> 문을 영한다면, 운(韻)은 짧으면서 사(辭)는 길어질 것이다. 이 때문에 금언(金言)은 번역해도 범향(梵響)은 가르칠 수가 없다.[26]

불경의 문체는 장행(長行)〔또 다른 이름은 산화(散花)로, 산문을 가리킴〕과 게송(偈頌)〔또 다른 이름은 관주(貫珠)로, 운문을 가리킴〕의 구별이 있다. 단지 '경언(經言)'이라 하면 모두 '미묘한 음가(音歌)로 부처의 덕을 탄(歎)하는 것'이다. 그런데 중국에 전해진 이후로 전독(轉讀)〔음송〕과 범패(梵唄)〔가창〕의 두 종류로 나뉘었다. 이른바 "천축의 풍속은 법언을 가영하는데, 모두 칭하여 패(唄)라고 한다. 이 땅에 이르러서는 경을 영하면 전독이라 칭하고 찬을 노래하면 범패라고 호칭한다."[27]라고 한 것이 이것이다. 다만 전독에는 일정한 음조가 있으니, 모종 방식의 가영이다. 그리고, 가창일 경우에는 모두 성(聲)과 문(文) 혹은 성(聲)과 사(辭)의 배합에 관련된다. 혜교는 일찍이 '성'과 '문'의 배합에 대해 다음과 같이 말했다.

> 전독의 아름다움은 성과 문을 둘 다 제대로 얻는 것을 귀하게 여긴다. …… 그런데 최근의 학자는 수미(首尾)의 남은 소리를 재단해서는 당세에 이름을 드날린다고 말한다. 경문이 시작되든 다 끝나든 마음을 쓰지 않는다. 혹은 구를 쪼개어서 소리에 합하게 하고 혹은 문을 나누어서 운(韻)에 보탠다. 어찌 성이 부족한 것으로 그치겠는가, 문도 제대로 전석(詮釋)하지 못한다.[28]

성과 문의 배합이 적당하지 않아서, 성의 발서(發抒)에 영향을 주기도 하고, 문의 이해에 영향을 주기도 했다. 당나라 때 도세(道世)도 성과

26_『高僧傳』 卷13, 『大藏經』 第50冊, p.415. "自大教東流, 乃譯文者衆, 而傳聲蓋寡. 良由梵音重復, 漢語單奇. 若用梵音以詠漢語, 則聲繁而偈迫; 若用漢曲以詠梵文, 則韻短而辭長. 是故金言有譯, 梵響無授."

27_『高僧傳』 卷13, 『大藏經』 第50冊, p.415. "天竺方俗, 凡是歌詠法言, 皆稱爲唄. 至於此土, 詠經則稱爲轉讀, 歌贊則號爲梵唄."

28_『高僧傳』 卷13, 『大藏經』 第50冊, p.415. "轉讀之爲懿, 貴在聲文兩得. …… 而頃世學者, 裁得首尾餘聲, 便言擅名當世. 經文起盡, 曾不措懷. 或破句以合聲, 或分文以足韻. 豈唯聲之不足, 亦乃文不成詮."

사의 관계에 대해 "영가가 교묘하면 포양하여 서술하는 뜻이 펴지게 되고, 성향이 오묘하면 영가의 문이 창달하게 되므로 언사(言詞)가 소리를 기다려 서로 바탕 삼는 이치가 그러하다."[29]라고 했다. 여기서, 하나의 사(詞)가 어떻게 성(聲)을 짝하여 서로 바탕을 삼아 '성과 문을 둘 다 제대로 얻는' 효과를 거두게 되는가 하는 문제가 제기되었다. 중토의 문인과 승려들은 이에 대해 창조적인 기여를 했다. 전설에 의하면 조식(曹植)이 중토 범패의 창조자라고 한다. 혜교는 이렇게 말했다.

> 처음에 위나라 진사왕 조식이 성률을 깊이 사랑해서 경음(經音)에 뜻을 쏟았다. 반차(般遮)의 상서로운 음향에 통하고서 어산(魚山)의 신령스런 제작에 감동했다. 이에 『서응본기(瑞應本起)』를 산절하고 정리하여 학자의 종주로 삼았다. 그 후 백교(帛橋)·지약(支籥)도 진사왕을 조술했다고 한다. …… 범패의 흥기는 역시 진사왕에서 시작되었다. 처음에 『태자송(太子頌)』과 『섬송(睒頌)』 등을 저술하고, 이에 따라 성(聲)을 제작했는데, 토납(吐納)하고 억양(抑揚)하는 것이 모두 신이 전해 준 것을 법으로 삼았다. 지금의 황황고유(皇皇顧惟)는 대개 그 기풍의 강렬함을 이었다.[30]

앞의 것은 전독과 관련이 있고, 뒤의 것은 범패와 관련이 있으니, 중국의 전독과 범패는 모두 조식에게 나왔다는 것이다. 이 전설의 최초 기록은 유송(劉宋)시기에 보인다. 『선험기(宣驗記)』는 조식이 "어산(漁山)에 노닐어, 암곡 사이에서 경전 송독의 소리가 먼 골짝에서 아름답게 흐르는 것을 듣고서 마침내 본받아서 그 소리를 제작했다."[31]라고 했다. 유경숙(劉敬叔)의 『이원(異苑)』 제5권의 서술도 비슷하다. 그리고 승우

29_『法苑珠林』 卷36 「唄贊篇」, 『大藏經』 第53冊, p.574. "詠歌巧則褒述之志申, 聲響妙則詠歌之文暢, 言詞待聲相資之理也."

30_『高僧傳』 卷13, 『大藏經』 第50冊, p.415. "始有魏陳思王曹植, 深愛聲律, 屬意經音. 既通般遮之瑞響, 又感魚山之神製. 於是刪治『瑞應本起』, 以爲學者之宗. 其後帛橋·支籥亦云祖述陳思. …… 原夫梵唄之起, 亦兆自陳思. 始著『太子頌』及『睒頌』等, 因爲之製聲. 吐納抑揚, 並法神授. 今之皇皇顧惟, 蓋其風烈也."

31_(唐)湛然, 『法華文句記』 卷5 引用(梁)『宣驗記』(劉義慶을 양나라 사람으로 오인함 - 원주), 『大藏經』 第34冊, p.245. "遊漁山, 于岩谷間聞誦經聲, 遠谷流美, 乃效之而製其聲."

(僧祐)의 『출삼장기집(出三藏記集)』 제12권 「법원잡록원시집목록서(法苑雜錄原始集目錄序)」와 이 책 제6권 「경패도사집(經唄導師集)」에는 '진사왕이 어산의 범성에 감동하여 범패를 제작한 기록〔陳思王感漁山梵聲製唄記〕 제8'[32]이 있다. 도세(道世)는 조식이 "일찍이 어산에 노닐다가 공중에서 범천(梵天)의 음향이 청아하고 구슬픈 것을 듣고 그 소리에 마음을 움직였다. …… 마침내 그 소리와 절주를 모방하여 범패를 쓴 후, 문을 찬하고 음을 법작해서 후대의 법식으로 전했다. 범성(梵聲)이 세상에 드러나게 된 것이 여기에서 시작되었다."[33]라고 했다. 이로써 당나라 세속에서는 '어범(漁梵)'[34]이란 명칭이 유행했다. 각 왕조마다 각 지역에서 제작된 범패에는 그 시대와 지역의 특징이 있으나, "시원을 따져 들면 모두 어산에 귀착한다. 혹은 동아(東阿, 조식)가 지난날 끼쳤다고 지적하더니, 잠깐 사이에 경릉(竟陵)이 암암리에 접수했다고 진술한다."[35]라고 했다. 당나라 사람들은 이 일을 상당히 믿었음을 알 수가 있다. 송나라 때 이르러 비로소 의문을 제기하는 사람이 나왔다. 하지만,[36] 송나라 지경(志磬)이 엮은 『불조통기(佛祖統紀)』는 그럴싸하게 조식이 어산에 올라 범향을 들은 것이 황초(黃初) 6년(225)이라 했으며, 원나라 때 각안(覺岸)이 편수한 『석씨계고략(釋氏稽古略)』도 이를 이어 답습했다. 근거는 없지만 전설의 강대한 힘이 잘 드러난다.

현대 학자들의 관점에서 보면, 조식이 어산에서 범천의 음향에 계합하여 제작했다고 하는 설은 승려들의 거짓 탁언이므로 믿을 만하지 않다.[37] 하지만 당나라에 이르기까지 사람들은 그대로 믿어서 참이라고 여

32_『大藏經』 第55冊, p.92.

33_『法苑珠林』 卷36, 『大藏經』 第53冊, p.576. "嘗遊漁山, 忽聞空中梵天之響, 淸雅哀婉, 其聲動心. …… 乃摹其聲節, 寫爲梵唄, 纂文製音, 傳爲後式. 梵聲顯世, 始於此焉."

34_(唐)窺基, 『妙法蓮華經玄贊』 卷4末, 『大藏經』 第34冊, p.727.

35_道宣, 『續高僧傳』 卷30, 「雜科聲德篇 · 論」, 『大藏經』 第50冊, p.706. "討覈原始, 共委漁山. 或指東阿昔遺, 乍陳竟陵冥授."

36_贊寧, 『宋高僧傳』 卷25, 「讀誦篇 · 論」, 『大藏經』 第50冊, p.872. "或曰 : 此只合是西域僧傳授, 何以陳思王與齊太宰撿經示沙門耶? 通曰 : 此二王先已熟天竺曲韻, 故聞山響及經偈, 乃有傳授之說也. 今之歌贊, 附麗淫哇之曲 · 浤瀯之音, 加醲瑰辭, 包藏密呪, 敷爲梵奏, 此實新聲也."

37_陳寅恪, 「四聲三問」, 『金明館叢稿初編』, 上海古籍出版社, 1980, pp.328-341.

졌다. 게다가 『고승전』의 영향으로, 조식은 엄연히 중토 전독과 범패의 종사(宗師)가 되었으며, 그의 높은 문학적 지위도 일반 문사가 범패를 존중하고 관심을 갖도록 하는 데 영향을 끼쳤다.[38] 조식은 '성(聲)과 문(文)을 둘 다 제대로 얻는' 방법을 만들어 『서응본기경(瑞應本起經)』을 산정하고 정리했다. 도세(道世)는 "한(漢) 땅에서 유행하여 잘 산절했으며, 대중에 처하여 범패를 지었는데, 반게(半偈)가 대부분이었다."[39]라고 했다. 번다한 것을 줄이고 간략히 하는 것이 바로 위 · 진으로부터 수 · 당에 이르는 시기에 유행한 범패 제작 방식이었다.

우리는 범(梵)과 한(漢)의 구별이 주로 "범음은 중복되고 한어는 단기(單奇)하다."라는 점에 있다고 알고 있지만, 그렇다면 산절의 방식은 또한 무엇인가? 게송으로 말하면, 수나라 길장(吉藏)의 『법화의소(法華義疏)』가 설하길, "게에는 두 종류가 있다. 첫째 수로게(首盧偈)는 모두 32자이다. 둘째 결구게(結句偈)는 요컨대 4구로 보족을 한 후에 게가 된다. 4언이든 7언이든 따질 것 없이, 반드시 4구이어야 한다. 그러므로 『열반경』은 '4구가 게가 되는데, 이를 구세(句世)라고 이름한다.'라고 했다. 구세란 세간에 유포하여 4구로 게를 삼는 것이다."[40]라고 했다. 여기서 말한 "세간에 유포한다."라는 것은 응당 중토를 가리킨다. 그 구식은 '4언 내지 7언'에 의하므로, 한역 불경을 가리킨다.

범문 텍스트의 불경에서는 비록 4구가 하나의 게가 된다고 해도 각 구의 자수는 일치하지 않았으므로 구를 5위(位)로 나누었다. 이른바 '처중(處中) · 초구(初句) · 후구(後句) · 단구(短句) · 장구(長句)'[41]이다. 8자 구는 길지도 짧지도 않은 것에 속하므로 처중이라 칭하고, 6자 구는

38_曹植이 지은 범패의 영향력과 일본에의 전입에 대해서는 오늘날 교토에 魚山大原寺가 있는 것에서 살필 수 있다. 설에 의하면 그 속의 來迎院에 당나라 '聲明'이 보존되어 있다고 한다. 興膳宏, 「〈七步の詩〉はなぜ七步か」, 『異域の眼』, 筑摩書房, 1995, pp.113-122.

39_『法苑珠林』 卷36, 『大藏經』 第53冊, p.575. "漢地流行, 好爲刪略, 所以處衆作唄, 多爲半偈."

40_『大藏經』 第34冊, p.472. "偈有二種：一首盧偈, 凡三十二字. 二結句偈, 要以四句備足, 然後爲偈. 莫問四言乃至七言, 必須四句. 故『涅槃經』云：四句爲偈, 是名句世. 句世者, 世間流布以四句爲偈也."

41_元願, 『金光明最勝王經玄樞』 卷5, 『大藏經』 第56冊, p.589. "處中 · 初句 · 後句 · 短句 · 長句."

단구이며, 26자 이상은 장구이다. 이것들은 한역 과정 중에 변화가 일어날 수 있다. 여기서 나는 『금광명최승왕경(金光明最勝王經)』을 예로 설명하겠다. 이 경에는 게송이 아주 많아서, "본디 160행 게가 있었다."[42] 최초의 역본은 북량(北涼) 담무참(曇無讖)이 번역한 4권 18품이다. 이어서 북주(北周) 도나굴다(闍那崛多)〔다른 본에는 야사굴다(耶舍崛多)〕의 번역은 5권 20품이고, 그 후 양나라 때 진제삼장(眞諦三藏)의 번역은 22품이다. 수나라 석(釋)보귀(寶貴)가 셋을 하나로 합하여 『합부금광명경(合部金光明經)』 8권 24품을 이루었다. 당나라 때 이르러 의정(義淨)이 번역하여 『금광명최승왕경(金光明最勝王經)』 10권 31품을 이루었다. 일본 헤이안 시대 사문 간교(願曉)가 여러 텍스트들을 합하여 『금광명최승왕경현추(金光明最勝王經玄樞)』를 엮었다. 간교는 이렇게 말했다.

> 이 경의 범본은 혹 17자를 1구로 한 것도 있고, 혹 15자 내지 3자를 1구로 한 것도 있다. 옛날 대덕은 범본에 의거하지 않고 4자를 한 구로 삼아, 마침내 의(義)의 드러냄을 완료하지 않았다. 지금 삼장은 범본을 따라서, 장구의 곳에는 7언으로 만들고 단구의 곳에는 5언으로 구를 만들었으므로, 문에는 차례가 있게 되고 의가 마침내 드러났다.[43]

우리가 여러 역본을 비교한다면[44] 담무참의 텍스트는 모두 4언게로 만들었다. 즉 '4자를 구로 삼았다.' 그런데 양 · 수의 역본은 대부분 5언게를 만들었다. 의정의 역본은 편을 잇고 글을 이은 것이 모두 5 · 7언게이다. 이것이 곧 "장구의 곳에는 7언으로 만들고 단구의 곳에는 5언으로 구를 만들었다."이다. 번역한 주어(呪語)는 3언이 많다. 이 텍스트는 장안 3년(703) 번역되었는데, 스가와라노 아손(菅原朝臣)은 묘사하길, "삼장의정(三藏義淨) 법사가 서명사(西明寺)에서 제(制)를 받들어, 문

42_『金光明最勝王經玄樞』."本有一百六十行偈."
43_『金光明最勝王經玄樞』."此經梵本或有十七字爲一句, 或有十五字乃至三字爲一句. 舊大德不依梵本, 四字爲句, 乃至顯義未了. 今三藏順梵本, 若長句處勒爲七言, 短句處五言爲句, 文有次第, 義乃顯了."
44_曇無讖 譯本, 釋寶貴合本, 義淨 譯本은 모두 『大藏經』 第16冊에 보인다.

(文)을 잇고 자(字)를 바로잡아 10권으로 엮었다. 하늘에 닿는 음향이 귀방(鬼方)에 두루 떨치고, 반월(半月)의 사(詞)가 찰토(刹土)에 유행한다."[45]라고 했다. 찰토는 국토를 가리키고 반월의 사는, 나의 이해로는, 15자의 사이다. 이것은 3 · 5 · 7언구로 구성된 게어이다. 의정과 동시대의 법장을 보면, 법장은 게송에 모두 4종이 있다고 해석했는데, 수자송(數字頌)〔즉 범본 32자가 하나의 송이다〕 이외에 나머지 3종의 송이 있다고 했다. 나머지 3종의 송이란 "혹은 7언, 혹은 5언 · 4언 · 3언이니, '처세계(處世界) 여허공(如虛空)'은 3언이다. 모두 4구를 하나의 송으로 한다."[46] 의정의 시대에 이르러 3 · 5 · 7언을 구로 하는 게송이 이미 통행의 문체가 되었음을 알 수 있다. 이것이 '찰토에 유행한' 방증일 수 있다. 이 밖에 경소(經疏)에 보존되어 있는 편언척어(片言隻語)로부터도 삼오칠구 구식의 게송을 추측할 수 있다. 이를테면 『인왕호국반야바라밀경소신보기(仁王護國般若波羅蜜經疏神寶記)』 제3권에 보면, "구에 3, 5, 7, 9 등의 차별이 있는데, 32자로 수로게를 삼는 것은 아마도 총요(總要)의 의미인 듯하다."[47]라고 했다. 다시, 의정이 인도 나란타사(那爛陀寺)에서 이미 『일백오십찬송불(一百五十贊佛頌)』을 번역할 때 오칠언으로 했다는 사실, 동인도 탐마립저국(耽摩立底國, Tamralipti)에서 『용수보살권계왕송(龍樹菩薩勸誡王頌)』을 번역할 때 "이 송은 용수보살이 시로 서(書)를 대신한 것으로, 남인도의 친우 승토국왕에게 부친 것이다."[48]라 했는데, 역시 오칠언을 교착했으며, 그것도 둘 다 장편의 거작이라는 사실, 무행(無行) 선사와 함께 취령(鷲嶺)에 노닐면서 「잡언」 시를 지어 삼오칠언 구식을 많이 사용했다는 사실을 함께 생각해 보라. 위에서 서술한 인소들을 종합하면 의정이 삼오칠언체의 전신 — 규칙적이고 정제된 잡

45_『金光明最勝王經玄樞序』, 『大藏經』 第56冊, p.483. "有三藏義淨法師, 奉制於西明寺, 綴文正字, 勒爲十卷. 彌天之響, 遍振鬼方 ; 半月之詞, 流行剎土."

46_『華嚴經探玄記』 卷2, 『大藏經』 第35冊, p.137. "或七言, 或五言 · 四言 · 三言, 如'處世界, 如虛空'爲三言也, 皆以四句爲一頌."

47_『大藏經』 第33冊, p.304. "句有三五七九等差別, 有以三十二字爲首盧偈者, 意恐只是總要之意." 원문은 經疏의 필기에 대한 것이어서 글의 뜻이 중간에 끊긴 것이 있으므로, 맥락을 더 알기 쉽게 하기 위해 인용에서 각각의 詞語는 생략했다.

48_『大藏經』 第32冊, p.751. "此頌是龍樹菩薩以詩代書, 寄與南印度親友乘土國王."

언 '일삼오칠구언'시 — 를 쓸 수 있었다. 그렇다면 도저히 고작 우연하게라도 민간 가요의 영향을 받았다고는 해석할 수가 없다.

다시 한 예를 들기로 한다. 『속고승전』에, 수나라 대업(大業) 초에 세상을 뜬 승려 선권(善權)이 창도(唱導)에 뛰어났다고 하면서 다음 사실을 기록해 두었다.

> 말(언어)이 나오는 대로 연결시켜 꿰기를 옥구슬을 그렇게 하듯이 했다. …… 혹은 3언으로 구를 삼아 한 시각을 다 했다. 칠오를 장으로 삼은 예도 또한 그러했다. 수양제가 학사 유고언(柳顧言)·제갈영(諸葛穎) 등에게 말하길, "범사가 말하고 쓰는 것은 잠시 따라 할 수 있다. 도달(導達)과 치언(致言)은 기이하게도 능히 절대(切對)를 이루어 아주 의아하다."라고 했다. 제갈영은 "하늘이 영특한 변재를 주었으니 세상에 이만큼 높은 이는 드뭅니다."라고 했다. 그때 어떤 사람이 그의 말을 훔쳐 외워서 권축으로 베껴 내고는 선권에게 묻자, 선권이 말하길, "창도를 시설하는 것은 기미를 알게 하는 데 힘을 쓰는 것입니다. 송언(誦言)의 행사는 스스로 타방(打棒)을 불러오거늘, 잡장(雜藏)의 명계(明誡)를 어찌 전할 수 있겠습니까? 속히 태우시어, 사람들 입에 누설되지 않게 하십시오."라고 했다. 그래서 선권의 창도 글은 지묵에 남아 있지 않다.[49]

이것을 보면 선권이 창도에서 만든 사(詞)가, 첫째, 삼언·오언·칠언을 구(句)로 삼고 장(章)으로 삼으며, 둘째, 구와 구의 사이가 '기이하게 절대(切對)를 이루는' 특색을 지녀, 그것이 이미 한 시기의 관례로 되었

49_『續高僧傳』卷30「雜科聲德篇」,『大藏經』第50冊, p.704. "隨言聯貫, 若珠璧也. …… 或三言爲句, 便盡一時 ; 七五爲章, 其例亦爾. 煬帝與學士柳顧言·諸葛穎等語曰 : '法師談寫, 乍可相從. 導達致言, 奇能切對, 甚可訝也.' 穎曰 : '天授英辯, 世罕高者.' 時有竊誦其言, 寫爲卷軸, 以問于權. 權曰 : '唱導之設, 務在知機. 誦言行事, 自貽打棒. 雜藏明誡, 何能輒傳? 宜速焚之, 勿漏人口.' 故權之導文, 不存紙墨." 王昆吾의『隋唐五代燕樂雜言歌辭研究』도 이 자료에 주목하고, 다음과 같이 풀이했다. "'三言爲句'와 '七五爲章'은 모두 唱詞의 구법을 말한다. 돈황 사본에 실려 있는 불교 가사는 '三三七'체가 가장 많아서, 바로 이른바 三言爲句'에 부합한다. 그리고『求因果』45수는 '七五爲章'의 正宗다운 범례에 꼭 들어맞는다."(p.458) 이 설은 이 글의 주장과 다르다.

음을 알 수 있다. 수양제가 "잠시 따를 수 있다." 운운한 것은 놀라고 의아하게 여겨 어떻게 해야 모방해서 배울 수 있을 것인가 하고 찬탄한 말이다.[50] 그리고 제갈영의 회답은 선권 법사가 천재여서 온 세상에 견줄 만한 사람이 없다고 말한 것이다. 혹 누군가 '그의 말을 훔쳐다 외웠지만' 선권에게서 '속히 태워 없애라'는 명령을 받았으므로, 선권의 창도의 사는 보존되어 전할 수 없게 되었다. 그렇지만 제 · 양 · 진(陳) · 수의 문사들의 풍조로 되어서든, 제왕이 좋아해서든, 불교와 승려들을 극히 중시하고 긴밀하게 왕래했으므로, 사회에 대한 영향력을 발휘하기에 아주 용이했다.[51] 심지어 "경련(京輦, 서울)의 회좌에 성문(聲聞)이며 법사(法事)란 것이 있는데, 대부분 속인이 그것을 한다."[52]라고 했다. 세속의 창도 방식은 분명히 승가를 모방한 부류였을 것이다

진 · 송 이래로 명승과 명사들의 왕래가 나날이 긴밀하게 되어,[53] 이로써 사회에 대한 영향력을 조성하는 것이 갈수록 커졌다. 사원은 문화 활동의 중심 장소가 되어 사회에 대한 흡인력이 갈수록 강해졌다. 양현지(楊衒之)의 『낙양가람기(洛陽伽藍記)』에 적지 않은 기록들이 있다.

> 장추사(長秋寺)는 유등(劉騰)이 세운 것이다. …… 상(像)이 정지하는 곳에 관람자가 벽이 서듯 모여들어, 서로 짓밟기까지 하여 늘 죽는 사람이 나왔다.[54]

50_'乍可'란 말은 蔣禮鴻의 『敦煌變文字義通釋』과 江藍生 · 曹廣順의 『唐五代語言詞典』에 모두 이 어휘의 조항이 있는데, 그 뜻은 '寧可 · 情願 · 只可 · 怎可' 등이 있으며, '怎可'는 사실상 '不可'의 뜻이므로 이곳의 위아래 맥락과는 합하지 않는다.

51_『續高僧傳』 卷5 「釋僧旻傳」. "少與齊人張融 · 謝朓友善, 天下才學通人, 莫不致禮. …… 所著論疏雜集『四聲指歸』 · 『詩譜決疑』等百有餘卷流世." 또 卷30 「釋法稱傳」. "煬帝在蕃, 彌崇敬愛, 召入慧日, 把臂朋從, 欣其詞令故也." 「釋立身傳」. "時江左文士, 多興法會, 每集名僧, 連宵法集. 導達之務, 偏所牽心." 「釋慧常傳」. "時隋文興法, 煬帝倍隆, 四海輻湊, 同歸帝室. 至於梵導贊敘, 各重家風, 聞常一梵, 颯然傾耳. 皆推心喪膽, 如饑渴焉."

52_『續高僧傳』 卷30 「雜科聲德篇 · 論」, 『大藏經』 第50冊, p.706. "京輦會坐, 有聲聞法事者, 多以俗人爲之."

53_張伯偉, 「玄言詩與佛教」, 『禪與詩學』, 浙江人民出版社, 1992, pp.125-153.

54_范祥雍, 『洛陽伽藍記校注』 卷1 '城內 · 長秋寺', 上海古籍出版社, 1978, p.43. "長秋寺, 劉騰所立也. …… 像停之處, 觀者如堵. 迭相踐躍, 常有死人."

> 종성사(宗聖寺)에는 상(像)이 하나 있는데, …… 선비와 서인들이 우러러보면서 잠시도 눈을 깜빡이지 않았다. 이 상이 한번 나오자, 시정에 사람들이 하나도 없어질 만큼 텅 비고, 불꽃과 광채가 휘황하고 혁혁해서, 홀로 세상 바깥으로 떨어져 나갈 정도이다. …… 성동의 사녀들도 많이 와서 이 절을 참관한다.[55]

> 경명사(景明寺)는 선무황제(宣武皇帝)가 세운 것이다. …… 가람의 오묘함은 가장 으뜸이라고 할 만하다. …… 범악(梵樂)과 법음(法音)이 천지를 시끄럽게 하고 진동시킨다. 백희(百戲)가 치달리고 날뛰어, 가는 곳마다 한데 모여 즐비하다. 명망 높은 승려와 덕이 많은 대중들이 석장을 메고 무리를 이루었으며, 신도와 법려(도반)가 꽃을 손에 쥐어 꽃 덤불을 이루었다. 수레와 기마가 붐비고, 번성하고 서로 기울어진다.[56]

북방도 이러했거늘, '남조 사백팔십 사찰(南朝四百八十寺)'의 남 방에서야 얼마나 성황이었을까 쉽게 상상할 수 있다. 당나라 때에 이르러도 이런 성황은 여전히 감쇠하지 않았다. 시문이든 음악이든, 불교 사회의 영향력은 홀시해서는 안 된다.[57]

이백의 「삼오칠언」 시로 돌아가기로 한다. 이것은 삼언·오언·칠언으로 편을 이루는 데 그치지 않고 삼삼·오오·칠칠의 구가 '절대(切對)'의 형태여서, 선권이 만든 사(詞)의 특색과 상당히 일치한다. 위에서 의정과 선권의 예를 들었지만, 그렇다고 나는 그들이 '홀로 밝히고 먼저 펴냈다'는 식으로 표창할 생각이 조금도 없다. 그들 작품이 유전되었는지 어떤지에 상관없이, 그것들은 동일한 시대 분위기에서 완성되었다. 일단 형성되자 제왕의 선도, 문인의 애호, 사회 대중의 사랑이 이 문화 환경에

55_『洛陽伽藍記校注』 卷2 '城東 · 宗聖寺', p.79. "宗聖寺有像一軀, …… 士庶瞻仰, 目不暫瞬. 此像一出, 市井皆空, 炎光輝赫, 獨絕世表. …… 城東士女多來此寺觀看也."

56_『洛陽伽藍記校注』 卷3 '城南 · 景明寺', pp.132-133.

57_張伯偉, 「〈文鏡秘府論〉與中日漢詩學」 第1節'西明寺與唐代詩學', 『東亞漢籍研究論集』, 臺灣大學出版中心, 2007, pp.137-143 ; 「論唐代的詩學暢銷書」 第3節 '佛門對暢銷書的貢獻', 『作爲方法的漢文化圈』, 中華書局, 2011, pp.199-206 ; 楊蔭瀏, 『中國古代音樂史稿』 上冊, 第8章 第5節 '寺院和民間音樂生活', pp.210-212.

작용을 가했다. 따라서 단선적인 시선으로 이 문제를 고찰할 수는 없으며, 모든 영향력을 고작 민간에 혹은 주로 민간에 귀결시킬 수 없다. 수·당 시기에 삼오칠언체와 유사한 결구 방식이 불가에서 출현하였고, 게다가 제왕 및 문사의 주목을 받았다. 그리고 이 결구 방식의 산생 배경과 기초는 바로 중토 인사들이 게송을 번역하고 범패를 제작한 일에 있었다. 여기서는 민간 가요의 영향은 논술하지 않기로 한다(물론 부인하는 것이 아니다). 한편으로 그런 논조는 이미 귀에 못이 박힐 정도여서 새로운 의미를 지닌 내용을 진술하기에 부족한 데다가, 다른 한편으로 그 중요성이 분명히 지나치게 높이 평가되고 있기 때문이다. 역사상의 불교는 종교라기보다는 신앙이라고 하는 편이 옳다. 따라서, "미술·공예나 사상·문학·음악 등 각 방면의 종합체로 보는 것이 더 적합하며", "역사상의 종교 행위는 인류 정신 활동의 총체로서 문화 범주 가운데 한 부분이다."[58]라고 했던 선학의 판단을 깊이 숙고할 만하다.

문체와 관련해서 '근원으로 미루어 나가고 흐름을 거슬러 오르는 것[推源溯流]'은 본래 중국의 전통적 문학비평 방법 가운데 하나이다.[59] 그 전형적 표현법이 바로 종영(鍾嶸) 『시품(詩品)』의 "그 체의 기원은 아무아무 것에서 나왔다[其體源出於某某]"라는 것이다. 이런 간략한 진술 방식은 오해를 불러일으키기 쉽다. 이를테면 전종서는 『남제서』「문학전론(文學傳論)」이 당시 문단에 '대략 세 개의 체'가 있다고 한 것에 대해서는 "대요를 종합하고 순순하고 적당하여 막힘이 없다[綜攝大要, 順適無礙]"라고 높게 평가했으나, 종영에 대해서는 "고수(高叟)같이 하나하나 이름을 지명했지만, 실은 서얼 망자를 위해 본생부모를 인정해 주는 것과 같다."[60]라고 기롱했다. 실상, '추원소류(推源溯流)'법의 정수는 문학 발전의 종적 횡적 관계에 일종의 질서를 건립하는 것이어서, 역사성을 지닐 뿐만 아니라 심미성의 의의도 겸비하고 있다. 어떤 한 문체의 형성은 복잡성을 지니므로, '근원이 어떤 어떤 것에서 나왔다.'라는 일단

58_上垣外憲一, 『日本文化交流小史』「前言」, 王宣琦 譯, 武漢大學出版社, 2007, p.2.

59_張伯偉, 『中國古代文學批評方法研究』內篇 第2章「推源溯流論」, 中華書局, 2002, pp.104-193.

60_『管錐編』第4冊, 中華書局, 1979, p.1445. "固如高叟, 一一指名坐實, 似爲孽子亡人認本生父母也."

에 한정시킬 수는 없으며, 때로는 심지어 문학의 범위 내에만 머물지도 않는다. 문학사를 문화사의 한 구성 부분으로 파악하여 문체의 형성과 발전에 대해 서로 다른 문화 사이의 교류를 배경에 두고 고찰한다면, 이것이 중국 전통 문학비평 방법을 계승하는 것이자, 새로운 탐구를 해나갈 가치 있는 노정 가운데 하나가 될 것이다. 이 글이 삼오칠언체의 기원을 탐색하여 불교와의 관계로 소급해 올라간 의도는 바로 여기에 있다.

3. 삼오칠언체의 흐름

서사증의 계보의 따르면 삼오칠언체의 '흐름'은 송나라 문동(文同)에 이르러 그치는데, 이는 잡언시의 범위 내에서만 문제를 고찰한 것이다. 비교적 이른 시기에 각 문체의 한계를 돌파하여 넓은 시야에서 관련 문체를 언급한 것은 조익(趙翼)의 『해여총고(陔餘叢考)』로, 이백부터 유장경(劉長卿)의 「송육례시(送陸澧詩)」와 구준(寇准)의 「강남춘시(江南春詩)」까지 정리해 놓았다. 조익이 유장경과 구준의 작품을 '시'로 파악한 점을 보면 문체의 의미에 대한 자각이 있었다고는 할 수 없다. 하지만 「강남춘」은 훗날 사패(詞牌)의 하나로 되었으므로, 연계는 삼오칠언체의 유행과 사조(詞調)의 관계를 주의하게끔 객관적으로 환기시킨다. 훗날 『사율(詞律)』은 이백의 시를 「강남춘」의 남상으로 보았고, 『사보(詞譜)』는 심지어 이백의 작품을 '정조(正調)'에, 유장경과 구준의 작품을 '또 다른 체'로 분류했다. 사조로서의 「강남춘」이 언제 성립했는지에 상관없이,[61] 그 구식이 삼오칠언에서 나왔다는 점은 부인할 수 없다. 후세 사람이 삼오칠언을 사조(詞調)로 보아야 한다고 주장했던 것도 역시 역사적 사실이다(이에 대한 시비는 또 다른 문제이다).

삼오칠언체의 흐름을 논하기에는 현대 학자의 안광과 범위가 사실 옛사람들보다 뛰어나지 못하다. 첫째는 범위를 중국의 범위 내에 제한하여 토론하고, 둘째는 안광을 잡체시에서 사로 확대 발전시킨다는 점이

61_任半塘,『唐聲詩』下編, 上海古籍出版社, 1982, pp.520-523.

다. 이 글에서는 전환과 돌파를 하여 기왕의 저 안광과 범위를 조금 개선하고자 시도한다.

만약 삼오칠언체의 형성이 불교와 관련이 있다는 결론이 성립한다면, 그렇다면 '서쪽에서 동쪽으로'의 전개가 중국에서 멈추지는 않았을 것이다. 이백의 이름이 서명된 「삼오칠언」은 계속 동쪽으로 퍼져 나가 한반도에 유입되어, 아울러 새로운 반향을 일으켰다.

어숙권의 『패관잡기』 제1권에 다음 내용이 있다.

> 이문순(李文順, 이규보)은 닭 무리가 벌레를 쪼아 먹는 것을 보고 닭이 미워 시를 지었다. "朱朱公, 好啄蟲. 予不忍視, 斥勿使邇. 汝莫怨我爲, 好生本自期. 我今退老疏散, 不卜朝天早晏. 豈要聞渠聲報曙, 貪眠尙欲避窗明.〔주주공은 벌레 잡기를 좋아하네. 나는 그것을 차마 볼 수가 없어 쫓으며 가까지 가지 못하게 한다. 너는 내가 쫓는다 원망 말아라. 본래 살리기를 좋아한단다. 지금 나는 벼슬에서 물러나 한가히 지내니 조회 시간 이르고 늦은 게 아랑곳 없어. 너의 새벽 알리는 소리 들으려 애쓸게 무어냐? 늦잠 자고 싶어 동창이 밝아 오는 게 귀찮기만 하다.〕" 그리고 스스로 주석을 붙여, '삼언에서 칠언에 이르는 시'라고 했으니, 대개 이태백의 「삼오칠언」 시를 본받아 지은 것이다.

> 어 문정공(어세겸)의 「영국시(詠菊詩)」는 다음과 같다. "菊, 菊. 兄松, 弟竹. 挹夕露, 承朝旭. 粲粲英英, 芬芬鬱鬱. 霜葩耀晩金, 雨葉滋晨玉. 開三徑望南山, 溯一潭追甘穀. 甜芳自可制頹齡, 隱逸還堪醫薄俗. 香魂不滅宛舊精神, 色相猶存本來面目. 烏帽落時更看插一枝, 白衣來處何嫌酌數斛. 物旣合潔其操自然而貞, 人爭播詠於詩愛之誰酷.〔국화야, 국화야. 형은 솔이고 아우는 대나무로, 저녁 이슬을 마시고 아침 햇빛을 받아 그 빛깔 눈부시고 그 향기 아름답구나. 서리 맞은 봉오리는 저녁 금빛인양 빛나고 비에 젖은 잎사귀는 새벽 구슬 같구나. 삼경을 열고 남산을 바라보며 한 못을 거슬러 감곡을 따라가니 달고 꽃다움은 스스로 늙어 가는 나이를 막을 만하고 은일함은 도리어 경박한 풍속을 고칠 만하도다. 향혼이 죽지 않아 옛 정신 완연하고 색상은 여전히 본래의 면목을 지녔다. 오모가 떨어질 때 한 가지 다시 꽂으니 백의 오는 곳에 어찌 몇 말의

> 술인들 꺼리리오. 국화 이미 지조를 깨끗이 함에 합당하니 저절로 참되고 사람들이 다투어 시로 읊으니 누구의 사랑이 더욱 지극할까]" 그리고 스스로 주석을 달아, '일언에서 십언으로 이르는 시'라고 했다. 대개 문순의 시를 본받고 격식을 더 추가했다.[62]

이문순, 즉 이규보는 고려 시대 12세기부터 13세기에 걸쳐 활동했다. 그의 시는 『동국이상국집』 후집 제4권에 보이되, 일부 글자에 차이가 있다. 예를 들어 '聲報曙(성보서)'는 압운 관계상 '報曙聲(보서성)'이 옳다. 어문정, 즉 어세겸(魚世謙)은 15세기 사람이다. 어숙권이 보기에 이규보는 "이태백의 「삼오칠언」 시를 본받았다." 그리고 어세겸의 작품은 또한 "문순의 시를 본받고 격식을 더 추가했다." 이런 관점은 당연히 근거가 있다. 그와 동시대의 시인 권필(權韠)의 『석주집(石洲集)』 제8권에는 잡체시가 여러 편 있는데, 그중 「송(松)」·「죽(竹)」·「매(梅)」·「국(菊)」·「연(蓮)」 다섯 편에 스스로 발문을 붙여 다음과 같이 말했다.

> 식물 가운데 가지와 잎을 아낄 만한 것이 둘이니, 소나무와 대나무요, 꽃을 아낄 만한 것이 둘이니, 매화와 국화이다. 꽃과 잎을 모두 아낄 만한 것은 하나이니, 연꽃이 그것이다. 내가 평생 이 다섯 가지를 아껴 우연히 이백의 「삼오칠언」을 변화시켜 일언에서 십언에 이르러 그쳤으니, 다섯 편을 이루었다.[63]

일언에서 십언으로 된 것은 바로 이백의 「삼오칠언」을 변화시킨 것이다. 이 시는 기해년(1599)에 썼다. 『패관잡기』는 명나라 가정 연간에 엮었는데, 그 기사는 병오년(1606)까지의 일을 기록하고 있으므로, 권필 시 이후에 해당한다. 따라서 「삼오칠언」을 이백에게서 기원한다고 보는 것은 당시 사람들의 보편적인 관점을 반영하고 있다.

62_『大東野乘』本, 朝鮮古書刊行會, 明治四十二年(1909)至四十三年版, pp.480-481.

63_한국문집총간 제75책, 경인문화사, 1991, p.80. "植物之中, 枝葉可愛者二 : 曰松, 曰竹 ; 花可愛者二 : 曰梅, 曰菊 ; 花葉俱可愛者一 : 曰蓮. 余平生酷愛此五者, 偶演李白『三五七言』, 自一言至十言而止, 成五篇."

조선 시대의 시인은 이백의 작품을 따라 짓는 경우가 많았다. 예를 들어 조임도(趙任道)의 「삼오칠언효 이백(三五七言效李白)」은 『간송집(澗松集)』 제2권에 실려 있고, 신활(申活)의 「효이태백삼오칠언(效李太白三五七言)」은 『죽로집(竹老集)』 제1권에서 볼 수 있다. 제목에 이백의 작품에서 기원한다는 관점이 반영되어 있다. 허균은 『국조시산(國朝詩刪)』을 편찬할 때 잡체 부분에 특별히 삼오칠언체 1수를 뽑아 넣었다. 이는 허균의 마음속에 이 문체도 '국조시'의 대표 가운데 하나였음을 드러낸다. 그런데 특히 주의를 끄는 것은 몇 가지 상이한 방식의 변화이다. 즉, 어떤 이는 이 시를 '노래'로 보았다. 예를 들어 이달의 『손곡시집』 제2권은 '가(歌)'에 6편을 열거하면서 「삼오칠언」을 거기에 포함시켰다. 어떤 이는 또 '장단구'에 열거했다. 예를 들어 이건(李健)의 『규창유고(葵窗遺稿)』 제9권은 '장단구'에 6편을 열거하면서 그 첫 번째에 「삼오칠언」을 두었다. 또 어떤 이는 이 문체와 「강남춘」을 하나로 합해 보았다. 예를 들어 홍주국(洪柱國)의 『범옹집(泛翁集)』 제5권은 '잡체'에 「강남춘삼오칠언효구평중체(江南春三五七言效寇平仲體)」를 실었다. 더욱 특별한 것은 다음의 두 사례이다. 하나는 조태채(趙泰采)의 「이백의 삼오칠언에서 한 구를 상하 구에 나눠 쓰다〔李白三五七言一句分用上下句〕」이다.

> 秋風淸, 古槐寒蟬鳴. 秋月明, 空簷宿鳥驚. 遠客愁吟坐深更, 星斗闌干河漢傾.[64]

> 가을바람 소슬하니 오랜 나무 쓸쓸하고 매미가 서글피 운다. 가을 달 밝아 빈 처마에 깃든 새 놀라네. 멀리서 온 손님 근심이 깊어지는데 별빛이 은하수에 쏟아진다.

이는 이백 원작의 "秋風淸, 秋月明"을 두 구로 나눔으로써 본래의 삼오칠언체를 '삼오삼오칠칠'의 형식으로 변화시킨 것이다. 또 다른 하나는 김윤안(金允安)의 「계외연 삼오칠언(雞畏鳶三五七言)」이다.

64_『二憂堂集』 권2, 한국문집총간 제176책, 경인문화사, 1996, p.28.

> 雞畏鳶, 鳶飛方戾天. 雛奔母自鳴, 衆雞亦竦然. 庭中貓過不知避, 不知大畏當其前. 徒知遠畏不畏近, 貓之可畏難 比鳶. 嗚呼! 世間所忽禍自生, 人自不知尤可憐.[65]

> 닭은 솔개를 무서워한다. 솔개는 하늘 높이 날기 때문이다. 병아리는 삐약삐약 어미 품에 파고들고 닭 무리는 두려워 꼼짝 못한다. 뜰에 고양이가 지나가는 것을 보고도 피할 줄을 모르니 눈앞에 닥친 재앙을 모른다. 멀리 있는 두려움만 알 뿐 가까운 두려움은 모른다. 고양이가 솔개보다 훨씬 두려운 것이거늘. 아! 세상의 재앙은 소홀히 여기는 데에서 생기는 것을, 사람들이 모르니 참으로 가련하다.

이 시는 많이 바뀌어, 구식이 '삼오오오칠칠칠칠(이)칠칠'로 되었다. '오호' 두 글자를 의성어로 치고 글자 수로 계산하지 않는다고 해도 변동이 아주 크되, 여전히 '삼오칠언'이라고 불린다.

이런 변체가 일어난 원인을 좀 더 탐구할 필요가 있다. 내가 보기에 가조(歌調)에 대한 조선인의 관념이 영향을 미쳤다고 생각한다. 조선의 신위(申緯)는 "우리나라의 언어와 문자는 번잡함과 간결함이 매우 다르다. 자고로 사(詞)와 곡(曲) 모두 언어 문자와 합하여서 만들어진다. 그러므로 처음에는 질서 있는 평측과 구말 협운이 없었고, 다만 목구멍 사이의 장단, 입술 위의 경중을 기준으로 급하게 거두거나 길게 펼치는 방법으로 가사의 리듬을 맞추었다."[66]라고 했다. 이는 조선의 가사가 주로 성음에 맞춰 '거두기' 또는 '펼치기'를 하되 엄격한 규칙이 없음을 말해준다. 한국의 조동일 교수 역시 "한국 문학의 특징은 우선 시가의 운율에서 나타난다. …… 그 음절은 뽑아내거나 줄일 수가 있어서 변화의 여지가 있다."라고 밝혔다.[67] 여기에서 시가란 한글 즉 조선 문자로 창작한, 노래로 부를 수 있는 작품을 말한다. 신라 시대의 향가와 고려 시대의 가

65_『東籬集』 권2, 한국문집총간 續 제12책, 경인문화사, 2006, p.46.

66_『警修堂全稿』 책17 「小樂府序」, 한국문집총간 제291책, 경인문화사, 2002, pp.379-380. "東國言語文字繁簡懸殊, 古來詞曲, 皆參合言語文字而成也. 故初無秩然之平仄 · 句讀之叶韻, 但以喉嚨間長短 · 唇齒上輕重, 或促而斂之, 或引而申之, 以準其歌詞之刻數."

67_趙東一 等, 『韓國文學論綱』, 周彪等 譯, 北京大學出版社, 2003, p.13.

요 모두 이런 특색을 지니고 있다. 비교적 정형화되어 있는 시조라 해도, '3장 6구'로 개괄할 수 있지만 그것 역시 첫 구가 세 음절이어야 한다는 규정을 제외하면 나머지 구는 장단이 자유자재하여 모두 '시조'라고 칭해도 무방하다. 비록 이런 작품은 민간에서 출현한 것이지만, 조선시대 문인은 민간의 가요와 속곡에도 관심을 두었고, 아울러 그것들을 개조했다.

일찌감치 민간 가요에 주목한 사람은 고려의 이제현(李齊賢)으로, 그는 고려 시대 가요를 선별하여 칠언 절구 9수로 번역하여, '소악부'라 이름 지었고, 당시의 민사평(閔思平)도 이에 화운하여 「소악부」 6장을 남겼다. 이제현은 원나라 때의 중국에 들어가 중국 문인들과 많이 왕래했고, 촉 땅에 들어가고 강남 지방을 유람했는데, 이 사람은 한반도에서 전사(塡詞)를 할 수 있는 극소수의 작가 가운데 하나로, 그의 장단구는 판각되어 『강촌총서(彊村叢書)』에 수록되었다. 조선 시대 유성룡(柳成龍)은 "고려 500년간 세상에 이름난 사람은 많았지만 본말을 겸비하여 시종일관 변함없어 우람하게 높이 솟아나서 비판할 수 없는 사람으로는 오직 선생이 있을 뿐이다."[68]라고 했다. 그러므로 그가 칠언 절구로 가요를 번역하여 '소악부'를 만든 일은 영향이 아주 컸다. 민간 가요는 본래 비루한 가사여서 일반 문인들은 그다지 주의하지 않았다. 이제현은 정치적 지위와 문학적 지위가 높은 사람이면서, '언사가 비리한' 속요를 친히 아순(雅馴)한 칠언 절구로 변성시켰는데,[69] 이념상으로는 유우석(劉禹錫) 등의 영향을 받았다. 유우석은 촉 땅에서 '투박하기 이를 데 없는' 파유(巴歈) 지역의 민가를 「죽지사(竹枝詞)」 칠언 절구 9수로 개작해 냈는데, 그의 아화(雅化)와 미화를 거쳐, 이 형식은 후세 문인들의 흔

68_『益齋先生文集跋』, 한국문집총간 제2책, 경인문화사, 1990, p.498. "高麗五百年間名世者多矣, 求其本末兼備, 始終一致, 巍然高出, 無可議爲者, 惟先生有焉."

69_『高麗史 · 樂志二』 '俗樂'. "「動動」과 「西京」 등 24편은 모두 俚語로 지어졌다." 「동동」에서는 '이어는 싣지 않는다.'라고 밝혔다. 고려 시대 翰林 諸儒가 지은 「한림별곡」도 한문으로 지은 부분만 수록할 뿐 俚語는 수록하지 않으면서 다음과 같은 특별 주석을 달았다. "가사 중에 俚語로 지어진 것은 일체 수록하지 않는다. 하지만 「五冠山」·「居士戀」·「處容」·「沙裡花」·「長岩」·「濟危寶」·「鄭瓜亭」 등 李齊賢이 '作詩解之'했던 7편은 그 문자를 기록했다."

상을 받았으니, 황정견 · 소식도 모두 그러했다. 이제현의 「소악부」도 칠언 절구 9수로, 「죽지사」와 마찬가지이다. 이것은 우연이 아니다. 이는 '시'와 '가'의 결합이지만, 분명히 시가 강하고 노래가 약하다. 민사평이 그의 시를 화운하려고 하지만 '내용은 한 가지인데 말이 중복될까' 우려하자, 이제현은 "유 빈객(유우석)이 「죽지가」를 만들었는데, 모두 기주(夔州) 협곡의 남녀상열지사(男女相悅之辭)였으나 동파(소식)는 이비(二妃, 아황 · 여영), 굴원, 회왕, 항우의 일을 점철하여 장가를 만들었다. 이것이 어찌 선인을 답습한 것이겠는가?"[70]라고 하면서 민사평을 독려했다. 이제현은 후대 문인들의 민간가요 채집과 가사 및 시조의 창작에 새로운 기준을 제시했다. 신위는 『소악부』 40수를 짓고, 서문에서 "고려 이제현 선생이 노래를 채집하여 칠언 절구로 만들어 이름을 '소악부'라 지었다. 지금 선생의 문집에 수록되어 있는 것을 보면 오늘날 관현의 음악가들에게 전하지 않는 노래이지만 그 노랫말이 없어지지 않은 것은 선생의 시에 힘입은 것이다. 문인이 붓을 달리는 것이 참으로 중요하지 아니한가?"[71]라 하고는 이제현의 작을 모방했다. 이상적(李尙迪)은 신위의 『소악부』를 읽고서 제사(題詞)에서, "슬픔과 즐거움에 중년 들어 감촉이 많아 옛 곡을 번안하니, 역옹(이제현)의 풍조와 사안(謝安) 공의 정조로다."[72]라고 했다. "슬픔과 즐거움에 중년 들어 감촉이 많다."라는 말은 동진 때 사안의 말을 인용한 것이고,[73] "옛 곡을 번안했다."라는 말은 이제현(호 역옹)의 「소악부」를 모방하여 지은 것을 가리킨다. 즉,

---

70_『益齋亂稿』 권4, 한국문집총간 제2책, p.537. "劉賓客作『竹枝歌』, 皆夔峽間男女相悅之辭, 東坡則用二妃 · 屈子 · 懷王 · 項羽事綴爲長歌, 夫豈襲前人乎?"

71_『警修堂全稿』 책17, 한국문집총간 제291책, 경인문화사, 2002, p.380. "高麗李益齋先生采曲爲七絕, 命之曰『小樂府』, 今在先生集中, 擧皆今日管弦家不傳之曲. 而其辭之不亡, 賴有此詩. 文人命筆, 顧不重歟"

72_「紫霞侍郎作樂府四十章見貽, 題其尾」, 『恩誦堂集詩』 권3, 한국문집총간 제312책, 경인문화사, 2003, p.179. "哀樂中年翻舊曲, 櫟翁風調謝公情."

73_『世說新語』 「言語」에 "謝太傅가 왕우군(왕희지)에게, '중년이 되니 슬픔과 즐거움에 빠져들어 괴로우이. 벗들과 헤어지고는 서너 날을 괴로워하고 있소.'라고 하자, 왕우군이 대답하길, '나이가 모년에 있는 것은 자연히 여기에 이른 것이므로, 사죽에 기대어 울적한 마음을 쏟아 버릴 따름이니, 항시 저자들에게 발각되어 흥이 깨질까 염려됩니다.〔謝太傅語王右軍曰:'中年傷於哀樂, 與親友別, 輒作數日惡.' 王曰 : '年在桑榆, 自然至此, 正賴絲竹陶寫, 恒恐兒輩覺, 損欣樂之趣.'〕"라고 나온다. 여기에서 '傷於哀樂'과 '絲竹陶寫'의 뜻이 모두 사용되었다.

아래 구는 사안과 이제현을 아울러서 신위의 시를 형용했다. 이유원(李裕元)에게 『해동악부』 1백 수가 있는데, 이것도 "익재 선생(이제현)의 '소악부' 법에 근원한다."[74] 그 영향이 오래도록 쇠퇴하지 않았음을 알 수 있다.

조선 세종 시대에 문신들이 왕명을 받들어 『용비어천가』를 지었는데, "목조께서 처음 터전을 마련하실 때로부터 태종께서 잠저에 머무르실 때까지, 기이하고 거룩한 모든 사적을 빠짐없이 찾아 모았으며, 또 왕업의 어려움을 자세히 풀어서 서술하고," "노래는 국언을 이용하고 시를 이어 붙여서 그 말을 풀이했다."[75] 한시와 한글로 함께 두었는데, 한글로는 가창하고('노래는 국언을 이용하고') 한시로는 풀이한 것('그 말을 풀이했다')이다. 세종 대왕이 한글을 창제했지만 여전히 많은 문인들의 관념 속에서는 배척되었다. 문인들이 배우기를 꺼려 했기 때문에 당연히 한글을 이해할 수가 없어서[76] 한시를 사용하여 전석(詮釋)을 도왔다. 『용비어천가』의 한글본은 구에 장단이 뒤섞여 있으나 한문본은 4언을 위주로 하는 시체를 채택했는데, 그 목적은 "주나라에서 '면과(緜瓜)'를 노래하여 그 뿌리가 어디에서 나왔는지를 추본(推本)하고, 상나라가 '현조(玄鳥)'를 노래하여 자신들이 생겨난 바를 추서(追敍)한" 『시경』 아송의 전통을 계승했음을 표시하여, 한글 가곡의 창작에 대해 경전에 근원하는 모종의 합법성을 찾고자 한 것이다. 비록 이에 앞서 안축(安軸)은 경기체가를 운용하여 「관동별곡」과 「죽계별곡」을지었지만, 이 역시 기본적으로 한문이었다. 그 후에 한문과 국문이 혼용된 시가가 출현하여 문집에 수록되었다. 이것은 필연적으로 그 두 가지 문체를 서로 침투하게 하고 서로 영향을 주도록 만들었다. 이를테면 남구만(南九

74_「小樂府四十五首跋」, 『嘉梧稿略』 1책, 한국문집총간 제315책, 경인문화사, 2003, p.29. "原于益齋先生'小樂府'法"

75_「進龍飛御天歌箋」, 徐居正 編, 『東文選』 제2책, 권44, 태학사, 1975, p.248. "爰自穆祖肇基之時, 逮至太宗潛邸之日. 凡諸事蹟之奇偉, 搜摭無遺 ; 與夫王業之艱難, 敷陳悉備", "歌用國言, 仍系之詩, 以解其語."

76_이런 상황은 후대에 이르기까지 이어져, 16세기 金長生이 "언자를 익히지 않았다."라 하고(「上愼獨齋先生」, 『同春堂集』 별집 권4), 17세기 박세채는 자신이 "언자를 모른다."라고 말했으며(「答尹子仁」, 『南溪集』 외집), 18세기 박지원도 "내 평생에 언자는 한 글자도 모른다."라고 떠들었다.(「答族孫弘壽書」, 『燕岩集』 권3).

萬)의 「번방곡(翻方曲)」은 시조를 한시로 번역했는데, 11수의 대부분이 6구로 구성되어 있어, 시조의 기본 규칙에 부합한다. 단, 4구체와 5구체도 각각 1수씩 전하고 있다. 구식을 다시 살펴보면 오언 제언체와 칠언 제언체뿐만 아니라 잡언체가 있어서, 혹 '5-5-5-5-7-5'로 짓거나 혹 '5-7-5-5-7-7'로 지었으며, 또 다음 2수처럼 구의 장단이 더욱 불규칙한 것도 있다.

> 朝天路草塞, 玉河館人空. 大明崇禎今何在, 三百年事大至誠如夢中.
>
> 조천로는 풀이 덮이고, 옥하관에는 사람이 하나도 없구나. 대명의 숭정 시절은 지금 어디에 있는가. 삼백 년 사대의 지성이 꿈속의 일같이 되었도다.

> 東方明否, 鸕鴣已鳴, 飯牛兒胡爲眠在房. 山外有田壟畝闊, 今猶不起何時耕.[77]
>
> 동방이 밝았느냐, 노고지리가 이미 울고 있다. 소 치는 아이는 어이하여 방에서 잠을 자는가. 산 밖에 밭이 빼미가 넓거늘, 지금 일어나지 않으면 언제 갈려 하느냐.

하나는 '5-5-7-10', 하나는 '4-4-8-7-7'로 이뤄져 있다. 이제현의 『소악부』와 비교할 때 국문 가곡체의 영향을 더욱 많이 받은 것을 알 수 있다. 이때의 시(詩)·가(歌) 결합은 각기 균평한 특징을 갖추었다. 일률적으로 가(歌)를 칠언 절구체로 번역하는 것은 '시화(詩化)'를 강행하는 것이어서, 어떤 의미에서는 한화(漢化)라고 할 수 있으며, 가창에 모두 부합할 수 있는 것은 아니다. 이학규(李學逵)는 '시조'를 설명하길, "모두 여항의 이어(俚語)로, 느린 소리로 노래한다."[78]라고 했다. 만약 오언 절구나 칠언 절구만을 고집하여 번역할 경우 형세상 성(聲)과 사(辭)

77_『藥泉集』 권1, 한국문집총간 제131책, 경인문화사, 1994, p.431.

78_「感事三十四章」, 『洛下生集』 책18, 한국문집총간 제290책, 경인문화사, 2002, p.548. "皆閭巷俚語, 曼聲歌之."

의 충돌이 불가피하다. 김만중은 『서포만필』에서 다음과 같이 지적했다.

> 송강(정철)의 「관동별곡」과 전후 「사미인가」는 우리 동방의 『이소』이되, 문자로 베낄 수가 없고 오직 악인(樂人)들만이 구전하거나 한글로 전했을 뿐이다. 혹자는 칠언시로 「관동별곡」을 번역하기도 했으니 아름답지 못하다. …… 구라마습이 말하기를 "천축의 풍속은 문학을 대단히 숭상하여, 그들의 찬불사는 극히 화려하고 아름답다. 이제 이를 한어로 번역하면 단지 그 뜻만 파악할 수 있을 뿐 그 언사를 제대로 살릴 수 없다."라고 했는데, 이치가 정녕 그러하다.[79]

번역하는 과정에서 성(聲)과 사(辭)의 배합을 어떻게 고려하는가 하는 것이 아주 중요하다. 칠언시로 번역한 「관동별곡」이 훌륭할 수 없었던 원인은 성(聲)과 사(辭)를 배합할 수 없었기 때문이다. 눈여겨볼 것은 김만중이 자신의 설을 지지하는 이론적 근거를 찾기 위해 인증한 것이 바로 구라마습이 불경 게송을 번역한 사실에 관련한 내용이었다는 점이다. 조선의 가요와 시조를 한시로 번역하는 과정에서 중국 고유의 시체로 무리하게 제한하지 않는 것은 그들이 모색해 낸 한 가지 방법이었다. 그 참을 구하고 그 참을 보존할 수 있으면, "천지를 움직이고 귀신을 감동시킬 수 있으니, 유독 중국만이 그런 것이 아니다."[80] 이 영향은 가요의 번안에서만 발생하는 것이 아니라, 스스로의 한시 창작에 진입할 때에도 그러했다. 다음은 손기양(孫起陽)의 기록이다.

> 우리나라의 가사는 대부분 방언으로 음절을 연결해 이루어서 문자로 해석하기 어려운 면이 있다. 양 천사(楊天使)가 조선 도성에서 연경으로 돌아가던 길에 관서의 노상에서, 김매는 여인이 노래를 부르는 것을 보고, 노랫소리는 또랑또랑했지만 말을 해득할 수 없자, 즉시 말을 세

79_『西浦漫筆』 卷下, 通文館, 1971, pp.652-653. "松江(鄭澈)「關東別曲」·前後「思美人歌」, 乃我東之「離騷」, 而以其不可以文字寫之, 故惟樂人輩口相授受, 或傳以國書而已. 人有以七言詩翻「關東曲」, 而不能佳. …… 鳩摩羅什有言曰 : 天竺俗最尚文, 其贊佛之詞極其華美, 今以譯秦語, 只得其意, 不得其辭. 理固然矣."

80_『西浦漫筆』 卷下, p.653. "則皆足以動天地·感鬼神, 不獨中華也."

> 우고 역관을 불러 노래 부르는 것이 무슨 말인지 물었는데, 역관들이 서로 돌아보기만 하고 대답을 하지 못했다. 이 상국이 접반사로 그를 따라가다가 즉시 그 여인과 이야기를 나누고서 글로 적어서 양 천사에게 보여 주니, 그 내용은 "昔日苟如此〔옛날에도 이랬다면〕 此身安可持〔이 몸 어찌 견뎠으랴?〕 此心化爲絲〔이 마음이 실이 되어〕 曲曲皆成結〔굽이굽이 모두 맺혔으니〕, 欲解復欲解〔풀고자 하고 또 풀고자 하나〕 不知端到處〔실마리를 몰라라〕!"라고 했다. 양 천사가 크게 감탄하고 칭상하고는 행탁을 풀어 여인에게 후사하고 떠났다.[81]

양 천사는 양방형(楊邦亨)을 말하며, 이상국은 바로 이항복이다. 밭에서 여인이 부르던 것은 시조였다. 이항복이 이를 한시로 번역했는데, 오언 구식이되 6구로 만들었으니, 시조 형식의 영향을 받은 것이다. 또한 이형상(李衡祥)의 악부 「호파구(浩皤謳)」 16수와 홍양호(洪良浩)의 「청구단곡(靑丘短曲)」 26수 중 13수가 6구 1편을 이루고 있다. 조선 시대의 문인들은 중국 악부를 상당히 모방하여 4구 1해 다시 말해 일추(一趨)를 채택하고는 했다. 유한준(兪漢雋)의 『자저(自著)』 제3권 '옛 노래와 악부의 변천〔古歌謠樂府之變〕' 조항에서 특히 이런 특징이 두드러진다. 6구 1해 방식은 바로 시조 구식을 모방한 것이다. 이항복이 태어나고 활동하던 시기는 16세기 중엽부터 17세기 초인데, 이 단계에 이르러 가(歌)는 분명히 시에 영향을 끼칠 수 있었다. 삼오칠언의 변체는 조선 시대 문인들이 현지 가요의 영향을 받은 것과 밀접한 연관이 있을 것이다. 김윤안(金允安)의 『동리집(東籬集)』 권수에 「동리선생연보」가 수록되어 있는데, 만력 45년 정사(1617)의 기록을 보면, "칠월에 「계외연음(雞畏鳶吟)」을 지었는데, 삼오칠언으로 편을 이루어 뜻을 우탁했다."[82]

81_「排悶瑣錄」, 『鰲漢集』 卷4 雜著, 한국문집총간 續 제11책, 경인문화사, 2006, p.238. "我國歌詞, 多以方言綴成音節, 有難以文字解之者. 楊天使自國都還燕時, 關西路上, 見耘婦唱歌, 歌聲甚朗, 而未解其語. 即駐馬招譯官問所歌者何言, 譯官相顧無以答. 李相國某以接伴跟行, 立談間書示曰: '昔日苟如此, 此身安可持. 此心化爲絲, 曲曲皆成結. 欲解復欲解, 不知端到處.' 楊大加嗟賞, 因解行橐厚賜耘婦而去."

82_『東籬集』 卷首, 한국문집총간 續 제12책, 경인문화사, 2006, p.16. "七月作『雞畏鳶吟』, 以三五七言成篇以寓意."

라고 했다. 음(吟)이란 가곡이란 뜻이니, 그가 노래 짓는 방식으로 시를 지었음을 알 수 있다. 규칙적인 시조는 6구로 구성되어 있고, 삼오칠언체도 바로 6구여서, 시조의 방식으로 가음(歌吹)하기 편했으므로, 시조 방식의 영향으로 쉽게 구식의 개변이 이루어졌다. 조태채(趙泰采)의 「이백삼오칠언일구분용상하구(李白三五七言一句分用上下句)」는 6구 형식이다. 앞서 본 김윤안의 「계외연」은 '오호' 두 자만 제외하면 모두 10구이다. 이는 신라 시대의 향가체를 답습하여 사용했다고도 이해할 수 있고, 4구와 6구가 합하는 민간 가요의 영향을 받아 이루어졌다고도 이해할 수 있다. 이런 작품도 삼오칠언체로 일컫지만 실질적으로는 조선 시대 가곡의 영향을 받은 '변체'이다.

삼오칠언체가 조선 시대에 유입된 후, 또 하나 주목할 만한 현상은 바로 그것이 여성의 창작과 관계되었다는 점이다. 조선 시대 여성 시가를 대충만 훑어봐도 여성들이 삼오칠언에 상당히 심취했었음을 발견할 수 있다. 광주(光州) 김씨에게 「이백의 삼오칠언시에 차운하여 아울러 자준에게 부친다(次李白三五七言韻 兼寄子峻)」, 영수각(令壽閣) 서씨에게 「삼오칠언」, 홍원주(洪原周)에게 「삼오칠언」 2제, 숙선옹주(淑善翁主)에게 「삼오칠언」, 서남전(徐藍田)에게 「삼오칠언」[83]이 있다. 신분으로 보면 위로는 공주로부터, 다음으로 사대부 부인과 규수, 아래로 기생까지에 이른다. 이 작품들의 제작 방식은 중국의 삼오칠언체와 상당히 닮아 있다. 일반적으로는 '시'의 범주에 편입시키지만 유일하게 서남전(徐藍田)의 작품은 '사(詞)'에 귀속되어 있다.

조선 시대 남성 작가들은 한때 이백의 「삼오칠언시」를 1언부터 10언까지의 형식으로 발전시켰는데, 어세겸(魚世謙)과 권필 등이 그 예로, 이는 중국에서도 똑같이 찾아 볼 수 있는 현상이었다. 하지만 여성에 이르러서는 별도로 참신하고 독창적인 국면을 만들어 내었다. 『한중고인남녀시사문(韓中故人男女詩詞文)』은 초본(필사본)인데, 수록된 작품 가운데는 작가의 이름이 적혀 있는 것도 있고 그렇지 않은 것도 있다. 나의 판단에 의하면, 서명한 사람은 대부분 남성이고 서명하지 않은 사람은 대부

83_張伯偉 主編, 『朝鮮時代女性詩文集全編』, 鳳凰出版社, 2011.

분 여성이다. 「부벽루시(浮碧樓詩)」는 서명이 없는 것 가운데 하나이다.

樓, 樓.
江岸, 城頭.
浮碧空, 帶長流.
壯觀四海, 雄壓西州.
側身窮宇宙, 弓手挽鬥牛.
仙人所以好居, 騷客幾多時遊.
風煙四海各殊狀, 人事千年等幻漚.
乙密坮邊神馬不還, 猉獜窟裡古跡空留.
高登雕欄頓覺逸興生, 迥抱平原便欣塵慮休.
丹青曜目一杯可消百憂, 寒氣逼骨五日疑是九秋.
僧歸暮寺時聞響竹笻, 客過煙浦每見倚蘭舟.
東指香爐衆峰兀兀, 西望京洛驛路悠悠.
花明渡口開雲錦, 月到波心掛玉鉤.
青槐遙連柳堤, 歌曲時和漁謳.
山川獨依舊, 風景猶帶羞.
名區久別, 時許先收.
雖欲居, 誠難留.
抬首, 騁眸.
愁, 愁.[84]

누각, 누각
강 언덕, 성 머리
허공에 떠서, 긴 물결 둘렀네.
장하게 사해 내리 보며, 웅장히 서주 누르네.
몸 기울여 우주를 엿보고, 손으로 북두 견우를 당길 기세.
신선들 거처하기 좋은 곳이요, 시인들 얼마나 많이 와 놀았나.

84_『韓中故人男女詩詞文』, 抄本, 한국학중앙연구원 소장. 부벽루는 평양에 있고, 부근에 을밀대 · 기린굴 · 영명사가 있다. 『신증동국여지승람』 권51.

바람 안개에 사계절 다른 모습, 일천 년 인간사는 허깨비요 물거품.
을밀대 곁으로 신마는 돌아오지 않고, 기린굴에는 옛 자취만 쓸쓸히 남았다.
채색 난간 오르니 문득 맑은 흥 일어나고, 멀리 평원 바라보니 홀연 티끌 생각 사라진다.
단청에 해 비칠 때 한잔 술로 온갖 근심 사라지고, 찬 기운 뼈에 스며 오월에도 한가을인 듯하다.
중이 저물녘 절로 돌아가느라 대지팡이 소리 이따금 들리고, 객이 안개 낀 물가 지나다가 목란 배에 기댐을 항시 보네.
동편으로 향로봉 바라보면 뭇 산들 우뚝 솟아 있고, 서쪽으로 서울을 가리키면 역마 길이 아득하다.
나루 어귀 핀 꽃은 구름 비판 펼친 듯하고, 강바닥에 잠긴 달은 옥 갈고리 걸친 듯하네.
홰나무는 멀리 버들 둑에 닿아 있고, 누각 노랫소린 배따라기에 화답한다.
산천은 홀로 변함이 없건만, 경치는 오히려 부끄럼 띠고 있네.
이 좋은 곳 떠나자니, 계절이 먼저 가서
머물고 싶어도, 그럴 수 없기에
바라보다가, 고개 쳐들면
근심, 근심

이 시는 1언에서 시작하여 10언까지 확장했다가 다시 순차적으로 1언으로 축소되어, 확실히 독창적 궁리를 홀로 운용하여 이전에 듣지 못한 것을 듣게 되었다. 여성이 쓴 것인지는 단정할 수 없지만, 다른 여성이 이 체를 즐겨 지은 사실로 본다면, 작자가 여성일 가능성이 크다. 전체 시는 루(樓)에서 시작하여 글자 수가 증가함에 따라 작가의 시야도 점차 확대되어 우주와 별로 확장되고, 더 이상 확장할 수 없게 되자 마침내 전환하여 감개를 펼쳐 낸다. 공간은 '풍연사해(風煙四海)'이고 시간은 '인사천년(人事千年)'이다. 구가 긴 것에서 짧은 것으로 변화함에 따라 관찰 경물도 먼 것에서부터 가까운 것으로 이동하고, 마지막으로 부벽루에 대한 그리움으로 귀결된다. 구식의 변화에 따라 시정도 질탕하고 기복을 이루어, 가작의 본질을 잃지 않았다.

지금까지 1언부터 10언까지의 글자 수를 이용하는 시를 보았다. 근본을 더 바꾸어 심하게 변화시킨 예가, 1언에서 18언까지의 글자 수를 이용한 것이다. 김부용(金芙蓉)의 「상사시(相思詩)」가 그 대표일 것이다.

別, 思.
路遠, 信遲.
念在彼, 身有茲.
紗巾有淚, 紈扇無期.
香閣鐘鳴夜, 練亭月上時.
倚高枕驚殘夢, 望歸雲悵遠離.
日待佳期愁屈指, 晨開情劄空支頤.
容貌憔悴開鏡下淚, 歌聲嗚咽對人含悲.
掣銀刀斷弱腸非難事, 躡珠履送遠眸更多疑.
昨不來今不來君何無信, 朝遠望夕遠望妾獨見欺.
浿江成平陸後鞭馬其來否, 桑林變大海初乘船或渡之.
逢時少別時多世情無人可測, 好緣斷惡緣回天意有誰能知.
一段香雲楚臺夜神女之夢在某, 數聲良簫秦樓月弄玉之情屬誰.
欲忘難忘稍倚牧丹峰可惜紅顔老, 不思自思強登浮碧樓每傷綠鬢衰.
孤處深閨腸能若雪三生佳約寧有變, 獨宿空房淚縱如雨百年貞心猶不移.
罷春睡開竹窗迎花柳少年總是無情客, 攬香衣推玉枕送歌舞遊子莫非可憎兒.
三時出門望出門望甚矣君子薄情如是耶, 千里待人難待人難哀哉賤妾孤懷果何其.
惟願寬仁大丈夫決意渡江舊情燭下欣共對, 勿使軟弱兒女子含淚歸泉孤魂月中泣相隨.[85]

헤어져, 그립다
길은 멀고, 소식 늦네.
마음은 거기에, 몸은 여기에.
수건에 눈물지고, 부채는 기약 없다.
향각에 종이 울려 나고, 연광정에 달이 오를 때

85_『朝鮮時代女性詩文集全編』 中冊, pp.1116-1118.

> 외론 베개 기대었다 놀라 깨어나, 흘러가는 구름 보며 이별을 슬퍼한다.
> 날마다 손꼽아 좋은 기약 기다리나, 새벽이면 턱 괴고 님의 서신 펼쳐본다.
> 여윈 얼굴로 거울 보면서 눈물 흘리고, 목멘 노랫소리로 남 앞에서 슬픔 참네.
> 은장도로 창자 끊는 일은 어렵지 않으나, 신 끌고 나가 먼 데 눈길 주며 더욱 의심하오.
> 어제도 오늘도 안 오시니 어이 신의가 없나요, 아침에도 저녁에도 바라보니 이 몸만 속았군요.
> 대동강이 평지로 되면 말 타고 채찍질하며 오시려나, 뽕밭이 큰 바다 되면 배 타고 건너오시려나.
> 만남은 짧고 이별은 길다니 세상일 정말 헤아리기 어렵고, 가연은 끊기고 악연만 돌아오니 하늘의 뜻을 누가 알랴.
> 향운 서린 초대(楚臺)의 밤에 신녀의 꿈은 누구에게 있으랴, 퉁소 소리 울리는 진루(秦樓)의 달밤에 농옥의 정은 누구에게 속하랴.
> 잊으려 해도 못 잊어 잠시 모란봉에 기대어 있노라니 고운 얼굴 늙어 가고, 생각 말자도 생각나서 억지로 부벽루에 오르니 검은 머리 세었네.
> 외로운 규방에서 내 간장 눈처럼 녹아도 삼생의 가약 어찌 변하랴, 빈방에 홀로 자며 눈물이 비처럼 흘러도 백 년의 맹세 어찌 바뀌랴.
> 봄날 꿈 깨어 죽창 열고 화류 소년 맞이해도 내게는 모두 무정한 손님이요, 베개 밀치며 비단옷 잡고 가무 즐기는 자들은 가증스런 아이일 뿐이라오.
> 하루 세 번 문을 나서 보고 또 보건만 임은 어이 이리 박정하신가, 천 리 밖임은 기다리기 어렵고 어려워라 슬프구나 외로운 첩의 심정을 어이할거나.
> 인자하신 대장부여, 강 건너자고 결심하여 옛 얼굴 그대로 촛불 아래 웃으며 대하게 해 주오, 연약한 아녀자가 눈물 머금고 황천 가서 슬픈 혼백으로 달 속에 울며 만나게는 말아 주소서.

『이조향렴집』에서는 이 시를 평양 기생 영단(靈丹)의 이름 아래 연계시켜 두고, '보탑시(寶塔詩)'로 명명했는데, 기록의 잘못이다. 1언부터

18언까지 자수를 늘려 나가는 형식은 그 실험 정신을 높이 칭송할 만하지만, 이 시구의 길이는 일정한 제한을 받게 되어 있고, 한계를 초과하면 읽을 때 문장과 같아지고 만다. 양교(梁橋)는 '일언지십자시(一字至十字詩)'에 대해 이야기하면서, "옛날에는 이 체가 없다가 송나라 때에 비로소 있게 되었다. 체는 사육문과 유사하되, 음률은 취할 만하다."[86]라고 했다. 십자시는 이미 "체가 사육문과 유사"하므로, 자수가 18언까지 누적된 것은 최고봉의 정점을 찍었다고 할 수 있으며, 우연히 한번 만들기는 해도 교묘한 경지를 보이기는 어렵다.

조선 여성들은 삼오칠언체에 대해 최대의 창조를 하여, 한글로 제작하거나 혹은 쌍어(이중 언어)로 제작했다. 김호연재(金浩然齋)로 대표되는 김씨 일문은 조선 시대 대표적인 여성 문학 가족으로, 호연재는 작품이 가장 풍부하고 체재가 가장 전면적이었다. 호연재는 가족끼리 증답하고 창화한 시를 엮은 시집이 있고, 또 산문으로 적은 전문 저술 『자경편(自警篇)』과 개인 시집 『호연재유고』를 남겼다. 주목할 만한 것은 『증조고시고(曾祖姑詩稿)』 2권으로, 수록 시는 250수이며, 현전하는 작품집 가운데 수량이 가장 많은 데다가 한글로 지었다. 이를테면 『호연재유고』의 4수 「도형(悼兄)」은 사용한 것이 삼오칠언체인데, 그 중 한 수를 기록하면 다음과 같다.

> 夜何長, 心何咽. 輾轉聽漏永, 窮山懷思切. 寒天切切雁呼群, 一聲未畢心先絕.[87]

> 밤이 어이 이리도 긴가, 마음은 어이 이리로 오열하는가. 이리 뒹굴 저리 뒹굴 누수(물시계)의 긴 물소리를 듣노라니, 궁벽한 산에 그리운 생각만 간절하고나. 차가운 겨울 하늘에 절절하게 기러기는 무리를 부르나니, 소리 하나가 끝나기도 전에 마음이 먼저 운절하는도다.

『증조고시고』에도 조시(組詩)가 있는데, 상술한 시와 대응하는 것은

86_『冰川詩式』 卷2, 臺灣廣文書局影印本, 1973, p.80. "古無此體, 至宋始有之. 然體類四六, 而音律有可取也."

87_『朝鮮時代女性詩文集全編』 上冊, p.509.

아래와 같다.

> 야하장, 심하열. 전전청누영, 궁산회사절. 한천절절안호군, 일성미필심선절.

한국어를 사용하기는 했지만 구식은 조금도 변하지 않았다. 마치 일본어에서의 음독과 같다. 매 구 아래에는 또 대응하는 의미의 언해가 있다.

> 밤이 엇지하여 길며, 마음이 엇지하여 슬픈고. 전하고 전하여 누치 기펴가믈 드르니, 궁한 뫼의 회사도 절 하도다. 춘 하늘의 기럭이 절절이 무리를 브르니, 한 소리 끗디 못하여서 마음이 몬져 끗쳐지는도다[88]

이 두 조합의 작품은 쌍어시(雙語詩)라고 할 수 있다. 이 밖에도 두 수의 십자시(十字詩)가 있는데, 한글본만 있다. 여기에 그 하나를 기록한다.

> 최, 외. 백석, 청태. 루노숙, 절친애. 녹하무명, 야월배회. 범조성장열, 천화영주배. 백운만학천령, 홍수천중만퇴. 불수춘풍전로활, 회래고서망운퇴. 수성초곡유사탄앙, 일수조가일홍상최. 낙낙송회곡곡참천입, 분분도리방방만수개. 하상연분박의정색하급, 효창춘전공재월광이회.[89]

한시로 바꾸어 보면 아래와 같다.

> 崔, 嵬. 白石, 青苔. □□□, 絕親愛. 綠霞無明, 夜月徘徊. 凡鳥聲將迎, 鮮〔千〕花影〔映〕酒杯. 白雲萬壑千嶺, 紅樹千重萬回. 不數〔拂袖〕春風前路闊, 回來孤嶼望雲堆. 數聲樵曲儒士歎仰, 一首棹歌逸興相催. 落落松檜曲曲參天立, 紛紛桃李坊坊萬樹開. 嗟乎〔河上〕緣份〔分〕薄依〔矣〕情色何及, 何嘗〔曉窓〕春天空載〔哉〕月光而回〔依稀〕.[90]

88_許米子 編,『韓國女性詩文全集』 제2책, 國學資料院, 2003, p.865.

89_『韓國女性詩文全集』 제2책, pp.971-972.

90_이 시의 한문 번역과 한국어 등사는 남경대학 외국어학원 정선모(鄭墡謨) 교수가 도와주고, 일본 교토대학 인문과학연구소 김문경(金文京) 교수가 서너 글자를 조정해 주었다. 감사드린다.

높다랗게, 아스라해라. 흰 바위, 푸른 이끼.

이 십자시는 '일언지십언시(一言至十言詩)'임을 알 수 있다. 문자는 한글이지만 시체는 한시에 속한다. 둘을 결합한 것은 김호연재의 창조로, 삼오칠언체에 한국식 겉옷을 입힌 것이다.

이것을 성공한 실험이라고는 할 수 없다. 한글로 쓴 한시체는 '언해' 부분을 떼어 내면 이해가 아주 곤란하다. 앞서 인용한 「십자시」의 다섯 번째 구는 3언구인데 그에 해당하는 한글 주해가 존재하지 않아 어떻게 이해해야 할까 하는 것이 하나의 문제이다. 그래서 이 구에 대한 번역문은 잠시 보류한다. 비교적 높은 한문화의 소양을 갖춘 학자도 오히려 이와 같거늘, 조선 시대의 평범한 여성에게는 더욱 더 난해했을 것이다. 『증조고시고』를 필사한 사람은 김호연재의 증손며느리 심씨였는데, 심씨의 목적은 가족 중 여성들이 읽기에 편하도록 하려는 것이었다. 김호연재는 생전에 부모 · 형제자매와 어울려 창화하고 연구(聯句)를 지었다. 현재까지 남아 있는 작품으로는 『안동세고(安東世稿)』 · 『연주록(聯珠錄)』 · 『우진(宇珍)』 · 『호연재집』 등이 있으며, 『연주록』의 참여자만 해도 9명에 이르고, 그중 4명이 여성이다. 그들의 문학 활동에는 시조와 한시를 융합시킨 것도 있다. 예를 들어, 큰오라비 김시택(金時澤)(『연주록』 편찬자)이 노래 한 곡을 제작하고 스스로 절구로 번역하여 여러 사람들에게 두루 보여, 둘째 누이와 다섯째 누이에게 모두 화작(和作)이 있다.[91] 이런 형식은 본래 한글과 한문학의 '합작'을 시도한 모종의 실천으로, 여덟째 누이 김호연재를 계발한 바가 있었을 것이다. 여성의 활동 범위가 집안으로 제한되었기 때문에, 시문의 제작은 공명을 위한 것이 아니요 문달(聞達)을 구하는 것이 아니었으나, 반대로 논하면 오히려 제약이 적었기 때문에 창조적 자유를 누릴 수 있었다. 『호연재집』은 갖가지 시문의 체가 갖추어져 있다고 일컬을 수 있어서, 문도 있

91_노래는 이러하다. "뜰가의 띳는 紫荊 처음의 심은 뜻은, 百年花下의 兄弟 湛樂하랴터니, 어즈버 生離死別한대 홀로 繁華하여셰라."이것은 시조 형식이며, 번역하여 만든 「절구」는 이러하다 "庭畔初栽紫荊枝, 弟兄湛乐与花期. 死别生離蕭索甚, 春風花發使人悲."(『朝鲜女性詩文集全編』 上冊, p.396)

고 시도 있으며, 시 안에는 4언, 5언, 7언, 잡언, 고시, 율시, 절구 등을 포괄하고 있다. 조선 시대 남성 문인들은 고체에 능하지 못해 그들의 문집은 주로 율절(律絶)을 위주로 했다.[92] 김호연재가 삼오칠언체를 한글로 지은 것은, 최초의 대담한 시도라 할 수 있다. 또 이 시체가 한반도 여성의 손에서 이루어진 새로운 '변체'임을 보여 준다.

4. 남은 논의: 문체학 연구의 새 노정 탐색

이 글은 삼오칠언체를 논의 대상으로 삼았는데, 사실을 말하자면 삼오칠언체는 고대 잡체시의 하나에 지나지 않으므로 중요도가 높다고는 할 수 없다. 하지만 그리 중요하지도 않은 문체의 원류를 고찰함으로써 이론과 방법의 면에서 문체학 연구의 새 노정을 탐색하고자 했다.

하나의 문체마다 하나의 생명을 보유하고 있다고 한다면, 그것은 형성되고 성장하는 과정에서 달라진 환경 속에서 잉태되고 육성된다면 상이한 양태를 출현시킬 수 있다. 불경이 인도에서 전래되어 번역을 해야 했을 때, 문장의 뜻을 전달해야 했고, 또 그 문체의 영향을 받기도 해서, 당연히 명백한 개조가 발생했다. 극소수의 정황하에서는 상당히 큰 개조도 있었다. 이를테면 "『인왕국호국반야경』과 『밀엄경』은 앞서 다라수 잎에 적혀 있을 때는 모두 게송이었으나, 지금 번역한 것은 대부분 산문으로 했다."[93] 더 많은 정황하에서, 불경 게송의 글자 수가 본래 '처

92_조선 시대 문인은 고체시에 능하지 못했다. 15세기 학자 성현은 다음과 같이 지적한 바 있다. "조선의 시는 이미 크게 융성하여 인재가 부족하지 않다. 다만 운율에만 능할 뿐 고시에는 밝지 못하다. 그 사이에 혹 아는 자가 있더라도 대구를 자유자재로 운용하는 기상을 찾아 보기 힘들다."(「風騷軌範序」, 『虛白堂集』 文集 권6) 18세기 洪良浩 역시 비슷한 평을 남겼다. "우리 동국의 풍석은 오로지 근체에 매진하여 글을 약간 지을 줄 알게 되어 대구 운용하는 법을 익힌 뒤로는 소리 내어 읊조리고 글자를 모아 시를 짓게 되면 곧 율절을 배우지, 고풍의 장단구가 어떤 모습인지 알지도 못하니, 어찌 시라고 할 수 있겠는가?"(「與宋德文論詩書」, 『耳溪集』 권15) 19세기 말과 20세기 초 朴漢永은 『석림수필(石林隨筆)』에서 자조적인 말투로 다음과 같이 한탄한다. "고체에 능한 자 그 수가 극히 적고 다만 근체 중 칠언 율시를 수창의 정통으로 삼으니" "이는 반도(조선)의 독자적인 일종의 시식(詩式)이다."라고 했다. (趙鍾業 編, 『修正增補韓國詩話叢編』 제13책, 태학사, 1996, pp.309-310).

93_『宋高僧傳』 卷3 「飛錫傳」, 『大藏經』 第50冊, p.721. "『仁王護國般若經』 並 『密嚴經』, 先

중 · 단구 · 장구' 등으로 일정하지 않았던 것을 중토에 적합한 문체로 개변했으니, 처음에는 대부분 사언으로 했고, 뒤에는 오언 · 칠언 · 삼언(혹 오칠삼 잡언)으로 했다. 그 선택 과정에서 어떤 것은 전통 문체의 영향을 받기도 했으니, 사언찬(四言贊)이 그것이다. 어떤 것은 당시 문학 풍기의 영향을 받기고 했으니, 오언시가 그것이다.[94] 어떤 것은 민간 가요의 영향을 받기도 했으니, 칠언이나 잡언이 그것이다. 이렇게 많은 인자의 종합적인 영향 아래서 한역 불경 게송의 신문체가 형성되었다. 이 신 문체는 인도의 모체에서 유래하지만 동시에 중국의 풍토 속에서 형성되고 성장했다. 본래 인도의 범패와 중국의 찬송은 서로 다른 문체였다. 비록 사람들이 그 둘을 비슷하다고 보아서, 이를테면 도세(道世)는 "서방에 패(唄)가 있는 것은 동국에 찬(贊)이 있는 것과 같다. 찬이란 문에 따라 음을 엮는 것이고, 패란 짧은 게로 송을 흘려보내는 것이다. 일과 뜻을 비교해 보면 이름은 달라도 실질은 같다."[95]라고 말했더라도, 그 둘은 적어도 외관상으로 한역 게송과 원래의 산스크리트 문장의 차이를 보여, 아주 크게 달랐다. 찬송이 형성된 원인을 탐구하면 중국 문화 환경의 다방면에 걸친 자양분을 흡수하여 새 생명이 잉태되어 자라난 것임을 알 수 있다.

삼오칠언체의 형성을 고찰하면서 이 글은 불교 한역 게송에까지 추적하여 소급했다. 게송의 형성은 전통 · 문인 · 민간 등 다방면의 영향을 받기는 했으나, 일단 새 생명을 형성한 뒤로는 도리어 전통 · 문인 · 민간에 대해 주동적인 기능을 발휘했다. 드러나는 것이 크든 작든 숨어 있든 분명하든, 그런 기능을 발휘한 것이다. 책을 옳게 읽는 사람은 그 형적을 생략하고 본질을 탐구해야 한다. 장학성은 "후세의 문(文)은 그 체가 전국 시대 때 모두 갖추어졌다. …… 학자들이 이 점을 모르고서 지우(摯虞)가 수집한 『유별(流別)』을 따라 거슬러 올라가서 심지어 소량(蕭

在多羅葉時, 並是偈頌, 今所譯者多作散文."

94_鍾嶸, 「詩品序」, 曹旭, 『詩品箋注』, 人民文學出版社, 2009, pp.23-32. "五言居文詞之要, 是衆作之有滋味者也, 故云會於流俗. …… 今之士俗, 斯風熾矣, 才能勝衣, 甫就小學, 必甘心而馳騖焉."

95_『法苑珠林』 卷36, 『大藏經』 第53冊, p.574. "尋西方之有唄, 猶東國之有贊. 贊者, 從文以結音 ; 唄者, 短偈以流頌. 比其事義, 名異實同."

梁)의 『문선』을 사장(辭章)의 시조로 떠받드는데, 이는 아무래도 고금 유별(流別)의 뜻을 모르는 것이다."[96]라고 했다. 장학성의 말은 깊이 생각할 만한 가치가 있다.

이 글의 탐색과 주장은 문체학 연구에 집중되어 있지만, 이론적 의의는 여기에 국한되지 않는다. 나는 에드워드 사이드가 문화 특징을 개괄한 것을 인용했는데, 그의 이야기가 정면으로 비판하고 있는 것은 구주 중심주의자의 자만과 자기 연모이다. 이런 사상적 금고를 타파하기 위해 학자에게 요구되는 것은 각기 서로 다른 문화 자체의 언어로 각기 다른 시대 각기 다른 국가 · 민족의 문화를 바라보고 이해하며 아울러 관심을 쏟고 존중을 하자는 것이다. 학술상 민족 국가 및 국가별 한계를 돌파하자는 것이 1980년대 이래 국제 학술계의 신조류인데, 그 핵심은 구주 중심주의적 전통 모델을 타파하고 그로부터 다른 국가로 향하자는 것으로, 혹은 직접 '국제 전향(international turn)'이라 부르기도 한다. 이를테면 '신문화사'를 예로 들 수 있다. 피터 버크(Peter Burke)는 "문화 간의 충돌과 상호 작용이 …… 신문화사의 주요 대상이 되어야 한다."라 하고, "차감(借鑑)과 동화(同化)의 과정은 주변적인 것이 아니라 핵심이 여기에 존재한다."[97]라고 했다. 서적사의 경우 "사회사와 문화사의 방법으로 인류의 소통 및 교류를 연구하는 학문이므로"[98] 국가를 초월한 '무국경'의 연구가 필수적이다. 근년 이래 또한 '사상사적 국제 전향'이 있다. 최근 데이비드 아미티지(David Armitage)는 "국제주의를 표방하는 이 새로운 추세의 사상사는 스스로를 무-국경 서적사 및 무-국경 개념사와 결합된 역사로 바라보며", "국가보다 더 거대한 지역에 주목하여 공간 개념에 대해 다시금 흥미를 유발시킨다."[99]라고 역설했다. 이런 몇몇 추

96_『文史通義 · 詩教上』, 『章學誠遺書』本, 文物出版社影印, 1985, p.5. "後世之文, 其體皆備于戰國. …… 學者不知, 而溯摯虞所裒之『流別』, 甚且以蕭梁『文選』, 擧爲辭章之祖也, 其亦不知古今流別之義矣."

97_「文化史的統一性和多樣性」, 『文化史的風景』(*Varieties of Cultural History*), 豐華琴 · 劉豔 譯, 北京大學出版社, 2013, pp.227-233.

98_羅伯特 · 達恩頓(Robert Darnton), 「書籍史話」, 『拉莫萊特之吻』(*Kiss of Lamourette: Reflections in Cultural History*) 第7章, 蕭知緯 譯, 華東師範大學出版社, 2011, p.85.

99_「思想史的國際轉向」, 胡全威 譯, 『思想史』 1, 臺灣聯經出版事業股份有限公司, 2013, pp.218-219.

세는 모두, 오늘날 특정 국가의 역사 또는 특정 문학사의 연구에 종사하더라도 특정 국가의 한계를 돌파하여 보다 넓은 범위에서 문화 교류의 시야를 재인식해야 한다는 사실을 표명하고 있다.

범위를 조금 축소하기로 하자. 2012년 타이베이 중앙연구원에서 '제4차 국제한학대회'를 거행했는데, 왕범삼(王汎森)은 「한학연구의 동향」이라는 제목의 개막식 주제 강연에서, 2000년 이래 세계 한학 연구를 이렇게 개괄했다. 즉, 주제로 보면 동아시아가 새로운 동향이다. 이와 동시에 동아시아를 연구하는 방법과 노정도 과거와는 달라서, 양계초의 『신사학』의 논법을 빌리자면 현재의 연구는 '아시아의 중국'과 '세계의 중국'이다. 또 사료 방면에서 보면, 출토 자료 · 전자 자료 이외에 역외 사료 특히 역외 한적이 나날이 중시되고 있다. 2013년 중국인민대학은 제3차 세계한학대회를 거행했는데, '신한학'이란 이름이 눈길을 끌었다. '신'이 표현하는 하나는 한학이 단순히 중국에 대한 연구를 가리키지 않고 전체 한문화권으로 복사(輻射)하고 있다는 점이다. 같은 해 일본에서 거행된 제64회 일본중국학회에서 처음으로 종래의 철학 사상 · 어언문학의 2분할 전통을 바꾸어 일본 한문 부분을 추가시켜 새로운 삼분법을 이루었다. 그리고 국내에서는 2000년 이래의 역외 한적 연구와 동아시아 연구가 모두 한문화권을 하나의 전체로 파악해야 한다고 표명했는데, 이런 공통 인식은 갈수록 더욱 국내외 학자로부터 인정받고 수용되며 실천되어 가고 있다. 로버트 단턴은 구미 서적사의 연구 동향을 형용하여, "이 영지는 너무도 풍요로워, 개간을 기다리는 처녀지가 아니라, 가지와 잎이 무성한 열대 우림과도 같다. 탐험가가 여기에 이르면 돌아올 줄 모르고 즐기면서 머물러, 앞으로 한걸음 한걸음 나아갈 때마다 새로운 발견을 하게 된다."[100] 서방이 고전 시대 이후 점차 형성해 온 문인공화국과 흡사하게, 동아시아에도 오랫동안 지식과 문화의 공동체가 존재하여, 이것을 문인공화국이라고 부를 수가 있다.[101] 그러므로 이 총체적 관념은 그들의 머리 위에 꽉 씌여 있는 외재적 모자가 아니라, 장기간 마음속에 깊이 심어진 기본 신념이다. 한문화권을 총체로 고찰하는 방

100_『拉莫萊特之吻』, p.87.

101_高橋博巳, 『東アジアの文芸共和国』, 新典社, 2009.

법은 관념에서 나온 바람이 아니라 연구 대상과 맞아떨어지는 '대응물'이다.

잠시 시선을 구미로 돌려 보기로 하자. 2000년 출간된 M. H 에이브럼스(M. H. Abrams) 주편의 『노튼 영문학 앤솔로지(The Norton Anthology of English Literature)』 제7판의 서언에서 주편자는, 이 판이 편집 이념상 이왕의 다른 판과 구별되는 점에 대하여, "타이틀로 사용한 '영국 문학'의 함의는 두 부분을 내포하고 있다. 첫째, 잉글랜드 · 스코틀랜드 · 웨일스 및 아일랜드에 거주하는 작가가 지은 작품을 뜻하며, 둘째, 영어로 창작된 문학 작품을 가리킨다. 이 언어는 원래의 경계 바깥으로 훨씬 멀리 확대 발전했다."라고 밝혔다. 바로 이런 이유에서 편찬자가 새로 선택한 많은 작품들은 "문학사에서의 '국가적(national)'이란 개념을 반영하되, 이 개념의 이면에서, 영국 문학의 함의를 잉글랜드나 혹은 최다로는 대영 제국의 문학이라고 인정해 왔던 것이 이미 다른 개념에 자리를 내주기 시작했다."[102] 분명히 제7판 『노튼 영문학 앤솔로지』는 지리 · 종족 및 정치적 국가의 개념을 초월하여 문학사의 '국가적' 개념을 강조하고, 이 개념은 단일 국가적인 것이 아니라 전 세계적인 것이라고 확인했다. 단일 국가 개념을 초월하는 문학사 시각은 구미지역 비(非)영문학 학자들에게도 분명히 자극을 불러일으켰다. 2010년 두 권으로 출간된 『케임브리지 중국문학사(The Cambridge History of Chinese Literature)』의 서문에서 주편자 쑨캉이(孫康宜, Kang-i Sun Chang)와 스티븐 오언(Stephen Owen)은 다음과 같은 메시지를 전달했다. "우리의 역사 차원에 기초한다면 우리는 한국 · 베트남 · 일본의 한문 문학을 배제하지 않을 수 없다. 하지만 이 국가들과 중국 사이의 문학적 교류가 이미 중국 문화의 한 부분을 차지하고 있으므로 마땅히 관심을 쏟아야 한다."[103] 단일 국가를 초월하는 문학 개념의 자극을 받지 않았더라면 '중국문학사'를 제목으로 하는 책에서 이런 설명을 할 필요가 없을 것이다. 그들을 동아시아 한문학에서 '배제'하려는 조처는 내가 보기에는 원하지 않는 것이 아니

102_M. H. Abrams, General Editor, *The Norton Anthology of English Literature*, Seventh Edition, New York: W. W. Norton & Company Inc., 2000. pp.xxxiv–xxxv.

103_『劍橋中國文學史』上卷, 劉倩 等譯, 生活 · 讀書 · 新知三聯書店, 2013, p.7.

지만 할 수가 없다. 그래서 문학 연구에 대해 말하자면 21세기 동서양의 학계가 모두, 단일 국가라는 문학사 개념을 계속 고수하는 입장은, 반드시 도태되어야 할 것은 아닐지라도 결국 고리타분한 옛 관념에 지나지 않다는 사실을 표명했다. 국가별 문학사 연구에서의 '문화권 개념'은 점점 더 학계의 호응과 실천을 얻게 될 것이다.

내가 강조하려는 것은, 이론과 실천에서부터 연구 방법의 모색을 강화하는 것이 학술 연구의 중점이 되어야 한다는 점이다. 지난 백여 년간 중국 학술에서 문헌 · 인물 · 역사 사실에 대한 고증을 제외하고 그 학술 방법, 이론 틀, 문제 제기 방식의 주류를 이루던 것은 대부분 '서양식' 또는 '외래적'인 것이었다. 이것은 구미의 동방 연구에 자신의 전통을 구비하게 했다. 에드워드 사이드에 의하면, "그것은 사람에 의해 구성되고, 복사(輻射)되고, 전파되었다. 그것은 도구성을 지니고 설득력을 지녔다. 그것은 지위를 지니고 그것은 취미와 가치의 기준을 확립했다. 그것은 사실상 그것이 진리라고 떠받들던 어떤 관념들과 구별할 수 없게 되었고, 그것이 형성하고 전파하고 재생한 전통 · 감각 · 판단과 구분할 수 없게 되었다."[104] 나는 이 개괄이 사람을 놀라게 할 만한 대단한 이야기라고는 결코 여기지 않는다. 어쩌면 이것은 한학 연구의 전통에서 서방 한학가가 일찌감치 우월감을 형성하며, 그 우월감이 골수 깊이 들어간 것이 아니겠는가. 가까운 예로는, 최근 논쟁이 있는 '사상사의 국제 전향' 중에서 피터 볼(Peter K. Bol)은 "숨길 수 없어 어쩔 수 없이 말한다면, 오늘날 국제성과 세계화의 사조는 부단히 서방에서 동방으로 이동하고 있다."라고 했다. 그리고 이 이동의 결과는 그의 예언에 따르면, "구미 사상의 구조 체계와 방법론이 세계상의 여러 상이한 언어를 사용하는 국가들 사이에 확장되는 것을 제외한다면, 사상사가 국제적으로 향상하는 것에서 어떤 다른 것이 있단 말인가? 다른 문화(예를 들면 남아시아와 동아시아)가 거꾸로 증여할 것이 있는가? 유학자들이 거꾸로 증여할 바가 있는가? 나는 이 문제에 대한 답변은 '할 수 없다.'라는 것이라고 본다. 그리고 이것도 과거 백 년 동안 중국 지식인들이 깊이 초조하게

104_『東方學』, 王宇根 譯, 生活 · 讀書 · 新知三聯書店, 1999, p.26.

느낀 이유이다."[105]라고 주장된다. 우리는 이 차가운 조롱과 뜨거운 풍자에 대해 받아들이지 않으면서 반대로 열 내어 비난할 필요가 없다. 19세기 중엽 이래 중국인도 스스로 고만한 태도로 외부 세계를 대해 와서, 반드시 악의를 띠지는 않았다고 하더라도 결국 나쁜 결과를 면하기 어려웠기 때문이다. 우리가 오늘날 필요한 것은 자기의 학술 작업을 반성하여, 관념과 방법에서 '서방 편향'을 어떻게 바꿀 것인가 하는 것이다. 물론 길이 멀고 짐이 무거운 작업이다. 그래서 나는 '방법으로서의 한문화권'[106]을 제시하고 실천함으로써, 한편으로는 백 년 이래 서양 학술의 질곡하에 놓여 있던 곤경을 이를 통해 차츰 벗어나서, 동방적 · 아시아적 · 중국적 지식 생산 방식을 모색하고, 다른 한편으로는 백 년 이래 받아 온 서양 학술의 은혜에 대해 적절한 피드백을 하게 되기를 희망한다. 나의 기본 인식은 이러하다. 즉, 방법은 구체적 개별 연구의 기초 위에 건립해야 하고, 이론은 서양 학술과의 대화 속에서 만들어 내야 한다. 우리의 관념과 방법은 서방의 학술 연구와 차별되어야 하겠지만 그것으로부터 소외되어서는 안 된다. 이 의미에서, 이 글은 이 이념을 견지하면서 초보적 실천을 전개했다.

이 글에서 탐색한 문제로 돌아가기로 하자. 서역에서부터 중국으로의 이동은 두 상이한 문화를 걸터타고 넘어왔다. 중국에서 동국으로는 동일한 한문화권 속의 유전이다. 우리는 두 이질 문화를 고찰할 때 왕왕 다른 점만 볼 뿐이고 같은 점은 보지 않는다. 반대로, 두 동질 문화를 고찰할 때는 왕왕 같은 점만 볼 뿐이고 다른 점은 보지 않는다. 우리는 정녕, 하나의 문화권 속의 서로 다른 국가 및 지역 사이에 존재하는 동일성을 중시해야 하되, 서로 다른 지역 공간이 상호 접촉 때 산출되는 의도적 혹은 무의식적 오독에 주의해야 한다. 이것은 우리로 하여금 동일성 속의 다양성과 차이성을 깨닫게 해 줄 것이다. 문체의 발전을 두고 말하면, 유변(流變)에는 실제 발생한 궤적이 있지만, 그 내부에는 각종 변화의 잠재력을 포함하고 있으며, 후자가 반영하는 것은 아직 충분히 실현되지

105_「我們現在都是國際史家」, 賴芸儀 譯, 『思想史』 1, pp.245-246.

106_「作爲方法的漢文化圈」, 劉夢溪 主編, 『中國文化』 2009年秋季號 ; 「再談作爲方法的漢文化圈」, 『文學遺產』 2014年第2期 ; 『作爲方法的漢文化圈』, 中華書局, 2011.

않은 문체 변화의 새 자태일 경우가 많다.

삼오칠언체가 한반도에 전해져 답습된 사실을 보면, 여러 많은 정황 하에서도 그것은 규범에 부합하고 법칙에 부합했다. 하지만 주목할 만한 것은 '변체'이다. 변체는 두 가지 상이한 문학(언어 · 구식 · 절주 등을 포함)이 융합함으로 탄생한 결과물이다. 그것은 중국 문학 발전의 어떤 가능성을 체현했으므로, 그로부터 문체의 생명에 대한 이해와 관련하여 우리로 하여금 전에 없었던 시각과 태도를 갖추게 한다. 곧, '방법으로서의 한문화권'을 강조하고, 민족 국가를 초월한 시야를 강조한다는 것은, 동일성으로 다양성을 덮어 버리는 것이 아니라, 바로 다양성을 통해서 동일성을 더욱 깊게 인식하게 만든다. 변체의 출현은 본래 '우발'에 가깝지만, 결코 우연적인 것이 아니다. 그 소이연을 깊이 탐구하면, 우리는 전통 문체의 새 모습을 충분히 장악할 수가 있다.

이 글에서 삼오칠언체의 원류에 대해 고찰한 내용을 매듭지으려고 하는데, 이는 결코 탐색의 길을 끝마치는 것이 아니다. '쭉 동쪽으로' 계속 가면, 일본 문학에 주의하게 되어, '삼십일체'(五七五七七)의 와카이든 '십칠자체'(五七五)의 하이쿠이든, 그 '칠과 오의 시학'[107]이 어떻게 형성되었는가? 승려가 그 속에서 어떤 기능을 했는가? 일본 한시 속의 '와슈(和臭)'는 어떻게 평가해야 하는가? 하는 질문에 답하게 될 것이다. 다시 시선을 남방으로 돌려, 베트남의 각 계층 사이에 유전한 가조(歌調)가 채용한 것이 왕왕 '남음북자(南音北字)'[108]인데, 남음은 안남 본토의 곡조이고 북자는 북방에서 전해 온 한자임을 고찰하게 될 것이다. 다만 그들이 한놈으로 번역하여 부르는 연가(演歌)는 중국 · 한국 · 일본과는 전혀 다르며, 가장 전형적인 것은 '육팔체'나 '쌍칠육팔체'이다.[109] 이것은 모두 중국 문학이 한문화권의 각기 다른 공간 속에서 부연하여 만들어낸 각기 다른 면모들로, 그 특수한 면모의 형성은 또 각 지역 민족에게

107_川本皓嗣, 『日本詩歌的傳統—七與五的詩學』, 王曉平 等譯, 譯林出版社, 2004.

108_『歌調略記』, 越南漢喃研究院藏本. 이 말은 「讀書詩」에 대해 한 것이지만, 그 가리키는 바를 구명하면 사실 보편적 의미를 지니고 있다.

109_『歌譜』, 越南漢喃研究院藏本. '六八體'는 베트남 민족이 즐겨 보고 듣는 문학 양식의 하나로, 黎朝 말의 阮攸는 이 체로 『金雲翹傳』을 번역하여 3250여 행으로 만들었다. 阮朝 翼英宗 국왕이 「字義歌」를 지으면서 채용한 것이 이 '육팔체'이다.

고유한 문화와 밀접하게 연계되어 있다. 만일 이런 시선과 방법으로 문체학을 연구해 나간다면 드넓고 탄탄한 길로 나아갈 수 있지 않을까?

2014년 9월 12일 낭시우소

2015년 3월 30일 개정 완료

가쿠몬 간테쓰(廓門貫徹) 『주석문문자선(注石門文字禪)』 전론(譾論)

『석문문자선』은 북송 시승 각범혜홍(覺範惠洪, 1071~1128, 일명 德洪)의 시문집으로, 중국에 본래 교주본이 없었다. 따라서 일본 에도 시대 승려 가쿠몬 간테쓰(廓門貫徹)의 『주석문문자선(注石門文字禪)』 30권은 지금까지 유일한 교주본이다. 당시 일본 불교계는 "사해의 선승들이 혀를 차면서 칭송하여 '석문(石門)에 전(箋)을 하는 일이, 당나라 산문(山門)에는 그럴 사람이 없었으나 부상(일본)에는 있어서 공에게서 시작되었다.'[1]라고 말했다. 이를 근거로 상당히 자부했다. 이 서적은 일본 교토 재단법인 선문화연구소와 도쿄 고마자와(駒澤)대학 도서관에 소장되어 있는데, 아는 사람이 많지 않다. 2000년 10월, 일본 린센쇼텐(臨川書店)에서 야나기다 세이잔(柳田聖山)과 스이나 고유(椎名宏雄) 편찬 『선학전적총간(禪學典籍叢刊)』을 간행했는데, 그 제5권이 선문화연구소 소장본을 영인해 수록한 것이어서, 비로소 학계에 알려지게 되었다. 하지만 연구자는 매우 드물다.[2] 이 글은 가쿠몬 간테쓰라는 인물과 그의 서적과 관련하여 탁월하고 중대한 점만을 거론하여, 거칠게나마 고찰하고자 한다.

1_蘭山道昶, 「野州大雄廓公禪師注文字禪題辭」, 『注石門文字禪』 卷首, 日本駒澤大學圖書館藏本. "四海禪人喈喈揚言曰 : 箋於石門, 唐山無人而搏桑有之者自公始."

2_필자의 견문으로는 지금까지 관련 연구로 다음과 같은 것이 있다. 椎名宏雄 撰, 影印本 「解題」, 臨川書店, 2000 ; 陳自力, 「日僧廓門貫徹〈注石門文字禪〉評述」, 『西南民族學院學報』(哲學社會科學版) 總23卷 第10期, 2002.10.

1. 가쿠몬 간테쓰의 일생과 교유

가쿠몬 간테쓰의 일생 자료는 매우 드물어, 고작 다음 세 자료가 있다.

(a) 고마자와대학 내 선학대사전편찬소 편 『선학대사전』(大修館書店, 1978).
(b) 이치고 데이지(市古貞次) 등 편 『국서인명사전(國書人名辭典)』(岩波書店, 1999).
(c) 스이나 고유(椎名宏雄) 『주석문문자선 · 해제』(臨川書店, 2000).

위의 세 자료를 종합하고, 가쿠몬 간테쓰의 『주석문문자선』 · 『호법집쇄금(護法集碎金)』 등 자료를 종합하여, 그의 일생과 교유에 대해 간략하게 서술하기로 한다.

가쿠몬 간테쓰(?-1730)는 일본 조동종 승려로, 법휘는 간테쓰, 도호는 가쿠몬이며, 또 다른 호는 옥우자(屋愚子)이다. 생년은 알 수 없다. 젊어서 도쿠안 겐고(獨庵玄光, 1630-1698)의 학을 친자(親炙)했다. 시모쓰케(下野)〔도치키현(栃木縣)〕 구로바(黑羽) 다이오지(大雄寺) 12세(대) 유호겐(幽峯玆)의 법을 잇고, 그 후사의 사석(師席)으로 13세 주지가 되었다. 만년에 에도 쇼카쿠지(正覺寺)에 거처했다. 일찍 이사하야(諫早)〔나가사키켄(長崎縣)〕 텐유지(天祐寺)에서 『협주보교편(夾注輔教編)』을 강하고, 이 기초 위에 『신진주보교편(新臻注輔教編)』를 완성해서 정향(貞享, 죠쿄) 3년(1686) 간행했다. 다이오지 주지의 위치에서 내려온 이후 20여 년 동안 『석문문자선』의 주석에 종사해서, 보영(寶永, 호에이) 7년(1710) 완성해서 목판 간행했다. 향보(享保, 교호) 14년(1729) 도쿠안 겐고의 『호법집(護法集)』에 주석을 가했고, 『호법집쇄금(護法集碎金)』 14권을 완성하고 목판 간행했다. 다음 해 1월 27일 시적했다.

가쿠몬 간테쓰의 사승으로 보면, 그는 도쿠안 겐고의 영향을 상당히 많이 받았다. 가쿠몬은 도쿠안에게서 법을 이었을 뿐 아니라, 사숙 제자에 속했다. 다만 바로 이러하기 때문에 더욱 그는 효법(效法)의 자각성을 지녔을 것이다. 전체적으로, 적어도 다음 두 측면을 포괄했다. 첫째,

도쿠안은 에도 초기 조동종의 저명한 학문승으로, 특히 한문 창작에 뛰어났다. 그 문장은 당시 이시카와 조잔(石川丈山)의 시, 기타무라 키긴(北村季吟)의 가(歌), 이토 진사이(伊藤仁齋)의 유학, 사사키 시즈마(佐佐木志頭磨)·기타무라 운치쿠(北向雲竹)의 서법과 함께 이름이 나란해서, 제일류 인물로 공인되었다. 박학을 숭상하여 보지 않은 책이 없었으며, 일생 중요한 저작집으로 『호법집』 14권과 『속편』 2권을 남겼다. 간테쓰는 스스로, "젊어서 스승에게 친자했는데, 외경스럽게도 학문은 넓고 재주는 크며, 식견은 높고 문장은 우람하며, 멀리 서적들을 열람하고 많이 분전(고전) 속에 노니셨다."[3]라고 했다. 그가 『호법집』을 주석한 것은, 그 가운데 외전에서 나오는 술어와 개념을 특별히 찾아낸 것이다. 둘째, 도쿠안 시대에 임제종과 조동종은 서로 맞서 대립하여, "오늘날 일본에서 조동종과 임제종 두 파의 무리가 각각 그 장점을 과장하면서 서로 모욕하고 있으며", "두 파가 서로 용납하지 않는 것은 마치 물과 불이 같은 용기에 있을 수 없는 것과 같다." 그런데 도쿠안은 "불법에는 두루 참예하는 궤칙을 갖고 있다."라고 강조하여 양종을 한데 보아 '조계지윤(曹谿之胤, 조계종의 적장자)'으로 삼고자 했다. 그는 "각각 그 단점을 보완하고 그 장점을 과장함이 없이, 법파가 원천을 같이 함을 느끼고 조종이 하나의 체란 사실을 돌아보아, 고통과 질병을 서로 구한다면 종문이 참으로 다행스러울 것이다."[4]라고 하여 융합의 입장에 섰다. 간테쓰는 분명히 이런 입장을 받아들였을 것이다.

『주석문문자선』의 서(序)·찬(讚)·제사(題辭)로 보면, 이 책에는 조동종 만잔 도하쿠(卍山道白)와 임제종 무자쿠 도추(無著道忠)가 지은 서가 각각 있고〔각각 보영(寶永, 호에이) 7년 중춘과 초하에 지음〕, 조동종 주쇼하(壽昌派) 란잔 도초(蘭山道昶)의 제사가 있으며〔정덕(正德, 쇼토쿠) 3년, 즉 1713년에 지음〕, 오바쿠슈(黃檗宗) 겟단 도초(月潭道澄)의 찬어가 있다. 이것으로부터 간데쓰의 교류가 아주 넓었을 뿐이 아니라 문

3_「獨庵護法集碎金序」, 日本駒澤大學圖書館藏本. "少時親炙於師, 聳懼學博而才弘, 識高而文偉. 遐覽載籍, 侈遊墳典."

4_『獨庵玄光護法集』 卷2 「自警語」 上, 日本駒澤大學圖書館藏本. "各補其所短, 而無誇其所長, 感其法派之同源, 顧其祖宗之一體, 痛疾相救, 則宗門之幸甚也."

파의 견해를 초월할 수 있었음을 알 수가 있다. 게다가 도하쿠와 도추는 당시 선림에서 대단히 중요한 인물이었다.

도하쿠(道白, 1636-1715)는 조동종 승려이고, 빈고(備後)〔히로시마켄(廣島縣)〕 사람으로, 호가 만잔(卍山)이다. 10세에 류코지(龍興寺)의 이치센 도한(一線道播)을 따라서 축발(머리를 깎음)하고, 이후 줄곧 그를 따라 참구했다. 17세에 고슈지(高秀寺)의 분슌(文春)에게서 감추(鉗鎚, 단련)를 받아, 밤낮으로 침식을 잊었다. 하루저녁 달을 마주하고 좌선을 하다가 홀연 심신이 투탈(透脫)하고 철오(徹悟)하여, 마침내 "밤 깊어 구름이 끊어지니 하늘은 씻긴 듯하고, 사바세계에 안광을 방애할 티끌이 없도다〔夜深雲斷天如洗, 徧界無塵礙眼光〕"라는 송을 지었다. 관문(寬文, 간분) 3년(1663), 28세의 만잔이 도겐(道元, 1200-1253) 선사의 『정법안장(正法眼藏)』 속의 「사서(嗣書)」 권을 읽고, 당시 종문의 적폐에 깊이 느껴 개혁의 마음을 일으켰다. 43세, 처음으로 겟슈 소고(月舟宗胡, 1618-1696)를 알현하고, 기연이 서로 계합하여, 마침내 그 법을 계승했다. 연보(延寶, 엔포) 8년(1680), 겟슈 소고의 후임으로 다이조지(大乘寺)의 주지가 되고, 11년 후 퇴거했다. 원록(元祿, 겐로쿠) 13년(1700), 바이호 지쿠신(梅峰竺信)과 함께 에도로 올라가, 종통의 난을 바로잡을 것을 생각하여, 종폐를 개혁하기 위해 관아에 호소했다. 원록 16년, 4년간의 법정 투쟁을 거쳐 마침내 승리를 얻었으며, 그 후로 복고노인(復古老人)이라 자칭했다. 만잔본(卍山本) 『정법안장』을 엮었다. 정덕 5년 8월 19일 시적했으니, 세수(世壽) 80이었다. 법을 계승한 문인은 30여 인인데, 개창한 곳이 8개소이다. 『만산화상광록(卍山和尙廣錄)』이 있어, 후인들이 조동종 중홍의 시조로 숭앙한다. 이 밖에 『주여정어록(註如淨語錄)』 2권이 있고, 또 『참동계 · 보경삼매서신고(參同契 · 寶鏡三昧書紳稿)』 2권, 『선계결(禪戒訣)』 · 『선여투고(禪餘套稿)』 · 『대객한화(對客閒話)』 · 『동해일적집(東海一滴集)』 · 『동문의녀집(洞門衣袽集)』 · 『답객의(答客議)』 등 여러 저술이 있다.[5]

도추(道忠, 1653-1745)는 임제종 승려로 호가 무자쿠(無著)이며, 또

5_『禪學大辭典』; 鏡島元隆, 「月舟と卍山」, 今枝愛眞 編, 『曹洞宗』, 小學館, 1986.

다른 호는 조빙당(照冰堂) · 보우당(葆雨堂)이다. 다지마(但馬)〔효고켄(兵庫縣)〕 사람으로, 어려서 이즈시(出石)〔효고켄〕 뇨라이지(如來寺)에 들어갔다가 뒤에 류게인(龍華院)에 들어가, 지쿠인 소몬(竺印祖門, 1610-1677)에게 투탁하여 그 양육을 받았다. 뒤에 각지의 여러 선사들을 참예하고, 25세 때 지쿠인이 시적하자 마침내 그 지위를 계승하여 주지가 되었다. 관영 4년(1707) 묘신지(妙心寺) 주지가 되었다. 교보 7년(1722) 류게인으로 물러나, 저술에 몰두했다. 도추는 에도 시기 걸출한 임제종 학문승으로, 남긴 저서가 374종, 911권이다. 선문과 관계 있는 많은 경전과 조록(祖錄)에 처음으로 주해를 가해서, 묘신지를 중심으로 각종 선불교 서적에 대한 문헌 고증의 작업을 했다. 대표작에『선림의상전(禪林象器箋)』20권,『갈등어전(葛藤語箋)』10권,『소총휴략청규(小叢林略淸規)』3권,『백장청규좌휴(百丈淸規左觿)』21권,『허당록이경(虛堂錄犂耕)』30권,『정법산지(正法山誌)』10권,『보우당허응록(葆雨堂虛凝集)』20권,『정법안장참평(正法眼藏僭評)』1권 등이 있다.

란잔 도초(1649-1742)는 조동종 주쇼하 승려로, 자가 란잔, 호는 가이텐(界天)이다. 고운호탄(吳雲法曇)의 법을 잇고 도코 신에쓰(東皐心越, 1639-1695)의 사손(嗣孫)이 되었다. 그는「주석문문자선제사(注石門文字禪題辭)」에서, 가쿠몬이 "일찍이 대부(大父) 심노인(心老人)을 여러 해 섬기며, 나와 알고 지낸 지 40년이다."라고 언급했는데, '대부 심노인'이란 도코 신에쓰로, 그는 가쿠몬의 사상에 일정한 영향을 끼쳤다. 도초의 저서에『구계척명(具戒尺名)』15권,『화강호집(和江湖集)』,『화기타게집(和祇陀偈集)』,『화삼뢰집(和三籟集)』3권 등이 있다.

겟단 도초(月潭道澄〔瀓〕, 1636-1713)는 오바쿠슈 승려로, 오바쿠슈 2세 도쿠쇼 쇼엔(獨照性円, 1617-1694)의 법사(法嗣)이다. 시문을 잘하여, 저서에『선열집(禪悅集)』4권,『용암집(龍巖集)』4권,『아산고(峨山稿)』2권,『암거고(巖居稿)』6권,『심화잉고(心華剩稿)』5권 등이 있다.

가쿠몬의 사승과 교류로 보면, 그들은 대부분 박학하여 내전 · 외전과 여러 종파에 아울러 통하고 시에 능하면서 문도 잘하는 특징을 지니고 있으니, 이 점은 적잖이 가쿠몬의 학술 품격에 반영되어 있다.

2.『주석문문자선』의 학술 연원과 출현 배경

가쿠몬은 「발주석문문자선(跋註石門文字禪)」에서, 한 도우가 "스님은 신풍(新豐)의 말예이거늘 어찌 동산양개(洞山良价)의 서록(書錄)에 집중하지 않고 다른 종이를 뚫습니까?"[6]라고 한 이야기를 인용해 두었다. 조동종 시조 동산양개(洞山良价, 801-869) 선사는 당나라 대중(大中) 말년에 강서 고안(高安) 신풍산(新豐山)에서 학도를 받아들여 이끌어 주었으므로, '신풍 말예'라고 하면 조동종 문도를 가리킨다. 이 이야기는 두 가지 층위의 뜻을 숨겨 지니고 있다. 첫째, 선종은 불법을 언어 문자로 형언할 수 없다고 강조하는데, 조동종도 예외가 아니었다. 동산양개는 이 점에 대해 "그저 종이와 먹을 보기만 하면 산중 사람이 아니다."[7]라고 했고, 신찬(神贊) 선사는 "백 년 동안 낡은 종이를 뚫어 봤자, 언제 머리를 내밀랴!"[8]라고 했다. 더욱이 남송에 이르러 천동정각(天童正覺) 선사로 대표되는 조동종은 특히 묵조선(默照禪)을 강조했는데, 이것은 임제종 대혜종고(大慧宗杲)로부터 "듣자니 불법과 선도는 언구(言句)에 있지 않다고 하여 모두 뽑아 폐기하고 오로지 눈썹을 오므리고 눈을 닫고서 죽은 사람 모양을 지으면서 그것을 정좌니 관심이니 묵조라고 한단다."[9]라고 비판을 받았다. 일본 도겐(道元) 선사는 송나라에 들어가 여쟁(如淨) 선사의 법사가 되어 조동종을 일본으로 가져왔다. "오로지 타좌(打坐)만 하는 것이 일반적으로 일본 조동종의 최대 특색으로 간주된다."[10]라고 하는데, 이것에서 일본 조동종이 송나라 묵조선과 연관이 있음을 간취할 수 있다. 따라서 조동종 무리가 된다면 어구 해석의 작업에 종사해서는 안 될 것이다. 둘째, 어구 주석에 종사하다고 하더라도 신풍의 말예인 이상 본종 조사의 어록을 대상으로 삼아야 하지, 임제종 혜홍의 시문집을 해석해서는 안 될 것이다. 이 점은 다음과 같은

6_『禪學典籍叢刊』 第5卷, p.754. "師既新豐末裔, 詎不注洞上書錄而鑽他故紙乎?"

7_『筠州洞山悟本禪師語錄』, 『大藏經』 第47冊, p.516. "徒觀紙與墨, 不是山中人."

8_『五燈會元』 卷4, 中華書局排印本, 1984, p.195. "百年鑽故紙, 何日出頭時."

9_「示無相居士」, 『大慧普覺禪師語錄』 卷20, 『大藏經』 第47冊, p.895. "聞說佛法禪道不在言句上, 便盡撥棄, 一向閉眉合眼, 做死模樣, 謂之靜坐觀心默照."

10_今枝愛眞, 「坐禪のすすめ-曹洞宗の成立と発展-」, 『曹洞宗』, p.25.

일련의 문제를 도출하게 된다. 선종은 불립 문자를 표방하거늘 어째서 일본 선종의 승려가 유가의 경전 주석과 유사한 그런 작업에 열중했단 말인가? 일본 조동종의 경우, 타좌의 전통 이외에 어구 전석(詮釋)도 별도의 전통을 이루었는가? 일본 조동종과 임제종은 대립의 국면 이외에 융합의 국면도 있었던 것인가? 이 물음들은 바로『주석문문자선』의 학술 연원과 출현 배경이라는 한 지점에 귀결하게 된다. 그렇기에 일본 선종사에 대해 조금 돌아볼 필요가 있다.

일본 선종은 에이사이(榮西, 요사이, 1141-1215)와 도겐이 선후로 전했다. 전자는 남송 순희 14년(1187) 송나라에 들어가 불법을 구하여, 임제종 황룡파 제8대 적손 허암회창(虛庵懷敞)의 선학을 받아들였다. 후자는 조동종을 가지고 일본으로 돌아갔다. 선종의 발전사에서 송나라 때 이르러 새로운 현상이 출현했으니, 바로『사고전서총목』제145권『오등회원(五燈會元)』제요는 그 점을 다음과 같이 지적했다.

> 선종은 혜능(慧能) 이후 분파가 점점 많아졌다. …… 학도의 전수가 거의 해내에 편재하고, 종문의 찬술이 나날이 번잡해졌다. 불립 문자를 불이법문(不二法門)으로 삼는다고 하면서 실은 갈등이 뒤얽혀 분분하고 갈수록 장애가 생겨났다. 대개 당나라 이전에는 각각 사설(師說)을 존중하고 유가와 석교가 다투었으나, 송나라 이후로는 기교가 나날이 증가하여 유가는 유가와 다투고, 석교도 역시 석교와 다투게 되었다.[11]

이로써 유가와 석교의 대립이 전전하여 유가와 석교 각 가의 내부 충돌로 바뀌어, 그것이 모순의 초점으로 되었다. 에이사이 등은 선종을 일본에 전하면서 동시에 이런 풍조도 가지고 갔다.[12]따라서 일본 선종사에

11_中華書局影印本, 1965, p.1238. "禪宗自慧能而後, 分派滋多. …… 學徒傳授, 幾遍海內. 宗門撰述, 亦日以紛繁. 名爲以不立語言文字爲不二法門, 實則轇轕紛紜, 愈生障礙. 蓋唐以前各尊師說, 儒與釋爭. 宋以後機巧日增, 儒自與儒爭, 釋亦自與釋爭."

12_榮西는『興禪護國論』卷中「宗派血脈門」에 虛庵禪師의 다음 臨別語를 기록해 두었다. "此宗自六祖以降, 漸分宗派, 法周四海, 世泊二十, 脈流五家, 謂：一 · 法眼宗；二 · 臨濟宗；三 · 潙仰宗；四 · 雲門宗；五 · 曹洞宗也. 今最盛是臨濟也."(『大藏經』第80冊, pp.10-11) 일본 승려 圓慈는『五家參禪要路門』卷1에서 다음과 같이 일컬었다. "只此臨濟一宗, 最爲至當而已, 是以古來以本錄(案：指『臨濟錄』)爲錄中之王"(『大藏經』第81冊, p.607).

서 내부의 '제동지쟁(濟·洞之諍, 임제종과 조동종의 분쟁)'이 오랫동안 존재하는 현상이 있게 되었다.[13] 거꾸로 '유석일치론(儒釋一致論, 유교와 불교의 일치론)'을 견지하는 승려들도 어디에나 어느 때나 있었다. 구스모토 분유(久須本文雄)의 『일본중세 선림의 유학』은 가마쿠라 시대, 요시노(吉野)〔남북조〕 시대, 모로마치 아즈치모모야마(室町安土桃山) 시대의 총 21명 승려의 사상과 학문 경향을 논했는데, 그 승려들은 사서오경을 두루 읽고 이해하고 있어서 유석일치론에 강렬하게 공감했다. 그 책의 '결어' 부분에 다음과 같이 정리되어 있다.

고칸 시렌(虎關師錬): 『시경』·『서경』·『역경』·『춘추』·『대학』·『중용』·『논어』·『맹자』·『순자』. 유불일치론.
셋손 유바이(雪村友梅): 『서경』·『대학』·『맹자』.
무소 소세키(夢窗疎石): 『시경』·『서경』·『역경』·『대학』·『중용』·『논어』·『맹자』.
추간 엔게쓰(中巖圓月): 『역경』·『예기』·『대학』·『중용』·『논어』·『맹자』·『순자』. 유불합론.
기도 슈신(義堂周信): 『시경』·『서경』·『역경』·『춘추』·『예기』·『대학』·『중용』·『논어』·『맹자』, 유불일치론.
젯카이 추신(絶海中津): 『시경』·『서경』·『역경』·『춘추』·『예기』·『대학』·『중용』·『논어』·『맹자』·『순자』.
추호 엔이(仲方圓伊): 『중용』.
기요 호슈(岐陽方秀): 『역경』·『대학』·『논어』.
이쇼 도쿠간(惟肖得巖): 『예기』·『대학』·『논어』.
도쇼 슈간(東沼周曮): 『중용』·『논어』·『맹자』.
운쇼 잇케이(雲章一慶): 『대학』·『논어』. 유불일치론.
고시 에호(翱之慧鳳): 『역경』·『중용』·『논어』. 유불일치론.
기호 다이슈쿠(季弘大叔): 『서경』·『역경』·『대학』·『중용』·『논어』·『맹자』. 유불일치론.

13_이런 정황은 명말청초의 중국과 상당히 유사하다. 陳垣, 『淸初僧諍記』 卷1 '濟·洞之諍', 中華書局, 1962, pp.9-33.

도겐 즈이센(桃源瑞仙): 『시경』 · 『서경』 · 『역경』 · 『춘추』, 유불일치론.
오센 게이산(横川景三): 『시경』 · 『서경』 · 『역경』 · 『중용』 · 『논어』. 유불일치론.
게이죠 슈린(景徐周麟): 『시경』 · 『역경』 · 『논어』 · 『맹자』. 유불일치론.
겟슈 쥬케이(月舟壽桂): 『역경』 · 『대학』 · 『논어』 · 『맹자』. 유불일치론.
사쿠겐 주료(策彥周良): 『역경』 · 『논어』.
게이안 겐주(桂庵玄樹): 『서경』 · 『대학』 · 『중용』 · 『논어』 · 『맹자』. 유불일치론.
분시 겐쇼(文之玄昌): 『역경』 · 『대학』 · 『중용』 · 『논어』 · 『맹자』.[14]

더 나아가 논하자면, 일본 오산 시기의 승려가 흡수한 유가사상은 주로 송학, 특히 주자학이었다.[15] 당시 일본 승려는 선학을 공부하는 여가에 주자학도 공부했다. 많은 사람들의 경우, 송학 · 주자학과 선학은 내재적으로 상통하는 곳이 있었다. 기도 슈신(義堂周信, 1325-1388)은 『공화일용공부약집(空華日用工夫略集)』 영덕(永德, 에이도쿠) 원년 9월 22일 조에 이렇게 적었다. "근세의 유학 서적에는 신의와 구의의 두 뜻이 있으니, 이정(二程) · 주자 등은 신의이다. 송조 이래 유학자는 모두 우리 선종에 참예하여 약간 심지를 발명했으므로 주서(注書)와 장구학(章句學)이 확연히 구별되었다. 『사서』는 주 회암(주희, 주자)에게서 전부 궁구되었는데, 회암은 다만 대혜종고의 서적 한 권으로 이(理)와 성(性)의 학의 근본으로 삼았다."[16] 또한 9월 25일 조에는 "한(漢) 이래 당나라

14_『日本中世禪林の儒學』, 山喜房佛書林, 1992, pp.279-280 ; 芳賀幸四郎, 『中世禪林の學問および文學に関する研究』, 日本學術振興会, 1956.

15_일본 승려 엔지 벤엔(円爾弁円)이 남송 淳祐 원년(1241)에 중국에서 가지고 돌아온 339부 1천여 권의 서적을 후인이 『普門院經論章疏語錄儒書等目錄』으로 엮었는데, '調'자에서 '麗'자까지가 모두 외전이었으며, 그 가운데 송학의 저작이 많았다. 특히 주희의 저작이 많아서, 『呂氏詩紀』 · 『胡文定春秋解』 · 『無垢先生中庸說』 · 『晦庵大學』 · 『晦庵大學或問』 · 『晦庵中庸或問』 · 『論語精義』 · 『論語直解』 · 『孟子精義』 · 『晦庵集注孟子』 · 『五先生語』 등이다. 大庭脩, 『古代中世における日中關係史の研究』 '資料篇'(7). 同朋社, 1996.

16_『空華日用工夫略集』 卷3, 太洋社, 1942年再版, p.147. "近世儒書有新舊二義, 程 · 朱等新義也. 宋朝以來儒學者皆參吾禪宗, 一分發明心地, 故注書與章句學迥然别矣. 『四書』盡於朱晦庵, 晦庵及第以大惠書一卷爲理性學本." 念常 集, 『佛祖歷代通載』 卷20에 다음 기록이 있다. "朱文公少年不樂讀時文, 因聽一尊宿說禪直指本心, 遂悟昭昭靈靈一著. 十八歲請學,

까지의 유자는 모두 장구에 구애되었다. 송유는 마침내 이와 성에 달했으므로 석의(釋義)가 아주 높다. 그 이유는 무엇인가? 모두 우리 선에 참예했기 때문이다."[17] 그리고 일본 승려들의 왕복한 서찰과 사승에서 왕왕 주자와 천 갈래 만 갈래로 연계되어 있음을 살필 수 있다. 이를테면 에이사이는 송나라에 들어가 두종주(竇從周) · 종당걸(鍾唐傑)과 교유했는데, 두종주 · 종당걸은 모두 주자학자였다. 슌죠(俊芿, 1166-1227)는 송나라에 들어가, 누방(樓昉) · 누약(樓鑰)과 교제했는데, 두 루씨는 곧 이정(二程) 학통을 계승한 유학자였으며, 주자와도 관계가 밀접했다. 잇산 이치네이(一山一寧, 1247-1317)는 완극행미(頑極行彌)를 사사했는데, 완극은 또 주자학에 깊이 통한 유학승 치절도충(癡絶道沖)의 법을 이었다. 잇산 본인의 학문 경향은 '박(博)'이었으며, 그 제자 고칸 시렌(虎關師錬, 1278-1346)은 「일산국사행장(一山國師行狀)」을 지어, "교승(敎乘)의 여러 부, 유도(儒道)와 백가, 패관 소설, 마을의 비속한 이야기에 이르기까지 출입하고 범람하여 곧바로 서너 폭을 써 내려갔으므로 학자들이 박고(博古)를 추숭했다."[18]라고 했다. 그는 주자학을 일본에 성행하게 만든 관건의 인물로 되었다. 일본 승려가 인식했던 주자학의 특징은 세밀한 집성을 표지로 삼았다. 추간 엔게쓰(中巖圓月, 1300-1375)는 「변주문공역전중강지설(辨朱文公易傳重剛之說)」에서, "유학자로서의 주자는 이지러지고 빠진 것을 메우고 보충하며 깊은 이치를 파내고 은미한 것을 천발했으니, 주공을 계승하고 공자를 이었다고 말할 수 있는 사람이다."[19]라고 했다. 반리 슈구(萬里集九, 1428-?)는 『효풍집(曉風集)』 책머리에서 "주문공의 시는 한 글자 한 조각 말이라 해도 육경과 백가의 뛰어난 내용을 함축하고 있고 사해와 구주의 꽃다운 결

時從劉屛山, 屛山意其必留心擧業, 曁搜其篋, 只『大惠語錄』一帙爾. 次年登科. 故公平生深知禪學骨髓, 透脫關鍵." 周信이 여기에 근거했을 것이다.

17_『空華日用工夫略集』 卷3, pp.147-148. "漢以來及唐儒者, 皆拘章句者也. 宋儒乃理性達, 故釋義太高. 其故何? 則皆以參吾禪也."

18_『濟北集』 卷10, 上村觀光 編, 『五山文學全集』 第1卷, 思文閣, 1973年複刻本, pp.221-222. "敎乘諸部, 儒道百家, 稗官小說, 鄕談俚語, 出入泛濫, 輒累數幅. 是以學者推博古."

19_『東海一漚集』 2, 玉村竹二 編, 『五山文學新集』 第4卷, 東京大學出版會, 1970, p.397. "朱之爲儒, 補罅苴漏, 鉤玄闡微, 可以繼周紹孔者也."

실을 수습하여, 안으로는 인의와 도덕을, 밖으로는 비홍과 아송을 갖추었으니, 쉬이 궁구할 수가 없다."라고 했다. 게이린 도쿠쇼(桂林德昌, ?-1499)는 『계림록(桂林錄)』 「제야소참(除夜小參)」에서, "유학의 종주에 견주자면 문왕과 무왕이 주공에게 전하고 주공이 공자에게 전하고 공자가 맹가(맹자)에게 전했는데, 맹가의 이후에 그 전함을 얻지 못하다가, 송나라 중엽에 이르러 염계(주돈이)가 그 근원을 준설하고 이락(伊洛, 이정과 소옹)이 그 흐름을 인도하고 횡거(장재)가 그 파란을 돕고, 귀산(양시)이 그 물결을 드날리게 하고, 주 자양(朱紫陽, 주자)에 이르러 집대성한 것과 같다."라고 했다. 따라서 일본 선림의 저술은 주자학적인 여러 특징들을 갖추게 되었다. 이를테면 도겐 주이센의 『사기초(史記抄)』, 겟슈 주케이의 『한수여파(漢水餘波)』, 쇼운 세이잔(笑雲淸三)의 『서하입해(四河入海)』, 반리 슈구의 『창중향(帳中香)』 등은 각각 『사기』, 『한서』, 소식 시, 항정견 시의 주석으로, 모두 상세하고 세밀하여, 집주(集注/集註)와 유사하다. 란잔 됴초는 『주석문문자선』을 위해 작성한 「제사」에서 이 전통을 비교해서 이렇게 말했다.

> 예로부터 본방 선림 가운데 풍월에 횡안(橫眼)을 준 사람들은 소식·황정견 시를 상당히 읽어 강습(講習)을 자기 임무로 여겼다. 황정견은 『장중향(帳中香)』이 있고, 소식은 『사해입해(四河入海)』가 있어, 무려 약간 권이다. …… 무릇 소식과 황정견의 재주는 각각 규벽(奎璧)과 난봉(鸞鳳)같아서, 천하 사람들이 종주로 삼지 않는 이가 없다. 또한 불인(佛印)·회당(晦堂)과 같은 노숙에 참예하여 호법의 병한(屛翰)이 되었다. 그들이 지은 문자는 우리 도에 관계하는 것이 열에 한둘에 불과하다. 소식·황정견이 이미 이와 같으니 그 나머지는 논할 것도 못 된다. …… 공은 산을 뽑고 솥을 짊어질 기세의 수법을 내어, 홍업(鴻業)을 가닥이 있게 했으므로, 저 소식·황정견을 시끄럽게 선전하면서 석문(石門)을 흘겨보는 자들이 이것을 본다면 어찌 조금이나마 부끄럽지 않겠는가?[20]

20_日本駒澤大學圖書館藏本. "自古本邦禪林橫眼於風月者, 頗喜讀蘇·黃詩, 以講習爲己任. 黃則有『帳中香』, 蘇則有『四河入海』, 亡慮若干卷. ……夫蘇·黃之才, 奎璧鸞鳳, 天下之人無不宗焉. 且參佛印·晦堂諸老, 爲護法之屛翰. 其所著文字, 關係乎吾道, 僅十一二. 蘇·

의도가 이쪽을 추키고 저쪽을 억누르려는 데 있기는 하지만, 무의식중에 가쿠몬의 이 책이 일본 선림의 저술 전통과 모종의 연계가 있음을 드러내었다.

이상 서술했듯이, 일본에 전해 들어온 조동종은 본래 묵조를 특색으로 했다. 무소 소세키(夢窗疎石, 1275-1351)는 『서산야화(西山夜話)』에서 "혹은 자칭 도인이라 하면서 지식을 알지 못하고 어록을 보지 않으며 그저 멍청하게 한가로이 앉아 있는 자가 있다."[21]라고 비판하고, 또, "혹은 도인이라 불리는 한 부류의 자들은 대부분 기량이 박학강기를 감내할 수가 없으므로 한가로이 앉아 있는 것을 업적으로 여기고 도로 향하는 마음을 전혀 변별해내지 않는다."[22]라고 했다. 이는 분명히 조동종을 공격하여 말한 것이다. 다만, 일본 중세의 조동종은 임제종과 상당히 교섭하면서 임제종의 여러 작법을 흡수해서[23] 자신의 '쇼모노(抄物)' 전통을 세웠다. '쇼모노'는 주석 부류의 책을 가리키는데, 이것은 홀시할 수 없는 전통이다. 임제종과 비교하여 말하면, 중세 조동종의 '쇼모노'는 불교 범위 안에 머물렀다.[24] 하지만 '쇼모노' 전통의 존재는 그저 타좌 하나만으로 일본 조동종을 인식하고 파악해서는 안 된다는 사실을 알려준다. 따라서 조동종의 무리였던 가쿠몬의 『주석문문자선』의 출현은 이런 전통 속에서 그 의의를 인식하고 파악해야 할 것이다.

에도 시대 초기에 이르러 중세 선림의 작풍과 전통은 새로운 발전과 변화를 하게 된다. 구체적으로 가쿠몬과 관련 있는 것에 대해서 말하면, 그 시대 배경에는 다음과 같이 주목할 점이 있다.

우선 바쿠후(幕府)가 학문 장려 정책을 추진하자, 이에 각 종파가 에

黃已如是, 其餘不足論耳. ……公出拔山扛鼎之手, 鴻業就緒, 如彼鼓吹蘇·黃, 睥睨石門者, 觀之亦可以不少愧乎?" 이 제사는 선문화연구소 소장본에는 보이지 않으므로 『禪學典籍叢刊』本에도 없다.

21_柳田聖山, 『夢窗—語錄·陞坐·西山夜話·偈頌』, 講談社, 1994, p.184.

22_『夢窗—語錄·陞坐·西山夜話·偈頌』, p.185.

23_玉竹村二, 「日本中世禪林に於ける臨濟·曹洞兩宗の異同」, 石川力山 編, 『禪とその歷史』, ぺりかん社, 1999, pp.151-227.

24_石川力山, 「中世禪宗史研究と禪籍抄物資料」, 『飯田利行博士古稀記念東洋學論叢』, 國書刊行會, 1980, pp.509-525 ; 「中世禪宗教団の展開と禪籍抄物資料」, 『禪とその歷史』, pp.229-246.

도에 학료(學寮)를 세웠다. 배우는 내용은 종학(宗學)·불교학·한학을 포괄했다. 이 정책에 고무되어 조동종도 에도의 기치조지(吉祥寺)·세이쇼지(青松寺)·센가쿠지(泉岳寺)에 세 학료를 설립했는데, 수학 승도는 수십 명에서 수백 명에 이르렀다. 그리고 여러 큰 절의 주지가 되는 기준을 왕왕 그 학문과 수행에 두어 그것들을 보고서 주지를 결정했다. 동시에 선림 내부에 경쟁이 존재하고 바쿠후 관학의 유학이 불교를 배척했으므로, 이 이중의 압력 아래에서 조동종은 본종의 인재를 역사무대에 올리고자 하는 강렬한 갈망을 지니고 있었다.[25] 그래서 학문 방면에서도 박학의 길을 취하여 내전에서 외서로 확대해 나갔다. 그 가운데 가장 걸출한 대표자가 가쿠몬이 사숙했던 스승 도쿠안 겐고였다. 겐고는 일찍이 에이헤이 겐 선사(에이헤이지 개산의 도겐 선사)의 말을 인용하여, "무릇 도를 공부하는 사람은, 그 사람이 널리 배우고 넓게 탐구하면, 처음에는 후퇴하는 듯하더라도 마침내 도에 도달하는 자가 많다. 그 사람이 고루하고 과문하면 처음에는 용감하고 예리하지만 마침내 퇴락하는 자가 많다."[26]라고 했다. '널리 배우고 넓게 탐구함'을 강조하고 실천하는 방면에서, 도쿠안 고겐이야말로 당시를 대표하는 인물이었다. 일본과 중국의 각각 한 예씩을 들어 그가 외서 방면에서 이룩한 성취와 그가 획득한 높은 평가를 증명하고자 한다. 당시 일본 유림의 고문사파를 대표하는 오규 소라이(荻生徂徠, 1666-1728)는 『겐엔수필(蘐園隨筆)』 제4권에서 "근세 승려 겐고는 박학하여 고서를 섭렵하고 능히 글을 잘 지었으니, 이는 지금의 제유들이 미치지 못할 바이다."[27]라고 하고, 그가 경(經)과 자(子)에 대해 논한 여러 설을 인용하여, "착착 근거가 있다."라고 했다. 오규 소라이는 그 설 가운데 잘못되고 틀린 것을 지적하기는 했지만, 오만한 소라이로도 한 치류(승려)가 유가 경전에 대해 논

25_鏡島元隆, 「月舟と卍山」 '時代と背景'節, 今枝愛眞 編, 『曹洞宗』, pp.201-204.

26_『獨庵玄光護法集』 卷5 「俗談下」, 日本駒澤大學圖書館藏本. "大凡學道人, 其人廣學博究, 其始如雖退, 其終達道者多矣. 其人孤陋寡聞, 其始雖如勇鋭, 其終退墮者多矣." 이 책은 일본 駒澤大學 小川隆교수와 東京大學 柳幹康군이 대신 복사해 주었으므로 특별히 여기서 감사의 말씀을 드린다.

27_関儀一郎 編, 『日本儒林叢書』 第7卷, 鳳出版, 1978, p.53. "近歲僧玄光, 博學涉古書, 能屬文, 此方諸儒所不及."

술한 것을 두고 "이는 지금의 제유들이 미치지 못할 바이다."〔제유는 이토 진사이(伊藤仁齋) 류를 가만히 가리킨다〕라고 했으니, 이는 상당히 높은 평가라고 하겠다. 만청 학자 이자명(李慈銘)은 『월만당독서기(越縵堂讀書記)』의 광서(光緖) 갑신(1884) 9월 25일 기록에, 『겐엔수필』로부터 겐고의 관점을 전재하고 아울러 평론하길, "그가 훈석한 것은 중국 제유가 대부분이 이미 언급한 것이라고는 해도 저 나라의 치류에게서 나왔으니, 실로 얻기 어려운 것이다."[28]라고 했다.

겐고에게는 『호법집』 정편과 속편이 있어, 「독암독어(獨庵獨語)」·「자경어(自警語)」·「속담(俗談)」·「섬어(譫語)」·「독암고(獨庵稿)」·「수발(溲勃)」·「반야구상도찬(般若九想圖贊)」·「변변혹지남(弁弁惑指南)」·「선종변(禪宗弁)」 등 8종 저술을 수록했다. 그 가운데 「섬어」 상하 2권은 모두 75칙으로, 유가 경전 및 『노자』·『장자』·『열자』·『한서』·두시·한유 시 중의 자구에 대해 훈석을 가했다. 간다 기이치로(神田喜一郎)는 일찍이 겐고가 "음으로 양에 견주어 반드시 싸운다〔陰疑於陽必戰〕"를 주석하면서 "疑는 擬와 통한다."라고 한 것이 왕인지(王引之, 1766-1834) 『경의술문(經義述聞)』보다 약 150년 전 제출한 것이므로, 이자명이 말했듯이 '중국 제유들이 이미 대부분 언급했다.'라는 것과 달라서 실로 이 한 건은 사람들을 경탄하게 만드는 일이라고 했다.[29]

불립 문자의 문제와 관련해서 겐고도 자기의 관점을 지니고 있었다. 그의 「독어」에 이런 말이 있다.

> 이름이 같은 것은 사실 반드시 같지가 않다. 고인도 불립문자를 하고 금인도 불립문자를 한다. 고인의 불립문자라는 것은 견성성불하여 문자에 구애되지 않는 것이다. 금인의 불립문자는 명예를 좇고 이익을 추구하여 문자에 미치지 못하는 것이다. 불립문자는 같지만, 불립문자 하는 방식은 다르다. 지금 세상은 공(公) 위에 사(私)를 세우고 정(正)에다

28_由雲龍 輯, 『越縵堂讀書記』, 上海書店出版社, 2000, pp.772-773. "其所訓釋, 雖中國諸儒多已及之, 而出於彼國緇流, 實爲難得."

29_神田喜一郎, 「日本漢學史上における僧玄光」, 鏡島元隆 編, 『獨庵玄光と江戸思潮』, ぺりかん社, 1995, pp.8-30 ; 高橋博巳, 「獨庵玄光の世界-人と文學-」, 鏡島元隆 編, 『獨庵玄光と江戸思潮』, pp.193-266.

가 사(邪)를 걸어 두면서 함부로 불립문자라고 칭하기에, 변론하지 않을 수 없다.[30]

가쿠몬은 일찍이 겐고의『호법집』에 주석을 하여, 시적하기 수개월 전까지 계속 주석해서『호법집쇄금』14권을 완성하여 목판에 부쳤다. 겐고는 그가 일생 동안 흠모하고 추구했던 전범이었다고 말할 수 있다. 따라서 가쿠몬은 필연적으로 겐고의 영향을 깊이 받아, 박학의 길로 나아갔다. 난센 단엔(南泉湛圓)은『호법집쇄금』에「발」을 써서, "가쿠몬 선사는 법부(法部)를 낚시질하고 주집(注緝)을 군척(捃摭, 채집)하여『호법』에 보탬을 주었다."[31]라고 했다.『주석문문자선』이 내전과 외전의 전적을 두루 채집한 것은 바로 그 제일 증거가 될 것이다.

당시의 임제종과 조동종은 물과 불이 서로 용납하지 않는 듯한 기세였으나, 겐고는 융합하면서 초월로 나아가는 입장을 취했다.『속담』상에 "불법이 둘이 아님을 알라. 임제를 진정으로 알면 자연히 조동을 알고, 조동을 진정으로 터득하면 자연히 임제를 터득한다. 임제를 모르면 조동을 터득할 수가 없고, 조동을 모르면 임제를 알 수가 없다."[32]라고 했다. 또『속담』하에는 이러하다.

다섯 파가 모두 조계(曹谿)에서 나왔으니, 조동과 임제는 형과 아우 같다. …… 나는 오늘에 있어 힘을 헤아리지 않고 분(分)을 몰라서, 마음에 말이 있으면 머금어 두지 못하고 지묵 사이에 토하는 것도 있고 이 말을 유력자의 앞에 보내는 것도 있는 것은, 조동과 임제를 강 고기의 뱃속에서 만회하고자 하기 때문이다. …… 내가 자취를 조동종에 두는 것은 조동종이 아니다. 어찌 조동종에 그치겠는가? 나는 선도 아니고 교도 아니고 불도 아니고 중생도 아니다. 나의 콧구멍은 불조(佛祖)라도

30_『獨庵玄光護法集』卷1. "其名同者, 其實未必同也. 古人不立文字, 今人亦不立文字. 古人之不立文字者, 見性成佛 · 不拘於文字也；今人之不立文字者, 逐名營利 · 不及於文字也. 不立文字則同, 所以不立文字則異. 今世立私於公, 倚邪於正, 而浪稱不立文字者, 不可不辨."

31_『獨庵護法集碎金』卷末. "廓門禪師弋釣法部, 捃摭注緝, 有補於『護法』焉."

32_『獨庵玄光護法集』卷4. "須知佛法無二, 眞知臨濟者自然知曹洞, 眞得曹洞者自然得臨濟；未知臨濟是所以不得曹洞, 未知曹洞是所以不知臨濟矣."

> 모색하지 못하고, 나도 역시 모색하지 못하니, 네가 나를 당중(黨中)에서 찾는 다면 동떨어지고 만다.[33]

가쿠몬은 도우(도반)의 질의에 회답하여, "나의 본성은 생도 없고 멸도 없고 나를 고집하는 마음도 없으며, 사랑하고 미워하며 좋아하고 싫어하는 생각도 없으니, 어찌 타인을 잘못이라 여기고 나를 옳다고 여김이 있으랴? 오로지 뜻(마음)에 자적하여 눈을 닫아 막을 따름이다."[34]라고 했다. 분명히 일종의 초월적 입장이자 태도이다. 다만 이 입장과 태도가 있는 것만으로는 충분한 것이 아니어서, 반드시 진재(眞才)와 실학(實學)이 있어야, 비로소 조동을 알고 임제를 알 수 있다. 겐고가 보기에 당시 "임제 사람이 조동 사람을 매도하여 토민(土民)이라고 하는 것은 학문이 결핍되어 있음을 조롱한 것이다."[35]라고 했다. 따라서 진정으로 임제를 알려면 마땅히 박학으로 나아가야 한다. 『자경어』 하(下)에 "근세 조동의 존숙 반난(萬安)은 오로지 그 문도에게 독서와 학문을 하라고 가르치니, 가히 병에 따라 처방을 잘 시설한다고 할 수 있다. 조동에 오늘날 강경하고 강론하는 자가 있는 것은 만안이 창도한 것이다."[36]라고 했다.

반난 에이슈(萬安英種, 1591-1654)는 조동종 다이엔 고친(大焉廣椿, ?-1647)의 법사(法嗣)로, 당시 종풍이 퇴폐한 것을 깊이 개탄하고 제방(諸方)의 삿된 해석을 통렬하게 비판했으므로, 당시 사람들이 '안노광(安老狂)'이라고 기롱했다. '병에 따라 처방을 시설한다.'라고 할 때의 병은 '학술이 결핍된' 병이며, 시설한 처방은 바로 '독서와 학문'이다. 이것은 일종의 대응 방책이되, 그와 동시에 조동 · 임제 양종을 어느 만큼

33_『獨庵玄光護法集』 卷5「俗談下」. "五派皆出於曹谿, 則曹洞 · 臨濟如兄如弟. …… 予當今日, 不量力, 不知分, 有言於心則不能含, 吐之於紙墨之間者, 遺此言於有力之者, 挽回曹洞 · 臨濟於江魚之腹中也. …… 我寓跡於洞宗者, 而非洞宗. 豈止洞宗, 我非禪非敎非佛非衆生. 我之鼻孔, 雖佛祖摸索不著, 我亦自摸索不著, 你覓我於黨中則遠矣."

34_「跋注石門文字禪」, 『禪學典籍叢刊』 卷5, p.754. "余性無生滅固我之心, 無愛憎好惡之念, 安有非他是自? 唯適意遮眼爾."

35_「自警語」 上, 『獨庵玄光護法集』 卷2. "濟上詈洞上曰'土民'矣, 譏乏於學也."

36_『獨庵玄光護法集』 卷3. "近世洞上之尊宿萬安, 惟敎其徒讀書學問, 可謂善隨病設方也. 洞上今日有講經講論者, 萬安所倡也."

이든 융합했음을 객관적으로 표지한다. 그리고 조동 · 임제의 융합은 또한 선종 내부의 또 다른 요청이었으니, 중국에서도 이와 같았다.[37] 고겐이 말하는 '병에 따라 처방을 시설함'이란 실제로는 임제종에서 가져온 표현이다. 『임제록』에, "산승이 설법하는 곳이 모두 약과 병이 서로 치료할 일기(一期)이다."라고 했고, 또 "산승은 어느 한 법도 사람에게 줄 것이 없고 다만 병을 치료하고 속박을 풀어 준다."[38]라고 했다. 병을 치료하려면 약을 필요로 하고, 병이 나으면 약은 제거되니, 이것을 일러 '약과 병이 서로 치료한다.'라고 하는 것이다. 병에는 여러 종류가 있으므로 약도 한 가지가 아니며, 병에 응해서 약을 시설하기에, '어느 한 법도 사람에게 주지 않는다.'고 했다. 곧 '병에 따라 처방을 시설한다.'라고 말할 수 있는 것이다. 이런 표현은 아무 뜻이 없는 것이 아니다. 반난 에이슈는 일찍이 『임제록』에 주석을 하여, 『임제록 가나초(臨濟錄カナ鈔)』 10권이 있다.[39] 조동종 승도가 임제종 경전에 주석을 한다는 것은 호랑이 굴에 들어가야 호랑이 새끼를 얻을 수 있는 것에 가까운 행위이다. 가쿠몬이 주석한 『석문문자선』의 경우 그 작자 혜홍도 임제종 승도로, 즉 황룡파 보봉(寶峰) 진정극문(眞淨克文)의 법사이다. 그는 일찍이 『임제종지(臨濟宗旨)』를 찬술하여 『선림승보전(禪林僧寶傳)』 뒤에 붙였다. 가쿠몬이 조동종 승도로서 임제종 시승의 문집을 주석한 것은 그가 겐고 창도의 '참으로 임제를 아는 일'을 실천했음을 드러낸다. 동시에 그는 이 책으로 당시 임제종의 저명한 학문승 무자쿠 도추로부터 크게 인정받았다. "그가 비급(秘笈)과 오편(奧編)을 조사하고 고찰한 것을 보니 망라하느라 힘을 아끼지 않았으며 뒤얽힌 뿌리는 풀고 착종된 마디는 나누었다. 지금부터 이것을 읽는 사람은 마치 아무 원수도 없는 길

37_順治 14년(1657) 三山燈來 선사가 편성한 『五家宗旨纂要』의 卷首에 慶忠鐵壁 機老人의 『五宗斷』을 수록하여 "用臨濟而不通曹洞, 則類野狐；用曹洞而不通臨濟, 則落敎綱. 是必濟 · 洞兼通, 則雲門 · 溈仰 · 法眼在其中矣."라고 했다(『卍續藏經』 第114冊, p.507) 張伯偉, 「對立與融合：宋代禪宗史上一個問題的硏究」, 『1992年佛學硏究論文集 · 中國歷史上的佛教問題』, 佛光文化事業公司, 1998.

38_이상 두 칙은 『臨濟錄』 「示衆」에 보인다. 張伯偉 譯釋, 『臨濟錄』, 佛光文化事業公司, 1997, pp.72－73 · 118. "山僧說處, 皆是一期藥病相治."이라 하고 또 "山僧無一法與人, 只是治病解縛."이라고 했다.

39_柳田聖山 編, 『禪學叢書』 10 『臨濟錄抄書集成』, 中文出版社, 1986.

을 가며 아무 관리도 없는 관문을 통과하는 것과 같을 것이다. 빠뜨린 것을 이후에 혹 보완하는 것이 있다고 해도 반드시 선사를 발몽(發矇, 장님 눈을 뜨게 함)의 창시로 삼을 것이다."[40] 무자쿠 도추는 당시 가장 박학한 임제종 선승이었다. 그는 「선림상기전서(禪林象器箋序)」에서 자술하길, "불교 서적이든 유교 경전이든, 제자든 역사든, 시문이든 소설이든 눈이 닿는 대로 뜻이 가는대로 멀리 수집하고 가까이 망라했다."[41] 라고 했다. 곧 이 책에 인용된 서목의 범위를 보면, 일본 서적과 중국 서적, 내전과 외전의 찬술이 760부에 달한다. 사실, 임제종 내부에서는 무자쿠 도추의 학풍도 분명히 약간 이류(異類)의 측면이 있다. 『금편지가(金鞭指街)』 제13권 '금학위도장(禁學爲道障)'에서 도추는 "일본의 산코 고쿠시(三光國師)〔고호 가쿠묘(孤峰覚明)〕가 대중에게 고하여 언구(言句)를 방하(放下)했는데, 『임제어록』을 보는 것만을 허락했으므로 '구우탈식(驅牛奪食)'이 더욱 더 아주 많아졌다. 이것은 불조를 대신하여 손을 이끌고 곧바로 도로 들어가게 하니, 말세에 어찌 이런 작법이 있으랴?"[42]라고 했다. '구우탈식'이란 말은 『임제록』 「시중(示衆)」의 "조(照, 스승이 제자의 근기를 파악함)와 용(用, 제자를 지도함)이 동시인 경우에는 밭 가는 농부의 소를 빼앗고 굶주린 사람의 밥을 빼앗는 것처럼, 뼈를 두들겨 골수를 뽑아내고 아픈 데다가 다시 바늘과 송곳으로 침을 꽂는 것이 된다."[43]라는 말에 나온다. 본래 학인의 소질의 차이에 근거하여, 스승은 각기 다른 접인(接引) 방식을 채용하는데, '임제 4조용(臨濟四照用)'이 가장 저명하다. '조와 용이 동시'라는 것은 상상(上上) 근기를 접인하는 수단으로, 거죽과 털이 다 벗겨져 없어져, 곧바로 흉억에 이르러서 지극한 도를 얻는 것을 가리킨다. 무자쿠 도추가 보기에 당시에

40_『注石門文字禪序』, 『禪學典籍叢刊』 第5卷, p.100. "余觀其所查考秘笈奧編, 苞羅不遺力, 盤根則解, 錯節則分. 自今讀之之人, 如行無讎之路, 而透無吏之關矣. 後來縱有補苴遺漏者, 必以師爲發矇之首倡也."

41_柳田聖山主編『禪學叢書』之九, 中文出版社, 1979年版, p.1. "大凡佛敎儒典 · 諸子歷史 · 詩文小說, 目之所及, 意之所詣, 遠蒐近羅."

42_抄本, 日本駒澤大學圖書館藏. 와세다대학 佐藤浩一 박사가 복사해 주었다. 감사드린다.

43_張伯偉 譯釋, 『臨濟錄』, pp.59-60. "照用同時, 驅耕夫之牛, 奪飢人之食, 敲骨取髓, 痛下針錐."

는 눈 먼 종사(宗師)들이 많아, 일미(一味)로 '흉금지선(胸襟之禪)'을 강조함으로써, 필연적으로 샛길로 잘못 들어가고 있었다. '위학위도일야(爲學爲道一也)' 조에서 "지금 게으른 승려가 말하길 도를 해친다고 하여 학문을 폐한다면, 그것은 실로 학문이 도를 해치는 것이 아니라, 도를 해친다는 명목을 빌려, 게으르다는 조롱을 해명하는 것이다. 결국 경록(經錄)〔한역 불전의 목록〕의 표지(標指, 푯대와 지침)를 버리고 다만 눈먼 종사에게 의지하게 된다."[44]라고 했다. 따라서 도추는 가쿠몬의 위학(爲學)과 위인(爲人)을 모두 대단히 긍정했다. 그래서 혜홍에 대해, "한 질 전체의 문자가 모두 선이어서, 잡화가 눈을 스쳐 가고 구름 · 연기가 붓에서 생겨 남이 어느 것이든 선 아닌 것이 없다. 곧 이 감주(嵌注)는 9경(九經)과 17사(十七史)를 원증하여, 가지이든 호박이든 선이 아님이 없다."[45]라고 했다. 심지어 석문(石門)과 곽문(廓門)을 이문(二門)이라 아울러 칭하고, "이는 이토(異土)의 백아요, 다른 시대의 종자기〔지음〕이다."[46]라고 했다. 동시에, 도추는 겐고 선사에 대해서도 존경의 뜻이 가득했으므로,[47] 한 조각 동변상련의 정이 있었다. 그리고 박학의 숭상은 당시 유림의 풍조와 일정한 관계가 있었다.

에도 유학은 후지와라 세이카(藤原惺窩, 1561-1619)부터 크게 주자학을 주창하여, 그 제자 하야시 라잔(林羅山, 1583-1657)은 더 나아가 육상산 · 왕양명의 학을 배척했다. 그들은 '존덕성(尊德性)'과 '도문학(道問學)'의 사이에서 확실히 후자를 더 중시했다. 이토 진사이(伊藤仁齋, 1627-1705)와 오규 소라이에 이르러서는 주자학 말류를 비판하는 자세를 드러내어, 문헌 실증을 강조해서 '고의학(古義學)'과 '고문사학파'를 형성했다. 이로써, 박학 숭상의 경향이 유림에 나날이 강화되었다. 오규 소라이는 "학문의 도는 그 큰 것을 세운 자는 박학을 귀하게 여긴다."[48]

44_『金鞭指街』 卷13. "如今懶僧言害道而廢學, 其實非學害道, 假害道之名而解懶惰之嘲也. 遂捨經錄之標指, 而依止瞎眼宗師."

45_「注石門文字禪序」, 『禪學典籍叢刊』 第5卷, p.100. "全袠文字都是禪, 則雜花過眼 · 雲煙生筆, 靡非是禪矣 ; 即此嵌注, 所援九經十七史, 茄子瓠子, 亦靡非是禪矣."

46_「注石門文字禪序」. "是異土之伯牙, 異代之子期也,"

47_柳田聖山, 『無著道忠の學問』, 『禪學叢書』 8 附錄 2, pp.1335-1376.

48_「學則」 6, 『徂徠集』 卷17, p.181. 『近世儒家文集集成』 第3卷, ぺりかん社, 1985. "學問

라고 했다. 가쿠몬의 주위에서도 유불 일치의 분위기가 미만했다. 겐코가 그런 견해를 지니고 있었음은 새삼 논할 필요가 없다.[49] 가쿠몬은 일찍이 도코 신에쓰(東皐心越)를 시봉했는데, 신에쓰는 또 겐고와 왕래가 있었으며,[50] 그 사손(嗣孫) 란잔 도초(蘭山道昶)는 『주석문문자선』을 위해 제사(題詞)를 지었다. 도코 신에쓰가 보기에는 이러했다.

> 공문(유학)과 석문(불교)가 어찌 허공 꽃의 짙고 옅음을 다투겠는가? 조의(祖意)와 교의(敎意)가 어찌 토끼 뿔의 길고 짧음을 다투겠는가? 동쪽 노나라의 책을 읽지 않고서 어찌 달마의 서쪽으로 온 뜻을 알겠는가? 그러므로 배휴(裴休)는 황벽(黃檗)에게 참예하여, 종통(宗通, 自悟)과 설통(說通, 說法)에 둘 다 통했다. 이고(李翱)는 약산(藥山)을 알현하고, 유가와 석교를 아울러 구비했다.[51]

> 효제충신은 사람의 사단(四端)으로 유가든 석교는 따지지 않고 모두가 구족하다. 곤액에 처해도 불변하고 난에 임해도 구차하지 않아서, 입신양명하여 세상과 더불어 불후하리니, 얼마나 크게 유쾌한가![52]

일본 선림의 유불일치설의 이론적 연원은 사실은 북송의 명교계숭(明教契嵩,1007-1072)이 지은 『보교편(輔教編)』이다. 계숭의 이 책을 대단히 중시한 것은 오산 승려 이래 하나의 전통이었다. 이를테면 고칸

之道, 苟立其大者, 貴乎博."

49_후대에 유교와 불교가 서로 다르다는 논리를 지지한 승려로 損翁宗益(1649-1705)같은 이들이 있는데, 역시 이것을 근거로 玄光의 저술이 "편벽된 설이 아주 많다[涉僻說頗多]."라고 비판했다(『損翁老人見聞寶永記』). 이른바 '편벽된 설'이란 유불일치론을 포함한다. 損翁은 또 "凡儒佛之先德, 各取其書之言之彷彿於儒佛, 而一致於二教, 而息其徒之爭. 其心非不美, 而二教皆有明理. 儒不待佛而行, 佛何必合儒而後行."라고 했다(앞의 책).

50_永井政之, 「獨庵玄光と中國禪」 第5節 '獨庵玄光と東皐心越', 『獨庵玄光と江戶思潮』, pp.114-122.

51_『天德禪寺入院開堂語錄 · 復啓』, 『東皐心越全集』, 浙江人民出版社, 2006年版, p.44. "孔門釋門, 豈競空華之濃淡 ; 祖意教意, 何爭兎角之短長. 不讀東魯書, 那知西來意. 是故裴休參黃檗, 宗說雙通 ; 李翱見藥山, 儒釋兼備."

52_『天德禪寺入院開堂語錄 · 上堂』, 『東皐心越全集』, p.49. "孝悌忠信, 人之四端, 不論儒釋, 咸皆具足. 而處厄不變, 臨難不苟, 方可立身揚名, 與世不朽, 何等大快乎!"

시렌은 『통형(通衡)』3에서 "무릇 유가의 오상은 우리 교의 오계와 이름은 달라도 뜻은 같으므로 합하지 않을 수 없다. 부회한들 어찌 유가를 문란하게 하는 것이랴? 그 밖의 합구(合句)는 선배의 서적에 많이 나오므로, 먼저 계숭 공의 『보교편』을 취하여 한번 보시라."[53]라고 했다. 기도 슈신은 주간 엔게쓰를 평하여 "학문은 리와 성을 궁구하고 문은 『춘추』를 본받았으며 『보교』의 중령(仲靈, 계숭)을 노복으로 삼고 『승사(僧史)』의 통혜(通慧, 찬녕)를 여대(輿臺, 종)로 삼았으니, 가히 재주가 크다고 이를 만하다."[54]라고 했다. 중령은 계숭의 자(字)이다. 『대성승사략(大宋僧史略)』을 찬술한 찬녕(贊寧)은 일찍이 송나라 태종으로부터 '통혜대사(通慧大師)'라는 칭호를 받았다. 노복 · 여대 운운은 행문에서의 홍탁(烘托, 한 개념이나 인물을 도드라지게 하는 수사법)이다. 사실 주간 엔게쓰는 계숭을 대단히 존경했다. 그의 『중정자(中正子)』「서편(敘篇)」에 "중령의 문은 밝디밝아서 마치 일월성신이 하늘에 붙어 사방 나라들을 비추는 것과 같다."[55]라고 했다. 그리고 기도 슈신도 계숭의 영향을 깊이 받았다. 『공화일용공부약집(空華日用工夫略集)』 영덕(永德, 에이도쿠) 2년 2월 29일 조에 이러하다. "군이 또 인의(仁義) 두 글자에 대해 물었으므로, 나는 『보교편』을 인용하여 유가 · 석교 두 교의 뜻을 합하여, '유가에서는 인 · 의 · 예 · 지 · 신이고 석교에서는 불살(不殺) · 불도(不盜) · 불음(不婬) · 불망(不妄) · 불주(不酒)이다. 유가는 오상이라 말하고 석교는 오계라고 말한다. 명칭은 다르지만 뜻은 같다.'라고 설한다."[56] 이것은 『보교편』「원교(原敎)」에서 "유가를 오계에 비교하여 보면, 이른바 오상 인의라고 하는 것과 호칭은 달라도 체는 하나이다."[57]

53_『濟北集』 卷18, 『五山文學全集』 第1卷, p.335. "夫儒之五常, 與我教之五戒, 名異而義齊, 不得不合. 雖附會, 何紊儒哉? 其餘合句, 先輩之書多矣, 請先取嵩公『輔教編』見一遍."

54_『空華集』 卷11 「袁氏贏吟序」, 『五山文學全集』 第2卷, p.1639. "學窮理性, 文法『春秋』, 奴僕乎『輔教』之仲靈, 輿臺乎『僧史』之通慧, 可謂才大者矣."

55_『東海一漚集』 3, 『五山文學新集』 第4卷, p.406. "仲靈之文昭昭然, 若日月星辰附於天而照四國也."

56_『空華日用工夫略集』 卷3, p.161. "君又問仁義二字, 余因引『輔教編』合說儒釋二教之義曰：在儒仁義禮智信, 在釋不殺 · 不盜 · 不婬 · 不妄 · 不酒. 儒謂之五常, 釋謂之五戒, 其名異, 其義同."

57_『大藏經』 第52冊, p.649. "以儒校之(五戒), 則與其所謂五常仁義者, 異號而一體耳."

라고 운운한 것과 하나의 궤철에서 나온 것처럼 똑같다. 계숭을 높이 존숭했으므로 기도 슈신은 심지어 그의 도상을 벽에 걸어 두기까지 했다.[58]

에도 시대에 이르러서도 『보교편』은 여전히 선림에서 성행했다. 혜홍에게 「알숭선사탑(謁嵩禪師塔)」 시가 있는데, 가쿠몬이 제목 아래에 주를 달아, "저술한 『전법정종기(傳法正宗記)』·『정종론(正宗論)』·『심진문집(鐔津文集)』·『보교편』 등이 모두 『대장(大藏)』에 들어가 당세에 대단히 유행했다."[59]라고 언급했다. 이런 유행 상황은 분명히 그 당시의 전체 상황을 포괄했을 것이다. 주의할 점은 가쿠몬의 가장 이른 저술이 바로 정향(貞享, 조쿄) 3년 판각한 『보교편신진주(신진주보교편)』이며, 이 책은 그가 덴유지(天祐寺)에서 『협주보교편(夾注輔教編)』을 강설한 기초 위에 완성했다는 사실이다. 따라서 가쿠몬이 유불일치론을 받아들인 것도 이치에 들어 맞는다. 당시 유림이 박학의 풍조를 창도한 것도 필시 그에게 자극이 되고 영향을 주었을 것이다. 이런 요인들을 종합해서 『주석문문자선』의 학술 연원과 출현 배경을 재구성해 보기로 한다.

3. 『주석문문자선』의 특색

이상 서술한 학술 연원과 배경 아래 출현한 『주석문문자선』은 그 특색이 역시 그 학술 연원 및 배경과 상관이 있다. 그 밖에 에도 시단의 풍조(작시와 논시를 포함하여)도 이 책의 저술에 영향을 끼쳤다. 이런 요소들을 종합하여, 이 책의 특색을 아래와 같이 거론할 수 있다.

(1) 박통(博通)

가쿠몬의 사승과 교유로 보건대, 그가 당시 박학을 숭상하던 풍조의 영향을 받았으리란 점은, 이 『주석문문자선』에서 사용한 문헌을 통해서 뚜렷이 알 수가 있다. 대략적인 통계를 보더라도 『주석문문자선』은 사

58_『空華日用工夫略集』 卷2 永和 2年 8月 5日. "(上杉)刑部問：'壁上畫像爲誰?'余曰：'明教嵩禪師.'"(p.101)

59_『禪學典籍叢刊』 第5卷, p.212. "所著『傳法正宗記』·『正宗論』·『鐔津文集』·『輔教編』等, 皆入『大藏』中, 又盛流行於世."

용한 외전이 아주 풍부하다. 여기에 인용 서적 및 사용 횟수를 『사고전서』의 4부 분류 예에 따라 열거하면 다음과 같다.[60]

經部 18종	詩經 133 書經 34 易經 58 禮記[1]53 左傳 94 穀梁傳 2 論語 71 孟子 39 中庸 5 說文 13 方言 2 輶軒絶代語 4 爾雅 8 廣韻 3 埤雅 1 正字通 12 增續韻府 4 續字彙 1
史部 56종	史記 205 漢書 200 後漢書 135 三國志 45 晉書 119 梁書 7 陳書 4 魏書 2 北齊書 2 南史 29 北史 6 隋書 6 舊唐書 14 新唐書 166 五代史記 5 宋史 68 戰國策 19 國語 3 華陽國志 1 竹書紀年 1 楚漢春秋 1 通鑒 19 通鑒綱目 6 逸史 2 六朝事迹 3 宋史摭遺 1列女傳 8 列士傳 2 通典 1 文獻通考 1 湘中記 1 南方草木狀 1 三輔黄圖 5 伽藍記 1 北戶錄 3 吳地記 1 元和郡縣圖志 1 太平寰宇記 2 大明一統志 463 西湖覽勝 1 西湖勝覽志 1 臨海異物志 1 桂海花木志 1 風土記 2 吳錄 2 廬山後錄 1 函潼要志 1 宗廟集覽 1 大明名勝記 16 東觀奏記 2 漢官儀 1 唐六典 1 玉堂雜記 1 集古錄 2 讀書鏡 1 典彙 1
子部 171종	孔子家語 9 荀子 8 鹽鐵論 1 法言 13 朱子語類 3 幼學須知 3 韓非子 2 老子經 16 莊子 261 列子 28 抱朴子 3 列仙傳 32 神仙傳 4 香案牘 1 譚子化書 1 羅湖野錄 4 齊民要術 2 本草綱目 1 藥圃同春 1 歷代名畫記 1 圖畫見聞志 1 宣和畫譜 4 圖繪寶鑒 9王氏畫苑補益 1 書斷 3 法書要錄 1 續書譜 1 硯譜(范至能) 1 硯譜(蘇易簡) 8 端溪硯譜 1 教坊記 2 唐樂曲譜 1 管絃記 1 琵琶錄 1 膳夫錄 1 山家清供 3 茶譜 1 茶錄 1 酒譜 2 草花譜 2 種樹書 1 名馬記 1 禽獸決錄 1 初學記 2 事物紀原 3 萬姓統譜 19 三才圖繪 1 古今事類全書 12 天中記 2 卓氏藻林 10 類書纂要 43 愼子 1 呂氏春秋 15 淮南子 33 陰陽書 1 白虎通 6 論衡 2 風俗通 4 古今注 8 尙書故實 1 兼明書 5 洞天淸錄 1 仇池筆記 2 春渚紀聞 1 昭德新編 1 賓退錄 2 演繁露 4 游宦紀聞 2 巖下放言 1 文昌雜錄 3 野客叢書 7 西溪叢語 2 五總志 2 困學紀聞 12 鶴林玉露 1 老學庵筆記 2 捫虱新話 2 志雅堂雜抄 1 澄懷錄 2 齊東野語 2 釋常談 2 鼠璞 5 臆乘 5 字書誤讀 1 霏雪錄 2 震澤長語 1 枕譚 2 群碎錄 6 書肆說鈴 1 讕言長語 1 焦氏筆乘 4 五雜組 9 蓬窗續錄 1 山海經 3 西京雜記 4 世說新語 15 朝野僉載 1 隋唐嘉話 2 龍城錄 2 唐國史補 2 開元天寶遺事 5 酉陽雜俎 6 雲溪友議 2 墨客揮犀 1 歸田錄 5 北夢瑣言 3 六一題跋 1 無咎題跋 1 海岳題跋 1 益公題跋 2 唐語林 2 談賓錄 1 鷄肋編 1 緗素雜記 2 復齋漫錄 1 墨莊漫錄 1 畫墁錄 1 癸辛雜識 3 東齋紀事 1 孫公談圃 1 聞見近錄 1 甲申雜記 1 續聞見近錄 1 芥隱筆記 7 揮塵錄 6 卻掃編 1 遯齋閑覽 2 玉堂閒話 1 國老談苑 1 談藪 1 步里客談 1 姚氏殘語 1 玉澗雜書 1 致虛雜俎 1 傳講雜記 1 書言故事 2 漂粟手牘 1 然藜餘筆 1 採蘭雜志 1 遺史紀聞 1 湖湘故事 1 輟耕錄 7 世說新語補 15 春風堂隨筆 1 代醉編 7 水南翰記 1 委巷叢談 1 夢餘錄 1 女士殿最 1 多識編 1 荊楚故事 1 墐戶錄 1 事文要玄 1 桂海雜志 1 愛日齋聚抄 1 歲華紀麗 2 十洲記 3 漢武帝外傳 1 拾遺記 3 搜神記 6 集異記 1 博異志 2 幽怪錄 1 玄怪錄 2 枕中記 2 語林 1 霍小玉傳 2 妝樓記 1 楊太眞外傳 3 五色線 2 剪燈新話 1
集部[2] 56종	楚辭 27 文選 207 古文眞寶 1 三體詩 3 千家詩 4 瀛奎律髓 1 唐詩正音 1 唐詩所 15 陶淵明詩文 48 駱丞集 26 李白詩 80 杜甫詩文 367 李嘉祐詩 2 王維詩 3 白氏文集 21 韓愈詩文 93 柳宗元詩文 29 李長吉歌詩 5 杜牧詩文 5 王安石詩文 26 蘇軾詩文[3] 1148 黃庭堅詩文 259 陳後山詩集 4 擊壤集 1 筠溪集 33 陳簡齋集 5 草堂詩餘 6 文心雕龍 1 六一詩話 1 司馬溫公詩話 2 劉貢父詩話 1 後山詩話 4 彥周詩話 6 冷齋夜話 32 天廚禁臠 3 杜詩箋 1 西淸詩話 1 石林詩話 3 珊瑚鉤詩話 2 韻語陽秋 1 風月堂詩話 1 碧溪詩話 2 庚溪詩話 1 苕溪詩話 1 竹坡詩話 2 全唐詩話 1 詩人玉屑 17 詩林廣記 9 詩格 11 南濠詩話 1 東坡詩話 3 譚苑醍醐 1 雪濤詩話 1 蜀中詩話 2 樂府雜錄 1 碧鷄漫志 1

1 『중용』은 송나라 사람에 의해 추출되어 『四書』의 하나가 되었으므로 여기서는 포괄하지 않

60_이 통계는 가쿠몬(廓門)이 직접 인용한 것에 한한다. 그가 인증한 문헌 속에서 언급한 서목은 생략한다. 또 이 글의 통계는 혹 정확하지 못한 곳이 있어, 누락이 있을 수는 있어도, 넘칠 수는 없으므로, 이 글의 기본 결론에는 영향을 미치지 않는다.

는다.
2 통계에 편하도록 열거하는 별집의 이름은 대개 개괄적인 칭호를 사용한다.
3 『東坡詩集』·『東坡全集』·『東坡樂府』·『東坡題跋』·『東坡志林』·『東坡禪喜集』 등을 제목으로 하는 문헌들을 포괄한다.

이상 4부의 문헌을 모두 더하면 총 302종이다. 이 책들이 관련된 지식 영역은 대단히 넓어서, 가쿠몬이 학문에서 엿보지 않은 곳이 없다고 말할 수 있을 정도이다. 위에 든 인용 서목에서 인용 빈도가 5회 이상인 것으로는 경부 11종, 사부 22종, 자부 32종, 집부 23종, 모두 88종이다. 가쿠몬이 이 여러 서적들에 대해서는 우연히 섭렵한 것이 아니라 실은 상당히 숙지하고 있었음을 알 수 있다. 또한 이상 여러 서적들 가운데 절대 다수가 원저의 인증에서 나왔지, 다른 책에서 전전하여 인용한 것이 아니라고 믿는다. 가쿠몬은 도쿠안 켄고의 『호법집』을 주석할 때 다음 여러 칙의 범례를 열거한 바 있다.

○ 이 『호법집』에 인용한 여러 서적들은 하나하나 원본과 대조하여 문자의 부족을 보충하고 서명의 잘못을 바로잡았다.
○ 겐코 선사가 잘못 인용한 서적은 원서를 조사하여 자구를 바로잡았다.
○ 비루한 유학자의 기롱과 비방을 깨치기 위해 그자들이 근거로 하는 것을 상세히 밝혀 증거로 삼았다.
○ 간간히 소루한 문자가 있는 것은 본서에서 그 빠진 부분을 보충했다.
○ 겐코 선사가 몰한 이후, 감정해 줄 분이 없으므로, 기벽(奇僻)의 곳은 교합(挍合)의 미비를 면하지 못했으니, 독자들은 너그러이 보아 주기 바란다.[61]

『주석문문자선』에는 범례를 나열하지 않았지만, 이상의 범례에서 체현된 정신과 원칙은 『석문문자선』 주석 때에도 일관되었으리라 믿는다. 도추(道忠)의 「서」는 혜홍의 "천기(天機)가 호탕하고 방종하며 깊은 재

61_『獨庵護法集碎金』 卷首. "一. 此集所援引諸書, 逐一照原本補文字不足, 亦正書名差誤. 一. 光師誤所援書, 撿原書是正字句. 一. 闢鄙儒譏謗, 則詳所厥據爲證. 一. 間有疎漏文字, 因本書補其缺典. 一. 光師沒後, 無繇勘典, 故其奇僻處未免挍合不備, 讀者恕焉."

주와 풍부한 학식이 가슴속에 찬란한 별을 나열하고 붓끝에 질풍을 끼워 주었다. …… 경(經)과 사(史)에서 자료를 취택하고 선과 유교에 출입했으므로"[62], 선림도 좋아하고 왕왕 "그 불가해함에 눈을 크게 떴다."라고 했다. 반잔(卍山)은 「서」에서 송나라 도융(道融)이 귤주보담(橘洲曇寶)[少曇]을 칭찬한 말을 인용하여 "학문이 해박하여 천하에 이름을 떨쳤으니, 본조에서 각범(覺範) 이후 오로지 이 사람을 추대할 따름이다."라 하고, 더 나아가 "그렇다면 각범이 귤주의 위에 있으면서 천하에 이름을 떨쳤다는 사실은 말하지 않아도 알 수 있다."라 하고는, 혜홍의 이 책에 대해서는 "전고의 훈고를 이해할 수 없는 것들이 첩첩 산처럼 모여 있어 고래로 분소(分疏)한 사람이 없었으므로 보는 이들 가운데 크게 탄식하지 않는 이가 없었다."[63]라고 했다. 가쿠몬은 20년의 공을 쌓아 이 책에 주를 달아, 이 책 주석의 첫 번째 인물이 되었으니, 박아의 재주가 아니었다면 결코 손을 쓸 수가 없었을 것이다. 란잔 도초의 「제사」는 가쿠몬이 "연참(鉛槧, 글씨 쓰는 납 가루와 나무판자. 붓과 종이)을 잡고 호해에 흩어져 온전하게 남지 못한 서적들을 두루 조사하고, 이유(二酉)〔대유(大酉)·소유(小酉)의 두 산. 장서의 곳〕를 탐색하고 구류(九流)를 소급하여 불법을 위해 몸을 잊고 신산을 맛보길 이십여 년, 마침내 사문을 위하여 해와 별처럼 세상에 환히 빛나게 했다."[64]라고 했다. 박학을 숭상하면서도, 가쿠몬은 고겐의 영향을 받고 도추 같은 임제종 승려의 자극을 받을 수 있었으나, 자신의 학문은 그가 사숙했던 스승 겐고보다 결코 못하지 않았을 뿐 아니라 당시 조동종의 걸출한 학문승이 될 수 있어서, 임제종의 도추와 나란히 거론된다 해도 조금도 손색이 없었다. 가쿠몬은 겐고의『호법집』에 주를 달면서 마찬가지로 출전 고증에 중점을 두었는데, 내전 이외에도 외서에서 나온 허다한 전고의 근거가 되는 원전들을 하나하나 고찰했다. 이는 그 학문이 박통했다는 한 가지 방증이다.

62_『禪學典籍叢刊』第5卷, p.99. "天機豪縱，淵才贍學，羅爛星於胸次，挾疾風於毫尖. …… 取資乎經史, 出入乎禪教."

63_『禪學典籍叢刊』第5卷, p.98. "典故訓詁不易解者，倚疊如山，而古來未有分疏之者，見者無不浩歎."

64_『注石門文字禪』卷首, 日本駒澤大學圖書館藏本. "懷鉛握槧, 歷殘湖海, 探二酉, 溯九流, 爲法忘身, 備嘗辛酸幾二十年, 遂俾斯文昭昭於世猶日星."

(2) 궐의

학문 연구에서 궐의(闕疑)의 태도는 매우 중요하다. 이것은 최초로 유가가 제출했다. 공자는 "아는 것을 안다고 하고 모르는 것을 모른다고 하는 것이 아는 것이다."[65]라 했고, 또 "군자는 모르는 것에 대해서는 대개 그대로 놓아두는 법이다."[66]라고 했다. 하지만 후대의 사람들은 학문 연구 중에, 특히 텍스트를 해석할 때에, 글자를 첨가해서 경문을 해석하는 경우도 있고 글자를 빌려 경문을 해석하는 경우도 있으며 글자를 바꾸어 경문을 해석하는 경우도 또한 있었으니, 이는 궐의의 원칙을 망각해 버려서 남을 억지로 나에게 붙이는 것을 면하기 어렵다. 겐코는 내전과 외전에 두루 통하여, 『속담』 하에서 경전 해석의 척도를 아래와 같이 제시했다.

> 무릇 불경과 유가 경전을 해석하는 사람은 그 아는 바를 이해하고 그 알지 못하는 바에 대해서는 빼 둠이 옳다. 자기의 견문을 한도로 삼아, 문의(文義)의 이해하기 어려운 부분을 만나면 혹은 탈간(脫簡)으로 여기고 혹은 천오(舛誤)로 여겨 감히 도말하거나 주를 가하고, 이장(彝章, 평상의 떳떳한 문헌)을 자뢰(疵纇, 허물)로 여겨 구와 자를 고치고 바꾸어 후학에 의문을 끼치고 오류를 범한다면, 이는 경전의 재앙이다. 대개 뜻이 내게는 어두워도 남에게는 밝은 것이 있고, 문자가 내게는 잘못이어도 남은 잘못이 아니라고 여기는 것이 있다. 자기가 아는 바를 해석하고 알지 못하는 바를 빼 두어 후인에게 남겨 주는 것만 못하다.[67]

가쿠몬은 이 점에 대해 마음속으로 깨닫고 이해했으며 몸으로 힘써 실행했다. 『주석문문자선』에서 혹 주석을 가할 수 없는 곳에 부딪히면 '불상(不詳)'이나 '미상(未詳)'이라고 분명히 표시했다. 제2권 「사안도

65_『論語』「爲政」. "知之爲知之, 不知爲不知, 是知也."

66_『論語』「子路」. "君子於其所不知, 蓋闕如也."

67_『獨庵玄光護法集』卷5. "大凡解佛經儒典者 , 解其所知 , 而於其所不知 , 則闕焉可也. 以己之見聞為限 , 逢文義難解 , 則或以為脫簡 , 或以為舛誤 , 敢加塗注 , 疵纇彝章 , 改易句字 , 疑誤後學 , 是經典之災也. 蓋有義暗於我而明於他者 , 有文己以為誤而他人以為不誤者. 不如解己之所知 , 闕其所不知 , 而遺於後人矣."

화단(謝安道花壇)」 제목 아래의 주에 "전(傳)은 미상이니, 후인을 기다린다."[68]라 했고, 제3권 「평무 등의 세모에 느낌 있어 지은 시에 차운하다〔次韻平無等歲暮有懷〕」의 "시 읊으며 글씨를 베끼자 뼛속까지 맑고, 뜻을 우탁해서 훌륭하기에 공교로움은 따지지 않는다〔吟詩寫字到骨淸, 寓意乃佳工折莫〕" 아래 주에 "절막(折莫)은 미상이다."[69]라고 했다. 또 제9권 「대나무를 읊다〔賦竹〕」의 "그늘이 선정에 드는 바위를 에워싸네〔陰鎖安禪石〕" 아래 주에 "안선석은 미상이다. 이 시는 어느 곳에서 지었는지 모르니 후인의 고평을 기다릴 뿐이다."[70]라고 했다. 또 제10권 「장평도로부터 요계로 들어가며〔自張平道入瑤谿〕」의 "안공이 옛날 은둔하던 곳이 있음을 알겠네〔知有安公舊隱存〕" 아래 주에 "안공은 불상이다."[71]라고 했고, 제19권 「와표찬서(瓦瓢贊序)」의 "포성과 익양의 사이에 왕래한 일이 많았다〔多往來蒲城 · 弋陽之間〕" 아래 주에 "포성은 불상이다."[72]라 했다. 또 제26권 「석귀관에 제하다〔題石龜觀〕」의 "나의 죽은 벗 호여림 민망〔吾亡友胡汝霖民望〕" 아래 주에 "전(傳)은 불상이다."[73]라고 했다. 이상은 지명 · 인명 · 어휘에 관계되어 있다.

혹은 먼저 '불상'이라고 밝힌 후 다시 추측을 했다. 제4권 「잠암 원 선사를 이별하며〔別潛庵源禪師〕」의 "동학이 엄연히 미목 사이에 있도다〔洞壑儼在眉目前〕" 아래 주에 "동학은 미상이다. 혹 서산부(瑞州府) 동산(洞山)인가?"[74]라고 했다. 또 제9권 「영취산에 제하다〔題靈鷲山〕」의 "누가 마땅히 용제를 배워, 손을 드리워 군중의 미혹함을 접하랴〔誰當學龍濟, 垂手接群迷〕" 아래 주에 "용제는 미상이다. 혜리(慧理)를 말하는가? 혹은 무주(撫州)의 용제(龍濟) 소수선사(紹修禪師)인가?"[75]라고 했다. 또 제12권 「용홍선사 대양적손이 고목당에 거처하며 초나라 대나무

68_『禪學典籍叢刊』 卷5, p.137. "傳未詳, 俟後人."
69_『禪學典籍叢刊』 卷5, p.160. "折莫, 未詳."
70_『禪學典籍叢刊』 卷5, p.325. "安禪石未詳. 此詩不知何處作, 俟後人高評耳."
71_『禪學典籍叢刊』 卷5, p.337. "安公, 不詳."
72_『禪學典籍叢刊』 卷5, p.537. "蒲城, 不詳."
73_『禪學典籍叢刊』 卷5, p.670. "傳不詳."
74_『禪學典籍叢刊』 卷5, p.199. "洞壑, 未詳, 或言瑞州府洞山歟?"
75_『禪學典籍叢刊』 卷5, p.325. "龍濟, 未詳. 謂慧理歟? 或謂撫州龍濟紹修禪師歟?"

를 심었는데 내가 그 가풍을 사랑하여 읊는다〔龍興禪師大陽的孫居枯木堂新植楚竹余愛其家風爲賦之〕」 제목 아래 주에 "사승은 미상이다. 아마도 고목법성(枯木法成) 선사가 아닐까? 후인이 살펴 주기 바란다."[76]라고 했다. 제19권 「향성 영선사 찬(香城瑛禪師贊)」의 "열공이 진세 바깥으로 쫓아갔네〔悅公追之絕塵〕" 아래 주에 "열공은 미상이다. 도솔종열(兜率從悅)인가?"[77]라고 했다. 또 제25권 「광상인이 쓴 화엄경에 제하다〔題光上人所書華嚴經〕」의 "가는 곳마다 유혈이 광·황·서·기 사이에 흘러, 납자가 화를 입은 것이 혹독했다〔所至流血可涉光·黃·舒·蘄衲之間受禍猶酷〕" 아래의 주에 "광은 『일통지』에 나오는 여녕부(汝寧府) 광주(光州)이다. 황은 황주부(黃州府) 황강현(黃岡縣)이다. 서는 『일통지』에 나오는 안경부(安慶府) 서주(舒州)이다. 기는 황주부(黃州府) 기주(蘄州)이다. 납은 미상이다. 아마도 이 단락은 문자가 뒤집어진 것이 아닐까? '光·黃·舒·蘄間, 衲之受禍猶酷'이라고 써야 할 것이다."[78]라고 했다.

혹은 여러 설을 나열하기만 하고 단정의 말을 하지 않았다. 제1권 「팽연재와 함께 도연명 사당에 알현하여 최감의 비를 읽고〔同彭淵才謁陶淵明祠讀崔鑒碑〕」의 "백이와 숙제는 신하가 되려 하지 않아, 수양산에서 기꺼이 굶어 죽었도다〔夷齊不肯臣, 甘作首陽死〕" 아래 주는 다음과 같다.

> 고찰하건대 『일통지』 「하남부(河南府)」에 이러하다. "수양산이 언사현(偃師縣) 서북 25리에 있는데, 상(은)나라 백이·숙제가 여기에 숨었다. 『시경』에 '감초를 캐고 감초를 캐는 일을 수양의 꼭대기에서 하는도다〔采苓采苓, 首陽之顚〕'라고 했다. 진(晉)나라 완적(阮籍)의 영회시에는 '걸어서 동문을 나서니, 북쪽으로 수양산 봉우리가 보인다. 산 아래는 고비 캐는 두 은사가 살고, 위에는 멋진 나무 숲이 있다.〔步出上東門, 北望首陽岑. 下有采薇士, 上有嘉樹林〕'라고 했다." 살펴보니 『하남지』에서 수양산을 말한 것이 다섯 곳이다. 『사기』의 가규(賈逵) 주에는 '포판(蒲阪)

76_『禪學典籍叢刊』 卷5, p.382. "師承未詳. 疑是枯木法成禪師歟? 後人須察焉."

77_『禪學典籍叢刊』 卷5, p.529. "悅公未詳, 兜率從悅歟."

78_『禪學典籍叢刊』 卷5, p.638. "光, 『一統志』汝寧府光州, 黃, 黃州府黃岡縣, 舒, 『一統志』安慶府〔恐奪'舒州'二字〕也. 蘄, 黃州府蘄州也. 衲未詳. 愚以爲此段恐文字顚倒歟? 當作'光·黃·舒·蘄間, 衲之受禍猶酷'."

> 에 있다.'라고 했다. 어느 것이 옳은지 모르겠다.[79]

이 여러 예들은 모두 궐의의 태도를 드러내었으니, 진정으로 '아는 것을 안다고 하고 모르는 것을 모른다고 한다'는 경지에 이른 것이다.

가쿠몬은 미상의 것을 명확히 표출하는 데서 더 나아가, 혹은 미상의 것에 대해 자기의 추단을 내기도 했다. 이것은 후인의 주의를 끌어 문제의 해결에 도움이 된다. 이를테면 제1권 「채주 안로공 사당을 배알하고〔謁蔡州顏魯公祠堂〕」의 '글자를 새겨 넣은 것이 단정하고 적절하니, 광격을 나누어 글씨를 썼다〔入字端宜擘窠寫〕' 아래의 주에 이러하다.

> 벽과(擘窠)라는 글자가 제발에 보인다. 『냉재야화』 제5권에, "기둥 사이에 벽과의 큰 글자가 있다."라고 했고, 또 『나호야록(羅湖野錄)』 상권에 "황태사가 백과의 큰 글자를 써서 비취옥에 새겼다."라고 했으며, 『인천보감(人天寶鑒)』 하권에 "덕점(德占)이 일찍이 분녕(分寧)의 여러 선찰의 벽에 벽과(擘窠)의 큰 글자를 썼다."라고 했다. 무슨 뜻인지 모르겠으므로 후인이 고찰을 기다려야 할 것이다.[80]

사실, 벽(擘)은 갈라 나눈다는 뜻이고 과(窠)는 광격(框格)으로, 서사할 때 균칭을 구하여 횡선과 직선의 계선으로 분격을 나누는 것이다. 대자(大字)를 가리키기도 했다.

또 제12권 「자국사 서재에서 초연에게 보이다. 2수〔資國寺西齋示超然二首〕」의 "사주의 서적은 불태워지지 않아 풍감(식견, 식견의 저술)이 남아 있고, 위랑은 보이지 않아도 언어는 존재한다〔謝書未焚風鑒在, 韋郎不見語言存〕" 아래의 주에 "위는 위소주(韋蘇州)이다. 사는 미상이다."[81]

79_『禪學典籍叢刊』 第5卷, p.106. "按『一統志 · 河南府』 : 首陽山在偃師縣西北二十五里. 商伯夷 · 叔齊隱此. 『詩』 : '采苓采苓, 首陽之顛.' 晉阮籍詩 : '步出上東門, 北望首陽岑. 下有采薇士, 上有嘉樹林.' 按『河南志』言首陽者五處. 『史記』賈逵注云 : 在蒲阪. 未詳孰的."

80_『禪學典籍叢刊』 第5卷, p.106. "擘窠, 字見於下題跋中. 『冷齋夜話』五卷曰 : '柱間有擘窠大字.' 又『羅湖野錄』上卷曰 : '黃太史爲擘窠大書, 鐫於翠琰.' 『人天寶鑒』下卷曰 : '德占嘗擘窠大書於分寧諸禪刹之壁.' 未知何義, 後人須考焉."

81_『禪學典籍叢刊』 第5卷, p.666. "韋, 韋蘇州. 謝未詳."

라고 했다. 당나라 시승 교연(皎然)은 속성이 사(謝)로, 자는 청주(淸晝)이므로 간략하게 주(晝)라고 칭한다. 따라서 사주(謝晝)는 교연을 가리킨다.

또 제8권 「두무구의 고의 여섯 수에 화운하다〔和杜撫勾古意六首〕」의 "어이 유독 사부인만 특별히 임하의 풍모가 있으랴〔何獨謝夫人, 特有林下風〕" 아래 주에 "사부인은 두무구의 아내인가? 미상."[82]이라 했다. 이 시구의 출전은 『세설신어』 「현원편(賢媛篇)」의 "왕부인의 정신은 산뜻하여 임하의 풍모가 있었다. 고가부(顧家婦)〔장현(張玄)의 누이로 고씨에게 시집간 여인〕는 마음이 맑이 옥처럼 밝아서 규방의 수재이다."[83]에서 나왔다. 왕부인은 사도온(謝道韞)을 가리키는데, 왕응지(王凝之)에 시집갔으므로 왕부인이라고 칭했다. 또 사부인(謝夫人)이라고도 칭했다. 이를테면 왕세정(王世貞)은 저수량(褚遂良)과 조맹부(趙孟頫)가 쓴 「고수부(枯樹賦)」에 대해 논평을 하여, "저수량의 풍모와 운치는 굳세고 빼어나 비동하여, 정말로 이른바 사부인(사도온)에게 임하의 풍기가 있는 것과 같다. 조맹부는 구조가 정밀하며 살과 뼈가 잘 조화하여, 고가부가 마음이 맑아 옥과 꽃 같아서 절로 규방의 수려한 분인 것과 같다."[84]라고 했다. 북송의 계숭(契嵩)은 시제(詩題)에서 "세모에 눈이 오자 산재에서 향을 피우고 홀로 앉아 아동에게 명하여 눈을 가져다가 차를 끓이게 했다. '유서(버들솜)가 바람결에 일어난다.'라는 구절을 생각하고 마침내 「사도온전」을 가져다 읽으면서, 그 정신이 산뜻하여 임하의 풍기가 있는 것을 보고는, 더욱 그윽한 홍이 발하므로 마침내 시를 지어 아울러 거사 공제(公濟)와 저쪽 상인(스님) 충회(冲晦)에게 서간으로 보낸다."[85]라고 했다. 이것도 사도온을 직접 임하의 기풍에 연결시킨 것이다.

82_『禪學典籍叢刊』 第5卷, p.302. "謝夫人, 杜撫勾妻歟? 未詳."

83_余嘉錫, 『世說新語箋疏』(修訂本), 上海古籍出版社, 1993, p.698. "王夫人神情散朗, 故有林下風. 顧家婦淸心玉映, 自是閨房之秀."

84_王世貞, 『趙子昂枯樹賦眞蹟跋』, 『弇州四部稿』 권131. 文淵閣四庫全書本, 臺灣商務印書館影印. "褚風韻遒逸飛動, 眞所謂謝夫人有林下風氣 ; 趙則結構精密, 肉骨勻和, 顧家婦淸心玉暎, 自是閨房之秀也."

85_「歲暮値雪, 山齋焚香獨坐, 命童取雪烹茗, 因思柳絮隨風起之句, 遂取謝道蘊傳讀之, 見其神情散朗, 故有林下風氣, 益發幽興, 乃爲詩兼簡居士公濟 · 彼上人冲晦」, 『鐔津文集』 卷18, 『大藏經』 第52冊, p.742.

요컨대, 가쿠몬은 한 때 상고하지 못한 인물 · 지명 · 어휘에 모두 명확히 표지를 해 두었으므로 후인의 주의력을 끌 수가 있었고, 이로써 보류되어 있는 문제들을 후인들이 차츰 해결할 수가 있게 되었다. 바로 도추(道忠)가 「서」에서 "남겨 두고 빠뜨린 것을 후래에 보충하는 일이 있었다 해도 반드시 선사가 발몽(發矇, 계몽)의 창시자였다."[86]라고 지적한 그대로이다.

(3) 전고 고증

『석문문자선』이 일본에 전한 것은 오산 시기였다. 기도 슈신(義堂周信)이 『공화일용공부집(空華日用工夫集)』에서 이미 이 책을 언급했을 뿐 아니라 상당히 호평을 했으므로,[87] 이 책이 14세기 중엽에 이미 전해졌음을 알 수가 있다. 일본의 중세는 선림 문학이 고도로 발달한 시기이지만, 승려의 작시가 어떤 부류의 사람을 모델로 삼아야 하는지에 대해서는 일치된 견해가 없었다. 기도 슈신은 "오늘날 승려의 시는 모두 속된 모양을 짓고 있으니, 고승의 시를 배우는 것이 가장 좋다. 지금 승려의 시는 사대부의 체를 예로 삼으므로, 정말 우습다. 틀에 박힌 대로, 부귀, 문장, 금옥, 의관, 고명(高名),숭위(崇位) 등등을 말해 폐단이 아주 많다. …… 고승의 풍을 복고하는 것이 옳다."[88]라고 비평했다. 그런데 그의 심목에서의 고승은 바로 당나라 교연(皎然) · 영철(靈徹) · 도표(道標)이다. 이 관점은 물론 송나라 '맹릉잠자(猛陵潛子)', 즉 계숭(契嵩)의 영향을 받은 것이다. 계숭에게 『삼고승시(三高僧詩)』가 있어, 그 가운데 교연을 다음처럼 묘사했다.

주공(晝公)〔교청주, 교연〕의 문장은 맑고도 수려하여, 하늘이 그 능력과

86_『禪學典籍叢刊』 第5卷, p.100. "後來縱有補苴遺漏者, 必以師爲發矇之首倡也."

87_『空華日用工夫略集』 卷1 應安四年四月廿日 : "福山慈種書記來小話, 及『編年通論』·『北磵』·『石門』二集. 余曰 : '『編年』記南山(道宣)佛牙 · 掌寶二物, 恐誤認本傳, 文字不精耳. 『北磵』詰屈聱牙. 『石門』波瀾廣大, 敎海汪洋矣.'"(p.58)

88_『空華日用工夫略集』 卷1 應安三年八月四日條, p.42. "今時僧詩, 皆俗樣也, 學高僧詩最好. 今僧詩例學士大夫之體, 尤可笑也. 官樣富貴 · 金玉 · 文章 · 衣冠 · 高名 · 崇位等, 弊尤多. …… 復古高僧之風可也."

> 다툴 수가 없어라. 승려가 문학을 연마하는 일은 자고로 있었지만, 무리에서 빼어난 이로는 마땅히 주공을 으뜸으로 존숭해야 하리라. …… 선사가 문장을 닦는 일이 어찌 공연한 일이랴, 사람 마음을 유도해서 이끌어 불교의 이치에 통하게 하려 함이라네. 진신 사대부의 노공 무리가, 일찌감치 맑은 유람에 참예하여 방외의 노닒을 흠모했도다. 이 사람이 이미 몰했어도 그 말은 남아 있으니, 『호법』이 응당 만대에 드리우리라.[89]

승려의 작시가 사대부를 흡인하여 불교 이치에 가까이 하게 만들 수 있는 수단이라는 이런 논조는 중국에서 적지 않았다. 이를테면 찬녕(贊寧)의 『대송승사략(大宋僧史略)』 상권 '외학(外學)'은 적지 않은 예증을 들고, 마지막 결론으로 "이는 모두 다른 술법을 시행하지 않고 오로지 외학에 통할 따름이다."[90]라고 했다. 위의 여러 사람들 이외에 기도 슈신은 혜홍(惠洪)의 시를 마음으로 대단히 존숭했다. 『공화일용공부약집』 영덕(永德) 2년 3월 16일에 이런 말이 실려 있다.

> 불법이 이루어져 관동에서부터 돌아가다가, 회서(답서)를 내어, "겐초지(建長寺) 추잔(中山)이 절에 들어간 뒤 내가 보낸 선시(禪詩)를 소(疏)에 비겨서 서장주(西藏主)에게 부쳐 읽게 했습니다."라고 했다. 념송(拈頌)은 이러하다. "심진(鐔津. 契嵩)의 어맥(語脈), 균계(筠溪, 惠洪)의 사원(詞源). 화곤(華袞, 표창하는 玉帛)의 증여이니, 감격하여 마음에 새길 뿐, 무슨 말을 하랴." 대개 일본에서 시를 소(疏)에 견주어 읽은 일이 여기에서 시작되었다.[91]

기도 슈신의 시는 사상의 면에서는 계승의 전통〔이른바 심진어맥(鐔

89_『鐔津文集』 卷17, 『大藏經』 第52冊, p.738. "書公文章淸復秀, 天與其能不可鬥. 僧攻文什自古有, 出拔須尊書爲首. …… 禪伯修文豈徒爾, 誘引人心通佛理. 縉紳先生魯公輩, 早躡淸修〔恐當作游〕慕方外. 斯人已歿斯言在, 護法當應垂萬代."

90_『緇門警訓』 卷2, 『大藏經』 第48冊, p.1050. "此皆不施他術, 唯通外學耳."

91_『空華日用工夫略集』 卷3, p.160. "梵成歸自關東, 出諸回書曰, 建長中山入寺, 以余所寄禪詩擬疏, 付西藏主令讀. 拈云 : '鐔津語脈, 筠溪詞源. 華袞之贈, 感佩何言.' 蓋日本以詩準疏讀者始於此也."

津語脈)]을 계승하되, 문사에서는 혜홍의 작품에서 나온 것[이른바 '균계사원(筠溪詞源)]이다. 따라서 오산 시기부터 혜홍의 시는 이미 승려의 모방 대상 가운데 하나로 되어 있었다. 일본 선림에는 시가 전통이 있었고, 또 시가 주석의 전통도 있었다.[92] 그 목적은 원래 불문의 영향을 확대시키려는 데 있었다.[93] 란잔 도초(蘭山道昶)는 가쿠몬(廓門)을 두고 "이런 거사는 남들보다 훨씬 뛰어났다. 대개 배우는 이로 하여금 선과 문자가 물과 물결처럼 상즉해 있음을 알게 하여, 아주 깊고 비밀스런 불가사의 해탈 법문으로 곧바로 들어가게 하려는 것이었으니, 그 마음 씀씀이가 위대했다고 하겠다."[94]라고 하여, 그 마음 씀씀이를 칭송했다. 그런데 선림의 학시는 고승의 작품을 모델로 삼았다. 이것이 바로 오산 이래의 전통이었으며, 또 가쿠몬이 『석문문자선』에 주석하면서 마음을 쓴 것도 여기에 있었다. 즉, "선학 하는 자들이 이 책에 의거해서 시문의 표준이 되는 것이 무엇인지를 알게 한다."[95]라는 뜻을 두었다. 승인의 작시는 고립된 일이 아니었다. 에도 시대에 이르러 시가 작자는 이미 유학자 · 승려의 범위를 돌파하여 민간화 · 보편화의 추세를 보였다. 당시의 시단에 존재하는 문제는 승려 시에서도 마찬가지로 마주치게 된다. 그래서 에도 시단에서는 적지 않은 시문 평론이 승려에 의해 작성되었다. 다이텐 겐조(大典顕常, 1719-1801)의 『시어해(詩語解)』 · 『시가퇴고(詩家推敲)』 · 『문어해(文語解)』, 리쿠뇨 지슈(六如慈周, 1737-1801)의 『갈원시화(葛原詩話)』와 『후편(後編)』 등이다. 그런데 『갈원시화』는 출판 이후 즉시 사대부들의 공격을 받아, 쓰사카 고샤쿠(津阪孝綽, 1757-1825)는 『갈원시화규무(葛原詩話糾謬)』를 저술하고, 이카이 히코히로(豬飼彦博,

---

92_朝倉尙,『抄物の世界と禪林の文學』, 淸文堂出版, 1996.

93_반대로, 만일 시문을 입도의 도구나 학인을 인도하는 수단으로 삼지 않는다면, 배척의 열에 둔다. 玄光,『護法集』卷1「獨語」에서 "吾輩既捐棄俗愛, 剃除鬚髮, 不專心於此道, 而留意於俗學, 溺情於文章詩賦, 是大惑也. 譬如避溺俄投火, 水火雖異, 爲患也同矣."라고 지적했다. 또 어떤 사람은 이익에 의해 내몰리는데, "略於戒定, 專於文筆, 而大得王侯之供養者, 今日其徒學詩學文而已."라고 했다.(『獨庵玄光護法集』卷4「俗談上」).

94_『野州大雄廓公禪師注文字禪題辭』,『注石門文字禪』卷首, 駒澤大學圖書館藏本. "爲玆舉賢於人遠矣, 蓋欲俾學子知禪與文字, 水波相即, 徑入甚深微密不思議解脫法門, 其用心可謂偉矣."

95_「跋注石門文字禪」,『禪學典籍叢刊』第5卷, p.755. "禪者依此書, 知作爲詩文之標準."

1761-1845)는 『갈원시화표기(葛原詩話標記)』를 저술했다. 기쿠치 마사히코(菊池桐孫, 1772-1855)는 『오산당시화(五山堂詩話)』 제2권에서 시어휘의 고증과 어원의 추적에 대해 기롱하고 풍자하여, "등시(燈市)에서 기이한 물품을 찾는 것과 같으므로, 그가 저술한 『시화』는 다만 하나의 골동품 장부로 간주된다."[96]라고 했다. 선림과 시단은 결코 서로 관련이 없는 것이 아니라 그 사이에 허다한 상호 작용이 있었음을 알 수 있다. 『주석문문자선』은 『갈원시화』와 비슷한 특색을 지녀, 선림 풍조 및 동시대 시단과 긴밀한 관계가 있었다. 이런 인자에 착안하여 분석해 보면 가쿠몬의 전고 고찰은 대개 3개 측면으로 나누어 볼 수 있다.

첫째, 어사(語辭).

이를테면 제8권 「전가방을 전송하며「送顓街坊]」의 "향적(부처)을 분신(사리로 만듦)하다니 너무도 우활하다.[分身香積太闊迂]" 아래 주에 "분신향적(分身香積)은 『유마경』 「향적불품(香積佛品)」에서 나왔다."[97]라 했다. 제10권 「운암탑에 두 오동나무가 있기에 이 시를 지어 인 조카에게 부친다[雲庵塔有雙桐作此寄因姪]」의 "주림신이 현전의 몸을 마주한다[主林神對現前身]" 아래 주에 "주림신(主林神)은 『화엄경』 「세주묘엄품(世主妙嚴品)」에서 나왔다. 『산곡시(山谷詩)』 7권에 '가서 거림신이 되었다[去作主林神]'라고 했다."[98]라 했다. 또 제11권 「우형의 생일을 생각하다[思禹兄生日]」의 "은혜는 삼신산보다 무거워 큰 자라를 짓누를 정도[恩重三山壓巨鰲]" 아래 주에 "큰 자라가 삼신산을 이고 있다는 것이 『열자』 「탕문편(湯問篇)」에 나온다."[99]라고 했다. 본래 소식 · 황정견 등을 대표로 하는 송시는 바로 '어느 한 글자도 내력이 없을 수 없다.'는 것에 중점을 두었다. 예를 들어 황정견은 「홍구보에게 답한 서한(答洪駒父書)」에서 "스스로 말을 만드는 일이 가장 어렵다. 두보가 시를 짓거나 한유가 문장을 지을 때 한 글자도 유래 없는 말이 없었다. 후인

96_池田胤 編, 『日本詩話叢書』 第9卷, 文會堂書店, 大正十年版, p.575. "如閱燈市覓奇物, 故其所著『詩話』, 只算一部骨董簿."

97_『禪學典籍叢刊』 第5卷, p.291. "分身香積, 出於『維摩經 · 香積佛品』."

98_『禪學典籍叢刊』 第5卷, p.331. "主林神, 出於『華嚴經 · 世主妙嚴品』. 『山谷詩』 七卷 : '去作主林神.'"

99_『禪學典籍叢刊』 第5卷, p.362. "巨鰲戴山, 出於『列子 · 湯問篇』."

들은 독서가 부족하여 한유와 두보가 이 말을 만들었다고 한 것일 뿐이다. 예부터 글 잘 짓는 사람은 정말 만물을 도야하는 데 능했다. 비록 고인의 진부한 말을 취하여 자기의 작품에 집어넣더라도 한 알의 영단(靈丹)을 써서 쇠를 다루어 황금을 만들어 내는 것과 같이 한다."[100]라고 했다. 혜홍 본인도 이 작풍을 이어 『냉재야화』에서 늘 시구의 출처를 고증했다. 이를테면 제1권 '시본출처(詩本出處)' 조는 소동파의 「해당(海棠)」·「니동(尼童)」·「감람(橄欖)」·「증거자(贈擧子)」 시의 용어 내력을 고증했다. 가쿠몬의 이런 방법은 혜홍 시학의 특징과 부합한다.

에도 시대에는 박학을 숭상한 선림의 인물도 왕왕 시어에 근본이 있음을 강조했다. 도추(道忠)는 『금편지가(金鞭指街)』 제13권 '허당가불의선성어(虛堂呵不依先聖語)' 조에서 교도 치구(虛堂智愚)의 『보설(普說)』을 인용하여 이렇게 말했다.

> 자신의 일에 밝지 못한 자는 삼가 신어를 많이 내지 말아야 한다. 신어는 자득의 오묘함이기는 하지만 선성이 터득하고 전하는 것의 오묘함을 회통할 수가 없다. 옛 도가 인몰할까 봐 깊이 두려워하여, 산승이 강호의 도를 품은 인사들과 왕래하며 토론하면서, 선배의 남긴 말과 지난 행실을 많이 인용하여, 서로서로 격려함으로써, 옛사람의 정황을 환하게 터득할 수 있기를 바란다.[101]

아울러 다음과 같이 발휘했다.

> 스스로의 깨달음이 아직 원만하지 않더라도 옛 성인의 말을 말한다면 남을 그르치지 않아서, 고니를 새기려다가 이루지 못해도 그래도 따오기를 닮게 그리는 것이 된다. 스스로의 깨달음이 원만하지 않은데 흉억

100_『山谷集』 卷19, 文淵閣四庫全書本. "自作語最難, 老杜作詩, 退之作文, 無一字無來處. 蓋後人讀書少, 故謂韓·杜自作此語耳. 古之能爲文章者, 眞能陶冶萬物, 雖取古人之陳言入於翰墨, 如靈丹一粒, 點鐵成金也."

101_『虛堂和尙語錄』 卷4 「立僧納牌普說」, 『大藏經』 第47冊, pp.1018-1019. "己事未明者, 愼勿多出新語. 新語乃是自得之妙, 而不能會通先聖所得所傳之妙. 深恐古道淪沒, 山僧凡與江湖抱道之士往來議論, 多引前輩遺言往行, 遞相激勵, 庶昭然得見古人情狀."

> 의 것을 담론하여 남을 그르치면, 호랑이를 그리려다 이루지 못하고 도리어 개와 비슷하게 그리는 것이 된다. 내가 보기에 오늘날의 것들은 개와도 닮지 않았으니, 어찌 멀리 호랑이를 닮게 되기를 바라랴.[102]

그렇기에 도추 본인은 혜홍의 『냉재야화』를 고정(考訂)할 때 이 기본 정신을 관철하여 문자와 출전의 고석(考釋)에 중점을 두었다.[103].

에도 시대 시단의 풍조에서 보면, 초학의 작시에서 가장 큰 장애는 어휘를 정확히 사용하는 일이었다. 다이텐 겐조(大典顯常)는 「시어해제인(詩語解題引)」에서 "어휘가 시에서 어찌 긴요하지 않겠는가! 하지만 초학자는 대개 어지러이 사용하고 구 사이를 채워넣어 메우느라, 고찰하여 해명하지를 못한다. 그래서 지금 하나하나 예를 들어 기록하여 머리부터 해석해서 시가의 전제(筌蹄)로 삼는다."[104]라고 말했다.

로 겐준(盧玄淳, 1704-1784)〔스즈키 쇼코(鈴木松江)〕은 『시어고(詩語考)』에서 "우리나라 사람들은 늘 화훈(和訓, 일본어 훈독)으로 문자에 통용하므로 시문의 어휘에 틀린 곳이 적지 않다."[105]라고 했고, 단카이 지쿠조(淡海竺常)는 『갈원시화』 서문에서 "자의를 고찰하여 밝히는 것이 배움의 시작이다. 왜이면서 중화를 배우는 경우에야 어떠하겠는가?"[106]라고 했다.

따라서 에도 시대 시화의 특징 가운데 하나는 바로 '소학화(小學化)'로, 문자의 고석에 중점을 두었다는 점이다.[107] 초학자의 경우, 가장 직접적인 방법은 언어가 근본이 있도록 하는 습관을 기르는 일이다. 가쿠몬은 주석에서 번번이 문자의 출처를 지적했는데, 그 용의는 어쩌면 여기

102_駒澤大學圖書館藏 抄本. "自悟雖未圓 , 苟說古聖語而不謬人, 刻鵠不成尚類鶩者也. 自悟不圓, 而談胸臆而誤人, 畫虎不成反類狗者也. 余觀今時猶不類狗也, 何遑望於虎矣."

103_張伯偉, 『稀見本宋人詩話四種』 附錄 '道忠『冷齋夜話考』及解題', 江蘇古籍出版社, 2002.

104_吉川幸次郎 等編, 『漢語文典叢書』 第1卷, 汲古書院, 1979, p.171. "語辭於詩, 不亦要乎! 然初學者多胡亂使用, 塡塞句間, 不復能考明. 故今一一擧錄, 從頭解之, 以爲詩家之筌蹄."

105_吉川幸次郎 等編, 『漢語文典叢書』 第1卷, 汲古書院, 1979, p.125. 원문은 일본어.

106_『日本詩話叢書』 第4卷, p.3. "夫考明字義, 學之始也, 況倭而學華者乎?"

107_張伯偉, 「論日本詩話的特色」, 『東亞漢籍硏究論集』, 臺灣大學出版中心, 2007, pp.375-412.

에 있었을 것이다. 그리고 이런 방식은 당시 일본 시단의 풍조와 밀접한 관련이 있었다.

둘째, 구법.

이를테면 제1권 「적량공 사당에 배알하다〔謁狄梁公廟〕」의 "그대는 해가 씻겨 빛나는 것을 보리라〔君看洗日光〕" 아래 주에, "『두시천가주』 제13권의 '어떻게 하면 우리 군주를 위해 천지건곤을 씻을까〔爲君洗乾坤〕'의 구법이다."[108]라고 했다. 제2권 「기지 선사에게 바치다〔贈器之禪師〕」의 "우연히 이 산에 집을 두어 열 번이나 푸른 숲의 나무들이 마르는 것을 보았네〔偶然家此山, 十見青林槁〕" 아래 주에 "『동파시집』 제14권 '내가 영남으로 유배된 뒤, 괴목 불이 일곱 번 바뀌는 것을 보았네〔自我遷嶺外, 七見槐火新〕'의 구법이다."[109]라고 했다. 또 「예장에서부터 남산에 이르러 달빛 아래 여산을 바라보다〔自豫章至南山月下望廬山〕」의 "가더라도 구함이 없고 머물러도 취함이 없다〔去亦無求住無取〕" 아래 주에 "동파 「사주승가탑(泗州僧伽塔)」 시에 '가도 좇는 것 없고 와도 미련이 없다〔去無所逐來無戀〕'의 구법이다."[110]라고 했다. 제9권 「증후가 부쳐 온 시에 차운하다〔次韻曾侯見寄〕」의 "시구는 두공부의 소매를 좇고 기세는 한림의 어깨를 친다〔句追工部袂, 氣拍翰林肩〕" 아래 주에 "『문선』의 곽경순(郭景純, 곽박) 「유선시(遊仙詩)」에 '왼쪽은 부구의 소매를 잡고 오른쪽은 홍애의 어깨를 친다〔左挹浮丘袖, 右拍洪崖肩〕'의 구법이다."[111]라 했다.

이것들은 구법이 근본하고 있는 바를 직접 지적했다.

또한 어떤 것은 출처를 표명한 후 다시 구법을 지적했다. 이를테면 제3권 「수강에서 석문 휘 상인을 만났더니 장차 북쪽으로 간다면서 탁발하여 음식을 구걸했다. 나는 남방으로 형악에 노닐 것이기에 이 시를 지어 전송한다〔秀江逢石門徽上人將北行乞食而予方南游衡嶽作此送之〕」의 "균주(筠州)와 원주(袁州)는 순망치한의 지역이다〔筠袁唇齒邦〕"의 아

108_『禪學典籍叢刊』 第5卷, p.102. "『杜詩千家注』十三卷曰'爲君洗乾坤'之句法也."

109_『禪學典籍叢刊』 第5卷, p.147. "『東坡詩集』十四卷'自我遷嶺外, 七見槐火新'之句法也."

110_『禪學典籍叢刊』 第5卷, p.132. "東坡「泗州僧伽塔」詩曰'去無所逐來無戀'之句法也."

111_『禪學典籍叢刊』 第5卷, p.310. "『文選』「郭景純遊仙詩」'左挹浮丘袖, 右拍洪崖肩'之句法也."

래 주에 다음과 같이 말했다.

> 순치(脣齒)는 근린을 말한다. 『좌전』 희공(僖公) 5년에 "속담에 '수레의 덧방나무와 바퀴가 서로 떨어질 수 없는 관계이고, 입술이 없어지면 치아가 시린 관계이다.'라는 것은 우(虞)와 괵(虢)의 관계를 말하는 것입니다."라고 했다. 육기(陸機)의 「변망론(辨亡論)」에, "혹자가 말하길, '오와 촉은 순망의 국가 관계여서, 촉이 멸하면 오가 망한다.'라고 했는데, 이치가 그러하다."라고 했다. 노두(두보)의 「이팔 비서에게 준다〔贈李八秘書〕」 시에 나오는 "전투가 순치의 나라에까지 이어지고, 군령은 우모(격문)의 글에 급하다〔戰連脣齒國, 軍急羽毛書〕"의 구법이다.[112]

또한 유사한 묘사를 거론하고 또 그 구법의 근본을 게시하기도 했다. 제1권 「채주 안로공 사당을 배알하다〔謁蔡州顔魯公祠堂〕」의 "스물 네 성이 같은 날 함락되었다〔二十四城陷同日〕" 아래 주에 이러하다.

> 『곤학기문』 제18권 주신중(朱新仲)〔송나라 주익(朱翌)〕 「영안로공(詠顔魯公)」 시에, "천오백 년 동안 태양같이 뜨거웠던 분은, 이십사 주에 오직 한 사람뿐이었네〔千五百年如烈日, 二十四州唯一人〕"라 했다. 『이태백시집』 제11권 「최상환에게 올린 시〔上崔相渙詩〕」에 나오는 "한단의 사십만 군사가, 한날 장평에서 파묻히고 말았도다〔邯鄲四十萬, 同日陷長平〕"의 구법이다.[113]

또 제2권 「왕이도의 시에 차운하다〔次韻汪履道〕」의 "교유의 도는 오늘날 종이보다 얇기에 서글프다〔交道今嗟張紙薄〕" 아래 주에 이러하다.

112_『禪學典籍叢刊』 第5卷, p.164. "脣齒, 謂其近鄰. 『左傳』僖公五年曰 : '諺所謂輔車相依, 脣亡齒寒者, 其虞虢之謂也.' 陸機「辨亡論」曰 : '或曰吳蜀脣齒之國, 蜀滅則吳亡, 理則然矣.' 老杜「贈李八秘書」詩曰'戰連脣齒國, 軍急羽毛書'之句法也."

113_『禪學典籍叢刊』 第5卷, p.105. "『困學紀聞』第十八卷朱新仲「詠顔魯公」詩曰 : '千五百年如烈日, 二十四州唯一人.' 『李太白詩集』第十一卷「上崔相渙詩」曰'邯鄲四十萬, 同日陷長平'之句法也."

> 『백씨문집』 제25권에 "벼슬살이 마음은 종이처럼 얇고, 귀향의 생각은 줄악기 소리처럼 급하다.〔宦情薄似紙, 鄕思急如弦〕"라 했다. 『시인옥설』 제3권에 "인정은 종이처럼 번번이 얇고, 세간사는 바둑처럼 국면마다 새롭다.〔人情似紙番番薄, 世事如棋局局新〕"라 했다. 또 "세간사는 실컷 알아서 게슴츠레 눈을 뜨고, 인정을 죄다 깨쳐 다만 머리를 끄덕일 뿐〔飽諳世事慵開眼, 會盡人情只點頭〕"의 구법이다.[114]

또 제14권 「어떤 사람의 '야좌'시에 화운하다〔和人夜坐〕」의 "시구가 좋아 정말로 부처에게 공양할 만하여라〔句好眞堪供佛〕" 아래 주에는 이러하다.

> 선월(禪月) 시에 "시구 얻으면 먼저 부처에게 바치나니, 이 마음 알아주는 이 없구나〔得句先呈佛, 無人知此心〕"라 했다. 『동파시』 제18권 "도롱이 입은 어부라는 시구가 좋아서 그림으로 그릴 만하다〔漁蓑句好眞堪畫〕"의 구법이다.[115]

문학 작품이란 결국 "글자에 인하여 구가 생겨나고 구를 쌓아서 장을 이루고 장을 쌓아서 편을 이루는"[116] 것이므로, 어휘의 문제를 해결하고 난 뒤에 주의를 쏟아야 할 것은 물론 구법이다. 중국 시학에서 진 · 송 시대부터 시작하여 심미의 면에서 점차 가구(佳句) · 수구(秀句)를 중시하게 되었고, 이와 아울러 비평에서 '시구를 따와 포폄하는' 방법을 파생시켰다. 두보의 「고 삼십오 서기에게 부치다〔寄高三十五書記〕」에 "아름다운 명성은 남들에게 미치지 못한다만, 아름다운 시구는 법이 어떠한가〔美名人不及, 佳句法如何〕"라고 했는데, 이는 처음으로 분명하게 '가구'에 법(法)의 권위를 부여한 것으로, 구법이란 개념이 여기서 생겨났

114_『禪學典籍叢刊』 第5卷, p.136. "『白氏文集』二十五卷 : '宦情薄似紙, 鄕思急如弦.' 『詩人玉屑』三卷曰'人情似紙番番薄, 世事如棋局局新', 又'飽諳世事慵開眼, 會盡人情只點頭'之句法也."

115_『禪學典籍叢刊』 第5卷, p.422. "禪月詩曰 : '得句先呈佛, 無人知此心.' 『東坡詩』十八卷'漁蓑句好眞堪畫'之句法."

116_『文心雕龍』「章句」. "因字而生句, 積句而成章, 積章而成篇."

다. 송나라 때 이르러 구법은 시학의 핵심 관념으로 되었다. 혜홍도 예외가 아니었다. 혜홍은 시에서 다른 사람의 작품을 논평하면서 늘 구법이란 말을 사용했다. 예를 들면 다음과 같다.

> 구법이 본디 아주 엄하여, 자못 한유와 유종원의 침입을 만난 듯하다.〔句法本嚴甚, 頗遭韓柳侵〕―「贈閻資欽」
> 나는 야윈 권손중의 시를 읽다가 일어나 춤을 추느라 정수리가 흰 것도 잊었다. 아마도 삽계의 그림과 함께 구법이 선후를 다툴 것이다.〔我讀瘦權詩, 起舞忘華顚. 疑與霅溪畫, 句法爭後先〕―「次韻權巽中送太上人謁道鄉居士」
> 채자인이 구법으로 인하여 평범한 말[馬]의 무리들을 다 하릴없이 만들었으니, 삽상한 기운이 가을 하늘에 옆으로 비껴 정신이 너무도 준일하다.〔子因句法馬羣空, 爽氣橫秋太神駿〕―「寄蔡子因」
> 그대의 새 구법을 보니, 서리같이 흰 칼날을 숫돌에서 갓 갈아낸 듯하다.〔看君新句法, 霜刀新發硎〕―「送僧游泗洲」
> 흔연히 새 시를 외우나니, 구법에 옛 법과 지금 법이 섞여 있다.〔欣然誦新詩, 句法雜今古〕―「見蔡儒效」
> 이 시편의 의기는 또한 물을 거꾸로 쏟아붓듯 한데다가, 구법이 아주 빼어나고 풍격이 완전하다.〔此篇意氣更傾寫, 句法超絶風格完〕―「次韻偶題」
> 소동파의 구법은 조화옹을 보조하고, 황산곡의 필력은 강을 거꾸로 흐르게 할 듯하다.〔東坡句法補造化, 山谷筆力江倒流〕―「鄭南壽攜詩見過次韻謝之」
> 붓 아래서 봄기운 낳는 것에 익숙하여, 나이가 높건만 구법이 새롭다.〔筆下慣生春, 年高句法新〕―「次韻胥學士」

이에, 시에 주석하면서 구법에 관심을 두었으니, 이것은 어쩌면 당연한 일이었다.

그런데 초학자의 경우에는 구법도 마찬가지로 근본하는 바가 있어야 한다. 그래서 가쿠몬은 혜홍 시의 구법을 거듭 제시하면서 특별히 그 구법의 내원을 중시했다. 즉, 전후 시나 동시대의 비슷한 시구로 비교했다. 작시는 한편으로는 근본하는 바가 있으면서 다른 한편으로는 진부함을 떨어 버리고 새로움을 내어야 한다. 다시 말해 능히 점철성금(點鐵成金) 해야 한다.[117] 시구의 비교는 바로 이런 학습에 모델을 제공해주었다. 그리고 구법에서나 용의에서나 '점철성금'은 세 번째 방면의 전고 고찰과 관련이 있다.

셋째, 번안.

송나라 시인에게는 번안의 시가 상당히 많다. 진연(陳衍)은 『담예록(談藝錄)』에서 양만리(楊萬里)의 시를 평론하여, "다른 사람의 시는 한 번 접으면 한 번 구부러져 꺾이는 데 불과하지만 성재(양만리)는 적어도 두 번 구부러져 꺾인다. 다른 사람은 한 번 접어도 왼쪽으로 향하고 두 번 접어도 왼쪽으로 향하지만, 성재는 한 번 접으면 왼쪽으로 향하고 두 번 접어도 왼쪽으로 향하되 세 번 접으면 온전히 오른쪽으로 향한다."[118]라고 했다. 이것은 시의 용의가 심각하게 구부러져 꺾임을 평론한 것이다. 또 이것을 가지고, 송대 번안시가 한층 더 나아가거나 뜻을 거꾸로 하여, 요컨대 사람의 의표를 벗어나 사람의 이목을 일신하게 하는 특징을 형용할 수가 있다. 혜홍의 시에도 번안의 예가 많은데, 가쿠몬도 유념하여 그 예들을 끄집어내었다.

제1권 「오세승에게 주다(贈吳世承)」의 "일종의 부귀의 운치이니, 녹발이 좌객을 비춘다〔一種富貴韻, 綠髮映坐客〕" 아래 주에 "유자후(유종원) 시에 '조만간 청산이 흰 두발을 비추리라.〔早晚靑山映華髮〕'라 했으니 이것은 그것을 번안한 것이다."[119]라고 했다. '청산이 흰 두발을 비춘다'라는 것은 자연의 영구함을 인생의 쉬이 늙어 감과 대비시킨 것이었다. 혜홍이 '녹(綠)' 자로 '발(髮)'을 수식한 것은 용자(用字)의 번안이

117_송대 사람이 보기에 점철성금도 구법과 유관한 개념이었다. 범온(范溫)의 『시안(詩眼)』은 "句法以一字爲工, 自然穎異不凡, 如靈丹一粒, 點鐵成金也."라고 했다. 郭紹虞, 『宋詩話輯佚』 上冊, 中華書局, 1980, p.333.

118_『談藝錄』, 張寅彭 主編, 『民國詩話叢編』 第1冊, 上海書店出版社, 2002, p.702. "他人詩, 只一摺, 不過一曲折而已, 誠齋則至少兩曲折. 他人一摺向左, 再摺又向左, 誠齋則一摺向左, 再摺向左, 三摺總而向右矣."

119_『禪學典籍叢刊』 第5卷, p.126. "柳子厚詩 : '早晚靑山映華髮.' 此翻案之也."

다. 제2권 「고안회량 선사가 여러 공들로부터 받은 시를 내어 보이면서 내게 시를 구하기에 조사의 원래 운자를 사용해 짓는다〔高安會諒師出諸公所惠詩求予爲賦用祖原韻〕」의 "헤아리건대 그대는 몸보다도 담이 더 큰 듯하구려〔料君有膽大於身〕" 아래 주에 "『촉지(蜀志)』「조운(자 자룡)전(趙雲字子龍傳)」에 '자룡은 온몸이 담이다.〔子龍一身都是膽也〕'라고 했으니, 이것은 그것을 번안한 것이다."[120]라고 했다. '온몸이 담이다.'에서 '담이 몸보다 크다'로, 한층 더 나아가 말한 번안이다. 제3권 「산다를 보고 회룡사에 들러 방기에게 보여 주다〔觀山茶過回龍寺示邦基〕」의 "대나무 숲의 닭은 그윽한 꿈을 깨고는, 몽롱하여 더 잇지를 못하네〔竹雞斷幽夢, 朦朧不能續〕" 아래 주에, "'마상에서 잔몽을 잇는다〔馬上續殘夢〕' 구를 번안한 것이다."[121]라고 했다. '마상에서 잔몽을 잇는다' 구는 소식의 「태백산 아래서 일찍 서둘러 길을 가서 횡거진에 이르러 숭수원 벽에 쓰다〔太白山下早行至橫渠鎭書崇壽院壁〕」의 첫 구이다. 혜홍은 이 구를 아주 사랑하여 그의 「화소행(和宵行)」에 직접 차용했으나, 그리 칭송할 만하지 못하다. 여기 「산다를 …… 방기에게 보내주다」 시에는 꿈이 끊어져 이 을 수 없다고 했으니, 그 뜻을 반대로 사용하는 번안이다.

또 제6권 「대설에 허언주 선교 법제에게 부치다〔大雪寄許彥周宣敎法弟〕」의 "선율의 속박을 받지 않는다〔不受禪律縛〕" 아래 주에 "노두(두보) 시의 '나도 승찬과 혜가를 스승 삼아, 몸이 오히려 선적에 얽매였네〔余亦師粲可, 身猶縛禪寂〕' 주에 보면 『유마경』에 '선의 맛에 탐닉하니, 이것이 보살에 얽매임이다〔貪著禪味, 是菩薩縛〕'라 했으니, 내 생각에 이것은 번안의 격이다."[122]라고 했다. 불교 계율의 속박을 받지 않고 스스로 선에 탐닉하고, 선미(禪味)를 탐하지 않아야 법집(法執, 일체 사물이 각기 고유한 본체와 성격을 가지고 있다는 생각에서 생겨나는 집착)에서 한껏 벗어날 수가 있다. 그래서 '선율의 속박을 받지 않는다'라는 것은 그 뜻을 반대로 사용하는 데 그치지 않고 뒤집어 한층 더 나아간 것이다.

120_『禪學典籍叢刊』第5卷, p.136. "『蜀志』「趙雲字子龍傳」曰：子龍一身都是膽也. 此翻案之也."

121_『禪學典籍叢刊』第5卷, p.183. "翻案'馬上續殘夢'句."

122_『禪學典籍叢刊』第5卷, p.243. "老杜詩：'余亦師粲可, 身猶縛禪寂.' 注：『維摩經』：'貪著禪味, 是菩薩縛.' 愚曰：此翻案之格也."

'번안'과 상관이 있는 표현이 '환골탈태'이다. 『냉재야화』 제1권에 황정견의 말을 다음과 같이 인용했다. "시의 뜻은 무궁하고, 사람의 재주는 한계가 있다. 한계가 있는 재능으로 무궁한 뜻을 쫓는 것은, 아무리 도연명이나 두보라 하더라도 잘할 수가 없다. 그러나 그 뜻을 바꾸지 않고 그 말을 만드는 것, 이것을 환골법이라 말한다. 그 뜻을 본보기로 삼아 그것을 형용하는 것, 이것을 탈태법이라 한다."[123] 고인의 뜻을 사용하면서 그 어휘를 변화시키는 것은 한유가 「유정보에게 답한 서한〔答劉正夫書〕」에서 말한 "그 뜻을 스승으로 삼되 그 어휘는 스승으로 삼지 않는 것"[124]을 가리킨다. 이것을 환골법이라 한다. 또 고인의 어휘를 답습하되 용의를 더 심각하게 하는 것을 탈태법이라고 한다. 시가 창작에서 어휘의 선택과 의사의 단련을 통해서 자구에 새로움을 내고 용의에 기이함을 내는 것이 송나라 시인이 상용하던 수법 가운데 하나였다. 송나라 시인의 수많은 번안시는 이렇게 해서 출현했으며, 그것은 사실상 창신과 전통의 관계와 관련이 있다. 가쿠몬이 특별히 혜홍 시의 번안격을 끄집어내었던 것은 초학자로 하여금 모방에서 말미암아 창신으로 나아가게 하여, 친절하고 의지할 만한 노정을 거쳐 시가 창작의 비결을 장악하도록 도와주고자 한 일이다.

가쿠몬이 『석문문자선』에 주석한 동기 가운데 하나는 선림의 여러 사람들이 이 책을 통해서 '시문의 표준이 되는 것을 알도록' 하는 것이었다. 이런 동기가 있었으므로 가쿠몬은 『석문문자선』에 주석할 때 일반적인 관련 인물과 사건을 글자마다 고징하고 전고를 밝히는 이외에, 창작 학습의 목적에서 출발하여 그 책의 어휘 · 구법 · 번안에 대해 특별히 중시했던 것이다. 가쿠몬은 스스로의 심목 중의 표준을 구성하여 명확히 게시하지는 않았으나, 일본 선림의 전통과 에도 시단의 풍조를 연결시켜 봄으로써, 나는 상술한 세 방면이 그의 심목의 표준을 대표할 수 있다고 보았다.

가쿠몬의 『주석문문자선』은 혜홍 시문집에 대한 첫 번째 주석서이므

123_『稀見本宋人詩話四種』, p.17.

124_馬通伯, 『韓昌黎文集校注』, 上海古籍出版社, 1987, p.207. "師其意不師其辭."

로 역사적으로 중요한 지위를 차지하며, 오늘날의 사람들에게는 중요한 참고 자료가 된다. 이 글은 이 책을 중일 문화 교류의 시야에 두고 일본 선림 전통과 에도 시단 풍조의 변천을 결합시켜 이 책의 학술 연원 및 산생 배경과 그로부터 지니게 된 특색을 게시하는 데 중점을 두었다. 일반적인 본문 교감과 주석의 각도에서 이 책의 득실을 논하는 것은 의도적으로 생략했으므로 독자들은 양해해 주시기 바란다.

2007년 10월

참고문헌

1. 中国文献

1 基本文献

『白居易集』, 中華書局, 1979年版
班固, 『漢書』, 中華書局, 1962年版
曹旭, 『詩品箋注』, 人民文學出版社, 2009年版
陈焯, 『宋元詩會』, 臺北商務印書館影印文淵閣, 『四庫全書』本, 1986年版
陳佳榮 · 錢江 · 張廣達合編, 『歷代中外行紀』, 上海辭書出版社, 2008年版
陳旅, 『安雅堂集』, 臺北商務印書館影印文淵閣, 『四庫全書』本
陳思, 『兩宋名賢小集』, 臺北商務印書館影印文淵閣, 『四庫全書』本
陳文和編, 『錢大昕全集』, 江蘇古籍出版社1997年版
陳振孫, 『直齋書錄解題』, 上海古籍出版社, 1987年
陳錚編, 『黃遵憲全集』, 中華書局, 2005年版
程廷祚, 『青溪集』, 黃山書社, 2004年版
仇兆鰲, 『杜詩詳注』, 中華書局, 1979年版
船子和尚, 『船子和尚撥棹歌』, 華東師範大學出版社影印本, 1987年版
道世, 『法苑珠林』, 『大藏經』本, 中華佛教文化館影印大藏經委員會, 1957年版
道宣, 『續高僧傳』, 『大藏經』本
丁福保, 『歷代詩話續編』, 中華書局, 1983年版
東皐, 『東皐心越全集』, 浙江人民出版社, 2006年版
董逌, 『廣川畫跋』, 臺北商務印書館影印文淵閣, 『四庫全書』本, 1986年版
杜範, 『清獻集』, 臺北商務印書館影印文淵閣, 『四庫全書』本, 1986年版
鄂爾泰等監修, 『雲南通志』, 臺北商務印書館影印文淵閣, 『四庫全書』本, 1986年版
范文瀾, 『文心雕龍注』, 人民文學出版社, 1958年版
范祥雍, 『洛陽伽藍記』, 上海古籍出版社, 1978年版
范曄, 『後漢書』, 中華書局, 1965年版
方干, 『玄英集』, 臺北商務印書館影印文淵閣, 『四庫全書』本
方回, 『桐江集』, 宛委别藏本

方回,『桐江續集』, 臺北商務印書館影印文淵閣,『四庫全書』本
傅璇琮主編,『唐才子傳校箋』, 中華書局, 1987年版
傅璇琮編,『唐人選唐詩新編』, 陝西人民教育出版社, 1996年版
高啟,『大全集』, 臺北商務印書館影印文淵閣,『四庫全書』本
顧炎武,『石經考』, 臺北商務印書館影印文淵閣,『四庫全書』本
郭茂倩,『樂府詩集』, 中華書局, 1979年版
郭慶藩,『莊子集釋』, 中華書局, 1961年版
郭若虛,『圖畫見聞誌』,『畫史叢書』, 上海人民美术出版社, 1963年版
郭知達,『九家集注杜詩』, 洪業等編,『杜詩引得』本, 上海古籍出版社重印本, 1985年版
賀復徵,『文章辨體彙選』, 臺北商務印書館影印文淵閣,『四庫全書』本
韓泉欣,『孟郊集校注』, 浙江古籍出版社, 1995年版
何汶,『竹莊詩話』, 中華書局, 1984年版
何文煥,『歷代詩話』, 中華書局, 1981年版
胡應麟,『少室山房筆叢』, 上海書店出版社, 2001年版
胡應麟,『詩藪』, 上海古籍出版社, 1979年版
胡助,『純白齋類稿』, 臺北商務印書館影印文淵閣,『四庫全書』本
胡仔,『苕溪漁隱叢話』, 中華書局香港分局, 1976年版
黃伯思,『宋本東觀餘論』, 中華書局, 1988年版
黃裳,『演山集』, 臺北商務印書館影印文淵閣,『四庫全書』本
黃國聲主編,『陳澧集』, 上海古籍出版社, 2008年版
黃懷信,『鶡冠子匯校集注』, 中華書局, 2004年版
黃汝成,『日知錄集釋』, 上海古籍出版社影印本, 1985年版
黃永武編,『杜詩叢刊』, 大通書局, 1974年
慧皎,『高僧傳』, 湯用彤校注本, 中華書局, 1992年版
慧皎,『高僧傳』,『大藏經』本
慧然集,『鎮州臨濟慧照禪師語錄』,『大藏經』本
計有功,『唐詩紀事』, 上海古籍出版社, 1987年版
季嫻,『閨秀集』,『四庫全書存目叢書』本, 齊魯書社, 1999
賈公彥,『周禮注疏』,『十三經注疏』, 中華書局影印本, 1980年版
賈敬顏,『五代宋金元人邊疆行記十三種疏證稿』, 中華書局, 2004年版
姜紹書,『韻石齋筆談』, 臺北商務印書館影印文淵閣,『四庫全書』本
窺基,『妙法蓮華經玄贊』,『大藏經』本
藍芳威,『朝鮮詩選』, 美國加州大學伯克萊分校圖書館藏本
李百藥,『北齊書』, 中華書局, 1972年版
李慈銘,『越縵堂讀書記』, 上海書店出版社, 2000年版

李德辉辑校,『晉唐兩宋行記輯校』, 遼海出版社, 2009年版
李昉等編,『太平御覽』, 中華書局, 1960年版
李調元,『雨村詩話』, 上海鴻章書局石印本
李夢陽,『空同集』, 臺北商務印書館影印文淵閣,『四庫全書』本
李善等注,『六臣注文選』, 中华書局, 1987年版
李修生主編,『全元文』, 鳳凰出版社, 2004年
梁橋,『冰川詩式』, 臺灣廣文書局影印本, 1973年版
凌廷堪,『校禮堂文集』, 中華書局, 1998年版
劉道醇,『宋朝名畫評』, 臺北商務印書館影印文淵閣,『四庫全書』本
劉克莊,『後村先生大全集』,『四部叢刊』本, 商務印書館版
劉克莊,『後村詩話』, 中華書局, 1983年版
樓鑰,『攻媿集』, 臺北商務印書館影印文淵閣,『四庫全書』本
羅濬,『寶慶四明志』, 臺北商務印書館影印文淵閣,『四庫全書』本
馬端臨,『文獻通考』, 中華書局, 1986年版
馬通伯,『韓昌黎文集校注』, 上海古籍出版社, 1987年版
梅曾亮,『柏梘山房詩文集』, 上海古籍出版社, 2005年
歐陽修 · 宋祁,『新唐書』, 中華書局, 1975年版
歐陽修,『歐陽修全集』, 中國書店, 1986年版
歐陽詢,『藝文類聚』, 上海古籍出版社, 1982年版
潘之恒,『亘史』,『四庫全書存目叢書』本
普濟,『五燈會元』, 中華書局排印本, 1984年版
祁慶福,『朝鮮詩選校注』, 遼寧民族出版社, 1999年版
契嵩,『鐔津文集』,『大藏經』本
錢謙益,『列朝詩集』, 中華書局, 2007年版
錢謙益,『錢注杜詩』, 上海古籍出版社1979年版
錢仲聯,『韓昌黎詩繫年集釋』, 上海古籍出版社, 1984年版
錢仲聯,『劍南詩稿校注』, 上海古籍出版社, 1985年版
錢仲聯,『人境廬詩草箋注』, 上海古籍出版社, 1981年版
秦效成,『秋崖詩詞校注』, 黃山書社, 1998年版
任淵注 · 冒廣生補箋,『後山詩注補箋』, 中華書局, 1995年版
薩都剌,『雁門集』, 上海古籍出版社, 1982年版
施元之等,『施注蘇詩』, 廣文書局影印, 1978年版
沈德符,『萬曆野獲編』, 中華書局, 1959年版
史容,『山谷外集詩注』,『山谷詩集注』, 上海古籍出版社2003年版
史岩,『古畫評三種考訂』上篇,『古畫品錄考訂』, 金陵大學中國文化研究所, 1947年版

司馬遷,『史記』, 中華書局香港分局, 1969年版
宋公傳,『元詩體要』, 臺北商務印書館影印文淵閣,『四庫全書』本
宋禧,『庸庵集』, 臺北商務印書館影印文淵閣,『四庫全書』本
宋緒,『元詩體要』, 臺北商務印書館影印文淵閣,『四庫全書』本
蘇軾,『蘇軾詩集』, 王文誥輯注, 中華書局, 1982年版
蘇軾,『蘇軾文集』, 中華書局, 1986年版
孫存吾編,『元風雅』, 臺北商務印書館影印文淵閣,『四庫全書』本
孫光憲,『北夢瑣言』, 上海古籍出版社, 1981年版
孫猛,『郡齋讀書志校證』, 上海古籍出版社, 1990年
孫詒讓,『周禮正義』, 中華書局, 1987年版
孫應時,『燭湖集』, 臺北商務印書館影印文淵閣,『四庫全書』本
唐圭璋編,『詞話叢編』, 中華書局, 1986年版
陶宗儀,『南村輟耕錄』, 中華書局, 1959年
陶宗儀,『說郛』, 臺北商務印書館影印文淵閣,『四庫全書』本
佟培基,『孟浩然詩集箋注』, 上海古籍出版社, 2000年版
王邦維,『大唐西域求法高僧傳校注』, 中華書局, 1988年版
王定保,『唐摭言』, 上海古籍出版社, 1978年版
王國維,『古行紀校注』, 商務印書館, 1940年版
王闢之,『澠水燕談錄』, 中華書局, 1981年版
王琦,『李太白全集』, 中華書局, 1977年版
王士禛,『池北偶談』, 中華書局, 1982年版
王世貞,『弇州四部稿』, 臺北商務印書館影印文淵閣,『四庫全書』本
王思任,『王季重十種』, 浙江古籍出版社, 2010年版
王同軌,『耳談類增』,『續修四庫全書』本, 上海古籍出版社, 2002年版
王沂,『伊濱集』, 臺北商務印書館影印文淵閣,『四庫全書』本
王秀琴編集 · 胡文楷選定,『歷代名媛文苑簡編』, 商務印書館, 1947 年版
魏慶之,『詩人玉屑』, 上海古籍出版社, 1978年版
魏徵,『隋書』, 中華書局, 1973年版
吳儆,『竹洲集』, 臺北商務印書館影印文淵閣,『四庫全書』本
吳師道,『禮部集』, 臺北商務印書館影印文淵閣,『四庫全書』本
項鼎鉉,『呼桓日記』,『北圖古籍珍本叢刊』, 書目文獻出版社, 1998年版
虛堂,『虛堂和尚語錄』,『大藏經』本
徐㶿,『筆精』, 沈文倬校注本, 福建人民出版社, 1997年版
徐堅,『初學記』, 中華書局, 1962年版
徐師曾,『詩體明辨』, 臺灣廣文書局, 1972年影印本
許有壬,『至正集』, 商務印書館影印文淵閣,『四庫全書』本

姚奠中主編,『元好問全集』, 山西人民出版社, 1990年版
揚雄,『太玄經』,『四部叢刊』 初編本, 商務印書館
楊簡,『慈湖遺書』, 臺北商務印書館影印文淵閣,『四庫全書』本
楊建新主編,『古西行記選注』, 寧夏人民出版社, 1987年版
葉德輝,『書林淸話』, 中華書局影印本, 1987年版
葉瑛,『文史通義校注』, 中華書局, 1985年版
義淨,『金光明最勝王經玄樞序』,『大藏經』本
永瑢 等,『四庫全書總目』, 中華書局影印版, 1965年版
俞紹初,『昭明太子集校注』, 中州古籍出版社, 2001年版
俞樾,『東瀛詩選』, 汲古書院, 1981年版
于安瀾編,『畫論叢刊』, 中華書局香港分局, 1977年版
余嘉錫,『世說新語箋疏』(修訂本), 上海古籍出版社, 1993年版
余紹宋,『書畫書錄解題』, 浙江人民出版社據國立北平圖書館1932年版影印, 1982年版
元好問,『中州集』, 中華書局上海編輯所, 1959年版
元稹,『元稹集』, 中華書局, 1982年版
圓悟克勤,『佛果圜悟禪師碧巖錄』,『大藏經』本
願曉,『金光明最勝王經玄樞』,『大藏經』本
贊寧,『宋高僧傳』,『大藏經』本
湛然,『法華文句記』,『大藏經』飞
張伯偉,『全唐五代詩格校考』, 陝西人民教育出版社, 1996年版
張伯偉,『全唐五代詩格彙考』, 江蘇古籍出版社, 2002年版
張伯偉釋譯,『臨濟錄 · 示眾』, 臺灣佛光文化事業有限公司, 1997年版
張采田,『玉谿生年譜會箋』, 上海古籍出版社1983年版
張健,『滄浪詩話校箋』, 上海古籍出版社, 2012年版
張鉉,『至正金陵新志』, 臺北商務印書館影印文淵閣,『四庫全書』本
張彥遠,『歷代名畫記』, 于安瀾編,『畫史叢書』, 上海人民美術出版社, 1963年版
張載,『張載集』, 中華書局, 1978年版
張仲深,『子淵詩集』, 臺北商務印書館影印文淵閣,『四庫全書』本
章學誠,『章學誠遺書』, 文物出版社, 1985年版
趙殿成,『王右丞集箋注』, 中華書局香港分局, 1972年版
趙士煒輯,『中興館閣書目輯考』, 許逸民 · 常振國編,『中國歷代書目叢刊』, 現代出版社, 1987年版
趙翼,『甌北詩話』, 人民文學出版社, 1963年版
智昭集,『人天眼目』,『大藏經』本
周敦頤,『周敦頤集』, 中華書局, 1990年版

周楞伽輯注,『殷芸小說』, 上海古籍出版社, 1984年版
周紹良編著,『敦煌寫本〈壇經〉原本』, 文物出版社, 1997年版
周應和,『景定建康志』, 臺北商務印書館影印文淵閣,『四庫全書』本
朱東潤,『梅堯臣集編年校注』, 上海古籍出版社, 2006年版
朱景玄,『唐朝名畫錄』, 溫肇桐注, 四川美術出版社, 1985年版
朱熹,『四書章句集注』, 中華書局, 1983年版
朱彝尊,『靜志居詩話』, 人民文學出版社, 1990年版
宗杲,『大慧普覺禪師語錄』,『大藏經』本

2 研究著作

卞孝萱,『唐代文史論叢』, 山西人民出版社, 1986年版
蔡鴻生,『仰望陳寅恪』, 中華書局2004年版
曹伯言整理,『胡適日記全編』, 安徽教育出版社2001年版
曹愉生,『唐代詩論與畫論之關係研究』, 文史哲出版社, 1997年版
陳傳席,『中國山水畫史』, 江蘇美術出版社, 1988年版
陳谷嘉 · 鄧洪波主編,『中國書院制度研究』, 浙江教育出版社, 1997年版
陳光興,『去帝國—亞洲作為方法』, 行人出版社, 2007年版
陳廣宏,『文學史的文化敘事—中國文學演變論集』, 復旦大學出版社, 2012年版
陳廣宏,『文本 · 史案與實證：明代文學文獻考證』, 學生書局, 2013年版
陳懷宇,『在西方發現陳寅恪：中國近代人文學的東方學與西學背景』, 北京師範大學出版社, 2013年版
陳捷,『人物往來與書籍流轉』, 中華書局, 2012年版
陳尚君,『唐代文學叢考』, 中國社會科學出版社, 1997年版
陳尚君,『唐女詩人甄辨』, 海豚出版社, 2014年版
陳益源,『越南漢籍文獻述論』, 中華書局, 2011年版
陳寅恪,『唐代政治史述論稿』, 上海古籍出版社, 1997年版
陳寅恪,『柳如是別傳』, 上海古籍出版社, 1980年版
陳寅恪,『寒柳堂集』, 上海古籍出版社, 1980年版
陳寅恪,『金明館叢稿初編』, 上海古籍出版社, 1980年版
陳寅恪,『金明館叢稿二編』, 上海古籍出版社, 1980年版
陳寅恪,『陳寅恪集 · 講義及雜稿』, 生活 · 讀書 · 新知三聯書店, 2002年版
陳寅恪,『陳寅恪集 · 書信集』, 生活 · 讀書 · 新知三聯書店, 2001年版
陳寅恪,『陳寅恪詩集』, 清華大學出版社, 1993年版
陳垣,『清初僧諍記』, 中華書局, 1962年版
陳左高編著,『中國日記史略』, 上海翻譯出版公司, 1990年版
程千帆, 徐有富合著,『校讎廣義 · 典藏編』, 齊魯書社, 1998年版

崔炳植,『中韓南宗繪畫之研究』, 臺北文史哲出版社, 1982年版
馮爾康 · 鄭克晟編,『鄭天挺學記』, 生活 · 讀書 · 新知三聯書店, 1991年版
傅樂煥,『遼史叢考』, 中華書局, 1984年版
傅斯年,『傅斯年全集』, 臺灣聯經出版事業公司, 1980年版
葛兆光,『宅茲中國』, 中華書局, 2011年版
葛兆光,『想像異域』, 中華書局, 2014年版
古添洪 · 陳慧樺編著,『比較文學的墾拓在臺灣』, 臺灣東大圖書公司, 1976年版
郭紹虞,『宋詩話考』, 中華書局, 1979年版
洪業,『洪業論學集』, 中華書局, 1981年版
胡守為編,『陳寅恪與二十世紀中國學術』, 浙江人民出版社, 2000年版
胡文楷編著,『歷代婦女著作考』, 上海古籍出版社, 1985年版
蔣天樞,『陳寅恪先生編年事輯』(增訂本), 上海古籍出版社, 1997年版
蔣寅,『金陵生文學史論集』, 遼海出版社, 2009年版
鄺健行,『韓國詩話探珍錄』, 學苑出版社, 2013年版
李立信,『杜詩流傳韓國考』, 文史哲出版社, 1991年版
李孝遷編校,『近代中國域外漢學評論萃編』, 上海古籍出版社, 2014年版
李孝遷,『域外漢學與中國現代史學』, 上海古籍出版社, 2014年版
李學勤主編,『國際漢學著作提要』, 江西教育出版社, 1996年版
劉隆凱整理,『陳寅恪"元白詩證史"講席側記』, 湖北教育出版社, 2005年版
劉曉路,『日本美術史綱』, 上海古籍出版社, 2003年版
劉玉珺,『越南漢喃古籍的文獻學研究』, 中華書局, 2007年版
劉再復,『李澤厚美學概論』, 香港天地圖書公司, 2010年版
逯耀東,『胡適與當代史學家』, 臺灣東大圖書公司, 1998年版
孟華主編,『比較文學形象學』, 北京大學出版社, 2001年版
彭小妍主編,『跨文化實踐：現代華文文學文化』, 中央研究院, 2013年版
錢存訓,『中國紙和印刷文化史』, 廣西師範大學出版社, 2004年版
錢穆,『錢賓四先生全集』, 臺灣聯經出版事業公司, 1998年版
錢鍾書,『七綴集』, 上海古籍出版社, 1985年版
錢鍾書,『管錐編』, 中華書局, 1979年版
饒少平,『雜體詩歌概論』, 中華書局, 2009年版
饒宗頤,『畫寧頁』, 時報文化出版公司, 1993年版
任半塘,『唐聲詩』, 上海古籍出版社, 1982年版
榮新江 · 李孝聰主編,『中外關係史：新史料與新問題』, 科學出版社, 2004年版
沈祖棻,『宋詞賞析』, 上海古籍出版社, 1980年版
石守謙 · 廖肇亨主編,『東亞文化意象之形塑』, 臺灣允晨文化公司, 2011年版
石守謙,『移動的桃花源—東亞世界中的山水畫』, 臺灣允晨文化公司, 2012年版

孫歌,『我們為什麼要談東亞—狀況中的政治與歷史』, 生活 · 讀書 · 新知三聯書店, 2011年版
陶芸編,『閑堂書簡』(增訂本), 上海古籍出版社, 2013年版
汪辟疆,『目錄學研究』, 華東師範大學出版社, 2000年版
汪榮祖,『陳寅恪評傳』, 百花洲文藝出版社,1992年版
王汎森 · 杜正勝編,『傅斯年文物資料選輯』, 傅斯年先生百齡紀念籌備會, 1995年版
王昆吾,『隋唐五代燕樂雜言歌辭研究』, 中華書局, 1996年版
王夢鷗,『古典文學論探索』, 臺北正中書局, 1984年版
王希 · 盧漢超 · 姚平主編,『開拓者：著名歷史學家訪談錄』, 北京大學出版社, 2015年版
王曉秋,『近代中日文化交流史』, 中華書局, 2000年版
謝海平,『唐代詩人與在華外國人之文字交』, 文史哲出版社, 1981年版
許冠三,『新史學九十年』, 岳麓書社, 2003年版
徐東日,『朝鮮使臣眼中的中國形象--以<燕行錄><朝天錄>為中心』, 中華書局, 2010年版
徐復觀,『中國藝術精神』, 台灣學生書局, 增訂六版
鄢化志,『中國古代雜體詩通論』, 北京大學出版社, 2001年版
楊鴻烈,『中國詩學大綱』, 臺灣商務印書館'人人文庫'本, 1976年二版
楊瑞松,『病夫 · 黃禍與睡獅—'西方'視野中的中國形象與近代中國國族論述想像』, 臺灣政大出版社, 2010年版
楊雨蕾,『燕行與中朝文化關係』, 上海辭書出版社, 2011年版
余英時,『猶記風吹水上鱗：錢穆與現代中國學術』, 臺灣三民書局, 1991年版
余英時,『中國文化與現代變遷』, 三民書局, 1992年版
余英時,『知識人與中國文化的價值』, 臺灣時報文化出版有限公司, 2007年版
張伯偉,『鍾嶸詩品研究』, 南京大學出版社, 1993年版
張伯偉,『詩詞曲志』, 上海人民出版社, 1998年版
張伯偉,『中國古代文學批評方法研究』, 中華書局, 2002年版
張伯偉,『清代詩話東傳略論稿』, 中華書局, 2007年版
張伯偉,『作為方法的漢文化圈』, 中華書局, 2011年版
張伯偉,『域外漢籍研究入門』, 復旦大學出版社, 2012年版
張伯偉,『讀南大中文系的人』, 南京大學出版社, 2014年版
張存武,『清韓宗藩貿易(1637-1894)』, 臺灣中研院近代史研究所, 1978年版
張存武,『清代中韓關係論文集』, 臺灣商務印書館, 1987年版
張傑 · 楊燕麗編,『追憶陳寅恪』, 社會科學文獻出版社, 1999年版
張升餘,『明清時期中日文化交流』, 陝西人民出版社, 2008年版
鄭樑生,『元明時代東傳日本的水墨畫』, 文史哲出版社, 1986年版

周勛初,『周勛初文集』, 江蘇古籍出版社, 2000年版
周勛初,『餘波集』, 南京大學出版社, 2008年版
周予同,『周予同經學史論著選集』, 上海人民出版社, 1983年

③ 論文

卞僧慧,「陳寅恪先生歐陽修課筆記初稿」, 載劉東主編『中國學術』第二十八輯, 商務印書館, 2011年版
陳自力,「日僧廓門貫徹〈注石門文字禪〉評述」,『西南民族學院學報』, 2002年第10期
戴偉華,「義淨詩二首探微」,『華南師範大學學報』2003年第3期
顧明棟,「漢學主義：中國知識生產中的認識論意識形態」,『文學評論』, 2010年第4期
蔣復璁,「中韓書緣」, 載『中韓文化論集』二, 臺灣中華文化出版事業委員會, 1955年版
李德輝,「李白〈三五七言〉詩研究」,『綿陽師範學院學報』, 2013年12期
李芒,「芭蕉的俳句和杜甫的詩歌」, 載『中國詩學』第一輯, 南京大學出版社, 1991年版
劉玉才,「清初渡海移民與中日文化認知—以〈張斐筆語〉·〈霞池省庵手簡〉為中心」,『北京大學學報』, 2010年第4期
唐曉峰,「地圖中的權力·意志與秩序」, 載『中國學術』第四輯, 商務印書館, 2000年版
王鍾翰,「陳寅恪先生雜憶」, 載『紀念陳寅恪先生國際學術討論會文集』, 中山大學出版社, 1989年版
吳宓,「清華開辦研究院之旨趣及經過」,『清華大學史料選編』第一卷, 清華大學出版社, 1991年版
吳宓,「讀散原精舍詩筆記」, 袁行霈主編『國學研究』第一卷, 北京大學出版社, 1993年版
楊曉春,「〈混一疆理歷代國都之圖〉相關諸圖間的關係」, 收入劉迎勝主編『〈大明混一圖〉與〈混一疆理圖〉研究—中古時代後期東亞的寰宇圖與世界地理知識』, 鳳凰出版社, 2010年版
易惠莉,「中日知識界交流實錄—岡千仞與上海書院士子的筆話」, 載『檔案與史學』, 2002年第六期
俞士玲,「明末中國典籍誤題蘭雪軒詩及其原因考論」, 載於張伯偉編,『風起雲揚—首屆南京大學域外漢籍國際學術研討會論文集』, 中華書局, 2009年版
張存武,「推展韓國的華行錄研究」, 收入『韓國史學論叢』, 探求堂, 1992年版
張京華,「三'夷'相會—以越南漢文燕行文獻為中心」,『外國文學評論』, 2012年第1期
張西平,「關於'漢學主義'之辨」,『上海師範大學學報』, 2015年第2期
趙益,「從文獻史·書籍史到文獻文化史」,『南京大學學報』, 2013年第三期

周法高,「地下資料與書本資料的參互研究」, 吳福助編『國學方法論文集』上冊, 臺灣文史哲出版社, 1990年再版
周寧,「漢學或'漢學主義'」,『厦門大學學報』, 2004年第1期
左江,『燕行錄全集考證」, 載張伯偉編『域外漢籍研究集刊』第四輯, 北京: 中華書局, 2008年版
左江,「許筠行實繫年簡編」, 載張伯偉編『域外漢籍研究集刊』第六輯, 中華書局, 2010年版

2. 韓国文献

1 基本文獻

金富軾,『三國史記』, 景仁文化社據正德本影印, 1977年版
徐居正,『東國通鑒』, 朝鮮群書大系續本, 朝鮮古書刊行會, 明治四十五年(1912)版
鄭麟趾等,『高麗史』, 亞細亞文化社影印本, 1983年版
金宗瑞,『高麗史節要』, 明文堂影印本, 1981年版
國史編纂委員會,『朝鮮王朝實錄』, 1955年版
弘文館纂集校正,『增補文獻備考』, 隆熙二年(1908)活字本
韓致奫,『海東繹史』,『韓國史書叢刊』四, 驪江出版社影印本, 1987年版
徐居正等,『東文選』, 太學社, 1975年影印本
徐居正等,『東文選』, 民族文化刊行會, 1994年版
『宮闕志』, 漢城特別市史編纂委員會影印本, 1957年版
『奎章閣志』, 漢城大學校奎章閣影印本, 2002年版
『通文館志』, 民昌文化社複製日本朝鮮總督府影印京城帝國大學藏本, 1991年版
『原本老乞大』, 外語教學與研究出版社影印, 2002年版
『大東野乘』, 朝鮮古書刊行會, 明治四十二(1908)年版
『稗林』, 探求堂, 1991年版
安鼎福編,『星湖僿說類選』, 明文堂, 1980年版
李圭景,『五洲衍文長箋散稿』, 東國文化社, 1959年影印本
朴周鍾,『東國通志』, 太學社, 1986年版
『燕行錄選集補遺』, 成均館大學大東文化研究院, 2008年版
林基中編,『燕行錄全集』, 韓國東國大學校出版部, 2001年版
林基中編,『燕行錄續集』, 尚書院, 2008年版
具智賢,『朝鮮後期通信使筆談唱和集翻譯叢書』, 寶庫社, 2013年版
金文京等校注,『萍遇錄』, 成均館大學出版部, 2013年版
『韓中故人男女詩詞文』, 抄本, 韓國中央研究院(原精神文化研究院)藏
許米子編,『韓國女性詩文全集』, 國學資料院, 2003年版

郭燦編,『東洋歷代女史詩選』, 寶文館, 1920年版
李聖儀·金約瑟編纂,『羅麗藝文志』, 弘文書館油印本, 1964年版
李睟光,『芝峰類說』, 南晩星譯本附原文, 乙酉文化社, 1994年版
『花郎世紀』, 圖書出版民族文化, 1989年版
沈伯綱編,『箕子古記錄選編』, 民族文化硏究院, 2002年版
張伯偉主編,『朝鮮時代女性詩文集全編』, 鳳凰出版社, 2011年版
趙鍾業編,『修正增補韓國詩話叢編』, 太學社, 1996年版
서울大學校奎章閣編,『奎章閣圖書韓國本綜合目錄』, 保景文化社, 1994年
張伯偉編,『朝鮮時代書目叢刊』, 中華書局, 2004年版
高敬命,『霽峰集』,『韓國文集叢刊』第42册, 景仁文化社, 1996年版
權近,『陽村集』,『韓國文集叢刊』第7册, 景仁文化社, 1996年版
權萬,『江左集』,『韓國文集叢刊』第209册, 景仁文化社, 2000年版
權韠,『石洲集』,『韓國文集叢刊』第75册, 景仁文化社, 1996年版
權好文,『松巖集續集』,『韓國文集叢刊』第41册, 景仁文化社, 1996年版
權好文,『松巖集』,『韓國文集叢刊』第41册, 景仁文化社, 1996年版
金光鉉,『水北遺稿』,『韓國文集叢刊續集』第21册, 韓國古典翻譯院, 2006年版
金德誠,『醒翁遺稿』,『韓國文集叢刊續』第12册, 韓國古典翻譯院, 2006年版
金得臣,『柏谷集』,『韓國文集叢刊』第104册, 景仁文化社, 1996年版
金麟厚,『河西全集』,『韓國文集叢刊』第33册, 景仁文化社, 1996年版
金萬重,『西浦漫筆』, 通文館, 1971年影印本
金邁淳,『台山集』,『韓國文集叢刊』第294册, 景仁文化社, 2002年
金富倫,『雪月堂集』,『韓國文集叢刊』第41册, 景仁文化社, 1996年版
金尙容,『仙源遺稿』,『韓國文集叢刊』第65册, 景仁文化社, 1996年版
金誠一,『鶴峰集』,『韓國文集叢刊』第48册, 景仁文化社, 1996年版
金聖欽,『臥溪文集』, 慶北,『臥溪文集』刊行會, 1991年版
金時習,『梅月堂集』,『韓國文集叢刊』第13册, 景仁文化社, 1996年版
金安節,『洛涯遺稿』,『韓國文集叢刊續集』第13册, 韓國古典翻譯院, 2006年版
金允植,『雲養集』,『韓國文集叢刊』第328册, 景仁文化社, 2004年版
金允安,『東籬集』,『韓國文集叢刊續』第12册, 韓國古典翻譯院, 2006年版
金馹孫,『濯纓集』,『韓國文集叢刊』第17册, 景仁文化社, 1996年版
金長生,『沙溪遺稿』,『韓國文集叢刊』第57册, 景仁文化社, 1996年版
金正喜,『阮堂全集』,『韓國文集叢刊』第301册, 景仁文化社, 2003年版
金昌集,『夢窩集』,『韓國文集叢刊』第158册, 景仁文化社, 1997年版
金昌協,『農巖集』,『韓國文集叢刊』第162册, 景仁文化社, 1998年版
金昌翕,『三淵集』,『韓國文集叢刊』第165册, 景仁文化社, 1998年版
金澤榮, 韓國學文獻硏究所編,『金澤榮全集』, 亞細亞文化社, 1978年版

金夏九,『楸庵集』,『韓國文集叢刊續』第61冊, 景仁文化社, 1996年版
金烋,『敬窩集』,『韓國文集叢刊』第100冊, 景仁文化社, 1996年版
金訢,『顔樂堂集』,『韓國文集叢刊』第15冊, 景仁文化社, 1996年版
南公轍,『金陵集』,『韓國文集叢刊』第272冊, 景仁文化社, 2001年版
南九萬,『藥泉集』,『韓國文集叢刊』第132冊, 景仁文化社, 1996年版
魯認,『錦溪集』,『韓國文集叢刊』第71冊, 景仁文化社, 1996年版
文敬仝,『滄溪集』,『韓國文集叢刊續集』第1册, 韓國古典翻譯院, 2005年版
閔思平,『及庵詩集』,『韓國文集叢刊』第3册, 景仁文化社, 1996年版
朴世采,『南溪集』,『韓國文集叢刊』第141冊, 景仁文化社, 1996年版
朴長遠,『久堂集』,『韓國文集叢刊』第121冊, 景仁文化社, 1996年版
朴齊家,『楚亭全書』, 亞細亞文化社, 1992年版
朴趾源,『燕岩集』,『韓國文集叢刊』第252冊, 景仁文化社, 2000年版
朴彭年,『朴先生遺稿』,『韓國文集叢刊』第9册, 景仁文化社, 1996年版
裴龍吉,『琴易堂集』,『韓國文集叢刊』第62册, 景仁文化社, 1996年版
徐居正,『四佳集』,『韓國文集叢刊』第11冊, 景仁文化社, 1996年版
徐有榘,『林園十六志』, 保景文化社, 2005年
成大中,『青城集』,『韓國文集叢刊』第248冊, 景仁文化社, 2001年版
成石璘,『獨谷集』,『韓國文集叢刊』第6册, 景仁文化社, 1996年版
成任,『騎牛集』,『韓國文集叢刊』第7册, 景仁文化社, 1996年版
成海應,『研經齋全集』,『韓國文集叢刊』第278冊, 景仁文化社, 2001年版
成俔,『虛白堂集』,『韓國文集叢刊』第14册, 景仁文化社, 1996年版
孫起陽,『聱漢集』,『韓國文集叢刊續集』第11冊, 景仁文化社, 2006年版
宋相琦,『玉吾齋集』卷四,『韓國文集叢刊』第171冊, 景仁文化社, 1998年版
宋時烈,『宋子大全』,『韓國文集叢刊』第112冊, 景仁文化社, 1993年版
宋浚吉,『同春堂集』,『韓國文集叢刊』第107冊, 景仁文化社, 1993年版
申光洙,『石北集』,『韓國文集叢刊』第231冊, 景仁文化社, 2001年版
申叔舟,『保閑齋集』,『韓國文集叢刊』第10册, 景仁文化社, 1996年版
申緯,『警修堂全稿』,『韓國文集叢刊』第291冊, 景仁文化社, 2002年版
申維翰,『青泉集續集』,『韓國文集叢刊』第200冊, 景仁文化社, 1999年版
申維翰,『海槎東游錄』,『韓國文集叢刊』第200册, 景仁文化社, 1999年版
申混,『初庵集』,『韓國文集叢刊續集』第37册, 景仁文化社, 1996年版
沈守慶,『遣閑雜錄』,『大東野乘』本, 朝鮮古書刊行會, 明治四十二年
沈錥,『樗村遺稿』,『韓國文集叢刊』第207册, 景仁文化社, 2000年版
安邦俊,『重峰集』,『韓國文集叢刊』第54冊, 景仁文化社, 1996年版
安鼎福,『順庵集』,『韓國文集叢刊』第229冊, 景仁文化社, 2001年版
梁誠之,『訥齋集』,『韓國文集叢刊』第9冊, 景仁文化社, 1996年版

魚得江,『灌圃詩集』,『韓國文集叢刊續集』第1冊, 韓國古典翻譯院, 2005年版
嚴昕,『十省堂集』,『韓國文集叢刊』第32冊, 景仁文化社, 1996年版
元重舉,『和國志』, 亞細亞文化社, 1990年版
元天錫,『耘谷行錄』,『韓國文集叢刊』第6冊, 景仁文化社, 1996年版
柳得恭,『泠齋集』,『韓國文集叢刊』第260冊
柳得恭,『雪岫外史』外二種, 亞細亞文化社, 1986年版
柳尚運,『約齋集』,『韓國文集叢刊』續第42冊, 韓國民族文化推進會, 2007年版
柳成龍,『西厓集』,『韓國文集叢刊』第52冊, 景仁文化社, 1996年版
尹愭,『無名子集』,『韓國文集叢刊』第256冊, 景仁文化社, 2000年版
李慶全,『石樓遺稿』,『韓國文集叢刊』第73冊, 景仁文化社, 1996年版
李匡德,『冠陽集』,『韓國文集叢刊』第209冊, 景仁文化社, 2000年版
李奎報,『東國李相國全集』,『韓國文集叢刊』第1冊, 景仁文化社, 1996年版
李達衷,『霽亭集』,『韓國文集叢刊』第3冊, 景仁文化社, 1996年版
李德懋,『入燕記』,『韓國文集叢刊』第259冊
李德懋,『青莊館全書』,『韓國文集叢刊』第259冊
李敏敘,『西河集』,『韓國文集叢刊』第144冊, 景仁文化社, 1997年版
李民宬,『敬亭集續集』,『韓國文集叢刊』第76冊, 韓國民族文化推進會, 1991年版
李尚迪,『恩誦堂集』,『韓國文集叢刊』第312冊
李穡,『牧隱稿』,『韓國文集叢刊』第4冊, 景仁文化社, 1996年版
李石亨,『樗軒集』,『韓國文集叢刊』第9冊, 景仁文化社, 1996年版
李昭漢,『玄洲集』,『韓國文集叢刊』第101冊, 景仁文化社, 1996年版
李承召,『三灘集』,『韓國文集叢刊』第11冊, 景仁文化社, 1996年版
李裕元,『嘉梧稿略』,『韓國文集叢刊』第315冊, 景仁文化社, 2003年版
李宜顯,『陶谷集』,『韓國文集叢刊』第181冊, 景仁文化社, 1999年版
李珥,『栗谷全書』,『韓國文集叢刊』第44冊, 景仁文化社, 1996年版
李珥,『栗谷全書拾遺』,『韓國文集叢刊』第45冊, 景仁文化社, 1996年版
李縡,『陶庵集』,『韓國文集叢刊』第194冊, 景仁文化社, 1999年版
李廷龜,『月沙集』,『韓國文集叢刊』第69-70冊, 景仁文化社, 1996年版
李廷馣,『四留齋集』,『韓國文集叢刊』第51冊, 景仁文化社, 1996年版
李齊賢,『益齋亂稿』,『韓國文集叢刊』第2冊, 景仁文化社, 1996年版
李種徽,『修山集』,『韓國文集叢刊』第247冊, 景仁文化社, 2001年版
李夏坤,『頭陀草』,『韓國文集叢刊』第191冊, 景仁文化社, 1999年版
李夏鎮,『六寓堂遺稿』,『韓國文集叢刊』續第39冊, 韓國民族文化推進會, 2007年版
李學逵,『洛下生集』,『韓國文集叢刊』第290冊, 景仁文化社, 2002年版
李恒福,『白沙集』,『韓國文集叢刊』第62冊, 景仁文化社, 1996年版
李荇,『容齋集』,『韓國文集叢刊』第20冊, 景仁文化社, 1996年版

李獻慶,『艮翁集』,『韓國文集叢刊』第234册, 景仁文化社, 2001年版
李玄錫,『游齋集』,『韓國文集叢刊』第156册, 景仁文化社, 1997年版
李好閔,『五峰集』,『韓國文集叢刊』第59册, 景仁文化社, 1996年版
李滉,『退溪集』,『韓國文集叢刊』第30册, 景仁文化社, 1996年版
任埅,『水村集』,『韓國文集叢刊』第149册, 景仁文化社, 1997年版
任叔英,『疎庵集』,『韓國文集叢刊』第83册, 景仁文化社, 1996年版
林象德,『老村集』,『韓國文集叢刊』第206册
林椿,『西河集』,『韓國文集叢刊』第1册, 景仁文化社, 1996年版
張錫駿,『春皐遺稿』, 韓國中央研究院圖書館藏
張混,『而已广集』,『韓國文集叢刊』第270册, 景仁文化社, 2001年版
鄭經世,『愚伏集』,『韓國文集叢刊』第68册, 景仁文化社, 1996年版
鄭道傳,『三峰集』,『韓國文集叢刊』第5册, 景仁文化社, 1996年版
鄭來僑,『柳下集』,『韓國文集叢刊』167册, 景仁文化社, 1998年版
鄭士龍,『湖陰雜稿』,『韓國文集叢刊』第25册, 景仁文化社, 1996年版
丁若鏞,『與猶堂全書』,『韓國文集叢刊』第281册, 景仁文化社, 2002年版
鄭曄,『守夢集』,『韓國文集叢刊』第66册, 景仁文化社, 1996年版
正祖,『弘齋全書』,『韓國文集叢刊』第267册, 韓國民族文化推進會, 2001年版
鄭宗魯,『立齋集』,『韓國文集叢刊』第253册, 景仁文化社, 2001年版
鄭昌順等編纂,『同文彙考補編』,『同文彙考』, 珪庭出版社, 1980年版
鄭摠,『復齋集』,『韓國文集叢刊』第7册, 景仁文化社, 1996年版
鄭樞,『圓齋稿』,『韓國文集叢刊』第5册, 景仁文化社, 1996年版
鄭弘溟,『畸庵集』,『韓國文集叢刊』第87册, 景仁文化社, 1996年版
鄭希良,『虛庵遺集』,『韓國文集叢刊』第18册, 景仁文化社, 1996年版
趙龜命,『東谿集』,『韓國文集叢刊』第215册, 景仁文化社, 2000年版
趙聖期,『拙修齋集』,『韓國文集叢刊』第147册, 景仁文化社, 1997年版
曹植,『南冥集』,『韓國文集叢刊』第31册, 景仁文化社, 1996年版
趙曮,『海槎日記』,『海行總載』, 朝鮮古書刊行會, 大正三年(1914)年版
曹偉,『梅溪集』,『韓國文集叢刊』第16册, 景仁文化社, 1996年版
趙泰億,『謙齋集』,『韓國文集叢刊』第189册, 景仁文化社, 1999年版
趙泰采,『二憂堂集』,『韓國文集叢刊』第176册, 景仁文化社, 1996年版
趙希逸,『竹陰集』,『韓國文集叢刊』第83册, 景仁文化社, 1996年版
周世鵬,『武陵雜稿』,『韓國文集叢刊』第27册, 景仁文化社, 1996年版
陳澕,『梅湖遺稿』,『韓國文集叢刊』第2册, 景仁文化社, 1996年版
蔡壽,『懶齋集』,『韓國文集叢刊』第15册, 景仁文化社, 1996年版
蔡濟恭,『樊岩集』,『韓國文集叢刊』第236册, 景仁文化社, 2001年版
蔡彭胤,『希庵集』,『韓國文集叢刊』第182册, 景仁文化社, 1999年版

崔岦,『簡易集』,『韓國文集叢刊』第49冊, 景仁文化社, 1996年版
崔錫鼎,『明谷集』,『韓國文集叢刊』第153冊, 景仁文化社, 1997年版
崔致遠,『孤雲集』,『韓國文集叢刊』第1冊, 景仁文化社, 1996年版
崔瀣,『拙稿千百』,『韓國文集叢刊』第3冊, 景仁文化社, 1996年版
河溍,『台溪集』,『韓國文集叢刊』第101冊, 景仁文化社, 1996年版
韓脩,『柳巷詩集』,『韓國文集叢刊』第5冊, 景仁文化社, 1996年版
韓浚謙,『柳川遺稿』,『韓國文集叢刊』第62冊, 景仁文化社, 1996年版
許筠,『惺所覆瓿稿』,『韓國文集叢刊』第74冊, 景仁文化社, 1996年版
許穆,『記言』,『韓國文集叢刊』第99冊, 景仁文化社, 1996年版
洪敬謨,『冠巖全書』,『韓國文集叢刊』續第113冊, 韓國古典翻譯院, 2011年版
洪大容,『湛軒書』,『韓國文集叢刊』第248冊, 景仁文化社, 2001年版
洪命元,『海峰集』,『韓國文集叢刊』第82冊, 景仁文化社, 1996年版
洪瑞鳳,『鶴谷集』,『韓國文集叢刊』第79冊, 景仁文化社, 1996年版
洪奭周,『淵泉集』,『韓國文集叢刊』第293冊, 景仁文化社, 2002年版
洪泰猷,『耐齋集』,『韓國文集叢刊』第187冊, 景仁文化社, 1999年版
洪翰周,『智水拈筆』, 亞細亞文化社, 1984年
黃床,『漫浪集』,『韓國文集叢刊』第103冊, 景仁文化社, 1996年版

2 研究著作

姜在彦,『朝鮮通信使의 日本見聞錄』, 한길사, 2005年版
具智賢,『癸未通信使使行文學研究』, 寶庫社, 2006年版
金相根,『韓國書院制度之研究』, 臺灣嘉新水泥公司文化基金會, 1966年版
金泰俊,『洪大容和他的時代：燕行的比較文學』, 一志社, 1982年版
劉復烈編著,『韓國繪畫大觀』, 文教院, 1979年版
李離和,『朝鮮黨爭關係資料集解題』, 驪江出版社, 1988年版
李丙疇,『杜詩의 比較文學的研究』, 亞細亞文化社, 1976年版
李元植,『朝鮮通信使』, 民音社, 1991年版
李昌龍,『韓中詩의 比較文學的研究—李白 · 杜甫에 대한 受容樣相』, 一志社, 1984年版
李春熙,『朝鮮朝의 教育文庫에 관한 研究』, 景仁文化社, 1989年版
李慧淳,『朝鮮通信使的文學』, 梨花女子大學校出版部, 1996年版
林熒澤著, 李學堂譯, 王君松校,『韓國學: 理論與方法』, 山東大學出版社, 2010年版
閔寬東,『中國古典小說史料叢考』(韓國編), 亞細亞文化社, 2001年版
白樂晴,『全球化時代的文學與人—分裂體制下韓國的視角』, 金正浩 · 鄭仁甲譯, 中國文學出版社, 1998年版
白永瑞,『思想東亞—朝鮮半島視角的歷史與實踐』, 生活 · 讀書 · 新知三聯書店,

2011年版
蘇在英,『旅行和體驗的文學: 中國篇』, 民族文化文庫刊行會, 1985年版
尹炳泰,『韓國圖書目錄의史的研究』, 韓國出版研究所, 1992年版
尹炳泰,『韓國書志年表』, 韓國圖書館協會, 1972年版
全英蘭,『韓國詩話中有關杜甫及其作品之研究』, 文史哲出版社, 1990年版
趙奎翼編輯,『朝鮮通信使使行錄研究叢書』, 學古房, 2008年版
趙東一等著,『韓國文學論綱』, 周彪等譯, 北京大學出版社, 2003年版
千惠鳳,『古書目錄集成』, 東國大學校圖書館, 1962年油印本
千惠鳳,『韓國書志學』, 民音社, 1992年版
千惠鳳 · 李廷燮 · 朴相國,『海外典籍文化財調查目錄 · 日本宮內廳書陵部韓國本目錄』, 韓國海外典籍調查委員會, 2001年版
河宇鳳,『朝鮮実學者の見た近世日本』, ぺりかん社, 2001年版
韓泰文,『李彥瑱的文學觀和通信使用的世界認識』, 釜山大學校國語國文科, 1997年

3 論文
高裕燮,「高麗時代の繪畫の外國との交涉」, 載『學海』第1輯, 1935年
權政媛,「朝鮮後期韓中文化交流之一樣態: 以筆談為中心」,『漢字漢文教育』第11期, 2003年
김철,「通過〈筆談〉看申翠微和清代文人交流的樣態及學術傾向」,『亞細亞文化研究』第16期, 2009年
南權熙,「奎章閣의 西庫書目과 藏書變遷 分析 — 現存書目을 中心으로 —」, 慶北大學校大學院碩士學位論文, 1983年
마츠우라 아키라,「近世東亞海域中國船的漂着筆談記錄」,『東亞細亞文化研究』第45期, 2009年
閔泰熙,「〈東國通志〉의 藝文志研究」, 中央大學校大學院文獻情報學科碩士論文, 1989年
朴香蘭,「〈熱河日記〉筆談中捕捉到的清朝文人的形象和意義」,『東方漢文學』第39期, 2009年
裴賢淑,「海東文獻總錄研究」, 韓國中央大學校大學院圖書館學科碩士學位論文, 1975年
白樂晴,「看第三世界文學的眼睛」, 孫海龍譯, 白永瑞 · 陳光興編『白樂晴 — 分斷體制 · 民族文學』, 台北聯經出版事業有限公司, 2010年版
白樂晴,「如何看待現代文學」, 收入其『全球化時代的文學與人』, 金正浩 · 鄭仁甲譯, 北京: 中國文學出版社, 1998年版
손계영,「동춘당 후손가 가전〈家藏書籍簿〉의 작성 시기에 대한 고찰」,『書誌學研究』第38輯, 2007年12月

孫承喆, 「朝鮮時代對日交鄰體制和通信使」, 韓國震檀學會等主辦 '東北亞諸地域間의 文物交流' 國際學術大會論文, 第一冊, 2004年11月19日-20日, 서울大學校教授會館
송원찬, 「清代韓中文人交流和文字獄—以〈乾淨衕會友錄〉為中心」, 『東亞細亞文化研究』 第46期, 2010
沈慶昊, 「李氏朝鮮における杜甫詩集の刊行について」, 載日本京都大學 『中國文學報』 第三十七冊, 1986年10月
安輝濬, 「高麗及び李朝初期における中國畫の流入」(藤本幸夫譯), 載 『大和文華』 第62號, 1977年
오인택, 「崔溥〈漂海錄〉中出現的筆談」, 『역사와 세계』 第44期, 2013年
유재일, 「〈續函海〉本〈清脾錄〉的文獻面貌: 以與一山本比較為中心」, 載韓國語文研究學會編, 『語文研究』 第37卷, 2001年12月
柳洪烈, 「朝鮮に於ける書院の成立」, 『青丘學叢』 第三十號, 1937年11月
李鍾默, 「關於伯克利大學藏本藍芳威編〈朝鮮詩選全集〉」, 李春姬譯, 載於張伯偉編, 『域外漢籍研究集刊』 第四輯, 中華書局, 2008年版
全海宗, 「清代韓中朝貢貿易考」, 收入 『中韓關係史論集』, 全善姬譯, 北京: 中國社會科學出版社, 1997
鄭墡謨, 「高麗朝における杜詩受容 — 李奎報を中心として」, 載日本京都大學 『中國文學報』 第六十九冊, 2005年4月
정훈식, 「〈乾淨衕筆談〉和使行文學的轉換」, 『배달말』 第31期, 2002年
河宇鳳, 「重新發現的日本使行錄 — 與〈海行總載〉的補充相關」, 載 『歷史學報』 112期, 1986年
許興植, 「高麗科擧制度의 檢討」, 『韓國史研究』 第10號, 1974年9月
玄英娥, 「群書標記에 關한 研究」, 韓國梨花女子大學校 大學院 圖書館學科 碩士學位論文, 1973年
洪善杓, 「仁齋姜希顏之〈高士觀水圖〉研究」, 載 『精神文化研究』 27號, 1985年12月

3. 日本文獻

1 基本文獻

朝川善庵, 『樂我室遺稿』, '崇文叢書' 第二輯之五十一, 崇文院, 1931年版
雨森芳洲, 『橘窗茶話』, 『日本隨筆大成』 第二期第8冊, 吉川弘文館, 1974年版
一休宗純, 『狂雲集』, 『續群書類從』 第十二輯下, 續群書類從完成會, 1989年訂正三版
一休宗純, 『續狂雲詩集』, 『續群書類從』 第十二輯下
富士川英郎 · 松下忠 · 佐野正巳編, 『詩集日本漢詩』, 汲古書院, 1987年

池田胤編,『日本詩話叢書』, 文會堂書店, 大正十年版

伊藤維典編,『問槎餘響』, 日本平安書林, 明和元年(1764)九月版, 韓國國立中央圖書館藏

井上息,『唐詩絕句注解序』, 長澤規矩也編,『和刻本漢詩集成·總集篇』第2輯, 汲古書院, 1979年版

圓仁,『入唐新求聖教目錄』,『大藏經』第五十五冊, 中華佛教文化館影印大藏經委員會, 1957年版

王三慶等編,『日本漢文小說叢刊』第一輯, 學生書局, 2003年版

大河內輝聲等,『大河內文書』, 劉雨珍編校,『清代首屆駐日公使館員筆談資料彙編』上册, 天津人民出版社, 2010年版

奧田元繼輯,『兩好餘話』, 明和元年(1764)刊本, 日本京都大學附屬圖書館藏本

関儀一郎編,『日本儒林叢書』, 鳳出版, 1978年版

菊池五山,『五山堂詩話』, 富士川英郎等編,『詞華集·日本漢詩』, 汲古書院, 1983年版

希世靈彥,『翰林五鳳集』,『大日本佛教全書』本, 佛書刊行會, 1914年版

玉村竹二編,『五山文學新集』, 東京大學出版會, 1968年版

上村觀光編,『五山文學全集』, 思文閣, 1973年複刻本

義堂周信,『空華日用工夫略集』, 太洋社, 1942年再版

琴臺東條,『先哲叢談後編』, 江戶書林文政十三年十月版, 日本京都大學附属圖書館藏

廓門貫徹,『注石門文字禪』, 日本駒澤大學圖書館藏本

河間正胤編,『桑韓唱酬集』, 享保五年庚子(1720)九月版, 韓國國立中央圖書館藏

柿村重松,『本朝文粹注釋』, 冨山房, 1982年新修訂三版

國史大系編修會編,『日本文德天皇實錄』,『新訂增補國史大系』第三卷, 吉川弘文館, 1966年版

小島晉治監修,『幕末明治中國見聞錄集成』第12卷, ゆまに書房影印本

小林忠·河野元昭監修,『日本繪畫論大成』第1卷, ぺりかん社, 1996年版

駒澤大學內禪學大辭典編纂所編,『禪學大辭典』, 大修館書店, 1978年版

椎名宏雄解題,『注石門文字禪』, 臨川書店影印本, 2000年版

白井華陽,『畫乘要略』, 小林忠·河野元昭監修,『日本繪畫論大成』, ぺりかん社, 1996年版

釋崇傳等編,『翰林五鳳集』, 佛書刊行會編,『大日本佛教全書』, 1912-1936年版

菅原道真,『菅家遺誡』,『續群書類從』, 平文社, 1988年訂正三版

瀨尾維賢編,『鷄林唱和集』, 書坊玉芝堂刊本, 正德辛卯(1711)版, 韓國國立中央圖書館藏

道忠,『金鞭指街』, 抄本, 日本駒澤大學圖書館藏

東京大學東洋文化研究所東アジア部門美術研究分野編,『日本所在中國繪畫目錄』(個人蒐集編), 東京大學東洋文化研究所, 1983年版
東京大學東洋文化研究所東アジア部門美術研究室編,『日本所在中國繪畫目錄續編』, 東京大學東洋文化研究所, 1998年版
獨庵玄光,『護法集』, 日本駒澤大學圖書館藏本
長澤規矩也編,『和刻本漢詩集成』, 汲古書院, 1979年版
長澤規矩也編,『和刻本漢詩集成補篇』, 汲古書院, 1987年版
那波魯堂,『問槎餘響』, 平安書林明和元年甲申九月版, 韓國國立中央圖書館藏
西島長孫,『弊帚詩話附錄』, 新日本古典文學大系本, 岩波書店, 1991年版
小岛晋治监修,『幕末明治中国见闻录集成』, ゆまに书房影印本, 1997年版
相良亨等編,『近世儒家文集集成』第十二卷, ぺりかん社, 1997年版
富士川英郎等編,『詞華集日本漢詩』, 汲古書院, 1983年版
松尾芭蕉,『芭蕉文集』,『日本古典文學大系』第四十六冊, 東京: 岩波書店, 1959年版
松尾芭蕉,『奧之細道』, 鄭清茂譯注, 聯經出版事業公司, 2011年版
實藤惠秀・鄭子瑜編校,『黃遵憲與日本友人筆談遺稿』, 早稻田大學東洋文學研究會, 1968年版
柳田聖山編,『禪學叢書』, 中文出版社, 1986年版
山田正珍編,『桑韓筆語』, 日本東都書肆, 寶曆十四年甲申(1764)四月版, 韓國國立中央圖書館藏

『竺僊和尚住淨智並無量壽寺語錄』,『大日本佛教全書』, 東京: 佛書刊行會, 1914年版
『古事類苑』, 吉川弘文館, 1978年版

2 研究著作

朝倉尚,『抄物の世界と禪林の文學』, 清文堂出版, 1996年版
市古貞次等編,『國書人名辭典』, 岩波書店, 1999年版
井上和雄編,『慶長以來書賈集覽』, 高尾書店, 1916年版
伊原澤周,『從"筆談外交"到"以史為鑒"—中日近代關係史探研』, 中華書局, 2003年版
今橋理子,『江戶繪畫と文學』, 東京大學出版會, 1999年版
上垣外憲一,『日本文化交流小史』, 王宣琦譯, 武漢大學出版社, 2007年版
上村觀光,『足利時代の繪畫と禪僧』,『五山文學全集』別卷
海野一隆著, 王妙發譯,『地圖的文化史・世界部分』, 新星出版社, 2005年版
大庭修,『江戶時代における唐船持渡書の研究』, 關西大學東西學術研究所, 1967
大庭脩,『古代中世における日中關係史の研究』, 同朋社, 1996年版

鏡島元隆,『月舟と卍山』, 載今枝愛真編,『曹洞宗』, 小學館, 1986年版
加藤周一,『日本文學史序說』, 葉渭渠·唐月梅譯, 開明出版社, 1995年版
金子彦次郎,『平安時代文學と白氏文集』, 藝林社, 1977年再版
川本皓嗣著,『日本詩歌的傳統 — 七與五的詩學』, 王曉平等譯, 譯林出版社, 2004年版
岸野久著,『西歐人の日本発見 — ザビエル来日前日本情報の研究 —』, 吉川弘文館, 1989年版
黑川洋一,『杜甫の研究』, 創文社, 1977年版
小西甚一著, 鄭清茂譯,『日本文學史』, 臺灣聯經出版事業股份有限公司, 2015年版
小林忠,『江戶の繪を読む』, ぺりかん社, 1998年新裝版
坂垣坦,『日本畫の精神』, ぺりかん社, 1995年版
阪本太郎,『日本的修史與史學』, 沈仁安·林鐵森譯, 北京大學出版社, 1991年版
徐小虎著·許燕貞譯,『日本美術史』, 南天書局, 1996年版
鈴木修次,『中國文學と日本文學』, 東京書籍, 1978年版
高橋博巳,『東アジアの文芸共和國 — 通信使·北學派·蒹葭堂 —』, 新典社, 2009年版
田保橋潔,『近代日鮮關係之研究』, 朝鮮總督府, 1940年版
田中健夫,『中世海外交涉史之研究』, 東京大學出版會, 1959年版
張偉雄,『文人外交官の明治日本: 中國初代駐日公使團の異文化體驗』, 柏書房, 1999年版
陳捷,『明治前期日中学術交流の研究』, 汲古書院, 2003年
中西進著, 馬興國·孫浩譯,『源氏物語與白樂天』, 中央編譯出版社, 2001年版
仲尾宏,『朝鮮通信使と壬辰倭亂』, 明石書店, 2000年版
中村榮孝,『日鮮關係史之研究』, 吉川弘文館, 1965-1969年版
仁枝忠,『芭蕉に影響した漢詩文』, 教育出版センタ, 1972年
芳賀幸四郎,『中世禪林の學問および文學に関すゐ研究』, 日本學術振興會, 1956年版
廣田二郎,『芭蕉と杜甫: 影響の展開と體系』, 有精堂, 1990年版
福井文雅,『漢字文化圈的思想與宗教』, 徐水生·張穀譯, 武漢大學出版社2010年版
久須本文雄,『日本中世禪林の儒學』, 山喜房佛書林, 1992年版
藤塚鄰,『清朝文化東傳の研究 — 嘉慶·道光學壇と李朝の金阮堂 —』, 藤塚明直編, 國書刊行會, 1975年版
藤本幸夫,『日本現存朝鮮本研究·集部』, 京都大學學術出版會, 2006年版
夫馬進,『朝鮮燕行使與朝鮮通信使』, 上海古籍出版社, 2010年版
松下忠,『江戶時代の詩風詩論』, 明治書院, 1969年版
松田甲,『日鮮史話』, 朝鮮總督府, 1926年版

丸山清子著, 申非譯,『源氏物語與白氏文集』, 國際文化出版公司, 1985年版
丸山學,『文學研究法』, 郭虛中譯, 臺灣商務印書館 人人文庫本, 1981年四版
三品彰英,『新羅花郎の研究』, 平凡社, 1974年版
溝口雄三,『方法としての中國』, 李甦平等譯, 更題為,『日本人視野中的中國學』, 中國人民大學出版社, 1996年版
三宅英利,『近世日朝關係史之研究』, 文獻出版, 1986年版
柳田聖山,『夢窗 ― 語錄 · 陞坐 · 西山夜話 · 偈頌』, 講談社, 1994年版, 頁184
吉川幸次郎,『我的留學記』, 錢婉約譯, 光明日報出版社, 1999年版
吉川幸次郎等編,『漢語文典叢書』第一卷, 汲古書院, 1979年版

③ 論文

石川力山,「中世禪宗史研究と禪籍抄物資料」, 載『飯田利行博士古稀記念東洋學論叢』, 國書刊行會, 1980年版
石川力山,「中世禪宗教団の展開と禪籍抄物資料」, 收入『禪とその歷史』
稲葉岩吉,「古逸本杜工部詩史補遺に就て」,『靑丘學叢』第七號, 1932年2月
稲葉岩吉,「申叔舟の畫記 ― 安平大君の什藏並に安堅について ―」, 載『美術研究』第19號, 1933年7月
岡崎義惠,「一休宗純と五山禪林の風流」, 載『日本藝術思潮』第二卷之下, 岩波書店, 1947年版
金谷治,「日本における中國文化の受容のしかた」, 收入『金谷治中國思想論集』下卷『批判主義的學問觀の形成』, 平河出版社, 1997年版
狩野直喜,「王靜安君を憶ふ」, 原載『藝文』第十八年第八號(1927年8月), 後收入其『支那學文藪』, みすず書房1973年版
神田喜一郎,「日本漢學史上における僧玄光」, 收入鏡島元隆編『獨庵玄光と江戶思潮』, ぺりかん社, 1995年版
神田喜一郎,「日本に於ける杜甫」, 載京都大學『中國文學報』第十七冊(杜甫誕生一千二百五十年特刊), 1962年10月
菊竹淳一 · 井手誠之輔 · 朴銀卿,「高麗時代佛教繪畫の総合的研究」, 載『靑丘學術論集』第四集, 1994年
倉員正江,「『九州諸将軍記』掲載李玉峰 · 許蘭雪軒記事についての一考察 ―『兩朝平攘錄』に記錄された朝鮮女流詩人 ―」, 載於『近世文芸研究と評論』第八十二號, 2012年6月
黑川洋一,「中唐より北宋末に至る杜甫の發見について」, 載『四天王寺女子大學紀要』創刊號, 1970年12月
古原宏伸,「朝鮮山水畫における中國繪畫の受容」, 載『靑丘學術論集』第16集, 2000年

靜永健,「近世日本〈杜甫詩集〉閱讀史考」, 九州大學大學院人文科學研究院『文學研究』第109輯, 2012年3月

玉竹村二,『日本中世禪林に於ける臨濟・曹洞兩宗の異同」, 收入石川力山編『禪とその歷史』, ぺりかん社, 1999年版

末松保和,「高麗文獻小錄」, 分別刊載於『青丘學叢』第六號・第八號和第十二號, 1931年11月至1933年5月

高橋亨,「弘齋王の文體反正」, 載『青丘學叢』第七號, 1932年2月

高橋昌彥,「朝鮮通信使唱和集目錄稿」, 載『福岡大學研究部論集』A六(八)2007

高橋昌彥,「朝鮮通信使唱和集目錄稿」, 載『福岡大學研究部論集』A九(一)2009

中村榮孝,「事大紀行目錄」, 載『青丘學叢』第一號, 1930年5月

中村溪男,「新出雪村筆二人物畫の畫樣：〈福祿壽圖〉〈東坡騎驢圖〉」, 載季刊『古美術』, 三彩社, 1989年7月版

那波利貞,「明和元年の朝鮮國修好通信使団の渡來と我國の學者文人との翰墨上に於ける応酬唱和の一例に就きて」, 載日本『朝鮮學報』第四十二輯, 朝鮮學會, 1967年1月

西嶋定生,「東亞世界的形成」, 載劉俊文主編『日本學者研究中國史論著選譯』第2卷, 中華書局, 1993年版

夫馬進,「日本現存朝鮮燕行錄解題」,『京都大學文學部研究紀要』第42號, 2003年

松田甲,「日本に名を留めたる李東郭」』, 載其著『韓日關係史研究』, 成進文化社據朝鮮總督府本影印, 1982年版

吉川幸次郎,「東洋文學における杜甫の意義」,『吉川幸次郎全集』第十二冊, 東京：筑摩書房, 1968年版

吉川幸次郎,「杜詩在日本」,『吉川幸次郎全集』, 筑摩書房, 1968年版

吉田宏志,「李朝の繪畫 — その中國畫受容の一局面 —」, 載『古美術』第52號, 1977年

4. 欧美文献

□ 研究著作

Abrams, M. H. General Editor, *The Norton Anthology of English Literature*, Seventh Edition, New York: W.W. Norton & Company Inc., 2000

Bloom, Harold.『西方正典』(*The Western Canon*), 江寧康譯, 譯林出版社, 2005年版

Bloom, Harold.『如何讀, 為什麽讀』(*How to read and why*), 黃燦然譯, 譯林出版社, 2011年版

Becker, Karl L.『18世紀哲學家的天城』(*The Heavenly City of the Eighteenth-Century Philosophers*), 何兆武譯, 北京大學出版社, 2013年版

Burckhardt, Jacob.『世界歷史沉思錄』(*Weltgeschichtliche Betrachtungen*), 金壽福譯, 北京大學出版社, 2007年版

Burckhardt, Jacob.『希臘人和希臘文明』(*The Greeks and Greek Civilization*), 王大慶譯, 上海人民出版社, 2008年版

Burke, Peter.『語言的文化史：近代早期歐洲的語言和共同體』(*Languages and Communities in Early Modern Europe*), 李霄翔·李魯·楊豫譯, 北京大學出版社, 2007年版

Burke, Peter.『文化史的風景』(*Varieties of Cultural History*), 豐華琴·劉豔譯, 楊豫校, 北京大學出版社, 2013年版

Chang, Kang-i Sun & Owen, Stephen, ed.『劍橋中國文學史』(*The Cambridge History of Chinese Literature*), 劉倩等譯, 生活·讀書·新知三聯書店, 2013年版

Cohen, Paul A.『在中國發現歷史』(*Discovering History in China*), 林同奇譯, 中華書局, 1989年版

Darnton, Robert.『法國大革命前的暢銷禁書』(*The Forbidden Best-Sellers of Pre-Revolutionary France*), 鄭國強譯, 華東師範大學出版社, 2012年版

Darnton, Robert.『舊制度時期的地下文學』(*The Literary Underground of the Old Regime*), 劉軍譯, 中國人民大學出版社, 2012年版

Darnton, Robert.『拉莫萊特之吻：有關文化史的思考』(*The Kiss of Lamourette: Reflections in Cultural History*), 蕭知緯譯, 華東師範大學出版社, 2011年版

Doss, Francois.『碎片化的歷史學—從<年鑒>到"新史學"』(*L'histoire en miettes: Des Annales a la "nouvelle histoire"*), 馬勝利譯, 北京大學出版社, 2008年版

Febvr, Lucien& Martin, Henri-Jean.『印刷書的誕生』(*L'Apparition du lirve*)李鴻志譯, 臺灣貓頭鷹出版社, 2005年版

Fischer, S. R.『閱讀的歷史』(*A History of Reading*), 李瑞林等譯, 商務印書館, 2009年版

Gay, Peter.『歷史學家的三堂小說課』(*Savage Reprisals: Bleak House, Madame Bovary, Buddenbrooks*), 劉森堯譯, 北京大學出版社, 2006年版

Gilbert, Felix.『歷史學：政治還是文化』(*History: Politics or Culture? Reflections on Ranke and Burckhardt*), 劉耀春譯, 劉君校, 北京大學出版社, 2012年版

Gombrich, E.H.『文藝復興：西方藝術的偉大時代』, 李本正·范景中編選, 中國美術學院出版社, 2000年版

Grafton, Anthony.『註腳趣史』(*The Footnote: A Curious History*), 張弢·王春華譯, 北京大學出版社, 2014年版

Guillan, Antoine.『近代德國及其歷史學家』(*Modern Germany and Her Historians*), 黃豔紅譯, 北京大學出版社, 2010年版

Hudson, G. F.『歐洲與中國』, 王遵仲等譯, 中華書局, 2004年版

Iggers, Georg G.『二十世紀的歷史學: 從科學的客觀性到後現代的挑戰』

(*Historiography in the Twentieth Century: From ScientificObjectivity to the Postmodern Challenge*), 何兆武譯, 山東大學出版社, 2006年版

Jordan, Stefa, ed.『歷史科學基本概念辭典』(*Lexikon Geschichtswissenschaft Hundert Grundbegriffe*), 孟鍾捷譯, 北京大學出版社, 2012年版

Jordan, Stefan & Rusen, Jorn, ed.『歷史上的各個時代 — 蘭克史學文選之一』(*Über die Epochen der neueren Geschichte*), 楊培英譯, 北京大學出版社, 2010年版

Lowith, Karl.『雅各 · 布克哈特』(*Jacob Burckhardt*), 楚人譯, 商務印書館, 2013年版

McDermott, Joseph P.『書籍的社會史: 中華帝國晚期的書籍與士人文化』(*A Social History of the Chinese Book: Books and Literati Culture in Late Imperial China*), 何朝暉譯, 北京大學出版社, 2009年版

Pinto, Fernao Mendes.『葡萄牙人在華見聞錄 — 十六世紀手稿』(*Antologia dos Vianjantes Portugueses na China*), 王鎖英譯,澳門文化司署 · 東方葡萄牙學會 · 海南出版社 · 三環出版社, 1998年版

Wines, Roger. ed,『世界歷史的秘密: 關於歷史藝術與歷史科學著作選』(*The Secret of World History: Selected Writings on the Art and Science of His tory*), 易蘭譯, 復旦大學出版社, 2012年版

Redfield,Robert,『農民社會與文化』(*Peasant Society and Culture*), 王瑩譯, 中國社會科學出版社, 2013年

Said, Edward W.『世界 · 文本 · 批评家』(*The World, the Text, and the Critic*), 李自修譯, 生活 · 讀書 · 新知三聯書店, 2009年版

Said, Edward W.『東方學』(*Orientalism*), 王宇根譯, 生活 · 讀書 · 新知三聯書店, 1999年版

Said, Edward W.『文化與帝國主義』(*Culture and Imperialism*)語, 李琨譯, 生活 · 讀書 · 新知三聯書店, 2003年版

Spence, Jonathan D.『王氏之死』(*The Death of Woman Wang*), 李孝愷譯, 李孝悌校譯, 廣西師範大學出版社, 2011年版

Spence, Jonathan D.『太平天國』(*The Taiping Heavenly Kinkdom of Hong Xiuquan*), 朱慶葆等譯, 廣西師範大學出版社, 2011年版

White, Hayden,『元史學: 十九世紀歐洲的歷史想像』(*Metahistory: The Historical Imagination in Nineteenth-Century Europe*), 陳新譯, 譯林出版社, 2009年版

5. 越南文獻

復旦大學文史研究院, 越南漢喃研究院,『越南漢文燕行文獻集成』, 復旦大學出版社, 2010年版

『皇越詩選』, 越南漢喃研究院藏
阮述『往津日記』, 陳荊和編注, 香港中文大學出版社, 1980年版
『歌調略記』, 越南漢喃研究院藏本

찾아보기

인명

가공언(賈公彦) 122
가나야 유에(金谷雄江) 173
가노 나오키(狩野直喜) 55, 70
가도(賈島) 415, 419, 421, 425, 427
가쓰 시킨(葛子琴) 336, 628
가쿠몬 간테쓰(廓門貫徹) 681, 682
각범혜홍(覺範惠洪) 681
각안(覺岸) 645
간교(願曉) 647
강소서(姜紹書) 355
강위(姜瑋) 156
거각생(蘧覺生) 356, 403
게이린 도쿠쇼(桂林德昌) 691
게이조 슈린(景徐周麟) 503, 521
겐류 슈코(彦龍周興) 463
겟단 도초(月潭道澄[澂]) 685
겸가당(蒹葭堂, 겐가도) 600
계한(季嫻) 346, 380
고가 도안(古賀侗庵) 630
고가 세이리(古賀精里) 628, 630
고경명(高敬命) 428
고계(高啓) 420, 422
고도(顧陶) 547
고리(合離) 599
고성(顧城) 180
고염무(顧炎武) 250
고요제이텐노(後陽成天皇) 522
고음(顧愔) 125
고제이 류하(江西龍派) 108, 522, 551
고칸 시렌(虎關師錬) 521, 690
곽말약(郭沫若) 30
곽사(郭思) 493
곽소우(郭紹虞) 495
곽약허(郭若虛) 490, 496
곽지달(郭知達) 518
곽찬(郭燦) 377
곽허중(郭虛中) 64
곽희(郭熙) 456, 483, 489, 491, 493, 495
광주(光州) 김씨 383, 664
구마라습(鳩摩羅什) 642
구사바 하이센(草場佩川) 628
구수훈(具樹勛) 397
구양수(歐陽脩) 124, 125, 180, 513, 514, 547, 558
구와바라 지쓰조(桑原隲藏) 54, 70, 93
구함(寇瑊) 123
권근(權近) 125, 165, 183, 184, 258, 433, 434, 435, 437, 448, 460, 568
권만(權萬) 448
권식(權佽) 580, 625
권응인(權應仁) 317
권필(權韠) 390, 453, 664
권호문(權好文) 428, 438
규엔 류친(九淵龍賝) 108, 551
금선(琴仙) 541
기 히로야스(木弘恭)[기무라 히로야스(木村弘恭) 蒹葭堂] 322, 595
기구치 마사히코(菊池桐孫) 591
기노 쓰라유키(紀貫之) 554
기노 요시모치(紀淑望) 554
기도 슈신(義堂周信) 521, 523, 689, 711
기모잠(綦毋潛) 511
기세 레이겐(希世靈彦) 108, 503, 505, 551, 554
기온 난카이(祇園南海) 625
기윤(紀昀) 156, 292
기자(箕子) 184
기쿠치 고잔(菊池五山) 104
기쿠치 마사히코(菊池桐孫) 467, 714
기쿠치 마사히코(菊池桐孫) 528

긴다이 도조(琴臺東條) 591
길장(吉藏) 646
김경선(金景善) 129, 130, 132
김극기(金克己) 431
김근(金覲) 191
김기온(金启温) 135
김노경(金魯敬) 135
김대문(金大問) 185
김덕성(金德誠) 559
김득신(金得臣) 428
김만중(金萬重) 109, 402, 535, 559, 662
김매순(金邁淳) 283
김부륜(金富倫 429
김부식(金富軾) 256, 258
김부용(金芙蓉) 667
김상용(金尙容 452
김성일(金誠一) 184, 578
김성흠(金聖欽) 440
김세렴(金世濂) 578
김수증(金壽增) 456, 457
김시습(金時習) 433, 438
김안절(金安節 440
김영작(金永爵) 156
김유성(金有聲) 449
김윤식(金允植) 125, 468
김인겸(金仁謙) 571
김인후(金麟厚) 110, 502, 561
김일손(金馹孫) 429
김장생(金長生) 184
김정희(金正喜) 172, 339, 596, 615
김중청(金中淸) 369
김진용(金振鏞) 136
김창업(金昌業) 130, 131, 132, 133
김창집(金昌集) 439, 539
김창협(金昌協) 457
김창흡(金昌翕) 438, 456
김청한당(金淸閑堂) 540
김치인(金致仁) 262
김택영(金澤榮) 530
김하구(金夏九) 559
김해일(金海一) 124
김호연재 671
김호연재(金浩然齋) 669
김휴(金烋) 252, 253, 274

나바 시소(那波斯曾) 597, 626
나카무라 지쓰조(中村三實) 595
나카무라 히데타카(中村榮孝) 122
난설헌 ⇨ 허난설헌
난센 단엔(南泉湛圓) 695
난코 소겐(南江宗沅) 462
난파 게이시(蘭坡景茝) 465
남공철(南公轍) 200, 312, 429, 455
남구만(南九萬) 359, 406, 660
남방위(藍芳威) 352, 353, 354, 356, 374, 389
남옥(南玉) 171, 571, 574, 587, 589, 593
남용익(南龍翼) 137, 139, 141, 579, 580
노수신(盧守愼) 538
노인(魯認) 194
누약(樓鑰) 124
니부어(Barthold Georg Niebuhr) 32
니시지마 335, 337, 338
니시지마 사다오(西嶋定生) 86
니시지마 조손(西島長孫) 314, 476, 628

다노무라 지쿠덴(田能村竹田) 467
다노무라(田能村) 103
다이라 우로코(平鱗) 595, 596
다이쿄구 조수(太極藏主) 521
다이텐 겐조(大典顯常) 713
다자이 준(太宰純) 342
다치바나 교쿠란(立花玉蘭) 102
다카노 이케이(高野惟馨) 604
다케우치 요시미(竹內好) 96
다키 조카이(瀧長愷) 574
담원춘(譚元春) 358
당나라 장씨(張氏) 125
당나라 현종 417
당대(唐岱) 497
당순지(唐順之) 204
당지계(唐志契) 497
데쓰안 도쇼(鐵庵道生) 461
덴인 류타쿠(天隱龍澤) 460, 464, 521
도세(道世) 643, 645

도쇼 슈간(東沼周曮) 108, 551
도쇼린(藤昌琳) 375
도연명 101, 544
도추(道忠) 715, 684
도코 신에쓰(東皐心越) 700
도하쿠(道白) 684
동귀년(東龜年) 338
동유(董逌) 422, 423, 500, 548
두범(杜範) 422, 423
두보(杜甫) 31, 101, 108, 110, 415, 417, 418, 419, 420, 421, 425, 427, 461, 462, 469, 496, 499, 503, 505, 508, 509, 512, 513, 515, 516, 520, 521, 526, 527, 529, 533, 534, 535, 543, 545, 553, 554, 555, 556, 557, 558, 561, 562
두신(杜信) 251
등지성(鄧之誠) 30

라이프니츠(Leibniz) 178
란잔 도초(蘭山道昶) 685, 700, 713
란파 게이시(蘭坡景茝) 460
랑케(Leopold von Ranke) 33, 34, 35, 36, 37, 39, 40, 41, 42, 44, 46, 48, 49, 50, 53
로 겐준(盧玄淳)[스즈키 쇼코(鈴木松江)] 716
리쿠뇨 지슈(六如慈周) 713

마건충(馬建忠) 25, 63
마단림(馬端臨) 252
마루야마 마나베(丸山學) 64
마쓰오 바쇼(松尾芭蕉) 505, 554, 555
마쓰자키 고도(松崎復) 626
만우(卍雨) = 천봉(千峰) 538
매요신(梅堯臣) 548
매죽당 이씨(梅竹堂李氏) 540
맹계(孟啓) 545
맹소(孟昭) 101
맹호연(孟浩然) 415, 417, 418, 419, 420, 421, 423, 424, 425, 427
명교계숭(明教契嵩) 700
모리 가이난(森槐南) 529
모리 로초쿠(森魯直) 529
모리야 겐타이(守屋元泰)[守屋東陽] 599
모쿠 세이슈쿠(木世肅)[기무라 세이슈쿠(木村世肅)] 614
모헌(牟巘) 422
목세숙(木世肅) 172
무소 소세키(夢窗疎石) 692
문경동(文敬仝) 428
미조구치 유조(溝口雄三) 78, 95
민사평(閔思平) 428, 432, 658
민혜수(閔惠洙) 571

박사호(朴思浩) 156, 313, 339
박세채(朴世采) 174, 192, 247
박승동(朴升東) 156
박인량(朴寅亮) 191
박장원(朴長遠) 448
박제가 199, 200, 311, 320, 324, 332, 377, 598, 599, 613, 617
박주종(朴周鍾) 259
박지원 174, 198, 306, 312
박팽년(朴彭年) 443
반랑(潘閬) 427, 431, 461, 466, 472, 474, 478
반난 에이슈(萬安英種) 696
반리 슈구(萬里集九) 109, 464, 479, 690
반정균(潘庭筠) 170, 306, 307, 329, 330, 331, 340, 369, 609, 612
반지항(潘之恒) 350, 372, 374, 386, 400
발라즈(Balázs István) 33
방악(方岳) 426
방유의(方維儀) 370
방회(方回) 456, 494, 496
배룡길(裵龍吉) 434
백거이 421, 459, 511, 512, 513, 519, 520, 558
번황(樊晃) 511
범온(范溫) 517
변지림(卞之琳) 180
보귀(寶貴) 647
보섬(保暹) 517
볼테르(Voltaire) 177
부르크하르트(Jacob Burckhardt) 33, 41, 42, 44, 45, 46, 48, 49, 50, 52

부사년(傅斯年) 30, 69, 71, 75, 76, 77
부쓰 소라이(物徂徠, 오규 소라이) 338, 588
부용당 신씨(芙蓉堂 申氏) 408
부필(富弼) 124

사경초(謝景初) 516
사이인 쇼(西胤俊承) 462
사크겐 슈료(策彦周良) 551
삼의당 김씨(三宜堂 金氏) 408
서거정(徐居正) 109, 192, 258, 317, 347, 349, 381, 427, 453, 498, 501, 531, 559, 561
서견(徐堅) 280
서경순(徐慶淳) 126
서긍(徐兢) 125, 212
서남전(徐藍田) 664
서명응(徐命膺) 154, 235
서사증(徐師曾) 637
서소화(徐昭華) 370
서영수각(徐令壽閣) 101, 540
서유구(徐有榘) 241, 341
서유비(徐有棐) 341
서유소(徐有素) 135, 621
서유직(徐有稷) 312
서찬규(徐贊奎) 156
서형수(徐瀅修) 292
서호수(徐浩修) 292, 311
선권(善權) 649
섭명례(葉名澧) 156
섭몽득(葉夢得) 517
섭적(葉適) 518
섭창치(葉昌熾) 251
성간(成侃) 443, 538
성대중(成大中) 171, 173, 174, 203, 205, 321, 323, 571, 573, 574, 578, 587, 589, 593, 595, 596, 600, 602, 606, 607, 617
성석린(成石璘) 433
성임(成任) 433
성해응(成海應) 350
성현(成俔) 432
세숙(世肅, 木世肅) 322, 323
세쓰레이 에이킨(雪嶺永瑾) 461, 463, 522
세오이 켄(瀨尾維賢) 169
세조(世祖) 219
소각(蕭愨) 424
소보(邵寶) 539
소부(邵傅) 524
소순(蘇巡) 124
소식(蘇軾) 417, 427, 487, 515, 518, 544, 545, 552, 554
손기양(孫起陽) 662
손안 레이겐(村庵靈彥) 463, 464
손응시(孫應時) 487
손이양(孫詒讓) 122
손치미(孫致彌) 357
송나라 고종 413
송상기(宋相琦) 120
송성중(宋成仲) 383
송시열(宋時烈) 185
송준길(宋浚吉) 174, 296, 373, 429
송희(宋禧) 420, 500
수윤중암(守允中庵) 434
숙선옹주(淑善翁主) 664
숙종(肅宗) 219
슈쿠 게이슈(琴叔景趣) 464
스가와라노 미치자네(菅原道眞) 550
스가와라노 아손(菅原朝臣) 647
스즈키 슈지(鈴木修次) 503
승우(僧祐) 644
시라이 가요(白井華陽) 466
시잔 묘자이(此山妙在) 461
신게 겐테이(心華元棣) 521
신광수(申光洙) 120, 359, 437
신광한(申光漢) 539
신기질(辛棄疾) 180
신부용당(申芙蓉堂) 359
신석우(申錫愚) 156
신숙주(申叔舟) 443, 456
신위(申緯) 403, 530, 657, 659
신유한(申維翰) 137, 138, 201, 364, 468, 434, 477, 573, 570, 581, 585
신흠(申欽) 125
심무비(沈無非) 371
심수경(沈守慶) 347, 382

심육(沈錥) 434
쓰사카 고샤쿠(津阪孝綽) 526, 527, 713

아메노모리 호슈(雨森芳洲) 316, 317
아메노모리 히가시(雨森東, 芳洲) 585
아사가와 젠안(朝川善庵) 361
안광묵(安光默) 126
안동 장씨 175
안왕거(安往居) 372, 407
안원(安媛) 168
안정복(安鼎福) 259
안축(安軸) 660
앙투안 기양(Antoine Guilland) 33
야마네 기요시(山根淸) 586, 587
야마다 마사시게(山田正珍) 174
야마모토 호쿠잔(山本北山) 591, 595
양경우(梁慶遇) 317
양계초(梁啓超) 91
양번(楊蟠) 547
양성지(梁誠之) 218, 219, 240
양수경(楊守敬) 157
양수진(楊守陳) 204
양신(楊愼) 543
양억(楊億) 513
양유년(梁有年) 367, 388, 393, 394
양인(梁寅) 422
양정로(楊汀鷺) 156
양지원(梁之垣) 368
양현지(楊衒之) 650
양홍렬(楊鴻烈) 64
어득강(魚得江) 429
어세겸(魚世謙) 664
어숙권(魚叔權) 235, 241, 273, 654
어윤중(魚允中) 125
엄성(嚴誠) 170, 330
엄우(嚴羽) 636
엄흔(嚴昕) 110, 501, 561
에이사이 선사(榮西禪師) 481
엔닌(圓仁) 519
여서창(黎庶昌) 535
여소송(余紹宋) 494
영수각(令壽閣) 서씨 664
예찬(倪瓚) 492
오규 소라이(荻生徂徠) 527, 528, 584, 693, 699
오긍(吳兢) 251
오누마 아쓰시(大沼厚) 529
오대령(吳大齡) 571
오명제(吳明濟) 352, 357, 367, 389, 403
오복(吳宓) 70
오사도(吳師道) 421, 422, 424
오세창(吳世昌) 444
오숭량(吳嵩梁) 314, 339
오시오(大潮) 화상 102
오운(吳澐) 256
오윤겸(吳允謙) 579
오장원(吳長元) 137
오지과(吳知過) 389
오쿠다 겐케이(奧田元繼) 203, 588
오쿠보 고(大窪行) 376
오쿠보 시부쓰(大窪詩佛) 376
오효원(吳孝媛) 540
옹방강(翁方綱) 596
와타라이 스에시게(度會末茂) 526
완적(阮籍) 415
왕국유(王國維) 30, 55, 70
왕기(王琪) 456, 518
왕단숙(王端淑) 399
왕동궤(王同軌) 390
왕벽(王闢) 425
왕사임(王思任) 543
왕사진(王士禛) 360
왕세정(王世貞) 366, 590, 593
왕세종(汪世鍾) 352, 354, 390
왕수(王洙) 518
왕안석(王安石) 514, 515, 516, 518, 544, 547
왕연수(王延壽) 485
왕예(王叡) 635, 636
왕운(王惲) 422
왕유(王維) 421, 486, 511
왕익창(汪翼蒼) 342
왕찬(王贊) 511
왕창령(王昌齡) 510
왕희지(王羲之) 180

요헌(姚憲) 125
용계서(龍啓瑞) 254
우쓰노미야 돈안(宇都宮遯庵) 526
웅람(熊藍) 205
웅앙벽(熊昂碧) 314
원각(袁桷) 422
원매(袁枚) 102, 103, 333, 362, 376
원오극근(圓悟克勤) 505
원윤(圓贇) 175
원인(圓仁, 엔닌) 126
원중거(元重擧) 171, 172, 204, 205, 318, 319, 321, 336, 337, 571, 574, 575, 593, 596, 598, 602, 604, 607, 610, 614
원진(元稹) 491, 511, 512, 513, 544
원천석(元天錫) 437
원호문(元好問) 438
위경지(魏慶之) 520
위원추(魏元樞) 156
위의(韋穀) 512
위장(韋莊) 512
위초(韋迢) 510
유경숙(劉敬叔) 644
유계(俞棨) 259
유극장(劉克莊) 413, 422, 456
유근(柳根) 392
유금(柳琴) 332, 621
유도순(劉道醇) 488
유득공(柳得恭) 172, 200, 205, 306, 311, 319, 320, 323, 325, 329, 330, 332, 339, 340, 377, 455, 597, 598, 599, 614, 619, 621, 622
유반(劉攽) 513
유방선(柳方善) 538
유사기(俞士基) 358
유상운(柳尙運) 120, 448
유성룡(柳成龍) 371, 386, 387, 388
유세기(俞世基) 383, 405
유송람(劉松嵐) 156
유여시(柳如是) 610
유여주(俞汝舟) 405
유영지(劉永之) 456
유우석(劉禹錫) 513, 658
유월(俞樾) 528
유윤겸(柳允謙) 538
유의경(劉義慶) 366
유창(劉敞) 124
유향(劉向) 211
유협(劉勰) 304
유휴복(柳休復) 538
유흠(劉歆) 211
유희춘(柳希春) 383
육고(陸賈) 122
육기(陸機) 485
육비(陸飛) 330
육유(陸游) 124, 416, 417, 418
육응양(陸應陽) 137
윤기(尹愭) 283
윤지당 임씨(允摯堂 任氏) 408
윤현동(尹顯東) 156
윤홍덕(尹鴻德) 136
의정(義淨) 647
이경전(李慶全) 453
이고(李翶) 123
이공린(李公麟) 492
이광덕(李匡德) 428
이규경(李圭景) 101 308, 310, 312, 316, 317, 330, 340, 430
이규보(李奎報) 191, 321, 436, 532
이긍익(李肯翊) 259
이기(李芑) 246
이기경(李基敬) 125
이기락(李基洛) 383
이노우에 가즈오(井上和雄) 365
이노우에 다다시(井上悳) 342
이노춘(李魯春) 126
이달(李達) 357
이달충(李達衷) 191
이덕무(李德懋) 172, 204, 205, 296, 305, 308, 313, 314, 317, 318, 319, 321, 323, 324, 325, 328, 332, 335, 340, 344, 355, 359, 363, 369, 370, 377, 403, 599, 602, 605, 606, 607, 608, 609, 611, 612, 613, 614, 615, 616, 618, 621, 628
이덕휘(李德輝) 123

이민성(李民宬) 118
이반(李盤) 374
이반룡(李攀龍) 527, 584, 590, 593, 595, 604
이백(李白) 101, 180, 419, 427, 512, 513, 514, 515, 521, 543, 545, 555, 556, 558
이상은(李商隱) 449
이상적(李尙迪) 173, 205, 313, 615, 659
이상정(李象靖) 175
이색(李穡) 427, 436, 459, 533
이서구(李書九) 306, 319, 330, 331, 332, 377, 599
이석형(李石亨) 448
이소한(李昭漢) 453
이쇼 도쿠간(惟肖得岩) 462, 551
이수광(李睟光) 397, 402, 480, 559
이수민(李壽民) 448, 449
이순보(李純甫) 416, 418
이순인(李純仁) 429
이승소(李承召) 434
이시카와 다다시(石川貞) 165, 568
이시카와 조잔(石川丈山) 580, 624
이식(李植) 537
이심전(李心傳) 156
이쓰 추조(惟忠通恕) 463
이안눌(李安訥) 538
이언진(李彥瑱) 313, 589
이영덕(李永得) 136
이영득(李永得) 128
이옥봉(李玉峰) 349, 382, 383, 403, 404, 405
이용(李瑢) 456
이의준(李義準) 341
이의현(李宜顯) 356, 358, 396
이이(李珥) 247, 429
이익원(李益源) 259
이인로(李仁老 431, 533
이인영(李仁榮) 217, 247
이자명(李慈銘) 694
이재(李縡) 247
이정구(李廷龜) 368, 453
이정암(李廷馣) 429
이정원(李鼎元) 307, 339
이제현(李齊賢) 431, 432, 658, 659
이조원(李調元) 306, 308, 315, 328, 329, 330, 331, 332, 334, 339, 340, 344, 613, 624
이종휘(李種徽) 217, 257
이추 추조(惟忠通恕) 552
이카이 히코히로(豬飼彥博) 713
이택민(李澤民) 183
이테이안(以酊庵) 628
이토 진사이(伊藤仁齋) 699
이하(李賀) 415, 425, 427
이하곤(李夏坤) 443
이하진(李夏鎭) 120, 125
이학(李檃) 135
이학규(李學逵) 661
이항복(李恒福) 370, 448
이해응(李海應) 130
이행(李行) 433, 435, 436, 460
이헌경(李獻慶) 538
이현(李礥, 東郭) 171, 587, 593
이현석(李玄錫) 428, 458
이호민(李好閔) 458
이황(李滉) 246
인평대군(麟坪大君) 126
임벽당(林碧堂) 김씨 383
임상덕(林象德) 259, 437
임숙영(任叔英) 192
임연(任淵) 517
임제(林悌) 357
임춘(林椿) 532
임화(任華) 510
잇큐 소준(一休宗純) 505, 552

장내부(張乃孚) 334
장병염(張丙炎) 156
장석준(張錫駿) 118, 129
장언원(張彥遠) 486
장역(蔣彧) 251
장우(張羽) 422
장자충(張子忠) 124
장조(張璪) 491
장중심(張仲深) 419
장지동(張之洞) 254

장태염(章太炎) 78
장필문(張弼文) 175
장학성(章學誠) 414
장현광(張顯光) 252
장혼(張混) 430
전겸익(錢謙益) 32, 48, 356, 367
정경(鄭褧) 415, 421, 427, 433, 461
정경세(鄭經世) 537
정곤수(鄭崑壽) 124
정공수(程恭壽) 156
정도전(鄭道傳) 228
정문앙(鄭文昂) 375
정사룡(鄭士龍) 429
정사장(程士章) 125
정사초(鄭思肖) 108, 496, 553
정선(鄭歚) 457
정약용(丁若鏞) 537
정약증(鄭若曾) 204
정엽(鄭曄) 437
정인지(鄭麟趾) 256
정일당 강씨(靜一堂 姜氏) 408
정조(正祖) 220, 234, 265, 266, 537
정종로(鄭宗魯) 434
정창성(鄭昌聖) 126
정창순(鄭昌順) 126
정총(鄭摠) 442
정추(鄭樞) 431
정태(丁泰) 314
정태화(鄭太和) 119
정현(鄭玄) 31
정홍명(鄭弘溟) 429
정희량(鄭希良) 429
조경심(趙景深) 64
조공무(晁公武) 280
조귀명(趙龜命) 193, 430
조명채(曺命采) 364
조변(趙抃) 547
조성기(趙聖期) 428
조세걸(曹世杰) 456, 457, 458
조식(曹植) 485, 644, 645
조양사(趙良嗣) 125
조엄(趙曮) 154, 336, 571, 572, 573, 586
조위(曹偉) 126, 434
조익(趙翼) 229, 509, 517, 653
조정만(趙正萬) 383, 406
조태억(趙泰億) 448
조헌(趙憲) 197
종병(宗炳) 486
종성(鍾惺) 356, 358
종영(鍾嶸) 346, 543, 652
주경현(朱景玄) 421
주돈이(周敦頤) 487
주세붕(周世鵬) 501, 561
주이준(朱彝尊) 356, 358, 357, 407
주지번(朱之蕃) 366, 367, 372, 373, 388, 393, 394, 398
주필대(周必大) 124
주학령(朱鶴齡) 32
주희(朱熹) 258
즈이간 류세이(瑞岩龍惺) 465
즈이케이 슈호(瑞溪周鳳) 462, 475, 478, 521, 552
지경(志磬) 645
지쿠센(竺僊) 522
지쿠조(竺常, 大典顕常) 601
진관(秦觀) 545
진려(陳旅) 419
진례(陳澧) 73
진보 쇼주(仁甫聖壽) 522
진사도(陳師道) 500, 561
진산민(眞山民) 418, 426
진연(陳衍) 721
진우석(陳禹錫) 31
진인각(陳寅恪) 26, 27, 28, 29, 32, 37, 38, 40, 41, 44, 46, 47, 48, 50, 52, 53, 54, 57, 70, 77, 78, 80, 95
진자룡(陳子龍) 356
진정(陳靖) 125
진화(陳澕) 428

차천로(車天輅) 317
채방병(蔡方炳) 137
채수(蔡壽) 427
채제공(蔡濟恭) 120

채팽윤(蔡彭胤) 429
청한당(淸閒堂) 김씨 101
최당(崔讜) 431
최덕중(崔德中) 130, 131, 132, 133
최두찬(崔斗燦) 156
최립(崔岦) 191, 437
최석정(崔錫鼎) 120
최송설당(崔松雪堂) 540
최연(崔演) 125
최자(崔滋) 476, 533
최충(崔冲) 175
최치원(崔致遠) 175, 186, 189, 498
최해(崔瀣) 190
최현(崔晛) 128
추간 엔게쓰(中巖圓月) 690
추호 엔니(仲芳円伊) 551
추호 엔이(仲方圓伊) 463

토인비(Arnold J. Toynbee) 96, 178

포정박(鮑廷博) 342
풍극관(馮克寬) 165
풍우란(馮友蘭) 27
풍운(風韻) 499
프란치스코 사비에르(Francisco Xavier) 149

하라다 도이치로(原田藤一郎) 206
하문(何汶) 494
하세녕(河世寧) 103
하야시 노부토모(林信智) 469
하야시 라잔(林羅山) 699
하야시 순사이(林春齋) 525
하진(河溍) 429
한석봉(韓石峰, 韓濩) 367, 374
한수(韓脩) 432
한유(韓愈) 511, 513, 514, 543
한졸(韓拙) 488
한준겸(韓浚謙) 434
한초명(韓初命) 352
한치윤(韓致奫) 222, 259
한태동(韓泰東) 124
한호(韓濩) 373, 391, 392
합리(合離, 고리)[斗南] 337
허균(許筠) 193, 349, 350, 366, 367, 368, 369, 373, 381, 382, 384, 386, 387, 388, 389, 390, 392, 393, 394, 395, 396, 398, 402, 404, 405, 656
허난설헌(許蘭雪軒) 170, 349, 354, 367, 373, 374, 382, 385, 389, 392, 393, 394, 397, 398, 402, 404, 405, 539, 610
허드슨(G. F. Hudson) 177
허봉(許篈) 131, 132, 133, 389, 391, 539
허유임(許有壬) 543
허항종(許亢宗) 125
헤르더(Jihann Gottfried von Herder) 33
혜교(慧皎) 642, 643
혜령(慧令) 637
호소야스(細安) 195
호응린(胡應麟) 360
호자(胡仔) 548
호적(胡適) 25, 26, 30, 37, 54, 63, 70, 75
호조(胡助) 456
홍경모(洪敬謨) 117
홍계희(洪啓禧) 154
홍길주(洪吉周) 254
홍대용(洪大容) 170, 369, 609, 611, 612
홍만종(洪萬宗) 390, 560, 609
홍매(洪邁) 48
홍명원(洪命元) 458
홍백창(洪百昌) 317
홍서봉(洪瑞鳳) 458
홍석주(洪奭周) 189, 233, 254, 292, 295, 326, 620
홍세태(洪世泰) 572
홍순연(洪舜衍) 168
홍양호(洪良浩) 126
홍업(洪業) 547
홍여하(洪汝河) 256, 259
홍원주(洪原周) 540, 664
홍익한(洪翼漢) 128
황공망(黃公望) 488
황백사(黃伯思) 413
황성증(黃省曾) 543
황원공(黃元恭) 204

황정견(黃庭堅) 109, 500, 503, 516, 517, 518, 560, 561
황종희(黃宗羲) 48
황학(黃鶴) 535
황호(黃戾) 428
후지와라 세이카(藤原惺窩 699
후지와라노 스케요(藤原佐世) 519
후쿠하라 오사무(福原修) 595
훔볼트(Wilhelm von Humboldt) 32
히로세 단소(廣瀨淡窗) 527, 583, 590

서명, 편명, 화제(畵題)

「가도태려(賈島駄驢)」 465, 550
『가림세고(嘉林世稿)』 383
『가장서적부(家藏書籍簿)』 296, 373
『각도책판목록(各道冊板目錄)』 274, 286, 373
『간양록(看羊錄)』 137
『갈관자(鶡冠子)』 304
『갈원시화(葛原詩話)』 713
『갈원시화규무(葛原詩話糾謬)』 713
『갈원시화표기(葛原詩話標記)』 714
『갑오조천노정(甲午朝天路程)』 125
「강경우에게 부치다[寄姜景愚]」 443
「강설도(江雪圖)」 456
「강정언 필신에게 답하다[答姜正言必愼]」 359
「강천모설도(江天暮雪圖)」 456
『강촌총서(彊村叢書)』 658
『강표행기(江表行記)』 123
『개유설서목(皆有窩書目)』 213
「거사가 눈 속에 소를 타고 추암에 노닐다[金居士雪中騎金居士雪中騎牛游皺巖]」 433
『거이록(居易錄)』 360
『건도봉사록(乾道奉使錄)』 125
『건연외집(巾衍外集)』 330, 598, 621
「검문도중 가랑비를 맞아[劍門道中遇微雨]」 416
『게이초 이래 서고집람(慶長以來書賈集覽)』 365
『겐엔수필(蘐園隨筆)』 693
『겐지모노가타리(源氏物語)』 169, 549
『견한잡록(遣閒雜錄)』 347, 382
『겸가아집도(蒹葭雅集圖)』 600
『경국집(經國集)』 169, 347, 549
『경번집(景樊集)』 371
『경상도책판(慶尙道冊板)』 274
『경와집(敬窩集)』 253
『경의고(經義考)』 232
『경자연행잡지(庚子燕行雜識)』 358
『경적거요(經籍擧要)』 254
「경적지(經籍志)」 263
『경적회통(經籍會通)』 360
『경정건강지(景定建康志)』 236, 249
『경주부원교서책목록(慶州府院校書冊目錄)』 244
『계림록(桂林錄)』 691
『계림창화집(鷄林唱和集)』 168, 171
『계미사행일기(癸未使行日記)』 571
『계산기정(薊山紀程)』 130, 134
「계원필경집 교정인쇄본 서문[校印桂苑筆耕集序]」 189
『고금명원시귀(古今名媛詩歸)』 362
『고금명원회시(古今名媛匯詩)』 375
『고금여사(古今女史)』 356, 362, 399
『고금화가집(古今和歌集)』 549
「고금화가집진명서(古今和歌集眞名序)」 554
『고려사(高麗史)』 189, 212, 252, 256, 258, 268, 273, 329, 531
『고려사절요(高麗史節要)』 223, 228
『고문효경공씨전(古文孝經孔氏傳)』 342
「고별리(古別離)」 403
『고사신서(攷事新書)』 235
『고사촬요(攷事撮要)·책판목록(冊板目錄)』 212
『고사촬요(攷事撮要)』 213, 235, 236, 240, 241, 273
『고서책판유처고(古書冊板有處考)』 274
『고선책보(古鮮冊譜)』 213
『고승전(高僧傳)』 425, 646

『고씨화보(顧氏畫譜)』 458
『고운당필기(古芸堂筆記)』 172, 200, 205, 319, 325, 340, 614
『고일총서(古逸叢書)』 535, 538
『고책판소재고(古冊板所在考)』 212, 213
『고환당미정초(古懽堂未定草)』 156
「곡운구곡도(谷雲九曲圖)」 456, 457
「곡운구곡도가(谷雲九曲圖歌)」 456
「곡운구곡도발(谷雲九曲圖跋)」 457
『공화일용공부약집(空華日用工夫略集)』 701
『공화일용공부집(空華日用工夫集)』 711
「과우도(跨牛圖)」 438
「곽희산수장자(郭熙山水障子)」 456
「곽희설림효제(郭熙雪林曉霽)」 456
『관독일기(觀讀日記)』 603
「관소불의학사소장고서명화(觀邵不疑學士所藏古書名畫)」 548
「관월첩서(貫月帖序)」 193, 430
「관자미화상(觀子美畫像)」 547
『광여기(廣輿記)』 137
「광원의 집에서 이사하여 덕원 교외로 가서 백씨의 시에 차운함[自光遠家轉往德原郊居次伯氏韻]」 453
『광천화발(廣川畫跋)』 500, 548
「광한전백옥루상량문(廣寒殿白玉樓上樑文)」 373, 384, 391
「괴애 김수온 만시[挽金乖崖守溫]」 434
『구가주두시(九家注杜詩)』 518
『국조시산(國朝詩刪)』 390, 404, 405, 656
『군대관좌우장기(君臺觀左右帳記)』 465, 550
『군서표기(群書標記)』 213, 222, 234, 266, 268
『군재독서기(郡齋讀書記)』 232
『궁궐지(宮闕志)』 219
「귀래정(歸來亭)」 403
『귀여릉일기(歸廬陵日記)』 124
『규수집(閨秀集)』 346, 381
『규장각서목(奎章閣書目)』 213, 222, 234
『규장각지(奎章閣志)』 221
『규장총목(奎章總目)』 212, 213, 221, 230, 232, 241, 264, 265, 278, 281, 282, 283, 284, 285, 288, 289, 290, 292, 294
『규정집(閨貞集)』 362
「규한(閨恨)」 169
『근역서화징(槿域書畫徵)』 444
『금계일기(錦溪日記)』 194
『금광명최승왕경(金光明最勝王經)』 647
『금광명최승왕경현추(金光明最勝王經玄樞)』 647
「금나라 군주가 그린 맹화연 기려도[金主畫孟浩然騎驢圖]」 422
「금봉화염지가(金鳳花染指歌)」 402
「금천효행(金川曉行)」 461
『금편지가(金鞭指街)』 715
『급고각교각서목(汲古閣校刻書目)』 235
『긍사(亙史)』 372
「기우가(騎牛歌)」 438
「기우가를 관직에 부쳐져 서울로 가는 제찬에게 보낸다[騎牛歌送霽山付職之京]」 440
「기우도(騎牛圖)」 460
「기우도인을 전송하는 시에 차운함[次韻送騎牛道人]」 435
「기우설(騎牛說)」 435
「기월봉사육융선사(寄月峰寺六融禪師)」 539
「기유서행기(己酉西行記)」 368, 395
『기자지(箕子志)』 184
『김노경수찰(金魯敬手札)』 157
「김양허 항주 선비의 첩에 쓰다[書金養虛杭士帖]」 205, 607
「꽃구경 하는 여러 군자들이 그리워 기우자에게 부친다[有懷看花諸君子寄呈騎牛子]」 433

「나귀에 걸터앉아 시구를 찾는 그림에 쓴 발문[跋跨驢覓句圖]」 421
「나주 벽오헌에 쓰다[題羅州碧梧軒]」 433
『낙양가람기(洛陽伽藍記)』 650
「난랑비서(鸞郎碑序)」 186
「난설재시집소인(蘭雪齋詩集小引)」 388,

393
『난설헌시집(蘭雪軒詩集)』 374, 610
「난설헌전략(蘭雪軒傳略)」 373
『난설헌집(蘭雪軒集)』 365, 368, 369, 371, 372, 373, 384, 386, 387, 394, 396, 397, 399, 404, 409
「난설헌집제사(蘭雪軒集題辭)」 388, 394
『난정집(蘭亭集)』 317, 335, 603, 604
「남월행기(南越行紀)」 122
『남해행기(南海行記)』 123
『내각방서록(內閣訪書錄)』 221, 231, 267, 268, 294
『내남록(來南錄)』 123
『노가재연행일기(老稼齋燕行日記)』 130, 132, 134
『노두완화계도인(老杜浣花谿圖引)」 500
『노영광전부(魯靈光殿賦)」 485
『논관화별지(論觀畫別識)」 488
「논시(論詩)」 590
「논시, 증소관장경·중도자옥(論詩贈小關長卿中島子玉)」 583
「논시절구(論詩絶句)」 530
「농묵산수(濃墨山水)」 464
『누판고(鏤板考)』 212, 213, 241, 244, 248, 373
「눈 속에서 우연히 읊어서 공보 공에게 올리다[雪中偶吟贈公輔令公]」 428
「눈 온 뒤 홍이 나서 태초(유성원)와 덕여(이극감) 두 집현전 학사에게 써서 보내다[雪後有興題寄太初·德興兩集賢]」 427
『능운집(凌雲集)』 549

『담예록(談藝錄)』 721
「답양감군지원서(答梁監軍之垣書)」 368
「답전이지논문서(答全履之論文書)」 532
「답정경식(答鄭景式)」 430
「답홍구보서(答洪駒父書)」 516
「당고공부원외랑두군묘계명병서(唐故工部員外郎杜君墓係銘並序)」 511
『당송분문명현시화(唐宋分門名賢詩話)』 342
『당시기사(唐詩紀事)』 424
『당시선(唐詩選)』 527
『당시유선(唐詩類選)』 512, 547
『당시절구주해서(唐詩絕句注解序)」 342
『당조명화록(唐朝名畫錄)』 421
『대계집(大溪集)』 156
『대당서역기(大唐西域記)』 127
『대동시평(大東詩評)』 317
『대송승사략(大宋僧史略)』 712
『대장경목록(大藏經目錄)』 212
『대장목록(大藏目錄)』 212, 213
『대진담초(大陣譚草)』 156
『대청회전(大淸會典)』 137
『대청흠사필담록(大淸欽使筆談錄)』 156
『대축관서목(大畜觀書目)』 222, 271, 272
「도강록(渡江錄)」 198
『도동록(道東錄)』 253
『도서집성(圖書集成). 고금도서집성(古今圖書集成)』 265
『도서책수표(圖書冊數表)』 222
「도협총설(陶峽叢說)」 356, 358, 396
「도형(悼兄)」 669
『도화견문지(圖畫見聞誌)』 490, 496
「독두시(讀杜詩)」 533
『독두시우득(讀杜詩愚得)』 535
「독이두시집인제권후(讀李杜詩集因題卷後)」 519
「독잠가주집(讀岑嘉州集)」 559
『동관여론(東觀餘論)』 413
『동관유편(彤管遺編)』 362
「동국고사를 읊다. 김거사가 눈 속에 소를 타고 추암에 노닐다[詠東國故事·金居士雪中騎牛游皺巖]」 433
『동국문헌비고(東國文獻備考)』 262, 264
『동국사략(東國史略)』 258
「동국사영익재운(東國四詠益齋韻)」 432
『동국여지승람(東國輿地勝覽)』 273
『동국통감(東國通鑑)』 258, 259
『동국통감제강(東國通鑒提綱)』 259
『동국통지(東國通志)』 259, 261, 263
「동문선서(東文選序)」 192
『동문휘고(同文彙考)』 126, 156

『동사(東史)』 257
『동사(東史)』「고구려예문지(高句麗藝文志)」 217
『동사강목(東史綱目)』 259
『동사록(東槎錄)』 579
『동사만음(東槎漫吟)』 468
『동사약(東史約)』 259
『동사찬요(東史簒要)』 256
「동사축 뒤에 적다[書東槎軸後]」 607
『동사회강(東史會綱)』 259
「동양선생두율상해후서(東陽先生杜律詳解後序)」 526
『동양 역대 여사시선(東洋歷代女史詩選)』 377
『동영시선(東瀛詩選)』 528
『동완행기(董琬行記)』 123
『동이제국행기(東夷諸國行記)』 123
「동인논시(東人論詩)」 403
『동인시화(東人詩話)』 109, 317, 347, 381, 498, 531, 533, 557, 559
『동재집적(東齋集籍)』 251
『동파두시사실(東坡杜詩事實)』 518
「동파의 〈설〉시에 차운하여 차소(신종호)에게 보내다[次東坡雪詩寄次韶]」 428
『동환봉사(東還封事)』 197
『두공부소집(杜工部小集)』 511
『두공부집(杜工部集)』 518
『두공부초당시전(杜工部草堂詩箋)』 535
『두공부후집(杜工部後集)』 514
『두륙분운(杜陸分韻)』 535
『두륙천선(杜陸千選)』 535, 537
「두륙천선서(杜陸千選序)」 537
『두률분운(杜律分韻)』 537
『두릉구해(杜陵句解)』 518
「두릉기려도(杜陵騎驢圖)」 551
「두릉춘유도(杜陵春遊圖)」 552
「두보완화취귀도(杜甫浣花醉歸圖)」 551
「두보화상(杜甫畫像)」 547
『두시범덕기비선(杜詩范德機批選)』 535
『두시억단(杜詩臆斷)』 522
「두시인득서(杜詩引得序)」 547
『두시적취초(杜詩續翠抄)』 522
「두시집구(杜詩集句)」 539
『두시초(杜詩抄)』 522
『두원외집(杜員外集)』 519
『두율발휘(杜律發揮)』 526
『두율상해(杜律詳解)』 526, 527
『두율집해(杜律集解)』 524, 525
『두율초(杜律鈔)』 539
『두율평총(杜律評叢)』 526
「두자기려(杜子騎驢)」 465, 550
「두자미기려도(杜子美騎驢圖)」 548
「두자미도(杜子美圖)」 551
「두자미모옥위추풍소파가도(杜子美茅屋爲秋風所破歌圖)」 496
「두자미비응도(杜子美臂鷹圖)」 551
『두자미시집(杜子美詩集)』 555
「두자미취후종문착미도(杜子美醉後宗文捉轡圖)」 502, 561
『두주서원서판서적목록(杜洲書院書板書籍目錄)』 251
「둔촌에 돌아가 지아의 시에 차운하다[歸遁村次芝兒韻]」 455
「등루(登樓)」 403

『라틴과 튜턴 민족사 1494-1514』 34

『마가바라행기(馬可·波羅行紀)』 127
「마상음시도(馬上吟詩圖)」 421
『마씨문통(馬氏文通)』 25, 63
『만엽집(萬葉集)』 549
「맹양양설중기려도(孟襄陽雪中騎驢圖)」 479
「맹양양설행도(孟襄陽雪行圖)」 422
「맹호연 기려도에 쓰다[書孟浩然騎驢圖]」 422
「맹호연 기려음설도에 쓰다[題孟浩然騎驢吟雪圖]」 420
「맹호연과려도(孟浩然跨驢圖)」 422
「맹호연기려도(孟浩然騎驢圖)」 422
「맹호연기려음설도(孟浩然騎驢吟雪圖)」 422
「맹호연상(孟浩然像)」 428
『명고전집(明皐全集)』 156

『명시선(明詩選)』 356
『명시종(明詩綜)』 356, 357, 358, 363
『명원시귀(名媛詩歸)』 358, 359, 360, 372, 407, 613
『명원시귀초(名媛詩歸抄)』 377
『명원시선집(名媛詩仙集)』 375
『명원시위(名媛詩緯)』 399
『명원시위초편(名媛詩緯初編)』 356
『명원시초(名媛詩鈔)』 360, 613
『명원회시(名媛匯詩)』 356
『명종실록』 246
「모옥위추풍소파가(茅屋爲秋風所破歌)」 108, 505, 553
「모춘야유경도애응원작(春暮夜游京都大應院作)」 460
『목은고(牧隱藁)』 459
「몽경당일사서(夢經堂日史序)」 126
「무료하여 산수화 작은 병풍을 보고 즉흥으로 적는다 / 나귀 타고 다리를 건넘[無聊中見山水小屛偶題·騎驢過橋]」 448
『문견별록(聞見別錄)』 137, 139, 579
『문견잡록(聞見雜錄)』 141
『문사여향(問槎餘響)』 171, 173
「문사여향서(問槎餘響序)」 594
『문사통의(文史通義)』 414
『문선(文選)』 459
『문심조룡(文心雕龍)』 304, 413
『문어해(文語解)』 713
『문원영화(文苑英華)』 531
「문헌각명병소서(文獻閣銘並小序)」 219
「문헌서원학규(文憲書院學規)」 247
『문헌통고(文獻通考)』 232, 252, 264
『문화수려집(文華秀麗集)』 481, 549
「문회서원원규(文會書院院規)」 247
『미강집(渼江集)』 156
『미암집(眉巖集)』 383
『미자헌한담(尾蔗軒閒談)』 331
『민수연담록(澠水燕談錄)』 425

「발난설헌집(跋蘭雪軒集)」 371
「발주석문문자선(跋註石門文字禪)」 686
「밤에 녹문사로 돌아가다[夜歸鹿門寺]」 420
『방법으로서의 중국』 78
『방서록(訪書錄)』 225, 265
『백가시화초(百家詩話抄)』 104
「백우상인의 남행을 전송하며[送伯雨上人之南行]」 464
「번방곡(翻方曲)」 661
『법화의소(法華義疏)』 646
『벽암록(碧巖錄)』 108, 505
「변주문공역전중강지설(辨朱文公易傳重剛之說)」 690
『병세집(幷世集)』 323, 599, 600, 619, 622
『보경사명지(寶慶四明志)』 236, 248, 249
『보교편(輔教編)』 700, 701, 702
『보문각책목록(寶文閣冊目錄)』 222, 231, 234, 272
「보산을 위하여 안남을 평정한 노래를 짓는다[爲補山作平安南歌]」 333
『보진당일기(葆眞堂日記)』 124
「보천탄즉사(寶泉灘即事)」 404
『보한집(補閑集)』 476, 533, 534
『복건통지(福建通志)』 235
『복건판본지(福建板本志)』 235
「복초중선사(復蕉中禪師)」 574
『본사시(本事詩)』 109
『본조여가선(本朝女歌仙)』 375
『본조일인일수(本朝一人一首)』 169
『봉군의행기(封君義行記)』 123
『봉모당봉안어서총목(奉謨堂奉安御書總目)』 221, 234
「봉사 이중보가 조정으로 돌아가는 것을 전송하는 글(送奉使李中父還朝序)」 190
『봉사록(奉使錄)』 125
『봉사어록(奉使語錄)』 125
『봉사일본시문견록(奉使日本時聞見錄)』 364
『부경일록(赴京日錄)』 124
『부문충입국어록(富文忠入國語錄)』 124
「부벽루시(浮碧樓詩)」 665
『부상록(扶桑錄)』 580
『북경필화(北京筆話)』 156
『북사담초(北槎譚草)』 156

『북양대신아문필담(北洋大臣衙門筆談)』 156
『북양아문담초(北洋衙門談草)』 156
『북연기행(北燕紀行)』 126
『북유록(北游錄)』 312
『북정록(北征錄)』 125
『북학의(北學議)』 199, 617
『북한책목록』 222
『북행일록(北行日錄)』 124
『분류두공부시언해(分類杜工部詩諺解)』 535, 536
『분문집주두공부시(分門集注杜工部詩)』 547
『불국기(佛國記)』 123
『불조통기(佛祖統紀)』 645
『비변사등록(備邊司謄錄)』 156
『비시화(非詩話)』 630
「비해당 소상팔경시권에 적다[題匪懈堂瀟湘八景詩卷]」 443
『빈관호저집(賓館縞紵集)』 625

『사가시(四家詩)』 514
『사고려국(使高麗錄)』 125
『사고려기(使高麗記)』 125
『사고전서(四庫全書)』 290
『사고전서간명목록(四庫全書簡明目錄)』 137, 140, 232, 256, 291, 292
『사고전서총목(四庫全書總目)』 284, 290, 494
『사고총목(四庫總目)』 285, 292
『사록(槎錄)』 571
『사릉한묵지(思陵翰墨志)』 413
『사북어록(使北語錄)』 124
『사상기(槎上記)』 578, 595
「산수도(山水圖)」 448, 456
『산수순전집(山水純全集)』 488
「산중기우부(山中騎牛賦)」 440
『산효각부용시선(山曉閣芙蓉詩選)』 359
『삼고승시(三高僧詩)』 711
「삼괴선생관광록서(三魁先生觀光錄序)」 126
『삼국사기(三國史記)』 187, 256, 257, 258, 273
『삼국유사(三國遺事)』 186
『삼남소장책판(三南所藏冊板)』 244
『삼남책판목록(三南冊板目錄)』 213
「삼오칠언(三五七言)」 664
「상사시(相思詩)」 667
『상한창수집(桑韓唱酬集)』 175
『상한필어(桑韓筆語)』 174
「상현요(湘絃謠)」 390
『생생자보(生生字譜)』 213
『생신국신어록(生辰國信語錄)』 123
『서고서목(西庫書目)』 222
『서고서목첨록(西庫書目籤錄)』 264
『서고장서록(西庫藏書錄)』 221
『서고장서록(書庫藏書錄)』 285, 286, 278, 298
「서기 손암(遜庵) 원중거 씨가 부사를 따라 일본으로 가기에 받들어 올림(奉贈書記遜庵元丈重擧隨副使之日本)」 204
「서나파효경동유권후(書那波孝卿東游卷後)」 571
『서목답문(書目答問)』 254
『서산야화(西山夜話)』 692
『서상잡영(西上雜詠)』 568
『서서목록(西序書目)』 213
『서서서목첨록(西序書目籤錄)』 231
『서서서목초본(西序書目草本)』 231
『서역도리기(西域道里記)』 125
『서응본기경(瑞應本起經)』 646
「서이참의수광조천시후(書李參議睟光朝天詩後)」 370
『서재서목(西齋書目)』 251
「서적십사(書籍十事)」 218, 240
「서적포를 둔 시(置書籍鋪詩)」 228
『서정기(西征記)』 125
『서정록(西征錄)』 125
『서포만필(西浦漫筆)』 109, 559, 662
『서향각봉안총록(書香閣奉安總錄)』 221, 234
『서화서록해제(書畫書錄解題)』 494
『석문문자선(石門文字禪)』 681, 704, 711, 723
『석씨계고략(釋氏稽古略)』 645

『석진우역집(析津于役集)』 125
「선면(扇面)」 464, 465
『선원보첩(璿源譜牒)』 221
『선철총담(先哲叢談)』 577
『선철총담후편(先哲叢談後編)』 591
『선험기(宣驗記)』 644
『선화봉사고려도경(宣和奉使高麗圖經)』 212
『선화을사봉사행정록(宣和乙巳奉使行程錄)』 125
『선화화보(宣和畫譜)』 491, 493
「설(雪)」 427
「설경(雪景)」 497
「설경심매(雪徑尋梅)」 461
「설산기려도(雪山騎驢圖)」 449
「설시도(雪詩圖)」 496
『성교광피도(聲敎廣被圖)』 183
『성오담설(惺吾談屑)』 157
『성종실록』 239, 245
『세계역사명상록』 42, 45
「세설산보주해서(世說刪補注解序)」 366
『세설신어(世說新語)』 424
『세설신어산보(世說新語刪補)』 366
『세종실록』 237, 240, 244
『센사이가쿠(千載佳句)』 520
「소상팔경/강촌모설(瀟湘八景·江天暮雪)」 448
『소수담초등본(筱帥談草謄本)』 156
『소수서원서책치부(紹修書院書冊置簿)』 244
『소화시평(小華詩評)』 390, 560, 609
『소화총서(小華叢書)』 341
『속억단(續臆斷)』 522
「속여인행(續麗人行)」 552
『속함해(續函海)』 306, 311, 312, 313, 315, 316, 335, 344, 613, 624
『손곡시집(蓀谷詩集)』 357
『송계만록(松溪漫錄)』 317
「송궁인입도(送宮人入道)」 402
『송목관신여고(松穆館燼餘稿)』 313
『송사(宋史)』 223
『송사』「예문지」(宋史 藝文志) 125
『송운행기(宋雲行記)』 123
「송일본석대유환국(送日本釋大有還國)」 568
「송조명화평서(宋朝名畫評序)」 488
「송하연명노두완화계도인(松下淵明老杜浣花溪圖引)」 548, 560
「쇄아(瑣雅)」 616
「쇼츄 선사[다이텐 겐조(大典顯常)]에게 답하다[復蕉中禪師]」 203
『수계선생비점두공부칠언율시(須溪先生批點杜工部七言律詩)』 535
「수려낙안(瘦驢落雁)」 465
『수서』「경적지」(隋書 經籍志) 211
『수원삼십종(隨園三十種)』 362
『수원시초범례(隨園詩鈔凡例)』 103
『수원시화(隨園詩話)』 103, 332, 376
『수원여제자시선(隨園女弟子詩選)』 376
『수원여제자시선선(隨園女弟子詩選選)』 376
『수초당서목(遂初堂書目)』 235
『숙종실록』 197
『승사록(乘槎錄)』 156, 319, 571, 596, 604
『승정원일기』 156
『승화루서목(承華樓書目)』 222, 341
『시가점등(詩家點燈)』 101, 308
『시가퇴고(詩家推敲)』 713
『시격(詩格)』 413
『시귀(詩歸)』 356, 358
「시내를 따라가다가 우연히 읊다[溪行偶吟]」 434
「시랑 서호수가 부사로 연경으로 가는 것을 전송하는 글[送徐侍郎浩修以副价之燕序]」 617
「시를 논하여 오제키 초케이와 나카시마 시교쿠에게 주다[論詩贈小關長卿中島子玉]」 527
『시안(詩眼)』 517
『시어고(詩語考)』 716
『시어해(詩語解)』 713
『시인옥설(詩人玉屑)』 342, 520, 521
『시체명변(詩體明辨)』 637
『시품(詩品)』 346, 652

「식미(式微)」 435
『신라국기(新羅國記)』 125
『신문학』 91
『신원지략(宸垣識略)』 137, 141
『신집서목(新集書目)』 251
「신찬화가서(新撰和歌序)」 554
『신편제종교장목록(新編諸宗敎藏目錄)』 212, 213
『실록자수(實錄字藪)』 213
「심곡서원학규(深谷書院學規)」 247
『심전고(心田稿)』 156, 339
『십삼경주소(十三經註疏)』 279
『십초시(十抄詩)』 377, 534
「쌍림상인이 소장한 열 폭의 그림에 제하다[題雙林心上人所藏十畫]」 501

『아세아대륙 여행일지 및 청·한·로 삼국 평론[亞細亞大陸旅行日誌並淸韓露三國評論]』 206
『아정유고(雅亭遺稿)』 613
「안락당팔영. 외구 정신창 사억을 위해 제하다(安樂堂八詠爲外舅鄭新昌思億題)」 453
「앙엽기(盎葉記)」 363
『야항시화(夜航詩話)』 527
『양동창화후록(兩東唱和後錄)·별록』 169
『양호여화(兩好餘話, 료코요와)』 203
『어물어화목록(御物御畫目錄)』 465, 550
『어정역대제화시류(御定歷代題畫詩類)』 422
「언의문집서(言意文集序)」 487
「〈엔록〉을 읽고(讀蔫錄)」 173, 205, 615
『여가동행기(輿駕東行記)』 123
「여미수논동파문서(與眉叟論東坡文書)」 532
『여사제강(麗史提綱)』 259
『여소(女騷)』 356, 403
『여아주선집(與我周旋集)』 156
「여원구서(與元九書)」 558
「여유혜숙서(與俞惠叔書)」 487
『여의군전(如意君傳)』 375
『역대명화기(歷代名畫記)』 486
『역사연구』 96, 178
「역산비(嶧山碑)」 596
『연대경과록(燕臺瓊瓜錄)』 156
『연대재유록(燕臺再遊錄)』 311, 339
『연도기행(燕途紀行)』 126
『연려실기술(燃藜室記述)』 259
『연려실기술별집(燃藜室記述別集)』 213
『연사기행(燕槎紀行)』 126
『연사담초(燕槎譚草)』 156
『연사휘원총서(燕槎彙苑總叙)』 117
『연오행역기(燕吳行役記)』 125
『연우사명지(延佑四明志)』 236
「연우창강(連雨漲江)」 554
『연운기행(燕雲紀行)』 126
『연운봉사록(燕雲奉使錄)』 125
『연원직지(燕轅直指)』 130, 132, 134
「연원직지서(燕轅直指序)」 129
『연주록(聯珠錄)』 540
『연항시독(燕杭詩牘)』 157
『연행기(燕行記)』 311
『연행록(燕行錄)』 130, 131, 133, 135, 621
『연행일기(燕行日記)』 124
『연행일록(燕行日錄)』 124
『연행잡록(燕行雜錄)』 128, 136, 140
『열고관서목(閱古觀書目)』 213, 222, 231
『열상규조(洌上閨藻)』 407
『열조시집(列朝詩集)』 356, 357, 362, 402, 406
『열조시집소전(列朝詩集小傳)』 362
『열하기행시주(熱河紀行詩註)』 311
『열하일기(熱河日記)』 198, 306
『영겸당아집도(詠蒹堂雅集圖)』 600
『영남각읍원교서책록(嶺南各邑院校書冊錄)』 244, 247
『영남각읍원교책록(嶺南各邑院校冊錄)』 213
『영남책판기(嶺南冊板記)』 213
「영릉과 영릉에 삼가 들러서(敬過英寧二陵)」 192
「영봉서원기(迎鳳書院記)」 246
『영수각고(令壽閣稿)』 101
『영해필담(瀛海筆談)』 156

『예문유취(藝文類聚)』 637
「친구를 만나[逢故人]」 541
『오두증광두율평해(鼇頭增廣杜律評解)』 526
『오등회원(五燈會元)』 687
『오몽당시(午夢堂詩)』 362
『오산당시화(五山堂詩話)』 376, 467, 475, 528, 591, 714
『오산설림(五山說林)』 317
『오악총서(五岳叢書)』 329
『오이노고부미(負笈小文)』 555
『오주연문장전산고』 308, 310
「오참군 자어 대형이 명나라로 돌아가는 것을 전송하며」 193
「오카모토 호슈와 한객의 창화시첩에 제하다[題岡本豐洲韓客唱和詩帖]」 628
『오쿠노호소미치(奧之細道)』 555
『옥경양추(玉鏡陽秋)』 399
「옥계가 우촌시화에 제한 운에 화운한다[和玉溪題雨村詩話韻]」 334
『옥봉집』 383, 406
『옥하간첩(玉河簡帖)』 157
「옥화궁(玉華宮)」 556
『완영책판목록(完營冊板目錄)』 213, 274
『완우담초(晥友譚草)』 156
「완화계도(浣花溪圖)」 500
「완화취귀도(浣花醉歸圖)」 108, 469, 501, 551, 561
「완화취음도(浣花醉吟圖)」 108, 551
「왕어양이 세모에 남을 그리워하여 지은 60수를 장난스레 모방한다[戲仿王漁洋歲暮懷人六十首]」 324
「왕유가 그린 맹호연 기려도 발문[跋王維畫孟浩然騎驢圖]」 423
「왕유가 그린 맹호연 기려도[王維畫孟浩然騎驢圖]」 422
「왕유가 그린 맹호연 기려도의 발문[跋王維畫孟浩然騎驢圖]」 422
「왕유가 그린 맹호연 상에 제하다[題王維所畫孟浩然像]」 422
『왕장원집백가주편년두릉시사(王狀元集百家注編年杜陵詩史)』 518
「왕정국시집서(王定國詩集敍)」 515
『요계집(瑤溪集)』 494
『요지집(瑤池集)』 496
『용비어천가(龍飛御天歌)』 660
「용암사아집 12수(龍巖社雅集十二首)」 540
『우역지(于役志)』 124, 125
『우주두율(虞注杜律)』 535
『우촌시화(雨村詩話)』 315, 330, 332, 334, 339, 344, 624
『우현집(又玄集)』 512
『우호여화(兩好餘話)』 588
『운각당자수(芸閣唐字藪)』 213
『운각책도록(芸閣冊都錄)』 221
『운남통지(雲南通志)』 236, 250
「운산도중(雲山途中)」 434
『운석재필담(韻石齋筆談)』 224, 355
『월만당독서기(越縵堂讀書記)』 694
「유서경이 경사로 가는 것을 전송하는 글(送柳西垌赴京師序)」 191
「유리당묵객도(琉璃堂墨客圖)」 510
「유선사(遊仙詞)」 401, 402
『유하집(柳下集)』 573
『유한집(幽閑集)』 540
『육률분운(陸律分韻)』 537
「율곡이선생가장(栗谷李先生家狀)」 184
『융문루서목(隆文樓書目)』 222, 234
『은은소설(殷芸小說)』 417
『음빙록(飮冰錄)』 120
『음빙행정력(飮冰行程曆)』 125
『의풍루(倚風樓)』 191
『이가전율(二家全律)』 535, 537
『이담유증(耳談類增)』 390
『이목구심서(耳目口心書)』 321, 606
『이문원봉안총록(摛文院奉安總錄)』 221, 234
『이문원서목(摛文院書目)』 222
「이백의 삼오칠언시에 차운하여 아울러 자준에게 부친다(次李白三五七言韻兼寄子峻)」 664
『이순록(二旬錄)』 397
「이우촌 관찰이 부쳐온 원운에 삼가 화운한다[奉和李雨村觀察見寄原韻]」 333

『이원(異苑)』 644
『이조향렴집(李朝香匳集)』 668
『이탈리아 문예부흥시대의 문화: 가설』 41
「이하기마도(李賀騎馬圖)」 449
「이하소전(李賀小傳)」 449
「익재 상국의 동국고사 네 시에 삼가 화운함[奉和益齋相國東國故事四詩]」 432
『인서법(引書法)』 73
『인왕호국반야바라밀경소신보기(仁王護國般若波羅蜜經疏神寶記)』 648
『인조실록』 219
『일고(逸稿)』 383
『일관기(日觀記)』 571
『일동시선(日東詩選)』 320, 377, 597, 599
「일동시선서(日東詩選序)」 597
『일동장유가(日東壯游歌)』 571
「일본 승려 대유의 환국을 전송하며(送日本釋大有還國)」 165
『일본국현재서목(日本國見在書目)』 519
『일본록(日本錄)』 571, 573, 578
『일본문덕황제실록(日本文德天皇實錄)』 549
「일산국사행장(一山國師行狀)」 690
「일신수필(馹汛隨筆)」 198
「일원 소장의 해악전신첩에 쓰다[題一源所藏海岳傳神帖]」 443
『일지록(日知錄)』 250, 283
『임벽당유집(林碧堂遺集)』 383, 405
「임벽당유집발(林碧堂遺集跋)」 358
『임재선생문집(臨齋先生文集)』 156
『임제록(臨濟錄)』 697
「임진조천록의 뒤에 쓰다[題壬寅朝天錄後]」 118
『임천고치집(林泉高致集)』 483, 489, 493, 496
『입당구법순례행기(入唐求法巡禮行記)』 127
『입당신구성교목록(入唐新求聖教目錄)』 519
『입연기(入燕記)』 307
『입촉기(入蜀記)』 124
『자경편(自警篇)』 669
「자미화상(子美畫像)」 547
「자익의 기우가에 차운하다[次子益騎牛歌韻]」 439
「자적(自適)」 404
『자화제어(自畫題語)』 467
「자회(自懷)」 540
「잠가주를 읽고[讀岑嘉州集]」 109
『잡록(雜錄)』 185
「잡지(雜識)」 172, 615
「장감사지무창성사(長監寺之武昌省師)」 461
「장문계갑문사서(長門癸甲問槎序)」 586
『장문계갑문차(長門癸甲問槎)』 574
『장서기사시(藏書紀事詩)』 251
「장숙후 그림에 쓴 3수[題張淑厚畫三首]」 420
「장유(壯游)」 541
「장적을 놀려 주다(調張籍)」 512
「장후삼경도(蔣詡三徑圖)」 552
『재조집(才調集)』 512
『적곡자시격(炙轂子詩格)』 635
「전주목신조동파문발미(全州牧新雕東坡文跋尾)」 532
『접선암어(接鮮瘖語)』 626
「정명이 황진보(진성 수령 黃應清)를 방문하다[正名訪黃眞寶]」 453
『정사유략(情史類略)』 375
「정삼봉도전문집서(鄭三峰道傳文集序)」 184
「정인원화기(淨因院畫記)」 486, 487
「정조선국부사서기원현천(呈朝鮮國副使書記元玄川)」 568
『정조실록』 156, 220, 225, 268
『정지거시화(靜志居詩話)』 407
「제고도북해어수촉도금우협도(題高島北海漁叟蜀道金牛峽圖)」 468
「제곽희산수(題郭熙山水)」 456
「제곽희설청송석평원도(題郭熙雪晴松石平遠圖)」 456
「제곽희춘산(題郭熙春山)」 456
「제대내부군선(題大內府君扇)」 465

『제도책판록(諸道冊板錄)』 244, 274
『제도책판목록(諸道冊板目錄)』 213
「제두율권후봉정매씨난설헌(題杜律卷後奉呈妹氏蘭雪軒)」 539
「제두자미서실(題杜子美書室)」 547
『제북집(濟北集)』 521
『제실도서목록(帝室圖書目錄)』 213, 222, 231
「제쌍림심상인소장십화(題雙林心上人所藏十畫)」 561
「제야소참(除夜小參)」 691
「제임벽당칠수고후(題林碧堂七首稿後)」 406
「제한인피생첩(題韓人皮生帖)」 629
「제화(題畫)」 448
「제화도(題畫圖)」 419
「제화병(題畫屏)」 448
『조문록(朝聞錄)』 253
『조문보록(朝聞補錄)』 253
『조문속록(朝聞續錄)』 253
『조분부록(朝聞附錄)』 253
「조선국 권학사 국언에게 준 필어의 발[與朝鮮國權學士菊軒筆語跋]」 624
「조선국 부사서기 원현천(원중거)에게 바치다(呈朝鮮國副使書記元玄川)」 165
「조선국사 이수광에게 답하다(答朝鮮國使李睟光)」 166
『조선도서해제(朝鮮圖書解題)』 213, 256, 294
『조선사략(朝鮮史略)』 191
『조선서지(朝鮮書誌)』 213
『조선시(朝鮮詩)』 352, 354
『조선시선(朝鮮詩選)』 352, 357, 367, 389, 392, 403, 404
『조선시선전집(朝鮮詩選全集)』 353, 356
『조선채풍록(朝鮮采風錄)』 357
『조선총독부고도서목록보유』 213
『조주두율(趙注杜律)』 535
『조천기(朝天記)』 133
『조천록(朝天錄)』 369
「조천시신행제편(朝天時贐行諸篇)」 118
『조천일기(朝天日記)』 118, 129
『조천일록(朝天日錄)』 128
『조회담초(照會談草)』 156
「주방이 그린 이백의 사진을 요절이 읊은 것에 화운한다[和饒節詠周昉畫李白眞]」 500
『주석문문자선(注石門文字禪)』 681, 682, 683, 704, 723
『주해도편(籌海圖編)』 204
『죽장시화(竹莊詩話)』 494
『죽전장시화(竹田莊詩話)』 103
『중국시학대강(中國詩學大綱)』 64
『중국철학사』 27
「중암이 그린 이주도 기우도[中庵所畫李周道騎牛圖]」 434, 460
「중영상인이 주주(스오노구니/周防国)로 돌아가자 그 벗 고지(고지 에호, 翱之慧鳳)가 시를 구하여 증별하고자 하므로 그를 위해 짓는다[仲英上人還周州, 其友翱之求詩贈別, 爲賦之]」 463
『중정자(中正子)』 701
『중조학사서한(中朝學士書翰)』 157
『중종실록』 239, 246
「증고자면(贈高子勉)」 517
『증보문헌비고(增補文獻備考)·예문고(藝文考)』 212, 213
『증보문헌비고』 225, 227, 228, 229, 246, 259, 262, 263, 264, 531
『증사자관이해룡병서(贈寫字官李海龍並序)』 578
「증이등신육(贈伊藤新六)」 463
『증정사고간명목록표주(增訂四庫簡明目錄標注)』 289
『증조고시고(曾祖姑詩稿)』 669
「지봉선생 지천록 후서(芝峰先生朝天錄後序)」 192
『지봉유설(芝峯類說)』 402, 480, 559
『지부족재총서(知不足齋叢書)』 342
『지정금릉신지(至正金陵新志)』 236, 249
『직재서록해제(直齋書錄解題)』 232
『진당양송행기집교(晉唐兩宋行記輯校)』 123

「진동국통감표(進東國通鑑表)」 258
「진역산비구본(秦嶧山碑舊本)」 596
「진운수애기려(陳雲岫愛騎驢)」 418
『집경당포쇄서목(緝敬堂曝曬書目)』 284, 294
『집경당포쇄서목총록(緝敬堂曝曬書目總錄)』 222
『집옥재서적목록(集玉齋書籍目錄)』 222
『집천가분류두공부시(集千家分類杜工部詩)』 521
『집천가주두공부시사보유(集千家注杜工部詩史補遺)』 535
『집천가주분류두공부시(集千家注分類杜工部詩)』 521
『집천가주비점두공부시집(集千家注批點杜工部詩集)』 521

「차귀거래사(次歸去來辭)」 101
「차운서재설구(次韻徐宰雪句)」 426
「차운송기우도인(次韻送騎牛道人)」 448
『차이전존안(劄移電存案)』 156
「차초규당소증운(次楚葵堂所贈韻)」 541
『찬두두시택풍당비해(纂注杜詩澤風堂批解)』 535
「찬매화수선양류춘화금전화화(贊梅花水仙楊柳椿花金錢花畫)」 464
「찬맹호연(贊孟浩然)」 463, 552
「찬수고려사범례(纂修高麗史凡例)」 258
『찬주두시택풍당비해(纂註杜詩澤風堂批解)』 537
『찬주분류두시(纂註分類杜詩)』 535, 536
『창랑시화(滄浪詩話)』 636
『창사기행(滄槎紀行)』 126
『책판치부책(冊板置簿冊)』 244
『처낭결(處囊訣)』 517
『척독장거집(尺牘藏弆集)』 157
『천경당서목(千頃堂書目)』 232
『천애지교서(天涯知交書)』 172, 614
「청가록서(淸嘉錄序)」 361
『청계시화(靑溪詩話)』 317
『청국문답(淸國問答)』 156
『청령국시선(蜻蛉國詩選)』 377, 598, 599
『청령국지(蜻蛉國志)』 172, 205, 325, 602, 605, 614
『청분실서목(淸芬室書目)』 213, 217, 247, 373
『청비록(淸脾錄)』 205, 305, 308, 311, 312, 313, 314, 315, 316, 317, 319, 324, 328, 329, 330, 331, 332, 334, 335, 336, 337, 339, 340, 343, 344, 370, 598, 602, 603, 604, 608, 611, 613, 624, 628
『청장관전서(靑莊館全書)』 306, 329, 330, 602
『청천해유록초(靑泉海游錄抄)』 573, 578
『초학기(初學記)』 280
「최태위(최당)가 소 타고 나가 노닐다[崔太尉騎牛出游]」 431
「추암(皺巖)」 432, 434
「추월·용연·현천의 말씀을 듣고(稟秋月龍淵玄川)」 171
「추정(秋情)」 540
『춘고유고(春皐遺稿)』 118
「춘망(春望)」 556
『춘방장서총목(春坊藏書總目)』 222, 234
「춘사(春思)」 168
「춘음욕설(春陰欲雪)」 460
『출삼장기집(出三藏記集)』 645
『칠략(七略)』 211
「칠석(七夕)」 404

『통감강목(通鑑綱目)』 258
『통지(通志)』 251
『통항일람(通航一覽)』 613
『통형(通衡)』 701

「파교풍설도에 쓰다[題灞橋風雪圖]」 419
「파릉풍설(灞陵風雪)」 416
「파모(破帽)」 463, 551
『파한집(破閑集)』 533
『판서공조천일기(判書公朝天日記)』 124
『팔가시선(八家詩選)』 534
『패관잡기(稗官雜記)』 654
「팽호연파교도[孟浩然霸橋圖]」 422

『평생지(平生志)』 430
『평우록(萍遇錄)』 574
『폐추시화(弊帚詩話)』 476
『폐추시화부록(弊帚詩話附錄)』 314, 335, 628
「풍설도(風雪圖)」 453
『풍속고이(風俗考異)』 184
「풍우기우도(風雨騎牛圖)」 442

『하곡선생시초(荷谷先生詩鈔)』 391
『하곡조천록(荷谷朝天錄)』 130, 131, 132, 134
『학산초담(鶴山樵談)』 381, 405
「학야도중(鶴野途中)」 453
『한객건연집(韓客巾衍集)』 306, 621
『한구자수(韓構字藪)』 213
『한국서지(韓國書志)』 212
『한림오봉집(翰林五鳳集)』 460, 464, 522
『한인필담(韓人筆談)』 592
『한죽당섭필(寒竹堂涉筆)』 323, 618
『한중고인남녀시사문(韓中故人男女詩詞文)』 664
『함인록(含忍錄)』 120
『함해(函海)』 308, 311, 312, 344, 624
『합부금광명경(合部金光明經)』 647
『해동문헌총록(海東文獻總錄)』 212, 213, 252, 253, 257, 264, 274
『해동역사(海東繹史)』 213, 222, 224, 259, 260, 263, 273
『해동유주(海東遺珠)』 573
『해린척소(海鄰尺素)』 157
『해사동유록(海槎東游錄)』 137, 141, 364, 468, 570
『해사록(海槎錄)』 578
『해사일기(海槎日記)』 336, 571, 572, 577, 586
『해여총고(陔餘叢考)』 653
『해유록(海遊錄)』 201, 573, 584
『해유문견문록(海游聞見錄)』 477
『해유문견잡록(海游聞見雜錄)』 137, 141, 573
『해장집(海藏集)』 156
『해행총재(海行總載)』 154, 158
『허문세고(許門世稿)』 390
「허율발(虛栗跋)」 555
「현영집서(玄英集序)」 511
『호법집(護法集)』 694, 695, 704
『호법집쇄금(護法集碎金)』 682, 695
「호산을 방문하여[訪壺山]」 434
『호연재유고(浩然齋遺稿)』 669
『호연재집(浩然齋集)』 540
『호저집(縞紵集)』 311
「혼일강리역대국도지도(混一疆理歷代國都之圖)」 183
「홍군평 명한의 연사 속영 서문[洪君平名漢燕槎續詠序]」 120
「홍문관서(弘文館序)」 218
『홍문관서목(弘文館書目)』 222
『홍씨독서록(洪氏讀書錄)』 213, 233, 253, 292, 295
『홍재전서(弘齋全書)』 224
『화국지(和國志)』 172, 204, 205, 318, 319, 321, 337, 571, 575, 596, 604, 607, 610, 614
「화기(畫記)」 456
「화덕대사부시필운서(和德大寺府試筆韻序)」 463
『화랑세기(花郎世記)』 185, 187
「화려찬 병발(畫驢贊並跋)」 475
「화산수서(畫山水序)」 486
「화송(畫松)」 491
『화승요략(畫乘要略)』 466
「화십설시서(和十雪詩序)」 462
「화요절영주방화이백진(和饒節咏周昉畫李白眞)」 561
「화의(畫意)」 483, 489, 493
『화이도(華夷圖)』 182
「화이도에 제한 장단구[題華夷圖長短句]」 191, 321
『화일용공부약집(空華日用工夫略集)』 689
『화포선생조천항해록(花浦先生朝天航海錄)』 128
『화한삼재도회(和漢三才圖會)』 337
「화한운원공자극문(和寒雲袁公子克文)」 540

『황씨보천가집주두공부시사(黃氏補千家集注杜工部詩史)』 518
『황씨집천가주두공부시사보유(黃氏集千家注杜工部詩史補遺)』 538
『황화집(皇華集)』 351, 352, 568
『회사미원(繪事微言)』 497
『회사발미(繪事發微)』 497
『회좌담초(會坐談草)』 156
『회풍조(懷風藻)』 549
「횡수류암도상(橫城水流巖道上)」 452
『효풍집(曉風集)』 690
『후산시화(後山詩話)』 513, 520
『후촌시화(後村詩話)』 413
『후편(後編)』 713
『휘찬여사(彙纂麗史)』 256

고려대학교 한자한문연구소 학술총서 1

동아시아 한문학 연구의 방법과 실천

초판발행 1쇄 2018년 4월 5일

지은이 장보웨이(張伯偉)
옮긴이 심경호
펴낸곳 고려대학교출판문화원
www.kupress.com
kupress@korea.ac.kr
02841 서울특별시 성북구 안암로 145
02-3290-4230, 4232
Fax 923-6311

찍은곳 한국컴퓨터인쇄정보

ISBN 978-89-7641-945-3 93800
ISBN 978-89-7641-955-2 (세트)

값 43,000원